KB071456

인지행동 치료의 실제

Cognitive Behavioral Therapy in Action

인지행동치료 사례집

박경애 저

학지사

인지행동치료의 작은 도약을 위하여……

　상담 및 심리치료의 세계에 인지행동치료가 새로운 방법으로 등장한 이후 그 효과가 검증되면서 최근 북미에서는 상담전문가, 정신과의사 등 정신건강분야의 전문가에 의해서 가장 많이 활용되고 있는 방법으로 자리매김하고 있습니다. 유럽에서 또한 이 접근의 효과가 알려지면서 관심이 고조되고 활용하고 있는 전문가가 현격하게 많아지고 있습니다. 이러한 추세에 발맞춰 우리 나라에서도 인지행동치료에 대한 인식이 높아지고 있으며 그 기법을 익히고자 하는 전문가들도 늘어나고 있습니다.

　지난해에, 필자는 이런 분위기에 힘입어 『인지 · 정서 · 행동치료』라는 제하의 이론서를 출간하였습니다. 이론만으로는 상담력의 향상이 어렵기 때문에 가까운 시일 내에 그 이론에 입각하여 수행된 상담사례집을 간행하기로 약속한 바 있습니다. 독자와의 약속을 지키기 위하여 그동안 상담한 사례들을 모아 한 권의 작은 책으로 세상에 내보냅니다.

　인간이 하는 모든 행위가 그렇듯이 심리상담도 사람에 대한 깊은 애정과 사랑이 없이는 불가능한 일입니다. 인간은 어찌보면 슬픔, 고통 그리고 아픔을 피할 수 없는 운명이라 하겠습니다. 상담자는 내담자로 하여금 인간의 이러한 특성을 바로 보고 수용하면서 스스로 자신의 마음속에 드리워진 고통과 슬픔을 견디고 사랑하도록 도와줍니다. 상담자들은 이런 과정 속에서 자신마저 소진되는 힘든 체험을 하기도 합니다.

　이러한 남모르는 어려움에도 불구하고 상담자들은 신이 창조한 가장 아름다운 예술품인 인간이 슬픔과 괴로움을 참아내고 그것을 승화시켜 영혼의 하늘에 무지개가 뜨도록 도와줍니다. 조각가가 피눈물나는 노력으로 돌을 깨면서 아름다운 조형물을 만들어 가듯, 시인들이 살점을 떼어내는 아픔으로 시어를 고르듯 상담자들도 예술가의 진지한 노력과 뼈저린 아픔으로 내담자와의 만남에 헌신합니다. 단 한 번의 사랑으로 불타는 노을처럼 단 한 번의 상담으로도 인간은 통찰을 얻어 변화될 수 있습니다. 여기에 상담자의 전문적 노력과 인간적 희생이 더해진다면 내담자는 더욱 아름답게 성장할 수 있기 때문에 오늘도 상담자들은 보이지 않는 곳에서 그들의 소명을 묵묵히 수행하고 있습니다.

　본 사례집이 내담자의 변화를 위해서 정성을 다하는 상담자들의 상담력 향상과 평범한 사람들이 스스로를 도울 수 있는 능력의 개발에 일조를 한다면, 평소에 상담자들에게 도움을 주거나 내담자들을 직접 만나는데 많은 시간을 쓰지 못하는 필자의 미안하고 안타까운 마음에 위로가 될것입니다.

상담은 상담자와 내담자 사이에 온몸으로 이루어지는 대화입니다. 서로의 체취와 마음을 나누며, 마치 뒤에는 때때로 진한 여운이 남는 인간 대 인간의 만남입니다. 그러므로 제한된 활자매체를 통하여 이러한 상담과정의 생명력을 표현하는 것은 어려운 일입니다. 특히 생생한 현장감이 그대로 전달되는 것은 기대할 수 없습니다. 이를 보완하고 현실감 있는 이해를 돕기 위해서 축어록에는 구어체의 표현을 그대로 옮겨놓았습니다. 상담과정 중에 사용한 외국어는 괄호 속에 우리말을 표기하였습니다.

상담과정의 녹음을 풀고 축어록을 정리하다보니 모자라고 부끄러운 부분이 눈에 많이 뜨입니다. 이 회기를 다시 수행한다면 다른 방법으로 했을 것이고 결과도 더욱 좋았을텐데. 이미 지나가 버린 시간은 다시는 돌이킬 수 없으며, 이미 이루어진 상담의 내용도 다시 바꿀 수는 없습니다. 그러나 헛점 없이 완벽하게 수행한 상담과정의 제시보다는 실제 상담현장에서 진행된 내용과 그 과정을 여과없이 내보내는 것이 더 의미가 있을 것 같아 있는 그대로의 사례를 솔직하게 소개합니다.

이 책은 2부 4장으로 구성되어 있습니다. 1부는 인지행동적 접근을 활용한 개인상담사례를 2부에서는 인지행동적 접근을 활용한 집단상담사례를 담았습니다. 1부 1장에서는 청소년상담사례, 2장에서는 성인상담사례 2부 3장에서는 동질집단상담사례, 4장에서는 이질집단상담사례를 수록하였습니다. 1부 1장의 첫번째 청소년상담사례는 접수면접과 고양회기를 제외한 본상담회기(2회기 – 종결회기, 7회기)의 전과정의 축어록을 그대로 실었습니다. 그리고 제2부의 집단상담사례에서도 상담의 전과정(총 9회기)을 모두 축어록으로 제시하였습니다. 본서는 『인지·정서·행동치료』의 자매서입니다. 『인지·정서·행동치료』가 상담의 이론서라면 이 책은 상담의 실제서입니다. 이 두 책을 함께 보시면 더욱 많은 도움이 될 것입니다.

이 책이 나오기까지 상담자 여러분의 사례집에 대한 기다림과 격려가 큰 힘이 되었습니다. 자신의 사례를 이 세상에 내놓을 수 있도록 허락해준 내담자들에게 깊은 감사를 드립니다. 개인적 시간을 아낌없이 내어 원고를 미리 읽어보아준 동료선생님들, 학지사의 김진환 사장님과 편집부 직원께도 고마움을 표합니다.

박 경 애

연락처 : 서울특별시 노원구 월계동 광운대학교 옥의관 804-1
Tel. (02)940-5617
E-Mail: kapark@kw.ac.kr

♠ 용어에 대한 정의

본 사례집에서는 '인지상담', '인지치료', '인지행동상담', '인지행동치료' 등 외현상 다른 용어를 같은 의미를 지닌 단어로 사용하였음을 밝혀둡니다. '상담'과 '치료'라는 용어는 이미 혼용하여 사용한 지 오래되었습니다. 주안점은 '행동'이라는 용어에 있습니다. 다양한 인지상담 이론가들의 이론은 엄밀하게는 '행동'이라는 단어를 함께 사용하여 '인지행동상담' 또는 '인지행동치료'라는 표현이 더 적절할 수 있습니다. 그러나 '인지'와 '행동'이 인간의 심리구조의 주요한 부분들로써 분리된 측면도 있으나 때로는 '인지'와 '행동'이라는 서로 양분된 개념이 아닌 인간의 심리구조라는 연장선상에서 이해해야 되는 경우가 많습니다. 그리고 전통적인 행동치료에서와 마찬가지로 행동적 조작과 고전적 조건화의 절차에서도 인지적 요소가 존재하고 있습니다. 그러므로 종래의 상담 및 심리치료에서 간과해왔던 '인지'의 중요성을 부각시키기 위하여 인지행동상담 또는 인지행동치료가 등장한 이후에 '행동'이라는 용어를 배제하기도 합니다.

♠ 본 사례집에 등장하는 인명은 모두 가명임을 밝혀둡니다.

가명으로 표현되었다 하더라도 개인의 사적 생활이 지나치게 노출된 상담내용은 간혹 생략한 부분도 있습니다.

차 례

제 1 부 인지행동 치료의 개인상담사례

제 2 부 인지행동치료의 집단상담사례

인지행동치료 (Cognitive Behavioral Therapy)의 특징

인지행동상담이론은 Albert Ellis의 인지 · 정서 · 행동치료(Rational Emotive Behavior Therapy)와 Aaron Beck의 인지치료(Cognitive Therapy)를 중심으로 양대 산맥을 이루고 있다. Ellis가 그의 이론을 자신의 독특한 임상적 경험에 의해 발전시켜 왔다면 정신과의사이고 과학자로서의 연구기술과 능력을 지녔던 Beck은 우울증환자들을 대상으로 한 연구를 통하여 그의 이론을 개발 보강시켜 왔다. Ellis의 풍부한 임상적 경험과 Beck의 과학적 연구관점이 서로 보완되어 "인간의 정서와 행동은 사고의 결과이다"라는 가정을 확인시켜 주고 있다.

1963년 Ellis는 Beck의 사고와 우울증을 다룬 논문을 읽은 후에 그들의 개념형성이 중첩된다고 생각하고 Beck에게 접촉하여 자신의 이론을 담은 논문을 보내주었다. 그리고 자신이 발행하는 저널 「합리적 삶(Rational living)」에 Beck의 논문을 싣기도 한다. Beck도 역시 Ellis를 자신이 봉직하고 있는 펜실베이니아 의과대학에 초빙하여 그의 강의를 듣기도 하면서 계속 서로의 의견을 교환하고 관계를 맺어오고 있다. 이들은 지금까지 다양한 채널을 통하여 학문적 활동과 뜻을 함께 하고 서로의 차이점을 존중해주는 동반자로 오늘에 이르고 있다.

그들의 이론간에 문제를 유발하는 사고를 보는 관점의 차이가 있을 뿐 문제를 해결해나가는 과정은 거의 유사하다. 서로 다른 학자에 의해서 의사소통이 없던 상태에서 각기 개발되었으나 진리는 통하기 때문에 각 이론은 같은 내용을 다른 언어로 표현하고 있을 뿐이다. Ellis는 시간이 지날수록 그들의 이론이 더욱 유사하여 같아지고 있다는 사실을 공개적으로 천명하고 있다.

본 사례집은 인지행동상담이론, 주로 Ellis의 접근법을 주요 골격으로 하고 Beck의 개념과 기법들을 필요에 따라 활용하여 10회기를 전후로 이루어진 단기상담사례들을 모았다. 인지행동상담이론은 기존의 이론과 차이점이 많기 때문에 그 특징을 살펴볼 필요가 있다. 특징을 제대로 알고 상담과정과 결과를 살피는 것이 학습의 유용한 효과를 극대화하기 때문이다. 다음은 인지행동상담의 일반적인 특징들이다.

♣ 상담의 단기모델 지향

상담의 수요가 폭증하고 있는 현대의 사회적 상황과 내담자의 욕구에 부응하기 위해서 정신건강분야의 전문가들은 어떤 식의 이론적 모델을 가지고 상담이나 심리치료를 하든지 전통적인 장기 모델보다는 시간제한적인 단기 모델을 지향하고 있는 경향성이 농후하다. 인지행동상담모형은 그 본질이 상담의 단기적 형태를 취하고 있다. Beck의 인지치료(Cognitive Therapy)에서는 우울과 불안의 문제는 대개 4-14회기 동안에 치료한다(Beck, J.1995). Ellis의 인지 · 정서 · 행동치료(Rational Emotive Behavior Therapy)에서는 만약에 내담자가 성격장애자나 심각한 정신질환자가 아니라면 대부분의 경우는 10회기~20회기 사이에서 치료가 수행된다(Ellis, 1996). 성격장애의 경우에도 전통적인 심리치료보다는 훨씬 시간이 덜 걸린다. 중요한 것은 비교적 단기에 상담이 수행됨에도 불구하고 괄목할 만한 행동의 변화가 있다는 점이다. 인지행동상담 모형은 통찰보다는 구체적으로 드러나는 행동의 변화에 더 강조점을 두고 있다.

Beck과 Emery(1985)는 상담을 단기간에 이루기 위해 다음과 같은 일반적인 전략을 제시하고 있다.

문제의 단순화(keep it simple)   Beck과 Emery(1985)는 다양한 심리적, 병리적 이론들은 인간의 문제를 복잡하게 만드는 데 기여하고 있다고 말한다. 인간의 문제는 복잡하게 개념화시키는 것은 쉬운 반면에 단순하게 개념화시키는 것이 훨씬 더 어렵다는 것을 지적하고 있다. 그는 "내담자의 문제가 아무리 복잡하더라도 상담자는 자신의 머리속에서 그것을 더욱더 복잡하게 만드는 기발한 능력이 있다"고 주장한다. 문제를 복잡하게 이해하고 치료하는 것은 치료를 쓸데없이 지연시키고 비효율성을 초래한다고 역설하였다. 가능하면 문제를 단순하게 파악하고 개념화할 것을 주장한다.

치료의 상세화와 구체화(make treatment specific and concrete)   문제의 개념화와 치료전략이 추상적이면 추상적일수록 치료의 시간은 늘어지게 된다. 그러므로 치료전략을 구체적이고 상세하게 수립하여 시간의 낭비를 막도록 한다.

숙제의 강조(stress homework)   숙제를 통하여 내담자가 상담과정에 적극적으로 참여하는 만큼 행동이 변화되고 시간이 단축됨을 강조한다.

문제의 지속적인 평가(make ongoing assessments)   내담자의 문제에 대한 평가는 초기에만 이루어지는 것이 아니라 상담이 진행되면서 계속되어야 한다. 필자의 상담경험에 비추어보면 상담이나 심리치료에 노출된 경험이 없는 내담자의 경우에는, 심층적이고 어두운 측면의 문제는 상담이 진행되면서 드러나는 경우가 많다.

적절한 주제에 초점두기(stay task-relevant)   내담자가 상담의 목표 달성에 빗나가는 대화를 할때에는 그로 인해 쓸데없이 상담의 회기가 길어질 수 있음을 상기시키고 상담의 방향에 적합한 주제로 돌아오게 한다.

시간관리 절차의 활용(use time-management procedure)   상담자들은 항상 시간을 적절하고 효과적으로 활용하고 있는지를 점검해야 한다. 각 회기마다 주제나 논의사항을 설정하고 필요에 따라서는 상담의 효율성을 극대화 하기 위해서 교육공학적 도구나 독서요법(bibliotherapy)을 활용할 수도 있다.

간편개입방법의 개발(develop a brief-intervention mental set)　　상담자들은 여러 가지 연구결과에 의하면 장기상담이 단기상담보다 우수하다는 증거가 없음을 명심해야 한다. 상담자들은 자신들이 선호하거나 유용하다고 생각되는 단기상담방법을 고안해내야 한다. 내담자에게도 자신의 문제를 재빨리 다룰 수 있는 방법을 배울 수 있다는 자기충족적 언어를 창출하게 하는 것도 하나의 방법이 될 수 있다.

다룰 수 있는 문제에 초점을 두기(stay focused on manageable problems)　　단기상담 및 치료는 시간에 제한이 있기 때문에 내담자의 몇몇 문제들은 해결되지 않은 채로 상담이 끝날 수도 있다. 그러므로 다룰 수 있는 문제에 초점을 두고 해결의 전과정을 내담자가 습득하여 해결되지 않은 나머지 문제들은 스스로 해결해 가도록 격려한다. 이때에 훗날 내담자가 상담자의 도움이 필요할 때에 다시 상담 회기를 가질 수도 있음을 주지시킨다.

♣ 심리교육적 접근 (psychoeducational approach)

인지행동적 접근에서는 교육적 방법을 적극적으로 활용한다. 상담과정 중에 인지상담이론과 개념에 대한 구체적인 설명과 교육이 많이 들어간다. 그러므로 상담자에게 강력한 교사의 역할을 요구한다. Ellis 자신도 치료회기 중에 자신이 하는 중요한 활동 중에 하나가 열심히 가르치는것이라고 설파한다. 훌륭한 인지행동상담자가 되기 위해서는 유용한 의사전달의 기술과 설득력있게 가르치는 기술을 획득해야 한다. 상담자는 내담자에게 그가 지닌 문제의 본질과 과정에 대해서 교육한다. 특히 내담자 자신이 사고와 신념을 찾고, 규정하고, 평가하고 행동변화를 계획하도록 가르친다.

♣ 적극적이고 지시적 접근 (active and directive approach)

상담과정이 과업지향적이며 문제해결 중심으로 진행된다. 상담의 효과를 단기에 산출해야 되기 때문에 상담자의 에너지가 집중적으로 투입되며 회기는 비교적 활기있고 빠르게 진행된다. 상담자가 적극적이고 지시적으로 움직이면서 상담의 전체과정을 주도해나간다.

♣ 자기조력 및 자가치료적 접근 (self-help, & self-therapeutic approach)

인지행동상담에서는 내담자가 지니고 있는 모든 문제의 해결을 도와주지 않는다. 내담자가 호소하는 가장 중요하고 임상적으로 심각한 문제를 선택하여 심리교육을 통하여 스스로 해결할 수 있는 능력을 배양해준다. 상담이나 치료의 종결 후 새롭게 출현한 문제나 아니면 상담과정중에서 아직 미해결 과제로 남아 있는 문제를 스스로 해결하고 교정할 것을 강화한다.

♣ 중다양식적 접근 (multi-modal approach)

인지행동치료에서는 왜곡된 인지를 매개로 하여 인간의 다양한 문제 즉 부적절한 정서와 부적응적 행동이 출현하다는 가정을 전제로 한다. 그러나 문제 해결 과정에서는 인간의 심리구조의 3요소인 인지, 정서 그리고 행동이 상호작용한다고 보기 때문에 이 세 가지 요인을 모두 다 다룬다. 행동에 의해서도 인지와 정서가 변화될 수 있고 정서에 의해서도 인지와 행동이 변화될 수 있다고 믿기 때문에 이 세 가지를 활용한 다양한 기법들을 행동의 변화를 위해 도입한다.

♣ 치료적 과제의 부여 (therapeutic homework assingment)

치료적 과제는 상담과 심리치료의 효율성을 증진시키고 내담자 스스로 자신의 삶을 꾸려가는 독립성을 키우는 데 중요한 역할을 한다. 인간의 행동변화는 상담의 회기 중에 일어나기보다는 일상생활 속에서 일어나야 하므로 상담회기 밖의 과제 즉 숙제를 통한 스스로의 훈습을 강조한다.

♣ 구조화 모델 (structured model)

인지상담은 전체 상담과정과 각 회기의 구조라는 두 가지 측면에서 구조화되어 있다. 전체 상담과정의 구조화 모델의 단계별 예는 다음과 같다.

- 문제의 탐색
- 상담의 목표설정
- 구체적 사건, 상황 및 환경의 탐색
- 생각, 신념, 세상을 이해하는 방식의 탐색
- 문제의 해결
- 숙제를 통한 문제해결상태의 유지 및 영구적 문제해결

내담자가 지닌 문제가 무엇이든지, 치료의 단계가 어떻든지간에 인지행동상담에서는 각 회기마다 구조를 설정하는 경향이 있다. 각 회기의 구조는 다음과 같이 계획할 수 있다.

- 지난 회기에 끝내지 못한 이야기

- 기분, 징후, 약물의 복용상태 점검
- 새롭게 등장한 사건
- 숙제의 점검
- 같이 논의할 사항의 설정
- 회기 동안 나눈 이야기의 요약
- 숙제 내주기
- 마무리하기

상담의 한 회기가 50분 정도 진행되는 경우에는 실제로 위의 내용을 모두 다루기 어려우므로 내담자와 가장 긴급하고 중요하게 논의되어야 할 사항을 정한다. 인지상담이 이와같이 구조화된 특징이 있기는 하나 전체 상담과정의 구조나 각 회기의 구조의 틀에 얽매이기보다는 필요에 따라 이를 넘나드는 유연성이 중시된다.

참고문헌

Ellis, Albert, (1996). *Better, Deeper, and More Enduring Brief Therapy: The Rational Emotive Behavior Therapy Approach,* Brunner/Mazel, Inc.

Beck, A. & Emery, G., (1985). *Anxiety Disorders and Phobias : A Cognitive Perspective.* Basic Books.

Beck, J. (1995). *Cognitive Therapy: Basics and Beyond.* The Guilford Press. New York.

제1장
청소년 상담사례

"나는 내가 제일 잘나야만 한다" :
대인관계의 어려움과 신체화 증상의 극복사례

내담자 기본자료
내담자

상담경위

내담자의 인상 및 행동특성

호소문제

상담동기

이전 상담경험

가족관계

상담과정
치료적 관계의 구축

상담의 진행과정

상담과정의 전략, 사용기법, 이론적 개념
치료적 관계의 구축

접수면접

2회 상담과정

3회 상담과정

4회 상담과정

5회 상담과정

6회 상담과정

7회 종결회기

사례의 종합 해설

상담의 전과정 축어록

1. 내담자 기본자료

1) 내담자: 김혜수, 여, 20세, 대학 신입생

2) 상담경위

신경성 증상인 것 같은 데 장이 활발하게 움직이고 장에서 꾸르륵 소리가 심하게 나고 속이 더부룩하다. 고3 초 학원에서 공부할 때 새로운 사람을 만나는 것에 대해 심한 불안감을 느꼈다. 그 이후 새로운 사람을 만나려고 할 때나 앞에 나서야 할 일이 있을 때 몹시 불안함을 느꼈다. 기분 나쁜 감정에 휩싸이는 것이 몹시 짜증 나고 이야기할 사람이 없어서 고민하다가 정신병원에 가볼까 하고 전화번호부를 뒤지다가 본 기관을 알게 되었다. 사실 일반적으로 '청소년 상담' 하면 성폭력을 당했거나 미혼모가 되었거나 그런 문제로 도움을 청하는 곳 같아서 오지 않으려고 했는데 나름대로 오기가 생겨서 오게 되었다. 그런데 선생님을 만나보고 잘 온 것 같다. "내가 참 인복이 많은 사람이라고 생각한다"는 말을 남겼다.

3) 내담자의 인상 및 행동특성

첫인상이 참하고 조용하다는 느낌을 준다. 말도 차분하게 하며 수줍은 듯 얌전하고 소녀적인 예쁜 얼굴을 하고 있다.

4) 호소문제

상담 신청서에 "사람들을 대하는 데 있어서 불안감, 긴장감, 위압감이 있다. 긴장을 하면 장이 꼬이고 장소리가 꾸르륵, 꾸르륵 크게 들린다고 호소하고 있다.

5) 상담동기

혼자서 자신의 호소문제를 해결해 보려고 여러 가지 시도와 노력을 한 흔적이 역력했다. 부모님은 말씀을 드렸는 데 별로 대수롭지 않게 여기시고 한약만 두 차례 먹었는데 전혀 효험이 없었다. 자신의 문제를 다른 사람들에게는 어떻게 꺼내야 할지 몰랐다. 나의 어려움을 이야기 하면 이해도 못하고 정신병자로 몰아부칠까봐 나 혼자 가슴을 앓았고 스스로 정신병자로 단정 지었다. 고3 때 이 문제를 극복하기 위해서 매일 30분에서 1시간씩 명상책이나 요가책을 가져 다 놓고 시도해 보았는데 그 당시만 장소리가 조용해 지고 사람들을 다시 보게 되면 장소리가 다시 나서 혼란스러웠다. 지금 대학에 합격을 하고 시간 여유가 있어 어떻게 해서든지 나의 문 제를 해결해야 겠다는 생각을 강하게 피력하고 있다. 상담선생님은 여태까지 내가 만났던 사람 들과는 달리 자신과 같은 사람들을 상담을 많이 해 보셔서 그런지 다르다는 느낌이 든다고 하 면서 자신을 도와줄 것을 절실하게 호소해 왔다. 상담을 통한 행동의 변화에 대한 동기가 상당 히 높다.

6) 이전 상담경험

상담을 받아본 경험은 없으며 혹시 의학적인 문제가 있는 것이 아닌가 하며 병원에 갔었는데 생리적으로는 아무런 이상이 없는 '기능성 장애' 라는 진단을 내렸다고 한다.

7) 가족관계

내담자는 자신의 가정을 아주 평범하다고 기술하고 있다. 양친 부모, 여동생 한 명과 남동생 한 명을 두고 있다.

2. 상담의 과정

1) 치료적 관계의 구축

내담자는 접수면접을 한 그날부터 상담자의 전문적 능력을 믿고 상담자의 부탁과 요구대로 따라와 주었다. 전문가 선생님이 자신을 위해 시간을 내주는 것에 깊은 감사의 뜻을 '점심식 사' 를 같이 하자고 제안해 오는 등의 다양한 모습을 통해 보여주었다. 시간약속도 정확하게 지 켰으며 학교의 수업시간 때문에 불가피하게 늦은 경우는 상담자에게 사과하며 진심으로 미안 해 하였다.

2) 상담의 진행과정

(1) 초기 상담과정(제1회~2회) : 내담자의 호소문제에 대한 개념화와 상담의 목표의 설정

♥ 접수면접, 1회 상담, ****년 2월 25일(화)

내담자의 주요 호소문제, 이에 대한 개인사적 배경, 내담자의 가정환경, 내담자의 행동변화에 대한 동기 등이 주로 탐색되었다. 상담자는 내담자의 주요 호소문제의 주범은 내담자가 분석한 대로 그가 세상을 보는 시각이 그렇게 만들었음을 분명히 하였다. 내담자는 전적으로 이에 동의하였다. 이때에 상담자는 내담자가 상담실을 방문한 것이 아주 잘한 일임을 분명히 하고 내담자의 문제를 전문적으로 도와줄 수 있는 적격자임도 표현하였다. 또한 내담자가 상담은 소위 '이상한, 정신병자' 같은 사람들이 오는 곳 같은 인상 때문에 상담 오기를 주저했다는 말을 듣고 상담에 대한 잘못된 인식을 바로 잡고 앞으로의 상담에 대한 구조화를 하였다. 특히 앞으로 숙제가 매 회기 때마다 나갈 터인데 그것을 적극적으로 해왔을 때 행동의 변화가 빨리 이루어질 수 있음을 강조하였다. 첫번째 숙제로 문장완성검사, 인지상담의 기본이론에 대한 이해를 다룬 책을 읽어오기, 그리고 앞으로 긴장되거나, 장에서 소리가 나는 등의 밖으로 나타나는 증상이 있을 때마다 그때의 상황과 그때 느끼는 생각에 대해서 탐색해 올 것을 과제로 내주었다.

접수면접시 이루어진 구체적인 내용은 아래와 같다.

내담자는 양친의 1남 2녀 중 장녀이다 평범한 어린 시절을 보내고 초등학교 시절까지는 상당한 말괄량이었다고 한다. 그때에는 남자애들이 알아줄 정도였고 말뚝박기놀이 등 많은 놀이를 하면서 즐거운 나날들을 보냈다고 한다. 중학교에 입학하여 얼마 지나서 담임 선생님께서는 "혜수는 정말 행실도 얌전하고 얼굴도 예쁘게 생겼네" 라는 말씀을 하신 다음부터 자신을 말괄량이에서 조신하고 얌전한 아이로의 이미지 변신을 위해 애를 썼다고 하였다. 그때부터 자신의 완벽주의적 경향이 싹텄으며 다른 사람들에게 지기 싫어하고 잘 보이려고 무던히 애를 썼다고 회고하고 있다. 그러는 가운데 어느 순간 "나는 내가 제일 잘나야만 한다"는 생각을 하고 있음을 깨달았다고 한다. 중학생 때는 공부도 잘하고 피아노도 잘치고 그림도 잘 그리는 아이였다고 자신을 기술하고 있다. 그 시절의 일기장을 보아도 욕심이 너무나 많이 있었으며 중2 때 시험공부하다가 쓴 일기를 보면 내가 이렇게 당찬 면이 있었는지 스스로 놀라기도 한다고 하였다. 그런 후 고등학교에 진학해 모든 면에서 나보다 한수 위인 적수를 만나게 되었다. 그 다음부터는 나보다 공부를 못하는 애들하고만 어울리고 친하게 지냈다고 한다. 나보다 잘난 애들은 너무나 불편했고 내가 견디기 힘들었기 때문에 어울려 지낼 수가 없었다. 이런와중에 고 1 때에는 학원에서 만난 남학생에게 사랑을 느꼈다. 그 남학생은 다른 여학생에게도 상당한 인기가 있었는데 나 혼자만이 그를 독차지 하고 싶은 생각에 휩싸였다 그때부터 관심이 없었던 음악이 좋아지고 그 남학생에게 잘보여야한다는 생각 때문에 소화불량에 걸리고 속이 좋지 않은 증상이 나타나기 시작하였다. 내가 무작정 잘 보이고 예쁘게 보이려고 무던히 애썼고 그 남학생의 눈치를 너무 많이 보았다. 그것이 바로 속박의 시작이었던 것같다. 그러면서 더욱 기분 나쁜 감정이 들기 시작하면서 내가 너무 작아보였다. 이런 증상들은 어떻게 하면 잘 보일 수 있을까에 너무 신경을 썼던 것이 주요한 원인이었다고 나름대로 자신의 문제를 분석하고 있었다. 고2 때부터 새로운 사람을 만나는 것이 불편해지고 장이 활발하게 움직이면서 꼬이는 느낌이 들고 꾸르륵하는 심한 소리가 난다고 하였다. 특히 주위가 조용하거나 썰렁해지면 불안하고 초조해진다. 나한테 모든 화살이 돌려져서 맞는 것 같은 느낌이 들며 무엇인가에 몰두하고 싶은데 막상하려고 하면 오히려 그쪽으로 신경이 더 쓰인다. 주위가 산만하고 시끄러우면 오히려 안정이 되는것 같다. 왜냐하면 나의 고민이 주변의 산만함에 묻히기 때문이다. 그러면서 대인관계에서 자신이 없어지고 불안감, 위압감, 긴장감이 든다는 것을 강하게 호소하고 있다. 때때로 손발이 차가워지고 식은땀이 나기도 하며 피가 한곳으로만 쏠리는 느낌이 든다. 지난번에 새내기를 위한 오리엔테이션이 교외에서 이루어졌는데 갈까 말까 많이 망설였다. 억지로 가긴 했는데 완전히 폐(廢)인이 된 느낌이 들었다. 억지로 술을 잔뜩먹고 선배들이 욕도 가르쳤다. 술을 먹으니 용기가 생겨서 별탈 없이 지나갔는데 앞으로 이런 잘못된 이유 때문에 또 술을 마시려 드는 것이 아닐까 걱정이 많이 된다고 호소하고 있다. 자신은 무엇인가 잘 해보고 싶은 욕구가 큰데 이런 문제들 때문에 자신의 젊음을 불사를 어떤 일을 찾아 몰두할 수 없기 때문에 너무나 속상하다고 말하고 있다.

어머니도 내담자처럼 완벽주의적 경향이 있는 듯하여 일이 마음대로 안되면 머리 아프다는 말씀을 간혹하셨다고 한다. 어머니가 부정적으로 사고하는 경향이 있다고 하였다. 가족 중에 누가 늦게 들어오면 무슨 잘못된 일이라도 일어난 것처럼 생각하시기도 하고 내담자의 남자 친구에게 집으로 전화가 와도 심각하게 받아들이는 경향이 있다고 엄마를 설명하고 있다. 아버지는 사소한 것을 가지고 트집을 잡거나 잔소리가 심하신 분이라고 한다.

♥ **2회상담 ＊＊＊＊년 3월 5일 (수)**
상담자는 먼저 숙제의 점검부터 시작하였다.
내담자는 두 가지의 상황에 대해서 기록해 온 것을 상담자가 다음과 같이 정리하였다.

증 상(C)	상 황(A)	생 각(B)
불안감, 장소리, 진땀, 한기, 신경이 쭈뼛해짐	첫 수업시간에 교수님께서 교재설명을 하시는데 아랫배 장쪽에서 조그맣게 꾸르륵 소리가 남	이 장소리를 주변의 사람들이 듣게 된다면, 난 웃음거리가 될 것이다.
답답함, 근심 걱정, 장이꼬이다 손이 차가워짐	학교로 가는 도중	새학교, 새교수님과 내가 학교생활에 잘 적응할 수 있을까, 만약 적응하지 못한다면 큰일이다. 나는 인생의 낙오자다.

내담자의 숙제를 보고 상담자는 내담자에게 인간의 세 가지 심리구조인 '사고', '정서', '행동' 간의 관계에 대해서 설명해 주었다. 내담자는 지난번 과제로 내준 책을 읽고 설명을 들어서 인지 이해가 빨랐다. 또한 내담자 스스로 자신의 문제를 해결하려고 노력하는 과정에서 어렴풋하게나마 자신이 잘보이려고 하거나 완벽하려는 경향성 때문에 문제가 계속 커져왔음을 인식하고 있었고 이 관계(사고가 정서나 행동에 미치는 영향)를 정확하게 파악하였다. 상담자는 이 세상에 인간의 이름으로 존재하는 생명체는 완벽할 수 없음을 힘주어 강조하였고 내담자는 수긍하였다. 내담자는 자신이 보이고 있는 여러 가지 부적응적인 행동이나 증상 때문에 많이 위축된 자신의 모습을 호소하였다. 상담자는 인간의 존재 자체와 인간이 하는 행동을 분리해서 생각할 것을 강조하였다. 그러면서 내담자는 자신의 이런 증상들을 타인이 알게 될 때 괴롭다고 하였다. 상담자는 그러면 입장을 바꾸어 다른 사람들이 장에서 소리가 나거나 진땀을 흘리는 것을 보게 된다면 그 사람을 한심하게 생각할 것인지에 대해 물어보았다. 내담자는 남이 그러면 아무렇지도 않지만 내가 그러면 절대로 안된다고 생각한다고 하였다. 이중기준(double standard)의 근거가 어디에 있느냐고 물었다. 즉 타인에게는 너그러우면서 자신에게는 너그럽지 못한 이유가 어디에 있느냐고 물었다. 상담자는 그것이 자신은 아주 훌륭한 사람이기 때문에 실수를 하면 안되고 타인은 나만큼 훌륭하고 잘난 사람이 아니기 때문에 실수를 허용하는 것이 아니냐고 직면하였다. 이 부분에서 내담자의 잠깐 동안의 사색이 이루어졌다. 상담자는 그가 소유하고 있는 추론적 수준의 비합리적 생각인 "내 장소리를 다른 사람들이 듣게 되면 웃음거리가 될거야" 를 "내 장소리를 다른 사람이 듣게 되더라도 대부분의 사람들은 그냥 지나칠거야, 만약 그 소리가 나를 웃음거리로 만든다면 그것은 그 사람들의 문제가 아닐까" 라는 대안적인 생각으로 바꾸도록 하였다. 그 다음의 비합리적 생각 "내가 학교에 적응할 수 없으면 큰일이고, 인생의 낙오자가 될거야"라는 비합리적 생각을 "나만 이것에 대해서 걱정하는 것이 아니고 우리반의 거의 모든 학생들이 나와 유사한 걱정을 하고 있을 것이다. 내가 낙오자가 될 합당한 근거나 이유는 전혀 없다"라는 합리적 신념으로 대치해서 생각하도록 종용하였다. 그리고 그의 핵심 비합리적 신념인 "나는 항상 다른 사람들에게 잘 보여야만 한다" 도 "나는 항상 다른 사람들에게 잘 보일 필요는 없다. 잘 보이게 되면 좋지만 그렇지 못하더라도 나의 가치가 하락하는 것은 아니다. 그리고 사실상 다른 사람은 내가 생각하는 것만큼 나에게 관심도 없고 나에게 신경을 쓰지도 않는다"라는 생각을 꾸준히 마음속으로 되뇌일 것을 언어는 생각의 표상임을 강조하면서 요구하였다. 그리고 그래프를 그려서 숙제의 수행 정도를 점검해 오도록 하였다. 또한 이번 상담회기를 녹음한 테이프를 들어보는 숙제를 내주었다. 그녀는 자신의 증상만 고치면 모든 것을 다할 수 있을 것 같다는 말과 다음 상담시간에 늦으면 큰일이라는 말을 하였다. 상담자는 내담자가 상담시간에 지각을 한다해도 큰일이 아니라고 교정해 주었다. 그러면서 상담자는 이제부터 아주 구체적이고 정확한 언어를 사용할 것을 요구하였다. 사실 따지고 보면 이 세상에는 그리 큰일도 하늘이 두 조각 날 일도 없는데 우리가 과장해서 언어표현을 하는 것뿐임을 상기시켰다. 숙제로 상담회기를 녹음한 테이프를 듣는 것을 내주었다.

** 제2회 상담을 마치고 상담자는 내담자와 합의하여 다음의 상담목표를 설정하였다.

A. 상담의 결과적 목표

   a) 정서적 결과 목표

      내담자의 삶 속에서 이유없이 엄습하는 긴장감, 불안감, 위압감에서 벗어난다.

   b) 행동적 결과 목표

      신체화 증상에서 벗어난다(예, 잠소리, 식은땀 등)

      대인관계를 자유롭게 맺는다.

B. 상담의 과정적 목표 ; 신념의 변화

위의 결과적 목표를 달성하기 위해서 선행되어야 하는 과정적 목표 즉 변화되어야 할 비합리적 신념과 그에 대한 합리적 대안 신념은 아래와 같다.

비합리적 신념	합리적 신념
내 잠소리를 다른 사람들이 듣게 되면 웃음거리가 된다	내 잠소리를 다른 사람들이 듣게 되더라도 대부분의 사람들은 그냥 지나친다. 만약 그 소리로 나를 웃음거리로 만든다면 그것은 그 사람들의 문제일뿐, 내 문제는 아니다
나는 항상 다른 사람에게 잘 보여야만 한다	나는 항상 다른 사람들에게 잘 보일 필요는 없다. 잘 보이게 되면 좋지만 그렇지 못하더라도 나의 가치가 하락하는 것은 아니다
나는 내가 제일 잘나야만 한다	'제일 잘난 사람'이 되는 것이 중요한 것은 아니고 인간답게 열심히 사는 것이 더욱 중요한 가치이다

숙제 1. 합리적 사고 10번 이상 낭송하고 그래프 그리기

    2. ABC 기록지 계속 해오기

    3. 회기 녹음테이프 듣기

초기 상담과정의 요약

  내담자는 모든 면에서 "나는 내가 제일 잘나야만 한다"는 완벽주의적이고 당위적 비합리적 사고를 스스로 굳건히 강화시키면서 자신을 유지하고 개발하고 발전시켜 왔다. 이런 내담자의 생각이 지나쳐서 급기야는 강박적으로 변하게 되고 세상의 질서는 자기의 생각처럼 되어주지 않았다. 오히려 내담자는 그런 생각을 강하게 하면 할수록 사람을 대하는 데 불안감, 긴장감, 위압감이 강하게 들기 때문에 정상적인 기능을 하기 어려운 것을 체험하였다. 이런 정서적 어려움은 또한 내담자가 호소하는 신체화 증상(예 : 잠소리, 식은땀)으로 나타나 내담자를 더욱 힘들게 하고 있다. 내담자의 호소문제는 내담자가 지닌 완벽주의적이고 당위적 사고에 기인한 것으로 파악하였으며 호소문제를 중심으로 상담의 목표가 설정되었다.

(2) 중기 상담과정(제3회~5회) : 증상은 거의 사라지고 … 삶의 철학적 의미의 재조명

♥ 제3회 상담 ＊＊＊＊년 3월 10일(월)

내담자는 상담실에 들어오자마자 고무된 듯 요즘은 마음이 많이 안정되어 있고 선생님이 등 뒤에 계시는 것 같아 든든하다고 했다. 상담자는 언젠가 선생님과의 만남을 종결해야 되는데 그때에 선생님이 없어도 자신의 삶을 혼자 꾸려갈 수 있도록 스스로에게도 든든한 느낌을 갖도록 준비해 나가는 것이 중요함을 역설하였다. 학교에서 동아리활동으로 풍물패를 들었으며 지난 8일과 9일에는 MT도 갔다 왔다고 하였다. 요즘은 자신이 변하는 것을 느끼니까 자신감을 많이 회복하였으며 선생님을 만난 것이 큰 복이라는 생각이 든다고 하였다. 지난 번에 OT(오리엔테이션)는 갈까 말까 수도 없이 망설이다가 갔는데, 이번에는 재고의 여지없이 기쁜 마음으로 다녀왔다고 하였다. 지난 번 녹음 테이프를 들으면서 자신을 객관적으로 볼 수 있는 이점이 있었고 선생님이 하신 말씀 중에서 마음에 와 닿는 부분을 새롭게 발견했다고 하였다. 인간과 인간의 행동을 분리해서 생각하라는 부분이 참으로 가슴에 와 닿았다고 하였다. 그러므로 증상 때문에 위축될 필요가 없다는 것을 자신도 깨달았다고 하였다. "내가 지금 느끼고 있는 불안은 내가 스스로 창조했다는 부분은 정말로 명언이었어요"라고 하면서 자신이 고등학교 2학년 때에 길을 가다가 우연히 중학교 2학년 때의 담임 선생님을 만났는데 그 선생님께서 "너는 다른 애와 비교하면 하늘과 땅 차이다"라고 하시며 저를 대단하게 생각하고 계시는 것 같았는데 그런 사건들이 저에게 자꾸 완벽하게 살아야 한다는 생각을 강화시켰던 것 같다고 회고하였다.

지난 주에는 풍방에 가서 아주 잘 놀았어요. 그전에는 긴장되고 트림도 많이 나왔는데 지금은 긴장도 되지 않았고 트림도 나오지 않았다고 보고하였다. 기분 나쁘게 엉키는 감정이 없어졌다고 하였다. 상담자는 이 시점에서 그 이유가 왜 그런지 아느냐고 물었다. 내담자는 자신의 장소리 등에 스스로 예민하지 않고 그까짓 장소리를 옆사람이 들어도 그리 큰일 것이 없다는 생각을 반복 연습한 때문이 아닐까요(비록 5-6일밖에 못했지만요)라고 조심스럽게 대답하였다. 그러면서 지난 주에는 MT가서 놀고 수업이 없어서 그런 지도 모르겠다고 했다. 상담자는 내담자에게 수업 때만 그런 것이 아니고 남들과 어울려서 놀 때에도 그렇지 않느냐고 물어보자 교수님 혼자 조용한 가운데 이야기하고 자신은 듣기만 하는 상황이기 때문에 더 힘들다고 했다.(상담자는 이 부분에서 왜 듣기만 하는 상황에서 더 힘이 드는지 명료화 하지 못하고 넘어갔다. 차후에 다시 명료화 하기로 한다.[1]) 풍방에는 꽹과리를 치는 오빠가 있는데 그 오빠가 무척 좋아진다고 하였다. 상담자는 그것은 아름다운 감정이며 소중한 것이라고 대답하였다. 그리고 합리적 신념이 내재화 되도록 계속해서 그 신념을 되뇌이고 반복적으로 연습할 것을 격려하였다. 추가 숙제로 앞으로 일부러 꾸르륵 소리가 다른 사람들 앞에서 나도 아무렇지도 않게 행동하는 연습, 즉 수치심 공격하기 연습(shame attacking exercise)을 10번 정도 경험해 보는 것을 내주었으며 이번 회기의 녹음 테이프도 다시 들어볼 것을 과제로 내주었다.(그리고 이 정도의 속도로 내담

---

1) 5회 면접에서 다시 다루고 있음.

자의 행동변화가 진행되면 앞으로 4번 정도만 더 만나자고 제의하였다.)

♥ 제4회 상담 , ＊＊＊＊년 3월 19일(水) - 내담자의 저항 출현

수치심 공격하기 연습(shame attacking exercise)을 하는 것이 힘들었다고 하였다. 전상태로 돌아가는 느낌이 들었으며 얼굴이 달아 올랐다고 말했다. "오늘 아침 '종교와 인간' 시간에 2시간을 연강하는 수업이었는데 장소리가 조금 났어요"라고 했다. 물론 아무도 못 들었고 나만 들었는 데도 얼굴이 화끈하게 달아 올랐어요. 상담자는 그때에 어떤 생각이 들었느냐고 물어보자 "저 아이는 다른 아이들과 틀리고 지저분하고 이상한 아이야"라고 할 것만 같았다고 하였다. 여자 아이들과 있을 때는 별 문제가 없는데 남자 학생들과 있을 때 특히 호감이 가는 남학생이 있을 때 더욱 심해지는 것 같다고 느꼈다.(상담자는 이 부분에서 이것도 그의 추측일 뿐안찌 아니면 사실의 상황에서 발생한 것인지 확인을 못하고 넘어갔다.) 남자 아이들이 "저 아이는 참 지저분한 아이야 라고 생각하면 큰일이다"라는 생각도 들었다고 하였다. 그러나 이것도 스쳐지나가는 생각일 뿐 근본적인 생각은 아닌 것 같다고 하였다. 상담자는 그렇다면 좀 더 본질적이고 근본적인 생각이 무엇인지 찾아오는 것을 숙제로 내주었다.

녹음 테이프 듣는 숙제에 대해서 상담자가 점검을 하자, 듣긴 들었는데 별 내용이 없는 것 같다고 말했다. 그전 회기보다 내용도 없고 재미가 없었다고 하였다. 그것은 자신의 변화되는 모습이 보이지 않았기 때문이라는 설명도 덧붙였다. 여기에서 상담자는 내담자가 저항하고 있는 것을 감지하였다. 오늘 회기에서도 자신이 변화되는 것 같지 않고 숙제도 하기 싫었고 녹음 테이프에서도 별로 얻은 것이 없고 다시 옛날로 되돌아 가버린 느낌이 든다고 강조하여 표현하였다. 지난 주에 상담자는 이런 속도로 변화되면 앞으로 4회기 정도를 더 만나고 상담을 종결할 수 있는지에 관해서 판단해 보자고 하였는데, 내담자가 이 말을 받아들일 심리적 준비가 되어 있지 않은 상태에서 이루어진 것 같았다. 상담자는 내담자에게 상담의 궁극적인 목표가 상담을 받지 않고도 '홀로서기'를 잘할 수 있는 건강한 인간이 되는데 있음을 역설하였다. 그래서 상담자는 잠시 도와주는 사람일 뿐 영원한 동반자가 아님을 분명히 하였다.

상담자는 또한 내담자의 적극적 참여가 부족하기 때문에 내담자가 그런 생각을 하게 된 이유 중의 하나일 것이라고 말했다. 다시 한 번 일상생활 속에서 실천해야 되는 숙제의 중요성에 대하여 일깨워 주었다. 그러자 그는 자신이 열심히 하지 않아 선생님께 죄송하고 선생님의 설명을 통하여 과제수행의 중요성을 뼈저리게 깨달았기 때문에 이제부터 더욱 열심히 과제를 실행하겠노라고 다짐하였다. 상담자는 일과기록표, 비합리적 생각의 장점과 단점비교표, 그리고 역기능적 사고기록지를 복사해주며 여기에 차분히 기록해 올 것을 숙제로 내주었다. 특히 수치심 공격하기 연습(shame attacking exercise)을 열심히 해올 것을 강조하였다.

♥ 제5회 상담, ＊＊＊＊년 3월 27일(목)

내담자는 아주 밝은 표정으로 상담실에 왔다. 그러면서 자신이 지난 한 주 동안 해왔던 숙제를 내놓았다. 그가 가져온 일과기록표를 상담자는 쭉 훑어 본 다음에 *혼자 교정을 돌아다님*

활동기록표 (ACTIVITY CHART)

	23일	24일	25일	26일	27일
6-7 오전		기상, 식사	기상, 식사	기상, 식사	기상, 식사
7-8	기상	감기약 먹고 잠	전철-C언어 독서	전철-콩나물	어제 '롤타'의 영
8-9	식사, TV	전철	일반수학Report (도서관)	도서관-일본어	향으로 곤죽으로 잠
9-10	TV, 신문뒤적임	(명상-참선)	(수학기초)		나갈 준비
10-11	과외준비	(영어회화)	(〃)	(종교와 인간)	전철
11-12 점심	과외준비, 줄넘기	(영어회화)	(〃)	(종교와 인간)	(실습)
12-1 오후	식사	식사	식사	식사	(실습)
1-2	수면	Time 동아리가서놂	(실용영어)	롤러스케이트탐	식사
2-3	애들 기다리다 또잠	혼자 교정돌아다님	(실용영어)		친구들과 놂
3-4	영현이	일반수학시간인데 휴강이었다	(생물학개론)	(일본어)	(에어로빅)
4-5	은환이 과외	그래서 영주랑 동아리 둘러봄	(생물학개론)	(일본어)	(에어로빅)
5-6		풍방에 있다	도서관서 지금 정리중	(일반수학)-발표	선배랑 장기 둠
6-7	할일없이 서성임	전철	OT친구들 모임	전철-Time지	전철
7-8	식사	식사, 약먹고 잠		식사	
8-9	소영, 정근			과외	
9-10	은호 과외		군것질하고		
10-11		용호오빠랑통화	TV시청		
11-12 저녁			잠	목욕	
12-1 새벽		엄마랑 대화	일반수학숙제	취침	
1-2	취침	취침	안해서 허둥대고		
2-3			조급해지는 꿈을 꿈		
3-4			일반수학Report 작성		
4-5					
5-6					

이라고 기록한 부분에 대해서 질문을 하였다. 그는 교정을 혼자 거닐면서 무슨 생각을 정리하려고 시도하였다고 하였다. 자신을 휘감는 나쁜 기분, 심적으로 혼란스럽게 하는 그 기분의 실체를 파악하고 싶었는데 찾지 못했다고 하였다. 그러나 그 기분도 전에는 주체할 수 없이 터져 나왔는데 지금은 전보다 빈도도 많이 줄었으며 강도도 상당히 약해졌다고 하였다. 정말로 상담의 효과가 큰 것 같다고 하였다. 사고의 중요한 부분이 바뀌어진 것 같다고 하였다. 그것은 바로 남의 이목에 지나치게 주의를 기울이지 않게 된 점이라고 하였다. 전에는 지하철에서 책도 못 보았다고 했다. 모든 사람들이 나를 쳐다보는 것 같고 "저 사람은 공부할 때가 없어서 지하철에서까지 공부하는 척하냐"고 할까봐 책도 못 보았는데 지금은 거리낌없이 책도 보고 전보다

역기능적 사고기록지 (DYSFUNCTIONAL THOUGHT RECORD)

날짜 및 시간	상 황	자동적 사고	정 서
3월 24일(월) 2시~3시	3시에 있는 일반 수학시간에 내가 자청해서 발표한 일이 있었다.	연이어 하는 2시간 강의에 나가서 얼굴이 붉어지고 말더듬으면 큰일이다. 난 흰띠에 노란색 가디건을 입고 있어서 정말 눈에 잘띄니까 애들이 상대적으로 많이 보겠지. 그런데 내가 불안하고 초조한 감정을 이기지 못하면 큰일이다. 발표가 있으니 결석할 수도 없고, 아니 난 잘할 수 있어. 그리고 남들은 나한테 신경 안써… 하지만 배 속이 불안정한 걸?	심히 불안정하고 혼란스러웠다.

얼굴이 붉어지는 횟수가 현저히 줄었다고 하였다. 남들은 공부할 때 시끄러운 소리에 예민한데 나는 오히려 조용할 때 괴롭다는 생각을 많이 하였고 내가 잘 못하면 "내 인생은 끝장이다"라는 생각도 이제는 안하게 되고 마음이 많이 안정되었다고 하였다. 장소리가 나는 빈도도 많이 줄어들고 소리도 작아졌다고 하였다. 전에는 장소리가 날 것 같으면 손이 차가워지고 식은땀이 났으며 때때로 이마에 진땀도 났는데 지금은 아니라고 하였다. 상담자도 내담자의 현저한 변화에 기뻐하면서 지난 3회 면접 때도 유사한 주제가 나왔을 때 명료화 하지 못한 부분까지 다시 꺼내어 물어보았다. 왜? 본인이 지각하듯이 다른 사람과 다르게 조용할 때 더 불안해 지느냐고 질문하였다. 내담자는 자신의 집이 도로변에 위치하고 있는데 집안 환경이 워낙 시끄러우니까 시끄러운 상황에만 적응이 되어 안정적인 느낌이 들고 조용한 상황에서는 적응이 안되어 불안한 것 같다고 하였다. 상담자는 시끄러운 상황에서도 적응을 잘 하듯이 조용한 상황에서도 안정적인 느낌을 갖는 것이 오히려 정상적이며 자연스러운 정서이므로 조용할 때에 익숙해 질 수 있는 노력을 할 것을 요구하였다.

고등학교에 다닐 때는 앞에 앉으면 긴장되고 괜히 불안이 엄습해 와서 뒷자리만 골라서 앉았는데 대학생이 된 후에 상담을 받으면서 앞자리만 찾아서 앉는다고 하였다. 그리고 수업집중도 잘 된다고 하였다. 성적도 고등학교 때처럼 비교할 필요도 없고 성적이 못나와도 자연스럽게 말하는 분위기가 또한 내담자를 편하게 해주는 요인으로 작용하는 것 같다고 하였다. 간혹 자신에게 완벽주의적 사고가 활성화 되려고 할 때마다 "내가 지금 이러면 오히려 나를 파괴적으로 몰고가기 때문에 안 된다"고 자기언어(self-talk)를 속삭이며 스스로를 제어하였다고 했다. 이러는 과정에서 자신의 혼란스러운 정서가 많이 나아지고 있음을 느낀다고 하였다. 그러나 무엇인가 찝찝하고 아직도 느껴지지 않는 정체에 대한 묘한 기분에서 벗어나고 싶다고 하였다. 상담자는 이 시점에서 내담자가 접수면접시 호소해 온 장소리, 손의 땀 등의 증상이 많이 해소 되었음을 상기시키면서 처음에 설정한 상담의 목표가 확실히 도달하였음을 서로 확인하였다. 이 지점에서 내담자에게 상담을 통해서 진정으로 얻고 싶은 것이 무엇인지에 대해서 탐색하였다. 자신은 지금 학교에서 듣는 강의인 '명상법' 그리고 '종교와 인간' 시간에 다루는 것이 자신 혼자서 문제를 해결하려고 했을 때 쓰던 방법이어서 그런지 아주 진지하게 듣고 좋아한다고 하였다. 그러면서 자신을 스스로 제압하는 정신적인 속박에서 자유롭고 싶다고 하였다. 상담자는 내담자가 말하는 정신적인 속박은 그가 자신과 세상을 바라보고 해석하는 그의 지각세계에 있음을 다시 한 번 확인시키면서 그 속박의 주제를 이루는 완벽주의적 사고에서 벗어나기 위한 진정한 노력을 기울일 것을 요구하였다. 그 일환으로 "이 세상에 아무도 완벽한 인간은 없다. 다만 최선을 다하여 살아가는데 진정한 삶의 가치가 있을 뿐이다"라는 신념을 깊숙히 성찰해 보도록 요구하였다. 아울러 철학적 사색을 많이 해 보는 시간을 갖도록 노력하라고 권유하며 회기가 마감되었다.

(3) 말기 상담과정(제6회~7회 종결회기) : 자기 조력 능력의 배양

♥ 제6회 상담, ****년 4월 4일(금)

내담자는 항상 시간을 잘 지켰는데 오늘은 약 1시간 정도 지각을 하였다. 상담자가 특별한 이유라도 있느냐고 묻자 내담자는 오늘 아침에 동생이 자신의 상담 테이프를 들어보고 있는 것을 목격했다고 했다.(상담자는 매회기 상담 테이프를 주면서 다시 한 번 들어볼 것을 숙제로 내준 터였다.) 그 때에 힘이 쭉 빠지고 기운이 없어졌다고 했다. 그때에 "혹시 동생이 어머니에게 말해서 내가 마치 정신병자가 된 것처럼 걱정을 하시면 어떻게 하나"라는 극단적인 생각이 들었다고 하였다. 그러면서 동생이 호기심이 많기 때문에 그럴 수도 있다 라고 생각하고 마음을 정리 했다고 하였다. 상담자는 그것만으로는 부족하고 만약 어머니가 상담을 받는 것을 알게 된다면 이제는 대학생이 되었으니 어머니에게 "내가 어떤 이유에서 상담을 받으며, 상담이란 무엇이고, 상담 선생님께서 나를 이렇게 도와주셔서 지금은 그 동안 몇 년 동안 해결되지 않은 문제가 해결되었다" 등 상담의 성과에 대해서 자세한 설명을 해드리라고 코치 하였다.

상담자는 구체적으로 지난 1주일 동안에 있었던 생활을 말해 달라고 했다. 내담자는 예전 같았으면 장소리가 나거나 손에 땀이 나는 등의 증상은 나타나지 않았다고 하였다. 그런데 기분은 그저 그렇고 이유없이 슬퍼진다고 하였다. 봄을 타서 그런 것 아니냐, 좋은 남자 친구가 생기면 되는 것 아니냐고 웃으며 넘어 갔다. 내담자는 증상이 나타나지 않은 것은 그동안 선생님께서 저를 돌보아 주셔서 그런 것 같다고 하였다. 3회 면접 때도 내담자는 선생님께서 돌보아 주셔서 든든하다는 말을 한 적이 있었다. 상담자는 그 때에도 내담자에게 선생님과의 관계는 언젠가 가까운 시일 내에 종결이 될 것이며 그 때까지 스스로 홀로 설 수 있는 심리적 힘을 기르는 것이 중요함을 강조한 바 있다. 이번 회기도 그런 강조를 하였다. 선생님은 혜수양처럼 심리적 어려움을 겪고 있는 사람들이 많이 있기 때문에 이제는 선생님의 시간을 다른 내담자를 위해서 사용할 때가 온 것 같다고 하였다. 사람은 만나면 헤어지고 또 헤어지면 만나고 이런 것들이 인생사의 순리가 아니냐고 말해 주었다. 내담자도 수긍하였다. 그리고 지금은 처음 상담실에 왔던 증상이 전혀 나타나지 않기 때문에 앞으로 시간 간격을 두고 더 관찰하고 싶다고 하였다. 상담자는 "선생님이 말해야 할 부분을 혜수양이 하는구나" 하면서 둘이 마주 보며 웃었다. 상담자도 좋은 아이디어라고 내담자의 생각을 접수한 후 몇 가지 사항을 상기시켜 주었다. 첫째 내담자의 증상이 나타나지 않은 것은 내담자가 생각이 바뀌었기 때문이라는 점, 둘째 내담자에게 예전 같으면 증상을 유도하는 환경이 많이 나타났음에도 불구하고 증상이 나타나지 않은 것은 확실히 내담자의 인지변화에 의한 것임을 다시 한 번 확인 시켜 주었다. 그리고 상담의 종결을 위한 예비작업을 가졌다. 먼저 REBT의 원리를 다시 한 번 자세하게 설명을 해 주었다. 그리고 ABCDE분석지를 작성하는 방법을 내담자 자신의 경험을 통해서 분석하고 설명해 주었다. 이를 계속해서 실천하고 기록에 옮기는 것, 상담자의 저서 『인지 · 정서 · 행동 치료』의 2장을 읽는 것, 그리고 내담자는 여태껏 자신의 약점에만 과도하게 주의를 기울이고 있음을 직면하면서 자신의 무궁 무진한 장점을 찾아 오는 것을 숙제로 내주고 회기는 마감되었다.

중기 상담과정의 요약

중기 상담의 초기(3회 면접)부터 내담자는 가시적인 진전이 나타나기 시작하였다. 내담자는 자신의 부적절한 정서(예 : 긴장감, 위축감)와 신체화 증상을 자신이 세상을 이해하고 지각하는 인지구조 때문임을 인식하게 되었으며, 이러한 학습의 효과는 증상이 거의 나타나지 않는데 기여하였다. 4회 면접에서 상담자는 내담자가 상담의 종결에 대한 심리적 준비가 충분히 되어 있지 않은 상태에서 앞으로 더 만나게 될 상담자와의 면접의 횟수를 정하자 저항의 모습을 보이기도 했다. 상담자가 내담자를 위해 한시적으로 존재해야 하는 이유를 설명하였고 내담자의 자발적 참여에 비례하여 바람직한 행동의 변화가 이루어짐을 설득하였고 이에 잘 따라왔다. 자신의 부적응 행동과 정서는 자신의 사고구조에 기인한 것에 대해 자신이 호소해온 증상의 제거와 함께 더욱 확고하게 인정하였으며 자신의 완전주의적 사고가 오히려 자신의 삶을 파괴하고 있음을 분명히 깨닫게 된다. "이 세상에는 아무도 완전한 인간은 없다. 다만 최선을 다하는데 진정한 삶의 의미가 있다" 라는 합리적 신념을 찾아 지속적인 사색을 통해 삶의 의미를 철학적으로 재조명해 보게 된다.

♥ 제7회 상담, ****년 4월 18일, (목) 종결회기

내담자는 지난 2주일 동안 증상이 전혀 나타나지 않았다고 보고하였다. 상담자는 이제 문제가 완전히 해결되었다고 보아도 괜찮겠느냐고 하자 이 세상에 완벽하게 해결되는 것은 없으므로 거의 해결되었다고 대답하였다. 상담자는 내담자의 자신감있는 표현에 기뻐하면서 오늘이 예정했던 대로 종결의 시간이기 때문에 상담종결 목록표(『인지 · 정서 · 행동치료』 종결편 참조)를 보면서 내담자와 같이 아래의 사항들을 확인해 나갔다.

먼저, 바람직하지 못한 행동을 변화시켰는가와 변화된 바람직한 행동이 앞으로도 계속해서

지속될 것인가에 대해서 알고 싶다고 했다. 내담자는 바람직하지 못한 행동과 증상(예 : 장소리 나는 것 손에 땀이 나는 것) 등은 변화되었으며 아주 사랑하는 사람이 나타나서 마음을 설레이게 하면 몰라도 지금으로서는 지속될 것 같다고 하였다. 다음으로, 혜수양의 정서적 반응들이 더욱 더 적응적인가?에 대해서 물었다. 상담받기 전에는 속이 안 좋으면 수업시간에도 앉아 있지를 못했는데 책에서 보니까 이런 것을 '낮은 인내성'이라고 씌여있었다고 하면서 지금은 수업을 두 시간씩 연속으로 해도 견디어낼 수 있다고 하였다. 그 다음에는 혜수양이 자기 자신에 대해서 웃을 수 있으며 자기 자신을 쓸데없이 심각하게 받아들이지 않을 수 있겠는가?에 대해서 물었다. 자신은 지금 아주 편안하게 살고 있다고 힘주어 말하였다. 어려움을 피하는 대신에 행동을 함으로써 직면할 수 있겠는가?에 대해서 물었다. 그러면서 내담자의 증상을 예로 들어 질문에 대한 구체적 설명을 제공하였다. 어려움이라고 생각이 되면 그 어려움을 회피하지 말고 그 어려움을 받아들여서 그것이 별것 아니고 우리가 극복할 수 있다는 것을 알게 되는 것, 즉 돌파력있게 부딪쳐 나아가는 것이라고 말해주었다. 구체적인 예를 들면 혜수양이 장소리 나는 것을 수줍어하거나 쑥스러워하지 말고 장소리를 자주 남한테 들리도록 인위적으로 시도하는 태도를 갖는다. 그래서 다른 사람이 그 장소리에 별 반응을 안하는 경험을 하거나 반응을 하더라도 확대해서 지각하지 않음으로써 나에게 불안을 유도하는 자극이 아무것도 아니라는 것을 체험하게 되는 것이라고 말하였다. 그러자 자신은 그 부분에 대해서는 더 수행이 필요한 것 같다고 대답하였다.

그 다음엔 내 자신의 A, B, C를 잘 관리할 수 있겠는가?에 대해서 질문을 하였다. 그러니까 지난 번에 이미 설명해 준 것처럼 예를 들면 '내가 화가 난다'고 가정하자. 그 화를 유도하는 사건이 있을 때, 그 사건은 변화될 수 없는 현실이므로 그 현실에 대해 나의 생각과 지각을 통제했을 때 '화'라는 정서를 제거할 수 있다고 명료화시켜 주었다. 그러므로 '화'를 참는 것이 아니고 '화'를 나게 하는 생각을 찾아 그것을 바꾸도록 하는 것이 중요함을 강조하였다. 그렇게 하기 위해서 소위 화를 일으키는 비합리적인 생각을 합리적 생각으로 바꾸기 위해 '논박'하는 방법에 대해서 상담자가 활용했던 방법을 사용하여 구체적으로 교육하였다.

내담자는 자신이 이제는 어떤 생각이 '합리적'이고 어떤 생각이 '비합리적'인지 따질 수 있는 능력이 신장된 것 같다고 하였다. 마지막으로 내담자가 해결하고 싶은 문제가 줄어들어서 단순히 좋게 느끼고(feel better) 있는가 아니면 정말 내가 나아진 것(get better)인가에 대해서 물었다. 그는 단순히 좋게 느끼고 있는 것이 아니라 정말로 나아졌다고 하였다. 상담자는 인지상담방법을 적용했기 때문에 나아진 것인지 다른 어떤 이유 때문에 나아진 것인지에 대해서 확인해 나갔다. 예를 들면 상담 선생님을 기쁘게 하기 위해서 빨리 나은 것인지 아니면 나를 불편하게 만드는 상황 자체가 일어나지 않았기 때문인지에 대해서 물었다. 내담자는 이 둘다가 아니고 자신은 '인지구조'가 바뀌었기 때문에 나아졌다고 했다. 상담을 할 때 가르쳐 주신 방법이 아주 결정적인 도움이 됐다고 하였다. 상담자는 혜수양이 정말로 나아진 것을 어떻게 믿을 수 있겠느냐고 되묻자 만약 다 낫지 않았다면 선생님께 더 매달릴텐데 자신은 이제는 선생님의 도움이 없이 확실하게 홀로 설 수 있다고 하였다. 선생님께 상담을 받고 그 전에는 막연하게 알았던 것, 그러니까 구름이 막연히 걷힌 것 같았다면 지금은 확 뚫린 것 같다고 하였다.

상담자는 여태까지 7회기에 걸친 상담의 전체과정을 요약해 주면서 내담자로 하여금 증상이나 부적응 행동 그리고 그것을 갖도록 유도한 사건이나, 내담자의 인지구조와 지각의 체계에 대해서 다시 한번 확연히 보도록 ABC 모형을 제시해 주었다.

앞으로도 계속해서 인지상담 관련 서적을 읽고 자신은 물론 다른 사람들이 정서적, 행동적 어려움이 있을 때 REBT원리와 기법을 적용시켜 도울 것을 요청하였다.

내담자는 전에는 늘 죄를 느끼는 것 같았는데 지금은 심적인 부담감이나 무엇인가 죄어들고, 누르고 하는 것이 없어졌다고 했다. 그리고 불안, 분노, 극단적인 생각 때문에 힘들었는데 이제는 그런 것도 다 없어졌다고 했다. 전에는 잠깐 잠깐 스쳐가면서 자신을 분석했는데 이제 상담실에 와서 확실히 어떻게 조절해야 되는지 그 방법을 알았다. 인내심도 길러졌고, 무엇인가 세상을 즐겁게 사는 방법을 알게 되었다고 했다. 상담자는 내담자의 장점과 가능성에 대해서 격려해주고 7회에 걸친 상담은 종결되었다. 앞으로 한 달 후, 석 달 후 그리고 6달 후에 고양회기를 갖기로 하였다.

말기 상담과정의 요약

말기과정에서는 상담자의 일상생활 깊숙이 인지상담(REBT)의 원리를 적용하는 방법을 구체적으로 가르쳐 주었다. ABC의 분석과 자기논박의 기술, 그리고 실천행동의 중요성에 대해서 강조하였다. 종결회기에서 내담자는 앞으로 자신이 직면하게 될 어려움을 확실하게 대처할 수 있는 방법을 알았다고 했다. 어려움을 이겨내는 인내심도 길러졌고 세상을 즐겁게 사는 방법을 알게 되었다고 고백하였다.

(4) 추수지도(follow up)

♥ 제1회 고양회기, ＊＊＊＊년 5월 15일 (목)

혜수는 예전처럼 시간을 지켜서 상담실에 왔다. 지난 번보다 살이 쪘으며 훨씬 더 안정된 모습을 하고 있었다. 상담자가 더욱 아름답고 예뻐보인다고 하자 처음에 올 때는 불안하고 힘들었는데 지금은 심리적 문제가 해결이 되고 정서적인 안정을 찾게 되어서인 것 같다고 하였다. 상담을 종결한 후 지금까지 한 달 동안 증상은 완전히 사라졌고 다만 한 번 정도 강하게 기분이 몹시 나빴다고 했다. 그 이유는 친구랑 같이 일반수학 강좌를 듣는데 그 친구가 보통 때에 자신의 리포트를 베껴써서 자기와 같이 A⁺를 받았고 주변의 많은 사람들이 내가 수학을 훨씬 더 잘 푼다고 생각을 했는데 막상 중간고사를 끝내고 보니까 그 친구가 일등을 했다고 한다. 그래서 굉장히 패배감이 느껴지고 당황했다고 말했다. 그러나 시간이 지나면서 스스로 제 사고를 분석하고 나아졌어요 라고 대답하였다. 그냥 그럴 수도 있다고 생각했어요. 상담자는 막연하게 "그럴 수도 있다"라는 생각보다 Ellis의 11가지 비합리적 사고 중에서 "세상은 반드시 공평해야 되고 정의는 반드시 승리해야 된다"는 것이 있음을 환기시켜 주었다. 그 친구가 내담자의 리포트를 베껴서 썼기 때문에 당연히 내담자보다 못한 점수를 받아야 함에도 오히려 좋은 평점을 받은 것이 세상이 불공평하다는 현실을 드러내 준 것임을 말해 주었다. 상담자는 내담자가 추구해야 할 본질적인 가치는 외형적으로 편법을 활용하여 성적을 잘 받는 것보다도 평가받을 수 없는 실력을 쌓아가는 것이 더욱 중요한 것임을 강조하였다. 그 친구의 입장에서는 또 어떤 남모를 죄책감이 있을 수도 있다고 상대방의 입장을 헤아려 보는 기회를 주었다. 그 친구에 대해서 좋지 않은 감정을 갖고 싶지 않다고 했다. 내담자에게 그렇게 하기 위해서 어떻게 해야 되겠느냐고 묻자 자신의 사고구조를 잘 검검해서 정리하는 것이라고 대답하였다. 앞으로 자신을 불편하게 하는 일이 있을 때마다 꾸준히 REBT의 원리와 기법을 스스로에게 적용시켜서 나 자신을 보호해가고 좀 더 성숙하게 성장시키는 것이 중요한 일임을 다시 한 번 강조하였다.

내담자는 너무나 많이 변화되었고 성장하였다고 하였다. 그 전에는 증상도 나타나고 엄청 기분도 나쁘고 했는데 지금은 증상도 안나타날 뿐더러 나쁜 기분을 느끼는 방법조차도 잊어버렸다고 했다. 지금은 변화된 것을 생각하면 정말로 행복하다고 했다. 상담자는 다시 한 번 확인하기 위해서 어떤 이유 때문에 그렇게 변화하게 되었느냐고 물었다. 자세히는 알지 못하지만 상담하는 과정에서 자신의 잘못된 사고방식이 변화되어서 그런 것 같다고 하였다. 상담자는 이 시점에서 다시 한 번 내담자가 그 동안 지녔던 비합리적 생각을 상기시켜 주었다. 내담자는 또한 상담하는 과정에서 그 전에는 전혀 생각하지 못했던 원인을 발견한 것이 아주 주요했다고 했다. 지하철 안에서 책을 못보던 것도 '남의 이목을 너무 중시했던 것' 때문임을 알게 되고 스스로 행동을 교정하게 되었다고 했다. 내담자는 자신의 행동을 자신이 주도하여 이끌어가는 데 자신감이 생겼다고 보고하였으며 여름방학 때에는 친구와 함께 미국여행도 계획하고 있다고 말했다. 내담자는 사고를 확고하게 하기 위해서 어떤 식의 생각을 해야 되는지에 관해서 조언을 구해 왔다. 상담자는 이제는 어떤 한 가지의 내용을 담은 합리적인 사고를 머리속에 되뇌이고 낭송하여 내재화 하는 것을 나아가서 나의 사고의 폭을 넓히는 것이 중요함을 강조하였다. 앞으로 폭넓은 독서를 많이하고 그 독서를 통해서 사색한 내용들을 삶의 뿌리 깊은 철학으로 통합시키는 작업을 내담자가 하면 좋을 것 같다는 숙제를 내주고 고양회기는 마감되었다. 제2의 고양회기는 지금부터 약 3.5개월 후인 9월 1일에 갖기로 하였다. 내담자는 오늘이 스승의 날이기 때문에 아래의 내용을 담은 조그만 카드를 남기고 떠났다.

사랑하는 박경애 선생님

선생님과 상담하기 전을 돌이켜 보면 한 때 나쁜 꿈을 꾼 것만 같아요. 아스라히 사라지는 꿈같이 그때의 상황들과 정서들이 조금씩 잊혀져가네요. 상담한 지 두세 달밖에 안됐는데두요. 이런 성과와 지금은 달라진 제 자신을 볼 때 무척 기쁘고 선생님께 감사합니다. 어떠한 우연인지 인연인지 참 기막힌 만남이었지요. 선생님은 프로이신가 봐요. 다시 한 번 감사드리고 이런 만남을 있게 해준 어떤 분께도 감사기도 드려요. 앞으로 열심히 살아갈 꺼예요, 선생님! 감사합니다.

<u>××××년 5월 15일 김혜수 올림</u>

> P.S. 열심히 산다는 것에 대해서 좀 더 써보고 싶네요. 제 사고와 선생님으로부터 배운 그 분석력이 살아있는 한 아주 건강하게 살아갈 자신이 있습니다. 만약 전의 제 모습을 하고 있는 친구들이 있다면 그 사고를 잘 바꿔 인생이란 동전의 양면과 같다는 것을 깨닫기 바래요.

♥ 제2회 고양회기, ****년 9월 1일 (월)

혜수는 예외없이 약속시간인 오후 5시가 되자 상담실의 문을 노크하였다. 그녀는 오늘 학교의 동아리 '풍물패'에서 개최하는 개강굿이 있었는데도 상담자와의 약속이 더 중요하기 때문에 상담실에 왔노라고 하였다. 그리고 지난 학기의 성적이 우수하여 이번 2학기 때에 장학금도 탔다고 자랑하였다.

지난 3~5개월 동안 증상은 전혀 나타나지 않았다고 하였다. 그 전에 상담 선생님과 자신을 비교하면 자기는 한없이 초라하고 작게만 느꼈는데 이제는 선생님을 인간 대 인간으로 만날 수 있게 된 것 같다고 하였다. 그래서 자신이 더 이상 작거나 초라하게 느껴지지 않는다고 하였다.

또한 지난 날에는 쟁반에 물을 떨어뜨렸을 때 한쪽 방향으로 흐르는 것만을 생각했었는데 이제는 여러 가지 방향으로 물이 흐를 수 있다는 것을 알게 되었다고 하였다. 자신의 과거의 모습은 자기 생각이 최선이고 그것 밖에는 달리 길이 없다고 생각했다고 하였다. 그러나 이제는 여러 가지 가능성을 모색하고 생활하다보니 어느덧 자신의 삶 속에 생기는 활기와 넘치는 여유를 느낄 수 있다고 하였다. 학교에서 친구들도 자신을 항상 밝은 모습과 아름다운 미소를 가진 사람으로 평가해 준다고 좋아하였다.

내담자는 이제 앞으로의 자신 모습을 그려보면서 인생의 목적, 참된 삶의 의미 등에 대해서 깊은 사색을 해 보게 된다고 했다. 상담자는 삶에 대해 깊이 관조해 보는 좋은 기회인 것 같다고 격려해 주었다. 이에 덧붙여서 우리의 궁극적인 목적은 '행복하기' 위해서 사는 것이고 이를 위해 우리가 행해야 할 것에 대해 생각해 보는 시간을 갖게 하였다. 이 행복은 지금 이 순간 나의 부족하고 모자란 부분을 겸허하게 채워가면서 가능한 것임과 나의 상황과 위치에서 자족하는 것을 배우는 것부터 시작하는 것임을 상기시키면서 제2회 고양회기는 마감되었다.

1998년이 시작된 어느날 내담자는 다음의 편지를 보내왔다.

사랑하는 박경애 선생님

방금 전 1998년 무인해의 시작을 알리는 타종이 울렸어요. 그리고 누구보다도 더욱 성숙할 수 있도록 절 인도해 주신 선생님과 이 시간들, 당찬 새해를 맞이하고 싶어 이렇게 펜을 듭니다.

세상은 제가 어둡게만 상상한 것 백 중 하나 정도나 일어나는 곳일까요? 이렇게 신념을 바꾸니 자유롭고 온 세상이 가슴 가득 밀려오는 것을….

다시금 선생님과 인연을 맺은 것에 대해 감사히 생각합니다.

저는 저를 사랑해요. 하하하. 이 말이 좋군요. 그리고 남자 친구도 생겼어요. 지금 그 애가 크리스마스 선물로 준 곰인형을 안고 쓰고 있는 걸요. 아 참. 언젠가 선생님께서 남자 친구 사귀는 것에 관해서도 얘기해 줘야 하는데라는 말을 얼핏 들은 기억이 나는데 꼭 듣고 싶네요. 그 애를 너무나 사랑해가는 제가 어쩔 땐 두렵기도 해요.

하여튼 지금은 행복하기만 해요. 선생님.

선생님은 세상에서 꼭 필요한 사람이 되셨으니 일의 성취면에서는 단연 성공자이십니다. (저도 세상이 꼭 필요로 하는 누군가가 되고 싶은데 아직 정확히 미래의 모습을 모르겠어요). 항상 옛날의 저처럼 당신을 간절히 필요로 하는 사람들에게 빛이 되어주십시오. 사랑합니다. 선생님. ('선생님' 보다 더 친근한 용어는 없을까요? 갑자기 어감이 딱딱해지는 것 같아서 말이지요. 히히) 새해 복 많이 받으세요. 무인년 새벽에 올림.

♥ 제3회 고양회기, ＊＊＊＊년 3월 31일(화)

혜수는 더욱더 성숙되고 아름다운 모습으로 상담실에 왔다. 자기 얼굴처럼 생긴 맛있는 귤을 한 웅큼 사가지고. 같은 과의 남자 친구도 사귀며 재미있게 학교생활을 하고 있다고 했다. 지난 학기에는 너무 열심히 놀아서 이번엔 장학금도 못 탔다고 하였다. 지난 3월 29일이 자기 생일이었는데 여기저기 모임에서 5번씩이나 생일 축하를 받았다고 좋아하였다. 상담자는 조심스럽게 혜수를 그토록 고생시켰던 '장소리'에 대해서 물어보았다. 혜수는 전혀 나타나지 않았다고 하였다. 그전에는 몸이 조금이라도 힘들면 장소리가 나서 괴롭혔는데 지금은 아무리 힘이 들고 속이 안좋아도 전혀 그런 증상이 안나타난다고 했다. 한마디로 편하게 살고 있다고 하였다. 상담자는 어떻게 그렇게 혜수양을 괴롭혔던 그 증상이 전혀 나타나지 않을 수 있느냐고 반문하였다. 혜수는 그런 증상이 전혀 나타나지 않아서 그전에 얼마나 고생을 했는지도 잊어 버렸다고 하였다. 자기가 옛날에 너무나 고지식하고 외곬수였기 때문에 세상을 바라보는 시야가 좁아서 그런 문제가 발생했던 것 같은데 지금은 자신의 남자 친구도 그런 식으로 사귄다고 했다. 한 아이만을 좋아하게 되니까 다른 남자 애들이 눈에 들어오지 않는다고 했다. 상담자는 지금은 모든 면에 있어서 결정을 하는 시기가 아니고 시행착오를 하면서 자기에게 맞는 사람을 찾아가는 시기임을 강조하였다.

상담자는 내담자가 상담 초기에 "선생님 제가 이 증세만 해결을 하면 무슨 일이든지 다 할 수 있을 것 같아요"라고 했던 말을 상기시켰다. 혜수양이 이렇게 어려운 문제를 해결하였으니 이제 무슨 일이든 열심히 하고 꿈 많고 활기있는 젊은 날을 꾸려갈 것을 당부하였다. 특히 자기 인생의 전성기에 있을 때 미래를 위한 준비를 철저히 하여 나에게 주어진 일회성의 생을 의미 있게 보내야 하는 것에 대해서 잠시 논의하였다. 그러는 과정에서 여러 가지 어려움과 장애가 나타날 수 있는데 그 때는 상담시간에 배웠던 기술과 철학을 가지고 잘 해결해서 삶의 승리자가 되기를 부탁하고 전체의 상담과정은 막을 내렸다.

3. 상담과정의 전략, 사용기법, 이론적 개념

본 사례에서 사용했던 인지상담의 이론적 개념이 어떻게 상담과정 중에 적용되었으며 각각의 장면에서 활용되었던 기법에 관하여 설명을 하고자 한다.

1) 치료적 관계의 구축

♥ 전문성과 인간적 자질

건전하고 확고한 치료관계는 효과적인 상담을 위한 초석이다. 상담자의 전문성과 인간적 자질은 돈독한 상담관계를 위해서 필요충분조건이다. 상담관계는 문제를 가진 내담자와 그 문제의 해결을 도와주는 상담자간의 독특한 상호관계이다. 여기에서 무엇보다도 중요한 것은 상담자의 내담자가 지닌 문제의 본질을 이해하고 해결을 도울 수 있는 전문성에 있다. 또한 상담과정 속에서 한 인간과 또다른 한 인간의 인격적 만남이 이루어지는 성찰의 장이기도 하다. 내담자가 아무런 위험을 느끼지 않고 자신의 이야기를 하게 하기 위해서는 상담자에게서 느껴지는 인간적 호감, 그의 따스함 그리고 인격적 성숙 안에서 가능하다.

2) 접수면접

일반적으로 접수면접시의 가장 중요하게 초점을 두고 이루어져야 할 과업은 내담자에 관하여 가능한 충분한 정보를 수집하는 것이다. 이를 효과적으로 수행하기 위해서 대면 면접뿐 아니라 상담신청서, 개인정보 자료(참고, 『인지.정서. 행동치료』의 부록 1, 2) 등의 자기보고식 기록지를 활용할 수 있다. 대개는 약속한 접수면접시간보다 한 시간 정도 일찍 오게 하여 작성하게 한다. 이를 토대로 하여 내담자의 호소문제에 대한 잠정적 진단을 내리고 그에 적합한 치료계획과 전략을 세우기 위해서이다.

♥ 숙제의 활용

상담자는 이 내담자를 위해 상담의 인지적 방법을 활용하기로 결정 하고 접수면접이 끝난 직후부터 다음 회기까지 수행해야 할 다양한 숙제를 내준다. 이 내담자의 행동변화에 필요한 숙제를 그 때 그 때 제시하여 행동변화를 위한 시간을 단축시켜 나갔다. 숙제는 상담이 종결될 때까지 계속된다.

3) 2회 상담과정

교육적 접근

인지상담의 중요한 특성 중의 하나는 교육적 접근이다. 상담과정 중에서 상당한 부분의 시간이 교육을 하는데 할애가 된다. 상담자는 이 교육을 통하여 내담자가 지닌 문제를 보는 관점과 문제 해결의 과정을 인지상담이론의 입장에서 알게 한다. 이를 통해 내담자가 상담의 전체 과정에 적극적으로 참여하며, 새로운 문제가 생길 때 스스로 해결할 수 있는 능력을 배양하기 위함이다.

♥ 상담목표의 설정

상담초심자뿐만 아니라 상담전문가들도 때때로 상담의 목표의 설정을 잊어버리고 그냥 지나가게 되는 경우가 많다. 상담의 목표는 상담자와 내담자 모두에게 상담의 방향감을 제시해주는 나침반과 같은 역할을 한다. 인지상담에서 상담의 목표를 세울 때에 유념해야 할 점은 다음과 같다.

- 상담자는 내담자와 협력하여 상담의 목표를 설정한다.
- 상담의 목표는 내담자의 문제와 관련하여 긍정적인 용어를 사용한다.
- 상담의 목표는 구체적이고 명확한 행동적 용어로 표현한다.

♥ 인간의 존재와 인간이 하는 행동의 분리

우리들이 무심코 하는 실수 중의 하나는 인간의 행동과 인간 그 자체를 동일선상에 놓고 생각하는 것이 있다. 인지상담의 인간관은 사람은 누구나 살아서 숨쉬는 한 고유하고, 독특하고, 존엄한 존재임을 강조한다. 다만 문제가 있다면 인간이 하는 행동뿐임을 강조한다. 이는 기독교에서 강조하는 "'죄'는 미워하되 '인간'은 미워하지 말라"와 같은 개념을 담고 있다.

♥ 자기언어 (self-talk)의 활용을 강조함

인간의 사고는 어린 시절부터 이웃, 사회, 문화의 영향을 받아서 스스로 자기주입에 의해서 사고가 형성되었다고 본다. 그러므로 새로운 사고의 내재화를 위해서는 자기대화를 통한 반복적인 주입을 지속적으로 할 것을 요구한다.

♥ 언어의 교정

상담과정 중에 내담자는 "다음 상담시간에 늦으면 큰일이다"라는 말을 한다. 내담자는 이 언어가 과장된 표현으로 현실을 정확하게 바라보고 있지 않음을 지적하였다.

Ellis의 인지상담이론은 일반어의론(general sementics)의 영향을 받았다. 일반어의론에서는 언어가 사고의 중추이므로 구체적이고 정확한 언어의 사용을 강조한다. 과장적 언어의 사용을 통해 사고에 잘못 영향을 끼칠 수도 있음을 염려하는 것이다. Korzybski와 같은 언어학자들은 인간의 언어체계는 사고를 도와주기도 하지만 제한하기도 한다고 주장한다. 우리의 언어는 생각하고 있는 것을 결코 완벽하게 표현해주지 못한다. 우리의 사고와 언어가 1대1의 대응관계에 있지 못하지만 우리의 사고에 가장 밀접하고 근사한 언어의 사용은 중요하다.

4) 3회 상담과정

♥ 수치심 공격하기 연습의 활용

3회 상담에서 상담자는 내담자에게 수치심 공격하기 연습(shame attacking exercise)을 숙제로 내주었다. 이는 3회기 축어록에서 잘 나타나 있는 것처럼 Ellis 자신의 개인적 경험을 토대로하여 스스로의 실험에 의해서 생성된 방법이다. 이 기법이 시사해주는 점은 다음과 같다.

- 사람에게 공포를 유발하는 자극은 점진적으로 노출되는 것보다 한꺼번에 노출되었을 때 그 자극에 대한 공포가 사라진다.
- 인간행동의 변화는 전통적 행동주의 방법에 의한 강화가 없어도 일어날 수 있다. (Ellis의 경우에 100여 명의 여성 중에 단 한 명이 데이트에 응해 주었다. 그리고 그 한 명도 실제로 약속한 시간에 나타나지도 않았지만 이 연습을 통해 여성에 대한 공포가 완전히 사라졌다고 보고하고 있다.)

5) 4회 상담과정

♥ 내담자의 저항 출현

인지상담에서는 내담자의 저항을 여러 가지로 해석하고 있다. (참고, 『인지·정서·행동치료』, 4장 3절) 여기에서는 내담자가 상담에 대한 종결의 준비가 심리적으로 되어 있지 않은 상태에서 상담자가 종결이야기를 꺼낸 것이 그 원인이었던 것 같다. 내담자는 자신이 지닌 문제의 핵심을 간파하고 그 해결을 도와줄 수 있는 적임자와 어렵게 이룩한 관계를 빨리 종결하고 싶어하지 않았다. 이것을 상담자는 영원한 동반자가 아니고 잠시 도와주는 사람임을 언급하고 어차피 인생은 혼자의 책임하에 행복을 쟁취해가는 과정임을 강조하면서 내담자의 저항문제를 다루어 나갔다.

♥ 생각의 객관성 검증

내담자들이 사실이라고 굳게 믿는 생각 중에 객관적으로 사실일 수도 있지만 사실이 아닐 수도 있는 생각들이 있다. 사실일지도 모른다는 추론적 생각을 내담자의 잘못된 판단에 의하여 그것을 의심하지 않고 객관적인 사실로 받아들이는 경우가 허다하다. 이럴 때에는 이것이 사실인가 아닌가를 분명히 짚고 넘어가야 한다.

♥ 녹음테이프듣기

상담자가 자신이 상담한 테이프를 다시 한 번 들어봄으로써 상담시간 중에 미처 생각하지 못하고 넘어간 임상적으로 중요한 부분을 다시 찾아내고 상담과정에 활용할 수 있다. 상담자가 두 번의 다른 회기를 수행하는 것보다도 한 회기의 테이프를 다시 한 번 들어봄으로써 자신의 상담력을 더욱 더 향상시킬 수 있다. 내담자 역시 마찬가지이다. 일련의 묻고 대답하는 질문이 계속되는 과정에서 놓치거나, 다시 생각해 볼 필요가 있는 상담의 내용을 반추해 봄으로써 중요한 내용을 다시 찾아올 수 있다.

6) 5회 상담과정

♥ 행동연습의 중요성

바뀌어진 생각이 완전히 내것이 되기 위해서는 끊임없이 그 생각을 지속하여 나의 행동과 곧바로 연결될 수 있도록 하기 위해서 연습의 중요성에 대해서 강조하였다.

7) 6회 상담과정

♥ 행동의 변화를 초래한 이유의 확인

내담자의 행동변화가 일시적인 상황이나 환경의 변화에 의한 것인지를 집요하게 확인하는 장면이다. 상담자는 내담자가 확실하게 자신의 인지구조의 변화 때문이란 고백을 듣고 내담자는 자신의 문제를 제대로 간파하고 해결하였음을 확인한다.

8) 7회 종결회기

♥ 자기조력능력의 배양

이 회기에서는 내담자의 자기조력능력을 배양시키면서 상담의 종결을 준비한다. 인지상담의 중요한 특징 중의 하나는 내담자의 자기조력 내지는 자기 치료의 능력을 향상시키는 것이다. 상담의 전과정을 통해서 내담자는 자신의 문제를 개념화하고 해결하는 과정을 체험한다. 이 과정을 통해 학습이 이루어지고 이 시점에서 가지고 있는 문제나 앞으로 새롭게 생기는 문제를 스스로 해결할 수 있는 자기치료적 능력의 습득을 강조한다.

♥ 추수지도- 고양회기 (booster session)의 계획

  비교적 단기간에 이루어진 본상담의 종결 후에 1개월, 3개월, 6개월 후 고양회기(booster session)를 계획하여 상담추수지도가 수행될 수 있다. 이기간은 대체로 6개월 내지 1년여 동안 내담자의 행동변화를 점검하고 그것의 영구화를 위해 어려움을 찾아내고 스스로 도울 수 있는 채널을 열어놓는다.

4. 사례의 종합 해설

  내담자는 비교적 평범한 어린 시절을 보냈다. 중학교에 갓 입학하였을 때 담임 선생님께서 "혜수는 행실도 얌전하고 얼굴도 예쁘게 생겼네"라고 하신 말씀이 계기가 되어 조신하고 얌전하기 위해 무던히 애쓰며 매사에 완전하고 빈틈없이 하려고 부단히 노력해왔다. 그런 덕택에 공부도 잘하고 예능 방면에도 뛰어난 재주를 보이면서 성장하였다. 고등학교 2학년 때에는 길을 가다가 우연히 만난 중학교 2학년 때의 담임 선생님께서 "너는 다른 애와 비교하면 하늘과 땅 차이다"라고 하시며 추켜세운 것이 또 하나의 결정적 계기가 되어 자기 자신은 누구보다도 잘나고 완벽하게 살아야 한다는 비합리적 신념을 강하고 단단하게 강화시켜가고 있었다. 그러면서 "나는 내가 제일 잘나야만 한다"를 삶의 가치와 철학으로 내재화하였고 이를 뒷받침하기 위해 열심히 노력하며 살아왔다. 그 덕택에 학교에서 공부는 상당히 잘하게 되었으나 자기보다 조금이라도 우수한 부분이 있는 아이들과는 친구관계를 맺는 것조차도 거부하였다. 그리고 자기가 좋아하는 사람에게는 잘나야 하고 예뻐보이기 위해서 부단히 노력하던 중 식은땀이나 장 소리(장에서 나는 꾸르륵 소리) 등의 신체화 증상이 나타났고 대인관계에서 심한 위압감과 불안감이 내담자를 심하게 괴롭히기 시작하였다. 고등학교 3학년 때, 그 바쁜 와중에서도 자신의 어려움을 극복하기 위하여 혼자 요가책, 명상책 등을 보면서 매일 30분에서 1시간씩 명상하면서 문제를 해결해 보려고 무던히 애를 썼으나 모든 것은 수포로 돌아가고 만다. 부모님께 말씀 드려서 한약도 복용하였으나 효험이 없었다. 병원도 갔었는데 생리적으로는 아무런 이상이 없는 기능성장애라는 진단이 나왔다고 하였다. 상담자는 그간의 여러 가지 정황을 통해 내담자의 증상이 기질적 원인이 아님을 확인하게 되었다. 이런 경우 심리적 원인, 즉 인간의 사고구조와 인지기능에 원인이 있음을 가정하고 역기능적 신념의 탐색에 몰입하였다. 5회의 상담에서 자신의 질병이 기능성 장애자라는 진단이 나왔음을 말하였고, 또한 내담자 자신의 '지적 기능이 상당히 높은 사람이었기 때문에 인지상담이론서 읽기를 숙제로 내주고, 내담자의 부적절한 정서, 부적응적인 행동 그리고 기타 증상의 원인이 사고구조에 있음을 여러 차례 교육을 시켜가면서 상담을 하였다.

내담자는 인지상담이론의 원리와 개념들을 재빨리 알아차리고 습득하였으며 자신의 일상생활 속에서 적용시켜 나갔다. 횟수가 더해 갈수록 내담자의 향상은 거듭되었다. 두 번의 상담회기를 마친 후 증상이 거의 나타나지 않았으며 종결회기까지 완전히 사라졌다고 보고하였다. 이것은 상황변화에 의한 단순한 증상의 제거가 아니고 증상을 유도했던 비합리적 신념을 정확하게 파악하고 이를 합리적 대안신념으로 바꾸어 내담자의 가치와 철학 속에 통합했기 때문에 가능한 일이다. 내담자는 자신의 변화가 확실한 증거로 더 이상 상담선생님께 매달리지 않는 것을 보면 알지 않느냐고 하였다. 종결 후 이루어진 3번의 고양회기에서도 좀 더 건강한 정서와 행동을 유지, 습득하기 위해 사고의 폭을 확보하기 위한 노력을 부단히 할 것을 다짐하였다.

본 사례는 상담의 인지적 접근을 시도하여 단기간에 바람직한 행동의 결과를 성취해낸 예이다. 이 접근법은 인간의 부적절한 정서와 부적응적인 행동의 원인은 내담자의 왜곡된 사고나 비합리적인 자기파괴적 신념에 있다고 보기 때문에 내담자의 사고에 초점을 두고 상담이 이루어졌다. 또한 바람직한 사고의 내재화를 통해 정신건강을 유지하고 보다 성숙한 인간으로 자신의 삶을 꾸려갈 수 있음을 주장한다. 특히 주목할 것은 인지상담의 궁극적 목표는 단순한 사고의 변화와 신념의 교정이 아니고 건강한 인생의 가치와 철학의 습득에 있다는 것이다.

5. 상담의 전과정 축어록

아래의 축어록은 접수면접과 고양회기를 제외한 상담의 전과정 (2회~7회)을 녹음하여 그대로 푼 내용이다.

제2회 상담의 축어록

상담자 : 혜수양, 안녕, 전에 그 읽기 숙제는 읽어봤어요?

내담자 : 네, 상담의 방향을 알았어요. 그 다음 뒷부분은 안 읽었는데….

상담자 : 괜찮아. 그 뒤는 상담자교실 때 교육하기 위해서 주로 쓰는 내용이니까요.

내담자 : 제 문제점을 발견하고 그 실천방법에 대해 알았어요.

상담자 : 그래요. 대단하군요. 나중에 선생님이 또 다시 알려주겠어요. 선생님이 여기서 혜수양한테 이것을 통해 알았으면 좋겠다 하는 것이…. 여기(책을 보면서) 대학교 시험에서 떨어진 예가 있잖아. 어떤 애는 더 열심히 공부해서 다음에는 더 좋은 대학에 가야겠다. 생각하는 애가 있고, 어떤 애는 이제 내 인생은 끝장이다. 생각하는 애가 있잖

아. 선생님이 혜수가 이 책을 읽으면서 배웠으면 좋겠다 싶었던 것은, 사람들이 수많은 사건이나 상황들을 접하게 되는데, 그 때마다 그 사건이나 상황이―예를 들면, 혜수의 장을 막 꾸룩꾸룩 소리나게 만드는 것이 아니고, 그 사건·상황을 어떠한 생각의 눈으로 지각하느냐의 문제인거지요. 그러니까, 더 열심히 공부하는 애들이 떨어질 수도 있는거고 나만 떨어지는게 아니고, 다른 사람도 떨어지고, 사람은 실패한 만큼 성공하니까 열심히 해봐야지 라고 생각했을 때는 그 아이가 더 열심히 공부해서 좋은 대학에 가지만, 이 아이처럼. 나는 형편 없는 사람이고 내 인생은 끝장이구나 라고 생각했을 때는, 공부하지도 않고 정말 인생이 거기서 끝장이 나는거지요. 선생님은 이것을 통해서 우리가 느끼는 정서뿐 아니라 행동이라는 것은 우리가 어떻게 생각하느냐의 결과라는걸 알려주고 싶은 거예요. 다시 한 번 강조를 하면, 이건 참 중요한건데, 사람은 누구나 생각을 하지. 그리고 누구나 느낌이 있지. 또, 누구나 다 행동을 하지, '사고'가 있고, '느낌'이라는 걸 심리학에선 '정서'라고 하거든, 또 다른 말로 '감정'이라고 하기도 하고, (엄밀하게는 정서와 감정의 뜻이 다르지만)또 '행동'이 있지. 대체로 인간은 이 세 가지의 상호작용에 의해서 움직이는 거예요. 사고와 행동, 그리고 정서가 서로에게 영향을 준다. 혜수양이 "선생님을 아 그분은 참 훌륭하고 좋은 분이야." "그 분이 나를 이렇게 상담을 해주는구나"라고 생각을 하면, 선생님을 보면 네가 아마 기분이 좋을거야 그치? 그런데, "그 사람 이상한 사람이야" 그렇게 생각한다면, 네가 선생님 보면 기분이 나쁘지. 그리고, 그 분 훌륭한 분이라 생각한다면 선생님을 보면 공손히 인사하겠지. 인사한다는 건 행동이지. 그 사람이 훌륭한 사람이 아니라고 생각한다면 선생님보고 인사를 안할 수도 있지. 이렇게 인간은 느낌과 행동과 사고가 있는데. 사고에 의해서 느낌과 행동이 영향을 받는다는 거지요. 혜수양이 긴장된다고 했지요. 사람을 대하는데 불안하다. 긴장된다. 위압감을 느낀다고 하는 것은 대표적인 정서예요. 네가 위압감을 '느끼고' 때때로 장이 꾸룩꾸룩거리는 것은 '행동'이라고 볼 수 있지 얼굴이 빨개지기도 하는 것도 '행동'이지. 그런 때. 이런 정서와 이런 행동을 할 때는 반드시 혜수양을 움직이는 어떤 생각·사고 때문에 그렇다는 거야. 선생님이 주로 활용하는 상담기법이나 이론은 불안하고, 긴장되고, 위압감을 느끼고, 얼굴이 빨개지고, 손에 땀이나고 그러는 애들이 어떤 생각을 하고 있나 그 생각을 찾아서 고쳐주는 일을 하는거야. 상담과정 중에 그런 생각을 많이 고치는데, 대체로 우리가 이론에선 뭐라 그러냐하면, '완벽주의적 사고'라고 이름을 붙였지요. 잘해야 되고, 항상 1등을 해야 되고, 그러니까. 네가 지난 번에 말했지만, 항상 1등만 할 줄 알았는데, 어떤 애가 어느 순간 너보다 뭐든 우수한 애가 나타나니까 혜수양이 기가 죽고 그랬었잖아. 그 정도로, 항상 혜수양이 완벽주의적 경향이 있고, 욕심이 많다고 그랬었잖아. 네가 항상 뭔가 남한테 잘보여야 하고, 공부도 잘한단 말을 들어야 하고, 그런데, 사람이 그럴 수가 있니. 항상. 넌 공부 잘하는 애였는데. ○○大에 들어갔지. 너보다 조금 더 잘한 애들은 ○○大에 갔겠지 그 보다 조금 더 잘한 애들은 ○○

大에 갔겠지. 인간을 자꾸 학교라던가 그런 것으로 평가하려는 사람들은 이런 증세가 생긴단 말야. 그런데, 인간이라는 것은 어차피 차등이 있는 존재야. 특히 지금같은 경쟁사회에서는…. 어떤 사람은 그 기준에 의해 수능시험을 잘 봐서 ○○大가고, 어떤 사람은 그 기준에 의해서 조금 수능시험을 못봐서 어떤 대학에 가고, 그렇다고 해서 인간의 고유한 가치의 차이는 아니란 말야. 그런 것을 받아들이면 여러 가지 불편한 것들을 해소할 수 있는거야. 지금 네가 그것을 받아들이지 않으면, ○○大 가서도 난 반드시 1등을 해야하고, 과대표해야 한다는 생각이 꽉차 있으면, 1등하고 과대표하면 좋지. 그런데 1등이 안될 수도 있고, 과대표가 안될 수도 있지. 그것을 기쁘게 받아들일 수 있어야 정신적으로 건강한 사람이라는 거야. 무슨 말인지 알겠지요? 전에 혜수양이 말하는 것을 듣고 선생님이 생각할 때. 네가 아주 완벽주의적 사고를 많이 한다는 것을 느꼈어요. 한약을 먹어도 안 된다고 그랬는데. 혜수의 증상은 바로 이런 생각이 문제인데 생각을 고치지 않는데 한약 먹는다고 되니? 그 현상들이 신경성이라는 것을 알지? 신체적으로는 이상이 없는데, 혜수양의 심리가 그 중에서도 사고가 그렇게 만든단 말이지. 어떤 남자한테 잘 보이는 것은 참 좋지만, 잘못 보여도 상관이 없다구. 이 완벽주의적 사고가 왜 문제 되느냐 하면, 인간이 완벽하면 좋겠지. 그러나 그럴 수가 없는 걸 자꾸 추구하면 문제가 되는거야. 인간이 어떻게 완벽할 수 있겠니? 하느님만 완전하잖아. 교회다녀요?

내담자 : 아니요

상담자 : 신만이 완전한 존재라고 교회나 성당에선 그러거든. 교회·성당을 다니지 않는 사람도 마찬가지라고 생각할거야. 신(神)만이 완전한데, 자기의 실수나 헛점을 인정하려 하지 않고, 자꾸 완전해지려고 하니까 문제가 생기는 거지. 다른 사람에게 나의 허점을 드러내 보일 수 있는 사람이 정신적으로 건강한 사람이야. 그런데, 너 같은 경우의 애들이 완벽하려 한다구. 공부를 잘 해야만 한다. 1등해야 한다. 그런 생각 때문에 공부를 잘할 수도 있겠지. 그런데, 사람이 그렇지 않잖아. 나보다 잘하는 애들이 어딘가 있단말야. 또 그 애들보다 잘하는 애들이 어딘가에 또 있구. 우리 나라가 경쟁사회이기 때문에 인위적으로 사람을 차등을 두는건데, 경쟁사회가 아니라면 무슨 평가기준을 가지고, 사람을 평가하고 낙인찍고 이렇게 안하겠지요. 인간이 인위적으로 서열화된다고 해서 인간으로서의 고유한 본질 자체가 차등이 매겨지는 것이 아니란 말이지요. 인간과 그 인간의 행동은 항상 분리해야 돼요. 인간으로서 공부를 잘 하는 것. 얼굴이 예쁜 것이 있다면, 이 둘을 분리해서 생각해야 된다구. 인간은 누구나 다 고유하고, 독특하고, 존엄한 존재야. 다만, 그 행동이 공부를 잘할 수도 못할 수도 있을 뿐이지. 공부를 잘했다고 이 사람이 우수한 인간이냐? 그것은 아니지. 단지 공부를 잘하는 인간인거지. 공부를 못했다고 그 사람이 한심한 인간이냐? 그건 아니지. 고귀한 존재인데. 다만 공부를 못하는 것뿐이지. 그런데, 넌 너무 애써 완벽하려 하고, 남에게 잘 보이려 하는거지. 그럴 필요는 없어. 그냥 내 모습 이대로를 수용하고 받아들이

고, 다른 사람이 그대로 잘 봐주면 참 좋은거고, 반대로 잘 못 봐주면 그것은 내 문제가 아니라 그 사람의 문제고. 내가 이상해서 못 봐준 것이 아니라 그 사람의, 그 생각의 틀이 나하고 안 맞는거지. 그런데, 넌 다른 사람의 생각의 틀까지 조정을 해서 내가 잘 보여야 되고, 그 사람이 날 좋아해야 되고 이런 생각을 하잖아. 아니니 혜수야?

내담자 : ······.

상담자 : 선생님이 너무 몰아부친거니?

내담자 : 웃음.

상담자 : 일단 선생님은 혜수양 문제를 그렇게 파악을 했어. 혜수가 이제부터는 자기 약점·부족한 점을 인정하고 그래야지. 인간은 누구나 약점이 있는건데. 그것을 인정하지 않으려 할 때 많은 어려움이 생기는거야. 그래서 이런 것을(ABC 기록지) 해서 오라 한거야. 구체적으로 어떤 생각이 혜수를 이렇게 힘들게 하나? 해 왔어요?

내담자 : 예. 어제만 그랬어요. 그전까지 요즘에는 술자리 뒷풀이라고 해서 별 상황은 없었구···.

상담자 : 어디, 써서 갖고 왔어요?

내담자 : 예.

상담자 : "학교를 가는 도중 답답하고 근심, 걱정이 쌓여 장의 활발한 운동이 장 끝이 꼬이는···" 아프겠다 굉장히?

내담자 : 아니요. 아프진 않구요. 그런 느낌이.

상담자 : 그것은 느낌이지, 실제로는 장이 꼬였다 풀리면 굉장히 아퍼요.

내담자 : 한번도 안 꼬여봐서 모르겠어요.

상담자 : 그러니까. 혜수양의 느낌이지 실제로 꼬이는 것은 아냐. 그렇다면 그런 상황 이것은 혜수양의 행동이지 장의 행동···.

내담자 : 예.

상담자 : 그런 행동 밑에는 어떤 생각이 숨어 있음을 혜수양이 즉각 알아야 돼. 봐. 내가 잘 적응할 수 있을까 이런 의심이 드니까. 그리고 이 안에는 무엇이 있냐 하면, 적응하지 못하면 큰일이다 이런 생각이 든거야.

내담자 : 네. 인생의 낙오자처럼···.

상담자 : 그래. 바로 그런 생각이 드니까 장이 꼬이는 것 같지. 인생의 낙오자와 같다. 네가 이 생각을 하니까 장이 꼬이는 건데, 또 적응할 수 있을까라는 의문이 들지만, 나만 이런 걱정을 하는 것이 아니라, 우리과 애들이 다 그럴거야. 그리고, 내가 왜 적응하지 못하란 법은 없어. 혹시 내가 만약 적응하지 못한다 라고 하자. 그렇다고 내가 인생의 낙오자는 아냐. 이렇게 생각을 하면, 장이 안 꼬인단 말야. 숙제 잘 해왔어요.

내담자 : (웃음)

상담자 : (계속해서 ABC 기록지를 보면서) "수업 첫 시간······" 그래 그 때 불안했지?

내담자 : 네.

상담자 : 정서는 불안감이 엄습했고, 행동은 네 장이 이렇게 뒤틀리는 것 같은 행동을 했지. 그래 바로 이거야 그리고 이 장소리가 들리면 다른 애들한테 웃음거리가 될거다. 그거지? 그렇게 되면 큰일이야. 난 놀림감이 될거구. 그런데, 대부분의 경우에 장소리는 옆사람이 못듣게 되는 경우가 많아. 그리고 혹시 '이게 무슨 장 소리야' 그러면, '응, 내가 조금 속이 안좋아' 그렇게 싹 넘어가면 되는데, 무슨 말인지 알겠지, 혹시 누가 물어본다면, 물어보지 않고 넘어가지 누가 이런 경우에, 혹시 누가 트림을 했다고 가정해 보자, 그렇다고 누구야? 이러니? 그렇지 안잖아. 남이 수줍어할까봐 그냥 지나가잖아. 그치? 누가 만약 이 꾸르륵 소리를 옆에서 들었다고 해도 그냥 지나가지. '이거 누가 꾸르륵 했어?' 이러지 않아요. 그리고 혹시 재미로 누가 그럴 수 있지. 그때에는 그냥 '"내가 그랬어요" 그러구 말면 되는거야. 나중에 누가 혹시 극단적으로 그럴 수 있지 '너 장에서 꾸르륵 소리난다' 그러면 너도 그냥 웃음으로 받아쳐 '그래요 나 장에서 꾸르륵 소리나요' 별것 아닌 것처럼 그러면 큰 문제가 안되는데. 네가 이것을 만약에 '어머 이건 심각한거야 사람들이 날 놀리려고 하나봐' 이렇게 받아들여봐. 그러면 그 때부터 이것이 문제가 되는거지. 그렇지 않니 혜수양?

내담자 : 예. 저도 대담하게 생각하려고 해요. 보통 때 혼자 있을 때는 내가 왜 그런 것에 얽매이나 그냥 대담하게 살지 그래두요. 사람들 만나고 수업들어가고 그러면 생각이 좁아져요.

상담자 : 그래. 그건 왜 그러냐면, 그것은 충분한 연습이 안돼서 그래. 그 바뀌어진 생각을. 아, 내가 대범하게 살아야지. 그것을 어느 순간 한 번 결심해서 되는 사람도 있지. 그런데 혜수양의 경우에는 이런 생각들이, 이런 불안이 너무도 오랜 세월 혜수양을 지배해 왔어. 그치? 혜수양이 기존에 갖고 있는 생각이 있잖아. 또 이 생각에 대안이 되는 새로운 생각이 또 나타났지. 그러면 새로운 생각이 이런 생각 자체를 밀어내야 되잖아. 그리고 이 새로운 생각이 여기 들어앉아야 되잖아. 그치? 그런데, 새로운 생각이 여기 들어앉으려면(그림을 그리면서 설명하는 것임), 들어앉아서 혜수양 행동으로 나타나려면 이 생각을 자꾸 반복적으로 연습을 해야지 옛날 생각을 물리치고 이 안에 들어가 있지. 이 오래된 생각 자체가 너무나 군건하게 자리를 잡고 있기 때문에 혜수양이 이 새로운, 새로 알아낸 생각을 자꾸 반복해서 연습하지 않으면, 이 생각이 애한테 갔다가 튕겨서 나오지 이 자리를 차지할 수가 없어요. 무슨 말인지 알겠지? 그러니까 이 생각을 혜수가 자꾸 반복적으로 암송하고 되뇌이고 자기 자신에게 명상해보고 그래서 이 생각이 자기 안에 이렇게 자리잡을 수 있게 하는 것이 굉장히 중요한거지. 선생님 말씀이 이해가 됐지요?

내담자 : 네.

상담자 : 그래서 지금부터 선생님이 어떤 것을 해주냐 하면. 그래 노트를 봐라 …. 다시 한 번 볼까? 비합리적 신념. 이건 나중에 하자. 선생님이 여기다(혜수의 숙제 노트) 맞추면, 네가 이제 분명히 확연하지? '학교를 가는 도중에 근심걱정에 휩싸였다.' 이런 사건

이지, 그 때의 정서는 굉장히 불안했었지. 또 근심걱정 했고, 그 때의 행동은 장이 꼬였었지, 활발히 장이 운동하고 꼬이고….

내담자 : 또, 더 심하게 생각하면요. 손이 차가워지고, 진땀이 나고….

상담자 : 그래, 손이 차가워지고 진땀나는 것이 뭐냐하면 하나의 겉으로 드러나는 행동이고 우리가 이것을 심리학 용어로는 '증상'이라고 말한단 말야. 증상이란 것이 뭐냐하면 바로 이것 '내가 잘 적응하지 못하면 큰일이다' '내가 잘 적응할 수 있을까?' 더 나아가서 '내가 만일 여기서 적응하지 못하면 내 인생은 끝장이야.'라는 극단적인 생각 때문에 파생한 것이지.

내담자 : 막다른 골목.

상담자 : '막다른 골목이야' 혜수양이 이렇게 생각하기 때문에 그렇게 한거지. 무슨 말인지 알겠지? 그 생각을 이렇게 바꾸란 말야. 또 새 교수님이 와서 네가 그런 생각이 들 때가 있잖아. 손이 차가워지고 불안이 엄습해 올 때. 그런 것을 '합리적인 생각'이라 한다고 우리 앞에서 배웠지? '합리적인 생각'이란 것이 뭐냐하면, 나만 이런 생각-'적응할 수 있을까'-을 하는 것은 아니야. 그치? 실제로 그럴거 아냐. 혜수양의 반 애들 모두가 그렇지. 이건 아니다. 학부제라 그랬지요. 학부가 몇 명이야?

내담자 : 230명이요.

상담자 : 그러니까 230명이 다 같이 듣는거야?

내담자 : 아뇨. 네 반으로 나눠서….

상담자 : 우리 과의 우리 반, 그럼 약 50명?

내담자 : 예.

상담자 : 50명 모두가 이런 생각을 하는거야. 이렇게 자기 생각을 가다듬고, 그 다음에 두 번째, 내가 적응할 수 없으면 큰일이고 내인생 끝장이다 이렇게 생각하는 거잖아?

내담자 : 그런데. 혼자 생각할 때는요. 인생은 길고 할 일도 많은데 이렇게 편하게 초월적으로 생각을 하는데, 그런데 막상 임할 때는 안그래요.

상담자 : 그때 그 순간 네가 손에 진땀이 나고 차가워 오잖아? 그럼 그 순간에 예를 들면, 인생은 길고 할 일이 많다. 이런 합리적인 생각을 하고, 얘(합리적 생각)가 들어갈 틈이 없이 얘(비합리적 생각)가 꽉 자리를 잡고 있는거야. 그렇기 때문에 혜수양이 머리속에서 '아. 니가 지금 진땀이 나고, 손이 차가워지는구나. 선생님이 그랬지. 나의 생각 때문이라구. 내 생각이 내가 적응할 수 없으면 큰일이고 끝장이라는 거지. 그러니까 내가 생각을 바꾸자', '설사 적응할 수 없다하더라도 그것은 큰일이고 끝장은 아니다. 지금 당장에 내 인생의 승부가 이루어지는 것은 아니다. 나는 승부를 위해서 준비를 하고 있는 것은 아니고, 앞으로의 인생에 남아있는 것이 더 많다. 지금 당장 인생이 끝장은 아니다.' 네 마음을. 너한테 이렇게 말을 하란 말야. 자기 말(self-talk)을 이런 것이 자기 말이라는 거잖아. 우리가 생각이라는 것을 말로 하잖아. 머리속에서. 영어가 잘 안되는 이유가 뭐야. 영어로 생각을 안 하니까 말이 잘 안되는 것이거든. 영어로 생각을

안 하니까 영어로 말이 냉큼 안 튀어나오지. 미국 사람을 봤을 때 평소에 우리가 영어로 생각하니? 아! 나 지금 미치겠다. '아! 나 지금 머리 아파' 이럴 때. 한국말로 머릿속으로 아 미치겠다. 아 머리 아프다 이렇게 생각하지? 영어로 'I go crazy, I got a headache' 이렇게 생각하니. 언어라는 것은 생각의 표상이예요. 무슨 말인지 알겠지? 그렇기 때문에 생각을 할 때는 대체로 말을 가지고 해. 만약 옆에서 듣는 사람이 없다면 혼자 중얼거려도 괜찮아. "적응할 수 없다고 큰일은 아니야" 이렇게 중얼거려도 괜찮고, 주변에 사람들이 있으면 머리속으로 그 말을 해 혼자 할 수 있잖아. 그렇게 해서 생각을 바꾸면 자연스럽게 손에 진땀이 나고 차가워지는 병이 치료가 돼. 혜수양. 그렇지? 선생님 말이 어떠니 네가 생각할 때.

내담자 : 네. 제가 혼자 있을 때 생각하는 것 같아요.

상담자 : 그렇지?

내담자 : 네.

상담자 : 혼자 있을 때만 이렇게 생각하고 남들과 같이 있을 때 이런 생각이 안드는 것은 아직 생활화가 안 된거야 혜수양이 생활화하려면 선생님 상담시간에도 이말이 나오지만, 숙제라는것을-숙제라는 말 듣기 싫어하지 학생들은-학교에서도 숙젠데, 상담실에서까지 무슨 숙제냐. 그래서, '행동연습'이라는 말을 해보자. 행동연습이란 말을 쓰고, 첫번째 '생각을 바꿔' 이런 상황이 있을 때 이런 생각이 들면 혜수양이 그때 그때 바꾸고, 지금 혜수양이 생각할 때 어떤 생각이 너를 가장 힘들게 하는 것 같애?

내담자 : 그거죠 뭐. 남의 이목….

상담자 : 남의 이목이 쏠려오면 항상 다른 사람에게 잘보이고 완벽하다는 소리를 들어야 된다. 그건가?

내담자 : 그냥…. 눈에 띄지 않고 조용히 살았으면 하는 생각도 들어요.

상담자 : 왜?

내담자 : 그래서 한 때는 절에 들어갈까 이런 생각도 해 봤어요.

상담자 : 그러니까 그런 이유는 뭐예요? 그 밑의 이면에 흐르는 생각이 있지. 내가 항상 잘나고 완벽해야 되고, 장이 꾸르륵 소리도 안 나고 그래야 되는데. 내가 생각할 때 별로 잘나지도 못한 것 같고….

내담자 : 허무하고….

상담자 : 그러니까 네가 스스로 이상이 너무 높아서 그런 것 아냐. 네 기대가 스스로에게 너무 높았는데. 그 기대에 못 미치니까 허무한 느낌이 드는건가? 허무함이란 것은 느낌이잖아. 그러면 그 이면에 어떤 생각들이 허무함이란 것을 느끼게 하는 걸까.

내담자 : 이렇게 사나 저렇게 사나 다 똑같은것 같은데. 제가 이렇게 생각을 하고, 보통 때 제가 이중성을 느꼈었잖아요. 그런 것을 느끼면서 속세에는 이렇게 내가 아이러니하게 느끼면서 뭐하러 사나. 그냥 조용히 자연과 친화되어서 사는 것이 더 낫지 않나 뭐 이런 식으로….

상담자 : 네가 그 증상 때문에, 장이 꾸르륵 대는 증상 때문에 더 위축되는 것 같다.

내담자 : 예. 저도 그렇게 생각해요.

상담자 : 이건 중요한 문젠데. 증상 때문에 위축될 필요는 없어. 왜냐하면 이 세상에 진땀나는 사람이 혜수양 혼자니? 그건 아니야. 선생님이 볼 때. 많은 사람이 현대인의 문제가 바로 이 불안 · 초조 · 스트레스잖아. 선생님도 때로는 스트레스를 많이 느끼지. 그렇지만 선생님은 상담자니까 스트레스를 스스로 극복하거든. 혜수양 이제 스트레스를 많이 느끼는 것 같은데. 다른 모든 현대인이 스트레스가 있는데, 그 사람들은 다 잘 견뎌내잖아. "다른 사람 모두가 스트레스가 있는데. 나만 있는 것이 아니다. 나도 견뎌내면 되는 거지. 스트레스가 있기 때문에 내가 위축될 필요는 없다." 이렇게 스스로에게 그 생각을 바꿔. 또 혜수같이 예쁜 아가씨가 왜 세상 속에서 막 드러내면서 살아야지 왜 숨어서 지내니. 그렇잖아. ○○大學校 ○○과가 아무나 가는 곳이 아니야. 굉장히 우수한, 인간 자체로도 우수하지만, 공부하는 행동 자체로도 굉장히 공부를 잘한 사람이야. 자기 존중감을 스스로 지녀야지 요새 남이 누가 자길 알아주는 줄 알아? 자기가 자기를 알아줘야지. 그것도 굉장히 우수한데 뭐 그런 증상 있다고 해서 위축될 필요는 하나도 없지. 고쳐가면 되는 거니까. 아니니?

내담자 : 얼마 전에 '초한지'를 읽었는데요.

상담자 : 그런데?

내담자 : 한우와 유방의 싸움얘기요…. 거기서 '장량'이라는 사람. 유방이 나중에 최후의 승리자가 되는데. 그 밑에서 공로가 가장 큰 사람인데요. 그 사람이 저의 이상형 같은 느낌이예요.

상담자 : 어떤 면에서?

내담자 : 능력은 아주 많아요. 그런데 자기를 드러내려 하지 않고. 나중에는 개국공신으로 우대를 해주려고 유방이 찾아가도 모든 것을 다 아니까 사냥개도 사냥이 끝나면 잡아먹는다고. 자기도 그런 살생자가 되지 않기 위해서 모든 공명같은 것을 버리고 산 속에서 굶어죽지 않을 정도로 만 그렇게 사는 사람이예요.

상담자 : 그것이 왜 이상형이 되어야만 하나. 이 21C를 살아가면서…. 혜수양, 사람이 너무 자기를 드러내려 해도 문제지만, 우리가 어차피 이렇게 다른 사람과 서로 어우러져서 살아가야 되는데. 혼자서 그렇게 지낸다는건….

내담자 : 물론 이제 사람들이 그 장량이라는 사람을 좋아하니까 자꾸 찾아가고, 이런 교우관계는 있죠.

상담자 : 너는 가만히 앉아 있고 사람들이 너한테 와 주는 것을 바라는거야?

내담자 : 아니. 사람들이 필요할 때 도와줄 수 있고, 자기 지식 갖고, 아는 것이 많으니까. 그런데 드러나지 않고 지위에 있으려고 하는건 없구요.

상담자 : 그러나, 어쨌든 어떻게 살던 정신적으로 건강하게 살아야 되겠지. 장 속에서 꾸르륵 소리도 안나야 되고, 손에서 진땀도 안나고 손도 차가워지고 얼굴도 빨개지잖아. 그

런 것이 있다라는 것은 내가 불편하잖아. 그런 것을 다 해소하고 살아야 되겠지. 이제 선생님이 너한테 해주고 싶은 얘기는 뭐냐면, 혜수가 그런 긴장이 될 때. 그런 증상이 나타날 때. 어떤 사건이 있지. 그때 이것을 계속 기록을 해서 갖고 오세요. 사건, 증상, 그때 떠오르는 생각이 무엇인가 그 생각을 찾아서 선생님하고 같이 그 생각을 검증해 가야돼. 그 생각이 맞지 않다는 것에 대해서 혜수양. 오늘 선생님 말이 이해가 되지요? 예를 들면 내가 이번에 적응하지 못하면 끝장이라든가 그건 말이 안되는 소리겠지 내가 이번에 적응하지 못하면 내 인생의 낙오자라든가 그것은 네가 네 생각에 논리적 비약을 해서 성급하게 내린 결론일 뿐이야

내담자 : 그럴 때는 저도 극단적으로 생각한거라고 저도 느껴요. 그런데 그런 생각이 꼬리에 꼬리를 무니까요. 힘들어요.

상담자 : 그러니까 그 생각들을 바꿔나가자는 거지. 예를 들면, 어떻게 꼬리에 꼬리를 물었어?

내담자 : 아주 극단적으로.

상담자 : 예를 들어서.

내담자 : 사소하게 저만 들을 수 있는 소린데. 더 크게 날 것 같고.

상담자 : 그래. 혜수양. 그러니까 그 꼬르륵 소리가 너만 들을 수 있는 소리라 이거지?

내담자 : 대부분은 그렇죠. 그런데 그 중에서도 크게 날 때….

상담자 : 물론 좀 크게 날 때도 있지만, 그것을 너는 내 옆에 있는 애가 들으면 어떡하나 저 건너편에 있는 애가 들으면 어떡하나 우리 반 애들이 다 들으면 어떡하나.

내담자 : 교실 전체가….

상담자 : 그래 그건 정말 비과학적인 생각이지. 마술적인 생각이지. 요새 어떤 애들이 있냐면, 지하철도 못타고, 버스도 못타는 애들이 있어요. 그건 왜 그러냐면 사람들이 다 나만 쳐다본다고 생각해서. 너도 그런적 혹시 있니?

내담자 : 네. 어쩌다 그럴 때 있어요.

상담자 : 그건 거의 안 그렇거든.

내담자 : 예. 저도 아는데….

상담자 : 아는데도 그렇지?

내담자 : 예.

상담자 : 네가 스스로에게 자주 이렇게 되뇌어. 내가 스스로 그렇게 생각하는거지 저사람들이 날 쳐다보는 것은 아니야. 혹시 그럴 때. 어떤 사람이 날 쳐다본다는 느낌이 들 때는 가서 한 번 물어봐. 그 사람이 있을 것 아냐? 지금 절 쳐다보세요 하고 용기를 내서 물어봐. 그러면 그 사람이 아니예요. 저 지금 다른 생각하고 있어요. 내가 왜 당신을 쳐다봐요 하면서 어쩌면 화를 낼지도 몰라. 그리고 또 사람이 우연히 눈이 마주칠 수도 있지. 지하철 같은 곳에서는 시선을 둘 곳이 없으니까. 그렇다고 그 사람이 널 미워서 쳐다보는거 이런 것은 아니잖아.

내담자 : 지금 소리 들리세요? (자신의 장소리를 가리키는 듯)

상담자 : 안들렸어. 지금 소리가 났어요?

내담자 : 네.

상담자 : 안들렸어요.

내담자 : 꾸르륵 하는 소리났어요.

상담자 : 이제 친한 친구가 생길거잖아요. 거기 여학생이 몇 명이 있어요?

내담자 : 거의 반반이요.

상담자 : 여자로서 친한 사람도 있고, 또 남자로서 친한 친구가 있을텐데. 그 때 네가 한 번 물어봐 이 꾸르륵 소리가 들리냐 하고 그럼 아마 안들린다고 그럴꺼야. 그리고, 들린다고 한면 네가 그걸 자꾸 들리냐고 물어보니까 의식을 하게 되니까 듣지 남이 꾸르륵 소리나는걸 내가 어떻게 듣니. 그런데 이제 그것이 바로 비과학적인 생각이라는 거지. 사실 전혀 들리지 않는데. 네가 그냥 저 사람은 들을 거야. 또 옆에 있는 사람이 듣는다는건 말이 되지만, 어떻게 전체 동네방네 사람들이 다 듣니? 그것은 네말처럼 정말 극단적으로 생각하는거지. 그것은 네가 여기 썼지만, 비합리적인 생각이잖아. 비합리적인 생각, 자신에게 강요하는 것 나는 반드시 공부를 잘해야 되고, 반드시 다른 사람이 날 인정해줘야 하고 그런건 자신에게 강요하는 옳지 않은 생각이지, 두번째, 아주 극단적으로 부정적으로 생각하는 거잖아. "이것은 우리반 애들이 다 들을것이고 그러면 애들이 다 날 싫어 할거야. 다 날 이상한 애라고 생각할거야" 그런 생각이 밑에 깔려 있는거잖아. 그래서 나는 실패한 인간일거야. 나는 낙오한 인간일거야. 이런 것은 다 비합리적인거거든. 비합리적이라는 것은 과학적 근거가 없어. 그러니까 예를 들면 이런거하고 똑같애. 시험보는 날 아침에 미역국 먹으면 떨어진다. 미끄러지니까. 그런건 과학적인 근거가 있는 생각이 아니잖아. 미신이잖아. 그런 생각하고 똑같애. 혜수가 그런 생각이 들 때마다 네가 '잠깐!' 하고 네 머리속 생각을 중지(Stop)시켜. 그래서 아! 상담 선생님이 그런 말씀을 했어. 어떻게 이 조그만 소리가 모든 사람에게 들릴 수 있을까. 그리고 근본적으로 더 중요한 것은, 이 소리가 다른 사람에게 들린다 하더라도, 들리면 들리는 거지 사람이 어떻게 소리 안내고 사나. 이렇게 배짱을 가지면 또 문제가 안돼요. 배짱을 가지면 문제가 안되는데. 선생님 지금 당장 너한테 그것을 요구하고 싶지는 않고, 지금 당장은 그 소리가 옆사람이 의식하고 들으면 들을 수 있지만, 멀리있는 사람한테는 하나도 안들려. 그런 것이 혜수를 아주 패배적으로 만드는 생각이야. 자기 패배적인 생각, 알겠어요? 선생님이 그것이 사실이 아니면 너한테 왜 이렇게 열변을 토하겠니. 이책, 여기봐. 이 우울증에 대한 인지치료, 선생님이 인지치료하는 사람이거든 "우울증 환자들은 자신과 외부 세계, 미래에 대해서 전반적으로 부정적인 시각을 가지고 있다. 이런 부정적인 시각들은 광범위한 부정적, 인지적 왜곡으로부터 나온다." 부정적 인지적 왜곡이 뭐냐하면 과장적·극단적으로 생각하는거야. 이 소리가 온 동네방네 퍼질까 이런거. "우울증이 부정적, 인지적… 왜곡된 인지를 교정" 너는 지금 극단적으로 생각하고 있잖아. 지금부터 사

람들한테 물어보란말야. 어 나 지금 무슨 소리났니? 내가 그랬다고 그러지 말고 네가 지금 꾸르륵 소리가 났단 말야 그럼. "지금 너 어디서 무슨 소리 못들었니?" 그렇게 물어봐 그러면 "아니 못들었는데"라고 대부분은 아마 그렇게 대답할거야. 이제 알겠지. 부정적으로 현실을 본단 말야. 아까 너 이러다간 내인생 막다른 골목이다. 이런것 다 부정적으로 보는거라구. 이제는 좀 더 긍정적·합리적이고, 사실을 있는 그대로 지각하고, 네가 지금 지각하는 것은 비현실적인 지각이야. 알겠어요? 어떻게 내가 조금 꾸르륵 소리를 했기로서니 동네방네 사람들이 다 듣니 그것을. 네가 그렇게 생각하니까. 꾸르륵 소리가 더 나기 시작하고. 너를 더 힘들게 하는거지. 네가 아이 이까짓 꾸르륵 소리 날테면 나고, 말라면 마라 그렇게 배짱있게 나가봐. 사람 다 소리내고 살지 않아요? (웃음)……

내담자 : 얼마 전에 신문을 보니까. 우울증 증상이요. 자기 보호본능이라면서요.

상담자 : 그렇지 우울하지 않으면 견딜 수 없으니까 우울해 버리는 거지. 너는 선생님이 볼 때 우울한 애는 아냐. 절대 우울한 애는 아니고 너는 이런 것이 문제지. 긴장되고, 초조하고, 손에 땀나고, 장에서 꾸르륵 소리나고, 불안감 느끼고, 불안감이 있잖아. 그런데, 그 불안감이란게, 예를 들어 호랑이가 옆에서 너를 죽이려고 한다. 그럴 때 불안을 느끼는 것은 당연하지만, 지금 혜수가 갖고 있는 불안은 스스로가 창조한 불안이란 말이지, 스스로가 어떻게 창조했느냐 생각을 너무나 극단적으로 하고, 너무나 왜곡되게 생각하고, 과장적으로 생각하고, 완벽하게 생각하고 그러기 때문에 ……. 선생님이 너무 말을 많이 한 것 같구나.

내담자 : 흠(기침) …… 지금 안들으셨어요?

상담자 : 지금.

내담자 : 예.

상담자 : 무슨 소리가 났니? (웃음) 자, 지금 꾸르륵 소리가 났다고 가정을 하자. 선생님은 못들었지만, 네가 그렇게 말하니까 또 들렸던 것도 같다. 자 그러면 무슨 생각이 들었어. 꾸르륵 소리가 난 그때?

내담자 : 배고프다.

상담자 : 그 다음엔?

내담자 : 그리고 뭐 …… 아무 생각 없었어요.

상담자 : 그리고 아마 네가 '아, 선생님이 날 이렇게 몰라주나 아니면 그래도 선생님이 아무리 그래봤자 저는요 제가 갖고 있던 생각 계속 할거예요' 그렇지.

내담자 : 방금 전에는 그런 생각이 있었어요. 전 크게 들렸는데 선생님이 안들렸다 그러시니까. 선생님이 일부러 저 고쳐주시려고 들었으면서도 안들었다고 하시는 것 같기도 하고… 그런 생각이 들었어요.

상담자 : 아니야. 지금? 아니면 아까.

내담자 : 아까.

상담자 : 그 때 선생님은 못들었고, 지금도 잘 의식을 안해서 못들었는데 네가 "들었잖아요" 그 말 하니까 들은 것 같애. 그런데 아까는 진짜 못들었고, 이번에는 네가 들은 것 같애 요 라고 말하니까 들은 것도 같애. 의식을 안했기 때문에 몰라. 선생님은 너한테 거짓 말 할 이유가 없지. 그러니까 만약 어떤 사람이 듣는다고 가정하자 이거지 바로 옆에 이렇게 있으면, – 또 꾸르륵 내봐 내가 들을께. (웃음) – 들을 수도 있겠지, 그런데 여 기 앉아 있는 사람은 듣지 못한단 말야 응? 바로 옆의 사람은 물리적으로는 들을 수 도 있겠지만, 자기 하던 일에 열중하면 몰라 그리고 들린다 하더라도 아 저 사람이 속 이 좀 안좋구나 그렇게 생각하고 말지. 너 어디 속이 좀 안좋니? 하고 물으면 응 나 속이 좀 안좋아 이렇게 말하고 말지. 그것이 그렇게 큰일날 일이 아니란 말이지.

내담자 : 남이 그러면요 아무렇지 않은 일인 것 같은데요.

상담자 : 그것이 중요한거야. 남이 그러면 아무렇지도 않은데. 내가 그러면 안 된다. 이거잖 아? 이런 것을 대표적으로 뭐라 그러는지 아니? 이중의 기준이야. 영어로 '더블 스탠 다드(double standard)' 라 그러지? (선생님이 영어 가르쳐 줄께.) 다른 사람한테 그렇게 너그러우면서 너한테 너그럽지 못한 이유가 뭐예요?

내담자 : 저도 그게 의문이예요. 다른 사람은 무슨 잘못을 했던 무엇을 했던 전 모든 것을 이해 해 줄 수 있어요. 그런데 제가 그러는건….

상담자 : 왜 그런 줄 알아? 욕심이 많아서 그래. 나는 완벽해야 되니까. 너는 한심한 인간이니 까 실수해도 되고, 나는 완벽한 인간이니까 실수하면 안돼. 이거지 그렇지 않니? 네 가 사실 마음이 좋아서라기 보다는, 음? 다른 사람은 나보다는 조금 낮은 인간이다. 너희들은 그래도 돼. 다 받아줄거야. 그런데 나는 너희들보다 한 수 위여야 하기 때문 에 나는 너희보다 완벽하고 더 잘해야 된다. 그런 생각이 드는거야. 혜수양. 그치? 선 생님 생각 맞지요?

내담자 : 예. 전에는 그런 생각 했었죠. 어렸을 때 꿈이 다 있잖아요. 훌륭한 사람이 되어야 된 다. 뭐 이런거. 훌륭한 사람이 될 사람이 너그러워야 되고, 나는 완벽하고 남한테는 포용력이 있어야 된다. 그런 생각을 했었어요.

상담자 : 어렸을 때 우리가 많이 배운 것들이….

내담자 : 중학생 때요.

상담자 : 그래 그것이 심리학적으로 옳지 않은 것들이 많아.

내담자 : 어른들이요. 넌 나중에 뭐가 될거니? 훌륭한 사람 되야지 뭐 이런것….

상담자 : 그래. 사람이 이미 다 훌륭하다고 했어요. 선생님이 다만 행동이 덜 훌륭할 수도 있고 아닐 수도 있는거지. 우리 인간 자체는 훌륭하다 안하다 이런 말 자체가 필요없는거 야. 평가 자체를 하면 안돼요. 혜수양 선생님 말 이해가 되지요? 선생님은 혜수가 비 교적 생각하는 능력이 뛰어나고 머리가 좋기 때문에 선생님 말을 빨리빨리 받아들일 거라고 믿는데. 이해가 안되면 선생님한테 말해주세요. 또 왜냐하면, '아이 선생님이 받아들일거라고 믿는다고 말했으니가 받아들여야 된다! 이런 것은 또 비합리적인 생

각이야 그치?

내담자 : 저기 상담하면서도요 집중이 안될 때가 있어요.

상담자 : 선생님하고 얘기할 때?

내담자 : 중학생 때까지는요. 집중력이 대단했다고 생각했는데요. 고등학교 때 이런 생각하면서 집중력이 떨어진 것 같아요.

상담자 : 그러니까 그것도 선생님이 볼 때는 너의 주관적인 생각이야. 진짜는 아무도 몰라. 혜수가 집중력이 떨어졌다 아니다는 것을 객관적으로 잴 수가 없으니까 모르는데. 선생님이 보면 혜수가 주관적으로 그렇게 평가하는 것 같애. 누구라도 이런 상담 장면에서는 자꾸 여러 가지 질문을 하잖아. 선생님이 그리고 질문에 답을 하려면 생각을 하게 되잖아. 또 생각을 하다보면 다른 생각이 나올 수도 있고 그렇잖아. 그렇기 때문에 집중력이 약간 떨어질 수 있는 것은 당연한거든. 어떻게 보면, 그런데 그것을 또 내가 집중력이 떨어졌다고 보는 것도 혜수가 잘못 지각하고 있는건지도 몰라. 선생님은 그게 틀렸다는 것이 아니라 그 말이 맞을 수도 있고 그 말이 틀릴 수도 있다는 거지. 그러나, 집중력이 떨어졌건 아니건 그것은 별로 중요한게 아니고, … 일반적으로 보면, 중학교 때는 환경이, 자극이 단순하잖아. 나이가 들수록 생활이 복잡해져가잖아. 더구나 꾸르륵 소리도 나고, 땀도 나고 그러면 복잡해지잖아. 그러니까 자연스럽게 우리의 정신적인 에너지가 가야 할 데가 많으니까 집중력이 떨어지는구나 라고 느낄 수는 있겠지. 그렇다고 그것을 가지고 집중력이 떨어졌다 아니다. 그렇게 판단하는 것 자체가 선생님은 바람직한 것 같지는 않아. 혜수양, 그렇지?

내담자 : 네. 그런 생각도 해 봤어요.

상담자 : 오늘 이제 상담을 끝내야 될 것 같거든. 시간이 다 되었어. 오늘 혜수양이 상담에서 배운 것이 무엇이죠?

내담자 : 아직은 더 상담이 필요한 것 같구요. 생각을 고쳐나가야죠.

상담자 : 자. 그러면 아까 혜수를 가장 힘들게 하는 것이 남의 이목 때문에 네가 위축된다고 그랬잖아. 그러니까 "나는 항상 다른 사람에게 잘 보여야만 한다" 그 생각이지?

내담자 : 네.

상담자 : 그러면 이제부터…. 이제는 이해가 되지? 이런 생각이 나한테 방해가 된다는 것. 이것이 바로 비합리적인 신념이다. 생각 또는 신념 같은 말이야. 그렇다면 이것을 대체할 수 있는 합리적인 생각은 뭐냐하면, "나는 다른 사람에게 잘 보이면 참 좋지만, 잘 보이지 못한다 하더라도 그게 나 김혜수가 가지고 있는 인간의 가치가 상실되는 것이 아니다." 나는 잘 보일 수도 있고 못 보일 수도 있다. 나는 괜찮다. 그것을….

내담자 : 남들은 나를 신경 안 쓴다.

상담자 : 그렇지. 그리고 남들은 나를 신경 쓰지도 않는다. "나는 다른 사람들에게 잘 보여야 할 이유는 없다." 잘 보이면 좋지. 나쁜 건 아니지. 좋지만 "잘못보인다 하더라도 어쩔 수 없는 일이고, 괜찮은 일이다" 그치? 그리고, "다른 사람들은 나를 신경쓰지도

않는다. 내가 생각하는 것처럼" 됐지? 이것을 혜수야. 너는 낭송하는 것을 좋아하니 아니면 쓰는 것을 좋아하니 머리속에 곰곰히 되뇌어 보는 것을 좋아하니?

내담자 : 머리속에 되뇌이는거요.

상담자 : 그래. 그러면 머리속에 되뇌어본다. 하루에 몇 번식?

내담자 : 그냥….

상담자 : 이거 중요한 숙제야. 행동연습이야.

내담자 : 때와 장소… 열 번씩을 꼭 할게요

상담자 : 하루 열 번씩? 때와 장소를 봐서 그 다음에 혜수, 네가 그래프를 그려와 여기다가 어떤 날은 열 번을 다 할 수도 있고, 어떤 날은 여덟 번만 할 수도 있고 정확하게 이것을 해야돼 정자를 그리면서 알았지? 선생님은 열 번 이상 하기를 원해. 그리고 이것을 하면서 드는 나의 느낌은 무엇인가~ 아마 편안하다 이런 느낌일 것 같거든. 느낌이 무엇인가 이것을 또 찾아오고 이것도 행동연습 숙제 '1'이고, 또 숙제 '2'는 뭐냐하면, 그 사건 생각 정서 있지. 네가 또 꾸르륵거릴 일이 앞으로도 계속 있잖아. 그 때 그 증상을 쓰고, 사건 그때 내 머리속에 어떤 생각이 떠올랐나. ABC기록지 말이야, 계속 이 숙제는 상담이 끝날 때까지 하는 거야. 알았지? 그렇게 계속해서 열심히 하면 선생님이 볼 때 혜수가 멀지 않은 시간 내에 좋아질 수 있을거라는 확신이 들어요. 알았지요? 그리고 이번 회기를 녹음한 테이프도 다시 들어보는 거예요.

내담자 : 네.

제3회 상담의 축어록

(전략)

상담자 : 선생님이 녹음 테이프를 다시 들어보게 하는 이유는 어떤 중요한 사안을 어쩔땐 긴장이 되기도 하고, 또 어떤 때에는 상담시간에 너무 많은 이야기들이 오가니까 그냥 놓치고 지나가는 것들이 있어요. 그것을 다시 들어보면서 다시 생각해 보도록 하는 것이 있고 또 하나의 이유는 선생님 말 하나하나가 중요한 것이 거든. 그런 것들을 다시 들어보면서 자신을 다시 소위 우리가 반추한다고 그러잖아. 그러한 역할을 하게 하려고 힘들지만 다시 들어보게 하는 것이에요. 이것(2회기 녹음 테이프)을 들어보면서 어떤 생각과 느낌이 들었어요.

내담자 : 재미있어요.

상담자 : 재미있었어. 어떤 것들이 재미있었어요?
　　　　얘기해. 어떤 점에서 재미가 있었는데?

내담자 : 제가 아닌 다른 사람 얘기를 듣는 것 같았어요.

상담자 : 그래 바로 그거야. 좀 더 나의 입장을 객관적으로 볼 수 있는거지? 그런 것이 내 문제지만 다른 사람 입장에서 내 문제를 보면서 문제를 지각하는 각도랄까 이런 것이 넓어지는 거지. 그렇지. 그래서 선생님이 숙제를 내주는거지. 자 그러면 지난 숙제는 이거였고 하나는 그 다음에 이거 하나였니?(합리적 신념 낭송하고, 낭송한 횟수를 그래프로 그리기) 혜수야.

내담자 : 그런데 그 상황이 별로 없어서 생각을 5, 6일하고 끊겼어요.

상담자 : 그 때 선생님이 내준 것 나는 다른 사람에게 잘 보여야 할 이유는 없다. 잘 보이면 좋지만 잘 못 보인다고 하더라도 어쩔 수 없는 일이고 괜찮은 일이다. 그리고 다른 사람들이 내가 생각하는 것처럼 나에 대한 관심을 보이지도 않는다. 이것을 선생님이 머리속에 열 번씩 되뇌어 보라고 그랬지? 그런데 5일하고 6일은 그러니까

내담자 : 5일은요. 저기 5번 생각한 거 6일부터는요, 별로 그럴 상황이 없었어요. 밤에 잘 때 생각해 보고…. 다음에는 MT가서 재미있게 놀다가….

상담자 : 그래. 장에서 꾸르륵한 적이 한 번도 없었어 이번에

내담자 : 예. 수업이 없어서 그랬는데요.

상담자 : 수업이 없어서 그런 것은 아니지. 혜수가 수업 시간에만 그랬던 것은 아니잖아. 사람들하고 얘기를 할 때도 그랬고 다른 때 같으면 MT가서도 새로운 사람들을 만났을 때도 그러지 않나?

내담자 : 예. 약간씩 그런 것은 있었는데요. 시간이 조용하잖아요. 선생님 혼자 얘기하시는 상황이 더 그래요. 제가 말할 때는 괜찮죠. 그런데 남이 얘기하면….

상담자 : 그런데 혜수가 다른 사람에게 이야기할 때는 괜찮은데 다른 사람들의 이야기를 들어야 될때 더 꼬르륵 소리가 난다 이거지. 그러나 이런 경우도 고쳐져 가고 있지 응?

내담자 : 예. 더 밝아지는 느낌이예요.

상담자 : 그렇지. 그것이 바로 상담이 잘 돼가고 있다는 증거인데 지난 번 같은 경우 학교를 가는 중에 내가 학교를 잘 적응해 갈 수 있을까 이런 두려움 때문에 그랬는데 이번 주에는 별로 두려움이 없었단 말이지 ?

내담자 : 예.

상담자 : 그래. 선생님 생각에는 보이지 않게 행동이 변화된 거예요. 혜수가 생각할 때 무슨 말 때문에 변화된 것 같애?

내담자 : 그런데 선생님, 부정적인 생각은 문제지만 그것은 별로 마음에 와 닿지가 않아요.

상담자 : 그럼 어떤 것이 마음에 안 와 닿는데?

내담자 : 일반적으로 책에 있는 딱딱한 얘기 같아요.

상담자 : 그럼 어떤 것이 마음에 와 닿았어? 인지이론은 혜수처럼 머리가 좋고 이해가 빠른 사람에게 적용이 더 잘되는 경향이 있어요.

내담자 : 칭찬이예요? 요새는 그런 생각이 들어요. 제가 변하는 것을 느끼니까요. 제가 적극적으로 해결책을 모색하려고 했던 것도 뿌듯하고요.

상담자 : 예를 들면.

내담자 : 예를 들면 전에 했던 생각들이 새록새록 나는데요. 명상책도 뒤져보고, 정신적인 문제를 스스로 찾으려고 했던 것이요. 두 번째로 제가 복이 있다는거죠. 선생님같은 분은 만나서.

상담자 : 고맙구나.

내담자 : 인간은 고유적인 존재이다. 행위를 인위적으로 사람들이 평가기준으로 삼는 것 일뿐이고 인간 됨됨이는 독특하기 때문에 인간의 행동처럼 그렇게 평가할 수 없다는 것이고요. 증상 때문에 위축될 필요가 없다는 것도 제게 도움이 많이 되었어요.

상담자 : 으응. 선생님이 계속 같은 말을 하는 것 같은데 꾸르륵 소리나면 그것을 그대로 받아들이고 그대로 들려줘라 이거야 사람들한테 응? 선생님이 예를 들었는지 안들었는지 모르겠는데 이런 게 있어요. 선생님이 얘기해 줄게. 학기 초에 미팅같은거 하잖아? 여학생들은 잘 모르겠는데 남학생들의 경우에는 여자들하고 미팅하는데 또 여자에게 다가가서 말붙이는 것을 못하는 사람이 있어요. 그러면 내가 못한다고 생각해서 안하면 점점 더 어떻게 돼? 더 못해지지? 그러니까 못한다고 생각할수록 자꾸 부딪혀야 돼. 실제 상황에서 여자에게 부끄러움을 많이 타는 사람일수록 여자에게 다가가서 말붙이고 데이트 신청을 해보고 그래야지 나중에는 아! 여자가 별거 아니구나라는 것을 깨닫게 되지요. 선생님의 내담자 중에 어떤 애가 있느냐면 누구한테든지 먼저 말을 못붙여. 그래서 선생님이 그 아이한테 네가 먼저 학원에서 다섯 명 이상에게 말을 붙여 오라고 했어요. 그것을 해보고 난 다음에 "진짜 별거 아니더라구요. 저보다 더 심한 애들도 있었어요."라고 말을 한 적이 있었어요. 이런 것을 체험을 하는거지? 자기가 이렇게 고통스럽다고 느끼는 그런 상황을 자꾸 회피하면 더 어려워지니까 그 상황을 더 노출을 해서 그 상황 속에 자꾸 연습을 해보면 연습의 효과라는 것도 있고 익숙해진다라는 것도 있고 그것이 별게 아닌거구나 라는 것을 깨닫게 되지요. 예를 들어 혜수가 장에서 꾸르륵 소리가 난다 라는 것을 감추려고 하면 할수록 부끄럽고 그 꾸르륵 소리는 더 나지요. 그런데 사람들이 단점이 없는 사람이 없잖아. 이것을 네 운명적인 단점이다 라고 생각하고 자꾸 감추려고 하지 말고 그냥 내버려두란 말이지요. 이게 무슨 소리냐고 누가 물어보면, 지금 소화가 안돼서 그래요. 그러면 다른 사람들은 대수롭지 않게 여기고 그냥 넘어가지요. 설사 의식한다고 하면 그게 무슨 큰일이니? 그렇잖아. 누가 의식을 한다고 그래봐 그러면 그게 세상이 두 조각날 일이냐구요. 그것을 문제라고 생각하면 문제가 되고 문제가 아닌 것이라고 받아들이면 결국 문제가 안될 수도 있다구.

그러니까 지난 번에 혜수양의 마음에 들었던 것이 인간의 행동과 인간 자체를 구분해라. 또 증상 때문에 위축될 필요가 없다. 이 말이 도움이 된다고 그랬지요? 선생님이 이 말에 부연하자면 증상이라는 것이 나의 행동이라면 이 행동 때문에 내가 위축된다 라는 것은 인간인 나 개인이 위축된다는 거지. 그리고 모든 인간은 완벽한 사람이 없어요. 그러니까 혜수는 꾸르륵거리지만 어떤 사람은 머리가 아프기도 하거든 그런 증상들을 가지고 사는거지. 그러나 그것이 바람직하지는 않지. 고쳐야지? 바람직하게 고치기 위해 상담실에 온거지. 혜수는 이것을 용기있게 받아들이면 그 증상이 없어진다는 말이지. 그런데 그것을 못받아들이면 그 증상은 더 심화되지? 그리고 또 어떤 점이 그랬었니?

내담자 : 별로 큰 문제가 아니라고 느낀 점은 전에 저 혼자 생각할 때 우울증환자가 된 것은 아닐까 이쪽으로도 고민을 했거든요. 선생님께서 인지치료를 하시는데 우울증환자는 아니라고…. 우울증환자는 아니지? 스스로 창조한 불안이다. 저는 이 사실이 저 테이프 듣기 전에는 생각이 안났었거든요. 다시 들어보니까 그렇더라구요.

상담자 : 그래 다시 듣게 한 이유를 알겠지?

내담자 : 참 명언이었어요. 스스로 창조한 불안이다.

상담자 : 그래.

내담자 : 참 대단한 아이라고 느꼈어요.

상담자 : 혜수가?

내담자 : 별생각을 다 한다.

상담자 : 불필요한 생각, 그치?

내담자 : 그런데 이 기분이 좀더 ○○해야지 완벽해 질 것 같아요.

상담자 : 그러니까 중요한 게 뭐냐면 이 기분이라는 것 또는 기분 밑에 흐르는 생각 이것이 완전히 인지상담에서는 내재화가 되어야지 응? 선생님은 그만 만나고 끝나도 선생님하고 더이상 상담을 안받아도 선생님 도움이 없이도 혜수가 정말 그렇게 살아가야 문제가 안되지, 그치? 선생님이 염려하는 것도 지금 애는 선생님이 도와주기 때문에 그 도움에 의해서 살아가고 있다. 선생님 도움 없이도 합리적 신념이 완전히 내 생각이 나서 아까 얘기한 스스로 창조한 불안이라는 것도 확실히 알고 증상 때문에 위축될 필요가 없다 라는 것도 확실히 알아서 내 행동하고 연결이 돼야지. 그렇게 되었을 때 의미가 있는거지. 행동변화가 됐다 라고 말할 수 있겠지? 그렇게 하기 위해서 선생님이 이렇게 숙제를 많이 내주는 거야. 선생님하고 상담실에서 일주일에 한 번 만나서 한 번 상담하잖아. 그래서는 사람의 행동변화를 이루기가 어려울 수 있어요. 일주일은 168시간이잖아. 그 중에 1시간을 상담을 받았다고 해서 그렇게 내가 원하는 대로 곧바로 행동변화에 직결이 안되잖아. 자기가 일상적인 삶 속에서 그것을 노력하고 극복하려고 할 때 문제가 해결되는 것이지. 그래서 선생님이 혜수가 귀찮긴 하지만 이런 숙제를 내주고 있는거야. 무슨 말인지 알겠지? 그러니까 앞으로 할 일은 지금 우리가 벌써 서광이 보이잖아. 그렇지 서광이 보이기 때문에 앞으로 혜수가 할 일은 내가 이 증상이 있어도 괜찮은 거고 그 다음에 특히 꾸르륵 그런 증상이 나타나는 것은 긴장이 많을 때 그렇단 말이야. 그리고 다른 사람이 날 이상한 사람이라고 보면 어떡하나. 내가 인생의 낙오자가 되면 어떡하나. 그런 생각이 들 때 그렇단 말이지? 혜수

가 이미 어려운 ○○대학교 ○○학부에 들어갔다는 것은 너무나 많은 성취를 한 사람이야. 그런 사람이 낙오자가 될래야 되기가 굉장히 어려워요. 남들처럼 정상적인 길만 간다면 이런 것은 혜수가 걱정 안해도 될 쓸데없는 걱정이라고 봐도 되지. 인생의 낙오자가 되면 어떡하나 너는 선생님이 볼 때 인생의 낙오자가 될래야 될 수 없는 사람이야. 아까 불안을 스스로 창조했다고 했지? 낙오자가 된다는 것도 혜수 스스로 창조해 낸 생각이야 너를 괴롭히는 생각. 다른 사람이 혜수는 이러하기 때문에 인생의 낙오자야 라고 말하는 사람이 있니?

내담자 : 한 애가요 MT를 가는데 중학교 동창 남자애를 만났어요. 남녀공학이었잖아요. 그런데 너 ○○중학교 나오지 않았냐구. 얘기를 하는데 너 어떻게 된거냐. 그렇게 공부 잘하는 애가 ○○대야. 그래서 허참나!

상담자 : 그 때 어떤 생각이 들었어? 수치심 같은 것이 들지 않았어?

내담자 : 아무 생각도 들지 않았어요.

상담자 : 어떻게 보면 그 남자애의 말에 대해서 감사해야지. 아 내가 예전에 그렇게 대단한 아이였나? 하지만 ○○대학교도 빠지는 학교는 아니잖아. 선생님이 지난 번에 계속 얘기해 줬잖아. 인간의 능력은 어차피 다 차등이 있기 때문에 그렇게 차등을 둘 뿐이지. 인간 자체가 평가되는 것은 아니잖아. 그 남자애가 말을 실수한거야. 그것을 아무 부담없이 받아들인다는 것은 대단한 거지? 혜수가 혹시 선생님을 안 만났다면 "아휴 난 겨우 여기밖에 못들어갔구나, 장에서 꾸르륵거리는 소리나고 이것 밖에 안돼"라고 생각했을지도 모르지? 어떻니? 이거 선생님 생각 아니니?

내담자 : 아니요. 진짜 그렇게 생각하면서요 가슴 한편엔 야릇한 기분이 들어요.

상담자 : 들거 같지?

내담자 : 예.

상담자 : 그래 그랬을거야. 그런데 그것을 아무렇지도 않게 생각하니까 아무렇지도 않은거잖아. 선생님이 계속 얘기했듯이 스스로 창조한거란 얘기야. 내가 굉장한 거라 생각하면 쇼크가 될 수도 있지요. 선생님 만나면…. 그런데 그 애가 그렇게 얘기했나보다. 제 입장에서는 그렇게 볼 수도 있겠지 뭐. 그렇게 생각하니까 아무렇지도 않은 거잖아. 그러니까 많은 경우에 사람들이 호소하는 문제들 "뻣뻣해진다", "차가워진다" 이런것 얘기했잖아. 또 네 느낌이 장이 꼬이는 것 같은 건데, 또 손이 차가워진다 이런 것은 다 스스로가 창조해 낸 그 인지 상담에서 그런 것은 자기 파괴적인 생각이라고 하지. 구체적인 예를 들면 "네가 이렇게 가다가 낙오자가 되는 것은 아닐까"라는 생각을 하면 손이 차가워지고 장이 꼬이고 이런 어려움들이 나타나잖아. 그렇기 때문에 그런 것들을 자기 파괴적인 생각이라고 얘기하는 건데 선생님이 계속 얘기하지만 자기 스스로가 만드는거고, 그런 사람들은 대체로 너무 완전하려고 하고 남에게 잘 보일려고 하고 그렇기 때문에 그런 것이 생긴단 말이지. 그러니까 이제는 기준을 나에게 둬야지. 내가 이렇게 단정하고 깨끗하고 이렇게 내 마음에 드는 모습이 중요한거

지 내가 다른 사람에게 잘보이려고 하면 끝이 없어. 응? 왜냐하면 다른 사람이 다섯 명만 된다면 이 사람들한테 잘보이면 쉽지? 그런데 다른 사람이 열 명도 되고 스무 명도 되고 서른 명도 되잖아. 그치? 우리가 일일이 그 사람들에게 잘 보이려고 해봐 사람마다 다 기준이 다른데 어떤 때는 이 사람 기준에 맞게 행동해야지, 어떤 때는 요 사람 기준에 맞게 행동해야지 그러면 내가 얼마나 어렵니? 그렇기 때문에 자기 삶의 기준을 자기에게 둬야지. 그렇지?

내담자 : 저번에요. 실천이 중요하다는 말을 하고 싶은데요. 선생님께서 내주신 숙제가 도움이 컸어요. 전에 제가 저 나름대로 저를 분석할 때는 그런 생각을 했었어요. 제가 너무 지나치게 남의 눈에 띄려고 한다는 것을 느꼈었는데 행동을 어떻게 해야 될지 몰랐었 어요.

상담자 : 어 그렇구나. 그런데 이제는 선생님이 행동을 어떻게 해야되는건지 알게 해주었다는 거구나.

내담자 : 막상 또 그런 자리에서 또 그런 증상이 나타나면 불안 초조 , 또 내가 왜 이러지? 이 런 걱정을 했어요.

상담자 : 그래 지금은 그것을 담대하게 드러낼 수도 있다는 거지요?

내담자 : 어떻게 고쳐야 될지.

상담자 : 그래.

그것을 많이 알았지? 앞으로 더 많이 가르쳐줄게. 그런데 그것을 하기 전에 먼저 어 떻게 그런 완벽주의적 사고를 하게 되었나 살펴보세요.

내담자 : 초등학생 때는 상당히 말괄량이었어요. 그랬는데. 중학교는 교복을 입잖아요. 그래서 교복을 입고 학교에 가니까 선생님께서 "어유! 얌전하고 이쁘게 생겼네" 그 때부터 얌전해 보이려고 했던 일이 생각나요. 그때부터 성격이 얌전하고 착실하게 이런 이미 지로 바뀌어버린거예요

고2 때 담임 선생님은 저를 대단한 애로 알고 계세요. 아직두요. 얼마 전에도 전화하 셨는데요. 저를 찾으세요. 전에 별얘기까지 다 나오네. 이제 거의 입시가 결정될 무렵 겨울이었죠. 겨울에 길을 가는데 선생님을 만난거예요. 그 선생님은 문제아들과 대화 로 푸시는 선생님이시거든요.

상담자 : 선생님이 누군데?

내담자 : 남자 분인데….

상담자 : 상담 선생님 아니니?

내담자 : 그 선생님은 아니고 ○○*선생님인데.

내담자 : 그 선생님을 뵙게 되었는데 애들하고 음식점 같은 곳에서 나오셨어요. 만나서 반가워 인사를 했는데 그 선생님이 애들한테 "너희는 애하고 비교하면 하늘과 땅 차이"라고 농담으로 하시는 거예요. 그 정도로 저를….

상담자 : 그래. 그런 칭찬을 받으면. 잠깐만. 하늘과 땅 차이다. 혜수가 그런 칭찬을 받으면서

내가 더 훌륭해져야지. 더 예쁘게 보여야지. 더 잘 보여야지. 그런 생각을 또 많이 했겠지.

상담자 : 그러니까 이제 초등학교 때, 중학교 때 그 선생님 때문에 굉장히 단정해지고 얌전해지고 이러면서 결국은 이 선생님께 칭찬도 받고 그랬구나?

내담자 : 예. 이 선생님은 저를 대단하게 생각하세요. 제가 ○○대 갔다는 얘기를 다른 애한테 듣고서는요 실망하셨다는 식으로 얘기하더라구요. 그 친구한테 들어보니까. 저희집에 전화를 거셨는데요. 선생님 아들도 재수해서 H대를 들어갔거든요. 의대가려고 했다가… 혜수니까 그런 결정을 내렸지 하는 생각이 들더라구 했어요.

상담자 : ○○도 굉장히 좋은 학교인데 기대가 높아서 그치?

내담자 : 예. 그랬죠.

상담자 : 결국은 선생님이 쭉 보니까 그런 것 같애. 결국은 혜수가 선생님을…. 완벽해야 되겠고 잘해야 되고, 잘보여야 되고 또 다른 사람이 날 좋게 평가해야 되고. 이런 것이 굉장히 강한 사람인데. 그것은 거스러 올라가면 중학교 때 그 선생님들 때문에 스스로를 많이 억제하고 구속하는 계기가 되겠지요.

내담자 : 예. 구속이라구요?

상담자 : 그렇지 구속을 많이 했지. 완벽하게 보이려고 하니까 얼마나 노력을 많이 했겠어요. 우리 인간이 본 모습은 약점 투성인데 그치? 그러면서 나중에 선생님한테는 인정도 받게 되고 아까 그 선생님이 혜수는 다른 아이와 비교하면 하늘과 땅 차이가 난다. 그런 얘기. 그런 얘기가 혜수는 아니라고 하지만 어떤 점에서 혜수를 그렇게 만들어 갔을지도 몰라. 또 더 완벽하게. 누가 그런 얘기 하면 굉장히 고맙다고 감사하게 기분좋게 느껴지지만 그것이 우리 인생을 살아가는 목적은 아니잖니? 그치? 다른 사람에게 칭찬을 듣고 저 사람이 다른 사람보다 낫다는 얘기를 듣고 그런 것이 우리가 궁극적으로 지향하는 삶의 종착역은 아니란 말이야. 그치? 그런 평가를 받으면 좋기는 하겠지만.

내담자 : 옛날에 들었던 그 말이 맞긴 맞나봐요. "칭찬하는 사람보다 약점 같은 것을 들춰내는 그런 사람이 진정한 친구라는 말이요".

상담자 : 그래

내담자 : 지금 느끼는 거예요. 전에는 그 소리가 별로 와닿지 않았어요.

상담자 : 그러니까. 중요한 것은 다른 사람이 나한테 하는 소리는 다 귀담아 듣고 칭찬도 해줬는데. 뭘요 안그래요. 그러면 얼마나 이상하니 칭찬을 해주면, 참 고맙다 다른 사람이 나한테 나쁜 점을 지적해도 그것을 받아들이려고 노력하고 그런 것 자체, 노력하는 것 자체가 중요하지 완벽하게 다 고쳐가지고 완벽한 사람이 되는 것이 중요한 것이 아니지요.

내담자 : 그런데 그런 것이 아니라 약점을 들춰내면서 결국 너도 사람이다. 이런 것을 인정시켜 주는 것을 저는 의미하고 말씀 드렸어요.

상담자 : 그렇지? 결국 인간적인 거지. 그치? 선생님이 왜 자꾸 완벽한게 좋지 않다는 것을 얘기하냐 하면은 선생님이 혜수 얘기를 듣는 순간에 혜수는 진짜 나한테 잘보이고 완벽해야 된다는 것으로 생각이 꽉차 있었기 때문에 장에서 꾸르륵 소리가 나고 증상이 생긴 것 같다는 판단이 들었어요. 그것 자체를 고쳐야 이 증상이 고쳐지는거야. 그러니까 혜수가 마음을 누그러뜨리니까 없어졌잖아. 그러니까 앞으로도 선생님 걱정은 뭐냐면, 그런 상황이 또 올꺼예요. 지금은 선생님이 같이 있어서 선생님 도움을 받아서 안그런데 앞으로는 그런 일이 올텐데 그 때마다 스스로에게 되뇌이세요. 선생님이 지난 번에 뭐 써주지 않았나. 뭐라고 써 줬니. 응. "나는 다른 사람들에게 잘 보여야 하는 이유는 없다. 잘 보이면 좋지만. 잘못 보인다고 하더라도 어쩔 수 없는 일이고 괜찮은 일이다. 그리고 다른 사람들은 내가 생각하는 것처럼 나에게 신경을 쓰지도 않는다. 내가 정말 생각하는 것은 고유한 가치에 대한 것이지. 남에게 잘 보이고 잘 못보이고 하는 차원이 아니다. 스스로에게 이렇게 암송을 해. 응. 즉 자기암시를. 그렇게 했을 때 정말 그 생각이 내것이 돼서 다른 사람에게 잘 못보여도 내 마음이 편해지고 꾸르륵 소리도 안난단 말이야. 선생님이 류시화 씨가 쓴 책을 보니까 이런 것이 있었어요. 선생님이 보여줄게. 선생님에게는 굉장히 인상적이었어요. "우리가 사념, 사념이라는 것은 생각이지. 사념을 비우기 위해서 고대로부터 사용한 방법에 만트라 명상이라는 것이 있지. 만트라는 신비의 힘을 가지고 있다고 믿어지는 단어나 음절 또는 문장을 반복해서 외우는 일을 말한다. 이를테면 산스크리스트어의 옴이나 람이 그런 것이고 불교의 염불도 같은 방식이라고 말할 수 있다. 맞아요. 만트라의 방법은 우리 존재 울림을 주어서 뇌파를 가라 앉히고 사념을 비우게 하죠." 이말이 뭐냐면 결국 나에게 어떤 신념을 나타내는 단어 이것을 자꾸 내 머리 속에 낭송해 보고, 크게 되뇌인다. 그러면 대뇌를 울려서 그것이 내것이 된단 말이죠. 그래서 선생님이 이 말을 써 준거야. 대수롭지 않게 여겼을 수도 있는데 이 말을 자꾸 나한테 크게 읽어서 명상할 수 있으면 크게 해보고 정말 남이 보고 있기 때문에 크게 하기 낭독하기 어려우면 카드에다 써서 다니는 그런 노력이 필요하지요. 그것이 바로 숙제지. 카드에다 써서 갖고 다니면서 읽고 그 내용을 가만히 묵상해 보는거야. 그리고 예를 들어서 또 증상이 나타나려고 할 때는 또 그 카드를 꺼내서 순간 읽어보고 그러면 이 속에 담겨 있는 메시지가 정말 내 행동으로 연결될 수 있게 되는거란 말이지요. 그리고 중요한 것은 좋은 구절있지? 좋은 시구도 좋고 격언도 좋고 금언도 좋고 이런 말들을 머리속에 많이 새겨놓으란 말이에요. 자꾸 자꾸 머리속에 새겨노면 내가 힘들고 지칠 때는 그 어떤 좋은 구절이 떠올라서 나를 일으켜주는 힘이 되지요. 그러니까 선생님은 과거에 막 공부하다 힘들고 어려운 일이 있을 때는 성경 구절을 떠올리거든 성서의 말씀 중에서 "저는 엎드리나 넘어지지 아니함은 야훼께서 손으로 붙드시고 있다" 또는 "나의 갈길을 그가 아나니 그가 나를 단련하신 후론 내가 正金같이 나오리라" 이런 구절이 떠오르면서 내 자신이 스스로 일어날 수 있게 되는 힘이 되지요. 그러니까 혜수

도 좋은 구절 같은 것은 자꾸 되뇌어 보도록 해요. 혜수를 자꾸 괴롭히는 것이 남에게 잘 보일려고 하고 남에게 완벽할려고 하는 거잖아. 그러니까 그런 것이 인생에서 중요한 게 아니란 것을, 조그만 카드나 수첩에다가 아예 써가지고 다니면서 이렇게 보란 말이야. 그 의미를 묵상을 해봐. 명상을 해도 좋고, 그래서 그 말이 진실로 내 말이 되었을 때 선생님을 안 만나도 되는 거지. 안 만나도 장에서 꾸르륵 소리도 안나고 설사 꾸르륵 소리가 난다해도 그것을 아무것도 아닌 것으로 받아들이는거야. 그냥 나한테 나는 소리 그렇게 태연하게 받아들일 때 진짜 영원히 소리가 안나는 것이지요. 선생님 말을 많이 했더니 목이 아프다. 이제 혜수 너의 말을 해볼래.

내담자 : 사소한 얘기같은 것도 괜찮아요?

상담자 : 그럼.

내담자 : 풍물패가 연습하는 곳을 풍방이라고 하거든요. 풍방에 가서 요새는 잘 노는데요. 가서 얘기하고 하는데. 전에는 긴장돼서 트림도 잘 안나고 그랬어요. 그래서 기분이 찜찜하고 그랬는데요. 트림도 시원하게 하고.

상담자 : 야. 이젠 트림도 해. 장족의 발전이에요.

내담자 : 애들이 옆에서 쳐다봐도 의식을 안해요. 기분 나쁘게 엉키는 그런 감정이 없어졌어요.

상담자 : OK.

내담자 : 그냥 지나가듯이 그랬구요. 어제는.

상담자 : 잠깐만, 여기서 어제 얘기하기 전에 기분 나쁘게 엉키는 감정이 없어졌다. 이것은 왜 그런지 알아?

내담자 : 글쎄요. 설명 좀 해주세요.

상담자 : 그래. 그 전에는 아휴, 애들한테 잘 못보이면 안되는데 애들한테 잘 보여야 한다 이렇게 생각하기 때문에 트림도 제대로 못하고 긴장을 하는데 지금은 혜수 마음속에 그까짓 것 애들한테 잘 못이면 어떠냐 실수좀 하면 어떠냐. 그것이 무슨 대수냐. 이렇게 혜수가 마음을 느긋하게 먹었기 때문에 뒤엉키는 감정이 없어진거라는 것을 분명히 알아줬으면 좋겠어. 그렇기 때문에 신념, 그 생각을 자꾸 되뇌이라는 거야.

내담자 : 전에는 기분 나쁜 감정이 온 몸을 휘감는 것같아서 정말….

상담자 : 그런데 지금은 아니지?

내담자 : 예.

상담자 : 그래. (그림을 그리면서) 그것이 바로 생각과 감정이 연결이 되어 있는데 생각을 혜수가 합리적으로, 제대로 하면 괜찮은건데 혜수가 생각을 왜곡되게 있는 그대로 이렇게 지각을 하면 이렇게 되지? 그런데 이것을 네 자신이 왜곡되게…. 이것이 하나의 물체라고 해봐. 그러면 이런 거울이 있다고 해봐. 그러면 반사될 때 이렇게 나타나지? 그런데 이것은 이건데 거울도 반듯하다 그러면 이것이 이렇게 나타나는 것이고 네가 이렇게 되었기 때문에 이런 식으로 됐다 이거지. 그러니까 이것을 바로 잡자 이거지. 무

슨 말인지 알겠지? 그리고 아까 또 얘기하려고 했어. 어제는….

내담자 : 새벽에요. 새벽에 그 공대 학생회의 부회장이 있어요.

상담자 : 그 애도 풍방에 있는 애야?

내담자 : 예. 그런데 그 오빠가 좋아져요.

상담자 : 응.

내담자 : 그 오빠랑 어제 밤을 새는데 한쪽에서 술마시고 노래하고 그건 예사죠. 거기서 술마시는 것이 싫어서. 또 소주 원샷할 분위기다 하면 화장실 가는 척 하고 나오고 그랬어요. 그래서 제가 제일 적게 먹었거든요. 제가 제정신으로 돌아가려는데, 별관에서 나이트 크럽 장소를 마련해 놓고서는요 밤새도록 추는 거예요. 거기에 제가 딱 들어가는데 마침 블루스 곡이 나오는 거예요. 그러는데. 부회장 오빠가 혜수냐? 왔냐? 그러면서 나랑 블루스 추자고 그래요. 그래서 원래 그 사람에게 호감이 있었으니까. 그냥 못이기는 척하고 끌려가서 저 못춰요. 하면서 그냥 나왔어요. 나와서는 캠프파이어하고 남은 모닥불 있었거든요. 모닥불가에 가서 둘이 앉아서 이런 저런 얘기로 재미있었어요.

상담자 : 그래. 혜수가 대학생활에 그런 재미. 오빠랑 알아가는 것 그런거. 중요한 것은 이젠 이성 친구를 사귈 때도 절제있게 사귀고. 완벽하려고 하고 잘보이려고 하고 그러면 관계가 잘 되지 않을 수가 있어요. 자연스러웠을 때 관계가 이루어지거든. 꾸르륵 소리를 안내려고 감추려고 하면 관계가 이상해져. 그냥 내버려둬 나면 나는대로. 계속 말하지만, 나는대로 그것을 별 문제시 삼지 않으면 어느 순간에 안날거야. 알았지요?

　오늘 꾸르륵 소리 냈니? 선생님 한 번도 못들었어. 오늘 진짜 또 혜수가 듣고도 못들었다고 할까봐 걱정이 되는군요. 지난 주에는 황당했어요. 진짜 안들었다고 했는데, 선생님이 들었으면서 안들었다고 생각하는 것 같아서 선생님이 황당했거든.

내담자 : 저는 그 때 심각하게 생각하고 있었으니까요. 다시 들을 때 들으면서 저도 참 웃긴다. 이렇게 여기도 써 있어요.

상담자 : 그래서 이번에는 들을려고 했는데 안 들렸거든. 그런데 결국 혜수가 그런 소리를 안 냈었구나. 이런 식으로 하면 많이 좋아질 것 같애. 숙제는 뭐냐면. 또다시 꾸르륵 하는 순간이라든지. 또다시 손이 차진다든지 하면 그 상황을 적고 그 때 어떤 생각 때문에 그런지. 자기 생각을 찾아와. 없으면 없지만, 있으면 있는 대로 그리고 수치심 공격하기 연습(Shame attacking exercise)을 하도록 하세요. 내가 이것이 무엇인지 설명을 해 주었어요?

내담자 : 아니요.

상담자 : 안해줬지? 수치심 공격하기 연습(Shame attacking exercise) 이건 뭐냐면. 사람들은 아무것도 아닌 것을 부끄러워하거든 수치스러워하고. 부끄러워하고 수치스러워하는 것을 자꾸 해보게 공격(attacking)하는 거지. 영어로 그치? 그 수치심을 스스로 공격하는 연습을 해보게 하는거지요. 예를 들면 아까 설명한 것처럼 여자한테 데이트 신청 못

하는 사람은 자꾸 데이트를 백 번쯤 신청해보게 한다든지 혜수 너같은 경우는 꾸르륵 소리를 남이 들을까봐 불안해 하잖아. 아예 남한테 열 번 이상 꾸르륵 소리를 의도적으로 들려주도록 노력해보세요. 그래가지고 그러면 너는 지금 "아유 쟤는 이상한 애야. 왜 꾸르륵거릴까 이렇게 생각할까봐 두렵잖아. 그런데 실제 다른 사람은 그렇게 생각 안해요. 속이 나쁘구나. 이렇게 생각을 하지. 그런데 남에게 들려봄으로써 다른 사람이 별 반응도 안하고 신경도 안쓰는 체험을 하게 될 것이예요. 그러면서 "이게 별게 아니구나"라는 사실을 알게 되거든. 선생님이 숙제가 뭐냐면. 꾸르륵 소리가 났을 때나 일부러 했을 때 말고 나도 모르게 우연히 났을 때 내 생각과 그 때 어떤 상황이 었나 그걸 적어오는거고 일부러도 그때에 아무렇지도 않게 행동하는 연습을 10번 해오란 말이예요. 10번 할 수 있겠어요?

내담자 : 예전엔 할 수 있었을텐데. 지금은.

상담자 : 지금은…. 해 볼려고 해봐. 되는 만큼. 알았지? 되는 만큼 하는거야.

내담자 : 예.

상담자 : 그것이 바로 수치심 공격하기 연습(Shame attacking exercise)예요. 예를 들어 어떤 사람은 밖에 나와서 말을 못하는 사람있지? 그러면 말하는 것을 시켜. 자꾸 해보면 남 앞에 서서 말하는 공포가 사라지는 것이지요. 이 정도의 속도로 혜수양의 변화가 계속되면 앞으로 4번 정도만 더 만나면 어때요.

내담자 : 네.

제4회 상담의 축어록

상담자 : 선생님이 수치심 공격하기 연습(Shame attacking exercise)을 해오라고 지난 주에 숙제를 내주었는데요.

내담자 : 그것을 못했어요.

상담자 : 왜 못했어요.

내담자 : 해오기 힘들어요. 예전의 상태로 다시 돌아가는 느낌이에요.

상담자 : 언제 그런 느낌이 들었어요.

내담자 : 배에서 소리 내려고 할 때요, 이것을 선생님 말씀대로 수치심 공격(Shame attacking)을 해보려고 해도 막상 그 때 이상하게 예전의 상태.

상담자 : 그러니까 꾸르륵 소리가 났을 때 그냥 내버려 두면 괜찮아. 선생님이 지난 번에 앞으로 꾸르륵 소리 10번 다른 사람이 듣거나 10번 정도 나도록 해보라고 그랬잖아. 그러면 그 소리를 내버려두는 게 숙제였는데, 그 소리가 났을 때 당당하지 않고 불안했다 이거지요?

내담자 : 예. 얼굴이 달아올라요.

상담자 : 그 때 어떤 상황이었는데. 그 상황이. 얼굴이 달아올랐던 상황이.

내담자 : 오늘요.

상담자 : 오늘이었어요.

내담자 : 아침이었어요.

상담자 : 오늘 아침. 그 상황을 얘기 해볼래요.

내담자 : 2시간 연달아 하는 수업이었어요. 그런데 소리가 났어요. 그런데 얼굴이 달아올랐어요.

상담자 : 그 순간 애들이 몇 명이 있었니?

내담자 : 한 60명.

상담자 : 60명 정도 있었단 말이지. 자 그 때 소리가 조금 났는데,

내담자 : 아무도 모르고 저만 안다는 것만 알았어요.

상담자 : 아무도 모르고 나만 안다는 것만 알았는데도 그랬단 말이지. 그러면 그때 얼굴이 달아올 순간에 혜수양이 떠올랐던 생각이 있었을 것 아니야.

내담자 : 아무렇지 않게.

상담자 : 아 좋다. 숙제할 수 있는 좋은 기회다. 이렇게 생각했으면….

내담자 : 그런 생각도 들었는데요. 이상하게 패배적인 느낌이 들었어요.

상담자 : 그러니까 또 옆에 사람들이 듣고 나를 또 이상한 애로 생각하면 어떻게 하지 그런 생각이 들었겠지? 아닐까?

내담자 : 예. 순간 그 생각도 스쳤죠. 제가 1주일 동안 그냥 잊으면서 살았던 것 같아요. "남의 이목에 잘 안들어도 상관없다." 이런 말을 되뇌이는 말을 계획했던 것 같아요. 숙제 열심히 하기 싫었어요!

상담자 : 그래. 선생님한테 솔직하게 얘기해서 고마운데 이제부터 풍물 연습도 하고 이제 학교 생활도 바꾸고 그러지만 그러고 보면 혜수한테 가장 중요한 것은 상담시간일 수 있고 상담 선생님이 내주는 숙제 이런 것들을 우선 순위를 두고 해야 할 거야. 이 문제가 먼저 해결이 돼야지. 혜수가 대학생활 자체를 기쁘고 즐겁게 누릴 수 있단 말이지? 그러니까 풍물도 열심히 하고 공부도 열심히 하는 것은 좋은데 선생님이 내주는 숙제를 열심히 해와야 돼. 혜수야. 선생님이 지난 번에 남의 이목이 중요한 것이 아니다. 선생님이 써주지 않았니?

내담자 : 예.

상담자 : 응. 그것을 반복적으로 써오라고 그러면. 선생님이 해오라고 그러면 꼭 열심히 해와 야돼. 응? 알았지? 아마 혜수가 지적한 것처럼 그것을 반복적으로 되뇌이고 묵상해보지 않았기 때문에, 또 순간이 왔을 때 당황하게 되는건지도 몰라. 자꾸 반복적으로 연습하면 그런 생각이 왔을 때. 아 그것은 좋은 기회구나. 숙제해야지. 그리고 그냥 내버려 뒀으면 숙제가 됐을텐데. 당황해 한거니깐. 그치? 또 그게 꾸르륵 소리가 아침에 한번밖에 없었어?

내담자 : 예. 그전에는 그냥 잊고 살듯이 바쁘게만 지내다보니….

상담자 : 그래.

내담자 : 그리고 참 웃겼던 게요. 종교와 인간 시간이 제일 중요한 시간이예요.

상담자 : 어! 왜 그렇지?

내담자 : 예. 교수님 혼자서 앞에서 강의하시고. 웃는 유머스러운 것도 없고, 애들이 막 졸고. 몸 비틀고 하는 소리까지 다 들려요. 그런데 신기했던게요. 요즘 제 관심사가 이거였는지 몰라도요. 애들 배에서 그 소리가 다 들리는 거예요.

상담자 : 아이들의. 배속 소리가?

내담자 : 그 때가 오전 또 수업시간인데. 아침 잘 안먹고 오고 그렇잖아요. 애들이 밤새 술마시고 이런 애들 많고, 또 속이 불편한 애들도 많고 그런 소리가 들려요.

상담자 : 그 때. 혜수의 생각이 어땠니?

내담자 : "쟤네들이나 나나 똑같네"라고 생각했어요.

상담자 : 그래. 바로 그거다.

내담자 : 그런데. 나만 멀쩡한 것 같고 그래요.

상담자 : 혜수만 멀쩡하다 이게 무슨 얘기지?

내담자 : 오늘 저는 소리가 안났으니까요.

상담자 : 응. 아까 조금 났지만…. 딴 사람들이 났으니까….

내담자 : 그건 한 순간이구요.

상담자 : 그러니까 중요한 것은 뭐냐면. 그 장에서 소리가 날 수 있는거잖아. "소리나는 게 우리 인간의 한 부분이다"로 받아들이는거지. 지난 번에 혜수하고 얘기했었잖아. 이중 구조, 이중 기준이라는거.

내담자 : 예.

상담자 : 너한테는 엄격하고 그러면서 다른 사람한테는 그렇게 인심을 쓸까?, 후한 점수, 엄격하지 않은 기준을 가지고 있잖니? 그치? 그러니까. 이번 기회에 너한테, 혜수가 본인, 상담자에 대해서 가지는 태도나 다른 사람에 대해서 가지는 태도가 동일해야 된다고 생각해. 다른 애들이 뱃속에서 이렇게 소리가 났지? 너도 인간이기 때문에 뱃속에서 소리가 나는것이고, 그런데 혜수가 너무 예민해져 있기 때문에 다른 사람이 뱃속에서 나는 소리에 대해서 귀기울여진거지? 우리가 그런 것을 심리학적으로 선택적인 주의(selective attention)라고 말하기도 해요. 그런데. 이제는 그것이 삶의 부분이야. 내 몸에 그냥 하는 작용이다라고 생각하면 앞으로는 귀귀울이지 않게 되겠지?

내담자 : 그렇죠.

상담자 : 그러면 장소리가 이제 선생님하고 지난 3월 10일날 만났고 그 다음에 오늘 3월 19일날 그러니까 9일. 1주일이 넘었거든. 그럼 그 기간 동안에 소리가 한 번밖에 안난거야.

내담자 : 그 전에 있었을 수도 있죠.

상담자 : 의식을 못한건가?

내담자 : 어. 기록도 제대로 안했고.

상담자 : 응. 기록도 안했고.

내담자 : 예. 숙제를 제대로 안한거죠.

상담자 : 그래. 기록을 안 한건 괜찮은건데. 그것은 만약에 혜수한테 별 기억에 남지 않게 지나가 버렸다면 문제가 안되는 거야. 응? 그러니까 기록을 안한 것이 중요한게 아니라. 만약에 기억에 그런 사건들이 남았다 라는 것은 그만큼 혜수가 불편했기 때문에 기억에 남았던거고 여러 번 있었지만 내가 기억할 수 없었다 라는 것은 그만큼 내가 덜 불편했다라는 것을 의미하는 것이 아닐까?

내담자 : 불편했던 적은 없었던 것 같아요.

상담자 : 그래. 그만큼 선생님이 볼 때는 많은 진전이 되었다고 생각하는데 혜수도 그렇게 생각하니?

내담자 : 예. 오늘 그 얼굴 달아오르는 꿈을 꿨어요.

상담자 : 그랬어?

내담자 : 예.

상담자 : 그런데 이것은 여태까지에 비하면 대개 많이 나아진거잖아.

내담자 : 그렇죠.

상담자 : 그렇치? 앞으로 또 그런 소리가 나면. 아! 좋은 숙제하는 기회구나. 그냥 꾸르륵 소리 나도 듣고, 다른 사람도 들을 수 있으면 들으면 참 좋겠다. 다른 사람의 반응이 어떤가 보자. 혜수가 불안한 것은 다른 사람의 반응 때문에 불안한거잖아. 응? 그렇지 않니? 다른 사람의 눈치를 보면서 그들이 나를 어떻게 생각할까. 그거잖아. 그렇치. 그것 때문에 불안한 거니까 다른 사람의 반응을 보자 이거지. 그런데 선생님이 좀 더 구체적으로 들어가고 싶은데. 다른 사람들이 그 소리를 들으면 혜수가 불안한 이유는 다른 사람들이 그 소리에 대해서 어떻게 생각할까봐 불안한건데.

내담자 : 그냥. 쟤는 조금 딴 애들이랑 틀리게 좀 지저분하다고 여겨서? 인상이 더러워질 것 같아서.

상담자 : 응. 그럼 선생님이 여기서 분명히 할 게 있어.

내담자 : 예.

상담자 : 일단 혜수가 걱정하는 것은 이제 다른 사람이 나한테서 장소리를 들을까봐 걱정하는 것 하나 있지? 그 다음에 두 번째 걱정하는 것은 들었을 때 저 애는 지저분한 애다. 응? 이렇게 생각할까봐 걱정하는거지. 그치? 두 가지 걱정이다. 첫 번째는 선생님이 계속 얘기하지만 다른 사람이 들을 수도 있고 못들을 수도 있는거야. 선생님은 많은 경우에 실제로 많은 사람이 듣지 못하는데 너는 예민하게 들을거라고 생각해서 괴로워하는 것이 있고, 즉 실제로는 듣지 못하는데 들을거라고 네가 가정하는거지. 그래서 괴로울 수 있고, 두 번째는 실제로 다른 사람이 들을 수가 있어요. 장에서 꾸르륵

하는 소리를 들을 수가 있는데, 네가 생각하는 것처럼 "아이 저 애는 지저분한 애야", "저 애는 다른 애들과 틀리게 지저분한 애야"라고 생각지 않는단 말이야. 그런데 너는 전혀 다른 사람들이 생각지 않는 것을 자기 스스로 저 사람은 내가 그 소리를 들으면 나를 지저분한 애라고 할 것이라고 그렇게 생각하는 것일 뿐이라는 것을 선생님이 분명히 알려주고 싶은거지.

아까 종교와 인간 수업시간에 다른 애들이 꾸르륵하는 소리를 들었다고 했잖아. 그 소리를 들었을 때 혜수가 다른 아이들한테 저 애는 참 지저분해 이런 생각을 했니?

내담자 : 아니요.

상담자 : 그 때 너는 어떤 생각을 했어?

내담자 : 어. 오히려 편했어요. 남도 저러는 구나.

상담자 : 남도 저러는 구나. 그렇지? 그러니까 다른 애들도 똑같지? 혜수에게 장소리를 들었다면. 혜수가 속이 불편하구나. 생각할 뿐이지. "저 애는 지저분한 애야"라고 생각을 안한단 말이야. 그리고 선생님이 얘기하고 싶은 것이 뭐냐면. 설사 다른 애들이 혜수는 지저분한 애야 라고 말한다면 그것이 그렇게 못 견딜 일이냐는 거지. 그 말을 듣는 것이. 어떻게 생각해?

내담자 : 아니죠.

상담자 : 그럴 만한 일이잖아. 그러니까 선생님이 계속 강조하는 건데, 여기 만약 컵이 있다고 그래봐. 너는 컵이 아니고 너는 밥주걱이야. 그런다고 해서 이 컵이 밥주걱이 되니? 한 번 말해봐.

내담자 : 아닙니다.

상담자 : 그러면, 저 컵은 컵 그대로지?

내담자 : 예.

상담자 : 김혜수라는 사람은 다른 사람이 저 애는 지저분한 애야 라고 설사 진짜 말한다고 해도 혜수가 지저분한 사람이 되진 안잖아? 혜수는 그냥 혜수일뿐이야. 다른 사람이 혜수를 지져분한 사람이라고 하면 지저분한 사람이 되고 다른 사람이 혜수를 깨끗한 사람이라고 하면 깨끗한 사람이 되는 것이 아니란 말이지. 혜수라는 사람은 누가 뭐래도 혜수라는 사람이 지니고 있는 고유한 가치와 고유한 특성이 있는거지? 그것을 잘 이해를 해야지. 다른 사람의 생각이라든지 표현이라든지 이런 것에 너무나 지나치게 민감해질 필요가 없다 라는 것을 선생님이 말하고 싶은거야. 이해가 되니?

내담자 : 예. 생각은 늘 그렇게 갖고 있죠.

상담자 : 그래. 생각은 늘 그렇게 갖고 있는데, 문제는 뭐야.

내담자 : 실제 생활에서….

상담자 : 적용이 안되는 거지. 그래. 바로 적용이 안되기 때문에 선생님이 그런 숙제를 내준 거고 그 수치심 공격하기 연습(Shame attacking exercise)를 자꾸 해오라고 그런거지. 선생님이 그 배경 얘기 해줬어? 수치심 공격하기 연습(Shame attacking exercise)에 대한

배경.

내담자 : 아니요.

상담자 : 어떻게 해서 그 연습이 나왔는지 알아요?

내담자 : 아니요.

상담자 : 음 선생님이 그 얘기 해줄게.

그래. 인지상담 이론을 창시한 Albert Ellis가 20세를 전후로 했을 때 여자들한테 다가가서 말을 붙이거나 데이트 신청하는 것을 못했어요. 말하자면 여자에 대한 공포가 아주 심했어요. 마치 혜수가 장소리가 꾸르륵거리는 것에 대한 공포가 있듯이. 그런데 어느날은 내가 이런 공포를 가지면 안 되겠다 라는 생각이 들었어. 그래서 내가 앞으로 만나는 모든 여성들에게 내가 프로포즈를 하고 접근해서 말을 하겠다는 다짐을 굳게 하게 되었어요. 그것이 얼마나 그 사람으로써는 획기적인 발상이니. 사실은 한 명의 여자한테 다가가서 말붙이는 것도 어려운데. 모든 여자에게 다가가서 내가 말을 붙이겠다. 그것도 모르는 여자들한테. 그래서 뉴욕의 근교에 가면 브롱스 식물원이 있어요. 그 식물원에 가서 석달 동안인가 한 달 동안인가, 한 달 동안인 것 같다. 종일 그 식물원에서 그러니까 사람들이 얼마나 오고가겠어, 그 오고가기를 많이 하는 벤치에 앉아서 자기 근처를 지나가는 모든 여자에게 다가가서 말을 붙이고 데이트 신청을 했어요. 그 사람으로서는 그것이 굉장히 힘든 일이지. 한 명의 여자에게 다가가서 말붙이는 것도 얼굴이 빨개지고 가슴이 두근두근거리는데 그것을 견디고 참고, 우리처럼 맘이 편해서 정말 여자와 상대하는 것을 즐기는 마음에서 그런 것이 아니고 굉장히 공포와 두려움이 심한 상태에서 용기를 가지고 그렇게 했단 말이야. 한 달 동안에 그러고 나서 자기가 완전히 여자에게 다가가 정면에서 말하는 것에 대한 공포가 완전히 없어졌다는 얘기를 하고 있어요. 그것이 바로 뭐냐면. 수치심 공격하기 연습(Shame attacking exercise)이예요. 그러니까 shame 부끄럽다고 느끼는 그 부끄러움을 공격해 버리는 거야. 응? attack이 공격하다 라는 뜻이잖아. 그러니까. 혜수가 장 소리가 나는 것을 굉장히 부끄럽게 생각하잖아. 다른 사람이 나를 지저분한 애로 보면 어떡하나. 이런 생각 때문에. 그렇다면 실제 장소리가 많이 나게 해서 다른 사람이 자꾸만 나를 지저분한 애로 보나 한 번 실험을 해 보자는 것이예요. 또 실제로 다른 사람이 지저분한 애라고 본다고 하더라도 그것이 나한테는 별로 중요하지 않으면 문제가 안되는거란 말이지. 그런 연습을 선생님이 그래서 시키는 거야. 혜수가 얘기한 것처럼 선생님이 말하는 것을 다 알거라고 선생님도 봐요. 그런데 그것이 우리 생활 속에 통합이 되야지. 아는 대로 행동하지 못하면 그 아는 것의 의미가 무엇이 있겠어. 우리의 행동으로 드러나야지. 그렇게 하려면 실제 상황에 자꾸 노출을 하고 실제로 장소리 나는 소리를 다른 사람이 듣게 하는 경험도 해보고 그러다가 이젠 네가 무뎌지면 그 장소리는 아마 안나기 시작할거야 만약 영원히 난다 하더라도 나면 나는 대로 살면 되는 것이 아닐까. 선생님의 말이 모순이 된다거나 논리에 안맞다고 생각하면 말해 주세요.

내담자 : 모순이 있는 것은 아니구요, 점점 그런 생각이 들어요.

상담자 : 어떤 생각?

내담자 : 지금 생각이 난 것이요. 처음과 두 번째로 선생님을 뵈었을 때는 진짜로 효과가 컸다고 생각하는데 점점 속도가 느려진다고 해야 되나요?

상담자 : 으응, 그것은 참 솔직한 이야기인데, 장 소리 나기 시작한 것이 너의 말처럼 한 2~3년은 되었고 그동안 네가 나름대로 요가 명상도 해보고 그 문제를 스스로 키워 왔는데 혜수의 스스로의 노력과 연습 없이 행동이 변화된다는 것을 바라는 것은 노력하지 않고 대학시험에 합격하려고 하는 것과 똑같은 거야. 그러니까 선생님께 솔직하게 이야기해 주어서 좋은데 처음에 선생님을 만났을 때는 선생님의 말이 너무나 맞으니까 혜수가 수긍을 했기 때문에 효과가 큰 것이고 그 다음부터 그만큼의 효과가 지속되기 위해서는 적극적인 노력과 참여와 연습이 필요한 것이지요. 그래서 아까 선생님이 말한 것에 부응하기 위해서는 지금 당장 다른 어떤 것보다도 선생님이 내준 숙제를 열심히 하는 것이라고 할 수 있어요.

(한참 침묵)

내담자 : 같은 여자 애들이 있을 때는 안그러는데요, 남자애들이 있거나 특히 그 중에서도 호감있는 아이들이 섞여 있으면 더욱 그러는 것 같아요.

상담자 : 아무래도 이성이니까 남자애들이 있으면 동성끼리는 통하는 것도 있고 부끄러운 것도 이성에 비하면 덜 있는데 이성에게는 더 잘 보여야 하고 더군다나 호감이 있는 사람에게는 더욱 잘 보여야만 한다는 생각으로 꽉 차 있는데 "장소리가 나서 저 사람이 날 싫어하면 어떻게 하나"라는 생각 때문에 그런 것이지. 그런데 장소리가 난다고 해서 저 사람이 날 싫어한다는 생각은 혜수의 판단일 뿐이에요. 장소리가 나기 때문에 날 싫어할 것 같은 사람이라면 애시당초 호감을 갖지 않는 것이 좋지 않겠어요? 서로 보호해주고 하는 것이 진정한 친구라면 선생님 생각에는 장소리에 더 민감하지 않은 남자가 더 혜수에게 적합한 사람이겠지요. 선생님이 분명히 이야기해 주는건데 호감이 가는 남자들이 "내 장소리를 듣고 날 지저분한 아이라고 하면 어떻게 하나 그러면 정말 큰일이야"라는 생각 때문에 혜수가 더 힘들어지는 것이에요, 아까부터 똑같은 이야기가 되풀이 되는데 그것은 혜수만의 생각일 뿐이예요. 실제로 그런 것은 아니예요, 실제로 저 사람이 내 장소리 때문에 도망간다면 그렇게 비인간적인 사람에게 매력을 느끼고 굳이 호감을 갖어야 할 이유가 있어요?

내담자 : 없지요.(다소 강한 어조로)

상담자 : 선생님이 생각해 보아도 없는 것 같아요, 그러니까 용기를 가져 보세요, 혜수의 얼굴과, 혜수의 품성과, 혜수의 능력을 보고 사람을 사귀지, 장소리 나는 것 하나에 의해서 사람을 사귀는 잣대로 쓰지는 않지요. 만약 그것 하나를 기준이나 잣대에 쓰는 사람이 있다면 나는 저사람의 잣대에 안맞고 취향이 아닌가보다 하면 되는 거 아니겠어

요. 이것도 말은 쉬운데 행동으로 옮기기는 어려운 것인가요?

내담자 : (웃음) 해봐야죠 뭐.

상담자 : 그래, 혜수가 그런 체험을 해보면 실제로 잔소리가 났을 때도 도망가지 않고 나와 함께 있어 주는 사람을 분명히 만나게 될텐데요, 그렇게 되면 그 다음부터의 극복은 더 쉬워지겠지요. 정말 별것 아닌 것을 가지고 쓸데없이 사서 고생을 했구나를 체험하게 될텐데요, 선생님은 혜수가 좀 더 빨리 체험하게 되기를 바래요.

내담자 : 네.

상담자 : 지난 번의 녹음 테이프를 들었지요?

내담자 : 네.

상담자 : 그 테잎을 들으면서 새롭게 느낀 점이 있어요?

내담자 : 느낀 점요? 전보다 내용이 없었어요(내담자와 상담자는 함께 웃음) (한참을 생각해 본 후에) 이번엔 숙제를 제대로 안해서요….

상담자 : 그래 좋아. 숙제를 열심히 할 때도 있고 안할 때도 있지. 선생님이 이해를 하고, 그래도 혹시 떠오르는 것은 없어요?

내담자 : 솔직히 요번 테이프(3회기 테이프)를 들으면서 재미가 없었어요, 오면서 전철에서 한번 들어보고 또 학교에 가서 들었는데요. 한 반쯤 듣다가 또 옮겨 쓰고 싶은 생각이 안났어요, 제대로 요점도 떠오르지 않구요,

상담자 : 그것은 왜? 그랬을까? 내가 항상 변화되는 모습이 싹싹 눈에 들어와야만 되는데 그것이 안들어 오는 것 같아서 짜증난 것이 아닐까?

내담자 : (잠시 생각 후) 그럴 지도 모르지요?

상담자 : 처음에는 혜수가 새롭게 변화되는 것 같아서 참 좋았는데 내가 변화되는 느낌이 딱 안생기니까 짜증나고 그러는 것이 아닐까?

내담자 : 전에는 열심히 되뇌이니까 가슴이 뿌듯하고 해서 굉장히 신나게 생활했던 것 같은데요. 이번엔 테이프를 들으면서 너무 이상적으로만 생각하는 것이 아닌가 하는 거리감이 느껴졌어요.

상담자 : 그래 선생님이 이해하겠는데요, 이제부터는 진짜로 이상적이 아닌 현실의 삶 속에 녹아 들어왔을 때 선생님이 하는 상담이 의미가 있으니까. 오늘 다시 숙제 형식을 내줄테니까 그 형식에 따라서 성실하게 해 오세요. 선생님에게 학점을 받는 것은 아니지만 궁극적으로 혜수가 이것을 해결해야 할 문제이니까, 내가 노력하는 만큼 빠른 속도로 해결이 된다는 신념을 가지고, 열심히 참여해 주기 바라겠어요.

내담자 : 선생님 , 제가 이번 일 주일 동안에 약간 자만에 빠진 것 같아요.

상담자 : 너무 빨리 내가 원하는 방향으로 변화된다고 생각하고, 그렇지요.

내담자 : 네,

상담자 : 선생님은 그것이 좋은 체험이라고 생각해요, 자신의 능력에 대해서 겸손해 할줄 알고, 내가 노력하지 않아도 어떤 선생님 한 분에 의해서 내가 쉽게 바뀌는 것이 아니구

나 라는 사실을 깨닫게도 되고 옛날에 혜수는 혼자서도 자신의 문제를 극복해보기 위해서 명상책도 보고 요가도 하고 그랬었잖아. 이제는 혜수가 선생님을 만났고 선생님이 도와주니까, 그 전에는 혼자서도 했는데, 이번에는 정말로 열심히 해서 극복해야겠다는 새로운 자세를 가지고 새롭게 한 번 해봅시다. 그리고 혜수양에게 다시 환기시키고 싶은 것은 선생님은 잠시 도와주는 사람일뿐, 결국 혜수양 스스로의 책임하에 행복을 쟁취해 가야 한다는 사실이예요.

내담자 : 네.

상담자 : 선생님이 오늘 가기 전에 숙제해야 할 것을 새롭게 정해주는데, 오늘 회기가 짧았는데.

내담자 : 솔직히, 오늘은 별 할 이야기가 없는 것 같아요.

상담자 : 그래도 오늘 중요한 것을 많이 다루었어요. 숙제가 얼마나 중요한 것인가를 이해했고 숙제를 못했던 사정도 선생님이 이해를 했고, 그 다음에 왜 수치심 공격하기 연습이 안이루어졌는지 탐색을 했고, 시간은 다른 회기보다 짧았지만 그래도 많은 것을 이야기했다고 생각을 해요. 선생님 생각에는 오늘이 중요한 회기였던 것 같아요. 혜수에게는 어떤 것을 오늘 느끼게 해주는 회기였는지 궁금해요?

내담자 : 아무래도 실천의 중요성인 것 같아요. 사실 오늘 테이프를 들으면서도 실천의 중요성에 대해서 뼈저리게 느꼈어요. 한편으로는 선생님께 죄송하다는 생각도 들고, 선생님께서 제 고민의 반 정도를 부담하신 것과 마찬가지인데 제가 열심히 하지 않은 것 같아서 죄송해요.

상담자 : 앞으로 열심히 하면 되니까요. 선생님은 그 미안해하는 마음이 참 감사해요. 그러나 죄송해하고만 말면 의미가 없으니까, 정말 열심히 노력해야겠다는 의지를 굳혔으니까 좋아요. 선생님이 보기에는 처음보다는 아주 많이 좋아졌어요.

내담자 : 그것은 확실해요.

상담자 : 그러면 선생님이 오늘 숙제해 줄 것을 여기에 자세히 일러 줄게요.

제5회 상담의 축어록

상담자 : 지난 번 선생님이 테이프 들으라는 것 들었어요?

내담자 : 테이프를 책상 어디엔가 놨는데요. 못찾겠더라구요.

상담자 : 그거 잊어버리면 안돼.

내담자 : 다시 찾아볼게요.

상담자 : 그래 다시 찾아보고 꼭 들으세요. 그거 잊어버리면 안돼요. 선생님한테 중요한 자료기 때문에….

내담자 : 예.

상담자 : 어디 찾으면 꼭 있겠지.

내담자 : 예. 선생님 그리고 저 이거.

상담자 : 그래 잘해왔어. 그런데 말이야 이거 복사했지. 복사 안하고 이거만 있는거야.

내담자 : 아 원본요.

상담자 : 응. 원본 복사 있지?(예) 아 난 또 걱정했네. 이거 또 혹시 저기. 선생님이 저 또 너도 이렇게 숙제를 열심히 해와서 선생님이 고마운데 선생님이 지난 주에 혜수가 상담하고 간 다음에 너하고 상담한 것을 기록하고. 어떻게 하면 혜수하고 상담을 잘할 수 있을까 하고 연구를 많이 했다고. 선생님이 비합리적 생각의 장점과 단점 비교표 사건 생각, 증상(ABC)기록지에 써오라 했는데 어디 한 번 봅시다.(숙제의 내용을 보고) 혼자 교정 돌아다녔어요?

내담자 : 아. 그 때 마음이 좀 심란했어요.

상담자 : 응. 가만 있어봐….

내담자 : 그 때.

상담자 : 응 혼자 교정 주변 돌아다녔을 때?

내담자 : 예.

상담자 : 꿈을 꾸었구나. 또?

내담자 : 너무 피곤해서요. 일찍 약먹고 잤는데.

상담자 : 응.

내담자 : 그 다음 날에 … 롤라의 영향. 롤러스케이트 탔어요?

내담자 : (호호) 예…

상담자 : 오늘 아침 것까지 했구나.

내담자 : 아래 더 있어요.

상담자 : 그것을 여기다 적었단 말이지. 3시에 내가 자청해서 발표할 일이 있었다. 그때 몹시 불안하고 연달아 2시간 나가서 얼굴이 붉어지고 말 더듬으면…. 이런 생각을 했다 이거지… 나 흰티에 노란색 가디간을 입어 정말 눈에 잘띄니까.(호호) 애들이 상대적으로 많이 보니까. 내가 불안해 보여…. 응.

내담자 : 그때는 …(응) 기분이요. 기분이 묘해서요. 제가 억제할 수 없어요.

상담자 : 응. 그 때 일반 수학시간에.

내담자 : 예. 그전에 한 시간 혼자 교정 돌아다니고…. (어) 그 때 혼자 돌아다녔어요.

상담자 : 왜 혼자 교정 돌아다녔어?

내담자 : 생각 정리를 하려구요. 또 혼란스럽구 해서.

상담자 : 무슨 생각을…. 무엇이 심란했는데.

내담자 : 아. 속도 좀 불편했구요 (응) 그리고 괜히 심란했어요. 마음이….

상담자 : 그런데. 속이 불편한게. 선생님이 생각하기에는 혹시 생리적으로 이렇게 장(腸) 이상이 있거나 그런거 아닐까?

내담자 : 예. 그런 것은 아니예요.

상담자 : 혜수가 어떻게 알아요?

내담자 : (호호) 아 전에 그것 때문에 병원도 가고 그랬거든요.

상담자 : 어어.

내담자 : 전에 의사 선생님이 정신적인 것 때문에 그렇다고.

상담자 : 응. 의사가 그 때 그랬어요?

내담자 : 예. 기능적인 것이라고요. 원래 병은 없는거래요.

상담자 : 응. 그러니까 완전히 심리적인거네. 여태까지 이루어진 회기의 상담을 분석해 보면 3
회까지는 굉장히 좋아했단 말이지 금방 나아질 것 같았고. 순조롭게. 지난 번에는 도
로 제자리로 돌아가 버린 느낌이 들었고.

내담자 : 완전히 돌아가지는 않았죠. (응) 반 정도 뒤로.

상담자 : 응. 그래 이번에는 어때. 그 동안.

내담자 : 그런데 전보다(1.2.3회할 때보다)는 좀 기분이 침체되어 있는….

상담자 : 확신이 떨어졌구나. 기분이 가라앉고. 그러니까. 선생님이.

내담자 : 맨날 밝게 사는 것도 이상하잖아요.

상담자 : 밝게 사는 것도….

내담자 : 항상 밝게 사는 것을 바라는 것….

상담자 : 그래… 가끔씩 기분이 가라앉을 때도 있지. (예) 그러니까 이제 중요한 것은. 이 시점
에서 우리가 상담의 목표를 다시 점검해보자. 이 시점에서… 그러니까 혜수가 이 상
담을 통해서 진정으로 얻고 싶은 것이 무언지 그것을 한 번 얘기해 보자.

내담자 : 응. 선생님. 이것을 정신적인 속박이라고 해야 되나. 자유로워지고 싶구.

상담자 : 응. 정신적인 속박에서….

내담자 : 예. 불쾌한 그 무슨….

상담자 : 응. 자유로워진다. 불쾌한 기분이라는 것은 잡소리가 날 때의 기분을 의미하나요?

내담자 : 그 때 무엇인가 실없이 나쁜 기분이거든요.

상담자 : 응. 응.

내담자 : 대개 마음으로 심적으로 혼란스럽게….

상담자 : 응. 힘들지….

내담자 : 그것은. 전보다. 많이 나아졌어요.

상담자 : 응. 응.

내담자 : 저는 진짜 어떻게 주체할 줄을 몰랐어요. 도피하고 싶고 그랬는데 이제는 빈도수도
확 줄어들었구요.

상담자 : 굉장히 많이 나아진거야 그치?

내담자 : 예.

상담자 : 상담의 효과라는것이 굉장히 큰거지.

내담자 : 예. 우선 이렇게 나아진 것을 생각해 보니까 제 사고에서 한 부분이 바뀌었는데. 그 한부분이 남의 이목을 그 꺼리지 않는것. 그것이 나아진 것 같은 느낌이 드는데요. 그리고 제가 고등학교 다닐 때는요. 전철에서 책 같은 것을 못봤어요. (응) 책 보면 꼭 남들이 쳐다보는 것 같아서 얼굴이 붉어지고 그랬었거든요.(으응) 그래서 꼭 저를 쳐다보는 것 같고, 쟤는 여기서 공부도 다 하네… 그러는 것 같아서… 제대로 못했었어요. 그래서 저도 모르게 얼굴이 붉어지고 그랬었어요. 그런데 요새는 꺼리낌 없이 책 보고 전혀 남의 이목을 생각하는 것이 없어졌어요.

상담자 : 어. 축하한다. 정말로 축하한다.

내담자 : (호. 호) 감사합니다.

상담자 : 장족의 발전이예요.

내담자 : 다 선생님의 도움이죠.

상담자 : 선생님이 도와주어도 안 듣는 사람이 있는데. 이렇게 효과가 나타나니까 참 기분이 좋군요!

내담자 : 예.

상담자 : 아 기분좋다. 지하철에서 꺼리낌 없이 책도 보고 그런다 이거지요.

내담자 : 그리고 전보다 얼굴 붉어지는 횟수도 줄어들었고….그것 때문에 어느 정도 심적으로 많이 안정된 것 같아요.

상담자 : 응.

내담자 : 제가 학교수업에서 명상법 시간을 참 좋아하거든요.

상담자 : 명상법.

내담자 : 예 그 때는 참도만 하는 거예요.

상담자 : 응. 그것도 종교인이 가르치시나요?

내담자 : 예. 그래서 명상법은 방석 위에 앉아서 참선을 하는것이거든요. 그것은 아주 좋고요. 제가 관심이 있었던 부분이였으니까요.

상담자 : 응 그래. 맞아. 혜수가 명상책 요가책 가지고 했었잖아….

내담자 : 종교와 인간은 이제 ○○에 관한 그것을 가르치는데요. 그것도 아주 좋구요. 그 두 시간 만은 진지하게 다니잖아요. 이때 혼란스러웠을때요 밥 먹고 …. 그리고 이 때 심난했을 때 빈 교실에 들어가서 참선 좀 하려고 했었어요. 심란해서. 아 그런데. 어둡고 사람이 없어서요. 그냥 교정을 돌아다니면서….

상담자 : 아 그러니까 그 때 심란했던 이유가 … 이런 거에서 이것 때문에.. 이건 수학시간에 그런거였고… 그치?

내담자 : 아. 그 때. 그 심란했던 것은요. 여기에 적나라하게 쓰지 못했어요.

상담자 : 으응.

내담자 : 그 때 쓰지는 않았고 . 그 다음 날에 썼었거든요. 그래서 실감이 안 났어요.

상담자 : 응. 그러니까 이것은 그 다음건데…. 그 때 심란했던 감정을 쓴거야. 이건 수학시간

에….

내담자 : 예. 이건 수학시간에 앉아서 그 때를 생각해서.

상담자 : 그 때를 생각해서….

내담자 : 심란했을 때 돌아다니면서. 무슨 생각을 했는지….잘 기억이 안나서….

상담자 : 혹시. 내 인생이 망가지는 것 아닌가. 하는 생각한 거 아냐.

내담자 : 네.

상담자 : 심란할 일이 없잖아. 그러니까 이제는 기억을 하려면 안나니까. 그 때 바로 적도록 하세요.

내담자 : 예.

상담자 : 아니면. 혜수가 그 상황을 즐기는 거 아니예요?

내담자 : 아하 나도 이럴 때가 있었구나. 하는거요. 혹시

상담자 : 그렇잖아…. 어 나도 ○○철학같은 거 있잖아. 하. 그래서 사실 별문제 아닌데. 너가 스스로 대학생들도 그렇고 사춘기 애들도 그렇잖니. 이렇게 ○○철학 읊어보기도 하고 센티맨탈하기도 하고 괜히 슬퍼보이기도 하고, 느끼고 싶잖아. 그래서 그런것 아니였어.

내담자 : 응. 그런 감정이 아니였어….

상담자 : 응. 그러니까 확실히 혼란스러웠어요.

내담자 : 흥분해서 돌아다녔거든요.

상담자 : 그 때 막 장이 움직이는 것 같았구나.

내담자 : 아뇨. 제가 생각할 때는 안그러는데요. 그 상태에서 사람들을 만나면 그랬을거예요.

상담자 : 그러니까 혼자 있었기 때문에 장속에는 소리가 안났는데 만약 다른 사람이 있으면 났을거다.

내담자 : 그래서 혼자 다녔었던거예요. 그래서 이젠 큰방에서 사람들이 있었는데. 거기에서 마음이 굉장히 혼란하고 피하고 싶어서. 저는 혼자 나왔어요.

상담자 : 그러면 혹시 너 큰방에서 나온 것도 장소리 나면 어떡하나 하는 두려움 때문에 나온 거 아냐?

내담자 : 응. 속이 좀 불편하긴 했었는데…. 그런 것은 많이 극복이 됐는데 남들 그런 것은 많이 극복이 됐는데…. 괜히 속에서 흥분적인 그 대개 나쁜 감정들이 있었어요.(응) 그래서 그랬어요. 응. 그래서 참선이라두 할까 해서 나와 봤어요.

상담자 : 과거에도 이런 감정이 많이 있었지.

내담자 : 예. 참 많았었죠. 그 감정이 불편하긴 했었는데….

상담자 : 또 나온거지….

내담자 : 예.

상담자 : 어떨 때 그러니까 혜수는 흥분되고 나쁜 온몸을 휘감는 것 같은 느낌인거 같애?

내담자 : 응. 아무래도 속이 불편할 때, 속이 허하고….

상담자 : 그런데 이제 속이 허하다는거 생리적으로 허한게 아니잖아.

내담자 : 예. 제가 느끼기에….

상담자 : 느끼는 건데. 어떨 때 그런 느낌이 들까?

내담자 : (침묵) 그 문제를 아직도 제가 확실히는 모르겠어요.

상담자 : 응. 혜수야 지금 우리가 이제 얘기를 상담시간에 전에 아버지 얘기도 조금 했고, 어머니 얘기도 조금 했는데 동생도 있잖아. 두 명 (예) 동생들 얘기는 거의 한 번도 안했거든.

내담자 : 예.

상담자 : 가족관계는 어떠니.

내담자 : 그냥 평범한 가족이고요.

상담자 : 그러니까. 부모님하고는 별문제 없는거야.

내담자 : 네. 그럼요.

상담자 : 응. 부모님과 가족관계는 별문제 없는거고….

내담자 : 예. 마찰같은 거 전혀 없어요. 저희 아버지는 술을 전혀 안드니까요. 그냥….

상담자 : 가정은 안정적이라는 거지….

내담자 : 예.

상담자 : 동생들 하고는….

내담자 : 동생들 하고는… 그런데 어렸을 때는… 개인적으로 떨어졌어요. 커가면서 그런지 동생하고….

상담자 : 그러니까 개네들 하고도 그렇게 큰 문제는 없는 거구나.

내담자 : 응. 여동생하고 말이 잘 안 통해요.

상담자 : 말이 안 통하지. 아직. 개는 아직 어리니까.

내담자 : 어렸을 때는…. 개가 좀 한심하다는 생각도 들고 그래요.

상담자 : 왜?

내담자 : 좀 게으르고요. 잠이 많아요. 그리고 공부를 안 해요. 책상에 앉아서 조는 아이거든요. 잠이 많아서. 그런데 그게 태아 때 엄마가 많이 잤다고 그게 영향 있지는 않죠.

상담자 : 영향이 있을 수도 있고 없을 수도 있고. 그런데 그게 이제 혜수의 문제와 관계가 없는 거잖아. 그치

내담자 : 네. 그렇죠.

상담자 : 그래. 그러면 그건 그렇게 걱정을 안해도 되는 것 같고. 응 혜수가 심란함을 느낀대로 좋은 친구를 사귀어서 환경에 변화를 주면 어때요. 지금 반에서 새로 친구 사귀는 애 있어?

내담자 : 예. 응. 캠퍼스에서 가장 친한 친구가 될 거라고. OT에서 2월달에 만났는데 그 친구. 대개 인연이 묘해요. 그 친구가. 제 중학교 때 진짜 친한 친구가 있었어요. 그런데 고등학교 때 학교가 달라졌는데. 그 친구가 고등학교 때 가장 친한 친구가 같은 학부에

또 OT가서 같은 조가 돼서 같이 놀게 된 거예요. 그리고 그런 인연이 있으니까. 이것은 아무래도 그냥 우연이 아니다 생각해서 둘이 다니고 그래요.

상담자 : 그러니까. 그 때 혼자 돌아다닐 때는 걔는 없었나 보지?

내담자 : 네. 그 애랑 오전 수업이요. 틀리거든요. 번호로 잘라서….

상담자 : 같은 학부. 자기가 무슨 학부라고 했지.

내담자 : ○○학부요.

상담자 : 아. 그래.

내담자 : 교양선택을 둘이 똑같이 해서요. 오후 수업은 둘이 같아요.

상담자 : 어제 그 때는 그 애가 없어서 그랬구나.

내담자 : 예. 그랬어요.

상담자 : 혜수야. 이제부터는 그렇게 흥분되고 나쁜 감정이 온몸을 휘감는것 같으면 그 때 내가 무슨 분명히 그 찰나 무슨 생각이 있을 거야. 그것을 한 번 찾아보는데, 선생님이 혹시. 내가 이렇게 내 삶이 불투명하고 불확실 할 때 그래서 아닌가 하는 의심이 들어.

내담자 : 글쎄 ○○할 때 그런 생각이….

상담자 : 그럼 이제 선생님이 계속 얘기했지만 혜수가 그 때 ○○학부로 들어갈 정도다. 내가 앞으로 어떻게 하느냐에 따라 달려 있겠지만 이미 상당히 많은 것을 성취했기 때문에 그렇게 한심스러운 삶을 살것 같지는 않아요. 그런데 그것을 스스로가 미리 걱정하고 괴로워할 필요가 없지. 그러고 이제 이런 감정이 어쩌다 한 번 이렇게 있는 것이라면은 있을 수도 있는거구. 선생님도 간혹 기분 나쁠 때도 있구 그렇거든. 내가 아까 얘기하고 있는 것처럼 어떻게 항상 사람이 기분 좋을 수만 있겠니. 간혹 그럴 때두 있구 그렇지.

내담자 : 항상 낙관적으로 사는 것을 바라는 건 좋죠. 좋은것 같아요. 저도 종교와 인간 시간에 들은 영향도 조금 있고 아휴. 그 때 … 제가 여기와서 항상 낙관적으로 밝게 살려구 했었거든요. 그런데 거기에 좀… 점점 수정이….

상담자 : 수정이… 그렇지 이제 우리가 기본적으로 밝고 명랑하게 살아야 하지만 우리들의 삶 자체가 그렇게 아니고 또 감정이라는 것이 기복이 있는 거잖아. 좋을 수도 있고. 나의 기(氣) 속에 흐르는 핵심적인 흐름이 슬픔이다. 속상함이다. 그러면 문제가 되는거지. 그러나 어쩌다 그 상황에 따라 약간 속상할 수도 있고, 슬플 수도 있고 이런 것이 아주 당연하고. 그쵸? 응 가만있어봐. 우리가 아까 상담을 통해서 얻고 싶은 것이 정신적인 속박에서 자유로워지고, 불쾌한 기분에서 해방되고 싶고. 그거지?

내담자 : 예. 그냥 보통 사람마냥. 한 가지 감정 뚜렷하게 슬프다. 이런식 으로…. 하는거고. 혼란스러움은 그 생각의 실마리를 잡아야죠. 꼬투리를 잡아야죠.

상담자 : 응 그래 지난 번에 선생님한테 그런 얘기를 했거든. 뭐라고 했냐면 어. 선생님이 그렇지. 그러니까 장소리가 나는 것을 왜? 그렇게 괴로워하느냐 그랬더니, 그러니까. 만

약에 잔소리를 들으면 옆에 있는 애들이 저 애는 참 정말 지저분한 아이야 라고 생각하면 큰일이다 라는 생각도 들었지만. 스쳐지나가는 생각일 뿐이지 근본적인 생각이 아닌 것 같다고 그 때도 얘기를 했거든요. 그러니까. 선생님도 궁금하다. 진짜 혜수의 생각이 무엇이길래 그런 것일까?

내담자 : 항상 근처에 수첩을 가지고 다니면서 써야 될까 봐요.

상담자 : 그래 좀 써봐. 아 근본적인 생각. 근본적인 생각이 무엇일까. 저 애는 참 지저분한 아이야 라고 생각하면 왜 큰일이지. 혜수야.

내담자 : 이제는 그것이 문제가 아니예요.

상담자 : 문제가 아니야. 많이 고쳐졌다. 와. 장족의 발전.

내담자 : (하. 하)

상담자 : 진짜야 진짜 고쳐졌어. 어 좋아.

내담자 : 예. 이까짓거 뭐 어떠냐 하고 다시 그 생각은 정리가 되는데요.(어) 그 때. 무슨 생각 때문에 혼란스러웠는지. 참.

상담자 : 응. 그럼 이것이 남의 이목이라든지. 다른 사람이 저 애는 이상한 애다. 그런것 그건 문제가 해결된거네. 이 시점에 참 많이 발전한 것 같군요.

내담자 : 예. 이거 혼란스러웠을 때두요. 전에 그 아주 극도로 혼란스러웠을 때보다 많이 나아진….

상담자 : 응 그래.

내담자 : 아. 이 때 한 가지 스쳐간 생각이 기억나는데요. 내가 혼란스러운 정도가 전보다 많이 나아졌구나. 그 생각이 들었어요. 내가 나아지고 있다는 생각은 느꼈어요. 그런데 이 때도 어쩌면 완벽주의적인 사고가 있었을 수도 있어요.

상담자 : 응 어떤 완벽주의.

내담자 : 예. 아. 내가 지금 이러면 안 된다….

상담자 : 이래도 된다 그렇게 생각해 이제는. 내가 지금 이러면 안 된다.

내담자 : 그렇게….

상담자 : 이럴 수도 있다. 사람이 고민하고 사색하고 그러는 건데. 그런데 이제 중요한 것은 혜수의 생각이 아니라 혼란스러움이 자기를 감싸고 도니까 그것이 이제 문제지 그치. 그리고 선생님이 또 선생님이 정리하다가 본 건데 혜수가 이렇게 다른 사람하고 있을 때는 괜찮은데 조용히 있을 때 더 그렇다고 그랬단 말야. 다른 사람하고 말하고 그럴 땐 괜찮은데… 잠깐만.

내담자 : 그래서 대개 시끄러워요….

상담자 : 응. 집이.

내담자 : 예. 그래서. 익숙해지다가 그래서 그런 것 같아요.

상담자 : 응 시끄러움에 익숙해져서. 조용할 때는 그렇다는 거지.

내담자 : 중학교 1학년 때 그 집으로 이사갔거든요.

상담자 : 응.

내담자 : 그랬는데. 그 때 대개 시끄러웠어요. 어떻게 여기서 살까. 이랬는데. 이제 적응되고, 아무래도. 그런것 같애요. 그런 생각이 지배적이에요.

상담자 : 그러니까. 지배적이란게 뭐지.

내담자 : 응. 제가 생각하기에요. 그것 원인일 것이다.

상담자 : 그러니까. 뭐가.

내담자 : 집 환경이 시끄러우니까. 조용한곳에 가면 안정적이지 못한거죠..

상담자 : 아. 그렇구나. 시끄러운데 익숙해져서 오히려 조용할 때는 불안하다 이거지. 이제는 조용한 곳에 많이 있어도 안정된 느낌을 갖는 생활을 많이해야 되겠다.

내담자 : 아. 너무 바빠서…. 생활을 많이 하니까.

상담자 : 선생님 봐봐. 오늘 우리 이런 상황 굉장히 조용하잖아. 아. 그러니까 혜수가 한 말을 알겠어. 보통 내가 살았던 집이 시끄럽고 도로변에 있었기 때문에 시끄러우면 아무렇지 않은데 조용하면 불안해진다는 말처럼 들리는군요. 이제 자주 조용한 환경에 노출되어서 조용한 것을 더 좋아할 수 있게. 그렇게 되야 되겠다. 그치?

내담자 : 저는 시끄운게 더 좋아요. 어렸을 때는 안그랬는데. 남들이 공부할 때 옆에서 찌그럭 거리는 소리를 내면 대개 신경질 내고 하더라구요. 어! 왜 이렇게 시끄러워하고 말을 하는데 전 그 상황에서 잘되거든요. 그것이 차이점 같기도 하고.

상담자 : 그러면 더 좋겠지. 시끄러운 상황에서 집중을 더 잘하고, 조용할 때도 집중을 잘 하고, 조용하니까 너를 괴롭히는 생각이 드는거 아냐. 그니까 괴롭히는 생각이 뭐냐. (침묵) "내 인생 이러다 끝장나면 어쩌나…"이러는 거 아냐.

내담자 : 그런거죠.

상담자 : "끝장난다"라는 비합리적 생각도 고쳐졌어요?

내담자 : 네. 남의 이목을 지나치게 의식하는 것. 그리고 "내 인생이 끝장이다" 그런 극단적인 생각을 이젠 안해요.

상담자 : OK. 그럼 많이 고쳐진거네.

내담자 : 예.

상담자 : 그래. 많이 나아졌다 진짜. 지금 우리가 고쳐야 할 증상은 잡소리가 아직도 나는것이지.

내담자 : 전보다 훨씬 빈도가 줄어들었구요. 소리도 작아요.

상담자 : 소리도 작고?

내담자 : 그리고 옛날에는 잡소리가 날 것 같다 하면 손에 식은땀이 나고, 손이 차거워지고 그 랬거든요. 종교와 인간 시간이 대개 조용하고 그렇거든요. 그래서 더욱 부담이 가고 그랬어요.

상담자 : 처음에….

내담자 : 예.

상담자 : 이제는 아니잖아.

내담자 : 예. 그 어. 좋아지는 것은요 또, 그거요. 고등학교 때는요. 뒷자리를 좋아했어요. 앞에 나가기가 싫은거예요. 긴장되는 것 같구. 그 기분이 싫어서 앞에 자리를 진짜 싫어 했거든요. 뒤에만 앉고.

상담자 : 앞은 긴장돼서.

내담자 : 예. 애들이 너 왜 뒤에만 앉냐. 그래서 저는 그것에 대해 좀 더 심각해 졌죠. 아! 난 왜 이러지. 진짜 이러면서. 그런데 이제 대학교 와서 상담 선생님을 만나고, 자신감이 생기면서 앞자리를 즐겨 앉고 그래요. 수업집중이 더 잘되니까.

상담자 : 여러 가지로 많이 좋아졌네.

내담자 : 예. 많이 변화된 것 같아요.

상담자 : 그리구 선생님이…. 혜수가 고등학교 때까지만 해도 내가 최고로 잘나야 하기 때문에 너보다 공부 잘한 애들은 아예 친구로도 안 사귀고 못하는 아이만 사귄다고 했잖아.

내담자 : 예 저랑 비슷한 애들이나 그 이하….

상담자 : 그런데 지금은 뭐 어때….

내담자 : 지금 대학교는 성적을 잘 모르잖아요.

상담자 : 지금은 그럴 필요도 없으니까?

내담자 : 예. 그리고 F학점 나와도 나 권총 나왔다. 이러구. 아주 자연스럽게 아무 꺼리낌 없이 말하고 하니까. 한 학기 더 다니지 뭐 이런 식으로 이러니까.

상담자 : 내가 꼭 완벽해야 되고 잘해야 된다는 의식이 많이 사라진거네.

내담자 : 그리고 여기선 비교되고 그런 것이 없잖아요.

상담자 : 성적이 비교되는 것이 없으니까.

내담자 : 못나와도 자랑스럽게 서로들 얘기하고 그러니까.

상담자 : 그러니까 환경 때문에 많이 좋아졌다는 말이군요.

내담자 : 예. 그럴 수도 있겠죠. 대학에서 익명성도 또 그럴 가능성도 있을 수도 있죠. 수업시간에 교수하고 친해지는 것도 없고 같이 수업 듣는 사람들끼리도 다 서로 서로 알려고들 하지 않잖아요.

상담자 : 서로 알려고도 하지 않으니까. 그래 혜수가 많이 좋아졌는데. 여기 혜수가 아까 얘기한 것 있잖아 정신적인 속박에서 자유로워지고 싶다. 정신적인 속박이라는 것은 결국 네가 너를 구속하는 것이지 다른 사람이 너를 구속하는 것이 아니지. 네가 너를 구속하는 것에서는 선생님 볼 때 많이 해방된 것 같애. 지금 완벽할려구 하는 것도 많이 없어졌지 옛날 너가 비교를 얼마나 많이 했니. 네가. 비교를 많이 했기 때문에 친구들도 너보다 공부 잘한 애는 사귀지 않은 것 아냐. 지금 환경적으로 비교할 필요도 없어졌지. 그러면 이제 잔소리 같은 것 줄어들고 소리도 줄어들고….

내담자 : 특별하게 소리난 적이 없어요.

상담자 : 특별하게 소리가 안 났고. 소리가 나도 다른 사람이 들어도 괜찮다 라고 배짱있게 나

가고, 다른 사람의 이목에서 많이 해방됐고, 저 애는 지저분한 애야 하는 그런 말은 좀 들어도 괜찮고….

내담자 : 그 생각은 전혀 아니예요.

상담자 : 지금 이 시점에서 많이 좋아졌는데 그럼 선생님이 무엇을 도와줘야 되겠니.

내담자 : 무엇인가 지금도 완벽적인 사고를 하고 있을지 몰라요.

상담자 : 응.

내담자 : 어. 아직 다 나은 그런 기분이 없었어요. 석연치가 않아요.

상담자 : 아직은 다 나은…. 응. 그래 그래 바로 완벽주의자적….

내담자 : 무엇인가 찝찝해요. 그리고 아직 정착이 안됐을거 같고. 더 필요한거 같아요.

상담자 : 아주 솔직한 고백이고. 참 좋네.

내담자 : (웃음)

상담자 : 무엇인가 정착이…. 많이는 나아졌지만 무엇인가 찝찝하고 정착이 안 된다. 그럼 이제 우리는 앞으로 만나는 기간 동안은 혜수의 바뀌어진 생각이 내것이 되도록 그렇게 하는데 우리가 더 초점을 두고 상담을 해야 되겠다. 그치?

내담자 : 예.

상담자 : 그니까. 선생님은 그 동안 이거 응 이것은 선생님이 볼 때는 더이상 할 것이 없는 것 같고, 응 이제는 정말 내가 완벽한 인간일 필요가 없다라는 것 그리고, 내가 실수를 보여도 괜찮다는거 헛점을 보여도 괜찮다는 것에 대해 동의를 하고 그리고 인생의 진짜 목표가 뭘까. 내가 왜 살아야 되는가에 대해서 생각해와봐 여기다 선생님이 써줄 테니까. 이 세상에 완벽한 인간은 없다고 했지? 이세상에 완벽한 인간은 없다. 나는 최선을 다해서 살면 된다. 다른 사람이 내 인생에 주체가 되어서는 안 되는데 이미 혜수는 그것을 넘어섰지. 다른 사람의 이목이라든지, 지저분한 애라든지 이런 생각에서 벗어날 수 있었지.

내담자 : 잠깐만 그런 생각이 들어도 바로 생각이 돌아서요.

상담자 : 그것이 완전히 바로 내것이 되기 위해서는 앞으로 우리의 연습과정이 필요해요.

내담자 : 아직도 옛날 그런 생각이 잠깐 스쳐가는 것 같으니까.

상담자 : 스쳐갈 때마다. 아냐 내가 내 삶의 주인이야 그치 그리고, 장소리는 다른 사람도…….
사람이 본질적인 것을 추구해야 한다. 그렇게 자기에게 애기하고 그 다음에 좋은 구절이나 좋은 말 같은것 있지 그런 것을 많이 외우세요. 그런 것을 외우면 내가 괴로울 때 그런 말이 탁탁 머리 속으로 떠올라요 그래서 참된 인간의 가치라는 것은 장소리로 결정되는 것이 아니다 라는 말이지요. 또 인간의 가치라는 것은 그 사람의 능력에 의해서 결정되는 것이 아니라는 거지요. 철학적인 사색을 앞으로 혜수가 많이 해야 될 것 같아. 응. 철학적인 사고를 많이 하도록 하세요.

내담자 : 남들보다 많이 하고는 있는데.

상담자 : 그니까 자기 생각을 많이 하지 말고. 철학적인 사색, "종교와 인간에 대한 사색등, 참

좋지요?

내담자 : 네. 좋아요.

상담자 : 그러니까 앞으로도 계속 우리가 이번에 했던 것처럼 장 소리가 들려오면 남이 들어도 괜ㅎ찮다. 그런 것을 계속 극복하고 이게 정말 인생. 삶의 패턴이 되도록, 내 행동의 패턴이 되도록 다음 만날 때까지 그렇게 하도록 하세요.

내담자 : 예.

제6회 상담의 축어록

내담자 : 선생님 카세트에 들어 있는거요.

상담자 : 응. 들었어요?

내담자 : 예. 동생의 방문을 열었는데.

상담자 : 응.

내담자 : 문을 열었는데. 동생이 바로 그 테이프를 듣고 있더라구요. 그래서 대개 황당하더라구요.

상담자 : 응. 그랬구나.

내담자 : 화를 냈어요.

상담자 : 화를 냈어. 화를 낸 이유는 동생은 나의 사생활을 침범하면 안 된다는 그런거였나.

내담자 : 아. 무엇인가 들킨 기분….

상담자 : 들킨 기분. 그래 그 기분. 선생님이 충분히 이해한다. 그런데 여섯 번째 회기인가! 오늘이?

내담자 : 예.

상담자 : 동생한테 들킨 기분은 충분히 이해가 돼. 그런데 어쩌다 그렇게 들켰어?(웃음)

내담자 : 방에다 놓고서. 안방에 가서 식사하고서는 개가 먼저 방에 들어갔거든요.

상담자 : 같이 방을 쓰는구나. 응. 그 테이프를 많이 들었던것 같아요?

내담자 : 예.

상담자 : 그런데 뭐라고 얘기는 안하고. 고등학생이라고….

내담자 : 남동생이 들었어요.

상담자 : 응 남동생이.

내담자 : 제 방에서 어제 잤거든요. (응) 제 방이 추워서 어제 안방에서 자고….

상담자 : 그래. 선생님이 좀 쑥스럽고 그럴것 같애. 챙피하기도 하고, 또 화가 나기도 하고, 응. 가만히 생각해 보면 그것이 또 그렇게 큰 잘못을 저지른 것이 아니잖아.

내담자 : 그렇게 생각할 수도 있죠. 나중에 꿀밤 한 대 주고 정리가 됐는데.

상담자 : 그 때는 당황스러웠을 것 같애. 사람이란 자기만의 은밀한 부분이라든지 프라이버시

를 지키고, 노출되고 싶지 않은데, 그런 생각…. 화가 나고, 황당한 거 충분히 이해가 되고 또 살다가 보면, 그것 보다 더 한 일도 당하고 사는데. 시간이 좀 지나면 해결이 될 수 있을 것 같고. 또 그 자체가 있을 수 있는 일이고 또 ….

내담자 : 그 때는 뭐 극단적인거까지….

상담자 : 들었어. 어떤 극단적인 생각.

내담자 : (안들림)?

상담자 : 혜수양은 그게 별거 아닌 것을 같다가 별 것인 것으로 지각해서 극단적으로 가는 것이 문제야. 만약에 선생님 같았으면 챙피하지만 극단적으로까지 가 생각하지 않아서 힘이 쭉빠지고 이러지는 않았을거든 그러니까 이제부터는 그런 일이 있을 때. 이해하는 능력을 다양하게. 유연하게 그렇게 능력을 바꿔가는 것이 혜수에게 좋은 치료의 방법이에요.

내담자 : 저도 생각을 정리하면서 내가 왜 이런 생각을 하나.

상담자 : 어떻게 정리를 해.

내담자 : 예. 개도 호기심… 이해를 해줘야지 언젠가는 얘기하게 돼…. 그리고 별일 아니다. 극단적인 생각을 하지 말자.

상담자 : 그래 별일 아니지. 극단적인 생각을 예를 들어 어떻게 했는데

내담자 : 제가 부모님한테 안방에 가서 지금 얘기 할텐데 뭐. 그러면은 또 엄마가 극단적인 생각을… 딸이 엄마한테 안했냐는 등 이렇게 심하게 말이 오갈 것 같구.

상담자 : 귀찮지. 좀.

내담자 : 예. 그러면 그 때 어떻게….

상담자 : 이제 엄마가 만약에 물어보면. 엄마가 … 사실은 별개 아닌데 대학생이 됐잖아. 엄마를 설득할 수 있는 능력이 있어야지. 사실은 별개 아닌데 엄마한테 말하면 엄마가 이상한 것처럼 생각할까봐 그랬다. 좋은 선생님이고. 또 솔직하게 말해서 장소리 나는 게 기능적으로 이상한 것이 아니고… 의사가 뭐라고 했지. 뭐라고 한다고 했지

내담자 : 기능성 장애. 그 장은 이상이 없는데 기능상 신경을 쓰면. 스트레스라든지, 이런 것을 받으면 기능이…… 현대인의 병요.

상담자 : 그러니까 엄마한테 그렇게 얘기하란 말이지. 장의 상태가 이상이 없는데 스트레스를 받으면 그렇게 되기 때문에 그것은 심리적인 상담을 받으면 치료가 될꺼라고. 좋은 선생님을 소개받아서 문화체육부에서 하는 상담기관에서 상담을 받고 내가 많이 나아졌다구. 그런 식으로 해서 집안의 분위기를 바꾸어가고 엄마가 아 우리 혜수가 이렇게…. 의지해도 되겠구나. 이런 생각이 들도록 자기가 처신을 해나가야지. 그렇게 생각을 한다면 그렇게 큰 문제가 되지 않을 것 같아.

내담자 : 음.

상담자 : 그건 그렇고. 이제 우리 문제로 들어오자. 혜수가 많은 것이 해결 됐는데. 아직도 무엇인가 찝찝하고 묘한 기분에서 벗어나고 싶다. 그랬거든. 그리고 이제 선생님이 철

학적인 사색 같은 것을 많이 하고 살도록 하자고 부탁했지요.

내담자 : 예.

상담자 : 그 동안 어떤 변화나 이런….

내담자 : 침체기.

상담자 : (웃음) 침체기는 뭐가 침체기야.

내담자 : 엉. 무슨 변화도 없고. 기분도 그냥 그렇고… 그리고 없어요.

상담자 : 응.

내담자 : 잠깐 서글픈 기분도 들고.(큰 기침)

상담자 : 잠깐 서글픈 기분은 왜 드는데.

내담자 : 그냥.

상담자 : 뭐 이유가 있을 거 아냐.

내담자 : 이유 없이 그냥. 한쪽이 슬퍼지구. 옆구리가 허전해서 그런가….

상담자 : 괜시리 슬퍼지구 애인이 없어서 그렇구나. 애인을 찾아 나서야 되겠네. 응. 그래서 그런 이유도 있지 않아. 정말 4월이구 5월이구 이러니까 이제… 봄을 타는거 잖아. 그렇지.

내담자 : (계속 헛기침) 예. 그런 느낌. 그거예요.

상담자 : 좋은 남자 친구가 생기면 해결되는 문제 아냐.(웃음)

내담자 : (웃음) 남자 친구들은 안 좋아 하거든요. 그런데….

상담자 : 아니 그러니까 친구인데. 친구인데 그 사람이 남자 이런거 아니고. 애인같은 친구 말야.

내담자 : 막상. 그런거 애인같은 친구 만난다 해두요. 그 임의적으로 불가능한거 같아요.

상담자 : 노력하면….

내담자 : 무엇인가 비교를 하게 되고 그 사람이 애인이라고 하며는, 나중에 무엇인가 결혼에 골인될 그럴 확률도 높을것 같애요. 비교하고 곰곰이 따져서 얘는 괜찮은 애야. 뭐 이런 식으로.

상담자 : 그건 따지는 것은. 비교한다는 말은 좋은 용어는 아니지만 그 사람에 대해서 내가 생각해 보고 응 이사람이 나한테 맞는 사람인가 아닌가. 하는것은 고려를 해야지. 그런 것도 고려하지 않고 사람을 사귈 수는 없잖아.

내담자 : 좀 괜찮아도요. 무엇인가 한쪽 구석이. 완벽한 사람이 없잖아요. 그런데 저는 완벽한 사람을 추구하는 거 같아요.

상담자 : 그것은 이제 혜수가 그것이 나쁘다는 것을 알았잖아. 나쁘다는 것을 알았으면 그것이 이제 생활 속에서 드러나야지. 응 그러니까 이 사람은 이 점은 좋고 이것은 나쁘고, 저 사람은 이 점은 좋고 이런 점은 나쁜데 중요한 것은 사람은 아무도 완벽한 사람은 없거든. 내가 중요하다고 생각하는 점을 그 사람이 가지고 있다. 그러면 되는거지. 그런 식으로 사람을 이해하며 보고 그래야지. 그리고 그 사람의 부족한 것은 내가 이렇

게 감싸주는 내가 보충해주는 역할을 한다. 관심도 갖고. 너가 이제 남자를 보는 시각
이라든지 이런 것도 한 번 생각해 볼 필요도 있지. 나쁜 것은 아니야. 응. 그리고 연애
를 한다고 해서 다 결혼하는 것은 아니구. 연애를 해서 마음이 맞으면 하는거구. 그렇
지 않으면 안할 수도 있는 거구. 가능성은 항상 열어주구. (웃음) 언젠가 기회가 되면
남자 친구를 사귀는 기술과 방법에 대해서 이야기해 보자. 그러구 선생님이 혜수가
호소해 왔던 장소리 나는것. 그런 증상들이 많이 없어졌다고 했는데. 지속적으로 나
타나지 않는지 그것 궁금하거든….

내담자 : 예. 어 확실히 없어졌어요. 그 장소리가 없어졌는데 무엇인지 찜찜하기도 하고 선생
님께서 계시니까 (응) 받쳐주니까 편안하게 그냥 생활하는 것 같기도 하고.

상담자 : 그래 참 좋은 얘기를 했는데. 부모님도 그렇고. 부모님도 언젠가는 심리적으로 떠나
겠지 그치? 물리적으로도 떠나고. 그리고 선생님도 항상 이제 혜수와 같이 있을 수는
없잖아. 혜수처럼 어려움을 겪고 있는 또 다른 사람을 돌봐줘야 되고, 또 궁극적으로
우리 인간은 혼자 살아가는 거잖아. 혼자 자신을 책임지고, 행복도 성취하고, 성공도
성취하고 그러는 거거든, 선생님이 지금은 도와주지만 이렇게 머지않은 가까운 장래
에 떠날 사람이란 말이지 그러니까 선생님이 떠난 다음에도 혜수는 홀로 설 수 있는
그러한 심리적인 준비를 몇 번의 만남뿐이지만 과정을 통해서 이뤄나가야 되겠지.

내담자 : 아. 지금 이런 증상들이 없어지고요. 이런 상태에서 그 만나는 기간 그 사이를 조금씩
넓혀가면 어떨까요?

상담자 : 그래 그러니까 그것 때문에 네가 불안해 하는 것 같은데. 오늘 6회 만남이지 앞으로 2
번만 더 만날까. 두 번 정도만 더 만나보고 그 다음에 그 이후에 한 달 있다 한번 만나
든지 2달 있다 한 번 만난다든지. 정하기로 하자. 응.

내담자 : 별일이 없어요. 요새는 진짜.

상담자 : 별일이 없다는건 선생님이 볼 때는 혜수가 처음에 선생님한테 호소해 왔던 문제들이
많이 해결이 되었다고 생각하고 이제 선생님이 다시 한 번 강조를 하고 싶은 것은 정
말로 기능적 장애라는 말을 했었는데. 내가 세상을 이해하는 방식, 내가 세상을 지각
하는 방식, 그런 방식 때문에 내가 스스로를 괴롭혀 왔다는 것을 다시 한 번 확인해
주고 싶은거야. 그러니까 내가 어떻게 이 세상을 지각하고, 바라보고, 생각하느냐에
따라서 내 마음이 편해질 수 있고, 장소리도 조절할 수 있고 그러니까 다시 지금 옛날
처럼 완벽해야 된다. 무엇인가를 잘하지 않으면 못 견딘다 라는 생각을. 강하게 하면
혜수는 아마 또 장소리가 아니 또 다른 증상들이 나타날 거예요. 그런 생각에 좀더 유
연해지고 응. 그리고 혜수가 계속적으로 얘기한 거…. 다른 사람들에게 잘 보일려고
지나치게 잘보이려고 하는것 있잖아. 지나치게 완벽하려구 하고. 그런 것은 혜수가
말한 것처럼 그야말로 정신적인 속박이란 말이지. 모든 것을 지나치지 않게. 과유불
급(過猶不及)이라는 말이 있어. 너무 지나치면 모자람만 못하다는 뜻이예요. 동양의
四書(사서) 가운데 논어 선진편에 나오는 말이지요. 너무 지나치게 그래야만 한다는

것은 혜수를 피곤하게 하고, 완전하게 완벽하게 무엇이든지 잘 하려는 것도 좋지만 너무 지나치게 하려구 하면 혜수를 결국 피곤하게 하고 고등학교 때도 공부를 잘하거나 우수한 아이를 친한 친구로 못 사귀었잖아. 꼭 너보다 공부도 못하고 하는 아이들만 사귀고 그랬잖아. 어쩌면 너 중요한 자원을 놓친 것 일 수도 있잖니. 개네들이 꼭 공부를 잘해서 우수한 사람을 놓쳤다는 의미가 아니고 그만큼 다양한 사람의 접촉을 놓친거잖아. 그러니까 지금은 대학교에 들어왔으니까 거의 대동소이(大同小異)하겠지만, 그래도 그러한 상황 속에서도 우수한 사람도 만나고, 못한 사람도 만나고, 여러 부류의 사람들과 똑같이 어울려 놀 수 있기 위해서는 그 사람들에 대한 태도도 바꿔야 하고 네 스스로가 이 세상을 보는 태도도 바꿔야 하고, 그러는 거야. 응 이제 진짜 장소리 안날 수 있겠어. 그렇게 생각하면?

내담자 : 네.

상담자 : 선생님이 뭐… 『인지 · 정서 · 행동치료』를 읽으면 굉장히 도움이 많이 될꺼야.

내담자 : 이런 것 읽어보고 싶었어요.

상담자 : 앞에는 읽어볼 필요없고 여기서부터 읽어봐. 인지상담이런 책에 이론적 기초 이게 뭐지. 이것이 뭐냐면 인지는 인간정서에 가장 중요한 핵심적 요소이다. 인지라는 것은 생각이거든 세상을 이해하는 틀이라는 말도 돼. 그래서 정서라는 것은, 너가 불안함을 느낀다든지, 속상함을 느낀다든지, 우울함을 느낀다든지 이런 것을 말하는거지

내담자 : 예.

상담자 : 그러니까. 이는 우리가 생각하는 것을 느낀다 라는 말로 표현할 수 있다. 어떤 사건이나 타인이 우리로 하여금 기분이 좋다, 기분이 나쁘다고 만드는 것이 아니라 우리 스스로 인위적으로 그렇게 만든다. 이것이 마치 우리의 정서적 …. 이것은 어려운 말인데 … , 니가 스스로 그렇게 한다는 것을….

내담자 : 징크스 같은거요.

상담자 : 그런거지. 사실 그런 것이 아닌데. 과학적 근거가 전혀 없는건데, 역기능적인 사고는 정서장애의 중요한 영향을 미친다. 응. 이것은 뭐냐면 우리를 불편하게 만드는 사고이기 때문에, 순기능의 반대가 역기능이잖아. 바로 이 역기능적 사고가 정서장애의 중요한 결정요인이 된다. 그래서 정서장애나 정신장애의 많은 철학들은 역기능적 사고의 결과이다. 이러한 역기능은 과장하는 것 과잉 일반화. 한 가지가 사실이면 모든 것이 다 사실이다 라고 생각하는 것. 절대적 반드시 나는 완전한 인간이 되어야 한다는것. 이런 것 때문에 그렇다는 거지. 이론의 기본 개념이 우리가 사고하는 것을 느끼기 때문에 사고의 분석부터 시작하니까. 그러니까 선생님이 자꾸만 네 생각을 물어보잖아. 그러니까. 옛날에 한 번 했던 얘기 중에 선생님 제가 강의시간에 그랬다고 그랬지. 앞으로 내 인생이 잘못되면 어떡하나. 이런 걱정한다고 그랬잖아. 생각 안나니?

내담자 : 다 잊어버렸어요.

상담자 : 혜수가 잊어버렸구나. (사례 노트를 뒤적이며) 여기 봐봐. 혜수 증상의 불안감 이것이

불안감이라는게 바로 정서잖아. 부정적 정서거든 또 이런 상황에서 첫 수업시간에 교수님께서 교재설명 중에 장소리가 조그맣게 났단 말이야. 그러면 혜수가 이러다간 내가 주변 사람들에게 웃음거리가 될까 아닐까 하는 생각 때문에 불안한거지 만약에 그러니까 장소리가 아무 때나 나는거야 하고 생각하면 네가 불안한 거야. 이제 신경이 곤두설 필요가 없단 말이야. 또 한 번은 학교가는 도중에 그 때도 장이 꼬이는 것 같고 손이 차가워졌는데 "내가 만약에 잘 적응할 수 있을까. 못하면 큰일이고 난 인생의 낙오자다" 이런 생각을 하니까. 그런거잖아. 그러니까. 생각의 분석을 하는 것이예요. 참 놀랍게도 혜수는 많이 회복 되었지만 고질적인 문제를 가지고 있는 사람들은 놀랍게도 사실이 아닌 것을 너무 사실로 믿어. 그런 경향이 너무 강해.

내담자 : (웃음)

상담자 : 아 이것은 뭐냐면(책을 보면서). 선천적으로 그런 생각을 하고 있긴 하지만 그래도 이제 혜수가 이겨낼 수 있다. 이런 얘기고 그 다음에 여기 보면 인지와 정서와 행동이 있어 우리 인간은 누구든지. 사람이 누구나 인지라는 것은 생각하는 거지 정서라는 것은 느끼는 거지. 행동하는 것은 행동이란 말이지. 삼자가 다 돌아가는 거란 말이야. 그런데 우리가 어떻게 생각하느냐에 따라서 우리가 느끼는 정서와 행동이 다르단 말이야. 응. 내가 밤길을 가다가 밤에 가는데 어디서 부시럭 소리가 들렸다고 그래봐 그 때 혜수의 느낌이 어떨까.

내담자 : 그러면 무섭겠죠.

상담자 : 무섭구 불안하지. 두근거리지.

내담자 : 예.

상담자 : 그렇지. 그 때의 행동은 어때.

내담자 : 행동. 발을 빨리 떨려고….

상담자 : 그렇지.

내담자 : 안 뛰어지는거 같고…

상담자 : 그리고 막 뛰어가기도 하고 그렇지. 만약에 그 소리가. 아이 이 놈의 동네가 도둑고양이들이 많아서 고양이가 장난하다가 나는 소리다 라고 생각하고 느끼는 그 때 느낌은 어떨까?

내담자 : 엉. 뭐 그냥 굳이.

상담자 : 불안하지 않잖아. 그러면 그 때 행동은 어때.

내담자 : 편안히 걸어가다가 살짝 그냥 돌아가지요.

상담자 : 그렇지. 그러니까. 똑같은 상황이나 사건이지만 우리가 어떤 생각의 눈을 가지고 그 사건을 지각하느냐에 따라서 그 사건의 정서와 행동이 다르게 나타나는 거겠지. 그러니까 혜수가 장소리가 난다는 것이 행동적인 거구. 정서가 불안하다. 진땀난다 등도 하나의 행동적인 것이구. 손이 차가운 것도 하나의 행동적인 것이구 불안하고 두근거리는 것이 다 정서라면 너의 생각에 이러다 내가 적응 못하면 내 인생 큰일나는거 아

닌가. 이런거 쓸데 없는 생각 그런 것 때문에 그렇지. 또 그 때 얘기하던 거구. 그 다음에 심리적 장애의 본질 그러니까 의사가 어려운 기능성 장애라고 하는 것이 심리적인 장애잖아 결국은 이 장애의 본질은 뭐냐하면은 인간의 생각이라는 거지. 생각. 그것을 여기서 계속 강조하고 있는 거지. (책장 넘기는 소리) 니가 어떨 때 이 상황을 지각…

내담자 : 네.

상담자 : 봐 봐. 영어 A, B, C 모델이 있는데 A, B, C는 뭐냐면 A는 선행사건, B는 Belief 신념 생각이라는 뜻이거든. C는 결과야. 그럼 봐봐 선생님이 한 번 읽어 줄게. 사고나 신념을 의미하는 Belief 시스템, C는 즉 정서적 행동적 결과, A인 선행사건 때문에 유발되는 것이 아니고, B, 너의 B인 신념 때문에 유발된다고 주장한다. 각각에 대해서 구체적으로 설명하면 다음과 같다. 예를 들어 가령 시험에 떨어졌다든지, 실직됐다든지. 반대하는 결혼을 기어이 고집하는 자녀와 크게 싸웠다든지, 여러 사람 앞에서 직장의 상사에게서 꾸지람을 들었다든지와 같은 인간의 정서를 유발하는 어떠한 사건이나 현상 또는 행위를 말해 이것은 응. 너 같은 경우는 무엇이 있을까? 하여튼 무엇이 있었다고 해. 예를 들면 상황, 좋아하는 사람이 나를 싫어한다 라고 생각하는 사건이라든지, 좋아하는 사람이 나한테 전화를 안했다든지 하는 것이 사건이다 라고 해봐. 내가. 그럼 신념은 어떤 사건에 대해서 개인이 갖게 되는 태도로서 이것은 그의 신념체계 또는 사고방식이라고 볼 수 있다. 그래서 너는 어떤…. 그래서 여기서 비합리적 사건 신념…. 이와 같은 사건행동을 했는데 아주 수치스럽고 끔직한 현상에 대해 자포자기 하거나, 세상을 원망하는 사고방식. 그러니까 이 남자가 내게 전화 안해준 것은 내가 얼마나 한심한 인간이면 이럴 것인가. 나는 정말 못났는가보다. 이렇게 생각을 하는 거지 스스로…. 그럴 때에 결과는 불안하고 속상하고 좌절감 느끼고 이런 감정들이지. 그러니까 어떤 선행사건이 있으면 그 선행사건을 혜수가 어떤 생각의 눈으로 지각하기 때문에 어떤 결과가 나온다는 거지. 그런데 비합리적 사고를 보면은 부적절한…. 결과가 생기는거야. 만약에 합리적인 사고로 보면 아이 그까짓거 전화. 안할 수도 있지 뭐. 나도 내 맘에 안 들면 안하지 뭐. 그렇다고 개가 내 맘에 안든다고 개가 한심한 인간이다. 그것은 아니잖아. 그니까 그것처럼. 개가 나한테 전화안한다고 내가 한심한 인간인가. 나는 그 사람 한 사람의 마음에 안들었을 뿐이야. 어떻게 인간이 모든 사람의 마음에 드니. 그치. 네가 왜 장소리가 그렇게 많이 나는지 아니. 혜수는 자신의 좋은 점은 못봐. 그 나쁜 점만 자꾸 확대해서 보니까 그런거야. 그니까. 자기 자신의 좋은 점을 자꾸 볼 수 있는 능력을 키워야지. 응. 그리고 사람이 다 완벽하지 않고 장점도 있고, 단점도 있고 상담실에 오는 사람들은 자기의 나쁜 점을 많이 확대 해석하지. 좋은 점은 아무것도 아닌 것처럼 생각하고. 좋은 점이 얼마나 많은데. 다음에 올 때까지 너의 좋은 점을 기술해 가지고 오는 것을 오늘은 숙제로 내주겠어요. 선생님이 오늘은 숙제를 많이 내줄거야. 이제 끝날 시간이 되니까. 응 여기 봐봐 그 때

너가 읽어온 것 있지, 그 다음을 또 읽어오세요.

내담자 : 예.

(후략)

제7회 상담의 축어록

상담자 : 오랜만인데, 인지상담책을 들고 왔구나. 지난 번 2장 읽어왔어요?

내담자 : 네.

상담자 : 이해가 됐어요?

내담자 : 네.

상담자 : 말이 좀 어려울텐데 이해가 됐다니, 참 고맙고 기쁘다.
  지금 2주일만에 오는데, 그동안 중간고사 기간인 것으로 아는데 시험은 어떻게 보았어요?

내담자 : 시험요?

상담자 : 응.

내담자 : (웃으면서) 다음 주가 고비예요.

상담자 : 지금도 시험보고 있는 중이예요?

내담자 : 네.

상담자 : 선생님은 시험이 끝났을 줄 알았는데.

내담자 : 저희 학교는 기간을 정해 놓고 보는데 저번 주부터 시작해서 5월 3일 날 끝나요.

상담자 : 그 때 시험보는 과목을 열심히 하면 되겠네, 그렇지?

내담자 : 네.

상담자 : 그러면, 지난 번 만났을 때까지는 혜수씨가 처음에 호소했던 증상이 안나타났어요. 지난 2주 동안은 어땠어요?

내담자 : 맨날, 놀다가 집에 와서 쓰러져 잤어요.

상담자 : 응.

내담자 : 그냥 그런 식으로 생활했어요. 그래서 몸이 약간 망가지긴 했어요, 하도 뛰어 놀고해서요.

상담자 : 으응. (웃으면서) 시험 때인데 그렇게 뛰어 놀았어?

내담자 : (웃으면서) 동아리도 들고 아무래도 그래서.

상담자 : 으응 그랬구나.

내담자 : 증상이 안나타났어요.

상담자 : (소리내어 웃으면서) 으응 그랬어.

내담자 : 소리가 난다든지, 불안해서 미치겠다든지 전에 나타났던 그런 것들이 없었어요.

상담자 : 그런 것이 없었어?

내담자 : 네.

상담자 : 이제는 완전히 해결이 됐다고 보아도 괜찮겠네?

내담자 : 네, 거의요. 이 세상에 완벽하게 해결되는 것은 없으니까요?

상담자 : 그래, 이 세상에는 완벽한 것은 없으니까? 그 정도면 해결이 됐다는 거지 그래, 아 참 선생님 기분이 좋다. 그러면 오늘 우리가 지난 번에 이미 이야기했듯이 일단은 상담을 종결해도 괜찮겠다.

내담자 : 네.

상담자 : 오늘 종결의 시간이기 때문에 할 이야기가 많아요.

내담자 : 네.

상담자 : 먼저 선생님은 상담종결 목록표를 보면서 혜수와 같이 확인하고 싶어요.
바람직하지 못한 행동을 변화시켰는가?

내담자 : 네.

상담자 : 그 행동이 앞으로도 계속해서 지속할 것인가에 대해서 알고 싶어요?

내담자 : (웃으면서)지금 같아서는 변화된 행동을 지속될 것 같아요. 아주 사랑하는 사람이 나타나서 마음을 설레이게 하면 몰라두요.

상담자 : 사랑하는 사람이 나타나도 그냥 마음이 설레야지 잡소리가 나타나면 안돼.(상담자와 내담자는 마주보며 웃음)
그 다음에 묻고 싶은 것은 나의 정서적인 반응들이 더욱더 적응적인가?
이 의미는 그 전에는 혜수가 불안하고 초조했는데 지금은 어때요?

내담자 : (속이 안 좋으면 수업시간에도 잘 앉아 있지 못했어요 책에서 보니까 '낮은 인내성'이라고 씌여 있었어요. 수업을 두 시간 연속으로 하고 처음에는 불편하다고 느꼈을지라도 계속할 수 있었어요

상담자 : 으응, 그래 정서적인 반응이라는 것이 바로 그런 것이지, 더 이상 불안하거나 초조하지 않게 될 수 있지?

내담자 : 네.

상담자 : 그 다음엔, 혜수는 자기 자신에 대하여 웃을 수 있으며 자기 자신을 심각하게 받아들이지 않을 수 있겠는가? 혜수가 굉장히 심각한 사람이었잖아? 심각하지 않을 수 있어요?

내담자 : 이젠 아주 편안하게 살고 있어요.

상담자 : 우리들의 삶 자체가 여러 가지 어려움과 좌절의 연속일 수 있는데 그래서 혜수가 앞으로 어쩌면 남자 친구를 사귀어서 연애를 하게도 되고 연애하다가 실연에 빠지게도 될텐데(아닐 수도 있지만) 그러면 여러 가지 좌절이 있을 때 그 때 나를 받아들일 수 있을까? 그것이 중요한 것인데, 그럴 수 있을 것 같아요.

(잠시 침묵)

상담자 : 솔직하게 말하면 돼요.

내담자 : 아직 안 겪어 봐서 모르겠는데요. 그 때는 마음 아프고 하겠지요. 그런데 생각을 고쳐 먹을 수 있을 것 같아요.

상담자 : 그래 좋아, 생각을 고쳐먹을 수 있는 자세가 필요하다. 그렇지?

내담자 : 네.

상담자 : 그 다음에 내가 어려움을 피하는 대신에 행동을 함으로써 직면할 수 있겠는가? 어려움이라고 생각이 되면 그 어려움을 회피하지 말고 그 어려움을 받아 들여서 그 어려움이 별것이 아니고 우리가 극복할 수 있다는 것을 알게 되는 것, 돌파력있게 부딪쳐 나가는 거야. 장소리의 예를 들면 선생님이 그랬잖아 장소리 나는 것을 수줍어 하지 말고 쑥스러워하지 말고, 장소리를 자꾸 남한테 들리도록 인위적으로 시도하는 태도를 갖는거야. 용기있고 당당하게 그런 경우와 마찬가지야.

내담자 : (잠시 침묵)

상담자 : 그럴 수 있겠어요.

내담자 : (잠시 침묵) 아무래도 편안한 것이 좋으니까.(하하하) 그것은 더 수행이 필요할 것 같아요.

상담자 : (웃으면서) 고행이? 수도가?

내담자 : 같이 웃음.

상담자 : 좋은 대답이었어요. 그 다음에 내 자신의 ABC를 관리할 수 있겠는가? 그러니까 어떤 정서가 나타난다면 지난 번에 이미 설명해준 것처럼 예를 들어 화가 난다고 했을 때 그 화를 유도하는 어떤 사건이 있지 그 사건이 나타날 때 내가 화나는 감정을 화가 안 나도록 바꾸어야 되잖아? 화가 안나도록. 화를 참는 것이 아니고. 화를 참는다는 것은 화를 억누르는 것이거든. 화라는 감정이 아예 나타나지 않게 하는 것이지. 그렇게 하기 위해서는 어떻게 해야 할까?

내담자 : 생각을 변화시켜야지요.

상담자 : (힘있게) 그렇지. 그 말은 언제 배운 것이야.(웃으면서)

내담자 : 어휴, 보통 때 선생님께 상담을 받으면서 배웠고 제가 읽은 책에도 써 있었어요.

상담자 : 생각을 합리적인 생각으로···. 만약 내 생각이 비합리적이라면 어떻게 해야돼. 인지상담의 용어를 빌리면 '논박'한다고 하잖아. 스스로 자가논박. "만약 나한테 장소리가 난다고 해서 다른 사람이 나를 한심한 아이라고 본다는 증거가 어디에 있는가?"라고 스스로 물어보는거야 왜냐하면 상당수의 비합리적 생각은 자기 스스로 그렇게 생각하는 추측일 뿐이기 때문에. 만약 누군가가 혜수에게서 장소리가 난다고 해서 혜수를 한심하게 본다면 그것은 그 사람의 문제일 뿐이고 그 사람의 행동이 바람직하지 않은데 바람직하지 않은 사람의 생각과 행동에 맞춰 주어야 해? 그럴 필요없잖아. 이렇게 자기 자신의 생각을 스스로가 논박을 하고 그 생각을 바꾸는 거야. 알겠어요?

내담자 : 네. 이제 좀 객관적일 수 있게 되었어요.

상담자 : '객관적'의 의미가 무엇이지?

내담자 : 내가 지금 생각하는 것이 합리적인지 비합리적인지 따질 수 있게 되었단 말이죠.

상담자 : 아하!. 그랬어 O.K. Good!

내담자 : (크게 웃음)

상담자 : 그 다음에, 나는 타인에 대한 비난을 더 이상 하지 않을 수 있는가? 혜수는 원래 남을 비난하지는 않았지?

내담자 : 네.

상담자 : 그러면 만약에 내가 앞으로 그런 어려움이나 비참함을 당한다면 나 자신의 비참함에 대해서 스스로 책임질 수 있어요?

내담자 : 네.

상담자 : 그 다음에 이것이 중요한 것인데, 지금 내가 해결하고자 하는 문제는 줄어들었는가

내담자 : 네.

상담자 : 나는 단순히 좋게 느끼고 있는가. 즉 feel better인가 아니면 정말 내가 더 나아진 것인가 즉 get better인가?

내담자: (웃으면서) 나아졌어요.

상담자 : 그리고 어떤 사람들은 종결을 할 때 "제가 완전히 나아졌어요"라고 말을 하는데 그것이 정말로 인지상담법을 적용했기 때문인지 아니면 어떤 잘못된 이유로 변화되었다고 말하는 것인지 확인하고 싶어요 . 예를 들면 어떤 잘못된 이유, 여기서는 선생님을 기쁘게 하기 위해서라든지 불편하게 만드는 상황 자체가 일어나지 않았기 때문인지? 그것을 선생님이 지금 확인해야돼.

내담자 : 음, 전에는 속이 불편했다든지 등의 이유에서 생각을 그런 식으로 하고 불안해 하면서 잔소리가 나고 한 것이었거든요. 막연히 그런 생각을 전에는 해보기는 했는데 상담실에 와서 확실히 이론을 보고서는 상담을 할 때도 가르쳐주신 방법이 아주 큰 도움이 되었어요.

상담자 : 그러니까 혜수가 변화된 것은 선생님을 기쁘게 하기 위한 것이 아니었지?

내담자 : 네.

상담자 : 상황 자체도 바뀐 것은 없지?

내담자 : 네.

상담자 : 그렇다면 혜수의 무엇 때문에 이렇게 증상(잔소리, 불안 등)이 나타나지 않는거야?

내담자 : 어, 막연히 그냥 이럴 것 같다고 했는데, 이론을 보고 딱딱 이래서 그렇구나 라는 것을 알게 되었구요. 제가 만약에 다 낫질 않았다면 선생님에게 더 매달리겠죠.

상담자 : 그래, 이젠 선생님한테 더 이상 안 매달릴 수 있다 이거지.(농담을 하는 듯이)

내담자 : 웃음.

상담자 : 그래, 선생님과 악수를 하자.(힘주어 악수함)

이제 혼자서 자신의 삶을 꾸려가는 거야, 그렇지?

내담자 : 네.

상담자 : 여기서 선생님이 확인하고 싶은 것은 정말 혜수가 자신의 상황을 해석하고 지각하는 그 '인지의 구조' 또는 '생각의 구조'가 변화되었다는 것이야. 그것이 변화되었기 때문에 이렇게 바뀐 것이고 그러니까 증상 자체가 안 나타났다고 하는 것은 어떤 불안을 유도하는 상황들, 예를 들면 여럿이 조용한 강의를 듣게 된다든지 이럴 때 처음에는 혜수가 불안했잖아, 그런데 지금은 그런 상황에 있어도 장소리가 나타나지 않는 것은 '대학생활을 잘못하면 어떻게 하나, 큰일이다' 이렇게 생각하지 않으니까 그런 거야.

내담자 : 전혀 그런 생각하지 않아요.

상담자 : 앞으로도 그래야 된단 말이야.

내담자 : 네, 기뻐요. 증상이 없어진 것에 따라서 결과적으로 된 것인데 인내심이 길러진 것 같아요.

상담자 : 어떤 인내심? 구체적으로?

내담자 : 전에는 수업시간에 불안해서 집중을 못했어요. 나가고 싶다 등의 상상을 다했어요. 그러다가 극단적인 생각이 들기도 하구요. 그런데 이제는 차분하게 집중할 수 있어요.

상담자 : 인내심이 높아진 것인데, 혜수에게 낮은 인내심이 있다는 것을 이 책을 통해서 발견한 것이네?

내담자 : 네, 확실히 그냥 막연하게 느낀 것을 책으로 더 확인했어요.

(상담자와 내담자는 마주보고 웃음)

상담자 : 그러면 일단 상담을 종결하고 앞으로 1달이나 1달 반 후에 다시 한 번 만나는데 . 정말 선생님이 혜수를 보니까. 자신의 깨달음과 통찰력에 의해서 변한 것 같애.

내담자 : 그냥 웃음.

상담자 : 통찰력이란 것이 무슨 뜻인 줄 아니?

내담자 : 어, 어떤 말인 줄은 알겠는데요, 자세히는 모르겠는데요.

상담자 : 국어사전의 의미를 한 번 볼까, (국어사전을 보며) 사물을 환히 꿰뚫어 보는 능력이라고 했는데 심리학에서 '통찰력'의 의미는 좀 다르지. 어쨌든 이렇게 무엇인가를 알게 되고 그것을 깨닫게 되고, 그렇게 혜수가 된 것 같단 말이야.

내담자 : 전에 그냥 막연히 알게 되었던 것 마치 구름이 막연히 걷힌 것 같았는데 지금은 확 뚫린 것 같아요.

상담자 : 그래서 선생님은 많이 걱정은 안 되는데, 정말 너의 변화된 것이 영원히 지속되야 되잖아.

내담자 : 네.

상담자 : 영원히 가야되기 때문에, 어쩌면 혜수가 많은 노력을 해야 될지도 몰라. 그러니까 앞

으로 계속해서 『인지 · 정서 · 행동치료』 책을 읽고, 순간 순간 괴로운 감정이 나타날 때 스스로가 적용을 해서, 스스로 생각을 찾고, 비합리성을 스스로가 논박해 볼 것을 부탁해요. 또하나 말하고 싶은 것은 혜수는 머리가 좋은 사람이거든 지적인 수준이 높아요. 그러니까 다른 친구들, 그리고 집안의 엄마나 동생들이 혜수와 유사한 어려움을 가지고 있다면 여기서 배웠던 것을 적용해 보는 거예요. 물론 혜수가 상담자는 아니지만 도와줄 수 있는 사람은 될 수 있거든, 그러니까 남을 도와줄 수 있는 사람이 되면 참 좋겠어요. 그럴 수 있을 것 같아요.

내담자 : 그런데 다들 자신의 어려움을 밖으로 표출을 하지 않잖아요.

상담자 : 그들이 표출을 하게 된다면 말야, 혜수는 남을 도와줄 수 있을 것 같아요.

내담자 : (웃음)

상담자 : 그리고 혜수가 재미있게 지내니까 좋고, 인간이란 동물은 일이 있고 혜수의 경우에는 공부가 있잖아. 그리고 언젠가 사랑하는 사람도 생길 것이지, 그 다음에 재미있는 놀이가 있을 때 바람직하게 살아갈 수 있는데 혜수는 지금 재미있게 놀고 있잖아. 여기에 한 가지를 더한다면 다른 사람을 위해서 봉사하는 능력이 필요할 것 같애. 다른 사람에게 봉사한다는 것은 다른 사람을 이해하고자 하고 돕고자 하는 것이잖아? 그러니까 하루에 한 가지씩이라도 다른 사람에게 친절을 베풀면서 살아가면 좋겠다는 것이지. 특히 보상을 기대하지 않으면서. 혜수는 보상의 의미를 아니?

내담자 : 이것도 절대적인 사고네요. 내가 베푼 만큼 너도 이렇게 해야 된다. 그런 의미지요?

상담자 : 맞아 그런 것을 기대하지 말고 이야기를 들어주고, 잘된 점, 좋은 점을 칭찬해주고 관심을 보여주고. 그러니까 주변의 친구들에게 그렇게 하란 말이에요. 그 다음에는 '예방하기'의 측면에서 생각을 해봐야 되죠. 완전주의나 위대함을 추구하는 데서 생각을 바꾸란 말이지요 . 그렇게 할 수 있겠어요.

내담자 : 네.

상담자 : 어떻게.

내담자 : 지금 자체가 그런 생각을 하면 생각을 바꾸는 것 같아요. 절대적인 것이 아닌데 내가 지금 절대적인 것으로 생각하고 있는 것이다.

상담자 : 혜수가 상담 초기에 선생님에게 그런 말을 했어요. 초등학교 때까지는 뛰어놀고 했는데 중학교에 들어가서 교복을 입었는데 어느날 선생님께서 "쟤는 참 이쁘고 얌전하다"라는 말을 들은 다음부터 그 다음부터는 정말 이쁘고 얌전하다는 소리를 듣기 위해서 무지한 노력을 했다고 했잖아.

내담자 : 네(웃음).

상담자 : 그렇지, 선생님이 네 문제의 원인을 따져가 보니까, 거기에서부터 시작된 것 같았어. 공부도 뭐고 뭐든지 제일 잘하려 했는데 고등학교에 가서 나보다 잘하는 애가 있다는 것을 알고 그 다음부터는 나보다 무엇인가를 잘하는 아이하고는 친구로 사귀려고 하지도 않았다고 했잖아. 아니니?

내담자 : 모든 면에서 우월했어요, 개만 빼면 나머지는 다 괜찮았어요

상담자 : 모든 면에서 우월한 그 아이를 혜수가 능가해야만 된다고 생각했는데 능가하지 못했기 때문에 친구로 안사귄 것이잖아.

내담자 : 실수를 한다든지 이런 것이 안보이니까요.

상담자 : 그런 사람 하고도 친구로 지낼 수 있는 사람이 되면 더 좋겠지요? 혜수가 그 아이하고 친하게 지내지 않았다는 것은 혜수가 그 아이를 능가하고 싶었는데, 그것이 마음대로 되지 않았다는 의미잖아.

내담자 : 한 사건이 있었어요. 반장, 부반장으로 잘 지냈는데 그 때 저학년교실에 가서 무언가를 설명을 해주는 것이었어요. 이제 부반장을 동반해서 가야된다고 하더라구요. 그래서 또 개가 학년의 회장이었거든요. 따라 갔는데 자기 혼자 이야기하고 저는 그 이야기를 거기에서 또 처음듣고 나를 왜 데리고 갔나, 그 때 모욕감 모멸감을 느꼈어요.

상담자 : 그 때 그 모욕감과 그 모멸감을 왜? 느꼈는지 알 수 있겠어요.

내담자 : 네.

상담자 : 그것이 뭐예요.

내담자 : 제가 잠깐 생각이 모자랐나보다, 또는 내감정이 나쁜 것은 사실이지만 별일 아니다.

상담자 : 그 친구의 입장에서는 '그럴 수도 있지' 라는 생각을 미쳐 하지 못했군요.

내담자 : 그 때는 아무래도 그 친구에 대해서 약간의 시기와 질투도 있었겠지요

상담자 : 혜수가?

내담자 : 네, 그런 일을 당하니, 아주 미웠던 거예요.

상담자 : 그래, 그 때는 어렸으니까 그랬고 지금에 와서 돌이켜보니까. 그 때 그것은 결국 나의 생각이었지, 결국, 제가 저렇게 할 만한 무슨 사정이나 입장이 있겠지 라고 이해해 주는 거야. 그것이 관용성이잖아. 그 때는 어렸으니까 괜찮았지만 이제는 성인이 되어가니까. 남의 입장도 이해해 줄 수 있는 사람이 되면 사람을 수용하는 폭이 넓어지잖아. 그전에는 내 수용의 각도가 이 정도였다면,(약 30도 정도를 그리면서) 즉 내 생각의 범위가 이만큼이었다구 이 안에 들어오지 않으면 그 사람이 이해가 안되고 경우에 따라서는 싫기도 하고 밉기도 하겠지? 그러나 이제는 상담을 받았으니까. 생각의 폭을 넓히고 확장시켜 나가야 되겠지. 앞으로 살아가면서 다른 사람이 나와 다른 부분이 굉장히 많다는 사실을 인정해야 되지요. 나하고 생각이 똑같은 사람이 하나도 없어, 나하고 생각이 다른 내 시각의 범위에 안들어 오는 사람도 나와 다르지만 감싸 안을 수 있는 수용의 폭이 넓어지는 사람(120도 각도를 그린다)이 되면 많은 사람들이 혜수를 좋아하겠지. 다른 사람들이 나와 다른 생각을 하고 있다든지 다른 점이 있다든지 할 때, 그럴 때에 그 사람들을 배척하지 말고 그 사람들을 받아들이는 거야. 알았지. 그럴 수 있겠어요?

내담자 : 네.

상담자 : 그 다음엔 매일 같이 당신의 실수를 받아들이고 어리석은 행동에 대해서는 껄껄껄 웃

는다. 내가 실수를 해서 무엇이 그렇게 이상하고 끔찍한가. 나도 실수할 수 있는 인간이야. 이렇게 자기 자신을 다독거리는 것이 필요하지요. 그렇지 않아요.

내담자 : 네.

상담자 : 혜수는 인간이기 때문에 어리석은 실수를 많이 하게 될거예요. 그렇다고 선생님이 혜수에게 실수를 맨날해라 그것은 아니예요. 실수를 하지 않도록 노력하지만 어쩔 수 없이 불가피하게 실수를 했을 때 그것 때문에 죄책감을 느끼지 말고, "실수를 했기 때문에 한심한 인간이다"라고 생각했기 때문에 죄책감이 드는 것이잖아. 그러니까 이제부터는 "내가 실수를 했다고 한심한 인간은 아니야"라는 합리적 생각을 해야지. 자기 자신에 대해서 웃을 수 있어야지요. 그리고 똑같은 실수를 반복하지 않도록 노력해야되고. 그렇지

내담자 : 맞아요.

상담자 : 선생님이 그 정도로 이야기해주고 싶네요. 그 다음에 REBT이론을 다른 사람에게 적용할수록 혜수가 이론을 더욱 잘 이해할 수 있고 또 혜수 자신에게도 더욱 잘 활용할 수 있게 된다는 것을 꼭 기억하세요. 혜수는 다른 사람들이 비합리적으로 행동하게 되는 것을 보게 될 때 그들과 말을 하지 않고서도 그들의 주요한 비합리적 신념이 이것일 것이며 어떻게 이 생각들을 적극적으로 세차게 논박할 수 있는지 많은 방법을 찾아보게 될 거예요. 이런 과정을 통해서 앞으로 혜수가 영원히 '영원히' 라는 말이 너무 극단적인가? 그러면 그 말 대신에 '상당히 오랫동안' 정서적인 불편이나 어려움이 있을 때 스스로가 자기를 돕고 치료하는 능력을 발휘해야지, 으응 그렇지. 건강한 사람이란 스스로 자기를 추스릴 수 있어야 되잖아. 그렇지요?

내담자 : 네.

상담자 : 선생님하고 오늘까지 해서 총 몇 번의 상담을 했지요?

내담자 : 모두 7번이요.

상담자 : 그런데 이렇게 변화되었다는 것은 굉장히 큰 발전이야. 아무나 할 수 있는 것은 아니예요. 그렇게 되기까지 혜수가 선생님을 잘 따라와 주어서 고마워요.

내담자 : 저도 되돌아 보면 참 놀라워요.

상담자 : 어떤 점이.

내담자 : 전에는 진짜 맨날 생각하는 것이 무엇인가 죄어드는 느낌이었어요. 그런데 지금은 심적인 부담감 즉 무엇인가 죄어들고 누르고 하는 것이 없어졌어요. 그리고 불안, 초조, 극단적인 생각에 미칠 것 같았는데, 그런 것도 없어졌어요. 그리고 전에는 잠깐 스쳐가면서 자기를 분석하기는 했었는데, 상담실에 와서 확실히 어떻게 조절해야 되는지 그 방법을 알았어요. 그리고 인내심도 길러진 것 같고, 무엇인가 세상을 즐겁게 사는 방법을 알게 된 것 같아요.

상담자 : 아! 좋았어요. 선생님도 이제 굉장히 마음이 놓이고 좋아요. 선생님이 볼 때 혜수는 무엇인가 자신이 마음을 먹으면 무엇인가를 할 수 있는 지적 능력도 있고, 여러 가지

가능성이 많은 사람이에요. 그래서 이제는 내가 어떤 삶의 목적을 향해서 갈 것인가? 무엇을 어떤 직업을 선택할 것인가. 그리고 나의 삶에 대한 가치는 무엇인가? 에 대해서 정립해 가야지. 소위 그것 '정체감의 형성' 이라고 말을 하지요. 그런 정체감을 형성해 갈 수 있는 기틀을 잡아가야지. 그러면서 애인도 사귀고 공부도 더 열심히 하고 동아리활동도 후회없이 하고, 책도 많이 보고 정말 아름다운 대학생활을 하기 바래요. 그리고 상담을 했던 것이 혜수에게 영원히 중요한 시간으로 남기를 바래요.

"어머니의 낯을 세워드리기 위해 공부를 반드시 잘 해야만 합니다":

심한 긴장과 손떨림을 호소하는 대입 재수생의 시험불안 극복사례

1. 내담자 기본자료

1) 내담자: 남, 19세, 대입재수생

2) 상담경위

내담자는 지방의 중소도시에서 고등학교를 졸업했다. 평소에 긴장이 심하고 손이 떨리고 땀이 많이 난다. 이런 이유 때문에 작년 12월 EBS 청소년 상담실에 전화를 했고, 그 곳을 통해 청소년대화의 광장을 알게 되었다. 지난번 수학능력시험에도 심한 긴장과 손떨림 때문에 제실력을 발휘하지 못하였다. 재수하기 위해서 형들이 있는 서울에 올라왔는데 이번 기회에 고쳐보려고 상담실에 왔다.

3) 내담자의 인상 및 행동특성

내담자는 약 170cm의 키에 비만해 보인다. 머리는 짧게 깎은 스포츠 스타일임. 얼핏 느껴지는 첫인상은 '순진하다' 이다. 말은 약간 어눌한 편이고 속도가 느리나 물어보는 말에 대한 대답이나 자기가 해야 된다고 생각하는 말은 다 하는 편이다. 간혹 쑥스러운 미소를 띠우며 상담시간에도 땀을 많이 흘린다.

4) 이전 상담경험

지나치게 손이 많이 떨리고 긴장이 심해져서 신경정신과에 다니는데 심리치료는 받지 않고 약만 복용중이었다. 상담자와 만나 새로운 상담을 시작하면서 약을 끊었다.

5) 상담동기 및 호소문제

방송을 통해 본 기관을 알게 되어 자발적으로 찾아온 내담자인 만큼 변화에 대한 동기가 아주 강한 듯이 보인다. 올초에는 긴장과 손 떨림 때문에 공부도 제대로 못하였고 대학에 원서도 못냈기 때문에 어떻게 해서든지 이것을 극복해서 수능도 제대로 보고 좋은 대학에도 가야 한다고 생각한다.

6) 내담자의 가족관계

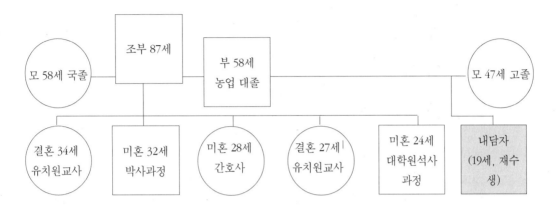

가족 관계

2. 상담과정

1) 치료적 관계의 구축

내담자의 주요 호소문제를 들으면서 내담자가 복잡한 가족관계 속에서 겪어야 했을 여러가지 좌절, 슬픔, 압박감 그리고 아픔 등에 대해서 충분히 공감해 주었다. 공부를 잘해서 좋은 대학에 들어가 부모님 특히 어머니의 낯을 세워드리려 했는데 그것이 뜻대로 안되고 오히려 불안 증세가 심하여 정신과 약을 먹게 되었고 재수까지 하게 된 점에 대해서 상담자의 안타까운 심정도 전하려고 했다. 상담실에 온 것은 아주 잘한 일이고 지금은 학원의 수업이나 자율학습을 좀 빠지더라도 상담을 받는 것이 더 중요하다고 강조, 내담자를 잘 도와주겠다고 약속했다.

2) 상담의 진행과정

(1) 초기 상담과정(제1회 - 2회) : 내담자의 호소문제에 대한 개념화와 상담의 목표 설정

♥ 접수면접, 1회 상담, ＊＊＊＊년 2월 5일(수)

내담자의 주요 호소문제, 가정환경, 주요 호소문제의 배경에 대한 탐색이 이루어짐
상담의 구조화– 상담자, 내담자의 역할에 대한 설명
내담자의 적극적 참여에 대해서 강조함

숙제 – 내담자의 자랑스러운 점에 대해서 기록해오기
SCT (문장 완성검사)해오기

내담자는 아버지의 두 번째 부인에게서 태어났다. 아주 어릴 때는 외가에서 자라다가 네살 때부터 아버지, 어머니와 함께 살기 시작했다. 성장하는 과정 중에 은근히 엄마는 내담자에게 공부를 잘해서 엄마의 기나 체면을 유지시켜 주어야 할 것을 강조하였다. 아버지의 본부인의 자식들이 공부를 잘하였기 때문에 더욱 내담자에게 많은 압박이 가해진 것으로 보인다. 내담자 스스로도 자신이 공부를 못하면 엄마가 얼굴을 못들까봐 많은 염려를 했다고 한다. 어렸을 때부터 친구들이 나를 무시한다는 생각이 많이 들었고 친구들에게 참고서나 문제집 같은 것도 빌려주지 않았다. 빌려준 애가 나보다 시험을 잘보면 속이 많이 상했고 뭔가 빼았긴 느낌이 들었다. 어릴 때는 주로 엄마만 나를 힘들게 해서 중학교 때는 그래도 반에서 2-3등은 했는데, 고등학교에 올라간 후로 아버지까지 가세하는 바람에 긴장은 더욱 심해지고 성적도 15등 정도로 떨어졌다. 아버지는 ○○가 다 좋은데 공부를 못해서 걱정이라고 엄마에게 말하는 소리를 들은 후부터 마음에 더욱 부담이 갔다. 특히 고2 때부터 긴장과 손 떨림의 증세가 심해지면서 급기야는 수능 때 답안지에 마킹도 제대로 못했다.

어릴 때 자라면서 지금 서울대에 다니는 형과 많이 싸웠는데 형들이 크면서 도시로 학교를 다니러 집을 나가서 살았기 때문에 많은 접촉은 없었다고 하였다. 지금은 형들과 누나가 자취하는 집에 와서 함께 살고 있는데 그들이 잘해주기는 하지만 내심 강한 경쟁의식을 가지고 있는것 같다. 지난 번에 학원에 등록할 때 학원 선생님이 가정조사서를 보시더니 형은 이렇게 공부를 잘하는데 너는 뭐냐고 해서 약간 속상한 듯했다. 이 내담자는 어렸을 때부터 공부 잘하는 이복형제들 틈에서 '형이 공부를 잘했으니 나도 잘해야만 하고, 부모님께 절대로 실망시켜드리면 안된다. 이 세상에 살면서 공부를 못하는 것은 부끄러운 일이다' 등등의 역기능적 생각으로 꽉 차 있었고 그것이 급기야 평범한 일상생활을 영위하는 데에도 어려움을 가져다주게 된 것 같다.

(2) 사례의 개념화
이 사례는 인지행동적 접근 중 REBT의 방법에 따라 개념화하였다. 그 도식은 아래와 같다.

① 1차적 장애

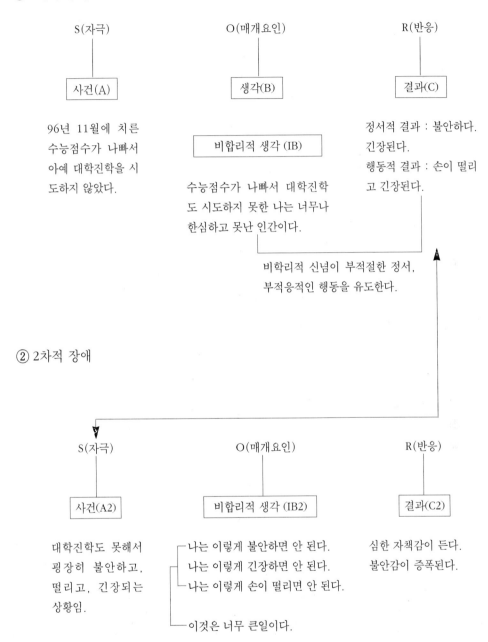

S(자극) O(매개요인) R(반응)

| 사건(A) | 생각(B) | 결과(C) |

96년 11월에 치른
수능점수가 나빠서
아예 대학진학을 시
도하지 않았다.

비합리적 생각 (IB)

수능점수가 나빠서 대학진학
도 시도하지 못한 나는 너무나
한심하고 못난 인간이다.

정서적 결과 : 불안하다.
긴장된다.
행동적 결과 : 손이 떨리
고 긴장된다.

비학리적 신념이 부적절한 정서,
부적응적인 행동을 유도한다.

② 2차적 장애

S(자극) O(매개요인) R(반응)

| 사건(A2) | 비합리적 생각 (IB2) | 결과(C2) |

대학진학도 못해서
굉장히 불안하고,
떨리고, 긴장되는
상황임.

나는 이렇게 불안하면 안 된다.
나는 이렇게 긴장하면 안 된다.
나는 이렇게 손이 떨리면 안 된다.

이것은 너무 큰일이다.

심한 자책감이 든다.
불안감이 증폭된다.

♥ 2회 상담 , ＊＊＊＊. 2. 12

＊ 숙제점검
내담자는 숙제를 모두 해왔다. 내담자가 자신에 대해서 기록해온 점은 다음과 같다.
나의 자랑스러운 점

- 성실하고 착하다
- 순수 그 자체다
- 모든 일에 끈기가 있는 편이다.
- 선생님 말씀에 순종하는 것이다.

♥ 상담내용 및 개입

나는 멍청하다고 생각하지 않는다. 머리가 나쁜 것도 아니다. 집에서 아빠도 머리가 나쁘지 않으면서 왜 시험만 보면 이모양이냐고 하신다. 나는 평소에 긴장과 불안 때문에 실수를 엄청 많이 하는 편이다. SKY대학 중에 하나는 올해에 꼭 들어가야겠다. 공부를 잘해서 부모님을 즐겁게 해드리고 싶다. 시험을 안정된 상태에서 볼 수 있도록 시험불안과 마음불안에서 벗어나고 싶다. 긍정적으로 삶을 잘 꾸려나가고 싶다고 자신의 생각을 표현하고 있다.

상담자는 내담자가 불안하고, 긴장되며, 손이 떨리는 이유는 내담자의 생각 때문에 그렇다고 지적하며 시험을 볼 때나 불안할 때 드는 생각이 무엇인가에 대해서 질문을 하니 아래의 답을 하였다.

- 형들이 잘 했으니까 나도 잘해야 한다.
- 남도 하는 공부 나도 잘할 수 있다.
- 남들로부터 느껴야 하는 부끄러움에서 벗어나고 싶다.
- 부모님께 실망시켜 드리면 절대로 안 된다.
- 남보다 잘해서 나를 깔보지 못하게 하고 싶다.

그의 생각 중에 나타난 전반적인 주제는 "공부를 잘하여 좋은 대학에 반드시 입학하고 부모님의 기대에 부응해야만 나는 아들로서의 도리를 다하는 것이다"임을 찾아내었고, 이것이 지나친 긴장을 유도한다고 설명해 준 뒤에 아래의 심상법을 통하여 긴장해소를 도와주었다.

*심상법의 활용

1단계

상담자: 지금부터 편안한 자세로 눈을 감고 올해 연말에 당신에게 닥칠 수 있는 최악의 상태를 상상해 보시오. 그 상황이 생생하게 상상이 된 다음에는 조용히 손을 드시오.

내담자: 조용히 손을 든다.

상담자: 그 상황이 무엇입니까?

내담자: 제가 또 심한 긴장과 불안 때문에 수능을 망치게 되고 대학 진학을 못한 것입니다.

상담자: 그 때 당신의 가슴 속에 드는 느낌은 무엇입니까?

내담자: 힘이 쭉 빠지고, 모든 일에 자신감이 없어서 아무 일도 할 수 없을 것 같고 다만 망

연 자실합니다.

2단계

상담자: 그 때의 그 극단적인 느낌에서 좀 속이 상하고 마음이 아픈 상태로 바꾸어서 느껴보십시오.

그것이 되면 손을 드세요. 그리고 그때 드는 또다른 느낌은 없는지요?

내담자: 힘이 조금 생기고 마음이 조금 안정된 것 같습니다.

3단계

상담자: 아까는 굉장히 과격한 정서를 느꼈는데 지금은 어떻게 좀더 건강한 정서로 바뀔 수 있었는 지에 대해서 교육함.

E[1]1-B[2] 내가 왜 이리 못했을까, 그렇게 어려운 것도 아니었는데 또 실수를 하다니 나는 너무나 어리석은 인간이다.

E2-B 나는 실수를 했다. 그렇다고 어리석은 인간은 아니다. 또 한 번 시도해보겠다 이 연습을 통해 생각과 정서의 관계를 가르쳐주고 ○○가 생각하는 상황이 최악이 아님을 깨닫게 해줌. 공부를 잘해서 어머니 낯을 세워드려야만 한다는 생각이 강하면 강할수록 머리 속은 복잡해지고 이로 인해 불필요한 증상만 나타난다는 것을 내담자가 수긍함.

이 시점에서 상담자와 내담자는 합의하여 다음의 상담목표를 설정하였다.

상담목표 1. 시험불안에서 벗어나기
             2. 긴장감을 해소하고 손이 떨리는 증상에서 벗어나기
             3. 결과를 생각하지 말고 열심히 공부하기
             4. 형제들과 좋은 관계를 맺기
             5. 대학에 입학하기

그리고 내담자와 그가 가지고 있는 핵심 비합리적 생각을 찾아내고 이를 대치할 수 있는 합리적 생각을 찾았다. 이것을 그는 학원에 오고 갈 때 하루에 15번씩 마음속으로 되뇌이고, 묵상하고 그래프로 그려오기로 약속하였다.

---

1) E-emotion(정서).
2) B-belief(신념).

초 기 상 담 과 정 의 요 약

　　내담자는 공부 잘하는 이복 형제들, 그리고 큰 엄마가 생존해 있는 가족구조 속에서 자신과 그의 어머니가 살아남는 유일한 길은 자신이 "반드시 공부를 잘하여 어머니의 위신을 세워드리는 것"이라고 믿었다. 결과적으로 이 생각은 경직된 역기능적 신념으로 변화되어 내담자를 괴롭히는 증상인 긴장과 손떨림의 주요 원인으로 자리잡게 된다. 상담자는 내담자를 괴롭히는 주범을 그의 역기능적 신념에 있다고 가정하고 이의 해결을 위해 필요한 전략을 수립하고 상담의 목표를 설정한다.

(2) 중기상담과정(제3회 – 제8회) : 호소증상을 유도하는 신념의 변화, 그리고 호소증상의
　　약화과정

♥ 3회 상담, ＊＊＊＊년 2월 21일

＊ 숙제의 점검

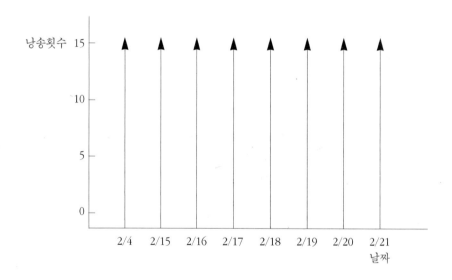

합리적 신념
　"나는 꼭 형들처럼 시험을 굉장히 잘 보아야만 하는 것은 아니다. 나는 그냥 최선을 다하면 되는 것이다. 더군다나 내가 형들만큼 공부를 잘해서 일류대학에 들어가야지만 어머니의 위신을 세워드리는 것은 아니다. 어머니는 이미 내가 있다는 사실만으로도 위신이 서는 것이다. 나는 느긋하게 그냥 열심히 공부하겠다."
　숙제 후의 소감: 부담감이 사라지고 마음이 편해졌다.

♥ 상담내용 및 개입

학원 끝나고 자율학습 빼먹고 상담실에 왔다(상담이 자기에게 가장 중요하기 때문이라고…).

작은 아버지가 처음에는 엄마를 무시했는데 형들이 큰엄마하고 살았으면 대학도 못갔을텐데 엄마 때문에 대학도 가고 엄마 때문에 아버지가 마음도 안정이 되었다고 지금은 좋아한다고 함(내가 중학생 때에 이런 이야기를 들었음).

지난해 12월 29일 아버지가 나를 데리고 서울에 올라왔다. 그 다음날 가시면서 형들이 나를 미워할까봐 속상해 하시면서 내려갔는데 형들과 누나는 나에게 잘해준다. 오늘 아침에도 간호사 누나가 일어나서 도시락을 싸주었다. 그런데 어제는 누나와 같이 밥을 먹었는데 팔이 갑자기 굳어지고 뻣뻣해져서 혼이 났다고 하였다.

팔이 뻣뻣해졌을 때 어떤 생각이 들었느냐고 묻자 "내가 시험도 못 보고 공부도 못해서 점수도 잘못나오고 이모양 이꼴이 된 것이 너무도 한심하다는 생각이 들면서 깊은 자책감이 들었다고 함. 상담자는 임상적으로 2차적 정서의 출현을 파악하고 이를 먼저 다루었다. 우리 나라의 입시생 중에서 시험 못본 사람이 한두 사람도 아니고 자기가 가고 싶은 대학을 가지 못한 사람도 많다. 바로 ○○와 똑같이 긴장이 너무 심하고 너무 불안한 증세 때문에 ○○만 그런 것이 아니고 많은 수험생들이 그런 실수를 했다고 일러주었다. 그것은 이미 엎질러진 물이기 때문에 이제 그것을 더이상 후회하거나 안타까워하는 것이 도움이 안된다고 하자 자기도 그렇게 생각한다고 수긍함.

너무 많이 땀을 흘려서 이완훈련과 심상법을 시도함.

* 숙제 내주기
1. 합리적 신념 계속해서 낭송하고 그래프로 그리기. 1주일간 하루도 빠지지 않고 실천하면 ○○가 좋아하는 장기를 두어서 스스로에게 보상을 주고 못하면 싫어하는 아침운동을 학원가기전에 하도록 함.

2. 일주일 동안 몇 번 정도 긴장하는지에 관한 구체적인 횟수와 긴장을 유도하는 때의 구체적인 사건, 상황 그리고 그 때에 느끼는 구체적인 생각에 대해서 찾아오기.

♥ 4회 상담 ＊＊＊＊년 2월 26일(수)

* 숙제의 점검
• 합리적 신념의 낭송은 평소와 같이 이루어졌다.
• 긴장하는 횟수는 하루 평균 1.6회로 보고하였다. 긴장을 했을 때의 구체적인 사건은 다음과 같다.

* 집안 식구들이 형의 s대 졸업식에 참석하고나서 밥을 먹으러 갔는데 순간 창피함을 느끼면서 손이 뻣뻣해지고 굳어졌다.
* 누나와 큰형이 대판 싸웠는데 혹시 나 때문에 싸운 것이 아닌가 하는 의심이 들면서 불안해지고 긴장되기 시작하였다.
* 서울에서 함께 사는 간호사 누나와 지방에 사는 누나가 전화로 싸우는 소리를 들었을 때
* 학원 끝나고 집에 와서 큰형과 같이 있을 때

내담자는 그런 상황 속에서 자신의 핵심신념, '사람들이 싸우는 것이 다 나 때문'이라는 생각 때문에 긴장이 되는 것 같다'는 것을 발견했다고 하였다.

* 상담내용 및 개입

내담자는 숙제의 내용을 보고하면서 오늘도 학원 선생님이 뭘 시킨다고 하니까 긴장되고 손에서 땀이 났다고 하였다. 초등학교 시절에는 자발적으로 손을 들고 발표를 많이 하였다. 그런데 고등학교에 올라와서는 놀림을 당할까봐 발표하기가 싫다고 하였다. 성격이 너무 내성적이고 활달하지 못하다. 남과 어울리는 것도 그리 좋아하지 않는다. 그리고 고등학교에 다닐 때 아이들이 술마시고 담배를 피우면 그것을 참 싫어했다. 머리모양도 학생답지 않으면 싫어했다. 나는 좀 고지식한 편이었는지 항상 모범생이 되어야만 한다는 생각이 뇌리에서 떠나지 않았다. 그래서인지 아이들하고도 별로 장난도 쳐보지 않았다. 지금 학원에서도 아이들과 별 말이 없이 지낸다고 한다. 말이 잘 안나오고 발음도 안돼 더욱 긴장하게 된다고 했다. 담임 선생님과는 지금도 연락을 하고 지내고 있는데 목표를 크게 잡으라고 해서 SKY대학에 가려고 마음먹은 것이다. SKY대학이 아니더라도 내가 최선을 다해서 합격할 수 있는 대학에 가고 싶다고 했다.

내담자가 그의 형들과 비교하는 의식이 너무 강하여 참된 인간의 가치는 그 사람이 대학을 가고 안가는 데 있는 것이 아니고 이미 인간으로 존재하는데 그 가치가 있는 것임을 교훈적으로 이야기하였다. 일단 내담자가 같은 반에 있는 동료들에게 먼저 말을 거는 것을 불편해하고 수업시간에 지적을 당할까봐 긴장을 하는 점을 우선 주목하였다. 긴장을 유발하는 상황을 회피하려면 할수록 긴장이 더많이 됨을 강조하고 수업시간에 용기있게 선생님께 먼저 질문하고 선생님의 질문에 대해서는 먼저 손을 들고 답을 하도록 지시하였다. 그리고 주변의 학생들 5명 이상에게 다섯 번 이상 먼저 말붙이고 인사할 것을 숙제로 내주었다. 내담자는 이에 흔쾌히 응하면서 자신의 과거경험을 말하였다. 고등학교에 들어와서 국민학교 때 선생님을 처음에 두 번 정도 찾아가 뵈었을 때는 굉장히 쑥스럽고 긴장이 되었는데 그 다음부터는 서서히 괜찮아지면서 지금은 아무렇지도 않다고 했다. 고등학교 때 담임 선생님께도 처음에는 쑥스러웠는데 지금은 자주 전화를 하니까 마음이 편하다고 하였다. 내담자는 그러면서 숙제를 열심히 해보겠다라고 하였다. 상담자가 그의 수치와 긴장의 주범이라고 파악한 비합리적 신념에 대치되는 합리적 신념도 매일 같이 학원에 오고 갈 때 지하철에서 묵상하고 있으며 그럴 때마다 마음이 상당히 편해진다는 보고를 받았다.

♥ 5회 상담 : ＊＊＊＊년 3월 5일(수)

＊ 숙제의 점검

• 먼저 말을 걸기에 대한 점검

아이들과 5번 이상 말을 거는 과정에서 약간 친해진 느낌이 든다. 수업시간에는 몰라도 아는 대로 대답하고 넘어갔다. 어제부터는 문과와 이과로 새로 반을 편성했기 때문에 새로운 사람들을 다시 만났는데 내가 먼저 어느 학교 나왔느냐고 말을 붙여서 어제 두 명을 사귀었다. 오늘은 옆에 앉은 형과 말을 하였다.

• 핵심 대안적 신념의 묵상에 대한 점검:

집에서 학교에 갈 때 지하철을 타고 50분 정도 걸리는데 그 때 평균 10번 이상 정도 묵상해 본다. 선생님께서 내게 요구하신 15번 이상을 더하면 더 했지 덜하지는 않는다. 수업하기 전에도 한 번씩 했다. 긴장이 안되고 마음이 편해짐을 느낀다.

＊ 상담내용 및 개입

지난 주에는 긴장은 안되었으나 머리가 아팠다고 호소해 왔다. 지금도 손은 조금 떨린다. 평소에는 안떨리는데 밥을 먹을 때는 떨린다. 혼자서 먹을 때도 약간 떨린다. 상담자는 내담자에게 그렇게 떨리는 순간에 드는 생각이 무엇이냐고 묻자 밥먹고 나서 무엇을 할 것인가, 어떻게 공부할 것인가 등등의 생각을 많이 한다고 했다. 상담자는 밥을 먹을 때 잡생각이 떠오르면 '잠깐 스톱'을 외친 후 (만약에 학원이면 마음 속으로 외친 후!) 밥과 반찬의 맛을 느끼는데만 몰두할 것을 부탁하였다.

내담자는 고등학교 때 담임 선생님께 전화를 드렸는데 말이 많이 뚜렷해졌다고 하였다. 상담자도 내담자의 발음이 뚜렷하지 않다고는 느꼈으나 치아의 구조 때문인 것으로 추측만 하였기 때문에 이 부분을 명료화 하였다. 내담자는 원래 말이 좀 분명하지 않다는 지적을 받았는데 지금은 자신감이 조금씩 생겨 말도 분명하게 하는 것 같다고 하였다. 수업시간에도 아는 것이 있으면 대답하고 모르는 것이 있으면 가르쳐주는 대로 이해하고 넘어가니까 좋다고 하였다.

형과 누나가 나에게 잘해준다. 그래서 나는 행운아라고 생각한다. 형과 누나가 잘해 줄 때는 마음 속으로 되뇌이고 지난 번 구정에 간호사 누나만 당직 때문에 서울에 남게 되었는데 그때 누나에게 "열심히 공부해서 좋은 대학에 들어가겠다. 고맙다"는 쪽지를 남기고 시골로 내려갔다고 했다. 요새도 누나는 피곤할텐데 도시락을 열심히 싸준다. 상담자는 조심스럽게 내담자의 수치심의 주범인 가족관계 및 구조에 대해서 탐색해 들어갔다. 상황 자체는 본인의 의지대로 된 것이 아니기 때문에 운명으로 받아들일 뿐 부끄러워할 필요가 없음을 깨달을 수 있는 질문을 던졌다. 그 생각이 어떤 도움을 주는가? 내담자는 도움이 되지 않는다고 대답하였다.

숙제 내주기

• 핵심 합리적 생각을 계속해서 되뇌이고 묵상한다.
• 계속해서 친구들을 사귀어 간다.

• 밥을 먹을 때 등 잡 생각이 떠올라 손이 뻣뻣하게 굳으려고 하면 '잠깐 스톱'하고 크게 외치고 음식의 맛을 느끼는 일에만 몰두한다.

♥ 6회 상담 ＊＊＊＊년 3월 10일(월)

＊ 숙제의 점검
아이들에게 먼저 말을 붙여보니까 다 똑같다는 것을 알게 되었다. 나보다 오히려 더 심한 아이도 있다는 것을 알게 되었다.

＊ 상담내용 및 개입
지난 주말에 시골에서 형제들이 느닷없이 모두 모였다. 형제끼리 친목을 도모하자고 지방의 중소도시에 사는 큰누나가 소집을 하였다. 토요일날 저녁에 모두 모여 저녁식사를 하는데 분위기가 낯설어서 그랬는지 손이 떨렸다. 식사 후 가족들과 노래방에 갔는데 옛날보다는 좋아졌다는 것을 느꼈지만 긴장이 많이 됐다. 사실은 안 가려고 했는데 그전에는 그런 일이 없었기 때문에 따돌림을 받을까봐 갔다. 상담자는 이점이 백 번 잘한 점임을 지적하였다. 또한 형과 누나들과 가능하면 많은 관계를 맺도록 격려하였다. 그리고 내담자가 긴장이 되고 불편함을 느끼는 상황을 회피하지 말고 좀더 적극적으로 노출할 것을 강력하게 요구하였다. 내담자가 다른 형제들과 엄마가 다르다는 것이 내담자가 지각하는 것만큼 흠이 아님도 일러주었다. 형제들에 대한 느낌은 나한테 잘해주는 것으로 다가온다는 말을 하였다.
엄마는 나의 말소리를 들으시고 목소리가 옛날과 많이 틀려지고 안정되게 변했다고 하셨다. 고3 때 담임 선생님도 만나뵈었는데 많이 좋아졌다고 하셔서 용기를 얻었다. 공부를 하다가 막히니까 긴장되고 손이 떨렸다고 했다. 이제부터는 막힐 때 형에게 물어볼 것을 권유하였다.

＊ 추가숙제
공부하다가 모르는 것은 형에게 적극적으로 물어본다.

♥ 7회 상담 ＊＊＊＊년 3월 19일(수)

＊ 숙제의 점검
내담자는 계속해서 착실하게 그의 핵심 비합리적 신념을 묵상하고 되뇌인 것을 기록하고 그래프로 그려 왔다. 그리고 그 숙제를 이행한 다음부터는 마음이 차분해지고 평안해진다는 것을 보고하고 있다.

＊ 상담내용 및 개입
지난번 선생님께서 주변의 모르는 친구들에게 말을 먼저 붙이라고 했는데 그것을 잘 못했고

또 그렇게 하기 싫다고 보고하였다. 어떤 아이들은 머리에 무스를 바르기도 하고 염색을 하기도 하는 등의 소위 날라리끼를 많이 띠고 있는데 내가 고지식해서 그런지 자기는 그런 아이들이 싫다고 한다. 왜냐하면 행동이 틀리니까 성격이 안맞을 것 같고 따로따로 놀 것 같아 친하게 지낼 수 없을 것 같다는 생각이 앞선다고 하였다. 공부를 열심하려고 노력하는 아이들과 사귀고 싶다고 하였다. 상담자는 내담자의 이러한 견해에 다소 주의를 기울이는 발언을 하였다. 인간을 겉으로 드러나는 단면만 보고 판단하고 평가하기보다는 그 사람의 그 모습을 있는 그대로 수용해주고 다른 사람의 생각과 행동이 나의 그것과 다르다고 해서 관계를 차단하는 것보다는 나와 다른 점을 인정해 주었을 때 나에게 중요한 사람이 될지도 모르는 주변의 사람들을 놓치지 않을 수 있음을 설명해 주었다. 그런 다음에는 내담자의 그러한 불편한 정서와 행동의 이면에 숨어 있는 생각이 무었인지 탐색을 시도하였다. 내담자의 드러난 생각은 내가 그 아이들과 어울리면 어쩐지 내가 가치 없는 한심한 인간으로 추락할 것만 같은 생각이 든다고 하였다. 상담자는 실제로 그런지에 관하여 현실 검증을 해보기 위해서 다음주에 올 때까지 가능하면 그 아이들에게 말을 붙여보고 사귀어 보라는 숙제를 내어 주었다. 여기에 덧붙여서 참된 인간의 가치, 즉 내담자의 인간의 가치는 내담자 주변의 사람이나 친구의 모습에 의해서 평가될 수 없는 것이며 내담자는 이미 존재하는 것 자체만으로 존엄한 인간임을 상기시켰다.

내담자는 또한 상담자에게 자신이 수행한 숙제를 보고하고 나서 지난 주에 한 번 손이 갑자기 떨리는 체험을 했는데 잠시 멈추고 스스로에게 '떨리면 안돼'라는 자기 말(self-talk)을 한 후에 손이 떨리지 않았다는 보고를 하였다. 상담자는 그렇게 하는 것을 당장의 효과는 있을 수 있지만 영구한 해결책은 아니므로 그 순간에 내담자의 머리속을 스치고 지나가는 생각을 포착하여 그 생각의 왜곡된 부분을 찾아 스스로 논박할 것을 권유하였다. 내담자가 고민을 하고 있는 또하나의 문제는 현재 같이 살고 있는 이복 누나가 간호사 생활을 하기 때문에 상당히 고되고 힘이 드는데도 아침마다 일어나서 도시락을 싸주는 것에 대해 감사의 마음을 전달하고 싶은데 그것을 어떻게 해야 할지 모르겠다고 도움을 청하였다. 이에 대해 상담자가 내담자의 누나가 되어서 내담자에게 '누나 참 고마워요 누나가 바쁘고 고될 텐데도 저한테 잘해주셔서 정말 고마워요'라는 말을 연습을 시켰다. 내담자는 쑥스럽지만 앞으로 누나에게 가끔씩 자기 표현을 하기로 약속하였다.

집에서 가끔씩 손이 떨릴 때마다 스스로 할 수 있는 Jacobson의 이완훈련을 시켜주었다. 약 20분 정도 걸렸는데 내담자는 정말로 성심껏 상담자의 지시에 따르는 모습이 역력했으며 훈련이 끝난 후에는 얼굴에 상담자가 보지 못했던 아주 밝은 희색이 감돌았다. 어떤 느낌이 드냐고 질문을 하자 지난해 수능시험을 보기 전에 EBS방송국의 상담프로에서 잠시 동안 이 훈련을 시켜준 적이 있었는데 그 때는 별로 잘 안됐었는데 이번에는 아주 잘된 것 같다며 만족해 하였다. 그리고 오늘의 회기 중에 생각해 보고 싶은 것이 있냐고 물었다. 친구를 사귈 때 겉모습만 보지 말고 그의 속모습도 들여다보는 것이 중요하다는 것을 알았다고 말했다. 사실 겉모양이 많이 나타나지만 그것이 전부는 아니고 선생님 말씀대로 주변의 사람들에 편파적이지 않고 좋은 친구를 만들어가는 것이 중요함을 느꼈다고 고백하였다.

✱ 추가숙제

근육이 떨릴 때마다 늘 회기 중에 녹음한 이완훈련 테이프를 주면서 실습할 것을 새로운 숙제로 내줌.

♥ 8회 상담, ✱✱✱✱년 3월 27일(목)

✱ 숙제의 점검, 상담내용 및 개입

내담자는 상담실에 들어서자마자 합리적 신념을 낭송한 횟수를 담은 그래프를 상담자에게 먼저 내놓는데 오늘도 예외는 아니었다. 상담자는 그것을 보면서 내담자가 착실하게 숙제를 잘 해온 점에 대해서 감사함과 아울러 큰 기쁨을 느낀다고 상담자의 생각과 정서를 표현하였다. 상담자 앞에서 다시 한 번 내담자가 매일같이 지하철에서 학원과 집을 오고가면서 낭송하고 묵상했던 합리적 신념을 다시 한 번 낭송하게 하였다. 내담자는 진지하게 상담자 앞에서 낭송하였다. 내담자는 낭송을 지금까지 해오면서 "나는 나고 형은 형이니까 그들과 비교하지 말자. 나는 내 생활만 충실하게 하면 된다. 나는 나의 갈 길이 따로 있고 형은 형의 갈 길이 따로 있을 뿐"이라는 생각과 다짐을 하게 되었다고 하였다. 지난 주에는 옛날처럼 손이 떨리는 증세가 찾기가 힘들 정도로 나타나지 않았다고 하였다. 오늘 학원에서 수학시험을 봤는데 너무 빨리 풀려고 하다가 부호를 잘 못 붙이는 바람에 약간 긴장을 느끼려고 했다고 한다. 상담자는 내담자에게 "이번 시험이 모든 것을 결정짓는 것이 아니니까 천천히 하자", "빨리할 필요없으니까 천천히 하자", "급할 것 없잖아" 등등의 말을 속으로 되뇌이며 좀더 차분하고 천천히 해나가도록 하였다. 상담자는 내담자가 상담받으러 올 무렵에 신경정신과 약을 복용하고 있음을 상기하고 지금 약을 복용하느냐고 묻자 상담받기 시작하면서 약을 끊었다고 하였다. 그러면서 자신은 정말로 많이 좋아진 것 같다고 하였다. 상담실에 맨 처음 왔을 때는 손이 너무 떨려서 상담신청서도 억지로 작성을 하였는데 지금은 떨리지 않는다고 하였다. 평소에는 학원 선생님 만날 때도 긴장을 많이 했는데 오늘은 학원에서 선생님과 면담을 할 때도 전혀 긴장이 되지 않았다고 하였다. 상담자는 좀더 구체적으로 내담자가 개선된 점에 대한 구체적인 대답을 요구하였다. 학원에서도 친구들과 장난도 자유롭게 치고 이야기도 많이 한다고 하였다. 이야기를 하다보니까 반이 바뀌기 전에 같은 반이었던 것도 알게 되고 서로 친해지게 되고 그런 체험을 하니까 기분이 좋아진다고 한다. 학습이야기도 하고 장난도 많이 친다고 하였다. 선생님이 질문을 하면 내 차례가 되면 모르면 모른다고 자연스럽게 이야기한다고 한다. 내가 친구를 하고 싶지 않은 애들한테는 구지 친구를 하려고 애쓰지도 않지만 배타적이지도 않다고 한다.

집에서 형과 누나하고도 잘 지낸다. 지난 금요일날이 생일이었는데 누나가 생일 케익을 사오고 형은 지금 자기가 입고 있는 남방을 사주었다고 하였다. 지난주에는 형이 일찍 들어와서 모르는 것을 물어보라고도 하였다. 형과 누나에게 속으로는 고마운데 겉으로는 내색을 못했다고 하였다. 상담자는 지난 회기에 이어 다시 한 번 내담자의 누나와 형의 역할을 담당하고 내담자에게 감사의 표현을 할 것을 연습시켰다. 내담자에게 지난번에 녹음한 이완훈련 테이프는 사용해 보았느냐고 하자 별로 긴장되는 사건이 없어서 많이는 못하고 한 번 했는데 기운이 쭉 빠졌다고 하였다.

상담자는 내담자의 변화를 격려해 주었으며 더욱 열심히 자신의 삶을 꾸려 갈 수 있는 힘과 용기를 북돋워야 함을 일깨우며 다시 한 번 그의 숙제를 상기시켜 주었다.

- 핵심 합리적 신념을 계속해서 낭송하기
- 주변의 친구들에게 마음을 터놓고 말하기
- 형과 누나에게 고맙다는 표현하기
- 손이 떨리거나 긴장이 될 때 긴장이완훈련 테입을 듣고 연습하기
- 학원에서 시험볼 때 급하게 하지 말고 "이번 시험에 모든 것을 결정하는 것은 아니다. 급할 것은 없으니 천천히 하자"라는 말을 자신에게 하고 천천히 시험보기.

중기 상담과정요약

내담자는 그가 호소하는 증상이 나타날 때마다 머리 속에서 떠오르는 생각을 비교적 분명하게 찾아내었다. 예를 들면 "내가 시험도 못보고 공부도 못해서 점수도 잘못나오고 이 모양, 이 꼴이 된 것이 너무나 한심하다", "사람들이 싸우는 것은 다 나 때문이다" 등의 역기능적 신념 등이 그것이다.

상담자는 그에 대한 대안신념과, 가장 중요한 합리적 핵심 스키마로 "나는 꼭 형들처럼 시험을 잘 봐야만 하는 것은 아니다. 나는 그냥 최선을 다하면 되는 것이다. 더군다나 내가 형들만큼 공부를 잘해서 일류대학에 들어가야지만 어머니의 위신을 세워드리는 것은 아니다. 어머니는 이미 내가 있다는 사실만으로도 위신이 서는 것이다. 나는 느긋하게 그냥 열심히 공부하겠다"를 제시하였다. 내담자는 생산적인 신념을 기회가 있을 때마다 틈틈이 반복적으로 낭송하였다. 회기가 거듭될수록 내담자의 신념은 약화되었고 그 과정 속에서 그의 주요 호소증상도 점차로 사라지게 된다.

상담자는 이 과정에서 심상법, 사고중지법, 이완훈련 등의 다양한 인지행동치료기법을 활용하였다.

(3) 말기 상담과정(제9회-10회, 종결회기) : 문제의 해결과 상담의 전과정의 복습을 통한 자기조력 능력의 배양.

♥ 9회 상담, ****년 4월 2일(수)

* 숙제의 점검

핵심 비합리적 생각의 점검 - 이제는 굳이 몇 번 했는지 손으로 세지 않고 이제 감으로 해도 몇 번 정도 낭송했는지 대강 알 수 있다. 그 생각은 정말 내 생각으로 자리잡은 것 같다.

다음으로 형과 누나에게 고맙다는 표현하기에 대해서 실천했느냐고 물었다. 내담자는 형과는 친구처럼 친해져서 고맙다는 말을 하기가 쑥스럽다고 하였다. 누나에게도 쑥스러워서 못했

는데 앞으로 시도해 보겠다고 하였다.

손이 떨리거나 긴장이 됐느냐고 묻자 별로 없었다고 하였다. 그러면서 어제 형과 같이 라면을 먹을 때 형에게 "형, 나 이제 손 안 떨어" 하니까 형이 보더니 "어! 진짜 안 떠네"라고 하면서 참 신기하다고 했다고 한다. 역시 심리적인 것 때문이었나 보다고 하면서.

시험볼 때 황급히 서두르지 말고 천천히 보는 것은 잘 실천하느냐고 확인하자, 마음대로 안되는 것 같다고 하였다. 이상하게 시험을 보면 조급한 마음이 생긴다고 하였다. 마음을 차분히 먹고 천천히 하려고 해도 잘 안 된다고 하였다. 상담자는 오랫동안 지니고 있었던 시험볼 때의 내담자의 태도였기 때문에 하루 아침에 잘 고치지지 않는 것이 어쩌면 당연할지도 모른다고 하였다. 이제부터 그 어려움을 정복하기 위해 시험을 꼭 잘 보아야만 하는 것은 아니다 다만 최선을 다하는 것이 중요하다"라는 생각을 시험볼 때마다 반복적으로 낭송하도록 하였다.

상담자는 내담자로부터 지금이 처음에 왔을 때보다 긴장하거나 손이 떨리는 증상이 많이 감소됐다는 것을 다시 한 번 확인하였다. 상담자는 그러한 행동의 변화가 어떻게 해서 이루어졌다고 생각하는지를 물었다. 그는 처음에 상담실 올 때에는 상당히 불안했는데 이제는 마음이 안정되었다고 하였다. 그러한 정서의 변화가 어떻게 일어났는지에 대하여 물었다. 그는 마음의 상태가 변하였기 때문이라고 하였다. 즉 처음에는 수능시험을 봐서 성적이 안나온 것이 너무나 챙피했고 엄마의 체면도 못세워주는 한심한 놈이라고 생각했는데, 이제는 그것이 엄마의 체면을 못세워준 것이 아니라고 생각한다. 또 처음에는 나와 같이 친하게 지내던 친구 세 명 중 두명은 대학에 들어갔기 때문에 걔들과 비교하면서 나는 못난 놈이라고 지각했는데 지금은 그렇게 경쟁적으로 생각하지 않는다고 하였다. 상담자는 내담자에게 ABC분석을 내담자의 사례를 가지고 차분히 기술하고 설명해 주었다. 그의 행동의 변화가 상황적인 요인들이 바뀐 것이 아니고 내담자가 상황이나 환경을 해석하고 지각하는 눈인 그의 생각과 신념이 변화되었기 때문에 가능한 것임을 다시 한 번 확인시켜주고 종결을 준비하기 위한 숙제를 내주며 회기는 마감되었다.

숙제 1. 마지막 시간에 선생님을 통해 도움을 받고 싶은 부분 생각해오기
        2. 내가 어떤 과정을 거쳐서 행동이 변화되었나 생각해오기
        3. 주변의 사람들에게 상담시간에 배운 내용이나 기법을 적용하고 활용하기

♥ 10회 면접, ＊＊＊＊년 4월 9일(수) 종결회기
내담자는 오늘이 마지막 회기이기 때문인지 노란색 후리지아 한묶음을 들고 상담실에 왔다. 수줍어하는 표정을 지으며 "제가 학생이라서 이것 밖에 못 사왔다"고 말끝을 흐렸다. 상담자는 그의 행동과 그의 표현에 마음이 흡족하였고 아주 기뻤다. 내담자에게 고맙다는 말을 하였다.

오늘이 마지막 회기인데 선생님께 도움을 받고 싶은 부분이 있느냐고 하자 그는 학원에서 보았다는 학습기술 검사결과 진단표(study skill profile)을 내놓으며 그것을 해석해 달라고 하였다. 그 진단표에 의하면 환경관리기술, 행동관리기술, 동기촉진기술이 아주 우수하게 평가 되었음을 설명해 주면서 상담자가 관찰한 그의 평소 행동과 비교하여 현실적인 자료를 제시하며 이야

기해 주었다. 그의 약한 부분은 읽기기술, 정보처리기술, 그리고 긴장이완기술로 드러났다. 읽기기술과 정보처리기술을 향상시키기 위해 필요한 내담자의 실천사항에 대하여 상담자의 지식 내에서 설명해 주었다. 그리고 이완기술은 이 검사가 상담을 3회기(접수면접 포함) 정도 받은 후에 치른 것이기 때문에 상담을 종결하려는 시점인 지금 다시 치루게 된다면 아마도 많이 향상되었을 것이라고 알려주었다. 내담자도 이에 대해서 '그렇다'고 강하게 동의하였다. 이때에 상담자는 내담자를 위해 미리 준비해둔 긴장이완 훈련테이프(성우가 녹음을 하고 음악이 함께 흐르는 테이프임)를 내담자를 위해 준비한 선생님의 선물이라고 내놓았다. 앞으로 시험볼 때나 긴장이 될 때 테이프를 들으면서 이완훈련을 할 것을 강조하였다. 이완이 잘되면 불안하지 않을 것이고 불안하지 않게 되면 시험에 집중하여 최선의 실력을 발휘할 수 있다고 이완훈련의 목적을 다시 한 번 환기시켰다. 특별한 변화가 없을 때라도 일주일에 한 번씩은 연습하도록 하였고 내담자도 기쁘고 아주 즐거운 얼굴을 하면서 그렇게 하겠노라고 하였다. 그러면서 상담자는 다시 한 번 상기시켰다. 지난해 수능을 보았을 때 너무나 긴장하여 손이 떨렸고 답안지에 마킹을 제대로 못하여 점수가 예상밖으로 나오는 바람에 대학에 원서도 내지 못하고 포기하게 된 것을 상기시켰다. 사람이 누구나 실수를 할 수 있지만 현명한 사람은 실수에 좌절하지 않고 그 실수를 새로운 도약의 발판으로 삼는 것, 그리고 똑같은 실수를 반복하지 않는 현명함에 대해서 같이 이야기를 나누었다.

상담자는 종결의 A점이니만큼 내담자가 상담 초기에 호소했던 문제와 상담에 대한 목표를 가지고 내담자의 변화를 점검해 나갔다. 먼저 긴장감을 해소하고 손이 떨리는 증상에서 벗어난 목표의 달성도를 점검하였다. 이제는 손이 떨리는 증상이 거의 나타나지 않았고 심한 긴장감도 돌지 않았다고 하였다. 상담자는 이런 증상이 나타나지 않은 이유가 무엇인지 아느냐고 물었다. 그 다음 목표인 시험불안에서 벗어났느냐고 물었다. 내담자는 아직 중요한 시험을 한 번도 보지 않았기 때문에 잘 모르겠다고 하였다. 그 때 한 번 보았지 않느냐고 하자 그것은 시험이 아니고 반에서 수학 선생님이 본 간단한 퀴즈시험이었다고 했다. 상담자는 그러면 내담자가 생각할 때 시험을 본다고 가정했을 때 그 때처럼 불안할 것인지에 대해서 물어보자 지금은 불안할 때 나타나는 증상 자체가 많이 없어졌기 때문에 괜찮을 것이라고 하였다. 그 다음 목표는 '결과를 생각하지 말고 열심히 공부하기'였다. 이것에 대해서 얼마만큼 내담자가 실천에 옮기고 있느냐고 물었다. '최선을 다하기 위해서 열심히 노력하고 있다'고 나중에 성적에 맞는 대학을 가겠다고 대답하였다. 그다음의 목표는 "형제들과 좋은 관계를 맺기"였다. 이점에 대해서는 형제들과 아주 잘 지내고 있다고 하였다. 상담자는 최근의 2-3주 동안 매번 다루었던 형과 누나가 나에게 잘해주었을 때 고맙다는 말의 표현을 했느냐고 문자 말이 잘 안나온다고 쑥스러운 표정을 지으며 대답했다. 상담자는 말이 터지기가 어려운데 한 번 터지면 그 다음부터는 그리 어렵지 않게 말이 잘될 것이라고 일러주었다. 상담자는 선생님이 2-3주 전부터 내준 숙제를 아직 실천을 못했으니 앞으로 잊지 말고 꼭 할 것을 당부하였다. 그리고 상담자가 처음부터 파악한 내담자의 증상을 유도하는 핵심문제는 내담자가 세상을 이해하고 지각하는 그의 사고의 틀이라고 파악하였다. 그 사고는 "자신이 공부를 큰엄마의 자식들만큼 또는 그 이상 했을 때 엄마의 위신을 세워드리는 것이고 낯을 세워드림으로써 자신의 존재 가치가 있다"는 것이었다. 상담자는 바로 이러한 사고구조 때문에 어렸을 때부터 공부에 대한 압박감을 스스로 가중시켜 학년이 높아지면서 점점더 스트레스가 심해지고 급기야는 아주 중요한 시험 때 실수를 하게 된 것을 설명하여 주었다. 그러면서 이를 대치할 수 있는 합리적 신념(3회 면접 참조)을 하루에 15번 이상씩 계속해서 낭송하여 왔고 또 깊은 묵상을 하게 하였다. 상담자는 마지막으로 지금도 낭송하는지 확인하고 다시 한 번 상담자 앞에서 낭송하게 하였다. 그것이 정말 내 생각이 되어야 함을 힘주어서 강조하였다. 그는 그렇다고 하였다. 상담자는 상담의 종결을 위한 종결목록표를 하나씩 점검해 나가기 시작했다. 먼저 나는 새로운 행동을 습득하였는가? 그 새로운 행동은 영속적인 습관인가에 대해서 물었다. 처음에 호소한 문제행동들을 벗어나서 새로운 바람직한 행동을 체득하였고 그것을 지속할 수 있을 것 같다고 하였다. 그때의 느낌은 어떠하였느냐고 물었다. 마음이 안정되고 편안하다는 대답을 하였다. 내담자가 자신을 받아들일 수 있는가에 대해서 그렇다고 대답하였다. 만약에 또 앞으로 살아가면서 새로운 어려움을 겪게 될 텐데 그것을 잘대처해 나갈 수 있겠느냐고 물었다. '손이 떨리는 문제'도 극복을 해냈는데 다른 문제도 생긴다면 헤쳐나갈 수 있을 것 같다고 하였다. 앞으로 만나게 되는 어려움을 회피해 가는 대신에 부딪치며 해결해 나갈 수 있겠느냐고 물었다. 내담자 자신이 타인을 비난하지 않을 수 있겠느냐고 확인하였다. 내 자신이 비참하다고 느낄 때 내가 스스로 책임을 질 수 있겠느냐고 물었다. 즉 내담자가 수능을 잘 못봐서 대학에 원서도 내보지 못했을 때 그것이 나의 탓임을 인정하며 내가 책임질 수 있겠느냐고 하자 너무나 당당하게 "당연하죠", "다른 사람에게 책임을 떠 넘기면 안되죠"라고 대답하였다. 마지막으로 단지 내담자가 기분을 좋게 느끼고 있는 것인지 내담자가 진정으로 나아진 것인지에 대해서 물었다. 그는 옛날보다 좋아졌다. 손이 떨리는 것도 없어졌고 긴장도 잘 드러나지 않는다고 다시 한 번 또랑또랑하게 말하였다.

그 다음에 상담 선생님을 만나면서 앞서서 언급한 것 외에 어떠한 효과가 있었는지에 대해서 물었다. 좀더 적극적이고 대담해졌으며, 사교성이 늘었다고 하였다. 초등학교 때까지도 굉장히 적극적이었던 성격이 중학교, 고등학교에 올라가면서 점점 소극적으로 변했는데 이제 다시 적극적으로 조금씩 변하고 있다고 하였다. 그 증거로 학원의 선생님께 개인적으로 찾아가서 잘 모르는 것도 물어보고 학원의 친구들에게 먼저 말도 걸고 장난도 많이 친다고 하였다. 처음에 서울에 올라와서 학원에 다닐 때(불과 10주 전에)는 날라리 같은 아이들이 못마땅하고 싫었는데 지금은 그 친구들을 긍정적으로 본다고 하였다. 그 친구들은 그 친구들이고 나는 나이기 때문에 서로가 다르다는 것을 알고 인정하게 되었다고 하였다. 상담자는 내담자의 핵심문제를 수정해 나가는데 부수적으로 좋아지고 변화된 점에 대해서 기뻐하며 앞으로도 계속해서 그러한 노력을 게을리하지 말 것을 당부하였다. 상담자는 또한 조심스럽게 엄마, 아빠, 큰엄마 그리고 큰엄마의 자식들과의 얽힌 가족구조 때문에 내담자가 겪어야 했던 어려움, 느껴야 했던 수치심이 어떻게 해결되었는지에 대해서 탐색해 보았다. 그것은 어른들의 일이고 나와는 별로 상관없는 것이고 내가 어떻게 할 수 있는 부분이 아니기 때문에 어쩔 수 없는 것으로 여기며 이제는 더이상 수치심을 느끼지 않는다고 하였다. 상담자는 다시 한 번 내담자의 주요 호소증상이었던 손이 떨리는 문제가 이제는 더이상 떨리지 않는데 왜? 그리고 어떻게 그것이 변화되었는지 아느냐고 물었다. 마음의 상태 즉 자신의 생각이 변화되었다고 하였다. 상담자는 처음의 상태와 지금의 상태를 구체적으로 말해달라고 하였다. 처음에는 시험을 못봐서 요즘말로 '쪽 팔렸다' 그러나 지금은 그런 생각은 없어지고 '다시 시작해서 열심히 한다, 처음부터 다시 한다는 마음가짐'이라고 하였다. 상담자는 노파심에서 혹시 상담 선생님을 기쁘게 하기 위해서 변화된 것이 아니냐"고 묻자 큰소리로 아니라고 말하면서 상담자와 내담자는 마치 질문 자체가 너무나 아둔하다는 듯이 서로 마주보면서 깔깔깔 웃었다. 그리고 마지막으로 내담자가 호소한 증상이 없어진 것이 그런 증상을 일으킬 만한 상황이 없어져서 그런 것이 아니냐고 물었다. 상황은 똑 같고 달라진 것이 없다고 하였다. 상담자는 여기서 다시 한 번 분명하게 내담자의 호소증상이 없어진 것은 상황이 바뀐 것도 아니고 상담자를 기쁘게 하기 위한 것도 아니며 단지 내담자의 마음 상태, 즉 내담자가 세상을 이해하는 방식이 변화되었기 때문에 가능한 것임을 확인시켜 주었다. 바로 그러한 변화를 위해 내담자에게 합리적 신념을 낭송하게 하고 묵상하게 한 이유라고 다시한 번 말하였다. 마지막으로 내담자가 정말로 빠른 시일 내에 장족의 발전을 했음을 천명하고 축하의 악수를 제안하였다. 그리고 힘주어서 악수하였다. 10번의 회기 즉 10주 동안 한 번도 지각하거나 빠지지 않고 상담자가 내준 숙제를 열심히 하였기 때문에 가능한 일이라고 내담자의 근면성과 적극성에 대해 고마워하자 그것은 자신을 위해서 한 것일뿐이라고 겸손해 하였다. 상담자는 그것이 내담자 자신을 위해서 한 것이지만 정말로 대단한 것이고 상담자가 아무리 상담을 잘하고 열심히 했더라도 내담자가 따라와 주지 않았다면 비교적 단기간 내에 지금 내담자가 이룩한 중요한 변화는 일어나지 않았음을 분명히 하였다. 내담자로 하여금 자신의 노력 때문에 가능한 일임을 알게 하며 앞으로도 스스로 노력해 나가는 모습을 체득하도록 하기 위해서였다. 내담자를 위해 다음의 고양회기 때 다시 만날 때까지 아래의 숙제를 해오기로 내담자와 합의가 되었다.

숙제 1. 형과 누나에게 고마운 일이 있을 때 죽을 용기를 내서라도 고맙다는 말하기.
     (말이 터지는 체험해 보기)
  2. 합리적인 신념이 완전히 머리속에 들어갈 때까지 낭송하기
  3. 1주일에 평균 한 번씩 이완테이프 듣기
  4. 매일 한 가지씩 친절을 베풀거나 좋은 일하기(타인을 이해하는 능력을 기르기 위해)
  5. 실수를 했을 때 집착하지 말고 , 어리석은 행동을 했다고 느낄 때 집착하고 속상해 하지 말고 껄껄껄 웃어제치기
  6. 내담자 자신을 위해 즐거운 일을 하기

고양회기는 앞으로 한 달 후인 5월 9일에 만나서 변화된 행동의 변화가 지속되고 있는지 확인하기로 하였다. 그리고 그 이후에는 2달, 3달 후에 다시 한 번 만나기로 하였다.

상담자는 내담자가 가져온 '꽃 한 묶음'의 선물에 대해서 몇 가지 점에 뿌듯함을 표시했다.

첫째는 내담자가 선생님께 고마워하고 감사해 하는 것, 그리고 그것을 선물을 통해 표현해 준것 (어떤 사람들은 마음으로 생각해도 표현을 못하는 경우도 많은데)에 대한 기쁘다고 하자. "당연히 고맙죠"라고 대답했다. 그러면서 지금까지 "심리적 안정을 이루었고 생활태도가 바뀌었어요"라는 말을 남기며 그는 떠났다. 한 젊은이가 자신의 어려움을 극복하고 새로운 삶을 살고자 노력하는 모습이 상담자의 마음속 깊은 곳에 그가 남기고 간 진한 꽃향기로 변하여 스며들고 있었다.

말기 상담과정의 요약

   내담자는 총 10회에 걸친 상담회기를 성실하게 채워왔다. 상담자와 함께 굳건한 협력관계를 유지하면서 자신이 할 수 있는 최선의 노력을 하였다. 그결과 자신의 역기능적 신념을 합리적 대안신념으로 바꾸어 내재화 하였고 이에 따라 그를 상담으로 유도한 증상은 제거되기 시작하였다. 상담자는 내담자가 호소해온 문제를 중심으로 상담자와 함께 해결해온 과정을 다시 한 번 설명해주었다.
   다음 고양회기 때 다시 만날 때까지 내담자가 수행해야 할 과업을 주면서 앞으로는 자신의 문제는 스스로 해결해야 하는 것임을 강조하고 회기는 마감되었다.

(4) 추수지도(follow up)

♥ 제1고양회기, ＊＊＊＊년 5월 9일(금)

   상담자는 내담자가 가장 어려워했던 문제인 시험 때의 긴장의 정도가 얼마나 해소되었는지에 관하여 먼저 물었다. 지난 1달 사이에 1번의 모의고사를 치를 기회가 있었는데 긴장이 좀 되었다고 했다. 상담자는 지난해 수능을 보았을 당시의 긴장이 100점 정도라고 한다면 모의고사 때 느꼈던 긴장은 몇 점 정도를 줄 수 있느냐고 묻자 약 50-60점을 줄 수 있겠다고 하였다. 그러면서 내담자는 지난 번에 상담 선생님께서 "지금 당장은 안고쳐지더라도 앞으로 계속해서 꾸준하게 고쳐가는 것이다"라는 말을 염두에 두었기 때문에 긴장이 되었을 때도 실망하지 않았다고 했다. 앞으로는 긴장도가 20-30점 정도만 되도록 꾸준히 노력하겠다고 했다. 상담자는 그 판단이 옳다고 격려해 주었다. 긴장감이 전혀 돌지 않는 상태보다는 적절한 긴장감이 있을 때 공부나 일의 성과는 극대화될 수 있음을 일러주었다. 그리고 형제들과의 관계에서 고맙다는 말은 그들과 벽이 두텁게 있어서가 아니고 오히려 쑥스러워서 안했다고 했다. 지난주부터는 형에게 수학과외를 받기 시작했다고 한다.
   합리적인 신념의 지속적인 낭송은 열심히 하고 있는 편이었는데 상담자는 다시 한 번 생각이 내 머리속 깊이 박혀서 행동과 연결이 되는 것이 중요함을 다시 한 번 강조하였다. 그러자 내담자는 그 생각에 의해서 행동하는 것이 약 98%쯤 된다고 하면서 나머지 2%는 계속해서 노력하겠노라고 하였다. 이완테이프를 듣는 숙제는 머리끝에서 발끝까지 하는 것이기 때문이라서 좋다고 했다. 매일 한 가지씩 좋은 일을 하는 숙제는 지난번(4월 9일)에 상담을 마치고 돌아가는 길에 인천에 가시는 할머니, 할아버지를 잘 안내하여 지하철을 태워드렸는데 그리고나서 뿌듯해지고 기분이 좋았다고 하였다. 그 후로도 시간이 많지 않기 때문에 일부러 시간을 내서 좋은 일은 못하고 있는데 학원에서 친구들이나 형들이 수학문제를 물어오면 친절하게 대답해주고 자신도 역시 모르는 것이 있으면 주저하지 않고 물어본다고 하였다. 지난 한 달 동안 실수는 2번이 일어났는데 한 번은 시험 때 긴장하여 문제를 충분히 읽어보지 못한 것이고 또 하나는 윤리시간에 문제를 선생님께서 읽으라고 해서 읽었는데 아이들이 나의 발음이 정확하지 않은 부분에 대해서 웃었을 때 좀 창피하긴 했지만 자기 자신도 껄껄껄 같이 웃고 그냥 넘어갔다고 하였다. 자신을 위해 수행하는 즐거운 일은 주위의 친구들과 거의 매일 장난치고 웃으면서 지냈다고 하였다. 상담자는 그에게 선생님 앞에서 한 번 웃어보라고 하자 호탕하게 몇 번을 힘껏 웃었다. 밝은 행동의 중요성을 다시 한 번 강조하고 내담자의 성실성에 대해서 격려를 아끼지 않았다. 앞으로 2달 후와 그리고 그 이후 3달 후에 고양회기를 다시 가질 것이지만 이제는 구체적으로 숙제를 점검하지 않겠다고 하였다. 이제부터는 나의 모든 것을 스스로 생각하고 판단하고 결정하는 연습을 혼자서 해 나가면서 독립적인 자신을 가꾸어가는 것의 중요성을 역설하고 회기는 마무리되었다.

아래는 내담자가 기록해온 숙제점검표이다.

月	火	水	木	金	土	日
		4/9 +△☆	4/10 +☆	4/11 +☆	4/12 — ☆	4/13 ○+☆
4/14 +☆	4/15 —●☆	4/16 +☆	4/17 +☆	4/18 +☆	4/19 +☆	4/20 +●
4/21 +○☆	4/22 +●∨	4/23 +☆	4/24 ●+	4/25 +☆	4/26 +☆	4/27 —☆
4/28 +●	4/29 +●	4/30 +☆	5/1 +☆	5/2 +☆∨	5/3 ●+○	5/4 +☆
5/5 —●	5/6 +●	5/7 +●	5/8 +●	5/9		

〈표시설명〉

+ 좋은 일 했다 (총 30일 가운데 26일)

– 좋은 일 안 했다 (총 30일 가운데 4일)

V 실수한 날 (총 30일 가운데 2일)

☆ RB(합리적 신념) 낭송 5회 이상 (총 30일 가운데 20일)

● RB(합리적 신념) 낭송 5회 이하 (총 30일 가운데 10일)

○ 이완 TAPE 듣기 (1주일에 1번, 총 3번)

상담자는 이 시점에서 내담자로 하여금 그간에 받았던 상담과정 전체에 대한 평가를 하게 하였다.

〈내담자의 상담에 대한 평가〉

처음에 왔을 때 시험불안 등으로 손이 떨리고 긴장을 많이 하였는데 지금 약 3개월간의 상담을 받고 보니 처음보다 긴장이 적게 되고 손도 거의 떨리지 않고 내 주위의 생활에 많은 변화가 생겼다. 과거의 내 심정은 누구도 모르는 힘든 고통이었지만 지금은 그런 심정과 고통은 사라지고 긍정적인 생활을 하게 되었다. 지금 생각해보니 과거의 내 행동과 심정은 너무나 바보 같은 일이었다. 내 주위의 눈치를 너무 보았기 때문에 정말 힘이 들었다. 지금은 나는 나고 내 주위의 사람은 내 주위의 사람일뿐 내가 하는 일, 행동을 나의 능력과 성격에 맞게 하면 된다는 힘을 가졌다. 지금도 약간의 손떨림과 긴장은 있지만 거의 없어졌다고 하여도 무관하다. 정말로 내 생각이 바뀌어 나의 새로운 생활을 할 수 있어 정말로 기뻤다.

그리고 나에게 이런 변화를 가지게 해주신 상담 선생님께 정말로 고마웠다. 사실 나는 말주변이 없어서 선생님께 큰소리로 말 한 번 제대로 못해 죄송스러웠다. "선생님 고맙습니다. 저를 이렇게 새 생활을 하게 도와주셔서요"라고 진정한 글로 대신하고 싶다.

♥ 2회 고양회기, ＊＊＊＊년 9월 4일 (목)

내담자는 그 어느 때보다도 안정된 모습을 하고 상담실에 나타났다. 그전에 고통을 당했던 증상들이 별로 나타나지 않았을 뿐더러 마음이 많이 편해졌다고 하였다. 지금도 여전히 시험을 볼 때면 너무나 다급하게 풀어나가다가 문제의 핵심을 파악하지 못하는 실수를 여전히 하게 된다고 하였다. 상담자는 여기에서 그것은 더이상 내담자의 실수라기보다는 그것이 바로 내담자의 실력임을 지적하였다. 이것을 실력으로 받아들일 때 더이상 나의 실수에 대해서 합리화하지 않고 그 사실을 있는 그대로 직시하며 그것이 궁극적으로는 나에게 더 큰 도움이 될 수 있음을 강조하였다.

내담자는 이제 자신의 삶이 "작년과는 많이 틀려요"라고 말하면서 과거와는 많이 다르다고 하였다. 공부를 할 때에도 좀더 가라앉고 차분한 마음으로 하게 되고 자신감도 많이 붙었다고 하였다. 선생님께서 지난 번 상담기간 중에 낭송하고 사색해 보도록 요구하신 그 신념을 되뇌였고 그 결과인지는 몰라도 이제는 더이상 형들과 비교하지 않는 자신을 발견하게 되었다고 하였다. 지금은 입시를 대하는 태도도 '못보면 말지'라는 생각으로 대담하게 임한다고 하였다. 그렇다고 이것이 시험을 포기하겠다는 것은 아니고 하는 데까지 열심히 해서 실력에 맞는 대학에 가도록 하겠다고 하였다. 상담자는 내담자에게 본 상담회기에 강조하였던 인간의 능력과 행동 여하에 따라서 인간의 가치가 달라지는 것이 아님을 강조하자 수줍게 웃으면서 "알아요 그건"이라고 대답하였다.

상담실을 떠나는 내담자의 뒷모습이 그 여느 때보다도 두터운 자신에 대한 신뢰의 후광으로 빛나는 듯하였다. 내담자와의 마지막 고양회기는 1998년 2월 4일로 잡아놓았다.

내담자는 수능시험이 끝난 후에 상담자에게 전화를 걸어 왔다. 시험을 볼 때 지난해처럼 그렇게 긴장하지 않았으며 손도 떨리지 않았다고 하였다. 점수는 몇 점이 나오든지간에 자신은 만족할 수 있으며 성적에 맞는 대학에 진학할 것이라고 하였다. 어느 때보다 내담자가 편안함을 느끼고 있음이 상담자에게 전달되어 왔다.

♥ 3회 고양회기, ****년 3월 10일 (화)

내담자와 2월 4일날 만나기로 하였으나 입학시험 결과를 최종적으로 확인하고 만나자는 전갈이 와서 오늘 고양회기를 수행하게 되었다. 내담자는 서울소재의 S대학교, K대학교, 또다른 s대학교의 예비합격까지는 했으나 마지막에서 탈락하였다고 아쉬워하였다. 그리고 내년을 대비하기 위해서 벌써 학원에 등록해 다니고 있었다. 큰 누나는 지방대에 가지 않았다고 나무랐지만 남보다 조금 늦게 가더라도 서울에 있는 대학을 가고 싶다고 했다. 상담자는 내담자가 다른 사람의 충고나 의사에 의해서 움직이지 않고 스스로 결정하고 스스로 판단을 내리고 그것에 따라서 결정을 내린 점에 대해서 크게 기뻐하며 격려해 주었다.

상담의 종결 시점에서 사라졌지만 내담자를 상담실로 몰고오게 했던 구체적인 증상과 호소문제에 대해서 점검을 하였다. 지난해에는 손이 지나치게 떨려서 답안지에 마킹을 잘못하는 바람에 시험에서 자신의 실력이 전혀 발휘되지 않았고 그 결과로 대학에 원서도 내보지 못했다고 하였다. 하지만 올해는 언어능력의 듣기평가에서 긴장이 되서 막막한 느낌이 들었으나 그 외에는 괜찮았다고 하였다. 그러면서 이번에는 손이 떨려서 작년처럼 시험을 못보지 않았으며 올해는 대학에 원서도 냈고 비록 합격은 못했지만 그래도 예비합격까지 한 것이 자랑스럽다고 했다.

어렸을 때 수술한 것과 시력이 나빠서 군복무를 면제받았기 때문에 다른 학생들보다 시간을 벌었으니 좌절하지 않고 올해 한 해도 열심히 해서 좋은 결과를 내겠다고 굳은 결심을 내비치었다. 상담자는 "젊어서 고생은 일부러 사서도 한다"는 속담을 환기시키면서 내담자의 결심을 독려해 주었다. 절망과 슬픔을 견디어 낸 다음에 얻게 되는 작은 행복이야말로 값진 영혼의 보석이 될 수 있다는 말과 함께.

3. 상담과정의 전략, 사용기법, 이론적 개념

앞에서 (청소년 상담사례1) 이미 설명한 것은 피하고 본 사례에서 새롭게 등장한 개념 및 기법에 대한 해설을 하고자 한다.

1) 사례의 개념화

REBT에서는 특히 2차적 정서의 출현을 중시 여긴다. 2차적 정서가 출현하면 그것을 1차적으로 호소해온 부적절한 정서보다도 먼저 다룬다. 2차적 정서는 1차적 정서 때문에 부가적으로 수반되는 부적절한 정서를 일컫는다. 이 사례에서는 먼저 호소해온 '불안과 긴장'이라는 정서 때문에 새로운 부적절한 정서인 '자책감과 더 큰 불안'을 유도하는 것을 말한다.

1차적 정서를 다루기 전에 2차적 정서를 우선적 해결해야 하는 경우

1. 2차적 문제의 출현으로 1차적 문제를 다루는 것이 어려울 때
2. 2차적 문제가 1차적 문제보다 임상적으로 더욱 중요할 때
3. 내담자가 그의 1차적 문제 전에 2차적 문제를 호소해올 때

2) 상담과정

앞의 사례에서 사용한 기법과 중첩되는 것은 제외하고 새롭게 활용한 기법은 아래와 같다.

2회 상담 - 심상법

Ellis는 심상법을 합리적 정서적 심상법(Rational Emotive Imagery)라는 고유명사를 쓰고 있으며 그 자신이 많이 활용하는 기법이다. 그가 매주 금요일 밤 8시부터 10시까지 '일상생활속의 문제(Problems of daily living)'라는 제하에 수행하는 워크샵에서 거의 예외없이 공개상담시간에 활용한다. 심상법은 사고에 의해서 정서가 유도된다는 가정을 가지고 부적절한 정서에서 적절한 정서로 바꾸기 위해서는 비합리적 사고에서 합리적 사고로의 전환이 선행되어야 하는 것을 보여주고 있다.

5회 상담 - 사고 중지법(thought stopping) 의 활용

내담자가 비생산적이고 자기 파괴적인 비합리적인 생각이 떠오를 때에 '잠깐 스탑' 또는 '중지' 라고 외치며 그 생각에서 벗어나도록 하는 기법.

7회 상담 - Jacobson의 이완훈련

이완훈련은 Jacobson에 의해서 처음으로 시작되었으며 후에 Wolpe에 의해서 계속되었다. 이는 사람이 불안해지면 신체적으로 긴장이 되므로 이 신체적 긴장을 풀어주면 불안도 같이 줄어든다는 가정에서 출발하였다. 상담자들이 상담장면에서 가장 손쉽게 활용할 수 있는 방법이다.

4. 사례의 종합 해설

내담자는 어린 시절 양친의 단단한 울타리와 보호 아래 별문제 없어 보이는 유년기를 보낸다. 그는 중등학교에 입학하고 철이 들기 시작하면서 복잡한 가족구조(앞의 상담과정 참조), 그리고 그 속에서 파생하는 여러 가지 장애들을 직면하게 된다. 이것들은 내담자가 지기 어려운 심리적 부담으로 변하여 그에게 고달픈 청소년기를 보내게 하는 주요한 요인으로 작용하고 있다.

내담자의 이복 형들과 누나는 모두 공부도 잘하고 비교적 모범적인 삶을 꾸리고 있는 듯하다. 내담자는 자신의 엄마가 그 형들과 누나들의 생모 자리를 차지하면서 발생하는 여러 가지 수모, 알력, 불협화음들을 체험하고 깨닫게 된다. 나름대로 그의 어머니를 자신이 보호하고 바람막이가 되어야 하다는 생각을 막연하게 싹틔워 왔다. 내담자의 부모 역시 내담자가 형제간에서 위축되지 않고 당당하게 자기의 자리를 차지하기를 은연중에 요구했던 것 같다. 부모의 이러한 기대와 자신이 엄마를 보호해야만 한다는 강렬한 욕구를 충족시키기 위해서는 '공부를 잘해야만 한다' 고 나름대로의 결론을 갖고 있었다. 특히 '엄마의 기를 죽이지 않고 위신을 세워 드리기 위해서는 공부를 잘해야만 한다' 는 강한 신념을 소유하게 된다. 내담자는 이런 강한 당위적 사고의 영향으로 지방의 읍소재지의 중학교 때에는 반에서 2-3등을 할 정도로 공부를 잘했다. 그러나 내담자가 중소도시의 고등학교에 올라간 다음부터는 상황이 많이 달라졌다. 여러 지역에서 우수한 학생들이 많이 와서 경쟁이 심해진데다가 아버지께서 더욱더 공부를 잘할 것을 요구하는 바람에 마음에 부담이 아주 많이 갔다. 공부는 '열심히 하지 않으면 큰일이다' 라고 마음을 먹으면 먹을수록 잘 되지 않았고 성적은 계속 떨어져갔다. 고등학교 2학년 때부터는 긴장과 손떨림의 증세가 더욱 심하게 나타나서 내담자를 한껏 괴롭혔다. 수능시험 때에는 이

긴장과 손떨림이 극도에 이르러 답안지에 마킹도 제대로 하지 못하고 입학시험에 원서조차 내보지 못하게 된다.

상담자는 내담자의 이런 호소 문제의 주요원인은 내담자의 신념구조에 있다고 가정을 하였다. 내담자를 괴롭히는 '불안감', '긴장감' 과 '손떨림'의 증세는 '공부를 잘하여 좋은 대학에 반드시 입학하고 부모의 기대에 부응해야만 나는 아들로서의 도리를 다하는 것이고, 아들로서의 도리를 다해야만 나는 가치있는 인간이다'라는 핵심 신념에 기인하는 것으로 파악하였다. 내담자는 자신의 생존의 수단으로 앞서 언급한 강력하고 단단한 신념을 그의 사색의 구조 속에 가장 깊숙히 뿌리를 내리면서 고단한 삶을 버티어 오다가 결국 벼랑의 끝에 서게 된다. 그의 핵심 신념은 상황과 구체적인 사건에 따라서 다양한 역기능적 사고를 파생하게 되고 이 사고는 예외 없이 부적절한 정서와 부적응적 행동으로 드러나 내담자를 구체적으로 괴롭히는 요인이 되고 있다. 예를 들면 "나는 반드시 형들만큼 공부를 잘하여 어머니의 위신을 세워 드려야만 한다", 또 지난번에 수능점수가 나빠서 아예 대학의 진학을 시도하지도 못한 사건을 당면했을 때는 "수능점수가 나빠서 대학진학도 시도하지 못한 나는 너무나 한심하고 못난 인간이다"라는 자기비하적 사고, 형들과 누나가 싸우는 상황에서는 "사람들이 싸우는 것은 다 나때문이다"라는 자기 참조적 사고 등이 들면서 '긴장감', '불안감', 그리고 '손떨림' 등의 증상으로 나타나 내담자를 괴롭히고 있다.

상담자는 문제의 진원을 잘못된 신념으로 파악하고 그 신념을 기능적 신념으로 바꾸도록 하였다. 우선 내담자에게 심리구조의 역학에 대해서 먼저 설명을 해주었다. 내담자는 전과정을 통해서 자신이 그토록 고통받는 문제는 스스로 창출해 낸 것임을 선명하게 깨닫게 되었다. 그의 사고 구조를 "나는 꼭 형들처럼 시험을 굉장히 잘 봐야 만하는 것은 아니다. 나는 그냥 최선을 다하면 되는 것이다. 더군다나 내가 형들 만큼 공부를 잘해서 일류대학에 들어가야지만 어머니의 위신을 세워드리는 것은 아니다. 어머니는 이미 내가 있다는 사실만으로도 위신이 서는 것이다. 나는 느긋하게 그냥 열심히 공부하겠다"라는 합리적 신념으로 바꾸려고 다짐하게 된다. 상담자는 이 신념을 반복적으로 낭송하여 내담자의 사고의 텃밭 속에 각인되도록 노력할 것을 요구하였다. 내담자는 자신의 행동의 변화에 대한 동기가 누구 보다도 강하였고 상담자의 전문성을 믿고 잘 따라와 주었다.

상담이 진행되면서 증상이 완전히 제거되지는 않았지만 점점 약화되는 듯하였고 이제는 거의 나타나지 않는다고 내담자는 보고하고 있다. 내담자는 자신의 지녀왔던 수치심의 주범이라고 여겼던 복잡한 가족구조를 자신의 의지와 상관없이 이루어졌기 때문에 그것을 그냥 수용하게 되면서 수치심도 사라졌다고 하였다. 그리고 심리적 안정을 되찾았고 내담자 자신의 삶의 태도가 상담을 통해서 많이 바뀌게 되었다고 하였다. 이 사례는 10회기의 본상담과 3회기의 추수상담과정을 통해서 상담의 목표가 달성된 경우이다. 내담자는 상담자와의 이전에는 경험해 보지 못했던 독특한 관계, 자신의 문제를 이해하는 안목 그리고 구체적인 문제해결 기술의 습득을 통해 새로운 인생을 계획하고 설계하고, 그에 따라 행동할 수 있는 강한 심리적 힘이 길러진 예이다.

"저는 신이 발로 빚어놓은 아이, 한 마디로 재수없게 생긴 아이예요. 이렇게 살아서 뭐합니까? :

고개숙인 남자의 외모 콤플렉스 극복사례

내담자 기본자료

내담자

상담경위

내담자의 인상 및 행동특성

상담동기

호소문제

이전 상담경험

가족관계

상담과정

치료적 관계의 구축

상담의 진행과정

상담과정의 전략, 사용기법, 이론적 개념

사례의 종합 해설

1. 내담자 기본자료

1) 내담자 : 남, 19세, 대입 재수생

2) 상담경위

○○일보를 보고 본 기관(청소년대화의광장)을 알게 되어 내방하게 되었다. 학생이 상담실에 오는 것을 많이 망설였다고 한다. 상담실에 오는 중에도 내담자는 엄마에게 "나같은 아이들이 많이 있나보지요"라며 스스로 위로를 하는 듯했다고 말한다.

3) 내담자의 인상 및 행동특성

내담자는 멋있는 영화배우나 탤런트를 연상시킬 만큼 얼굴도 잘 생기고 신장, 체격도 아주 준수한 편이다. 얼굴에 약간 붉은 홍조를 띄고 있으며 보통의 여성보다 흰 피부를 지녔다. 상담자의 말에도 딱히 저항하기보다는 비교적 수긍하고 잘 들으려고 하는 편이다.

4) 상담동기

자신의 문제 때문에 도저히 공부에 몰두할 수가 없다고 호소하고 있다. 어떻게 해서든지 자신의 문제를 해결하여 공부에 몰두하고 좋은 성적을 내서 좋은 대학에 합격하고 싶다는 강한 의지를 표현하고 있다.

5) 호소문제

상담신청서의 상담받기를 원하는 내용란에 '외모에 관한 문제'라고 씌어 있었다.
상담실에 방문하기 전에 청소년대화의 광장에 전화를 했을 때에는 "자신이 지나치게 다른 사람에게 관심을 쓰고 남들도 자신을 이상하게 본다"고 호소했다.

6) 이전 상담경험

이전 상담경험은 없었다.

7) 가족관계

양친 부모의 무녀독남이다.

2. 상담과정

1) 치료적 관계의 구축

상담자로서의 전문적 능력이 치료적 관계의 구축에서 가장 중요한 역할을 한다. 접수면접 때에 내담자의 문제를 이해하고 해석하는 방법을 제시하였다. 내담자는 이를 통해 상담자의 전문성을 신뢰하였으며 자신의 문제를 치료해 줄 수 있는 전문가로 믿고 상담과정에 협력적인 태도를 취하였다.

2) 상담의 진행과정

(1) 초기 상담과정 (제1회 – 제2회) : 내담자의 문제에 대한 개념화 및 상담목표의 설정

♥ 접수면접, ****년 3월 5일 (수)

상담자는 내담자가 그의 엄마와 함께 상담실에 들어오자마자 "내담자가 참 잘생겼다"고 상담자의 첫느낌을 진솔하게 표현하였다. 그리고 자리에 앉게 한 뒤에 상담신청서를 펴보았다. 거기에는 의아하게도 상담받기를 원하는 문제를 쓰는 란에 '외모에 관한 문제'라고 썩여 있었다. 상담자는 약간 놀라는 표정을 지으며 이렇게 잘 생긴 사람이 외모에 대한 어떤 구체적인 문제가 있느냐고 질문을 하였다. 내담자의 모는 내담자가 재수없게 생겼기 때문에 엄청난 고민을 하고 있다고 말했다. 내담자는 처음에는 자신의 외모에 대해서는 별 상관없이 살아왔는데 중학교 2학년 때 학원에서 만난 여자 아이가 자신에게 "쟤는 참 재수없이 생겼다"라는 말을 들은 후부터 고질적으로 자신이 못생긴 것은 아니지만 재수없게 생겼다는 강한 믿음을 갖게 되었다고 털어놓았다. 전혀 낯설은 사람이 자기를 쳐다보고 비웃는 경험을 수차례 했다고 하였다. 그래서 공부도 안되고 그런 일이 있을 때마다 얼굴이 빨개지고 당황된다고 하였다. 결국은 본인이 가고 싶은 대학도 못가고 이렇게 재수생이 되었다고 한탄하였다. 상담자는 내담자가 중학교 2학년 때의 체험 즉 어떤 여자 아이가 내담자를 보고 "쟤는 참 재수없이 생겼다"는 그 말이 실제로 그렇게 했는지 아닌지 그 사실을 지금은 확인할 길이 없는데 일단은 그것이 사실이라고 하자고 했다. 그때는 실제로 그랬다고 하더라도 그 다음부터 내담자가 지각한 것 즉 다른 사람들이 자기를 보고 비웃거나 재수없는 아이라고 수근수근대는 것은 내담자가 추측한 생각이지 사실이 아니라고 분명히 말해 주었다. 그러면서 과거에 만났던 내담자의 이야기를 해주었다. 그 내담자 역시 다른 사람이 나를 보고 비웃거나 소근거린다는 추측으로 스스로를 괴롭혔다. 어느날 그 내담자가 길을 걷고 있었는데 맞은 쪽에서 여자 두 명이 오면서 자신을 보고 둘이서 웃는 것 같았다고 한다. 그때 용기를 내서 다가가 왜 길거리에서 모르는 나를 보고 웃느냐고 따져묻자 그들은 자기네끼리 재미있는 이야기를 하다가 웃은 것이지 당신을 보고 웃은 것이 아니라고 말했다고 한다. 그 다음부터 자신이 하고 있는 생각이 사실이 아닌 추론일 뿐인데 그걸 가지고 스스로 괴롭혔다는 이야기를 들려주었다. 이 말을 듣고 내담자는 수긍하는 듯 고개를 끄덕였으며 위안을 얻는 느낌이었다. 내담자의 모는 내담자가 상담실에 오는 중에도 "어머니 이 세상에는 나만 이런 문제가 있는 줄 알았는데 나와 같은 아이들이 많이 있나보지요라고 하면서 스스로 위로를 했다는 말을 하였다. 상담자는 요즈음 내담자가 지니고 있는 소위 '인지적 왜곡' 때문에 많은 문제를 일으키고 상담실에 오는 사람들이 너무나 많이 있음을 알려주었다. 여기에 올 때도 "내가 얼마나 한심하면 이런 곳까지 올까"하는 생각을 했다고 고백하였다. 상담자는 바로 그 생각 자체가 잘못되었음을 지적하였다. 우리가 살아가면서 몸이 아플 때는 내가 한심한 사람이라는 생각을 잘하지 않는데 마음이 아프다고 하여 한심하다고 생각하는 것은 비논리적 생각임을 일깨워 주었다. 그리고 다른 사람들이 자신을 쳐다보고 수근거린다고 생각하는 것도 내담자의 지각일 뿐임을 직시하였다. 이 바쁜 세상에 자기 자신도 추스리기 어려운데 내담자가 생각하는 것처럼 타인에게 그리 많은 신경을 쓰고 살아가지 않는다고 말해 주었다. 만약 진짜 그렇게 하는 사람이 있다면 그렇게 하는 상대방이 이상한 것이라고 말해 주었다. 그리고 그것은 이제 더이상 내담자의 문제가 아니라 상대방의 문제라고 하였다. 아니면 내담자의 외모가 부러워서 질투가 나서 그런 행동을 할 수 있다는 가능성도 생각해 볼 여지를 갖도록 하였다. 내담자의 어머니는 내담자가 누군가에 잘 보이려고 하는 경향성이 강하다고 말했다. 고3 때 집안의 아는 형에게 과외공부를 받았는데 그 형에게 잘 보이기 위해서 모르는 수학문제를 푸는 과정을 달달 외워서 잘 아는척을 했다고 한다. 가르치는 사람이 깜빡 속을 정도였다고 한다. 남에게 잘 보이려고 하는 것도 너무나 큰 문제인 것 같다고 어머니는 덧붙였다. 상담자는 이에 대해 남에게 자신의 약점과 단점을 아무렇지도 않게 노출할 수 있는 사람이 건강한 사람임을 역설하였다. 상담자는 지금 내담자가 겪고 있는 문제는 모두 내담자의 머리 속에서 주관적으로 창조한 생각임을 강조하였다. 문제의 원인이 내담자 내부에 있기 때문에 내담자가 노력하는 만큼 문제해결의 시간을 단축 할 수 있음도 또한 언급하였다. 숙제로 하루에 몇 번, 그리고 언제 다른 사람들이 나를 재수없다고 하는 체험을 하는지 탐색해 오도록 하였다. 앞으로 종결까지 약 3달 정도 열심히 해보자고 제의하였다. 그 때 가서 상담을 더 할 것인지 종결할 것인지에 관해서 생각해 볼 것도 아울러 제안하였다.

♥ 어머니와 2회 단독 상담회기, ＊＊＊＊년 3월 13일 (목)

내담자는 독자이다. 엄마가 내담자를 낳고 계속 하혈을 하는 바람에 더이상 아이를 낳을 수 없었다고 한다. 부부는 아이가 하나뿐이므로 누구보다도 잘 키워보려고 무던히도 애를 썼고 나름대로 아이에 대한 기대도 상당히 컸다고 하였다. 초등학교 시절엔 굉장히 짓궂었고 장난도 많이 치는 아이였다. 초등학교 5학년 때까지는 엄마가 없어도 완전하게 자기 할일을 하는 편이었다. 그 후에 이사를 하게 되었는데 거칠고 드센 아이들을 만나면서 울곤 하였다. 그때부터 숙제를 잘 안하기 시작했고 엄마의 강요에 의해서 숙제도 겨우 겨우 하곤 하였다. 중학교에 들어와서 누군가와 치고 박고 싸운 후에 집에 돌아온 적이 있었다. 내담자는 한번 잘 못 보여서 싸움을 못하는 아이로 낙인이 찍히면 안되기 때문에 자기가 나약한 아이가 아님을 보여주기 위해서 그렇게 했다고 하였다. 그 다음부터는 아이들이 내담자를 싸움을 잘하는 아이로 인식하였기 때문에 더이상 싸움을 할 필요가 없었다고 하였다. 엄마는 아들에게 "반드시 몇 시까지는 집에 들어와야 한다"는 등의 강요를 상당히 많이 했다고 하였다. 내담자의 주요호소 문제에 대한 발단은 중학교 2학년 때 학원에서 우연히 만났던 어떤 여자아이가 "쟤는 참 재수없게 생겼다"라는 말을 들은 다음부터 내담자는 완전히 자신의 외모가 재수없다고 지각하고 있었다. 그 이후에 누군가가 말을 하고 있으면 내담자가 재수없게 생겼다는 이야기를 소곤소곤거리는 것으로 착각하였다. 엄마와 같이 버스나 전철을 타고 갈 때에도 엄마는 비교적 조용하게 말을 하는 편이나 내담자는 소리가 너무 크다며 말을 잘 하려고 하지도 않으며 말을 한다고 해도 아주 가느다랗고 작은 소리로 한다고 한다. 그리고 어디를 가나 여자가 있으면 고개를 못 들고 다닌다고 했다. 한번은 옷을 사주기 위해서 백화점을 데리고 갔었는데 거기의 여자 점원 앞에서도 고개를 못 들고 말도 크게 못하였다. 내담자 아버지의 집안 내력이 유난히 부끄러움을 많이 타는 경향이 있으나 내담자는 너무나 지나치다고 어머니는 표현하고 있다. 고3 때는 등교시간이 1시간 이상씩이나 걸렸다. 화장실도 너무 자주가며 화장실 안에서도 오래 있는다. 샤워도 하루에 두 번 이상씩 하며 속옷을 정신없이 갈아입는다. 어렸을 때는 책도 많이 읽고 음악도 좋아했는데 요즘엔 서점에 가면 만화를 주로 본다. 지난해까지도 여자주인공 만화와 여자 아이 얼굴을 많이 그렸다고한다.

내담자와 그의 어머니는 아버지가 내담자에게 중요한 시기에 지방근무를 하는 바람에 서로 많이 의지한다. 내담자는 부에게는 별로 이야기하지 않는 것도 어머니에게는 다 털어놓고 말한다고 한다. 아버지는 참을성이 없고 직선적이고 즉흥적이며 자신의 권위를 많이 내세우는 편이다. 아버지는 특히 남의 아이를 칭찬하면서 내담자와 비교를 많이 하며 아이와 차분히 앉아서 대화를 못한다. 그러면서도 아버지는 내담자에게 아주 잘해주는 편이다. 아이가 하나밖에 없기 때문에 아이를 잘 키워 보려고 무던한 애를 썼다고 한다. 요즘엔 두 부자가 엄마가 자기를 돌보지 않고 부업을 해서 대학에 떨어졌다고 원망한다고 한다. 내담자는 무생물에 부딪쳐도 그것 탓을 하는 등 모든 원인을 밖으로 돌린다고 하였다. 내담자는 어머니에게 의존심도 강하여 엄마가 자지 않고 거실에 있으면서 자신이 공부하는 것을 지켜 봐 달라는 요구를 한다고 하였다. 상담자는 내담자의 어머니에게 이제 어머니로부터 심리적으로 독립할 때임을 말했다. 그리고 아버지에게도 내담자와 타인의 행동을 노골적으로 비교하지 않도록 해줄 것을 요구하였다. 내 아이의 모습을 그대로 받아들이는 것이 아이를 타인과 비교하는 것보다 더욱 교육적인 효과가 있음을 설명하였다. 아버지는 우리 아이가 다른 집 아이처럼 잘해 주었으면 하는 심정으로 비교를 할테지만 그것은 오히려 아들의 마음에 상처를 입힐 수도 있음을 강조하였다.

엄마는 아들이 이렇게 잘못된 것이 너무나 지나치게 '공부를 잘해야 한다'는 것을 강조했기 때문이라고 했다. 자신은 아이에게 칭찬하거나 격려를 하는 것이 아이를 잘못 키우는 것인 줄 알았다고 한다. 특히 큰 아이를 칭찬하는 것이 아이를 버리는 것으로 지각한 자신의 잘못된 교육관에 대해서 뼈아픈 후회를 하고 있었다.

모는 내담자가 지난번에 상담실에 왔다가 가면서 얼굴이 많이 밝아졌다고 한다. 올 때는 고개를 숙이고 왔는데 갈 때는 아주 밝아졌다고 하였다. 보통 때는 아주 모기만한 목소리로 얘기하는데 갈 때에는 말도 비교적 큰 소리로 하였다는 보고였다.

♥ 2회 상담 ＊＊＊＊년 3월 13일 (목)

지난 번에 상담을 받은 후로 기분이 편해지고 막히는 것이 뚫리는 것 같았다. 그런데 그 다음날 아침이 되니까. 도대체 내가 뭘 잘못해서 이런 고통을 받는가라는 생각이 들었다. 내가 이렇게 살면 뭐하나, 내가 신경이 날카로워지면 부딪치게 되고 폭발하는 것 같다. 친척분들이 말하는 것에 대해서도 과잉반응할 때가 많다. 집에서 어머니가 슈퍼에 가서 생강을 사오라고 심부름을 시키면 생강만 사면 가게 점원이 욕할까봐 별로 필요하지 않은 것도 이것 저것 사가지고 오는 경우가 많다. 자신은 남을 너무 많이 의식한다고 하였다. 상담자는 내담자가 생강만 산다고해서 그것을 이상하게 보는 슈퍼의 점원은 아무도 없을 것임을 말해주었다. 상담자의 경우에는 슈퍼나 백화점에 갔다가 나에게 필요한 물건을 발견하지 못하면 그냥 오는 경우도 많다고 하였다. 그것은 결코 흠이 되지 않음을 강조하였다. 내담자가 심각하게 호소하고 있는 문제인 여자 애들이 자기 보고 재수없게 생겼다고 하는 문제에 대해서 논의해 보았다. 그는 정말 모든 사람이 자기를 그렇게 보는 것 같다고 하였다. 상담자는 그러한 생각 즉, 한 가지 상황에서 옳다고 믿는 것을 모든 경우로 확대해석하는 생각을 '과잉일반화'라고 부른다고 일러주자 자기는 정말로 과잉일반화 하는 것 같다고 시인하였다. 그런 다음에 자신이 그렇게 다른 사람이 볼 것이라고 잘못 지각하기 때문에 더욱 행동이 위축되어 얼굴도 못드는 고개 숙인 남자가 된 것이 아니냐고 직면하였다. 그리고 주변의 여자 애들이 수근거린다면 내담자의 얼굴이 재수없게 생겨서가 아니고 어쩌면 내담자의 그런 태도 때문에 여학생들의 눈에 이상하게 비칠 수도 있음을 말해 주었다. 그리고 마지막으로 내담자의 얼굴이 재수없다고 수근대건, 고개숙인 어정쩡한 모습 때문에 수근대건 그것은 수근거리는 사람의 문제이고 그 애들이 수근거린다고 내담자의 본질이 바뀌는 것이 아님을 설명하였다. 상담실의 탁자 위 꽃병에 꽂혀 있는 프레지어꽃을 보고 누군가가 이꽃은 프레지어가 아니고 국화라고 해서 그 꽃이 국화로 바뀌느냐고 물었다. 내담자는 아니라고 대답하였다. 상담자는 바로 그 점을 짚어 주었다. 프레지어 꽃을 다른 사람이 국화라고 부른다고 해서 프레지어의 본질이 국화로 바뀌지 않는 것처럼 내담자를 대상으로 수근거린다고 해서 내담자의 본질이 바뀌는 것이 아니므로 줏대 있게 자신의 주관하에 삶을 꾸려 갈 수 있는 능력을 기르는 것이 중요함을 강조하였다. 그러자 내담자는 정말 잘나지도 못한 아이들이 더 많이 남의 흉을 보는 것 같다고 하였다. 상담자는 내담자가 그렇게 평가하고 있는 사람들의 소리에 그토록 귀를 기울일 필요가 있겠느냐고 묻자 없다라고 대답하였다. 상담자는 전체 상담과정을 통해서 이루어야 할 상담의 목표를 나의 외모에 대한 지각을 객관적으로 바로잡아보는 것으로 제안하였다. 그리고 내담자는 이에 수긍하였다. 회기를 마치면서 이번 시간을 통해 느낀 점을 물으니 솔직히 말하면 불확실하다고 하였다. 다음과 같은 과제를 내주었다.

♦ 문장완성검사 해오기

MMPI도 주었는데 군대 가려고 신체검사 받을 때 했다고 약간 거부하는 태도를 보여 주었다.

♦ 수치심 공격하기 연습

반 애들의 10명 이상에게 먼저 말을 걸고 인사하고 가능하면 '재수없는 아이'라는 소리까지 들어 오라고 하였다.

♦ 합리적 신념의 낭송 하루 15회 이상

"나에게 재수없다고 말하는 사람은 사실 없다. 단지 내가 그렇게 추측할 뿐이다. 혹시 나에게 그렇게 말하는 사람들이 있다면 그것은 내 문제가 아니라 그렇게 말하는 사람들의 인격의 문제일 뿐이다."

♦ 고개를 들고 걸어다니기

♥ 어머니에게서 전화옴, ＊＊＊＊년 3월 17일 (월)

내담자가 학원에서 여자 애들이 재수없다고 해서 싸우고 집에 와서 학원을 옮겨 달라고 하는데 어떻게 했으면 좋겠느냐고 하기에 설득해서 그냥 그 학원에 다니도록 하라고 한 후 전화를 끊음.

　　19세의 미남 내담자는 뜻밖에도 '재수없게 생긴 외모' 때문에 깊은 마음의 상처를 호소하여 왔다. 내담자의 양친은 독자인 내담자를 잘키우기 위해 온갖 기대와 정성을 쏟았다. 부모의 지나친 기대와 완벽주의적 요구는 내담자가 수용하기에 한계가 있었고 삶에 대한 깊은 좌절을 유도했던 것으로 보인다. 지나가던 여학생이 "쟤는, 재수없게 생겼다"라고 던진 한마디가 자아가 강건하지 않은 내담자의 뇌리에 각인되어 자신이 진짜 재수없게 생긴 아이라고 신앙에 필적하는 신념으로 믿고 있었다. 그 이후 내담자가 겪는 수많은 문제는 자신이 재수없게 생겼다는 믿음에서 파생하여 내담자를 더욱 파괴적으로 몰고갔다. 상담자는 내담자가 겪고 있는 여러 가지 어려움은 내담자의 머리 속에서 주관적으로 창조한 생각임을 가르쳐주었다. 즉 내담자를 괴롭히는 문제의 주범은 내담자의 생각의 구조 속에 있음을 직면해 주었다. 그리고 상담의 목표는 자신이 재수없게 생겼다는 잘못된 신념을 교정하여 자신의 외모에 대한 지각을 객관적으로 바로잡는 것으로 설정하였다.

(2) 중기 상담과정 (제3회 - 제9회) : '나는 재수없이 생겼다' 는 잘못된 믿음에서 벗어나다.

♥ 제3회 상담, ＊＊＊＊년 3월 18일 (화)

　　내담자는 상담실 의자에 앉자마자 기다렸다는 듯이 학원에서 안좋은 일이 일어났다고 말하였다. 주변에 앉은 여자 애들이 '재수없다' 고 그러는 것 같아 대놓고 물어보았더니 대답을 안해서 화가 났다고 했다. 상담 선생님은 우리와 세대가 다르기 때문에 자신을 잘 생겼다고 보시는데 자기 또래의 아이들은 자기를 분명히 재수없는 아이로 본다는 것이다. 도대체 신경이 쓰여서 공부가 안된다고 하였다. 목 뒤가 뻣뻣하고 귀에서는 윙윙 소리가 났었다고 하였다. 상담자는 내담자에게 탤런트 채시라 양이 예쁘다고 생각한다고 하면서 내담자는 어떻게 생각하느냐고 물었다. 내담자도 예쁘게 생겼다고 하였다. 상담자는 인기 연속극 '첫사랑' 에 나오는 배용준이 잘 생겼다고 생각하는데 내담자는 어떠냐고 물었다. 내담자도 잘 생겼다고 생각한다고 하였다. 상담자는 그의 대답이 끝나자 한 사람의 얼굴의 미추를 가리는데 내담자가 생각하는 것처럼 세대차가 확연하게 나는 것이 아니고 상담자도 내담자를 비롯한 이 시대의 대부분의 사람들의 생각과 유리된 관점을 지니고 있지 않음을 분명히 하였다.

　　학원에는 전체 90명이 한 반에 있는데 그 중에 여자 애들은 20명쯤 된다. 내 근처에 앉은 5-6명의 여자애들 때문에 괴롭다고 하였다. 내담자는 하루의 일과를 학원에서 마치지 못하고 집으로 돌아온 후 엄마에게 학원을 옮겨 달라고 졸랐으나 엄마는 대학을 못가면 못갔지 그렇게는 할 수 없다고 버티자 내담자는 엄마에게 그러면 그 여자 애들이 자기에게 재수없다는 말을 했는지 안했는지 학원에 가서 확인을 해달라고 부탁을 했다고 한다. 엄마는 용기를 내어 학원에 갔으나 차마 그 여학생들에게 물어보지는 못하고 담당 선생님께 잘 부탁한다는 말만 하고 돌아왔다고 한다. 나중에 상담자에게 전화를 걸어와 여학생에게 물어보지 않은 이유를 물었다. 어머니는 그 여자 애들이 그렇게 말하지 않았음을 확신하기 때문에 오히려 물어보면 아이 체면만 깍이게 될까봐 물어보지 않았다고 하였다.

내담자는 자신이 처해 있는 어려움을 부모님이 도대체 인정을 안해준다고 불만을 토로하였다. 상담자는 부모님이 어려움을 인정해준다면 어떤 이점이 있느냐고 물어보았다. 그는 이해받는 느낌을 가질 수 있다고 하였다. 이해받는 느낌을 갖는다면 어떤 이점이 있느냐고 물어보았다. 별 이점은 없다고 하였다. 상담자는 별 이점이 없는 것을 그토록 추구하는 이유를 묻자 이유는 없다고 하며 '아하, 그렇군요!' 하면서 스스로 어떤 통찰을 갖는 표정을 지었다. 상담자는 내담자가 학원에서 여학생들과 부딪쳤던 사건에 대해서 좀더 자세히 들은 뒤 너무 성급하게 모든 것을 판단하고 일과를 마치치 않고 중도에 집으로 들어와 버린 점을 성숙하지 않은 행동임을 직면하였다. 좀더 정확한 객관적인 사실도 파악하지 않은 채로 자기식대로 해석해 버린 오류의 위험성에 대해서 잠시 논의해 보는 시간을 가졌다. 감정이 생기는 대로 즉석에서 반응하거나 행동하지 말고 반응을 잠시 유보하는 태도를 지닐 때 좀더 성숙한 태도로 주변의 반응에 대응 할 수 있음을 일깨워 주었다.

내담자는 자신이 책상에는 오래 앉아 있으나 잡생각 때문에 실제로 공부하는 시간은 길지 않다고 호소하였다. 잡생각의 내용을 들어본 후 상담자가 파악한 내담자를 괴롭히는 핵심 생각은 "어렸을 때 나보다 공부를 못하는 아이들도 소위 좋은 대학에 들어 갔는데 재수까지 한 다음에 일류 대학을 못가면 큰일이다"임을 찾아내었다. 상담자는 그렇게 되기를 바라지는 않지만 올해 말에 내담자가 원하는 대학에 들어가지 못한다고 가정하더라도 그것이 내담자의 생각처럼 그렇게 큰일 날 일은 아니라고 말해주었다. 우리는 우리가 사용하는 언어에 의해서 우리의 사고가 지대한 영향을 받는데 우리의 언어 속에는 다분히 과장적인 요소가 많이 내재되어 있음을 설명해 주자 수긍하였다. 그래서 앞으로 가능하면 정확하고 구체적인 용어나 단어나 말을 사용할 것을 권유하였다. 더불어 내담자가 큰일이라고 생각하면 할수록 공부는 더욱 안될 것이니 큰일이라고 생각하는 대신에 최선을 다하는 것이 중요한 것임을 스스로에게 말할 것을 숙제로 내주었다.

상담의 회기를 마치면서 오늘 어떤 점을 새롭게 배웠느냐고 하자 감정만을 앞세워서 실수했던 자신이 안타깝고 그것을 고쳐야 할 부분인 것을 깨달았다고 하였다. 사실 자신은 사람을 만나는 것을 싫어하는 것이 아니고 오히려 많은 사람을 만나는 것을 좋아한다고 하였다. 다만 여자들과의 관계에서 어려움이 있으니 정말 고쳐야 한다는 강한 의지를 보여주며 상담을 마쳤다. 이번 상담을 녹음한 테이프를 주며 다음 시간까지 한번 들어오라고 하였다.

♥ 어머니와 전화상담 ＊＊＊＊년 3월 20일 (목)

내담자와 3월 24일 월요일에 만나기로 하였으나 상담자의 사정에 의해서 상담시간을 연기하기 위해 내담자에게 전화를 시도하였다가 어머니와 통화를 하게 되었다. 어머니는 며칠 전에 있었던 이야기를 비교적 상세하게 하였다. 내담자가 그 여자 애들을 한 번만 만나 달라고 너무나 간곡하게 애원을 하는 바람에 학원 상담 선생님만 만났다고 하였다. 선생님께 그 여학생을 대신 만나 달라고 부탁하였으나 선생님은 사내 녀석이 뭘 그까짓 것을 가지고 그러느냐고 했다고 한다. 엄마는 자신이 너무나 아이에게 끌려간다고 안타까워하였다. 집에 돌아와서 한참 있으니까 학원에 안가겠다고 새로운 학원으로 옮기겠다고 버티던 아이가 "세상일이 마음먹기에 달렸다고" 평소에 주장한 엄마 생각이 옳았다고 했다고 한다. 저녁에는 밖에 나가서 청량음료를 사와서 따라주고 다시는 엄마 속을 안썩이겠다고 약속을 했다고 한다. 그러더니 그 다음날 아침에는 또 학원에 갈까말까 망설였다고 한다. 지난주 중에도 다른 여학생이 자기를 보고 웃었다고 하는데 피곤하고 신경이 예민해지면 더 그런 생각이 드는 것 같다고 한다. 상담 선생님이 자기 보고 성격검사(MMPI)를 집에서 해가지고 오랬다고 자신을 마치 정신병자 취급을 하는 것 같다는 얘기도 덧붙였다.

♥ 제4회 상담, ＊＊＊＊년 3월 27일 (목)

상담자는 숙제를 점검하는 것으로 회기를 시작하였다. 낯이 뜨거워서 고개를 들수 없었다고 하였다. 그러면서 자신에게 있었던 문제가 반은 풀렸다고 하였다. 좀더 정확하게 표현하자면 80%는 해결이 되었다고 하였다. 선생님이 지난번에 어떤 심리학자가 식물원에 가서 101명의 모르는 여자에게 프로포즈를 했다는 이야기를 듣고 자신도 그렇게 시도해 보았다고 하였다. 어머니와 집에서 다투고 난후에 엄마가 지친 듯이 넌 이제 틀린 아이니까 이제 군대나 가라고 말씀하시자 남자로서 오기가 생겼다고 하였다. 그래서 군대에 갈 때 가더라도 사람들에게 확인해 본 다음에 결정하려고 용기를 냈다고 한다. 지난 금요일(3월 21일) 길거리에 나가서 사람이 많이 지나가는 빌딩 앞에서 5-6명의 사람들에게 대놓고 물어보았다고 했다. 정말 창피했지만 창피를 무릅쓰고 했다고 한다. 맨 처음에 물어본 사람은 약 25세된 여자였는데 그녀는 자신도 대학생 때 그런 고민을 한 적이 있었는데 자기 암시에 걸리니까 정말 그런 것처럼 착각했었다면서 절대로 재수없거나 못생기지 않았다고 말했다고 한다. 학생같은 스타일을 좋아하는 사람도 많을 것이라는 이야기까지 덧붙였다고 한다. 그 다음에도 물어보는 사람마다 전혀 재수없거나 못생기지 않았다고 얘기했다고 한다. 엄마와 같이 나가서 엄마는 멀리에서 보조역할을 하였는데 이번 기회에 끝장을 내자고 20-30명에게 더 물어보자고 했는데 내담자가 "엄마 이젠 됐어요", "이젠 확인했으니 그만 돌아가자"고 했다고 한다. 내담자는 상담자에게 자신은 정말로 그렇게 물어보는 사람마다 그렇게 아니라고 대답할 줄은 몰랐다 내가 정말 잘못 생각하고 있었다고 깊이 시인하였다. 상담자는 내담자에게 손을 내밀어 힘찬 악수를 시도하였다. 정말로 용기 있는 행위이며 잘한 일임을 가슴 속 깊이 공감하며 격려해 주었다. 그 다음날(토요일, 3월 22일)은 학원의 여자 애들에게도 먼저 접근하였다. 지난번에 자신이 오해를 했다고 사과하면서 "내가 그렇게 이상한 아이냐"고 다시 물어보자 그렇지 않다고 대답했다고 했다. 그러면서 자기 자신이 생각하면 생각할수록 너무나 꽁하고 외고집이었다고 하였다. 상담자도 내담자가 스스로 자신을 그렇게 지각하는 경향이 강하게 있음을 직면하도록 도와주었다. 엄마가 선생님이 네게 인성검사를 집에서 해오라고 했을 때 정신병자 취급을 한다는 얘기를 들었는데 거기에는 먼저 상담자가 잘못하였음을 시인하였다. 왜 이런 식의 자가보고 검사를 주는 이유를 충분히 설명하지 않은 것이 상담자의 불찰이라고 말한 뒤 이런 종류의 테스트는 상담자가 그를 더욱 객관적으로 그의 여러 가지 성향과 기질에 대해서 빨리 파악하여 도움을 주기 위함이지 그를 정신병자로 취급하기 위함이 아님을 알려주었다. 자신이 너무나 삶 전체를 낭비한 것 같다고 하였다. 그런 잘못된 생각 때문에 대인관계가 많이 무너졌음을 고백하였다. 자신이 너무 꽁해서 정신적으로 성숙이 덜된 것 같다고 하였다. 쓸데없는 생각에 사로잡혀 공부하는 시간도 많이 빼았겼고 여러 가지 점에서 낭비를 많이 했다고 했다. 중학교 때는 엄마가 성당에 가자고 했는데도 나는 안갔는데 그런 것도 모두 후회가 된다고 하였다.

자신이 이렇게 된 것은 부모나 가정의 영향이 큰 것 같다는 자가진단까지 덧붙이며 다음과 같이 말하였다. 초등학교 때부터 엄마는 일주일에 한 번씩 방을 검사하고 뒤지곤 하셨다. 중학교 때는 나쁜 책을 보다가 들켰는데 정말로 강압이 너무나 심하여 괴로웠다. 부모님에 대한 적개심까지 생겼다. 고등학교에 들어와서는 제가 외모에 관한 문제로 많은 고민을 겪었는데도 부모님은 상대를 안해주시고 쓸데없는 생각이라고 몰아부쳤다. 나는 심각하게 말했는데 부모님은 이해해 주시기는커녕 오히려 맞은 적도 있었다. 부모들 욕심만 채우려고 공부만 시키는 것이 아닌가 반발심도 심했으며 부모님은 나를 더욱 강압적으로 억누르신 것 같았다. 아버지는 당신이 어렵게 공부하여 K대를 나오셨는데 뉴스에서 서울대를 붙은 아이들 이야기가 나오면 나를 불러서 보라고 하시며 꼭 서울대에 가야만 할 것을 강요하셨다. 내 자신도 고분고분한 성격이 아닌데 불만이 많이 쌓였고 폭발할 때가 없어서 취미생활에 몰두하였다. 특히 만화그리는 것과 모으는 것을 좋아하였다. 마치 미친 사람처럼 몰두하였다고 했다. 가만히 생각해 보니까 너무나 부모님의 과도한 영향권에 있으면서 자기 기를 펴지 못한 것 같다고 하였다. 엄마는 여러가지 점에서 비약이 심하다고 하였다. 지난번에 상담 선생님께 집안의 형에게 과외를 받을 때도 잘모르는 것을 미리 문제와 답까지 외워가지고 그 형에게 잘보이려고 한다고 말씀드렸는데 그것은 사실이 아니라고 하였다. 예습을 잘해가서 수업을 잘 받으려고 했을 뿐인데 엄마는 밖에서 엿들어 보고서 실제 상황도 파악하지 못하시면서 그러는 것뿐이라고 강변하였다. 상담자는 내담자가 이제 성인이 되어가는 길목에 있는 만큼 이제와서 부모님을 탓한들 무슨 소용이 있느냐고 하였다. 이젠 혼자의 책임하에 스스로 생각하고 결정하고 책임을 지는 성숙한 자세와 심리적 힘을 기르는 것이 중요함을 역설하였다. 그가 취미에 몰두했던 에너지를 가지고 학습에 불같이 몰두한다면 분명히 좋은 결과를 얻을 수도 있지 않겠느냐고 하였다.

내담자는 상담의 말미에서 자신이 그런 실험을 한 후엔 정말로 사람들이 나에게 그런 반응을 보이리라는 생각을 전혀 못했는데 이제는 수업도 잘 된다고 하였다. 상담자는 앞으로도 주변에서 소곤소곤거리는 소리가 들려오거나 나한테 누군가가 나쁜 소리를 한다는 생각이 들 때도 나한테 그러는 것이 절대로 아니다 다만 내가 그렇게 착각하고 오해하는 것임을 스스로에게 확인시킬 것을 종용하고 회기는 마감되었다.

♥ 어머니와의 전화상담

내담자가 상담실을 떠난 뒤 곧바로 내담자의 집에 전화를 걸어 내담자의 어머니와 통화하였다. 내담자의 모는 내담자가 감기 몸살로 아주 심하게 아파서 상담실에 갈 수 있는 상황이 아닌데도 선생님께 자신의 변화를 보여주고 싶어서 상담실에 간 것 같다고 하였다. 길거리에 나가서 모르는 사람들에게 자신이 정말로 재수없고 못난 사람인지 검증하는 과정에서 "엄마 내가 너무나 바보였어, 내가 혼자 커서 그런 것 같다"고 하면서 자신이 나름대로 그럴 수밖에 없었던 내력을 쭉 이야기하면서 이제는 잘못된 환상에서 벗어날 수 있을 것 같다고 하였다. 내담자의 모는 자신은 내담자에게 그렇게 좋은 대학을 가야만 한다고 강요하지 않으며 실력에 맞는 대학에 가서 행복하게 사는 것이 중요함을 강조하지만 내담자가 워낙 욕심이 많아서 초래하는 고민도 많다고 지각하고 있었다. 상담자는 어머니가 거리에 나가서 어려운 보조역할을 해준 것에 대해서 감사드렸다. 아들이 이제 성인이 되어가는 길목에 있음을 상기시키며 간섭하지 말고 스스로 생각하고 결정하고 책임질 수 있는 기회를 많이 줄 것을 부탁하였다.

♥ 5회 상담, ****년 4월 3일 (목)

요즘은 마음이 많이 편해졌으며 특별한 변화는 없었다. 상담자에게 지금은 그때보다 훨씬 더 강하게 자신이 변화될 수 있음을 확신하고 있다고 했다. 상담자는 내담자들에게서 흔히 볼 수 있는 여러 가지 종류의 인지적 왜곡의 형태, 즉 과잉 일반화는 만약 한 가지 경우에 옳다면 조금이라도 비슷한 모든 경우에 옳다고 믿는 것, 선택적 추상화는 개인이 얼마나 실수를 많이 하고 약한가 하는 측면에서 평가되어야만 한다고 믿는 신념인데 사람이 잘하는 것과 장점을 보는 눈 보다는 내 자신이 얼마나 실수하고 못하는 가에 대한 눈만 내담자는 발달이 많이 되어 있음을 지적하였다. 또는 인과성의 영속적 가정, 과거에 사실이었다면 앞으로도 영원히 사실일 것이라고 믿는 것 , 내담자는 과거 중학교 2학년 때 어떤 여학생이 학원에서 "재는 재수없는 아이야"라고 말했다고 해서 지금도 앞으로도 영원히 사실일 것이라고 믿는 것 , 자기 참조는 실제로 그럴 만한 이유가 없음에도 나는 모든 사람의 관심의 초점이다. 특히 나의 행동에 대해서 주위의 사람들이 나에게 관심을 기울일 것이다. 그래서 지하철에서 사람들이 나만을 다 쳐다볼 것이라고 생각하는 것 등이 이에 해당된다고 설명해 주었다. 그리고 잘못된 마음읽기 등에 대해 설명을 해주자 "선생님, 그 모든 경우가 저에게 다 해당됩니다"라고 하였다. 상담자는 내담자에게 이런 종류의 잘못된 시각을 너무나 진실인 것처럼 굳게 믿고 있음을 상기시켰다. 자기는 이제는 거의 100% 정도로 자신의 현실을 잘못 지각하였음을 확신하고 있다는 말을 했다. 자신은 더이상 자신이 못생겼거나 재수없이 생겼다는 과거의 잘못된 환상에서 벗어났다고 하였다.

그래서 남자 아이들과는 별문제가 없다고 했는데 여자 아이들과 잘 지내고 있느냐고 물었다. 그러자 정말 자기 주변에 앉아 있는 특수 일부 여자 애들이 해도 너무할 정도로 아주 심하게 떠들어 대서 이제는 그것이 나에 대해서 어쩌구 하는 것이 아님을 알겠는데 짜증이 나기는 많이 난다고 했다. 신경이 예민해서 방해를 많이 받는다고 하였다. 상담자는 그럴 때 어떻게 대처해 나가는 것이 바람직한 태도인지에 대해서 물었다. 그는 그냥 개의치 않고 공부에 몰두해버린다 고 했다. 왜냐하면 아무리 떠들지 말라는 말을 해 보았자 20세나 된 아이들이기 때문에 누구의 말을 듣지 않기 때문이라고 하였다. 상담자는 그것은 맞는 말이라고 하였다. 그리고 그애들과 같이 웃고 떠들고 섞일 수 있으면 좋겠다고 제안하였다. 그냥 무시하고 공부하는 것도 한 방법 이겠지만 이제부터는 '같이 좀 웃자' 하면 좋겠다고 하였다. 그 여자 애들을 나의 동료들, 친구 들로 여길 수 있는 자세를 갖는 것이 어떠냐고 제의하였다. '남자' 와 '여자' 를 굳이 갈라야 할 필요가 있느냐, 친구인데 다만 성이 '여성' 일 뿐이다라고 생각하면 내담자가 평소에 주장하듯 이 남자 애들한테는 별문제가 없는데 여자 애들과의 마찰을 일으켰던 과거의 전력을 상기하여 말을 해주었다. 그리고 앞으로는 같이 그 아이들과 농담을 하고 웃는 기회를 가져볼 것을 제의 하였다. 길거리에 나가서 생판 모르는 사람에들에게 접근하여 자신의 외모에 관한 질문도 하고 이야기도 나누었는데 교실에서 같이 공부하는 동료 여학생들에게 그렇게 못할 이유가 있느냐 고 하자, 없다고 하였다. 그것이 성이 나와 다르다고 도외시하는 태도를 갖는 것보다 훨씬 더 자연스럽고 너그러운 인격의 소유자가 아닐까에 대해서 생각해보라고 하였다. 그는 재수하는 것 자체를 굉장히 힘들어하였다. 이상하게 체력이 딸려서 12시 30분에는 잠을 자려고 하는데 어머니는 그걸 가지고 야단을 치신다. 부모님은 정말로 내 말을 안들어 주고 한 번 잔소리를 하 면 하루 종일 잔다고 불평을 하였다. 상담자는 내담자의 생각처럼 엄마가 강하게 상위권의 대 학만을 고집하는 것이 아니고 사실은 중위권의 대학을 가도 거기서 최선을 다하면 되는 것이니 까 별문제가 없다는 엄마의 생각을 전했다. 그러자 자신도 그렇게 생각하였지만 주위의 친척과 이웃분들이 "저러다가 아이 잡는 것이 아니냐"는 등의 말을 많이 했다고 하였다. 우리 부모님 들은 누가 뭐라고 하든지 자신들이 옳다고 생각하는 것은 끝까지 밀고 나간다고 했다. 상담자 는 그것이 아마 알게 모르게 내담자에게 영향을 미쳐서 내담자도 자신이 한 번 생각한 것은 강 하게 밀고 나가는 경향성이 있을 것이라고 하였다. 그러자 자신도 고집이 센 편이라고 하였다. 고집이 센 것은 좋을 수도 있지만 너무나 지나치게 고집이 센 것은 자기의 삶을 파괴적으로 몰 고 갈 수 있음도 언급하였다.어쨌든 상담자가 보기에는 내담자 자신도 "일류대학을 가야만 한 다"는 강한 경직된 사고에 사로잡혀 있음을 내담자의 태도 여기저기에서 그리고 내담자의 고백 을 통해서도 확인하였다. 부모의 강요와 스스로의 강요가 합쳐져 일류대의 진학에 대한 강한 집착과 의지를 보여주었다. 상담자는 내담자가 맹목적으로 가지고 있는 일류대학에 대한 환상 이 오히려 내담자를 파괴적으로 몰고가는 지름길임을 역설하였다. 고집이 셀 필요가 있긴 하지 만 나를 파괴적으로 몰고가지 않는 범위 내에서 고집을 부리는 것이 중요하다고 하였다. 세상 을 보는 나의 사고방식을 곰곰이 생각해 보라고 하였다. "꼭 일류대학을 가야만 한다"는 생각 이 오히려 내담자를 힘들게 하는 주범임을 직시하였다. 그 생각 때문에 더 공부가 안되고 불안 하다고 내담자는 말하였다. 그러니까 이제부터 내가 그냥 최선을 다해서 내 실력에 맞는 대학 을 간다는 생각이 현실적이다. 그리고 '참된 인간의 가치' 라는 것이 꼭 좋은 대학을 가야지만 나의 가치가 올라가고 소위 일류대학이 아닌 곳을 가면 나의 가치가 떨어지는 형편없는 인간인가?에 대해서 생각해 볼 필요를 역설하였다. 그러자 내담자는 살아가는데 굉장한 영향을 미치지 않느냐고 반문하였다. 물론 영향을 미치지만 일류대학을 졸업했다고 해서 꼭 좋은 영향만이 있고 좀 후진 대학을 나온다고 해서 꼭 나쁜 영향만이 있는 것은 아니라고 말했다. 그렇게 생각하는 것은 양분법적인 사고로 대표적인 비합리적 생각임을 설명해 주었다. 상담자는 일류 대학을 나오지 않았을 때 우리 나라와 같은 상황 속에서 여러 가지 불편함이 있을 수 있겠지만 그것이 우리가 극복할 수 없는 불편함은 아니라고 말해 주었다. 일류대의 정원은 한정이 되어 있고 입시생은 엄청나게 많은데 일류대에 들어가지 못한 사람은 들러리 삶을 사는 것이냐고 물었다. 그것은 아니라고 대답했다. 이 대목의 축어록은 아래와 같다.

상담자 : 물론 일류대학에 실력이 돼서 가면 좋지, 그러나 못들어 갔다고 해서 내 인생이 2류로 전락하는 것은 아니잖아요. 좀 불편을 겪는다고 해서 인생의 가치가 이류로 전락 하는 것인가요?

내담자 : 아니요.

상담자 : 그것을 정말 곰곰히 한번 생각해 봐야 해요. 우리는 정말로 허구적 가치인 일류대 최면에 걸려 있어요. 이류대를 나왔어도 참된 인간의 가치를 발휘하며 사는 사람도 많고 일류대를 나왔어도 가치롭지 못하게 사는 삶도 주변에서 많이 볼 수 있지 않아요?

내담자 : 네.

상담자 : 그런데도 표피적으로 가지고 있는 대학의 명성에 나의 모든 것을 걸 것인가? 만약 그렇다면 선생님은 참 안타깝다고 생각해요. 물론 최선을 다해서 노력을 하고 그런 다음에 일류대학에 붙는다면 더할나위 없이 바람직하겠지요. 그러나 안되면 다른 대학에 가면 되지 않아요. S대를 들어간 사람의 인생이 K대를 들어간 사람보다 더 가치로운 인생을 살 것이라고 말할 수 있는 사람은 아무도 없어요.

내담자 : 네, 선생님 말씀이 맞아요. 그런데 주위에서 그런 사람을 많이 봐요.

상담자 : 그건 자신이(내담자) 그렇게 바라보니까 그런 것이 아닐까요?

내담자 : 이모부의 경우, 소위 2류급의 대학을 나왔는데 지금 30대 후반밖에 안됐는데 회사에서 나가라고 걱정을 하세요. 웬만하면 다 그냥 잘라 버린대요

상담자 : 그것을 지금 걱정해서 내담자에게 어떤 도움을 주지요?

내담자 : 도움을 주는 것은 없지요.

상담자 : 물론 일류대를 나오면 삶의 유리한 조건은 되지요. 그러나 사람이란 나에게 부족함이 있을 때 그것을 극복하여 더 잘 되려는 의지를 발동하는 우리 인간의 묘한 특성이 있지요. 그래서 우리 주변에서 보면 대학도 안나왔지만 모범적이며 훌륭하게 사는 사람이 얼마나 많은가요? 왜? 그런 것은 생각하지 못하고 허구적인 것만을 추구하지요? 만약 ○○가 걱정하는 시간의 양에 비례하여 일류대학에 갈 수 있는 기회가 많아진다면 걱정만 하고 있으면 되겠지만 그것은 명백히도 아니지요?

내담자 : 네,

상담자 : 걱정하는 만큼 대학에 갈 수 있다면 맨날 걱정만 하겠지만 걱정하는 만큼 공부는 안
되는 것은 너무나 자명한데 쓸데없이 너무 지나친 걱정을 하는 이유는 무엇입니까?

내담자 : 글쎄요, 내세울 만한 이유는 없지요.

상담자 : 내가 최선을 다해서 실력에 맞는 대학을 가는 것이 지금으로선 더욱 건강한 생각이
아닐까요?

내담자 : 네,

상담자 : "뜻이 있는 곳에 길이 있다"고 하지 않아요. 나를 기다려 주는 어딘가가 있지요. 거기
에서 자족하는 법을 배우는 것이 필요해요. 사람의 욕심이란 한이 없기 때문에 문제
를 일으키는 사람은 다 욕심이 너무 지나치게 많은 경우가 많아요. 요즈음 문제가 되
고 있는 김현철 씨도, 한보도 그렇지 않아요?

내담자 : 그렇죠.

상담자 : 그러니까, 내담자도 내 실력은 요것인데(작은 모양을 손으로 만들어 보이며) 그것을
넘어서려고 하니까 여러 가지 부작용이 있는 것이 아닐까요? 공부도 제일 잘해야 하
고 잘나가야만 하는데 그것이 마음대로 안되니까? 스스로 괴로운 여러 가지 증상들을
호소하는 것이 아니예요?

내담자는 그것도 그렇지만 자신의 집에서도 그런 말씀과 요구를 많이 하신다고 했다. 상담자
는 어머니의 생각은 그렇지 않다고 전하였다. 내담자는 자신의 엄마가 말씀과 행동이 다른 분
이라고 강변하였다. 상담자는 설사 그말이 사실이라고 하더라도 이제는 부모의 그늘을 벗어나
야 함을 강조하였다. 요즘엔 체력이 딸려서 12시 30분만 되면 자기로 했는데 어머니는 그걸 가
지고 뭐라고 한다. 한번 "잔소리가 시작되면 하루 온종일이 가요" 정말 피곤하다고 하였다. 엄
마는 내담자가 빨리 잠을 자는 이유를 잘 몰라서 그럴 수도 있으니 이젠 좀 성숙하게 어머니께
상황을 설명해서 엄마를 설득하는 능력이 필요함을 강조하였다 더이상 엄마 아빠 타령하지 말
고 자신의 주관을 가지고 그 그늘에서 벗어날 심리적 준비를 하는 것이 중요함을 일깨워주었
다. 지금 자신의 환경에서는 주관을 가질 수 없다고 강변한다. 워크맨도 갖다 놓았는데 엄마가
어디다 숨겨 놓았는지 없어졌다고 하였다. 자신의 생각은 너무나 무시하고 자신의 이야기를 들
어볼 생각도 하지 않는다고 하였다. 상담자는 어머니의 입장에서 그럴 수밖에 없는 어떤 이유
가 분명히 있을 텐데 내담자와 그 부모의 관점이 서로 너무나 다르고 서로가 상대방의 입장과
관점, 그리고 판단의 기준이 아주 다를 수 있음을 알려주었다. 상담자는 내담자의 말을 들으면
그것도 이해가 되고 또 엄마 말을 들어도 그것이 이해가 된다고 하였다. 엄마는 내담자에게 최
대한 자유를 주었고 꼭 일류대학에 가라고 강요한 적도 없다고 하는데, 그렇다면 이 상황을 파
악하는 누군가의 지각의 문제가 있는데 그럴 때에 꼭 "엄마가 잘못했다고만 할 것인가, 나는
정말 잘못이 없는가"에 대해서 잘 판단해야 할 것임을 강조하였다. 만약 내담자가 워크맨이 공

부하는 데 필요하다면 차근 차근 설명하면 되지 않느냐고 하자 그런 것은 말도 못 꺼내게 하시고 아예 말하는 것 자체를 딱 잘라 버린다고 하였다. 우리 부모들은 남들보다 우월하다고 생각하고 뭐든지 옳다고 생각하는 것은 밀고 나간다고 하였다. 자신도 그런 부모의 영향을 받아서 그런 경향이 있다고 하였다. 자신이 다른 사람하고 부딪쳤을 때 "애시당초 좀 떨어지고 못난 놈이니까 네가 생각하는 것은 다 틀리다"라고 생각하는 경우가 많다고 하였다. 이것도 바람직하지 않은 생각임을 말하였다. 어떻게 어떤 사람이 나보다 이런 점에서 더 못하고 또 내가 다른 어떤 점에서 더 우수할 수는 있겠지만 한 가지 면을 보고 "통합적인 인간 자체가 너는 나보다 못난 인간이다"라는 단정해 버리는 것은 너무나 비논리적이고 비합리적이라고 말해 주었다. 이것도 그는 인간을 쉽게 하대하는 경향이 있는 부모의 탓이라고 하였다. 내담자는 자신이 지니고 있는 모든 특성은 부모의 영향 때문이라고 굳게 굳게 믿고 있었다. 상담자는 그탓을 외부의 요인에 돌리는 것은 맞지 않다고 말해 주었다. 그런 상황을 어떻게 해석하고 판단하느냐 하는 것은 내담자의 문제이지 부모의 문제가 아님을 강조하였다. 책을 보면서 다른 사람이 내 정서의 원인이 아님을 말해 주었다. 정서는 '불안하다, 속상하다'와 같은 인간의 심리적 속성을 말하는데 일반적으로 사람들은 "나는 지금 나 자신을 화나게 하고 있어요"라는 말을 많이 하는 경향이 있다. 내담자의 경우에는 "엄마는 정말 저를 화나게 하고 미치게 만들고 있어요"라고 말한다. 그리고 우리는 이런 언어 사용에 너무나 익숙해져 있기 때문에 우리의 귀에 익숙해져 있고 아주 자연스럽게까지 들리기도 한다. 그러나 실제를 잘 살펴보면 내가 화나기로 한 나의 선택임을 강조하였다. 나의 심리구조 중의 하나는 내가 조절 통제하는 것이기 때문에 그리고 그리이스/로마시대의 대철학자 에픽테투스가 그의 강의록 The Enchiridion(교본 또는 삶의 기술로 번역한다)에서 다음과 같이 강조하고 있음을 설명해 주었다.

"너는 사람들로부터 상처를 입는다. 그리고 그것 때문에 괴로워한다. 그러나 사람들이 과연 네게 상처를 입힐 수 있는가? 그들에게 그런 힘이 있는가? 그렇지 않다. 누군가 너를 나쁘게 말하거나 큰 소리로 욕을 한다고 해서, 또는 너를 한 대 쳤다고 해서, 만일 네가 그것 때문에 마음의 상처를 받고 모욕을 당했다면 그것은 어디까지나 너 자신이 그것을 모욕적인 일로 생각했기 때문이다. 누군가 너를 화나게 했는가? 그것은 네가 화나는 일로 받아들였기 때문이다. 누군가 너의 감정을 자극했는가? 그것은 네가 그 일을 기분상하는 일로 판단했기 때문이다. 따라서 누군가 너를 자극할 때 이것을 기억하라. 모든 것은 너를 자극하는 그 일에 대해 네가 어떤 판단을 내리는 가에 달려 있다고. 단지 일어나는 어떤 일 때문에 너의 감정에 불을 붙이고 습관처럼 그 감정에 이끌려 행동하지 말라."

엄마가 아무리 나를 상하게 하는 감정의 단추를 눌러도 네가 그것을 나에게 통하지 않게 차단하는 것은 내담자가 할일이 아니냐고 상기시켰다. 또한 과거가 내 현재 행동의 원인이 아님도 말해 주었다. 내담자는 부모가 자신을 이렇게 되도록 잘못 키웠기 때문이라고 생각하고 있는데 그것은 잘못된 지각임을 일러 주었다. 그래서 내담자들은 무기력해 하는 경향이 있다고 설명해 주었다. 상담자는 내가 이렇게 불만을 느끼는 것은 내담자 내부의 문제이지 내담자의 부모나 그들이 내담자를 키우는 과정에서 일어난 여러 가지 사건 때문이 아님을 말해 주었다.

자신은 상담 선생님이 그렇게 말씀을 하셔도 불만이 없지는 않다고 하였다. 그러나 부모님도 인간이고 인간은 누구나 결함이 있기 때문에 이해는 할 수 있지만 견디기는 정말 괴롭다고 하였다. 말을 안하려고 하는데 대학에 가면 부모님을 떠나서 1년만이라도 살아보고 싶다고 하였다. 우리 집의 압박이 심한 것이 정말로 사실은 사실이라고 강변하였다. 정말로 이렇게 살아서는 안되겠다는 강한 생각을 하고 있었다. 부모에게 너무 잡혀 있으면 발전이 없는 것 같아서 그런다고 하였다. 상담자는 그런 시도를 생각해 보고 시도해 보는 것도 좋은 방법일 수 있더라도 그것은 미봉책일 뿐 영구적인 해결책이 아님을 다시 한 번 알려 주었다. 그리고 다시 한 번 궁극적인 해결책은 내담자 내부에 있음을 말하였다. 부모를 포함한 외부의 자극에 상처를 받지 않을 수 있는 심리적 힘을 기르는 것이 중요함을 강조하였다. 부모가 아무리 나를 종속시키려 해도 내가 종속을 당하지 않는 바로 그 '힘'이 필요함을 강조하였다. 모든 것을 부모의 탓으로 돌리지 않는 내담자의 모습. 내담자는 정말로 여태까지 자신의 일이 안되면 부모를 걸고 넘어진 경향이 있다고 솔직하게 시인하였다. 원인이 부모에게 있다고 하더라도 그래 보았자 문제해결이 되는 것이 아니지 않느냐고 했더니 "그렇죠"라고 크게 말하였다. 내안에서 요소를 찾아내서 내 안에서 고칠 수 있는 것은 고치고 부모 때문에 그런 것은 고칠 수 없으니까 그냥 내버려 두는 것이 더 현명함을 말했다. 어쨌든 상담자의 판단에 내담자와 그의 부모가 서로 이해하고 판단하는 서로의 지각에 문제가 있음으로 다음 주에 내담자의 어머니를 만나기로 하였다. 그는 형제가 많은 아이들은 관심이 한 아이한테만 집중되는 것이 아니기 때문에 부럽다는 말까지 덧붙였다. 상담자는 그런 아이들은 부모로부터 온몸에 관심을 다 받을 수 있는 내담자를 또 부러워하고 있다고 했다. 어쩌면 우리 인간은 자신이 처해 있지 않은 상대방을 부러워하면서 살아가는 존재임을 말하면서 이 세상에는 절대적으로 좋은 것도 절대적으로 나쁜 것도 없음을 말해 주었다. 이것을 우리들의 삶의 모습으로 받아들이자고 하였다.

♥ 내담자의 어머니와 상담 4월 8일 (목)

일단 상담자는 내담자의 잘못된 생각(자신이 재수없게 생겼다는 믿음)이 완전 타파되었는지를 먼저 확인하였다. 어머니는 그때의 길거리 실험 사건 이후 그 문제는 완전히 좋아졌다고 하였다. 그리고 그전에는 목욕탕에서 샤워하는 시간이 한 시간 이상이었고 하루에도 몇 번씩 목욕탕에 들어 갔는데 지금은 아주 많이 좋아졌다고 하였다. 상담자는 그 다음으로 내담자의 어머니와 상담을 원한 이유를 설명하였다. 내담자가 부모의 행동을 이해하는 관점과 부모의 관점이 너무 다른 것 같아 서로의 입장을 역지사지(易地思之)할 수 있는 해결점을 찾기 위해 이 만남을 원했다고 간결하게 설명하였다. 상담자는 어머니와의 대화를 통하여 내담자가 왜곡되게 지각하는 부분도 있긴 하지만 내담자의 어머니도 지나친 면이 있음을 통찰하게 하였다. 내담자의 아버지는 며칠 전 내담자가 "나를 20년 동안 장난감처럼 가지고 놀았으니 이제는 나를 좀 내버려두라"는 말을 듣고 너무나 충격을 받았다고 하였다. 상담자는 진실한 자녀에 대한 사랑이 지나친 보호와 지나친 관심에 있는 것이 아님을 알려주었다. 아이들은 부모에 의해서 조절 통제를 당하는 수동적인 존재가 아님을 상기하였다. 부모의 할일은 아이들이 스스로 성장해 나갈 수 있는 분위기와 터전을 만들어 놓는 것이 더욱 중요한 가치임을 가르쳐 주었다. 내담자의 모는 자신이 잘못한 것도 정말 많이 있는 것을 이제야 깨달은 것 같다고 그의 속마음을 실토하였다. 자신이 아이 하나 낳고 지금까지 남편은 지방에서 거의 직장생활을 하였고 아들 하나만 보고 살아오면서 자신도 모르게 아들을 너무 힘들게 한 점이 없잖아 많이 있는 것 같다고 하였다. 상담자는 이제 더이상 내담자는 부모 품 안의 어린 아이가 아님을 인정하게 하였다. 이제 서로가 서로를 떠나갈 수 있고 떠나 보낼 수 있는 길을 다지고 준비해야 되는 시기임을 알려 주었다. 내담자의 어머니에게 본 상담자가 진행하는 매주 수요일의 "인지상담기법 교실"에 출석하여 상담 이론도 배우고 자신의 여태까지의 행동양식과 사고 구조를 점검해 보는 시간을 갖을 것을 강력히 권유하였고 그녀는 그렇게 하겠노라고 강한 의지를 표명하였다.

♥ 6회 상담, 4월 8일 (목)

그는 약속시간보다 약 1시간 정도 늦게 나타났다. 머리가 아파서 늦게 나타났다고 말했다. (상담자는 퇴근시간이 넘어 빨리 집에 가고 싶었으나 내담자를 기다렸다고 함)

요즈음은 체력이 너무 약해진 것 같다고 하였다. 마음이 약해지면 체력이 약해질 수 있으므로 마음이 아픈데가 있는지 점검해 보자고 하였다. 공부도 공부지만 너무나 생활이 단편적이라서 지루하다고 하였다. 그래서 아침에 일찍 일어나서 신문을 한 번 돌려보고 싶다고 하였다. 내담자의 단조롭고 갑갑한 생활은 알겠는데, 신문배달의 목적이 무엇인지 잘 생각해 볼 필요가 있음을 강조하였다. 갑갑함을 해소하기 위해서 신문배달을 하는 것은 이해가 가나 궁극적으로는 나를 파괴적으로 이끌 수도 있지 않느냐고 하였다. 인지상담의 '장기적 향락(long-term hedonism)'과 '단기적 향락(short-term hedonism)'의 개념에 대해서 설명해 주었다. 우리는 당장 내 눈앞에 이익이 되는 것이 궁극적으로는 우리에게 피해가 될 때가 더욱 많고 당장에는 이익이 안되어도 궁극적으로는 우리에게 득이 되는 것임을 일깨워 주려고 하였다. 그러면서 내담자 스스로도 결정을 하고 거기에 따라 행동을 하고 그 결과에 스스로 책임지는 자세가 중요하기 때문에 신문배달을 하고 안하고는 스스로가 결정짓도록 권유하였다.

상담자는 내담자가 "나는 지금 나의 단조로운 생활을 참을 수 없다", "나는 결코 이렇게 갑갑한 생활을 견딜 수 없다"라는 비합리적 생각에 사로 잡혀 있음을 찾아냈다. 그러한 생각 때문에 그를 더 공부에 몰두하지 못하게 하는 요인으로 찾아내고 그것을 견디는 것의 중요성을 논박하였다. 내담자가 힘들고 괴로운 상황을 부딪치고 직면하기보다 가장 쉽고, 회피하는 듯한 소극적인 방법으로 문제를 해결하는 것 같다고 하였다. 선생님은 내담자에게 이래라 저래라는 안하겠다고 하였다. "여태까지 엄마한테 지시받고 명령을 받았던 것도 지겨웠을 텐데 선생님까지 그러면 되겠니? 선생님은 네 스스로 결정하기를 바라는대 선생님의 의견은 네가 신문배달을 안했으면 좋겠어. 이것이 인생의 고비인데, 이 고비를 잘 견뎌내면 정말로 긴긴 인생의 고난을 잘 헤쳐나가고 견딜 수 있는 기초적 힘이 생기는 것인데…" 상담자도 미국에서 유학을 할 때 너무 힘들고 외로웠던 죽음과 같은 고독을 느낀 적이 있었다고 자기 개방을 시도하여 상담자의 마음을 열어서 보여 주었다. 이런 위기의 순간을 잘 넘기면 새로운 삶이 펼쳐질 수 있을 것 같은 확신이 있었음을 말해 주었다. 위기는 기회이기 때문에, 이 시기를 잘 견디어 내면 삶의 승리자가 될 수 있다고 논박하였다. 그런데 내담자의 경우는 쓸데없는 군걱정, 예컨대 좋은 대학에 들어가야만 한다는 생각에 사로잡혀 공부해야 되는데 써야 할 에너지를 생각하는데 써서 낭비하고 있음을 알려 주었다. 정말로 나에게 중요한 과업, 지금 안하면 영원히 후회하지 않는 과업에 나의 에너지가 몰입되어 활용하는 것이 백 번 중요함을 역설하였다. 내담자는 삶속의 적당한 긴장이 필요하기 때문에 풀어진 나사를 조이기 위해서 신문배달을 하겠다고 했다. 상담자는 재수생활 자체가 긴장이 아니냐고 반문하였다. 정신없이 바빠서 자신의 정신이 한눈을 팔지 못하게 자신을 관리하고 싶다고 하였다. 내담자가 진정으로 원한다면 해봐도 괜찮을 것 같다고 말했다. 내담자는 성인이 되어가는 길목에 있으므로 자율적인 성장을 해가는 것이 중요함을 역설하였다. 성숙한 어른으로서 부모의 영향력을 차단할 수 있는 능력을 길러야 함을 역설. 과거는 흘러갔다. 인간은 생리적으로는 혈연관계에 있지만 결국 심리적으로 혼자임을 강조하였다. 이제는 쓸데없이 부모탓으로 돌리지 말고 스스로 괴로움을 해결해 가도록 한다. 아버지가 이야기하자고 할 때도 무슨 말을 할지 다 알아요. "네 점수가 하빨이가 아니냐", "네 주제가 지금 어느 꼴인줄 아느냐" 이번 회기도 결국은 내담자는 부모에 대한 원망과 한탄을 주로 호소하였다. 상담자는 부모와 내담자가 상호 이해하는 능력이 부족하고, 서로 다른 입장을 고집만 할 뿐, 진정으로 서로를 보는 판단의 기준이 확연히 다르다고 파악하였다. 마침 내담자의 모에게 그 부분을 강조한 터였기 때문에 내담자와의 상담한 테이프를 듣게 함으로써 서로가 같은 상황을 얼마나 다르게 지각하고 해석하고 있는지를 깨닫도록 하는 전략을 세웠다. 내담자도 흔쾌히 동의하였기 때문에 내담자의 부모에게 이번 회기의 녹음 테입을 가져가 부모에게 전달하도록 하였다.

이는 상담자의 판단에 내담자가 상담자를 통하여 그의 부모를 통제하려는 시도가 전혀 없음도 알고 또 그의 부모가 자녀를 교육하고 사랑하고 그것을 전달하는 방법이 바람직하지 않다고 평가되었기 때문에 녹음 테이프를 들어 봄으로써 아들이 진정으로 무엇을 원하고 있으며 그들이 평소에 사랑의 이름으로 아들에게 하는 행위의 객관성을 직면하게 해주려는 의도였다.

스스로 생각하고 결정하도록 내버려 두라.

♥ 내담자 어머니와의 만남: 4월 9일 (수)

내담자의 어머니는 상담자에 의한 강의가 있는 '인지상담기법 교실'에 오셔서 시종 상담자의 강의를 심각하게 경청하였다. 간혹 상담자의 강의에 수긍이 되는 부분이나 자신이 공감하는 부분에서는 천천히 고개를 끄떡이는 모습도 보여주었다. 강의가 끝난 후 어제 보낸 테이프를 돌려주면서 자신이 잘못 판단하고 있는 부분에 대해서 많이 알게 되었다고 하였다.

♥ 7회 상담, ＊＊＊＊년 4월 18일 (목)

본 회기에서도 내담자는 역시 자신의 외모가 재수없게 생겼다는 굳은 신념 때문에 괴로워 하면서 상담이 시작되었다. 학원에서 주변에 있는 여학생들이 "쟤는 신이 발로 빚어놓은 아이같이 생겼다", "남한테 혐오감을 주기 위해서 생겼다" 라는 말을 하면서 자신을 막 놀렸다고 하였다. 상담자는 그때에 내담자가 바로 나서서 그렇게 이야기 한 아이들에게 다가가서 정말로 내가 그렇게 이상하게 생겼는지 직접 물어보았느냐고 하였다. 내담자는 그렇게 하지 못했다고 하였다. 그러면서 정말 "내가 이렇게 살아서 뭐하냐, 이제 다 끝이다" 라고 자신의 생각을 표현하였다. 상담자는 사람마다 개성이 있는데 내담자가 개성이 있으면 있었지 이상하게 생긴 것이 아님을 논박하였다. 본 회기에서는 내담자의 추론적 수준의 생각 즉 "자신이 재수없게 생기고 못생겼다는것이 추론임을 상기시켰다. 그리고 그 추론은 사실일 수도 있지만 사실이 아닐 수도 있음을 깨닫게 하기 위하여 현실검증을 무수히 많이 시도하였다. 그리고 만약 그가 추론하는 것이 사실이라고 해도 그것을 '끔찍한 것'으로 평가하지 않으면 된다는 것을 세차게 논박하였다. 7회기는 추론적 수준의 비합리적 생각이 사실이 아니라는 현실검증(reality testing)과 그의 추론이 사실이라 하더라도 그것을 끔찍한 것으로 지각하지 않으면 된다는 것에 대한 논박의 과정이 비교적 잘 드러나 있다. 인지상담의 정수 즉 비합리적 사고의 논박의 과정을 구체적으로 보여주기 위해 본 회기 전체의 축어록을 아래에 제시하였다.

상담자 : 선생님은 ○○가 시간을 지키지 않으면 스케줄에 차질이 생기니 시간을 지켜주세요.(내담자가 예정시간보다 늦게 옴)

내담자 : 죄송합니다.

상담자 : ○○가 어디에 가든지 마찬가지이다. 사람이 약속을 잘지키는 것이 얼마나 신의 있는 행동인가요. 물론 그 동안 잘지켜 왔어요. 지난번하고 이번만 그런 것이구요. 이제부터 잘 지켜 주세요. 오늘이 벌써 7회 상담이군요. 지난 번에 상담한 테이프를 부모님께 들어보게 했었지요.

내담자 : 네, 그리고 어머니가 도중에 오셨다 가셨지요?

상담자 : 그 내용을 말씀하실려고 오셨다 가신 것이 아니고 어머니가 선생님께 '인지상담기법 교실'에 참석해서 강의를 듣기 위해서 오시지. 그래서 말은 많이 못했고, 엄마가 그 테이프를 듣고 소감을 쓰신 것을 선생님께 주고 가셨거든, 한 번 읽어보세요. ○○와 엄마가 똑같은 현상이나 상황을 보는 시각의 차이가 있었어요. 이미 봤어요?

내담자 : 못봤는데요.(글을 읽느라 침묵이 흐름) 선생님 오늘은 제가 할 얘기가 많이 있어요.

상담자 : 듣던 중 반가운 소리군요. 선생님도 정말 듣고 싶어요, 어쩐지 마음속 깊은 곳의 소리인 것 같아서.

내담자 : 솔직히 말씀드리면 그 동안 제 자신을 좀 속여왔구요, 남들도 많이 속여온 것 같아요.

상담자 : 으응.

내담자 : 전에 그 문제 있잖아요, 밖에 나가서 막 한거요(Shame attacking을 말함). 그 때 2, 3일 지나서 학원에서 또 기분 나쁜 말을 들었어요.

상담자 : 으응.

내담자 : 이것은 확실히 들었는데요. 상황을 설명을 드리면 공부하는 도중에 못나오게 하거든요.

상담자 : 으응.

내담자 : 그런데, 잠깐 커피 자판기 옆에 스탠드 같은 것이 놓여 있어요. 거기에서는 잠깐 머리를 식힐 수도 있어요.

상담자 : 으응, 거기에 벤치 같은 것이 놓여 있다는 말씀이군요.

내담자 : 예, 예 그런거죠.

상담자 : 으응.

내담자 : 그곳에 딱 갔었는데 사람이 아무도 없었어요. 거기에서 커피 한 잔을 다 뽑아서 마시고 있는데, 둘이 와서 하는 말이 "쟤라고" 막 그러는 거예요, 또.

상담자 : 으응.

내담자 : "쟤라고" 막 그러는데 제 얼굴이 "신이 발로 빚어놓은 애같이 생겼다"라느니, "남한테 혐오감을 주기 위해서 생겼다"느니, 막 그런 말을 해대는 것이에요, 그래서 제가 막 기분 나쁜 얼굴로 그 애들을 째려 보았어요.., 째려보니까, 쟤가 또 들었나 보다고 지내들끼리 또 난리를 치고 그래요. 솔직히 말해서 아이들이 그정도까지 그랬다면 확실한 것이잖아요. 그래서 제가 그 애들에게 다가가지고 당신 지금 나한테 그러는 것이냐고 묻고 싶었는데, 보니까 제가 그런 말을 할 수 있는 상황도 아니었어요..일단 확실하게 그 말이 들렸기 때문에.

상담자 : 보바 (바보의 농담어)! 그럴 때 바로 "당신 정말 나한테 그러느냐?", "내가 어디가 신이 발로 빚어놓은 것 같이 생겼느냐? 내가 어디가 남한테 혐오감을 주게 생겼느냐?"고 물어봐야지. 걔네들이 정말 그말을 했다면 남자가 왜 확실히 따져서 묻지를 못하지요.

내담자 : 그 다음날 확인을 했거든요?

상담자 : 무엇을 확인했어요.

내담자 : 그때의 상황을 보면 거기에 두 명밖에 없었어요, 저하고 걔네들밖에 없었어요.

상담자 : 선생님이 지금 그 상황을 확인할 수는 없지만 ○○말이 맞다고 합시다. 분명히 그애들이 ○○한테 한 말이라고 하자. 그러면 왜 다가가서 진짜 내가 그렇게 생겼느냐, 내가 왜 남한테 비싼 밥을 먹고 세상을 살면서 내가 왜 남한테 혐오감을 주느냐. 당신은 어떤 점에서 나에게 혐오감을 느끼느냐, 어떤 점에서 나의 얼굴이 신이 발로 빚어놓은 것처럼 생겼다고 생각하느냐라고 왜 남자가 그것을 따져서 묻지를 못하지요?

내담자 : 그것은 제가 잘못했다고 생각하는 부분이에요, 그래서 그 다음날 일부러 또 기다렸어

요. 그렇게 되면 이번엔 따져보려구요.

상담자 : 커피 자판기 옆에서?

내담자 : 네. 계속 기다렸다가, 계속 그러기가 뭐해서 다시 들어갔어요

상담자 : 그애들이 안나타났어요?

내담자 : 예, 그애들을 못봤어요, 그래 가지고 또 가는데, 또 다른 사람들이 그런 말을 해대는 것이에요.

상담자 : 뭐라고 그래요, 같은 반에 있는 애들이에요.

내담자 : 같은 반에 있는 아이들이 아니에요.

상담자 : 전혀 모르는 아이들이 그랬어요?

내담자 : 네, 전혀 모르는 아이들이에요,

상담자 : 그러면 ○○만 그애들을 모르는 거예요, 그애들도 ○○를 모르는 거예요?

내담자 : 글쎄 저는 못봤는데요, 그애들은 왔다갔다 하면서 봤나봐요?

상담자 : 그러니까 그때와는 전혀 다른 아이들이란 말이죠? 그애들이 뭐라고 그랬어요?

내담자 : 하옇튼 뭐 또 지나간다고 막해요,

상담자 : 뭐라고? 구체적으로 뭐라고 했어요?

내담자 : "쟤는 징그러운 애다", "쟤는 막 징그럽지 않느냐"고 그래요.

상담자 : 분명히 그랬어요?

내담자 : 네, 분명히 들었고, 제가 막 쫓아갔어요.

상담자 : 그래서 뭐라고 그랬어요?

내담자 : 저는 그애들을 처음 보았는데 그애들은 저를 여러 번 보고 뭐라고 하는 것 같더라구요. 그래가지고, 또 그냥 아니라고 지나갈까봐, 그렇게 하는 게 하는 것이 한두 번도 아닌 것 같은데, 내 얼굴이 그렇게 이상하게 생겼느냐?

상담자 : 그랬더니?

내담자 : 그랬더니, 막 처음에는 아니라고 그래요, 댁한테 그런 말을 한두 번 들은 것도 아닌데 얼렁뚱땅 넘어가려고 생각하지 말라고 했어요?

상담자 : 으응.

내담자 : 이상하게 생겼으면 이상하게 생겼다고 하라고 했어요. 그렇게 말하니까 그애가 이랬어요 "댁 얼굴을 보는 것이 그렇게 즐거운 것은 아니에요"라구요.

상담자 : (웃으면서)아하참, 한 명이.

내담자 : 네,

상담자 : 그러면 다른 아이한테 그렇게 물어보지 그랬어요?

내담자 : 글쎄요.

상담자 : 그러면, 왜 내얼굴을 보는 것이 그렇게 즐거운 일이 아니냐고 물어보지 그랬어요?

내담자 : 그걸 딱 듣고 확인했구나 하고 나와 버렸어요.

상담자 : 아휴, 당신 얼굴도 보기가 즐겁지 않다, 라고 그렇게 말해보지.

내담자 : 그러고 싶었는데요, 뭐랄까, 좀 그렇지 않아요. 딴 사람에 대한 감정이 심하게 화가 났어요.

상담자 : 으응, (그냥 내버려둔다) 지난 번에 선생님하고 네가 신문배달을 하고 싶다고 했고, 꼭 일류대학을 가야되느냐에 관해서 상담을 했는데, 결국은 ○○씨의 진짜 문제는 다시 ○○씨가 처음에 호소해 온 문제네요?

내담자 : 네, 바로 그거죠, 그래서 계속 생각했어요. 생각을 해보니까, 도저히 이 상황에서는, 제가 봐도 그래요. 만약 남이 나같은 고민을 가지고 그것을 나에게 털어놓았을 때, 제가 생각을 해도 얘는 애가 좀 문제가 있구나 그렇게 생각하는 것이 뻔하다는 생각이 들더라구요. 아무리 지금 어떻게 해봤자, 부모한테나 누구한테나 도움은 못받을 것 같고, 내가 지금 막 이러는 것은 부모한테 해만 끼치는 것이다.

상담자 : 으응.

내담자 : 지금 부모님 건강이 안좋으세요. 특히 아버지가 안좋으세요.

상담자 : 아버지가 어디가 안좋으신데요?

내담자 : ○○증이래요. 그것이 심하지는 않는데, 수술을 하는데 2-3백만원씩 든데요, 그래서 집안도 이런 상황에서 호소할 상황이 아니잖아요. 그래서 어차피 내 외모가 이렇다면 7, 8개월 후에 대학이나 들어간 다음에 고칠 수 있겠다. 지금은 힘들어도 꾹 참고 내 스스로 해결해야지 남한테 도움받을 문제가 아니구나 라는 생각이 들었어요, 그래서 꾹참고 지내는데 아무래도 속에 담긴 것이 있으니까, 사람이 행동하는 것이 신경질적으로 되잖아요. 부모님께서 그걸 막 눈치채고 그러시더라구요. 도저히 못보겠다, 차라리 나가 살든지 마음대로 해라. 이렇게 속을 썩어서 도저히 못 살겠다, 솔직히 말해서 다 숨기고 그냥 7, 8개월만 잘 버티면 되는데 그것이 잘 안돼요.

상담자 : 그것이 잘 안되지.

내담자 : 네.

상담자 : 왜냐하면, 다른 애들이 나한테 너무나 많은 신경을 쓴다고 잘못 생각하기 때문에 그래요. 선생님은 ○○씨가 학원에서 일어난 상황이 솔직하게 그림이 잘 안그려져요. 선생님이 우리 기관에 계신 상담 선생님을 모두 다 불러다가 모아놓고 정말 솔직하게 이야기 해달라 ○○가 신이 발로 빚어놓은 것처럼 생겼는지, ○○씨가 남한테 혐오감을 주게 생겼느냐, ○○가 징그럽게 생겼느냐, 얼굴 보기가 그렇게 즐거운 일이 아니더냐라고 선생님이 모든 분께 물어봐도 그 사람이 거짓말로 "아니다"라고 그러는 것이 아니라, 진짜로 "아니다"라고 그럴 것임을 선생님은 확실히 알아요. 그리고 이미 네가 실험을 해봐서 아는 것처럼, 다른 사람은 네가 못생기지 않았다는 것을 확실히 아는데 그 여자 아이들이 유독 그러는 이유가 무엇인지에 대한 그림이 잘 그려지지 않아요.

내담자 : 그래서 저도 그게 궁금해서 친구들도 많이 만나구요, 또 같은 반에 있는 애들하고도 계속 그렇게 다녔어요. 그런데 옛날부터, 고등학교 1,2학년 때, 중3 때 이후부터 그런 이야기를 많이 들었어요. 아주 추운 겨울날이나, 더운 여름날이나, 날씨가 아주 춥거나 덥거나 그러면 제가 자극을 받으면 그냥 혈색이 도는 것과는 달리 선생님 옷 색깔처럼 빨갛게 되거든요.

상담자 : 그건 ○○씨의 피부가 너무 곱고 약해서 빨개지는 거지, 선생님 피부도 그러는데,

내담자 : 원래 어렸을 때도 상기되고 그래서 선생님들도 너 피부가 왜 그러냐, 피부과에 한번 가봐라 하실 정도로 아주 적색이 되거든요.

상담자 : 피부가 약해서 그럴텐데.

내담자 : 유독히 볼 부분만이 빨개지는 것이 궁금해가지고 피부과에 갔는데 의사가 혈관이 늘어나서 그렇데요. 에이, 그런가보다 하고 말았는데, 그것이 그렇게 이상하게 보이나 봐요.

상담자 : 응,

내담자 : 제가 막 얘기를 걸어보고 그러면요, 평소에는 괜찮다가 좀 이렇게 얼굴이 빨개지면 이상한데요. 못생겼다는 것은 떠나서요, 그것이 그렇게 이상하나봐요.

상담자 : 그런데 선생님한테 와서는 한 번도 빨개진 적이 없는데요?

내담자 : 실내에서는 괜찮은데 겨울이나 여름에 걸어서 오래 다니면 얼굴이 아주 빨갛게 돼요.

상담자 : 으응.

내담자 : 저도 외모같은데….

상담자 : ○○씨는 외모는 굉장히 준수한 사람이야, 내가 상담신청서에 기록한 '외모에 관한 문제'라고 적어놓은 것을 보기 전에 굉장히 잘 생겼다고 했잖아. ○○씨는 정말 아나운서를 해도 탤런트를 해도 빠지는 외모가 아니야. 그러니 ○○씨의 지금 문제는 정말 심리적인 문제이지.

내담자 : 네.

상담자 : ○○씨가 여태까지 한 이야기를 보면 뭔가 말이 안맞는 것 같아. 그애들이 전혀 ○○씨를 모르는데 "쟤는 신이 발로 빚어놓은 것같이 생겼다", "남한테 혐오감을 주기 위해서 생겼다" 이런 말을 하게 된 맥락이 뭘까가 선생님은 이해가 안되고 그리고 그애들이 그렇게 말을 했다고 하더라도 그것이 사실이라고 하더라고 선생님이 계속 강조하지만, 그렇게 모자란 애들의 말에 대해서 시시콜콜 간섭을 하고 반응을 할까? 남자가 좀 대담해져야 하지 않을까?

내담자 : 저두요, 어쩌다 한두 명이 한두 번 그러다 말면 그렇게 생각해도 되는데요, 가만히 보면은 같은 반의 애들도 "저 여자 아이들은 쟤(내담자)한테 왜 저러냐", 그러면 "쟤들이 일단 이상하게 생겨서 씹는 애"라고 그래요, 제가 증명을 시킬 수도 있어요.

상담자 : 그러면 ○○씨가 그애를 한 번 데리고 와볼래요? 진짜 그런지 증명시켜 보겠어요?

내담자 : 글쎄 그애가 올지 안올지 모르겠는데요,

상담자 : 한 번 오라고 그래보세요.

내담자 : 예.

상담자 : 선생님이 정말 물어보고 싶다. ○○씨가 지금 소위 이지매라는 것을 당하는 건가요?

내담자 : 특별히 물리적으로 오는 것은 없거든요? 가끔가다가 자율학습하다 나갔다가 오면은 제 책상에 껌이 붙어 있고 킥킥거리는 소리가 들리고 다음날 오니까 또 껌이 붙어있고 그러는 거에요.

상담자 : 그애들이 너한테 장난치는 거네.

내담자 : 그렇죠, 그리고 또 어떤 애가 말하는 것을 보면, 저녁 8시30분부터 약 20분 동안 쉬는 시간이 있는데, 그 때 어떤 녀석이 또 하나 있는데 그 아이가 하는 말이 "쟤가 막 아이들한테 씹히는 애"라고 막 그러면서 우리가 보기에도 좀 심하지 않냐고 막 그렇게 말하면서….

상담자 : 그래 좋아, ○○씨가 씹히는 애라고 하자 그것이 사실이라고 합시다. ○○씨가 왜 씹히는지 그 이유를 생각해 보아야 하는데, 그애들이 말하는 것처럼, ○○씨가 신이 발로 빚어놓은 애처럼 생긴것도 아니고 그애들이 말하는 것처럼, ○○씨가 혐오감을 주게 생긴 것도 아니란 말이지요, 그렇게 나한테 말할 수밖에 없는 어떤 이유가 있을지도 모르는데 그이유에 대해서 한 번 잘 생각을 해보자. 선생님이 볼 때, ○○씨의 얼굴은 아니고 ○○씨가 너무나 그 아이들한테 "혹시 쟤네들이 나 흉보면 어떻게 하나", "혹시 쟤네들이 나 욕하면 어떻게 하나" 등의 생각으로 ○○씨가 너무나 예민하기 때문에 아이들의 행동 하나하나에 대해서 너무나 예민하게 반응을 하니까, 그것이 오히려 ○○씨를 이상한 애로 만들어가지고 표현을 그렇게 하는 것일지도 모르지, 쟤 행동이 참 이상해. 그러니까 얼굴이 재수없게 생긴 것도 아닌데 사람을 얼굴로 비유해서 표현한 것일 수도 있단 말이지, ○○씨가 하나 하나에 대해서 너무나 예민하게 반응을 하는 것 같아.

내담자 : 저도 그렇게 생각을 해서 주위 친구들에게 물어봤어요. 나의 행동이 굼뜨는 것이 있는지 또는 그렇게 이상한지에 대해서요? 그애들 말로는 아니래요.

상담자 : 그것봐! 아니잖아, ○○씨는 이상한 애가 아니야, 그러니까 바로 그여자 애들이 한심한 거야. 한심한 아이들이 쟤는 "바보야"라고 한다고 해서 네가 "바보"가 되는 것이 아니잖아! 바보가 아닌 사람에게 다른 사람이 바보라고 그러면 진짜 바보가 돼요? 아니지요. 바보가 아닌 사람은 "내가 왜 바보야?, 나는 바보가 아니야"라고 말하지요. 인간의 특성 자체가 다른 사람이 뭐라고 한다고 해서 변화되는 것이 아니란 말이지요. 예를 들어서 다른 사람이 "너는 한심한 애야"라고 해서 당신이 한심한 사람이 됩니까? 그러니까 이 시점에서는 선생님이 확인할 길이 없어 ○○씨가 지각한 것이 사실인지 아닌지에 관해서 말이야. 선생님이 생각할 때 ○○씨 말은 논리적으로 맥락이

안맞아요. 왜냐하면 전혀 모르는 애들이 ○○씨만 매일같이 보게 돼서 "쟤는 징그러운 애고, 쟤는 한심한 애야"라고 말한다고 하는데 몇 명이 그럴 수는 있겠지만 여자애들 모두가 그렇게 한다는 것이 비현실적이라는 거예요.

내담자 : 모두가 그러는 것은 아니지요, 가끔 가다가 그러는 것이죠.

상담자 : 그러면 정해진 아이들 몇 명이 그러겠지요.

내담자 : 그럴지도 모르지요, 그런데 저는 그 아이들한테는 관심이 없어요.

상담자 : 그렇다면 그나마 남아 있는 관심 자체를 끊으면 어때요? 그 날라리 같은 여자 아이들이 어쩌면 ○○를 혼자서 좋아하다가 그럴 수도 있고, ○○와 잘해 보려고 하는데 그것이 잘 안돼서 그럴 수도 있고, 아니면 ○○가 너무나 예민하게 자기들의 말이나 행동에 반응하니까, 그럴 수도 있고, 여러 가지 이유 때문에 그럴 수가 있는데 그것이 선생님 보기에 중요한 것은 아니고 그애들도 내가 볼 때는 좀 한심한 아이들이에요.

내담자 : 한심한 아이들이죠.

상담자 : 어떻게 보면 우리는 인간이 한심하다는 표현 대신에 그들이 하는 행동이 한심한 것인데 그 한심한 행동에 대해서, 그것도 여자애들 몇몇이 그런 것 가지고 ○○는 마치 대부분의 많은 여자애들이 나한테 그러는 거다라고 착각을 하는 것이 있거든, 그렇지? 선생님이 볼 때는 몇 명의 소수의 여자들이 그럴 수는 있을 것 같아, 그렇다면 그 아이들의 말을 가지고 그렇게 지나치게 긴장하고 지나치게 신경을 쓰고 , 공부하는 것에 그렇게 영향을 받아야 할까요?

내담자 : 그런데 그게요, 전에 그런 일이 없었으면 그런대로 괜찮은데 전부터 그래 왔고 어딜가나 계속 그런다는 생각이 드니까…….

상담자 : 뭐가 어딜가나 그래요, 지난 번에 길거리에 나가서 물어보았을 때, 다른 사람들이 다 ○○가 재수없게 생기지 않았다고 말했다면서, 어딜가나 그런다는 것은 ○○의 생각일 뿐이지 다른 사람이 ○○한테 관심이나 있는지 알아요, 자기일도 챙기지 못하고 다들 바쁘게 살아가는데 이 세상의 누가 사람들이 길거리에 지나가는 사람을 쳐다보고 "쟤는 이상한 아이야"라고 그래요? ○○는 너무 자기도취에 빠져 있는 것 같아요. ○○가 스타라고 착각하는 모양이야.

내담자 : 그런건 아닌데요, 길거리에 지나가면서는 보통 때, 여자들이 많이 모여 있는 장소 말구요, 그냥 보통 때는 괜찮았어요, 제가 신경을 끊고,

상담자 : 신경을 끊을 것도 없어 모르는 행인들이 ○○에게 신경을 써주지도 않는데 ○○가 신경을 끊을 것이 없지.

내담자 : 예, 예, 못생겼다는 생각은 솔직히 말해서 지금도 없어요, 심하게 열등감을 느끼는 것도 없었구요, 잘 다녔는데 어디를 가기만 하면 그렇게 되니까요?

상담자 : 몇 번이나 그렇게 됐어요?중학교 때 한 번 그리곤 또 언제 그랬어요?

내담자 : 학원에 갈 때마다 그랬어요, 그래서 제가.

상담자 : 학원에 갈 때마다 언제?

내담자 : 정리를 제가 잘 못했어요.

상담자 : 그래, 지금 정리를 해봅시다.

내담자 : 맨 처음에 박선생 학원에 다닐 때 그런 일이 생겼어요.

상담자 : 그 때가 언제인데?

내담자 : 중학교 2학년 겨울이었어요 그래서 한동안 학원을 안다니다가 ○○학원이라고 단과 반을 들어갔어요, 거기에서도 막 이상했어요.

상담자 : 어떻게 이상했어요?

내담자 : 우선 자판기에 커피를 뽑으러가면 여자애들이 몰려 있다가 소리를 지르고 막 퍼지고 막 그랬어요.

상담자 : ○○씨가 잘생겼으니까 그렇지?

내담자 : 아니요, 그런데 솔직히 제가 볼 때 잘생기고 멋부리는 애들한테는 그렇게까지 하지 않거든요. 그냥 지네들이 다가가서 말을 걸거나 그러는데.

상담자 : 그거는 ○○씨가 그렇게 지각을 하는 거야, 선생님이 영어단어 하나 가르쳐줄께, selective attention이라는 말이 있어요. 이것은 선택적 주의라는 것인데 ○○는 다른 사람이 자기를 못생기고 재수없다고 생각하기 때문에 학원까지 그만둔 사람이잖아, 그러니까 나의 생각과 다른 말에는 주의가 기울여지지 않고, 혹시 나한테 못생기지 않았다고 그러지 않나? 즉 나와 생각이 유사한 것만을 선택해서 집중하게 된다는 뜻 이지요. 그러다가 보니까 혹시 아이들이 주위에서 소근소근 하는 것도 쟤네들이 나한 테 못생겼다고 그러는 것일거야 라고 네가 스스로 해석하는 거야, 진짜 그 아이들이 그러는 것은 아니에요, 그리고 또하나 강조하고 싶은 것은 그 아이들이 설사 그렇게 말했다고 쳐도 그것이 이 세상의 끝은 아니잖아요.

내담자 : 끝장은 아니지요, 생활을 하는데 좀 불편하지요?

상담자 : 왜, 불편하지요?, 불편을 안느끼면 되잖아요? 걔들과 꼭 상대를 해야지만 되는 것도 아니고, 걔들과 상대를 안하면 되잖아요.

내담자 : 상대를 안하고 그런 것은 괜찮은데 아무래도 사람이니까요, 그런 일을 당했을 때 기 분은 상당히 나쁘잖아요.

상담자 : 기분은 나쁠 수 있겠지, 그럴 때 ○○가 스스로 나의 생각을 추스려야지, 상담 선생님 말처럼 애들이 나를 흉보는 것이 아닌데 내가 그렇다고 착각하는 것일 수도 있고, 실 제로 나를 흉을 보는 것일 수도 있다. 내가 착각하는 것이라면 나의 생각을 바로 잡으 면 되고, 실제로 나를 흉보는 것이라면 그렇다고 하더라도 "여기에서 내 인생이 끝나 는 것은 아니다. 그리고 나는 대학에 가서 또 새로운 여학생들을 만날 수 있다. 이 세 상에 이것보다 더 힘들고 헤쳐나가야 할 어려움이 더 많은데 사나이가 이까짓 것 때 문에 이렇게 많은 고통을 스스로 창조해서 당하는가?"라고 자신의 생각을 스스로 정

리해 나가야지. 이제 그만하고, 걔네들이 ○○한테 "쟤는 재수없게 생겼다", "쟤는 신이 발로 빚어놓은 아이같이 생겼다", "남한테 혐오감을 준다"라는 말을 했을 때, 굉장히 기분이 나빴지?

내담자 : 네.

상담자 : 바로 그때 기분이 나빴을 때 ○○ 마음속에 흐르는 생각이 무엇이었을까요? ○○가 스스로에게 어떤 말을 했을까요?

내담자 : (잠시 침묵) "다 끝이다", "이렇게 살아서 뭐하냐" 또 그냥 어떻게 형용할 수 없을 것 같아요. 너무나 화가 많이 났기 때문이에요.

상담자 : 선생님이 계속 강조하지만 ○○는 여자 아이들이 너에게 그런 말을 했기 때문에 기운이 없고 힘이 쭉 빠진다고 했지?

내담자 : 네.

상담자 : 그런데 그것이 아니라는 거예요, 그런 말을 들었을 때 그 상황을 어떤 생각의 눈으로 평가했느냐가 진짜 중요한 이유이지, 『인지 · 정서 · 행동 치료』라는 책을 보여줄께요 (여기서 상담자는 인지상담의 ABC에 대한 상세한 설명과 더불어 내담자의 경우를 도식에 대비하며 다시 한 번 설명을 해줌). 여기서 ○○의 지각의 체계가 문제가 된다는 것이에요.

내담자 : 그런데 그것은 한순간뿐이었어요, 계속 그런 것은 아니에요, 물론 기분은 나빴지만요. 얼굴보다는 외모에 뭔가 문제가 있구나….

상담자 : 그러니까 더군다나 외모에? 키가 얼마지요.

내담자 : 180Cm요.

상담자 : 그다음에 몸무게는?

내담자 : 75Kg.

상담자 : 남자가 그 키에 그 몸무게면 Mr.Korea(미스터 코리아)감이지, 얼굴 말고 어디가 외모가 어떻다고 그러는지… 한 번 서봐요.

(내담자는 잠시 선다)

상담자 : ○○가 어디가 어때서, 이상이 없지요? 선생님은 아무리 찾아볼래야 볼 수가 없어요, 이제 앉아요, ○○가 외모가 이상한 아이가 아니에요, ○○가 내 외모가 이상한가라고 생각을 하는 거지, ○○가 뭐가 외모가 이상하나요?

내담자 : 사람들한테 물어보면요, 이상하게 말해요.

상담자 : 뭐라고 하는데요?

내담자 : 독특한 것이 있다든지….

상담자 : 사람마다 개성이라는 것은 있지요. ○○가 개성이 있을 수는 있지만 그렇다고 ○○가 이상한 아이는 아니에요.

내담자 : 그렇다면 남들이 왜? 그럴까요.

상담자 : 그래 남들이 그랬다고 하자 , 그랬다고 해서 그것을 수치스럽고 끔찍한 것으로 해석

을 안하면 될 것 아니에요? 그 해석을 누가 하지요? 그런 말을 들은 사람이 하잖아. 그 해석을 누가 하나요?

내담자 : 제가 하지요.

상담자 : 그래, 바로 ○○가 하잖아, 그러면 누구의 해석을 바꾸면 되겠어.

내담자 : 저의 해석을 바꾸면 되지요.

상담자 : ○○가 그 여자 아이들을 바꾸기는 어려워요.

내담자 : 네, 맞아요, 제가 뭐라고 한다고 안할 아이들이 아니잖아요.

상담자 : 그렇지, 걔네들이 그렇게 했을 때 ○○가 그것을 끔찍한 것으로 해석을 안하면 되지요. 그런데 ○○는 아이들의 소곤거림을 수치스럽고 끔찍한 것으로 해석을 하기 때문에 문제가 되잖아, 네가 이야기한 것처럼 "내 인생 끝이다", "이렇게 살아서 뭣하나" 그까짓것 그 아이들이 말 한마디 했다고 "이렇게 살아서 뭐하나"하는 생각이 들어서 되겠어요. 이 세상의 인구중에 반만이 여자이고, 그중에서도 아주 소수의 여자들이 서울에서 살고 있고 그중에서도 아주 아주 극소수의 여자들이 ○○반에 있는 여학생들일텐데, ○○가 길거리에 만나서 실험을 해본 것처럼 대부분의 사람들은 ○○를 오히려 잘 생겼다고 지각을 하는데, 아주 극소수의 여자애들이 한말을 가지고 남자가 이 세상에 태어나서 할일도 많고 많은데 그렇게 신경을 쓰고, 공부하는 일을 소홀하고 하니까, 결국은 선생님이 허탈해진다. 그렇다고 해서 선생님을 기쁘게 하기 위해서 선생님을 속이지는 마세요. 상담의 모두에 ○○가 자신도 속이고 선생님도 속였다는 말을 솔직하게 해주어서 아주 고마웠어요. 선생님도 어렴풋이는 느끼고 있었어요, ○○가 자신을 가장하고 있었다는 것을….

내담자 : 네.

상담자 : 선생님한테 부끄럽기도 하고 챙피했기도 했겠지, 그러나 선생님에게 그런 것을 숨기면 득이 될 것이 있겠어요? 바로 그런 문제를 해결하기 위해서 여기에 왔는데?

내담자 : 네.

상담자 : 지금이라도 솔직하게 말해 주어서 참 고마운데, 선생님이 이 세상에 태어나서 할일도 많은데 선생님이 사실이 아닌 헛된 것을 ○○ 에게 목이 터져라고 말을 하겠어요? 선생님을 믿어보세요.

내담자 : 선생님을 믿어요, 이런 생각은 잠시만 들다가 곧 사라져요?

상담자 : "인생 끝이다" 이런 생각이?

내담자 : 네.

상담자 : 그러면 뭐가 문제인데?

내담자 : 선생님이 말씀하신 비슷한 생각이 다 드는데요, 또 생각해보면, 그것 때문에 학원에서 스트레스를 많이 받잖아요.

상담자 : 그러니까 스트레스를 받는다는 것은, 너는 너의 생각이 스쳐서 사라진다고 하지만 사

라지는 것은 아니야, 네가 깨닫지 못하고 있을 뿐이지. ○○한테 스스로 자리잡고 있으면서, ○○를 계속 괴롭히는 거야. 그러니까 이제부터는, 그런 생각을 바로 '비합리적 사고'라고 말해요. 이제는 이 생각을 '합리적 사고'하고 바꾸자는 것이에요. 그럴 때 스트레스가 없어지는 거예요.

내담자 : 그래가지고 막 그런 생각이 들어요. 이런 생각 때문에 100점을 받을 수 있는 것도 50점밖에 못 받는 것이 아닌가.

상담자 : 그러니까 그것도 아니지.

내담자 : 너무 자존심이 막 상해요. 쉬는 시간에 내가 듣는다는 것을 아이들이 알면서도 말을 할 때 정말 자존심이 상해요.

상담자 : 그러니까 이제는, ○○가 그런 상황을 해석하는 태도도 바꾸고 그 다음에는 그애들한테 가서 직접 물어봐요. "당신은 그런 말을 할 때, 사실 나는 굉장히 기분이 나쁘다", "당신은 여기에서 공부해서 대학에 갈려고 있는 것이지 다른 사람에게 상처를 주고 기분 나쁘게 하려고 있는 것이냐"라고 말해봐요. 이제는 나이도 나이니만큼 차분히 물어보세요. 그때는 ○○가 한 번 가서 사과를 했었잖아. 그랬더니 그 여자 애들이 아무것도 아니라고 대답했다고 했잖아요?

내담자 : 그런데 그애는요, 애가 좀 그렇더라구요.

상담자 : 애가 어떤데?

내담자 : 애가 그 순간을 모면하려고 그런 것 같아요.

상담자 : 그것도 ○○가 그렇게 해석하는 것이지, ○○가 그 아이의 머리 속에 들어갔다 나왔어요? 걔가 그 순간을 모면하려고 그랬던 것을 어떻게 알아, 그것이 바로 ○○의 추측일 뿐이지? 너는 모든 점에서 너의 추측을 마치 사실인 것처럼 믿어버리고, 그 추측도 막 너에게 불리하게 추측을 해요. 왜 ○○는 "걔가 진심으로 나에게 사과했을 거야"라고 그런식으로 추측은 못하세요.

내담자 : 그렇게 생각을 했었는데요, 며칠 후에 들리는 말을 들으니까 속상해요.

상담자 : 똑같은 아이가 그랬다는 거예요?

내담자 : 똑같은 애가 그랬다는 것이 아니구요.

상담자 : 다른 애가 그랬다구? 선생님 정말 머리가 아프다. 그러니까 이것봐 3월 20일 토요일의 기록을 읽어준(자신이 꽁하기 때문에…) 다고 상담기록을 찾아 읽어준 후에 내담자가 현상을 있는 그대로 직시하는 것이 아니라 왜곡되게 지각하는 경향이 많아.

내담자 : 그러면요 제가 도대체 이해가 안가는 것이 뭐냐하면요, 나의 동료 아이들이 그러는 것도 확인을 했어요. 어제께 막 그랬어요, 쉬는 시간에 안나가고 있었더니 다른 남자 아이들이 쟤가 막 씹히는 애라고 그러더라구요.

상담자 : 다른 남자 아이들이?

내담자 : 네.

상담자 : 아휴, 그래서.

내담자 : 우리가 보기에도 너무 심하지 않냐고 그러는 거예요, 그래서 굉장히 기분이 나빠요.

상담자 : 그러니까 그것도, 기분이 나쁜 것도 남자아이들이 내가 여자애들한테 놀림을 받는다
고 생각하니까 내가 안되어서 그러는구나라고 생각을 할 수도 있었을텐데 쟤네들조차
나를 또 씹네, 라고 생각하는 가 아니야.

내담자 : 그렇게 생각할 수 있는데요, 많은 애들한테 씹히고 또 다른 사람들한테 알아차릴 정
도로 씹히는 것이 그렇지 않나요?

상담자 : 그것은 사실 세월이 지난 다음에 보면 아무것도 아니야, 그것이 뭐가 그렇게 심각하
니? 그리고, 너희 반에 아이들이 몇 명이야?

내담자 : 90명이요.

상담자 : 그 여자 아이들은 몇 명이야?

상담자 : 한 24명 정도에요.

내담자 : 그 중에서 몇 명이 너를 씹는 것 같아?

상담자 : 다는 아니잖아.

내담자 : 다는 아니지요.

상담자 : 그럼 몇 명이 그래.

내담자 : 한 열 명쯤.

상담자 : 열 명이 너를 씹어, 선생님이 볼 때는 많아야 2-3명 정도일 것 같아, 그 다음에 남자
애들은 56명이네, 그러면 그 중에서 쟤는 "여자 애들하테 씹힌다"라는 말을 하는 아
이들이 얼마나 돼?

내담자 : 주변의 몇 명이요.

상담자 : 그러면 네가 굼뜨는 아이가 아니라고 한 아이들은 몇 명쯤이야?

내담자 : 한 두세 명 정도 되지요.

상담자 : 가까이에 있는 애들이 너를 더 잘 알지, 멀리 있는 아이들이 너를 더 잘 아니?

내담자 : 그렇지요.

상담자 : 그러면 멀리 있는 아이들 2-3명, 많아야 4-5명도 안되는데 그것도 ○○를 잘 모르는
아이들이 그것도 많아야 4-5명이 지나가는 말 한마디를 가지고 네가 그렇게 상처를
받아야 되겠어요. (에픽테투스의 말을 인용해줌 4회기에 그의 말을 인용한 부분이 나옴), 그
리고 이 문장을 명상해보도록 숙제를 내주겠어요. 너는 왜? 사소하고 아무것도 아닌
말을 확대해서 해석해서 괴로워하는지 참 안타까워요.

내담자 : 그것도 좀 있는 것 같아요.

상담자 : 좀 있기는 많이 있지.

내담자 : 그것도 그렇다 치는데요, 그렇게 되면요 정상적으로 생활할 수가 없잖아요?

상담자 : 왜? 정상적으로 생활을 못해.

내담자 : 뭐랄까, 사람을 대하면서 자유스러워지지가 못해요.

상담자 : 그러니까, 네가 생각하고 해석하고 지각하고 판단하니까, 스스로가 자연스러워지지 못하는 것이지, 그러니까 이제는 자연스러운 행동을 해보도록 해봐, 애들에게 먼저 말도 붙이고, 애들한테 예민하게 반응하지 말고, 농담도 같이하고, 그리고 "재수없다"는 소리가 들리면 껄껄껄 웃으면서 나는 안 그런 것 같은데 어떤 점이 그러냐고 웃으면서 태연하게 이야기도 해보고 말이야. 그럼으로써 네가 그런 자극에 대해서 아무렇지도 않게 될 수 있는 사람이 될 수 있지 않겠어요? 왜? 그렇게 아둔하지 않은 사람이 아둔한 생각을 할까? 부모가 그렇게 잘 나아주고 잘 길러 주었는데 그런데 왜 그럴까? 다른 아이들 탓할 것 없어 네가 그렇게 만드는 거야, 그리고 선생님도 벌써 너를 7번이나 만났는데 이제는 다른 사람도 도와주어야지, 언제까지 ○○만 붙잡고 시간을 한정없이 쓰기는 어렵지요.

내담자 : 그렇죠, 우선은 그러면요? 제가 반에 있는 애들을 한 명 억지로라도 데리고 올께요

상담자 : 그래, 한 번 3자 대면을 해보자, 그러나 중요한 것은 애들이 너한테 그렇게 하는 것이 사실이라고 하자. 그것이 사실이라고 하더라도 네가 그것을 수치스럽고 끔찍한 현상으로 해석하지 않으면 되는 것인데 그것을 수치스럽고 끔찍한 현상으로 해석하는 것이 더 문제야. 내가 재수가 없어서 저런 여자 애들을 만났을 뿐이니까, 개념치 말자, 신경쓰지 말자, 그러면 문제가 안 되는데 네가 그것을 '끔찍한것', '이렇게 살아서 뭣하나' 식으로 지각하니까. 그렇지 이제부터는 선생님이 숙제를 내주는데 ○○는 여태까지 선생님이 하라는 대로 잘 안했는데 이제부터는 해야 된다. 선생님이 아무리 열변을 토해도 네가 적극적으로 참여해 주지 않으면 행동의 변화가 일어나기가 어려워요, 그러니까 앞으로는 더욱 열심히 해오고 숙제를 안해왔을 때, 이 핑계, 저 핑계를 대면서 구구하게 변명을 늘어놓지 말고 사나이답게 떳떳하게 해오지 못했다고 이야기를 하고, 늦었으면 사실 제가 오기 싫어서 미적거리다가 늦었어요, 라고 말해. 괜히 머리가 아팠기 때문에 늦었다고 둘러대지 말고 말이야. 앞으로 선생님이 아닌 다른 사람한테도 좀더 솔직하게 대하고, 그랬을 때 사람들은 그 사람에 대해서 좀더 신뢰가 가는 것이에요.

내담자 : (한참의 침묵) 저는 그리고 답답한 것이 뭐냐면요, 그러니까 그런 애들이 소수라도 그 아이들을 확실하게 확인할 길이 없어요.

상담자 : 그러니까 선생님이 확실하게 확인하려고 그러는 것은 큰 의미는 없어요, 그러나 아이는 데리고 오는데, 그걸 확인하고 안하고의 의미는 그렇게 크지가 않다는 것이야, ○○는 못생기고, 재수없게 생기고, 신이 발로 빚어놓은 애가 아니니까, 그것을 확인하려고 하지말고, 그애들이 그렇게 말한 것이 사실이라고 믿자 이거야, 그런데 그것을 내인생 끝이다. 이렇게 살아서 뭐하나 저 한심한 것들이 시간도 참 많구나, 영웅의 눈에는 영웅만 보이고, 똑똑한 사람의 눈에는 똑똑한 사람만 보이는 거예요. 바보같은

행동을 하는 사람의 눈에는 똑똑한 행동이 눈에 보이지 않아요, 무슨 말인지 알겠지요. 그러니까 나같이 잘난 사람을 저 어리석은 행동을 하는 사람의 눈으로는 못 보는구나라고 스스로의 마음을 추스리세요, 이제는 상담을 서서히 마감해야겠는데요, 선생님이 아까 낭독해 준 문장을 복사해 줄테니까, 집에 가서 숙제로 낭송하고 묵상해 오세요?

내담자 : 네,

상담자 : 몇 번쯤 할 수 있겠어요?

내담자 : 한 열 번요.

상담자 : (인지 · 정서 · 행동의 관계를 다시 한 번 예를 들어서 설명해줌)

그러므로 낭송을 통해서 생각을 바꾸어주면 그런 상황이 되었을 때도 생각이 바뀌니까 그렇게 기분이 나쁘지 않을 수도 있다는 거야. 그 관계를 좀 분명히 알았으면 좋겠어요.

내담자 : 네.

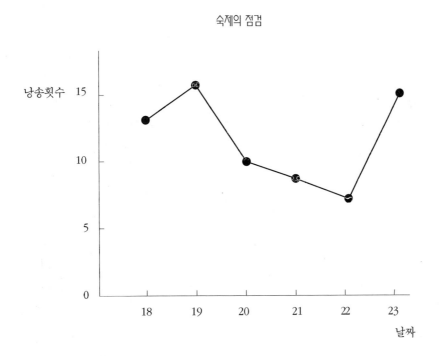

숙제의 점검

18일 : 마음이 편해지고 정신 맑아졌다.

19일 :

20일 : 좀 귀찮아졌다. 정신이 헤이해진 것 같다.

21일 :

22일 : 이틀 동안 기분이 상당히 좋지 않았다.

23일 : 정신을 좀 차려야겠다는 생각을 했다. 연습장에 반복해서 써보았다.

♥ 8회 상담, ＊＊＊＊년 4월 24일 (목)

　내담자는 상담자가 적어준 합리적 신념을 밤에 자기 전에 낭송하고 그것을 그래프로 그려가지고 왔다. 그러면서 어떤 날은 마음이 편해지고 정신이 맑아지기도 하고 어떤 날은 귀찮기도 했고, 정신을 차려야 겠다는 생각 때문에 연습장에 반복적으로 더 써 보았다고 했다. 상담자는 처음으로 내담자가 숙제를 열심히 적극적으로 해온 것에 대해서 감사의 마음을 표현하였다. 내담자는 감정의 기복이 매일 매일 심하다고 호소해 왔다. 한마디로 자신의 정신상태는 갈팡 질팡하다는 것이 었다. 이런 상황에서 공부고 뭐고 안된다고 호소해 왔다. 지금 벌써 4월 말인데 시간은 많이 갔고 밀도있는 공부가 잘 안 된다고 하였다. 다른 애들은 재수하는 것이 천국같은데 왜 나만 이렇게 힘든 생활을 해야 하는가? 너무 힘이 드니까 여자 애들이 소곤거리는 소리가 들릴 때마다 나한테 그러는 것 같고 기분이 불쾌해지는 것이 지금 자신이 당면하고 있는 가장 큰 문제라고 했다. 상담자는 내담자가 잘못 지각하고 왜곡되게 추론하고 있는 부분에 대해서 힘주어 세차게 논박을 시도하였다. (쟤는 신이 발로 빚어놓은 아이라고 한 말이 사실인가, 만약 사실이라면 그 아이 말대로 네가 그렇게 이상한 아이인가에 대해서) 상담자는 마침 오늘 아침에 상담자의 연구 프로젝트인 '천재의 삶과 꿈'에 대해서 연구하기 위해서 서울대 문리학과 3학년 학생과의 인터뷰한 이야기를 잠시 들려주었다. 재수생과 같이 경쟁에서 패배한 사람들과 사회적 약자에 대한 사회적 태도에 기가 질렸던 이야기, 1994년 여름에 살인적인 더위를 100명의 남학생이 고개를 돌릴 틈도 없이 지냈던 빡빡한 공간 속에서 성적은 오르지 않아 우울증에 걸리고 자살 생각에 온통 머리 속이 꽉찬 시절이 있었음을 말해 주었다. 상담자는 내담자만 재수생활이 어려운 것이 아니고 모두다 어렵고 힘든 길임을 직시하도록 했다. 아무리 공부를 잘한다고 하더라도 자기가 가고 싶은 대학의 원하는 학과에 합격할 수 있는 보장이 있는 아이들은 아무도 없다는 것을 확실히 하였다. 그러자 내담자는 간혹 스치면서 들은 말인데 어떤 아이들은 야구이야기도 하면서 생활의 여유가 있는 것 같다고 하였다. 그런 모습을 보면 다른 아이들은 다 자신이 만만한 것 같은데 나만 왜 이 모양 이 꼴일까에 대해서 한심하고 불안하다고 하였다. 상담자는 다른 아이들도 내담자와 마찬가지로 불안하고 힘이 든다고 말했다. 내담자에게 내담자의 재수생활은 유독히 힘들고 다른 친구들은 힘들지 않다고 생각하는 것은 내담자가 현실을 바라보는 렌즈가 이중으로 되어 있기 때문임을 직시하였다. 그리고 그것은 과학적이고, 타당한 렌즈가 아님도 말하였다. 그러면서 자기가 기분이 나쁘거나 스트레스를 받으면 부모님도 영향을 받아서 안절 부절 못하시는데 그것도 자기에게는 또다른 스트레스 요인으로 작용한다고 말했다. 상담자는 또 한 번 당부하였다. 부모님께 내 문제는 내가 알아서 할터이니 너무 걱정하시지 말라고 차분히 이해시킬 것을 요구하였고 자신도 그렇게 하겠노라고 하였다.

　상담자는 지금 이 시점에서 내담자를 가장 괴롭히는 문제가 현실적으로 무엇이냐고 물었다. 한 무리의 여자 아이들이 자기를 보면서 "쟤는 재수없고 한심한 아이라"고 지껄이는 말을 들으면 아무리 안그래야지 생각해도 기분이 불쾌해지는 것이 가장 힘들다고 하였다. 그 때에 순간 머리 속을 스쳐가는 생각이 무엇이냐고 물었다. 그는 "나의 가치가 하락하는 것 같다"고 했다.

상담자는 다시 한 번 힘주어서 그렇지 않다고 했다. 상담자는 그렇게 말하는 학생들이 어떤 아이들인지에 대해서 설명해 보라고 하였다. 내담자는 공부도 잘 안하고 맨날 모여서 수다만 떠는 아이들이라고 하였다. 상담자는 그런 사람들의 말에 의해서 인간의 가치가 결정되는 것이냐고 물었다. 그는 아닌것은 아는데 그래도 기분이 불쾌한 것은 잘 사라지지 않는다고 하였다. 상담자는 내담자가 그순간에 기분이 불쾌한 것은 그 때에 드는 자기언어의 통제가 안되었기 때문이라고 말을 해준 후에 이것이 하루 아침에 고칠 일은 아니니 내담자에게 스스로 하는 말을 합리적으로 고쳐서 꾸준히 내 자신에게 반복적으로 연습했을 때 나의 생각으로 자리잡게 되고 그것이 궁극적으로는 나의 행동과 연결이 됨을 자세하게 설명하여 주었다. 아이들이 소근거리면서 내 흉을 보는 것 같은 생각이 들 때마다 낭송하거나 묵상해 볼 수 있는 합리적인 신념을 아래와 같이 찾아내었다.

"나에게 재수 없다고 말하는 사람은 사실 없다, 단지 내가 그렇게 추측하고 판단할 뿐이다. 혹시 나에게 그렇게 말하는 사람이 있다면 그것은 내 문제가 아니라 그렇게 말하는 사람들의 인격의 문제일 뿐이다." 상담자는 색인카드에 이 말을 잘 써서 코팅을 해서 실제로 그런 일이 있을 때마다 꺼내서 보고 스스로 독백할 것을 요구하였고 그도 그렇게 하겠다고 수긍하였다.

상담자는 내담자가 상담 초기에 호소했던 문제가 얼마나 변화되었는지를 점검하였다. 그는 자신이 외부의 사람들이 재수없게 생겼다 라고 쳐다보는 환상에서는 완전히 벗어났고 다만 아이들이 소곤거릴 때에 불쾌한 것이 문제라고 했다.

그리고 거리를 다닐 때 얼굴을 쳐들고 다닐 수 있게 되었으며, 엄마와 지하철을 타고 갈 때에도 어느 정도 들리는 소리로 말을 할 수도 있게 되었다고 했다. 상담자는 상담을 통해 내담자가 커다란 발전이 있었음을 격려해 주었다. 다만 마지막으로 아직 해결이 되지 않은 부분은 앞으로 내담자가 스스로 해결해 가야 할 부분이고 그 방법들을 앞으로 2-3회기를 더 만나면서 도와 주겠다고 하였다. 상담의 숙제로 합리적 신념 1 낭송하고 그래프 그리기, 합리적 신념 2 낭송하고 그래프 그리기, "재"는 재수 없는 아이라는 말을 10번 이상 듣기, 그리고 3명 이상의 아이들에게 먼저 말 걸기를 내주었다.

상담자가 너무나 상담하기가 지치고 에너지가 많이 든다고 하면서 힘이 든 표정을 지었다. 내담자도 이에 대해서 많이 미안해 하였다.

♥ 9회 상담, ＊＊＊＊년 4월 30일 (수요일)
지금은 얼굴이 깨끗하다. 이제는 좀 살 만하다. 변화는 매일 있었다. 일시적인지 모르겠는데 이제는 괜찮아졌다고 했다. 상황은 똑같은데 어떻게 해서 살 만하냐고 하자. 좀 뭐랄까 관심사가 다른 곳으로 바뀌고 신경이 무디어졌어요. 그것이 별로 중요한 것이 아니라는 것을 확실히 알고 알았어요. 숙제는 잘 정리는 못했지만 계속했어요. 완전히 무디어졌다면 거짓말이겠구요. 조금씩 조금씩 신경이 무디어졌어요. 가만히 생각하면 한 달 전과 아주 많이 달라졌어요. 나에게 지금 가장 중요한 부분이 바뀌어졌다고 했다. 한 달 전만 하더라도 학원이 지긋지긋하고, 감정의 기복이 심하고, 비논리적이며 심리상태가 불안했다면 지금은 힘이 많이 나고 생활에 열의를 가지고 하고 있어요. 과거에는 자기가 생각을 해보아도 생각과 행동에 일관성이 없었던 것 같다고 했다. 참을성도 없었고 계획을 꾸준히 지켜나가는 것이 부족했다. 자신의 생애에서 항상 필요에 따라서 라이벌을 만들어 놓고 그 라이벌을 의식하고 세상에 없어도 애는 뛰어넘어야겠다고 생각하고 살아왔다. 이제는 그렇게 살아왔던 나 자신을 반성해보고 일기도 쓰고 계획도 아주 잘 짜서 알차게 생활하고 싶다. 자기 자신이 결의를 굳건하게 했다고 했다. 자신의 세상을 보는 시각이 너무 좁았다고 토로 하였다.

그런데 지금은 이렇게 변해서 좋긴 한데 이것이 일시적인 것이 아닐까 걱정이 된다고 했다. 상담자는 그렇기 때문에 다시 과거로 돌아가버리지 않기 위해서 선생님이 내준 숙제를 일상생활 속에서 지속적으로 열심히 해야 한다고 강조하였다. 상담을 통해서 바뀌고 변화된 부분이 일상생활 속에서 통합이 되어야 하기 때문에 꾸준한 노력이 필요함을 역설하였다. 분명히 얘기해 주고 싶은 것은 네가 또 한번 중간에 그래서 엄마가 또 학교에 갔냐고 물어보자 그렇게 하고 나서 망신스러웠어요 라고 대답했다. 엄마가 학원에 와서 큰소리를 내서 챙피했는데 며칠이 지나자 좀 뻔뻔스러워졌어요. 엄마가 느끼기에 그 여자 애들이 몇 명이 있긴한데 너한테 관심이 있어서 그러는 것 같다고 하는데, 선생님도 엄마의 판단에 동의한다고 하자 내담자도 그런것 같다고 했다. 상담의 내용을 들어본 후에 정말 자기가 한말의 맥락이 안맞는다고 하였다. 선생님이 너와 상담한 기록을 복사해서 줄테니까 너 스스로도 한번 읽어봐 정말로 앞뒤가 안맞는다. 부분적으로 그런 애들이 있다고 해서 그아이들이 항상 그러는 것은 아니라고 하자 자신이 스스로 그렇게 상황을 만드는 것 같다고 하였다. 그걸 알겠느냐고 하자 좀 알겠다고 하였다. 어쩌다 한번 있는 일인데 제가 그것을 아주 많이 있는 것으로 지각하는 것 같다고 하였다. 그리고 비슷한 상황이 닥칠 때마다 그것이 막 떠올려 지고 그러니까 몇 명 아이들이 그런다고 하더라도 내 인생이 끝이냐, 여자 애들 24명 중에서 여자애들은 2-3명이고 그애들은 진짜 한심한 애들 같아요. 선생님도 그런 것 같다고 동의하였다. 그아이들이 공부 열심히 하고 성실하게 생활하는 애들이라면 그렇게 행동할 리가 없다. 네가 머리 속에서 창조해 낸 세계라는 것을 알고 그 환상에서 깨어나지 못하면 내담자의 삶은 영원히 혼돈 속에 갇혀 있게 될 것이다라고 말했다. 그전에는 자기 일을 성실하게 못하면 항상 찜찜한데 뭔가 잘 안되고 주위에서 약간이라도 자극이 오면 유난히 신경이 쓰인다. 지금은 신경쓰기에 지쳤다라는 느낌이 들면서 이제는 내가 고생하는 이유가 딱 한 가지인데 목표를 이루기 위해서 공부에만 몰두하고 싶다고 했다. 선생님이 분명히 이야기하고 싶은 것은 어린 시절의 한 번의 충격에 대해서 일반화를 너무나 지나치게 한 것임을 강조하였다. 가끔가다가 비슷한 속삭임이 들려오면 재네들이 나보고 저러는 것이 아닌가. 그런것이 또 많이 쌓여서 힘든 것 같다. 뭐랄까 유난히 제 자신이 못나 보이고 모든 것에 지겨웠고 지쳤던 것 같아요. 지금은 어느 정도 내 마음에 드는 대학에 들어가야 기를 펴고 사는 것이 아닌가? 상담자는 이 시점에서 내담자가 본래 호소해 오던 문제를 해결했다고 믿는데 지금은 내담자에 대한 욕심이 부려진다. 사람은 좋은 대학을 들어가야 하고 그중에서도 서울 대학에 들어가야 하고 많은 성취를 해야지 행복하다는 생각을 하고 있는데 행복은 성취가 아님을 알려주고 싶다. ○○가 열심히 공부해서 ○○대학에 들어갔다고 가정해도 ○○가 그렇게 행복을 느끼지 못할지도 모른다고 말해 주었다. 그러자 내담자는 아주 강렬하게 "왜요?"라고 물어왔다. 자신은 날아갈 것만 같은데 그 이유가 궁금하다고 했다. 지금은 대학을 못가서 원이 맺혀서 그럴 것 같지만 사람의 본 모습이 그런 것이다. 서울대 물리학과 3학년 아이와 인터뷰를 한 적이 있었는데 그 학생의 말이 ○○대학에 합격하면 이 세상의 모든 것이 내 것이 될 것 같았는데 막상 ○○대 물리학과를 붙은 다음에 3일까지만 행복했고 그이후에는 행복하지 않았다 라는 말을 들려주었다. 그러니까 인간이 어떤 행복을 느낀다라는 것은 외적인 성취에 있는 것이 아니라 행복은 내담자의 마음속에 있는 것임을 상기시켰다. 그걸 선생님께 제2단계의 문제로 상담을 받았으면 좋겠다고 제의했으나 내담자는 상담자가 제시하는 말의 철학적 의미를 잘 조명하지 못하고 받아들일 수 있는 정신적 성숙이 못미친 것으로 판단이 되었다. 박사가 대학만 나온 사람보다 2배로 행복하고 3배로 날아갈 것만 같은 것이 아니라고 말했다. (한참 침묵) ○○는 외적인 성취의 양에 의해서 행복을 느끼고 인간의 가치가 평가된다고 생각하는 것 같다고 하자 그렇다고 하였다. 물론 좋은 대학을 나오면 내가 더 편리하게 살 수 있는 점은 있으나 그렇다고 하여 인간의 가치가 더 월등하다고 말할 수는 없다고 하였다. 내가 더 편하다고 그것이 과연 더 행복한 것인가? 그것은 아닌 것 같다고 하였다. "글쎄요 저는 사람이 희망을 먹고 사는 존재인데 뭐랄까 뭔가 목표가 있으면 그것에 최선을 다할 때 행복한 것이 아니냐"고 내담자는 반문하였다. 상담자는 바로 그점 최선을 다해가는 인생의 프로세스, 그 과정이 중요한 것이지 최선을 다한 그결과에 목표를 두는 것은 바람직하지 않음을 말했다. 서울대에 떨어지더라도 그과정에 최선을 다했다면 그것이 의미있는 것이다. 서울대를 간다는 희망으로 공부했는데 떨어진다면 어떨까?

대담자 : 기분이 안좋겠죠,

상담자 : ○○가 지금과 같은 가치관을 가지고 있으면 아마도 너는 굉장히 큰 좌절을 할 것이야.

　　　　(한참 침묵)

대담자 : 그렇게 생각하면 대학은 어디나 들어가도 괜찮다고 생각해야 하나요.

상담자 : 아니 그렇게 생각하는 것보다 내가 최선을 다해서 갈 수 있는 대학을 재수의 목표로 삼아서 공부는 하지만, 물론 목표의식을 가지고 나아가는 것은 굉장히 중요하지요, 강한 욕구가 있을 때 열심히 공부하게 되고 어려움을 물리치게 되는 것이니까, 강한 목표의식은 필요하지만 목표의 도달 그 사실이 행복은 아님을 일깨우려고 했다는 말이지요. 행복은 외적인 조건이나 외적인 성취가 아니다. 초등학교만 나왔어도 내 삶을 만족하면서 행복을 느낄 수 있는 사람이 있지만 박사가 되었어도 그것에 만족하지 못하면서 불행을 느끼는 경우도 많다. 박사가 삶의 조건은 유리할 수 있겠지만 그렇

다고 그 사람이 초등학교만 나온 사람보다 더 행복하다고는 아무도 말할 수 없지요.

내담자 : "글쎄요, 어느 대학에 가고 싶다는 것은 안되면 죽겠다는 각오가 되어 있는데요. 사람들이 그렇잖아요 일단 어느 대학을 가겠다는 목표를 설정하고 그 대학에 들어간 다음에 다 이루었다 그런 것이 아니고 또 다음의 목표를 갖게 되잖아요. 목표를 계속 정해 나가고 정진하면서 사람이 살아가고 저도 그런 의미로 말씀을 드린 것이에요"

상담자 : 물론 그것은 좋은 생각이지만 목표 자체에 매이는 것은 바람직하지 않아요.

내담자 : "왜요? 선생님 목표에 도달하면 굉장히 기쁠 것 같은데요"

상담자 : ○○대학생 이야기로는 목표에 도달했을 때 사흘 동안 기뻤다고 했다니까, ○○대 물리학과에 붙은 다음에 모든 것이 해결될 줄로 알았는데 그 벽을 넘고 보니 또다시 힘겹게 넘어야 할 고지가 있고 하기 때문에 행복이란 목표의 성취에 있는 것이 아니란 말이지요. 외적인 성취가 인생의 다가 아니거든요.

내담자 : 그런데요 선생님 대한민국에 사는 학생들이 현실적으로 그런 말을 다 받아들이기가 어려울 것 같아요.

상담자는 내담자의 이런 부분에 대해서 수긍을 해주었다. 그리고 내담자가 아직은 코 앞에서 뚫어야 할 대학입시의 관문 등이 남아 있어서인지, 그 이후의 좀더 궁극적이고 철학적인 부분에 대한 통찰이 일어나지 않았다. 피아제의 형식적 조작기 수준의 사고가 통합적으로 이루어지지 않는 것으로 간주하고 이 부분에서 논박은 중단이 되었다. 지금은 최선을 다해서 공부를 하고 좋은 대학에 가야 되겠다는 일념으로 공부하지만 마지막 판에 내가 원하는 대학을 충분히 합격할 수 있는 실력이 나오지 않을 때 그것을 수용할 수 있는 마음의 중요성을 강조하고 회기가 마감되었다. 만약 그런 마음의 여유가 생기지 않고 반드시 내가 가야만 하는 대학에 붙어야만 하다는 경직된 생각을 하고 있을 때 내담자는 다시 불안해질 수 있음을 상기하였다. 그러자 만약 성적이 안오르거나 떨어지면 어떻게 지라는 생각이 들면 정말로 불안해진다고 하였다. 바로 인지상담이란 생각을 교정해서 너의 감정과 행동을 조절해 나가는 것이 아닌가. 바로 너의 잘못된 생각 '다른 사람들이 나를 재수 없는 아이로 지각한다'는 것에 대해서 그것이 잘못되었음을 교정했던 이유가 바로 그런 잘못된 생각 때문에 여러가지 악감정이 생기고 열심히 공부해야 되는 행동이 영향을 받아서 공부에 집중하지 못했던 것이 아니냐고 상기시켜 주었다. 그것처럼 생각을 유연하게 가져야 한다. 반드시 ○○대학에 붙어야만 한다고 경직되게 생각하면 오히려 공부가 잘 되지 않으니까 이제는 열심히 공부해서 내 실력에 적합한 대학을 가야 하겠다. 만약에 못 간다고 하더라도 내 인생은 거기에서 끝이 나는 것이 아니다. 삶은 꾸준히 노력하는 데서 오는 기쁨을 만끽하는 것이 중요함을 강조하였다.

지금은 뭔가 생각을 하나 제대로 해도 오래 가질 않기 때문에 계획을 야무지게 짜서 거기에 따라 생활하면서 자기 절제 같은 것을 이루고 싶다고 했다. 상담자는 그 생각도 좋지만 계획을 너무나 무리하게 짜놓아서 지켜지기가 힘이 들 때 ○○야 너는 결국 네가 짜 놓은 계획도 하나 못 지키는구나 하면서 "이 바보 같은 놈!" 이렇게 또 자기 자신을 비하할 수가 있어요. 그러니까 내가 실천할 수 있는 계획을 세우는 것이 중요하다는 것을 강조하였다. 자신은 정신력이 약하고 참을성이 없기 때문에 이제는 그런 부분을 길러가고 싶다고 한다. 우선 4개월의 계획을 짜고 그 다음에 입시가 가까워지면 다시 계획을 짜서 지키겠다는 결의가 강하게 되어 있다고 했다. 120일 중에 80일 이상을 실천에 옮기면 성공적이다 라는 목표를 걸면 좋겠다. 이번 회기에 내담자가 장족의 발전을 이룬 점을 지지하고 격려해 주었다.

중기 상담과정의 요약

　내담자를 괴롭히는 여러 가지 역기능적 신념들, 예컨대 "나는 재수없게 생겼다", "일류대학에 가지 못하면 큰일이다", "지금처럼 단조로운 생활은 참을 수 없다", "이렇게 살아서 뭐하냐, 다 끝장이야" 등을 찾아, 이것들이 내담자의 바람직한 성장과 정신건강에 얼마나 잘못된 영향을 미치고 있는가에 대해서 무수히 많은 논박의 과정을 통하여 제시하였다.

　똑같은 상황을 보는 내담자와 내담자 어머니의 시각의 차이가 있음을 지적하였다. 각 개인의 입장과 관점에 따라서 판단의 기준이 다를 수 있음을 알려 주었다. 특히 추론적 논박이 집중적으로 수행되었다. 즉, 내담자가 사실이라고 종교적 신념처럼 굳게 굳게 믿는 그 신념은 사실일 수도 있지만 사실이 아닌 추측일 수도 있음을, 강조하면서 내담자의 지각세계에 대한 객관적 검증을 강조하였다.

　중기상담의 말기에서는 내담자로 하여금 삶의 목적이나 자세에 대해서 심층적 가치를 논의해 보려했으나, 준비가 되어 있지 않아서 그만 포기하였다.

(3) 말기상담과정(제10회-제11회, 종결회기) : 문제의 재발 방지(relapse prevention)를 위한 교육 및 변화의 최종 점검

♥ 10회 상담 ****년 5월 7일 (수)

감정에 따라서 생각이 달라지니까 제가 봐도 너무 과장이 되고 안맞았어요. 어떤 면에서 과장을 했느냐고 하자 어떻게 해서든지 이런 상황을 남들에게 이해를 시키려고 막 그랬어요.(어려움을 호소하기 위해서요) 앞뒤가 안맞는 것은 말을 조리 있게 잘못했기 때문인 것 같아요. 우선은 가장 중요한 것은 저의 생각이 많이 바뀌었어요. 그 전에는 한 가지로만 생각했어요. 내 생각, 행동에는 모두 잘못이 없는데 외모에 문제가 있어 가지고 걔들이 그런 것이다라구요. 그런데 가만히 생각해 보니까 저의 생각과 행동에 문제가 있었더라구요. 상담자는 내담자가 정말로 위대한 발견을 했다고 굳게 악수를 청하였다. 많이 좋아지고는 있으나 아직도 자신의 행동은 많은 문제점이 있다고 했다. 구체적으로 어떤 생각에서 문제가 있느냐고 물었다. (한참 침묵 후에) 한 가지일이 발생했을 때에 다른 쪽으로는 생각을 안하고 한쪽으로만 생각을 한다고 했다. 예를들면 그렇게 남들이 뭐라고 수근대는 것 같으면 그것이 나한테 하는 것이 아닐까 하고 스트레스를 받았는데 요즘에는 그런 것을 무시하게 되었고, 또 한 가지 문제점은 뭐랄까 행동이 부자연 스러웠는데 아예 의식하지 말아야 겠다고 생각을 하게 되었어요. 그러지 말아야 겠다고 생각을 하니까 또 자유스럽지 못했어요. 상담자의 생각에 자연스럽지 못한 것은 그러지 말아야겠다는 생각을 반복적으로 하고 반복적으로 노력을 하면 빠른 시일 내에 자유스러워질 것이라고 말했다. 지금 당장은 그것이 습관화가 안되었기 때문에 부자연스러운 것이라고 했다. "그러지 말아야지", "그러지 말아야지"라는 것이 자연스럽게 일상생활화가 되면 자연스럽게 그러지 말게 되는 것이라고 했다. 그러자 내담자는 생활을 해가면서 잊어가려고 한다고 했다. 일단 상담자는 내담자가 다른 사람이 소근 소근거릴 때에 그것이 나한테 그러는 것이 아니라는 것을 분명히 안다면 중요한 문제가 해결이 된것이라고 말해 주었다. 그 생각을 무시한다고 했는데 그것이 아니고 그렇게 생각을 하지 않는 것이라고 말을 정리하여 표현해 주었다. 그러자 내담자는 실제로 무시하는 것도 아니고 그럴 만한 이유도 없다고 스스로 표현하였다. 상담자는 만약에 걔들이 내담자를 무시하는 것이 사실이라면 그것은 그아이들의 잘못이고 내가 그것에 영향을 받지 않아야 한다는 것을 다시 한 번 강조하였다. 그리고 지금 내담자의 말이 진심에서 우러나온 말이라면 이제는 상담을 종결해도 될 것 같다고 했다. 그래서 자신이 생각을 해 보았는데 상담을 계속해 나가는 것도 좋겠지만 지금 이 시기를 놓치면 앞으로 공부하는데 좀 어려워질 수도 있겠다고 하였다. 상담자가 보기에도 이제는 내담자가 자신의 심각한 문제에 있어서 상당한 진척을 보이고 있기 때문에 이제는 스스로 해결해 나가는 독립적인 자세가 필요하다고 하자 나머지는 자신이 해결해 나가는 태도를 지녀야겠다고 했다. 그래서 상담자는 그것은 굉장히 중요한 태도라고 격려해 주었다. 이제 인지상담의 중요한 부분을 내담자가 많이 배우고 터득을 하였으니까 이제부터 나머지는 자기 스스로 해결해야 할 부분이라는 내담자의 생각에 동의하였다. 내담자가 재수생이기 때문에 공부하는 것이 상담을 받는 것보다 더 중요하며 내담자가 아직 준비가 되어 있지 않은 상황에서 상담을 끝내는 것이 아니고 내담자가 스스로의 문제를 헤아리고 지탱할 수 있는 힘이 형성이 되었기 때문에 상담을 종결하려 한다는 생각을 분명히 표현하였다. 그리고 가장 중요한 것은 그전에는 반 자포자기식이 많았는데 생각이 바뀌었어요. 이제는 많은 불편함이 있지만 이것은 자신이 재수를 하기 때문에 생기는 상황 때문인 것 같다고 하면서 아직도 마음이 100% 편안한 것은 아니라고 했다. 지금 현재를 사는 것이 아니고 미래를 사는 것이니까요. 자신이 가만히 생각해 보니까 너무나 시각이 좁아서 하나로만 보고 생각한 것이 잘못되었음을 마음속 깊이 깨닫고 있다고 했다. 그전에 선생님이 서울대생이 재수했을 때의 이야기를 듣고 "나만 이렇게 고생을 하는 것이 아니고 남들도 이렇게 고생을 하는구나"를 알게 된 다음부터는 도움이 됐다고 했다. 우선 앞으로 노력을 할 것은 앞으로 과거의 잘못된 생각으로 다시 돌아갈까봐 더 조심을 해야겠다는 다짐을 했어요. 내담자는 자기 때문에 선생님이 굉장히 힘드신 것으로 아는데 미안하기도 하고 고맙기도 하다고 하였다. 그래서 상담자는 혹시라도 내담자가 상담자에게 잘보이기 위해서 달라졌다고 그러는 것은 아닌지에 관하여 확인하였다. 내담자는 웃으면서 "그런 것은 절대로 아니죠" 라고 했다. 절망적으로 생각했던 일에 열의를 가지고 할 수 있게 되었다고 했다. 상담자는 내담자의 좋은 점이 너무너무 많다고 구체적으로 지적해 주었다. 피부가 맑고 고운 것, 얼굴이 잘 생긴 것, 생각을 많이 하는 것, 열심히 공부해서 좋은 대학에 가려고 하는 것 등 자신의 좋은 점을 보지 못하고 한 가지에만 몰두해서 자신의 환상에 빠졌었다는 것을 다시 한번 지적하였다. 부모님과의 관계를 묻자 좋은 편은 아니라고 대답하였다. 성적이 좀 떨어졌는데 또 엄마가 화를 내서서 자기도 같이 화를 냈는데 그 때에 그냥 그러려니 했으면 됐는데 저도 막 같이 화를 냈어요. 이제부터는 그 때 반응을 즉각적으로 하지 말고 한 템포를 늦추어야 되겠어요.

엄마가 쌀쌀맞은 것 같다고 불편을 토로해서 엄마가 쌀쌀한 것이 아니라 수줍고 사회적인 기술이 잘 발달되지 않았다고 했다. 이제부터는 그런 엄마에게 심하게 한 것을 반성하고 엄마를 감싸안는 태도가 중요함을 강조하였다. 이제 성인이 되어가고 있기 때문에 엄마에게 의지하기보다는 한 발 앞서 가는 것이 중요하다. 엄마는 절대로 저러면 안 된다고 생각하니까 나쁜 감정이 생기는데 이제 우리 엄마는 많은 사람을 상대하지 않았고 시각이 좁으니까 저럴 수도 있겠지 하면서 '욱' 하는 정서를 가라앉히고 엄마의 이해 안되는 태도를 받아들이고 수용할 것을 부탁하였다. 당장은 ○○가 재수를 하니까 엄마에 대한 배려가 어렵다 하더라도 대학에 들어가면 그렇게 할 수 있다고 믿는다고 하자 굳은 결의를 가지고 "그렇게 해야죠"라고 대답하였다. 사람들은 모두 자기의 조건에 만족을 못한다. 이것이 우리 인생이구나를 받아들이면 많은 문제가 해결이 된다. 쉽게 해결이 될 수 있음도 강조하였다. 앞으로 지난 번에 써준 것을 다시 보고 묵상을 하도록 했다. 지난 번에 부모님께서 자신과 상담한 테이프를 다 들으시고 난 후에 너는 왜 그렇게 너 입장에서만 바라보고 생각하고 부모님의 입장을 헤아리지 않느냐고 하였다. 가만히 보면 그것도 그런 것 같은데 자신이 한 일에 대해서는 과장시키고 미화시키는 것 같아요. 시각 차이가 있는데 그것을 이해를 못하시는 것 같아요. 이제부터는 그 다른 점을 왜 인정해 주지 않느냐고 화내고 싸우지 말고 다른 점을 이해못하는 부모를 받아들이는 자세가 중요하다고 말했다.

우선은 참 다행이다 싶어요. 못난 생각으로 여태까지 끌려와서 인생을 망쳤다고 생각을 하는데 지금은 거기에서 벗어나서 너무나 고맙습니다. 이제 네가 잘못 생각하는 것을 알았으니까, 이제는 내재화가 되어야지라고 하자 내담자는 그렇게 노력하겠습니다라는 대답을 하고 회기는 마감되었다.

♥ 11회 상담, 종결회기, ＊＊＊＊년 5월 16일 (금)

예정대로 상담자는 종결을 하기 위한 마무리 상담을 진행하였다. 내담자는 자신의 지나간 삶이 잘못되었기 때문에 많은 반성을 하게 되었다고 했다. 상담자는 지난 일을 반성하는 것도 중요하지만 반성이란 단어는 지난 일 잘못했을때 그 잘못된 일을 다시는 저지르지 않기 위해서 하는 말이라면 내담자의 경우에는 지난 일을 잘못 지각하고 왜곡되게 바라보았던 것을 교정하겠다는 말이 더욱 적절하다고 고쳐 주었다. 그 동안 부모님께 너무나 미안했다. 너무나 자기 중심적으로만 생각했고 내가 너무나 편하게 자랐기 때문에 세상이 너무나 나한테 맞아떨어지지 않는다고 세상을 너무나 비뚤게 보는 시각을 가졌다고 했다. 그전에도 그뿐만 아니라 여러 가지 많은 일들을 내가 아량을 가지고 스쳐 지나갔던 일들을 나만 편하게 나 위주로 생각했다고 했다. 이제는 나 자신을 남에게 잘보이기 위해서 살아가는 것이 아니고 나와 남이 함께 조화를 이루면서 살아가는 마음을 갖자고 결심했다고 했다. 남이 나를 인정해주기를 바라지 말고 산처럼 묵묵하고 움직일 수 없게 만들어 나가자고 했어요. 상담자가 산처럼 움직일 수 없게 만들어 나가는 것의 의미를 물어보자. 자기 자신을 단련시키고 높이 쌓아나가자는 뜻이라고 했다. 지금 자신이 마주하고 있는 힘든 일보다도 앞으로 긴긴 인생을 살면서 더욱더 힘든 일이 많이 있을 텐데, 예를 들면 앞으로 군대 같은 곳에 가서 훈련을 심하게 받을 때, 그런 것을 과연 내가 잘 참고 이기겠는가에 대한 의심이 들어서 정신수양 같은 것을 해야 겠다고 마음먹고 있다고 했다. 철이 좀 들어야 겠다고 했다. 상담자는 내담자가 그간, 길지 않은 기간에 많은 성찰을 한 것 같다고 격려해 주었다. ○○가 아주 많이 성숙하고 어른이 된 것 같다고 하자 아직은 생각뿐이라고 대답했다. 상담자는 일단 생각하고 마음을 먹는다는 것은 그 다음에 행동으로 옮길 수 있는 시발점이 될 수 있다는 것을 명료화시켜 주었다. 내담자가 상담에 처음 왔을 시점이 초등학생이었다면 지금은 대학생과 같은 의젓하고 성숙한 태도를 지니게 된 것에 대해서 기뻐하였다. 그러면서 그동안은 부모님을 많이 원망하고 자신이 가지고 있는 모든 문제의 원인을 부모님께 돌렸는데 이제는 그런 것들이 모두 나의 잘못임과 내가 부모님보다 더 단점이 많다는 것을 알게 되었다. 부모님께도 이제는 하나하나 신경을 써서 잘해드려야겠다고 결심하였다. 이제는 다른 사람의 입장이나 느낌을 충분히 고려해보고 다른 사람에 대한 배려도 많이 하려고 한다고 했다. 남들이 말하는 것을 무조건 신경을 안쓰기보다는 그말의 내용에 대해서 판단하지 않는 것이 중요하다는 것을 알았다고 했다. 상담자는 선생님이 다른 사람의 이목에 대해서 신경쓰지 말라고 한 것은 다른 사람에 대해 무조건 신경쓰지 말라고 한 것이 아니고 다른 사람이 나를 나쁘게 생각하고 나쁘게 말한다는 것에 대해서 그것이 사실이 아니기 때문에 신경을 쓰지 말라는 것이지 다른 사람을 배려하고 다른 사람에게 호의를 베푸는 것을 무시하라고 한 것이 아님을 분명히 하였다. 상담자는 내담자가 상담을 통해서도 성장을 했지만 원래 ○○군은 본바탕이 좋은 사람인데 그것을 본인이 못느끼고 나쁜 부분이나 자신의 취약하고 허약한 부분만을 많이 알고 있었다고 지적해 주었다. 그래서 상담을 통해서 자신의 본 모습을 찾은 것이라고 말해주었다. 자신은 아직도 나쁜 점이 많이 있다고 했다. 그것이 무엇이냐고 묻자 재수생이라서 열등감이 심한 점이라고 했다. 상담자는 재수생이고 열등감이 있는 것에 대해 '좋고, 나쁘고' 하는 식의 언어표현은 적절하지 않음을 상기시키면서 구체적이고 적절한 언어를 사용할 것을 권유하였다. 이런 상황에서도 내가 좀 힘이든다는 말이 내가 나쁜 면이 많이 있다는 표현보다 더 적절하지 않느냐고 했다. 그러자 내담자는 잠깐 생각에 잠긴 뒤에 그것이 나쁜면이라고 말하기 보다는 불리한 면이라고 표현하는 것이 더 바람직한 것 같다고 했다. 상담자도 그의 표현에 동의하면서 바로 그러한 불리한 점을 극복하기 위해 노력하는 것이 중요함을 강조하였다. '극복' 이란 단어는 아름답고 중요한 단어같다고 했다. 현재 겪고 있는 이런 어려움을 극복하는 사람은 나중에 더 큰어려움을 극복할 수 있다는 것을 그림을 그리면서 보여 주었다. 아래의 그림에서와 같이 A라는 산을 극복하지 못한다면 앞으로 우리가 만나게 될 B라는 산을 넘기가 더 어려울 것이라고 하자 그도 동의하였다. 그래서 내가 A를 잘 넘어섰을 때 B도 잘넘어 설 수 있음을 강조하였다. 낮은 산을 못넘었는데 높은 산을 오르기는 너무나 어려울 것임을 상기시켰다. 내담자는 자신은 이 어려움을 견디고 극복할 수 있다고 강하게 힘주어서 대답하였다. 상담자는 어떤 점에서 우리가 당면한 시련이란 것은 나에게 축복일 수 있음을 말해 주었다. A라는 산을 넘어 볼 기회가 없었던 사람은 B라는 산을 넘을 때에 훨씬더 힘겹고 어렵겠지만 A라는 산을 넘어볼 기회가 있었던 사람은 B라는 산을 넘을 때 훨씬더 수월하게 넘을 수 있지 않겠느냐고 하자 그렇다고 하였다. 그러니까 지금 당장은 이 시련이 힘들고 괴롭지만 장기적으로는 나에게 축복이 될 수 있다고 하자 "예, 예"라고 대답하며 동의를 표현하였다. 열심히 몰두해서 잘안되는 것 같지만 자신을 추스리고 최선을 다했다고 하면 어떤 결과가 오든지간에 자신은 그것에 대해서 승복할 수 있다고 했다. 상담자는 여기에 덧붙여서 내담자 앞에 나타난 결과가 내담자의 마음에 들지 않는다고 해서 예를 들면 내담자가 목표로 하는 대학의 원하는 학과나 학부에 혹시 들어가지 못했다고 하더라도 그것이 내담자의 인생에서 최악의 상황이 아닌 것을 분명히 지각하는 태도의 중요성에 대해서 다시 한 번 역설하였다.

　이제는 내담자와 전체 상담과정을 더듬어 보면서 상담의 성과에 대해서 논의하는 시간을 가졌다. 처음에 내담자가 왔을 때 불편하고 힘들어 했던 문제와 지금 종결의 시점에서 그문제가 얼마나 달라졌나에 관해서 살펴보자고 했다. 무엇보다도 먼저 내담자가 맨처음에 호소해왔던 "나는 외모가 재수없게 생긴 아이이다"라는 내담자의 신념에 대한 변화를 점검하였다. 내담자는 이 생각이 분명히 아닌 것을 알았다고 했다. 두 번째, 복합적인 요소로서 열등감이 너무 심했다. 그 이유에 대해서 상담자가 명료화 하는 질문을 하자, "그것은 자기 자신에 대해서 만족을 못했기 때문"이라고 하였다. 자신이 재수생이기 때문이기도 하고, 외모, 성적, 성격 등의 여러 가지 점에서 만족을 못했다고 하였다. 상담자는 내담자가 주장한 이런 면이 정말로 열등한가에 대해서 탐색했다. 외모도 못생기거나 재수없게 생기지 않은 것이 분명하고, 성적도 내담자의 기대수준이 워낙 높기 때문에 그 기대에 못미칠 수는 있겠지만 공부를 그렇게 못하는 아이도 아니고 (내담자는 서울의 4년제 대학에 합격했으나 자신이 입학을 포기하고 일류대학에 들어가기 위해서 재수를 강행한 것임), 성격적인 측면도 내담자가 다소 외골수적인 측면이 있긴 했지만 그래도 부모님께 그간에 했던 잘못을 반성하고 잘해드리려고 결심하는 것을 보면 그렇게 인성이 못되고 나쁜 아이가 아님을 보도록 도와주었다. (내담자의 어머니도 내담자의 이러한 특성을 알고 있다.) 상담자는 내담자가 재수하는 과정에서 스트레스를 많이 받게 되었고 그 스트레스를 잘 해결하고 적절하게 푸는 방법을 몰랐기 때문에 엄마에게 함부로 한 점은 있지만 근본적인 마음밭이 못되고 나쁜 사람이 아님을 분명히 말해 주었다. 선생님을 만나서 상담을 한 것이 자신에게 도움이 아주 많이 되었기 때문에 공부도 조금씩 잘 되어가고 있어요, 그리고 뭔가 생활의 규칙과 틀이 잡혀가는 듯하다고 했다. 그전에는 그것들을 쉽게 깨버리곤 했는데 이제는 균형이 잡혔다고 했다. 상담자는 이제 내담자가 상담의 과정을 통해서 모든 것은 우리가 마음먹기에 달려있다는 일체유심조(一切唯心造)의 철학을 갖게 될 것을 간절히 바란다고 말했다. 내담자가 마음을 제대로 먹었을 때에 여러 가지 어려움을 해결해 나갈 수 있음을 강조하였다. 상담자는 솔직하게 내담자가 처음에는 너무나 말도 안되는 소리를 주장했기 때문에 좀 내담자의 행동이 한심하게 지각이 되었었다고 털어놓았다. 상담자는 상담의 종결을 위한 목록표를 보면서 하나 하나 짚어가기 시작했다.

1. 어떤 새로운 행동을 습득했느냐고 물었다.

자신이 재수없다는 환상에서 벗어났으며 규칙적인 룰을 쉽게 깨지 않고 균형잡힌 생활을 하고 있다고 했다. 그 말은 그 전에는 공부할 때는 확하고 안할 때는 확 집어치우고 했는데 이제는 하루 하루 규칙적인 생활을 한다. 그리고 전에는 약간의 자극에 민감하게 반응하였는데 지금은 감정을 내세우기 전에 한번쯤 생각을 해보고 반응을 한다고 하였다. 그런데 아직도 사람이 많은 곳에서는 자신감이 없는 것은 좀 남아 있어요. 그것은 쉽게 싹 고쳐지지가 않더라구요. 그런데 그런것은 자신이 지난번에도 말씀을 드렸듯이 앞으로 조금씩 조끔씩 고쳐나가도록 노력하겠다고 하였다.

2. 내담자가 요즈음 지난 번처럼 불안하거나, 속상하거나, 화가나거나 상처를 입고 있느냐고 물었다.

처음에는 불안한 것이 가장 큰 요인이었는데 지금은 가끔가다 스트레스를 약간 받기는 하지만 불안하거나 뭐 그런 것은 없다고 했다. 그 때는 "내가 이러다가 어떻게 되지는 않을까, 이러다가 폐인이 되는 것은 아닐까? 그런 생각이 많았는데 지금은 그런 생각 자체가 없어졌다고 했다.

3. 앞으로 나 자신에 대해서 웃을 수 있겠는가, 나 자신을 심각하게 받아들이지 않을 수 있겠는가에 대해서 물었다.

그것은 우선 입시가 끝난 후에 시도해보겠다고 했다. 웃을 수 있다는 것은 긴장이 좀 풀렸다는 것을 의미하니까. 우선 공부를 하고 나중에 웃겠다고 하였다.

4. 내가 겪어야 할 좌절에 대해서 관용적일 수 있겠는가에 대해서 물었다.

'관용적'이라는 말이 무조건 지고 들어가야 한다는 의미가 있는 것 같아서 일단 최선을 다해보고 안 되면 그 때에 바꾸어서 생각을 해볼 수 있겠다고 했다.

5. 내가 어려움을 피하는 대신에 행동함으로써 직면할 수 있겠는가?에 대해서 물었다.

예전엔 피하면서 합리화시켰는데 지금은 오기같은 것이 좀 많이 늘어서 지금은 확실이 회피하지 않는다고 했다.

6. 그 다음에 내담자가 ABC를 분석하고 자신의 잘못된 생각에 대해서 논박할 수 있겠느냐고 물었다.

자신의 비뚤어진 생각, 나쁜 생각을 100% 안갖는다는 것은 현실감이 없지만 순간 순간 옳은 생각이 아님을 확인하게 되고 순간적인 생각을 바꿀 수 있게 되었다고 했다. 내 생각의 '비현실성', '비논리성', '비실용성'에 초점을 맞추어서 그냥 내 생각이 막연히 틀렸어라고 하지 않고 스스로 생각하고 논박을 해보라고 했다.

7. 그 동안 내담자가 부모님을 많이 비난해 왔는데 이제는 그러지 않을 수 있겠느냐고 물었다.

내담자는 비난이라기보다 그 전에는 자기 자신의 문제를 부모님께 많이 돌렸는데 이제는 그러지 않도록 노력한다고 하였다.

8. 내담자가 자신의 문제에 대해서 책임을 질 수 있겠느냐고 물었다.

나쁘게 나오는 상황이 나 때문이지 다른 사람 때문이 아니니까 내가 책임을 진다는 자세로 살아가겠다고 하였다.

상담자는 이제 앞으로 내담자가 스스로 지키고 행하여야 할 실천과제에 대해서 숙제를 아래와 같이 내주었다.

1. 이 상담과정에서 배운 것들을 일상 생활속에서 적용해보기

2. 하루에 한 가지씩 자신을 위해서 재미있고 즐거운 일을 하기

일소일소, 일노일로(一笑一少, 一怒一老) (한 번 웃으면 한 번 젊어지고, 한 번 화내면 한 번 늙어진다)라는 말을 설명해 주자 요즈음엔 선생님이나 친구들이 재미있는 말을 하면 자주 웃고 즐거움을 느낀다고 하였다. 소문 만복래(笑門萬福來) (웃으면 복이온다)라는 말도 있으니까 "깔깔깔 웃기."

3. 다른 사람을 위해 조그마한 일이라도 선행을 베풀기

4. 내가 실수를 했을 때, 실수하는 것이 인간의 특권임을 다시 인식하고 유머스럽게 껄껄껄 웃어 제끼면서 다음부터 그런 실수를 하지 않도록 노력하기

마지막으로 선생님께 드리고 싶은 말은 앞으로 입시까지 6개월 동안 어쩌면 또 불안이 많이 있을테지만 지금 좀 힘들어도 잘 이겨내서 좋은 결과를 만들어야 겠다고 생각하고 있어요. 상

담자는 이겨나갈 수 있음을 격려해 주고 앞으로 4개월 후, 또 그로부터 6개월 후에 고양회기를 갖기로 하였다. 내담자는 회기의 말미에서 자신과 유사한 문제로 어려움을 겪고 있는 친구가 있는데 그 친구도 상담을 해 줄 수 있는지에 대해서 문의해 왔다.

〈마지막 회기에서 내담자는 다음과 같은 글을 남기고 떠났다.〉

그 전에 나는 세상이 나를 위해 존재해야 하는 것으로 생각했었고 그렇지 않은 부분을 원망하며 비뚤어진 눈으로 세상을 바라보았습니다. 그 비뚤어진 것이 너무나 도가 지나쳐 나 자신이 그것을 너무나 지나치게 인식해 내 삶이 파괴된다고 생각했을 때 상담실을 찾게 되었습니다. 이곳에서 나는 내가 세상과 타인을 바라보는 시각과 내 자신을 바라보는 시각이 매우 잘못되었다는 것을 점차 깨닫게 되었습니다. 그리고 제 자신의 단점을 극복하지 않고 그것을 나를 둘러싼 다른 이들의 탓으로 돌리려 하는 자신의 모습도 똑똑히 보게 되었습니다. 어리석은 점을 확실히 알고 어떻게 해 나가야 할지를 알게 된 지금 너무나 마음이 가볍습니다. 그리고 저를 도와주신 선생님과 이 기관에 대해서 정말 감사드리고 싶습니다.

말기 상담과정의 요약

자신이 종교적 신앙에 필적할 정도로 굳건하게 믿었던 신념들이 자신의 삶을 파괴적으로 이끄는 데 커다란 역할을 했음을 깨닫게 된다. 자신의 깨달음이 행동의 변화와 연결되기 위해 필요한 기법을 익힌다. 그리고, 종결 후에도 지속적인 행동의 변화를 유지하기 위한 방법을 함께 모색하였다.

(4) 추수지도(follow up)

♥ 1회 고양회기, ****년 9월 4일 (목)

상담을 종결한 후 약 4개월 후에 다시 돌아온 내담자는 전보다 의젓하고, 여유있고 , 차분한 사람이 되어서 나타났다. 내담자는 가끔가다 지난 일을 생각하면 기분이 간혹 나빠질 때도 있지만 지금은 수능이 약 75일 정도 남아서 발등에 불이 떨어진 느낌이라 잡생각이 별로 안들고 공부에 몰두할 수 있어서 좋다고 하였다. 전에는 기분이 나빠지면 주체할 줄 몰랐는데 이제는 기분이 나빠진다고 하더라도 기분이 나빠질 수 있다는 사실 그 자체를 그냥 수용하게 되니까 그리 크게 영향을 받지 않는다고 하였다. 상담자는 간혹 얼굴에 불그스레하게 띄었던 홍조도 전혀 없다고 지적하자 옛날 친구들도 얼굴이 좋아졌다는 말을 많이 한다고 하였다. 내담자는 상담자에게 시선의 집중도 부담없이 아주 자연스럽게 유지하였다. 상담자는 바로 이점도 언급하며 아주 장족의 발전을 했다고 격려해주자 상담을 받았을 당시에는 밥도 먹기 싫었는데 지금은 밥도 잘 먹는다고 하였다. 내담자는 이것이 모두 상담의 효과로 나타난 현상이 아니냐고 하여 상담자와 내담자는 서로 얼굴을 마주보며 한바탕 웃었다.

상담자는 조심스럽게 내담자를 괴롭혔던 잘못된 신념인 "재수 없게 생겼다"라는 인지적 왜곡을 아직도 철저하게 믿고 있는지 물어보았다. 자신은 완전히 벗어나게 된 것 같다고 하였다. 그러면서 내담자는 자신이 언젠가 동네의 큰 빌딩 앞에 가서 지나가는 몇 명의 사람들에게 자신의 생김새에 대한 여론조사기법을 활용해 본 것이 동네 사람에게 다 퍼지고 그래서 동네 사람들에게 다 찍혔다고 하였다. 그러나 지금은 동네 사람들에게 그 사실이 '퍼져도', '찍혀도' 그것을 담대하게 받아넘길 수 있다고 하였다. 상담자는 내담자의 이런 태도를 격려해 주었다. 거기에다 의미나 가치를 부여하지 않았을 때에 나에게 미칠 수 있는 영향을 차단할 수 있는 방법임을 상기시켰다.

그리고 또한 동네 사람 모두에게 퍼져나갔다고 생각하는 것은 내담자의 추측인데 이것은 사실이 아닐 가능성이 더 많다는 것을 환기시켜 주었다.

내담자는 자신이 쓸데없는 신경을 썼던 자신의 바보스러운 면도 발견했지만 더욱 중대한 발견은 자기뿐만 아니라 다른 사람들도 그런 유사한 부분이 있다는 것을 알게 되었다고 하였다. 그래서 이 세상은 서로 비슷 비슷한 사람들이 모여서 사는 곳임을 알게 되었다고 하였다.

지금은 학원을 그만두었고 단과반에 다니면서 필요한 것만을 골라 들으니 성적도 많이 향상되었다고 하였다. 그러면서 처음부터 필요한 것만을 골라서 듣는 단과반에 다녔으면 좋았을 것 같다고 하였다. 상담자는 내담자의 언어 중에서 '…했을 걸'이라는 표현에 주목하였다. 상담자는 내담자의 그런 생각은 가정이고 가정은 그대로 될 수도 있지만 그대로 되지 않을 수도 있음을 상기하였다. 이미 흘러가버린 과거에 미련과 아쉬움을 갖기보다는 지금 현재의 계획과 과업에 충실하도록 에너지를 활용할 것을 강조하였다.

부모님과의 관계는 재수가 끝날 때까지는 어쩔 수 없이 부드럽고 원만하기만 할 수는 없을 것 같다고 하였다. 부모님에 대한 자신의 태도를 상담시간에 배웠던 REBT인지 상담이론과 기법을 많이 활용하여 스스로를 도운 기법이라고 말하였다. 부모님께서 자신에 거는 기대가 사라지지 않는 한 많은 자극을 주시는데 그때마다 부모님의 입장에서는 저렇게 말씀하실 수도 있겠지라고 생각하면서 반응을 가능하면 즉각적으로 하지 않으려고 한다고 하였다.

지금은 D-Day를 향해서 내가 할 수 있는 만큼 후회없이 열심히 공부하려고 노력하고 있다고 하였다. 재수를 했으니까 소기의 목적을 달성하는 것이 아주 중요하다고 강조하면서 인생의 경주가 20대의 초반에 끝나는 것이 아님도 깨닫게 되었다고 하였다. 앞으로 대학 졸업 후에 유학도 가보고 싶고, 먼훗날의 밝은 미래에 대한 사색을 통해 꿋꿋한 용기를 강화하게 되는 것 같다고 하였다.

♥ 2회 고양회기, ＊＊＊＊년 6월 10일 (수)

애당초에 계획한 제2회 고양회기는 내담자의 사정에 의해서 미루어지다가 마침내 이루어졌다. 내담자는 자신이 욕심을 부려서 대학에 다 떨어지고 못가게 되었다고 하였다. 네 곳에 원서를 넣어 한 군데는 될줄 알았는데 안 되었다고 아쉬워하였다. 그러나 작년 이맘 때에 비하면 지금은 여유롭고 편안하다고 하였다. 지난해 말에 IMF가 터지고 이모부도 실직을 당하셔서 실존의 문제에 대해서 많이 생각해 보고 여태까지처럼 어물정 넘어가서는 안되겠다는 다짐을 했다고 했다.

특히 어떻게 살아야 인생을 바람직하고 보람있게 사는 것인가에 대해서 시간을 많이 보냈다고 했다. 수능시험이 끝나고 새벽에 신문배달을 하면서 청소부, 우유배달 등으로 생계를 유지하는 여러 부류의 사람들, 참으로 힘겹게 사는 사람들을 많이 만나면서 인생에 대해서 그동안 몰랐던 소중한 체험을 많이 했다고 했다. 그 사람들 중에서 어떤 사람들은 자기가 맡은 일에 충실하면서 세상을 아주 열심히 최선을 다하면서 살아가는 사람이 있는가 하면, 또 어떤 사람들은 불만에 가득찬 삶을 사는 사람도 있다고 하였다. 자신이 보기에는 그 후자의 분들은 나이가 많으신 분들이 자신이 보기에도 타당하지 못한 사고와 감정에 사로잡혀 뭔가를 제대로 못하는 것 같아서 안타까웠다고 하였다. 자기만의 세계에 빠지고 사로잡혀서 자신의 삶을 적절하게 통제하지 못하고 세상을 원망하는 그 사람들이 바로 폐인의 모습을 하고 있는 것 같았다고 했다. 그러면서 자신의 과거 모습을 반성해보게 되었다고 하였다. 자신도 작년에 재수할 때에는 먹지도 않고 잠도 안자고 괴로워하는 시간이 많았으나 지금은 생활하는 태도부터 좀더 절도가 있어졌다고 하였다. 작년에만 해도 자신에게 닥친 어려움이나 환경을 바라보고 걸러내는 채가 성숙되지 않았던 것 같다고 했다. 그리고 자신이 그런 터무니없는 생각(자신이 재수 없게 생겼다는 굳센 믿음)을 했던 사실이 너무나 챙피하고, 자신이 바보같다고 하였다. 이제는 자신이 그런 바보같은 생각이 자신의 삶에 영향력을 행사하지 못하게 한다고 하였다. 살다보니까 또 자신만이 그렇게 어리석었던 것이 아니고 주변의 다른 사람들도 그런 엉터리 없는 생각에 사로잡혔던 체험이 있다는 것을 알게 되었다고 하였다. 작년에는 학원에서, 전철에서, 심지어 구멍가게에서조차도 많은 사람들이 나만 쳐다보는 것같아 괴로워했는데 이제는 세상사람들이 자기 살기에 바쁘기 때문에 다른 사람의 행동거지에 신경을 쓸 정도로 불필요한 여유를 보이지 않는다는 것을 알게 되었다고 하였다. 특히 작년에 학원에서 여학생들과 좋지 않은 일이 있었을 때에 대학입시 재수라는 엄청난 스트레스와 압박감 때문에 적절하게 대처하지 못하고 힘들어 했던 것 같다고 하였다.

모든 것을 특히 자신이 잘되지 못하는 부분에 대해서 그 탓을 부모에게 돌렸던 자신이 잘못되었음을 깊이 깨달았다고 하였다. 부모에 대한 것이든, 세상에 대한 것이든, 불만을 가지고 있는 사람들은 자기 자신에게도 역시 만족을 못한다는 사실을 알게 되었다고 하였다. 모든 책임과 탓을 남에게 돌리는 사람이 어떻게 성장할 수 있겠느냐고 하였다. 자신은 이제 더 이상 자신의 문제의 원인을 외부탓으로 돌리는 어리석음은 더이상 범하지 않겠다고 하였다.

부모님과는 아직도 마찰은 있으나 부모님도 많이 변하셨고 자신도 변하였기 때문에 그 정도는 극복해낼 수 있다고 하였다. "사람이 참아야 할 것을 참지 못하고 그것을 피하면 더 큰 괴로움이 온다"는 구절을 어느 책에서인가 읽었는데, 자신은 바로 그런 태도로 살아가겠다고 하였다. 상담자는 지난 일 년 동안에 훌쩍 커버린 내담자의 정신의 키에 감탄을 하고 찬사를 보냈다. 앞으로 있게 될 입시의 결과에 따라 모든 것이 좌우되는 것이 아니라고 말해 주었다. 평생을 노력하고 순간 순간을 충실하게 살았을 때 내담자의 삶의 질이 크게 달라질 수 있음을 강조하였다. 내담자가 간간히 자신의 삶과 학원에서 대학을 졸업하고 전문직에 가기 위해 만학을 하는 사람들 이야기를 하면서 안도하는 모습을 보였다. 상담자는 나보다 못난 사람을 보면서 안도의 한숨을 내쉬는 것도, 또 잘난 사람을 보면서 자신을 비하하는 것, 모두 바람직한 삶의 태도가 아님을 환기시켜 주었다. 자신의 인생은 자신에게 적절한 속도와 자신이 세운 가치기준에 따라 오직 자기 자신을 경쟁자로 하여 한 삶을 꾸려가는 것이 중요한 것임을 역설하였다. 내담자는 이를 전적으로 수긍하였다. 자신은 앞으로 최선을 다하여 지방 대학이라도 전문가 자격증을 딸 수 있는 곳으로 진학하겠다고 진로 계획을 말하였다. 그리고 부모의 기대와 영향력에서 벗어나기 위해서 대학에 들어가면 기숙사나 오피스텔에서 살면서 자신의 독립의지를 키우고 싶다는 강한 의지를 표하였다. 상담자는 그의 계획을 독려해 주었다. 그리고 앞으로 예기치 않은 어려움을 만나면 내담자의 생각대로 회피하지 말고 직면하면서 문제를 해결해 갈 것을 다시 한 번 부탁하였다. 무엇보다도 상담자는 내담자가 가히 종교적 신앙에 필적할 정도의 신념 "나는 재수 없게 생긴 아이다"라는 말도 안되는 생각에서 완전히 벗어난 것에 대해 크게 기뻐하며 그의 앞날에 행운을 빌어 주었다.

상담자는 그의 앞날의 행운을 빌며 앞으로 그가 살아가면서 필요한 세 가지 화두를 적어 선물로 주었다.

- 당신 자신에게 정직하라. 세상 모든 사람과 타협할지라도 당신 자신과 타협하지 말라. 그러면 누구도 그대를 지배하지 못할 것이다.
- 기쁜 일이나 슬픈 일이 찾아오면 그것들 또한 머지않아 사라질 것임을 명심하라. 어떤 것도 영원하지 않음을 기억하라. 그러면 어떤 일이 일어난다 해도 당신 마음의 평화를 잃지 않을 것이다.
- 누가 당신에게 도움을 청하러 오거든 신이 도와줄 것이라고 말하지 말라. 마치 신이 존재하지 않는 것처럼 당신이 나서서 도우라.

♥ 어머니와의 고양회기, ****년 6월 12일 (금)

내담자의 어머니도 그 전과는 달리 무척 편안하고 안정된 모습으로 상담실에 왔다. 아이도 많이 변화되고 안정을 찾아서 지금은 작년에 비하면 아주 행복하다고 했다. "자식은 부모의 뒷꼭지를 보고 자란다"고 하는데 자신과 남편은 지금이라도 아이에게 좋은 모범을 보이기 위해서 노력한다고 했다. 남편은 따뜻하고 정이 많지만 욕심이 아주 많고 그 욕심이 다 채워지지 않는 인생을 살아오면서 아이를 통해 대리만족을 얻으려 했기 때문에 아들도 나름대로 힘들었음을 이해하게 됐다고 하였다. 남편은 대채로 명랑하고 즐겁기 보다는 뭔가가 불만족스러운 편이라 자신이 중심을 잡고 남편을 변화시키기 위한 노력도 해야 한다고 덧붙혔다.

그 동안 아이, 남편과 상호작용을 하면서 상담 선생님의 말씀대로 자신이 먼저 변화되어야 한다는 믿음이 확실해졌다고 했다. 집에만 있으면서 엄마 자신이 너무나 세상 물정을 모르는 것 같아서 모 대학의 사회교육원에 등록하여 다닌다고 하였다. 좋은 강의도 듣고 많은 사람을 만나면서 새롭게 배우는 것이 아주 많다고 하였다. 사람을 많이 만나고 살아가는 것이 아주 중요한 것임을 체험했다고 하였다. 상담자는 "사람만이 희망이다"라고 설파한 박노해 씨의 이야기, 그리고 20년 20일을 감옥에서 살다나온 신영복 교수의 "산다는 것은 또한 사람을 만나는 일이기도 하다. 개인적인 인간관계를 소중히 여기는 인간의 신뢰, 애정에서 오는 감동은 무엇과도 바꿀 수 없다. 추운 겨울 감옥에서 견딜 수 있었던 것은 인간적 신뢰 덕분이다. 아름다움은 사람에게서 온다"라는 말씀을 전해 주었다. 사람과 사람, 인간관계의 소중함을 새삼 깨닫게 된 내담자의 모에게 커다란 통찰을 얻으신 것 같다고 함께 기뻐해 주었다.

그의 아들이 때때로 생활하면서 상담선생님이 해주신 말씀을 떠올리면서 삶이 고단하고 힘이들때에 견디어 내는 것 같다고 하면서, 선생님이 열심히 상담해주신 노력이 헛되지 않았다고 상담자를 위로해 주었다. 내담자가 지금 현재 3수생이므로 앞으로 힘들고 어려운 고비가 많이 있을 것임을 상기시켰다. 그때에 내담자의 모가 현명하게 대처하여 내담자가 겪고 있는 상황적인 어려움을 잘 극복할 수 있도록 도와 달라는 부탁을 하면서 전체 상담과정은 마감이 되었다.

3. 상담과정의 전략, 사용기법, 이론적 개념

앞의 사례에서 언급했거나 중복된 내용은 피하고 새롭게 등장한 내용에 대해서 설명하고자 한다.

♥ 1회 상담(접수면접)

＊ 내담자의 호소문제에 대한 개념화
내담자가 현재 느끼는 불편은 자신의 왜곡된 지각에서 비롯되었을지도 모름을 설명함.
＊ 상담의 구조화
상담실을 방문하여 상담자의 도움을 받는 것은 한심하다는 지각을 교정하고 상담에 소요될 기간을 제시함.

♥ 2회 상담과정

＊ 과잉일반화에 대한 설명
내담자를 괴롭히는 생각중에 "과잉일반화"가 있음을 지적하고 이에 대한 설명을 제공한다.
＊ 내담자의 자신의 외모에 대한 객관적 지각의 촉구
＊ 내담자를 괴롭히는 비합리적 생각에 대한 건강한 대안생각의 제시

♥ 3회 상담과정

＊ 비합리적 생각의 논박
내담자가 지니고 있는 "부모에게 반드시 인정받아야만 한다"는 생각의 비실용성에 대해서 논박함.
＊ 상황지각의 객관성 촉구
＊ 구체적 언어사용의 중요성 역설

♥ 4회 상담과정

＊ 여론조사기법과 수치심공격하기 기법의 사용
　내담자는 자신이 "재수없게 생겼다"는 믿음이 틀렸다는 사실을 확인하기 위해서 길거리, 큰 빌딩의 모퉁이에서 지나가는 사람들을 붙들고 여론조사 및 수치심공격을 수행한 것에 대해서 언급하였다. 그리고 이 과정을 통해서 그것이 왜곡된 신념이었음을 확인했노라고 고백하였다.

♥ 5회 상담과정

＊ 인지적 왜곡에 대한 설명
내담자를 괴롭히고 있는 다양한 인지적 왜곡에 대한 설명.
＊ 자신의 감정은 자신의 소유임을 지적
내담자는 다른사람 때문에 자기가 화가 나고 힘이든다고 지각하고 있으므로 스토아 철학자 에픽테투스의 이야기를 인용하면서 자신 스스로 정서를 통제 할 수 있는 것임을 강조하였다.

♥ 6회 상담과정
＊ 장기적 기쁨(long-term hedonism) vs 단기적 기쁨(short-term hedonism)
　인지상담에서는 정신건강의 기준으로 장기적 기쁨을 단기적 기쁨보다 더욱 중요시 함을 강조하였다.

♥ 7회 상담과정

＊ 추론적 사고의 현실검증
내담자의 추론적 비합리적 사고 "나는 재수없게 생겼다"에 대한 현실검증이 시도되었다.
＊ 평가적 신념에 대한 논박
내담자의 외모가 모든 사람들에게 재수없게 비친것이 사실이라 하더라도 그것을 스스로 "끔찍한 것"으로 평가하지 않으면 된다는 것에 대한 논박이 이루어졌다.

♥ 8회 상담과정

＊ 행동연습의 중요성 역설
내담자의 합리적 대안신념이 내재화 되어서 행동으로 통합되기 위해서는 정성을 기울인 행동적 연습이 중요함을 설명하였다.

♥ 9회 상담과정

＊ 삶의 가치에 대한 철학적 논박의 시도
내담자에게 진정한 삶의 가치에 대한 철학적 수준의 논박을 시도하였으나 그의 사고수준이 이를 받아들일 수 있는 준비가 안되어 중단하였다.

♥ 10회 상담과정

＊ 문제의 재발 방지(relapse prevention)를 위한 교육
내담자의 교정된 신념이 확실히 내재화되어 과거의 모순된 신념에 다시 사로잡히지 않도록 예방교육을 하였다.

♥ 11회 상담과정

＊ 내담자의 변화에 대한 점검 및 고양회기 계획
내담자의 변화를 확인하기 위해서 상담종결 목록표를 보면서 하나 하나 점검해 나갔다. 그리고 추수지도를 위한 고양회기를 계획한다.

4. 사례의 종합 해설

내담자는 무녀독남이다. 그의 어머니가 내담자를 나은 후, 하혈을 많이 하여 동생을 보길 원했지만 더이상 출산할 수 없었다고 한다. 이러한 이유로 내담자는 어렸을 때부터 부모의 과보호와 지나친 기대를 한몸에 받고 성장하였다. 부부는 아이가 하나뿐이므로 그누구보다도 잘키우려고 무진장한 노력과 갖은 정성을 기울였다. 완벽주의적 경향이 있는 부모는 어렸을 때부터 내담자가 완벽한 아이로 성장해 주기를 간절히 바라고 원하였다. 특히 내담자의 아버지는 자신이 못다 이룬 꿈, 자신의 좌절을 아들을 통해서 이루고 극복하려 하였다. 그들은 아들을 잘 키우기 위해서 다양한 규칙을 세워놓고 그것에 따르기를 강요하면서 빗나간 애정을 쏟았다. 예를 들면 "숙제는 집에 오자 마자 반드시 끝내놓아야 한다", "집에는 반드시 몇 시까지는 들어와야만 한다", "공부는 반드시 잘 해야만 한다" 등의 여러 가지 규칙과 질서를 만들어 놓고 그것을 고스란히 따르기를 지독히 강조하였다. 그의 부는 특히 내담자를 다른 아이들과 비교를 많이 하면서 자신도 모르게 아들의 자존심에 많은 상처를 주게된다.

초등학교 때까지는 비교적 이런 부모의 기대에 무리 없이 부응할 수 있었고 별 어려움은 없었던 것 같다. 내담자는 그런 대로 견디어 내다가 중학교에 들어오면서부터 이러한 요구대로 행동하기 어려워했고, 그가 당했던 심리적 압박감은 구체적인 문제를 통해 드러나기 시작했다. 중학교 2학년 때에 우연히 학원에서 만난 어떤 여학생이 "쟤는 참 재수 없게 생겼다"라는 말을 들은 다음부터 자신의 외모가 재수가 없다고 완전히 믿고 있었다. 그 최초의 사건 후 재수생이 된 지금까지 약 4-5년 동안 내담자는 잘못된 지각체계의 늪에서 허둥대고 있었다. 고등학교 때는 자신의 못생긴 외모를 가다듬느라고 등교시간이 1시간 이상씩이 걸렸다. 지금까지 샤워도 하루에 두 번 이상씩 하며 속옷도 정신없이 갈아입었다. 재수생이 된 지금은 더욱 극도로 부적절한 반응을 보이고 있다. 주변에 있는 사람들이 조용하게 이야기를 하고 있는 모습이 보이면 자기보고 "쟤는 재수 없는 아이"라고 소곤소곤거리는 것으로 지각하고 얼굴이 빨개지는 증상과 더불어 몹시 힘들어하고, 괴로워하였다. 인지상담에서 말하는 소위 "자기 참조적 신념(self-referencing belief) 즉 나, 또는 나의 모든 행동은 다른 사람들의 관심의 대상이다"라는 왜곡된 생각에 사로잡혀 한숨짓는 나날들을 보내게 된다.

상담자는 그가 호소하는 여러 가지 문제의 주범은 그의 지각체계, 세상을 이해하는 그의 머리 속의 여과기능이 순기능적이지 않은 것으로 파악을 하였다. 상담 초기부터 그의 지각체계의 검증부터 시도하였다. 내담자는 자신이 사실이라고 한 번 믿으면 추호의 여지도 없이, 철통같이, 굳게 굳게 그것이 사실이고 진실인 양 믿었다. 내담자에게 인지 상담의 방법을 다양하게 교육하고 상담을 진행해 나갔다. 특히 인간의 사고 또는 신념 중에 '추론'이 있는데 이것은 때때로 '사실'일수도 있고 '사실이 아닐 수도 있다'라는 것을 일깨워 주기 위해 많은 시간을 투자

하였다. 상담자가 여기에 초점을 둔 이유는 내담자를 괴롭히는 핵심 스키마는 '나는 재수없게 생긴아이다'였기 때문이다. 그가 상담 과정 중에 호소해오는 여러 가지 장애와 어려움들은 바로 이 스키마에서 파생한 비합리적 인지적 왜곡 때문이었다. 내담자의 '내인생은 이제 끝이다', '이렇게 살아서 뭐하냐'는 등의 비합리적 생각들은 그를 삶의 막다른 골목으로 몰고가는 충분한 이유가 되었다. 상담자는 스키마적 신념 즉 '나는 재수 없게 생긴 아이야'와 거기에 뿌리를 둔 여타의 신념, 즉 '내 인생은 끝이다', '이렇게 살아서 뭐하냐' 등을 필요에 따라서 왔다갔다 하면서 논박을 수행하였다.

내담자가 굳게 굳게 믿고 있는 '나는 재수 없게 생겼다'라는 신념이 왜곡되었음을 직시하도록 돕기 위해 수치심 공격하기 연습(shame attacking exercise)을 시도하는 숙제를 내주었다. 그는 자기집 동네의 길거리에 나가서 지나가는 행인 5명을 붙들고 자신의 외모에 관한 질문을 하게 되고 그들로부터 내담자가 전혀 못생기거나 재수 없게 생기지 않았다는 피드백을 얻게 된다. 그 사건 이후 그의 생각은 많이 완화되었다. 덧붙여서 상담자는 내담자를 보고 '재수 없게 생겼다'라고 말을 하는 사람이 있는지, 없는지 객관적으로 확인할 길은 없다. 그러나 이러한 상황 속에서의 핵심은 그렇게 말하는 사람이 있다면 그것은 그렇게 말하는 상대방의 문제임을 분명히 하였다. 왜냐하면 내담자의 본질이 다른 사람의 정의나 다른 사람의 말한마디에 의해서 결정되는 것이 아님을 분명히 하였다. 상담의 진행과 더불어 내담자는 자기 문제의 본질은 자신의 내부에 숨어 있음을 깨닫게 된다.

이 내담자는 과학적이고 객관적인 증거가 없는 비합리적 신념을 터무니없이 종교적 진실처럼 믿고 있었기 때문에 논박의 수행은 어떤 사례보다도 고도의 집중력을 요구하였다. 엄청난 심리적 에너지가 투입되었고 반복적으로 수행되었다. 이렇듯 상담자가 끊임없이 시도한 논박, 내담자의 훈습, 그리고 다시 옛날로 되돌아가 버리는 경험을 수차례 하게 된다. 그러던 어느날 '재수 없게 생겼다'는 그의 역기능적 신념이 바뀌어져서 '나는 결코 재수 없게 생긴 아이가 아니다'라는 것을 받아들이게 되었다. 그런 후로 한동안 학원에서 아이들이 소근거릴 때에 마음이 편해지고 안정되는 느낌이 들었다는 것을 확인하였다. 그리고 내담자는 차츰 얼굴이 빨개지는 증상도 많이 사라졌다고 말했다. 내담자의 어머니도 그가 화장실에서 오래 있거나, 샤워를 자주 하거나, 속옷을 너무 자주 갈아 입는 습관도 바뀌었다고 말했다.(상담이 종결된 후 4개월, 또 그 후의 9개월 후에도 이런 증상은 더 계속되지 않았다.)

상담 초기에 세웠던 목표(자신의 외모에 대한 객관적 지각)가 어느 정도 달성된 후에 인생의 철학적 부분 즉 삶의 가치 등을 상담주제의 주된 주제로 삼으려 했으나 내담자가 대학 입시의 문턱에서 입시나 공부 외의 문제에 대해서는 심각하게 생각하고 받아들일 수 있는 준비가 되지 않아 미완의 종결을 선택하였다. 내담자가 호소한 문제의 극복은 내담자 부모의 노력도 무시할 수 없는 역할을 하였다. 내담자의 모는 본인 스스로도 상담을 받았으며 상담자의 강좌인 '인지상담 기법교실'에 참가하여 자신의 자녀양육 스타일이 잘못되었음을 깊이 뉘우치고 많이 깨닫게 된다. 그리고 자기 스스로가 가지고 있던 여러 가지 비합리적 생각들을 찾아내고 바꾸어 줌으로써 내담자의 변화를 위한 좋은 텃밭이 되었던 것도 이 사례에서는 눈여겨 봐야 할 내용이다.

내담자와 상담을 종결한 후 1년 동안 2번에 걸친 고양회기가 수행되었다. 내담자는 시간의 경과와 함께 상담시간에 배운것들을 많이 활용하였으며 자신의 삶의 가치 속에 통합시키고 있었다. 내담자는 종결시점만 하더라도 목전의 대학입학 시험 외에는 다른 것에는 관심도 없었고 진정한 삶의 의미와 가치에 대해서 논의해 볼 여지를 주지 않았다. 그러나 시간이 지나 고양회기를 거듭하면서 그는 점점 더 정신적으로 성숙되었으며, 지금은 3수생이라는 막다른 골목도 슬기롭고 넉넉하게 대처하고 있었다. 이 사례에서 상담자는 상담자가 정성을 기울여서 했던 말, 이야기, 그리고 상담자의 태도가 내담자의 행동을 변화시키는 데 즉각적으로 커다란 작용을 하지 못했어도 내담자가 상담자의 그것을 받아들이고 소화하고 흡수시킬 수 있는 상황이 되면 그러한 노력이 헛되지 않아 엄청난 폭발력을 발휘함을 체험하였다.

제2장
성인 상담사례

"내 인생은 모파상의 목걸이" :
아직은 마흔 아홉 주부의 우울증 극복사례

내담자 기본자료

내담자

상담경위

내담자의 인상 및 행동특성

상담동기

호소문제

이전 상담경험

가족관계

상담과정

치료적 관계의 구축

상담의 진행과정

상담과정의 전략, 사용기법, 이론적 개념
사례의 종합 해설

1. 내담자 기본자료

1) 내담자: 여, 49세, 주부

2) 상담경위

내담자의 아들이 무능력하고 삶에 대한 의욕상실 때문에 사회교육기관의 여러 곳을 전전하다가 본 기관을 알게 되어 상담실에 오게 되었다.

3) 내담자의 인상 및 행동특성

내담자는 상담자의 한 마디 한 마디를 놓치지 않으려는 듯 혼신의 힘을 다해 상담자의 말을 경청하였다. 그리고 상담자의 말에 즉흥적으로 반응하기보다는 잠깐의 사색하는 과정을 거치면서 반응하였다. 눈물이 빨갛게 자주 고이는 슬픈 눈을 하고 있다.

4) 상담동기

내담자는 아들의 무능력과 의욕상실 때문에 도움을 얻고자 상담실에 왔다. 그에 따른 엄마의 상실감 때문인지 우울이 너무나 역력하게 표현되었다. 상담자는 내담자에게 내담자의 아들이 아닌 바로 아들의 엄마인 내담자가 상담을 받아야 할 필요를 설명하자 그도 흔쾌히 응하였다. 뿐만 아니라 그렇게 하고 싶다는 강한 의지를 표현하였다.

5) 호소문제

상담신청서에는 아들의 무능력과 의욕상실이라고 호소하고 있다. 상담자는 그의 근본적인 문제는 아들의 문제 때문에 기인한 우울증으로 파악하였다. 내담자도 상담을 통해서 우울에서 벗어나고 싶다는 것을 강하게 호소하고 있다.

6) 이전 상담경험

＊＊＊＊년 2월부터 신경정신과에 다니고 있으나 진전이 없기 때문에 그만두려 하고 있다.

7) 가족관계

남편과의 사이에 1남 1녀를 두고 있다.

2. 상담과정

1) 치료적 관계의 구축

내담자는 상담자의 전문성을 신뢰하였다. 상담이 전체 10회로 진행이 되었는데, 상담자가 몸이 아파 한 번을 연기한 것을 빼고는 시간약속을 정확하게 지켰다. 또한 내담자의 생활연령이 상담자의 그것보다 훨씬 위에 있음에도 불구하고 상담자에 대한 태도는 항상 공손하고 정중하였다.

상담자도 또한 상담의 회기 시작 전에 상담준비를 하였으며 상담과정을 녹음하여 다시 듣고 사례를 분석하고 정리하였다. 이러한 노력이 치료적 관계를 돈독히 하는데 상당히 기여한 것으로 보인다.

2) 상담의 진행과정

(1) 초기 상담과정(제1회~2회): 내담자의 문제에 대한 개념화 및 상담목표의 설정

♥ 접수면접, 제1회 상담, ＊＊＊＊년 3월 19일 (수)

내담자는 아들 때문에 상담실의 문을 두드리게 되었다. 아들은 고등학교 때 쪽집게 과외를 하여 K대학에 장학생으로 입학을 하였으나 이제는 더이상 학교를 안가겠다고 버티고 있다. 2년 전 시험 때는 백지를 냈다. 대학교 2학년 때부터는 술을 매일 같이 지나치게 마셨다. 모든 것을 하기 싫어하고 삶을 포기했다. 뺨을 때리면 아이들처럼 홀딱 홀딱 뛰어다니고 아버지의 말도 전혀 안 듣는다. 종합병원에서 추천하여 모 신경정신과에 다니고 있는데 "회피성 성격장애"로 진단이 났다고 하였다. 내담자의 아들은 의사의 요구대로 지금은 일주일에 두 번만 술을 마시고 있다. 내담자의 아들은 어렸을 때부터 말을 늦게 시작 했는데 대학생이 된 지금까지 사용하는 단어의 총수가 500단어도 안 된다고 한다. 지능검사 결과는 수리적 영역은 상당히 우수하고 언어적 영역이 많이 떨어진다고 했다.

내담자는 아들의 성장과정 중에 무엇인가가 이상하고 석연치 않았다. 중학교 2학년 때부터 이상 하다고 느꼈는데 고등학교에 들어와서는 정말 이상하였다. 잘 아는 신경정신과 의사에게 자문을 구했는데 그 나이 때 아이들은 다 그러는데 오히려 엄마가 이상하다고 나무람을 당했다. 하나의 예를 들면 내담자의 아들이 고등학교에 다닐 때 옷을 제대로 걸지 않아 옷걸이에 걸라고 하면 그것은 엄마가 가르쳐 주지 않았기 때문에 못건다고 했다. 내담자는 어떻게 일일이 모든 것을 엄마가 챙길 수 있겠느냐고 하면서 아들이 적응력이 전혀 없는 것 같다고 했다. 내담자는 이렇게 부족한 아들이 서울에 있는 대학을 들어가야 치료해 줄 수 있을 것 같아 어떻게 해서든지 서울에 있는 대학을 보냈다.

남편과는 7살이나 차이가 나는데도 집안이 좋다고 하여 결혼을 하였다. 남편도 정신적인 연령이 너무 어리다. 하나 있는 딸은 성장과정 중에 날라리끼도 보이는 등 어려운 시절이 있긴 했으나 다 겪어 내고 지금은 좋은 대학에 들어 갔다. 정신과의사는 딸도 가족병 때문에 제짝을 만나기 어려울 것이라고 하였다. 이 말 때문에 무척 괴롭다고 하였다. 상담자는 가족구조나 관계에 병리적인 특성이 있다고 해서 딸까지 그렇게 된다고 확신하는 것은 논리적으로 비약된 타당한 생각이 아님을 지적하였다. 물론 건강한 가족을 둔 아이들과는 다르겠지만 그렇기 때문에 자기 짝을 제대로 만날 수 없다는 결론을 내리는 것은 옳지 않다고 지적해 주었다. 상담자는 내담자가 여러 면에서 우울증세가 있음을 확인하였다. 그리고 이러한 증세는 내담자가 세상을 보고 이해하는 방식 때문에 그렇다고 설명해 주었다. 내담자의 딸은 생각하기에 따라서 내담자에게 희망을 제공해 줄 수있는 대상이라고 하였다. 상담받을 것을 권유하고 다음 회기의 약속이 되었다. 내담자 직장의 스케줄 때문에 2주 후에 만나기로 하였다.

♥ 제2회 상담, ****년 4월 3일 (목) BDI[①]-35

내담자가 그의 아들 때문에 다니던 신경정신과의 의사가 내담자에게 우울증이라는 진단을 했다고 했다. 남편은 9대 종손이다. 종손집으로 시집가서 항상 방긋 방긋 웃으며 살았다. 엄청난 부잣집인줄 알고 시집을 갔는데 모든 것이 거품이었다. 남편도 살면 살수록 모자람이 드러났고 시아버지도 마찬가지였다. 시어머니도 괴로움을 견디다 못하고 알코올 중독자까지 되었고 48세 때에 사망하셨다. 시집을 가니 종가집이라서 일년에 제사가 7번이나 되었다. 사람들이 한 번 오면 일주일을 법석대다가 갔다. 그 와중에 눌려 다니면서 뭐가 뭔지 몰랐다. 시집 사람들은 주말에 집에 있으면 대화를 하거나 책을 보는 등의 어떤 건강하고 생산적인 활동을 하지 않았다. 모두들 하나같이 오징어를 질겅질겅 씹으면서 표정없이 텔레비전만 쳐다보며 시간을 보냈다. 친정은 너무나 열심히 사는 사람들이었는데 친정 식구들과 비교가 되기도 하면서 시집이 너무나 무덤 같았다. 남편은 무조건 아끼는 것을 미덕으로 삼아 공부하는 아이들이 있는 집에서 불도 못 키고 살게 하였다. 남편이 생각하고 판단하는 것은 무엇이든지 현명하지 못했다. 내가 "저 인간을 믿고 평생을 살아야 한다"라는 생각만 하면 미칠 것만 같았다. 결혼 후 9년 만에 정말 못 살겠다고 느꼈다. 호흡도 안되었고 가슴이 두근두근 뛰고 심호흡을 해야만 견딜 수 있었다. 정말 자신이 진짜로 슬프다는 생각이 들면 무엇인가 새로운 일자리를 계속해서 찾아 일 속에 빠져들었다. 결혼 후에는 직장을 그만두었는데 10년 후에 새로운 직장을 찾아 지금까지 일하고 있다. 1년 반 전부터 최근까지 아들문제 때문에 정신과의사와 상담을 하였다. 정신과의사는 우울을 충분히 느끼지 못했기 때문에 오히려 문제가 되었으니 지금은 자꾸 우울을 깊숙히 체험해 보라고 하지만 나에게 별도움이 안되는 것 같아 그만 우울하고 싶다고 하였다. 지난번에 선생님을 만나고 난 다음에 많이 좋아졌다. 선생님께서 "딸에게 희망을 걸면 되지 않느냐"라는 말이 상당한 희망을 주었다. 그리고 나도 대학원에 진학해야 겠다는 생각을 하였다. 상담자도 이번에 오시면 그런 제안을 하려고 했다며 그의 생각을 격려해 주었다.

상담자는 그가 삶을 너무나 절망적으로 지각하고 있음을 그의 핵심문제로 파악하였다. 내담자에게 상담자가 취하는 인지적 접근에 대한 이론적 기초교육을 하였다. 우울증환자들은 세상을 지각하고 해석하는 방식이 너무나 부정적임을 직시하였다. 내담자의 삶도 생각하는 각도에 따라서 그렇게 절망적이지 않을 수도 있음을 이해시켰다. 먼저 남편에 관해서 논의하였다. 정신적 연령이 성숙하지 못하고 단세포적인 의식구조를 지니고 있긴 하지만 알코올 중독자보다는 낫지 않느냐고 하였다. 아들의 경우에도 유사한 비유를 들었다. 평생 아들이 없어 아들에 대한 한을 가지고 살아가는 사람도 있는데 거기에 비하면 그나마 아들이 있었으니 그런 한은 없지 않느냐고 말해주었다. 딸도 그렇게 훌륭하게 성장하여 번듯한 대학에 다니고 있는 것도 너무나 당당한 자랑거리가 아니냐고 직시하였다. 내담자 자신도 일류대학을 나왔고 지금 대학원 진학까지 생각할 정도로 인텔리 여성이 아니냐고 하였다. 내담자가 지니고 있는 여러 가지 강점에는 눈뜨지 못하거나 별로 대수롭게 여기지 않으면서 자신의 약점만 극대화 하는 인지적인 왜곡이 그가 세상을 이해하는 그의 틀 속에 스며들어 있음을 인식시켜 주었다. 그는 너무나 초롱 초롱한 눈빛으로 상담자의 말에 귀를 기울였다. 상담자는 인간의 심리구조의 3요소와 심리과정의 상호작용에 대해서 설명해 주었다. 바로 지금 내담자가 겪고 있는 우울이라는 정서 밑에는 비합리적 사고 내지는 인지적 왜곡이 자리잡고 있음을 설명해 주면서 그가 처해 있는 상황, 정서 그리고 사고의 분석을 바로 시도하였다. 그녀가 지금 체험하고 있는 C는 우울이며, A는 약 1년 후에 아들이 결혼을 하게 되는 상황에 대한 상상이다. 그에 대한 B는 내아들이 잘나지 못했으니 형편 없는 며느리감이 나타날 것이다. 아들이 잘나지 못했으니 엄마가 아들의 배우자를 찾아주어야 하는데 나는 그 일을 감당할 자신이 없다. 내가 나서지 않으면 아이는 영영

---

1) BDI = Beck Depression Inventory(아론 벡박사가 개발한 우울증 검사도구)
벡의 우울증 척도
0 - 9 우울정도가 미약
10 - 16 우울정도가 약간있음
17 - 29 우울정도가 보통있음
30 - 63 우울정도가 심각함

결혼을 못할지도 모른다. "또 하나의 핵심 생각은 "아들이 정신과에 다니는 것은 내가 아이를 잘못 키웠기 때문이다. 내가 남편에 대한 불만과 속상함을 이 아이를 잘 키워서 보상받으려고 했는데 보상을 받기는 커녕 아이의 심리적 질환이 심각하니 이제 내 인생은 더이상 걸 기대가 없다. 내 인생은 끝장이고 내 삶은 절망적이다." 이는 전적으로 내담자의 발달된 부정적 시각에 기인한 것으로 설명해 주었다. 그러자 그는 정신과의사와 치료를 받는 중에 우울증이 있다는 것을 알았다고 했다. 시어머니를 따라 절에도 가 보았지만 별 도움이 안되었다. 이승의 삶이 이렇게 절망적인데? 누구나 나처럼 이렇게 슬픈 인생을 살지는 않을 텐데, 절이 나에게 무슨 소용이 있겠는가. 정말 모든 것이 다 싫었다. 이렇게 찌그러진 인생 속에서 살다보니 어떤 순간엔 몸과 마음이 분리되는 것을 느꼈다. 작년 12월부터는 내가 여태까지 잘 못 살아왔으니 잘 살아가고 있는 곳을 찾아나선 곳이 A성당, K교회, S교회를 다니면서 의지처를 찾아 소위 쇼핑(Shopping)을 나섰다. S교회의 목사님 설교가 마음에 와 닿아 지금은 그 곳에 다니기로 결정하였다고 했다.

이점에 대해서 다음 시간에 좀더 심층적인 이야기를 나누기로 하였다. 숙제는 『인지 · 정서 · 행동치료』 2장을 읽어오는 것과 일상생활 속에서 체험하는 ABC를 분석해 오기로 하였다.

상담자는 내담자가 교회에 다니고 있음을 지적하면서 데살로니가전서 " 항상 기뻐하고, 쉬지 말고 기도하며, 범사에 감사하시오!"를 마지막 말로 남겨 주었다. 상담과정 중에 표현된 내담자의 ABC를 도식화 하면 아래와 같다.

A(상황)	B(비합리적 신념)	C(결과)
*아들의 무능력	아들이 이런 식으로 살아가다가는 제 할일도 못하게 된다. 그런 아들을 둔 내 인생은 이제 더이상 희망이 없다	우울증
*아들이 알코올 중독 때문에 정신과에 다닌다	내 아들이 잘나지 못했으니 형편없는 며느리감이 나타날 것이다. 아들이 잘나지 못했으니 엄마가 아들의 배우자를 찾아주어야 하는데 나는 그 일을 감당할 자신이 없다. 내가 나서지 않으면 아들은 영영 결혼을 못할지도 모른다.	우울증
	아들이 정신과에 다니는 것은 내가 아이를 잘못 키웠기 때문이다. 아들을 통해서 보상을 받으려고 했는데 보상을 받기는커녕 아이의 질환이 심각하니 이제 내 인생은 더 이상 걸 기대가 없다. 내 인생 끝장이고 내 삶은 절망적이다.	우울증

　　내담자는 아들의 문제를 호소하기 위해 상담실에 왔다 : 상담자는 바로 그 아들의 문제를 지각하는 내담자의 지각방식 때문으로 파악하고 상담을 받을 것을 권유하였다. 내담자는 심각한 우울증세를 보였으며 자신이 그렇게 된 데에는 아들과 남편 때문이라는 것을 굳게 믿고 있었다. 내담자가 남편에 대한 실망을 보상받기 위해 의지했던 아들이 알코올 중독에 빠지게 되고 내담자는 삶의 의미를 잃게 되었다. 상담자는 내담자의 주요 호소문제는 내담자가 자신의 처지와 상황을 바라보는 부정적 시각에 기인하고 있다는 것을 주지시켰다. 그리고 인지행동 접근법을 통하여 내담자를 문제에서 도울 것이라고 말해 주었다.

　　상담의 목표는 일단 우울증에서 벗어나는 것으로 합의하였다.

　　2회 상담을 마치고 내담자와의 합의된 커다란 목표는 일단 우울증에서 벗어나기로 결정하였다.

(2) 중기 상담과정(제3회~8회) : 내담자의 핵심문제의 형성배경과 핵심문제의 해결과정 제시

♥ 제3회 상담, ＊＊＊＊년 4월 8일(화)

　　내담자의 아들은 강남의 한 고등학교에서 반에서 12등 정도를 했다. 엄마는 어떻게 해서든지 이 아이를 서울에 있는 대학에 보내야 한다는 신념 때문에 고3 마지막 무렵엔 과목마다 쪽집게 과외를 시켜서 평상시에 모의고사에서 230점 정도를 맞는 아이가 학력고사에서 300점을 맞았다. 자기 실력이 아니고 완전히 과외 때문에 가능했다고 했다. 내담자는 그의 아들이 4지 선다형 등의 찍는 문제에서 상황판단 감각력에는 천재적인 능력을 발휘했다고 믿었다. 지능검사에 의한 수리력, 상황판단 능력은 만점이고 언어력은 바닥이다 라고 했다. 신경정신과에서 심리검사를 한 사람이 주의력결핍 과잉행동장애가 있는지도 모른다고 했다. 아이가 알레르기 천식이 있어서 주의력은 부족하다. 평소 아들의 실력을 알고 있었기 때문에 대학에 원서를 낼 때에는 아주 낮추어서 냈다. 아들은 장학금까지 받고 모 대학에 들어갔지만 입학하자 마자 여러 가지 억압에서 헤어났기 때문인지 술독에 빠졌다. 그 대학에서 1년 동안 평점 1.5점을 받고 2학년에 가까스로 진급은 하였다. 2학년 1학기를 마칠 즈음에 또 휴학을 하겠다고 하여 학교에 알아보니 거의 모든 시험을 백지로 냈다. 3학기를 거의 모두 F학점을 받았기 때문에 휴학을 해야만할 상황에서 친구 남편이 그 대학에 교수로 있기 때문에 가서 통사정을 하여 여러 가지 보충과정을 겨우 면하여 2학년 2학기에 올라갔다. 그러다가 3학년 1학기에 결국 낙제가 돼서 반년 휴학을 했다. 휴학 중에 처음에는 당구장에서 밤일을 했다. 그 다음부터는 매일 밤 한시에 들어와서 뭐하느냐고 물어보면 자기는 "나름대로 열심히 살고 있다. 낮에는 당구장에서 밤에는 술집에서 아르바이트를 한다"고 했다. 내담자는 아들이 술을 먹게 되니까 많은 걱정을 하였다. 그러다가 아이가 공부를 영영 잃어버릴 것 같아서 반년만 휴학하고 여름에 유럽여행을 보내줄

테니 2학기 때에 등록해서 다섯 과목만 신청해서 들으라고 설득을 했다. 그러는 와중에 술먹고 와서 "엄마, 나 정신병 걸렸나봐"라는 말을 했다. 그 말을 듣고 밤새워 왜 아이가 이 지경까지 되었는지에 관하여 곰곰이 생각했다.

유럽여행을 갔다 와서도 아들은 완전히 '열등한자', '패배자'의 느낌이었다. 내담자는 사실 그의 아들이 고등학교 2학년 때 정신과 치료를 받아야 된다고 생각했으나 그 때 받으면 대학은 끝장일 것 같아 오로지 공부를 시키는 것에만 몰두하였다. 그리고 서울에 있는 대학을 가야지만 보살필 수 있겠다는 생각을 했고 악착같이 과외를 시켜서 대학을 보냈던 상황이었다.

내담자는 생각다 못하여 정신과의사를 만나게 됐다. 그때 너무너무 슬펐다. 내가 이 아이를 어떻게 해야 할지 너무 괴로웠다. 그러는 중에 복학을 했으나 가슴이 뛰었다. 몇 년이나 공부를 못따라 했는데 네가 잘할 수 있겠느냐 생각하니 가슴이 뛰었다. 아들도 열등의식에 사로잡혀서 "엄마, 나 대퇴야"라는 말을 자주 했다. 대퇴로 만족하는 음성으로 자존감이 없었다. 어렸을 때부터 너 이 다음에 뭐 될꺼냐고 물으면 "엄마, 마음대로"하면서 내담자에게 너무나 의존했고 내담자도 그의 아들에게 너무나 의존하였다고 했다.

재작년 9월부터 지금까지 정신과 치료를 받고 있다. 아이는 갔다가 안갔다가 하고 나는 돈을 다 냈는데 속이 터져 죽겠다. 아이에게 상담료를 말하면 너무나 비싸다고 안가려고 하기 때문에 아이에게는 상담료를 속이면서 보냈다. 엄마는 2주일에 한번씩 아이에 묶여서 받게 되었다. 지금 현재까지 받고 있는데 이제는 그만 다니고 싶은데 내가 안다니면 아들이 안다니니까 아들 때문에 그냥 끼어들어 다닌다고 하였다. 정신과에서 받았던 혜택이 무엇이냐고 묻자 "거기다니기 전에는 우울하다는 것을 몰랐다. 거기에 가서 내가 우울하다는 것을 알았고 그 다음에 거기에서 빠져 나와야 되겠다는 것을 느꼈다.

(다음은 내담자와 계속되었던 상담과정의 축어록이다.)

상담자 : 정신과에서 엄마가 받았던 혜택이 무엇입니까?

내담자 : 거기 다니기 전에는 제가 우울하다는 것을 몰랐어요. 거기 가서 제가 우울하다는 것을 알았고 그 다음에는 거기에서 빠져나와야 되겠다는 것을 느꼈어요.

상담자 : 우울한 것을 모르다가 의사가 직면을 하니까 내가 우울한 사람이구나를 알았단 말씀이죠.

내담자 : 네.

상담자 : 우울한 사람인데 우울하지 않으려고 이 일, 저 일 닥치는 대로 일만 챙겨서 하셨군요.

내담자 : 네, 저는 그것이 행복인 줄 알았어요.

상담자 : 남편한테 불만이 있다고 하셨잖아요.

내담자 : 그것은 이 땅의 거의 모든 여성들이 그렇다고 생각을 했어요. 나 정도면 괜찮아. 그래도 먹고 살고, 나도 돈을 벌고, 아이만 장가를 가면, 이 정도면 나도 성공한 인생이야

상담자 : 아. 그러셨군요.

내담자 : 네.

상담자 : 그런데 그 상황을 의사가 직면하여 오히려 우울하게 되셨단 말이군요.

내담자 : 네,

상담자 : 의사 선생님이 당신은 정말로 우울해야 될 사람인데 우울을 회피하여 왔다. 이제는 우울을 체험해야 된다고 하셨죠. 그리고 내담자는 굉장히 우울하셨구요.

내담자 : 네, 선생님, 무지 무지하게 우울했어요.

상담자 : 얼마 동안이나 우울하셨어요.

내담자 : 그 해 겨울이 피크였어요.

상담자 : 그러니까 재작년 겨울이군요.

내담자 : 네, 구정 연휴 때 너무 너무 힘들었어요. 아이는 매일 술 먹고 늦게 오고 남편은 남편대로 아들이 병자도 아닌데 정신병원에 보내서….

상담자 : 그림이 그려집니다. 남편을 굉장히 원망했겠지요.

내담자 : 네.

상담자 : 행복하게 잘 지내던 사람이 어느날 갑자기 정신과를 다니면서 우울해지고 이상해지고 남편을 미워하게 되고 가족들에게 나쁜 여파가 미치고 그러니까 얼마나 한탄했겠어요.

내담자 : 네, 당연히 그랬지요. 남편이 그 의사를 무지 미워했어요, 그래서 제가 그랬어요, "당신이 그렇게 싫으면 가서 그만 치료받는다고 해" 그런데 가서 말도 못해요. 자기도 확신은 없지만 어쨌든 싫은 거죠.

상담자 : 네, 그렇군요. 구정 연휴 때 굉장히 우울했었고….

내담자 : 네, 너무 우울해서 그 때는 수면제까지 먹었어요.

상담자 : 불면증이 왔군요.

내담자 : 네.

상담자 : 아주 극심했어요. 그 때 체중이 약 4Kg정도 빠졌어요 보통 때의 체중은 몇 Kg이었는데 그렇게 빠지셨어요?

내담자 : 56kg였는데 52kg 나갔다가 지금은 약 2 Kg 정도 보상이 되었어요.

상담자 : 네, 그 때 1년 6개월 동안의 그 과정을 다시 한 번 정리해 봅시다. 아이가 정신과를 갔다는 그 사실이 나를 우울하고 힘든 것이 아니라 정신과 의사 선생님이 당신을 우울해야만 하는 상황인데 우울하지 않고 무엇을하느냐 당신 참 바보다. 그 얘기를 듣고 보니까 어! 그러네 그래서 우울하기 시작한 것이었지요.

내담자 : 내가 우울해야 될텐데 우울하지 않으니까 아이도 그 모양이고 , 내가 직시하지 않고 피하니까? 애도 피하고 남편도 피하고 힘든 것을 우리 식구가 다 피한다는 것이예요.

상담자 : 그것이 어쩌면 살아가는 과제이며 방법인데요, 그러면 힘이 든것을 다 직면하여 다

---

1) 5회 면접에서 다시 다루고 있음.

우울하면 어떤 효과가 있다고 그래요?

내담자 : 아,아, 그런데 코미디언 같이 피한데요. 그러니깐 힘든 것을 직면해야 될 때도 있는데 모든 것을 다 피하다 보니까 오히려 설자리가 없어진다는 거죠.

상담자 : 힘든 것을 직면하고 극복하고 어려움을 헤쳐 나가야 되는데, 당신들은 어려움을 피해 간다는 것이죠. 그래서 그 어려움은 그대로 남아 있다는 것이죠.

내담자 : 그래서 성장할 틈이 없다는 거예요. 그래서 우리 집의 모든 식구들이 미숙하데요.

상담자 : 엄마도 미숙하데요?

내담자 : 네, 저도 나중에 보니까. 정서적으로 참 미숙했더라구요. 왜냐하면 남편도 참 눈물이 많은 사람인데, 그 사람도 그것을 보기 싫으니까. 속으로는 슬프면서 겉으로는 T.V보며 웃고 그렇게 살았어요. 그래서 그것을 직면하라고 하니까. 애도 그 모양, 남편도 그 모양. 남편이 그렇게 살았기 때문에 저도 그렇게 됐어요. 시집오기 전에 친정집은 장사하는 집이라 참 바쁘게 살았거든요. 그런데 이 집은 이렇게 사니까, 저도 이렇게 사는 것이 좋은 것인가 보다 하며 살다보니까 그것이 어느덧 애같이 되어버린 것이더라구요.

상담자 : 그러니까 내담자께서 주관이 없이 살아오셨단 말이군요. 너무 어릴 때 시집을 가셔서 적응하느라고 정신이 없으셨군요.

내담자 : 그 때는 옛날이니까, 직장생활 1년도 안하고 그 집에 적응해서 사는 것이었어요, 지금 와서 보니까 멀쩡한 사람이 하나도 없어요 모두다 어려요. 종교를 믿는 것도 다 기복적으로 믿어요. 다 그런 종류예요. 그런데 대부분이 그래요.

상담자 : 우리 나라는 아직까지 종교가 참 구복적이지요.

내담자 : 그리고 정서적으로 보통 사람이 여기까지 올라오는 것도 참 쉽지가 않을 것 같아요, 보통 사람이….

상담자 : 그것이 무슨 의미이죠?

내담자 : 제가 이제, 저를 들여다보고 과거를 들여다보는 만큼 보통사람은 이만큼도 안보고 산다. 저는 고생 끝에 내가 무엇이 문제가 있나 보다 한 6개월을 고민한 다음에 이제 알았거든요.

상담자 : 맞아요, 저는 아직 내담자를 충분이 만나지 못했기 때문에 정확하게 파악은 못하지만 대부분의 여성들은 그동안 남편만 믿고 살다가 40대에 주부 우울증이 오고 그러잖아요, 그러니까 대부분의 사람들이 자신을 못보고 산다고 단정하기는 어렵잖아요. 우울을 느끼는 경우에 자신의 현재 모습과 이상적으로 생각하는 모습간의 괴리를 받아들일 수 없을 테니까요.

내담자 : 우리 나이 때는 대부분이 우울증이 있어요. 안 그렇다면 안 느끼고 못 느낄 뿐이예요. 다 그렇게 살아요. 화병있잖아요. 저도 아들이 문제가 아니었다면 화병이 있는지 몰랐어요. 저도 친구들하고 놀고 남이 골프치면 같이 치고 그랬어요. 더 늦게 된다면 그 때는 살아 있는 것조차 행복한데 무엇을 느꼈겠어요. 그러구 그냥 사는 것이죠. 그런

데 저는 아들이 브레이크를 걸어서 내가 왜 이럴까 돌아보면서 우울이 있는 것을 알았어요.

상담자 : 네.

내담자 : 제가 제 친구들 동창계에 가보면요. 우리 다같이 똑같이 사는데 너는 왜 문제가 없지, 그래서 제가 다시 한 번 생각을 해보게 된다니까요.

상담자 : 그러면 다시 한 번 생각을 잘해보지요. 다른 친구들은 정말 우울이 있는데 나처럼 모르고 살아온 것인지 아니면 그러한 상황으로 받아들이지 않아서 우울을 안 느끼는 것인지 그것을 잘 생각해 보셔야 합니다.

내담자 : 네.

상담자 : 내가 보기에 쟤는 참 우울할 수밖에 없는 상황인데 저 애는 우울을 못느끼고 일부러 안 느끼고 사는 것은 아니지요. 인간은 어떻게 보면 생존할 수밖에 없는 본능적인 욕구가 있기 때문에 우리가 이왕 사는 것 행복하게, 즐겁게 살도록 하자는 자기 나름대로 삶의 기제를 터득한거죠.

내담자 : 네, 네.(수긍이 된다는 표정으로)

상담자 : 우울해봤자 무슨 소용이 있어요, 내담자처럼 생각한다면 이 세상의 모든 사람이 우울하지요. 상담자인 저를 포함해서요 왜냐하면 우리 인간은 완벽한 만족이나 완벽한 욕구의 충족은 없기 때문예요. 잘 생각해 보세요, 우울을 느끼지 않고 사는 것이 건강한 것이지요. 그렇지 않아요.

내담자 : 우울한 것은 사실이지만요?

상담자 : 아니요. 어떤 상황은 우리가 만족할 수 없는 것이 사실이지요. 거의 한 사람도 자신의 처지가 완벽하게 만족스러운 사람이 없는 것 같아요. 그렇지만 "상황이 만족이 안되기 때문에 대부분의 사람들이 우울을 체험하는데 다만 느끼지 못할 뿐이다"가 아니라는 것이죠. 그사람들은 그것을 부족하다고 지각하지 않는다는 것이죠. 또한 부족하다고 지각하더라도 그것을 못마땅하게 평가하지 않지요. 저도 저의 부족한 점 못난 부분이 많지만 그것 때문에 우울해 하지는 않는단 말이죠.

내담자 : 아! 아! (이해가 된다는 듯이)

상담자 : 그러니까 내담자께서 "모든 친구들이 우울한데 저 사람들은 통찰력이 부족하여 느끼지 못하는 거야"라고 생각하시는 것이 논리의 비약이 심하다는 것이죠.

내담자 : 음. 음.

상담자 : 그러니까 다른 사람들은 만족스럽지 않은 상황을 이 세상의 끝으로 지각하지 않으니까, 받아들일 수 있다고 생각하니까 그것을 현실의 부분으로 수용하는 것이죠. 그러니까 내가 굉장히 우울한데 그것을 억눌러서 우울이 없는 것처럼 가장하는 것이 아니지요.

내담자 : 아! 아!

상담자 : 우울을 가장하여 태연한 척한다면 언젠가 우울은 드러나게 되었어요.

내담자 : 네.

상담자 : 울화 같은 것도 내가 굉장히 화가 나는데 안낸다면 그 화는 언젠가 폭발하게 돼있어요.

내담자 : 네.

상담자 : 그러니까 잘 생각해봐야 되는데, 이것이 '억압'인지 아니면 진짜 그 감정 자체가 없는 것인지에 대해서요.

내담자 : 네에.

상담자 : 내담자는 "내 친구들 모든 여자들이 다 우울한 감정이 다 있어 그런데 쟤네들은 그것을 억압해서 다만 드러내지 않을 뿐이야", "느끼지 못하는거야"라고 생각하시는 거예요.

내담자 : 아! 아!

상담자 : 그럴 수도 있지만 대부분의 사람들은 우리들의 삶이 부족하고 만족스럽지 않은 것으로 받아들이지만 그것을 우울하고 속상하게 보지는 않아요.

내담자 : 네.

상담자 : 물론 사람들이 자신이 부족한 부분에 대해서 아쉬움과 안타까움은 있지만 그래서 "난 정말 속상해, 우울해" 이건 아니라는 거죠.

내담자 : 네.

상담자 : 그러니까 내담자께서 그 시각 자체를 바꾸셔야 돼요. 그리고 의사가 우울하지 않았던 사람을 우울을 느끼고 체험하게 한 것은 나름대로 이유가 있겠지요. 현실 속에 들어오게 하여 삶에 대한 현실적 지각력을 갖게 하는데 의미가 있겠지요. 현실 밖에서 현실을 외면하고 살았으니까. 그러나 이제는 자신의 모습을 보시고 나니까 자신이 싫어지셨잖아요. 이제 그만 우울해 지고 싶다고 하였잖아요.

내담자 : 네.

상담자 : 우울해서 도움이 되는 것이 무엇인가. 꼭 우울해야지 내가 현실을 직시할 수 있는 것인가, 정말 우울이 심해지면 자살까지 가는 것이고 어느 정도 우울하고 속상해 하는 기간이 필요하기도 하지요. 그러나 그 기간이 지속될 때 나에게, 내 직장에 내 가족에 도움이 되지 않잖아요.

내담자 : 네.

상담자 : 그전에는 내 현실들을 보지 않고 포장된 현실만 보았지요.

내담자 : 네.

상담자 : 누구나 다 이렇다. 여자의 길이 다 이렇다. 이렇게만 생각을 하고 우울을 안느꼈다면 지금은 그래 내 삶은 질곡이 있어 내 남편은 똑똑하지 않아, 내 아들도 좀 모자라 등의 현실 있는 그대로 직시하고도 우울을 느끼지 않으셔야죠. 그 전에는 내가 그것을 못봐서 우울을 못 느꼈고 현재는 의사의 도움으로 나의 현실을 보고 우울을 느끼셨다면 이제는 그것을 보고도 우울을 느끼지 않으셔야 한다는 것입니다. 심리적인 힘이

생겨서….

내담자 : 네, 선생님 이젠 정말 의사한테 그만 다니고 싶어요. 우리 아들을 그래도 술에서 건져
　　　　주고 해서 가는데 의사한테 갔다오면 힘이 들기 때문에 그만 다니고 싶어요.(힘주어
　　　　강하게 이야기 한다)

상담자 : 어떤 점에서 힘이 드세요.

내담자 : 살만하면 자꾸 의사는 새로운 걱정거리를 줍니다. 아들의 졸업 후의 문제 등 새로운
　　　　걱정거리요.

상담자 : 힘이 드는 것을 견디어내야죠. 어차피 직시해야 되니까. 의사는 나름대로 직시를 시
　　　　키는 것인데 그것은 나를 힘들게 하는군요.

내담자 : 제가 거기서 벗어나는 것이 좋아서 아이가 안가면 나도 얼씨구 좋다고 안갔는데 하루
　　　　는 의사에게서 전화가 왔어요. 자기가 더 도와주고 싶다구요. 그래서 의사의 말을 진
　　　　실로 받아들이고 갔는데 이제는 정말 싫어요.

　　남편은 가부장적이고 권위적인 9대 종손이라고 했다. 시아버지도 남편한테 맞추어준다. 식
탁에서도 자기 자리가 따로 있어서 누가 거기에 앉으면 인상을 쓴다고 호소하였다. 상담자는
그것이 그 사람의 스타일인데 그것을 바꾸려고 하면 어려울 거라고 했다. 변화 자체를 기대하
지 말고 그에게 적응해 가는 방법을 찾아 내가 적응하자. 그러자 내담자는 조금만 더 숨을 쉬고
싶다고 했다. 상담자는 여태까지 숨죽여 왔던 것을 자기주장 또는 자기 표현기술을 터득해서
개선해가도록 도와주었다. 중요한 것은 이때 상대방을 존중하는 태도를 밑에 담고서 주장을 해
야 되는 것임을 교육하였다. 내가 존중하지 않고 무시하는 태도를 갖는다면 남편은 절대로 변
하지 않는다고 일러 주었다. 자신은 여태까지 남편을 너무 원망하고 무시해 왔다고 했다. 그렇
기 때문에 바로 남편이 더 권위적이고 폭력적으로 되어 집안을 살벌한 분위기로 몰아넣었다고
해석해주었다. 이제는 이나마 이런 사람이라도 나에게 있다는 것에 대해서 감사하고 남편을 존
중하는 태도로 나아가자. 성서에도 "섬기는 사람이 다스린다"는 글귀가 있음을 말해주면서 내
가 먼저 남편을 섬겨서 남편을 다스려가는 지혜가 필요하다는 것을 역설하였다. 우울에 대한
시각의 교정에 대한 필요성을 다시 한 번 강조하였다. 즉 모든 사람들이 다 우울한데 우울을 못
느끼는 것이 아니라 나같으면 우울을 느낄 수밖에 없는 상황이지만 다른 사람들은 그 상황을
합리적으로 잘 이해하고 잘 받아들이기 때문에 우울이라는 정서를 느끼지 않을 뿐임을 다시 한
번 기억하라고 했다. 우울한 나의 현실이 우울을 일으키지 않을 수 있는 방식을 터득해 가자.
우울한 사람들은 대부분 나에게 좋은 점을 보는 시각, 즉 내담자의 경우, 내 자신도 잘났고 딸
도 잘났고, 먹고 살만한 것 등을 지각하는 시각은 발달이 되어 있지 않으며 자신에게 부족한 것
을 유독히 확대해서 지각하거나 부정적으로 보는 소위 음시각이 너무나 발달되어 있음을 직시
하였다. 이제부터는 내가 가지고 있는 장점을 찾아내는 눈을 기르고 내가 가지고 있는 약점을
바라보고 이해하는 다양한 시각을 배우자. 이미 주어진 생인데 재미있고 즐겁게 살아가야 되지
않느냐. 아까 내가 우울을 못 느꼈던 것처럼 혹시 행복은 못느끼지 않을까에 대해서 잘 살펴보

아야 한다고 강조하였다.

내가 한 가지 면에 있어 부족하다고 해서 "나는 불행한 사람이야"라고 생각하는 것은 논리의 비약이 심한 비합리적 생각임을 가르쳐 주었다. 이것이 맞는 표현이 되기 위해서는 "나는 이런 점에서 부족해"라고 표현하도록 하였다. 즉 나는 "나의 아들은 똑똑하지 않지만 그러나 딸은 똑똑해"라고 말해야 한다. 그런데 "내 자식은 못났어"라고 하면서 아들 때문에 딸까지 매도하지 말도록 하였다.

＊ 회기의 중요 이슈
◆ 인지상담교육 : 남편이 나를 불행하게 하는 것이 아니다. 남편을 지각하고 있는 나의 태도임을 다시 한 번 확인시켰다.

당신의 상황은 최악이 아님을 알게 했다. 희망적인 부분이 얼마든지 있는데 나쁜 부분만을 과장하지 말고 좋은 부분도 직시해서 보자.(ABCD) 분석지 예를 들어 설명해주고 인지상담을 구조화 하면서 내담자의 적극적 참여의 중요성을 설명하였다. 앞으로 총회기가 10~15회기를 넘지 않는 범위 내에서 바람직한 결과를 내자고 격려하였다.

◆ 내담자의 회기정리 : 내담자는 자신이 기록해 온 ABC를 보고 자기생각의 패턴을 알았다고 했다. 생각이란 자신이 스스로 세상을 이해하는 방식임을 알았다고 했다. 지금의 선생님 방법은 좀 더 희망적이다. 고치기 쉬운 방법일 것 같다(전에는 심해서 막 약을 먹었다.).

♥ 제4회 상담, 1997년 4월 18일 (금) 우울은 사라지고… 진정한 행복은 나의 마음 속에. 내담자의 첫웃음
내담자는 아주 밝은 모습으로 상담실에 나타났다. 내담자가 처음에 왔을 때는 눈에서 '우울'이 뚝 뚝 떨어지는 소리가 들렸는데, 지금은 아주 밝아졌다. 내담자는 5월 초에 대학 졸업후 25년 만에 동창들과 부부들과 재상봉의 시간을 위한 준비, 그리고 기다림으로 마음이 많이 설레인다고 하였다. 지난 주에는 1년 동안 발을 끊고 가지도 않았는데 모처럼 백화점에 가서 옷도 입어 보고 쇼핑도 했다고 하였다. 그러면서 내담자는 하염없이 남편에 대한 험담을 늘어놓았다. 내담자는 결혼 5년 후에 어딘가 모자라는 것 같은 남편의 문제 때문에 가정법원에 가서 이혼을 하려고 시도했다. 법원의 상담원이 남편은 이혼할 의사가 전혀 없기 때문에 지금 이혼하면 합의이혼이 되기 때문에 위자료도 한 푼 못받게 되는 알거지가 되고 아이들도 각각 1명씩 맡아 기르면 불행하니까 아버지가 다 맡아서 기르게 될 수도 있다고 말했다. 자신은 도저히 아이들을 그 남편 밑에서 자라게 할 수가 없어서 거기서 이혼을 하지 않기로 결심을 했다. 그리고 "내 인생은 끝이다. 앞으로 나는 모든 것을 포기하고 산다."고 다짐하였다. 그 다음부터는 남편의 무엇인가 모자라고 덜떨어진 것 같은 점, 단점을 가슴에 묻어두고 가려주고 살아왔다. 그렇게 살아오는 과정에서 아이에게 문제가 터졌다. 상담자는 아들도 기질적으로 문제가 있겠지만

아이들은 분위가 잘 만들어주면 스스로 크고 성장하는 부분이 많이 있는데 그렇게 썰렁한 분위기 속에서 아이들은 눈치만 살피게 되고 좋지 않은 영향을 받게 된 것 같다고 말해 주었다.

아들이 2학년 때 나는 직장을 나가게 되었고 너무나 사는 기분과 맛이 들었다. 직장에 가면 숨도 쉴 수 있었고, 남편에게 복수하는 기분도 들었고 나에게는 더없이 좋은 탈출구였다. 아이들한테도 엄마가 직장에 가지만 더좋은 엄마가 될거야 라는 다짐을 하였다. 그러면서 나는 오로지 일에 몰두하여 살았다. 지금 내 속을 썩이는 바로 그 아들이 사춘기 때 "엄마, 엄마는 왜 죽도록 일만하고 그렇게 살아요, 나는 엄마가 왜 사는지 모르겠어요"라는 말을 할 정도였다. 그 때 내담자는 "네가 있기 때문에 나는 행복해"라고 말했다. 그 때 아들과 함께 절엘 갔었는데 스님께서 "인생이란 죽는 날까지 재미있게 사는 거야"라고 말해 주었다. 그런 생각이 아이한테 뿌리 깊이 박혀 있었던지 ○○야 인간이 왜 살지 라고 물으면? 죽는 날까지 재미있게 살기 위해서 라고 별 생각없이 대답을 하곤 하였다.

아들의 문제가 터지고 정신과의사에게 상담을 받게 되면서 나는 진정으로 아이들을 존중하고 수용하지 못했음을 알았다. 아이의 부족함을 끌어올려서 이상적으로 만들어가는 것이 사랑인 줄 알았다. 밥을 해주고 "이것 빨리 먹고 공부해", 쥬스를 만들어주고 "이것 빨리 먹고 공부해"… 등이 내가 쏟았던 사랑의 전부였다. 그러면서 나는 엄마 노릇을 잘 하고 있다고 스스로 만족을 했었다. 아들은 보기만해도 예쁘고 좋았다. 아들의 알코올 문제가 있기 전까지는 그랬다. 그러나 아들은 엄마가 지긋지긋했을 것 같다. 내가 했던 사랑은 지금와서 보면 무서운 간섭이었고 아들을 내 틀에 맞추려고 헛 욕심을 부렸다. 상담자는 내담자에게 이제는 스스로 자신이 얼마나 허구적인 가치를 쫓으면서 살아왔는지를 깨달았느냐고 물었다. 그는 자신의 남편 밑에서 그나마 살아남을 수 있었던 것은 바로 그런 외형적인 가치 즉 남보기에는 멀쩡하고 괜찮았기 때문이라고 했다. 이제는 그런 너울을 벗어나야 진정한 삶의 실체를 볼 수 있는 것이 아니냐고 했다. 정신과 의사와의 상담을 통해서 자신이 진지할 수 있었다고 했다. 우리 식구가 모두 T.V를 보아도 개그와 코미디 프로만 본다. 슬픈 연속극도 본 적이 없다. 아들이 어릴 때 동화책은 강제로 읽혔다. 이런 분위기에서 살아왔지만 의사와의 상담을 통해서 사색이 많이 이루어졌으며 우리 식구들이 좀더 진지할 수 있었다고 했다. 상담자는 그들이 진지하지 못했던 것은 어떤 기질적인 이유도 있을 수 있다고 말했다 전적으로 내담자가 우울을 직면하지 않았기 때문만은 아님을 직면하였다.

상담자는 자신의 과거를 들여다보고 자신의 정서를 생생하게 체험해 보는 것의 이점이 무었이냐고 물었다. 그 전에는 5분이나 10분 등의 길지 않은 시간도 그냥 있으면 불안했다고 한다. 무엇인가 일을 하거나, 운동을 하거나 놀기라도 하지 않으면 불안했다. 그런데 결국 그렇게 한다고 불안하지 않았던 것은 아니고 불안은 계속해서 내 문제로 남아 있을 뿐이고 내가 해결해야 할 문제임을 알았다고 했다. 그리고 종교에 대해서도 눈을 떴다. 인간이 이렇게 발전을 하고 이런 식의 성장이 계속되면 예수님과 같은 성인의 경지에도 오르는 것이 아닐까 생각했다. 그 전에는 종교를 통해서 구복하는 것만을 알았고 윤리 정도로만 생각했었다. 지금 목사님의 설교를 들으면 쏙쏙 들어오고 사람을 변화시키는 의미를 알았다. 인간이 변화되고 발전되고 성장하는 세계가 있는 것을 그 전에는 몰랐다.

정신과의사에게서 독립하고 싶었다. 독립하는 방법으로 P.E.T(효과적인 부모역할훈련)를 배웠다. 그 전에는 의사가 아무데도 가지 말라고 했는데 어느 순간부터 아무데나 가도 좋다고 했다. 지금은 의사에게 독립하고 싶다는 이야기를 누차했고 곧 그만 두려고 한다. 그러면서 내담자는 정말 '남편 때문에', '아들 때문에' 라는 생각을 많이 해 왔음을 반성했지만 그래도 너희들이 조금만 괜찮았으면 내가 이렇게 괴롭지 않았을 텐데. 아쉬움이 많다고 했다. 상담자는 이제부터 'ㅇㅇ때문에' 라는 말을 쓰지 않았으면 좋겠다고 하였다. 내가 겪고 있는 문제의 원인을 나외의 외부로 돌리면 나는 무기력해진다고 하였다. 나의 환경이 바뀐다고 해서 나의 문제가 없어지고 행복해질 수 없음을 역설하였다. 행복이란 삶의 조건에 의해서 결정되는 것이 아니고 자기 스스로의 주관적 내면 세계에 의해서 창조된 것이기 때문임을 생각하게 했다. 그리고 지금 내담자에게 괴로움을 주고 있는 남편과 아들은 시간의 흐름과 함께 향상되고 좀더 나아질 수 있지만 근본적인 것이 혁명적으로 변화되지 않을 것임을 알려주었다. 내담자는 의사에게 이 세상에 우리 아들 같은 아이들도 많다. 꼭 일등만 살아가느냐고 대들었다고 했다. 상담자는 바로 이 점을 거론하였다. 정말로 이 세상에는 일등만 사는 것이 아니며 더군다나 인간이 가장 이상적으로 바라는 '행복'은 인위적인 서열에 있는 것이 아님을 힘주어 강조하였다. 이것을 진심으로 받아들이면 그렇게 슬프고 속상하지만은 아닐 것이라고 직면하였다. 남편도 명문고, 명문대를 나와서 자격증을 가지고 일하고 있으며 아들도 내 기대에는 못 미치지만 바보도 아니고 장애자도 아니지 않느냐고 하였다.

내담자는 자기 주변의 사람들이 다 우울에 묻혀 있는데 다만 문제는 그들이 그것을 느끼지 못할 뿐이라고 역설한 점에 대해서 다음과 같이 논박하였다. 사람은 누구나 재미있고 즐겁고 행복해지기 위해서 산다. 어차피 인간의 조건은 완전할 수 없기 때문에 조건을 통해서는 인간은 결코 행복의 경지에 도달할 수 없음을 강조하였다. 진정한 행복이란 나의 내면에서 우러나는 것이기 때문이다. 대개의 경우 우울증 환자는 자신의 강점, 좋은 점 등의 긍정적인 면을 지각하고 느끼는 눈은 발달이 안되어 있으면서 자신의 부끄러운 점, 약점 또는 단점 등을 느끼는 눈은 상당히 발달되어 있음을 설명해 주었다. 내담자의 경우도 후자를 보는 눈이 잘 발달되어 있기 때문에 상담자의 도움을 받아 자신의 장점과 단점을 동시에 바라볼 수 있는 균형감각을 찾아가는 것이 중요함을 말했다. 이러한 과정을 통해서 느끼지 못했던 행복을 느끼게 도와주는 것도 상담자의 몫임을 천명하였다.

내담자가 비참하다고 지각하는 부분은 내담자가 남편에 대한 지나친 기대, 내담자가 아들에 대한 과도한 기대에서 파생한 것임을 환기시켰다. 욕심은 거의 대부분 해를 불러일으킴을 상기시키고 자족할 줄 아는 능력이 중요함을 상기시켰다. 내담자가 아들의 결혼에 지레 겁을 먹고 우울해 하는 것도 내담자가 훌륭한 며느리감을 봐야 되겠다는 생각 때문이 아니냐고 지적하였다. 내담자의 말처럼 세속적 기준의 일류가 진정한 의미의 일류 인생을 사는 것이 아니기 때문임을 강조하였다. 빌립보서 4장 12절과 13절의 말씀을 인용하였다. "나는 어떤 처지에서도 자족하는 법을 배웠습니다. 비천하게 살 줄도 알고 풍족하게 살 줄도 압니다. 배부르거나 배고프거나 넉넉하거나 궁핍하거나 그 어떤 경우에도 적응할 수 있는 비결을 알고 있읍니다. 나에게 능력을 주시는 분을 힘입어 나는 무슨 일이든지 할 수 있읍니다" 널려 있는 내담자의 행복의 조건을 알지 못하고 그것에 대해서 행복을 느끼지 못하는 자신에 대해서 오히려 비참해 해야 한다고 직면하였다. 5월 초에 상봉하게 될 동창도 있고, 그 때에 같이 갈 남편도 있으며, 자랑스러운 딸도 있고 그나마 아들도 있음을 상기시켰다. 그러자 그는 자신이 대학에 입학할 때 수석으로 하였기 때문에 "나는 우리 동창생보다 못 살면 큰일이다"라는 생각을 이제까지 어깨에 메고 살아왔다고 했다. 상담자는 바로 그러한 내담자가 스스로 지운 짐 때문에 스스로도 괴로웠고, 남편도, 아이도 괴롭혀 온 것이 아니냐고 직면하였다. 물론 우리 나라의 사회풍토에서는 '학력', '학벌' 그리고 '수석' 이러한 요인들이 이 세상을 좀 더 편안하게 살아갈 수 있는 여러 가지 프레미엄을 준 것 그리고 공부를 잘하면 너무나 많은 문제가 쉽게 해결되는 것이 사실이긴 하지만 그렇다고 해서 그것이 인간 자체를 평가하는 기준이 되어서도 안 되고 더군다나 "내가 공부를 잘했기 때문에 내가 제일 잘 되어야 하고 제일 행복해야 한다"는 생각은 비논리적, 비현실적, 비실용적인 비합리적 생각의 삼요소를 어쩌면 이렇게도 아이러니하게도 지니고 있냐고 했다. 정말로 인생을 잘사는 사람은 나물 먹고 물 마시면서도 행복할 줄 아는 사람이 아닌가하고 반문하였다. 그러자 내담자는 자신은 여태까지 "노력하면 되지 않는 것이 없다"는 것이 진리인줄 알고 살아왔다고 했다. 상담자는 그 말은 내담자의 경우에, 그리고 내담자의 경우에서도 예컨대 공부와 같은 지엽적인 면에서는 가능할 지 모르지만 어떻게 인간이 겪어 내고 체험해야 하는 모든 면에서 "노력하면 되지 않는 것이 없느냐"에 대해서 논박을 시도하였다. 그 사고는 너무나 지나친 긍정적인 사고이고 비현실적인 사고이고 그렇기 때문에 내담자가 현실과 괴리될 때 더욱 더 괴로운 이유가 된다고 설명해 주었다. 그리고 바로 그런 생각 때문에 남편과 아들이 이해되지 못했음을 지적하였다. 사람은 누구나 나와 같지 않고 나와 다르다는 점을 인정해 주었을 때 그 시점이 바로 인간을 이해하고 사랑하게 되는 시발점일 수 있음을 강조하였다. 이제 상담을 받으면서 달성해야 할 또 하나의 목표는 인간을 이해하고 수용하는 나의 안목과 생각의 폭을 넓히는 것이라고 했고 내담자는 이에 흔쾌히 동의하였다. 내가 품고 감싸 안을 수 있는 범위가 넓어졌을 때 나는 진정한 나를 발견하게 되고 그간에 못느끼고 그저 나를 우울하게만 했던 나의 환경에 감사할 수 있는 힘이 생길 것이라고 했다. 그러면서 여태까지 25년 동안 살아오면서 수없이 많은 부부관계를 맺어오면서 진실로 사랑하는 마음으로 해 본 적이 있느냐고 물었다. 내담자는 슬픈 표정을 지으며 서서히 고개를 가로저었다. 남편의 입장에서 진실로 그 자신을 이해 해 본 적이 있느냐고 물었다. 역시 고개는 서서히 가로로 돌아갔다. 남편도 명문고와 명문대를 나온 엘리트인데 아내의 냉소적인 태도를 모를리 없고 그 남편은 스스로가 얼마나 남모르는 불행을 느꼈겠는가?고 묻자 그의 남편은 평소에 자신이 고등학교만 나온 여자와 결혼했으면 훨씬 행복했을텐데 라는 말을 많이 했다고 했다. 상담자는 내담자가 불행한 것 이상으로 남편도 불행한 삶을 내담자 덕택에 살아왔음을 상기시켰다. 내담자 자신이 겉돌았기 때문에 집안의 분위기는 냉랭하였으며 냉랭한 분위기 속에서 눈치보면서 힘겹게 살아오는 와중에 아들도 알코올에 손을 대게 된 것이 아니냐, 모든 것이 자업 자득임을 연결해서 보게 도와주었다.

내담자는 자신이 여태까지 꾹꾹 참아왔음을 강조하였지만 상담자는 그것이 진정한 의미의 꾹꾹 참아온 것이 아님을 강조하였다. 내담자가 자신의 내부에서 일어나는 감정만을 표현하지 않았을 뿐 내담자의 환경을 감싸안지 못했음을 보게 하였다. 인간을 진정으로 이해한다는 것은 그 사람의 성장배경, 살아온 환경까지도 이해하고 수용하는 것임을 상기시켰다. 그리고 인간을 진정으로 용서한다는 것은 용서할 수 없는 것을 용서하는 것임을 말했다. 내담자가 먼저 변하지 않으면 남편은 절대로 먼저 변하지 않는다고 직면하였다. 엄마가 바뀌지 않으면서 아들이 바뀌는 것을 기대하는 것은 비현실적 기대임을 또한 상기시켰다. 내담자는 별문제가 아닌 것을 그가 지닌 비합리적인 망원렌즈로 엄청나게 확대해서 바라보았으며 심각하게 해석해 왔음을 상기시켰다. 내담자는 그 동안 "내가 잘났기 때문에 너같은 인간 만나서 참고 산다"고 생각하고 "얼마나 그 동안 당당했다고" 했는데 하면서 고개를 떨구었다. 인간은 정도의 차이가 있을 뿐 누구나 문제가 있다는 점을 확인시켰다. 그러니 나혼자 이 세상의 십자가를 다 짊어진 것처럼 괴로워하고 노여워하는 것이 얼마나 자기 손실인가에 대해서 말했다. 인간이 쓰고 있는 껍데기를 벗어던지면 다 거기서 거기다. 인간은 너나 없이 운명적으로 불완전할 수밖에 없는 존재이다. 다만 차이가 있다면 나의 상황에서 만족을 하고 행복을 느끼는 존재인가 아니면 불만을 하고 불행을 느끼는가의 차이일 뿐이다. 내 처지에 만족을 하고 기쁨과 행복을 느끼는 것을 또 하나의 상담의 목표로 삼자고 했다. 내담자는 여기서 자신이 아이에 대해 걸었던 기대도 남편으로부터 충족이 되지 않으니까 아이를 통해서 보상받으려 했다는 비합리적인 기대가 있었음을 털어 놓았다. 이제부터는 이 모든 것을 잘 생각해 보면서 아이에게 할 수 있는 것을 하겠다고 하였다. 이 세상은 절망의 낭떠러지가 아님을 말해 주었다. 나에게 주어진 인연, 나의 운명인 남편과 아들을 진심으로 감싸안는 작업을 도와주겠다고 했다. 그러면 남편이 바뀌고 가정의 분위기도 바뀌니까 그나마 멀쩡한 딸마저 어떻게 될까봐 내담자는 걱정하는데 딸도 쉽게 정서적 안정을 되찾을 수 있을 것이라고 했다. 아들도 어차피 나의 도움이 필요한 사람이라면 울면서 지겨워하면서 도와주는 것보다 기쁜 마음으로 즐겁게 도와주는 것이 도움의 질이 다르지 않겠느냐고 말해 주었다.

내담자는 상담자와 상담을 하면 이틀은 잘 지내는데 또 그 이틀이 지나면 잘 안 된다고 했다. 상담자는 내담자가 새롭게 터득하고 깨달은 새로운 시각이 완전히 내 안에서 자리잡지 않았기 때문에 약효가 떨어지기 때문이라고 설명해 준 뒤 앞으로의 상담작업은 내담자가 새롭게 찾은 남편과 아들과 세상을 이해하는 방식이 완전히 내재화 되어 나의 행동양식으로 드러나게 하도록 해야 한다고 상담의 방향감을 제시하였다. 낡은 생각을 몰아내고 그 자리에 새롭고 참신한 생각이 편안하게 자리잡힐 수 있도록 해 나가자고 하였다. 불교의 『화엄경』을 보면 일체유심조(一切唯心造)라는 말이 있는데 이 세상은 다 내가 마음먹기에 따라 달리보이고 달라질 수 있다는 시각을 피력하였다. 성서에도 '천국'은 너희 마음 속에 있다고 예수께서 말씀하셨음도 일러주었다. 내담자는 지금 종교생활에 입문하여 종교를 통해 이 세상의 어려움에서 벗어나고자 안간 힘을 쓰고 있는 처지여서 상담자는 또 한마디 덧붙였다. 교회에서 하느님이 나에게 무엇을 가져다 주는 것이 아니다. 내가 스스로 내 안에서 깨닫고 스스로 체험함으로써 하느님의 사랑을 깨닫고 성숙해 지는 과정임을 상기하게 하였다.

자신의 실수와 헛점을 드러내 보이는 사람이 정신적으로 건강한 사람임을 천명하며 무엇인가를 자꾸 자꾸 포장하려 들지 말고 내 모습 이대로 자신을 받아들이고 이 모습 속에서 행복해 지는 법을 알자 인간은 행복하기 위해 이 세상을 사는데 내담자는 지난 50년 동안 불행만을 주로 느끼며 살지 않았느냐고 했다. 내담자는 상담의 말미에 다시 태어난 기분이 든다고 했다. 다이아몬드 반지를 끼고 밍크 코트를 입은 듯 이렇게 기쁨이 크겠느냐고 했다. 선생님 말씀을 한 번 듣고 두 번 듣고 세 번 들을 때마다 새로워지고 자꾸 자꾸 변화되는 기분이 든다고 했다. 자신은 상담실에 오기 전에는 '나의 길은 막혔다'라고 생각했는데 이제는 새로운 희망을 찾았다고 했다. 다음 번 회기부터는 내가 가지고 있는 비합리적 생각에 대한 각각의 대안적 신념을 찾고 그것을 내재화 하는 작업을 하기로 했다. 그러면서 상담자는 상담자의 저서 『인지 · 정서 · 행동치료』에 나오는 Ellis의 11가지 비합리적 사고의 부분을 펴 보이면서 그가 얼마나 합리적이라고 믿었던 신념이 비합리적이고 인간을 파괴적으로 몰고가는가에 대한 설명을 해주자 자신도 집에서 다 읽어보았다고 하면서 도움이 되어 외워야겠다는 말까지 하였다. 인지상담의 전 과정을 읽는 숙제를 내주고 다음에 올 때까지 남편에게 진심으로 눈물을 흘리면 사죄하고 잘해줄 것을 숙제로 내주었다.

♥ 제5회 상담, ＊＊＊＊년 4월 22일(화) (BDI 13)

남편에게 눈물을 흘리며 사죄하고 잘해주었느냐고 숙제의 점검을 시작하였다. 그는 눈물을 흘리며 사죄할 수 있는 분위기가 되지 않아 사죄는 못했는데 같이 영화를 보러갔다고 했다.(남편도 자신이 변화된다고 느꼈기 때문에 동행하여 영화를 보는 것에 흔쾌히 응했다). 영화를 보러가기 위해 자신의 집에서 씨네하우스 극장까지 가는 버스편에 대해서 그 동안 말도 잘 안하고 지내던 아들에게 남편과 함께 자세하게 물어보았다. 그리고 버스 정류장에 와서 버스를 기다리고 있는데 택시가 코 앞에 서니까 남편이 택시를 타고 가자고 제의했다고 했다. 내담자는 남편의 행동이 말도 안 되는 행동을 했다고 길길이 뛰었다. 그러는 사이 버스가 왔고 자신은 남편의 손을 낚귀채어 버스에 올랐다고 했다. 그리고 버스를 타지 않고 택시를 타려했던 남편을 비난하였다. 남편은 남편대로 자신의 말을 들어주지 않은 내담자에 대해서 불만이 많았다고 하였다. 남편은 씩씩대면서 자신의 말을 들어주지 않았던 것에 대해서 화를 크게 냈다고 하였다. 내담자의 남편도 자신이 생각할 겨를도 주지 않고 팔을 잡아당겨 버스에 올라타게 한 행동에 대해서 또한 비난을 했다고 한다. 제발 당신 이런 행동하지 말라고 하면서 . 내담자는 남편에게 버스를 타려고 했던 것은 나의 의견이라고 했다지만 상담자는 의견이란 서로 타진해 볼 여지가 있는 것인데 그의 행동은 상대방에게 타진해 볼 여유를 주지 않았음을 직면하였다. 상담자는 택시를 타는 것이 경제적으로 무리가 없었다면 편안하게 극장에 가기 위해서 택시를 타려했던 남편의 행동이 아주 자연스럽게 느껴졌는데 굳이 남편을 비난하는 이유가 무엇이냐고 물었다. 아들에게 버스편까지 물어보아 놓고 버스를 타지 않는 것은 아들을 무시하고 비난하는 행위라고 했다. 그리고 아들이 버스편을 자세히 일러주어 버스를 잘 타고 극장에 다녀왔노라고 아들에게 대화거리를 마련하려 했다고 했다.그렇기 때문에 버스를 타려했던 자신의 생각이 너무나 당연한 것 아니냐고 힘주어 강변하였다. 상담자는 아들에게 꼭 버스를 타고 가겠다고 약속을 했느냐고 물었다. 내담자는 그것은 아니라고 했다. 그렇다면 아들도 그의 부모가 꼭 버스를 타고 가야만 한다는 기대를 하지 않았을 가능성이 높다고 말해 주었다. 그리고 남편이 아들에게 버스노선을 자세하게 물어보았다고 해서 남편의 머리속에서는 택시가 코 앞에 있어도 버스를 타야만 한다고 생각하지 않는 것이 오히려 자연스럽다고 했다. 남편도 만약에 내담자가 버스를 타고 간 내력에 대해서 알고 있었더라면 버스를 타려고 했을텐데 남편은 미처 내담자의 속마음을 헤아리지 못했을 수도 있다고 했다. 아빠의 입장에서 참 기분이 나빴을 것 같다. 왜 이 여자는 남편의 말을 안듣고 무시할까에 대해서 속상 했을 것같다고 했다. 내담자는 '내가 항상 옳다고 생각' 하는데 나의 생각이 항상 옳지 않을 수도 있음을 직면하였다. 내가 너무나 당연하다고 생각하는 것은 사고의 자동화가 된 것이다. 나의 고정관념은 내 생각의 틀 내에서 당연할 뿐이지 남편의 입장에서도 당연한 것이 아님을 말해 주었다. 그러니까 내담자가 해왔던 모든 불평거리들이 내 주장만 강하게 펼치고 상대방의 입장을 이해 못하는 것에서 나온 것일 수도 있었다. 아하! 이 책에서도 보니까 고정관념의 틀을 깨는 것이 중요하다고 나왔어요" 어쨌든 당연히 이렇다, 절대로 이렇다는 것은 나의 언어이지 다른 사람도 나와 같이 생각하지 않는다는 것을 이해해야 한다고 말했다. 너무나 하찮은 것을 가지고 고집을 부렸다고 직시하였다(여기서 내담자는 통찰이 일어난 듯 아!하!). 내담자가 강하게 해서 남편이 어떻게 할 여지를 주지 않고 강하게 밀고 나간 후에는 왜 당신은 그 때 말하지 않았느냐고 하는 것도 비합리적임을 명시하였다. 남편은 "당신과 나하고 잘살면 모든 것이 해결이 된다"는 생각을 평소에 강조했다고 한다. 그러나 내담자는 "애가 아픈데 왜 내가 네 생각만 하니"하면서 남편을 무시했다고 한다. 상담자는 이제 남편의 입장이 이해가 된다고 했다. 지난 25년간 결혼생활 동안 남편도 비참함을 느꼈을 것 같다고 했다. 왜냐하면 결혼생활은 상대적이기 때문에 내담자의 결혼생활이 비참했다면 남편의 결혼 생활 역시 비참했을 것이기 때문임을 역설하였다. 일요일날 남편이 "나는 당신에게 정이 없어"라고 해서 "나도 정이 없다"고 대답했다고 했다. 어쩌면 그것은 정이 있다 라는 말이다. 내가 당신을 좋아하고 사랑을 주고 싶은데 네가 나를 사랑을 안 주니까 나도 정을 안줘서 라는 의미일 수도 있겠다고 말했다. 선생님 "저는 제가 항상 당연히 옳다고만 생각했어요. 그렇다면 무조건 남편의 뜻을 따라야 하는가"라고 물었다. 상담자는 그럴 필요는 없다고 했다. 항상 마찰과 갈등의 순간에 서로가 서로의 속마음을 헤아리지 못해서 그러는 경우가 많으니 서로의 마음을 확인하고 내비출 필요는 있다고 말해주었다. 예를 들면 아까와 같은 상황에서 내가 버스를 타려고 하는 이유를 남편에게 잘 설명을 해주는 과정이 필요함을 역설하였다. 내담자는 자신들에게 여태까지 그런 순간이 너무나 많았고 서로가 서로를 무시하게 되고 이로 인해 관계 자체가 차단되었다고 했다. 그래서 일례로 집에서 가구를 하나 옮길 때도 상의하지 않고 나 혼자 했다. 내담자는 아이들 때문에 속상할 때 자기 전에 양주를 한 모금씩 마시고 잔다. 그 전에도 집에서만 있을 때, 하루종일 시간이 남았고 자고 싶으면 자고 밤낮의 구분이 없이 지내다가 밤에도 잠이 잘 안오는 경우가 많아서 잠들기 위해서 내담자의 아들이 어렸을 때부터 술을 먹었으며 지금도 아들이 안들어오거나 딸이 안들어오면 술을 먹는다. 내담자는 그래서 주부들이 알코올 중독이 되는 것도 이해가 된다고 하였다. 상담자는 그런 모습을 아들이 보고 따라서 하고 배운 것일 수도 있음을 가르쳐 주었다.

상담자는 내담자가 작성해 온 기록지를 보면서 "평생 애를 끓이면서 살 것 같다", "평생 내가 그 꼴을 보고 살 것 같구나", "내가 이런 바보하고 살아가다니 무슨 재미로 살꼬", "오죽하면 이런 못난이를 만났을까 생각하니 서글펐다", "의욕이 없고 패배감에 젖어 있는 아들을 생각하니 전신에 힘이 쭉 빠지고 물 속에서 걷는 것 같이 힘이 든다", "엄마 자격이 없는 것 같아 무력감을 느낀다"라는 생각을 논박하면서 인지상담기법을 아들에게 활용할 것을 강조하였다. 미리 아직 일어나지 않은 상황에 대해서 걱정하지 말고 그때에 가서 걱정하라. 할일이 없는 사람이 미리 걱정을 하는 것이라고 했다. 그의 기록지 중에 "애인 버리고 시집 잘 온다고 온 것이 이런 구덩이로 들어오다니 나는 슬픈 드라마의 주인공이며 모든 것이 나의 죄다"라는 말이 나오는데 이런 말을 쓰면 쓸수록 내가 더욱 불행해짐을 강조하였다. 내 인생이 모파상의 목걸이라고 하셨는데 우리들의 인생이 부분적으로는 다 속고 속이면서 사는 것이 아닌가, 당신은 계속해서 속아서 한 결혼이라고 강조하지만 상담자가 객관적으로 보기에는 꼭 그런 것만이 아니다. 당신의 남편도 명문고, 명문대학을 나오고 그래도 한 분야에서 자격증을 가지고 호구지책을 해결하는 사람이고 시아버지에게 커다란 집도 한 채 물려받았다면 당신의 기준에 들어오지 않는다고 속아서 결혼했다는 것은 앞뒤가 안맞는 말이다. 당신은 얼마나 잘 났느냐, 당신도 상담자가 보기에는 그런 남편을 만난 것이 그렇게 억울한 결혼을 한 것으로 보이지는 않는다. 이 세상의 상당히 많은 사람들은 상대방 배우자에 대해서 속속들이 알고 결혼하는 경우는 거의 없다. 흔히들 "반쯤은 속아야지 결혼을 하는 것이란 말들을 하지 않느냐"고 하자 내담자도 수긍을 하였다. 내가 한 선택에 대한 책임은 내가 져야 하는 것이다. 나의 판단이 흐린 것에 대한 책임을 내가 져야 하는 것이다는 것을 강조하였다. 그러면서 엄마가 우울해서 집안도 돌보지 않고 내버려 둔다면 집안의 가족구조 자체가 파괴되는 것임을 상기시켰다. 숙제로 다음의 사항을 내주었다.

◆ 남편에게 가서 영화보러 갔을 때 무조건 폈던 자신의 주장에 대해서 남편에게 진심으로 사과하기.
◆ 남편과 가족에게 진심으로 우러나는 서비스하기.
◆ 남편에게 양보하기.
◆ 남편이 나에게 잘 해주었을 때 진심으로 고맙다는 표현을 해서 남편의 바람직한 행동에 대해서 격려하기.
◆ 비합리적 생각을 찾아오기.
◆ 4회기 테이프를 듣고 느낌이나 소감을 적어오기.

♥ 제6회 상담, ****년 4월 29일 (화)

　상담자는 먼저 4회기 테이프를 듣고 느낀 소감에 대해서 물어보았다. 그는 너무나 남편과 똑같이 행동하고 있는 자신을 발견했다고 말했다. 자신은 어쩌면 그렇게 남편의 싫은 부분이 그대로 자신에게 스며들어 있었다고 했다. 그러면서 상담을 통해서 깨달은 바가 많기 때문에 거기서부터 가는 지점은 빠르고 희망적이라고 했다. 상담 테이프를 들으면서 나만 고치면 남편은 저절로 고쳐질 것이라는 확신이 들었다고 했다. 화가 날 때마다 자신을 돌아다보며 화나는 감정을 조절할 수 있는 열쇠를 얻은 것 같다고 하였다. 자기는 스스로를 지탱해주었던 모든 생각의 파편들이 너무나 옳다고만 생각했었는데 그것이 바로 잘못되었던 것임을 분명히 알았다고 했다. 상담자는 이제 내담자의 문제와 그 문제해결의 실마리를 내담자 스스로에게 있다는 확실한 통찰이 있는 것으로 판단이 되어 내담자가 앞으로 상담을 통해서 성취하고 싶은 것이 무엇인지 물었다. 그는 억지로 아이들 때문에 끌려온 남편과 자신의 결혼생활을 이제는 자발적으로 재미있고 행복하게 살고 싶다고 했다. 그렇게 하기 위해서 내담자가 좀 더 구체적으로 해야 할 일이 무엇이냐고 물었다. 그는 남편을 이해하고, 남편의 존재를 인정해주며, 남편을 사랑하는 일일 것이라고 했다. 그렇게 하기 위해서 남편을 비난하지 않을 것이며, 남편에게 요구하기 전에 자기 자신이 먼저 변화하기 위해서 노력하는 자세가 필요하다고 했다. 상담자는 지난 회기 때 내담자가 했던 말을 상기시켰다. 내담자의 남편이 내담자에게 "너하고 나하고 잘 살면 아이들 문제는 없을 것이다"라고 하면서 잘 살아보자고 했던 기억을 떠 올리면서 그 말은 참으로 명언이라고 말해 주었다. 문제의 아이 뒤에는 거의 문제의 부모가 있음을 상기시켰다. 부모들이 서로간에 관계가 좋고 가정의 분위기가 좋은 환경에서 자라는 아이들이 빗나가는 경우는 드물다는 것을 말해 주었다. 그러자 내담자는 자신이 요즘에는 변화가 많이 되었고 많은 것이 해결되었다고 생각하니 기분이 좋아 요즈음에 유행하는 '존재의 의미'라는 노래를 흥얼거렸는데 가사 가운데 "네가 있어 나는 살 수 있는거야"라고 하는 부분에서 남편이 가사가 틀렸다고 하자 화가 또다시 뻗쳤다고 했다. 그래서 이럴 때 화가 나는 것은 당위적 사고 때문이 아니야 하면서 도대체 이럴 땐 어떻게 해결해야 할 지를 몰랐는데 오후에 『인지 · 정서 · 행동치료』 책을 읽으면서 그 해법을 찾았다고 했다. 남편이 나를 수용해 주기를 바라는 것은 내마음이고 남편이 나를 수용하고 안하는 것은 그 사람의 자유라는 것을 알았다고 했다. 상담자는 남편의 입장을 설명해 주었다. 부인을 비난하기 위해서 가사가 틀렸다고 말한 것은 아니었는데 내담자가 막연하게 넘겨 짚어가지고 화가 났을 뿐임을 말해 주었다. 다른 사람이 나를 화나게 한 것이 아니고 내가 화가 나기로 선택한 것임을 다시 한 번 확인하자 자신도 책에서 다른 사람이 자신에게 '화'를 나게 해주는 단추는 될 수 있지만 그 단추에 전기가 통하게 하는 배선에 대한 책임은 자신에게 있다는 것을 확인했다고 하였다. 그리고 부부의 관계는 '이기고 지는 관계가 아니다'라는 구절을 보면서 또 아! 하! 바로 이것이구나, 아! 내 문제는 이제 해결이 다 된다 라는 생각을 했다고 했다. 상담자는 그것은 어쩌면 비현실적일 수도 있는 생각이라고 말했다. 인간의 일상사에서는 마음먹은 대로 생각하는 대로 전부 되지 않을 수도 있는데 그 때에 실망할 수 있기 때문에 "나는 다됐어"라는 막연한 생각보다는 어떤 면에서 어떤 것이 해결이 되었는지에 관해서 구체적으로 생각하는 연습을 하도록 하는 것이 중요함을 역설하였다.

자신은 상담을 통해서 너무나 많은 것을 습득해서 기분이 좋으며 너무나 많은 도움을 받는다고 하였다. 자신이 왜 그렇게 모르고 살았는지 한심스럽다고 하였다. 이제는 자신의 생각이 많이 바뀌었으며 경직되고 융통성이 없고 고지식한 것이 나쁘다는 것을 알았다고 했다. 상담자는 내담자 사고의 패턴을 확인해서 고쳐가는 것이 바로 인지상담기법임을 상기시키면서 몰랐을 때는 분별력이 없었지만 지금은 알았으니 아는 대로 행동하는 것이 중요함을 강조하였다. 사람에게는 아는 만큼 보이고 보이는 만큼 느끼고 느끼는 만큼 배울 수 있음을 힘주어 강조하였다. 제대로 잘 아는 것이 참 중요하다는 것을 다시 한 번 말을 했다. 그러자 자신의 집에는 모든 남자들이 우유부단하기 때문에 자신의 옛날 방법이 먹혀 들어갔다고 했다. 상담자는 그 방법이 결국은 바람직한 방법이 아니었기 때문에 그 동안 남편과 아들과 얼마나 갈등이 많았으며 결국은 아들 문제 때문에 브레이크가 걸린 것이 아니냐고 직시하였다. 내담자는 만약에 자신의 남편이 믿음직스럽고 강해서 자신이 남편에게 끌려갔더라면 이런 스트레스를 받지 않아도 될텐데 한스럽다고 했다. 상담자는 내담자의 바로 그 믿음 "남편이 나보다 믿음직스러워 가정사를 모두 이끌어갔으면 스트레스를 안 받는다"라는 것은 하나의 가정일 뿐 사실이 아님을 직시하였다. 아울러 정말로 남자가 지금보다 더 세고 강했으면 더 피곤하고 더 불행할 수 있는 가능성이 있음을 역설하였다. 이땅의 여성들 중에서 남편이 가부장적 권위를 지나치게 내세우기 때문에 살기가 어렵고 힘들다는 것을 호소해 오는 사람이 더 많음을 확인시켜 주었다. 결국 인간의 많은 문제해결의 열쇠는 자신의 내부에 있음을 역설하였다. 요즈음에 많이 팔리는 베스트셀러를 보면, 모든 것은 마음먹기에 달려 있다는 명상법, 생각을 바꾸면 운명이 달라진다, 모든 것은 마음먹기에 달려 있다 류의 책들이 거의 대부분 생각을 바꾸고 마음을 정리해서 행복을 찾아가는 방법을 제시하고 있음을 알려주었다. 내가 바뀌고 내가 변화되어야 세상도 바뀌고 세상도 변화되는 것이지 내가 바뀌지 않으면서 상대방의 변화만을 요구하면 상대방은 변화되지 않는다는 것은 거의 진리에 가깝다고 말했다. 내담자는 자신은 이제야 그 사실을 알게 된 점에 대해서 몹시 안타까워했다. 등잔밑이 어둡다고 자기에게는 별일이 없다고 믿었다. 여차해서 무슨 일이 일어나면 남보다 더 많은 혜택을 받을 수 있다고 자만해 왔는데 이런 상담이나 심리치료의 세계에서 도움을 받고 보니 참으로 기쁘다고 했고 자신의 어리석음을 발견했다고 했다.

상담자는 그 다음으로 남편을 이해하고 인정하고 사랑하기 위해서 어떤 일을 해야 하겠느냐고 물었다. 그는 나서지 않아야 겠다고 했다. 상담자는 그 말의 의미를 물었다. 내가 집안의 중요한 경제적 문제, 재산 관리하는 것들을 다 알아서 하다보니 남편이 내 치마폭에 들어와 버리기 때문에 이제 그를 남편의 모습으로 홀로 우뚝 서도록 도와주고 싶다고 했다. 상담자는 만약 그런 남편이라면 일을 철저하게 보지 않을 수도 있고 그렇게 되면 많은 손해를 보게 될지도 모름을 상기시키자 각오가 되어 있다고 했다. 이제는 남편이 해야 할 일은 스스로 그가 알아서 하도록 해야겠다고 다짐했다. 그리고 아내에 대한 남편의 새로운 불평도 감내할 수 있는지를 물었다.그럴 수 있겠다고 했다. 그러자 바로 어제, 이제는 남편에게 잘해줄 태도로 딸기를 깨끗하게 씻어서 갖다주니까 거들먹거리면서 "연유도 가져와"라고 말하는 모습이 너무나 미워서 자기가 변하고 싶은 마음이 사라지기도 한다고 했다. 자기가 잘해주면 남편이 다시 옛날로 돌아가버려서 자신을 괴롭힐까봐 걱정이 된다고 했다. 상담자는 그에게 상대방을 존중하면서 자신의 의견을 표현하는 주장훈련(assertive training)에 대해서 설명을 해주었다. "당신의 그런 행동이 얼마나 상대방을 힘들게 하는지 아느냐, 당신도 그 모습을 제대로 바라볼 수 없기 때문에 자기도 모르게 그렇게 할 수도 있을 것이다. 우리가 부부로 만나서 서로 이해하고 사랑하면서 조화롭게 살아가는 것이 중요하지 서로에게 과시하고 상처를 주기 위해서 살아가는 것이 아니지 않느냐"고 정중하게 말하도록 교육하였다. 내담자는 사실은 자신의 남편도 변화하려는 자세가 있다고 했다. 상담자는 정말로 어제와 같은 상황이 앞으로도 많이 벌어질텐데 벙어리 냉가슴 앓듯하지 말고 상대방을 존중한다는 마음을 바탕으로 정중하게 자신의 생각을 표현할 것을 요구하였다. 내담자의 남편도 내담자가 참 많이 변한 것 같은데 언뜻보면 옛날과 똑같다고 불평을 해서 내담자는 "나도 가슴이 아퍼, 너는 변할 수 있을거야"라고 이야기해 달라고 남편에게 말했다고 했다. 상담자는 참 잘하신 일이라고 격려해 주었다. 그 다음에 남편을 또 사랑하기 위해서 어떻게, 무엇을 할 수 있는지를 물었다. 그는 남편을 사랑하는 것이 참으로 어려운 것 같다고 말했다. 지난 일요일날 남편이 나를 만나서 안 해도 될 마음고생을 무지했겠다고 생각하니 잘해줄 수는 있겠는데 사랑하기는 정말로 어려운 것 같았다고 했다. 내가 변화되고 거듭나서 가슴으로 과연 이사람을 사랑할 수가 있을까에 대한 강한 의심이 들었다고 했다. 상담자는 그러기 위해서는 무수히 많은 생각과 행동의 변화가 있어야 가능할 것이라고 했다. "이 사람을 정말로 사랑하고 싶다는 생각이 가슴으로 우러나지 않더라도 행동을 통해서 사랑하고 싶은 감정과 생각이 들 수도 있음을 설명하였다. 사랑을 충분히 느끼지 못해도 꼭 껴안고 여러 가지 다양한 행동으로 사랑의 표현을 할 것을 강조하였다. 내담자는 이제는 거의 싸우지 않는다고 했다. 옛날에 비하면 아주 용이 됐다고 했다. 사실 내담자는 남편과 부부관계를 하기가 싫다고 했다. 상담자는 아마도 내담자의 그런 이면의 정서 뒤에는 "내가 이 나이를 먹도록 이것을 해야하나 너무나 동물적이다", "아들은 저 모양인데 아버지라는 작자는 동물적 쾌락이나 추구하다니 너무나 한심하다" 라는 생각을 찾아냈다. 이런 행위를 통해서 남편과의 관계를 촉진할 수 있다면 그 행위가 의미가 있지 않겠느냐고 했다. 이것을 통해서 그 동안 못다했던 부부관계를 만들어가는 것임을 말했다. 남편의 요구에 피하지 말고 성실하게 응해 주었을 때 관계가 변화될 수 있다는 사실을 말해 주었다. 내담자는 남편은 성행위를 하는 것으로 나에게 잘해준다고 생각하는 것 같다고 했다. 그리고 자기가 아직도 내담자보다 한 수 위에 있음을 과시하는 무기로 사용하는 것 같아서 싫고 남편에 대해서 비굴함을 느낀다고 했다. 상담자는 이것 또한 내담자의 추론이기 때문에 진짜로 내담자의 남편이 그런 생각을 하는지는 확인하기 전에는 확실하게 알 수 없는 것이라고 했다. 내담자 자신도 자신이 먼저 남편에게 사랑을 베풀지 못했음을 시인하였다. 자신은 남편에게 "사랑을 먼저 주는 것은 남편을 무시하는 것이다" 라고 지각하고 있다고 했다. 그리고 "나의 남편은 나의 모든 것을 다 수용해 주어야 한다"고 생각했다고 말했다. 내담자 스스로 이런 생각들이 자신을 파괴적으로 몰고간 요인이었음을 깨달았다고 했다.

상담자는 그 다음으로 내담자를 이해하고 인정하기 위해서 또 어떤 점이 필요하냐고 물었다.

자신의 남편은 자신이 소속해 있는 전문가 협회에서 부회장까지 했으나 자신은 한 번도 그런 남편의 자랑스러운 점을 인정해준 적이 없다고 했다. 남편은 잘해 주면 철저하게 아내를 깔아 뭉개는 것 같았고 자신도 남편을 누르려고 하면 할수록 처절할 정도로 잘난 척을 하는 것 같았다고 하였다. 이제는 정말로 베풀어 주어야 겠다고 하였다. 상담자는 사람들이 애정과 특별한 친밀감을 느끼는 사람은 나의 존재를 인정해주고 나의 좋은 점을 알아봐주는 사람에게서 정이 가고 고마움이 느껴지며 친화감이 생긴다는 것을 설명해주었다. 내담자는 자신이 남편을 먼저 사랑하고 감싸는 것은 생각해보지도 못하고 남편은 반드시 나를 감싸주어야만 하고 수용해주어야만한다고 생각했던 자신의 어리석음을 한탄하였다. "나는 반드시 남편에게 보호를 받아야만하고 여자는 사랑을 해주면 안된다"라는 생각이 깊이 머리 속에 내재화되어 있다고 했다. 상담자는 아마도 한국문화의 영향이 아니겠느냐고 했다. 행복한 여자의 잣대는 남편에게 사랑받는것이고 어떻게 여자인 내가, 아내인 내가, 먼저 사랑을 해서는 안 되는 것이라고 생각했다고 고백했다. 그래서 내가 이 집에 시집을 올 때에도 그집은 부자고 남편이 나이도 많으니까 나는 사랑을 많이 받을 수 있다는 확신을 가지고 왔는데 실제는 그러하지 못했기 때문에 더욱 깊은 슬픔이 가중된 것 같다고 했다. 상담자는 이 땅의 많은 여성들이 불행을 느끼는 이유는 내가 시집을 갈때, 내가 희생해서 이 남편과 가정을 살리고 사랑을 주겠다는 마음가짐보다는 내가 시집식구나 남편에게 사랑을 듬뿍받고 나의 부족한 부분을 남편에게 보상받으려는 심리 때문에 결혼을 하게 된다면 현실이 나의 그러한 욕구를 충족시켜 주지 않기 때문에 오히려 많은 불평과 불만이 싹트게 될 것임을 일러주었다. 어떻게 보면 모든 인간관계 특히 남녀관계는 서로 주는 만큼 받게 되어 있음을 말했다. 그런데 현재 내담자가 남편에 대한 사랑의 감정이 없으므로 남편이 나를 사랑하고 싶은 마음이 안드는 것도 어쩌면 자연스러운 것인지도 모르겠다고 말했다. 인간과 신의 관계에서는 우리가 하느님을 사랑하지 않아도 하느님은 우리를 사랑할 수 있겠으나 남녀간의 인간관계에서는 그것이 어려울 것임을 말했다. 물론 인간관계 중에서도 부모와 자식간의 관계는 물론 다를 터이지만.

그러자 내담자는 자신은 사랑을 받으려고만 했고 사랑을 주는 것을 전혀 몰랐다고 했다. 아빠에게 사랑을 주는 것은 아빠를 무시하는 것이란 생각까지 했다. 그리고 남편 역시 "날 좀 사랑해 줘"라는 말을 입에 안올렸다고 했다. 내담자는 또다시 남편이 비위에 거슬리는 점을 지적하였다. 이모가 여섯 명 여자 형제가 여섯 명 그래도 모든 것들을 주변의 사람들이 다 해주고 자신은 권위만 내세우고 해서 어떨 때는 남편이 죽어버렸으면 좋겠다고 생각한 적도 있었다고 하였다. 그러나 과부가 되는 것보다는 그래도 낫다는 것을 위로하며 살 때가 많았다고 했다. 상담자는 누구를 이해한다는 것은 그 사람의 살아온 성장배경과 환경까지 감싸안는 것을 포함하고 있다고 말해주었다. 내담자는 그의 남편이 스스로 하지 않아도 주변에서 수족처럼 모든 것을 다해주었던 남편의 성장과정을 받아들이면서 남편을 수용하고 남편의 약점을 서서히 고쳐나가도록 하겠다는 다짐을 하였다. 남편을 진정으로 이해한다는 것은 그의 가족구조, 종가집의 종손, 성장환경을 이해하는 것이다. 시아버지도 시골에서 내담자의 집에만 오면 아들 종노릇을 하는 꼴을 보면서 "나는 앞으로 영원히 이 꼴을 보면서 속이 상해야지 별도리가 없다"는 참담하고 비참한 생각을 많이 했는데 이제는 내가 변화되면 남편도 변화될 것이라는 확신을 가지고 안되면 안되는 대로 절망하지 않고 부딪치면서 "그런 남편은 능력이 없으니 이 세상 살기가 얼마나 힘이 들까" 라는 생각까지 해보라고 하자 아!하! 그렇게 생각해야 되는구나 하면서 또다시 감탄사를 연발하였다. 그러면서 지난주에 자신이 변하니까 남편이 태도가 바뀌는 체험을 구체적으로 했다면서 몹시 기뻐하고 자신의 변화된 태도에 어떤 강한 확신이 있는 것 같았다. 자신은 남편에게 2주 전에 극장에 갈 때에 탄 버스 속에서 자신은 앞자리에 앉는 것이 너무나 당연하여 앞자리에 앉았는데 남편은 버스의 엔진이 불쑥 튀어난 부분이 싫다면서 뒤로 앉았을 때 당신의 행동에도 일리가 있음을 깨닫고 나부터 먼저 고쳐야 되겠다고 자신의 약점을 고백했다고 했다.

　　숙제 : ◆ 5회기 테이프듣기.
　　　　　◆ ABC 채우기.
　　　　　◆ 책의 모르는 부분 적어오기.
　　　　　◆ 남편을 이해하는 것이 자신의 입장에서 어떻게 해야 하는 것인지 적어오기.
　　　　　◆ 내가 어떻게 변화되어야 하는 것인지 적어오기.

　　내담자는 상담실을 떠나면서 PET(효과적인 부모역할훈련)에서 마지막 부분에 들었던 가치관의 변경, 속이 변화되어야 된다는 소리를 들었는데, 바로 이것이 그것인지를 깨닫게 되었다고 했다.

　　* 6회기에서 내담자가 자신이 지니고 있는 인지체계 및 여과기능이 잘못되었음을 인정하고 고쳐나가려는 노력이 역력하게 나타난다. 상담자가 내담자의 역기능적 신념들이 내담자를 파괴적으로 이끌게 한 요인임을 논박하고 설득하는 과정이 비교적 잘 드러나 있어 상담과정의 전체 축어록을 수록한다.

6회 축어록

상담자 : 안녕하세요, 지난 번 테이프를 들으셨지요?
내담자 : 느낀 바가 아주 많았어요.
상담자 : 아, 그 얘기 제가 소감을 적어오라고 했는데 적어오셨어요?
내담자 : 소감이요? 그게… 여기 있어요.
상담자 : 그대로 하고 계신 것 같았어요?
내담자 : 예.
상담자 : 아, 소감은 안 적으셨구나. 테이프를.

내담자 : 테이프 듣고.

상담자 : 아, 그럼 저한테 얘기를.

내담자 : 테이프 듣고.

상담자 : 믿어지지 않을 정도로 나의 이야기가 다 나오는 구나?

내담자 : 예.(웃음)

상담자 : (웃음) 말도 많고 쉼을 없애려는 듯이 서둘러 했다?

내담자 : 예.

상담자 : 쉼이 뭐예요?

내담자 : 그러니까 선생님이나 내 얘기나 끝나면 그 중간 시간을 너무나 조급하게 서두르는 것.

상담자 : 아, 그러니까 무엇인가 하시고 싶은 얘기가 그만큼 많아서 그러신 거지요. 그것을 확인하셨으면 좋겠어요.

내담자 : 조급한 것 같았어요.

상담자 : 내가 남편에게 싫어하는 부분이 그대로 내가 또 하는구나. 25년을 살았기 때문에 서로 많이 닮았을 거예요 아마.

내담자 : 그런가 봐요, 아주 똑같다고 느꼈어요.

상담자 : (웃음) 닮았고, 그러니까 내가 남편에게 가지고 있던 불만을 남편이 가지고 있을 수 있고, 그렇지요?

내담자 : 예.

상담자 : 오늘 제가 오늘 6번째 만나는 거예요? 아주머니하고, 그런데 구체적으로 아주머니가 이 상담을 통해 내가 무엇을 얻고 싶다. 지금까지 중요한 문제를 논의하며 시간을 5번을 보냈는데 정말 내가 이 상담을 통해서 무엇을 얻을 것인가, 소위 상담의 목표, 아마 이 책부분에서도 나와있을 거예요. 그것 정하셔야 되는데, 우리가 논의를 해야 하는데 어떠한 것을 우리가 상담의 목표로 정하면 좋을까요?

내담자 : 제가 사는데 억지로 살지 않고 좀 자발적으로 재미있게 예, 자발적으로 살고 싶어요 여태까지는 억지로 끌려서 사는 것 같고 애 때문에 사는 것 같고 애를 위해 사는 것 같고 그랬거든요.

상담자 : 아, 애를 위해 사는 것 같다?

내담자 : 예, 남편은 속썩였지만 애를 위해 산다 이런 생각을 했는데, 이제 아니다, 남편하고 나하고도 얼마나 어렵게 만났나⋯. 또 이 모습을 내가 고치면 남편도 분명히 고쳐질 것이다.

상담자 : 맞다.

내담자 : 예, 그런 생각을 확실하게 가졌어요. 그래서 사는 것 자체가 제가 억지로 억지로 힘들게 살았는데 이제 얼마 남지 않은 생을 인생답게 한 번 살아보고 싶다.

상담자 : 예. 얼마 남지 않은, 아직도 많이 남았지요.

내담자 : 예 어떻게 생각하면 70까지만 살아도 20년 남았지만, 참 긴 세월이에요 20년도.

상담자 : 그렇지요.

내담자 : 내가 20년 동안 이렇게 애쓰고 살았으니까 나머지 20년 행복하게 살면.

상담자 : 행복하게 살고 싶다. 그러기 위해서, 그러니까 내가 억지로 살지 않고 자발적으로 살고 싶다는 것은 정말 재미있고 즐겁고 행복하게 살고싶다 행복을 느끼면서 살고 싶다 이거잖아요?

내담자 : 네.

상담자 : 그렇게 하기 위해서 첫번째는 제가 볼 때 남편을 내가 많이 이해해야 될 것 같애요, 그렇게 하기 위해서는. 남편을 이해하고 자꾸 남편보고 변하라고 요구하기 전에 내가 먼저 변하고, 그렇죠?

내담자 : 예.

상담자 : 내가 먼저 변하고 그러니까 제가 지난 번에 그 테이프를 드리면서 좋아했던 생각 남편이 그러셨다고 했잖아요 '너하고 나하고 잘살면 애들은 정말 문제 없어' 그것은 정말 명언이에요 그까 선생님이 결혼을 초기부터 지금까지 남편과 정말 사랑을 나누고 행복하게 살아오셨다면 아마 **의 그런 문제가 안 나타났을 지도 몰라요 그러니까 저희가 흔히 여기서 보는 것이 그 문제의 아이들에게는 항상 문제의 부모나 문제의 가정이 있다는 이런 얘기를 하거든요?

내담자 : 예.

상담자 : 그 말이 정말 맞아요, 그 말이 너무나 진리예요. 그러니까 부모가 정말 서로 행복하고 서로 사랑하고 좋은 가정의 분위기에서 살아가는데 애들이 빗나가는 경우는 거의 없어요. 만약에 빗나간 다 하면 그럴 때 문제는 굉장히 쉽게 고쳐져요, 그런데 가족구조 자체에 전체에 문제가 있을 때는 아이들만 다루어서는 어려울 때가 많거든요. 가족 전체를 다시 구성을 해야 될 때가 많은 데 지금 내담자께서는 그것을 깨달았잖아요. 그러니까 깨달았기 때문에 거기서부터 가는 지점은 굉장히 빠르고 굉장히 희망적이지요….

내담자 : 예.

상담자 : 저는 굉장히 이 상담을 희망적이라고 생각을 해요.

내담자 : 저도 그 테이프 듣고 느꼈어요. 어, 나만 고치면 남편은 저절로 고쳐지는 구나, 아주 똑같네 그것을 제가 느껴서 그래, 바로 내가 그거 하난데 그 때 나를 돌아다보는 거야, 그것을 알았어요. 아, 바로 그 때다, 그래서 굉장히 키(열쇠)를 얻은 거 같애요.

상담자 : 좋아요, 돌아다 보는 거야 그랬는데, 어떻게 돌아다 보실거예요?

내담자 : 그 때 화날 때 상대방이 나한테 화를 내기보다 상대방은 화나 있는데 진짜 화난 거는 상대방의 그 모습을 보고 화가 난다. 그 책 보니까 뒤에 보니까 단추는 내가 누른다 그런 면이 있더라고요. 그런데 저는 그것 때문에 얻은 것이 아니라 그 때 그것이 바로 자동화 사고다.

상담자 : 아, 있어요. 사고의 자동화.

내담자 : 그거 이콜을 무시했어요 제가 그게 하는게, '그것은 아니다 진리야, 자기가 그건 절대 불변이야' 이렇게 생각하고 그게 비합리성, 그 비합리적 신념 그런 것은 전혀 몰랐어요, 그것에 무식했어요. '그게 바로 그거구나,' 그런 생각을 했기 때문에 난 아주 큰 것을 알았기 때문에 가능성이 있지요. 그건 아주 진리라고 생각했거든요.

상담자 : 아, 참 좋네요. 그럼 구체적으로 행복하게 살고 싶고, 남편과 나하고 어렵게 만났다고 했는데 그것이 무슨 뜻이에요? 어렵게 만났다는게.

내담자 : 어렵게 살았다고.

상담자 : 아, 어렵게 살았다, 어렵게 살았기 때문에 이제 재미있게 살고 싶다.

내담자 : 예.

상담자 : 이제 그러기 위해서 남편을 이해하고 비난하지 말고요.

내담자 : 예.

상담자 : 이 책의 어딘가에 나와 있지만 비난은 정서장애의 핵심이다 라고 나와 있어요. 그러니까 분노나 화나 이런 것의 핵심은 비난이에요.

내담자 : 예.

상담자 : 그러니까 결국 내가 남편을 비난하므로써 남편도 상담실에 오시지는 않았지만 화와 분노가 많을 거예요. 누구나 사람이 인정받고 싶고 이해받고 싶은 것이 본능인데 인정과 이해는 커녕 비난을 받으니까 그게 얼마나 남편은 남편대로 화가 났고 그러니까 이제 부인한테 잘 안해줬던 건 너무나 당연하고 그게 비셔스 서클(vicious circle) 같은거, 악의에 찬, 악순환의 연결고리지요.

내담자 : 예, 어제도 제가 그 뒤의 책을 읽었는데, 제가 일요일에 또 한 번 사건이 있었는데요. 내가 모처럼 '아 난 이제 모든 것을 해결했어 여기서 난 모든 것을 해결했던거야 '이렇게 생각하고 일요일날 내가 흥얼흥얼 했단 말이예요. 그런데 그 사람하고 나하고 '존재의 의미' 란 노래를 했단 말이예요. 그런데 그 사람이 '언제가' 그 부분에서 잘 안 된단 말이예요 아 그래서 그 노래음을 완전히 알았어 뭐' 니가 있어 살 수 있는거야' 그랬더니 그사람이 금방 '당신 그거 가사가 틀렸어' 이러는 거예요. 그래 내가 또 화가 치미는 거예요. '아 좀 틀리면 어때 난 지금 음이 중요하다고 그러는 건데 아 당신 내 기분을 그렇게 망쳐야겠어?' 그러면서 내가 화를 냈단 말예요 그런데 아무리 생각해도 '이건 당위성이 아니야 당위성이 아니야 이건 자동적 사고가 아니야 ' 막 이렇게 생각을 하다 '이건 도대체 무엇에 해당이 되나' 그러면서 저도 혼란이 일고 '이런건 도대체 어떻게 해결을 해야 되나 이건 할 수 없이 싸워야 되나 보다' 내가 그렇게 생각을 하고요 화가 났어요. 그런데 그날 저녁에 이제 이 사람이 어디 풍물을 간다고 해서 이 책의 나머지를 봤어요. 그런데 거기 바로 그런 부분이 있더라고요. 남편이 나를 수용해 주기를 바라지만 그 수용하는 것은 그 사람 자유란 말이지요.

상담자 : 그렇지. 예.

내담자 : 그쵸? 수용해 주기를 바라는 마음에 나는 흔히 수용해 줘야 된다고 생각을 했던 거예요.

상담자 : 그렇죠.

내담자 : 그래 바로 그거구나. 전 응 바로 이 부분도 해결이 될 수 있는 거구나 그것을 또 제가 그것을 알고 또 두번째는 부부관계는 서로 이기고 지고 하는 관계가 아니구나.

상담자 : 서로에게 맞춰야 되는구나.

내담자 : 예 그게 또 맞더라고요. 아 그게 또 그거구나 그것을 하나 느낄 때마다 아 나는 이제 해결됐어 생각이 드는거예요. 아, 난 이제 돼 이러면서 (웃음).

상담자 : 아, 그것도 이제 제가 분명하게 얘기하면 다 된다 생각하시지 말고 그것 때문에 이것이 구체적으로 해결 되는구나 우리가 통합적으로 생각하지 않는 것이 좋지 않을 수도 있잖아요.

내담자 : 예.

상담자 : 다 된다고 했는데 실제로 안되는 부분도 있을 때 또 좌절할 수도 있으니까, 그 말 때문에 이문제가 이렇게 해결되는 구나, 구체적으로 생각하는 연습 그것이 필요한 것 같고요.

내담자 : 예

상담자 : 그래서 제가 남편의 입장에서 도와드리면 남편이 글쎄 가사가 틀렸다고 얘기했을때 비난하려고 하셨던 건가요?

내담자 : 아, 그건 아니에요.

상담자 : 그러니까 내가 화를 내는 거지 내가 화나기로 선택한 거지 다른 사람이 날 화나게 하는게 아니다 이거 분명히 아셔야 돼요. 그래서 내가 그 단추 얘기를 분명히 썼어요. 단추, 화를 나게 전류를 통하게 할 수는 있지만 그것을 통하게 하고 안하고는 내가 단추를 누르는 데 달려 있다. 이제 그 말이니까.

내담자 : 예.

상담자 : 그렇게 많은 것을 습득하셔서 참 기분이 좋네요.

내담자 : 예, 꼭 내 얘기, 그렇니까 저는 굉장히 도움을 많이 받아요.

상담자 : 원래 이 기법 자체가 모든 기법이 사실 그런데 머리가 좋은 사람한테는 더 잘먹혀요.

내담자 : 예, 왜 제가 그것을 모르고 살았을 까요? 아주 이거 읽어보니까.

상담자 : 무지하셨던 거지 뭐, 인간의 행동을 이해하는 측면에서.

내담자 : 예, 나는 그냥(안들림) 이런데 눈도 안돌리고, 그지요?

상담자 : 예, 그러신 거지요.

내담자 : 예.

상담자 : 그런데 저는 **를 하셨다는데 그렇게 막히셨을까? 상담이고 이런 데에, 저는 그게 참 의문스러워요. 왜냐하면 **가 이런 사람들이 많이 와서 배우고 그러거든요. 사람을 다루는데 이런 상담적인 지식이나 이런 게 얼마나 필요한데요.

내담자 : 아이, 참 저도 이상해요. 저도 아주 희안한게 그런데 제가 인간관계에 힘들었던게 제가 재미있는 얘기는 잘 하는데 누가 괴로운 얘길 하면 어떻게 해야 될 지를 몰랐어요. '또 여기서 어떤 얘기를 해야되나' 그런 것은 아주 그냥 당황하게 되더라고요. 그 때도 내가 '나도 변화가 좀 있어야돼'. 그리고 우리 집에서는 은근히 막았어요. 제가 사회활동 하는거 공부니까 일만해 괜히 눈돌리면 뭐 이런 쪽으로 은근히 막고, 또 절에 다닌다는게 그게 조금 폐쇄적이예요, 그리고 정식으로 하지도 않고 예, 정식으로 하지도 않고, 일요일날 안하니까.

상담자 : 아주머니 생각 자체가 많이 바뀌었었는데, 굉장히 비합리적이셨지요, 경직돼 있고, 융통성 없고 고지식했던거잖아요. 지금은 그런 것이 나쁘다는 것을 알고 사고의 패턴을 알아가고 고쳐가시는 거지요.

내담자 : 예, 그렇지요.

상담자 : 몰랐을 때는 모르니까 못했는데 지금은 알았으니까. 그러니까 사람들이 아는 만큼 보이고 보이는 만큼 느끼고 느끼는 만큼 배우고 이런 말이 있잖아요. 그러니까 제대로 안다는 것은 정말 중요하지요.

내담자 : 그런데 우리 집에서는 다 남자들이 우유부단하니까 내것이 먹히더라고요, 내 방법이. 그러니까 내가 그런 스타일로 끌어갔어요.

상담자 : 그러니까 그것을 지금까지는 됐는데 결국 그게 바람직한 방법이 아니니까 그게 막히잖아요. 끌어왔다고는 했는데 그간에 얼마나 갈등이 많았었어요. 사실.

내담자 : 만약에 우리 남편이 나보다 더 쎄서 그 남편 따라갔으면 더 낫지요.

상담자 : 낫다구요?

내담자 : 예, 그러니까 힘의 균형이, 이 사람은 뭐든지 안하는 거예요. 예를 들어서 동사무소에 가서 주민등록증등본을 떼어온다. 이런 조금만 스트레스 받는 건 안해요.

상담자 : 그래요. 그런데 그것도 우리가 이렇게 생각해 봐야돼요. 지금 내가 생각하는건 가정이예요. 남편이 세면 낫겠다, 정말 쎄면 내가 지금보다 더 피곤할 수도 있어요.

내담자 : 그럼 내가 오히려 지고 이렇게.

상담자 : 그럼 더 불행할 수도 있지.

내담자 : 그럴까요?

상담자 : 그럼요. '왜 내가 남편을 이런 사람을 만났나' 그러니까 많은 사람들의 어려움과 불평이 특히 여성들의 어려움과 불평이 아주머니같이 '왜 내 남편이 힘이 없어 내가 다 끌어가야되나' 이 불평보다는 '우리 남편이 너무나 가부장적이고 너무나 권위주의적이어서 못 살겠다' 그런 것을 호소해 오는 여자가 더 많아요. 많지요.

내담자 : 아, 저는 우리 시아버지까지요 무슨 재산관리, 경제관리를 나한테 다 맡기는 거예요. 시집가서부터요.

상담자 : 믿으니까, 믿으니까 그렇겠지요.

내담자 : 워낙 억세게 하니까요. 그런데 그 사람들이 그렇게 안해요.

상담자 : 믿어서 그러지요. 믿어서.

내담자 : 내가 시집간 다음부터 우리 시아버지가 나한테 맡기는게 시어머니가 없어서 그러니까. 내가 가자마자 시어머니 노릇을 한거예요. 이집에. 시어머니가 없으니까 시아버지가 나한테 맡기는 거예요. 그러다 보니까 억세지고 살다보니까 이렇게 나도 억세지요 그래서 나도 계속 그런 스타일로 끌고 가다가 여기와서 애들 6년 중학교 고등학교 동안 옆을 볼 틈도 없었지요.

상담자 : 그러니까, 그러니까요. 그게 결국은 그게 아니잖아. 잘 가르쳤으면 애가 잘 나갔었어야 되는데 이게 브레이크를 걸리게 되고, 그러니까 지금이라도 이제 삶의 다른 부분들을 새로운 진리를 깨달아 보세요. 여기도 보면 마음을 다스리는 법이라고요. 이 책이요 제가 저번에 나가서 사왔는데, 이게 베스트 셀러라고 해서 보니까 다 심리학에 대한 거고, 인지상담에 대한 거에요. 이게 생각을 바꿔서 마음을 정리해서 인간관계를 개선하고 이런 것을 다루었드라구요. 지금 나온 책들이 다 그런 것들이더라고요.

내담자 : 예.

상담자 : 결국 내가 바뀌고 내가 변해야지 세상이 바뀌고 세상이 변하는 것이지 내가 바뀌지 않고 상대방이 결고 바뀌지 않는다는 건 거의 진리에요 진리.

내담자 : 그런데 난 그것을 인제 알았어요. 참 희한해요. 희한하다고 생각할 수밖에 없어요. 그런데, 참 등잔 밑이 어둡다고 '난 별일 없을 거야. 내가 **에 있는데'

상담자 : 예, 그러니까 말이에요.

내담자 : 그것이 강하게 작용한 것 같애요. 제가 **에 있는데 이런 맘 있잖아요. 무슨 일 있으면 남보다 더 빨리 혜택을 받겠지.

상담자 : 너무나 자만에 빠지셨구나.

내담자 : 그런가 보지요.

상담자 : 그런거 일 수 있지요. 그러면 그럼 내가 억지로 살지 않고 이제는 정말 남편에게 행복, 남편과 식구들과 함께 행복하게 살기로 했는데 그러기 위해서 남편을 이해하고, 내가 먼저 변해야 된다. 이 두 가지는 제가 제시를 한거고 아주머님이 생각할 때 또 어떤 점이 바뀌어야 되고 그래야 될 것 같아요? 어떤 점이. 이제부터 행복하게 살기 위해서.

내담자 : 나서지 않는다. 나서지 않는다.

상담자 : 나서지 않는다는 건 뭐예요?

내담자 : 그게 뭐냐면요. 이번에 인제 우리가 재판이 하나 붙었어요. 왜냐하면 요새 불경기니까 임대료가 안나와서 재판이 붙었어요.

상담자 : 어디 지금 건물도 있고 그러신거예요?

내담자 : 아니 건물이 아니라 아파트 한 채에요. 조그만한. 우리 옛날에 살던 데에요. 그런데 그것을 이 사람한테 맡기니까 제가 인제 하다가 이게 안돼니까 남편한테 맡겼어요. 그런데 이 사람이 그게 경매가 아니라, 뭐 붙이는거, 차압용지 붙이는게 나왔는데 그

날짜를 두 번이나 어겼어요.

상담자 : 남편이?

내담자 : 예. 그것을 자기가 따라가서 붙이면 되는데, 그걸 안가고 그냥 집달리를 시켜버린 거예요. 그러니까 이 사람이 거기서 거의 일년을 그냥 사는 거예요. 두 번 다 그냥. 내가 그냥 울화통이 터지는 거예요. 그래서 그냥 안 나서기로 했어요. 그런데 내일 재판이예요. 그건 내 돈하고 상관없다. 당신이 해봐라. 그런 것을 이 사람이 그런 것을 안 하니까 내가 그 동안에는 애가 타서 다니고 그랬거든요. 하도 안하니까. 돈은 이제 둘째다. 니가 해봐. 그랬지요. 절대 이제 나서지 않기로, 이 사람한테 그냥 맡기는거 그런거

상담자 : 글쎄, 그거 나서지 않는다. 글쎄, 나서서 그렇게 나쁠 게 뭐가 있어요?

내담자 : 그럼 이 사람이 모든 것이 내 치마폭으로 쑥 들어가 버릴 것 같은.

상담자 : 아, 그럴 것 같아서?

내담자 : 예.

상담자 : 그러면 이것을 생각 하셔야 돼. 내가 나서지 않았을 때 남편이 하는 것은 내가 보기에 답답할 수도 있고.

내담자 : 무지 답답하고.

상담자 : 무지 답답하고 또 어떻게 보면 많은 손해를 볼 수도 있어요. 그걸 내가 감수할 수 있다면 나서지 않으셔도 돼요. 그것을 내가 감수할 수 있다면.

내담자 : 예, 예. 그러니까 우리 그것 때문에 망한다. 이거 아니면 "아니다. 저거 그냥 놔둬야겠다.

상담자 : 남편이 스스로 알아서 할 수 있게?

내담자 : 예.

상담자 : 내가 스스로 알아서 하면 내가 너무 싫고 그래요?

내담자 : 내가 나서면요. 우리 모든 여러 식구, 이제까지 그렇게 살았어요. 이 사람이 그것을 안하니까 죽어도 안해요. 호적초본 하나 떼어 와야 그게 재판이 되는건데, 그것을 안해요.

상담자 : 귀찮아서 그런거잖아?

내담자 : 귀찮고 어떻게 되겠지, 회피성 그런게 있어요. 이 사람도.

상담자 : 저는 걱정이 되는 게 이 나서지 않을 경우에 말이죠. 남편이 여태까지는 이 마누라한테 의지를 하고 모든 것을 마누라가 해줬는데 만약에 내가 나서지 않아도 남편이 억지로 라도 어떻게 꾸려간다라면 문제가 안 될 텐데.

내담자 : 예.

상담자 : 결국 남편이 못할 수도 있고, 또 이게 옛날에는 다 해줬는데, 이제는 안하고 손 떼는구나 해가지고 불평을 새로운 불평이 또 생길 수도 있고 그런데.

내담자 : 그런데 제가 어저께 '어 당신 밥먹었지? 딸기줄까?' 그랬더니 금방 또 옛날 버릇이

나오는 거예요. '응, 딸기? 응 연유도 가지고와' 이러는 거예요. 그런게 견제를 해야 된다고요. 옛날처럼 의존.

상담자 : 아 ,무슨 말 하는지 알겠어요. 그렇지요, 무조건 잘해줄 수는 없지요.

내담자 : 옛날하고 똑같애져요. 애쓰고 고치려 하는데 그 사람 옛날하고 똑같애 져요.

상담자 : 그러니까 그런 얘길 하세요. 나는 당신을 정말 헌신적으로 대하고 애쓰고 고치려고 하는데 당신에 그 힘든 부분이 있다. 나도 그것 때문에 슬펐고 결혼생활이 그리고 또 **가 그렇게 된 것도 당신의 그런행동 중에 있다.

내담자 : 예.

상담자 : 그러니까 나도 이렇게 변하려고 하니까 당신도 그런 부분은 변해달라 라는 얘기를 할 수 있겠어요?

내담자 : 예.

상담자 : 그렇게 해서 본인은 모른단 말이예요. 내가 이렇게 하는 게 상대방을 얼마나 거부감 을 주고 그런 행동이 상대방에게 얼마나 힘들게 하는가를 모르기 때문에 자기도 모르 게 그렇게 할 수가 있어요. 그러니까 내가 이렇게 변할려고 노력하니까 당신도 우리 에게 상처를 주는 그런 행동을 고쳐달라 왜 우리가 그렇게 살아야 하는가.

내담자 : 예.

상담자 : 서로 이해하고 사랑하는게 중요하지 서로 이기고 지고하는 게임이 아니잖아요? 서로 과시하고 서로 상처를 주려고 살아가는 게 아니잖아요?

내담자 : 예.

상담자 : 그러니까 우리가 그런 것을 고쳐달라고 얘기하면 남편도 지금 변화하려고 하는 자세 가 되있잖아요. 그러니까 제 얘기를 하세요. 상담 선생님이 그렇게 얘기하더라 그러 니까 선생님 얘기를 하지 말고 그러니까 나도 진심으로 우러나서 잘 해주려고 한다.

내담자 : 예.

상담자 : 어제같은 얘기를 저한테 하듯이 하셔도 돼요. 제가 이렇게 잘해주려고 했는데 당신 또 그런 행동을 보일 때 또 움츠러 들더라 당신이 또 같이 변해야지, 상호 좋겠다.

내담자 : 아, 예.

상담자 : 그런 얘기를 하실 때 또 중요한 것은 내가 당신을 항상 존중한다는 마음을 바탕으로 깔고 해야되요. 그러면서 해야지 '나는 왜 이렇게 열심히 상담도 받고 의사도 만나고 당신에게 잘해 줄려고 이렇게 딸기도 이렇게 씻고 그러는데 당신은 뭐야?' 이렇게 야 단 치듯이 말하면 남편 안들어요. 사정하듯이 존중한다는 마음을 바탕으로 그렇게 해 서 자기 표현을 서서히 해가는 것이 필요하지요.

내담자 : 아, 진짜 그래요. 올라오니까 '아, 내가 덜 해야지' 저 이 생각밖에 안했어요.

상담자 : 그러시진 말고 '더 잘해 주고 싶다. 그런데 당신이 그러면 안하고 싶어진다.' 그렇게 얘기를 하시고 이제 잘 보셔야지요. 분위기를 무조건 잘해주는데 이 남자가 변화될 태세가 안 돼 있어서 이것을 이용하려고 한다. 그럴 경우까지 할 건 없잖아요.

내담자 : 그럼 옛날로 돌아갈까봐 그것이 무서워서.

상담자 : '아, 나 정말로 당신에게 잘해주고 싶은데' 그 얘기를 하세요. '옛날로 돌아가 버릴까
봐 난 그것이 싫고 당신이 변화 돼주길 바란다' 그렇게 해주시면 어떨까?

내담자 : 좋겠네요.

상담자 : 예, 그렇지요?

내담자 : 우리 남편도 내가 참 많이 변한 것 같은데 언뜻보면 옛날하고 같다는 거예요. 그래서
내가 아니 언뜻 언뜻 그래서 내가 '사람들이 함부로 변하겠어'

상담자 : 아니 그렇게 얘기하시지 말고 이제는 '정말로 나는 진심으로 변하고 싶은데 내가 너
무 많이 변했을 때 당신이 옛날로 돌아가 버릴까봐 그것이 두려워서 언뜻언뜻 또 그
런다' 고 하세요. 실제로 그런거잖아요.

내담자 : 그 장면은 나도 옛날처럼 화가 나는 경우도 그 사람이 얘길하더라고요.

상담자 : 예.

내담자 : '나도 지금 변하는 과정인데 당신은 어떻게 말이야, 사람이 내가 나이가 50이 다되는
데 한 번에 변하겠어. 나 좀 이해해줘. 나도 애쓰고 있잖아' 이렇게 제가 얘기를 하지
요. 그럼 '당신 누가 어째?' 그러면 '당신 그렇게 얘기하지 마. 나 가슴 아파 나 노력
하잖아 변할 수 있을 꺼야 그렇게 얘기해줘' 그렇게 얘기하지요.

상담자 : 잘하셨어요.

내담자 : 그러니까 이 사람은 그런 식으로 항상 얘기해요 '니가 변할라면 딱 변해야지 한 번에'

상담자 : 남편도 한 번 시간이 되면 상담을 받으러 오게 하세요 남편이 5번 정도만 받아도 좋아
질 수 있거든요. 그러니까 언제 모시고 오셔도 좋고.

내담자 : 예.

상담자 : 자, 그러면 계속 남편을 위하고 내가 변한다 남편을 이해하기 위해서 아주머님이 하
셔야지 될까요? 남편을 이해하고 사랑한다까지 할까요? 사랑한다까지.

내담자 : 남편을 이해하고 사랑한다까지요?

상담자 : 사랑한다는 좀 그런가?

내담자 : 예, 그런데 제가 사랑하려고 그랬거든요. 그게 참 어렵더라고요. 우린 그렇게 안 살아
서요. 그렇게 살 마음은 없고, 그거 정말 네가 참 나 만나서 고생 많이했다. 어떤 여자
만났으면 좀 잘 살텐데 정말 나 같이 억세고 드센 여자 만나서 정말 사랑할 른지 모르
지만 맘고생을 무지 했겠다. 그러니까 내가 잘 해줘야지. 이제 생각했어요. 그런데 이
해는 해주고 잘 해주는 것까지는 되는데 마음에서부터 사랑은 어렵더라고요. 이건 더
내가 더 변해서 거듭나서 내가 가슴으로부터 사랑해야 되는 거지, 이해는 되고, 아,
이 사람 나 때문에 고생은 많이 했어. 머리로는 이해는 되는데 습관이 그 동안 습관이
안 나올 수는 있지만 이해는 돼도, 그 사랑하는 데서는요.

상담자 : 좋아요. 그건 어렵지요. 20년 동안 사랑하지 않았던 사람을, 거기에 무수히 많은 생각
의 변화와 무수히 많은 행동의 변화가 같이 있어야 돼요.

내담자 : 예.

상담자 : 그러니까 어떤 사람이 웃으면 우리가 웃음의 내용을 모르고 같이 따라 웃기도 하잖아요. 우리가 행동하면서 우리의 생각이 바뀌는 것도 있거든요.

내담자 : 예.

상담자 : 내 생각에서는 정말 이 사람을 사랑한다는 생각이 가슴으로 우러나오지는 않아도 행동을 자꾸 가식적으로 해도 되잖아요. 그렇게 하다보면 행동을 통해서도 또 내 생각이 조절이 돼요. 그러니까 자꾸 좋아하지 않은 사람도 자꾸 껴안는다든지 이런 행동을 자꾸 하면 내가 속상할 때 자꾸 웃으면 웃음이 나오잖아요. 그것하고 마찬가지란 말예요. 꼭 가슴으로 먼저 느끼고 생각하고 그 다음으로 행동으로 옮기고 하는 것이 아니고, 가슴으로 충분히 못 느껴도 내가 먼저 행동으로 옮길 수 있지요. 그러니까 그런 측면을 생각해서 남편을 많이 사랑해 주면 될 거 같아요.

내담자 : 예, 그러니까요. 거의 안 싸우다시피 언쟁이 났다가도 '왜 그랬어? 당신은 이래야지, 이래야지' 쭉 가라앉고, 쭉 가라앉고, 옛날에 비하면 용됐지요. 그런데 또 제가 우울했던게 제가 폐경기였거든요. 그러니까 이 남녀관계가 더 이렇게 힘이 들고 생각하기가 싫어져요.

상담자 : 그런데 남녀관계라는 것이 뭐예요?

내담자 : 그러니까 부부관계요. 딴건 다 하겠는데 부부관계는 싫어요. 이것을 어떻게 하나. 제가 부부관계 없이 살면 좋겠다. 이런 생각도 하고.

상담자 : 남편이 자꾸 요구를 해와요?

내담자 : 예. 때때로 한 일주일에 한 번. 이주일에 한 번 요구를 해 오는데 제가 참 한달에 한번 이렇게 하거든요. 그러니까 이 사람이 내가 그 사람이 원할 때 그것만 잘 해줘도 많이 할 거 같은데 참, 그게 싫더라고요.

상담자 : 싫으셔도, 그게 이제 싫다라는 어떤 생각이 들어가 있을 거예요. '뭐 이 나이 먹어서도 내가 이런 것을 해야 되나, 너무 동물적이다' 라는 생각도 들고 한 번 찾아보세요. 지금. '아니면 내가 지금 싫어하는 남편하고 이것을 꼭 해야 되나' 그것이 어떤 생각이 들어가 있을 거예요. 싫다 라는 것은 어떤 생각이 들어가 있는것 같애요?

내담자 : 그러니까 재미가 없어요.

상담자 : 응, 그렇지요. 그러니까 잘 안 되지. 그러니까 내가 이제부터 이러한 행위를 통해서 남편과 관계를 굳건히 한다. 그렇게 생각을, 의미를 부여하는 거에요. 섹스하는 거 자체에 의미를 부여하는 거예요. 의미없이 그냥 동물적인 쾌감만을 추구하는 거라고 생각하니까 재미없고 하기 싫어지고 이 나이 되도록 내가 그런 쾌락이나 추구해야 되나, 아들은 저 모양으로 있는데 그런 생각이 들어서 하여간 싫어지는 건데 이건 정말 부부만이 할 수 있는 것이고 이것을 통해서 그동안 못다했던 부부간의 관계를 다시 만들어 가는 것이고 새로운 사람과 나를 주는거다 이렇게 성행위 자체에 의미를 부여하면 새로운 자세로 할 수 있을 거 같애요. 그러니까 피하시려고 하지 말고, 남편이

　　　　요구가 있으시다니까 그런데 성실하게 응해주었을 때 정말 관계라는 것이 좋아질 수
　　　　있는 거잖아요.

내담자 : 예.

상담자 : 아,.. 우울했던 것이 그런 영향도 있었겠네요? 폐경기 우울증. 내가 여성으로서의 아
　　　　름다움을 다 잃어가고 그런 것은 아니었을까요?

내담자 : 사람들이 폐경기 우울증, 나는 지금 병원에서 폐경기 우울증인줄 알아요. 그런데 사
　　　　실.

상담자 : 그건 아니었지.

내담자 : 그건 아니었어요. 그것보다는 아들 때문에.

상담자 : 예, 폐경기는 우연히 같이 온 것이고 어쨌든 성 행위를 하실 때 아마 그래서 하기 싫
　　　　으셨을 거예요. 애는 저렇게 돼 있는데 엄마인 내가 쾌락이나 느껴서 뭐하나.

내담자 : 그러니까 남편이 얄미워요.

상담자 : 남편도 같이 힘들어야 되는데 그런데. 남편은 하나의 생리적인 욕구이지 그것을 꼭
　　　　안하면서까지 금욕할 필요까진 없잖아요. 사실 남편의 입장에서 사실 또.

내담자 : 예.

상담자 : 그래서 남편이 요구를 한 것이고 또 남편은 남자들은 좀더 동물적인 부분이 또 있고
　　　　요. 여자들보다는. 그런 것을 안한다고 해서 아들이 더 좋아진다 그러면 안할 수 있겠
　　　　지만, 또 그런 것은 아니잖아요.

내담자 : 그 전에도 전 싫어했어요.

상담자 : 원래 여자들은 싫어하는 경향이 많고, 그렇지요. 남자들은 좀 더 원하고.

내담자 : 남자들은 그것으로 인해서 자기가 사랑이니 뭐니 모든 것을 다 완성하는지 알잖아요.

상담자 : 그렇지요. 단순하니까.

내담자 : 싸우고 나서도 그것으로 해결되는지 아니까 이렇게 아니까 그게 얄밉고 싫더라고요.
　　　　싫었어요. 그리고 내가 집안일이 굉장히 힘들었는데도 어느 땐 요구하고. 제사 때 너
　　　　무너무 힘들 때도 요구하고 자기는 사랑을 준답시고 하겠지만 너무.

상담자 : 내가 싫지만, 그 얘기 잘 하셨는데 남편은 사랑을 준다고 했잖아요.

내담자 : 예.

상담자 : 그렇게 받아들이시고 정성껏 거기서부터 제 생각에는 많은 부부관계가 문제가 거기서
　　　　부터 생기는 경우도 많고요. 또 개선이 되는 것도 그런 문제서부터 개선이 되기도 하
　　　　고 그렇거든요. 사실 그렇지요. 우리 나라 사람들이 성격이니 뭐니 해도 성적 행동이
　　　　맞지 않을 때 이혼을 하게 되는 경우가 많잖아요. 그게 사실은 중요한 부분이니까 특
　　　　히 ** 아버지 같은 경우에도 제가 볼 때 그런 것 같아요. 정신적으로 성숙이 많이 안
　　　　되신 분이기 때문에 그런 행위를 통해서 만족을 느끼고 그러한 행위를 통해서 사랑을
　　　　확인하고 그러기 때문에.

내담자 : 그리고 자기가 내가 너보다 위라는 것을.

상담자 : 예, 아직은 내가 기능하고 있다라는 것도 과시를 하셔야 되고 그러니까.

내담자 : 그런 관계를 하고 나면 내가 너보다 위야 이런 느낌이 드나봐요.

상담자 : 아, 그러나보다.

내담자 : 그러니까 난 하구나면 기운이 없고. 서로 싸우니까.

상담자 : 그러니까 ** 어머니도 그런거지, 하고 나면 남편이 그런 생각이 든다면 남편한테 어떻게 보면 말려들어가신 거지 '나는 너보다 밑이다' 그런 생각을 하셨나보지요.

내담자 : 아니, 하고나면 더 '나는 너보다 얼마나 위고 그러니까 너 가서 물떠 와' 이런 식으로 아주 사람을 비굴하게 만들어요. 사람을. 조금 내가 비굴함을 느껴요.

상담자 : 그러면 그런 얘기도 지금 당장은 안되겠지만 나중에 하셔도 좋지요. '과거에는 내가 그런 것 때문에 잘 그랬는데 이제는 아니다. '그것도 사실은 ** 어머니만의 생각일 수도 있잖아요. 실제로 ** 아빠가 그랬는지 안했는지 얘기를 해보기 전에는 모르는 거잖아요. 느낌으로 내가 그럴 것이다. 둘러 잡으시는 거잖아요. 아니에요?

내담자 : 그리고 하고 나면 거의 싸웠어요. 피곤하고 그런데 서로 서비스 해줬다고 그래요. 서로요. 그러니까 서로 피곤한데 그러니까 재미가 서로 없었나 봐요. 그 사람도 내가 그런 태도로 하니까 그랬겠지요?

상담자 : 그렇죠.

내담자 : 자기는 열심히 해서 이 사람 마음을 잡아볼까 했는데 난 재미가 없고 하고 나면 녹초가 되고 싶으니까. 그리고 하고 나면 태도도 얄밉고 그러니까 거의 싸웠어요. 거의 싸웠어요. 그 패턴이.

상담자 : 싸우셨구나. 그런거에서부터 시작하시는게 남편을 이해하는게 아닐까 그렇지요?

내담자 : 사랑 없이 서로 결혼을 깨기는 싫으니까 의무를 해줘야 되는데, 억지로 해주는데 너 왜 잔소리냐? 이런 마음 같아요.

상담자 : 그리고 또 어떤게 있을까요. 내가 남편을 이해한다는 게.이해하고 인정한다. 인정한다까지 합시다. 그동안 남편의 존재에 대해 별로 인정하지 않았잖아요. 예, 일단 이해하고 인정한다에서 일단 먼저 성행위에서부터 그렇게 하는 것도 있고 또 하나는 어떤게 있을 수 있을 까요?

내담자 : 그 사람은 자기가 직장에서 자기가 얼마나 위대한가 자기가 협회의 부회장까지 했었어요. ○○ 협회에. 그러니까 자기가 얼마나 위대하냐는 거에요.

상담자 : 그것도 부인이 인정을 좀 해줬어야 하는데 한심한 것은 넌 변호사한테 과외받아 가지고 ○○가 됐잖아? 이런식의 메시지가 암암리에 들어갔겠지요?

내담자 : 그럼요.

상담자 : 그러니까 얼마나 자존심 상해요.

내담자 : 난 그걸 다 아는데. 내 앞에서 그러니까 잘난 척하니까 '또 네가 협회 부회장됐지? 네가 될 감이야? '속으로 그런 생각을 하지요. 내가 아직 변화되지 않았으니까 그리고. 또 협회라는 게 뭐냐면 그 협회는 ○○*가 주축이고 회원은 5명밖에 없어요.

상담자 : 5명.

내담자 : 협회를 운영하는건 사실 사람이 많이 필요하지 않지요. 다섯 사람이 협회를 움직여도 별로.

상담자 : 그렇지요. 간사 하나만 있어도 되잖아요.

내담자 : 그렇지요. 근데 무지무지 좋은 것처럼 막 얘기를 하는 거예요.

상담자 : 높은 것으로. 위대한 것으로.

내담자 : 자기가 위원장이라고, 근데 전화를 하는데 하다가 뚝 끊어요. 왜 그랬냐고 그랬더니, 높은 사람이 왔대요. 당신도 위원장인데 누가 더 높아? 그랬더니, 그 중에서 자기가 위원장이지만 거의 끝에서 두번째더라고요. 그러니까 회장 하나, 부회장 하나 이러다 보니까 5명 중에 중간이면 위원장이면 세 번째잖아요. 그런데 그렇게 잘난척을 해요. 내가 너무나 누르니까 이 사람은 누르면 누를수록 더욱더 잘난척을 하는 거예요. 처절하도록.

상담자 : 그랬나보다. 저는 그 심정이 너무나 잘 이해가 돼요.

내담자 : 예, 그래서 내가 이 사람을 너무 내가 눌러가지고 이 사람이 안깐힘을 써서 자기 잘났다고 하는 걸 이제 내가 이것을 인정해주고 받쳐줘야 되겠다.

상담자 : 아, 네. 어떤 사람에게 우리가 매력을 느끼게 되는 때가 있어요. 나의 존재를 알아주고 나의 진가를 이해해 주고 인정해 주는 사람, 그런 사람에게 내가 정을 느끼지요. 제가 이렇게 어렵게 무언가를 해냈을 때 너무너무 고생했다, 너무너무 축하한다, 이런 전화를 해주는 사람한테 제가 고마움이 가고 정이 가고 그 사람의 좋은 점을 제가 알아주게 되지요.

내담자 : 예.

상담자 : 그런데 나몰라라 하면 그래, 그러면 나도 나몰라라 하게 되지 똑같은 거지요. 남편이 오죽 했겠어요. 저는 그림이 그려져요.

내담자 : 그런데 저는 당연히 남편이 여잘 감싸줘야지. 내가 어떻게 널 감싸니?

상담자 : 그 생각이었지 바로.

내담자 : 예.

상담자 : 여자는 남편에 의해서 보호받아야 한다. 사랑을 받아야만 하는 거고 여자는 사랑을 주면 안된다. 라는 사고가 머리 속에 깊이 내재되어 있는 거지. 우리 문화 자체가 그런거니까요.

내담자 : 예. 그렇지요?

상담자 : 그런거지요. 그리고 행복한 여자의 잣대라는 것은 사랑받는 것이지, 어떻게 여자인 내가 아내인 내가 남편을 먼저 사랑하냐는 것 그건 아니죠. 이렇게 생각을 하셨겠지. ○○ 어머니가.

내담자 : 시집올 때도 내가 나이 많은 사람한테 올 때는 '너는 사랑받을 거야, 그 남자는 돈도 많고 그 남자는 나이도 많아.' 그때부터 나는 사랑을 받으려고 온 것이거든요.

상담자 : 그러니까요. 그게 많은 여성들이 불행을 느끼는 이유가 그거예요. 내가 시집을 갈 때 내가 들어가서 내가 희생해서 내가 이 집을 살리고, 남편을 살리고 사랑을 준다 이런 생각과 각오를 가지고 가기 보다는 내가 사랑받고 나의 부족한 부분을 남편을 통해 충족하려고 갔는데 가서 보니까 내새울 만한 것이 있는 게 아니라 오히려 내가 희생하고 헌신해야 되는 상황이니까 거기서 불만이 많이 오는 거예요.

내담자 : 예.

상담자 : 처음부터 내가 걷어부치고 내가 희생할 각오를 하고 들어간다. 사랑받기보다는 주고 베풂을 당하기보다는 내가 베풀고 이런 각오로 시집을 간다면 정말 사람들이 많은 불평에서 헤어날 수 있지요. 그게 바로 잘못된 생각이라는 거예요. 그 출발점이.

내담자 : 근데 예전에는 다 그러고 갔잖아요.

상담자 : 그건 예전이었고. 그러니까 많은 여성들이 불행했지요.

내담자 : 그런 생각으로 살았어요.

상담자 : 얼마나 많이 불행했어요. 남편이 사랑을 주고, 정말 행복하지요. 그러나 우리가 흔히 그런 얘기 하지요. 'give and take' 주는 만큼 받는다. 내가 사랑을 주지 않는데 온다 그건 넌센스지요. 왜냐하면 둘다 인간이기 때문에 그래요. 인간과 하느님과의 관계에서는 우리가 하느님은 우리를 사랑하지 않아도 하느님을 사랑하실 수 있지요. 신이니까. 그러나 인간은 그렇지 않아요. 물론 부모와 자식간은 달라요. 그러나 남녀 간에는 그게 아닌 것 같아요.

내담자 : 예.

상담자 : 그러니까 ○○ 어머니도 사랑을 받으려고 하고 내것 주는 것은 너무나 아깝고 이렇게 생각하셨지. 그렇지요?

내담자 : 주는 걸 몰랐어요. 제가 막내였고 그 다음에 ○○ 아빠에게 사랑을 준다는 건 남자를 좀 무시하는 거다. 이런 생각까지 하고 있었어요.

상담자 : 잘못된 거다.

내담자 : 그리고 ○○아빠도 그런 생각을 했어요.

상담자 : 내가 여자에게 사랑을 받는 건 무시당하는 거다?

내담자 : 그건 아니지만 날 좀 사랑해줘 이런 얘기는 입에도 안 올린 것 같아요. 여자가 뭐 그런 종류의 얘기는.

상담자 : 그런 얘기는 하기가 사실 좀 어렵지요. 우리 나라 남자들의 자존심에서는 날 좀 사랑해줘, 이런 얘기는.

내담자 : 아니 그건 아니지만 선생님. 그거 비슷한 '너 말이야 너 아무리 봐도 넌 아주 나한테 쩔쩔 매더라' 이런 식의 얘기를 하고 그렇게 몰아가는 거예요. 그래야만 행복한 가정이 되는 줄 아는 거예요.

상담자 : 그렇지. 가부장으로서의 권위가 강하게 있어야지 내가 내 역할을 하는구나 내가 제대로 살아가는 거다라고 이 분은 생각하고 있는데 ○○어머니가 가부장의 역할을 강하

　　 게 인정하지 않으니까 불만이 많은 것이지요. 힘들었던 거예요.

내담자 : 예.

상담자 : 내가 한 말마다 트집잡고 내가 한 행동마다 우습게 보고 근데 나는 가부장이 돼서 강하게 눌러야 되는데 그러니까 이분이 얼마나 힘들었겠어요. 그런 생각 자체가 없다면 모르는데.

내담자 : 그러니까 이 사람도요. 모자라는 부분을 제가 정말 인정을 해 줘야 되는데 왜 모자라는 것을 자꾸 느끼게 할려고 그래. 사실 이 사람은 그런 것을 잘 못해요. 왜냐하면 이 사람도 이모도 일곱 명이에요. 여자 형제도 다섯이에요. 모든 걸 다 해줬어요. 그러니까 이 사람은 능력이 없어요. 그런데 자리만 권위만 지킬려고 그러는 거예요. 그러다 보니까 안되거든요. 그럼 난 그 자체를 인정해 주면 좋은데 사실은 꼴깝하네죠. 행동을 하는게 정말. 어, 정말, 저거 어떤 때는 '저 사람 죽어버리는게 더 편하겠다.' 생각을 했었어요. 그런데 가만 생각해 보면 죽어서 과부 소리 듣는 것보다는 있는 게 낫지 그 다음 순간엔 그렇게까지 생각을 한 거예요.

상담자 : 그러니까 제가 언젠가 그랬던 것 같은데 누구를 위한다 하는 것은 그 사람이 살아온 성장배경과 환경까지를 우리가 받아들이고 감싸안는 거다. 그러니까 ○○아빠가 정말 ○○ 어머니의 눈에 여러 가지 무능력한 모습이 보이는것은 진짜 주변에서 다해줬으니까 이모가 다 해주고 누나들이 다 해주고 여동생이 해주고 자기는 안해도 되었던 환경이잖아요? 그걸 갑자기 ○○ 엄마가 고치려고 하니까 안되는 것 아니에요. 그걸 받아들이고 수용해가면서 서서히 고치려고 했으면 고쳤을지 모르는데 서서히 고치려고 하기 보다는 '왜 너는 내가 원하는 식이 아니냐?'라고 맨날 비난하고 호통을 치셨기 때문에 관계가 악화되었던 것이지요. 그러니까 남편의 그런 것을 이해하신다는 것,남편을 이해하고 인정한다는 것은 남편의 성장과정 성장배경, 가족구조, 8대 종손 얼마나 어마어마하게 떠받들었겠어요. 그것 자체를 내가 인정해주는 것이지요. 수용해주고. 그렇죠?

내담자 : 지금도 자기 아버지가요. ○○를 다니는데 오면 이 사람 종이에요.

상담자 : 그러니까. 세상에.

내담자 : 난 아주 그런게 속이 상하지만.

상담자 : 자기 아버지도 그렇게 하는데 뭐. 아버지가.

내담자 : 그러니까 이 구조에서 나는 어떻게 할 수 없다. 내가 속이 상하는 것을 봐야만 한다는 거예요. 꼴은 보지 못할 정도니까 진짜 보고 살기도 힘들다. 이렇게 봤는데 이제는 당연히 틀어진 것이지요. 아. 내가 그것을 그대로 인정하고 내가 변화하고 그럼 이 사람도 변화를 하도록 하고 안되면 안되는 대로 수용하고, 이 사람이 못하는 것도 얼마나 힘들겠느냐 그 생각까지 하게 된 거예요.

상담자 : 그렇지요. 힘들지, 힘들 거예요.

내담자 : 이 사람은 능력이 없어 못하는데 얼마나 힘들까. 그렇게 생각해야겠구나.

상담자 : 그렇게 생각하시면 전혀 문제가 안 될건데 물론 속이야 상하시지요. 남편이 척척척 알아서 해주고 사랑을 많이 받고 그러면 좋지만, 그렇지 않은 사람이 더 많으니까 또 그런 사람은 굉장히 운이 좋은 여자들이고요. 그렇죠?

내담자 : 예.

상담자 : 그런 여자들은 그런 여자들대로 또 고통과 어려움이 있는 것이고, 그러니까 ○○아빠를 정말 내가 이해하고 인정한다라고 하는 것은 그런 환경까지도 내가 수용하고 받아들이고 그런거에 대해서 컴플레인(불평)하지 않는 것이 ○○ 어머니에게 굉장히 필요한 거예요.

내담자 : 가능할 것 같아요. 이전에는 이사람을 계속 바보로 놔뒀거든요. 그냥 이해하는게 바보로 놔두는 거다. 이제는 그게 아니고 아! 이해하면서도 변할 수 있는 그런 길을 제가 좀 알겠어요.

상담자 : 그러니까 내가 먼저 변한다는 게 바로 그게 변한다는 거지요. 내가 그렇지요? 그러니까 남편이 느끼겠지요. 이해를 받는구나 나의 존재를 인정해 주는구나 그런 것을 느끼면 남편이 변하는 것은 훨씬 쉬운 것이지요.

내담자 : 그 전에도 ○○가 시험이 끝났다고 2시 반이 되도록 안 오는 거에요.

상담자 : 새벽 두시 반?

내담자 : 예, 그래서 자다가 벌떡 일어났어요. ○○가 군대갔다온 남자를 만난다는데 이게 어떻게 됐나, 별짓이 다 떠올리더라고요. 그러니까 자기도 왜냐하면 애가 들어왔으리라 생각했는데 없으니까 딱 풀리더라고요. 그런데 ○○아빠가 '아이 그냥 자 어디 친구 집에 가서 자겠지.' 옛날 같으면 '당신은 걱정도 안돼? 세상에 여자 애가 안오는데 '이렇게 얘기하는데 '글쎄 말이야 힘이 드네 그래, 그냥 잘게' 하고 누웠어요. 근데 이 사람도 잠을 못자더라고요.

상담자 : 아버지니까.

내담자 : 아버지니까 그러니까 그전에는 나하고 싸우느라고 에너지를 거기에 다 소모했는데 이제는 나하고 싸울 일이 없으니까요. 자기가 막 못자요. 그런데 딸이 들어왔어요. 그래서 내가 '애, 너 그러면 내가 더 힘들잖아. 12시 전에 전화를 해줘야지' 노래방 가서 늦었어요. 별일은 없었어요. '○○가 군대 갔다온 애 그런 남자애들을 니가 사랑해서 어떻게 되는 건 좋지만 니가 사고로 어떻게 되면 얼마나 속상하니? 난 니가 그렇게 될까봐 무지 걱정을 했다. 그러니까 니가 전화를 해줘라. 그리고 너도 니가 훌륭하게 커서 아직은 덜 컸으니까 ○○살이니까 아직은 더 커야 돼. 그치? 니가 훌륭하게 커서 그 눈으로 남자를 골라야지 지금 고르면 조금 이르지 않니?' 이렇게 제가 얘기를 잘 했어요. 그러고 방에 들어갔더니 자기도 다 그걸 들었나봐요. 그러더니 당신이 너무 길었대. 그런데 이 사람은 짧게 하라는데 짧게 안되더라고요. 그래서 이 사람이 잠을 못자더라고요. 배운 대로 그대로 '자야지' 했더니 이 사람도 잠을 못자고, 1시간 동안을 엎치락뒤치락하다가 내가 얘기하는 것을 들었나봐요.

상담자 : 그거 보세요.

내담자 : 그래서 그거 성공했어요.

상담자 : 예, 그거 참 좋네요.

내담자 : 예

상담자 : 그리고요. 제가 지난 번에 오늘 책을 읽으면서 비합리적인 생각을 찾아오시라는 숙제를 내드렸는데 찾아오셨어요?

내담자 : 여기서요. 노래할 때 그 사람이 나한테 반박해서 이 사람이 내가 기분을 깬 것이.

상담자 : 예, 다 해오셨네.

내담자 : 요기 있는 것을 잘못써서 한 번에 다 써버렸어요.

상담자 : 예, 됐어요. 내가 기분좋은 대로 그대로 놔둬야지 남편이 그것도 모르고 모처럼 망쳐 놨다.

내담자 : 남편이 모두 날 수용해야지, 왜 날 기분 나쁘게 하냔 말이냐. 내가 니 앞에서 노래한 번 부르지 여러 번 부르냐? 쫙 불렀는데 말이지 그럴 수 있냐? 내 기분도 몰라준다 한 거지요.

상담자 : 그러니까요 숙제를 꾸준히 하셔야 되겠어요. 이거 잘못된 것이지요. 남편이 날 다 수용만 해줘야 되는건 아니잖아요. 그리고 또 나를 수용해 줘야지만 또 나를 사랑하는 건 아니잖아요. 사람들이 속상해하는 이유가 뭐냐면 남편이 나를 수용해 주지 않으면 나를 사랑해 주지 않는거야 라고 수용과 사랑을 직결해서 생각하는데 그건 아니란 말이에요.

내담자 : 예.

상담자 : 아 이거 상담이 너무 잘돼서.

내담자 : 어, 저는 굉장히 도움을 많이 받아요. 이 책 거의 끝까지 봤는데요. 통합부분에 대해서 잘 모르겠어요.

상담자 : 예. 통합이라는 건 뭐냐면, 생각이 바뀌는거 결국 어머니가 아셨잖아요. 남편이 모든 거 다 수용해 줄 필요는 없다. 이걸 알았지만 언젠가 또 남편이 나를 수용해주지 않을 때 또 화가 났을 수도 있어요. 그러니까 내가 이 생각을 알았다고 해서 화가 안 나는 게 아니란 말이에요. 이 생각이 내 안에서 정말 통합이 되어야 해요. 통합된다는 건 뭐냐하면 남편이 나를 수용해 주지 않았을 때에도 내가 화나지 않는다. 그러면 이 생각이 나한테 통합이 된 거예요.

내담자 : 아. 내것이 된다?

상담자 : 예, 내것이 된다. 지금은 이해는 하지만 통합이 안돼서 화가 났을 때도 많단 말이에요? 그래 선생님 말씀이 맞지만 그게 이해는 되지만 내것은 아니에요, 이럴 수가 있어요. 근데 아주머니는 제가 보니까 이해하는 순간에 통합이 다 되세요. 그러니까 그만큼 모르셨기 때문에 그렇지요?

내담자 : 예.

상담자 : 그런데 이해했는데도 통합이 안 된 사람은 그 점에서 어렴풋이 알고 있었어요. 알고 있었지만 자기 고집이 너무 세기 때문에 그걸 놓지를 못하는 거예요. 근데 우리 어머니는 그 전에 전혀 모르셨기 때문에 새로운 것을 알면서 '아! 그렇지' 하고 이게 행동하고 직결이 돼요. 이해와 통합이 동시에 일어나는 거지요.

내담자 : 아.

상담자 : 굉장히 좋은 거지요.

내담자 : 너무 편해요. 저는 사는 게 너무너무 편해진 거예요.

상담자 : 너무 좋은 거예요.

내담자 : 그래서 우리 남편한테 '여보 당신도 해봐, 뭐든지 해봐, 너무너무 사는게 편해' 옛날에는 그 틀에 맞추어서 살았으니 얼마나 힘들었겠어요. 그런데 ○○아빠는 선생님이 한 얘기를 '나는 무엇무엇은 알았고' 얘기를 해요. '그게 그렇더라고. 내가 틀렸더' 라고. 남편이라도 원수는 아닌가봐요. '그래, 어떻게 해서 고쳐야지.' 그생각 때문에 30분이고 한다고 일찍 일어났어요.

상담자 : 언제, 내가 잘못했다고 얘기했을 때? 제가 상담시간에 해줬던 얘기를?

내담자 : 그것도 그렇고 내가 뭐가 틀렸더라고. 나 이런 것 알았어. 이제 다 변할 것 같애. 그것만 하면 다 변할 것 같아. 난 이제 다 된 것 같아. 난 또 내일도 다 변할 것 같애. 막 생각이 막 그렇거든요. 그러니까 이 사람이 가만히 다 듣더니 '그건 일리가 있네' 이래요. '당신 일리가 있다는 게 뭐야? 그것도 알았지. 당신이 생각도 못했던 부분들이잖아, 당신이 몰랐다고 해서 없었던 게 아니고.

상담자 : 그 순간에서도 남편이 얘기했을 때 그걸 비난하지 말고 "당신은 그렇게 말하는 데 앞으로 내 얘기를 좀더 들으면 이렇게 말하게 될거야 '그것도 알았어?' 이렇게 말하게 될거야." 라고 얘기하세요.

내담자 : 예.

상담자 : 남편의 내 맘에 맞지 않은 그 태도를 비난하지 말고 '당신 내 강의를 좀더 들으면 그 말투도 이렇게 변하게 될거야.' 라고 얘기하면서 유도를 하라는 거예요. 내가 바람직한 방향으로.

내담자 : '당신은 내가 얘기한 것 중에 뭘 알았을까? 요것도 알고 요것도 알고 4개나 되잖아? 4개가 얼마나 큰 건데 그것만 알았다고 그래?' 내가 막 그러니까 당신이 틀렸다고 당신이 뭐든 안됐다는 식으로 말한게 틀렸다고. 그랬지요.

상담자 : 이해와 통합의 차이는 아셨지요?

내담자 : 네.

상담자 : 그것은 선생님이 이해와 통합이 동시에 되니까 근데 중요한 것은 언젠가는 저하고 떠나셔야 되잖아요? 저를 떠나셔도 제가 있었을 때와 똑같이 행동하셔야지요. 상담을 받을 때만 이러고 상담을 안 받아서 옛날로 돌아가 버리시면 그건 통합이 안된 거예요.

내담자 : 이제 불편한 사건이 일어나면은요. 자꾸 생각하게 돼가지고 어디가 틀렸던가를 계속 머리에서 떠나지 않아요.

상담자 : 그러니까 이제부터는 이제 어떤 사건이 생기면 분명히 어떤 정서를 경험할텐데 정서라는 건 화, 신경질, 분노 그런건 내 생각 때문에 그렇지요. 그 사건에서 내가 어떤 생각 때문에 내가 분노가 났는가. 이게 그거지요. 어떤 사건 분노. 어떤 생각인가 이걸 찾아서 스스로 논박하면 스스로 내 정서가 변화는 거잖아요.

내담자 : 예.

상담자 : 그러면 선생님 제가 지난번 숙제를 아, '남편과 영화보러 갔을 때 무조건 내가 폈던 주장' 이런건 당연히 옳았다고 그 얘기를 하셨어요? 남편에게.

내담자 : 예.

상담자 : 남편의 반응이 어땠어요?

내담자 : 남편이 또 자존심이 있더라고요. 그 말하면서도 '여보 내가 있지. 당신한테 ○○ 때문에 난 너무나 가야된다고 자동적으로 생각했거든. 근데 그게 틀렸더라고. 바로 그 점이 틀렸더라고. 난 진리라고 생각했던 게 틀렸어. 그리고 말이야. 또 버스에서 올라가서도 그래. 앞자리에 정말 자동적으로 앉아야 된다고 생각했거든. 왜냐하면 길을 모르니까, 너무나 내가 앞자리에 앉아야 된다고 생각했는데 당신은 버스의 불룩 올라온 부분 바로 자동적으로 뒤에 앉아야 된다고 생각을 했는데 거기서 당신도 자동이고 나도 자동이었어. 바로 그 점이 잘못된 것이더라고. 그러니까 당신도 잘못이고 나도 잘못이야. 그러니까 그때 나 먼저 고쳐야겠어.

상담자 : 그러셨어요.

내담자 : 나먼저. 바로 문제가 있을 때 나먼저 바로 고쳐야 되겠더라고요. 그러니까 이 사람이 '아 진짜 그러네' 그러는 거예요. 거기서 나만 물고 들어가니까 또 그러더라고요. 그 사람도 그거잖아요. 거기서 물고 들어갔죠. 거기서 '당신도 잘못하고 나도 잘못한거야. 그지. 당신이 생각하면 당신이 옳다고 생각하고 나도 생각해서 나도 돌아봐야 되고 당신도 돌아봐야 되는데 둘다 똑같으니까 못 돌아보더라고. 그 때 나먼 저 돌아보겠어. 그러면 당신도 자동적으로 변화하게 하겠어' 내가 막 이랬어요. 그래서 내가 이랬지. 내가 한참 지나서 또 잔소리가 붙어요. 뚝 안 끊어지더라고요. 조금 있다가 그 사람이 '아 좀 고만' 또 이래요. 그래 제가 '내가 있지 아침이 이렇게 30분씩 이렇게 하는게 사랑이야. 난 지금 다른 건 아무것도 관심 없어. 진짜 내가 이렇게 열정을 다해서 당신에게 어떻게 내 맘을 전하냐고, 당신과 함께 이렇게 변한다는게 이게 사랑으로 가려는 거야.'

상담자 : 그것봐, 그것보세요. 진실은 통하잖아요.

내담자 : 참 여태까지 잔소리인줄 알았데요. 잔소리. 내가 성이 나서 하면 잔소리, 이렇게 안거예요. 그랬더니 그 후부터 그 날 아침부터 '정말 당신 때문에 내가 많이 변화됐어, 당신이 그렇게 아침마다 무슨 얘기를 하고 20분 만에 하고 10분 만에 하고 내가 어저께

○○하고 이렇게 행동했는데 무슨 행동 불편한 게 있으면 밤새 생각하고 자면서도 생각하고 이런거더라고. 그랬어 그랬더니 '아 이래라 저래라 한다'고 맨날 불평을 했거든요. 당신이 할려고 해도 나만큼은 못하잖아. 난 생각이 많으니까 하지만 당신은 그렇게 못하잖아. 남자니까 그러니까 나의 생각을 그렇게 얘기해 주니까 받아주고 안 받아주고는 당신 생각이야. 맘대로 해 그저 난 이렇게 하는게 좋겠더라고. 얘기를 하면 다 잔소리라는 거에요. 그러더니' 당신 덕에 내가 많이 변했어. 내가 이렇게까지 되는거는 다 당신 덕이야. '이렇게 얘기하더라고요.

상담자 : 참 남편께서 그런 말을. 남편이 나에게 잘해서 진심으로 고맙다고 하셔서 바람직한 행동에 대해서 격려하기. 이게 이제 그런 것에 해당하지요?

내담자 : 예.

상담자 : 앞으로도 계속 그렇게 하세요. 남편 격려하기, 이거 제가 복사해 드릴께요. 그리고 이제 내가 슬픈 드라마의 주인공이라든지 그런 생각은 이제 안하실 수 있겠지요?

내담자 : 이제 안할 수 있어요.

상담자 : 오늘 여기서 상담을 마치고요. 숙제는 계속 내가 어떤 정서가 나타났을 때 내가 가지고 있던 비합리적인 생각이 무엇인가를 계속적으로 찾아보세요. 어떤 비합리적인 생각들 때문에 내가 여태까지 남편하고 관계가 힘들었나 이번 기회에 뿌리를 뽑는게 좋잖아요? 그걸 찾아오시고.

내담자 : 예

상담자 : 제가 또 테이프를 지난 번에 상담했던 테이프를 드릴테니까 그것도 듣고 오시고요. 그걸 들으면 또 달라질 거에요.

♥ 제7회 상담, ＊＊＊＊년 5월 9일 (목), BDI 13

상담을 시작하기 전에 BDI부터 실시하였다. 내담자의 점수는 13점으로 떨어졌기 때문에 상담자는 내담자가 우울의 상태에서 아주 벗어난 것 같다고 하자 그는 다음과 같이 말했다. 지난 주에 남편과 아들 앞에서 사소한 일로 말다툼을 하게 되었는데 자신이 조절하지 못하고 아들앞에서 또다른 어리석은 모습을 보여주었는지 너무나 한심해서 잠시 우울했다고 했다. 상담자는 자신이 변화하려고 노력하는 만큼 그것이 쉽게 이루어지지 않는 것이 어떻게 보면 너무나 자연스러운 것이기 때문에 그러한 상황에서 우울을 유도하는 생각인 "나는 아이 앞에서 싸우는 모습을 보이다니, 이 얼마나 한심한 부모인가!"등의 비합리적인 생각을 스스로 찾아서 논박하여 생각을 바꾸어 나가도록 하였다.

그리고 내담자에게 요즈음 내담자를 이루고 있는 주요한 정서나 기분이 어떠냐고 묻자 아주 기분이 좋다고 했다. 지난주에 대학 졸업후 25년만의 재상봉 기념행사를 가졌는데 그 행사를 주관하기 위해 회장을 했던 사람이 부친상을 당했기 때문에 자연스럽게 총무인 자신이 회장을 맞게 되었으며 그것 때문에 25년 동안 묵혀두었던 부정적 감정의 찌꺼기를 해소했기 때문에 기분이 좋았다고 했다. 자신은 25년 전에 그 대학의 모 학과를 수석으로 입학했다. 내담자는 A여고를 졸업하였으나 A여고 출신은 내담자를 포함하여 3명뿐이 안 되었으나 B여고 출신은 대다수를 이루었다. B여고 출신 아이들이 자기네들끼리 세력을 형성하여 자신은 얼굴도 잘 모르는 아이가 과대표를 하게 되었다. 자신은 멋도 모르고 그 때의 상황을 보냈는데 소수파에 속하는 아이들이 과대표는 당연히 네가 해야 되는 것인데 억울하다 라는 말을 들으면서 보니까 정말 억울했다고 했다. 그리고 그 대학의 거의 모든 학과에서는 수석 입학생이 과대표를 했는데 자신은 자기의 밥도 못 찾아먹는 바보같았다고 했다. 그런데 이번에 바로 그 과의 대표로 회장을 하게 되었기 때문에 그 동안 가슴 속 깊은 곳에 품었던 한이 녹아내리는 것 같다고 하였다. 상담자는 그가 세상을 이해하는 방식을 인지적 접근을 통해 교정해 주었다. 예를 들면 당연히 대표를 했어야 했는데 안되었기 때문에 그 빚을 갚기 위해 살아왔다는 것은 초등학교식의 해결책임을 일러주었다. 이제는 철학적 해결책을 찾는 것이 중요하다고 했다. 과 대표를 하고 수석을 하는 것이 바로 그것이 근본적으로 인간을 행복하게 해주는 것인가. 행복은 조건이 아님을 말해 주었다. 내담자는 대학 졸업 후 25년 동안 그 맺힌 원한을 스스로 보상받기 위해 악착같이 열심히 살아왔다고 했다. 그래서 시집을 좋은 집, 부잣집을 만들어 오기 위해 부단히 노력했다고 하였다. 상담자는 25년 후에 그 사람들에게 보상하는 바람직한 방법은 내담자의 생각처럼 외형적인 조건이 아님을 천명하였다. 내담자는 25주년 결산을 하는 마당에 보니까 그동안 잘나간다고 미국에 이민가서 살았던 아이들이 한국에 남아서 사는 동창들을 많이 부러워했다고 한다. 자신이 보기에는 25년 동안 외지의 삶이 완전히 헛살은 것 같이 보였다고 했다. 상담자는 인생을 외적인 성취와 재산에 있는 것이 아님을 강조하였다. 그들은 그 좋은 문화 속에서 문화의 진수를 향유하고, 인권이 존중되는 상황과 문화적인 질서 속에서 살면서 결과적으로 한국에 남았던 사람들보다 외적인 재산을 덜 가지고 있겠지만 풍부한 정신문화를 향유했다는 사실을 보도록 도와주었다. 이제는 누구와 누구의 삶을 비교하는 것에서 벗어나야 한다고 강조하였다. 다른 사람의 불행이 나의 행복이 될 수도 있겠지만 그것은 저질적인 방법이다. 내담자는 총무인 자신이 회장을 맡게 되어 기분이 좋다고 했는데 그것은 세상을 보는 틀이 바뀌어서 내가 바뀐 것이 아니라 상황이 바뀌어서 내가 변화된 것이니까 영구적인 것이 아님을 알게 해주었다. 내담자가 수석을 했기 때문에 당연히 과대표를 했어야 됐는데 그렇지 못한 것에 대한 안타까움은 인간적으로는 이해가 된다고 말해주었다. B여고의 세력 속에서 A여고 3명이 어떻게 당해내느냐, 아무도 그런 얘기(상담 선생님이 하신 말씀과 같은 이야기)를 해주는 사람도 없었다고 했다. 공부 자체가 싫고, 나의 전공도 싫다. 다른 것을 찾아헤매서 방황했다고 했다. 가장 중요한 것은 과 대표가 되고 안되는 것이 아님을 말해 주었다. 우리가 삶의 진정한 가치를 어디다 두고 살아가느냐가 더욱 중요한 것이 아니냐고 반문하였다. 과대표가 누가 되는 것이 뭐가 그렇게 중요한 절실한 삶의 문제냐고 반문하였다. 그러자 그 당시, 자신이 그런 문제로 고민하고 마음 아파했을 때는 상담자는 내담자의 마음이 얼마나 아팠을까 이해가 가고 공감은 되나 지금 돌이켜보니 그때 대표가 돼서 그것이 꼭 나에게 유리하게만 작용했겠는가. 얻는 것이 있으면 잃는 것이 있고 잃는 것이 있으면 얻는 것이 있다. 인생의 모든 면에는 명암이 함께 공존하고 있음을 설명해 주었다. 당시에 나의 그 속상함은 자산이되었을 수도 있다고 말해주었다. 소외된 사람의 마음을 헤아려주고 다른 사람을 이해하고 공감하는 능력이 개발되지 않았겠느냐고 하였다. 바로 이런 능력은 세상을 사는데 필요하고 중요한 능력이 될 수 있음을 섬세하게 설명해 주었다. 내담자가 그때에 그렇게 당했기 때문에 사회적 약자를 누구보다 이해하고 그들의 편에 설 수 있음을 강조하였다. 우연히 총무에서 회장이 되었기 때문에 내담자의 삶 자체가 달라질 수 있다고 했다. '기분이 좋은 것(feel better)'은 일시적일 뿐 영구적인 것이 아니라고 말했다. 영구적인 것은 오직 상황에 대한 나의 지각과 이해에서 비롯될 뿐이라고 설명해 주었다.

내담자는 그 피해감을 가지고 25년을 살아왔다. 저에게 피해가 엄청되었다. 시집올 때에도 시집갈 때에 과대 선전을 했고 그것을 맞춰 사느라고 힘이 들었다. 그것 때문에 내가 원하는 사람도 못만났다고 한탄하였다. 상담자는 본질을 놓쳤기 때문에 그런 것이라고 했다. 그것을 보상하기 위해서 25년을 살았다. 그것이 바로 모파상의 목걸이 같다. 어디에서 위로를 받거나 이야기 할 때도 없었다. 우리 나라는 너무나 집단주의, 소속주의 문화적인 성향이 강해서 피해를 많이 본다고 했다. 속으로 외롭게 외롭게 지냈다. 평생을 내가 너희들한테 질 수 없다. 그 생각이 얼마나 어리석은가. 그때는 어떻게 할 수가 없었다. 그리고 묻어버렸으니 이번엔 재상봉을 하면서 우리 친구들 마음 속에도 그것이 있어서 저한테 4분 스피치를 하라고 했다. 네가 수석으로 들어왔으니까 네가 할 만하다고 미안한 마음이 들어서 그런것 같다고 했다.

재상봉한 친구 중에 미국에 가서 무시무시한 깡패같은 남자를 만나서 희생봉사를 하고 살다가 이혼하고 미국 남자를 만나서 재혼했는데 너무나 행복하다고 했다면서 정말로 조건은 행복이 아니라 자신의 마음 속에서 일어나는 것이라고 했다. 이야기하니까 속이 편하다고 하면서 입만 열면 말이 줄줄줄 나온다고 했다. 그 친구는 시집이야기만 하면 징글징글하다고 했다. 상담자는 그런 것에 비하면 내담자의 시집은 얼마나 용이냐고 비유하였다. 내담자도 수긍했다. 시집의 구조 때문이지 악질은 아니라고 했다. 시집에서 미안해 하기는 한다. 나는 그동안 벌어서 시댁 뒷바라지 하고 친구들은 제가 벌어서 집을 샀고 그런 것을 따지면 후자가 더 나은 삶 같더라고 했다. 그것은 내담자가 선택한 것이기 때문에 책임을 져야 한다고 내담자의 선택에 대한 책임을 강조하였다. 상담자는 내담자에게 속상함이 있었다면 다른 친구도(과대표를 가로챈) 미안함이 있었을 거라고 말했다. 인생이 정의롭지 않은 것에 대해서 "세상은 반드시 공평하고 정의는 반드시 승리해야 한다"가 비합리적 생각임을 상기시켰다. 세상 자체가 불합리하게 돌아가는 것임을 수용하고 정의롭게 되도록 노력하는 것이 중요함을 강조하였다. 대학생 때의 그 좌절 때문에 자신의 모든 성장이 멈추어 버린 것 같다고 했다. 그것을 자신의 성장의 자원으로 활용하지 못한 것에 대해서 안타깝다고 했다. 한 줄기의 신념이 얼마나 중요한 것인가 그 때 본질적인 것을 알았더라면 25년을 복수하는 마음, 친구들과의 외형적인 삶을 견주는 것 등 고도의 철학적인 태도가 아닌 모습으로 살아온 자기를 돌아보고 안타까워 하였다.

이번에 재상봉 행사를 위해 제주도에 가서 남편에게 아침, 저녁으로 전화를 했는데 처음에는 어색해하더니 날이 갈수록 나의 전화를 기다리는 것 같았다고 했다. 동창들도 한끼 집에서 대접하자고 했더니 "그래, 좋아" 그러더니 집에 화분도 사놓고 단장을 아주 잘해놓고 아내를 기다리고 있었다고 했다. 아들도 남편과 함께 청소를 다하고 내일 있을 파티준비를 분주히 하면서 열심히 도와주었다고 말했다. 오늘 상담실에 오기 전에 "여보 당신하고 나하고 그렇게 사이가 나빴던 것도 아니라고, 아이들 중·고등학교 때에 교육시키다가 사이가 이렇게 나빠진 것 같다"고 하자 남편도 그런것 같다고 동의했다고 한다. 남편에게 "여보 여기 꿀물도 있어요" 하면서 잘하니까 남편도 너무 너무 좋아하고 해서 지금 남편과의 관계가 잘되어가고 있다고 했다. 상담자는 남편과 아들이 그렇게 호의적인 태도를 보일 때에 항상 진심으로 우러나는 마음에서 감사의 마음을 전달할 것을 권유하였다. 그리고 앞으로 3번 정도 더 만나고 상담을 종결할 것을 제의하였다. 내담자도 흔쾌히 응하였다. 내담자의 화사한 차림을 격려해 주면서 앞으로도 이렇게 밝고 아름다운 차림으로 옷도 입고 태도도 가질 것을 권유하였다.

　숙제 : ◆ 6회기 테입듣기

　　　　◆ ABC 채우기

　　　　◆ 책의 모르는 부분 적어오기

　　　　◆ 남편을 이해하는 것이 자신의 입장에서 어떻게 해야 하는 것인지 적어오기

　　　　◆ 내가 어떻게 변화되어야 하는 것인지 적어오기

❤ 제8회 상담, ＊＊＊＊년 5월 16일 (목) BDI 9
　시아버지가 많이 아파서 남편과 함께 지방에 내려가면서 테입을 반복해서 세 번쯤 들으면서 많은 생각을 다시 하게 되고 자신의 행동이나 사고의 패턴이 바람직하지 않게 자동화된 부분이 많이 있었음을 다시 한 번 확인했다고 했다. 예를 들면 자신의 가정(assumption)이 마치 사실이고 진리인 것처럼 생각한 것이 잘못된 것임을 분명히 인식했다고 했다. 상담자는 내담자가 들었던 6번째 회기의 기록을 샅샅이 훑어보면서 그 회기에서 중요하게 다루었던 부분에 대해서 정리하여 주었다.

　지난 번의 재상봉행사를 성공적으로 맞췄는지에 대해서 물었다. 남편과 아들의 도움을 받아 잘 치루었다고 했다. 지난 수요일날이 석가탄신일이었기 때문에 남편과 절에 갔다. 남편은 내가 지금 교회에 다니는 것이 병을 치료하기 위해서 다니는데 지금은 병(우울증)이 다 나았으니까 교회에 그만 다니라고 했다고 한다. 늙어서 남편은 절에 다니고 내담자는 교회에 다니면 서로가 불편하고 문제가 있을 것이라고 말했다고 한다. 나중에 늙어서 종교문제 때문에 헤어지는 일이 있으면 어떻게 하느냐고 했다고 한다. 종교란 부부가 같아야 한다는 것을 계속해서 강조했다고 한다. 부인은 상담시간에 배운 논박의 기술을 발휘하여 남편에게 부부가 종교가 같으면 참 좋겠지만 종교가 다르다고 해서 꼭 이혼을 해야 한다는 생각은 극단적이고 파괴적인 생각이라고 남편에게 논박하고 설득했다고 했다. 상담자는 "이제는 상담 선생님도 내가 다 나았고 더이상 병자가 아니기 때문에 내담자에게 더 이상 병자라는 용어를 사용하지 말도록" 요구하라고 했다. 여기서 상담자는 내담자가 되고 내담자가 내담자의 남편이 되어 역할 연기를 하고 주장훈련을 하는 연습을 시켰다. 내담자의 남편에 대한 언어 습관을 조금더 공손하고 예의 바르게 했으면 좋겠다고 지적하였다. 그리고 남편에게 좀더 내담자가 잘해 준다면 바로 그것이

내가 그 사람을 다스리고 어떤 점에서는 그의 행동을 통제하기 위한 방법일 수도 있다고 말했다. 성서에도 '섬기는 사람이 다스린다'는 구절이 있음을 상기시켰다. 남편에게 잘해주는 것은 "내가 굽히고 들어간다"고 믿는 그의 왜곡된 신념이 잘못되었음을 확인시켜 주었다. 내담자가 근무하는 직장에서도 직장을 위해서 성심성의껏 일하는 사람이 결국 자신이 소속한 직장에서 가장 많은 혜택을 받지 않느냐고 하자 내담자도 그렇다고 대답하였다. 남편과 대화할 때도 PET에서 배웠던 기술과 기법을 십분 활용하여 '당신'이 주어로 하는 말을 쓰게 되면 남편을 평가하게 되니까 이제는 '나'를 주어로 하는 말을 쓰면 남편의 행동에 대해서 평가하지 않으면서 자신의 욕구를 표현할 수 있음을 상기시켰다. 딸도 내담자의 남편인 자기 아빠에게 함부로 말을 하고 무시하는 경향이 있기 때문에 내담자로 하여금 이제는 부모의 권위를 가지고 딸을 교육시켜 나가야 할 필요성을 역설하였다.

그리고 지난 번에 상담자가 미처 짚고 가지 못했던 것이 내담자가 밤에 잠을 자기 위해서 꼭 지금도 밤에 잘 때 술 먹어야 한다고 한 부분이었다. 집안의 내력이 좀 불면증끼가 있기 때문에 시집와서부터 갈등이 심해서 잠을 자기 위해서 한 모금씩 양주를 먹으면 잠을 잘 이룰 수 있다고 했다. 상담자는 스스로 알아서 해결해야 할 문제인데 한 모금의 술이라도 의지하지 않고 잠을 잘 잘 수 있으면 좋겠다고 했다. 아들이 어렸을 때 엄마가 술을 먹는 모습을 보고 배워서 아이가 알코올 중독이 되었을 가능성이 있음도 시사해 주었다.

오늘의 상담을 내담자에게 정리해보라고 하자 '섬기는 자가 다스린다'는 성서의 구절이 가장 마음에 떠오른다고 하면서 남편에게 잘해주고 잘 섬기면서 남편과 화목하게 가정을 이루도록 많은 노력을 하겠다고 했다. 상담자는 내담자의 아들 문제는 얼마나 해결이 되었느냐고 하자 아들의 알코올 문제는 많이 해결이 된 것 같다고 했다. 대학도 6개월 정도 더 다니면 졸업을 할 수 있다고 했다. 상담자는 엄마가 나아졌기 때문에 그 여파로 가족구조 전체가 좋아지는데 영향이 있다고 하자. 아들이 밤에 잘 때도 거의 술을 끊었거니와 엄마에게 적극적으로 의사전달도 많이 한다고 했다. 여태까지 한 번도 집에 전화를 한적이 없는 아이가 제주도로 MT를 가서 "엄마, 저 잘있어요"라고 전화를 했다고 한다. 그러면서 자신은 아무것도 해준 것이 사실은 없는데 아이가 이렇게 변한 것 같다고 했다. 상담자는 아이들에게 꼭 무엇을 해주는 것보다 아이들이 스스로 성장하고 성숙할 할 수 있는 분위기를 조성해 주는 것이 다 큰 성인 자녀에게는 더욱더 중요하다는 것을 천명하였다. 딸이 아버지에게 막 대하는 것도 그전에는 그냥 내버려 두었는데 이제는 그것도 바로 잡아가야 겠다고 하였다. 남편도 지난 번에 절에 다녀와서는 스스로 김치 찌개를 만들고 자신에게 먹어보라고까지 하였다. 그것은 남편의 변화된 행동이라고 내담자는 말했다. "그것은 자신이 변화되었기 때문에 더불어 변화된 남편의 행동인 것 같다"는 말까지 내담자는 덧붙였다.

지난 번에 수석 입학을 했는데 과대표가 되지 못했기 때문에 '수석 입학을 해놓고도 과 대표를 못한 나는 한심한 인간이며 그것을 보상하기 위해서 나는 누구보다도 시집을 잘가서 보란듯이 잘 살아야만 한다'라는 생각에서부터 내담자의 인생이 어긋나기 시작했음을 다시 한 번 살펴보도록 도와 주었다. 내담자의 그사고가 내담자의 삶을 모파상의 목거리처럼 만든 비합리적 신념이었음을 확실하게 깨달으면 더할나위 없이 좋겠다고 하자. 자신도 상담 선생님의 말씀을 듣고 많은 생각을 하게 되었다. 자신이 그동안 허구적인 가치를 추구하면서 헛살았다고 했다. 그래서 재상봉행사 때에 동창들을 대하는 태도도 달라졌고 친구들과 헤어질 때 서로 부둥켜 안고 많이 울었다고 했다. 그 때의 묵혔던 찌꺼기 감정이 다 사라졌다고 했다. 상담자는 내담자의 언어를 교정하였다. 내담자가 '자신은 헛살았다'라고 표현했는데 그것은 자신이 부분적으로 잘못살았던 것을 마치 내담자 삶의 전체가 잘못된 것처럼 매도하는 그릇된 표현임을 가르쳐주고 정확하고 구체적인 언어를 사용할 것을 독려하였다. 이제 앞으로 남아 있는 삶이 아름답고 소중하게 살아야 하니까 세속적이고 본질적인 면의 가치를 추구해 나가는 것의 중요성을 역설하였다. 과거에 우리 나라 사람들이 열망했던 '내차(My Car)' '내집(My House)' 등의 외형적인 가치가 많이 성취되었기 때문에 많은 사람들이 지금은 허무에 빠져있다. 여기에서 스스로를 보호해야 된다고 말했다. '가장 적극적인 치료는 예방'이기 때문에 앞으로 자신의 삶을 잘 추스릴 수 있어야 함을 강조 했다. 자신은 아침마다 상담시간에서 나온 내용을 남편에게 말해주고 설명해 주니까 남편도 상담을 받고 싶다고 했다고 한다.

숙제 : ◆ 7회기 테입듣기

◆ ABC 채우기

◆ 책의 모르는 부분 적어오기

◆ 남편을 이해하는 것이 자신의 입장에서 어떻게 해야 하는 것인지 적어오기

◆ 내가 어떻게 변화되어야 하는 것인지 적어오기

중기 상담과정의 요약

상담자는 내담자가 느끼는 우울에 대한 인지적 시각을 설명해 주었다. 내담자는 상담자가 그가 가지고 있는 비합리적 생각, 예를 들면 "대학 입학 때 수석을 하였기 때문에 나는 우리 동창생보다 못 살면 큰일이다"를 논박을 하면 재빨리 그것을 흡수하고 합리적 대안 신념을 찾아 냈다. 상담자는 진정한 인간의 행복은 외형적이고 물질적인 가치에 있는 것이 아니고 자기 마음 속 깊은 곳에 위치한 정신적 가치와 마음속에 있는 것임을 논리적으로 설명해 주면 재빨리 이해하였다.

중기 상담의 초기에 좀더 구체적인 상담의 목표를 설정하였다. '인간을 이해하고 수용하는 나의 안목과 생각의 폭을 넓히는 것', '내 처지에서 만족하고 기쁨과 행복을 느끼는 것'으로 했다.

중기 상담의 중기에 접어들면서 내담자는 남편과의 관계에서 '나는 항상 옳다' '나의 생각은 언제나 당연히 맞다'라는 것이 옳지 않다는 것을 지각하기 시작하였다. 내담자는 부자인 줄 알고 시집와서 보니 빈껍데기뿐인 시집임을 알게 되었고 자기 인생이 '모파상의 목걸이'와 같다고 늘 공허해 왔었다. 상담자는 이것에 대한 새로운 시각을 갖도록 도와주었다. 내담자의 삶이 그렇게 부질없고 공허한 부분만 있었던 것이 아님을 직면시켜 주었다.

인간을 이해하고 수용하는 안목과 생각의 폭을 넓히기 위해 먼저 남편을 이해하고, 남편의 존재를 인정해주며 남편을 비난하지 않고 사랑하는 것을 상담의 하위목표를 정하였다. 그래서 내담자는 남편에게 자기의 틀을 맞추도록 요구해온 자신을 반성하고 자신이 먼저 변화하기 위해 노력하는 자세를 갖겠다는 다짐을 하였다. 그는 여태까지 "나는 반드시 남편의 보호를 받아야만 하고 여자는 남자에게 사랑을 해주면 안 된다"라는 생각을 찾아내고 상담자는 이를 교정해 갔다.

중기 상담의 마지막 부분에서 내담자는 자신이 대학에 입학할 때 과수석을 했는데 엉뚱하게도 과대표는 얼굴도 모르는 아이가 되었다고 했다. 그래서 내담자는 "나는 좋은집으로 시집을 가서 그 아이들 보란 듯이 잘살아야만 한다"는 생각을 갖게 되면서 모든 것이 비틀어지는 것을 체험하게 되었다. 상담자는 그의 핵심비합리적 사고를 논박하여 자신의 삶을 재조명해 보도록 하였다.

(3) 말기 상담과정(제9회~10회, 종결회기): 상담의 종결과 앞으로의 계획 점검

♥ 제9회 상담 ＊＊＊＊년 5월 29일 (목)

이제부터 내가 화를 내지 않고 나의 감정을 보호하면서 어떻게 남편과 가정을 잘 리드하여 이끌어 갈 수 있을 까에 대해서 많이 생각했다고 했다. 이제부터는 무엇이든지 급하게 서두르지 말고 천천히 나가야겠다는 생각을 했다. 남편은 긴장덩어리이고 남편은 우리에게 불편함을 주는 존재이다라고 했는데 여기에서 상담자는 다시한번 남편과 남편의 행동을 이해하고 바라보는 사람은 나다라는 점을 다시 한 번 강조하였다. 그동안 내담자가 이해할 수 없었던 남편의 행동에 대해서 불만을 갖고 짜증내고 속상해 하셨다면 이제는 그런데에 쓰는 에너지를 내가 이 사람을 어떻게 이해하고 조절하고 이끌어 나갈 것인가에 에너지를 쓸 것인가에 대해서 곰곰히 많이 생각해 보도록 하였다. 앞으로 그것은 내담자가 살아가면서 계속해서 해야 하는 과제임을 천명하였다. 내담자가 숙제에 기록해 온 여러 가지 상황에서 그러려니 하면 별문제가 없을 수도 있다. 내담자의 남편은 여태까지 자신이 가장이기 때문에 집안의 식구들을 인위적으로 누르려고 들었고 자신도 아내는 당연히 남편의 발 밑에 서야 하고 남편이 자신보다 잘나야만 한다고 생각했다고 한다 그러면서 네가 나보다 좀 나아야 되니까 "잘나라, 좀 잘나라, 조금만 잘나고 조금만 고쳐라" 하면서 25년 결혼생활 동안 남편에게 많은 것들을 요구했고 또 그 요구가 이루어지지 않은 점을 한탄한 것이 얼마나 잘못된 고정관념의 틀인가에 대해서 뼈아픈 후회가 앞선다고 했다. 남편이 사회생활 하는 모습은 멀쩡해서 남편을 정확하게 판단하지 못한 것에 대해서 회한이 앞선다고 했다. 남편의 여러 가지 다른 모습을 있는 그대로 수용하지 못하고 통합된 남편의 모습이 완전하고 이상적이기만을 바랬던 자신이 잘못되었음을 뼈저리게 깨닫게 되었다고 했다. 상담자는 상담자가 강의하는 중에 당신의 배우자가 결혼하기 전에 맘에 들지 않는 부분은 내가 살아가면서 고쳐서 살아가야지 하는 마음을 굳게 먹고 결혼을 했지만 결혼생활 수년 또는 수십 년을 하면서 남편이, 또는 아내가 내가 원하는 대로 바뀌어 주는 사람이 있느냐고 물어보면 자신이 원하는 대로 상대방이 변화되었다고 보고하는 경우는 극히 드물다는 것을 상기시켜주었다. 나도 내 마음대로 쉽게 안되는데 상대방을 내 마음대로 조절하고 통제하려는 것이 얼마나 어리석고 무모한 짓인가에 대해서 다시 한 번 상기시켜 주었다. 그리고 인생의 목적도 행복하기 위함 이라는 것도 아울러 상기시켰다. 행복해지기 위해서 변하지 않는 남편의 행동을 변화시킬려고 무리한 애를 쓰는 것은 아둔한 일이라는 것을 다음과 같은 비유를 하면서 일러주었다.

"내가 어느 뜨거운 여름날 나의 사무실에 앉아 있다고 가정해 봅시다. 그리고 오늘 같은 날 일하는 것보다 스키를 타는 것이 얼마나 좋은 가에 대해서 환상을 가지고 있다고 생각해 봅시다. 만약 내가 창문으로 걸어가서 나의 주먹을 흔들면서, 날씨가 춥고 눈이 와야만 한다고 요구 한다고 합시다. 그러면 당신은 아마 내가 약간 돈사람처럼 보일 것입니다. 그리고 당신은 제가 지금 날씨가 춥고 눈이 오기를 요구한다면 그것은 너무 어리석은 요구라고 저에게 말할 것 입니다. 이 세상이 내가 원하는 대로 굴러 가도록 요구하는 것은 어리석은 생각입니다. 물리적인 천문학적인 그리고 기상학적인 요소가 화창하고 밝은 날씨를 유도하는 것은 명백합니다. 나의 요구나 나의 화나는 기질들이 이런 것들을 변화 시킬 수 없읍니다. 당신의 문제에 대해서 당신이 하는 것도 이와 유사한 것이 아닙니까? 당신도 역시 그와 유사한 요구를 하고 있는 것이 아닙니까?"

그러면서 우리가 상대방의 이해하는 태도를 바꾸는 것이 행복에 이르는 지름길임을 다시 한 번 강조하였다. 남편의 변화 자체에 대해서 차단하고 봉쇄하라는 것은 아니고 남편이 변화될 수 있는 부분에 대해서 지속적으로 원하고 도움을 주지만 변화 그자체에 대해서 많이 기대하지 않는 것이 더 현명하다는 것을 강조하였다. 여태까지 내가 다 옳고 내가 다 잘났고 남편은 무조건 잘못되었고 글렀다는 식의 사고방식으로 꽉 차 있었기 때문에 더욱 불평과 불만이 심했고 그것이 남편이 더욱 가부장적인 권위를 내세우게 하는 이유가 되었다는 것을 다시 한 번 말해 주었다. 자신은 정말로 남편이 조금만 더 잘나주면 남편 밑에 편안하게 안주하기 위해서 남편의 모자란 부분을 보충시키고 보완하기 위해서 정말로 피나는 노력을 끊임없이 해왔던 자신의 무모함이 정말 잘못되었다고 고백하였다. 상담자는 내담자의 남편이 내담자가 원하는 대로 그렇게 되어 주었다 하더라도 그것은 내담자를 편하게 인도했을 것이라는 것은 어디까지나 가정(assumption)이지 사실이 아닐 수도 있음을 다시 한 번 상기시켜 주었다. 지난 번에도 내담자는 자기가 쎈 남자를 만나서 살았으면 이렇지 않았을 텐데 라고 아쉬워했는데 그것도 역시 가정임을 환기시켰다. 쎈 남자를 만났다고 해서 지금보다 행복하리라는 생각은 가정일 뿐 그것은 사실이 아닐 수도 있음을 확인시켜 주었다. 내가 얼만큼 융통성 있는 틀을 가지고 남편을 대하느냐가 더 중요하다는 것을 알았으면 좋겠다고 했다. 내담자는 이제는 자신이 변화되었기 때문에 집에서는 많은 문제가 사라졌고 부부 사이도 많이 화목해 졌다고 하였다. 정말로 화기애애 하게 되었다고 했다. 알코올에 빠졌던 아이도 전에는 가족과 단절되었는데 이제는 집에서 말을 많이 한다고 하였다. 대신에 이제는 딸이 반발을 한다고 했다. 지난번의 어버이 날에도 카드에다가 "어머니, 아버지 행복하세요"라는 말밖에 안씌여 있었다고 했다. 원래는 그런 카드를 보낼 때는 엄마의 아픈 마음을 그려서 섬세한 편지를 써주곤 하던 딸이었는데, 어쩌면 이번에는 남편과의 관계가 좋아졌기 때문에 쓰려고 했던 말이 별로 없었던 것 같다고 하였다. 그러면서 요즈음 변화된 가정 내의 분위기와 가족 구도 때문에 딸이 많이 힘들어 한다고 하였다. 상담자는 부모의 관계가 좋아졌기 때문에 딸이 좋아해야 되고 마음이 편해 져야 하는데 오히려 그 반대의 상태가 된 이유가 무엇이냐고 물었다. 내담자는 그전에는 딸을 통해서 엄마와 아빠가 속상한 것을 많이 풀었고, 딸을 통해 위안을 얻었다고 했다. 또한 아들 때문에 얻지 못하는 만족도 딸을 통해서 많이 얻었다. 그래서 딸도 집안의 구조 때문에 속은 상했겠지만 자연스럽게 딸의 요구를 많이 들어주었기 때문에 여러 가지 혜택을 많이 누리며 살아왔다고 했다. 그런데 요즘은 그런 혜택이 사라지니까 아주 불편해 하면서 "엄마, 왜 요새 나를 이렇게 미워해"하면서 많이 대들고 섭섭해 한다고 했다. 상담자는 이제 부모가 그간에 딸과의 관계에서 권위를 잃어버렸음을 상기시키고 딸의 요구에 무조건 끌려가는 것이 아니라 권위를 되찾아 딸을 지도하고 이끌어가는 위치를 찾아야 함을 강조하였다. 이부분에서 딸과 대화하는 연습을 역할 연기를 통해서 시켰다. 딸을 가르치려고만 하면 저항할 수 있을 테니까 엄마의 솔직한 고백을 해볼 것을 권유하였다. 엄마가 잘못 기른 부분이 없잖아 있기 때문에 여과 없이 행동을 하다가 다른 집에 시집을 갔을 때에 그집에 가서도 통할 수 있을지 생각해 보아야 할 것을 가르쳐야 한다는 것을 강조하였다.

아들도 엄마가 보기엔 중간 정도는 된 것 같다고 했다. 그 동안 남편이 중공을 갔는데 그 동안의 아들 행동을 보면 거의 정상이 된 것 같다고 하였다.이것은 부모가 많이 변화되었기 때문에 아들도 변화될 수 있었던 같다고 하였다. 술을 오락으로 대체했다. 술은 과거에는 술을 너무 많이 먹어서 완전히 지적지적 걸어들어와서 누군가가 부축했어야 했는데 지금은 일주일에 2-3번 마시지만 자신이 스스로 걸어들어오고 "다녀왔습니다"라는 인사까지 할 정도가 되었다. 이제는 자신이 조절해가면서 먹는 느낌을 받아서 그다음부터는 엄마가 일일히 몇 번을 먹었는지에 관해서 점검하지 않는다고 했다. 이제는 아들이 이성교제를 할 수 있는 기회가 있으면 엄마가 마음껏 격려해 주면 좋겠다고 했다. 그렇지 않아도 마침 누군가와 데이트를 시작한다고 하길래 데이트 보조금까지 주었다고 했다. 아들에게 정말로 나아질 수 있다는 가능성과 희망을 불러일으킬 것을 강조하였다.

이제 집에서 웃는 가정의 분위기를 형성할 것을 강조하였다. 웃으면 복이 온다는 옛말을 생각하면서 가능하면 웃음소리가 가득한 집안의 분위기를 연출할 수 있으면 좋겠다고 하였다. 웃음을 통해서 그 동안 알게 모르게 감돌았던 무겁고 암울했던 집안의 분위기를 바꾸어 갈 수 있기를 권유하였다.

내담자는 상담자가 부과한 숙제를 비교적 열심히 해왔는데, 그는 다음과 같이 숙제의 효과에 대해서 말하고 있다.

숙제의 효과
◆ 숙제를 통해서 복습을 하니까 어렴풋이 알았던 것을 확실히 알게 되었다.
◆ 나의 행동을 다시 돌아보게 되니까 일상적인 실수가 줄어들었다.

◆ 내가 '화'를 낼 때의 그 행동 패턴이 똑같았음을 확인하였다.

◆ 내가 평소에 무심코 사용하던 언어 중에 극단적인 표현을 많이 하고 있음을 알게 되었다.

♥ 제10회 상담 ＊＊＊＊년 6월 5일 (목) 종결회기 (BDI 5)

밥만 먹고 사는 것이 다 인줄 알았는데 이제는 그것이 아닌 것을 알았다고 내담자는 고백하였다. 가족 구성원의 상황에 대해서 점검을 하였다. 딸은 미국으로 어학연수를 떠나기로 했다고 말하였다. 딸도 자기처럼 잘못된 결혼생활을 할까봐 걱정이 된다고 하였다. 상담자는 엄마의 이야기를 딸에게 알려주고 엄마는 이러이러한 생각 때문에 이렇게 뭔가 어긋난 삶을 살아왔으니 너라도 제대로 된 시각과 삶에 대한 태도를 가지고 제대로 살 수 있기를 진정으로 바란다는 내용의 이야기를 서로 마음을 툭 터놓고 하기를 바란다고 말했다.

상담자는 내담자에게 지난 번에 합의한 대로 오늘이 마지막 회기인데 오늘 상담자에게 도움을 받고 싶은 부분이 무엇이냐고 물었다. 내담자는 도움을 받고 싶은 부분을 리스트로 작성해 왔다.

도움을 받고 싶은 부분

◆ 대학원 진학 문제

◆ 아들 문제에 대해서 간섭 안하고 스스로 성장하도록 도와주는 문제

◆ 자녀의 결혼문제 때문에 노심초사 하지 않고 여유를 가지고 대하는 문제

◆ 대학원에 진학할 경우에 몸이 피곤할 텐데 그럴 경우에 어떻게 남편을 사랑할 수 있으며 자녀와 좋은 관계를 맺을 수 있는지에 관한 문제

◆ 친정 부모와 시부모 모두 소원한 관계의 문제

대학원 진학에 따르는 여러 가지 현실적인 궁금한 점에 대해서 대답을 해 주었고 내담자는 자신이 진학하고 싶은 학과와 대학을 이야기하였고 상담자는 소신껏 그에게 필요한 조언을 해주었다. *아들한테는 간섭하지 않고 있다. 내담자의 표현을 빌면 노타치(no touch)하고 있는데 그결과가 더 좋다고 하였다. 아들이 엄마에게 "엄마 나 이번에 여름학기(summer school)에 등록할테니 돈 주세요"라고 말했다고 하면서 아주 흐믓해 하였다. 계속해서 이렇게 아들에게 노타치(no touch)해도 되는 것이냐고 하였다. 상담자는 궁극적으로 엄마의 간섭없이 스스로 삶을 꾸려가게 하는 것이 중요함을 강조하였다. 그러나 간섭을 하지 않는 것과 무관심한 것은 구별해야 함을 일러주었다. 내담자의 아들에게도 엄마가 그전과 다르게 행동하는 것은 아들에 대한 엄마의 애정이 식어서가 아니고 아들을 스스로 독립성있게 성장하도록 도와주기 위해서 선택한 방법임을 아들이 알게 해주는 것이 중요함을 또한 역설하였다. 딸의 문제로 넘어갔다. 딸은 자기가 대학교 4학년인데 선이 안들어 온다고 걱정한다고 했다. 엄마는 그런 딸이 속물같다고 말했다고 했다. 딸 아이의 온통 관심이 부잣집 남자 꼬셔서 한 번 멋들어지게 잘살아 보겠다는 생각으로 꽉차 있다고 했다. 상담자는 그 부분이 어쩌면 엄마를 닮은 부분이 아니냐고 하자 내

담자는 닮아도 어쩌면 이렇게 끔찍하게 닮았는지 속상하다고 하였다. 그러면서 딸의 문제에 대해서도 노타치(no touch) 하고 있고 아들도 딸도 30만 안넘기고 결혼했으면 좋겠는데 그렇게 해도 괜찮겠느냐고 물었다. 상담자는 물론 괜찮다고 대답했다. 요즈음 여성들은 과거와는 달리 시집가서 아이낳고 가정을 꾸리는 것만이 삶의 주요한 목적이 아니고 자기의 일을 갖고 살아가는 추세이니 그런 부분에 대해서 깊은 성찰을 할 수 있도록 딸을 도와 줄 것을 당부 하였다. 과거에는 우리가 너도 나도 못살았기 때문에 너도 나도 부잣집으로 시집가는 것이 여성들의 최대 목적 중에 하나였다면 지금은 결혼의 의미가 과거와는 많이 달라졌음을 말해 주었다. 지금은 함께 삶을 꾸리고 엮어가는 삶의 동반자를 찾아가는 것이라고 했다. 참다운 행복이란 물질에 있는 것이 아님을 다시 한 번 상기시켰다. 엄마도 그런 인생관 때문에 함정에 빠져서 이렇게 불행하게 살아왔지 않느냐 같이 함께 생각해보고 분명한 가치에 대해서 같이 나누어 볼 것을 요구하였다.

딸은 엄마가 변화되면서 아빠가 변화되고 가족구조 전체가 바뀌면서 자기에게 돌아오는 이익이 줄어드는 것에 대해서 상당히 힘들어 한다고 하였다. 내담자가 자녀에게 생각과 가치를 집어넣어주는 일을 잘못한다고 하였다.

그 다음으로 친정부모와 시부모의 소원한 관계에 대해서 함께 논의하였다. 양쪽의 부모가 모두다 며느리와 딸에게 너무나 의지를 많이 하고 있다고 하였다. "어버이 살아신제 섬기기란 다 하여라"란 송강 정철의 싯구를 대면서 힘들어도 잘해주었을 때 그 분들이 돌아가신 후에 후회가 없을 것이란 말을 했다. 친정어머니가 본인이 막내 딸인데도 잘해주지 않은 것에 대해서 상당히 속상해 했다. 내담자가 뭐든지 잘하니까 나한테는 야박한 엄마가 야속하다고 했다. 친정의 언니는 한때 귀신이 씌워 염불을 하는 동안에 언니가 제정신이 더돌아왔다. 사방에 언니 얼굴이 보여서 무서워서 견딜 수 없어서 메디칼 쎈터에 상담치료를 받으러 간적이 있었다. 언니와 반대로 살아야겠다는 내담자의 결연한 의지가 내담자로 하여금 더욱 완벽 주의적 경향성을 형성하도록 하는 강한 영향을 준 것 같았다. 그 이후 언니와 소원해졌다. 작년에 내가 우울증으로 많이 아팠을때 친정부모가 집안을 돌보기 위해서 오셨다. 남편은 부모가 와서 아내의 자리를 대신해 주는 것에 대해서 내심 기뻐하고 있는 눈치였다고 했다. 그래서 내담자는 친정 부모에게 사정하여 집으로 돌아가 달라고 애원했다고 한다. "아버지 내가 어떻게 살아왔는지 아시잖아요 아버지가 여기 계시면 내가 이 집안 식구들을 고칠 수가 없어요. 아버지 나를 믿고 가세요" 라고 애원해서 돌아가셨다고 했다. 어쨌든 내담자는 자기의 엄마가 자신을 충분히 사랑해주지 않는 것에 대해서 섭섭함이 있다고 했다. 상담자는 항상 나의 생각이 "사실이냐", "추측이냐"에 대해서 많이 생각을 하게 하는데 엄마가 나를 사랑하지 않는 것이 정말로 사실이냐고 물었다. 내담자는 그렇다고 생각하는 여러 가지 증거를 제시해 주었다. 성숙하지 않은 언니가 불쌍해서 잘해주고 나에게 못해준 것을 안타까워 하며 증거를 제시했다. 상담자는 엄마에게 좀더 주장적이 되면 어떻겠느냐고 했다. 어렸을 때부터 친정에서도 너무나 희생하고 살았다고 했다. 밥하고 김치 다 담그고 희생양이 된 것에 대한 보상을 받지 못해서 안타깝다고 했다. 그야말로 그것이 나의 운명임을 받아들이는 것이 어떠냐고 했다. 내가 살만큼 돈이 있는데 꼭 엄마한테 도움을 받아야지만 비참하지 않은가에 대해서 생각해 볼 것을 권유하였다. 엄마는 나한테 독하다고 했는데 그것도 정말 나한테만 그러는 것인지 아니면 다른 형제들도 그렇게 생각하는지 확인해 볼 것을 숙제로 내주었다. 엄마한테 기대 많이 하지 말고 그 대신에 스스로를 보호하고 사랑하는 것이 중요하다는 것을 강조하였다.

그 다음에 대학원에 진학해서 몸이 피곤할 경우에 남편과 가족에게 잘못해 주게 되면 어떻게 하나 걱정이 된다고 하였다. 상담자는 그 말에 이해가 가기는 하나 일단 대학원에 진학해서 공부를 해보면서 어떻게 가정생활과 병행이 잘되는지에 관해서 그 추이를 살펴보자고 제의하였다.

마지막 점검으로 상담의 효과를 물었다. 내담자는 상담자를 만나지 않았으면 이렇게 우울증이 회복되는 반전의 효과가 없었을 것 같다고 하였다. 저번에 만났던 의사 선생님과는 노선이 다르기 때문인 것 같다고 하였다. 의사 선생님은 우울증 끝까지 가서 끝장을 보고와야 한다는 노선이었는데, 이와는 다른 방법을 활용하시는 선생님을 만나지 않았으면 이렇듯 빠른 시일 내의 회복은 불가능했을 거라고 했다.

그 다음의 효과는 '사고의 자동화'에 대해서 터득한 점이라고 했다. 자기는 자신의 모든 생각이 아주 당연하고 옳고 진리인 줄만 알았는데 그것이 아님을 확인한 것이 아주 큰 소득이라고 했다.

여러 가지 잘못을 하지만 '화'를 내고 나서도 나자신을 다시 점검해 보고 논박해 보고 정리해 보는 좋은 도구를 배운 것 같다고 했다. 앞으로 정서적, 행동적인 어려움이 있을 때 전문가에게 의존하기보다는 스스로 조력할 것을 강조하였다.

상담자는 새로운 행동의 지속이 가능하겠느냐고 물었다. 내담자는 보통 때는 지속이 쉬운데 돌발사건이 생기면 어렵다고 하였다. 그 때도 반응을 빨리 안하고 생각을 먼저 한 다음에 반응하겠다고 하였다.

그 다음으로 내 자신을 과거에는 참으로 비참하다고 생각하였는데 '이제는 그렇게 과장적으로 바라보지 않을 수 있냐고 물었다. 그렇다고 했다. 그러면서 인간을 비교하지 말고 나보다 악조건에 있는 사람들의 상황과 비교하면서 견딜 수 있다고 했다.

내가 앞으로 겪어야 할 좌절을 이기고 관용적일 수 있겠는가 등의 점검목록표를 확인하였다.

마지막으로 내가 더 해결하고자 하는 문제가 실제 더 남아 있는지에 대해서 질문을 던지자 '없어요'라고 단호하게 대답하였다. 지금 당장은 없는데 앞으로 아무래도 사람이 살아가면서 문제는 생길 것 같은데 스스로 해결할 수 있을 것 같다고 하였다.

종결 후 상담의 효과를 증진시키기 위해서 인지상담유관 책을 읽고 지속적으로 노력할 것을 권유하였다.

말기 상담과정의 요약

내담자의 결혼 생활 25년의 불행은 남편의 좋은 점은 보지 못하고 약점만을 확대해서 지각한 자신의 지각에서 기인한다는 사실을 바로 보게 되었다. 자신의 불행의 원인은 남편이 아니고, 남편을 바라보는 자신의 시각에 있음을 다시 한 번 확인하게 된다. 모든 문제의 근원을 외부로 돌리지 않고 자신의 인생관 속에서 찾으며 그것을 다시 한 번 정리하는 계기를 만들었다. 앞으로의 삶에 대한 계획을 함께 나누었다.

＊ 상담과정 후 내담자의 소감

나는 결혼 후 지난 25년 동안에 가슴에 비수를 숨기고 살아온것 같았다. 비수를 가진 사람이 아무리 남편과 가족에게 잘했다고 한들 그들이 같이 살고 싶었겠는가에 대한 통찰을 하게 되었다. 그들은 아마도 간담이 서늘한 살기를 느꼈을 지도 모른다. 남편도 내가 적당히 위장을 했기 때문에 변덕이 심하다고 느낀 것도 당연했을 것이다. 아들은 나의 마음을 그대로 느껴 무시무시해서 엄마와 가정으로부터 도망가고 싶었을 것이다. 딸은 나의 완악한 모습을 그대로 닮은 것 같다. 시부모도 황소같이 일하고 돈벌어다주는 며느리가 싫지는 않았겠지만 정이 깊이 들지 않은 것도 사실일 것이다. 그동안 집안의 구조가 모두 물질적인 이권 챙기기에만 급급하게 돌아갔다.

그것은 내가 결혼의 기본조건인 사랑이 없이 이 집안에 시집을 왔고 남편도 마찬가지였기 때문에 어쩌면 당연한 결과인지도 모르겠다. 모든 문제의 근원이 나한테서 발생했다는 것을 실감하고 나의 잘못된 부분을 확인하고 그것을 교정해 왔던 좋은 시간이었다.

(4) 추수지도(follow up)

♥ 제1회 고양회기, ＊＊＊＊년 9월 5일 (금)

내담자는 아주 환한 피부색과 편안한 모습으로 왔다. 상담자가 얼굴에 희색이 만면하다고 하자 굉장히 살기가 편해졌기 때문이라고 대답했다. 상담자는 살기가 편해진 이유에 대해서 묻자 자신의 삶에 대한 관점인 신념이 바꾸어졌기 때문이라고 했다. 지금은 있는 그대로 수용하는 미덕을 생활화 하고 있으며 자신의 여러 가지 모습이 변화되어감을 체험한다고 하였다. 구체적인 예를 들면 '화'가 나는 순간에 즉각적으로 '화'를 내지 않으며 이것이 적절한 정서인지 아닌지에 대해서 먼저 헤아리는 여유가 생겼다고 하였다. 이제는 직장에서 사람을 대하는 태도도 많이 달라져서 가능하면 진실하고 친절하게 대하게 된다고 하였다. 길 가다가 모르는 사람이 길을 물어볼 때에도 구체적으로 자세히 안내하고 가르쳐주게 된다고 하였다. 남편에 대한 태도도 많이 달라져서 우선 존대말을 쓰기 시작했고 남편에 대한 존중의 태도를 지니기 시작했다고 하였다. 더불어 예기치 않게 남편도 괄목할 정도의 변화가 일었다고 하였다. 그전에는 아내인 내담자에게 사사건건 반대를 위한 반대만을 하였는데 이제는 아내의 의사를 존중하고 수용하는 태도를 많이 보인다고 하였다. 아들도 마찬가지로 이번 학기를 잘 보내면 무리없이 대학을 졸업할 수 있으며 자신의 생활을 스스로 꾸려가는 능력도 장족의 발전을 이루었다고 하였다. 지난 학기 전공 필수과목에서 성적이 무척 나쁘게 나왔는데 담당 교수님을 찾아가서 여러 가지 상황 설명을 하고 졸업에 필요한 학점을 따게 되었다는 이야기를 아버지에게 하는 소리를 들었다고 하면서 아이의 이러한 적극적인 태도도 전에는 상상할 수 없었던 눈물겨운 부분이라고 하였다. 아들에 대해서도 자신의 눈을 낮추니까 편해짐을 느낀다고 하였다. 상담자는 통계학에서 논의되는 리그레숀 라인(regression line)에 대해서 설명을 해 주었다. 이는 평균으로 향하는 경향성을 말하며 통계학적 사실이지만 인간의 문제에도 그대로 적용이 됨을 말해 주었다. 한 인간이 또는 그가 속해 있는 가문이 대대손손 잘 살고, 잘 먹고, 찬란한 것이 아닌 것과 마찬가지로 대대손손 못살고, 쇠퇴하는 경우도 없음을 비유하여 설명하였다. 내담자는 마음을 비우는 것의 중요성을 뼈저리게 깨닫게 되었으며 진정한 삶의 가치에 대해서도 다시 정립하게 되었다고 하였다. 이제는 자기 일에 최선을 다하고 즐겁게 살 것이며 모든 사람이 다 귀하다는 생각을 하게 되었다고 하였다. 내담자는 앞으로 대학원에 진학하여 공부를 더 하면서 자신이 잃어 버렸던 삶의 소중한 한때를 다시 찾고 싶다고 하였다.

상담자는 앞으로 살아가면서도 화가 나고 속이 상한 일이 많이 있을 것이라고 상기시키면서 그때마다 상담시간에 배운 원리와 기법을 바탕으로 하여 스스로 현명하게 대처하고 해결해 나갈 것을 부탁하였다. 마지막 고양회기를 지금부터 5개월 후인 1998년 2월 4일(수)로 잡고 떠나가는 그의 뒷모습은 과거와는 다른 여운을 남기면서 총총히 떠났다.

♥ 제2회 고양회기, ＊＊＊＊년 2월 7일 (토)

내담자의 사정으로 2월 4일에 만나기로 했던 약속이 3일 후로 연기되어 이루어졌다. 내담자는 그 동안 자기의 집에 커다란 변화가 일어났다고 했다. IMF가 터지면서 그 동안 자기 몰래 남편이 주식 투자를 해서 거의 몇 억의 빚을 지게 되었다고 했다. 그전 같았으면 울고 불고 하면서 이혼을 하자고 격렬하게 요구했을 터인데 지금은 문제해결방법이 달라졌다고 하였다. 남편도 자기가 우울증에 걸려서 사경을 헤매고 있을 때에 일확천금을 노력없이 벌겠다는 허무맹랑한 생각을 하면서 스스로 외로움과 고독감을 달랬던 것 같다고 하였다. 기가 막히고 억장이 무너졌지만 이것이 자신이 처한 최악의 상황은 아니라고 판단을 하고 뒷수습을 하고 있다고 하였다.

아들은 대학을 어렵게 졸업을 하고 취직을 하였다. 아침에 나갈 곳이 있는 것에 대해서 너무나 행복해하고 있다고 하였다. 술을 먹기는 하지만 옛날처럼 자학하는 스타일이 아니고 살을 빼려고 밥을 조금 먹고 술을 먹는 스타일로 마신다고 하였다. 아들은 자기의 자리를 찾아가는 것 같다고 했다. 상담자는 이 점에 대해서 축하해주었다. 상담자는 재산은 있다가도 없고 없다가도 있는 것이지만 엄마가 용기와 기운을 잃으면 가족 전체에 악영향을 끼친다는 점을 상기시켜주었다. 내담자도 그 점에 대해서 수긍을 하고 남편이 그런 무모한 행동을 한 것이 부분적으로 자신의 책임임을 통감하고 남편을 비난하지 않는다고 하였다. 내담자는 이번 사건이 자기 자신의 정서상태를 시험해보는 좋은 기회였다고 하였다. 크게 흔들리지 않고 담담하게 수용하고 처리를 할 수 있게 되었다고 하였다. 그러나 남편에 대해서는 "이것이 내가 인간을 이해하는 것이다"라는 생각은 들지만 아직 용서는 안된다고 하였다.

내담자는 만약 자신이 상담의 체험이 없이 이런 경우를 당했다면 지금처럼 대처하지는 못했을 것이라고 하였다. 상담을 통한 심리교육이 삶의 소중한 체험으로 승화되어 위기의 순간에 구출된 느낌이라며 상담자에게 감사하며 상담의 전과정은 대단원의 막이 내렸다.

3. 상담과정의 전략, 사용기법, 이론적 개념

가급적 앞의 사례에서 언급한 내용들은 생략하고 이 사례에서 독특하게 등장한 내용을 중심으로 다루려고 한다.

♥ 1회 상담(접수면접)

＊ 내담자의 문제 확인
내잠자는 아들의 문제를 호소하기 위해 상담실에 왔으나 내담자의 우울증세를 확인하고 내담자에게 상담을 권유하고 내담자는 이를 수락함.

♥ 2회 상담

＊ BDI(Beck Depression Inventory)를 실시함
백박사가 개발한 우울증 척도를 실시하였고 그결과 내담자는 상당한 정도의 우울증세가 있는 것으로 판명되었다.
＊ 문제의 핵심원인 파악
내담자에게 우울을 초래한 인지적 요인은 "세상에 대한 절망적 지각"으로 파악되었다.

♥ 3회 상담

＊ 내담자의 왜곡된 지각을 교정함
남편이 나를 불행하게 하는 것이 아니며 남편을 지각하는 나의 태도가 나를 불행하게 하는 것임을 확인시켰다.

♥ 4회 상담

✱ 철학적 상담

내담자가 인간의 행복에 대해서 잘못 가지고 있는 관점을 철학적인 수준에서 논박이 시도되었다. 즉 인간의 진정한 행복은 조건에 있는 것이 아니라 인간의 마음속에, 행복에 대한 견해 속에 있는 것임을 주지시켰다.

또한 내담자는 자신이 여태까지 자녀들에게 쏟아 부었던 사랑의 방법도 잘못되었음을 확인하였다.

♥ 5회 상담

✱ BDI의 실시

벡의 우울증 척도 지수가 13으로 뚝 떨어졌다. 이는 우울정도가 약간 있는 상태로 2회기 때의 심한상태보다는 많이 호전되었다.

✱ 사고의 자동화에 대한 발견

내담자는 자신이 하는 생각의 내용 중에 상당부분이 자기도 모르게 자동화되어버린 부분이 있음을 크게 깨닫고 그것이 얼마나 인간관계에 걸림돌로 작용하는지에 대해서 통찰이 이루어진다.

♥ 6회 상담

✱ 상담회기 테이프듣기

상담회기를 녹음한 테이프를 다시 들어봄으로써 자신의 모습에 대한 객관적 성찰이 이루어졌다. 내담자는 그토록 싫어하는 남편의 모습을 자기가 그대로 닮았음을 깨닫게 된다. 자신도 남편과 다름없이 행동한 것이 그들 부부문제의 주범임을 알게 된다.

♥ 7회 상담

✱ BDI의 실시

벡의 우울증 지수는 지난번 5회 상담때와 같은 수치인 13이 나왔다. 내담자가 우울에서 벗어난 상태가 유지되고 있는것 같았다.

✱ 철학적 수준의 논박

내담자의 삶과, 인생에 대한 태도를 바로잡고 가치관을 교정함.

♥ 8회 상담

* 핵심비합리적 신념의 재논박

상담과정과 함께 드러난 비합리적 신념인 "수석입학을 해놓고도 과대표를 못한 나는 한심한 인간이며 그것을 보상받기 위해서 나는 누구보다도 시집을 잘가서 보란듯이 잘 살아야 한다"에서 부터 그의 삶이 얼마나 어긋나기 시작했나를 다시 상기시켰다.

♥ 9회 상담

* 인간에 대한 "무조건적 수용(unconditional acceptance)"의 강조

남편을 바꾸려는 노력보다는 있는 그대로 받아들이려는 노력의 중요성에 대해서 설명을 해 주었다.

♥ 10회 상담(종결회기)

* BDI의 실시

벡의 우울증 척도는 5점으로 드러났다. 이는 내담자의 우울정도가 아주 미약함을 나타낸다. 내담자는 초기에 호소해왔던 문제는 우울이었다. 그의 아들과 남편의 문제등으로 내담자는 임상적 우울을 경험하고 있었다. 상담이 진행되면서 자신의 문제를 바라보는 시각을 교정하면서 우울증이 해소되었다.

* 상담의 효과 정리 및 앞으로의 계획에 대한 점검

내담자는 상담자의 상담접근법(인지상담)이 자신의 문제를 이렇게 빠른 시일내에 해결해주는데 큰 기여를 했다는 것을 인정하였다. 상담자는 내담자의 문제가 용수철 처럼 다시 옛날로 회귀할 수 있음을 상기시키고 인지상담 유관책을 때때로 읽으면서 자기조력(self-help) 할것을 강조하였다.

4. 사례의 종합 해설

내담자는 부유하지는 않지만 바쁘고 생기있게 움직이는 집안의 2남 2녀 중 막내로 태어났다. 공부를 잘하여 서울의 명문대학에 수석 입학을 하게 되었다. 그 당시의 내담자가 입학했던 대학의 다른 학과에는 거의 대부분 수석 입학생이 과대표를 했는데 내담자는 과대표를 하지 못

했다. 내담자는 자동적으로 이것을 자신의 약점으로 여기고 이를 보완하기 위해서 피나는 자신과의 투쟁을 하게 된다. '다른 아이들 보란 듯이 좋은집으로 시집을 가서 남부럽지 않게 살아야만 한다'고 '내가 공부를 잘했기 때문에 내가 제일 잘되어야 하고 행복해야 한다'는 생각을 더욱 더 강화시키면서 대학생 때 사귀던 남자 친구를 뿌리치고 집안에서 중매로 소개받은 7세 많은 남자와 결혼을 하게 된다.

그 남자의 외형적인 부를 보고 엄청난 부잣집인 줄 알고 시집을 가게 되었다. 가서 내막을 살펴보니 가난하다고 여겼던 친정보다도 더 실속이 없었다. 시집의 상황은 한참 내리막길을 가다가 이제는 거의 망할 처지에 놓여 있었다. 남편도 살면 살수록 종갓집의 종손으로 떠받들려서만 살아서인지 남을 배려하거나 이해하지 못했으며 전반적인 정신연령이 한없이 어렸다고 했다. 이혼을 하고 싶었지만 도저히 아이들을 그 남편 밑에서 자라게 할 수 없어서 이혼을 하지 않기로 결심하게 된다. 그리고 '내인생은 끝이다. 앞으로 나는 모든 것을 포기하고 산다'는 비합리적 신념을 마음속에 깊이 새기게 된다. 남편과 시집에 대한 희망은 모두 포기하고 그들에게 걸었던 모든 내담자의 장미빛 인생을 아들에게 걸게 된다. 내담자는 이 세상에 '노력하면 안 되는 일은 절대로 없다'는 또하나의 비합리적 신념을 굳게 굳게 믿으면서 아들을 자신의 허무한 빈 곳을 보상해주는 도구로 성장시키는 데 전력투구하게 된다. 아들이 있기 때문에 내담자는 행복하다고 자위하며 아들을 위해 무슨 일이라도 성심껏 하였다. 내담자는 고백컨대 진정으로 아이들을 존중하고 수용하지 못했다고 했다. 아이의 부족함을 끌어올려서 이상적으로 만들어 가는 것이 사랑인줄 착각했다고 한다. 밥을 해주고 "이것 빨리 먹고 공부해", 쥬스를 만들어 주고 "이것 빨리 먹고 공부해" 등이 내담자가 쏟았던 사랑의 전부였다고 했다. 그러면서 내담자는 자신은 좋은 엄마 노릇을 잘하고 있다고 스스로 만족했다고 한다. 그러나 지금와서 돌이켜 보니 내담자는 사랑이라는 이름으로 아이를 자신이 이상적이라고 생각하는 틀에 맞추기 위해 무진장 헛욕심을 부린 것을 깨달았다.

내담자는 무엇인가 완벽하지 않으면 견딜 수 없었다. 내담자의 하나뿐인 언니는 내담자의 표현을 빌면 정신이 너무나 유약하고 건강한 생활인이 아니라고 기술하고 있다. 그런 언니처럼 되지 않기 위해서도 더욱 더 완벽하려고 많은 힘겨운 노력을 해 왔다고 한다.

내담자의 생각처럼 내담자의 삶은 이루어지지 않았다. 남편에 대한 무너진 기대감의 보상으로 아들에게 기대를 걸었건만 아들은 이런 엄마와 가정의 냉냉한 분위기를 견디지 못하고 대학에 입학하자 마자 술독에 빠져들게 되었고 정신과를 드나들게 되었다.

내담자가 상담실에 왔을 때 그의 핵심사고는 '아들이 정신과를 다니는 것은 내가 아이를 잘못 키웠기 때문이다. 내가 남편에 대한 불만과 속상함을 이 아이를 잘 키워서 보상받으려고 했는데 보상을 받기는 커녕 아이의 심리적 질환이 심각하니 이제 내 인생은 더 이상 걸 기대가 없다. 내 인생은 끝장이고 내 삶은 벼랑의 끝에 있다'로 기술될 수 있다. 이런 사고 때문에 그는 Beck의 우울척도지수 35를 기록한 심각한 우울의 상태에 있었다. 내담자의 우울증이 기질적인 것에 있는 것이 아니고 환경적인 것임을 확인한 다음 상담자는 재빨리 주요 호소 문제인 우울증의 원인이 내담자의 인지구조와 내재된 신념에 있음을 파악하였다. 상담자는 인지행동치료의 원리와 기법을 교육하기도 하고 상담자의 저서 『인지 · 정서 · 행동치료』에 대한 책을 읽히는 독서치료(biblio therapy)를 병행하면서 상담을 진행하였다. 상담자는 또한 인지행동치료에서 숙제의 중요성을 강조하면서 매회기 숙제를 내주면서 내담자의 적극적 참여를 요구하였다.

내담자는 상담에 대한 동기가 강했고 변화에 대한 강한 의지가 있었다. 상담자의 한마디 한마디를 놓치지 않으려고 무척 애썼고 숙제도 아주 열심히 해 왔다.

상담을 통해서 불행의 주범이라고 여기던 남편을 새로운 각도에서 이해하게 되었다. 그전에는 자기 자신은 무엇이든지 옳았고 남편은 글렀다고 생각했는데 이제는 그것이 모두 잘못된 지각임을 확실히 알게 되었다. 내담자가 추구해 왔던 외형적인 가치도 인간에게 '행복'을 가져다주는 것이 아님도 깨닫게 되었다. 참된 인간의 가치는 물질적 가치에 있는 것이 아니라 정신적인 가치에 있음을 알았다. 그리고 누구나 인간의 이름으로 지구상에 존재하는 한 아름답고 고유한 존재라는 것을 실감하게 되었다.

진정한 행복은 조건이 아니라 인간의 마음 속에서 찾을 수 있는 것임도 알게 되었다. 내담자는 지난날의 자신의 잘못된 생각과 고정관념들을 상담자가 지적하면 통찰학습이 일어난 듯 재빨리 알아차리고 자신의 사고를 수정해 갔다. 이러면서 그의 우울증세는 상담 횟수가 거듭됨에 따라 약화되었으며 (※참고-아래 BDI 점수표) 자신의 비합리적 신념과 합리적 대안 신념을 찾게 되었다. 그리고 새로운 가치를 습득하게 되었다. 아내인 내담자가 변하자 남편도 변화되고 부부관계가 변화되니까 아들도 많은 변화를 가져오게 된다. 내담자 1인의 변화로 전체 가족구조에 영향을 미친 대표적 사례이다.

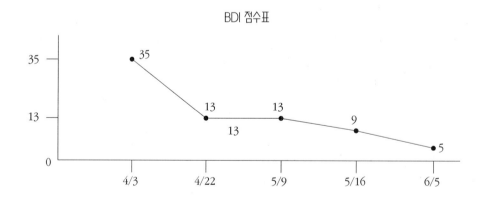

BDI 점수표

"술을 마시면서 혼자만의 섬에 살고 싶어요":

알코올 중독자의 중도탈락사례

내담자 기본자료

내담자

접수면접경위

내담자의 인상 및 행동특성

상담동기

가족관계

호소문제

상담과정

사례에 대한 평가 및 시사점

1. 내담자 기본자료

1) 내담자 : 남, 만 33세, 대학중퇴, 무직

2) 접수면접경위

본 기관에 방문하여 직원 소개책자를 보고 본 상담자에게 직접 전화를 걸어왔다. 4월 3일날 접수면접을 하기로 약속이 되었으나, 4월 2일에 필자가 매주 수요일마다 개최하는 '인지상담 기법 교실'에 수강하러 왔다가 상담자를 찾아와 접수면접이 이루어졌다. 상담자는 여러 명의 상담자가 있을텐데 그중 본 상담자를 선택한 이유를 묻자 "웃는 분이 단 한 분밖에 없어서 나를 맡겨도 된다는 믿음"이 있었다고 하였다. 그러면서 자신은 너무나 느낌에 좌우되기 때문에 실수를 많이 한다는 말까지 덧붙였다. 상담자는 한바탕 웃으면서 이번만큼은 실수가 아니라 탁월한 선택이었다고 격려해 주었다.

3) 내담자의 인상 및 행동특성

작지 않은 키에 체구는 마른 편이다. 얼굴은 피폐하며 약해 보였다.

4) 상담동기

작년 10월에 YMCA에서 자원 상담자교육이 있어서 그곳에 갔다가 비치되어 있는 본 기관에 대한 소개책자를 보고 알게 되어 접촉을 시도했다. 본 상담자와 연결되기까지 여러 경위를 거치느라 약 5개월의 시간이 소요되었으나 포기하지 않은 것을 보면 상담을 통한 행동변화의 의지가 결연한 것으로 여겨진다.

5) 가족관계

내담자의 양친은 생존해 계신다. 내담자는 1남 6녀 중 외아들이며 출생 순위는 여섯 번째이다.

6) 호소문제

내담자가 상담신청서에 기록한 상담받기를 원하는 내용은 진로문제, 아버지와의 관계 개선이라고 기록하고 있다.

2. 상담과정

♥ 접수면접, ＊＊＊＊년 4월 2일 (수)

내담자는 1남 6녀 중 외아들로 부모의 각별한 기대를 받았다. 내담자는 이런 가족구조 속에서 특권을 부여받았지만 또한 의무도 컸다고 하였다. 그리고 자신을 피해자로 지각하고 있었다. 할아버지는 아버지가 세살 때 돌아가시고, 아버지는 혼자서 자수성가하셨다. 아버지는 자신의 못다이룬 꿈과 한을 아들을 통해 메꾸어 보려고 어렸을 때부터 "반드시 공부를 잘해야만 한다." "집안의 위신을 세워 주어야만 한다" 등의 강요를 내담자에게 하였다고 한다. 내담자에 의하면 직접적인 말씀을 안하시고 친척들에게 전화를 할 때에도 유독 그런 소리만 하셨다고 한다. 내담자의 표현에 의하면 자신이 너무나 착한 아이였기 때문에 고등학교 때까지 말도 못하고, 속이 상해서 어쩌다 술을 먹을 때도 몰래 조용히 마시고, 학생부 선생님에게 불려간 적도 없었다고 한다. 그러다가 대학에 들어갔다. 대학도 아버지가 원하시는 대로 돈을 벌면서 다닐 수 있는 학교와 아버지가 유망한 학과라고 추천한 학과에 들어갔다. 그러면서 내심으로 아버지에 대한 반항심이 싹트면서 아버지에 대한 적개심을 술을 먹는 것으로 표현했다. 술을 마시면서 혼자만의 섬에서 살고 싶었다. 80년대에 암울하던 시절에 탄압하는 정부도 싫었고, 저항하는 운동권도 싫었고 집도 싫었다. 정말 제정신으로 살고 싶지 않았다. 지나치게 술을 마셨고 술 때문에 학교에서 재적도 당했다. 그 무렵이 88년으로 대학교 2학년 때였는데, 그때 여학생을 사귀다가 헤어지고 그 허탈감에서 벗어나기 위해서 바로 아르바이트를 했다. 89년에는 스스로 알코올 중독자임을 인정하고 자발적으로 ○○정신병원에 가서 입원하고 퇴원하였다.

아버지는 아주 괴팍하셨고 너무나 철저하게 완벽하셨다. 아버지는 강자에게 약하고 약자에게 강하신 비겁하신 분이셨다. 남성답지 못하고 겉으로만 큰소리를 치셨다. 친척 등 주변의 사람들은 아버지가 저러니 아들이 그 모양일 수밖에 없다고 흉을 본다고 했다. 아버지는 ○○부에서 ○○을 지내셨는데 80년도에 신군부가 들어서면서 정년을 2년 남겨 놓고 나이가 많다는 이유만으로 강제 퇴직을 당하셨다. 아버지는 당신이 10원도 부정을 저지르지 않았는데 억지로 밀려나자 굉장히 괴로워하셨다고 한다. 그 이후부터 아버지는 더욱 괴팍해졌고 더욱 집안에서 권위를 행사하셨다. 아버지는 하다못해 텔레비전 채널권도 독점해서 어머니가 보고 싶은 것도 못 본다. 아버지는 누나들과 여동생도 괴롭혔으나 그들은 결혼을 통해 탈출구를 찾았다고 한다. 어머니만 유독히 별 도리 없이 아버지에게 눌려 지내시기 때문에 아버지로부터 보호해야한다는 생각이 강하게 든다고 한다. 지금도 어머니의 경호원이 돼야 한다는 생각을 자주 한다고 한다.

내담자는 권위적인 사람만 보면 아버지와 동일시한다. 처음에는 남자에게만 그랬는데 지금은 여성상사를 봐도 그렇다. 그리고 그 사람들이 나를 싫어할 것 같아서 적응을 못하고 직장도 그만 두었다. 내일도 새로운 직장에 출근하는 날인데 그들이 분명히 날 싫어하게 될 것이기 때문에 머지않아 그만 두어야 할 것이다. "나는 아버지에게 술김에 밥상을 엎고 욕을 해버렸다. 같이 붙어살면서 돌아가실 때까지 괴롭혀야겠다는 생각으로 꽉 차 있다. 나는 이미 아버지를 꼼짝 못하게 만들어 놓았다. 나한테 이미 무릎을 꿇고 빌기까지 하셨는데 나는 그 이상을 원하고 있다. 그러면서도 나는 아버지의 옷을 입고 다닌다. 아버지의 마음에 들고 싶고 아버지의 인정과 격려를 받고 싶다. 아버지로부터 인정을 받고 싶은 이유는 내가 부에게 잘못을 했다고 느끼기 때문이다. 재작년부터 신앙생활을 한다. 어머니는 할머니 때부터 ○○교회에 다녔으나 그곳의 추잡한 목사가 싫고 어머니한테도 감정이 있어서 나는 ○○ 교회에 다닌다. 지금은 간혹 행복했던 중학생 시절로 돌아가고 싶은 생각이 간절하다. 그때는 정말 최선을 다해서 살았었다. 공부도 그런 대로 잘했고 친구들도 많이 있었고 아는 형도 많았었다. 동네에서 축구나 야구를 할 때도 꼭 낄 만큼 운동도 잘했었다. 그 때는 내방도 없었지만 행복했다. 성적이 잘 나오면 중국집에서 짜장면도 사주셨고 아버지와 함께 목욕탕에도 갔다"고 자신의 이야기를 술회하고 있다.

◆ 숙제:문장완성검사 해오기

＊ 4월 4일 -전화상담
내담자에게 전화가 걸려 왔다. 자신이 새로 구한 직장에서 수요일날 비번하는 것을 허락하지 않기 때문에 상담을 계속하기 어려울 것 같다고 하였다. 더군다나 지방을 왕래하는 일이 잦기 때문에 시간을 맞추기가 어려울 것 같다고 하였다. 상담자는 그래도 시간을 틈틈히 내서 하자고 하였다. 3개월 정도만 받아도 지금 겪고 있는 어려움에서 벗어날 수 있으니까. 어렵지만 시도하자고 격려하였다. 내담자는 그러면 상담 선생님께 너무나 많은 피해를 줄 것 같다고 망설였다. 상담자는 내담자의 복지를 위해서라면 그 정도의 희생은 기쁨으로 받아들일 수 있다고 하였다. 다음 상담약속을 돌아오는 월요일(4월 7일) 오후 5시로 하였다.

♥ 제2회 상담, ＊＊＊＊년 4월 7일 (월)
BDI (Beck의 우울증척도, 23)＊
내담자는 직장에 가지 않기로 결정했다고 하였다. 이유를 묻자 그 일은 전국의 이곳 저곳을 돌아다니는 일이기 때문에 또다시 방랑하는 것 같은 생각이 든다고 하였다. 그리고 지금은 그

일에 자신을 내맡기기에 너무나 부족하다는 생각이 들었다. 그 직장에 가면 상담을 받을 시간을 내는 것이 아주 어려울 것 같아서 지금은 상담을 받는 것이 자신의 삶에 더 중요하기 때문이라고 말하였다. 상담자는 일상 생활을 함께 하면서 상담을 받으면 더 좋을텐데, 라는 아쉬움을 표현하였다. 그러나 내담자가 생각 끝에 내린 결정일테니 스스로 그 결정에 대해서 책임을 지는 자세를 갖는 것이 중요하다고 하였다. 그리고 직장에 안가면 아버지와의 갈등이 심각할 텐데 그 문제는 어떻게 해결이 되었느냐고 하자 그냥 침묵 속에서 언제 폭발할지 모르는 상태에 있다고 하였다. 상담자는 지난번 내담자와의 접수면접한 내용을 이번 회기를 준비하기 위하여 쭉 읽어보았는데 ○○씨도 아버지에 대한 피해자이지만 어떤 면에서는 아버지도 피해자 같다는 안타까운 생각이 들었다고 말했다. 어쨌든 이 상황에서 내담자를 구해 내야 되겠는데 고등학교 때까지 착실했던 학생이 어떻게 대학교 2학년 때 알코올 문제로 퇴학을 맞게 되었는지 그 경위에 대해서 들었다.

고등학교를 졸업했을 때 조금 성적보다 높은데 원서를 썼기 때문에 떨어졌다. 그리고 재수를 해서 대학에 들어갔다. 본인은 사회복지학과나 예능 계통의 대학을 가고 싶어했는데 아버지의 강압 때문에 본인이 가고 싶은 과에 진학을 못하였다. 그리고 재수를 했기 때문에 대학에 들어가자마자 바로 영장이 나왔다. 그 때가 84년도였는데 자신이 4대 독자였기 때문에 6개월 복무하는 방위를 가게 되었다. 자신은 아버지 곁을 떠나 해병대나 공수부대에 지원해서 가고 싶었는데 그렇게 할 수도 없었다고 하였다. 지금 생각해 보면 거기에 갔을 경우 사람이 더 망가졌을 수도 있기 때문에 미련이 없다고 하였다. 속으로는 아버지를 잘 만나서 6개월만 복무하게 된 것에 대해서 감사의 마음도 있었다고 했다. 아버지가 과거에 ○○부에 근무하셨기 때문에 손이 닿아 ○○도 ○○ 사단에서 현역들과 같이 복무했으며 연대의 보급대로 빠질 수 있었다. 그 당시엔 체격도 좋았다. 키는 176이었고 체중은 74Kg이 나갔으며 허리도 34인치나 되었다. (현재는 58Kg) 체격이 건장했기 때문에 쌀이나 기름 등 무게가 나가는 것을 주로 내가 많이 옮겼다. 고참들 중에서는 사회에서 막나가는 사람들 예컨대 구류, 전과가 있는 사람들이 많이 있었다. 아예 그들을 피하고 상대하지 않고 싶었는데 그럴 수는 없었다. 나는 대학을 다니다가 갔었기 때문에 미움을 받기도 했으며 맷집이 좋아 대신 맞기도 많이 맞았다. 잘하고 있는 데도 어쩔 때는 꼬투리를 잡아서 괴롭혔다. 제대를 1달 남겨 놓고 당시에 중위인 중대장이 권총은 분실한 사건이 일어났다. 이 사건 때문에 중대원 20여 명이 헌병대로 끌려갔다. 당시에 아버지가 손을 쓸 수 있는 상황도 아니었다. 매일 같이 잠도 못자고 조사를 받았다. 나중에는 나는 3종 창고에서 있었고 총기 분실은 2종 창고에서 일어났기 때문에 결백이 입증되어 빠져 나왔다. 나중에 몇 명만 추려갔다. 마지막으로 추려간 군인들이 ○○군단 사령부로 가는 것을 보고 실망을 많이 하였다. 구체적인 단서나 과학적인 확신이 없이 막연하게 넘겨짚어서 사람을 다루는 것이 너무나 싫었다. 막연하게 사람을 족치면 된다는 그 태도가 너무나 싫었다. 나에 대한 오해가 풀렸다는 안도감이 있었던 한편 무고한 사람들이 여전히 풀려나지 못했다는 사실 때문에 부담스러움이 꽤 오래 갔다.

---

*BDI는 성인상담사례1에 제시한 설명 참조

　그 후로 복학하여 85년 1학년으로 학교에 돌아갔다. 그때 계속 술먹고 사고치고 개판을 쳤다. 당시에 우리 과에 약 40명 정도가 있었는데 유독 나만 그랬다. 당시에 말레이지아에서 토목기술을 배우기 위해서 견학을 왔는데 걔내들 앞에서도 추한 모습을 보였다. 그리고 이런 생활이 계속 이어졌다. 그 때부터 때려 부수고 밥상도 들러 엎고, 칼을 들이대기도 하였다. 이제는 나도 힘이 축적이 되었기 때문에 아버지한테 대들어야 되겠다고 생각하였다. 그래서 매형들한테 맞기도 많이 맞았다. 그렇게 1년을 다녔다. 성적이 거의 바닥이었고 그래서 또 휴학을 하였다. 그래도 입학할 때는 장학금도 받았고 그것 때문에 뿌듯한 적도 있었다고 하였다.(이 말을 하면서 내담자는 허탈하다는 듯이 웃었다.)

　도저히 적응이 안되고 피하고 싶었다. 공부도 싫었지만 사회도 시끄럽고 개판이었다. 휴학하는 동안 군대에서 친하게 지내던 친구 세 명과 함께 미팅을 하였다. 그리고 거기서 마음에 드는 여자를 만나서 연애도 하였다. 그녀는 유치원 교사였고 밤에는 야간 대학에 다니며 공부하는 모습이 아주 좋아 보였다. 그 다음날 연락해서 바로 만났다. 태능을 걸어가며 급속도로 친해졌다. 힘이 넘쳤고 그녀를 너무나 사랑하게 되었다. 1주일 내에 사랑을 고백했고 또 그녀에게 사랑의 고백을 받아 냈다. 키스와 가벼운 애무도 했다. 그때는 공부도 잘 되고 참 좋았다. 그러나 도저히 적응이 안돼서 또 1년을 집에서 계속 술만 먹고 놀았다. 술 친구들은 약 40~50명 가량이 되었고 연탄 배달 등을 하며 지냈다.

　올림픽을 개최한 해인 1988년도에 다시 복학하였다. 이때 사귀던 여자 친구에게 술먹고 자주 육체적인 관계를 요구하였다. 그녀는 원치 않았다. 옥신각신하면서 "그렇게 잘났느냐" 하면서 그냥 보냈고 그것이 화근이 되어 그녀의 집에 전화를 해서 욕을 해댔다. 그래도 그녀를 아끼는 마음이 많이 있었다. 이런 와중에 집에서 아버지는 식탁에서 쓸데없는 이야기만 늘어놨다. 여자들이나 하는 잔소리인 어디 가면 무엇을 싸게 살 수 있다거나 반찬 투정을 하셨다. 엄마는 그것을 다 듣고만 있으니까 나는 속이 터졌고 나는 슬며시 나와서 술만 먹었다. 술값은 엄마가 주신 용돈으로 충당했다. (만약 어머니마저 나를 돌보지 않으셨다면 나는 어머니에 대한 불만까지 가중되어 더 많은 술을 먹었을 것이다. 그리고 알코올 중독자들은 술을 먹기 위해서 돈을 마련하는데는 비상한 천재라고 한다.) 그렇게 하루하루를 지탱하면서 언제부터인가 고함을 지르고 난동을 부렸다. 동네에서 시끄럽다고 항의하는 바람에 지금 살고 있는 동네로 89년에 이사를 왔다. 고상하게 인품이 있는 분, 경위가 바르고, 청렴결백하신 공무원이라고 자타가 공인하는 아버지의 얼굴에 먹칠을 했다는 기쁨과 통쾌함을 맛보았다. 이사오고 나서도 나의 술주사는 계속되었다. 이사을 오고나서 여자 친구는 떠나 보냈다. 내가 또 한번 더 대낮에 술에 취한 상태에서 그녀의 집에 전화를 했고 전화를 받은 여자 친구의 어머니는 용납을 안하셨다. 그 어머니도 나의 아버지 같이 엄격한 분이셨고 술깨고 난 다음에 전화하라고 일방적으로 전화를 끊어버리셨다. 나의 아버지도 내가 술먹고 주정하는 것을 못 들으셨다. 그래서 감정이 북받칠 때가 많았다. 결국 그녀의 어머니는 반대하셨고 우리의 관계는 깨졌다. 그녀는 아직도 잊혀지지 않는다. 몇 년 후에 처음에 미팅을 주선했던 친구 아기의 돌집에 가서 그녀가 다른 남자와 같이 온 것을 보았다. 그 남자하고 결혼할 사람이구나라고 생각했지만 단념이 잘 안된다. 그녀와 89년에 헤어지고 나서 나의 행동수위의 괴팍성은 바닥까지 내려갔다. 기차에서 뛰어내려 이가 부러지기도 하고 버스 바퀴에 난동치다가 떠밀려 내리기도 했고, 버스 바퀴에 깔려서 왼쪽 팔꿈치가 나가기도 하였다. 생시에는 자살을 생각할 용기가 없었기 때문에 술먹고 황홀한 기분 속에서 죽고 싶었다. 이렇게 살고 있다가는 폐인이 되겠다는 생각이 들어 89년 1월 3일 날 큰누나와 함께 ○○정신병원에 들어가서 보름만에 퇴원하였다. 의사가 증상을 들어보더니 철창에 가두었다.

내담자는 상담 선생님으로부터 아버지의 모습을 보게 될까봐 걱정이라고 하였다. 상담자가 그런 상황이 출현하게 된다면 그것을 우리 상담의 주제로 삼으면 되지 않느냐고 내담자를 안심시켰다.

◆숙제 : MMPI검사해 오기, 영화 샤인(Shine)을 보고 오기

♥ 제3회 상담: 4월 14일 (월) 오후 5시

먼저 숙제의 점검부터 들어갔다. 영화 샤인(Shine)*을 보고 왔느냐고 물었다. 내담자는 극장도 너무 멀고 해서 보지 않았다고 하였다. 상담자는 영화의 내용을 아느냐고 하였다. 그는 단순히 역경을 이겨내는 이야기 정도로 알고 있다고 했다. 상담자는 그 영화의 내용은 아버지의 그릇된 사랑이 얼마나 그의 아들을 파괴적으로 몰고가는가에 대한 과정과 파괴적인 상태에서 자신의 역경을 극복해 가는 과정을 담고 있다고 말해 주었다. 이 영화를 통해서 내담자의 아버지가 아들에 대한 사랑을 다시 한 번 점검해 보는 시간을 갖도록 하기 위하였음을 말해 주었다. 선생님이 내주는 모든 숙제가 치료적 의미가 있기 때문에 앞으로는 숙제를 해와야 한다고 강조하였다. 내담자는 더이상 혼자서 영화를 보고 싶지 않다고 생각했다. 특히 혼자서 영화를 볼 때 술을 먹으면서 보기 때문에 이제는 더이상 그렇게 하고 싶지 않다고 하였다. 상담자는 그 상황은 이해가 되나 영화의 내용이 내담자의 문제 해결에 중요하니 이 영화가 마지막으로 혼자 보는 영화라고 생각하라고 하였다. 그리고 술먹지 않고 영화를 보겠다는 결심을 실천해 보는 계기로 삼을 것을 당부하며 영화를 보고 오라고 하였다.

지난 회기에 이어서 계속해서 내담자의 과거사를 정리해 나갔다. 상담자는 우선 어떤 이유 때문에 내담자가 ○○정신병원에 자신의 발로 스스로 걸어 들어갔느냐고 물었다. 그는 자신의 고통을 알리고 싶었다고 했다. 의사에게 자신의 어려움을 호소하여 아버지에게 자신의 고통이 얼마나 심한지를 의사를 통해 알리고 싶었다고 했다. 거기에서는 의사가 증상을 들어보더니 곧바로 철창에 가두었다. 우리를 다루는 방법이 너무나 비인간적이어서 의사한테 이곳의 상황을 폭로하겠다는 협박까지 하였다. 간호사와 조무사들이 많이 억압적으로 했다. 병원 내의 규율을 잡고 환자를 편하게 다스리기 위해서 식사시간에 제대로 줄을 서지 않으면 독방에 가두거나 구타도 하고 잘 때 몰래 끌어다가 때리기도 했다고 한다. (내담자는 그 당시에는 정신보건법도 없었다고 하였다). 자신은 한 번 반항을 했는데 약을 먹였다. 약의 부작용 때문에 계속해서 잠만 잤다. 그래서 방법을 달리하여 완전한 순응으로 나갔으며 그 결과 보름 있다가 퇴원하였다.

---

*호주의 피아니스트 데이비드 헬프갓의 역경과 그 역경의 극복과정을 다룬 영화.

　퇴원 후 옛 애인을 또 만났다. 다시 시작하고 싶다고 했다. 나의 생일날 친구들이 주선하여 나와 그 여성을 불러냈다. 그 날은 좋게 끝났다. 술 먹고 그녀의 직장인 유치원으로 전화를 하면 피하는 것 같았다. 상담자는 그냥 맨 정신으로 만나자고 해도 만나줄까 말까 하는 상황에서 왜 술을 먹고 전화를 했느냐고 하자 그녀가 자신이 병원에 들어갔다는 이유로 피하는 것 같았기 때문에 술을 먹고서 전화를 했다고 했다. 상담자는 바로 그래서 그녀는 만나주지 않았고 그녀가 만나주지 않으니까 내담자가 더 술을 먹게 되는 등 더욱 파괴적으로 자신의 모습이 형성되지 않았겠느냐고 하자 그렇다고 하였다. 그는 계속해서 술을 먹었으며 미국에서 매형이 초청을 하겠다고 해서 휴학을 하고 영어 학원에 다녔다. 술을 많이 먹을 때는 사나 흘에 소주 1박스(작은 크기 25병)를 먹었다고 했다. 보통 때는 소주 2병에 맥주까지 섞어서 마셨다고 했다. 술만큼 황홀하고 충동적인 것이 없다고 했다.

　92년도에 계속해서 휴학을 연기하고 비자는 거절당했다. 그래서 여기 한국에서 살자라는 결심을 굳혔다. 상담자는 학교에 복학하지 못한 이유를 묻자, 친구들과 교수들이 자신에 대한 나쁜 인식과 이미지를 갖고 있는 것 같아서 두려웠다고 하였다. 상담자는 그때의 친구들은 거의 다 졸업을 했을 터이고 교수들은 수없이 많았던 학생 중의 한 명인 내담자를 기억조차 했겠느냐고 하자 자신이 아마도 전공이 싫어 학교로 돌아가고 싶지 않은 것이 더 맞는 표현이라고 하였다. 그러면서 계속해서 행패를 부리게 돼서 93년도에 지금의 집으로 이사를 오게 되었다. 중학교 때에 가장 친했던 친구가 무역 사무실을 차리고 같이 일하자는 제의를 받아들이고 동업하게 되었다. 93년 당시에 하루에 중소기업 20-30개가 도난을 당하는 상황이었기 때문에 우리도 돈을 많이 떼이는 등의 어려움이 있었고 친구와 의기투합도 되지 않아 결국은 문을 닫게 되었다. 그 후에 나는 평소에 아버지를 나와 같은 이유(아버지가 어머니를 학대하거나 아버지의 병적인 완벽성 때문에 우리가 피해를 당한 점 등)로 미워하고 투쟁했던 셋째 누나 집이 있는 지방도시를 왕래하며 지냈다. 그러면서 나는 계속 바닥에서 그 밑으로 더욱 헤맸다. 어떤 것도, 일도 할 생각을 못했다. 혼자서 여행도 하고 지내다가 결국은 집을 영원히 떠나야 되겠다고 생각했다. 집을 나가서 마지막으로 나의 죽음을 알릴 사람에게 알리고자 전화박스에 들어갔다. 거기에서 모 교수의 이름으로 '불치병 등 때문에 인생을 포기한 사람은 오시오' 라는 글귀가 적힌 ○○교 종교지를 보게 되었다. 모 교수는 자신도 우울증에 걸린 적이 있었고 강원도에 소재한 어느 요양원을 소개해 주었다. 그 이후부터 여러 종류의 요양원을 다니면서 건강집회 등에 참여하였다. 94년도에 교회에 입교식을 하였다. 입교하기 전에 6개월 이상을 나름대로 성경을 읽어 보는 등의 실험의 시간을 가졌다. 왜냐하면 시골의 오지에서 신실하게 사시는 ○○교의 장로나 평신도의 삶을 보면서 저들이 뭘 바라기 때문에 저렇게 사는 것이 아닐까하는 의심을 했는데 그것이 아님을 확실하게 알게 되었다. 교회에 다니고 영어 학원에도 다니면서 더이상 '자살'에 대해서 생각하지 않았다. 그렇지만 술을 계속해서 먹었다. 상담자는 ○○ 교회는 금연과 금주를 철저히 지키는 데라고 하자 자신도 그런 이유 때문에 스스로를 구속하기 위한 수단으로 그 교회를 선택했다고 하였다. 여기 저기 집회에 쫓아다니면서 세월을 보내다가 지난해 '97년 9월 YMCA에서 상담자원 봉사자 교육 플랭카드를 보고 그 곳에 갔다가 본 상담자가 소속한 기관까지 오게 되었다.

상담자는 "예수님께서 당신의 죄사함을 위해서 십자가에 못박히셨으며, 그가 당신을 사랑한다는 것을 아느냐?고 하자 그는 그렇다고 하였다. 상담자는 악수를 청하여 굳게 손을 잡았다. 그는 아버지를 용서했으나 분노가 끌어올라 분노가 폭발하기 직전에 지방으로 가버린다고 하였다. 상담자는 내담자가 아버지를 용서하지 못하고 있다고 직면하였다. 그가 재활원에서 장애인들을 버스에 태워주고 버스에 올려주는 등의 아르바이트를 했을 때 그때도 아버지는 장애인이나 소외 계층의 사람들은 자신이 노력을 하지 않기 때문에 그 모양으로 산다고 비웃었다. 이렇게 아버지는 인간적인 모습이 없기 때문에 싫고 진정한 용서가 안되는 것 같다고 했다. 나는 하느라고 하는데도 아버지는 나의 노력을 알아주지 않는다고 했다. 아버지는 말로는 멀리 보라고 말하지만 그러니까 지금은 직장을 다니지 않아도 교회생활을 열심히 하라고 하시지만 속으로는 나를 비난하신다. T.V.에서 나처럼 무위도식하는 사람들의 이야기만 나오면 비난을 하시는데 꼭 나보고 그러시는 것 같다. 아버지가 솔직하게 나에게 돈을 벌어오라고 말씀하셨으면 오히려 좋겠다.

상담자는 내담자가 아버지를 바라보는 시각이 왜곡될 수 있음을 인지시켰다. 아버지의 진짜 마음은 아버지가 내담자에게 표현한 그대로인데 내담자가 그의 아버지와 관계가 나쁘다 보니까 부에 대해 이미 강하고 경직되게 형성되어 있는 선입관 때문일거라고 말해주었다. 그리고 내담자의 아버지에 대한 지각이 사실일지라도 지금 이 시점에서 아버지의 속마음까지 헤아려서 스스로에게 불리하게 해석할 필요가 굳이 있는가에 관해서 생각해 보도록 하였다. 그리고 설사 내담자가 아버지의 속마음 읽기가 적중하였다고 하더라도 그것이 내담자에게 어떤 영향을 끼치는가 하고 물었다. 나쁜 쪽으로 미친다고 하였다. 오늘 아침에도 아버지는 텔레비전에 나온 여자들에 대해 단정적으로 말하는 모습이 싫었다고 하였다. 재활원에서 운전하시는 분이 아버지와 너무나 비슷한 점이 많아서 결국은 그 곳도 그만두게 되었다. 상담자는 여기서 내담자가 중요한 것을 놓쳤음을 직면하였다. 남을 위해 헌신하고 봉사하는 인간의 숭고한 가치의 실현을 어떻게 보면 너무나 합당하지 않은 이유 때문에 놓쳤다고 직면하였다.

상담자는 내담자의 긴 이야기를 접수면접까지 3회에 걸쳐서 들어주고 그의 문제를 나름대로 개념화하였다. 그리고 내담자에게 상담을 통해서 얻고 싶은 점이 무엇이냐고 물었다. 그는 다음과 같이 대답하였다.

1. 할 수 있는 일과 할 수 없는 일에 대한 분별력을 갖고 싶다.
자신은 지금 목회 상담자가 되겠다는 꿈을 갖고 있는데 구체적으로 이에 대한 계획도 세우지 않고 방법도 모르는데 너무 무모한 것이 아닌가 생각한다.

2. 직장을 가져야 할까? 선 본 아가씨와 결혼을 할까? 가게를 하나 차려 놓고 아버지에게 돈을 대 달라고 졸라야 할까?

3. 이력서를 한 군데라도 내지 않으면 불안하다 여기에서 벗어나고 싶다.

내담자는 매일 같이 일간지나 벼룩신문을 미친 듯이 뒤지고 있다고 했다. 너무나 깊은 죄책감 때문에 매일 어디엔가 이력서를 내지 않으면 불편하다고 했다.

4. 남에게 거절당하면 굉장히 불편하다. 여기에서도 벗어나고 싶다고 하였다.

상담자는 그가 구체적으로 원하는 것을 듣고 난 뒤에 상담자의 판단에는 내담자를 파괴적으로 몰고 간 직접적인 이유인 아버지를 이해할 수 있는 나의 안목을 넓히고 아버지와의 관계를 재정립해 나가는데 먼저 초점을 두자고 제안하였다. 내담자 자신도 상담신청서에 상담받기를 원하는 내용이 '아버지와의 관계 개선' 이라고 기술하지 않았느냐고 하였다. 아버지를 그의 입장에서 이해하고 관계를 재정립해 나가는 과정 중에서 내담자가 지금 해결되기를 바라는 많은 문제들이 해소될 것이라고 말해주었다. 그리고 상담자는 현실적으로 시급한 문제가 알코올 중독에서 벗어나는 것이 중요한 문제임을 천명하였다. 그의 신체 자체도 많이 피폐되어 있는 것이 눈에 보인다고 하였다. 상담자는 이를 벗어나기 위해 하는 구체적인 노력에 대해서 물었다. AA와 아쿠아 모임 (알코올 중독의 아버지를 둔 가족 등 역기능적 가족의 모임)에 참여하고 있으며 지난 1달 7일 동안을 아직 술을 안 먹고 있다고 했다. 상담자는 여기서 악수를 청해 힘주어 악수를 하였다. 그는 또 영화 '남자가 여자를 사랑할 때' 가 많은 도움이 된다고 했다. 상담자가 상담받기를 원하는 내용란에 또하나 기술한 것은 '진로문제' 였다. 그리고 오늘 상담의 말미에서 그는 '목회 상담자' 가 되고 싶은데 그것이 무모하다는 생각을 하고 있었다. 상담자는 이점을 착안하여 내담자의 연령(30대 중반)을 고려하여 진로문제의 방향 찾기를 또하나의 상담의 목표로 하자고 했다. 이러한 과정을 거쳐서 내담자와 합의한 핵심적인 상담의 목표는 아래와 같다.

1. 아버지를 이해하기
2. 아버지와의 관계를 재정립하기
3. 알코올 중독에서 완전히 벗어나기
4. 구체적 진로에 대해서 생각하고 결정하기

그가 작성해 온 문장완성검사를 보면 '남자가 여자를 사랑할 때' 라는 영화에서 앤디 가르시아가 진짜 강한 남자이고 가장 좋아하는 남자라고 말하고 있다. "그 남자가 상을 뒤엎고 무엇이 도대체 문제냐, 당신이 왜 이렇게 짜증을 내는지 모르겠다는 이런 대목이 한 열 번 이상 나오는데, 맥 라이언이라는 배우가 왜 짜증을 내는지 일반 사람은 모를 거라는 생각이 들어요. 왜냐하면 보통 사람들은 그것이 결국은 자기한테 화를 내고 있는 것인데 그것을 모르지요. 그것은 말로 설명을 하기가 어려워요."라고 하였다. 상담자는 그 영화를 보긴 했으나 내담자의 시각에서 본 맥락이 잘 파악이 안되었다. 상담자는 내담자를 더 잘 이해하기 위해서 그 영화를 다시 보겠다고 약속하였다. 그리고 내담자도 샤인이라는 영화를 보도록 다시 한 번 권유하였다.

그리고 언제 어떤 상황에서 술을 먹었고, 그 때의 특기할 상황이나 모습이 있으면 술이 깬후 기억하여 적어 올 것을 숙제로 내주었다.

　상담자도 내담자와의 약속대로 그의 아픔과 고통을 이해하고 그를 돕기 위한 한 방편으로 '남자가 여자를 사랑할 때(When a man loves a woman)'를 비디오 테이프로 다시 한 번 감상하였다.

　※ 중도탈락에 대한 통보

　내담자는 약속한 날짜에 나타나지 않고 그로부터 약 2주 후 더이상 상담을 원하지 않는다고 전화로 통보해 왔다. 상담자는 그가 2회 상담과정에서 상담 선생님으로부터 아버지의 모습을 보게 될까봐 두려워하는 모습을 상기하면서 잠시 깊은 시름에 잠겼다.

3. 사례에 대한 평가 및 시사점

　본 상담사례는 접수면접을 포함해서 총 3회 만에 합의되지 않은 채 종결되었다. 즉 중도탈락 사례이다. 이 중도탈락 사례는 상담자에게 많은 생각을 하게 하였는데, 유사한 경우를 맡게 될 상담자들을 위해 본 상담자의 경험을 나누고자 한다. 본 사례가 중도에서 탈락된 이유 가운데 내담자 변인을 간과할 수는 없다. 그러나 어떠한 상황 속에서도 마지막까지 한 마리의 양을 구원해야 하는 책무성이 상담자 본연의 자세이므로 상담자의 측면에서 그 이유를 다루고자 한다. 이 사례가 상담자에게 준 반성과 시사점을 2가지로 요약하면 다음과 같다.

　첫째는 상담관계 중에서 유대관계의 중요성이다.

　위의 사례진술에서 나타났듯이, 내담자는 대단히 힘겨운 삶을 살아왔고, 현재도 매우 격동적인 삶을 살아가고 있는 사람이다. 이 내담자는 상당한 능력에도 불구하고 아버지의 기대에 부응해야 한다는 부담감 그리고 그 기대에 부응하려고 노력하면서 자신의 삶을 옥죄이는 아버지에 대한 분노를 경험하고 있다. 아버지에게 사랑받고 인정받으려고 노력하면서도 동시에 독특한 자신의 삶을 살아가고자 하는 고투 속에서 말할 수 없는 고통을 겪고 있었다. 그러나 상담자는 이런 내담자의 주관적인 현실을 감싸안고 그의 고통을 함께 나누려는 시도보다는 내담자가 하루 빨리 변화하도록 하기 위한 노력에 더 비중을 두었다. 이런 상담자의 노력은 내담자가 자신의 고통스러운 삶의 현실을 상담시간에 내려놓고 쉬도록 하기보다는 내담자에게 변화의 의지를 뽑아내도록 강요한 결과를 낳게 되었다.

　결과적으로 본 상담사례에서 상담자와 내담자는 인간 대 인간으로서의 깊은 만남을 뒤로 미룬 채 목표와 과제를 향해 줄달음친 꼴이 되었다. 이와 같은 인간상호간의 깊은 만남이 미쳐 일어나지 않은 상태에서 상담의 가시적 목표와 기술적 과제를 향해 줄달음칠 때 내담자들은 변화를 위한 힘을 얻기도 전에 변화해야 한다는 압박감이 내담자를 괴롭히는 새로운 짐이 될 수 있다. 인지행동치료는 내담자의 인지를 종합적으로 다루면서, 내담자가 피부 밑에서 느끼고 있는 삶에 대한 힘겨움, 그 힘겨움으로부터 쉬고 싶은 마음도 함께 통합적으로 다루어야 한다. 그러나 본 사례에서 상담자는 우선순위를 현실적인 문제 해결에 먼저 두고 상담을 수행하면서 내담자에게 가장 필요한 영혼의 양식을 간과하였다. 본 사례를 통해서 상담자는 인간의 문제해결의 지름길은 인지적 분석과 내담자의 고통스러운 삶의 현실에서 파생하는 영혼의 목마름을 함께 해소하는 것임을 깨달았다.

둘째, 상담에서의 구조화의 중요성이다. 상담에서 구조화란 흔히 상담시간의 약속, 상담시간을 지키지 못하는 경우에 내담자나 상담자가 취해야 할 일, 변화를 위해서 상담자와 내담자가 해야 할 일을 내담자에게 교육시키는 동시에, 상담과정에서 내담자가 무엇을 경험하고, 그 결과 내담자가 어떻게 행동할 지를 교육시키고 주의시키는 작업이다.

사실, 내담자들은 상담과정을 통해서 숱한 부정적인 감정을 경험하게 된다. 자신을 직시하는 과정에서 자신의 잘못을 경험하기도 하고, 애써 덮어두었던 분노, 적개심, 죄책감을 경험하기도 한다. 변화가 불가능하지 않을까 하는 무기력감을 체험하기도 한다. 사회적으로 금기시되고 있는 성적인 감정, 상담자보다 못하다는 열등감을 겪기도 한다. 그리고 다음 상담시간까지 기다리는 것이 너무도 힘겹고 초조한 고통이 되기도 한다. 이런 감정들은 내담자들에 따라서 견디어 내기가 매우 힘든 경우가 많다. 따라서 상담자들은 내담자들에게 미리 내담자가 상담시간에 어떤 감정들을 경험할 것이며, 상담시간이 성취와 성공뿐만 아니라 좌절도 겪을 것임을 미리 예견하여 알려주어서 내담자들로 하여금 그런 고통, 씁쓸함, 두려움의 징검다리를 건널 수 있도록 해주어야 한다.

본 사례에서 상담자는 내담자가 상담기간에 경험하는 이러한 부정적 측면들을 충분히 감싸 안지 않고 내담자에게 안전한 환경을 재빨리 제공해주지도 못하였다. "선생님으로부터 아버지의 모습을 보게 될지도 모른다"는 내담자의 두려움을 충분히 공감하지 못하고 이에 대한 임상적 의미를 심층적으로 다루지 못한 점이 더없는 아쉬움으로 남는다.

제3장
동질집단 상담사례

1. 인지치료 집단상담의 준비

2. 인지치료 집단상담의 과정 및 결과

1. 인지치료 집단상담의 준비

1) 집단구성원

본원의 인턴 5명

2) 집단의 구조

총 5명의 내담자와 1명의 리더, 폐쇄집단

3) 회기시간 및 지속기간

1회기 약 2시간 소요, 매주 1회씩 연속 9번

4) 인적 사항

대학원에서 상담전공으로 석사학위 취득. 30세 전후의 미혼 및 기혼여성

5) 특기사항

본 기관(청소년대화의 광장)의 인턴 프로그램에 참여한 인턴들로 인지치료를 체험하기 위한 교육집단의 특성을 강하게 지니고 있다.

2. 인지치료 집단상담의 과정 및 결과

1) 전회기(＊＊＊＊. 4. 9) : 집단의 일반적 규칙 및 참여자의 자세에 대한 지침 전달

2) 집단상담의 과정

제1회 (4. 16) : 시작회기
제2회 (4. 23) : 응집기
제3회 (4. 30) ⌐
제4회 (5. 7)   │
제5회 (5. 21) │
제6회 (5. 28) │   응집, 갈등, 생산단계가 교차적으로 출현함.
제7회 (6. 4)   │
제8회 (6. 11) ⌐

3) 집단상담의 결과

제9회 (6. 18) : 종결회기
본 회기에서 각 내담자에게 미친 인지상담의 효과가 극명하게 드러나 있다.

제1회 인지치료 집단상담 (4. 16) : 시작회기

상담자[1] : 나보고 아까 사과님이 전화받지 말라고, 그래서 집단하는 동안에 전화 안 받을께요. 하실 얘기 없으세요? 그럼 다 동의하시는 거예요, 동의?

모 두 : 예.

상담자 : 그럼 우리 호칭을 어떻게 하면 좋을까요? 별칭을 해도 좋을 것 같은데. 그럼 별칭을 간단히 좀 하고 할까요. 그럼 저부터 할께요. 제가 동사섭에 가서 처음으로 별칭을 하나 만들어 봤는데 '희망'이라고 지었어요. 상담에서 가장 중요한 게 내담자에게 희망을 불러일으키는 것이고 또 우리의 삶도 마찬가지고 좌절의 순간에 희망을 볼 수 있으면 다시 일어날 수 있으니까 희망이라고 붙였어요. 그러니 여기서는 그냥 상담 선생님으로 통해도 될 것 같아요.

A   : 저는 스폰지라는 별명을 붙였는데 스폰지는 일단 상대방을 있는 그대로 흡수하고 배수할 때는 도로 다 내보내고 그래서 촉촉하게 젖어 있으면 살짝만 눌러주면 그냥 그대로 나오잖아요. 그게 좋다는 생각이 들어서 지었어요.

상담자 : 좋네요. 스폰지. 그 다음에 B.

B   : 봄이 되니까 고등학교 교정에 피었던 개나리가 생각이 나요. 개나리라고 할께요.

상담자 : 개나리요? (예) C는 뭐라고 지었어요?

C   : 옹달샘이라고 할께요.

상담자 : 예, D는?

D   : 저는 향기로 하겠어요?

상담자 : 왜?

---

1) 상담자의 연구실에서 집단상담이 수행되므로 집단상담이 진행되는 동안에 전화를 받지 않을 것을 약속한다. 상담과정의 흐름에 방해가 될 수도 있으므로 상담이 진행되는 동안 집단성원들을 위해서 최선의 노력을 기울임을 나타내기 위해서.

향 기 : 그냥 딸기로 할까 생각하다가… (웃음) 딸기는 철이 지난 것 같구, 여기에 커피가 있
는데, 커피는 좀 진한 느낌이 들고… 그래서 향기가 생각이 났어요.

상담자 : 향기를 풍기는 여자, 좋아요.

상담자 : 좋아요, E는요?

E   : 저는 사과예요. 제가 이름표를 딱 붙였는데 어떤 선생님이 사과요? 그래요. 미안하다
는 뜻인지 알고. (웃음) 그런데 말 그대로 사과, 과일을 말하는 거예요. 저는 사과를
참 좋아해요. 그래서 하루에 한 개씩 꼭 먹어요.

상담자 : 그래서 피부가 좋구나. 좋아하기 때문에 사과다? 좋아요. 이제부터는 우리 모두 별칭
을 사용합시다.

상담자[2] : 그러면 다 아시는 얘기지만 인지상담에 대해서 간단히 얘기를 하며는 결국 이론마다
사람이 가지고 있는 장애를 어떻게 보느냐 어떤 관점을 가지고 인간을 보고 그 인간
을 이해하느냐 이렇잖아요? 그런데 인지치료에서는 그야말로 그 사람이 가지고 있는
세상에 대한 관점, 또 세상을 지각하는 방법, 세상을 이해하는 틀 이런 것에 문제가
있기 때문에 그 사람이 어떤 심리적인 어려움을 겪고 있다, 그렇게 얘기하고 있으니
까 우리는 그런 식으로 계속 이해를 해가야 될 거예요. 어떤 사람이 어려움을 내놓으
면 이 사람이 어떤 식으로 그 세상을 지각하기 때문에 어려움을 느끼지 않아도 되는
걸 어려움을 느끼고 있는가 그것을 한 번 보는 거죠. 그래서 궁극적으로는 우리가 이
것을 통해서 행동이 변화되야 되지만 행동의 변화와 더불어서 어떤 심오한 철학적 가
치, 삶에 대한 철학 이런 것들을 습득해가는 게 좀더 궁극적인 인지치료집단의 목적
이라고 할 수 있겠어요. 이번 기회에 나의 가치의 세계를 잘 점검해보고 심오한 철학
을 습득하는 궁극적으로 철학 자체가 바뀌지 않으면 행동변화가 이루어지지 않을 뿐
더러 행동이 변화됐다 하더라도 다시 원점으로 되돌아가는 이유가 철학의 습득이 안
되어서 그렇다고 보거든요. 그러니까 그렇게 이해를 하시면 되겠어요.그리고 인지상
담에 대해서 많이 알고 있는 분들이 계시고, 모르고 있는 분도 계시는데 그건 집단을
해나가면서 구체적인 이론에 대한 것들은 집단과정중에 스며들 수 있도록 도와드릴테
니까. 그런데 중요한 건 그 이론을 다 알고 훤히 꿰뚫어보고 집단상담에 참여하면 좋
다는 것입니다. 그러니까 여러분들이 틈틈이 시간이 나는대로 인지상담에 대해서 공
부를 하시면 더 좋겠다는 것이 제 바람이에요.

스폰지 : 제 생각으로는 생판 모르는 사람이 왔을 때 상담이 더 잘될 것 같은데요.

상담자 : 어떤 점에서 그렇게 생각을 했는지… 사실이 그렇고요, 상담을 해봐도 그래요. 옛날
에 5, 6년 전에 상담을 해봤을 때하고 지금 상담을 했을 때 하고는 시간이 엄청나게
단축이 돼요. 확실하게 단축이 돼요. 특히 인지치료는 그래요. 정신분석이나 인간중
심은 그 이론이나 원리 자체를 내담자에게 알기를 강요하지도 않지요. 특히 정신분석

가들이 내담자가 정신분석 시간에 조금 체험한 것을 가지고 다른 사람한테 정신분석을 한다고 그러면 큰일이 나는 것이지요. 그러나 이 입장은 내담자가 가능하면 이론을 많이 알아야지 좋아요. 글쎄 그건 왜 그럴까요?

스폰지 : 상담받으러 오는 사람은 선생님이 한다는 것도 모르고 자기가 인지적으로 접근한다는 것도 모르고 오잖아요?

상담자 : 근데 가르쳐주죠, 제가. 나는 이런 식의 입장을 가지고 상담을 하는 사람이다. 가르쳐주고 저는 책을 많이 줘요. 그동안에는 책이 없었잖아요? 그래서 제가 쓴 간단한 연구물 그런 게 있거든요. 그런 것을 몇 장이라도 읽어오게 하고 그렇게 했어요. 그리고 그게 스스로 읽어서 채득하기 어려운 사람은 시간을 내서 인지치료가 원래 교육적인 접근을 하는 것이기 때문에 시간을 내서 가르쳐요. 그 생각과 정서와 행동, 이 삼자의 관계를 충분히 이해하고 상담에 들어갔을 때, 내가 알고있는 내용을 선생님이 가르쳤을 때 금방 들어오잖아요? 예습의 효과라는 게 있잖아, 그것과 유사한 것 같아요. '내가 화가 난다' '분노가 일어난다' 라는 것은 내 밑에 이런 깔린 생각 때문에 '그렇구나, 아 그렇지' 그게 이해가 되면 정서의 주범인 생각을 바꾸는 것에 대해서 동기화가 된거잖아요. '아 내가 이 생각 때문에 이런 거구나 내가 세상을 왜곡된 관점으로 잘못 봐서 이렇구나 다른 사람들은 그렇게 보지 않는데' 그렇게 깨달음이 와야지 그 다음에 생각을 변화시키고 싶은 욕구가 생기고 노력을 하게 되지요. 그래서 이거는 정말 가르치고 이해시키고 그렇게 해가면서 하는 게 참 중요해요.

향 기 : 그러기 위해서는 내담자의 수준?

상담자[3] : 그러니까 준비가 전혀 안되어 있는 사람은 우리가 가르쳐가면서 하는 거지요. 지적 능력, 글쎄 인지상담에 대해서 많은 사람이 가지고 있는 오해가 뭐냐면 '인지상담은 머리가 좋은 사람, 학력이 높은 사람한테 쓰면 훨씬 더 잘먹힌다' 라는 것이에요. 그런데 이번 기회에 분명히 하고 싶은 것을 인지상담뿐만 아니라 모든 머리가 좋고 학력이 높은 사람은 어떤 상담 이론이든지 다 잘 돼요. 머리가 좋은 사람들이 어떻게 공부해야할지 공부하는 기술을 터득을 잘해서 공부를 잘하듯이 이것도 마찬가지에요. 머리가 좋은 사람은 어떤 식의 접근을 해도 먹혀들어가는 거지 유독히 인지상담만 머리가 좋아야 되는 건 아니고 머리가 좋으면 도움이 되지요. 우리가 그 내담자가 어떤 수준에 있든지 그 수준에 내려가서 가르쳐서 할 수 있어야죠. 그런 상황에서 내담자가 머리가 좋다면 우리가 훨씬 편해지는 것이고 수준이 떨어진다 싶으면 쉬운 예 같은 것을 더 많이 들고, 시간이 더 많이 걸리고 그렇겠죠. 어린아이들 같은 경우에는 인지상담이라는 말보다는 '인지교육' 또는 '사고교육' 이라는 말을 많이 쓰거든요. 그러니까 네가 그렇게 화났을 때는 네가 그렇게 생각해서 그렇다라고 교육적으로 나가죠. 스폰지, 됐어요? 이제 준비됐어요? 궁금한 건 그때그때 나오면 또 질문을 하세요. 그

---

3) 인지상담에 대한 오해를 바로잡음.

러면 여러분들 중에서 평소에 내가 이런 것 좀 해결해보고 싶었다 그런 것을 좀 얘기 해주시면 좋겠습니다.

사　과[4] : 저는 제 얘기를 먼저 해보고 싶은데요. 저는 종교에 있어서 또는 신앙의 가치관에서 어떻게 집에서 갈등이 굉장히 많이 일어나고 있거든요. 근데 이거를 제가 어떻게 해결을 했으면 좋겠는데, 해결이 안된 상태로 양보하고 물러나는 상태에 있었어요. 근데 생각해보니까 종교적인 가치관문제가 아니라 생활습관에서 서로 그게 안 맞았던 게 더 컸는데 중요하지도 않은 종교문제가 나와가지고는 해결되지도 않는 문제를 가지고 계속 해결하려고 해서 문제가 더 안 풀렸다는 생각이 들었거든요. 너무 오래 지난 상태에서 저는 그걸 느끼게 됐고 제가 많이 갈등이 되는 대상은 엄마인데 엄마는 그 생각이 별로 변하시지 않은 것 같아서 너무나 화가 나는 사건이 있었거든요. 더 깊이 들어가면 어머니란 존재에 대한 의존독립의 문제도 걸려 있고 경제관념의 차이, 일이나 직업에 대한 가치관 그런 것에서도 참 많이 틀리고, 성격 자체도 틀리구, 여러 가지 능력면에서도 틀리고 너무 많이 틀린데 근데 부모님이기 때문에 이렇게 좀 해줬으면 좋겠다. 내 딸이 이렇게 해줬으면 좋겠다, 이런 기대가 제가 하고 싶은 것과 계속 맞아들어가지 않아서 그래서 계속 힘들거든요. 거의 10년을 끌어왔어요, 동일한 문제를 가지고.

상담자 : 그러니까 종교적인 문제는 피상적인 겉으로 드러나는 하나의 요인이고 진짜는 부모님이 우리딸이 내 기대에 따라와줘야 한다 이거였어요. 아니면 사과가 나는 반드시 부모의 그 기대에 부응해야 된다, 이런 생각 때문이었어요?

사　과 : 두개 가 다 있었던 것 같아요. 저는 딸로서 한 가족의 일원으로서 부딪히지 않고 서로에게 부담되거나 피해를 주지 않는 한도 내에서 내 것도 주장하고 싶었던 그런 게 많이 있었고 또 엄마측에서는 적어도 내가 세상을 살아보니까 이런 행동은 안했으면 좋겠는 행동을 딸이 하니까 안 되겠다, 이 점은 양보할 수가 없다 끝까지 내 딸의 행동을 고쳐보겠다고 아주 강하게 나가셨거든요. 그건 아직도 엄마가 양보하지 못하는 부분이고 포기한 부분이고 하나는 굉장히 심각했다가 지금은 조금 시간이 흐르면서 이해를 받는 부분인데 그거는 직업에 대한 거예요. 제가 상담을 하겠다고 했을 때 엄마는 내가 하고 싶은 것을 하도록 허락은 해주셨는데 다른 전공들 대부분 보면 대학원 나오면 연구소 같은 데 취직이 되잖아요 그렇게 상상을 하고 계셨는데 제가 졸업할 무렵 취직한 데가 아무데도 없으니까 갑자기 그때까지 이해도 못하면서 허락만 해주

---

4) 내담자의 호소문제 표출 : 사과가 지닌 비합리적 생각의 탐색
　"나와 부모는 서로에게, 특히 나는 반드시 부모의 기대에 부응해야만 한다."
　"다른 자식한테 모든 것을 강요하면 안된다."
　"엄마가 나는 그의 손아귀에서 주무르려고 하는 것을 견딜 수 없다."
　"나는 부모에게 반드시 인정받고 사랑받아야만 한다."
　"부모에게 인정받고 사랑받아야만 가치 있는 인간이다."

셨던 것이 다 후회되시면서 괜히 널 밀어줬다라는 식으로 그리고 여태까지 밀했냐는
저에 대한 비난 공격을 하시면서 폭발적으로 화를 많이 내셨어요. 제가 경제적인 것
을 잘 해결하지 못하는 상태가 엄마한테는 굉장히 마음에 들지 않고 저는 기대 수준
에 못 미치는 그런 생활이구, 그런 상태였기 때문에 그 당시로서는 어떻게 할 수가 없
으니까 그때 마침 ○○대에서 상담수련과정을 하면서 아르바이트를 해서 용돈이라든
지 수련과정에 필요한 비용 같은 것을 해결하려고 그랬었거든요. 월급같이 그렇게 많
이 받지는 않겠지만 제 나름대로의 계획을 가지고 있었는데 엄마는 다 때려치라고 막
아래층에 있을 때에는 아래층에서 막 공격을 하고 2층에서 내가 좀 쉬어야겠다 하고
있으면 막 2층으로 와서 뭐라 그러고 너무 시달렸어요. 한두달을 시달리다가 안 되겠
다 싶어서 수련과정 그것도 취소시키고 그때부터 막 방황을 했어요. 아르바이트 자리
를 구하려고 막 방황을 하다가 저한테는 행운이었는지 어려운 일이 닥치거나, 애들일
이 잘 안 풀리거나, 아빠 일이 잘 안 풀리면 엄마가 점집에를 가세요. 그런데 보면 너
무 잘 나와요. (맞는다고?) 잘될 거라고. 제가 사주를 잘 타고났다고 그래서 거기서 힘
을 얻고서는 엄마가 조금 풀리신 거예요. 제 행동이 변해서 아니면 제 현실이 달라져
서가 아니라 조금 있으면 좋아진대더라 그런 점괘가 나오니까 거기서 안심을 하시고
저를 좀 놔주는 그런 식으로 제가 견뎌왔거든요. 결혼문제도 그래요. 29살 되기 전에
는 사람이 나타난다더라 그리고 그때까진 푸쉬를 조금 덜하시고 29살이 넘어갔잖아
요. 29살 다음에는 31살에 있다더라 그러니까 그것 때문에 제가 견디고 있거든요.(31
살까지 가면 된다?) 31살에는 좋은 사람 나타난다고 (점괘가?) 예, 그 사이엔 안 나타나
는 게 당연한 거다 이런 식으로 엄마는 그렇게 생각을 하시거든요. 봄돼야지 꽃이 피
는 게 당연한 것처럼 겨울에 꽃을 바랄 순 없는 것처럼 그런 식으로 생각을 하세요.
그런게 어떻게 보면 저를 보호하는 하나의 보호막이 되고 있어요. 그래서 나름대로
그런 거는 좋은데 저는 전혀 합리적이지 못한 속에서 한편으로는 막 시달림을 받다가
한편으로는 놓았다가, 쥐에게 쇼크를 주는 실험에서 전혀 쥐의 의지와는 상관없이 쇼
크가 와갖고 사람이 무기력해지잖아요. 제가 그런 상태로 빠졌어요.엄마가 그렇게 폭
발적으로 화를 내는 것에 대해서 쥐가 쇼크를 받았는데 자기의 행동과는 다르게 엄마
기분에 따라서 쇼크가 오니까 어떤 때는 허용이 되고 엄마의 기분에 따라서 어떤 때
는 허용이 안되고, 똑같이 시집을 못 갔어도 어떤 때는 "너는 왜 시집을 못 가고 다른
애들처럼 이렇게 하지 못했니" 막 이러다가 어떤 때는 엄마 마음이 여유가 생기면 별
로 변화된 게 없는데도 내가 그냥 허용이 되고 편하게 받아들이시고 이런 식으로 되
거든요.

상담자 : 그런 상황 속에서 어떻게 해야지 결국 사과를 스스로 보호할 수 있을 것 같아요?
사 과 : 그게 굉장히 맘에 걸렸었는데 오늘 아침에는 버스에서 오면서 굉장히 화가 나는 일이
있었는데 왜냐하면 제가 건강이 안 좋아져갖구 가족끼리 "봄 되면 산에 올라가자 이
렇게 약속이 되어서 4월부터 다니게 됐는데 오늘 아침에는 산에 올라가다가 중간에

좀 쉽잖아요. 그때에 저한테 그러시는 거예요. 제가 올해, 대학교 다닐 때 서클에서 졸업생들끼리 ○○이라는 모임을 갖거든요. 근데 제가 올해 회장을 맡았거든요. 그런 데 제가 그것을 하는 걸 엄마가 싫어하시니까 엄마 모르게 조용히 하고 있었는데 엄마가 어떻게 아셨는지 니가 올해 회장됐지" 그러시면서 아직도 정신 못 차리고 큰 일이라고 너 결혼하기 전까지 그런 것 다 청산하고 깨끗하게 결혼해야 된다고 이렇게 말씀을 하시는 거예요. 그 얘기를 듣고 너무 열을 받아가지고….

향 기 : 뭘 싫어하시는 거예요?

사 과 : 종교활동.

상담자 : 그러면 엄마는 불교에 다니시는 건가요?

사 과 : 불교, 엄마는 신앙 자체를 문제시하는 것이 아니라 신앙활동이 시간적으로 특히 교회 다니는 사람은 교회에서 시간을 많이 보내잖아요. 인간관계 속에 얽매여 있고 그런 것을 너무너무 싫어하세요. 버스 타고 오면서 제가 크게 느낀 건 내가 그 동안 힘든 것도 엄마 때문에 힘든 거고 사람 때문에 힘들고, 결국은 사람 때문에 사람들이 힘들었다는 생각이 들어서, 그렇다면 그 환경을 만드는 건 누군가 했더니 바로 저더라고요. 제가 사람들을 좋아해서 사람들이 있는 데를 자꾸자꾸 가고 근데 그건 일시적인 것은 해결이 됐지만 제 진로를 놓고 그런 것을 준비하는 데 있어서는 많이 못 했던 것 같거든요.

상담자 : 회장도 하고 서클 활동도 하고 이러는 거 때문에?

사 과 : 그렇죠. 저는 교회생활을 나름대로 가치를 많이 두어서 교사라든지 성가대라든지 청년부라든지 청년부도 부회장하고 그런 식으로 활동을 많이 했었어요. 그러니까 얼마나 눈밖에 많이 났겠어요. 어차피 엄마가 싫어하시는 것을 알면 예배만 딱딱 드렸어도 이렇게까지 큰 불만은 없었을 텐데 제가 좀더 사람들하고 더 많이 어울리고자 하는 마음이 있었고 그런 중책을 맡으면서, 그 자체가 내가 해야 될 일을 당연히 하는것으로 생각했는데 특히 기독교에 대해서 이해가 없으신 분은 그런 활동은 왜 하나, 교회는 왜 다니나, 저희집 같은 경우는 교회가 왜 이렇게 많나 그런 것도 걸리시는데 목사들은 뭐하는 거냐 교인들이 힘들여서 뼈빠지게 일한 돈 가지고 재산축적이나 하고 이런 식으로 아주 나쁘게 생각하시니까 교인들의 생활 자체가 얼마나 본이 되는가 거기서 늘 마이너스 점수를 주세요.

상담자 : 사실, 그런 부분도 전혀 없다고는 할 수 없지요.

사 과 : 그런데 바로 제가 장본인인 거예요. 바로 같이 사는 가족 중의 하나가 마이너스를 계속 당하니까 다른 데도 일반화가 되고 교회에 대한 인상을 계속 흐려놨던 것 같예요. 사람이 문제이고 제가 사람한테 자꾸 좌지우지되고 사람들에게 좋은 인상을 주고 사람들과 좋은 관계를 맺어야 된다는 것에 대해 좀 강박적인 면이 있다 그런 걸 참 많이 느껴요. 고등학교때는 너무너무 많이 성취하고 그때는 어땠냐면 요즘에 전화상담받고 청소년들 문제에 대해서 생각할 때 저에 대해 두 가지가 생각나는데 하나는 제가 자

아존중감이 참 높았다. 그래서 다른 것에 휩쓸리지 않고 내가 목표하는 것에 대해서 열심히 공부하고 친구관계도 참 좋았다. 학교도 좋고 좋은 정서적인 환경이 됐었고, 선생님들도 공부만을 위해서 성적, 성적하지 않고 한 과목 한 과목 책임 있게 잘 가르치셨다 이런 좋은 이미지들이 합해져서 내가 일생에서 참 좋은 기억들이 많았던 기간이 고등학교 때였거든요. 그런데 대학교 간 것은 좋았는데 생활하면서 1,2년 지난 다음부터는 공부에서 많이 뒤처졌어요.

상담자 : 처음에는 열심히 했다가.

사　과 : 1학년 때는 참 좋았는데 2학년 때는 교회활동에 시간이라든지 노력이라든지 이런 게 더 많이 갔어요. 이해도 못받는데다가 에너지가 어디로 많이 가냐면 이해받지 못하는데 어떻게 하면 이해받을 수 있을까 그걸 생각하는데 에너지가 굉장히 많이 들어갔어요.

상담자 : 나는 꼭 이해받아야만 하고 사랑받아야만 한다 이런 욕구가 많았었다. 그치?

사　과 : 너무 상충되는 집단에서 여기서도 이해받아야 하고 저기서도 이해받아야 하고 교회에서도 잘하고 집에서도 잘해야 된다는 이런 게 있으니까 제가 인지 패턴이 그때부터 하나의 습관이 돼가지구 그전하고는 전혀 다르게 막 어떤 길이 있으면 길 위로 가는 그런 게 고등학교 때는 됐다고 하면 그 이후에는 길 아닌데도 내가 길이라고 생각하고 막 가고, 가면 막히고 막히면 돌아오고 그래서 진도도 못 나가고 언저리에서 계속 맴돌았다는, 헛수고만 많이 했다는 그런 느낌이 드는 게 있어요. 지금 깨닫고 있지만 앞으로도 계속 그러면 안되겠다는 그런 생각이 들어요.

상담자 : 저는 그 얘기를 쭉 들으니까 정말 힘들었겠다. 그치? ○○대 ○○과 나오셨지요(네). 그럼 고등학교 때 굉장히 공부를 잘했겠네요? 공부를 굉장히 잘하고, 그래서 부모님이 기대를 굉장히 많이 하셨을 거 아니야. 기대를 많이 하고 또 대학원까지 보내주고 그러니까 애가 뭔가 될 거라는, 뭔가 물질적인 가치로 보상이 되리라 생각을 했는데 그게 안되니까 굉장히 화가 나셨을 테고 그 화가 걸러지지 않은 상태가 오래 갔으니까 얼마나 힘이 들었을까 수련도 하고 싶었는데 결국 포기하고 그런 것은 충분히 전달이 돼요. 다른 분들은 어때요?

스폰지 : 저의 아빠랑 비슷한 데가 있어요. 훨씬 덜하시지만 다른 사람은 그래도 석사, 박사 정도 했으면 부모로서는 어떤 이상적인 걸 가지고 있는 것 같아요.거기에 도달하지 못했을 때 먼저 속상한 건 자신이어야 되는데 나는 그게 좋다, 하고 다니는데 부모님은 네가 굉장히 어리다 그리고 왜 아직까지 그런 데서 해매고 있니, 집에서 밤새워서 공부하시는 걸 많이 보시니까 차라리 그 열정과 노력으로 고시 공부를 했으면 몇 번이나 패스했겠다고 하세요. 요즘 집에도 상담전화가 와요. 특히 강의나가는 분들한테 전화가 와서 한시간도 넘게 전화를 받으면 "그렇게 힘든 일 뭣하러 하니" 이런 말씀 많이 하시면, 저도 되게 속상할 때가 많아요. 부모님만큼은 이해해줬으면 좋겠는데 그렇지 못했을 때 사과님은 더 힘들었겠다 그런 생각이 들어요. 그것 때문에 아빠랑

진지하게 한번 얘기한 적이 있었는데 그때 저는 제 비전, 제 적성, 이런 것을 막 얘기하면서 아빠가 나중엔 어떤 말씀을 하셨냐 하면 그래 아빠가 걱정하는 게 니가 니 밥벌이 해야 될 나이가 됐는데 그것도 걱정이 되고, 니가 만약 그런 생각을 한다면 내가 뭐 어떻게 하겠니, 하지만 아빠는 아빠 나이도 점점 늙어가고 제가 아직까지 부모님께 돈을 타쓰고 있잖아요. 언제까지 그럴 수도 없는데 너무 어리게만 보여서 그랬다, 그래서 네가 열심히 해서 나중에 잘되면 그때 가서는 화낼래도 화낼 수도 없는 거고 아빠도 네 도움받아야 될 때가 온다고 그때 한 번 한 다음에는 아빠가 거기에 대해서는 전혀 말씀을 안 하시고 이해까지는 아니지만 그래도 봐주시는 것 같아요.

상담자 : 그러면 사과님도 자신의 어려움, 그런 것들을 지금 스폰지님과 같이 어머니에게 설득하거나 진솔한 대화를 시도하거나 그래본 적 있으세요?

사 과 : 저는 별로 그랬던 것 같지 않아요.

스폰지 : 저도 되게 힘든게 저희 아빠가 다혈질이세요. 우리 엄마와 성격이 굉장히 반대이신데 저도 그 말을 할 때까지 너무 힘들었어요. 그것을 말하려면 울음부터 나오고 굉장히 속상한 마음부터 들고 말하는 게 그냥 얘기가 아니라 서로 그렇게 될 수밖에 없더라고요. 그것에 대해서 저의 속상한 얘기를 해야 되니까.

상담자 : 그럼 사과님은 얘길 안 해보셨다고 그랬는데 생각은 해보셨을 것 같아요. 생각은 해보셨는데 말해봤자 안 통할 수도 있고 또 말하는 게 상황을 붉어지게 해서 힘들게 할수도 있고 뭐 여러 가지 판단 때문에 안하셨을 것 같은데 왜 안하신 것 같아요?

사 과 : 엄마같은 경우는 정서에 별로 초점을 두지 않고 얘기하거든요.

상담자 : 엄마 자신이 (예) 그러니까 상대방의 기분을 헤아리지 않고 그냥 말씀을 하신다고요?

사 과 : 예. 기분은 별로 중요하지 않고 표면적인 행동이 더 중요하니까 제가 엄마에게 이해받을 수 있는 좋은 환경은 뭐냐하면 아빠신 것 같아요. 아빠가 이해를 하시고 엄마하고 의사소통해서 봐주라 그런 식으로 그리고 엄마랑 저랑 얘기를 하다보면 얘기가 싸움으로 변하거든요. 그럴 때 중간에서 듣고있다가 조금 정리를 해주세요. 교통정리를 해주시면 그 덕으로 제가 좀 빠져나오고 그런 식이에요.

상담자 : 오케이. 자 그러면 제가 교통정리를 해야 되겠는데 여태까지 아버지 때문에 위기의 순간에서 모면이 되고 줄이 됐잖아요? 엄마의 이야기는 장황하게 파악을 했지요. 그게 여기 REBT에서는 A란 말이에요. 선행사건이 어떤 구체적인 사건만이 사건이 아니고 그 사람의 어떤 상황, 환경 그러니까 엄마가 A일 수도 있고 엄마가 시도 때도 없이 우리 사과님을 괴롭히는 거 어떻게 보면 주관적인 잣대 이런 것이 많이 흔들리잖아요. 기분에 의해서 그런 것이 A일 수도 있고 하여튼 불편하게 만드는 여러 가지 상황이 다 A인데 사과님이 화가 났어, 엄마의 그런 행동 때문에, 엄마의 외적인 그 A 때문에, 근데 A는 하나의 "○○때문에"이고, 정말 화가 났다라는 것은 엄마의 A를 보는 나의 관점이잖아요. 인지이론에서 보면 그럼 내가 엄마의 그런 행동들을 어떻게 지각했기 때문에 결국 나의 지각이 나로 하여금 화를 불러일으켰나, 그 나의 지각이 어떤

것인 거 같아요?

사　과 : 나의 지각이요? 나의 지각 중에 이런 것이 있어요. "다 큰 자식한테 그렇게 모든 것을 강요해선 안되는데."

상담자 : 오케이. 엄마는 내가 지금 서른이 다 되어가고 돈만 못 벌어왔지 내 할 일을 여태까지 못한 것도 없잖아요. 우수하게 잘했지. 근데 돈버는 시기가 좀 늦어질 뿐이지, 그런데 엄마는 그것을 이해해주지 않고 다 큰 딸을 너무나 마음대로 함부로 하시는구나, 그래서는 안 되는데 그런 생각을 하시는 것 같다. 그죠? 그 생각이 사과님을 핵심적으로 괴롭히는 것 같아요?

사　과 : 예. 저는 아직까지도 엄마의 손아귀, 손아귀라는 말을 많이 쓰는데.

상담자 : 엄마의 손아귀에서 내가 놀아난다, 그렇다며는 그것 같아요. 제가 봐도 그러니까 엄마 때문이라는 말은 맞지 않는 말이구요. 제가 아주 좋은 문구를 써놨는데 다 아는 이야기지만 인지상담의 Beck도 그렇고 Ellis도 그렇고 이 사람들이 그 에픽테투스의 영향을 굉장히 많이 받았어요. 에픽테투스가 했던 말이 뭐냐하면 '사람이나 어떤 상황에 의해서 방해를 받는 게 아니고, 즉 엄마라는 상황 때문에 사과님이 속상한 게 아니에요. 화가 나고 엄마의 무모함이랄지 엄마의 바람직하지 않은 태도 때문에 내가 화나는 게 아니라 그 상황을 지각하는 우리들의 해석 때문에 화가 난다' 이런 얘기를 했잖아요. 그 얘기가 Ellis에게도 영향을 주었고 Beck한테도 영향을 주었는데 지난번에 도서관에 가서 책을 뒤지다가 그 책을 발견해냈어. 그 에픽테투스가 그리스·로마 시대의 철학자고 자신이 노예 출신이었어요. 류시화 시인 있잖아요. 그분이 명상록, 명상 이런 데 관심이 많잖아요? 그 시인이 그의 강의록을 번역했더라구, 그 에픽테투스의 강의록 중에 멋있는 구절을 낭송할께요.

"너는 사람들로부터 상처를 입는다 그리고 그것 때문에 괴로워 한다 그죠? 그러나 과연 사람들이 너에게 상처를 입힐 수 있는가 그들에게 그런 힘이 있는가 그렇지 않다 누군가가 너를 기쁘게 말하거나 큰 소리로 욕을 했다고 해서 또는 너를 한 대 쳤다고 해서 만일 네가 마음의 상처를 받고 모욕을 당했다면 그것은 어디까지나 너 자신이 그것을 모욕적인 일로 생각했기 때문이다 누군가 너를 화나게 했는가 그것은 네가 그것을 화나는 일로 받아들였기 때문이다 누군가 너의 감정을 자극했는가 그것은 네가 그것을 기분 상하는 일로 판단했기 때문이다 따라서 누군가 너를 자극할 때 이것을 기억하라 모든 것은 너를 자극하는 그 일에 대해 네가 어떤 판단을 내리는가에 달려 있다고 단지 외부에서 일어나는 어떤 일 때문에 너의 감정에 불을 붙이고 습관처럼 그 감정에 이끌려서 행동하지 말라"

이 얘기를 했는데 다 아는 얘기이지만 한 번 이 얘기를 통해서 우리가 성찰을 해볼 필요가 있어요. 그러면 엄마가 사과님한테 뭐야 화나게 했던 게 다 서른살 다 되는 딸을 왜 자꾸 손아귀에서 주무르려고 하지? 또 주무르려고 해선 안되는데 이런 생각을 하고 계신 거잖아요? 그러면 엄마의 입장에서 보면 그러지 말라는 법이 있어요? 그렇게 하지 말라는 어떤 이유가 있을까요 그렇게 해서는 안 되는….

사　과 : 이유는 없어요. 이유는 없는데 제가 좀 헷갈렸던 부분이 앞으론 달라지겠지만 나이라는 것을 계속 들먹이면서 니가 엄마 밑에서 이러구 살아도 되겠나 하면서도 계속 저를 애 취급하시면 그런게 굉장히 헷갈렸었거든요. 인제는 그걸 알 수 있을 것 같아요. 엄마 같은 경우는 엄마가 얼마나 이른 시기에 독립했던 모습을 보였나 이런 걸 보면서 제가 점점 나이가 들면서 그것이 자기 자신과 비교가 많이 되니까 그런 것에 대해서 굉장히 추궁을 많이 당했었는데 아빠는 반대예요. 아빠는 과잉보호적인 면이 많이 있으시거든요. 제가 2년 전에 나가서 살겠다고 독립선언하고 나간 적이 있었는데 아빠가 계속 니가 그럴 수가 있냐 엄마 아빠만 남겨두고, 동생들은 다 유학 갔거든요. 니가 엄마를 돌봐드려야 되는데 그럴 수가 있느냐, 그런 식으로 해서 물론 다른 것도 있지만 다시 들어갔거든요, 3개월 만에. 가만히 보니까 결혼하기 전까지는 이 집을 나가서는 안된다 그 꼴이 뭐가 보기 좋냐, 사람들 보기에도 친척들 보기에도 별로 좋지 않다, 계속 이런 메시지를 아빠는 주시고 아빠와 엄마가 대화하다 보면 지금 애가 나갈 때가 아닌 것 같다, 이렇게 결론을 내시구. 몇 년 지나는 동안에 엄마는 엄마대로 기준을 낮추시고 저는 저대로 제 상황에 대해서 파악할 수도 있었고 헷갈리는 것이 많이 정리가 됐어요.

상담자 : 정리가 됐는데 엄마가 나를 손아귀에서 가지고 놀려고 하시는 게 화를 나게 하고, 또 하나는 엄마는 왜 이렇게 기준이 분명하지가 않아. 자기가 편할 때는 나이를 핑계대\서 나를 공격을 하고 또 하나의 측면은 내가 나이가 이렇게 먹었는데 나를 어른 취급을 하지를 않고 엄마는 이중구조를 가지고 있다. 난 그게 참을 수 없고 견딜 수 없어서 그런 것 때문에 힘든 거지요?

사　과 : 예.

상담자 : 근데 제가 볼 때에는 엄마가 바뀌실 것 같지는 않아요.

사　과 : 그러니까 상황이 변하지 않으면 엄마도 변하지 않을 것 같아요.

상담자 : 엄마는 변하실 것 같지 않고 사과가 제일 처음 자기 얘길 해줬는데 그건 그만큼 힘들고 불편하다는 의미잖아요. 궁극적으로는 제가 할 얘기를 뻔히 아실 텐데 어떻게 해야지 내가 스스로를 보호할 수 있을 것 같아요? 저는 그 얘기를 참 많이 하거든요. 누구 때문에 내가 상처를 입는다는 건 잘못된 언어표현이다. 인지상담은 일반 어의론 (general sementics)의 영향을 굉장히 많이 받았어요. 그래서 구체적인 언어, 정확한 언어의 표현을 굉장히 강조해요. 그래서 소위 '나는 상담자다' 이런 말도 쓰지 말라고 해요. 왜냐하면 '나는 상담자' 다라고 했을 때는 마치 나의 모든 역할이 상담자인 것처럼 되잖아요. 근데 나는 엄마 역할도 하고, 교사 역할도 할 수 있고, 아내의 역할도 할 수 있고 여러 가지 역할을 할 수 있기 때문에 좀더 구체적인 표현은 나는 상담자로서 역할을 한다 또는 상담하는 게 내 직업이다 이렇게 말을 하라고 한단 말이지요. 그래

서 구체적인 언어로 표현해야 하는데 그래서 제가 사람들한테 "너 때문에 내가 굉장히 화가 났어", "니가 날 상처 입혔어", 그런 말을 쓰지 말라고 그래요. 옹달샘님이 나를 아무리 약을 올렸어도 내가 상처받지 않기로 선택하면 내가 화나지 않기로 선택하면 화가 안난다, 왜냐하면 내 정서는 내가 조절하는 것이기 때문에, 그죠? 옹달샘님이란 상황 A가 있어도 이 사람이 나를 아무리 약올려도 그 약올리는 걸 내가 어떻게 지각하는가, 엄마가 원래 그렇게 문제가 많이 있지. 엄마들이 대강 다들 저렇지. 그러니까 엄마의 입장에서 그럴 수 있는 거겠지. 이렇게 생각하실 순 없을까 그리고 또 하나 잊어버리기 전에 내가 엄마에게 휘둘림을 당하는 것 같잖아요. 근데 그게 왜 힘든 거예요?

사　과 : 저는 근본적인 것은 의존의 욕구가 굉장히 강한데, 또 인정과 사랑에 대한 욕구가 많아요. 다른 사람들보다는 훨씬 더 나를 받아주고, 이해해주고, 용서해주고, 그랬으면 좋겠는데 특히 엄마니까 그랬으면 좋겠는데 제가 받을 만큼 받지 못했다 그런 게 참 많았던 것 같아요. 제가 어떤 이상적인 것을 그려놓고 엄마는 이렇게 해야 될 것같아 그려놓고 되지 않을 때마다 그걸 해주지 않는 엄마에 대해서 되게 원망을 한다든지 탓을 했던 게 참 컸던 것 같아요.

스폰지 : 저는 아빠랑 그 얘기를 한 다음에 아빠랑 얘기하는 도중에 중요한 건 딱 이거구나 하는 것을 깨달았었어요. 아빠가 너는 왜 내가 너를 인정해주기를 바라냐 그 일에 대해서 네가 잘하면 되지 않냐 그 말이 저에게 꽉 와닿았어요. 그 다음부터 왜 내가 아빠한테 이게 나의 비합리적인 신념이 있었기 때문에 아빠하고 충돌이 있었구나 저는 느꼈었거든요. 사과님과 저랑 비슷한 욕구였던 것 같고 나는 아빠한테 인정받아야겠다 그런 거 때문에 서운해서 아빠가 그렇게 말씀하시는 것에 대해 더 그랬던 거 같아요.

상담자 : 결국 깊은 곳에는 "가장 가까운 부모니까 인정받고 사랑받아야만 한다" 그리고 그 안에 괄호 속에는 좀더 깊은 곳에 가면 뭐가 있을 수 있냐 하면 나는 "부모에게 인정받고 사랑받아야지 정말 그 인간은 가치가 있다"라고 생각할지도 몰라요. 그건 미처깨닫지 못하는 것일 수 있는데 어쨌든 내가 인정받고 사랑받아야 된다는 게 너무 강한 것 같아. 왜 강하다고 얘기할 수 있냐면 그게 보통의 수준이 돼가지고 인정과 사랑을 못 받았기 때문에 나에게 문제를 일으키지 않는다 그러면 강하다고 얘기할 수가 없는데 그것이 나한테 자꾸 분노를 일으키잖아요. 부적절한 정서를 자꾸 유발하잖아. 그러니까 어떻게 보면 강하게 그 신념을 가지고 있는지 모르죠. 그건 사과님뿐 아니라 많은 사람이 가지고 있는 신념인데 오죽하면 Ellis가 비합리적 신념의 제 1번으로 '나는 내가 알고있는 모든 중요한 사람들에게 인정받고 이해받고 사랑받아야만 한다' 그거를 내놨잖아요? 러브슬러비즘(Love slobbism)이라는 말이 있어요. 이거는 새로 형성된 조언데 사랑받지 않으면 못견디는 것을 일컫는 단어에요. 거기에 대해서 대안적인 생각은 "니가 왜 자꾸 사랑을 받으려고만 해. 사과야, 너 이제 서른살이잖아. 엄마에게 인정과 사랑을 돌려줄 수도 있잖아 이제는 사랑받으려고 하지 말고 한 번 돌려주

278 제2부 인지행동치료의 집단상담사례

려고 해봐." 이것을 합리적인 대안적인 신념으로 얘기하고 있거든요. 그러니까 제가
지금 말씀드린 건 그것 같아요. 결국 사과를 화나게 하는 생각들 어머니 때문은 아니
고 사과님 스스로의 생각, 즉 첫 번째는 엄마는 왜 자꾸 나를 조절·통제하려고 하느
냐 엄마는 날 조절하면 안된다 두 번째 나온 것은 엄마는 왜 이중적인 기준을 가지고
있느냐 어떤 때는 날 가지고 핍박을 가하고 나이가 많다고 핍박하면서 또 나이값은
인정해주지 않는다고. 이면에 있는 생각은 뭐냐면 결국 나는 인정을 받고 사랑을 받
고 싶은데 엄마는 나를 인정을 하고 사랑을 하기는 커녕 나를 자꾸 푸시하고 압력을
가하니까 피곤하다. 그러니까 이제는 엄마한테 인정을 받고 사랑을 받으면 참 좋지만
그리고 엄마가 줄 수 있는 것과 내가 받을 수 있는 게 모양과 크기가 다를 수 있잖아.
엄마의 입장에서 어쩌면 많이 줬다고 볼 수도 있죠. 엄마 입장에서 보면, 사과씨가 욕
심이 너무 많아 가지고 그릇이 너무 커서 엄마가 주신 사랑을 다 담고 부족한 부분을
스스로 채우지 못하고 막 요구하는 거잖아요. 이제는 내가 엄마한테 돌려드릴 수 있
는 그런 방법들을 모색해보는 것이 어떨까. 이제는 더 이상 괴롭힘을 당한다고 느낄
수 있어요. 만약에 사과님이 잘 정리하지 않으면 앞으로 계속 엄마에게, 만약에 결혼
을 했다고 합시다. 결혼하고 돈도 번다고 합시다. 그러면 그 엄마의 행동 패턴을 보면
또 다른 어떤 걸로 압력을 가하고 그럴 수 있어요. 어때요 여태까지 성장과정을 보면
그럴 수 있지? 이건 일시적인 문제가 아니라 엄마 쪽에서 봐도 이거는 일시적인 문제
는 아니에요. 그렇기 때문에 그런 상황이 엄마가 돌아가실 때까지 계속될 텐데 그때
나를 보호할 수 있는 길은 엄마의 소위 잔소리랄지, 엄마의 불평등한 관심, 불공평한
간섭, 이런 것에서 내가 스스로 보호를 받아야 되는데 그때마다 제가 볼 때 가장 중요
한 건 너무 이렇게 돌보지 않는 것. 엄마 스타일이기 때문에 그것을 너무 깊숙이 생각
하지 않는 게 필요한 거 같아요. 적절하게 무시하는 거 어때요?

사   과 : 그래야죠.

상담자 : 이미 다 알고 있었던 거지.

사   과 : 저는 선생님이 얘기해주신 것도 받아들여지고 제가 너무 많이 생각을 했다 그걸 어떻
게 하면 풀어나갈 수 있을까 그리고 나는 여태까지 너무 많이 이 문제를 풀기 위해서
노력했기 때문에 이제는 해결돼야 된다는 생각을 하고 있어요.

상담자 : 어떻게 해결할 수 있다고 생각해요?

사   과 : 우선 저 자신을 보호하고 방어하기 위해서 많은 심리학 이론을 갖다대고 나는 그래도
이 정도에서 옳았다 그리고 어떤 것은 내가 받을 만한 비난이구 어떤 것은 굉장히 부
당한 비난이다라는 것을 가름하려고 노력을 많이 했었어요. 그래야지 내가 그 모든
공격에서부터 기분 나빠하지 않고 어떤 것은 받아들이고 비록 내가 공격하거나 비난
하지 않아도 내가 고쳐야 될 부분은 계속해서 내가 변화시켜 가야 한다. 그러기 위해
서는 그런 것을 잘 가름해야겠다라는 것이 늘 있었어요. 노력을 했었구. 근데 오늘 아
침에 제가 중요한 거 하나를 깨닫고 알게 된 건 뭐냐하면 회장 맡았던 것을 내가 반납

을 하면서 내 집 상황이 이러이러 해서 못 한다고 말하는 거나 엄마한테 왜 나를 이해 못하냐고 말하는 것이나 결국에는 나를 보호하려는 것은 똑같다. 어른답지 못한 것은 똑같다 양쪽이 다 똑같다라는 생각이 들었어요. 그리고 나는 화낼 수 있다. 저는 화내 서는 안된다는 교육을 너무 많이 받았거든요. 그래서 화를 못내고 계속 참았던 것도 굉장히 많아요. 오늘 아침에는 화를 내고서 나왔어요. 내가 화를 내면 보복을 당할 수 있으니까 옛날 같으면 되게 고민이 될 수 있는 건데 그런 고민이 안 되고 내가 화를 내야 될 때 화를 냈다, 난 잘못한 것 없다, 그쪽에서 나온 반응을 보복으로 받아들이 지 않고 그쪽에서 나올 수 있는 반응으로 받아들이겠다, 이렇게 생각을 했고 내가 다 반납하려고 했던 것은 내가 사람들에게 휘둘리고 많은 사람들한테 가지고 내가 거절 하거나 내 주장을 하는 것은 잘 못하고 다 들어주는 게, 그게 문제여서 여태까지 온거 지 내가 맡은 회장일 자체가 내 생활을 어렵게 한다든지 내가 해야 될 일을 못하게 한 다든지 지금 그런 상황은 아니거든요. 엄마가 반대하기 때문에 이걸 다 반납할 필요 는 없지요.

상담자 : 엄마의 요구에 대해서 즉각 즉각 반응하실 필요가 없어요. 지금 나이가 몇 살인데 그 리고 인제는 서서히 엄마는 변하시지 않으시지만 엄마하고 진솔한 만남이나 나의 뜻 이나 생각을 전달해볼 수 있는 기회를 스스로 가지려고 노력을 많이 하셨어요? 별로 없었죠? 이제는 얘기를 트세요. 엄마가 제일 불편해하는 게 직장에서 돈 못벌어 오는 거, 그리고 시집 안 간 건데 조금만 기다려달라. 사주팔자도 좋게 나왔는데 정말 기다 려 좋은 직장을 얻을 수 있을 거다. 그게 가능하잖아요. 결혼도 마찬가지고 그래서 성 숙한 내 모습을 보였을 때 엄마의 그 잔소리도 줄어들 수 있는 게 아닌가 싶어요. 어 떻게 보면 사과님은 서른이 다 되어서 성인같지만 엄마한테 내가 성인임을 입증해줄 수 있는 구체적인 증거가 없었기 때문에 엄마는 사과님의 머리속을 잘 모르잖아요. 그 성숙한 진면목을 보일 수 있는 시도를 자꾸 해보는 것도 참 필요하지 않을까 그런 생각이 드는데요.

사 과 : 지금 와서는 제가 해야할 숙제는 선생님이 방금 말씀하신 대로 감정적으로 대응하지 않으면서 내 의사를 상대가 알아들을 수 있게 그런 부분을 제가 조금 더 노력을 해봐 야겠다는 생각이 들어요.

상담자 : 그리고 화가 났을 때는 적절하게 화를 내는 게 건강하기는 하지요. 그리고 결국 인지 상담에서는 '화' 라는 감정 자체가 안 나오게 하는 것이거든요. 화를 참게 하는 건 더 더욱 아니고 어떻게 하면 화가 안 나게, 정서가 일어나지 않게 하는가, 그건 결국 우 리 인지에 달려있다고 보는 거잖아요. 그러니까 우리 사과님이 화가 날 때 내가 지금 어떤 인지 때문에 화라는 정서를 경험하고 있는가 그때마다 순간순간 머리 속에 떠오 르는 사고, 소위 그런 걸 우리가 자동적인 사고라고 하잖아요.
'엄마가 나에게 저렇게 하는 거는 나를 무시하는 거야' 일 수도 있고 '나를 너무 형편 없이 하는 거야' 일 수도 있고 여러 가지 사고가 떠오르지. 그것이 우리를 욱하게 만들

잖아, 그게 없이 욱하지는 않는단 말야, 그쵸?그게 뭔가 그걸 잘 찾아봐서 스스로가 논박을 해나가는 게 필요할 것 같아요. 엄마가 저렇게 한다고 해서 나를 미워하는 것도 아니고 나를 정말 내버리는 것도 아니고 엄마 입장에서 보면 정말 화가 나시겠지, 나실만도 하지, 그걸 내가 수용할 수 있도록 하자. 자신의 생각을 그때 그 순간에 바꾸는 연습을 많이 하시면 좋겠다는 생각이 드는데요.

스폰지 : 저는 그때 그 말씀하신 다음에 어떤 생각이 들었냐 하면 아빠가 저런 행동하는 것을 인정하자 그걸 인정하니까 그 다음부터는 그게 문제가 안됐고요. 아빠가 정년퇴임하시면서 아빠의 약한 모습과 나한테 잘해주셨던 모습을 한 번 생각을 했었어요. 아빠가 정말 내가 공부한다고 방해한 적도 없었고, 등록금 안대주신 적도 없었고, 말로는 한 번씩 서운하게 하시지만 실제로는 더 많은 부분에서 나를 지지하고 계셨거든요. 그리고 그런 모습들과 더하여 머리에 흰 머리도 나시고 이런 게 있잖아요. 일을 다 마감하시면서 건강 주의해서 운동하러 다니시는 것을 제가 막내니까 또 그런 생각을 하니까 아 정말 잘해드려야 되겠다 하는 생각이 들었어요. 이제는 그렇게 해야 할 때다, 내가 받을 대상이 아니라 해드려야겠다, 그러시더라구요. 제가 1차때 까지만 등록금을 대주시고 그 다음부터는 제가 저금했던 거나 강사료받은 것으로 낼게요. 이렇게 말씀을 드렸었거든요. 근데 아빠가 엄마통해서 이렇게 물어보셨대요. "쟤가 그런데 등록금을 낼 수 있는 거야"라구요. 엄마가 저한테 그렇게 말씀을 해주시더라구요. 그래도 아빠가 나한테 직접 말하기는 쑥스러우니까 그렇구나 그런 생각이 들어서, 그것도 비슷한 상황이니까 사과님도 엄마한테 적용시켜 본다면 조금은 사과님의 얘기를 할 때도 엄마랑 합의보기 위해서 얘기하는 것이 아니라 엄마한테 사과님의 생각을 전달하는 것까지가 훨씬 화가 덜 나고 상황에서도 좋을 것 같아요.

상담자 : 다른 분들도 좀 도와주세요. 옹달샘님은 하실 말씀 없으세요?

옹달샘 : 글쎄요. 뭔가 전환점이 생기게 된다면 사과님이 어떤 상담적인 방법으로 많은 노력들을 하셨고 그랬는데 제가 결혼해보니까 알겠더라구요. 엄마와의 관계는 내가 결혼을 해갖고 내가 아이를 낳으므로 해서 완전히 그 동안 묵었던 그런 어떤 찌끄러기들이 다 사라진다는 느낌이 들었어요. 왜냐하면 내가 먼저 출산하는 고통도 느껴보고 아이를 키워서 많이 힘드니까 엄마가 나를 키울 때도 힘들었구나 엄마에게 내가 먼저 열린 마음으로 가게 되더라구요. 챙기게 되고 안부 묻고 이러니까 내가 먼저 이렇게 나가니까 엄마도 걸릴 게 없죠. 불만도 많았었고 많이 싸우기도 했는데, 그러니까 서로가 전혀 불편하다거나 찌끄러기가 남아 있다거나 서로를 힘들게 한다든가 그런 게 없어진다는 느낌을 받았거든요. 그래서 상담적 접근방법도 있고 어느 정도 시간이 흘렀을 때 어떤 계기들이 생겨서 그 계기를 통해 뭔가 바뀔 수 있고, 그래서 지금 당장 결혼하기 전에 올해의 목표로서 엄마와의 관계를 개선하자, 거기에다가 너무 매달리게 된다면 조바심도 생길 것 같고 엄마도 익숙하지 않으셔서 애가 왜 저러나 이런 느낌도 받을 것 같고. 그래서 실행해나가되 어느 정도 시간이나 특별한 사건이 생기면 더

나아질 거라는 약간의 기다림도 든다면 어느 정도 서로 여유롭게 될 것 같다는 생각이 들더라구요. 저는 그래서 자연스럽게 해결이 된 것 같아요.

상담자 : 자연스럽게 해결됐다고 하지만 제가 볼 때는 멀리 떨어져 있잖아. 지금 엄마하고 부딪히는 것 자체가 없고 시집을 보냈으니 지방에서 서울까지 얼마나 안타까워. 그건 상황이 변화되어서 많은 것들이 해결이 된 것 같거든요.

옹달샘 : 근데 마음의 느낌은 달라요. 제가 결혼하기 전에는 물리적으로 떨어져 있었지만 불만도 더 많았었고 챙겨주지 못하는 것에 대한 섭섭함들 그리고 많이 이해받지 못하는 것 같은 느낌. 지방에 있을 때나 서울에 있을 때나 느낌의 변화가 별로 없었었거든요. 근데 어떤 계기들이 생기고 나에게 특별한 변화들이 일어나게 되면서 내가 열린 마음으로 변하게 되니까 쉽게 접근이 되는 것 같아요. 엄마가 자식들을 미워할 이유는 없거든요. 저의 경우는 그렇다는 거지요. 그게 해답은 아니지만.

상담자 : 결혼을 하고 나면 여자들은 모녀간에 가슴으로 대화를 한다, 그런 얘기를 들었고 진짜 그럴 것 같거든요.

사   과 : 저는 그런 생각이 들어요. 저는 저 자신을 논박을 하고 화를 덜 나게 그건 할 수 있을 것 같아요. 문제는 뭐냐하면 심리적인 거리가 점점 더 멀어지고 있다라는 거죠.

상담자 : 심리적인 거리가 멀어지고 있다 그래서 아까 그렇게 노력한다고 했잖아요. 대화도 하고.

사   과 : 제가 독립을 하고 의존욕구에서 벗어나는 그런 게 아니라 남남인 것같이 느껴지는 그런 거리감 있지요. 그게 정말 무서운 것 같아요.

향   기[5] : 저도 그 얘기 하고 싶었어요. 선생님이 이 기법을 통해서 말씀을 하시는데 계속 저항감이 드는 게 그런 식으로 내가 인지적으로 조절을 해서 정서가 생기는 것도 막고 엄마는 그런 사람이니까 인정해서 내가 이렇게 하지, 이런 식으로 해서 그렇게 생각한다면 외로울 것 같아요. 사과님이 엄마로부터 받는 사랑이 늘 부족하다고 생각하시는 거잖아요. 근데 이제 다 컸으니까 더이상 기대하지 말자, 내가 이렇게 다 컸는데 이미 이렇게 한다면 앞으로는 괜찮을지 모르지만 지금까지 사과님이 상처받은 것, 즉 부족하다고 느끼는 것들이 메꿔지지 않으니까 마음이 아플 것 같아요. 그래서 아까 선생님이 에픽테투스가 말한 것을 읽어주실 때도 그렇게 생각하지 않으면 된다 뭐 하면 된다, 하는 말이 말이니까 쉬운 거다라는 그런 약간의 저항감이 들었거든요.

상담자 : 그래요. 말이니까 쉽고 꾸준한 연습과 그런 통찰을 가지려고 해야 되는 거고 어느 날 갑자기 되는 건 아니구요. 지금 그 얘길 참 잘해주셨는데 결국 인지의 변화를 유도하는게 정서의 변화까지 차단시킨다, 인지의 변화를 통해서 엄마와 딸이 심리적인 거리가 더 커지고, 멀어지고, 무관심하게 된다, 그건 아니죠. 엄마에 대해서 나쁜 감정 부적절한 부정적인 감정이 일어나는 것 자체를 해결해보자 이런 거지요. 그 원초적인

5) 향기님의 인지상담에 대한 저항감 표출.

좋은 감정 자체가 일어나는 이걸 막자 이런 건 아니에요.

스폰지 : 그러고나서 좋았던 건 인정하고 나니까 관계가 좋아져요, 진짜. 그러면서 내가 여지 껏 인정을 못 받았다고 생각해서 서운했던 점은 인정받는다는 생각이 들어요. 그걸 변화시켜서 외로워지는 것이 아니라 그 다음에 더 플러스가 있기 때문에 더 하게 되는 것 같아요.

사　과 : 저는 어릴 때부터 신기한 게 있었어요. 저는 모녀가 앉아가지고 손을 맞잡고 그런 드라마 같은 것을 보면 되게 부러워하면서도 나한테는 일어나지 않을 일이야 이런 생각이 들었거든요. 그리고 요즘에 와서 자꾸 떠오르는 것 중에 자꾸 집을 잃어버리고 싶은 생각이 있었어요. 내가 뭔가를 잘못했는데 그걸 용서받을 수 있어, 엄마가 봐주실 수 있어, 이런 기대가 아니라 난 이제 죽었다 집에 들어가면 끝이야 이런 생각이 드니까 집에 안 들어가고 맴돌다가 내가 모르는 곳으로 가는 거예요. 내가 없어져서 엄마가 날 못 찾았으면 좋겠다. 다른 엄마를 만나서 살고 싶지 엄마랑은 살고 싶지 않다는 생각이 들 때가 몇 번 있었어요. 요즘에도 그렇거든요. 아예 모녀지간에 관계가 끊겨서 다시 찾아보지도 않았으면 좋겠다는 마음이 들 정도예요. 1년 전에 독립하겠다는 마음으로 나와 산 적이 있었는데 다시 집으로 들어갈 때 다시 들어가도 되겠다는 마음이 든 게 아래층에는 엄마, 아빠가 사시고 윗층에는 저 혼자밖에 없으니까 그렇게 내 세상에서 살 수 있으니까 그걸 기대하고 들어갔는데 지금은 그 속에서 제가 혼자가 된 거예요.

상담자 : 관계자체가 차단이 되고?

사　과 : 예. 저 혼자가 된 게, 그게 그렇게 무서운 건지 몰랐어요. 제가 여기저기 병이 나고 되게 힘들잖아요. 그런게, 그런 고립된 환경 때문이 많은 것 같아요.

상담자 : 그렇지.

사　과 : 두 분은 굉장히 친해지셨거든요. 저는 혼자 외톨이가 된 상태에요. 이제는 이런 나의 상황을 받아들일 때가 됐다, 그리구 또 다른 돌파구를 찾아나가야 되겠다 하는 생각이 들면서.

상담자 : 상황을 받아들인다는 것이 부모와의 관계가 차단이 됐다는 상황을 말하는 것이에요?

사　과 : 그건 아니구요. 내가 내 스스로를 고립시킨 면이 많은 것 같아요. 덜 화내고 덜 감정적으로 대응하고 그래서 의사소통에서 내 의견을 조금더 전달할 수 있어야 되겠고 또 이해를 잘 못 받을 수도 있구 또 비난을 받을 소지가 되게 많이 남아 있지만 제게 주어진 일을 열심히 하고 공부도 해야하는데 공부는 혼자서 하는 거잖아요. 저에게 주어진 시간들은 굉장히 황금같이 귀한 시간인데 '나는 외롭다. 나는 왜 혼자일까' 그런 생각만 많이 하고 어떻게 해결할까 그런 생각을 많이 했었는데 요즘에 상담에 좀더 몰두하게 됐잖아요. 1, 2월에 많이 쉬면서 3, 4, 5, 6, 4개월 동안에 빨리 마무리지어야 된다는 것 때문에 이 기간에 상담도 많고 이 사례를 어떻게 잘 해야 되나 이런 것에 좀더 마음을 쓰게 됐어요. 고립감 그런 게 해소가 되면서.

상담자 : 지금 마음을 쓰니까 고립감이 해소가 됐어요?

사　과 : 예.

상담자 : 전 지금 걱정 되는 게 일거리를 찾아가지고 원초적으로 내가 가지고 있는 외로움을 잊으려고 하잖아요. 외로움은 있는데 그걸 안 느끼려하고 하는 것보다 상담에서 원하는 것은 외로움이 있어도 외로움이 참 별게 아닌 것으로 지각을 하고 내 일을 할 수 있는 것하고, 외로움이 있는데 내 외로움을 받아들일 수 있는 내 부피가 안되는 것과는 구분해야죠. 그러니까 외로움을 내가 못 느끼는 것처럼 가장하는 것하고 외로움을 느끼는데 쓰는 에너지를 공부하는 데 몰두하는 것하고는 좀 다른 이야기 같아요. 외로움이 있어도 내가 그냥 온몸으로 받아들이는 거야. 괜찮아 사람은 다 외로운데 그렇지 않을까요? 저는 그렇게 해주는 것이 더 바람직할 것 같아요. 외로움을 잊기보다는 외로움이 인간이 가지고 있는 최악의 상황은 아니잖아요. 또 엄마하고의 관계 그 자체를 완전히 "외롭다"는 한가지 단어로만 표현할 수 있는 건 아니잖아, 엄마하고 좋은 부분도 많이 있잖아요. 한번 생각해보세요. 대체로 우리들이 그런 것 같아요. 저도 마찬가지고 좋은 점, 강점, 이런 것들을 보는 눈보다 나쁜 점, 서운한 점, 이런 것들을 보는 눈이 더 많이 부각이 된 것 같아요. 그래서 엄마와 나의 관계도 여러 가지 형용사나, 감정으로 표현할 수 있는데도 불구하고 다른 것들은 다 잊어버리고 "외롭다"는 것만 탁 추켜세워 그것이 전체의 대부분의 감정인 것처럼 내가 착각하고 있는 것은 아닌지 그것도 한번 살펴볼 필요가 있어요.

옹달샘 : 사과님 얘기 들으면서 사과님이 힘들어 하는 것은 엄마하고의 관계거든요. 그런데 그 관계적인 것이 힘든데 혼자 내적으로 그 해결책을 찾으려고 한다는 그런 느낌을 많이 받거든요. 그 관계 때문에 힘들었다면 관계적인 부분에서 어떻게 뭔가 시도하려는 노력들이 필요한데도 불구하고 내적으로 상담적 이론을 통해서 내가 그렇게 무장을 하고 혼자서 어떻게 통제하고 어떻게 막 혼자서 생각들을 바꾸는 거 있잖아요. 그렇게 막상 그런 상황에서 엄마가 똑같은 식으로 잔소리를 하게 되고 '너는 왜 이러니, 왜 이거밖에 안 되니' 뭐 이런 식으로 퍼붓기 시작하면 그때 무장했던 그 모든 것들이 또 와르르 무너지는 그런 게 반복되지 않나 그런 느낌을 지금 좀 받고 있거든요. 관계는 물론 관계의 문제이기 때문에 혼자서 해야 될 문제도 있지만 관계적인 시도는 사과님이 그렇게 많이 하지 않았다는 스폰지님도 얘기를 했지만 그 부분이 많이 없었기 때문에 오랫동안 된 문제가 지금 상태로 그대로 머물러 있고 사과님이 해마다 비슷한 시기가 오면 또 힘들어 하고 그렇게 순환적이지 않나 하는 그런 느낌을 제가 지금 받고 있거든요.

상담자 : 인지상담이라고 할 때도 인지의 변화가 일어나도 행동변화가 일어나지 않으면 인지변화가 소용이 없어요. 그런 것처럼 인지를 변화시켜서만 행동변화가 일어나는 게 아니라 서로가 영향을 주는 것이기 때문에 행동을 변화해서도 정서나 인지가 변화될 수 있거든요. 그렇잖아요. 그러니까 사과님이 정말 구체적으로 엄마하고 친해지려고 하

는 노력을 좀더 많이 할 필요가 있을 것 같아요. 구체적인 노력들을.

사　과 : 별로 친해지고 싶지 않은데요.

상담자 : 그것을 나쁘다고 할 수는 없죠. 그 감정 그대로 받아들이는 거예요. 그러니까 향기님이 아까 얘기를 잘 해주셨는데 그런 것은 외로운 거, 또 엄마하고 친하지 않으면 나쁜 거야라는 생각이 이 밑에 깔려 있는 거예요. 바람직하고 좋은 것은 엄마하고 좋은 관계를 맺어야 되고 엄마하고 좋은 감정을 유지해야 되고 그런 생각이 있는 건데 그러면 이상적이고 참 좋지만, 굳이 안되는데 안 되는 걸 자꾸 하려고 하니까 어려울 수 있는 것이거든요. 그렇죠? 그러니까 만약에 향기님 같으면 그렇게 보기 때문에 그게 바람직하지 않은 시각으로 보이는데 사실 인간관계에서 제가 보면 친하면 참 좋지만 안 친한 사람도 많이 있어요. 안 맞는 사람도 있고 그런 거는 나는 엄마하고 관계가 좀 안 맞는다 그걸 받아들인다고 해서 그것이 그렇게 외롭고 힘든 것인가 그건 아닌 것 같거든요. 엄마하고 보다 행동적으로 친하게, 그러나 본인이 싫다면 싫다는 건 아직 준비가 안되어 있다는 의미일 수도 있는데 그런 상황에서 굳이 무리하게 시도할 필요가 있을까 그런 생각이에요. 그리고 엄마하고 관계라는 게 하루이틀에 끝나는게 아니니까, 또 내가 결혼하면서 또 아이를 나으면서 극적으로 해결될 수 있는 경우도 많이 있으니까, 그것이 어차피 지금까지 잘 안되온 관계이기 때문에 시간을 두고 느긋하게 지내면서 중요한건 내가 보호를 받아야지, 그 관계 속에서 향기님이 얘기한 상황, '내가 외롭다',고 하면 더 힘들어지는 것이지. 엄마하고 관계가 나쁜 것도 힘든데 그래서 외로우니까 더 힘들다 그렇게 생각하면 더 문제가 되잖아요. 그 외로움을 받아들일 수 있고 견딜 수 있다, 견딜 수 있는 감정이야, 그렇게 생각하면 훨씬 더 도움이 될 수 있지 않을까. 어때요?

옹달샘 : 전 갑자기 무슨 생각이 났는가 하면 제가 지금 시집살이를 시집살이가 아니라 시어머니가 며느리살이를 하고 계신데 시어머니가 저한테 잔소리를 많이 하셔요. 아침에 일어나면 머리카락 떨어진 것, 우유병이 아무데나 있는 것, 우리 어머니는 정리정돈이 워낙 깔끔하신 분이라 저같이 이렇게 지저분하구 이런 사람을 같이 데리고 살기 힘든데 많은 사람들이 저희 시어머니를 힘들어해요. 많이 차갑다고 하구 관계맺기를 많이 힘들어하는 편이세요. 저는 힘들 때도 있지만 어떨 때 기쁨을 제 스스로 느껴요. 내가 그 속에서 살아남는 방법인 것 같은데 어머니 이부자리를 펴면서, '아 기쁘다' 이렇게 생각해버려요. 아주 자그마한 감동을 제 스스로 느껴요. 설거지를 하면서 '아 기쁘다 어머니를 위해서 내가 뭔가를 했구나' 그건 당연한 일인데도 그게 어떤 짜릿한 그런 기쁨도 느끼면서 내 스스로가 그 기쁨을 만들어가요.

상담자 : 자기가 하는 일에 대해서 의미를 부여하는 거지요.

옹달샘 : 예. 그러니까 기뻐요. 어머니의 잔소리에 대해서 나는 나 혼자 할 만큼 했다. 나도 내 나름대로 열심히 했고 그런 감동을 느끼고 기쁨을 느끼기 때문에 그런 잔소리는 크게 안 와 닿아요. 그래서 제가 사과님께 해드리고 싶은 말은 설거지를 하면서 내가 어머

니를 위해 하는구나 뭐 스스로 관계적인 측면에서 생각을 하는 거죠. 딸기를 예쁘게 씻어서 어머니가 드실 수 있게 놔둔다든지 커피를 끓여 커피잔을 어머니가 쥐기 쉽게 손잡이를 돌려서 놔드린다든지 하는 것에서 저는 약간의 기쁨을 느끼거든요.

상담자 : 스스로 기쁨을 자꾸 창조하는 거네요.

옹달샘 : 예. 그러면서 제가 덜 스트레스를 받는 것 같아요. 사과님도 그 동안 누적돼 온 것이기 때문에 뭐든지 스트레스로 작용할 수 있거든요. 어머니의 어떤 말이든, 어떤 행동이든간에 어차피 어머니가 변화되는 것은 거의 무리일 것 같아요. 그게 50년, 60년 그렇게 해오셨던 분이시기 때문에 그렇다면 그분이 변화될 때까지 기다린다는 것은 나도 힘들고 괴로운 일이기 때문에 사과님이 어머니를 위해서 뭔가 해주는 것은 관계적인 것이 아니라 할지라도 이게 나아지면 서로 관계적인 대화를 한다든지 손을 잡는다든지 될 수 있으면 그게 아니고 어머니를 위해서 내가 뭘 해준다는 스스로 기쁨을 만들어간다는 생각을 한다면 좀더 낫지 않을까요?

상담자 : 사과님이 지금 엄마하고 나하고 관계가 안 좋기 때문에, 향기님이 얘기한대로 자기가 외로워요?

사   과 : 포기하고 싶거든요.

상담자 : 포기하지 말고 포기해서 외로움이나 정서를 안 느낀다 이건 제가 보기에 바람직하지 않거든요. 어머니하고 관계가 나쁘다고 지각하는 나의 이해, 바로 그것을 좀 바꾸는 것이 포기보다는 더 적극적이죠? 그래서 정서가 일어나지 않았으면 더 좋겠다 그게 제 생각이거든요? 어머니와의 관계가 나쁘면 큰일이다 이렇게 생각하면 굉장히 외로울 것 같고 어머니와의 관계가 나쁘다는 최악이다"라는 생각을 하지 않는다고 한다면 포기하는 대신에 보다 적극적으로 엄마하고의 관계가 이랬지 사실 그대로를 보는거에요. 별로 안 좋았지 나빴지 그러나 엄마하고의 관계가 좋으면 더할 나위 없이 좋지만 관계가 나빠도 그건 인간사에서 있을 수 있는 일이다. 내가 좀 운이 나빠서 엄마하고 관계가 나쁘다. 그리고 많은 사람들이 실제로 엄마하고 관계가 나쁜 사람이 의외로 많이 있어요. 그 의외로 많은 사람 중에 한 사람이 나일 뿐이다. 이렇게 생각하면 그렇게 처참하거나 그렇게 외로울까요. 그리고 이건 일시적인 거잖아. 엄마하고 관계가 지금 나빴다고 해서 영원히 나쁜 건 아니잖아요.

옹달샘 : 계속 많은 이야기를 해줬는데 사과님은 어떤 생각을 했고 어떤 느낌을 받는지 궁금해요.

사   과 : 제가 지금 제 인생 각본을 다시 써야겠다는 생각이 들었어요. 이제는 내가 받은 만큼 주고 못 받았으니까 이런 식으로 하면 계속 악순환이 될 것 같아요.

상담자 : 스폰지님이 아까 받은 게 없으니까 줄 게 없다. 그건 어떻게 보면 어렸을 때부터 그런 얘기를 많이 들어서 그렇게 얘기를 하는 게 아닐까요. 받은 게 없어도 왜 줄 게 없을까. 엄마 사랑을 충분히 내가 못 받았다고 해도 줄 수도 있는 거지, 받아야지만 사랑이 샘솟는 게 아니잖아요?

스폰지 : 줄 때 기쁨으로 주면 문제가 아닌데 저 사람도 못 받으면 안돼. 그런 의무감 때문에 줬을 때 저 사람이 받아들일 문제가 아닌데 그 사람이 그걸 차단했을 때 또 상처를 받게 되고 사과님만 힘들어지니까.

사　　과 : 어떻게 보면 저는 노력은 하지만 결과를 바라고 그러지 말아야겠다는 생각도 들고요, 집안일을 상당히 많이 해왔는데 엄마가 이것저것 하시는 일이 많으니까 그랬는데 어느 순간 내가 이 집의 식모구나 하는 것을 느꼈어요. 엄마는 하느라고 다 어지럽혀놓는 걸 저는 다 치우는 스타일이거든요.

옹달샘 : 사과님이 바라는 건 관계적인 개선은 아니라는 인상을 받거든요.

사　　과 : 그래요. 제가 바라는 거는 직장에 취직을 해서 상황적으로 변하는 거예요. 엄마가 요구하는 것도 니가 니 할 일 잘해서 인간답게 사는 게 더 중요하지 나랑 얘기가 잘 돼서 그런 게 무슨 소용이 있냐 그러시거든요. 그래서 그런 내 노력이 지금 시기에 꼭 필요한건 아니다. 그렇게 생각을 하고 있거든요.

상담자 : 오케이. 지금 심각하게 내가 행동으로 옮기고 싶지도 않고 그게 필요하지 않다는 얘기군요.

향　　기 : 근데 빨리 직장에 들어가고 싶다는 게 사과님 스스로 자신의 필요에 의해서 난 지금 직장 들어갈 만한 준비가 됐다 그래서 들어가고 싶다 그러는 건가요, 아니면 엄마한테 그 동안 비난받았던것도 듣기 싫고 돈벌이를 하겠다 그건가요?

사　　과 : 이제는 경제적으로 독립을 해야 되니까. 그게 제 과제예요.

향　　기 : 만약에 가정을 할 때 자신은 좀더 수련을 받고 돈을 못 벌더라도 뭘 더 배우든지 그러고 싶은데 집에서 그런 갈등을 피하고 싶어서 어떤 의미에서는 약간 회피하고 싶어서 여기서 갈 수 있는 직장에 들어가야 되겠다 이렇게 결정한 건 아닌가 하는 생각이 들었거든요.

사　　과 : 그건 아니에요. 그건 몇 년 전부터 했으면 좋겠다고 생각했던 거예요.

상담자 : 그건 누구나 그런 생각을 가질 수 있을 것 같아요. 그러면 그게 그렇게 급선무가 아니라면 지금 내가 직장에 안 들어가서 돈을 안 벌고 있기 때문에 내가 지금 정서적으로 굉장히 불편하죠?

사　　과 : 불편한 거는 생활이 불편해요. 돈을 제가 벌어서 제가 쓰고 그러지 못한다는 것.

상담자 : 생활이 불편한 거는 심리적 주제는 아닌것 같구요, 사과님이 심리적으로 불편하지는 않구요?

옹달샘[6] : 처음에 시작할 때부터 지금까지 1시간 20분이 지났는데 엄마하구 관계적인 부분 이런데 대해서 막 얘기를 해왔는데 지금 와서는 그것보다는 취업을 하고 상황적인 문제로 탁 돌아오니까 제 느낌은 열심히 얘기해주고 머리 굴린 게 사과님한테는 지금 당장의 필요가 아니었구나 그러면 사과님이 첫 서두에 꺼낸 그 말은 그때 심정은 어떤

---

6) 옹달샘님이 사과님이 주제를 일관되게 유지하지 못한 것에 대한 강한 심정적 저항을 표현함.

거였고 지금 와서는 상황적인 문제로 돌아오니까….

사　과 : 지금은 취직 얘기가 그렇게 중요한 게 아닌데 대화 중에 관계에서 개선하는 부분에서 저는 필요성을 별로 못 느끼는데 그런 얘기들이 나와서 그래서 다른 데로 얘기가 간 것 같아요. 저는 심리적인 면에서 엄마에게 많이 의존하려 그랬고 엄마가 나를 왜 싫어하실까 그것이 계속 걸렸고 종교적인 면에서도 계속 걸렸던 게 다 생각이 난다 오늘 아침에 더 생각이 난다. 그런 걸 나누고 싶었었어요. 취업문제는 제가 해야 될 과제이구요.

상담자 : 시간이 가면 해결될 문제이고.

사　과 : 예.

향　기 : 의문이 되는 게 엄마하고 관계를 개선하고 싶은 마음이 없다 그게 엄마하고는 그렇게 잘 지낼 필요는 없으니까 그런 식으로 사고가 바뀌어 그런 것 같지가 않고 포기하는 거 같다. 더이상 잘 될 것 같지 않다. 엄마한테 나 충분히 당했고 나는 할 만큼 했는데 엄마하고 나는 안 맞는다.

사　과 : 그래서 저에게 적절한 게 내가 운이 나빠서 엄마가 나쁜 사람이거나 내가 그래서가 아니라 둘이 서로 안 맞아서 엄마하고 관계가 나쁘다 이렇게 받아들이기로 했어요.

옹달샘 : 그렇게 쉽게 받아들여져요?

사　과 : 그게 훨씬 편한 것 같아요. 받아들이니까 받아들여져요.

옹달샘 : 그러면 오늘 저녁에 집에 가서 엄마가 또 비슷한 형태로 사과님을 공격하는 말을 했을 때 엄마하고 내가 원래 관계가 좋지 않으니까 그렇게 생각하면서 그 말에 대해서 스트레스를 덜 받고 엄마에 대한 부정적인 감정들이 그렇게 심하게 일어나지 않을 것 같은 그런 생각이 들어요?

사　과 : 예. 오늘 아침에도 같이 산에 올라간다는 것 자체가 저에게 기대감을 주었던 것 같아요. 좋은 관계라는. 그때 제가 더 비현실적인 기대를 했던 것 같아요. 제가 이 생각은 했었거든요. 내가 엄마랑 사이가 안 좋구나 이런 걸 생각하고 받아들일 때는 오히려 엄마의 그런 행동이나 말 같은 게 덜 서운하고 덜 힘들었는데 그런 적이 몇 번 있었거든요. 그래서 그런 고비들을 몇 번 넘긴 적이 있는데 만약에 오늘도 덜 기대했으면 덜 화가 났을 것이다. 그런 생각이 들어요.

상담자 : 저는 하나 궁금한 게 엄마하고 관계가 나쁘고 안 좋으니까 행동적인 노력을 통해서 관계를 개선해가자 이런 제의를 한 거잖아요. 근데 그거를 하고 싶지 않다 그랬거든요. 하고 싶지 않은 건 왜 그런 건지 그 동안 너무너무 많이 해봤는데 해봤자 소용이 없는 건지 아니면 왜 안 하려고 할까 그게 궁금하네요.

사　과 : 제가 안 하려고 하는 거는 목표 자체가 엄마하고 너무 좋아지려고 하는 게 목표가 되지 않고 내가 딸로서 가족의 일원으로서 해야 될 역할을 여태까지 소홀하게 했던 부분을 다시 해야겠다는 그런 생각이 든다는 거죠.

상담자 : 그러니까 관계 자체를 개선하는 게 중요한 게 아니고 내가 딸로서 가족의 구성원으로

서 잘못했던 부분을 보충해나가는 것, 나대로의 역할을 찾아나가는 게 더 중요하다 그런 생각이 들어서 그러시는구나. 이럴 때 갈등을 느껴요. 선생님이 원하는 건 그건데 다른 사람들 또 치료자가 볼 때에는 관계개선이 참 됐으면 좋겠는데 그걸 왜 원하지 않을까 그거를 치료자는 잘 생각을 해서 그 목표를 합의해가야 되는 건데 저는 그거를 사과님이 좀 받아들이고 상담과정 중에서 엄마를 이해하는 안목도 기르고 소위 그 역지사지(易地思之)하는 능력을 길러갔으면 참 좋겠는데 그걸 싫다고 하니까 왜 그게 싫을까 또 그런 의문이 드는데요.

스폰지 : 부족한 부분을 채운다는 것이 하나의 예가 아까 말한 직장에 들어가는 것도 있나요?

사　과 : 그거 아니구, 작년 11월부터 많이 아파지면서 손을 놓았던 거, 집안 청소라든지 그런 거.

옹달샘 : 그게 어떤 도움이 돼요? 본인한테 아니면 엄마와의 관계에서나.

상담자 : 설거지하고 그런 게? (예)

사　과 : 지난주에 제가 뭘 배우러갈 기회가 있었는데 장소가 서울이라서 9시에 끝나면 집에왔다가 아침에 다시 가야겠다 그렇게 생각을 하고 있었는데 그날 공교롭게도 엄마가 지방 갔다가 하루 지내고 오시게 됐어요. 근데 강의가 너무 늦게 끝나 그 근처 여관에서 선생님들과 같이 자고 아빠께는 다음날 아침 전화드려서 그런가보다 하시고 혼자 아침 차려드시는 걸 엄마가 와서 보게 됐나봐요. 다 끝나고 집에 갔더니 엄마가 하시는 말씀이 너는 옛날부터 믿을 수 없는 애였다. (엄마도 인지상담을 많이 받으셔야겠네) 그래도 그것까지는 엄마가 그렇게 얘기를 잘 하시는 분이니까 이해를 했어요. 그 다음에 주차시킬 때 엄마가 차문을 안닫았다는 전화가 와서 제가 나가서 차문을 닫고 주차 위치가 잘못돼서 그걸 하다보니 시간이 지체됐어요. 근데 엄마가 뛰어나오셔서 아무리 기다려도 안오니까 무슨 사고라도 났는줄 알고 걱정돼서 나왔다는 거예요. 같이 집으로 돌아왔는데 엄마가 하시는 말씀이 너는 무슨 일을 할 때 엄마생각을 하고 하라고. 엄마생각과 반대로 하려니까 잘못되는 거라고 그러시는 거예요. 그때는 화가 너무 나가지고 아무말도 안 하고 그 화가 우울이 됐어요. 2박 3일 동안 우울해서 입맛도 없고 의욕도 없고.

상담자 : 사과님이 대처양식이 좀 달라야겠다.

사　과 : 그렇죠. 그래서 제가 지금까지 생각을 많이 하고 내가 계속 이런 식으로 대처하면서 살면 안되겠다고 생각했어요.

상담자 : 그때 엄마가 너는 어렸을 때부터 그랬다 그랬을 때도 이제는 서른살이 됐는데, '엄마 한 가지를 보고 열 가지를 말하지 말라' 즉, 과잉일반화하지 말라 그런 얘기도 하고, 심리학에서 배운 내용도 이야기하고 그러시면서.

사　과 : 그런 얘기는 누누이 했어요.

상담자 : 했는데 안 들어요?

사　과 : 안 듣는 게 아니구 이제는 아셔요. 아시는데 습관이 됐기 때문에 일단은 튀어나온 거죠.

상담자 : 그러면 사과님이 엄마가 이제는 습관적으로 그러는 것에 대해서 내가 심각하게 받아들일 필요 있어요? 그리고 엄마가 너는 항상 어렸을 때부터 그랬다 그럴 때도 그렇고 그 상황을 엄마가 충분히 미루어 짐작을 하면서도 그래요?

사　과 : 일단 말은 그렇게 하세요.

상담자[7] : 그래요. 미루어 짐작을 하는 것도? 그러면 그게 엄마의 행동 패턴인데 그걸 그냥 내가 감싸안아버리는 게 낫겠네, 그죠? 뭐 시비를 가리려고 하지 말고. "엄마에게 인정받는 사람만이 정말 이 땅에서 가치 있게 사는 것은 아니다. 인정을 받으면 참 좋은데 엄마한테 인정받으려고 하니까 내가 이렇게 힘들구나 인정을 받으면 참 좋지만 인정을 안 받아도 괜찮다" 그렇게 생각을 정리해보는 게 필요하네. 그럼 오늘 정리를 해봅시다. 오늘 사과님한테 초점이 많이 갔는데 일단은 내가 불쾌한 것들 그거는 내가 지각하는 인지구조인데 그 인지구조가 첫 번째 나왔던 게 뭐였죠? 엄마는 절대로 나를 컨트롤해서는 안된다. 두 번째로 엄마는 나를 가지고 조정하는데 일관성이 없지요. 없어서 안 된다 그런 거지요? 세 번째는 깊숙히 들어가서 나는 아직도 엄마에게 인정을 받아야만 한다. 그 안에 괄호하고 그랬을 때 내 안에 미래도 밝을 것이고 내가 하는 모든 일을 잘 헤쳐나갈 수 있을 것이다. 그래요, 사과님? (힘이 되기는 하겠죠) 인정을 받으려고 하는데 왜 내가 진짜 엄마의 인정을 이렇게 받으려고 하는가, 인정을 받아야 된다라는 거는 인정을 하세요? 그 생각이 있어서 엄마하고 관계에서 갈등이 증폭되는 거구나 하는 것을 인정하세요?(예) 그러면 엄마에게 그렇게 인정을 받으려고 하는 이유가 뭐예요?

사　과 : 엄마에게 인정받으려는 것도 있구요, 한편으로는 저희집에서 기대되고 요구되는 것은 결혼을 해서 출가하기 전까지는 저희 동생들은 유학을 갔으니까,(여동생들이에요?) 예. 여자의 일생이 결혼이라는 걸 통해서 어떤 다른 것을 통해서 성취되는 것보다는 훨씬더 보기좋고 그런 꿈을 가지고 계세요.(아버지가?) 예. 아빠 생각은 앞으로 저희들이 살 시대는 여자들이 집에서 살림만 하지 않고 나가서 활동하는 시대니까 그렇게 되도록 유학가 있는 동생들을 지원 계속해주고 계시는데 저는 지금은 눈에 보이는 상대니까 그게 집중이 되는 거예요.

상담자 : 기대와 관심과 염려가?

사　과 : 예. 그전에는 셋으로 분산이 되어 있었는데 지금은 한 사람한테 집중이 되니까 저는 꼼짝달싹을 못 하게 되는 거지요.

상담자 : 엄마도 그래요? 아버지뿐만 아니라?

사　과 : 엄마는 독립시키려는 게 더 많고, 두 분이 비교할 때.

상담자 : 제가 보기에는 기대와 관심과 이것보다는 엄마로부터는 압력이 오는 것 같아요. 반면

---

7) 사과님에게 합리적인 대안 제시.

에 아버지로부터는 기대와 관심이지만 엄마한테는 막 압력이 가해지는 것 같거든요. 혹시 동생들은 유학을 가고 경제적으로 지지를 계속받는데 나는 경제적인 지지는 받기는 커녕 자꾸 이렇게 엄마한테 그것 때문에 독립도 못 한다고 야단듣고 이렇잖아요? 거기서 오는 괴로움이나 힘든 게 또 있겠네요?

사　과 : 그걸 저는 거의 무시하고 살았는데 나중에 생각해보니까 그런 것도 있었던 것 같아요.

상담자 : 그것도 동생인데 언니도 아니구, 동생들은 그렇게 받는데 그런데 본인은 유학도 안 가고 그랬어요?

사　과 : 저는 제 분수를 알자, 해서 여기에서 하고 싶은 일 열심히 하면서 살자고 결심했어요.

상담자 : 응, 그건 누굴 탓할 건 아니네, 자기가 결정한 거니까. 자 그럼 세 번째 제가 확연히 정리가 안되는데 사과님이 도와주세요. 부모의 인정을 받아야한다 그것 때문에 내가 이렇게 괴로운 건가 아니면 부모의 지나친 기대와 관심 때문에 그러는 건가 부모님의 기대가 상호 다르단 말이야, 지금 어떤 게 그렇게 힘든 거예요?

사　과 : 힘든 건 엄마 때문에 더 힘들죠.

상담자 : 오케이. 그럼 엄마때문에 힘들다면 스폰지님이 계속 강조하는 것처럼 엄마에게 인정을 받고 싶은데 엄마에게 인정을 받기는커녕 자꾸 나를 야단치고 힘들게 하니까 그래서 힘든 거예요?

사　과 : 야단치고 힘들게 하고 저는 참 이상한 게 제가 심리학을 배워서 나쁜 점이, 해로운 점이 그거예요. 야단치는 거를 말로 풀어서 쓸 때 논박을 하는 거예요, 제가. 그러면서 평가를 하는 거죠. 제가 이걸 안 배웠으면 그러려니 받아들였을 거예요. 그런데 아는 게 병이 된 거죠.

상담자 : 그러니까 아는 게 잘못 안 거죠. 아는 게 병이라기보다 충분히 많이 알지 않고 조금 알아서 선무당이 된 거지. 엄마가 그렇게 행동할 수밖에 없는 엄마 나름대로의 내력과 이유가 있을 거예요. 엄마의 성장과정이랄지 배경이랄지 그런 것이 이해가 안됐기 때문에 엄마의 그런 표면적인 행동이 이해가 안되는 거죠?

사　과 : 그렇죠.

상담자 : 그래서 이제는 엄마를 감싸안아야 될 것 같은데 아까부터 관계개선 안한다, 귀찮다 그러니까 우리들이 다 이제 겁을 집어먹는 거지. 결국은 감싸안고 엄마를 더 많이 사랑해주고 그런데 지금은 힘이 약하기 때문에 그게 좀 어렵지만 머지않아 곧 힘을 갖게 될 때 돈도 벌고 가정도 생기고 이래서 내가 더 센 사람의 위치에 섰을 때 엄마를 더 감싸안고 사랑할 준비를 해가는데 지금 당장은 힘든 게 왜 그러냐 이거지요. 결국 엄마에게 사랑받고 인정받아야만 한다는 건가요? 그런데 사랑과 인정이 안 오니까 내가 괴로운건가?

사　과 : 사랑과 인정, 그것도 있고 맨처음에 나왔던 거 있잖아요. 엄마는 나를 좌지우지해서는 안된다. 내가 나이가 이렇게 먹었는데 나한테 적절하지 않은 엄마의 모습이다.

상담자 : 그거예요? 그렇다면.

향　기 : 그거에서 벗어나야 될 것 같다구요?

사　과 : 그 생각에서. 그게 나를 많이 화나게 하니까.

상담자 : 그 생각이 있죠. 그 생각에서 벗어나고 싶다고? 그러니까 벗어나기 위해서 도움이 되는 얘기를 주고자 한다면 사과님이 60살이 돼도 어머니가 살아계신다면 어머니는 잔소리를 할 거예요. 그리고 우리 모두는 엄마한테 그런 류의 걱정을 듣고 살지요. 그러니까 그것을 엄마의 사랑과 관심의 한 표현으로 그렇게 이해를 하시는 게 어떨까요? 그거는 엄마의 행동 패턴이다. 내가 미워서 그러는 게 아니구.

옹달샘 : 더 얘기해야 될 것 같아요. 이 부분에 대해서는 생각처럼 쉽게 받아들여지지 않을 것 같거든요. 그게 시시각각 변하잖아요. 엄마를 보고 엄마를 만나면서 계속 풀어내고 같이 얘기하고 그러면 좀 나아질 것 같아요. 이번 회기로 해결될 것 같지는 않아요.

상담자[8] : 그렇게 생각하면 너무 불행하지요. 그래서 우리가 숙제를 해야 하는 이유가 있는 거예요. 훈습을 자기 스스로 해야 되기 때문에 우리가 여기에서 얘기하고 끝나면 그렇게 인지변화도 안되고 행동변화도 안되기 때문에 지금 우리가 합리적인 신념이라고 찾아낸 게 있죠. 엄마가 나를 꼭 서른살이나 됐는데 좌지우지하지 말라는 법은 없다라든지 엄마가 그렇게 해도 나를 무시하는 건 아니라든지 엄마의 입장에서 그렇게 할 수 있다라든지 그렇게 바뀌어진 생각이 정말 내 것이 되도록 자꾸 신념으로 낭송을 해본다든지 써본다든지 실제 엄마가 그렇게 했을 때 아무렇지도 않을 수 있는 연습을 자꾸 해야 되구요. 다음주에 오실 때까지 엄마에게 그런 상황을 열 번 정도 당해서 오세요. 그래서 그때 내가 엄마의 그런 행동에 대해서 감정변화가 되지 않는 나를 그 상황에 노출해서 그 자극에 익숙해지는 수밖에 없거든요. 에리베이터를 타는 데 공포가 있다고 그러면 한꺼번에 10번씩 왕창 타보게 하잖아. 그래 가지구 내가 공포라고 생각했던 게 별게 아니라는 걸 깨닫게 하는 거니까요. 사과님이 그게 힘들고 괴로웠는데 결국 그런상황에 많이 노출돼서 이게 별게 아니구나 이런 체험을 좀 해볼 수 있으면 좋겠고,[9] 아까 그 신념, 정리된 신념 있죠? 그것을 자꾸 스스로에게 낭송을 하고 묵상을 해보고 그 의미를 정말 깨달아가는 거예요. 그 말 속에 숨어있는 의미.[10] 그러면 우리가 서서히 마무리를 해야 될 텐데 지금까지 한마디도 안한 개나리님이 좀 해 주세요.

개나리 : 마무리요? 부모님과의 관계에 대해서 굉장히 많이 특히 어머니와의 관계에서 고민하는 걸 옆에서 많이 봤거든요. 얘기를 하고서 해결책을 찾으려고 많이 노력을 하셨는데 오늘 다 얘기가 끝난 것 같지가 않게 느껴지더라구요. 사과님이 어머니와의 관계를 해결을 하는 데 도움을 줄 수 있도록 많이 얘기를 했으면 좋겠다는 생각이 듭니다.

---

8) 인지상담에서 숙제를 해야하는 이유에 대한 설명

9) 내담자의 행동변화를 유도하기 위해 범람법(flooding)의 방법 사용 권유.

10) 자기언어(self-talk)을 통해 신념의 내재화를 권유함.

상담자 : 제 생각에는 그래요. 그걸 우리가 여기서 이 장에서 끄집어내서 얘기를 한다고 하면 끝이 없을 것 같아요. 물론 한두 번 더 얘기 하겠지만 끝이 없을 것 같고 궁극적으로는 사과님의 몫이지요. 정리하고 해결해가는 것을 우리는 좀 도와줄 수 있겠지만요. 전 그렇게 생각해요. 오늘 자극이 될 만한 이슈는 다 나왔다고 생각을 하거든요. 나머지를 심층적으로 들어가서 정리해보는 것은 사과님의 몫이고 그 과정에서 우리가 도와줄 수는 있겠죠.

향 기 : 이런 것도 관계되는 거예요? 아까 나온 건데 어머니가 종교적인 걸로 반대하시는 건데 회장일 하는 걸 싫어하신다 그러면 이건 아닌 것 같다. 어머니가 싫어하신다 그런데 나는 하고 싶어 엄마가 싫다고 내가 그만 둘 수는 없다, 그런 생각이 든다면 엄마한테.

옹달샘 : 엄마한테 거짓말하고 나는 한다?

향 기 : 그건 아니예요?

상담자 : 내가 무슨 얘기를 할지 알듯 말듯한데 엄마가 막 교회가지 말라고 야단치면 내가 속상하잖아요. 속상한 이유는 엄마는 엄마니까 그렇게 말할 수 있다라고 받아들이면 속이 안 상할 수 있을 텐데 엄마는 왜 내가 서른살이나 됐는데 자꾸 내 행동이나 내 종교관을 자기 맘대로 할려고 하지? 결국 역시 엄마 맘대로 하면 안돼, 그런 생각이 있을 때 속이 상한가 본데, 엄마 입장에서 그렇게 말을 하실 수도 있지 그렇게 생각하고 그러나 내가 서른살이나 되어서 엄마의 말을 꼭 따라야 되는 건 아니지 그렇게 해서 자기 종교생활을 그냥 하시면 되는 것 아니에요? 그것도 관점의 문제이니까 그럴 때 내가 화가 나는 게 왜 화가 나는가, 내가 꼭 엄마의 뜻을 따라야만 하는 것인가.

옹달샘[11] : 저는 인지치료집단 처음 해보는데 어떤 느낌이 드냐면 깝깝한 느낌을 많이 받고요. 너무나 많이 얽혀 있는 걸 신념이라는 것으로 참 단순화시킨다라는 느낌을 솔직히 받게 돼요. 신념의 변화를 쉽게 얘기하고 쉽게 받아들이기를 강요는 아닌데 쉬운 일인 것처럼 내담자에게 던지는 느낌을 받아요.

상담자 : 옹달샘님이 그렇게 느낄 수 있겠지요. 쉽게 말은 하지만 쉽게 생각이 될 수도 있겠지만 그게 쉬운 일은 아니에요. 사과님이 받아들이는 건 사실은 받아들이는 게 아니야. 그 관점이 다르다는 걸 이해할 뿐이에요. 근데 받아들인다는 건 뭔가 하면 내가 그 생각을 정말 깨달아서 내 행동변화로 일어나는 게 받아들이는 거예요.

옹달샘 : 제가 사과님의 입장에서 얘기를 했던 게 아니고 상담 선생님 입장에서 쉽게 얘길 한다고요. 그러는 당신이 어머니의 인정을 받아야 된다,는 어떤 신념이라는 것을 가지고요.

상담자[12] : 왜냐하면 우리가 장애를 이해하는 틀이 그거니까 그렇게 받아들이지요. 이 집단이

---

11) 옹달샘님의 인지치료집단에 대한 저항을 보임.
12) 인지치료의 관점을 다시 한 번 설명해주고 환기시켜주면서 저항을 해소하려고 노력함.

역동적인 집단이다 그러면 역동적인 집단에서는 그렇게 이해할 수 없겠지. 그리고 공감중심의 집단이다고 하면 그 입장에서는 그렇게 이해할 수 없겠지만 여기는 인지적인 치료집단이기 때문에 사과님이 가지고 있는 문제를 인지적인 눈으로 봐야지 인지치료집단으로서 의미가 있는 것이지요.

옹달샘 : 익숙하지 않아서.

상담자 : 자기가 익숙하지 않기 때문에 저항이 오는 건 어떤 점에서 너무나 당연하죠.

사　과 : 저는 저항은 안 와요. 저항은 안 오는데 제가 잘 따라가지 못하고 있다는 느낌이 들어요.

상담자 : 그래서 제가 선행지식이라든지 준비를 많이 요구했던 거예요. 여기서 가르쳐가면서 하면 너무 시간이 많이 들어서 그거를 바깥에서 스스로 많이 공부를 해갖고 오라고 그러는 거예요. 그건 너무나 자연스러운 저항이에요.

향　기 : 그래서 저는 어떤 생각까지 들었냐 하면 한 가지 문제를 이 기법만으로 다룰 수 있을까.

상담자 : 그 대답은 "물론" 물론이에요.

향　기 : 그러니까 좀더 배워봐야겠다 하는 생각이 들었어요.저항감이 들지만, 내가 그만두는 것이 아니라 한번 배워보자.

상담자 : 근데 중요한 건 지금 이런 저항이 드는 게 이론에 대한 심층적인 이해가 부족하기 때문에 그래요. 심층적인 이해가 오면 저항이 잘 안 오지. 그리고 처음이니까.

사　과 : 인지치료집단에서는 내 편이 되어달라 내 말을 들어달라 그러지 않은 상태에서 정말 객관적으로 나를 보고 쳐낼 부분은 쳐내기를, 바뀌야 할 부분은 바꿀 수 있다는 장점을 가진 곳이 여기인 것 같아요. 다른 데에서는 나를 변호하려고 노력하고 나에게 좋은 말 해주기를 기대하는데 여기서는 그게 먹혀들어가지 않는다는 것이 저에게는 필요하거든요.

상담자 : 여기서 그렇게 하지 않는 이유는 뭐냐하면 그렇게 했을 때 내가 또 누군가에게 의지하고 기댄다 이런 비합리적인 신념을 또 강화한다고 그래요. 결국 상담은 홀로 스스로 설 수 있는 사람이 되도록 도와주는 건데 너무 지나친 공감과 지나친 따스함을 통해서 "나한테는 정말 강하고 의지할 만한 누군가가 있어야 된다"라는 것을 강화시킬 수 있기 때문에 Ellis는 '지나친 따스함을 주지 말라' 이런 얘기를 하죠.

사　과 : 그래서 좀 냉정하게 들리고 내가 내던져져서 인간으로서의 내가 아니라 문제덩어리로서의 나로서 다루어진다 하더라도 괜찮다 해보고 싶다 이런 생각이 들었어요.

상담자[13] : 그리고 이거는 문제해결적인 접근이잖아요. 그러니까 문제를 가지고 자꾸 이렇게 들어갈 수밖에 없다. 그리고 또 중요한 건 공감은 물론 선행되야 되지만 공감이 이 치료의 핵심은 아니잖아요? 그러나 인간으로는 내가 수용받고 있다는 느낌을 줘야 돼

---

13) 인지치료에서 중요한 가치를 부여하는 '인간에 대한 무조건적 수용'에 대해서 다시 설명함. 공감의 중요성을 역설하고 상담자의 '지나친 따스함'은 오히려 역효과가 날 수 있음을 설파함.

요. 내가 이런 어려움 이런 문제는 많이 있지만 이 문제를 가지고 여기서 논의가 되고 있는 것이고 문제를 가지고 선생님이 공격을 하는 것이지만 내가 인간이라는 고유성과 독특성을 가진 사람으로서는 수용받고 있다는 것은 느끼게 해주어야지요. 집단구성원들도 마찬가지이고 그런 것은 느낌으로 전달을 해줘야 되지요. 그러면 오늘은 이만 마치기로 하지요.

모 두 : 네.

회기 해설

　1회기부터 집단성원 중의 사과님이 자신의 문제를 토로하였다. 초반에 사과님과 비슷한 상황에 처해있는 스폰지님이 자기개방을 통해 사과님의 어려움에 많이 공감하고 실제적인 해결방안을 제시하였다. 시간이 흐르면서 맑음, 향기님이 참여하였고, 특히 이 두 사람은 미약하나마 인지치료에 대한 저항을 표출하였다. 상담자는 이를 있는 그대로 수용하고 아직 인지치료에 익숙하지 않고 심층적 지식의 부족으로 돌리며 해결하였다. 본성이 비교적 내성적인 개나리님의 관찰자적 자세에서 벗어나 집단구성원의 참여자로서 설 수 있게 하는 노력이 있었다.

　내담자간의 친밀감 형성이나 상담자와 내담자의 관계 형성을 집단구성원 중의 한 명이 호소하는 문제를 중심으로 사례를 개념화하고, 그가 지닌 비합리적 신념을 논박해가면서 이루어냈다.

　인지치료는 비교적 단기적인 상담이기 때문에 재빨리 내담자의 문제를 유도하는 핵심인지를 간파하고 그에 대한 해결을 시도한다. 또한 교육적인 접근이기 때문에 상담과정 중에 인지 · 정서 · 행동 간의 관계 등에 관한 교육장면이 산재하고 있다.

제2회 인지치료 집단상담 (4. 23)

상담자 : 특수한 일이 있는 경우를 제외하고는 시간을 지키도록 하십시다. 저는 한 시간 전부
터 책상을 모두 치우고 준비하고 있었어요. 이 시간을 어떻게 접근할까 생각을 했었
는데, 여러분들이 작성해오신 것을 기준으로 해서 이 집단을 통해 내가 어떤 것을 얻
어갈 수 있을까, 지난 시간에는 사과가 이야기를 많이 했으니까, 이번 시간에는 향기
가 먼저 이야기를 해보도록 하는 게 어떨까요?

향　기 : 점심을 먹고 준비하려고 앉아있는데 떠오르는 게 있더라고요. 그래서 적었어요. 한번
읽어볼게요..

상담자 : 아니 그렇게 하지 말고 말하듯이 하면 좋겠어요. 나름대로 이 집단에 참여하는 의미
가 있을 거예요. 목표도 있을 거고. 그것 좀 이야기를 해줬으면 좋겠어요.

향　기[1] : 집단에 참여할 때는 나한테 문제가 있는데 이것들을 인지적인 접근으로 해봤으면
좋겠다는 생각은 아니예요, 사실은. 치료받고 싶은 목적이 있었던 것은 아니예요. 지
난번 사과의 말에 비하면 덜 정서적인 문제인 것 같아요. 그런데 제가 자꾸 선입견인
데 인지치료는 정서적으로 깊이 있는 문제는 다루는 것이 아니라는 생각을 하고 있는
것 같아요. 환상적인 문제를 다루는 것이라는 생각을 하게 되는 것 같아요. 잘 알지도
못하면서 이런 말을 하는 것이 멋모르는 선무당이 사람 다 잡는 격이 되기도 하고요.

---

1) 향기님의 인지치료에 대한 오해의 표현
　 향기님의 문제 표출

완벽주의적 사고　→	* 나에게 맡겨진 일은 반드시 나 혼자서 다 해결해야만 한다. * 다른 사람의 도움을 받으면 무능한 인간이다. * 치울 때는 흠없이 완벽하게 치워야 한다. * 내 주변의 일들은 내가 다 완벽하게 해결해야만 한다. * 다른 사람이 나의 물건을 만지면 절대로 안된다.

그래서 제가 이 문제를 제기하게 되었는지 모르겠는데, 요즘 모든 생활에 적응을 하는 단계여서 모든 갈등상황들이 결혼으로 인해 나타나는 것이라는 생각이 들고 있어요. 어떤 문제가 있냐면, 어제가 일주일 신혼여행을 다녀온 후 딱 두 달이 되는 날인데 지금 두 달째 남편과 새집에서 살고 있어요. 살고 있는데 아직 집 정리가 안 되었어요. 그게 저에게는 아주 큰 스트레스예요. 첫 번째는 저나 남편이나 그것이 답답하고 짐이 여기저기 쌓여있으니까 불편하고 뭐가 어디에 있는지도 모르겠고 이런 상황이고. 또 하나는 집이 다 정리가 되지 않았다는 이유로 시어머님이 저희 집에 안 오실려고 그래요. 시부모님이 오시면 제가 집을 치우려고 부담가질까봐 안 오시겠다고 그래요. (웃음) 처음에는 아! 좋다 여유를 주시려고 안 오시는 것으로 생각이 되었는데 이제는 미안한 거예요. 그래서 전화로 '이제 짐 정리 다 했니?' 물어보시면 너무 죄송한거예요. 죄송하다는 느낌이 와요. 하루라도 빨리 집을 정리해야겠다는 일념하에 하려고는 하지만 정리가 안되는 이유가 우리가 짐이 너무 많아서 그런 거예요. 새로운 짐을 많이 산 게 아니라 기존에 있던 짐을 다 가지고 온 거예요. 저희 친정 어머니로부터. 친정 어머니도 당장 필요한 것만 가지고 가라고 했는데, 모든 물건은 다 가지고 가야할 것 같아서 모두 다 가지고 온 거예요. 그래서 다 가지고 온 거예요. 학교 다닐 때 쓰던 일기장 이런 것까지 다 가지고 온 거예요. 안 읽은 책도 다 가지고 왔고요. 짐은 너무 많고 공간은 한정되어 있으니까 우리 남편 짐하고 너무 많은 거예요. 전부 다 내가 직접 해야한다고 생각해요. 남편이 거들어 줄 수도 있는데 남편이 도와준다고 그러면 만지지 마라. 내꺼니까 내가 할 거다. 자꾸 그러는 거예요. 내 박스는 내가 할 꺼니까 건드리지 마라. 이런 거예요. 그런데 아직 두 달째 정리는 안하고 있으니까 얼마나 답답하겠어요. 그래서 지난 주일날 남편이 나서서 자기가 도와주겠대요. 그날 제가 뭘하고 있었냐면 텔레비전을 보고 있었어요. 일요일이었는데. 같이 놀지않고 자기는 그 정리를 해주겠다는 거예요. 그럼 그냥 해줘 하고 마음 편하게 가질 수 있는데 싫은거예요. '마음이 불편하고 내가 하는 건데 네가 한다고 그러냐 그리고 같이 텔레비전을 편하게 앉아서 볼 수 있으면 좋겠다, 내가 할 수 있는 것을 하면 좋겠다, 내가 그냥 하겠다'고 해서 다툼이 있었어요. 그래서 다시 한번 생각을 해봤더니 이게 남이 해준 건 잘 못 믿는 거예요. 설거지 같은 것도 제가 잘 시키지도 않는데 남편이 해둔 설거지는 못 믿겠어요. 남편이 베란다 청소를 해준다고 해서 다 했나 보러나가고 이런 것을 남편이 너무너무 싫어하는 거예요. 확인하고 이런 거요. 청소검사하러 왔냐? 이런 거. 사소한 것부터 자꾸 싸움이 나요. 남이 해주면 믿을 수가 없고 내가 직접 해야 하는 거. 그렇게 되려면 나에게 굉장이 많은 에너지와 시간이 있어야 하는데 그게 안되는 거예요. (웃음)

상담자 : 왜 웃냐면 나하고 너무 반대라서. (웃음)

향 기 : 선생님 저는 왜 웃냐면, 하겠다고 그렇게 욕심을 부려놓고 못하는 거예요. 그러니까 두 달이 되도록 못하는 거예요. 못한 이유가 첫 번째는 시간이 부족했어요. 집에만 매

일매일 있는 것이 아니니까요. 그러다보니까 안 나가는 날, 쉬는 날이 되면 이런 날 집안일 좀 하자 그러는데 할 일이 너무 많으니까 그게 안돼요. 어디부터 손을 대야할 지 모르겠고. 옷정리도 해야 하는데, 책도 갖다 꽂아야 하는데 이렇게 되니까 하기가 싫어져요. 점점.

상담자 : 하기가 싫으면 어떻게 하겠어요. 꼭 해야겠다는 생각은 가지고 있고 그러면서 하기는 싫고 그러면서 불편한 건 못 견디고….

향 기 : 그러다보니까 하기는 싫고 불편하고 남편에게 눈치는 보이고, 남편이 회사 갔다가 와서 아직도 그대로야 그러면 듣기 싫고 시부모님도 물어보시면 미안하고,

상담자 : 그럼 현실적인 문제해결(Problem solving)을 해야겠네. 인지상담기법 중에서도.(웃음) 그럼 문제가 그것인데 좀 도와주세요. 현실적으로 향기가 어떻게 해야 이 문제를 해결할 수 있을까? 빨리 정리하고 살아야 할 거 아니예요.

향 기 : 집들이도 해야하거든요.

상담자 : 그 와중에 빨리 집들이도 해야 해요. 본인이 생각하기에는 뭐가 제일 문제예요? 사람을 사서 남을 부리는 것이 믿을 수가 없어서 못 부리는거예요?

향 기 : 남편은 네가 그렇게 깔끔을 떨면 사람을 사서라도 빨리 치워야 하지 않냐고 말하는데 치울 때는 완벽하게 치워야 하고 안할 때는 미뤄놓고 하나도 안하는 거예요.

상담자 : 그러니까 제가 보기에는 그런 거네요. 내 주변의 일들은 내가 다 완벽하게 처리해야지 다른 것은 믿을 수가 없다. 구체적으로 믿을 수 없었던 나로 하여금 불신을 자아내게 하는 사건이나 상황이나 이런 게 있었어요? 어려서부터 지금까지?

향 기 : (후-)특별히 그런 거 같지는 않고 어려서부터 제 일은 다 제가 했거든요.

상담자 : 그럼 내 일은 꼭 내가 해야 하는 어떤 원칙이나 이유가 있어요?

    (잠시 침묵)

향 기 : 그런 건 있었던 것 같아요. 여자 아이가 혼자여서 내가 최고라는 생각을 했고 가만히 있어도 내 것이었고 해도 내 것이었고 그런 것 같아요.

상담자 : 진짜 이유가 뭔가 이제 탐색해가는 거야. 향기도 평소에 생각하지 못했던 어떤 이유 때문에 내가 이렇게 생각하는 걸까? 남편이 치워줬는데도 내가 다시 본다 이런 것은 한번 생각해봐야 할 것 같거든. 또 치워준다고 그래도 나 같으면 얼씨구나 좋다 하면서 해달라고 그럴 텐데 그것도 못하게 하고 왜그럴까? 내 할 일을 내가 하지 못하면 나는 뒤쳐지는 사람이 될 것 같아서 그런가요?

향 기 : 그런 건 아닐 것 같은데요. 남이 내 물건을 만지는 게 싫다?

상담자[2] : 왜 싫을까? 싫다는 게 하나의 정서라면 절대로 다른 사람이 내 물건을 만지면 안된다라는 건 하나의 생각이잖아, 인지적으로 보면. 그렇다면 다른 사람들이 내 물건을 만지면 왜 안된다는 걸까?

---

2) 추론연쇄의 방법을 통해 내담자의 핵심신념을 찾아감.

향 기 : 예를 들어서, 내가 정리를 해놓았는데 나는 이건 여기다 놓고 저건 저기다 놓고 이렇게 나는 내 오다(order, 질서)가 있어서 이렇게 해놓았는데 남이 만지면 그대로 못 놓잖아요. 그러니까 그런 것도 싫고.

상담자 : 그럼 그게 꼭 그 자리에만 있어야 하는 이유는 뭘까요?

향 기 : 내가 정해놓은 법칙이니까.

상담자 : 내가 정해놓은 법칙은 꼭 지켜져야만 된다?

향 기 : 안 지켜지면 내 마음이 불편하다.

상담자 : 안 지켜지면 왜 불편할까?

향 기 : 안 지켜진다고 생각하면 불편하니까….

상담자 : 불편한 거잖아. 안 지켜져도…. 그럼 제 방에 오면 항상 불편했겠네요. 질서가 안 지켜지니까.

향 기 : 다른 사람들이 만들어놓은 질서는 상관이 없고 내가 만들어놓은 질서가….

상담자 : 그런 질서가 결국은 뭐예요. 편리하기 위해서 질서가 있는 거잖아요. 그 질서가 나한테 불편을 초래하기 위한 질서라면 다시 한번 생각해봐야 할 것 같아요. 그러니까 향기님은 나한테 편리하니까 질서를 지키는 것이 아니라 그것이 뭐랄까 너무나 캐릭터(성격)가 되어서 질서를 지키기 위한 질서가 되어버린 것 같아요. 그런데 이런 상황에서는 불편하지요. 글쎄요. 보통 결혼하면 친정 어머니들이 나와서 돌봐주고 정리해주고 물건을 챙겨주고 그러잖아요. 그런데 그게 싫어서 안된 거예요?

향 기 : 보통 그러잖아요. 신혼여행 간 사이에 친정 어머니가 와서 정리해주고 그러잖아요. 그런데 전 그건 상상할 수가 없어요. 어떻게 자기들이 와서 정리해주나? 단적인 예가 포장이사 있잖아요? 전 그걸 못해요. 저희 집이 작년에 이사를 했거든요. 그런데 그때 제 방은 제가 다 쌌어요. 포장이사 아저씨들이 놀라면서 자기들이 해주겠다고 나가래요. 그래서 전 됐다고 나가라고 내가 할 거라고 그랬어요….

상담자 : 그럼 생활하기가 불편하잖아요. 향기는 불편을 못느껴요?

향 기 : 느끼지요.

상담자 : 그래서 이걸 다시 한번 생각을 해보자는 건데…. 그 생각이 있으므로 해서 다른 사람이 있으면 하루만에 후딱 정리해서 시어머니도 올 수 있는데 그것 때문에 시어머니와 생기지 않아도 되는 갈등이 생기게 되는 건데 다른 사람이 내 물건을 만짐으로해서 내 프라이버시가 노출이 될까봐 그러는 건가요?

향 기 : 그런 마음도 있는 것 같고. 그렇다고 들키고 싶지 않은 나만의 것이 있는 것도 아니거든요!

상담자 : 그러면 제가 볼 때는 그런 것 같아요. 다른 분들도 좀 얘기를 해주실 텐데, 너무나 어렸을 때부터 질서를 스스로 창조하고 그 속에서 기쁨을 느끼고 질서 때문에 편리함도 많이 있었겠지. 그런데 그런 것들이 성격적으로 습관화가 되고 성격화가 되면서 지금은 그럴 필요가 없음에도 불구하고 그렇게 되지 않으면 못 견디게 되는 것.

향　기 : 그래서 좋은 부분이 있고 또 그렇지 않은 부분도 있어서요.

상담자 : 그런데 지금은 나쁘잖아. 만약에 좋다고 그러면 문제가 안되는데요, 결혼한 지 두 달이 되어도 정리가 안돼고 여기에서 오는 불편함이 막 나타나잖아요. 남편이 지금은 참아주지만 앞으로 영원히 참아줄 보장이 어디있어요. 시어머니도 두 달은 봐줬지만 앞으로 영원히 봐주라는 법이 어디있어요! 그렇다면 우리가 질서를 어떻게 바꿔야 될까? 질서를 어떻게 바꿀 수 있을까? 향기님 머리속에 있는 질서를.

　　　　(잠시 침묵)

향　기[3] : 어떻게 해요? 어떻게 하면 되지요? 여기 써온대로 읽을까요?

상담자 : 그래요.

향　기 : 내 일을 나 혼자 다 해낼 수 있다면 참 좋겠지만 다른 사람의 도움을 받을 수 있는 일은 받아도 괜찮다.

상담자[4] : 괜찮지! 좋아.(다함께 웃음) 다른 사람한테 도움을 받는다고 인격에 상처가 생기는것도 아닌데, 잘은 모르겠지만 처음에 그 생각을 형성하기 시작할 무렵에 내 일을 내가 하지 않으면 난 중요한 일을 할 수 없다는 생각을 했을 수도 있고 그렇지 않아요? 내 일, 자기 일을 할 수 있는 사람이 큰 일을 할 수 있다. 행복하게 인생을 잘 사는 거다. 뭐 그런 취지에서 그런 생각이 개발이 되었을 수도 있고 부모님이 그렇게 강요를 하셨어요? 네 일은 네가 알아서 해라! 이런 거?

향　기 : 아니요, 오히려 어머니는 많이 해줄려고 그러셨어요.

상담자 : 스스로 셀프 레귤레이션(self-regulation, 자기규칙)을 독하게 만드신 거예요?

향　기 : 그런데 그렇다고 해서 그 마음 먹은 것을 다 해내지 못했다는 데 문제가 있는 거예요. 마음먹은 만큼 딱딱 해내서 남에게 얘기 들을 것 없으면 아무 문제될 게 없잖아요. 그런데 그것을 해내지 못한다는데….

사　과 : 뭐 하나 물어보고 싶은데요. 자기 것은 자기가 관리하고 순서대로 정리하고 그래야 한다고 그랬잖아요. 그런 것을 해냈을 때 어떤 것을 얻을 수가 있어요?

상담자 : 그거 좋은 질문이다. 어떤 도움이 되느냐는 거지요?

향　기 : 내가 편하고 일단, 편리하고. 마음이 편하지. 어디 있고, 어디 있고 이런 것을 아니까. 그렇다고 내가 줄을 쫙 맞춰서 놔야 되고 그런 게 아니라, 이렇게 놨어도 내가 알고 있는 정해진 순서대로 놨어야 한다는 거예요. 이것을 남이 이렇게 뒤집어놓으면 그때부터 못 참겠어요. 그때부터 내가 만져야되고. (잠시 침묵) 어떤 게 좋았냐고요?

상담자 : 음.

향　기 : 그러니까 내 맘이 편하고 내가 원하는 대로 해놓았으니까 내가 사용하기에 편리하고 그것 말고는 없는 것 같아요.

---

3) 스스로 찾아낸 합리적 대안신념
　"내 일을 나 혼자 다 해낼 수 있다면 참 좋겠지만 다른 사람의 도움을 받을 수 있는 일은 받아도 괜찮다."
4) 상담자가 가설적으로 향기님이 가지고 있는 비합리적 생각의 형성과정에 대해서 추론함.

사　과 : 그럼 그 편리함을 계속 편리하기 위해서 다른 사람의 도움을 받을 수도 있는데도 그
　　　　것까지도 마다하고 그 편리함을 유지하기 위해서 계속 그렇게 하고 싶은 마음이 있어
　　　　요?

향　기 : 그 편리함을 위해서라는 거지요?

사　과 : 예, 그 편리함을 위해서 이런 갈등도 경험하고 이해도 받지 못하고 이런 것을 다 감수
　　　　할 수 있겠어요?

향　기 : 아닌 것 같은데…. 아무것도 안된다는 게 문제고. 예를 들어서, 누군가 정리를 해놔서
　　　　그걸 내가 원하는 대로 옮기는 건 쉽잖아요. 이미 내 서랍 안에 물건이 다 들어가 있
　　　　고 거기서 왔다갔다하는 것은 쉽잖아요. 그거라도 내가 할 수 있을 텐데, 누가 하게
　　　　하는 거라도. 그런데 생각을 해봤거든요. 그런데 원천적으로 못하게 막으니까 그건
　　　　문제다.

사　과 : 그런데 제가 보기에는 편리함 말고 뭔가 또 있거든요. 얻고자 하는 게.

향　기 : 완벽주의적 생각. 지금 생각한 건데, 다른 일이지만 그것도 같은 맥락인데, 시험 공부
　　　　를 할 때요, 결국 시험 공부를 못했던 이유 중에 하나인데 만약에 일장부터 오장까
　　　　지 시험범위이면 보통 사람들은 읽잖아요. 그냥 처음부터 끝까지 다 읽고 앞에서부터
　　　　중요한 것은 줄쳐보고 또 와서 외울 것은 외우고 그러는데, 저는 일장 일절부터 완벽
　　　　하게 다 소화하면서 넘어가요. 그래야만 직성이 풀려요.

상담자 : 그러니까 끝까지 못 보는 거지.

향　기 : 못 봐요. 앞에 본 부분은 다 맞고 보지 못한 부분은 틀리고 처음 볼 때마다 그런 거예
　　　　요. 매일 그러면 안되는데 하면서도 번번이 그래요. 시행착오를 거치면서도 시험볼
　　　　때만 되면 또 그러고 앉아있는 거예요.

상담자[5] : 향기가 나름대로 형태는 좀 다르지만 완벽하려고 하는 의지가 좀 있으신 거네요. 완
　　　　벽하려는 사고가 그런 식의 행동으로 드러나는 것이라고 볼 수 있겠지요. 아까 사과
　　　　가 이야기한 것하고 비슷한 맥락인데 결국 내가 그런 생각을 가지고 있을 때 궁극적
　　　　으로 도움이 되는 건 뭐예요? 생각이, 또 이런 행동 패턴이. 그동안 삶 자체가 단순했
　　　　기 때문에 관계를 맺고사는 사람이 우리 가족만 있었기 때문에 갈등과 무리가 없었다
　　　　면 지금 새로운 과정, 그러니까 환경이 바뀐 상황에서도 그것을 고수한다면 나에게
　　　　가져다주는 도움이 뭘까요?

향　기 : 별로 없을 것 같아요. 도움은 커녕 계속 해가 될 것 같아요. 그쵸? 내 마음대로 했기
　　　　때문에 내 마음이 변한 거랑 내가 어디 있는지 알고 내가 해놓은거니까 쓰기 편리하
　　　　다는 것 말고는 없는 것 같아요.

상담자 : 적절한 이유도 없는데 그것을 고수할 이유가 없지요. 이제부터 남편이 도와주겠다고
　　　　그러면 도움을 받고 조그만 행동연습부터 시작하는 게 좋을 것 같아요. 도움을 받고

---

5) 상담자가 신념의 비실용성에 대하여 논박함.

남편에게는 청소했냐고 다시 가서 보지 말고. 다시 가봐서 마음에 안들면 다시 해야 하잖아요.

향 기 : 즉시 가서요? 한번은 설거지를 대신 해준 경우가 있었어요. 가서 봤어요. 마음에 안 드는 것이 있었어요. 바로 닦았어요. 거기서. 그러니까 막 화가 나지. 대신 해줬는데….

상담자 : 그럼 깨끗해야 되고 이런 게 있는 거예요?

향 기 : 예, 깐깐하다고 해야 하나? 결벽증 그런 게 있어요. 그런데 문제는 극단적인 행동이 동시에 나타난다는 거예요. 거의 강박적으로 결벽적으로 씻고 또 닦고 그런 식으로 정리하고 쫙 맞춰놓고 이런 경향이 있는 반면에 그것을 안하기 시작하면 보통 사람보다 더 엉망으로 살아요. 막 쌓아놓고 방 하나를 완전히 창고로 만들어놨어요. 갖다가 다 밀어넣어가지고.

상담자 : 그러니까 생각은 그렇지만 행동이 그게 따라주지 않는 거지요. 무기력해서 거기 그냥 내버려두는 거지.

향 기 : 보는 사람 입장에서는 그러니까 이해가 안가는거야. 그렇게 네가 깔끔을 떤다면서 어떻게 이렇게 해놓고 사냐 그러거든요. 그러니까, 아휴 저도 미치겠고 집에 있었던 날은 남편이 퇴근할 때가 되면 두려운 거예요. 또 뭐라고 그럴까? 하루 종일 뭐했냐 그러면, 갑자기 엉뚱한 짓을 해요. 갑자기 새로운 것을 하는 거예요. 주위를 다른 데로 돌리려고 맛있는 것을 해주고….

상담자 : 오늘도 아무것도 안 했어? 이런 말 안 들으려고? (같이 웃음)
음, 그럼 일단 지금 향기님이 이야기했던 주제로 돌아가면 나에게 여러 가지 불편한 점을 주니까 내가 도움을 받을 수 있는 것은 도움을 받아도 그게 창피한 게 아니고 흠이 아니다라고 스스로에게 자꾸 이야기를 하고 그러면서 현실적으로 도움을 받고 그래야 될 것 같네요.

향 기 : 그것보다, 도움을 받아도 창피한 게 아니다 그것보다 남이 해도 잘 해줄 수 있다, 남이 해도 내 마음에 들게 해놓을 수 있다.

상담자 : 글쎄, 남이 하면 내 마음에 들게 해놓을 수 없어요.

향 기 : 그럼, 좀 못 해도 괜찮다?

상담자 : 그래, 그게 본질적으로 중요한 건 아니지요. 본질적으로 중요한 것을 사소한 것을 고수하면서 자꾸 놓쳐가고 있다는 것을 향기님이 한번 생각해보세요. 집이 엉망으로 되어 있기 때문에 내가 도움을 받지 않고 내가 해야만 한다는 생각, 현실적으로 몸이 따라와주기 않기 때문에 정리를 못 해서 집이 엉망으로 되어버렸잖아. 그래서 내가 불편한 것이 있을 수 있잖아. 불편한 것들을 아까 나열한 듯이 다시 한번 나열해보세요.

향 기 : 일단 집이 엉망이니까 불편하고 더럽고 지저분하고 물건이 어디갔는지 모르겠고 그러니까 불편하고 남편 보기에 민망하고 면목이 없고 시부모님한테도 민망하고….

상담자 : 또 없어요?

향 기 : 집들이도 못 해서 남편 동료들한테도 미안하고. 저희 아버지도 그렇게 걱정하세요. 정리도 안돼고 그러니까. 저희 친정에서 생각한 방안은 짐을 가지고 가지 말라는 거예요. 다 정리될 때까지 새로운 것을 가지고 가지 말라는 소리예요. 그런데 갈 때마다 제가 한짐씩 막 쌓아가지고 와요.

상담자 : 미국생활 해본 사람이 왜 그래요? 미국에는 친정에 자기 물건이 다 있잖아.

향 기 : 아니예요. 제가 미국 갈 적에 제 물건을 다 가지고 갔어요. 갈 때마다. 방학 때 한번 오면.

상담자 : 아니, 내 얘기는 미국 사람들 삶을 한번 보지. 그 사람들은 친정에 자기 물건이 그대로 다 있잖아. 언제든지 친정에 가면 자기가 쓰던 침대, 물건이 그대로 있는 거야. 난 그게 참 좋아보였거든요. 그런 것 좀 배워가지고 오지.

향 기 : (웃음) 그러나 어떻게 생각하냐면요, 제가 제 물건을 다 가지고 오겠다는 게 아니라, 정리해서 필요없는 것은 다시 친정으로 가지고 오겠다고 그랬어요. 집으로. 그래서 다 들고 나왔어요. 그러니까 추려서 필요한 것만 가지고 오겠다는 생각은 안하고 다 가지고 왔다가.

상담자 : 그것도 내가 정리해야 직성이 풀리는 거지.

향 기 : 예, 그랬다가 정리해서 필요없는 물건은 도로 가지고 오겠다고 생각하고 있어요. 지금도 그런 생각을 가지고 있어요.

상담자 : 그게 비현실적인 생각이야. 그럼 어떻게 해결하면 좋겠어요?

향 기 : 근데, 아까 그 얘기, 다 잘할 필요는 없다, 다 잘할 수는 없다. 이런 게 내 머리속에 탁 박히는 건 어려울 것 같고, 그래서 아까 참는다고 그랬던건 뭐냐면 아까도 그런 의심이 들었어요. 그런 것을 빨리 표현하지 않고 참는 거예요. 표현하지 않고, 남편한테도. 표현하지 않고 가장하는 것, 그게 첫 번째 훈련일 거라고 생각을 해요. 틀린 거예요?

상담자 : 아니, 틀린 건 없는데 그럼 그 다음 단계는 뭐일 것 같아요?

향 기 : 자꾸 그러다 보면 예민하게 곤두서는 게 무뎌지고 했다 그러면 했나보다 하고 그냥 지나치게 될 것 같아요.

상담자 : 참는 건 불완전하게 해놓으면 견딜 수 없는 거잖아요. 그게 참는 거고 남편이 불완전하게 해놓았을 때 그렇지 뭐. 그건 괜찮아. 내가 다음에 다시 보지 뭐. 이런 식으로.

향 기 : 그렇게 생각을 바꾸는 거겠죠. 연습을 해봐야 되는 거겠죠.

상담자 : 연습을 해봐야 되는 거예요. 그때그때 연습을 해봐야 하고 그때마다 남편의 도움을 구해야 하는 거지요. 인지치료이지만 결국 인지의 변화를 통해 행동변화에 들어가는 거잖아요. 이게. 그렇기 때문에 인지를 변화시키려고 할 때 걸리적거릴 수가 있어. 그러니 바로 행동으로 들어가도 돼요. 그렇다면 남편에게 바로 도와달라고 부탁을 하고 도움을 받고 그런 과정도 필요하지요.

향 기 : 그 다음에 남편이 도와줄 수 없는 거, 도와줄 수 없는 것을 자꾸 안하고 미뤄놓는 것

은 어떻게 해야 해요? 그것도 완벽하게 잘해야 한다고 생각을 하니까 지레 무기력해
져서 못하게 되거든요?

상담자 : 완벽하게 잘 아셨네. 내가 하는 일을 완벽하게 잘하면 참 좋지만 내가 일도 안해봤는
데 완벽하게 할 수 없는건 당연하다. 내가 할 수 있는 것만 한다. 그렇게 스스로에 대
해서 자꾸 주입을 하고 현실적으로 행동으로 할 수 있는 것부터 서서히 하세요. 계획
을, 실천계획표를 짜서 해보세요. 공부를 못하는 사람들의 특징이 그런거거든요. 자
기가 할 수 없는 계획을 거창하게 짜서 실행에 안옮겨지니까 자꾸 안하게 되고 잠도
열시간씩 자게 되는 거잖아요. 그런거잖아요(웃음). 그러니까 집안일도 안그런가 싶어
요. 향기가 다른 사람의 도움, 남편의 도움을 받는다, 친정부모님의 도움을 받는다고
해서 인간적으로 약점이나 결점이 있는 게 아니고 도움을 받아도 괜찮다고 스스로에
게 말을 하세요. 앞으로 도움을 안받고 어떻게 살아요? 도움을 안받고 앞으로 완벽하
게 일을 처리해 나갈 수 있다는 생각을 고수해도 괜찮겠지만 분명히 앞으로 힘이 딸
리고 그럴텐데, 식모도 못쓰겠네. 파출부도 못쓰고. 남편이 해주는 것도 못믿는데 파
출부가 해주는 걸 믿을 수 있겠어요?

향　기 : 그런데 자기 일을 자기가 알아서 착착 잘 해내는 사람을 보면 부럽다.

상담자 : 그래요, 부러운건 좋아요. 누가 현실적으로 자기 일을 알아서 착착착 잘 해내. 그런
사람이 몇이나 있어요? 난 집안일 같은 건 못해. 거의 집안일 같은 건 못해. 일을 하
는 사람들은 여성에게도 주부의 역할을 해주는 와이프가 있어야 해요. 그러니까 주부
의 역할을 해주는 사람이 없는 경우에 다들 쩔쩔쩔 매면서 살잖아. 가정이 있으면서
직장 일을 하는 사람들은. 다 쩔쩔쩔 매지.

향　기 : 그러니까 그런 생각까지 드는 것. 내가 병행할 수 없을거다. 내가 집안에서도 이렇게
잘 해내지 못하는데 어떻게 밖에 나가서 일을 할까! 그러니까 둘중의 하나는 포기해
야할거다 이런 생각까지 들어요.

상담자 : 그럼 향기가 어떤 일을 하기를 원하는데? 두가지 다 하기를 원해요? 한가지라도 더
잘하기를 원해요? 그걸 선택해야 하겠네. 두 개다 하고 싶다면 그건 향기님이 포기해
야 할 것은 포기를 해야지. 아니면 인간의 능력에도 한계가 있고 시간에도 한계가 있
기 때문에 두 개다 완벽하게 할 수 없다. 다만 최선을 다해서 할뿐이다는 생각으로 바
꿔야지. 두 개다 완벽하게 하려고 하면 가랭이가 찢어지지. 우리 주변에 사람들을
봐도 다 그렇잖아요. 그리고 완벽의 기준을 다 생각해 보아야 하는데, 다 그런 잡다한
집안일까지 다 해야지 사람이 완벽해지는건가? 일의 중요성을 생각해야 하는 것 아니
예요?

향　기 : 자기관리기법 집단을 들어갔었거든요? 거기서 일의 우선순위(priority)를 두고 해야한
다. 그러니까 알면서….

상담자 : 알면서 실행에 안 옮겨지는 것은 실천을 안했기 때문에 그렇지. 실천을 하세요. 그러
니까 일의 프라이어리티(우선 순위)가 있고 중요한 일이면 하고 중요하지 않은 일이

면 나중에 하고….

향 기 : 그런데 그것을 잘 정하지 못하는 것 같아요. 프라이리티 정하는 것.

상담자 : 그래요? 지금같으면 집안을 빨리 정리하는게 프라이어리티 넘버 원(제1번) 같거든요.

향 기 : 아니, 예를 들어 선생님이 저한테 숙제를 내주셨어요. 이 책의 얼마만큼을 읽어와라. 테이프도 풀어 와라. 집안일도 해야 하거든요. 뭘 먼저 해야 되요?

상담자 : 그것도 자기가 중요하다고 생각하는 것부터 해야지.

향 기 : 그런것을 결정을 못내리겠어요. 그러니까 아까 이것도 해야 되고 저것도 해야 되고.

상담자 : 그러니까 결국 아무것도 못했잖아.

향 기 : 예, 늦게 갖다드렸잖아요. 그런….

상담자 : 그리고 집안일도 못했잖아. 어떤 것 하나가 희생이 되더라도 중요한 것을 해야지요. 지금같으면 어떤 게 중요할 것 같아요?

사 과 : 전 무엇을 해도 완벽하게 해야 한다는 것을 조절하지 않으면 순서를 정하는 것보다 완벽하게 해야 한다는 생각 때문에 마음이 쪼일 것 같아요.

상담자 : 향기의 핵심적인 문제를 그렇게 봐도 되겠어요? 나는 내가 무엇을하든지 깔끔하고 완벽하게 뒤탈없이 해나가야 한다. 그 생각으로. 비합리적인 생각의 삼요소, 비현실적인 것 우리가 경험하는 현실과 일치하지 않는다고, 두 번째는 그 사고가 우리에게 도움이 안된다고, 세 번째는 그 사고가 우리에게 논리적으로 안맞는 사고가 삼요소라고 얘기를 하는데요. 향기의 경우에는 두가지가 해당이 되요. 논리적이지 않은 것 하고 현실적이지 않잖아. 나한테 도움도 안되고. 그 우리 주변의 사람들을 봐도 그렇게 할 수 없잖아. 두가지 일을 다 잘 하려면 어딘가 구멍이 나게 되어 있어. 나는 한가지 일을 해도 그런데, 두가지 일을 하면 더 구멍난 부분이 많은데 우리가 그렇게밖에 할 수 없으면 받아들여야지요. 그러니까 완벽하게 하지 않아도 괜찮다, 누구의 도움을 받는 것이 창피한 일이 아니다. 누구라도 도움을 받고 산다, 그리고 도움받는 일부터 시작했으면 좋겠는데요. 그리고나서 이야기하는 것처럼……. (잠시 침묵) 저도 그래봤으면 좋겠는데, 저는 저를 도와줄 사람이 없어서 도움을 못 받아요.

사 과 : 아까 스스로는 얘기를 안했는데 무엇을 얻을 수 있나에서 편리함 외에 또 뭔가 있을 것 같거든요?

상담자 : 자기 만족이 있을 수 있지. 자기 만족. 굳이 찾자면…. 그러나 그 만족이라는게 진짜 만족인가 한번 살펴봐야지. 만족의 일부분일 수도 있고.

사 과 : 내가 생각하기에는 약속을 지킨다는 것도 있을 것 같아요. 이건 내가 하기로 했잖아. 자기 자신과의 약속요. 니가 끝까지 해야 되요. 약속이 어떤 경우에는 하다못해 시간이 없어서 미룰 수도 없고 한주일 뒤로 만나자 이렇게 할 수도 있고, 나혼자 하기로 했다고 나 스스로 약속했지만 옆에서 누가 도와주겠다고 하면 그래! 하면서 나 자신과의 약속을 조금 변경할 수도 있을 것 같거든요. 약속은 반드시 지켜야 된다는 그것

에 대한 만족감, 그런 것도 있을 것 같애요.

향　기 : 그래요? 전 약속 잘 안지키잖아요. (웃음)

사　과 : 그것도 어떻게 보면 순서가, 사용하기 편한 순서로 되어있는 것같이 자기에게 해당되는 것은 반드시 지킨다는 것에 포함되는 것 같아요. 자기 것을 다른 사람이 잘 못챙겨주는 것에 대해서는 별 상관 안한다는 것….

상담자 : 다른 사람이 지저분한 꼴은 보는데 내가 지저분한 꼴은 못본다 이거지요.

향　기 : 다른 사람이 지저분하게 했다고 내가 거기 가서 '왜 이렇게 지저분하게 했어, 못견디겠어' 그러지는 않아요.

상담자 : 자기가 지저분한 것도 못견디지는 안잖아요.

향　기 : 내가 어질러놓은 거면 괜찮은데,

상담자 : 내 물건을 다른 사람이 손대면 안되는 거네.

향　기 : 손을 대는게 아니고 내 것을 다른 사람이 어질러 놓으면 그건 못견디겠어요. 그런데 이제….

상담자 : 그건 누구라도 그래. (웃음) 그런데 문제는 나를 도와주려고 하는 것을 못견디는 거잖아요. 남이 도와주려고 어질러 놓는 것을 지겹다고 하나보다.

향　기 : 그런데 남이 나를 도와준다고 해도 괜찮아. 남이 나를 도와준다고 가치가 떨어지는 것도 아닌데, 포커스가 약간 빗나간 것 같아요. 내가 다른 사람이 도와주는 것을 못견디는 건 아니예요.

스폰지 : 도와주는 게 내 성에 차지않기 때문에 그런거잖아요.

향　기 : 예.

상담자 : 다른 사람이 완벽하게 도와주지 않을바 에는 안도와주는 게 괜찮다 이건가요?

향　기 : 도와줘도 괜찮아요. 도움을 받기도 해요. 도움을 받는데 내 성에 안찬다. 그러니까 그러느니 차라리 내가 하겠다.

상담자 : 그러니 이 세상의 모든 일이 다 성에 차야 되는거냐는 것이지요. 어차피 성에 안찬다. 성에 안차는 건 내가 수용을 해야지.

사　과 : 이 세상의 모든 것이 성에 안차니까 내 것이라도 성에 차게 하자.

상담자 : 결국 성에도 안차잖아. 그러니 구멍이 나고 결국은 더 힘들어지잖아.

향　기 : 그러니까 진짜 비합리적이죠. 그러니까 이제 저에게 필요한 것은 행동연습인 것 같아요.

상담자 : 맞아요, 행동연습이 필요하지요. 구체적인 행동연습이 필요하지. 생각도 이제 스스로에게 자주 강조를 하면서……. 여기서는 자기언어를 강조를 하는데 우리가 가지고 있는 생각이라는게 스스로에게 갖고 있는 자기언어에 의해서 우리 사고가 형성이 되었기 때문에 새롭게 찾아낸 합리적인 사고나 대안적인 사고도 의식적으로 자꾸 자기대화를 하지 않으면 내것이 되기가 어렵단 말이예요. 그래서 중요한 종교적인 신념같은 것도 자꾸 낭송을 하잖아. 불교에서도 스님들이 염불을 하잖아. 낭송을 하잖아. 그 낭

송을 하는 중에 철학적인 문구나 내용이 내재화되기 때문에 낭송을 하는거거든요, 교회에서도 통성기도하지요. 그것하고 같은 의미예요. 이것도 자기 언어가 주입이 되면, 그 생각이 내것이 되고 행동으로 드러나서 습관화되는 것 같아요.

사 과 : 저번에 제가 숙제했던 것 있잖아요. 엄마가 잔소리를 몇 번이나 하는지 세어보는 것, 세 번밖에 안되더라고요. 그래서 그럼 아직 열 번 중에 일곱 번이나 남았네, 하고 여유가 생기는 거 있지요. '더 해라, 난 괜찮다' 이렇게 된 거 있지요.

상담자 : 그건 뭐냐면 앞으로도 설명에 나오는데 우리가 실제로 당면하는 자극을 보통 지겹다, 무섭다라고 하는데 실제로 자극에 노출되어보면 아무것도 아니라는 거지요. 이게 아니구나. 내가 겪어보니까 그것을 알게 해주는 효과가 있어요. 그리고 그것하고는 조금 다른 건데 어떻게 보면 그런 환경 속에서도 살 수 있는 거라고요. 짐을 풀지 않고서도요.

향 기 : 사실 미국 갔다와서 2년 동안 그렇게 살았어요.

상담자 : 그렇게 산다고 못살것도 없잖아. 정리를 깔끔하게 잘하고 사는 것도 좋지만 못해도 괜찮다. 못한다고 큰일나는 것은 아니잖아요. 저는 이렇게 어지르고 있어도 어떤 경우에는 치워야 하는데 이런 때도 있지만 치워도 또 다시 어질러지고 그러거든요. 그리고 미국에서 저는 교수님들 방이 너무나 많이 어질러져 있는 것을 봤고 그 사람들은 어질러져 있는 것을 별로 상관 안해요. 그러니까 여기서 지나치게 깔끔을 떠는 것을 보면 이상하지. 깨끗한 책상이 정신병자의 책상이란 이런 말도 있잖아. 저는 그런 게 귀찮거든요. 그런 자극 상황에 많이 노출이 되어 있었기 때문에. 그러나 지금같은 경우에는 조금 다르지. 신혼이 되어서 깔끔하게 살아야지. 어지럽게 흐트러진 상태로 살면 둘만 사는 게 아니기 때문에.

향 기 : 그러니까 이런 생각까지 하는 거예요. 나혼자 살면 잔소리도 안하고 아무 상관없는데 이 남자랑 같이 살아가지고 ….

상담자 : 그건 내가 희생해야 하는 부분이지. 그건.

향 기 : 그래서 가끔 남편이 집에 안들어왔으면 좋겠다, 이런 생각을 하는 거예요. 너무 스트레스가 되니까.

상담자 : 그렇게 스트레스가 되면 빨리 행동으로 옮겨서 치워야 되겠네.

향 기 : 그런데 그런건 있지요. 푸쉬 받는다고 하면 아예 포기하고 무기력해지는 것, 그게 자꾸 반복이 되고 악순환이 되고 있는 것 같아요. 제가 일주일에 두 번 정도 밖에 나와서 일하거든요. 그런 날일수록 아침부터 일찍 준비를 해야 하는데 더 무기력해지는 거예요.

상담자 : 그게 혼자 하니까 그렇게 무기력해지는 거예요. 혼자하지 말고 사람을 오라고 해서 같이 하세요. 같이. 도움을 받을 수는 있을 거예요. 아까 이야기한 것처럼 내 성에 안 차도 어쩔 수 없다, 다른 사람이 내 성에 차게 해야만 한다는 기대를 한 내가 이상한 거다라고 자꾸 스스로 이야기할 필요가 없어요. 개나리님은 어때요?

개나리 : 한편으로 이야기를 들으면서 힘들어 보이기는 하는데 또 부럽게 느껴지기도 하네요. (웃음)

남편과의 관계에서 느끼는 갈등이 부러움으로 와닿기도 하는데 향기가 평소에는 대인관계를 잘하는 편인데 남편과 한집에서 살다보면 그런 경우가 있기도 하구나 이런 생각이 들어요.

상담자 : 솔직히 이야기하면 제가 치료자여서 그런 이야기를 하면 안되겠지만 이런 것도 문제구나. 이런 사소한 것도, 문제같지 않은 것도 문제가 될 수 있구나, 이런 생각이 들어요.

향 기 : 그러니까 치료할만한 문제거리가 안된다, 아니면 이런 걸 가지고 고민하는 사람도 있구나….

상담자 : 아, 이런 것을 가지고 다 고민을 하는구나, 그리고 사람이 다 다르구나, 그런 생각이 들어요. 그렇다고 그 말 때문에 좌절하지 말고….

향 기 : 제가 유별나기는 유별난가보내요. 이 부분에서….

상담자 : 그런 사람이 드물지요. 그 부분에서는 도움을 못받아서 그럴 수는 있지만 도움 자체를 거부해서 결국 못하겠다고 늘어지고 그런 경우는 별로 없지요.

향 기 : 그럼 과거를 더 탐색해봐야 하나?

상담자 : 그럴 필요는 없어요.

향 기 : 하다못해 이래요. 결혼식 전날 신혼여행 가방을 싸잖아요. 전화도 오고 잘 해라 이런 식으로 말을 하잖아요. 그런데 엄마는 빨리 짐을 싸고 자라고 그러시거든요. 그런데 시간이 늦었어요. 점점 늦은 시간이 되어가니까 어머니가 안타까우니까 대신 싸주겠다고 그러셨어요. 거기에는 어머니께서 도와주시겠다는 것 플러스 같이 짐을 싸주겠다는 것, 그리고 같이 자는 것을 원하는 것 같았어요. 그것을 인식하면서도 싫다고 거절했어요. 그날까지 그랬어요. 내 가방을 내가 싸야지 누가 싸 이러면서.

스폰지 : 저도 결혼하기 전에 그랬는데, 저희는 가족여행을 떠났으니까 다르겠죠. 서로가 자기 가방 싸느라고 바빴었는데 신혼여행을 가려면 따로 내 가방을 가지고 가야 하는데 어디에 뭐가 들어 있는지 모르면 불편한 건 나니까 자기 것은 자기가 싸야지요.

향 기 : 그런데 친구들 이야기 들어보니까 엄마가 신혼여행 가방을 싸주는 아이들이 굉장히많더라고요. 마지막날 앉아서 이야기 했다고 그러고, 성교육을 시키기도 했다고 그러고요. 엄마를 몰고 나니까 엄마가 너무 섭섭해하는데 딱 그때 인식이 되는 거예요. 아, 엄마는 이런 마음이 있어서 그러는데 나는 어쩔 수 없는 거야. 나는 해야 되니까.

상담자 : 어떻게 보면 좋은 특성일 수도 있지. 나쁜 특성만은 아니지요. 자기 일을 자기가 알아서 쭉쭉 하는 거니까. 그런데 척척 해낼 때는 문제가 안되는데, 지금처럼 오버로드가 (너무 일이 많음) 되어서 자기가 척척 해낼 수 없는데 자기가 해내려고 하니까 지금까지 말했던 여러 가지 갈등들이 생기잖아요. 부부들이 큰일로 싸우는 게 아니예요. 큰 문제 때문에 의가 갈라지는 게 아니거든요. 그렇다면 도움을 받는 마음의 준비랄까

그런 것을 해나가야 하는데, 그럼 이제 정리합시다. 도움을 못받는다는 것은 모든 일을 내가 스스로 알아서 해야 한다. 남이 나를 도와주면 성에 안차기 때문에 도움을 받을 수 없다는 말이잖아요. 그렇기 때문에 남한테 도움을 받아도 괜찮다, 남한테 도움을 받을 때 그것이 내 맘에 들 수는 없다, 그것이 현실이다, 그 생각을 향기님이 정리를 해보세요. 그래서 향기님이 스스로 자기대화를 하고 행동적으로는 도움을 받고 도움을 받으면서 다른 사람이 할 때는 성이 안차는데 성이 안찰 때 정서적인 불편을 경험하지 말고 정서적으로 수용하는 연습을 자꾸 하다보면 괜찮아지지 않을까요.

스폰지 : 저같은 경우에도 아까 설거지에 대한 이야기를 했었잖아요. 살림을 차리면 남편이 설거지를 하기로 했었는데 결혼하기 전에 그런 합의를 봤었는데, 남편이 설거지를 했었는데 정말 마음에 안차는 거예요. 비누칠을 한 다음에 다 닦아도 비누가 여러군데 묻어 있고 그런 거예요.(웃음) 몇 차례를 했는데도 마찬가지예요. 물론 저도 옆에서 사과를 먹고하기는 했지만 뒷처리도 안되고 그러더라고요. 저도 손을 안댔더니 나중에는 남편이 뒷정리를 하더라고요. 그냥 가만히 두었을 때 결과는 변화되는 것 같아요. 처음에 남편이 처리하는 것을 보면 못미더운 마음이 있었겠지요. 그런데 그냥 보고서 가만히 두면 나중에 할 기회를 주면 하더라고요.

상담자 : 그리고 향기님 남편의 경우에는 기분 나빠하잖아. 그런데 내가 하는데 기분나빠 할 정도까지 할 필요가 뭐있어요?

향　기 : 기분 나쁠 정도로까지는 못가고 기분 나쁘라고 하는 건 아니예요.

상담자 : 그렇지. 그런데 본인은 기분 나빠하잖아. 왜 기분이 나쁜지는 모르겠는데 그 상황에서 기분이 안나쁠수도 있거든요. 혹시 이 여자가 지나친 결벽이 있는게 아닐까? 그런 생각이 그렇게 의심을 할 수도 있고 내가 결혼을 잘한 건가 이런 생각도 들 수 있겠지. 단순한 그 사건 때문에.

향　기 : 다 하는 것 같아요. 그런 생각을.

상담자 : 그러니까 너무 스트레스 준다고 생각하는 것 같아요.

향　기 : 그리고 이런 것도 있는 것 같아요. 나도 다 잘 할 수 있다. 네가 걱정 안해도 깨끗하게 다 잘할 수 있다. 남편이 깨끗하게 못한다고 화를 낼 때, 남편은 나도 깨끗하게 한다고 하는 사람인데 네가 왜 이런 나에게 화를 내냐? 이런 마음이 있는 것 같아요. 그리고 자기가 덜렁댄다 생각을 하면 내가 실수를 했다, 이렇게 생각할 수도 있는데 자기도 나름대로 굉장히 깨끗하게 한다고 하는데 내가 그것을 또 못믿고 그러니까 ….

상담자 : 그럴 수 있겠지. 이젠 정리가 다 된 것 같은데, 지금부터 어떤 구체적인 실천을 하나요?

향　기 : 일단 마음을 좀 편안하게 갖기로 했어요.

상담자 : 마음을 편안하게 가지려면 어떻게 해야 하지요?

향　기[6] : 마음을 편안하게 가지려면 일단 일의 순서를 정해야 할 것 같고요. 더 크고 중요한 것은 당장 실천에 옮긴다, 그리고 혼자서 못한 부분은 도움을 요청하고 또 완벽하게 하지 않아도 된다라고 자기대화를 한다. 나도 되내어보고 남편이 그런 일을 할 때도 계속 되내인다.

스폰지 : 계획을 같이 짜는 것 같아요. 뭘할 때 뭘하자.

상담자 : 난 같이 계획을 짜되, 누구를 불러다가 같이 했으면 좋겠어. 지금 그 상황에서 둘이 해도 빨리 안될 것 같아.

향 기 : 그리고 또하나 문제가 뭐냐면요? 남편이 아주 적극적으로 해주겠다는 게 아니예요. 보다보다 못보겠으니까 해주겠다고 그러는 거예요.

상담자 : 그럼 남편한테 도움을 달라고 그러던가! 도움을 요청한다. 그러니까 완벽하게 하지 않아도 된다라는 자기대화를 자꾸자꾸 하는게 우스울 것 같지만 반복하면서 왜 완벽하지 않아도 될까 그 속에 있는 의미를 생각해보라 이거예요. 앞으로 숙제도 내줄 텐데, 얼마 정도의 시간이 있으면 집이 말끔하게 정리가 될 수 있을 것 같아요?

향 기 : 두 번 정도의 주말이 있었으면 좋겠어요. 완전히 일할 수 있는 주말이. 그런데 이젠 현실적으로 없어요. 현실적으로 이번 주말은 친정에 가야 하고 다음 주말은 시댁에 가기로 했어요. 이런 식으로 자꾸만 밀려나니까….

상담자 : 뭔가 프라이어리티(우선순위)라는게 그거지. 나한테는 주말에 시댁이나 친정에 가는 게 더 중요하다. 그러면 그걸 미루고 미룬 상황에서 견딜 수 있어야 하고 지금 견딜 수 없다고 하면 우선 순위를 일하는 데다 먼저 두고.

향 기 : 친정에 가고 시댁에 가는 것은 내가 세울 수 있는 내부적인 것이 아니라 외압적인 것이기 때문에….

상담자 : 그럼 앞으로 3주가 필요하니까 다른 일을 만들지 마세요.

사 과 : 그런데 꼭 주말에 해야 하나? 여기 안 오는 날도 있잖아요.

스폰지 : 두 번의 주말은 있어야지 할 수 있어요. 그건. 그리고 하는 게 그렇게 힘이 들면 손님 오실 때 창고에다 넣어두어도 괜찮잖아요.

향 기 : 나도 잘해. 눈가리고 아웅하는 것. 집들이가 오월 석가탄일 전날, 회사 사람들이 정해 놨어요. 그러니까 그 전까지는 한다.

사 과 : 회사 사람들이 오면 남편들이 도와주겠지.

향 기 : 그럴꺼예요. 자기가 답답하니까. 손님들을 오라고 그랬는데….

상담자 : 시간도 얼마 안남았네. 지금 향기님의 문제는 뭐냐면 다른 사람들의 도움을 못받는 거잖아. 그것이 제가 볼때는 중요한 문제인 것 같아요. 그러니까 집들이까지 다른 사람의 도움을 받아서 정리를 하세요.

향 기 : 친정부모님도 그렇고 누군가 도와줄 수 있는 사람이 있다면.

사 과 : 그렇게 이야기하니까 나라도 가서 도와줘야 되겠네.(웃음) 전 그런거 참 좋아하거든요.

---

6) 내담자의 문제를 해결하기 위해서 스스로 문제해결 방법을 찾아냄.

상담자 : 그럼 가서 좀 도와주세요. 일당도 주고.

사   과 : 모처럼 가서 무슨 음식을 해먹던지 시켜먹던지 그러면 더 친숙해질 수도 있고 평소에 도와주겠다는 사람이 있었을 것 같아요. 자기 일같이 와서 도와준 사람 없었어요?

향   기 : 그런 사람이 없었어요. 다들 바쁘더라고요. 회사 가는 사람은 회사 가서 안되고 결혼 한 사람은 결혼해서 안되고.

상담자 : 대체로 도와줄 사람이 없지.

향   기 : 난 여자 형제가 없어서 남자 형제만 있잖아요. 남자 형제는 자기 집에서 자기 것이나 잘 치우고 살면 다행이야. (웃음) 그러니까 언니나 여동생이 그런 일을 많이 해주잖아 요. 그런데 전 그런 도움은 못받아봤고.

상담자 : 도움을 받아보지 못했기 때문에 도움의 맛을 모르는구나.

향   기 : 그럴지도 몰라.

상담자 : 어떻게 좀 도와줄 수 있어요?

사   과 : 할 수도 있지.

향   기 : 고마와요. 역시 마음이 따뜻해. (웃음)

상담자 : 오케이, 지나가도 되겠어요? 그렇게 지나가고 다음 주에 체크를 해 보겠어요. 얼마나 진전을 하셨는지. 기본적인 것은 사과님이 그것을 이해하는 태도인데 다른 사람의 도 움을 받는 것, 받는다고 해서 큰 문제가 될 건 없고.

향   기 : 그리고 내가 일을 할 때도 완벽하게 안해도 된다라는 것.

상담자[7] : 그래, 할 수 있는 것부터 천천히 하면 될 것 같아요. 예. 그 다음에 사과님께 숙제 내 준 것 있었는데 점검하고 넘어가야 할 것 같아요. 제가 숙제 내준게 구체적으로 뭐였 어요?

사   과 : 엄마와의 관계에서 그리고 부모 자식간의 관계에서 예전처럼 생각하지 않고 조금씩 바꿔서 생각하도록 하는데 부모님에게 나는 언제라도 불완전한 존재로 보일 수 있고 부모님에게는 언제든지 자식을 도와주려고 하는 마음이 있다는 거예요. 그것에 대해 서 전 받아들이지 못했었는데 그것에 대해서 전 좀 생각을 해봤고요. 엄마의 잔소리 를 열 번 들어보는 거는 사실상 열 번을 들어보기도 힘이 들었어요.

상담자 : 그건 제가 확인해보고 싶은 거였어요. 제가 좀 지적하고 싶었던 부분인데, 난 엄마 잔 소리에 막 시달리는 것처럼 지각을 했잖아. 그런데 현실적으로 엄마가 세 번 정도밖 에 안하셨는데 나는 그걸 엄마가 굉장히 많이 하는 것으로 내가 스스로 지각한 것, 그 것을 전 좀 지각하도록 해주고 싶었어요. 엄마의 잔소리는 내가 생각하는 것처럼 많 지 않은데 난 엄마가 굉장히 많이 하시는거다라고 잘못 오인한 거지. 그것을 전 깨닫 게 해주고 싶었어요.

사   과[8] : 그리고 테이프를 들어보면서 제가 그 이후에 같이 생각한건데 제 비합리적인 사고

---

7) 지난회기에서 사과님에게 내준 숙제의 점검.

8) 사과님이 숙제를 하면서 자신의 새로운 비합리적인 신념을 발견함.

중의 하나가 다른 사람으로부터 비난을 받으면 안된다, 난 내 인생을 다 잘하고 있어 야한다라는 생각이 들었어요.

상담자[9] : 비난을 받으면 안되는데 엄마가 자꾸 그러니까 그게 더 힘이 드신거지. 비난을 받으면 왜 안되는데요? 여기서 우리는 '왜' 라는 질문을 많이 써. 게슈탈트 같으면 왜라는 질문을 못쓰게 하지요. 왜냐면 변명을 자꾸 늘어놓으니까 그런데 여기서는 당신 생각이 합당한데 증거를 찾아야하니까 '왜' 라는 질문을 자꾸 쓰게 되지요. 합당하지 않은데 근거를 찾아내는 도구로 쓰는 것은 참 좋아요. 그래서 여기서는 '왜' 라는 질문을 많이 써요. 왜, 비난을 받으면 안되요?

사   과 : 저같은 경우는 다른 사람으로부터 비난을 받는 것을 그렇게 흔하지도 않을뿐더러 자극적으로 받아들이지도 않고 그냥 이렇게 바꿔야 되는구나, 하고 하나의 아이디어를 얻는 것으로 생각을 하는데 그런데 엄마가 이야기할 때면 굉장히 부당할 때가 많았던 것 같아요. 그리고 엄마와의 대인관계는 그것도 못하냐? 그거 당연히 할 수 있는 것 아니냐? 그렇게 내놓고 나서 그러니까 제가 '왜' 이런 질문을 했을 때 제 자신이 비난 받아서 안된다는 것 보다는 엄마가 어떤 걸 요구했을 때 잘못해 놓았다는 것에 더 많이 해당되는 신념이랄까?

상담자 : 그러니까 엄마 말이 맞는 것. 엄마가 나를 지적한 게 참 맞다 이런 거구나.

사   과 : 그것에 맞게 해야 하는데.

상담자 : 그럼 굳이 비난이라고 안해도 되겠네요. 엄마가 나한테 한것를 더 잘하라고 하시는 건데 사과가 비난이라는 꼬리표를 붙인거잖아. 진짜 비난은 아니네요. 그러니까 우리 식으로 표현하면 잔소리였고 우리가 약한 부분을 지적하신 거였고 약한 부분에 메이크업을 해서 강하게 해라 이런 것이었지 우리가 말하는 블레임(blame, 비난)은 아니잖아. 그야말로 비난은 아닌 것 같은데요. 비난이라고 지각을 하나보지요?

사   과 : 그럼 비난은 뭐예요?

상담자 : 비난은 넌 참 못했다고 욕하고 이런 거지. 넌 참 한심한 인간이다. 이런 거.

사   과 : 그런 것도 굉장히 많아요. 단순한 잔소리가 아니라 그런 거 하지 말아라, 그러려면 내 눈 앞에서 사라져라, 너 같은 건 살 가치도 없다 이런 이야기를 많이 들었거든요. 그런데 어렸을 때부터 들은 게 아니라 어렸을 때 들었으면 기억을 못하는데 최근 몇 년 만에 들었어요. 2, 3년 만에. 그러니까 너무 기가 막히지요. 더 기가 막히는 것은 어찌 그럴 수 있냐는 것을 맞받아치지 못하고 나중에 2, 3년 흐르면서 제가 중간중간 폭발식으로 얘기를 했었거든요.

상담자 : 엄마가 나를 비난하기는 비난하신건데 그걸 어떻게 내가 받아들이느냐 받아들이는 문제는 내 문제잖아요. 엄마가 의도없이 습관적으로 저러시는거다. 그렇게 받아들였으면 심각하지 않을 수 있을 것을 사과님이 말그대로 받아들였겠지. 있는 그대로. 심각

9) 인지치료에서는 내담자가 지닌 비합리적 생각의 근거를 찾아야 하니까. 왜? 라는 질문을 많이 사용함에 대한 설명.

하셨겠지요.

사 과 : 그리고 자존감이 많이 낮아졌어요. 어디 내 마음 기댈 때가 없고 내 삶 전체가 이해를 못받으니까.

상담자 : 엄마한테 이해를 받으면 참 좋지만 엄마와 나는 세계가 다르고 기대하는 바가 다르기 때문에 엄마의 입장에서 속상하겠지 라고 이해한다면 그냥 받아들일 수 있잖아요.

사 과 : 그런데 계속 이해를 해야 하나라는 생각이 들어요. 내가 엄마한테 그런 것을 받아야 하는 건가?

상담자 : 비난을 받을 필요가 없는가? 글쎄요. 이해를 못하는 것 같은데요. 비난을 받으면 내가 상처를 받게 되고 상처를 받으면 내가 너무 작아지게 되고 나의 가치 자체가 말살될 것 같아서 그런 것 아닐까요? 비난을 받아도 고유한 나의 가치는 없어지는게 아니다 라고 지각을 한다면 그렇게 이야기 하시는게 그렇게 심각할 필요가 있을까? 그런 이야기를 많이 하는데 여기 만약 예쁜 후리지아꽃이 있는데 후리지아꽃을 보고 사람들이 넌 후리지아가 아니라 국화야라고 한다면 후리지아꽃의 본질이 국화로 변하느냐? 다른 사람이 아무리 나를 비난 해도 너가 가지고 있는 독특성이라든지 가치 자체는 변하는 게 아니다. 다른 사람이 뭐라고 비난을 하든지 거기에 주의를 기울이지 말라라고 이야기하거든요. 엘리스가, 그러니까 엄마가 나를 비난한다고 해서 지나가는 사람이 이야기해주는 것처럼 상처로 받아들이지 않으면 되는데 상처로 받아들이잖아요.

사 과 : 그런데 속상한 건 사실이예요. 받아들이지 않는다고 해서 없어지는 건 아닌 것 같아요. 잔잔한 물에 돌을 던졌으면 그건 있잖아요.

상담자 : 자극은 있는데, 결국 도인과 도인이 아닌 사람의 차이지. 그 과정을 통해서 마음을 다듬어 가고 도인이 되어가는 건데 도인은 외적인 자극을 상처가 아닌 것으로 받아들일 수 있어야 되는 것 아니예요?

상담자 : 엄마가 잔소리하는 것을 내 성장의 도약으로 삼을 수도 있고 어떤 사람은 상처로 삼을 수도 있는 건데 그건 결국 내가 하는거다 이거지. 어떻게 보면 상처를 많이 받아서 그걸 극복해낸 사람은 강한거잖아요.

사 과 : 그걸 노려요. 독수리의 예를 들면서 독수리가 새끼를 날게 하기 위해서 막 떨어뜨리잖아요. 그런 식으로.

상담자 : 방법에 따라서 사과님도 힘이 들 수가 있지.

사 과 : 그리고 또 뭐라고 하냐면 너는 물가에 내놓은 아기 같아서 그냥 내버려둘 수 없다 이런 이중 메시지도 보내요.

상담자 : 방법을 좀 달리했으면 좋았을 텐데.

사 과 : 그러니까 내가 어떤 것을 할 때 엄마 말을 듣나? 이런 것을 생각하게 만들어요. 자꾸 못견디게 만들어요. 요즘에는 늦게늦게 들어가요. 겨우 최근에 한 열흘 정도 그랬어요.

상담자 : 그게 더 엄마를 화나게 하는 것 아니예요?

사　과 : 모르겠어요. 지금은 부딪히면 더 안좋은 시기인 것 같아요. 시기적으로 제가 피해야 될 시기인 것 같아요. 제가 힘들거든요, 아무래도, 힘들어도 에너지가 고갈되지 않도록 피하는 게 낫겠다 싶어요.

상담자 : 결국 정서는 내가 조절하는 거고 엄마가 대신 해주는 게 아니잖아요. 도인과 도인이 아닌 것의 차이는 다른 사람에 의해서 자꾸 정서가 조절당하는 사람은 도인이 아니고 다른 사람이 뭐라고 하든지 내가 내 스스로 정서를 조절하는 사람이 도인이고, 다른 사람이 상처를 받았다 그게 너 때문이다라는 말은 쓰지 말라고 그러잖아요. 상받기를 스스로 선택해서 상처를 받는거고 다른 사람이 아무리 나를 화나게 해도 화를 안내면 되는건데 그렇게 하기 위해서 우리가 인지상담을 배우는거구요. 저도 마찬가지고요. 아까도 향기님이 이야기한 인지상담이론은 인간의 정서를 무시한게 아닌가 이 오해를 굉장히 많이 받아요. 처음에 엘리스가 자기 이론을 발표할 때도 그때 이름이 합리적 심리치료(Rational Psychotherapy)였어요. 그러다보니까 인간의 정서를 무시하는 게 아니냐는 비판을 너무너무 받아서 사실은 그게 아닌데, 비판을 받았기 때문에 합리적·정서적 치료(Rational Emotive Therapy)가 된 거예요. 정서가 똑같이 중요하기 때문에. 그러다 요즘에는 행동도 똑같이 중요하니까 행동도 들어간거구요. 그래서 1993년 이후 공식명칭이 'Rational Emotive Behavior Therapy'가 된 거예요. 인지를 변화시켜서 정서와 행동을 바꾸기 때문에, 인지 매개론적인 입장을 취하기 때문에 인지를 강조하는 것이지, 그렇다고 인간의 정서를 무시하는 건 전혀 아니예요. 정말 오해예요.

사　과 : 그리고 제가 테이프를 들으면서 느꼈던 것은 상담선생님으로부터 가장 타당한 공감을 많이 받고 선생님으로부터 가장 타당한 논박을 많이 받았다는 느낌이 들었고 선생님이 하는 이야기가 목소리도 가장 부드럽게 들렸고 그게 받아들여졌어요. 그렇게 해야 되겠구나. 그래야 도움이 되는구나.

상담자[10] : 고마운데, 제가 테이프를 다시 듣게 하는 이유가 그거였어요. 상담을 준비하고 상담을 다시 한다던지 상담을 리뷰한다던지 이런 여가가 없이 내담자가 오면 바로 상담하고 그랬는데 지금은 시간도 많아졌고 사례연구도 좀 해야 하니까 리뷰도 항상 하고요, 테이프를 다 해서 듣고 준비도 하고 그러는데 테이프를 들으면서 제가 그랬어요. 상담하면서 못느꼈던 것들이 많이 깨닫게 되었어요. 그러면서 많이 성장되는 것 같더라고요. 이 과정 중에는 우리가 너무 빨리 지나가기 때문에 깨닫고 파악하지 못하는 부분들을 테이프를 통해서 파악하고 깨닫게 되는 거예요.

(잠시 침묵, 웃음)

상담자 : 어떤 부분이 공감을 받는 것 같았는데요? 그때 할 때는 내가 논박을 당한다, 기분 나

---

10) 내담자에게 인지치료 회기를 녹음한 테잎을 듣게하는 이유의 설명.

쁘다 그렇게 생각을 했었어요?

사   과 : 기분 나쁘다는 생각은 별로 안했어요.

상담자 : 별로 타당하지 않다 이렇게 생각했었어요?

사   과 : 아니, 저는 별로 그런 생각 없었어요. 대개 우호적이었어요. 힘든 부분이 있으니까 어쨌든 시도해봅시다 라고 해서 그 당시에는 잘 몰랐는데 제가 논박을 받지 않으려고 이리 빠지려고 그러고 저리 빠지려고 그러고 하는 거예요. 그런데 선생님께서 계속 붙들고 계시는 거예요. 그런 상황에서 제가 힘들거라는 것을 아시면서 그걸 알지만 너가 더 힘들지 않으려면 니가 어떻게 해야 되는지 알아야 하는 것 아니냐고 전체적으로 계속 끌어주신 것 같아요. 어떤 한부분에서 도움을 받은 것이 아니라 전상담과정에서 전체적으로 제 자신이 그런 느낌을 받고 있는 것 같았어요.

상담자 : 그 자체로서 수용되고 있다는 그런 느낌을 받게 된다는 거지요.

사   과 : 제가 공감이라고 얘기를 한 것은 대개 많이 힘들거라는 것을 아시면서도 그렇지만 그 상황을 정확하게 볼 수 있도록 그것도 굉장히 중요한 부분이었던 것 같은데 그래서 공감받았다는 것이 더 큰 것 같아요.

상담자 : 테이프를 다 듣고 저를 주시면 저도 좀 더 리뷰를 해봐야 하거든요. 저 좀 주세요.

사   과 : 테이프는 가지고 왔어요. 두 개 중에서 하나는 가지고 왔거든요.

상담자 : 자, 그럼 앞으로 얼마동안 있어야 엄마의 잔소리 일곱 번이 채워지나 봅시다. 엄마에게 비난을 받으면 안된다, 이게 참 수치스러운 일이다는 생각을 하기 때문에 비난받으면 안된다고 생각을 하는데 가장 가까운데서 가장 많이 상처를 받는 것이니까 그리고 내가 엄마를 바꿀 수가 없는 거잖아요. 엄마가 다니면서 상담 공부를 하고 엄마 스스로 지각하지 않는한은 사과가 엄마의 잘못된 것을 인식하게 할 수도 없고, 그렇다면 엄마의 잔소리는 영원히 지속될 수도 있는 건데, 그때 내가 견딜 수 있는 힘을 키우는 게 중요하잖아요. 엄마의 비난을 받아도 되고 비난을 받는다고 해서 기본적인 나의 모습이 왜곡되는 게 아니다. 상처를 받았다는 것은 그만큼 내가 미숙하기 때문에 상처를 받는 거예요. 파문이, 자극이 왔을 때 결국 우리가 반응을 하잖아요. 반응은 내가 그 자극을 어떻게 해석하고 어떻게 판단하고 지각하느냐는 것이거든요. 엄마의 잔소리를 자존심이 상처받는 것으로 지각했을 때는 굉장히 상처가 되고 엄마의 자존심이 흔히 있을 수 있는 엄마의 말이다라고 지각을 하면 그게 상처가 안될 수도 있거든요, 지각하는 스타일을 계속 인지상담을 통해서 단련해가는 게 내가 해야 될 목표다, 그렇게 잡으시면 될 것 같아요. 이제 넘어가도 돼요? 다음에 또 이야기 합시다.

사   과 : 그럼 숙제는 이제 어떻게 할까요?

상담자 : 숙제는 내가 엄마한테 비난받아도 괜찮다. 내가 엄마한테 비난을 받는다고 해서 그것이 나의 존재 자체에 어떤 흠이 되는 것은 아니다. 내가 상처를 받고 안받는 것은 내가 조절할 문제다. 이렇게 암묵적으로 외우시던가, 사색을 해보시던가 그런 작업이 필요하지 않을까? 그래서 엄마의 잔소리를 자꾸 들으면서 익숙해지고 그 자극 자체가

아무렇지도 않게 될 때까지. 그런데 그게 어렵겠지요. 그리고 사과님이 엄마가 그렇게 할 때 같이 심각하게 대응하지말고 조킹을 많이 좀 개발을 해야돼. 한바탕 웃으면서 껄껄껄 서로 좋게 넘어갈 수 있게. 말하자면 엄마를 통제하지 못하고 있는 거잖아. 자꾸 조절당하고 있는 거잖아. 내가 상담에 대한 공부도 많이 하고 인간에 대한 이해도 조금 나은 사람이니까 내가 가지고 있는 지식과 능력으로 엄마를 조절해 갈 수 있는 준비가 필요하지 않을까 싶어요. 이제 넘어가도 돼요?(네) 그다음에 난 개나리님을 보면 의문이 많아요. 저 분은 무슨 생각을 하고 있을까? 왜냐면 말을 안하기 때문에. 다른 분들도 그렇게 생각해요? (웃음). 적절하게 이야기를 하지 않으면 내가 무슨 잘못을 하고 있는 게 아닐까? 하는 위협을 느낄 수가 있기 때문에 그래요. 우리가 지금 이야기하는 것에 집중하고 있는지도 궁금하고요.

개나리 : (잠시 침묵, 웃음) 지금까지는 현실적인 이야기들을 했는데, 저는 저에게 있는 비합리적인 신념들이 현재 많은 사건들에 의해 만들어지는 것이기는 하지만 어렸을 때 한 사건이 강화를 주었고 조건반사처럼 만들어진 것 같아요. 예를 들면, 어렸을 때 저희 엄마가 초등학교 선생님이셨거든요, 같은 학교였는데 아침이면 다들 바빴어요. 아버지와 어머니는 출근준비와 함께 우리들의 등교 준비도 같이 거들어주셔야 했기 때문에 항상 시간이 촉박했어요. 그래서 급하게 준비를 하고 나가도 지각을 하게 돼요. 지각을 하면 학생들을 교문 옆에 세워뒀어요. 그런데 우리는 지각을 하면 엄마가 선생님한테 가서 뭐라고 이야기하면 얼른 뛰어들어가라고 그랬어요. 이렇게 한달이면 5회 정도였었는데 지각해도 봐주는구나, 이런 게 생기게 된 것 같아요. 중학교 올라와서는 지각을 안했고 고등학교 때 지각을 한 번 했는데 매일 타고 가는 차가 안와서 한 번 갈아타고 일찍 가려고 한 것이 색깔에 따라서 가는 노선이 달랐는지 다른 길로 차가 가는 거예요. 평소와 가는 길이 다르면 얼른 내려서 다르게 올 수 있는 길을 찾아볼 수도 있는데 아무리 가도 내가 내려야할 때가 안나오는거예요. 그래서 거의 종점에 다 와서 물어보니까 차를 잘못 탔다고 내려서 갈아타고 가라고 그러더라고요. 학교에 도착하니까 조례시간이 끝나고 선생님께서 나가시려고 하시더라고요. 그때도 지각을 하면 학생들을 교문에서 잡았는데 늦어서 당황스럽게 허둥대면서 교문에 계신 선생님을 보고 인사하고 들어갔더니 잡지 않으시더라고요.

상담자 : 그때도 시골이었어요?

개나리 : 아니요, 그때는 서울이예요. 선생님 얼굴을 보니까 눈물이 나오더라고요, 그래서 막 울었던 기억이 있어요. 지각을 해서 용케 걸리지 않고, 이런 경험들이 반복이 되니까 시간에 대해서 나사가 풀리는 걸 발견하게 되는 것 같아요. '약속은 꼭 지켜야 한다' 인데 조금 늦어도 된다라는 생각이 들게 되는 것 같아요. 그 결과 게으른 것은 아닌데 조금은 불성실한 인간으로 보일 거라는 생각이 들어요. 이건 논박의 여지없이 꼭 지켜라라고 나오는 거 아니예요?

상담자 : 논박의 여지없이?

개나리 : 예, 또 한가지는 학교에서 수업이 끝나면 엄마 교실에 가서 숙제하고 운동장에서 놀
　　　　다가 엄마와 같이 집으로 오고 그랬는데 그것도 하루이틀 하면 쉬운 일이 아니더라고
　　　　요. 그래서 저희가 먼저 와서 저희들이 할 수 있는 것들을 먼저 해놓고 그랬는데 엄마
　　　　가 저녁에 돌아오시면 매우 피곤하시잖아요. 피곤하면 짜증이 나는데 저희 엄마는 많
　　　　이 참으려고 노력하시는 것 같았어요. 얼굴에는 피곤한 표정이 강하게 올라와도 일단
　　　　들어오시면 언니에게 물어보세요. 오늘 별일 없었냐고. 그리고 막내 남동생에게 물어
　　　　보세요. 동생 성격이 워낙 붙임성이 있고 그래서 사람들이 이야기하면 참 재미있어
　　　　해요. 더구나 저는 어렸을때부터 별명이 땡비였는데….

향　기 : 그게 뭐예요?

개나리 : 내가 하고 싶은 대로 안하면 땡깡을 부리는 사람을 말해요. (웃음) 어렸을 때부터 낙
　　　　인 아닌 낙인이 찍혀져 있었어요. 그래서 엄마는 언니와 동생에게 물어볼 걸 거의 다
　　　　물어보고 나서 항상 피곤한 표정으로 저를 바라보셨던 것 같아요. 차라리 엄마가 나
　　　　를 안보는게 더 편하다는 생각이 들때도 있었어요. 관심이 차라리 동생에게서 끝나고
　　　　안 오면 좋겠다라는 생각이 조건형성이 된 것 같아요. 어렸을 때의 경험들에 의해서
　　　　엄마의 관심이 나에게 안 오는 게 차라리 낫겠다라는 비합리적 신념이 생기게 된 것
　　　　같아요.

상담자 : 그렇지. 우리에게는 무수히 많은 생각들을 가지고 있잖아요. 무수히 많은 생각들이
　　　　사회문화적인 영향, 이웃의 영향, 어른들의 영향을 받아서 스스로가 주입을 하였기
　　　　때문에 형성이 되었다고 말을 해요. 그렇기 때문에, 아까 뭐라고 했는지 다시 한 번
　　　　이야기해줘요.

개나리 : 엄마가 차라리 나에게 관심을 가지지 않는게 낫다. 엄마가 뭐라고 물어보면 짜증스러
　　　　워요.

상담자[11] : 그것을 이야기해주고 싶었는데 우리가 가지고 있는 신념 중에는 묘사적인 신념과
　　　　평가적인 신념이 있어요. 묘사적인 신념은 사과가 아침에 나를 보고 인사를 안했다,
　　　　그러면 사과가 나한테 인사를 안 한 것은 화가 났기 때문에 인사를 안 한 거야 라고 내
　　　　가 주관적으로 판단을 내리는 것이지. 실제로 화가 났을 수도 있지만 화가 안나고 자
　　　　기가 머리속으로 다른 생각을 했기 때문에 나를 보고 말을 안했을 수도 있고, 여러 가
　　　　지 이유가 있을 수 있지요. 그런데 우리는 주관적으로 화가 났었다라고 믿어요. 벡의
　　　　인지치료는 뭐냐면, 그 사람이 화가 안났어. 그런데 넌 왜 그 사람이 화가 났다고 자
　　　　꾸 하는 거지? 그 왜곡을 자꾸 교정해주는 거야. 엘리스도 물론 그건 하지요. 플러스
　　　　알파가 더 있는데, 제가 이 이야기를 왜하냐면 개나리가 엄마가 짜증이 난 듯이 나를
　　　　바라보고 있다고 그랬잖아. 그런데 그건 정말 모르는 거예요. 엄마가 날 보고 정말 짜
　　　　증이 나서 그럴 수도 있고 아니면 쟤는 정말 함부로 건드리면 안되니까 경계하는 마

---

11) 비합리적 신념을 묘사적 신념과 평가적 신념으로 구분하여 설명.

음에서 그럴 수도 있고. 여러 가지 이유가 있는데 사람들은 그것을 받아들일 때 자기의 주관적인 세계가 마치 옳은 것처럼, 그러니까 저는 그것을 얘기해주고 싶은 거예요. 엄마가 나를 정말 짜증의 눈으로 보지 않을 수도 있는데 나는 짜증의 눈으로 지각한 것일 수도 있다.

개나리 : 제가 바라보는 시각 자체에 문제가 있다는 건가요?

상담자 : 그렇지. 주관이 들어간 거지.

개나리 : 그래도 어쩌다 한 번의 경험이라도 있었기 때문에 그렇게 생각하는 거잖아요.

상담자 : 어쩌다 한 번을 갖다가 마치 매일 그러신 것처럼 과잉일반화 하신 거예요.

개나리 : 제가 엄마의 피곤함을 제대로 이해하지 못하고 부모님과의 관계가 일반화되었다는 말이지요.

상담자[12] : 일반화되었을 수도 있지. 지금이라도 그것에 왜곡된 부분은 교정을 해야 되겠지. 그러면 엘리스 이야기를 더 해주면 엘리스는 뭐냐면 벡은 거기서 끝나요. 너의 지각이 잘못되었어. 확실히. 자꾸 현실검증을 많이 시키는 거고. 엘리스는 개나리의 지각이 맞을 수도 있어. 실제로 엄마가 짜증이 났을 수도 있어. 그랬다고 해서 그것이 뭐 이 세상의 끝인가? 엄마가 짜증을 낼 수도 있는 거지. 엄마가 직장에서 힘들고 나서. 그리고 셋째딸이지요. 딸 중에서는 세 번째고 큰언니들은 나름대로 머리가 컸으니까 짜증을 못내고, 엄마 입장에서 그럴 수는 있는데 그렇다고 해서 엄마가 나를 사랑하지 않는다고 받아들일 이유도 없고 그렇다고 해서 그게 인생의 끝인가, 절망인가 그것까지 논박을 더해지는 게 엘리스의 차이예요. 그것은 어쨌든 개나리가 주관적으로 그렇게 지각을 하는 것 같아요. 한 번 지각을 하면 계속 그렇게 선택적인 주입을 하게 되요. 한 번 그렇게 지각을 하면 엄마가 무슨 일을 하든지 무슨 생각을 하든지 그렇게만 보이게 되고 그렇게 하실 때만 눈에 띄고 지금 좀 늦기는 했지만 그게 사실이 아니라는 것을 받아들일 수 있었으면 좋겠어요. 엄마가 나에게 짜증의 눈초리로 보지 않았을 수도 있는데 짜증의 눈으로 본다고 잘못 지각했겠구나 하고.

스폰지 : 묘사적 신념은 어떤 거예요?

상담자 : 지금 말한 것이 묘사적 신념이야. 평가적 신념은 엄마가 나를 째려보고 짜증스럽게 보는 것은 큰일이다 라고 평가를 내리는 거고. 엄마가 나를 짜증스러운 눈으로 바라봐도 이건 큰일이 아니야 라고 지각하면 이건 엘리스는 문제가 아니라고 하는 거지. 그런데 그걸 큰일이다 문제다라고 지각하니까 그게 문제가 된다는 거지. 그게 평가적 신념이야.

향 기 : 오늘 오전(집단상담시간)에 했던 이야기와 연결이 되는데 엄마의 관심이 남동생에게서 끝났으면 좋겠다, 나한테까지 안왔으면 좋겠다 이런게 강화가 되어서 그런거 아니예요?

---

12) Beck의 인지치료와 Ellis의 인지치료 사이의 미묘한 차이에 대해서 설명.

개나리 : 그런데 그건 나뿐만이 아니라 다 마찬가지 아니예요? 집단 안에서 타겟이 된다는 건 참 힘이 드는 일같아요.

상담자 : 지난번에 집단상담할 때는 참 고마웠거든요. 별로 기대하지 않았던 것도 이야기해주고 개방을 해주고 그래서.

개나리 : 어떤 분위기에서 포커스가 되느냐에 따라서 달라지는 것 같아요.

향　기 : 개나리님이 어렸을 때부터 그런 일이 있다는 것을 듣고 나니까 주목받고 갑자기 대상이 되는 것을 꺼려하게 되죠. 갑자기 주목을 받게되면 누구나 당황을 하지만 기왕 주목이 왔으니까 그냥 하게 되는데 개나리님은 많이 부담스러워하는 것 같아요. 그게 어렸을 때와 무슨 연관이 있는지 알고 싶어서 그랬던 거예요.

상담자 : 예, 그럼 이 이야기부터 한번 해봅시다. 집단구성원이면 집단에 소속이 되어서 이야기하면 좋은데 왜 내가 집단의 중심이 되면 안되는지 한번 이야기해 보았으면 좋겠어요.

개나리 : 부담이 돼서 그래요. 내 이야기를 해야된다는 게 기분이 좋지가 않거든요.

상담자 : 어쨌든 내 개방을 해야한다는 게 기분이 안좋다. 자기 개방의 부분이 자랑스럽지 않다, 부끄럽다, 그런거지. 하고싶지 않다, 그건 개나리만 그런게 아니라 우리의 부끄러운 점, 창피한 점을 개방하는 것이고 누구에게나 수치스러운 부분은 다 있을 거예요. 그런데 개나리님은 이런 감정을 나만 느끼는 것으로 지각하고 계신 것 같아요. 그때도 얘기하셨잖아요. 그런 생각들이 많이 자리잡고 있으니까 그렇겠지.

상담자 : 제가 초심자 때의 일인데, 개방이 중요하다고 억지로 시켜서 상담관계가 깨진 적이 있었어요. 개방이 위협적이지 않다 라는 것을 인식시켜주면서 일단 분위기가 되면 개방을 하지. 개방을 못한다는 것은 심리적으로 위협을 느끼는 것이거든. 위협을 느끼는 사람에게 무섭지 않아 개방해 라고 한다고 해서 무섭지 않은 것은 아니잖아. 무섭지 않은 분위기를 만들어주면 누구든지 그 분위기에서 개방을 하게 되지요. 분위기 형성을 못해준 것에 대해서는 제가 미안해 할 수도 있겠지요.

사　과 : 그걸 못해주면 그 책임이 치료자에게만 있나요?

상담자 : 집단 같은 곳에서는 공동으로 있고 또 그 개인에게도 있다고 봐야겠지요. 그런데 우리는 개방하는 만큼 배워가니까 자기개방이 될 수 있겠지. 그런데 이야기가 조금 옆으로 가서 맥락을 잃어버렸어.

사　과 : 집단에서 자기한테 포커스가 되는 게 부담스럽다, 왜 그렇게 하냐는 이야기를 했어요.

상담자 : 그래서 이런 이야기까지 하게 된거지! 아까 뭐라고 그러셨지?

개나리 : 엄마 관심이….

상담자 : 그 다음에 나온게….

개나리 : 얘기하는 게 별로 편하게 느껴지지 않는다.

상담자 : 그건 누구나 그렇다고 그랬지요? 개나리님만 그런 것이 아니라 집단에 기여하고 도움

받기 위해서 이야기하는 것이다. 그리고 어차피 이건 판단받는 거다. 도마 위에 올려 지는 거잖아 어차피. 판단받는다고 해서 개나리님의 근본이 변화되는 게 아니예요. 이 사람들이 개나리님의 비밀스러운 부분을 알았다고 해서 개나리님을 다른 시각으로 보는 것도 아니고 다른 시각으로 본다고 해서 개나리님 자체가 변하는 게 아니기 때 문에…… 그게 별게 아니라는 것을 지각하셔야지요.

향　기 : 아까 마음의 준비가 안되었다고 그랬는데 어떤 식의 평가를 받아도 괜찮아요?

상담자 : 그래요. 평가받는 것 자체가 아무런 문제가 안된다. 다 우리가 평가하고 평가받고 사 는거다 라고 생각을 하면 되는데 그것이 안되니까 두려운 거겠지. 사실 우리가 상담 을 해도 그렇고 같이 이야기를 해도 그렇고 저 사람이 참 부끄럽다 라고 생각하는 이 야기를 내놓을 때 인간적인 매력을 느끼고 친해지고 그러잖아요. 그런데 지금까지 그 런 경험이 없으셨다고 봐야지요. 긍정적인 강화가 별로 없었기 때문에.

개나리 : 긍정적인 강화라기보다는 지금까지 날 개방하고 살지를 않았어요. 다른 사람들에게 신경쓰이지 않게 내 할일 하면서 살면 된다는 생각을 가지고 있었어요. 이런 집단에 서도 자기 이야기를 해야 할 필요성이 있는데 전 끝까지 입을 다물고 말을 안해서 집 단의 운영을 방해하는 집단원이 된 경험이 있었어요. 그리고 이야기하는 순서가 돌고 돌아서 두세 번 지나간 다음에 조금 자기 개방을 하는 편이었어요. 또 먼저번 집단에 서는 참석인원이 최소 10, 12명 정도는 되었는데 여기는 (인지치료집단) 인원도 작은 데다 이야기해야 한다는 위압감을 느끼니까 상당히 부담이 와요.

상담자 : 좋아요. 그럼 앞으로 우리 집단에 대해서는 푸쉬를 안할테니까 개나리가 이야기하고 싶지 않으면 안하셔도 되요. 안하셔도 되고 부담감 갖지 말고. 그리고 혹시 이야기를 듣고 싶어 개나리님에게 갈 때는 개방하면 어떠냐, 개방해도 상관없다는 생각으로 이 야기해주면 좋겠어요. 그럼 이제 서서히 마무리 해야 되겠네요. 그럼 한말씀도 안하 신 스폰지가 이야기해 보시지요. 여기서 오는 소외감이 없었어요?

스폰지 : (웃음) 생각이 많이 났었는데 이제 정리가 많이 되어가고 있는 것 같아요.

상담자 : 그래요. 그럼 이제 정리를 합시다. 오늘 나름대로 좋은 시간이었던 것 같아요. 좋은 시간이었고 향기씨는 그 숙제를 차근차근 해오고 우리가 숙제를 해 오는 만큼 변하거 든요. 우리가 하는 집단상담을 2시간 가지고 안돼요. 사과님도 계속 잘 해오세요. 그 럼 우리 개나리님을 위해서 어떤 숙제를 내줄까요? 자기 개방하는 연습을 해오도록 할까?

향　기 : 그런데 상담자로서 계속해서 일을 하실려고 하시는 분이고 그런 경험을 드리고 싶어 요. 아침(집단상담 시간)에 그런 이야기가 나왔었는데 그런 이야기는 하고 싶지 않다고 그랬지만. 옆에 있는 선생님이 도와주고 싶다면서 이야기를 시키고 개나리는 그냥 내 버려두었으면 좋겠다고 그랬잖아요. 그래서 이 시간에 하고 싶은 생각은 도와드렸으 면 좋겠다는 생각이 들어요.

스폰지 : 먼저번 집단에서 어렸을 때 기억나는 것 세가지를 말하자고 했을 때 어렸을 때 상처

받았던 이야기들을 잘 하더라고요. 분위기가 되면 이야기하는데….

개나리 : 저도 이야기를 하면서 많은 도움을 받아요. 받기 때문에 도와주시려는 마음도 충분히 알겠는데 준비가 되고, 하고 싶거나 해야겠다는 생각이 들면 이야기할게요.

상담자 : 사람들은 도움을 주려고 하는데 도움을 받는 사람들의 준비도가 적절하게 된 상태에서 개방을 해야 도움을 받을 수 있어요. 그리고 사과하고 두사람은 ABCD 분석지를 계속해 봅시다.

향　기 : 아까 제가 잘못 설명한 것 같아요. 사건하고….

상담자 : 사건은 결혼해서 새집으로 이사를 했고.

상담자 : 자기가 불쾌했다는 것은 내가 결국 이 사람에게 인정받지 못하면 어쩌나 하는 두려움도 있을 수 있고, 우리는 정서가 들 때마다 그 정서를 유도하는 어떤 인지가 있단 말이예요. 그런데 우리는 습관이 안되어 있기 때문에 그 인지를, 마치 게슈탈트에서 우리가 감정을 못느끼고 넘어가는 것처럼 그 인지도 어떤 면에서는 사고가 너무나 자동화되었기 때문에 그냥 넘어가는 경우가 많아요. 그래서 어떤 사고가 있는가 사고를 찾아서 연결하는 연습을 해야 된다 이 말이예요. 벡으로 이야기하면 자동적 사고지. 생각이 머리속에 스쳐지나가는 생각을 자꾸 찾는 연습을 해야지. 마지막으로 꼭 이 이야기를 해야 한다고 생각하는 것 있으세요?

일　동 : 없어요.

회기 해설

　향기님의 완벽주의적 사고가 오히려 향기를 무기력하고 피곤하고 지치게 만들어 가는 요인임을 직시시킨다. 전반에는 주로 상담자와 향기와의 상호작용이 주로 진행되다가 중반부터 사과의 동참이 시작된다. 2회기에서도 역시 너무나 묵묵하게 관찰자의 자세로만 앉아 있는 개나리의 적극적 참여를 유도한다.

　또한 사과님께 내준 숙제를 점검하면서 사과님은 자신을 힘들게 하는 새로운 비합리적 신념을 찾아 내놓았다. 상담자는 이를 논박하였다. 사과님은 지난번 회기를 녹음한 테이프를 들어보고 상담선생님이 자꾸 미꾸라지처럼 빠져나가려는 자신을 잘 붙들어서 자신을 변화시키는 데 도움을 주신 것 같다고 고마워하였다. 사과님은 자신을 위해서 필요한 새로운 숙제를 요구해왔다.

　후반에 역시 개나리님을 상담과정에 적극 참여하도록 유도하여 자신이 적극적으로 참여하지 못하는 이유를 통찰케 하였다. 향기, 사과, 개나리를 위한 새로운 숙제를 내주고 회기는 마감되었다. 특히 이 회기에서는 평가적 신념과 묘사적 신념의 차이를 설명하면서 벡(Beck)과 엘리스(Ellis)의 인지치료간의 미묘한 차이에 대해서 설명해주었다. 그리고 이 신념이 인간의 부적절한 정서에 어떤 영향을 미치는가에 대해서 제시하였다.

제3회 인지치료 집단상담 (4. 30)

상담자 : 우리가 지난 주에 숙제도 내주고 그랬지요? 사과는 지난번에 숙제 내준 것 얼마만큼 진행하고 계셨어요? 어머니한테 잔소리 듣기로 한 것.

사　　과 : 요즘에는 조금 달라진 것 같아요. 뭔가가.

상담자 : 뭔가가 뭔데요?

사　　과 : 부딪힐 일이 없었어요.

상담자 : 상황 자체가 마주칠 일이 없었단 말이지. 그래서 그렇구나. 그러니까 신념을 실습해 볼 수 있는 계기가 없었겠네요.

사　　과 : 마음은 있었어요.

상담자 : 마음은 있었다고?

사　　과 : 예, 그런데 신념을 실습하는 것, 그것보다 제가 녹음 푸는 과정에서요, 너무 많은 것을 놓치고 보지 못했구나 하는 것을 발견할 수 있었어요.

상담자 : 예, 맞아요.

사　　과 : 그러니까 저는 넓두리를 했다, 그런데 정말 필요한 것이 무엇인지는 정말 모르고 있었다, 철저히 제 자신을 정면으로 보지 못했다는 생각이 많이 들었어요.

상담자 : 저는 녹음 테이프를 한번 들었거든요. 그러니까 다른 분들보다 생생하지요. 다른 분도 시간 있으면 테이프를 가지고 가서 들으면 정말 도움이 될 거예요. 정말. 저는 사과 본인이 아니기 때문에 무엇을 제대로 봤는지 모르거든요. 몇 토막만 이야기 좀 해 주시면 좋겠네요.

사　　과 : 그러지요. 전 불편한 감정을 벗어나고 싶은게 제일 컸던 것 같고, 관계에 대해서 초점을 맞추려고 선생님들이 많이 애써주시고 관심을 써주신 것 같아요. 왜 그렇게 엄마와 친해지지 않고 엄마를 어려워하고 두려워할까, 그전에 이야기 할때는 내가 가족으로서 해야할 게 무엇인지 그것만 열심히 하면 되지! 이렇게 생각했는데 내가 엄마에게서 받았던 부정적인 것만 생각하면서, 내가 따뜻한 말 한마디라도 하지 못하고 많은 시간들을 보냈던 것을 발견했어요.

상담자[1] : 예, 그런 것 같아요. 상담실에 와서 어려움을 호소하던 많은 사람들이 자기 자신의 좋은점, 자기 자신뿐만 아니라 주변 사람들에 대해서 좋은 점을 보는 눈은 별로 발달되어 있지 않죠. 사과에게는 어머니죠. 어머니가 사과에게 잘해주는 부분이 굉장히 많잖아요. 못해주는 부분이 너무 부각되면 잘해줬던 부분이 감추어져요. 그쪽 부분만을 큰 눈을 뜨고 극대화시켜지는 것을 보면서 그 좋은 부분이 희석이 돼요. 어머니 경우에는 그렇고, 상담실에 오는 사람들은 자신의 강점을 보는 눈보다 부족하고 약한 것을 보는 눈이 확실히 더 발달되어 있어요. 그래서 저는 첫시간을 희망을 부각시키는 것이 더 중요하다고 해서, 내담자의 장점을 있는 대로 찾아서 기술해와라 이런 숙제들을 많이 내주거든요. 그러니까 내담자도 스스로 놀라는 경우가 많이 있죠. 내가 이렇게 좋은 점이 있었는데 몰랐었구나, 하는 점들이. 우리는 자의건 타의건 부정적으로 보는 눈이 더 발달되어 있고 좋은 점을 보는 눈은 소홀하거나 간과되어 있다고 보는 제 해석이 맞아요?

사   과 : 지금 해석하신 거예요?

상담자 : 그렇지. 어떤 의미의 해석인지 모르지만 설명을 한거지요. 선생님의 의도한 것과 제 이야기를 구분해서….

사   과 : 저는 어떤 의도를 가지고 얘기한 건 아니고 제가 생각해보지 못했던 것을 녹음 테이프를 들으면서 떠올랐다 그런 것을 말씀드리고 싶었고 선생님의 말씀을 저는 해석으로 받아들여지기보다는 제가 참 좋은 것을 발견했구나 하는 것을 짚어주시는 것 같아요.

상담자 : 우리들이 말하는 해석의 의미를 가끔 오해할 수 있는데 결국 상담자가 이야기하는 모든 설명이나 기술은 해석이 아니예요?

사   과 : 그렇지요.

상담자 : 정신분석에서의 해석만이 해석이 아니라……. 저도 정말 계속되는 고백인데 요즈음에 저는 상담 테이프를 계속 들어가면서 상담을 계속해 나갔어요. 그런데 상담 과정 자체가 바쁘게 지나가기 때문에 놓치는 부분이 너무나 많고 이때 이렇게 표현하는 게 더 적절하고 놓친 많은 부분이 있다는 것을 느껴요. 상담자도, 내담자도.

사   과 : 전 조금 의문이 들었는데요? 이 해석이 맞아요? 이렇게 물어보셨잖아요? 그런데 조금 놀라는 마음이 들었어요. 제가 옳다 그르다 할 수 있는 사람인가 하는 것이 좀….

상담자 : 그래요. 전 사과님이 의도한 바를 제대로 짚어서 명료화한 것인가를 확인하고 싶었죠. 제가 선생님 마음을 읽는 마술사가 아니기 때문에.

스폰지 : 전 선생님이 적절한 표현을 잘 하셨다, 그리고 저라면 선생님한테 딱 여쭤보고 싶어

---

1) 내담자의 특성 중 자신에게 약점이나 불리한 점이라고 생각되는 것을 보는 눈은 극대화되어 있고, 장점이나 유리한 점을 보는 눈은 극소화되어 있음을 지적.

서요. 이렇게 해서 명료화가 이루어지는 거고 같은 말을 해도 그게 중요하다고 생각되거든요.

사　과 : 선생님이 저의 말씀을 듣고요, 맞다고 하시면서 OK하고 나서 하신 말씀 중에 일부분은 이런 것을 발견했다 그러시면서 대체로 이런 것은 일반적인 것이라고 하신 것 같아서 그것에 대해서 뭐라고 말하기가 힘들었어요.

상담자 : 그러니까 사과님의 경우가 일반적인 경우하고 유사하니까.

사　과 : 일반적인 것 같다고 말씀을 하시는데 제가 가타부타 말을 하기가…….

상담자 : 내가 그런 걸 물어보는 이유가 그런 것 같애. 상담공부를 하는 사람이잖아. 제가 전문가로서의 여러분에 대한 기대가 있어요. 그냥 보통 내담자는 그런 것 확인 안하고 갈 수도 있겠지요.

사　과 : 그런 선생님의 마음이 계속 있고 앞으로도 계속 그런 식으로 저희들을 대하시나요?

상담자 : 글쎄, 내가 이렇게 대하겠다고 의도한 건 아닌데 순간순간의 감정에 충실하게 대하겠지요. 그게 좀 의아스러운 건가요?

사　과 : 그런 건 아니고요, 선생님께서 처음에 배우려는 입장보다는 치료하는 입장으로 왔으면 좋겠다고 해서 그걸 좀 확실하게 해서, 글쎄요 전 전문가적인 것을 생각해야 하거든요.

상담자 : 그랬구나. 나는 또 마음 깊은 곳에서는 말은 그렇게 했지만 상담에 대해서 우리 주변에 많이 나오잖아. 그런 이중적인 구조가 있는 것 같애.

옹달샘 : 그걸 하나로 좀 통일했으면 좋겠어요. 어떤 경우에는 내담자로서 할 때도 있고 어떤 때는 상담자로서 주려고 할 때도 있고 하니까 받는 쪽에서 내담자도 되었다가 상담자도 되었다가 하니까 헷갈려요.

상담자 : 헷갈릴 수도 있겠다, 그렇죠?

옹달샘 : 우리도 다 내담자로서 한다고 하면 좋겠어요. 선생님이 의도하고 우리가 확인하고 있는 부분들은 각자가 다 소화해낼 수 있는 부분들인 것이지요. 다음에 다 끝날 무렵에 이런 것에 대해서 다시 한 번 정리를 하면 좋겠어요.

상담자 : 그래요. 있잖아요 이 테이프를 쭉 들어보면 다른 분들도 인지치료를 같이 해야되는건데 다른 분들은 인지치료가 안돼요. 이분들이 가지고 있는 생각에 들어가서 논박이 이루어져야 하는데 다 인지상담은 지금 공부하고 있는 분들이지 내것이 안된 사람들이잖아요. 다 자기가 하고 있는 틀 속에서 이야기할 뿐, 인지적인 초점화가 안되더란 말이예요. 그래서 자꾸 가르쳐 주고 싶은 마음이 발동을 하는 것 같아요. 그래서 그래요. 그러니까 선생님들이 부지런히 책을 좀 읽으시고 여기는 인지치료 집단이니까 그쪽으로 좀 포커싱을 해야하는 건데 안되면 할 수 없지요. 자기의 틀을 가지고 해가면서 보완해 가는 수밖에 없지요. 틈틈이 공부를 좀 해주셨으면 좋겠어요.

옹달샘 : 지금 선생님은 저희들에게 모델링이 되고 있잖아요. 사람들에게 생각들을 어떻게 바꿔나가는 것인지 하는 과정이 우리에게 모델링이 되어서 우리가 다음에 하고 싶은 마

음이 생기는 건지 다 알면 왜 들어오겠어요. 인지치료 집단을 다 알고 있다면.

상담자 : 그건 아니지요. 이론을 분명히 아는 것하고 실제 아는 이론을 적용하는 것하고는 실제로 다르기 때문에 내가 아는 이론을 분명히 알고 내담자나 상담자의 역할을 하는 것과 그것을 모르고 하는 것과는 판이하게 다르지요. 회기 내에서는 최대한의 효과를 얻어야 하기 때문에 여러분이 충분히 이론에 대한 공부를 하셔야 되요. 사과님은 또 하실 이야기 없으세요?

사　과 : 아까 말씀 드렸던 게 제일 컸고요. 그때 제가 비합리적인 여러 가지 신념을 짚어주셨잖아요. 인정받아야 한다든지 그게 제일 핵심이었던 것 같고 거기서 더 발전한 것은 비난받는 것에 대한 굉장한 거부감과 두려움이 있었어요. 그래서 어떻게 하면 더 이해받을 수 있을까, 어떻게 하면 다른 사람들이 나의 상황을 더 잘 알 수 있게 하나 그런 것에 굉장히 몰두해 있더라고요. 그런 이야기를 잡다하게 하는데 듣기가 싫은 거예요. 그 맥락에서 그렇게 이야기할 게 아니라 좀 더 생각을 해야할 부분인데 생각을 안하고 무조건 말로만 하냐, 그런 생각이 들었어요. 무조건 침묵만 지키면서 내 안에 있는 생각들을 정리만 하고 혹은 그 시간에 나 자신을 반성하기보다는 그 시간을 내 시간으로 만들려고 혼자 노력을 한다는, 비단 인지치료 집단에서 그런 것뿐 아니라 내가 일상생활에서 얼마나 많이 그러고 있을까 하는 것도 생각이 들면서 그러고 있더라고요.

상담자 : 사과님이 이해를 얻고 싶다는 욕구가 발동을 했겠지. 내담자 욕구 때문에 그 상황에 대한 넋두리는 들어줄 수는 있지만 정말 내가 불편한 건 그런 상황이 아니란 말이지요. 상황이 그러니까 사과씨가 찾으려는 통찰이 필요할 거예요. 일단 인정을 받아야 한다 비난을 받으면 안된다 비난을 받으면 가치가 없다, 이런 식으로 한다면 그 밑바탕에 있는 핵심적인 스키마는 뭘까? 이게 평소에 내가 알고 있는 스키마일수도 있고 그 밑바탕에 들어가면 내가 몰랐던 스키마일 수도 있단 말이예요. 그걸 찾아보는 것을 통찰을 통해서 해봤으면 좋겠어요. 인정을 받아야 한다는 것도 스키마인데 그 밑에 또 뭐 어떤 것이 있지 않을까? 인정을 받지 않으면 내가 앞으로 중요한 일을 못한다든지 지금 인정받지 않으면 큰일이라든지 여러 가지가 있을 것 같아요. 그런데 인정받아야만 한다는 것은 참 좋지만 꼭 인정받아야 하는 건 아니잖아요. 삶의 목적 자체가. 어때요? 인정 받기 위해서 사는 거예요?

사　과 : 그건 아닌데 그렇게 많이 되고 있는 것 같아요.

상담자 : 그건 굉장히 근시안적인 것이겠지요? 내가 하는 일을 뭔가 열심히 하면서 열심히 하는 가운데 인정이 부수적으로 오면 좋지만 안와도 괜찮다는 말이죠. 인정의 욕구에 대해서 좀 더 대범해질 필요가 있단 말이지요. 그래야 좀 더 자유로울 수 있고 좀 더 많은 성취를 할 수 있는 게 아닐까, 그리고 성숙해질 수 있고요. 사과님이 이 상담이 끝날 때까지, 오늘 말고, 우리가 약속한 회기가 끝날 때까지 사과씨가 이 생각을 정말 바꾸어서 내 행동 양식을 통합하기까지는 시간이 많이 걸릴 수 있어요. 그러니까 이

것이 내재화될 수 있도록 사과씨가 좀 더 끊임없는 노력을 하셔야 할 것 같아요. 생각
하는 것을 좋아하시는 분이니까 왜 꼭 내가 인정을 받아야 되는가, 인정을 받지 않으
면 안되는가 스스로에게 던져서 스스로가 어떤 대답을 찾아보는 과정, 결국 내가 인
정을 받기 위해서 이 세상을 사는 것은 아니다 라는 결론을 확실하게 얻을 수 있으면
어느 분께 인정을 받는 상황에서 갈등에 처했을 때 지금처럼 실망을 느끼지 않을 수
있겠지요. 어때요?

사   과 : 선생님의 질문에 어떻게 대답을 하면 좋을까 잘 떠오르지가 않는데 하나는 어떤 것에
대한 질문을 받았을 때 떠오르는 것을 얘기해야만 할 것 같은 습관이 있어서 질문을
받는 동시에 막 생각이 났어요. 다른 하나는 이건 조금 더 시간을 두면서 차분히 생각
을 해서 나올 수 있는 대답인데 이런 생각을 해야 하나?

상담자 : 내 생각은 이런데 좀 더 다듬어서 정제된 대답이 나올 수 있을 것 같다는거지요.

사   과 : 저는 자동적 사고거든요.

상담자 : 그렇지요.

사   과 : 저는 존재에 대해 존재하려고 하는 게 참 큰것 같아요. 인정을 받는 것은 존재의 부분
에서 좋은 부분이 드러났으면 하는 생각이 들고요. 좋든 나쁘든 내 존재 자체…….
이것도 결국은 그것도 인정의 문제이네요.

옹달샘 : 그건 누구한테나 다 있는건데 다 인정받고 싶고 남들이 알아줬으면 하는 마음이 다
있잖아요. 인지치료에서는 그 마음을 다 없애라는 게 아니고, 그 생각에 대한 경중의
정도를 따지는 것이 아닌가요?

상담자[2] : 인정받아야 하는 생각이라면 이것이 얼마나 경직되어 있는가 얼마나 융통성있게 인
정받고 싶은가. 즉 선호적인 모습으로 드러나면 이건 문제가 안되지요. 그러나 우리
가 인정받고 싶은 것이 우리들의 욕구이니까 매슬로우도 욕구라고 이야기했고 그 욕
구를 누르라는 이야기는 아니고 그 욕구가 너무나 경직되어 있어서 꼭 인정을 받지
않으면 못견딜 것 같고 이런게 핵심적인 문제라고 볼 수 있겠지요. 사과씨께서 나는
정말 인정을 받고 싶다라는 생각이 그정도의 선호적인 사고의 형태라면 내가 엄마한
테 인정을 못받았을 때 그것이 그렇게 불편을 초래하지 않는단 말이예요. 그런데 받
고 싶다고 강하게 생각을 하면 불편을 초래하지요. 인정을 못받아도 불편함을 느끼지
않을 수 있을 만큼의 융통성을 강조해요. 왜 당신은 엄마한테 인정을 받아야만 하지
요? 인정받아야만 한다는 그 생각이 사과씨에게 어떤 도움을 주지요?

사   과 : 좋은, 엄마가 좋은 엄마니까 나에게 좋은 것을 줄 것이다라는 것에 부응이 되어 잘한
다면은 엄마나 아빠에게 인정받는 나자신도 좋은 상태가 되는 거니까.

상담자 : 그걸 동일시? 진짜 그래요? 진짜?

사   과 : 예스냐 노냐 대답하라고 그러면 예스 쪽으로 대답할 것 같아요.

---

2) 생각이 선호적인 모습("…하고 싶다, …하기를 원한다.")을 띄고 있으면 역기능적이 아님을 설명.

상담자 : 그렇다면 인정을 받고 싶다는 욕구는 너무나 당연한 것이고 아름다운 것이고 그런데 100% 받아야 하는 것이 아니잖아요. 인정받아야 한다, 비난받으면 큰일이다라고 사과님이 찾아내셨는데 엄마하고 이렇게 관계에서 불편함이 있잖아요. 불편함이 있다는 것은 불편함을 유도하는 사고가 있으니까 이 사고가 인정을 받아야 한다는 사고에서 나온 것인지, 비난에 대한 거부에서 나온 것인지, 둘다에서 나온 것인지 이것을 사과님께서 다음주에 찾아 오세요. 그러면 다른 분에게 시선을 집중을 합시다. 요즘에 느꼈던 불편함도 좋고 오래전에 느꼈던 불편함도 좋아요. 불편함을 느끼시는 분께서 말씀해 보세요.

옹달샘³⁾ : 전 생각하는 것보다는 정리해야 할 부분이 있는데 결혼했음에도 불구하고 옛날 애인을 못잊는 그것이 저에게 이중적인 감정으로 남아 있는 것 같아요. 그러니까 그때 저 나름대로 정리가 안되었기 때문에 그런지 모르겠지만 꿈 속에서도 자주 나타나고 내가 자주 보고싶고 무언가 다시 만나서 해결을 한다거나 감정의 해결을 한다거나 남아 있는 숙제가 있는 것 같아요. 그래서 계속 남아 있을 것 같은 생각이 들어요.

상담자 : 그래요. 그럼 생각으로 찾아보는 거예요. 옹달샘씨가 불편하잖아요. 옛애인에 대해서 생각하고 애인을 꿈 속에서 만나고 애인에 대한 감정이 채 정리되지 않았기 때문에 그 사실 자체가 불편함을 주는게 아니고 그 사실을 자각하는 나의 눈이라면 내가 어떤 눈을 가지고 그 상황을, 해석하기 때문에 내가 불편할까. 예를 들면 결혼한 여자가 옛애인을 생각하는 것은 도대체가 부덕스럽다 이런 생각일 수도 있고, 남편에 대한 미안함일 수도 있고 어떤 것일 것 같아요?

옹달샘 : 미안함이라기보다는 내가 정리를 하고 넘어가야 하는 게 그렇게 하지 못한 것이 많이 있는 것 같아요. 그때 잘해줬던 그런 일들이 남아 있어서 그렇게 좋은 현상을 희석되게 만들어버린다는 거예요.

상담자 : 그래서 불편하다는 거지요.

옹달샘 : 예, 그리고 제가 아직도 놓지 못하고 쥐고 있다라는 부분이 바로….

상담자 : 그러니까 옛애인에 대한 기억은 결혼한 여자는 다 버려야 한다!

말　음 : 그러니까 아름다운 추억은 남길 수는 있는데 그걸 현실로 만나려하고 얘기하고 싶어하고 그러니까 현실로 옮기고 싶어하는 마음이 있다라는 게 그것이 나에게 힘든거지요.

상담자 : 어느 정도 힘들어요?

옹달샘 : 보고 싶다는 생각이 많이 들어요. 우리 집에서 얼마 멀지도 않고. 거기 가서 만날 수 있는지. 그 사람은 옛날에 정리를 다 했겠지요. 그런데 나는 만나서 무언가 얘기를 하면 오히려 나을거라는 생각이 들어요.

상담자 : 그러니까 그 사람을 만나서 무언가 굿바이 하는 인사를 하고 싶다는 말이지요?

3~4) 옹달샘이 지닌 불편한 정서(죄책감, 미안함 등)와 이를 유도하는 비합리적 생각의 탐색과정.

옹달샘 : 그 사람은 했는데 저는 못한 것 같아요.

상담자 : 그렇다면 어떤 사람에 대한 나의 태도에 대해서 정리를 좀 해봐야 되겠다 그리고 이 상황 자체가 내가 사는데 엄청나게 불편한게 아니라면 어떻게 보면 좀 더 자연스러운 것일 수도 있지 않아요?

옹달샘 : 제일 미안한게 아기 얼굴을 보기가 제일 미안해요. 어떤 때 속으로는 굉장히 보고 싶은데 아이는 내 속으로 나왔고 사랑으로 맺어진 아인데 좀 미안한 생각이 들어요.

상담자 : 아빠보다는 아이를 보면서 다른 사람을 생각한다는 게.(웃음) 미안한 감정은 사실 부적절한 정서가 아니란 말이예요. 부적절한 정서가 아니라면 적절한 정서를 유도하는 것은 생각은 합리적이고 그렇게 비합리적이다라고 몰아붙일 생각이 없을 것 같은 생각이 들어요.

옹달샘 : 일단은 생각을 완전히 분리하지 못하는 게 문제인 것 같아요. 결혼생활에 집중하지 못하는 부분도 있고 그 사건이나 상황 때문에 생산적이지 않다는 생각이 많아요.

상담자 : 자, 그러면 탐색을 좀 해봅시다. 어떤 생활 때문에 그럴까?

옹달샘 : 글쎄, 잘 모르겠어요. 인정이라는 부분에 있어서, 옛날 애인한테도 아주 특별한 존재로 인정을 받아야 하고 지금 남편한테도 인정을 받아야 하는가? 지금 남편한테 인정을 받고 있으면 그 사람은 지나가버렸기 때문에 나의 존재가 특별한 존재가 아니라고 보고 내가 특별한 존재로 남으려고 하는지 이런 생각도 한번 해봤었거든요.

상담자 : 특별한 존재로 그 기억 속에 남고 싶다.

옹달샘 : 그런데 특별한 존재로 그 기억 속에 남지 않을 거라는 것을 잘 알아요. 특별한 존재가 되지 않을 거고 된다는 것은 그 사람을 더 힘들게 할거고 내 생각에서 그 사람을 특별한 존재에서 좀 빼야될 것 같은.

상담자 : 그러니까 이런 건가봐요. 아기까지 낳은 결혼한 사람이 다른 사람을 생각하는 것은 있을 수 없는 일? 그 정도는 아니지만 너무나 내가 부덕한 게 아닐까 내 자신이 너무 정리되지 않아서가 아닐까? 나는 반드시 정리되어 있고 잘 정돈된 삶을 살아야 하는데 옛날 남자하고 관계가 청산되지 않은 상태에서 혼란스럽게 사는 내 모습이 참 처량해서 그런가?

옹달샘 : 처량하기보다는, 조금 그런 부분도 있지만 애처롭다? 안타깝다? 아무튼 싫죠. 싫은 감정에서 그걸 제대로 정리하지 못한다고 하는 것, 특별히 많이 지났는데도 불구하고 그것에 연연해 하는 거.

상담자 : 불편하다, 싫다 이런 것이 정서로 나타난다고 한다면 결혼까지 해서 아기까지 낳는데 옛 애인을 생각한다니, 그 다음에 붙을 단어가 뭐가 있을까? 내가 나를 잘 추스리지 못한다?

옹달샘 : 내가 나를 잘 다스리지 못하는 것 같아요.

상담자 : 나는 나를 잘 다스려야 하는데 왜 잘 다스리지 못하고 결혼한 지금까지도 애를 난 지금까지도 옛남자를 생각하고 있나? 그런거예요?

사　과 : 난 못난 사람이다.

옹달샘[4] : 못난 사람이라는 의미도 있지요. 그런데 구체적으로 정리를 잘 못했다라는 거. 내가 해결을 잘 못했다는 거지요.

상담자 : 일단 그걸 제생각이라고 생각을 합시다. 이 생각을 논박하는 과정에서 진짜 생각이 나올텐데, 이럴 때 전 이렇게 논박을 해주고 싶어요. 얼마나 많은 사람들이 결혼해서 아이를 낳고 새로운 남자하고 살지만 과거의 남자와 사랑했던 기억을 씻을 수 있을까 그런 기억이 남았다고 해서 어떻게 자신을 그런 식으로 몰아붙일 수 있을까? 어떻게 보면 나에게 자연스러울 것 같다는 생각이 들거든요.

옹달샘 : 자연스러운데 그건 감정의 정도라고 생각이 들거든요. 어렴풋이 지나가면서 생각이 난다든지 그는 지금 뭘 하고 있을까 어쩌다 한번씩 이럴 수도 있는데 그게 아니고 그 것을 제가 계속 잡고 있는 거예요. 정말 보고 싶다, 한 번이라도 만났으면 좋겠다, 그 사람 공부하는데 방해하지 않고 나는 볼 수 있고 그런 방법도 이것저것 생각해본다든지 우리집하고 그 사람이 재학하고 있는 학교하고 위치를 재가면서 비중을 자꾸 차지 하는 거지요. 사고의 영역 속에서.

상담자 : 그럴 때 한 번 만나보면 어때요. 한 번 만나보지 뭐.

옹달샘 : 자신이 없는 것 같아요.

상담자 : 왜? 자신이 없을까?

옹달샘 : 또 내가 주책을 부릴 것 같아서.

상담자 : 주책을 부리면 안돼? 주책이라고 가정하고….

옹달샘 : 일단 학교 자체가 ○○에 있으니까 사람들도 많을거고 물론 결혼을 했는지 안했는지 모르겠지만 내가 나타나므로 인해서 또 다른 상처와 부담을 주지 않을까 싶어서요.

상담자 : 그건 옹달샘님의 추론이지. 그 사람이 정말 그렇게 받아들이는지 모르는 것이고. 내 생각에는 아기까지 낳고, 자기도 결혼을 했는지 안했는지 모르겠지만, 그 사람이 상 처로 받아들일만큼 미성숙할 것 같지는 않아요. 옹달샘님이 얼마나 성숙한 태도를 가 지고 접근하느냐에 따라서 그 사람이 상처를 받을 수도 있고 아닐 수도 있을 거라는 생각이 들어요. 그러니까 그 사람이 상처받는다라는 것은 추론인 것 같아. 받을 수도 있지요. 만약 받는다고 가정했을 때 그 사람이 상처를 받는 게 그렇게 끔찍한 일이 아 니란 말이지요.

옹달샘 : 내 욕심 때문에 그 사람이 정리를 했고 잊고 있는데 또 나타나므로 인해서 마음을 휘 젓는다는 거 있잖아요. 아주 힘들게 헤어졌던 기억들을 다시 하게 한다든지 아니면 다시 생각하는 마음을 들게 한다든지.

4~5) 옹달샘의 비합리적 신념 :
* 결론을 했기 때문에 남편을 온전히 사랑해야함에도 불구하고 옛애인을 못잊고 있다.
* 옛사람에 대한 감정도 제대로 정리하지 못한 나는 너무 한심하다.
　옹달샘이 지닌 비합리적 생각에 대한 논박의 과정.

상담자 : (웃음)지금 내가 웃는 이유가 그 사람과 어느정도 교감을 해서 그 사람을 헤아릴 수 있는지 모르겠는데 그 사람의 입장에서 막 생각을 해본 것이라기보다는, 옹달샘씨 생각에는 그 사람의 입장에서 생각을 해본 것 같은데 너무나 옹달샘씨의 추론이 강한 것 같아요. 그렇게 혼돈을 일으킬까 하는 데는 의문이 들어요. 그리고 만약에 혼돈을 일으킨다면 일으킬 수 있지. 그 사람이 그 정도도 극복을 못하겠어요?

옹달샘 : 그렇지요.

상담자 : 그치? 그렇다면 한 번 만나봐도 괜찮을 것 같아요. 지금 나를 제어하고 있는 많은 것들이 사실이 아닌 것을 사실로 믿고 있다는 것을 많이 좀 알려주면 좋겠지. 그런데 모르지. 그 사람을 옹달샘님이 상담자인 저보다 더 잘 알고 있을테니까.

옹달샘 : 예, 한가지 생각이 더 드는데, 만난다고 하는 게 내가 놓지 못해서, 생각이 나서 그런 부분이 다 해결이 될까, 그런 실체가 내가 만나고 안만나는 것이 열쇠고리가 아닐 것 같다는 거지요. 내 사고 속에 사람을 놓지 못하는 무언가가 있어서 허상을 잡고 있는다는 거 있잖아요. 그 사람의 실체가 아니고 허상을 잡고서 내가 그 속에서 위로를 얻고 낙을 누리는 것은 아닐까? 그런 생각도 간혹 들더라고요. 난 허상을 쫓고 있다. 그 사람의 실체는 가버렸고 내 생각은 현실과 딴판이고 다른 무언가가 밑에 깔려 있고.

상담자 : 나는 그렇지 않은 것 같아요. 우리 심리학을 하는 사람들의 문제가 너무나 많은 문제를 심리적으로만 이해하려고 하는 거야. 사실 못잊고 보고 싶으면 보고 싶은 거지 옛날에 정을 나누었으니까 그런데 그걸 심리적인 현상으로 해석을 해가지고….

스폰지 : 옹달샘씨는 환타지라고 그럴까 환상, 사람을 만나고 그러면 깨질 수 있다 그런 쪽에서 심리적인 해석이 아니라 그런 생각이 들어서 만나보면 부딪혀보면 깨질 수 있고 심리적인 부담도 덜 수 있다는 생각이 들어서 그런것 같아요. 그리고 안만나려고 하는 것도 그런 환상이 깨질까봐 두려워서 안만나려는 게 아닌가 하는 생각이 들어요.

옹달샘 : 모든 사람의 일이 그렇게 잊지 못하고 애절하게 그런건 일반적이지는 않은 것 같거든요.

상담자 : 사람에 따라서 다르겠지만 굉장히 사랑을 했었나보지요.

옹달샘[5] : 제가 원하는 이별이 아니었으니까.

상담자[6] : 놓치고 싶지 않은 사람이었는데 놓치게 되었으니까 그게 가슴 속에 많이 남는 거지. 그런데 보면 정서가 복합적일거야. 남편에 대한 미안함, 그런게 많이 크겠지. 미안함 속에 숨어 있는 생각부터 찾아봅시다. 결혼해서 다른 사람의 아이를 낳은 사람이 다른 사람을 생각하는 건 큰 죄다. 그런 생각이 있겠지.

옹달샘 : 죽일 생각은 아니지만 그렇게 쉽게 허용할 수 있는 건 아닌 것 같아요.

상담자 : 그런데 그럴때 미안함이라는 건 너무나 당연한 정서이기 때문에 그 생각 자체가 우리가 비합리적이라고 얘기하기 정말 어려워요. 그게 어떻게 보면 자연스러운 생각일 수

6~7) 옹달샘이 지닌 미안함이라는 정서를 유도하는 생각이 "남편을 온전히 사랑해야만 하는데 그렇지 못하다." 임을 설명.

있지.

사　과 : 전 지금 이런 생각이 들었어요. 옹달샘님이 겪고 있는 어려움이라는 게 그것이 옹달 샘님의 생각에 의해서 강화되는 건 아닌가 나에 대한 부정적인 생각, 떠오를 수 있잖 아요. 그립다든지 좋아하는 것이 떠오를 수 있는데 떠오를 때 자기 자신에 의해서 받 아들이는 게 아니라 계속 그래서는 안되는데 계속 떠오른다, 그러면서 자책감이 드니 까 자기 자신을 받아들이기 힘들어 하는 것 같아요. 이점 같은데 부정적인 생각을 자 꾸 하면서 이러면 안되는데, 이러면 안되는데라는 생각 때문에 힘든 게 아닐까.

상담자 : 그렇다면 떠올라도 된다, 떠오르느냐 허용해주라 이런 거예요?

사　과 : 글쎄요, 거기까지는 생각을 못했어요.

옹달샘 : 그 생각이 조금 떠오르겠지요, 많이 떠오르지는 않아요.

상담자 : 남편도 좋으면서 그러는 거에요? 이중감정이 다 있어요?

옹달샘 : 그게 좀 다른 것 같아요. 그전에는 순 100% 사랑이 열정과 정열 그런 것 같았는데 지 금은 나이가 들어서 그런지 남편한테는 안되더라고요. 미안함이 자꾸 올라오면서도 그 마음을 죽이지 못하고 누르지 못하니까 미안한 마음이 더 올라와요. 그리고 남편 에게 좋은 점이 많은데도 발견하려고 애쓰지를 않는 것 같아요.

상담자 : 남편의 좋은 점을? (예) 그럼 미안함이라는 게 핵심정서라면 그러면 남편의 좋은점을 찾아보려 하고 그래야할 것 같잖아. 미안함을 없애야 하니까.

옹달샘 : 노력은 하는데 그게 일시적이더라고요. 지속적으로 내 마음 속에 깔려 있는게 아니고 볼때는 그래야지, 하면서 생각을 하다가 혼자 있거나 그러면 오빠를 많이 생각하고 그러니까.

사　과 : 실제로 그 생각이 났어요. 나는 아직 결혼해보지 못했지만 결혼한 여자는 남편을 사 랑해야만 한다….

옹달샘 : 열녀, 이런 이미지가 많았었는데 이 사람한테는 그게 잘 적용이 안되는 거 같아요.

상담자 : 그래서 더 안타깝구나. 나는 굉장히 순수한 사람이어서 한 사람을 열정적으로 사랑할 수 있는 사람인데 남편한테는 그게 안되니까 거기서 오는 죄책감, 미안함 이런 것일 수 있지요.

스폰지[7] : 남편이 잘해줄 때, 미안함을 의식하지 못하고 잘해줄 때라든가 잘해줘야 한다고 생 각을 하면서 그게 실행에 옮겨지지 않을 때 어떤 감정 느끼신 것 있으세요?

옹달샘 : 미안한 마음이 들때는 조금이라도 더 잘해주려고 그러고 매달리려고 그러기도 하고 그래요.

(웃음)

상담자 : 글쎄, 미안함이라는 정서 때문에 어떤 삶의 불편함이 있어요?

옹달샘 : 맞아, 그런 것 같아요. 미안함이 미치는 정서인데 그 오빠를 못잊어 하는 것도 미안함 때문에 못잊어 하는 것 같아요.

상담자 : 남편에 대한 미안함?

옹달샘 : 아니요.

상담자 : 그럼, 그 오빠에 대한 미안함?

옹달샘 : 그 오빠한테 보였던 행실들에 대한 미안함, 그 미안함을 갚아야 될 것 같은 마음을 가지고 있는 것 같아요. 그래서 감히 접근하지 못하는 것, 나는 그 미안함을 갚고 싶은 마음이 있는데 그게 오히려 그 사람을 더 해가 되게 하는 것 같은 마음이 들어요.

상담자 : 결국 이거네. 남편에 대한 마음은 2차적인 정서라고 할 수 있어요. 원칙적으로 하면 2차적인 정서부터 다루어야 하는데 1차적인 정서부터 다루면 오빠에 대한 미안함을 갚아야 한다라는 게 핵심 생각인 것 같아요. 그런데 오빠에 대한 생각이라는 것은 갚을 수 있는 게 아니잖아. 묻어두고 먼 훗날 기억이 퇴색되면 퇴색된대로 그냥 버리는 거고 그때 남아 있으면 그냥 추억으로 묻어두고 사는 거지. 이성관계에 대해 잘해주지 못해 느끼는 미안함, 잘못한 것에 대한 미안함을 꼭 양파껍질 벗기듯이 다가고 벗겨서 사과하고 '미안하다' 라는 말을 할 수 있는 성질도 아니고 미안하다고 말을 해서 그 미안함이 없어지는 것도 아니잖아요. 이건 그야말로 미해결과제(unfinished business)가 해결과제(finished business)같아. 이건 그냥 내 마음 속에 자리 잡은 것으로 인정해주고 수용해주는 게 제일 좋은 것 같아요. 시간이 가서 그냥 부식되게 내버려두는 것이 제일 좋을 것 같아요.

옹달샘 : 시간이 그냥 흘러가면 옅어질 것 같은데 그게 아니더라는 거지요.

상담자 : 이제 결혼한 지 얼마나 됐는데?

옹달샘 : 헤어진 시간이 3, 4년 정도 되었는데.

상담자 : 그만큼의 열정이 깊어서 그렇겠지. 조금 더 시간이 흐르면 괜찮겠지요.

옹달샘 : 그런데 모든 사람들에 대한 미안함이 올라와요. 아이에 대한 미안함, 시부모에 대한 미안함.

상담자 : 지금 그게 핵심이다. 일단 남편에 대한 미안함은 해결이 되었다고 생각하고 원래 남자친구에 대한 미안함은?

옹달샘 : 만남으로 미안함의 끈을 어떻게 해결해봐야 되겠지요.

상담자 : 아니, 지금 이야기를 들어보니까, 아까 너무 그리워하고 보고싶어해서 만나보라고 그랬는데요, 그립고 보고싶은 게 아니라 미안함을 갚기 위해서 만난다는 것이라면 그것은 의미가 없을 것 같아요.

옹달샘 : 모든 게 미안함만은 아닌 것 같은데요. 만나되 그 미안함이란 정서는 미안함만을 해결하기 위한 게 아니다라는 것을 알고 만나면 좋을 것 같아요.

상담자 : 한 번 만나봐도 영화 속의 주인공처럼 좋겠네요. 그러니까 그 남자에 대한 미안함은 꼭 갚아야 된다, 미안함은 영원히 묻어두고 사는 거다, 세월이 지나서 디케이(decay)하면 썩어 없어지면 없어지고 남아 있으면 내 짐이지 뭐. 내가 메고 가야될 십자가다. 그건 그냥 수용하고 가는 게 가장 좋을 것 같고요. 남편에 대한 미안함은 이런 것 같아. 결혼한 여자가 어떻게 옛날 남자, 애인을 사귀었던 것도 미안한데 사귀었던 애인

을 머리속에까지 끌고가야 하나? 그러나 끌고갈 수도 있는 거지요. 워낙 사랑을 했으니까. 아니면 좋겠지만, 아니면 참 좋겠지만.

옹달샘 : 그런데 결혼이라는 건 새로운 시작이라는 생각을 하잖아요. 육체든 정신이든 새로운 시작으로 하는 것 같아요. 남편과 아내가 새로운 가정을 이루는 건데 저는 그런 새로운 시작을 하지 못했다는 생각이….

상담자 : 그 생각이 나는구나. 그 생각 때문에 괴로운거다. 그런데 인간의 정신세계라는 게 무우 자르듯이 탁탁 자를 수 있는게 아니잖아요. 누구든지 새로운 시작을 한다고 할 때 의식적인 정리는 할 수 있겠지만, 기본적인 정서 자체가 그렇게 쉽게 변할 수 있는 게 아니잖아요. 그렇다면 그것이 자연스러운 인간의 한부분이지. 그것 때문에 그렇게 깊은 죄책감까지 느낄 필요가 있을까?

옹달샘 : 죄책감과 미안함인데 제가 그것을 잊으려고 노력조차 하지않았다는 거.

상담자 : 그게 더욱더 큰거구나. 남편과의 관계에서 정리를 하는 노력이라도 많이 했어야 하는데 노력을 안 한 것에 대한 죄책감 그런 것이구나. 미안함과 죄책감이 두 개 다 있는거지요. 미안함이라는 것은 감정을 깨끗하게 정리하지 않은 데서 온 게 미안함이고 죄책감은 노력조차 하지않은 것에서 오는 거예요?

옹달샘 : 노력조차 안하려고 하고 생각이 났으면 어떤 다른 방법으로 해소를 했을텐데, 꼭 만나는 거 말고 내 개인적인 차원에서 자꾸 생각이 일어나는 부분들은 아이에게 더 많은 애정을 준다든지 아니면 남편에게 더 많은 생각을 해본다든지 하면서 생각들을 약간 희석시켜 나갈 수 있는데도 그 생각들을 내버려두었다는 거지요.

상담자 : 그렇다면 그 생각들을 부적절하다고 내버려두기에는 어려움이 있을 것 같아요. 죄책감이 그러니까 우리는 여기서 부정적인 정서를 다 다루는데 그 부정적인 정서가 적절한가 적절하지 않은가 잘 판단을 해야돼요. 그런데 이러한 상황에서 죄책감을 느낀다는 것은 어떻게 보면 너무나 적절하지. 그런데 죄책감이 너무나 지나쳐서 삶에 악영향을 미치는게 아니라면 당연하고 적절한 정서일 수 있을 것 같아요. 그러나 여기서는 강도나 빈도가 중요하잖아. 얼마나 강하게 얼마나 내가 자주 이걸 느끼느냐, 너무 세게 자주 느낀다면 내 생활에 타격이 되니까 그렇다면 그걸 교정해야 되고 그걸 현실적으로 많이 해야되겠지. 그러니까 두가지의 정서가 해결이 된 거예요. 해결이 아니라 연결이 되었어. 그건 남자친구에 대한 정서는 미안함이고 그것은 내가 아까 뭐였지? 미안함을 갚아야 된다. 잘못함을 갚아야 된다는 거였는데 이건 갚을 필요는 없다는 거지요. 묻어두고 사는거다 대부분의 사람들이 그렇게 생각하고, 시간이 지나면 없어지게 될거다 생각하고, 남편에 대한 미안함은…. 내가 정리하지 않고 시작했다라는 것, 누구나 그럴 수밖에 없는 그런 것은 인정하고 수용해주고요. 그렇다면 아마 미안함이 덜 할 것 같아요. 그리고 죄책감이라는 것은 어떻게 보면 자연스러운 거니까 노력을 하지 않은 것에 대해 비양심적이라고 할 필요는 없으니까.

스폰지 : 남편하고도 그점에 대해서 불편하거나 이런 걸 전혀 못느꼈잖아요.

상담자 : 그건 모르지. 느낄 수도 있는거고. 그러나 남편의 느낌이 중요한게 아니라, 본인의 느낌이 중요한 거지요.

옹달샘 : 한때 우리 남편이 정말 힘이 들었는데 그때 가장 먼저 올라오는 것이 죄책감이었거든요. 제가 제대로 정리를 안했기 때문에 꼭 하나님이 벌을 주셨다, 이런 것은 아니었지만 이런 느낌을 제가 가졌었어요. 내가 새롭게 시작하고 순수한 마음이 있었다면, 내 마음을 새롭게 시작하고 남편에 대해서 온전한 마음이 있었더라면 남편이 그렇게 힘이 들었을까? 힘들었던 것은 내가 내 마음을 가지고 제대로 잡지 못했기 때문에 그런 거다. 그런 거예요.

상담자 : 그래요. 그것도 우리가 한번쯤 생각해 봐야겠는데 남편이 그랬던 게, 남편 이야기 좀 해줄래요?

옹달샘 : 남편이 작년에 많이 힘들어 했는데, 그때 아내로서, 돕는 배필로서의 역할을 못했다는 생각이 너무 많이 들었었어요. 그 생각 속에는 내가 채 정리되지 못한 감정들을 계속 질질 끌고 다녔기 때문에 내가 돕는 배필을 도울만한 에너지를 남겨두지 못했다는 것 그래서 그 사람이 그렇게 힘들었었다는 것. 물론 힘든 상황도 잘 견딜 수 있었을텐데, 내가 옆에서 지지를 안해줬기 때문에 더 힘들어하지 않았나 생각했어요.

상담자 : 글쎄, 다른 분들도 이야기를 해주세요. 제 생각에는 꼭 그래서 그런 것만은 아닌 것 같아요. 죄책감이 느껴지니까 그렇게 연결을 하는 것이지. 굳이 옹달샘씨가 정서를 제대로 정리를 안하고 새로운 시작을 안했기 때문에 내가 에너지가 덜 투여되서 그랬다라고 보기에는 논리적인 비약이 좀 있는 것 같아요. 연결 자체가 부드럽지 않아요.

스폰지 : 아니, 선생님이 그렇게 생각을 하고 있다면 보통 여자같으면 그 남자와의 미안한 감정을 떠나서 만나러 갈 수도 있고, 일단 만날 수도 있고, 그런데 제 생각에는 열녀라는 게 머리 속에 딱 박혀 있기 때문에 아무리 못해줬어도 그건 자기 생각이지 실제로 못해줬다고 생각되지는 않아요.

사 과 : 저도 그 생각이 났어요. 남편되시는 분이 스트레스를 많이 받고 있는 그런 상황에서 개인이 아무 에너지 소비 없이 지지를 해준다고 그래도 그건 개인이 짊어지고 갈 것 같아요. 아무리 지지를 해준다고 해도 남편의 직장이라는 그 상황은 벗어날 수 없잖아요. 인간의 힘으로.

상담자 : 내가 볼때도 상황적인 변인, 또 개인적인 변인이 컸지 옹달샘님이 충분히 몰두를 안하고 지지를 안해줬기 때문에 그렇다고 보기에는 굉장히 어려워요. 그리고 또 그 당시에 임신하고 있었잖아. 임신이라는 게 남자들에게 얼마나 큰 힘을 주는 건데. 특별히 내가 지지를 해주지 않아도 내 아이를 내 아내가 갖고 있다는게 굉장히 큰 지지예요. 그것 자체가. 그렇다면 거기에서 오는 죄책감과 생각을 상관할 필요가 없지요. 그렇지 않다는 것을 분명히 알았으면 좋겠다는 거지요. 우리는. 저만 그런가요? 다른 분도 그렇지요.

스폰지 : 제 생각에도 그럴 것 같아요. 무엇 때문에 힘들었는지 저는 그건 잘 모르긴 하지만 남

편이 특별한 직장에 있는 상황에서 힘들었던 것 같은데, 그것에 대해서 내가 한사람의 아내로서 뭔가를 해줘야 하는데 해주지 못한 죄책감이 남편에 대해서 있기 때문에, 자기도 힘든데 남을 어떻게 챙기랴 한 것이 아기를 가진 상황에서 오히려 더 힘든 상황으로 몰아넣게 된 것 같아요.

상담자 : 아, 그래요?

옹달샘 : 남편에게 부담감이 더 가는 것 같애요. 자기가 어떻게 해줄 수 없는 상황이었기 때문에. 자기가 옆에서 돌봐주지도 못하고 맛있는 것 사주지도 못하는 상황이었기 때문에.

상담자 : 그러니까 심리적인 준비가 되어 있지 않은 상태에서 아기를 가지게 되어서 그럴 수 있지만 결국 그렇다고 해서 옛애인을 생각하면서 에너지를 남편을 돕는 일에 몰두하지 않았기 때문은 아닌 것 같아. 심리적인 귀납과 논리적인 귀납을 우리가 잘 생각해야 됩니다. 여기서. 상담자들은 심리적인 귀납을 잘하지. 논리적인 귀납보다는.

옹달샘 : 그러니까 방법이요, 귀납 그런 것을 말씀하셨는데 그 안에서는 내가 잘못한 것도 잘못이고 또 그분이 잘못한 것도 잘못이고. 남편은 분명히 아내에게 애가 있는 것을 알면서도 자기가 힘든 것 때문에 부담스러워한다 하면서 남편도 그 상황에서는 미안했다, 내가 서포트(지지) 못해준 것도 그 상황에서는 그럴 수밖에 없다고 서로 미안해하는 것 같아요.

상담자 : 서로 미안해 하세요?

옹달샘 : 내가 해줄 수 있는 범위에서 미안하면 괜찮은데 그게 아니기 때문에.

상담자 : 특히 교회를 다니고 이래서 하나님의 응징이 아니라고는 말을 하지만 마음 속 깊은 곳에서는 그럴 수 있어. 그런데 그건 아니죠. 하나님은 사랑이시니까요.

사 과 : 옹달샘씨가 작년에 참 힘들었겠다는 생각이 들어요.

상담자 : 그러게 말이야. 나는 그런 일은 모르고서 안좋은 얘기만 들었거든.(웃음) 그런데 지금 와서 들으니까 '아 그럴 수밖에 없었겠다' 는 생각이 들어. 어쩜 그렇게 내색을 안하고 잘 견딜 수가 있었나, 참 대견하더라고. 항상 웃고 있어요. 옹달샘님은 그런 힘이 있더라고요.

옹달샘 : 일단은 내가 못잊어 하는 미안한 마음을 견딜 수 있었던 게 미안하다는 생각은 안하고 그리움, 보고싶음, 현재 생활에 만족하지 못하는 그런 마음들이.

상담자 : (웃음)내가 미안함을 유도했던 것은 미안함을 갚아야만 된다는 생각때문이었어. 그런데 그건 아니라는거지. 이런 미안함은 갚을 수 있는 성질의 것이 아니기 때문에. 갚아야 한다고 생각하니까 더 미안하고 보고싶고 만나고 싶고 그런거잖아요. 이건 내가 갚을 수 있는 성질의 것이 아니라는 것을 분명히 알면 미안함이란 정서도 서서히 사라지지 않을까 그건 그 사람에 대해서 그렇고 남편에 대해서는 아까 정리를 했다고 생각을 하는데 남편에 대해서도 미안함과 죄책감이 있었는데 미안함도 내가 완전히 몰두해야만 한다고 했던 건데, 그리고 새로운 시도를 해야만 한다고 했는데, 그렇지 못한 것에 대해서 죄책감을 느꼈지요. 죄책감은 바람직한 것은 아니고 긍정적인 정서

는 아니니까 내가 의식을 했으니까 내가 노력을 하면 그 죄책감이란 정서는 없어지지 않을까 생각을 해요.

스폰지 : 거의 다 끝난 마당에 이렇게 말하는 것은 그런데 가족학에서 보면 남편이 제일 힘들어하고 바람을 피우고 싶을 때가 첫아이 낳았을 때래요. 뱃속에 있는 첫아이가 너무 힘들면 그다음에는 안낳잖아요. 그러니까 남편에게 애정과 관심이 못가는 게 당연하지요. 그런 가운데 더욱 죄책감을 느끼고 그랬던 것 같고 그리고 남편은 아내가 나에게 주었던 것을 뺏긴다는 생각이 들기 때문에 또 다른 세계에서 내가 대접을 받는 곳, 그곳을 향해서 나가는 본성이 가장 강하다고 그러더라고요. 어떻게 보면 아기에 대한 부담감 때문일 수도 있고 실제로 그런 경험을 느낄 수도 있고 그건 상황적으로 그럴 수 있을 것 같아요.

상담자 : 그럼, 남편은 연애해 본 사람이 아닌 것 같네요.

옹달샘 : 혼자서는 좋아했겠지만 열렬하게 연애를 해본 적은 없대요.(웃음)

상담자 : 그러니까 더 미안한가보다. 남편도 더 열렬하게 연애를 해봤으면 미안한 마음이 덜 했을텐데. 예, 얘기해줘서 참 고마워요. 이제 인지적으로 되어가는 것 같네. 이제는 연결이 되셨죠?

옹달샘 : 예.

상담자 : 수긍이 되셨죠?

옹달샘 : 아까 말씀하셨던 심리적인 귀납하고 논리적인 귀납, 그런게 좀 강한 것 같아요.

상담자 : 특히, 우리 심리학 하는 사람들이 그래요. 사과씨도 맨처음에 그랬잖아. 그런 얘기 했었죠? 심리학 하는 사람들이 그런 경향이 많이 있는 것 같아요.

옹달샘 : '보고싶다' 그렇게 넘어갈 수 있는 일들을 꼬아서 생각하는 경향이 많이 있는 것 같아요.

상담자 : (웃음)그럼 앞으로 어떻게 하실 겁니까?

옹달샘 : 기왕이면 내가 찾아가면 좋을 것 같아요.

상담자 : 찾아가는 숙제는 내가 내줄게. 이제 숙제는 해야되는 거야. 해도 되고 안해도 되는 게 아니고 한번 찾아가봐도 괜찮을 것 같아요.

옹달샘 : 그런데 어떻게 찾아가요. 잘 모르는데.….

상담자 : 왜 몰라. ○○대학교에 전화해서 이름 대고 전화번호 알려달라고 하면서 고향의 누구라고 하면 되지.

옹달샘 : 과에서 그런 일을 해줄까요?

상담자 : 아마, 해줄 거에요. 뜻이 있으면 길이 있지. 어려우면 내가 해줄게. 그럼, 그렇게 하고 두 번째는 노력을 해야돼요. 남편에게 노력하지 않는 것에 대해서는 노력을 해야 하는데 구체적으로 어떤 노력을 할 수 있어요?

옹달샘 : 남편이 연애 할 때 제일 좋아했던 게 제 편지를 받는 거였거든요. 가까이 있는 것처럼 매주 한 통씩 보냈는데 결혼한 이후에 한번도 보낸 적이 없어요. 결혼 이후에는.

상담자 : 그럼, 이건 해주면 좋겠다. 일주일에 한 번 정도는.

옹달샘 : 예, 참 받고 싶어하는 사람인데.

상담자 : 그러면 일주일에 한 번씩 쓸 수 있겠어요? 이건 못하면 못한다고 지금 말씀하세요. 내가 체크할 거니까.

옹달샘 : 일주일에 한 통은 필요한 것 같아요.

상담자 : 그래요. 그러면 일주일에 한 통은 쓰세요. 인지치료집단이라고 우리가 인지만 터치하는 것은 아니예요. 행동 변화를 통해서 인지가 바뀌어지고 그러는 것이기 때문에 행동적인 숙제를 많이 내줘요. 우리는 편지를 받는다, 편지를 쓴다, 또 할 수 있는 게 뭐가 있어요?

옹달샘 : 남편에게요?

상담자 : 음, 노력을 하는데 이것 하나만 가지고는 미약하잖아! 어쩐지?

옹달샘 : 아, 그런데 남편이 주말에 와요. 주말에 오니까 편지가 안써지는가봐요.

상담자 : 그래도 써. 수요일쯤 도착하게 쓰면 되잖아. 월요일에 떠나고 나서 수요일쯤 도착하도록 하면 될텐데.

옹달샘 : 옛날에는 그래도 편지로 심리적인 유대와 끈이 연결되었는데 편지가 끊어지니까 심리적으로 통한다는 느낌은 못받는 것 같아요.

상담자 : 그래, 그럼 행동적으로도 중요하다니까. 편지를 쓰는 행동, 받는 행동, 편지 속에 담겨진 내용 이런 것들이 다 연결이 되어 있어요. 쓰세요. 이것 말고 더 잘해줄 수 있는 게 없을까? 노력해 볼 수 있는 거.

옹달샘 : 맛있는 것을 만들 줄 모르니까 그런 거는 못하겠고.

상담자 : 사랑의 표현을 좀 더 적극적으로 한다든지, 어떻게 하지요. (웃음) 어떤 게 있어요? 결혼하신 분들….

스폰지 : (웃음) 잘 모르겠어요. 옹달샘님은 시댁하고 같이 사신다고 그랬지요. 정말 힘들 수 있겠다. 저는 친정에 있잖아요. 저도 주말부부거든요. 남편이 기숙사에 들어가서 있는 학생이예요. 제 나이도 있고 그래서 아기를 가져야 하는데 지금 가질 수는 없고 남편 쪽에서 보면 너무나 미안하죠. 자기는 밥벌이도 못하는데, 그런 이야기를 못하죠. 시댁에서도 그런 이야기를 아니까 말을 못하죠. 그게 주말부부죠. 그것들이 학생 입장에서는 돈을 받고 공부를 해야되기 때문에…. (웃음) 저는 친정 부모님이 계시잖아요. 그래서 조금 더 편한데, 한번은 남편이 없을 때 아빠가 그러시더라고요. 야! 니네끼리 있을 때나 좋아하는 표현을 하지. 왜 아빠 있을 때도 그러냐, 그래서 저는 솔직히 아빠가 계시면 일부러 더 그러는거였거든요. 아빠 입장에서는 남편이 처가살이 하는 입장이 들잖아요. 자기가 직장이 있으면서 또 자기에게 무엇인가 남아돌아서 들어오는 것과 아무것도 없어서 들어오는 것과는 무엇인가 다르잖아요. 그래서 아빠가 일부러 그러시더라고요. 저는 집에서 일부러 텔레비전을 볼때도 팔장을 끼고 보고 뽀뽀는 못하지만 보고 싶다는 표현이라던가 스킨쉽 등을 많이 하려고 노력을 해요. 내가

그렇게 좋아? 이런 식으로 전 의지적으로 노력할 때가 많아요. 진짜로 보고싶을 때가 있어요. 저도 귀찮을 때가 있거든요. 좀 해줘야겠다는 생각이 들어서. 그런 식으로 많이. 안되더라도 그냥 표현하고 그러거든요. 전 엄마, 아빠한테서 그런 것을 보고 자랐어요. 엄마와 아빠가 맞벌이를 하셨어요. 엄마는 비정기적으로 일을 하러 나가셨지만 아빠가 나가실 때는 항상 현관에 나와서 뽀뽀를 하세요. 저는 그걸 너무 많이 봤고 저희 아빠는 엄마가 설거지를 할 때 뒤에 가서 안고 이런 걸 너무 익숙하게 봤고 그랬거든요. 저희 시부모님은 경상도 사람이세요. 그리고 거기 부모님은 따로 주무세요. 그래서 그게 그 집에서 오히려 자연스러운 거예요. 누가 옆에 같이 있으면 귀찮다고 그래요. 그래서 저라도 안그래야겠다 생각하고 있고, 귀찮다싶을 정도로도 그렇게 가서 해요. 그러면 처음에는 조용하면서 나중에 와 이렇게 얘기할 때도 있는데 결국은 남편이 '아, 이 사람이 나를 좋아하고 있구나' 그렇게 생각을 하기 때문에 좋아하는 것 같아요.

상담자 : 그럼, 기분 나쁠 때 껄껄껄 웃고 나면 기분이 풀어지잖아요. 행동적인 것이 중요하잖아요. 뭔가 시집살이 눈치를 보면서 적극적으로 개발을 하고, 그리고 인지적으로도 많은 노력을 해야겠지. 정말 내가 남편을 사랑해야 하고 사랑하고 싶고 이런 생각들을 잘 주워담아서 생각과 말과 행동, 좋아하는 능력을 조화롭게 하는 게 필요할 것 같아요. 그런데 옹달샘씨는 내가 사랑을 못받아서 안타깝다 이런 건 없네요.

옹달샘 : 그런 거 같아요. 그전에 오빠는 전신으로 날 사랑한다는 느낌을 받았는데 지금 남편은 그런 스타일이 아니예요. 한 곳에 몰입하고 한사람을 죽자살자 좋아하고 그런 스타일이 아니라는 걸 받아들이기 힘들어 하는 것 같아요. 못받아들이는 거예요. 그렇다라고 인지적으로 생각은 하고 있으면서도….

상담자 : 그것도 숙제로 받아들여야겠다, 그치? 받아들이지 못하면 계속 불만스러울 것 아니야?

옹달샘 : 계속 비교되고. 무엇을 안해줬다고 하고, 애 낳다고 왜 그러냐고 막 놀리고 그래요.

스폰지 : 옹달샘님이 적극적으로 그렇게 행동을 하시잖아요. 그러면 남자들의 특성에 그런 것이 있는 것 같아요. 자기 아내가 자기의 도움을 필요로 한다고 그러면 참 기쁨으로 여기더라고요. 무엇을 좀 해달라고 하면 너무 과도이상으로 하고 그러면 자기도 피곤하고 그래서 안되겠지만 물론 자기를 필요로 한다는 생각 때문에 그걸 굉장히 기뻐해요. 자기도 쑥스럽고 그래도 자기 아내가 기뻐하니까 의지적으로 하게 되는 것 같거든요.

상담자 : 부부는 닮아. 그렇게 하다보면 남편도 나와 유사한 행동을 하게 되는 거예요. 좋아요. 그럼 개나리씨가 말 좀 해줄래요?

개나리[8] : 결혼을 안해서 뭐라고 할말이 없네요. 저는 평가 받는 것에 대해서 두려움을 가지고

---

8) 개나리님의 비합리적 생각에 대한 논박의 과정.

있는 것 같아요. 특별히 처질 것도 없지만 평가받는 기준에 비추어볼때 인정받을만한 기준이 없는 것 같아요. 없기 때문에 평가받는 것에 대한 두려움이 많이 있으면서 다른 사람에게 나를 보이려고 하기 보다는 잘가야 중간이고 입다물고 있으면 중간이라도 간다고 그러잖아요. (웃음) 그래서 입다물고 사는 것을 나의 삶의 기술 가운데 하나로 생각하고 있는 게 있어요. 나 자신을 내놓으면 중간도 안가는 경험을 많이 했던 것 같아요. 그래서 내놓기보다는 침묵을 지키자. 그럼 중간이라도 간다 이런 게 있어요.

스폰지 : 그 경험도 주간적인 경험인 것 같아요.

상담자 : 그래, 이거를 보면 개나리씨는 이야기할 게 많은 것 같아. 뭐라고 그랬더라, 아까 나는 객관적으로 내놓을 게 없다고 그랬나? 이 얘기는 지난번에도 나왔던 것 같은데요. 이것 때문에 개나리님은 말을 안하는 거잖아. 입다물고 사는 것이 삶의 기술이 되고 말을 안하면 중간은 간다 이건데. 이건 한번쯤 말을 해봐야할 것 같아요. 객관적으로 내세울게 없다, 모르겠어요. 차등을 두면 사람이 한이 없지요. 그런데 개나리씨가 그때도 이야기 했지만 ○○대학교 ○○학과를 나오고 ○○대학교 대학원을 나오고 이게 내놓을 게 없는 거예요. 어떤 점 때문에 내놓을 게 없는가! 어떤 점 때문에 내놓을 게 없는가!

(잠시 침묵)

개나리 : 일단은 밤에 누워서 생각을 했어요. 영어를 어떻게 소화시킬까? 곰곰이 생각을 하면서 영어는 영원히 나를 괴롭히는 것이다. 그런데 솔직히 내세울 게 없잖아요. 특별히 인정받고 그런 것까지는 없더라도….

상담자 : 자, 그럼 일단 영어공부하는 것을 봅시다, 예전에 ○○선생하고 같이 공부하기로 한 것 어떻게 됐어요?

개나리 : 한주 했어요. (웃음)

상담자 : 결국은 그런 것 같아요. 워낙 바쁜 사람이라 그런 것 같아요. 결국은 본인이 찾아다니면서 공부하는 수밖에 없는데 학원 같은 곳도 많잖아. 그럼 다니면서 하는거야. 영어를 못한다고 하면서 책을 외우다시피 해서 대학원 시험을 패스한 건 엄청난 능력인데 역시 또 자기 자신의 엄청난 능력은 잘 모르고 자꾸 내세울 게 없다고 하는 건 타당하지 않은 것 같아요. 영어를 어떻게 소화할까 그 생각은 좋고 스탭 바이 스탭(step by step)으로 기본영어부터 하면 될 것 같아요. 그 다음에 객관적으로 내세울 것 없다고 그랬는데 ○○대학을 나오고 ○○대학원을 나왔다 하는 것을 내세울 것이 없다고 생각하시나 보죠?

개나리 : 맞아요.

상담자 : 그럼, 대학을 안나오고 고등학교만 나온 사람들은 정말 내세울 게 없겠네.

개나리 : 그게 참 모순인 것 같아요. 그런 생각을 하면서도 다른 사람에게는 학벌이 중요한 것이 아니라 자기가 가지고 있는 상황에서 의미있게 할 수 있는 일을 하는 게 중요하다

　　　는 생각을 갖게 되거든요. 그런데 제 자신에게는 학벌에 항상 걸려서 넘어지거든요.

상담자 : 그런데 개나리 있잖아, 차등이라는 게 어디서든지 마찬가지야.

스폰지 : 저는요, 그런 것 같아요. 누구나 다 그런 게 있지만 저는 이렇게 느끼거든요. 강의 시
　　　간에도 거의 보면 원서를 보잖아요. 저는 그게 화가 나요. 우리 나라 글로 나온 책 중
　　　에서도 좋은 책이 얼마나 많은데 왜 꼭 원서를 봐야 하나라는 생각을 갖는 것 자체가
　　　화가 나요. 우리 나라 책으로도 현실적으로 얼마나 많은 공부를 할 수가 있는데, 그
　　　사람들은 모국어라서 공부를 잘하는데 저는 외국사람이잖아요. 읽으면서 그 사람처럼
　　　얼마나 능률적으로 일을 할 수 있을까? 그런데 못하니까 좀 답답하거든요. 그러면서
　　　영어를 좀 잘했으면 좋겠다는 그런 생각이 들고요. 저희 학교에는 저희 ○○학과가
　　　○○대 다음으로 센 편이예요. 그래서 ○○대에서 학부를 나오고 석·박사과정을 우
　　　리 학교에서 하는 학생들이 두 명이 있는데 강의를 듣고 자신들이 나온 학부 명함으
　　　로 강의를 나가요. 그런 것을 보면 학부 졸업장이 참 중요하구나, 그걸 뛰어넘을 수는
　　　없구나 하는 것을 많이 느끼게 돼요. 그래서 그건 저도 동일하게 가지고 있어요. 속상
　　　함도 있고요. 그런데 뒤돌아서서 친구들을 보면, 결혼하고 아기낳고 집에 있으면서
　　　저를 부럽다는 눈초리로 보지만 반면에 제 입장에서는 그 친구들이 안정된 생활을 하
　　　고 있고 남편도 경제적으로 안정되게 사는 것이 정말 부러운 것 같아요. 그런데 우리
　　　는 이제 바닥부터 서서히 쌓아가는 과정이거든요. 어느 것에 더 가치를 두고 하느냐
　　　의 차이지 그것에 비유될 수는 없는 것 같아요.

사　과 : 저는 그런 생각이 들어요. 학벌에 대해서 물어보신 게….

상담자 : 왜 그런 이야기를 했냐면 개나리씨가 학벌에 대해서 자신이 없다는 얘기를 자꾸 하는데
　　　내가 객관적으로 볼 때는 ○○대학교와 ○○대학원을 나온 사람이라면 물론, 외국에서
　　　학위 받고 나온 사람하고 차등적으로 보면 내가 떨어질 수 있겠지만 객관적으로 내가
　　　내세울 수 있는 학벌이 없는게 아닌데 나는 떨어지는 것만 의식해서 내세울 것이 없다
　　　고 지각하는게 내가 좀 안타까워서 그래요. 그러니까 우리가 최우수집단에 들어가지 못
　　　했기 때문에 받는 불이익은 너무나 많아요. 그 사실을 수용하면서 그렇지만 내가 학벌
　　　이 부족하다고, 물론 학벌이 다 중요한 것은 아니지만 우리가 이런 얘기를 하는건 개나
　　　리씨가 학벌을 내세울 게 없다고 그러니까 내세울 게 없는 것은 아니라는 것을 얘기해
　　　주려고 이 말을 하는 거에요. 다른 사람에 비하면 내가 조금 못할 수 있겠지만 물론 다
　　　른 사람에 비하면 내 학벌이 비교열위에 설 수도 있겠지만 객관적으로 봤을 때는 고등
　　　학교만 나오고 대학교만 나온 사람도 많은데 나는 대학원도 나왔는데 나는 굳이 학벌을
　　　내세울 게 없다고 생각하는 것이 나의 발전을 위해 무슨 도움이 되느냐는 거지요. 개나
　　　리님한테.

사　과 : 전 그것도 그렇고요. 객관적으로 내세울 것이 없다라는 이야기를 딱 들었을 때, 꼭 내
　　　세울 것이 있어야 하나? 이런 의문이 들었어요. 그 생각을 하면서 개나리님이 얻는
　　　게 뭘까, 사과라는 사람에 대해서 '넌 내세울게 뭐가 있니' 라고 딱 물어보면, 얘기가

안나올 것 같아요. '난 나예요' 이렇게 나올 것 같아요.

상담자 : 저도 사과씨의 생각에 동의해요. 우리가 궁극적으로 내세우려고 사는 것은 아니지요. 내세울 것이 없는 것도 아니고 설사 우리가 내세울 게 없다고 치자, 이거예요. 정말 학벌이 중요한 것이 아니고 우리가 유익하게 삶의 의미를 구축해 가는 것이 중요하지요. 도와주면 도와주는 것이고 아니면 마는 것이지 꼭 내가 누구한테 내세워야 사는 건가? 그리고 개나리님이 그렇게 내세울 게 없느냐는 것이지요.

사 과 : 그런데 그렇게 구체적인 것을 내세울 게 없다고 말씀하셨는데 개나리님 계속 그것에 대해서 긍정적인 마음이 안드시죠.

개나리 : 한편으로는 내가 반드시 무엇인가를 내세워야 하나, 이런 생각이 들거든요.

사 과 : 저는 개나리님 그 생각부터 먼저 해야 한다고 생각하거든요.

상담자[9] : 그래요? 그럼 제 이야기를 잘 들어주세요. 왜냐면 이게 핵심적인 거예요. 이것을 먼저 할 수 있고 그렇지만 우리가 구체적인 것을 다루지 않으면 구체적인 것에서 또 무너질 수가 있어. 그러니까 이 핵심적인 사고와 표면적인 사고 사이에서 내담자가 깨닫고 있는 수준의 사고를 논박을 해야 한다는 말이지요. 우리가 비교할 필요가 전혀 없는 거지. 그리고 우리가 차등의 사회에서 살기 때문에 그것을 수용하면 별 문제가 안되는 것 같아. 불편함도 있겠지. 그렇다고 해서 내가 ○○대학교를 안나오고 외국에서 박사학위를 받지 않았다고 해서 결코 내가 내세울 게 없는 사람은 아니지. 아니죠. 학벌에 있어서. 그다음에 내가 내세울 게 하나도 없다고 하잔 말이예요. 그럼 우리가 내세우기 위해서 살아가느냐 말이지요. 개나리씨의 기준에 내세울 게 많은 사람은 인간의 가치가 더 높은 거고 내세울 게 없는 사람은 나는 인간의 가치가 낮은 거냐? 그건 아니란 말이지요.

개나리 : 그런데 학교 다닐 때는 그런 것을 몰랐거든요. 그런데 학교 끝나고 나서 뭔가 사회에 나와서 부딪히는 것도 있고 그러니까 그런 감정들이 더 심해지는 것 같아요.

상담자 : 제 생각에는 내세울 게 없다고 하는 것보다는 학벌로 인해서 사회적인 불평등을 받고 있다고 생각하는 게 제대로 현실을 지각하시는 것 같아요. 그리고 우리가 꼭 내세워야만 하는지 깊숙이 생각해 봐야 되겠지. 내세울 게 있다고 하는 것은 껍데기 가치, 결국 허구적인 가치를 쫓는 것이잖아요. 대학원까지 나온 내가 그런 허구적인 가치를 찾을 필요가 있나 한번 성찰해 보세요. 어쩔 수 없이 내가 ○○대도 아니고 외국 유학파가 아니기 때문에 내세울 것이 없다고 생각하는 한, 개나리님이 그 생각을 버리지 않는 한, 내가 영원히 불행하다는 생각을 버릴 수 없을 거야. 학벌에 의해서 인간과 그 능력을 쉽게 평가해버리는 우리 사회 구조가 참 불평등한 것이지요.

옹달샘 : 개나리씨가 극복해 보려고 많이 노력하셨을 거 아니예요. 그게 어떤 것인데요?

개나리 : 대학원을 들어가기 전에 ○○선생님께서 ○○대학원에 가보라고 하셨을 때, 지금 나

---

9) 표면적 사고 Vs. 핵심사고의 설명.

온 대학원을 선택해서 갔고, 가서 공부를 했는데 저의 주관적인 견해로는 좋은 학교 같아요.

상담자 : 주관적으로만 좋은 게 아니고 객관적으로도 좋은 학교야.

개나리 : 학교 내에 부정이 없어요. 너무 없는 게 문제라고 할 정도인 것 같아요. 그냥 주는대로만 받아먹는 식인 것 같아요. 그런데 그 울타리 안에 있을 때는 작고 깨끗한 학교의 이미지만을 가지고 있었는데 졸업한 후에 대한민국이라는 땅덩어리에 딱 내어놓았을 때 나라 안에서 갖는 잣대에 밀리는 것은 사실이고 또 제가 집에서 그냥 있고 싶은 생각이 아니기 때문에 가능하면 제가 할 수 있는한은 최선을 다해서 노력을 해볼 생각이 있거든요. 그런 생각을 하면 조금 암담하고 무기력해질 수 있어요.

상담자 : 그런데 암담하고 무기력해지는 그 상황에서 보호해야 할 사람이 스스로 나인데 나를 보루로 해서 내가 성장할 수밖에 없는데 내가 그렇게 무기력해지면 성장할 수 있는 육체적이고 심리적인 힘이 계속 없는 거잖아. 내가 볼 때는 현실을 직시하고 소위 말하는 **대학, **학과를 나온 사람보다는 기회가 적을 거고 어쩌면 덜 인정받을 수도 있는데 내 말은 여기서 기회가 전부 끝나는 게 아니란 말이지요. 그 기회가 빨리 안오고 자주 안올 수 있겠지만 그렇게 해서 호시탐탐 기회를 엿보고 그러면 되겠다는 생각이 드는데, 한국에서 학벌에 대한 우월한 고지에 서 있는 사람이 아닌 경우, 그런 핸디캡이 자기를 성숙시켜 주는 거예요. 메기 속에다가 미꾸라지를 넣어놓으면 메기 속에서 미꾸라지가 먹히지 않으려고 돌아다니다가, 미꾸라지 속에만 있었던 미꾸라지 보다는 메기 속에 있는 미꾸라지가 강하고 생명력이 있다는 말들을 많이 하잖아요. 그런 측면에서 위기는 항상 기회이고 찬스이지요. 내가 결핍이 있고 부족하기 때문에 애들러가 이야기한 스트라이빙 포 수퍼리어리티(striving for superiority), 즉 우수성을 향해서 노력하게 하지요. 그렇게 보면 나의 결핍과 부족이 오히려 내가 성장할 수 있는 기회가 되기 때문에 그것을 기회로 만들 줄 알고 자원으로 만들 수 있는 능력이 필요하고, 또 그렇게 될 수 있는 것이지요. 환경이 좋은 사람보다는.

사 과 : 저는 희망을 발견한 게 학교 다닐때는 잘 다녔다 이런 이야기를 들으면서 희망을 발견했는데, 저는 개나리님이 굉장한 프라이드를 가지고 있는데 이것을 자기가 지향하는 프라이드가 뭔지는 모르겠지만 그 프라이드를 내보이지 못하고 계속 살아왔다는 생각이 들었어요.

상담자 : 그래요. 분위기에 휩싸여가지고.

사 과 : 모르겠어요. 뭐가 그것을 막는지 모르겠는데 분명히 안에 프라이드가 있고 어떤 것을 해내는 것을 봐도 능력이 있고 프라이드가 많이 있는데 그것을 이렇다할 만한 것으로 자제한다고 하나, 의지적으로 막는 건지 무엇인가 제대로 나타내지 못하는 것 같아요.

상담자 : 그런 것 같아요. 학벌이라는 너울에 스스로가 가로막힌 게 아닌가 싶어요.

개나리 : 그런게 강한 것 같아요.

상담자 : 그게 왜 그러냐면 내세울 게 없다고 지각하니까 그런 거겠지. 우리가 내세우려고 살 아가는게 아니라면 진지하게 생각하고 검토해서…. 그리고 개나리님이 항상 우울해 보이거든. 어떻게 보면 화난 것 같기도 하거든. 이야기하고 보니까 개나리씨가 우울 한 것도 아니고 화가 난 것도 아니고 자신이 없었던 거야. 그러니까 개나리씨가 결국 은 본인한테도 안좋지만 내 이미지 메이킹 하는 데도 안좋잖아요.

개나리 : 지금까지는 그런것을 잘 못느꼈거든요. 그리고 저한테 충고해주는 사람도 없었는데 집단상담을 같이 하면서 처음에는 나에게 말도 안되는 소리라는 생각을 했거든요. 저 는 그렇게 생각을 안하고 있는데 옆에서 보는 사람들은 저의 문제점을 잘 보는 것 같 아요. 그리고 제가 합리화를 많이 하고 있는 것 같기도 하고요.

상담자 : 합리화라는 건, 어쨌든 현실을 왜곡되게 지각하는 거니까 바람직한 기제는 아니지요! 그런데 어떻게 합리화를 하시는데요?

개나리 : 아까 자신감이 없다는 부분에서도 나니까 내가 표현하기 싫은건 하지 않으면 그만이 지. 내가 말하기 싫으면 안하면 그만이지 이런 식으로 생각하는 것 같아요. 조금 자기 중심적인 것 같아요. 좀 더 개방되고 다른 사람을 조금만 더 생각할 수 있는 마음이 있었다면 내가 한마디 말을 하거나 인사라도 하면 상대방이 더 편할텐데.

상담자 : 그런 마음의 문을 닫아 버리고, 이러한 행동들이 결국은 "내세울게 없다"라는 생각에 서부터 나오는 것 같아요. 사과님이 좀 도와주실래요? 왜 사느냐고 누가 물으면….

사 과 : 아까 했던 질문인데, 객관적으로 내세울 것이 없다는 생각에서 개나리님이 얻을 수 있었던 것이 여태까지 무엇이었는지?

개나리 : 객관적으로 내세울 것이 없다.

사 과 : 나는 계속 생각하는데, 나는 그런 생각이 내가 살면서 이득을 주었다든지. 좋은 점이 있었다든지.

개나리 : 일단은 제가 이제 내세울 것이 없다라고 생각을 했을 때 많은 일들이 이루어지지 않 은 상태에서도 나는 내세울 것이 없으니까, 표현 안하고 가만히 있어도 중간에는 갈 수 있었으니까.

상담자 : 그런데 가만히 있어도 중간은 간다라고 생각을 한 것이 그건 개나리님 입장이지, 옆에 있는 사람들은 참 답답해요. 왜냐면 개나리님이 적극적으로 집단에 기여를 해주고 참 여해주고 그래야지 집단역동이 활성화되고 그랬을때 우리에게 도움이 되는데 그야말 로 마음을 차단하고 있구나라는 것을 보게 되면, 선생님은 중간은 간다고 편안할 수 있지만, 왜? 개나리님은 마음을 열지 않을까 저렇게 해서 중간에 갈 수 있을까라는 의 문을 가질 수 있어요. 중간은 간다는 것은 내 생각일 뿐이지. 다른 사람도 그렇게 생각 하지는 않지요. 우리 속담이 잘못된 표현이 많이 있어요. 과잉일반화되고 논리의 비약 도 많아요. 포스트모더니즘(post modernism) 계열의 현대 정신분석학자, 쟈크라캉 (Jacque Lacan)이 이런 말을 했어요. "속담은 이데올로기의 총알이다. 속담을 믿지 말 라"구요. 우리가 우리자신의 것이라고 믿고 있는 많은 생각이나 사상들이 실제로는

우리 것이 아닌 경우가 많아요. 예를 들면, "암탉이 울면 집안이 망한다" "송충이는 솔잎을 먹고 살아야 한다" "올라가지 못할 나무는 쳐다보지도 마라" 등 무수히 많죠. 우리가 우리의 눈으로 세상을 보는 것이 아니고 대타자가 원하는 대로, 그가 시키는 대로 세상을 보게 되는 것이죠. 너무 나서는 것은 다른 사람에게 피해를 줘서 곤란하다고 하지만 적극적으로 자기를 드러내고 개방해서 표현하는 것이 요구되는데, 그게 현실이잖아. 가만히 있어도 중간은 간다는 것이 사실 중간은 간다라는 행위가 아니예요.

사   과 : 피드백을 여태까지 중간은 간다라고 받고 있었나요? 스스로 그렇게 믿고 있었나요?

개나리 : 글쎄, 잘 모르겠는데 지금까지 그랬었던 것 같아요. 저는 지금까지 항상 학교에서건, 집에서건, 교회에서건, 밖을 나가건 간에 항상 중간에 서는 게 있어요.

상담자 : 위험한 상황에 노출하기 싫은 거군요. 위험 무릎쓰기(risk taking)가 어려운거지. 이것이 어려운 건데 책에 보시면 정신적으로 건강한 사람의 궁극적인 삶의 목적 가운데 하나가 위험을 무릎쓰는(risk taking)것이에요. 정신적으로 건강하지 않은 사람은 위험을 스스로 무릎쓰지 않아요. 굉장히 안정 지향적인 사람이기 때문에 내가 큰 상처를 받지 않을 수도 있지만 반대급부로 중요한 것을 놓칠 수도 있지요.

개나리 : 예, 전 정말 안정지향적인 사람이 맞아요. 나를 건드리지 않는 쪽으로 항상 가서 서거든요.

상담자 : 그러니까 약한 사람이지.

개나리 : 그게 어떻게 보면 결혼하지 못하고 있는 것도 거기에 포함이 될 수 있는 것 같아요. 정열적으로 일을 하고 있지도 않은 상황에서, 제가 아직 결혼하지 못하고 있는 이유도 잘 모르겠어요. 왜 아직 못하고 있는지.

상담자 : 그 이야기 한번 해봅시다. 그때도 그런 이야기가 나왔잖아. 사업이야기, 남자에게 흥미가 없다고 그랬나? 그때 이야기가 나왔었는데 시간이 없어서 끝냈던 것 같은데….

개나리 : 제 생각에는 그런 것 때문에 그런 것 같아요. 안전지향적인 것, 안전지향적이고 제가 너무 합리화를 하니까 고개를 못숙이고 들어가는 것 같아요. 곁에서 보기에는 순종적이고 다소곳하고 여자답다고 그리고 집에서 내조만 해도 잘할 것 같은데 왜 아직 시집을 못가고 있느냐는 이야기도 계속해서 듣고 있는데 마음속에서는 그게 아닌 것 같아요.

상담자 : 내 마음속에서는 순종적이지 않다고요?

개나리 : 순종적이기는 한데 그게 정말 나를 낮추고 들어가는 순종적인 것이 아니라.

상담자 : 가식적인 것?

개나리 : 가식적인 것은 아니고 가능하면 전 저의 진심으로 살려고 그러거든요. 그런데 안전한 쪽으로 가려고 하니까….

상담자 : 안전한 쪽에 서려고 하니까 나의 개방이 안되고 상대방이 나를 잘 모르니까 접근을 잘 못해오고….

개나리 : 보통 남자와 데이트를 할때, 4, 5회 정도 만나면 끝이예요. 그 정도 만나면 끝이 나요. 그러니까 결혼이 안되고 만나면 할 이야기가 없어요.

상담자 : 그렇지. 그런식의 태도를 여태까지 가지고 있었으니까. 개나리님 쪽에서는 할 이야기가 없었겠지요.

옹달샘 : 저는 반대였어요.

상담자 : 할 이야기가 많았어요?

옹달샘 : 아니요, 개나리님이 만난 분들 나이가 어느 정도되는지….

개나리 : 저랑 동갑부터 9살 차이까지 만나봤어요.

옹달샘 : 그 사람들도 결혼을 못한 이유가 적극적이지 못했기 때문이 아니예요?

개나리 : 주변에서 저를 소개해 주실 때 저를 아는 분들이 소개해 주셨으니까 저랑 비슷한 사람하고 소개해 주셨을 것 같아요.

옹달샘 : 아, 그러니까 스스로 기대를 하고 있구나.

개나리 : 저는 어떻게 어떻게만 해주면 좋겠는데 상대방도 똑같은 것을 기대하고 있는 것 같아요. 그러니까 그게 참….

상담자 : 선을 봐서 안돼는 경우는 여러 가지가 있지요. 조건이 안맞아서 못하는 경우도 있고 여러 가지가 있는데 선생님의 생각에는 본인이 정말 안전지향을 추구하는 특성이 작용을 해서 나의 개방이 충분히 안돼서 그럴거다 라는 생각이 들면, 그땐 개방이 정말 필요하지요. 정말 선볼 때 상대방이 나를 알아야 되는데, 어떨때 보면 자기의 약점을 말해주면 상대방이 오히려 호감을 느낄 수도 있는 것 같은데, 상담처럼 본인의 문제를 다 양파껍질 까듯이 할 필요는 없지만 어느 정도 자기 개방은 필요한 것이 아닐까? 어쨌든 안정지향적으로 살아왔지만 그게 안정지향적인 것이 오히려 개나리씨를 아직까지 결혼하지 못하게 하고 있잖아. 그러니까 안정지향이 안정지향이 아닌거죠. 그러니까 적극적으로 한번 대쉬해보는 것, 개나리님도 그게 부끄러운 게 아니기 때문에 자기가 나서서 해도 괜찮아요. 그것도 경험인 것 같아. 한번 해보고 그러면 되는데 안해보면 수줍게만 살게되기 때문에, 이것도 안정지향적으로 살아가는 것도 내가 내세울 게 없다고 하는 것과 같이 가만히 있으면 중간이나 간다라는 생각에서 나온것 같아요. 그렇지요? 그런데 상대방은 내가 해석하는 것처럼 지각을 안한단 말이지요. 그렇다면 앞으로 선을 보게 될 때, 적절하게 자기 개방하는 연습을 해봤으면 좋겠어요. 그만하면 결혼조건으로 이야기할 때 내세울 게 없는 것도 아니지요. 얌전하고, 여성답고.

옹달샘 : 남자들이 참 좋아할 스타일인 것 같아요.

개나리 : 그거는 여자들이 생각할 때 남자들이 좋아할 거라는 것 같아요.

상담자 : 제가 볼 때 그건요, 그렇게 일반화시켜서 말할 수 없는 것 같아요. 제 이야기 해도 되지요. 저는 도도한 여자를 싫어할 것 같아서 얼마나 다소곳하게 행동했는지 몰라요. 지난번에 내가 어떤 상담사례를 보니까 어떤 남자가 그러는데 여자친구가 도도하지

않아서 싫다는 거야. 그리고 또 이런것을 필요로 하는 사람이 있고 이런것을 좋아하는 사람이 있구나 싶었어. 그리고 자기 모습 그대로 노출하는 게 필요하다는 생각이 들더라고.

스폰지 : 노출했다가 나랑 안맞으면 땡인거지요. 뭐.

상담자 : 그리고 개나리님 결혼조건이 좋은 조건이야. 결코 내세울 게 없다고 해서 여기까지 왔는데요, 결코 내세울 게 없는 조건이 아니야. 옛날에 ○○대를 우리가 얼마나 알아 줬는데, 중간에 이미지가 조금 달라지긴 했는데 여전히 좋은 학교지요. 신부감으로는 손색이 없다고 생각하고 있어요. 그러니까 정말 내세울 게 없다라는 것에서부터 탈피해야 하고, 이제 정리합시다. 인생을 내세울 게 없다고 하는데서 빨리 벗어나야 하고 내세우기 위해서 하는 것은 아니지만 내세우는 객관적인 조건들을 나열해 보았을 때 내세울 게 없는 것은 아니라는거지요. 옹달샘씨는 어때요?

옹달샘 : 저는 비록 ○○대를 나왔지만 자신감 있게 다녔었고 거기에서는 이미지가 좋고 여기서는 ○○대 나온 사람이 많아서 그렇기는 하지만 학교 다니고 그럴때까지는 자신감 있게 아르바이트 당당히 하면서 다녔거든요. 여기 오니까 많이 다르다는 것을 알 것 같아요. 물론 여기로 올라올 수 있는 기회는 있지만 여자들을 여기로 잘 안보내니까 그것으로 합리화하고, 그리고 개나리씨한테 말하고 싶은건 말이 자기를 만들어간다는 생각이 들어요. 비록 많이 아는 건 없고 누구나 다 내세울 것이 없지만 말을 먼저 하고 하기 때문에 자기가 한 말에 책임을 지고 싶은 마음이 들고 책임을 져야 할 나이이기 때문에 행동도 따라가는 것 같거든요. 그러니까 자신감 있게 말을 하고 다니면 된다고요.

상담자 : 개나리님이 자신감이 많이 없어보였어요?

옹달샘 : 항상 한발 물러서 있다는 느낌이예요.

개나리 : 그런게 좀 있어요. 항상 어딘가 도망하려고 도사리고 있는 경계하고 있는 듯한 게 맞을 거예요.

옹달샘 : 개나리님은 말을 걸면 흠찟 놀라는 반응부터 먼저 나왔어요. 제가 봤을때는, 말을 할때 상대방이 조심스럽지요. 자신감 있게, 있는 그대로 드러내면 되지요. 약간 과장해서 표현하는 게 필요할 것 같아요. 사람이 완전하지는 못하잖아요. 실체를 다 드러내면 그러니까….

상담자 : 그래, 알고보면 사실 별것도 아니야.

옹달샘 : 저는 중요하게 생각하는 게 현재 나의 생활이 중요한게 아니라 앞으로 내가 어떤 희망을 가지고 앞으로 나의 생을 어떻게 꾸려나가느냐에 달려있다고 생각해요. 요즘 잘 나가는 사람이 얼마나 많아요. 똑똑한 사람이 확실히 잘 해요. 그것을 보면서 제가 저 나이가 되었을 때는 몇 년 지났을 때는 저도 저 정도는 될 것이다 하고 희망을 가지고 살아요. 될 것이라고 믿고 있고.

상담자 : 궁극적으로 여기서 생각하고 싶은 것은 우리가 인간의 가치를 생각해야 하고 우리들

의 생의 의미를 생각해야 하는데 '똑똑하고' '잘나고' 이런게 삶의 기준은 아니잖아요. 누구나 자기의 능력이 다 다른데 자기의 역량을 최대한 발휘하면서 살면 그것이 아름다운 인생이지. 다 용량이 다르단 말이야. 어떤 사람이 이런 컵이라면 어떤 사람은 함지박일 수도 있고. 용량이 다르게 태어났다면 자기의 용량을 최대한 발휘해서 살아가야지. 거기서 우리가 똑똑해야하고 내세워야 하는 것은 아니요. 우리가 자유로울 수 있어야지. 그냥 내버려 두게 되면 영원히 부담스러워. 영원히 경쟁적이어야 하고 경쟁에서 이겨야하니까 힘겹단 말이지요. 경쟁의 대상이 자기 자신이어야지 외부에 두는 것은 철학적인 삶의 태도가 아닌 것 같애. 그런 것이 인격의 성숙도와 맞물려 가는게 아닌가 싶어요.

개나리 : 무슨 말씀인지 알 것 같아요.

상담자[10] : 중요한 것은 무슨 말씀인지 알아서 되는 게 아니고 우리 행동 속에 통합되어야지요. 책에 보면 이런 게 나와요. 이해(understanding)와 통합(integration). 우리가 많은 것들을 이해할 수 있단 말이지요. 통합할 수 있기 위해서는 꾸준히 나에게 반복적으로 되뇌어서 내재화되게 해야지요.

옹달샘 : 우리 주변에서 볼 때 ○○대 나온 사람이 좋아보이는 것은 ○○대를 나왔기 때문에 이뻐보이는 게 아니고 악착같이 살기 때문에 이뻐보이는 것이지 밖으로 보이는 조건이 이쁜 건 아니라는 거지요.

상담자 : 그러니까 우리가 흔히 하는 이야기로 삶의 과정(process)이 중심을 이뤄야지 결과(outcome)가 중심이 되어서는 안되잖아. 삶의 수단과 방법을 가리지 않고 목적에 도달하는 것만이 중요한 것은 아니지요. 정도를 걸으면서 차근차근 목표에 도달하고 목표에 도달하지 못해도 과정 자체가 아름다우면 거기에 우리가 어떤 가치를 두어야 하는게 아닌가 싶어요.

스폰지 : 정말 그런 것 같아요. 제 남편도 ○○대지만 저희 남편 친구들을 보면요, 정말 소개해 주고 싶은 사람이 없어요. 정신적으로 이상한 경우가 많아요. 정신적으로 뭔가 빠져 있거나 찢어지게 가난하거나 뭔가 구멍이 있지 제대로 거친 사람이 없는 것 같아요. 오히려 저희 학교 학생들이 평범하고 제대로 된 것 같아요.

상담자 : 인간을 정말 통합적으로 볼 수 있어야지. 특히 우리 사회에서는 학벌을 중요하게 생각하기 때문에 학벌에 비중을 많이 두기 때문에 학벌만을 가지고 인간을 평가하는 경향이 있는데 그게 아니지요. 인지치료에서도 사람을 볼 때 그렇게 보지 않아요. 인간 그 자체로 보지 학벌로 보지는 않는데…. 오늘도 스폰지씨에게 정말로 미안해요. 이 시간이 다 되어서 충분히 이야기를 못해서요. 다음에 좀 더 하기로 해요. 사과씨는 뭐라고 그랬지?

---

10) 내가 어떤 비합리적 생각을 가지고 있는지 아는 것. 즉 이해(understanding)과 그것이 행동과 연결되는 것. 즉 통합(integration)의 차이를 설명. "아는 것이 힘이 아니라 실천하는 것이 힘"이라는 것.

사   과 : 찾아보는데 인정받아야 한다는 생각은 어디서부터 출발된 생각인지. 그것을 계속 찾
　　　 아보는게 필요할 것 같아요.

옹달샘 : 저는요, 미안함과 죄책감의 핵심 감정이 있었고 미안함을 미안함으로 갚을 수 없는거
　　　 다. 그런데 그건 아니라는 거지요.

상담자 : 미안함이라는 핵심감정을 유도한 것은 나는 반드시 미안함을 갚아야 한다 라는건데
　　　 그건 아니라는 거지요?

옹달샘 : 제 생각도 자연스럽게 일어날 수 있는 것이고 그것도 불편하다면 내가 더 많은 사랑
　　　 을 표현하는 거다.

상담자 : 그리고 또 하나 있었잖아요.

옹달샘 : 아까 편지쓰고 스킨쉽 많이 하고 그런 거…. (웃음)

상담자 : 일단 그 사람을 찾아가고 내가 항상 남편을 사랑해야만 하는데 그럴 수 없는 미안함
　　　 은 정리가 안돼서 그런거다 그걸 누구나 할 수 없는 거다. 정서적인 것이니까. 그렇게
　　　 생각을 바꾸면 미안함이라는 정서가 희석될 것 같고, 죄책감이라는 정서는 남편에게
　　　 계속해서 편지를 쓰고 사랑의 표현을 적극적으로 하고 옛날 오빠에게는 한번 찾아가
　　　 보고. 이게 숙제였어요. 그리고 개나리씨에게는 입을 다물고 사는 것이 최선의 길이
　　　 아니라는 것을 분명히 아시고 우리가 내세우기 위해서 이세상을 살아가는 것이 아니
　　　 다. 그리고 안전지향적이라는 이런 것도 결국은 말을 안하고 살면 중간이나 간다 이
　　　 런 것도 버려야 될 것 같아요. 그렇게 되기 위해서는 내세울 게 있어야만 한다는 사고
　　　 를 변화시켜야겠지요. 우리가 결국은 내세우기 위해서 살아가는 게 아니라 열심히 사
　　　 는, 프로세스에 의한 것이라고 계속 되뇌이고 생각을 해보세요. 되뇌이기를 선생님한
　　　 테 제가 내드릴텐데, 되뇌이기를 몇 번쯤 할 수 있겠어요. 그 생각을. 참다운 가치는
　　　 외형적인 것에 있는 것이 아니라 내가 성실하게 살아가는 그 프로세스 자체라는
　　　 생각을 하루에 열번씩 낭송할래요?

개나리 : 살아가는 데 가치있는 것은 내세우는 데 있는 것이 아니라 내가 무엇인가 찾아가는
　　　 프로세스 자체에 있는 것이라고요!, 하루에 20번씩 할게요.

상담자 : 예, 그것을 좀 적극적으로 하고 그래프로 그려오세요. 마지막으로 '코멘트' 하고 싶은
　　　 사람 있으면 해봅시다.

스폰지 : 개나리님한테 얘기하고 싶은데 이건 숙제는 아니고 자기는 남보다 낮다라는 생각 때
　　　 문에 어떤 사람이 뭐라고 말해도 '예, 그래요' 하고 다 그냥 수용하는 것 같아요. 그래
　　　 서 일단 누가 이야기해도 '아, 난 이러지 않을 수도 있는데' 반박부터 생각해봤으면
　　　 좋겠어요.

상담자 : 그러니까 좀 더 주장적(assertive)이 되자는거지. 싫은데도 예, 하지 말고 싫으면 싫다
　　　 고 말할 수 있도록 하자는거지요.

옹달샘 : 그럼 숙제가 하나 더 나온거네요.

상담자 : 그렇지. 누구지? 스폰지가 이야기한 것처럼, 항상 순종적인 모습만 보이지 말고 누가

싫은 것을 요구해 왔을 때 항상 '예'라고만 얘기하지 말고 싫다고도 말해보기. 그게 주장훈련하는거지. 필요하면 거절을 하는거지요.

개나리 : 이 책에서 좀 도움을 받으려면 어떤 부분을 읽어야 하는지요?

상담자 : 책 『인지 · 정서 · 행동치료』에서는 3장 5절 부분을 많이 읽어보세요. 다음주에 다시 만나요. 안녕!

회기 해설

　본 집단의 구성원 5명이 모두 상담자들이다. 인지치료집단에 1차적으로 치료와 교정의 목적으로 참여를 했다. 그러나 그들이 전문상담자가 되기 위한 준비를 하는 과정 중에 있으므로 때때로 집단의 리더나 그들 참여자 모두 본 집단을 인지치료에 대한 교육의 기회로 여기는 것에 대해서 쌍방간의 논의가 있었다.

　1회기때에 지적했던 사과님의 비합리적 신념에 대한 논박이 본회기 초에 계속되었다. 그의 역기능적 신념이 "엄마에게 거부를 당하면 절대로 안된다"인지 아니면 "엄마에게 반드시 인정을 받아야만 하는 가치있는 인간이다"인지에 관해서 탐색해 오는 숙제를 내준다.

　본 회기에서는 옹달샘님이 자발적으로 자신의 어려움을 호소해오는 한편 개나리님은 상담자의 요구에 의해 자기 개방을 하였다. 옹달샘님은 죄책감, 미안함, 괴로움 등과 같은 부적절한 정서로 힘들어 하였다. 본 과정에서 그러한 정서를 유도하는 비합리적 신념을 다각도에 찾아냈다. 대표적 비합리적 신념은 "결혼은 하나의 새로운 시작이므로 모든 것을 정리하고 남편을 온전히 사랑해야만 한다. 그런데 나는 그러지 못하기에 한심한 인간이다"이다. 상담자는 다양한 수준의 논박을 시도하였다. 그의 생각을 바꾸고 이것이 행동속에 통합될 수 있도록 행동연습등을 숙제로 내준다. 개나리님은 "말을 안하면 중간은 간다"라는 신념이 그의 의식 속에 깊이 자리잡고 있기 때문에 자신의 문제를 드러내는 상황에서도 자발적으로 못하고 상담자의 요구에 의해서 이루어졌다. 개나리님은 앞서 언급한 신념 외에도 "내세울 것이 많이 있어야 인간의 가치가 더 한층 빛나는 것인데 내세울 것이 없는 나는 한심하다"라는 생각에 사로잡혀 세상을 경계와 두려움의 대상으로 여기고 있었다. 그러므로 그의 행동은 자연스럽지 못하였고 항상 무언가를 두려워하고 있었다. 그를 돕기 위해 집단구성원들의 다양한 방법으로 논박하게 된다.

　마지막 부문에서 구성원 각자에게 필요한 숙제를 내주고 회기를 요약하며 상담시간이 마무리된다.

제4회 인지치료 집단상담 (5. 7)

상담자 : 지난번에 숙제한 것부터 점검을 합시다. 우리 사과씨, 지난번에 나는 엄마에게 꼭 인
정을 받아야 된다는 것이 우리가 최종적으로 찾아낸 신념이었는데, 그 밑에 더 찾아
낼 수 있는 스키마가 있는지 찾아오는 것이 숙제로 냈는데, 찾아오셨어요?

사　과 : 찾아내지는 못하고, 고민만 했어요. 저는 엄마 그 생각은 안하구요, 제가 기본적으로
다른 사람에게 인정받아야만 한다는 것이 많아서, 그 밑에 있는 철학적인 근거라든지
내 나름대로 어떤 것이 있나 생각을 해봤는데, 존재하려고 한다, 이게 생각이 나고,
다른 것은 잘 생각이 안나서, 조금 더 생각을 해봐야 될 것 같아요.

상담자[1] : 좀더 생각을 해보시고, 아니면 그것이 바닥에 있는 스키마일 수도 있어요. 내가 아
는 사람에게 인정받고 싶다 책을 보면은 논박 부분에 보면 생각의 추상성이 나오거든
요. 한 번 볼까요. 음…. 영철이라는 사람이 자기 부인이 저녁준비를 아직 해놓지 않
아서 화가 났다면, 그 화를 유도하는 여러 가지 비합리적인 사고를 발견할 수 있는데
표피적인 생각, 즉 추상성이 가장 낮은 생각이 뭐냐면, '나의 부인은 오늘 반드시 저
녁을 준비해놔야만 한다' 예요. 그리고 조금 밑에 추상성으로 들어가면 '내 부인은 내
가 오늘 -아까는 저녁 준비였잖아- 지금은 집안일'로 내려왔고, 조금 더 내려가면,
'내 부인은 내가 원할 때 반드시 무슨 일' -아까 저녁 준비에서 집안일에서 무슨일-로
내려왔고, 그 다음에는 지금까지는 내 부인한테만 한정이 되었었는데, 이제는 '내 가
족은 내가 원할 때 반드시 무슨 일인가 해야만 한다'고 생각하고 조금 밑에 추상성으
로 들어가면 '내 생애에서 만나는 사람은 내가 원할 때 반드시 무슨 일이든지 해야만
한다', 그리고 조금 더 들어가면, '내 생애에서 만난 모든 사람들은 내가 원할 때 반
드시 내가 원하는대로 해야만 한다', 밑바닥에 제일 추상적인 부분은 뭐냐면 '이 세상
은 반드시 내가 원하는 방향으로 돌아가야만 한다' 이거든요. 그러니까 사과씨 경우에

---

1) 비합리적 생각의 추상성에 대해서 설명 및 논의

는 '나는 많은 사람들에게 인정을 항상 받아야만 한다' 는 것이 밑바닥에 있고, 표피적으로 떠오르는 것은 가장 가까이 있는 '엄마에게 인정을 받고 싶다' 인 것 같아요. 우리가 논박을 할 때 추상성의 수준을 왔다갔다 해야 되거든요. 그러면 우리 사과씨의 경우를 한 번 생각해보세요. 지금 저한테 얘기하신 것처럼, 많은 사람들에게 내가 인정을 받아야만 하는 것이 밑에 깔려 있는데, 나에게 가장 중요한 엄마나 아버지 혹은 주변의 사람들에게 인정을 받아야 된다고 생각을 하는 것인지, 잘 생각해 보시고, 계속 강조되는 것이지만, 인정을 받으면 참 내가 누구의 인정을 받기 위해서 이 세상을 사는 것은 아니라는 말이죠. 그쵸. 그리고 누구의 인정을 받으려고 하면 자꾸 잣대가 그쪽 사람에게 기울어져 있기 때문에 내 주관과 줏대를 잃기가 쉽잖아요. 그리고 인정을 못받을 때 마음에 상처를 받고, 그러니까 비합리적인 신념이 '나는 반드시 엄마에게 인정을 받아야만 한다' 라면 '엄마에게 인정을 받으면 참 좋지만, 받지 않는다고 내가 슬퍼하거나 노여워할 필요는 없다' 그렇게 생각이 내재화 되도록, 즉 통합이 되야 하는데…. 사과씨는 쓰는 것을 좋아해요? 낭송하는 것을 좋아해요?… 뭘 좋아해요?…

사　　과 : 쓰는 것 낭송하는 것 다 괜찮아요.

상담자 : 그러면 쓰기도 낭송도 좀 해봅시다. 하루에 몇 번 정도 쓸 수 있을 것 같아요? 합리적인 신념을요.

사　　과 : 음… 하루에요? 아침에 한 번, 저녁에 한 번.

상담자 : 그것가지고는 안돼요.

사　　과 : (웃음) 그럼 한 시간에 한 번씩이요?

상담자[2] : 그렇게 자주 할 수 있겠어요? 한 일주일 동안 그렇게 해보는 것은 괜찮지요. 그러면서 묵상을 하는 거예요. 그 속에 담겨 있는 진정한 의미에 대해서.일주일 동안 한 시간에 한 번씩이니까 깨어 있는 시간을 8시간이라고 하고, 하루에 8번씩. 그래프를 그려가지고 오세요. 일주일이 7일이잖아요. 7일 중에서 5일을 그렇게 하면, 내 상을 줄 수 있어요. 그러면 사과씨가 좋아하는 행동이나 좋아하는 것은 뭐가 있어요?…

사　　과 : 좋아하는 것, 음…. 전 해냈다는 것 자체만으로도 굉장히 기쁠 것 같은데…

상담자 : 예를 들면, 음악회를 좋아한다든지.

사　　과 : 음악회 가는 것이 너무 귀찮구요….(웃음)

상담자 : 영화 보러가는 것을 좋아한다든지…. 좋아하는 게 아무것도 없어요?

사　　과 : 전 혼자서 좀 쉬고 싶어요.

상담자 : 좋아요. 그럼 혼자서 적어도 한 시간 이상. 시간을 갖는다. 이게 스스로를 위한 강화인 거예요. 그 다음에 만약에 7일 중에 5일을 못했다고 하면, 스스로 벌을 줘야 하는데….

사　　과 : 음악회 가기요?.(웃음)

2) 사과님에게 숙제를 내준 뒤 스스로 숙제를 만족스럽게 했다고 여겨지면 자기 강화(self-reinforcement)를 한 것과, 못했다고 여겨지면 자기 응징(self-punishment)을 하도록 요구함.

상담자 : 하기 싫은 것이 뭐가 있어요?

사　과 : 음…. 하기싫은 것은 아닌데, 위험부담을 느끼는 것…. 일요일날 교회에 가는 거요.

상담자 : 그거는 좀 그렇지… 교회 가는 건 당연한 일 아닌가?

사　과 : 근데, 저는 엄마 때문에 힘든 것이 있거든요.

상담자 : 아…. 그럼 요즘 교회 안가요? 음. 그런 것 말고, 설거지를 한다든가, 청소를 한다든가, 이런 것 없어요? 하기 싫은 것을 얘기해 보세요.

사　과 : 그럼 집안 청소 할께요.

상담자 : 그러니까 집안 청소를 안하기 위해서, 5일 이상을 죽도록 해야되는 거야…. OK!! 넘어가도 될까요?

사　과 : 네…. 근데, 저한테 해당하는 신념을 한 번 더 정리해 주세요.

상담자[3] : OK! "나는 반드시 엄마의 인정을 받아야 되는 것은 아니다. 엄마의 인정을 받아야지만 사과씨라는 인간으로서의 가치가 살아남는 것은 아니다. 엄마의 인정을 받으면 좋지만, 받지 않아도 나는 이미 가치있는 인간이다" 사과씨가 한 번 더 정리를 하세요…. 그 말을 더 멋있게 다듬을 수 있으면 좋겠어요. 그게 분명히 내재화가 되고, 인지상담에서 말하는 "통합"이 되면, 엄마에게 인정받지 못한다는 느낌이 들 때 속상하지 않겠죠…. 날 보호할 수 있죠…. 그 다음에…. 향기님께로 넘어가도 될까요?

사　과 : 네….

상담자 : 지난주에는 아파서 못오셨구, 지지난주에 향기씨가 남한테 맡기는 것을 불안해 하고, 혼자서 다 해야만 하고, 그러면서 결국 못하고…. 거기에서 갈등이 오고 그랬잖아요? 그래서 그때 제가 내준 숙제가 뭐였어요?

향　기 : 도움을 요청해 보는 것. 즉 도움을 받아도 괜찮다… 그리고 그게 꼭 내 마음에 들지 않아도 된다. 내 마음에 들 수는 없는 것이다. 남이 해주는 것이 완벽할 수는 없다는 것.

상담자 : 그 신념을 자꾸 내재화하기 위한 노력을 어떻게 하셨어요?

향　기 : 그때 큰소리로 자기고백하라는 것을 숙제로 내주셨었거든요. 나 스스로 되뇌어 보자…. 그런데, 이건 비교적 제가 절실했던 문제여서 그랬는지, 잘된 것 같아요…. 그러니까 특별히 그래야돼… 그래야돼, 이러지는 않았는데 자연스럽게 받아들여질 수 있었던 것 같아요. 그리고 또 하나가 일에 우선순위를 두고 크고 중요한 것부터 하라고 그랬거든요…. 근데 제가 당장 다음주에 집들이를 해야 되기 때문에 발등에 불이 떨어졌어요… 그래서 좀 큰것부터… 먼저 치워야 되는 것부터 치우기 시작했어요. 그리고 또하나 도움을 요청할 수 있는 인물은 지금 주변에 남편밖에 없는데, 그날 인지치료집단에서 하고간 얘기를 남편에게 좀 했어요. 이런저런 얘기를 했다…. 그래서 이렇게 하겠노라…. 그래서 그랬는지, 다른 때보다 도와주겠다고 잘 나섰어요. 그리고 제가 그것을 잘 수용해서 하게 하고, 그거에 대해서 더이상 안달하거나 불안, 초조

---

3) 사과님의 지녀야할 합리적 대안 신념의 정리

해하지 않았던 것 같아요. 그런데, 그것이 반드시 이런 집단이었고, 제가 여기에 참여했고, 숙제가 그랬기 때문에 그런건지…, 아니면 그럴 때가 되어서, 몸은 지쳤는데 일은 해야 하고, 집들이는 해야 하는데, 할일은 많고… 그래서 그런 김에 해라… 한 것인지 잘 모르겠어요.

상담자 : 그건 본인이 더 잘 알겠지….

향 기 : 둘 다인 것 같아요. 꼭 이 시간이 있었기 때문에 그런 것도 아닌 것 같고, 그리고 당장 급하니까 그런 것은 아닌 것 같구…. 그건 차츰 내재화해서 통합이 되어가는 것 같아요…. (웃음)

상담자 : 그러니까 혼자서 다 해야만 하고, 남편이 도와주면 불안해서 다시 가서 또다시 하고… 그게 남편을 부담스럽게 하고 그랬는데… 모르겠어요… 제가 볼 때는 여기서 인지치료를 받았기 때문에 변화되었다는 느낌이 들어요. 남편이 도와준 것에 대해 기꺼이 응했고, 남편이 도와주는 것에 대해서 불안스러운 마음이 들지 않았잖아요.

향 기 : 남편 마음이 편해졌어요… 그런데 저한테 절실한 문제여서 여기서 얘기를 했던 것 같구… 그러면서 한 번 제 마음이 정리가 되어서 풀리고, 나타난 것 같아요.

상담자[4] : 지금까지는 약효… 약발이 있기 때문에 그럴 수 있지만, 우리가 집단을 끝내고 향기씨께서 우리의 도움이 없이 살아가면 또다시 남편이 도와주는 것 자체가 싫고, 남편이 도와줬을 때 불안해질 가능성이 너무나 커요. 그런 상황이 되었을 때, 다시 옛날로 돌아가면 안되잖아요. 그러니까 그야말로 내재화를 하려면 어떤 자기고백을 자신에게 자꾸 해야 할 것 같아요?

향 기 : 아까… 말했듯이, 남에게 도움을 받아도 괜찮다… 그리고… 그게 내 마음에 꼭 들 수 있는 건 아니다. 모든 일을 다 잘해내지 못해도 된다….

상담자 : 그러니까 사과씨가 묵상하듯이, 향기씨도 그것을 묵상하면서, 그게 정말 내재화될 수 있어야 될거예요. 아마도 제 생각에는… 이건 가정인데 혹시 남의 도움을 받는 사람은 어딘지 칠칠치 못하다든지, 내 할일을 내가 하지 못하기 때문에 내가 인생을 잘못 살고 있다든지…하는 그런 생각들을 깨닫지 못해서 그렇지, 마음속 깊은 곳에 스며들어 있는지 몰라요. 그러니까 그런건 아니다라는 걸 분명히 아셔야죠. 누구의 도움을 받고, 모든 일을 다 잘못한다고 해서, 내가 가치없는 삶을 사는 것도 아니고, 내 할일을 잘 못하는 것도 아니란 말이죠. 그게 분명히 좀 확신이 서면 참 좋겠어요… OK! 그럼… 그 다음에 옹달샘씨에게 지난번에 숙제를 많이 내드렸는데, 할 시간이 있었어요?

옹달샘 : 다는 못했구요. 네 가지 숙제가 있었거든요. 오빠를 찾아가지는 못했구요. 시간적 여유도 없었지만, 그렇게까지 찾아가고 싶은 마음이 줄어들더라구요.

상담자 : 오빠를 찾아가겠다는 생각이 줄어들었는데, 왜 줄어든 것 같아요?

옹달샘 : 전에 얘기가 나왔던 것처럼, 미안한 마음이 많이 컸었는데, 그 미안한 마음이 만난다

---

4) 향기님이 지난 문제가 인지치료의 효과로 해결이 되었으나 상담이 끝난 후 다시 옛날로 돌아갈 수 있는 가능성에 대해서 언급함. 그리고 이것을 예방(relapse prevention)하기 위해 노력을 강조함.

고 해서 없어지지 않을 것 같아서요.

상담자⁵⁾ : 그걸 알아서 그런거죠?… 그러니까… 인지가 변화된 것이지요. 미안함이라는 정서
가 많이 줄어들었기 때문에 찾아가보고 싶지 않았던 거죠… 그렇죠? (예) 미안함이라
는 정서가 줄어든 것은 미안함이라는 정서를 유도하는 인지가 있었는데 그게 뭐였죠?

옹달샘 : 미안함은 갚아야 된다라는 것….

상담자 : 네. 그 자체가 변화되었다고 봐야죠. 그게 변화되니까, 미안함이라는 정서도 줄어들
었고, 그 자체도 변화된 것이죠.

옹달샘 : 그러니까 미안하다는 생각도 덜 나고, 꼭 찾아가야겠다는 생각도 덜 들고요. 안함으
로써 행한 게 되어버렸는지는 잘 모르겠지만, 일단 그건 그렇게 지나갔고. 남편에게
편지쓰기는 오늘 낮에 했습니다. 우리 남편, 되게 좋아하대요, 제가 거짓말도 했어요,
편지 받아오는 숙제도 있다구요. (웃음) 그러니까 거짓말인줄 알더라구요. 그리고 안
아보려고 했더니 무섭다고 도망가더라구요. (웃음)

상담자 : 그 동안 그런 것을 잘 안했었나 봐요?

옹달샘 : 아니… 몸을 사리는 거죠. 하기는 했는데 많이는… 그다음에 서로 사랑한다는 표현들
이라든지 전보다는 좀더 신경을 많이 썼던 것 같구, 좀더 부드럽고 애틋한 마음으로
주고받았던 것 같아요. 그리고 월요일날 놀아서, 일요일엔 그의 회사근처에 같이 갔
고, 같이 자고… 그 다음날 아침 7시에 출근은 하는데, 왜 따라오냐고 말은 했지만 좋
아했던 것 같아요. 아이까지 업고 거기까지 간 것에 대해서 많이 고마워했던 것 같아
요.

상담자 : 숙제를 참 착실히 잘 하셨네요. 근데 거기서 중요한 건 행동을 인지의 변화와 연결시
키려는 게 목적이잖아요. 그러니까 옹달샘씨는 그때 남편에 대한 미안함이 있었잖아
요. 그 전 애인과의 관계, 정서를 정리하지 않고 시작한 것에 대해서요. 우리가 그때
어떻게 도와드렸냐면, 그런 정서라는 것이 명확하게 무우 자르듯이 잘라지는 것이 아
니다, 즉 내 마음에 정서가 구름 걷히듯이 걷히지 않았어도 괜찮다, 그게 옹달샘씨 마
음 깊은 곳에 내재되어 있어야 하지 않을까요? 기본적으로 남편에 대한 사랑이 없는
게 아니라면, 내가 옛날 애인에게 갖고 있었던 정서적인 찌꺼기를 변화시키고 정화해
가는 과정이 중요한 것이지요. 그것 자체를 깨끗하게 밀어내지 못했다고 해서 죄책감
을 가질 필요는 없다, 우리가 이런 식으로 얘기했잖아요. 그것을 수용한다면 남편에
대한 죄책감이 크지 않을 수 있을 것 같아요. 그죠….

옹달샘 : 약간 반비례한다는 느낌도 들었어요. 그런 인지적인 변화를 통해서 미안한 마음도 사
라지고, 봐야 되겠다는 감정이 줄어듬과 동시에 남편을 더 사랑하고 싶은 마음이 생
기고 그쪽 마음이 줄어드니까요. 그런 것 같아요.

상담자 : 그렇구나, 정서적인 용량이 한계가 있다잖아요. 그게 이쪽으로 옮겨간 거네요?

옹달샘 : 좋았습니다.

---

5) 옹달샘님에게 "미안함은 반드시 갚아야만 한다"는 신념이 변화되어 죄책감이라는 정서가 약화되었음을 설명.

상담자 : 그럼 넘어가도 되겠어요? 그다음에 우리 개나리씨는 지난번에 논의된 게 몇 가지 있었는데, 개나리씨가 뭐라고 그랬냐면 나는 내세울 게 없다라는 얘기를 하셨거든요. 그리고 너무나 안전을 추구하고 지향하기 때문에 또 말을 안하면 중간은 간다라는 생각이 머리속 깊이 박혀 있기 때문에 적절하게 내가 내 표현을 하고 개입해야 될 때에도 그 생각이 나를 지배하니까 개입하지 않고, 그냥 굉장히 소극적으로 대처하며 지나가게 되고 내세울 게 없다고 생각하니까 항상 집단에서 씩씩하거나 적극적인 모습보다는 한 발 뒤로 물러난 느낌, 이런 것을 주셨는데요. 개나리께서도 비합리적인 생각이라는 데에 동의하셨죠? (예) 새로 바꾸기로 했는데, 그것들을 바꾸기 위해서 어떤 노력들을 하셨어요?

개나리 : 언니들하고 형부, 조카들이 이번에 다 모였었거든요. 서로 주말을 같이 보냈는데, 전 식구들이 같이 모이면요. 항상 조카들보다는 윗자리에 있다 보니까 항상 따라가는 입장이었거든요. 이번에는 조카들을 돌보면서도 가능하면 언니와 엄마가 얘기하는 곳에 자주 끼려고 그랬구요. 그리고 내 의견을 이야기 하려고 노력을 했구요. 그리고 거울을 보면서… 예전에는 거울을 보면은 여드름 자국이든가 안좋은 면이 많이 보였는데, 이번엔 자기 도취에 빠질 정도로 좋게 보려고 노력을 많이 했어요. (예) 그래서 나르시시즘… 나르시스가 연못을 보다가 빠졌다고 그랬잖아요. 거기까지 연상할 정도로 거울을 보면서 황홀지경에…(웃음) 좋은 면을 보려고 굉장히 많이 노력을 했어요. 그리고 엄마한테 부탁을 해서 여름에 입을 수 있는 옷을 준비해달라고 해서 두 벌 정도 사서 입어보면서 이것저것 구색에 맞게끔 옷도 갈아입어보고, 모든 것에 자신감을 갖도록 노력을 해야겠다고 그런 시도를 했었구요. 그러니까 조카들한테도 쭈뼛쭈뼛… 항상 나의 안좋은 면 때문에 악영향이 미치지는 않을까… 항상 그런 조바심이 있었거든요. 계속 그런 생각을 하고 있으면 이 생각이 전달되는 듯한 느낌이 들더라구요. 그래서 제가 먼저 뻔뻔스럽게 얘기도 하고 웃고 그러면 그 어린 아이들도 웃고 얘기하고 그러는데, 혹시 나의 안좋은 점이 전해지면 어쩌나 하는 조바심을 갖게 되면서 그 애가 오히려 긴장을 하고, 그러는 것을 봤거든요. 뻔뻔스러울 정도로 아이의 얘기를 좀더 긍정적이고 좋은 쪽으로 표현을 하는 게 오히려 아이를 위하는 거다, 이런 생각을 하면서 아이에게 자신감있게 행동을 하는 게 중요하다는 것을 느꼈어요.

상담자 : 전 지금 얘기하시는 게 투사로 들리거든요. 내가 안좋은 생각이 있으면 그게 전달되는 것 같다… 좋은 생각을 하면 전달되는 것 같다… 그건 분명히 투사 같아요. 그런데 제가 궁금한게 개나리씨가 거울을 보면서 자아도취에 빠질 정도로 좋게 보이고 했다는 게, 구체적으로 어떤 점들이 좋게 보였어요?

개나리 : 머리를 빗으면서 노래를 부르면서, 제 눈이 작고 못생긴 눈은 아니다… 그리고 눈동자를 가만히 보고 있으니까 제 눈이 선량하게 생겼더라구요. (웃음) 저는 엄마한테도 그렇고, 언니한테도 그렇고 쌍꺼풀 수술하라는 얘기를 정말 많이 들었어요….

상담자 : 눈이 안예쁘다고요?

개나리 : 눈도 안예쁘고 착해보이지가 않는데요. 제 조카 중 저랑 똑같이 생긴 남자애가 있거든요. (음음…) 그애를 보면 다른 곳은 다 예쁜데 눈이 왜저러냐고 그러는데, 제가 그 눈을 닮았다고 그러시더라구요. 그래서 제 눈이 못생겼구나, 사납게 생겼구나 하고 생각했었는데, 거울을 보고 있으니까 눈동자가 비교적 검은 편이면서 착하게 생긴 구석이 있고, 코도 옆으로 봤더니 못생긴 코가 아니예요. 코도 괜찮네… 하고 입술을 봤더니, (웃음) 입술도 앵두같지는 않아도 혐오스러운 입술도 아니고 괜찮더라구요. 피부가 좀 성글성글해서 그렇지 보니까 제 얼굴이 다 괜찮았어요. 생각하는 것만큼 그렇게 괴로운 얼굴은 아니었구나, 주눅들 필요가 없구나 하는 생각이 들었어요.

상담자 : 그럼 선생님은 자아도취에 빠질 때 주로 얼굴을 보고 도취를 하셨어요?

개나리 : 사실 거울을 보고 있으니까, 뭔가 얼굴 생긴 것 자체가 아니라, 기분이 뭔가 좋아지는 게 느껴져 오더라구요. 결국 절 봤는데, 제 모습에서 굉장히 기분이 좋아져오는 걸 느꼈어요. 전에는 전혀 못느꼈었거든요. 다른 사람을 볼 때 얼굴이 예쁘고 밉고를 떠나서 저 사람은 참 아름다운 사람이다라는 것을 가끔 느낀 적이 있었는데, 그런 비슷한 감정을 가졌어요. 거울을 가만히 보면서, 눈, 눈썹, 코, 입… 하나하나 생긴 것을 보니까 참 괜찮다, 얼굴에서 그런 게 느껴지더라구요.

상담자[6] : 그런 것을 느끼셨군요. 그런데 개나리씨가 지난번에 우리에게 얘기했던 건 얼굴이 못생겨서 내세울 게 없다는 것보다는 학벌이 내세울 게 없다고 그랬단말이예요. 그것에 대해서는 어떻게 좀 시도를 하셨어요? 고쳐보려고요?

개나리 : 그것을 고쳐보려고는… 학벌이 딸리면 공부를 더 하면 되는거구, 그런데 식구들을 만나면 저희 언니들은 형부들도 그렇고 다 대학교만 나왔거든요. 저에게 용기를 주기위해서 그런 것인지는 모르겠지만 제가 대학원 나왔다는 것에 대해서 굉장히 다들 좋게 생각을 해주고 거기에 대해서 많이 인정을 해주고 그래요. 그래서 그걸 한동안 잊을 수 있었어요.

상담자 : 선생님한테 그게 참 큰 문제였구나. 한동안 잊을 수 있었다는 게….

개나리 : 그래서 그것에 대해서는 별로 생각을 안하고 지나갔거든요…

상담자[7] : 예… 그럼 우리가 좀 객관적으로 도와드려야 되는데, 물론 지난번하고 계속 같은 얘기가 이어지는데, 우리나라처럼 대학… 힘든 상황이겠지만, 차별, 등급화를 한다고 한다면, 어쩔 수 없이 등급화가 되긴 하지만 그렇다고 해서 대한민국의 평균적인 사람보다 학력이 낮은 건 아니죠. 평균적인 사람보다는 굉장히 높은데, 극소수의 탑 몇 퍼센트의 사람에서 굳이 서열을 따지면 좀 처질 수 있는 거잖아요. 그러니까 탑 몇 퍼센트에서 좀 처진다고 해서 그렇게 학벌을 내세울 순 없는 건가 하는 그 생각 자체가 저는 굉장히 안타깝거든요. 개나리씨가 그 생각을 버리지 않으면, 아마 죽을 때까지

---

6) 내담자가 상담시간에 찾아낸 비합리적 생각을 바꾸기 위한 노력보다는 자기스스로 생각한 행동을 한 것에 대해 직면하여 본래의 문제를 일으켰던 비합리적 생각으로 방향을 잡아줌.

7) 내담자의 비합리적 생각이 왜곡된 지각임을 환기시켜 논박을 함.

불행할 수밖에 없어요. 내세울 게 없기 때문에. 그리고 좀더 들어가면 우리가 이 세상을 내세워야만 사는건가 하는 것에까지 들어가는데, 거기 들어가기 전에, 내세울 게 없다는 것 자체가 제가 볼 때는 잘못된 지각이기 때문에, 즉 왜곡된 판단이기 때문에 그걸 좀 고쳐주고 싶은 거죠. 이 집단말고 다른 집단에 가서도 그래요?

개나리 : 어떤 거요?

상담자 : 내세울게 없다….

개나리 : 그런 얘기를….

상담자 : 예… 하지는 않겠지만, 느끼냐구요….

옹달샘 : 집중되는 집단이 있을 것 같아요.

개나리 : 항상 거의 많이 느끼는 것 같아요.

.
.
.

중 략

.
.
.

상담자[8] : 제가 볼 때 개나리님보다 학벌이 훨씬 못해도 씩씩하게 지내는 사람이 많아요. 개나리님이 느끼는 열등감이 전혀 없어요. 씩씩하게 잘 지내. 그런 사람도 있는데, 그러니까 개나리씨가 제가 볼땐 정말 마음먹고 좀 다듬어야 할 부분이 그부분인 것 같아요. 왜냐하면 우리가 흔히 하는 얘기로 학벌, 좋은 대학… 이런 것에서 우리의 인격의 질이 좌우되는 건 아니잖아요?… 그죠?… (예) 분명히… (예…) 지난번에 저희 기관에서 천재에 대한 연구와 세미나 할 때에도 이야기 했지만, 천재들이 하나같이 갖고 있는 가치관이 뭐냐면 "인간의 성취는 행복이 아니라는 거예요…" 그런데 개나리씨의 마음 속에는 성취는 행복의 가장 중요한 조건이라고 생각하는 사람이야… 좋은 대학, 좋은 학벌…이런 게 있으면 그만큼 내가 행복하고 내세울게 많은데 그게 없다라면 덜 행복하다라는 사람이예요. 천재들이 하나같이 하는 얘기가 결국 성취는 행복이 아니다라는 거예요. 서울대 물리학과 다니는 애가 무슨 얘기를 하냐면, 서울대 물리학과를 합격하고 나서 3일 동안 행복했대. 하지만 그 다음에는 결코 행복하지 않더라는 거죠. 결국 조건 속에서 행복을 찾으면 영원히 행복할 수가 없어요. 조건 속에서 행복을 찾으면… 왜냐면 인간이기 때문에 하나님이 인간에게 완벽한 조건을 허락하지 않거든

---

8) 상담자는 행복의 조건은 외형적 성취에 있는 것이 아니고 자기자신의 마음속에 있음을 설명.
　인지상담의 궁극적인 2가지 목적인 생존(survival)과 행복(enjoyment)에 대해서 언급.

요. 그러니까 결혼해가지고 막… 행복할 것 같지… 누구지… 여기… 향기씨가 결혼해서 애기하니까 남편이 있어서 좋겠다고 했는데, 부러워할 수는 있겠지만, 남편이 있는 사람은 그 조건에서 괴로워하는 게 많이 있어요. 그렇기 때문에 조건이 결코 인간의 행복이 아니거든요. 그러니까 천재들의 특징이 뭐였냐면, 천재들은 자기의 그 자리에서 행복을 느낄 줄 알더라구… 내가 볼 때 그들이 가지고 있는 조건은 조건을 따지자면 썩 탐탁한 조건은 아니었어요… 그럼에도 불구하고 내가 굉장히 행복한 사람이다라고 하면서 눈물을 흘리고 행복하다고… 그 물리학과 다니는 애 있지? 그러니까 결국 행복은 내 마음속에 있는 건데, 내 마음 밖의 파랑새가 마치 행복인냥 쫓을 뿐이죠. 내 마음에 있는 것이거든요. 제가 중학생 때 독일의 시인 카알 부쎄의 "산너머 저쪽"이라는 시가 생각이 나는군요.

산너머 저쪽 하늘 멀리
행복이 있다고 사람들은 말하네.
아, 남따라 그를 찾아 갔다가
눈물만 머금고 되돌아왔네.
산너머 저쪽 더욱 더 멀리
행복은 있다고 말은 하건만

결국 이 시(詩)에서 행복은 외부에 있는 것이 아니라는 것을 가르쳐주는 것이지요. 그러니까 우리 개나리씨가 정말 내세울게 없다든지… 하는 잘못된 관념에서 벗어났으면 좋겠어요. 결국 우리가 행복해지기 위해서 사는 거잖아요. 이렇게 공부도 어렵게 하고 힘들게 하는 것이 성취하기 위해서 사는 게 아니예요. 인지상담에서 내거는 두 가지 큰 목적이 뭐냐면, 생존(survival)과 행복(enjoyment)이예요. 살아남고 행복하기 위해 사는 것이지, 뭔가 성취하기 위해 사는 게 아니란 말이죠. 성취하려고 사는 사람은 결국 영원히 성취만 하다가 말죠. 행복은 못느끼고… 많은 사람들이 뭔가 살만하고 좀 여유가 있다. 이런 순간에 죽는 경우가 많잖아요. 삶 자체를 과정으로 여기고, 과정 자체에서 기쁨과 즐거움, 이런 것을 찾는 게 중요한 것이지, 결국은 외형적 성취가 행복이 아니다, 이런 것을 분명히 알았으면 좋겠어요. 우리 사회에서 그런 것이 너무도 강화되었고, 우리에게 주입되었기 때문에 개나리씨가 그런 생각을 하는 것일지 몰라요… 그리고 모르겠어요. 우리가 사람을 바라볼 때, 저는 진짜 학벌이나 그런 것을 가지고 바라보지는 않거든요. 배우자를 고를 때도 옛날에는 그랬는데, 지금은 그렇지 않아요. 그 사람의 인격적인 됨됨이, 그런 것을 보지. 지금은 학벌이나 그런 것을 보지 않게 되더란 말이죠… 그러니까 개나리씨가 내세울 게 없다든지 다른 사람들과 비교해서 열등하다든지 그런 생각에서 완전히 자유로울 수 있어야 해요. 그리고 저는 아까 말했던 자아도취가 좀 위험하다는 생각이 들어요. 그러니까 인지상담에서 강조하는 건 내가 객관적으로 얼굴이 못생겼어도 내 못생긴 얼굴을 받아들일 수 있으면 되는 거예요. 사람이 어떻게 다 잘생길 수가 있나? 양귀비 같을 수가 있어요? 자기 나름대로 개성있게 생긴건데, 그모습 그대로를 수용할 줄 알면 되는 거지, 어떻게 보면 이쁘지 않은 것을 이쁘게 지각하는 것도 왜곡된 지각이예요. 바람직한 게 아니예요. 개나리님이 자아도취에 빠져서 '난 참 이쁘…'고 했는데….

개나리 : 얘기를 좀 다시 해도 되요? (네…) 생각보다 혐오스럽지는 않은데, 제 나름대로 따뜻하게 느껴지는 어떤 게 있다…라고 표현하고 싶어요.

상담자 : 네. 좋아요. 그런데 이쁘다고 따뜻하지 않아도 된다 이건가요.

개나리 : 네….

상담자 : 그러니까 내세울 것이 없어도 되는 거죠… 삶의 본질… 이런 것들을 본질적으로 생각해보자구요. 우리가 여지껏 외형적으로 추구하는 것들을 많이 봤기 때문에 그래요. 이번 기회에 그러한 것들이 개나리님의 마음속 깊이 스며들기를 바래요. 소위 **대를 나온 사람보다 외형적인 학벌이 낮기 때문에 그렇게 기를 못피고 수줍게 산다는 것이 얼마나 불행한 겁니까. 아무도 그것을 강요하지 않았고, 스스로 그러는 것인데… 스스로요. 저는 개나리님이 그런 얘기를 안했으면 마음속에 그런 열등감이 있구나 하는 것을 영원히 모를뻔 했어요. 자연스럽게 그냥 지낼 수 있는 건데 그런 얘기를 해줬기 때문에 아는 것이거든요. 그러니까 정말 그런 것에서부터 자유로우면 좋겠어요. 계속 이렇게 산다면 개나리님이 남자를 고를 때에도 마찬가지일 것 같아. 그러면서 중요한 사람도 다 놓칠 수 있구, 특히 여성들이 그렇잖아요. 자기 학벌이 나쁠 때 남자를 통해 학벌을 보충해보자, 그런게 굉장히 강하죠? 그러니까….

개나리 : 그렇진 않아요.

상담자 : 그렇지는 않아요?

개나리 : 그렇지는 않거든요. 선을 본다든가… 사람을 만나고 그럴 때는 일단 학벌이 귀로 들리잖아요. 서로 어떤 학교를 나왔고, 지금 어떤 일을 하고 있습니다, 하는 거요, 그러면은 귀로는 들어도 거기에 그렇게 상관은 하지 않거든요. 상대방에게 제가 배우자의 조건으로서 넘치는 학벌은 아니지만, 딸리거나… 부족한 학벌은 아니더라구요. 근데 제 남동생이 고등학교를 나와서 지금 직장을 다니고 있는데 정말 성실하게 일을 해요… 아주 제가 보기에는 모범이 될 정도로 성실하게 일하는데, 오히려 상대방이 '남동생이 지금 뭐하세요?'… '직장 다녀요'… '어느 학교 나왔어요?'… '예… 고등학교 나와서 직장 다니고 있어요'… '어느 학교 나왔나요?'… 그런 식으로 어느 학교냐고 끝까지… 물어보게 되면 오히려 그사람에게 거부감이 생기거든요. (네…) 오히려 '동생이 고등학교밖에 안나왔는데 굉장히 성실하게 일하시네요' 라고 하면, 거기에 대해서 더 긍정적으로 바라보게 되더라구요. 그런 것도 그렇구… 집에 있을 때 식구들끼리는 가능하면 서로 학벌에 대해서 신경쓰지 않으려고 그래요. 저희가 딸 셋 아들 하나니까 남자애한테 집중이 되게 되잖아요. 그래서 가능하면 학벌보다는 정말… 성실하게 사는 것 자체

라든가 부모에게 효도하는 것, 이런 것에 신경을 쓰면서 그런 것에 대해 얘기하려고 그
래요. 학벌이 중요하지 않다는 게 저희 집안 분위기거든요. 저희 집안 자체는 그렇긴
하지만, 제가 사회에 나왔을 때는 그게 아니라는 거죠. 그러니까… 분위기가 학벌이 중
요하지 않은 분위기라고 하긴 하지만, 차이는 있는 것 같아요. 고등학교 나온 사람이
대학교수를 할 수는 없는 거구, 설사 박사 마친 사람이 하고 싶어서 리어커 장사를 할
수 있긴 하지만, 고등학교 나온 사람이 하고 싶다고 대학교수를 할 수는 없는 거잖아
요, (네) 커다란 차이는 있지만, 어느정도 자기가 성취하려면 노력해서 갈 수 있는 데까
지는 충분히 가야 한다고 생각하거든요. 근데 제가 일하고 싶은 곳에 원서를 내면서 깊
은 담을 정말 굉장히 깊이 느꼈어요. 그리고 속상했어요.

•
•
•
중 략
•
•
•

향　기 : 그런데 이런 건 있을 것 같아요. 저도 동병상련으로 그런 것을 약간 느끼는데요. 의식
　　　　적으로 그렇게 생각을 안하려고 오히려 전 자존심 쪽을 부각하기도 하는데요. 저도
　　　　여대를 나왔구 동창들이 별로 활동도 안하고 있구 그런데, 그런 것들이 취업하는 데
　　　　굉장히 마이너스가 돼요. (그럼…) 그게 어디를 가도 마찬가지인 것 같아요.
상담자 : 그게 우리나라가 가지고 있는 비극이지… 뭐. 개인의 능력이 고유하게 평가되지 않고
　　　　그 개인이 소속한 집단에 의해서 프리미엄을 받기도 하고 잃기도 하고 그런건데 그건
　　　　할 수 없지요…뭐…. 그런 걸 감내하면서 살아가는 거죠. 그런데 그런 핸디캡을 많이
　　　　가지고 있는 사람이 더 강하게 성장을 한다니까… (웃음…) 그런 점들은 굉장히 속상
　　　　할 것 같아요… 그렇구나… 그런 일들이 있었구나…. (상담자는 안타깝다는 듯이)
옹달샘 : 많이 속상하셨겠네요….
상담자[9] : 좋은 시절이 있을 거예요… 저도 여자이고 비교적 나이가 어렸기 때문에 주목을 못
　　　　받게 된 때가 많았어요.

•
•
•

9) 상담자의 자기개방(self-disclosure)을 통해 내담자의 신념을 바꿔주려는 시도를 함.

중 략

·

·

·

그런 걸 생각하면 굉장히 기분나쁘고 속상하고 슬프고 그렇지만, 그걸 내가 수용하지 않으면 견딜 수 없고… 지금 내 인생이 끝나는 건 아니잖아요. 인생 자체가 경쟁도 아니거니와, 삶이 지금 끝나는 게 아니잖아. 그러니까 꾸준히 내 할일을 하면서 가는 거죠. 그러니까 인지상담에서 보면 낮은좌절인내(Low Frustration Flerane)가 4가지 비합리적 생각 중에 하나잖아요. 좌절의 상황에서 낮은 인내심, 그러니까 내가 여기에서 포기하면 인내심이 없는 거지. 비합리적인 신념이죠. 그 상황을 내가 높은 인내심을 발휘하여 견뎌 나가고 있는 것이지. 개나리님도 그렇게 필요할지 몰라요. 그러한 측면에서 받아들여야지, 내가 개인적으로 인격적으로 저 사람들보다 못하기 때문에 밀려났다… 그건 아니예요. 분명히 아니예요. 개나리님이 처해 있는 상황이 좀 속상하고 슬프기도 하지만, 여기서 끝나는 게 아니잖아요. 슬퍼할 시간에 실력을 쌓아야지. 좀 도움이 됐어요? 우리가 아무리 얘기해줘도 본인이 뼈저리게 느끼고… 변화되려고 하지 않으면 그게 잘 안될 거예요. 그럼 개나리님은 그 생각이 내재화되게 하기 위해 어떤 노력을 할래요?

스폰지 : 지난 주에도 그래프… 그려보기로 하지 않았어요?

개나리 : 네… 했는데 그래프로 그리진 않았어요.

상담자 : 그럼 안돼… 숙제 하기로 했으면 꼭 해야돼요… 이번엔 꼭 하세요. 이런건 제가 원하는 숙제가 아니었어요. 좀더 자신을 객관적으로 보면서 그 동안 내가 보지 못했던 나의 좋은 점을 찾아내는 것, 숙제로 냈다면 그런 걸 거예요. 개나리님이 영어책 한 권을 그대로 외울 수 있다는 건 정말 뛰어난 능력이거든요. 그런 걸 찾아서 자신의 능력을 인정해 주는 것… 그런 것들이 필요해요. 내가 왜 사는가… 누구한테 내세우려고 사는가… 인격적인 성숙함을 얻기 위해 사는 거지, 내세우려고 사는 건 아니란 말이죠. 그쵸? 내세우려고 사는 게 아니라, 정말 인간다움을 성취하려는 거다라고 한다면, 겉으로 나타나는 학벌이나 이런 것들은 단지 하나의 액세서리일 뿐이지, 본질적인게 아닌데, 내가 왜 액세서리 같은 것에 연연해 하고 있나, 그럴 필요없다… 그 시간에 열심히 실력이나 닦자, 이렇게 자기고백을 통해서 자기 마음을 다스리란 말이죠. (약간의 침묵) 됐어요? 넘어가도 돼요? 개나리님 이슈는 너무 중요한 것이기 때문에 집단이 끝나기 전에 또 한 번 꺼내서 다시 논의해봐도 좋을 것 같아요. 지금은 넘어갈까요? 그럼 이제 여지껏 한 번도 얘기할 기회가 없었는데, 항상 밝은 웃음을 선사해주는 우리 스폰지님께 자신의 얘기를 열어볼 기회를 드릴께요.

스폰지 : 제일 처음에 이 집단에 오기 전에 A, B, C를 한 번 찾아서 써오라고 하셨잖아요? 그

때 생각났던 건데, 그 동안 세 번의 인지치료집단을 통해 스스로 생각을 하면서 좀 정리가 되긴 했어요. 뭐냐면요, 저는 어떤 상황이나 기회가 주어졌다, 예를 들어 강의의뢰, 어떤 훈련, 또는 교회 상담팀일 수도 있고… 이런 등등의 기회가 주어졌을 때 여지껏은 거의 그러한 것들을 꼭 시작해야 했어요. 시작을 한 다음에는 너무 많으니까 감당 못하고 힘들어 하고요. 한 번은 여기 ○○선생님이 '그렇게 많은 일들을 어떻게 다 해요?' 라고 하더라구요. 제 친구들도 제 주변에서 항상 '넌 참 일을 몰고 다닌다' 라는 말을 많이 했었거든요. 그리고 '어떻게 보면 니가 그런 일들을 다 즐겨 하니까 그런 일들이 주어지는 것 같기도 한데, 굉장히 힘들어 보인다' 라는 말을 많이 들었었거든요. 그것에 대해 저한테 깔린 비합리적인 신념들이 무엇인지 한 번 찾아보고 싶어서 이걸 내놓았어요.

상담자 : 그러니까 일들을 막 찾아서 한단 말이죠?

스폰지 : 찾아서 하는 것도 있고 여러 가지가 있어요. 누군가 맡겼을 때 거절하지 못하니까 맡게 되는 것도 있고, (음~) 정말 하고 싶은데 이 기회가 놓쳐지면 다음에 또 기회가 올까, 그러니까 젊었을 때 그리고 아직 아기가 없을 때 해야 한다 등 이런 식으로 저에게 합당한 이유를 찾아서 하는 거죠. 다 거절하지 않고 다 수용하는데, 너무 많다보니까 힘들게 되는 것이죠.

상담자 : 그렇다면 그렇기 때문에 스폰지님이 겪는 정서적인 불편이 뭐예요?

스폰지 : 정서적인 불편이요? 음…. 정서적인 불편은 없는 것 같고, 육체적으로 힘들다… 피곤하다.

상담자 : 힘들다, 피곤하다?

옹달샘 : 하면서는 재미있어 하는 것 같은데요.

상담자 : 근데 힘들다, 피곤하다는 신체적 어려움이잖아요. 그냥. 제가 볼 때 이것이 굳이 어떤 심리적 부적응 상태가 아니란 말이죠. 그렇다면 이게 인지상담의 주제가 안될 것 같다는 생각이 들어요. 내가 어떤 정서적인 불편, 행동적인 불편… 이건 신체적인 것이지 행동적인 게 아니란 말이죠. 내가 심리적으로 어떤 어려움이 있는데 그 어려움은 이러이러한 것 때문에 그렇다, 스폰지님은 그냥 시간이 없고 힘이 들 뿐이지 심리적으로 이걸 조절하지 못하는 건 아니잖아요. 어때요? (네…) 그렇다면 내 생각에는 인지상담의 주제라기보다는 스폰지님 자기 자신의 관리 문제야. (웃음) 심리적으로 힘든 부분이 있다면 그걸 얘기해주면 더 좋겠지.

스폰지 : 전 그다음에 어떻게 생각을 했냐면, 음… 아까 말한 그런 일들이 그때가 꼭 기회다… 그때 꼭 해야만 한다, 이런 비합리적인 생각을 제가 가지고 있었던 건 아닌가라고 생각을 하면서….

상담자 : 아… 그건 그럴 수 있죠. 모든 기회는 내가 놓치면 안된다…, 그런데 그게 만약 나한테 부담을 주지 않는다면 굳이 우리가 그걸 비합리적이라고 몰아부칠 필요가 있난 말이죠. 제 얘기는… 그러니까 피곤하고 힘들고 이런 것은 심리적인 문제보다는 시간이

좀 없고 신체적인 에너지가 들어서 그런 것이기 때문에, 여기에 숨어 있는 게 큰 비합리적인 신념은 아닌데 그래도 어쨌든 그게 스폰지님을 부자연스럽게 만드니까 한 번 탐색은 해 나갑시다. 그러면 거절을 못하기 때문에 누가 부탁하는 모든 걸 한다. 그런 거 있었죠? 자, 그럼 이것 하나를 가지고 한 번 들어가 봅시다. 스폰지님이 거절을 못하는 이유가 뭐예요?

스폰지 : (침묵) 미안하니까….

상담자 : 내가 거절을 못하면 미안하다고?

스폰지 : 상대방한테요.

상담자[10] : OK, 그러면 상대방한테 미안하다는 느낌을 주면 안된다는 거잖아. 미안하다는 느낌을 주면 왜 안되는데?

스폰지 : 상대방도 거절받았다는 느낌을 받을테니까….

상담자 : OK, 내가 볼 때 그게 있는 것 같아.
착한여자 컴플렉스… 나는 많은 사람들에게 좋게, 좋은 인상으로, 착한 사람으로 남아 있다. 그러니까 거절을 못하는 거지. 이 생각이 있는 것 같지? 착해가지고… 결국 이런 게 있기 때문에 내가 힘들잖아. 거절을 못하니까. 내가 착한 여자라는 애기를 좀 안들어도 괜찮아. 착한 여자라는 말 좀 안들으면 어때. 그게 나를 좀 덜 힘들게 한다면 적절하게 거절을 해도 괜찮다는 것… 착한 여자라는 말을 안들어도 돼. 거기다가 가치를 안두는 거죠.

옹달샘 : 그런데 본인은 어떠세요? 착한 여자… 그런 이미지를 우리가… 저도 많이 받는데….

상담자 : 많이 받아요. 순하고 착하고 매력적이죠… 우리들한테 그런 느낌을 주고, 거기에 대한 보상도 많이 받겠지만 속으로는 이렇게 힘들잖아요.

옹달샘 : 거절못한다는 그것보다는 착한 여자… 이미지를 많이 주려는 그게 에너지를 많이 소모할 것 같은데… 그것의 일부분에서 거절을 못하는 거고, 어떤 일이든 잘해내려고 하는 마음이 있는 것 같구….

스폰지[11] : 그 거절하지 못하는 것 때문에 일이 생기는 것도 일부분이고, 거기에 더해서 맡은일은 다 해야 된다는 것도 있어요.

옹달샘 : 좋은 이미지를 주고싶어 하는 마음이 많은 것 같네요.

상담자 : 그건 우리가 조금 있다가 갑시다. 지금 여러가지가 나왔으니까 한 번에 하나씩만 하자구요. '맡은일을 무조건 다 해야만 된다' 는 조금 있다가 하고, '내가 왜 착한 여자로 다른 사람에게 남아야 하는가' 를 말해보세요.

스폰지 : '착한 여자로 남아야 한다' … 거기에 아직까지는 썩 동의가 안되는 것 같아요.

상담자 : 동의가 안되면, 다시 그 전으로 가서 나는 거절하지 못하기 때문에 뭐든지 하고, 거절

---

10) 스폰지님이 지닌 비합리적 생각의 탐색.
　　"나는 거절을 하면 절대로 안된다. 왜냐하면 나는 모든 사람에게 착한 여자라는 말을 들어야만 한다."
11) 스폰지님이 스스로 자신의 비합리적 신념을 부가하여 찾아낸다.
　　"나는 내가 맡은 일은 무조건 다 해내야만 한다."

을 하면 다른 사람한테 미안하다고 그랬잖아요? 내가 적절하게 거절을 하는데 왜 상대방에게 미안함을 느껴야 되지요?

스폰지 : (침묵) 적절하게 거절하는 건 생각을 안해본 것 같아요.

상담자 : 상대방에게, 상대방의 자존심에 상처를 주면 절대로 안된다, 이것 때문에 그런가요?

스폰지 : 최근에 제일 힘들었던 게, 9시 조금 넘어서 상담전화가 왔었는데 밤 11시 50분까지 내내 전화를 받아줬어요. 그 다음날 저도 숙제할 게 굉장히 많았었는데요.

상담자 : 집에서요? (네) 우와~ 너무 착한 여자네….

스폰지 : 물론 시기적으로 끊을 상황이 있었기도 한데, 그 사람한테는 그게 참 필요하다는 생각… 그런 것 있잖아요. (음) 굳이 위기상담이라고 말할 수는 없지만… 어떻게 보면 슈퍼우먼 컴플렉슨가? 해줘야 된다라는 생각이 들었기 때문에 제가 계속 전화를 받아줬고….

상담자 : 그러니까 해줘야만 된다라는 생각때문에 그런 거네. '저 사람한테 내가 지식인으로 봉사해야만 된다' … 이런 거예요? '나의 도움이 필요한 사람에게 나는 항상 곁에 있어야만 한다' 이건가?

스폰지[12] : 제가 그만큼 많이… 먼저… 받았으니까 나눠줘야 된다….

상담자[13] : 나눠주는 건 좋은데, 스폰지님께서 방법을 잘 생각해봤으면 좋았을 뻔 했다… 그쵸? 내가 급하게 당장 할 게 있으니까 그분한테 이해를 시킬 수도 있잖아. 제가 내일 시험이 있거든요. 페이퍼를 써야 되거든요. 전화번호 주시면 내일 끝나고 전화를 드릴께요. 그렇게 다양한 채널을 생각하지 않고, 그때 곧바로 그 사람의 요구에 충족시켜줘야만 한다는 그런 생각 때문인데, 그건 그럴 필요는 없죠.

스폰지 : 그걸 생각하지 않았던 것 같아요. 어떻게 거절하느냐를 생각안했던 것 같아요.

상담자 : 요즘에 그런 말도 있어. '나쁜 여자가 성공한다' (웃음) 착한 여자는 성공 못해. 그 책이 지금 베스트셀러라는 것 아니요? 요부분은 그래야 되겠다. 거절을 못하기 때문에 뭐든지 하고, 거절하면 미안하다… 미안할 필요가 없는 감정을 내가 느끼고 있는 건데, 미안해도 괜찮아요. 우리가 어떻게 평생 미안함을 느끼지 않고 살 수 있어요? 그쵸! 그러니까 스폰지님은 미안함을 느끼고 싶지 않기 때문에 계속 주는 거잖아. 근데 안주고 내가 미안함을 좀 느껴도 괜찮단 말이지. 그런 생각은 그렇게 조정해볼 수가 있고. 사람한테 적절하게 거절하는 방법, 그 사람의 자존심에 상처를 가하지 않고 내 일을 하면서, 전화번호를 받아서 내 일을 해준다든지, 그래도 괜찮은 거지… 그래도 전혀 그 사람의 자존심이라든지 스폰지님의 자존심에 상처를 받는 게 아니니까 그건 그렇게 하면 될 것 같아요. 그리고 스폰지님이 동의할 수 없다고 하는데, 그건 아마 의식적으로 받아들이기 어려워서 그런 걸 것이고, 의식의 내면에는 착한 여자 컴플렉

---

12) 내담자 스스로 찾아낸 비합리적 생각.
   "내가 그만큼 먼저 많이 받았으니까 나누어주어야만 한다."
13~14) 스폰지님이 지닌 비합리적 생각의 논박의 과정.

스가 있어요. 착하게 보여야만 한다, 다른 사람에게 선한 인상을 주어야만 한다. 이런 게 있어요. 그러면 좋지만, 꼭 그래야만 되는 건 아니잖아. 그걸 좀 느슨하게 풀면 좀 편해질 수 있겠죠. 이건 스폰지님한테 숙제로 드릴게요. 그다음에 '맡은 일은 꼭 다해야만 한다' 이것도 봅시다. 왜 맡은 일은 꼭 다해야만 해요? 왜?

스폰지 : 그게 인간의 도리 같아요. 만약 책임을 맡았으면 그 책임을 지고 해야되는 게 당연한 거잖아요.

상담자 : 근데 엄밀하게 말하면 인간의 이름으로 말할 때 당연한 건 아무것도 없어요. (웃음) 이게 사고의 자동화일 수 있어요. 우리는 당연하다고 생각하는 것이 너무나 자동화되어 있기 때문에, 사고를 받아들이는 데 있어서 사색의 과정을 거치지 않고 받아들여서 내 행동으로 연결되게 하죠. 그러니까 어떻게 보면 고정관념일 수도 있죠. 이제 앞으로는 내가 생각하고 있는 것이 고정관념은 아닌가, 사고가 자동화되어 있는 것은 아닌가, 그걸 한 번 브레이크를 걸면서 내 사고의 체계에 대해서 살펴볼 필요가 있어요. 내가 왜 꼭 맡은 일을 다 해야만 하나, 의심의 여지없이 다해야만 한다고 생각하잖아.

스폰지 : 지금 생각해보니까 그런 것도 있는 것 같아요. 맡은 일을 다해야 되는 것도 남한테 피해를 주면 안된다… 아까 말한 것으로 한다면 오히려 수퍼우먼 컴플렉스보다 착한 여자 컴플렉스 쪽에 더 가까운 것 같다는 느낌이 들어요.

상담자[14] : 피해를 주지 않도록 해야겠죠. 그러나 피해를 주면서 살아도 된다, 그렇기 때문에 매일 피해를 주자, 그런 건 아니죠. 다른 사람한테 피해를 안주면서 사는 것이 도리이지만 인간이 맨날 그럴 수는 없단 말이죠. 피해를 주기도 하고 받기도 하면서 사는 거죠. 그렇게 조금만 생각이 느슨해진다면 나를 좀 보호할 수 있지 않을까. 성공을 많이 한 사람들한테 이런 것들이 많아요. 이런 생각들이 많기 때문에 성취도 많이 하고 그러지요. 그렇긴 한데, 이런 생각들 때문에 정신적으로 불편한 부분들이 생기죠. 그것을 잘 조절해야 되겠지. 동양의 중용의 사상과 합리적인 사고와 맥이 같다고 하는데, 중용에 보면 이런 말이 나오거든요. '君子時中'이라고 여기에서 때는 때 時, 알맞을 중 中자를 써서 '군자는 무릇 때에 알맞게 행동한다' 그러니까 적절하게 알맞는 행동을 하는 게 중요한 것 같아요. 자기가 세워 놓은 원칙과 규칙에 의해서 틀에 박혀 있기보다는. 그게 융통성이 아닌가도 싶구요. 이것을 잘못 받아들이면 이래도 좋고 저래도 좋고, 나는 남에게 피해를 줘도 되고 그런 건 아니예요. 피해를 안주고 살아야지. 그리고 아까 얘기한 것처럼 자기가 맡은 일은 꼭 해야지. 그러나 다해야 한다는 그 궤변을 성취하기 위해 무슨 일이 있어도 다해야 한다는 건 의미가 없단 말이예요. 알겠어요?

스폰지 : 네. 정말 그런것 같아요.

상담자 : 그럼 스폰지씨가 정리를 한 번 해보세요.

스폰지[15] : 굉장히 어렵네요… 우선은 두 가지 찾아낸 것도 좋았는데, 그러니까 일을 다하는 것

---

15) 스폰지님이 자신이 지닌 비합리적 생각을 다시 한 번 정리함.

에 대해서 거절하지 못하기 때문에 다해야 했고, 그런 것들 때문에 제가 참 피곤했다. 그리고 그 이면에 거절하면 상처를 줄까봐, 그 일을 안하면 불편함을 주게 되니까, 다 해야 한다는 자동화 사고가 제 마음속에 있었다…, 사람이 물론 남에게 피해를 주고 살면 안되겠지만 어느정도 꼭 그래야만 되는 건 아니다. 그 사람에게 거절을 할지라 도 상처가 안될 수도 있는데, 상처가 될 것이라고 생각했기 때문에 거절못한 것일 수 도 있고….

상담자 : 그러니까 그 밑에 상처를 주면 안된다는 건데, 그래도 괜찮단 말이죠.

스폰지 : 예, 잘 거절했을때 상처를 덜 받을 수도 있다, 그리고 그 사람이 내가 거절했다고 해 서 상처받는 건 아니다, 또 한편으로는 상처를 받을 수도 있다. 좀 생각을 느슨하게, 융통성 있게 하는 것이 필요하다.

상담자 : OK, 고마워요. 그러면 정리된 생각을 찾아내셨죠?

스폰지 : 네.

상담자 : 그러면 그 정리된 생각을 내재화하기 위해서 어떤 노력을 할 수 있겠어요?

스폰지 : 제가 학교에서 강의하는 것 때문에 집 전화번호랑 하이텔 I.D를 알려드렸거든요. 이 곳에서 만난 내담자가 아니라 그곳 사람들이 전화를 많이 하는 것이거든요. 그런 것 들을 적당히 거절하는 것….

상담자 : 네, 적절히 거절하는 연습… 또요?

스폰지 : 그것하고, 더이상 일을 안벌여야 할 것 같은데, 지금 교회 상담팀에서도 또 내담자를 맡아야 하거든요. 이런 부분도 잘 거절해야 할 것 같고 그 상태에서 좀더 많이 생각하 면서 지내야 할 것 같아요. 전 이런 생각도 했거든요. '나는 사람들에게 인정을 받아 야만 한다' 엘리스의 비합리적 사고 중 첫 번째로 있잖아요. 그게 저한테 참 많이 작 용을 하고 있구나, 하고 생각을 했었거든요.

상담자[16] : 그러니까 거절을 하면 안된다는, 맡은 일을 다해야 한다는 이면의 생각이 뭐냐면 나 는 내가 알고 있는 많은 사람들에게 인정받고 싶다는 것이죠. 인정받아야 하니까 내 가 거절하면 안되고, 인정받아야 하니까 맡은 일을 꼭 다 해야 하는 것이지. 논박을 할 때는 이런 것들을 꿰 나가야 하겠지만 궁극적으로 그 스키마, 그걸 꿰는 게 더 중 요한 거예요. 내가 왜 인정을 받아야만 되는가, 아까도 같은 주제인데 내 잣대로 나의 삶을 살아가는 것이지 내가 다른 사람들에게 인정을 받기 위해 사는 건 아니라는 거 죠. 내 일을 열심히 하면서 부수적으로 인정이 따라오면 좋지만 인정 그 자체가 삶의 목적은 아니잖아.

스폰지 : 저는 엘리스가 말한 그런 비합리적 사고가 저한테는 별로 없을 것 같았거든요. 그 첫 번째로 말한 비합리적 사고가 저한테 있다는 게 참 놀라웠어요.

상담자 : 그게 사람들한테 제일 많으니까 11개 중에서 제일 먼저 나오지요.

스폰지 : 그래서 엘리스가 참 대단하다는 생각도.(웃음) 아무튼 행동적으로 해야될 것 같고…

---

16) 논박을 할 때 가슴 속 깊은 곳에 숨어있는 내담자의 신념인 스키마를 찾아서 논박하는 것이 중요함을 역설.

그다음에 또 뭐가 있을까요?

상담자 : 행동적으로 그랬으면 인지적으로도 들어가야죠. 그러니까 거절을 좀 해도 괜찮고, 거절을 하기 때문에 내 인간성 자체가 파괴되는 게 아니다, 또 맡은 일을 꼭 다해야만이 책임감있는 사람은 아니다. 내가 맡은 일을 다 하도록 최선을 다해야 하겠지만, 좀 못해도 괜찮단 말이죠. 그것을 되뇌이든지, 쓰는 걸 좋아하면 쓰던지 그러면서 아까 사과씨처럼 묵상을 해서 내 것이 되도록 해야겠죠. 실제로 거절을 해야 할 상황에서 적절한 거절을 하면서 동시에 자기자신에게 언어적 암시를 주는 거예요. 앞으로 많은 사람들이 요구를 해올 건데, 그럴 때 물론 내가 조절할 수 있는 건 수용하면 좋죠, 하지만 다룰 수 없는 것에 대해서는 상대방을 존중하면서 요구는 거절하고, 거절하는 순간에 나한테 합리적 신념을 말하란 말이예요. '거절해도 괜찮아⋯ 거절한다고 해서 내 가치 자체가 하락하는 건 아니고, 저 사람한테 인정을 못받는 것도 아니다. 또한 내가 인정을 받기 위해 사는 건 아니다' 라고 스스로가 자기의 생각을 강화시키도록 하란 말이예요. 그리고 그럴 때마다 기록을 좀 해가지고 오세요. 앞으로도 일주일 동안 많은 사람들이 스폰지씨한테 부탁을 할텐데, 그때 어떻게 대처했고 그때마다 내가 신념을 어떻게 자기언어를 통해 낭송을 했는가를 잘 살피세요.

스폰지 : 너무 힘드니까 아예 상황 자체를 회피하게 되는 것 같아요. 별로 바람직하지 못한데⋯ 예를 들어 전화가 와도 호칭에 따라서 늦게 들어오기도 하지만 친구나 학교 누군데요, 하면 바꿔주고, 선생님이나 교수님 하는 건 없다거나 잔다고 그러고⋯ 특히 오전에 강의한 날에는 더 전화가 많이 오거든요. 어제도 오랫만에 일찍 들어가서 좀 쉬려고 했는데, 내내 전화가 오는 거예요. 전화를 그렇게 오래 받으면 저뿐만 아니라, 부모님도 너무 싫어하세요. TV 보는데 소리도 안들린다고 그러시구요.

상담자 : 거절하는 연습을 하고, 그때 어떤 상황에서 어떻게 거절했고, 그때 나에게 어떤 자기고백을 낭송했다는 것을 기록해 오세요. OK, 이거 좋은 발견이었다, 그쵸? 넘어가도 될까요? 그럼 다른 분들이 특별히 하고 싶은 얘기, 지난주 동안 해결되지 않았던 불쾌한 감정이 남아 있다든지 하는 것을 얘기해도 괜찮겠죠.

스폰지 : 또 말하고 싶은 게 있는데요, (예⋯) 이것과 관련된 건데. 이 시간 끝나고 테이프를 풀어오는 것 있잖아요. 테이프를 나중에 풀어오겠다고 말하는 것에 대해서도 두 가지 생각이 들어요. 그 상황에서 다른 분들도 테이프를 계속해서 가지고 있으면 다 힘들잖아요. 그런데 물론 양해를 구하고 나중에 풀어온다고 하지만, 그래도 하나는 그렇게 거절할 수도 있지, 하면서도 미안한 마음도 들고, 또 한편으로는 좀더 느슨하게 생각해서 좀 나중에 드려도 되는데 바로 해드려야 된다는 생각 때문에 거절하는 건가, 하는 생각이 들어요.

상담자 : 그럴 수 있겠죠⋯ 뭐. (웃음) 생각이 들 수 있는 건데, 우리가 그것을 항상 이분법적으로 이게 합리적인가 비합리적인가를 따르는 것 자체가 좀 그렇잖아요. 그 생각 때문에 어떤 정서를 체험했어요?

스폰지 : 전자로 얘기하면 미안하죠.

상담자 : 미안함… 그렇구나, 그거야 바쁘면 좀 못할 수도 있고, 나중에 할 수도 있고 그런 거죠. 미안함이라는 정서를 갖는다는 건 좋네요. (웃음)

옹달샘 : 본인이 그때 그런 말을 했을 때에는 미안함보다는 내가 가짐으로써 못하는 것에 대한 미안함이 더 클 것이라는 생각이 들었기 때문에.

스폰지 : 다른 사람들도 피곤한데…를 생각하면 다른 사람들한테 불편함을 주는 거니까 미안한 거구, 맡아 갔는데 못해오면 거기에 대해 또 미안한 거구.

상담자 : 그건 미안함보다도 죄책감일까? 꼭 내가 해야 하는 걸 못해온 것은?

스폰지 : 맡은 일은 다 해야 한다는 것이 제일 강했던 것 같구, 그 이면적인 것은 아직까지 생각못해본 것 같구요.

상담자 : 그러니까 늦게 좀 할 수도 있고, 다른 사람한테 좀 불편을 줄 수도 있다고 생각하면 좀 편해질 수 있겠죠. 좀 늦게 해온다고 누가 큰일나는 것도 아니고, 이날까지 꼭 해와야 한다는 것도 아니잖아요. 그쵸?

옹달샘 : 스폰지님은요, 사는 방식이나 얼굴 표정 자체가 선량하고 남에게 착한 이미지가 많기 때문에, 자기가 하고 싶은대로 해도 남들이 못됐다는 얘기는 안할 것 같아요. 기본적으로 그것을 깔고 있기 때문에 지나치게 그런 것까지 생각하지 않고 맘대로 해도 남들이 그렇게 생각 안할 것 같아요. (웃음)

상담자 : OK, 예, 그 마음을 접수하고 그건 넘어갑시다. 음… 옹달샘님은 얘기할 것 없어요?

옹달샘 : 이제 큰 것들을 하나씩 처리하고 나니까 별로 생각나는 것이 없는 것 같아요.

상담자 : 아무거나 좋아요.

옹달샘 : 근데 이 집단에 참여하면서 느낀건데요. 인지치료집단에서는 일단 치료자가 다른 집단보다는 주도권을 많이 쥐고 있는 편이잖아요. (음) 근데 어떤 느낌이 드냐면요, 어떤 내용을 정리해주기보다는, 물어주는 형태가 그 사람이 질문을 받으면서 생각도 하게 되고 자기에게 더 와닿을 것 같다는 생각이 들거든요. 저는 그러지 않았다는 얘기는 아니지만, 선생님께서 정리를 많이 해줬다는 느낌을 받아요. 그래서 그걸 유도하시는 질문 형태로 물어봐 주신다면….

상담자 : 저도 이론적으로 강의시간에 설명하는 건 그렇게 해요. 오늘 아침에 인지치료 교실에서도 그런 설명을 했는데, 그러니까 적절하게 질문에 대해 잘 따라와 주면 계속 그런 질문이 나가겠지… 그건 가장 바람직하고 이상적인 건데 잘 따라와주지 않을 때 제가 지시적으로 나가는 경우가 많아요. 그러니까 여러분들이 질문에 대해 적절하게 잘 대답해주지 않았다고 봐야지. (웃음)

옹달샘 : 그럼 속도감이라는 게 있는데요, 라고 반박을 하고 싶은데요, 빨려 들어가는 속도가 있고, 이해해 나가고 체계를 잡아가는 데 걸리는 시간이 있는데, 물론 이 집단에 들어오기 전부터 다 숙독하고 들어오라고 얘기는 했지만, 그 틀을 형성하는… 인지적인 사고를 형성하는데, 선생님께서 몇 년에 걸쳐서 하셨던 것 만큼, 저희들도 집단상담

을 하면서도 절대적인 시간이라는 게 필요하잖아요. 그래서 조금 여유랄까 그런게….

상담자 : 저도 그럴 수 있어요. 저도 말을 많이 안하고 유도를 해서 집어내야 하는 역할을 해야 하는데… 저도 모르게 말을 많이 하고 정리를 많이 하는 것 같아….

옹달샘 : 강의를 많이 하셔서 그런 것 같아요.

상담자[17] : 그런 것보다는 더 바람직한 건, 맞아요. 아까 말했듯이 질문을 던져서 스스로가 자극을 받아서 자신을 정리하게 하는 게 더 훌륭한 상담자의 기술이지. 힘도 덜 들고. 그러기도 하고, 인지적인 건 워낙 지시적이고 적극적으로 개입을 하다보니까 더 그런 것도 있고… 그런 것 같아요. 이제부터 좀더 적극적으로 해주세요. (웃음)

스폰지 : 물론 적극적으로 하고 싶은 마음도 있거든요. 있긴 한데, 번데기 앞에서 주름잡는다고… 말을 쉽게 잘 못하겠더라구요.

상담자 : 그건 제가 잘못한 거예요. 제가 그런 느낌을 받게 하면 안되는 건데.

스폰지 : 하시는 말씀을 들으면요, 아… 참 맞다… 하는 생각이 드니까요.

옹달샘 : 그러니까 한 번 듣고는 넘겨버리는 거죠.

상담자 : 사실은 저는 그러고 싶지 않았어요. 같이 하고, 동료상담자로 같이 하고 싶었는데…. 내 잘못이야. (웃음)

스폰지 : 그게 아니라… 잘하신다는 것을 더 강조하고 싶었는데….

상담자 : 치료자가 말을 많이 안하는 게 더 좋아요. 이건 계속 얘기되는 건데, 가르침… 이런 것도 같이 들어가고, 또 가르쳐주고 싶다, 이런 마음이 많이 들어가서 더 그랬던 것 같아요.

사 과 : 저는 그런 걸 느꼈어요. 아까 숙제점검을 했었잖아요. 그런데 제가 인지치료집단이라는 것을 처음 참석했기 때문에 어리둥절한 것인지, 그건 잘 모르겠지만요. 속전속결 같은 느낌이 막 들었어요. (음) 5일을 했으면 상을 무엇을 주고, 5일을 다 하지 못했으면 어떤 벌을 주고, 이런 것을 순식간에 해치워버린다는 느낌이 들어서, 황당해서 그 다음에는 모든 상황이 너무 빨리 돌아간다, 그런 것을 계속 느꼈어요. 전 사이드로 가서 뭐가 이렇게 정신없이 돌아가나, 하지만 잘되긴 한다, 뭔가 효과적인 면에서는 참 좋은 것 같기는 한데, 너무 여유가 없다는 것을 막 느꼈어요.

상담자 : 그 얘길 하니까, 저도 그렇게 느낌이 듭니다. 조금 더 참석하게 해보고, 조금 더 합의를 도출해보고, 그 다음에 가도 되는데 그건 치료자의 비합리적인 생각이 있어서 그럴거예요. 치료자가 여기 있는 사람들에게 그룹의 역동이 왕성하게 일어나서 빨리 빨리 많은 사람들에게 좀 많은 것을 주고 싶다, 주어야만 한다는 치료자의 비합리적인 생각이 있었나봐. 좀 천천히 줘도 괜찮고, 여기서 이 사람들이 안가져가도 괜찮다. 그렇다고 해서 그것이 치료자의 무능력함 때문에 그런건 아니다… 그렇게 제가 좀… 생각했다면 빨리 안갔을텐데… 듣고보니까 좀 그렇다. 제가 좀 빨라요… 제가 강의를

---

17) 인지치료에서 필요한 훌륭한 상담의 기술을 상담자가 정리해주는 것이라기보다는 상담자의 질문을 통해서 내담자 스스로 정리해 나가는 것임을 설명.

하든지 뭐를 하든지 천천히 가는 것, 여유있게 가는 것, 느슨하게 가는 것을 많이 강조하거든요. 제가 못하니까 그걸 강조를 많이 해요. 그럼 아까 그 상황에서는 어떻게 해줬으면 더 좋았을 뻔 했어요?

사　과 : 그런 것은 따로 생각해보지 않았구요. 그냥 지금 이렇게 이제껏 한 사람 두 사람씩 했던 것을 4회가 되면서 총정리하고 점검하면서 계속 이렇게 진행되잖아요. 다음주에도 또 이런 식으로 계속 하다보면 앞부분이나 3분의 2 이상은 점검하느라고 정신없이 돌아가다가 나중에 시간이 남으면 그다음에는 무엇을 할까… 이런 식으로 돌아간다면 정말 점검하는 시간으로 끝나는 건 아닌가, 정말 내가 일주일 동안 어떻게 변했나 내가 어떤가, 그걸 얘기하기보다는, 점검이 어떻게 돌아가나… 그런 것에 급급하지 않았나….

상담자[18] : 그런 느낌을 받았다면 받았을 수도 있는데, 보통 인지상담은 숙제점검부터 시작해요. 음, 엘리스는 그런것 같아, 제가 쭉 관찰을 해보면, 그 집단도 그렇고, 개인도 그렇구요. 전 개인 상담 때도 그래요. 일단 숙제 내준 것부터 점검을 하면서 상담을 시작하거든요. 그건 단순히 점검이 아니라, 점검을 하면서 그 과정을 통해서 지난 시간의 이야기들이 주욱 나오는 거죠. 부드럽게… 그런데 우리 선생님들은 단순히 내가 이러이러한 숙제를 했다라고만 보고를 했겠지. 음… 그것은 저의 미숙도 있겠지. 숙제를 보고하면서 자기 일주일 동안의 시간도 얘기하고… 그렇게 가야 되겠지… 그죠. 제가 바랐던 건 숙제를 점검하고, 숙제를 하는 과정 가운데서 어떤 어려움들이 있었나, 어떤 변화된 것들이 있었나, 이런 얘기를 하면서 자연스럽게 일주일 동안의 이야기들이 나오는 거예요. 숙제가 굉장히 중요한 부분이기 때문에, 앞으로도 그건 제가 계속 그렇게 할거예요.

향　기 : 선생님, 그런데 그렇게 생각하면 원래 이 집단이 적어도 7명 정도는 되야지 집단이 역동적으로 돌아간다고 말씀하셨잖아요. 근데 인원이 더 많았으면, 그 숙제 점검을 어떻게….

상담자 : 더 많았으면 숙제점검을 더 간단하게 하고, 초점을 두세 사람한테만 두죠.

향　기 : 다 다루지 못하고요?

상담자 : 네… 그리고 엘리스가 하는 것을 보면, 계속 돌아가는 개방 집단상담을 하는데, 한 사람한테 그렇게 많은 시간을 안줘요. 보통 7~8명 정도 있으면 2시간 15분을 하거든요. 1시간 45분은 엘리스와 하고, 30분은 옆방에 가서 리더하고 다른 것을 하고 그러거든요. 7명이 있으니까 1시간 45분을 7로 나눠봐 그래서 여러 사람한테 골고루 가게 해요.

향　기 : 그러면 매 상담시간마다 사람들이 새로운 문제를 가지고 와요?

상담자 : 매 시간마다 새로운 문제를 가지고 오는 것은 아니지요. 제가 처음에 그걸 물어봤어야 되는데, 자기가 해결하고 싶은 것… 있잖아요. 근데 처음시간에 사과씨의 얘기가 길어져서 못 물어봤어. 뭘 물어보고 싶었냐면 이 집단을 통해서 어떤 것을 성취해가

---

18) 인지치료에서 숙제가 중요한 부분이므로 회기의 시작을 숙제의 점검부터 하는 이유를 설명.

고 싶은가… 그걸 물어보고 했었어야 되는데, 지금 물어보기는 너무 많이 늦었어요. 그래서 그냥 진행하고 있거든요. 그러니까 자기가 크게 해결하고 싶은 것 있잖아. 그 것을 내놓구, 또 처음부터 그걸 내놓는 사람은 별로 없거든요. 얘기를 하다가 나중에 내놓을 수도 있고… 그렇지요.

향 기 : 그러니까 연관된 주제라구요.

상담자 : 또 설명으로 되어버렸네. (웃음)

스폰지 : 아까 그… 거절을 하면 상대방이 상처받을 것 같다…는 생각이 어디서 나온 것 같냐 면요…(웃음) 뒷북치는 건가? 제가 그렇게 상처를 잘 받기 때문에 그런 것 같아요.

상담자 : 음… 내가 상처를 잘 받으니까, 저 사람도 그럴 것이다, 라고 미리 짐작을 하고? 스폰 지님이 상처를 받을 때 괴롭군요.

스폰지 : 갑자기 생각이 나는데요. 얼마 전에 학교에서 어떤 일이 있었냐면요. 한 선배언니가 얘기 좀 하자고 절 부르더라구요. 처음엔 무슨 부탁인가… 하고 갔었는데, 너 지금 참 많은 일을 하고 있다, 결혼도 했고 더 힘든 건 알겠는데, 저희 학교에 연구회가 있는 데 제가 지금 많이 도와드리질 못하고 있거든요. 네가 박사과정 중에서 제일 어리고 그러니까 석사애들을 데리고 실제적으로 발로 뛰어야 될 부분들이 있는데… 이해는 하지만, 좀 그렇다… 그러니까 언니들한테 자주 전화 좀 하고 그러라구요. 그때 언니 는 좋게 말하라고 그랬는데. 그리고 여기서 상담하는 게 학과와 연관도 되고, 또 네가 선호하고… 좋아해서 하긴 하지만, 네가 깊게 파고들 부분은 그 쪽이 아닐 수도 있는 데… 학교 자리잡을 때도 그렇고 네가 오히려 낙동강 오리알처럼 될 수도 있을 것 같 아서 두렵다, 그만큼 시간을 투자해서 할 만한 가치가 있느냐… 이런 것을 얘기를 주 욱 해주셨고, 그때는 그냥그냥 넘겼었거든요. 그런데 그 말도 굉장히 상처가 되더라 구요. 집에 오는데 계속 생각나고 많이 속상하더라구요. 내가 그렇게까지 뭘 잘못했 나… 하는 생각도 들고, 좀 그랬었거든요. 이 생각을 하니까 내가 거절 당하는 상처받 는 것을 참 아프게 여긴다, 그렇기 때문에 남한테 더 그렇게 하지 않나… 하는 생각이 지금 드네요.

상담자 : 네, 그럴 수 있죠. 결국 내가 상처를 못주는 건 내가 상처받으면 안된다, 이거네요?

스폰지 : 네… 좀 그렇게 돌아가고 있는 것 같아요.

상담자 : 다른 분들 좀 얘기해 주세요…. (웃음)

옹달샘 : 그건 어떤 다른 사람의 평가잖아요. 나에 대한 평가, 평가에 대해 민감한 경우를 말하 는데, 모든 사람이 민감한 건 아닌데 본인이 민감하니까 남도 민감할 것이다… 라고 일반화시켰다고 해야 하나? 그런 생각 때문에 더 거절못하는 건 아닌가하는 생각이 드네요. 오히려 평가에 민감하지 않은 사람, 덜 민감함 사람도 있다라는 것을 생각하 면 좀더 도움이 될 것 같은데… 거절을 했을 때 솔직히 순간적으로 기분좋은 사람은 없거든요. 하지만 거절을 했을 때 잊혀지는 거절이 있고요, 두고두고 생각나는 거절이 있더라구요. 쉽게 잊혀지는 거절은 어떤 부탁에 대해 얼마나 합리적이고 그 사람 입장

에서 생각해볼 때 거절하는 것이 합당했을 때 오히려 나에게도 편한것 같다… 나중에 뒷소리 듣는 것보다 그런데 분명히 해줘야 되고 내가 생각할 때에는 할 수도 있는 것 같은데 거절했을 때에는 두고두고 생각되고 미워지고 그러거든요. 그러니까 상황에 따라 잘 판단을 하면 될 것 같은데, 내가 무슨 얘기를 하려다 이 말이 나왔지? (웃음)

상담자 : 결국 얘기를 들어보니까 다른 사람이 다 나하고 같지는 않아요. 참 달라요. 나는 좀 상처를 쉽게 받지만 다른 사람들은 쉽게 안받을 수도 있고, 더 기본적으로는 상처는 받을 수도 있고 줄 수도 있는 것이고, 그리고 인지상담에서 더 기본적으로는 다른 사람들이 아무리 상처를 줘도 내가 상처를 안받겠다고 선택하면 되는 것이고 여기서 그걸 강조하잖아. '누구 때문에 내가 속상하다' 는 '때문에' 란 말을 하지 말라. 다른 사람은 너를 속상하게 할 수 없다… 니가 그걸 상처로 받아들이고 해석하는 것이지. 그러니까 내가 만약 거절했을 때 상대방도 마찬가지란 말이지. 그 사람이 그걸 상처로 받아들이고 해석한 건데, 그 사람의 해석과 받아들이기까지 내가 어떻게 할 수 있는 건 아니잖아. 그건 그 사람의 세계인데.

옹달샘 : 스폰지님이 말한 책임감이 여기에도 연결되는 것 같거든요. 그 사람의 상처마저 내가 책임지려고 하는 그 책임감….

상담자 : 네… 그건 과도한 책임감이에요.

옹달샘 : 특히 상담할 때 그렇지 않아요? 내담자의 상처마저 책임마저 내가 짊어지려고 하는 경우… 지나친 책임감….

스폰지 : 그렇지는 않은 것 같은데….

상담자 : 그래서 상담할 때 심리적 거리를 유지하라고 그러잖아. 나를 보호할 수 있는 적절한 심리적 거리를 유지하라… 내담자가 아니라 보통 사람일 때도 그런 거리를 유지해갈 수 있는 게 우리들의 능력이겠죠. 그죠?

스폰지 : 네… 그리고 말을 좀 잘해야겠다는 생각이 드는 게, 강의의뢰가 왔었는데요. 강의 시간이 제가 수퍼비전 받는 것으로 이미 스케줄이 잡혀 있는 시간이었어요. 제가 지난 학기에도 잘 참석하지 못했기 때문에 이번 학기엔 빠지면 안되거든요. 근데 그 언니가 제가 너무 바쁘니까 못주다가 갑자기 생긴 시간인데 내일까지 당장 강사를 구해야 하고, 그래서 급하게 전화가 왔어요. 그래서 제딴에는 급한데 거절하면 미안하고 해서 일단 하겠다고 했거든요. 그게 다시 없어져서 결국 안하게 되긴 했고 그 언니도 주었다 뺏은 격이 됐다고 미안하다고 그랬는데, 나중에 그 상황을 놓고 그 얘기를 전해들은 위에 말한 선배언니가 그러더라구요. 니가 그렇게 바쁘고 연구회 일도 잘 못하는데, 강의를 하겠다는 얘길 듣고는 참 이기적이라는 생각이 들었다구요. 물론 박사과정 중에 하는 강의는 경력도 안되지만, 그래도 자기한테 도움이 된다고 생각하니까… 하고, 그런 연구회 일은 안하나… 하면서 굉장히 서운했다는 얘기를 하더라구요. 그래서 말을 참 잘해야겠다는 생각이 들었어요.

상담자 : 인지적으로 보면 말을 잘해야겠다는 것, 이건 또하나 다른 방법이고, 내가 말을 잘 못

해도 괜찮단 말이야. 결국 나는 항상 말을 적절하게 잘해야만 한다… 이것이거든요. 어떻게 우리가 항상 말을 잘하면서 살아? 잘 못해도 되는데, 다만 행동적인 측면에서 적절하게 대화기술을 발휘해서 말을 하면 더 좋겠지… 그러나 지금 같은 상황에서 이미 말은 다 끝났고 상황은 다 벌어졌는데 그때 그 해석을 할 때 '그래,… 나 말못했는데, 그럴 수도 있지… 내가 어떻게 머리가 싹싹 돌아가서 100% 상대방의 구미에 맞게 얘기를 해줄 수 있나?… 괜찮아.' 이렇게 스스로를 달래는 거죠. 인지상담이니까….

스폰지 : 그렇게 안했기 때문에 이제껏 상처가 되었던 것 같아요. 그리고 거절과 관련해서 다른 사람에게 거절 못한다고 했을 때 그 거절 못함이 다른 사람에게 그렇게 다르게 인식될 수 있다는 게….

옹달샘 : 그 두 가지를 다 말하는 것 같거든요. 스폰지님께서 말하신 '항상 말을 잘해야만 한다'는 이슈도 있는 것 같고, 거절하지 않는다고 해서 내가 그 사람을 다 보호하는 행동은 아니라는 것… 그때는 내가 거절하지 못하는 게 그 사람으로 하여금 이기적이라는 느낌을 줄 수 있다는 것… 나는 선의의 마음으로 했지만 말이에요. 나의 편리, 나를 보호하는 것도 필요하다는 것… 이래도 저래도 욕들어먹는 건 마찬가지이니까요.(웃음) 보호본능을 좀 가져야 되지 않을까. (음…) 거절하지 않는 것이 꼭 남한테 상처를 주지 않는다라는 말이 꼭 성립되지는 않는다는 거죠.

상담자 : 거절하면 반드시 남한테 상처를 준다라는 등식이 성립이 안된다는 거죠?

옹달샘 : 네.

사　과 : 스폰지님… 얘기가 나와서 생각이 났는데, '나는 다른 사람들의 기대에 부응해야만 한다', '다른 사람이 기대하는 만큼 행동해줘야 된다…' 이런 것들이 있는 것 같아요. 그랬기 때문에 그래도 내가 그런 말을 안들었을 때는 그래도 다른 사람의 기대에 어긋나지 않았다고 생각이 들고… 그래서 편할 수 있었던 것 같고, 그런 말을 듣고 이기적이라는 말까지 들으니까 내가 그렇게까지 그 사람의 기대를 저버렸나 하는 생각에 상처를 받았던 것 같아요.

스폰지 : 네… 그러니까… 나는 다른 사람에게 인정을 받아야 한다… 거기서부터 나온 것 같아요.

사　과 : 그건 받아들이기 쉽지 않은데, 참 잘 받아들인다…. (웃음)

상담자 : 내담자의 특성들을 보면 상담자의 말을 잘 받아들이지 않는 사람들이 많은데, 이건 상담하기 좋은 특성이지… 뭐.

옹달샘 : 그런데 약발이 얼마나 가느냐….

상담자 : 그런데 통찰이 일어나면 굳이 막 연습을 하지 않아도 바로 연결되는 경우가 많아요. 그전에는 이게 비합리적이라는 것을 몰라서, 깨닫지 못해서 행동과 연결되지 않은 부분이 많이 있는데, 깨달은 순간은 굳이 내재화하지 않으려고 해도, 그 노력을 안해도 연결되는 것을 많이 봤어요. OK, 이제 시간을 보니까, 서서히 마무리해야 되는데, 향기님께서 오늘 많은 얘기를 안하고, 주로 들으셨거든요. 들으시면서 어떤 생각과 느

껌이 들었는지 얘기해주세요.

향　기 : 저 솔직히 얘기하면 심신이 늘어져 가지고, (웃음) 완전히 몰입이 되지는 않았던 것 같구요. 약간….

상담자 : 아파요? 아직도?

향　기 : 그냥… 아까 아침에도 얘기했는데, 주부통증이…. (웃음)

상담자 : 일하느라구?

향　기 : 아니… 팔에 통증이 와가지고… 좀 그랬구요. 음… 제가 오늘 오전 집단상담을 먼저 하고와서 그런지 오전부터 계속 생각하는 게, 아침에도 얘기했는데 제가 통찰을 잘 못하는 것 같다… 그것을 좀 생각하고 있었고 이 인지치료라는 게 결국은 자기의 인지적인 체계, 그게 너무 교과서적인 얘기일 수 있겠지만, 인지적으로만 바꾸는 게 아니라 그게 내재화해서 진짜 행동과 통합이 되어야지 참 변화가 일어나는 것일 거야, 그것을 여러 사람 사례에서 느끼고 있었어요. 그리고 조금 뭔가 석연치 않은 부분은 음… 뭔지 모르겠는데, 별로 깊게 들어가지 않는다는 느낌도 약간 있는 것 같아요. 그러니까 내가 오늘 몰입을 못했기 때문에 그런 건가… 내 문젠가… 아니면 아까 사과 님이 말씀하신 것처럼 그건 이렇게 이렇게 됐으니까 이렇게 이렇게 하면 돼요… 됐죠? 넘어가요. 그다음 사람. (웃음) 이렇게 되는 게….

상담자 : 음… 자, 그럼… 이게 우리 스타일의 문제인데, 잘 생각해봐야 할 것 같아… 스타일이 그렇기 때문에 깊게 안들어간 건가, 그럼 그렇게 하지 않고 좀더 시간을 많이 주고 생각할 수 있는 시간을 좀더 많이 허용해주면 좀더 깊게 들어간 건가….

옹달샘 : 그런데, 저에겐 그게 어떻게 들리냐면요, 내가 그렇게 머리를 싸매고 노력하지 않아도 된다… 그게 뭐냐면 정리를 해주고 그게 비합리적인 생각이다라고 짚어주시니까…, 그러니까 쉽게 정리가 된다는 거죠. 내가 일단 말을 묻기만 하면 정리가 다 되서 이러이러 하니까 이렇다… 마침표까지 딱 찍어 주니까 내가 굳이 그 문제에 대해서 내가 왜 그럴까… 깊이 깊게 생각되지 않는다는 것. 그러니까 선생님의 역할이 굉장히 너무 큰 것이죠.

상담자 : 내가 너무 정리를 잘해주는 거에요.

옹달샘 : 네.

향　기 : 그러니까 내가 스스로 생각한 것이 아니기 때문에 깊지 않다고 생각하는 것일 거다?

옹달샘 : 저 개인적으로는요. 아직 초기이지만, 다른 집단에 비해서 몰입이 안되는 게, 정리가 다 되어지고, 그러니까 특별히 나의 역할이라든지, 내 문제에 비춰보고 그런 것을 덜 해도 된다라는 느낌을 받아서 그런건 아닌가 하는 생각이 들어요.

사　과 : 또 그런 생각도 들어요. 인지집단을 하다보니까 사람마다 문제가 굉장히 입체적이고 다양하고 다르잖아요, 독특한데… 그게 인지라는 그걸 딱 씌워지면 평면화가 되면서 아, 이 스토리는 이것에 맞는 것, 이건 이것에 맞는 것… 하고 딱딱딱 떨어지고 그걸 찾아내는 것 같은 느낌 있잖아요….

상담자[19] : 그렇게 느낄 수 있겠죠. 하지만 여기가 역동적인 집단도 아니고, 인지를 내건 집단
이기 때문에 전 치료자 입장에서 그렇게 해줘야 된다고 생각해요. 그러니까 여기에서
여러가지 각도에서 내 문제를 해석하고 치유할 수 있겠지만, 여기서는 인지적인 입장
에서 내 문제를 보니까 이렇게 된 것이고, 인지적인 입장에서는 결국 내 문제를 이렇
게 치유하는 것이고, 이걸 명확하게 해줘야 될 의무가 있고, 그렇게 해줘야 된다고 생
각해요. 진도가 빨리빨리 잘 나가는 건 치료자가 잘하고 있기 때문이야. (웃음) 그건
분명히 그래요. 근데 그건 문제겠지. 치료자가 잘 하고 있기 때문에 빨리빨리 나간다
는 느낌을 다 같이 받았으면 참 좋은데, 다른 사람은 그렇게 봐주지 않잖아. 너무 빨
리 나가는 게 어쩐지 좀 이상하다는 느낌을 주는 건 제 책임일 수도 있는데, 그건 그
전에 선생님들이 이전에 있었던 집단에서 시간을 너무 많이 끌었던지, 너무 오래 가
졌었던지 그래서겠죠. 인지치료의 장점이 단기적인 거잖아요. 문제의 핵심을 간파해
서 빨리 가는 것. 제가 요즘 느낀 게 뭐냐면요, 5~6회만 해도 다른 식의 접근을 했으
면 훨씬 더 오래 지속됐을 문제의 증상들이 호전을 보여요. 그런 것을 우리가 예전에
했었던 치료에 익숙해져 있는데, 그것에 익숙해져 있지 않아서 빨리하기 때문에 이건
이상하다… 이상하다고 느낄 수는 있지만, 진짜 이상한 건 아니죠.

사   과 : 저도 그런 이상한 느낌이 아니라, 어리둥절한 느낌이예요.

상담자[20] : 그러니까 익숙하지 않아서 그런 거예요. 전 제가 이것에 대해서 정통하다고 생각해
요. 한 이론을 오랫동안 했으니까. 이론의 맥을 뚫고 있으니까 빨리 갈 수 있는 건데,
그걸 같이 못따라와 주니까, 너무 빨리 가는 것 같고 이상할 수 있고 그렇죠. 그 느낌
을 빨리 갖게 하는 건 제 잘못이고 그런 것 같아요. 그 느낌 자체도 없게 해야 되는 건
데… 이걸 하면서 저항은 없었어요? (예) 인지상담에서 저항은 어떻게 해석하냐면 치
료자가 문제를 맥을 관통하지 못하고 잘못 치료했을 때 저항이 생긴다고 얘기해요.
저항의 이유가 여러가지가 있지만… 하지만 저항이 없었다… 그럼 제가 잘한 거예요.
(웃음) 근데 너무 빨리빨리 가니까 그게 좀 이상한 건데, 그건 익숙하지 않으니까 그
럴 수 있어요. 너무나 역동적으로 정서를 중심으로한 강한 그룹 같은 것들을 그 동안
많이 했으니까.

향   기 : 그리고 선생님이 아까 궤변을 말씀하셨는데, 선생님이 해주시는 논박이 어떻게 생각하
면 말뒤집기 같은 거예요. 이렇게 말해놓으면 요렇게 뒤집어서 이런 것도 있잖니 그러
고, 다르게 말하면 이렇게 뒤집어서 그럼 이럴 수 있잖니… 하는 느낌이요. 어떻게 생
각하면 정말 그렇구나 할 수도 있지만, 이거 궤변 아냐?… 하는 안그렇다는 생각이….

상담자 : 그건 그런 느낌이 들 수도 있는데, 그것은 그때 제가 그 얘기를 했을 때 충분히 어떤
통찰이 이루어지지 않고, 충분히 생각할 시간을 안주고 넘어와서 그럴 수는 있을 거
예요.

---

19) 인지치료집단과 기타집단의 차이점 설명.
20) 인지치료에서 나타나는 '저항' 에 대한 설명.

향　기 : 그리고 선생님이 논박하실 때 보면, 저도 선생님이 개인상담하신 테이프를 듣고서 제 내담자한테 가서 똑같은 소리를 하고 있었는데, "니가 그렇게 생각한다고 해서 이 세상이 끝나는 건 아냐", (웃음) 이게 세상의 전부는 아니다… 그게 내 인생을 크게 어떻게 하는 건 아니다…라고 귀결을 하신단 말이예요. 그런데 그것이 선생님 화법에서 나온 거예요… 아니면?

상담자 : 원래 인지상담에서 그렇게 얘기해요. 인지상담에서 강조하는 게 뭐냐면, 대부분 우리가 불편을 느끼는 건 내가 지금 우울한 게 이세상의 끝이다, 내가 처해 있는 상황이 정말 끝장이다…라고 과장하는 사고가 많거든요. 과장하는 사고가 그렇지 않다라는 것을 강조해주기 위해서 하는 건데, 내가 그런 얘기를 할 때에는 그 내담자가 그거를 충분히… 그 사람이 대학생으로 공부를 잘하는 학생이었어. 그러니까 그걸 받아들일 수 있는 모든 심리적인 준비와 여건이 되어 있는 학생이었기 때문에 그 말이 굉장히 금방 금방 접수가 되죠. 그 말을 받아들일 수 없는 고등학생한테 그 얘길 하면 겉돌겠지.

향　기 : 마음에 와닿지 않는다구요.

옹달샘 : 그럼 선생님께서 우리도 그런 것을 쉽게 받아들일 수 있다고 생각하셨기 때문에 바로 바로 나오는 것이고, 우리는 그것을 미련하게 있는 그대로 내담자에게 옮기는 실수를 한 거예요. 그러니까 준비가 덜 된 사람에게는 준비를 시킨 후에 치료해야 한다, 그러니까 시간의 뜸이 다르다는 거죠.

상담자 : 그렇죠. 제 내담자는 제 책을 꾸준히 읽어와요. 읽어오면서 상담을 받는 학생이구, 이해력이 참 빠른 사람이었어요. 그러니까 금방금방 접수가 되지.

사　과 : 그런데 그렇다고 해서 인생이 끝은 아냐… 그런 얘기를 들으니까, 맞아… 그렇게 생각하니까 삶이 얼마나 편해… 몰랐을 때는 나 스스로 얼마나 지치고 괴롭게 살았는데 그걸 알고 나니까 얼마나 쉽고 편하게 살고 있어, 라는 생각이 들었거든요.

스폰지 : 상담하면서 부모자녀관계에서 많이 적용되는 것 같아요. 자녀가 그렇게 했을때 어떤 일이 있을 것 같냐… 불편한 건 그때 잠시뿐이라는 걸 얘기해드리면 부모들이 왜 그런 걸 몰랐지… 그렇게 사소한… 편한 것을 몰랐다고 그러세요.

상담자 : 그래요. 사소한 것….

향　기 : 근데 너무 그게 삶을 단순화시키는 게 아닌가… 모든 사람이 낙천주의자가 되어야 한다고 강요하는 것 같아요. 뭐 이런들 어떠하리, 저런들 어떠하리.

상담자 : 그런 것은 아니구요, 좀더 공부를 많이 하고… (웃음) 어떤 때 짜증나지. 그냥 들으면 그런 질문을 충분히 할 수가 있지. 내가 심층적으로 이론에 몰입되지 않은 상태에서, 제가 겉으로 하는 것만 보면 그런 말들이 충분히 나올 수 있죠. 그러나 그건 오해하는 거죠, 그런 건 아니예요.

향　기 : 예… 제가 좀더 공부를 한 다음에…. (웃음)

사　과 : 근데 이런들 어떠하리 저런들 어떠하리 그런 얘기를 하는데, 사실 이런들 어떠하리 저런들 어떠하리 그게 정말 내면화되면 자기가 할 수 있는 것, 자기가 맡게 되는 것을 잘 할 수 있어요. 그것만 내던지면 웃기는 말이 되는데, 인지적인 것을 알고 있는 상태에서 그 말을 들으면 그래. 그렇게 살아도 괜찮아… 옛날엔 받아들일 수 없었어요. 어떻게 이런들 어떻고 저런들 어떻게 살 수 있어?… 이렇게 살아야 되는데 그런 말이 어딨어? 그건 정말 게으르고 자기의 책임을 다하지 못한 사람이나 하는 말이야… 하고 생각했는데, 지금은 '인지' 이런 것들을 공부한다든지, 또 제가 살면서 제 자신의 비합리적인 것 때문에 많이 지쳐 있고 그것으로부터 벗어나고 싶은 상태에서 딱 들으니까. 그래… 그렇게 받아들일 수 있겠다. 이런들 어떠하리 저런들 어떠하리… 그런 마음도 조금은 필요하다….

상담자 : 자포자기하는 '이런들 어떠하리 저런들 어떠하리'가 아니죠. (네)

향 기 : 포기하고 다르다?

상담자 : 포기하는 게 아니지. 적극적으로 생각을 바꾸는 것이, 포기하는 게 아니예요. OK, (예…) 통찰이 이루어져가고 있습니다. (웃음) 시간이 거의 다 됐는데, 꼭 이 얘기를 하고 정리했으면 좋겠다 하는 말 있으면 하고 정리했으면 좋겠네요. (침묵) 제가 한마디 할께요. 요즘 시중에 나와있는 많은 책들이 결국 우리 인지상담의 영역이더라구요. 다 마음을 다스리는 법등의 베스트셀러류가 모두가 인지를 바꿔서 행복하자 이런 이야기이고, 생각을 바꾸면 운명이 달라진다는 류의 책들이 너무 많이 나와 있어요. 그리고 많이 팔리기도 하고… 이 시대에서 요구하는 강력한 도구일 수 있을 것 같은데, 이번 기회에 정말 중요한 무기로 해서 내 삶을 살아가는 데 비장한 철학으로 만들 수 있는 기회가 되길 바래요. OK, 그럼 끝낼까요?

모 두 : 고맙습니다.

회기 해설

사과님에게 부여한 숙제의 점검으로 회기가 시작되었다. 더불어 향기님, 옹달샘님, 개나리님에게 부여한 숙제도 점검하였다. 개나리님의 비합리적 생각을 다시 한 번 정리하고 논박하면서 그의 핵심인 비합리적 신념이 "행복은 밖으로 내세우는 외형적인 조건에 있다. 특히 학벌도 중요한 몫을 담당한다"라는 것을 찾아내고 이를 중점적으로 논박하게 된다. 특히 인간이 본질적으로 추구해야 할 가치 그리고 행복의 조건에 대해서 논의한다.

스폰지도 자신의 문제를 고백하였다. "내가 받은 만큼 반드시 남에게 베풀어 주어야 한다", "나는 거절을 해서 남에게 상처를 주면 절대로 안된다"는 류의 비합리적 신념 때문에 기인한 것으로 파악하고, 이에 대한 적절한 논박이 수행된다.

이 회기에서는 인간의 문제를 "인지"라는 측면에서 너무 단순화시켜서 보고 평면적인 것이 아니냐, 진행속도가 너무 빠르다, 지도자가 너무 정리를 잘해주니까 내담자 스스로 사색하고, 생각해보고, 몰두하게 되지 않는다는 것들을 호소해 왔다. 인지치료의 기타집단의 차이점에 대한 설명이 있었다. 본인들이 평소에 적용해서 얻을 수 있었던 인지치료의 효과에 대해서 보고하였다. 인지상담의 주요주제는 '마음을 잘 다스리는 것'에 있음을 강조하며 세상을 살아가는 중요한 철학적 도구로 잘 활용할 것을 권유하며 회기는 마감되었다.

제5회 인지치료 집단상담 (5. 21)

상담자[1] : 정석대로 한 번 해봅시다. 대체로 인지치료는 집단도 마찬가지이고 우리가 이제까지
는 그렇게 하진 않았는데 아젠다(협의사항)를 정하면 시간을 좀더 효율적으로 쓸 수
있거든요. 오늘 2시간 동안에 무슨 얘기를 주로 나눌까 그것에 대해 정하고 그리고 나
서 좀 가지요. 오늘 특별히 하시고 싶은 얘기가 있으신 분이 좀 얘기를 해줄래요.

스폰지 : 어제 남편이랑 전화하면서 남편이 제가 뭘 해달라고 그랬을 때 거절했는데 상당히 거
부감이 느껴졌어요.

상담자 : 그럼 스폰지가 그것에 대해 얘기를 해볼까요? 남편의 거절에 대해서, 또 어떤 얘기를
할까요? 개나리씨는 특별히 이런 것에 대해서 이야기를 나눠보고 싶다 그런 거 없어
요?

개나리 : 축어록 쓰는 것을 못써 와서 지금 굉장히 쫄아 있구요. 그리고 숙제를 못했어요. 숙제
가 그래프를 그려서 오는 건데 '해야지 해야지' 하면서 못했어요. 제 부분에 대해서
축어록을 쓰는 시간인데 자꾸 일을 미루는 부분에 대해서….

상담자 : 일을 미루는 부분에 대해선 인지에서 많이 다뤄요. 그것에 대해 얘기해 볼까요? (예)
사과는 오늘 무슨 얘기를 하고 싶어요?

사 과 : 저는 하고 싶은 얘기가 너무 많은데, 그게 여기서 얘기하는 게 좋을까 아니면 그냥 다
른 사람 만나서 해야 하는 얘기인지 구분이 안가서 집단시간을 빼앗고 싶지 않다는
생각 때문에 주저하게 돼요.

상담자 : 그것은 어떻게 보면 비합리적 신념일 수 있어요. 나는 절대로 다른 사람들의 시간을
빼앗아서는 안된다, 이거잖아요. 사실 우리가 피해를 받는 것도 아닐 것이고 사과가
그 얘기를 함으로써 우리 집단상담의 역동이 왕성하게 일어날 수 있지요.

---

[1] 인지치료는 구조화된 특징이 있다. 각 회기에 아젠다(협의사항)를 먼저 정하고 상담의 회기를 진행하면 시간을 효율적으
로 사용할 수 있음에 대한 설명.

사　　과 : 제가 1회 상담 축어록을 써왔잖아요. 그때 두 시간을 거의 제 문제를 가지고 했었잖아
요 그때 제 특성을 이해받기 위해서 많은 말을 하고 있더라구요. 듣고 싶은 얘기보다
는 내가 나를 이해시키기 위해서 내가 내 상황을 설명하기 위한 말을 더 많이 했더라
구요. 또 그런 말을 하기 위해서 이 시간이 사용되어도 좋은 것인가.

상담자 : 그런 말을 이해받기 위해서 하면 안돼요?

사　　과 : 그건 아닌데요. 길어지고 늘어질 것 같아서 길어지지 않게 곁에서 막아주시면 해볼께
요.

상담자 : 그래요, 제가 막아주고 좀 길어지거나 늘어져도 돼요. 길어지고 늘어지면 어때. 여기
서 시간을 꼭 효율적으로 사용하지 않은 게 아니잖아요. 사과씨 느낌이지. 사과씨 느
낌이고 여러 사람이 같이 작업을 하니까 미안하다는 느낌이 들어서 그렇지 제 생각에
는 하지 않아도 되는 생각을 하시는 것 같아요. 그 다음에 옹달샘은…·.

옹달샘 : 저는 그때 그 문제가 대충 해결이 돼서 마음에서 떠나가니까 남편도 잘해주고 남편도
잘 구슬리고 재미나게 살아요.

상담자 : 그럼 다음 기회에 해요. 그리고 향기씨는요?

향　　기 : 저는 생각이 없었는데 사과 얘기를 들으면서 갑자기 생각이 났어요. 집단에서 해야
될 얘기와 하지 말아야 할 얘기가 있는가, 제가 요즘 인턴의 시간을 채우기 위해서 다
양한 집단상담에 참여하고 있거든요. 근데 제가 들어가는 한 집단에서 얘기된 내용을
가지고 제가 좀 문제를 일으켰어요. 문제를 제기했다고 그래야 되나 그거예요. 사사
로운 얘기를 집단에 와서 하면 안된다라는 생각을 제가 하고 있더라구요. 그렇다면
거꾸로 집단에서 무슨 대의명분을 논해야 되는 건가, 그런 의문이 들었거든요 오히려
사과님이 우리 집단에서 얘기했던 것은 거부감이 들거나 그런게 전혀 없었어요. 몰입
해서 들을 수 있었거든요. 근데 제가 참여했던 아침 집단에서 어떤 사람이 굉장히 사
적인 얘기를 놓고 그것에 대해서 얘기를 두 시간 동안이나 했어요. 그걸 들으면서 제
가 계속 속으로 거부감이 들고 몰입이 안되고 그러더라구요. 그래서 마지막에 가서
얘기를 했거든요. 몰입이 안되었다고. 근데 그 몰입이 안됐다는 것에 대해서 집단원
들에게 공격을 받았어요.몰입할 마음이 없었던 것이 아니냐, 오히려 불성실하게 임한
게 아니냐.

상담자 : 저는 그 얘기를 들으면서 어떻게 인간인데 논의되고 있는 주제가 나에게 흥미가 있으
면 더 몰입을 할 수 있고 흥미가 없으면 몰입이 안될 수도 있는 것이지, 몰입을 완벽
하게 항상 몰두해서 해야되는 건 아니잖아요? 노력하는 것이지. 내면의 세계와 맞지
않으니까 하나의 갈등인데 그런 것은 집단과정 중에 얼마든지 있을 수 있는 것이지
요. 그런 측면을 위로를 해주고 싶어요. 그리고 또하나 위로해 주고 싶은 건 그런 공
격을 당해서 굉장히 속상했을텐데 특히 T-그룹에서는 그런 일이 많아요. 그것도 하나
의 집단상담의 과정이다 이렇게 생각을 하면 그렇게 힘들지 않아도 될 수 있지 않을
까요.

사　과 : 그러니까 반드시 의미있고 좋은 얘기만 해야된다는 건 아니라는 얘기죠?

상담자 : 그렇지. 그렇게 되려면 오히려 부자연스러워지지 않겠어요. 향기님이 그렇게 몰두하지 않았던 것에 대해서 수용받고 공격을 받지 않았으면 참 좋았겠지만 받으면 받는 대로 나한테 도움이 되는 부분도 있고, 내가 또다른 나의 부분을 발견할 수도 있고 그런 점에서 유익하고 그렇지 않아요? 그렇게 이해를 하면 어떨까요.

옹달샘 : 그때 상황을 조금더 얘기를 해주면?

향　기 : 그것이 집단에 대해서 내가 느끼는 친밀감이나 내가 느끼는 안전함 그것과 연관되어 있지 않았을까, 만약에 누가 이 집단에서 문제를 가지고 얘기를 시작한다고 했을 때 집단의 성격이 다르기 때문에 여기는 인지치료집단이고 그 집단은 T그룹 같은 비구조화된 집단이거든요. 그래서 그런지 여기서 만일 그 얘기가 나왔다면 거부감 들지 않고 제가 잘 들어줄 것 같거든요. 몰입해서 할 수 있는 얘기를 나눌 수 있을 것 같은데 일단은 제가 싫었단 말이에요. 개인적으로 남자친구 얘기를 했어요. 남자친구하고 헤어지게 되는 과정 결국 결론이라기보다 어느정도 얘기가 나왔던 것은 제가 자꾸 문제 제기를 하는 것에 대해서 그 집단 리더가 나중에는 긍정적으로 평가를 해줬어요. 제가 지금 여기에 자꾸 충실하고 싶어서 왜 자꾸 옛날 과거의 일을 끌고들어 오느냐 그런 얘기를 했었거든요. 물론 지금 여기의 감정 자체가 과거로부터 연결되어 있는 거니까 그 선행사건을 얘기할 수는 있는데, 그로 인해서 지금 현재상태나 지금 느낌을 얘기했으면 좋았을 텐데 대부분이 그 문제를 해결해 주려고 치료적으로 가는 분위기였어요. 그건 잘못된 것 같다, 그런 얘기가 됐어요. 잘못가는 것을 제가 어쨌든 제동을 걸어준거다, 그렇게 수용은 좀 되었어요. 그런데 왜 제가 유난히 그게 싫었나 생각을 해보니까 잘 모르는 사람이 자기 얘기를 갖고 와서 많은 사람이 모인 소중한 시간에 시간을 쓰면서 얘기하는 게 싫었던 것 같아요. 선생님이 걱정하는 느낌이 제가 진짜 있었던 것 같아요.

상담자 : 사과님이 말씀하신 그걸 공감해 주려고 자기 얘기를 하는 거구나.

향　기 : 그랬나? 그런데 거꾸로 이 집단에서 사과님이 아주 사적인 얘기를 가지고 한단 말이에요? 그리고 이 시간은 모두에게 소중한 시간입니다. 그런데 이 시간이 아깝다 그런 생각이 안들 것 같아요.

상담자 : 우리가 어차피 사적인 얘기를 하는 건데 궁금한 것은 이 집단에서는 사적인 얘기를 해도 향기씨를 화나게 안하는데 왜 그 집단에서는 사적인 얘기가 나왔을 때 화가 났을까, 이것을 인지적으로 생각해 봅시다. 그렇다면 거기에 어떤 인지가 있는 것이지요. 왜그랬을까 본인이 스스로 한 번 찾아보세요.

향　기 : 그 집단에서 제가 얘기했던 부분이 뭐냐 하면 그 사람이 남자친구 얘기를 하면서 막 울고 그랬단 말이에요. 그게 아주 흉하게 보였어요. 그리고 그게 적절한 눈물이 아니라 자기는 자기 감정에 충실히 해서 막 눈물이 나왔는데. 갑자기 왜 우는거야?

상담자 : 공감이 안됐군요.

향　기 : 예. 이 집단에서 만약에 스폰지가 갑자기 남편애기를 하면서 울었단 말이에요, 공감
　　　　이 되죠. 그게 제가 처음 말했던 집단에 대해서 느끼는 친밀감, 집단에 대해서 느끼는
　　　　안정감, 저는 그 집단에서 절대로 그렇게는 못하게 될 것 같다는 거죠. 거기서는 나를
　　　　그렇게 느끼지 못하고.

상담자 : 아, 그러니까 이 집단에서 심리적으로 안정감을 느끼고 그 집단에서는 심리적으로 덜
　　　　안정되셨군요.

향　기 : 그런 것 같아요. 근데 그런 얘기를 그 집단에서는 잘 못하겠더라구요.

상담자 : 거기는 전혀 모르는 사람들이 많았어요?

향　기 : 네, 모르는 사람들이 더 많았어요. 또 그것도 있었어요. 완전히 다 외부사람이면 좋겠
　　　　는데 부분적으로 아는 사람도 꽤 있었어요. 그러니까 더 안되더라구요.

상담자 : 그럴 수 있겠네요. 비합리적인 사고 때문에 향기가 부적절한 정서를 느낀 게 아니라
　　　　그 정서 자체가 제 생각에는 적절할 수 있을 것 같아요. 심리적인 안전을 느낀 곳에서
　　　　는 내가 좀더 편안함을 느끼고 안정감을 느끼지 않는 상황에서는 좀 불편했다….

향　기 : 그런데 내가 드러내놓는 것도 아니고 남이 드러내놓는 것까지 불편하게 느껴지는 것
　　　　은.

상담자 : 향기님은 안전하게 느껴지지 않는 사람들에게는 깊이 관여하고 싶지 않다라는 신념이
　　　　강하게 들어가 있었겠지, 나의 귀한 시간은 이왕이면 친밀하고 가까운 이런 사람들을
　　　　위해서 쓰고 싶은데 그게 안되니까 속상한 게 아니었을까요?

향　기 : 그게 적절한 사고와 정서예요?

상담자 : 글쎄요. 제가 보기에는 그것을 비합리적이라고 몰아붙일 수는 없을 것 같아요. 나라
　　　　도 그럴 수 있었을 것 같아.

옹달샘 : 심리적으로 불편한 것은 어쩔 수 없었을 거예요.

상담자 : 불편함이 너무 도를 지나쳤다면 문제가 되겠지요. 다른 사람들은 어땠어요?

향　기 : 다른 사람들은 잘 몰입하더라구요. 그런 얘길 했었던 것 같아요. 이 집단과 비교해서
　　　　말할 수는 없었지만 그렇게 드러낼 만큼 안전함이 느껴지지는 않는 것 같습니다 그런
　　　　얘기를 했어요. 근데 그에 대해 어떤 사람이 나를 제외한 다른 사람들이 다 안전함을
　　　　느끼고 있다. 왜 당신만 못그러냐 우리 집단에 불성실했던 게 아니냐 그랬어요.

상담자 : 내가 그 집단원이었으면 안그랬을 것 같은데 그렇게 말할 수 있었겠지. 그 사람은 그
　　　　렇게 말할 수 있었는데 거기서 향기씨가 자기를 스스로 보호해야지. 그 사람이 그렇
　　　　게 말했다고 해서 좌절될 것이냐, '그 사람은 그렇게 볼 수 있지만 나는 그렇지 않았
　　　　다 또 나는 그럴 수 있다고 생각한다' 그러면서 스스로 보호해야죠.

스폰지 : 얘기하면서 집단에 따라서 개방할 수도 있고 안할 수도 있고 그게 핵심인 거 같아요.
　　　　비난받는 게 싫은 거 아니에요? 그런 집단 같은 데에 가면 감정을 얘기했는데 너는
　　　　그렇게 느끼는구나, 난 이렇게 느껴, 이게 아니라 다들 대부분이 이렇게 느끼는데 너
　　　　는 왜 그렇게 느끼니, 오히려 그런 비난받는다는 느낌 때문에 나는 인정을 받아야만

한다로 돌아가는 거 아니예요?

상담자 : 어때요, 향기씨가 생각할 때. 다른 집단원들에게 나도 인정받고 싶었는데 인정받기는 커녕 너는 왜 몰두하지 않느냐고 비난받으니까.

향 기 : 그 앞에서 그게 불편한 것 같지는 않았고 그냥 나는 지금 이렇게밖에 안된다 이 집단에서 그렇게 그 자리에서는 당당하게 그렇게 얘기를 했거든요. 그런데 그래놓고 마음이 불편한 거예요.

상담자[2] : 그런데 그 불편함이라는 것이 있을 수 있는 불편함이잖아요. 그러니까 우리가 부정적인 정서를 다 부적절하다고 몰아붙일 게 아니라 부정적 정서 중에서도 부적절한 부정적 정서가 있고 적절한 부정적 정서가 있거든요. 많은 사람들이 그런 상황에서 불편함을 느끼고 그러면 적절한 것인데 많은 사람들이 그 상황에서 불편함을 느끼지 않았는데 향기씨만 그 상황에서 불편함을 느낀다면 부적절하겠지. 그런데 제가 보기에는 많은 사람들이 그 상황에서는 불편할 것 같아요. 그러니까 그냥 수용하면 되겠지. 그리고 제가 얘기한 것처럼 다른 사람에게 '당신 잘하고 있다 몰두하고 있다' 는 말을 들어야하는건 아니잖아요. 안들어도 된다면 그런 말을 하는 사람이 있더라도 수용할 수 있겠죠. 불편했다라는 것은 두 가지로 정리할 수 있겠는데 적절한 불편이 있을 수 있고 그것이 부적절했다면 그렇게 말한 사람이 수용이 안된 거지. 근데 향기님이 그렇게 느낄 수 있는 것처럼 그 사람도 그렇게 느낄 수 있어요. 그게 집단상황이니까 그렇게 말할 수 있지. 그것이 서로에게 큰 악영향을 끼치는 건 아니잖아요. 그렇게 해서 해결했으면 좋았을텐데. 응집력이 좀 약하다고 볼 수 있을까요.

향 기 : 그러다보니까 마음이 불편하니까 가기가 싫어요. 들어가기 전까지 주저해지고 일단 들어가면…… 그런데 T그룹할 때 대부분 그런걸 한 번씩은 느끼는 것 같아요.

상담자 : 그리고 집단 리더의 영향도 많이 받지요, 그건.

옹달샘 : 마음에 안드는 사람이 있다거나 그 사람한테만 가면 막히는 그런 거 있잖아요. 그런 사람이 한 사람 있을 때에는 집단이 안되더라구요. T집단은 흐름을 타고가는 것이기 때문에 그런 사람이 있으면 막혀버리니까 안되죠. 저 개인적으로는 안되었던 경험이 있어요. 그래서 집단에 갈 때는 집단 리더가 누구인가, 그게 큰 변수 같아요.

향 기 : '그런 일이 있을 수 있다' 고 생각하면 금방 수용이 되고 안심이 되는 것 같아요. 그리고 사실 나도 그런 얘기 안할 수도 있거든요. 가만히 있으면 되는데, 그런 말을 끄내가지고, 그런데 너 왜 자꾸 과거의 사사로운 얘기에 우리가 연애상담에서 해결책 주는 것처럼 가느냐. 나 그런 거 싫다. 그렇게 얘기를 했거든요. 용감했다 그렇게 얘기해주는 사람도 있더라구요.

상담자 : 그런데 궁금한 게 그런 도움 얻으려고 오는 거잖아, 근데 왜 군이 그런 게 싫었을까 다 사적인 얘기를 해서 자기 도움을 얻으려고 오는 건데.

---

2) 부정적 정서가 다 부적절한 정서가 아님을 이해시킴(인지상담에서 다루어야할 정서는 부정적 정서라도 그것이 적절하면 문제가 되지 않고 그것이 부적절할 때에 문제가 되는 것임)

향 기 : 제가 이 얘기를 제기한 포인트는 그거예요. 그게 왜 그렇게 싫을까 근데 계속 싫은 것
은 아니거든요. 그쪽에서는 어떻게 받아들였냐면 원래 ○○씨는 사사로운 얘기를 하
는 걸 별로 안좋아 하는 사람인가 보다라고 자기는 이해했대요, 그냥. 그런데 난 아닌
것 같아.

상담자 : 향기씨는 왜 그런 거예요. 이 집단에서는 괜찮다며.

옹달샘 : 사람이 변수도 있어요?

상담자 : 그러니까 결국 그거 아니었어요? 내가 안정감을 느끼고 친밀감을 느끼는 사람에게는
사적인 얘기를 해서 거부감이 없는데 그렇게 심정적으로 가깝다고 느껴지지 않는 사
람에게 사적인 얘기를 하기가 부담스러운 거 아니예요?

향 기 : 그런데 만약에 잘 모르는 사람이 그런 얘기를 했다 그러면 아주 잘 들어주고 나름대
로 얘기를 잘 해줬을 거 같아요. 그런데 여럿이 모인 그런 자리이기 때문에 뭔가 생산
적이고 건설적으로 해야 되는데 그날 제가 리더에게 분석받기로는 제가 좀 정해논 틀
이 있어서 거기에서 벗어나는가 안벗어나는가를 너무 보면서, 벗어나려고 하면 탁 가
지를 치면서 이건 아닌데 이쪽으로 가야 되는데 제가 자꾸 그러는 경향이 있다라고
하셨고 저도 인정을 했거든요.

상담자 : 근데 제가 인지적으로 보면 결국 같은 이야기인데요, 모든 사람에게 골고루 도움이
될 수 있는 그런 얘기를 해야되는데 그 사람 혼자는 도움이 될 수 있지만 옆에 있는
다른 많은 사람들에게 별로 도움이 안됐고 옆에 있는 사람의 중요한 시간을 많이 까
먹었다, 그게 참을 수 없다 그래서 향기가 불편했던 게 아닌가.

향 기 : 그런데 그게 왜 매사에 적용되지 않느냐.

상담자 : 그러니까 특히 집단구성원이 내가 친밀하고 협동적이면 별로 문제가 없는데 가깝지도
않고 친밀하지고 않은 사람이 다른 사람뿐 아니라 나의 소중한 시간을 낭비한 게 싫
었던 것 같아요.

향 기 : 그리고 자극적인 얘기를 했어요. 자극적인 표현을 쓰면서 예를들면 남자친구와의 신
체적인 접촉 얘기를 할 때 싫더라구요. 그런 얘기를 그냥 일반적인 자리에서 하면 괜
찮은데 거기서는 필요없는 말인데, 저런 말을 왜 할까 저렇게 자기 사적인 얘기를 여
기 와서 하고 싶을까 비난하고 싶은 마음까지 들더라구요.

상담자[3] : 그 이면에는 그런 것도 있을 것 같아요. '당신은 왜 나하고 그렇게 다르냐' 다들 다
른 거잖아, 사람들은 나하고 다른 거잖아. 다른 것을 인정할수록 그만큼 성숙한 거잖
아요. 그게 좀 견딜 수가 없었던 것 같아요. 당신은 왜 이렇게 나와 다르냐. 나도 사실
은 또하나의 나와 다르잖아요. 그 사람의 인격과 성숙도라는 게 결국은 그런 것 같아
요. 상대방과 내가 다른 것을 얼마나 거부감없이 수용하느냐.

스폰지[4] : 맨 처음으로 돌아가면 남편이 어떤 일을 했을 때 잘해놓으면 괜찮은데 잘못했을 때

---

3) 향기님이 지닌 문제는 '다른 사람이 나와 다르면 견딜 수 없다' 임을 찾아냄.
4) 향기님의 그 생각 때문에 여기저기에서 파생하는 어려움을 연결시켜 주고 있음.

화나는 거. 그거랑 비슷한 것 같아요. 저도 그게 느껴지는 게 똑같은 장면이 아니어서 그렇지, 생활하면서 곳곳에서 너무 많은 거예요. 이게 이렇게 고쳐지기 힘든 거구나, 일반화시킬 수는 없지만 그게 많이 작용을 하는 것 같아요.

상담자 : 사람마다 다르니까 향기씨 우리 지난번에 숙제 내준 것 있잖아요. 다른 사람이 향기님을 도와주는 게 얼마나 허용적일 수 있는지 그것 좀 얘기해 주실래요?

향 기 : 그건 지난 번에 와서 보고했던 것처럼 비교적 많이 아주 머리 깊숙이 박혀서 오늘 애기한 것도 같은 맥이라면 그런지 잘 모르겠는데 남편과 집에서 직접 부딪치는 일에서는 많이 내가 편해지니까 '애라 모르겠다 너도 해라' 하면서 많이 도움받고 있어요. 의식적으로 돌아보지 않아요.

상담자 : 그럴 필요가 있어요. 행동적으로.

향 기 : 하여튼 치우기도 잘 치우고 집들이도 잘 했어요.

상담자 : 제가 자기언어로 자꾸 말하라고 그랬는데 하셨어요?

향 기 : 진짜 구체적으로 실행에 옮기고 의식적으로 노력하지는 못했던 것 같아요.

상담자[5] : 자기언어가 진짜 중요해요. 지난번에 ○○선생님 오셨을 때 낭송을 왜하느냐 그걸 참 하찮게 생각을 하시는데 거기다가 내 이론적인 배경을 다 애기할 수 없어서 그냥 지나갔어요. 근데 우리의 사고는 우리의 언어로 구성돼 있는 경우가 참 많거든요. 그래서 인지에서는 자기언어를 굉장히 강조를 하는데 자기가 자기에게 하는 말 우리의 사고가 어렸을 때부터 사회와 문화의 영향을 받아 우리가 스스로 주입해서 사고가 생겼다고 그렇게 강조를 해요. 그렇기 때문에 새롭게 찾아낸 대안적인 신념도 자꾸 주입을 하지 않으면 나의 사고가 되기가 어렵기 때문에 자꾸 주입하는 과정이 필요하다고 보거든요. 우리가 왜 똑같은 신념이지만 좌우명을 외운다든지 주기도문 같은 건 단순한 내용이지만 막 외우잖아요. 그건 주기도문 안에 있는 철학이 낭송하는 것을 통해서 내 안에 내재화된다, 이런 의미가 그 안에 들어 있거든요. 불교에서 염불을 하는 것 목탁 치고 하는 것 그런 것도 다 그런 의미이기 때문에, 문장으로 자기고백을 하면서 그게 내재화가 되고 그 자기언어 속에 숨어 있는 철학, 생각을 내가 음미하게 되고 그러면서 내 행동 속으로 통합된다는 의미가 들어 있기 때문에 자꾸 외우는 게 불편하다면 자기고백을 한 번 심층적으로 생각해보는 그런 작업은 굉장히 중요해요. 앞으로 그런 일이 있었으면 좋겠네요. 낭송이 그냥 낭송이 아니라 낭송을 하는 과정을 통해서 그 말이 담고 있는 의미와 생각을 내재화하게 하는 그런 역할을 하게 한다, 그렇게 이해하시면 될 거예요. 그러면 향기씨는 그게 새로운 숙제네. 다른 사람은 나와 다르다. 모든 게 나와 다르죠, 집단을 이해하는 시각도 다르고 집단에서 표현하는 방법도 다르고 얻어가는 것도 다르고 그렇죠? 그러니까 나하고 안맞는 게 참 당연하다 당연하다는 말보다는 자연스럽다 그렇게 생각하면 그때 드는 불편함이라는 게 일

---

5) 자기언어의 중요성, 언어와 사고의 관계, 사고의 형성 과정에 대한 설명.

어나지 않겠고 불편함이 드는 것도 제가 볼 때 괜찮고, 나와 다른 사람이 다른 표현을 했을 때 불편함을 느끼는 게 그럴 수 있고, 그렇게 해서 정리를 해가시면 좋겠네요. 향기씨 넘어가도 돼요?

향 기 : 예.

상담자 : 근데 그냥 넘어가면 여기는 막 싫어하대요.

옹달샘 : 우리는 넘어가기 싫다라는 의미가 스폰지님이 얘기한 것처럼 전에 그 부분이나 지금 이 부분이나 확실히 연결을 탁 시키고 넘어가면 좋을 것 같은데 그 부분은 개인적인 작업으로 남겨놔서 저희들은 확실하게 연결시켰으면 하는 마음이 있는 것 같아요, 개인적으로.

상담자 : 그래요? 뭐든 상담자가 정리해 주길 기대하지 마세요. 기억하세요. 우리가 제한된 시간 내에 있다는 것을. 제가 너무 정리를 매끄럽게 해드리는 것에 대해서도 본인들이 사색할 기회를 차단하는 것 같다고 지난 회기 때 저한테 불평아닌 불평을 털어놓은 것을 기억하세요. 이번에는 저에게 미루지 말고 스스로 찾고 연결시키는 것은 여러분의 몫으로 돌리겠어요. 그리고 스폰지님.

스폰지 : 얘기 하고 2주 됐잖아요? 근데 그 사이에 그런 일이 너무 너무 많았거든요. 머리 속으로 항상 생각을 했어요. 했는데 하는 과정 중에도 정말 잘 못하더라구요. 이게 정말 안돼요. 이게 그렇게 큰거였구나. 나한테 이렇게 커다란 게 있었구나 하는 걸 처음으로 알게 됐어요. 엘리스가 말한 1번이[6] 나한테 그렇게 크게 있다는 게 너무 놀라웠어요. 상담을 하든 뭘하든 하는 도중에 정말 나와야 되는데 못나오더라구요. 그리고 한 번은 7월 초순에 학교에서 큰 행사가 있는데 학교에서 일이 갑자기 너무너무 많아졌어요. 그걸 하면서 교회 리더모임에 나가야 되는데 너무너무 힘든 거예요. 집에 가면 너무너무 쉬고 싶고 숙제도 하고 싶고 주일날 청년부 모임까지 하게 되면 늦게 끝나는데 전화하면 합당한 이유가 없잖아요. 힘들어서 못가겠다는 말은 못하겠고 아예 삐삐도 안치고 목요일, 금요일, 주일날을 다 안가버렸어요. 내일도 가야 되는데 좀 겁나는 마음도 들면서 일이 너무 많은 상황에서는 거절이 아니라 회피까지 나타나는구나, 혼자 막 이렇게 느끼면서 잘해야 되는데 이게 정말 안된다고 생각하니까 '아 그게 참 큰거였구나' 하는 생각이 들고 짐작으로 저것도 아마 1번으로 귀결되지 않을까 해요.

상담자 : 네, 좋은 통찰을 하셨군요. 그리고 남편이 거절했을 때 힘이 든다는 거지요?

스폰지 : 예. 그것에 대해서 일단은 편안한 마음이 들기보다 속상한 마음이 들고.

상담자 : 남편이 내가 하는 요구를 거절하는 것은 나를 사랑하지 않는다는 게 아닐까 그런 생각 때문이 아닐까요?

스폰지 : 그런 것 같아요.

상담자 : 그런 게 있지.

---

6) 엘리스(Ellis)가 말한 비합리적 신념 '나는 내가 알고 있는 모든 중요한 사람으로부터 인정받고, 이해받고, 사랑받아야만 한다'를 일컬음.

스폰지 : 어떻게 사람이 저럴 수가. 나같으면 안그럴텐데.

상담자 : 우리가 일반적으로 많이 가지고 있는 비합리적 신념 중에는 "내 가족 내 남편은 항상 나를 이해해주어야만 한다"라는 것이 있어요. 우리나라 사람이 그게 굉장히 커요. 배우자간의 갈등이 바로 거기서 나와요. 남편은 아내를 항상 사랑해주어야만 하고 아내는 남편을 항상 사랑해주어야만 하고 서로가 서로에게 원하는 대로 해줘야만 하고 그래야 가정이 굳건하게 된다. 그러나 남편도 그렇고 아내도 그렇고 내 소유물이 아니잖아요. 그렇기 때문에 그 사실을 수용을 하면 별문제가 아닌 걸, 거절하기 때문에 사랑하지 않는 것이고 사랑하지 않으면 이 부부관계가 정상적인가 또 실망을 하고 혼란을 겪는 경우가 많이 있더라구요. 스폰지님도 그렇게 있을 것 같아. 그러니까 우리는 배우자한테도 그렇고 형제자매나 부모한테도 나의 피붙이가 나한테 섭섭하게 하면 굉장히 오래 가지요. 그러니까 스폰지님도 다른 비합리적인 신념 열한 가지도 같이 성찰을 해주시구요. 그리고 제가 남편의 입장에서 변호를 해준다면 거절하는 것하고 사랑하는 것은 별개구요. 남편의 입장에서 거절할 수 있지 자기가 불편하고 힘이 들면, 그것을 등식으로 생각하지 않았으면 좋겠어요.

스폰지 : 더 속상했던 것은 저는 지금 좀 집이 멀잖아요. 맨날 왔다갔다하고 남편보다는 제가 좀더 많은 일을 하고 있는거 같아요. 남편 쪽에서는 기숙사에 있고 바로 걸어갈 수 있는 위치니까 걸어서 왔다갔다 하고, 물론 저를 위해서 그 학교에서 3%안에 들어야 80% 지원을 받아요. 그리고 매달마다 얼마씩 나오고 자기가 직장이 없으니까 그런 것을 주려고 나름대로 열심히 하는데 그래도 남자랑 여자랑 생각하는 방식이 틀린 것 같아요. 그런데 자기는 저보다 훨씬 덜한 상황인데 거기에 나하고 같이 가주는 것을 딱 거절한다는 게 섭섭하더라구요.

상담자 : 남편의 표현되지 못한 하해같이 도량이 넓은 가슴을 읽을 수만 있다면 불평하지 않겠지요. 지금 스폰지님은 드러나는 것만 가지고 평가하는 거잖아요.

스폰지 : 생각은 나는데 그게 참 안돼요. 오늘 아침에도 전화왔다는데 엄마는 제가 나간줄 알고 아침엔 전혀 전화 안하거든요. 밤에만 하고. 어제도 굉장히 오래 전화를 했어요. 저는 성향이 어떻게 화가 나면 도저히 말을 못하겠어요. 그것도 그 앞에다 대고. 이것도 그 1번이랑 관계가 되는 것 같아요. 남편한테는 정말 그렇게 되는 것 같아요. 남편은 말을 해서 풀려고 하는데 그게 저에게는 오해로 쌓이고 그러니까 저의 반응에 대해서 당황해하고 이런 사이클이 보여요. 말해야지 하면서 생각은 하는데 실제로는 말이 안떨어져요. 그러다가 오늘 아침에 전화왔다는데 와도 받기가 싫었고 오늘 밤에도 전화하기 정말 싫다는 생각이 너무 많이 들고 있어요.

상담자 : 생각은 하는데 행동으로 안 옮겨지는 게 대부분의 우리들 문제거든요. 우리에게 좋은 생각, 도움이 되는 생각이라는 걸 알아요. 그게 행동 안에 통합이 안되기 때문에 어려운 것이지요. 스폰지가 오늘 당장 행동으로 옮겨보세요. 그것을 못하면 못하는데 대한 어떤 비합리적인 신념이 있어. 자존심이 상한다든지 그런게 있을 거야. 스스로 찾

아내서 자가논박을 한다든지 해서 꼭 전화하세요. 개나리님은 일을 뒤로 미루는 습관
이 있다고 그러셨는데.

개나리 : 본의아니게 미루게 되는 것 같아요.

상담자 : 게을러서 미루는 것이 아니라 뭔가 일이 많아서 미루는 거 아니에요?

개나리 : 계속해서 뭐를 하거든요. 한번에 확실하게 정리를 쫙 해가지고 끝낸 다음에 다른 일
을 해야되는데 하는 일이 자꾸 바뀌더라구요. 아침에 일어나서 씻기 전에 책 좀 보고
한 시간 반쯤 이걸(축어록) 치다보며는 밖에서 달그락거리는 소리가 나요. 소리가 나
면 같이 가서 도와드려야 되니까 도와드리고 밥먹고 설거지하고 그리고 나면 10시 정
도 되거든요. 그리고 30분 치다보면 여기 올 시간이 돼요. 집에 가서 정리하고 저녁
먹고 9시 뉴스 보고 한 시간 치고 나면 11시가 되니까 또 자야 되고 그때 또 끄적끄적
하다가 자고 하는데도 잘 안되더라구요.

상담자 : 미뤄서 그런게 아니고 하는 일이 워낙 많아서 그런 것 같아요. 본인이 더 잘 알잖아
요. 만성적으로 지연하는 습관이 있어서 축어록 푸는 것뿐 아니라 다른 것도 내가 끝
내야 될 시간에 딱딱딱 못끝내는지 거기에 대해서 생각을 해볼 필요가 있을 것 같네
요.

개나리 : 그게 왜 미뤄지지? 그게 자꾸 끊기니까 그런 것 같아요. 시간을 사용하는 방법이 문
제가 있는 것 같아요.

상담자 : 우선순위를 어디에다 두는지. 또 제 생각인데 이미 대학원을 졸업하셨잖아요. 제가
볼 때 전문가의 행동특성 중의 하나가 어떤 일에 집중하고 몰두할 수 있는 능력이 있
다구요. 그런데 집중하고 몰두가 안된다는 건 보완해야 되는 나의 약점이다라고 생각
할 수 있을 것 같아요. 시간을 허비하지는 않지만 한 시간 이것 하고 한 시간 저것 하
고 이러는 것보다 집중의 미덕이라는 것이 있잖아. 내가 해야될 일, 좋아하는 일을 위
해서는 밤도 새울 수 있다. 그렇다면 뭐 하나에 위대한 집중력이 발휘가 된다고 생각
할 수 있겠죠. 개나리님이 그렇게 될 수 있게 연습을 해보세요. 그게 중요한 덕목이라
는 것 그 전에도 아셨어요? 여기서도 보면 엘리스가 얘기하는 11가지의 정신건강적
인 기준이 나와요. 자기를 바치고 헌신해서 집중력 있게 뭘 해내는 것 이것이 정신이
건강한 사람의 특징이다, 목표다 이렇게 얘기하고 있거든요. 집중력 있게 뭔가 왕창
해내는 그렇게 할 수 있는 자세랄까 기질이랄까 이런 것을 가꿔가는 게 필요하지 않
을까 싶은데 다른 분들 생각은 어떠세요.

옹달샘 : 전에 거절에 대한 얘기를 했었잖아요. 거절하지 못하는 것하고 관계를 맺으려고 하는
것은 아닌데 소리가 났을 때 시어머니가 아니면 안나갈 수도 있을 것 같은데.

개나리 : 끊임없는 눈치를 보죠. 손님들이 집에 와계시거든요, 그래서 좀 빠르게 행동을 해야
돼요. 달그락 소리가 나는데 무시하고 컴퓨터를 쳐야지 하면, 밥 안먹고 치면 한 시간
반은 칠 수 있겠더라구요. 엄마는 아무 소리도 안하시는데 안하시는 속에서 제가 어
떤 느낌이 오는 거예요. 안되겠다 이렇게 앉아 있으면 안되겠다 지금. 그럭저럭 엄마

가 이해하고 넘어가시는 편이기 때문에 편하다고 제가 하고 싶은 대로 하면 갈 때까지 갈 것 같아요.

상담자 : 전 그런 자세는 참 좋은 것 같아요.

개나리 : 어느정도 경각심을 가지고 일을 하다 보니까 일단 가서 컵이라도 놔야 돼요. 수저라도 놓고 그건 제가 할 수 있는 일이거든요. 차리고 먹는 건 제가 제일 늦게 먹어요. 엄마가 설거지를 하면은 먹고 남은 뒷정리만 하고 나오면 돼요. 부엌에 나와서 10분, 15분 움직이는 것하고 방에 가만히 있는 것하고 엄마에게 느껴지는 것은 굉장히 차이가 나요. 내가 그냥 움직이고 말지 하고는 10분, 15분 움직이다 보면 시간이 한 시간 반이 지나가요.

향 기 : 개나리님이 여러 가지를 다 잘하려고 그런다고 그랬잖아요. 전문가가 되려면 덕목 하나가 좀 이기적이 되어야 된다. 그럴 것 같아요.

상담자 : 그러니까 요즘 베스트셀러 중의 하나가 '나쁜 여자가 성공한다' 그런 거 있잖아요. 사실 뭔가를 성취하고 성공하기 위해서는 다른 사람들의 다양한 피드백과 평가에 너무 연연해 하면 자기 일을 하기가 정말 어려워요. 그래서 우리 개나리씨도 남에게 인정받고 사랑받는 게 사실은 뭐가 나빠, 그러나 거기에 너무 얽매이다 보면 자신을 잃어버리게 되고 그게 파괴적이 되기 때문에 나쁜 거죠. 좀 못됐다는 소리를 들을 수 있어야 되고 그 사람이 못됐다고 해서 내 인간의 본질이 못돼지는 게 아니잖아요. 그걸 견딜 수 있는 힘같은 게 필요할 수도 있죠.

향 기 : 엄마한테 가서 나 오늘 꼭 해야되는 게 있어서 못도와드리겠다고 얘기를 할 수도 있을 것 같아요.

상담자 : 그리고 시간이 많을 때 많이 도와드릴 수도 있잖아요. 융통성 있게 조절하는 것은 괜찮을 것 같아요.

옹달샘 : 9시 뉴스는 꼭 보셔야 되는 거예요?

개나리 : 저는 9시 되면 그걸 봐요.

상담자 : 축어록을 푸는 자체를 본인이 다급하다고 본인이 안느꼈으니까 그렇지 다급하다고 느꼈으면 열일 제치고 했겠지요.

개나리 : 네. 그러면 밤을 새워서라도 할텐데. 그런데 다급하신 거예요?

상담자 : 다급한 건 아닌데 빨리 되면 그때그때 분석을 하고 교육용 자료가 돼야 되는 거니까 오래 지나면 제가 많이 잊어버릴 수가 있거든요. 천천히 하세요. 이것을 끝맺으면서 부탁하고 싶은 것은 자기 일을 열심히 하는 분이라는 것 너무 잘 알지만 '못됐다'라는 말도 용기 있게 들을 수 있고 자기가 하는 일을 집중력 있게 하는 것이 본인한테 좋겠어요.

개나리 : 축어록을 치는 것 자체는 굉장히 좋더라구요. 제가 얘기하는 걸 다시 한 번 듣게 되고.

상담자 : 그 다음에 사과씨 순서가 됐네요. 아까 그 얘기는 분위기를 다 읽으셨겠지만은 우리

가 불편해 하지 않고 모두가 사과씨가 하는 얘기를 듣고 싶어하고 그것을 인지상담의
주제로 인지적으로 해석하여 도와드리고 싶어하니까 염려하시지 말고 얘기를 해보세
요.

사　과 : 요즘 제가 집중이라든가 이런 얘기가 나오니까 하고 싶은 얘기가 있는데 어떤 이성교
제의 기회가 있었어요. 지금도 계속 진행중인데 걱정이 되는 게 뭐냐하면 제가 먼저
연락을 했거든요. 그게 일반적인 것은 어떤지 잘 모르겠지만 그 당사자에게 어떤 식
으로 느껴지고 또 앞으로의 관계에서 어떤 식으로 영향을 줄지….

상담자 : 일단 인지적으로 보면 먼저 전화를 못할 이유는 전혀 없는 거죠. 사과씨가 두려워하
는 게 그런 건가, 여자의 입장을 고수해가지고 남자가 먼저 전화하고 그랬을 때 그 남
자가 나를 더 좋아해야 관계가 잘 되지 내가 먼저 전화해서 관계가 깨지면 어떻게 하
나 그런 것에 대한 두려움이 있는 건가요?

사　과 : 그런게 아니구요. 제가 먼저 전화한 게 제가 애를 만나서 잘 됐으면 좋겠다, 꼭 그게
아니라 제가 아플 때 신경써주고 많이 염려해줬던 기억이 나서… 교회 청년부에서 만
난 사람인데 알고 지낸 건 작년 가을에 그애가 새로 들어오면서부터였죠. 같은 또래
니까 또래모임에서 만나고 이런 정도였어요. 그런데 고마웠다는 그 마음 때문에 어떻
게 지냈는지 궁금하기도 하고 제가 그때 전화했을 때 바랬던 건 기뻐해주고 내 생활
을 염려해주고 그걸 받고 싶었어요. 돌봐주는 것. 저는 어떻게 보면 일회적인 돌봄을
받고 싶었던 것 같아요. 제가 기대했던 대로 그애가 염려를 해주면서 관심을 많이 보
였어요. 그날 이후에 한 번 만났으면 좋겠다는 얘기를 해서 ○월 ○일에 만나기로 했
거든요. 근데 제가 아주 자동적이고 습관적으로 생각을 하는 거예요. 이 사람하고 나
하고 결혼을 할 수 있는 사람인가 그래서 하루 전날에는 생일을 물어봤어요. 그래서
컴퓨터 궁합도 보고 완전히 조사를 다 했어요. 상담할 때처럼 물론 그렇게 집요하게
하지는 않았지만 몇 번에 걸쳐서 조금씩 자료를 모았어요. 그걸 엄마한테도 얘길 했
더니 어느 정도 O.K예요. 거기서 힘을 얻어가지고 잘 됐으면 좋겠다, 이렇게 하고 제
가 적극성을 띠게 2주 정도인데 갑자기 그 감정이 딱 떨어지는 거예요. 그애의 단점이
라든지 싫은점 그렇게 막 부각이 되면서 내가 왜그랬지. 그런데 좋아하기는 내가 좋
아했었나, 그런 생각이 왜 드느냐 하면 내가 결혼할 사람이 꼭 그애가 아닐 수도 있어
이런 생각을 하면 막 배가 아픈 거예요.

상담자 : 우연이 아니고 어떤 사고의 영향을 받아서 일어난 증상인 것 같아요?

사　과 : 제가 왜 이렇게 생각에 민감한지 모르겠어요.

상담자[7] : 신체화를 잘하네.

사　과 : 네.

향　기 : 전에도 그런 경험이 있어요? 다른 일로.

---

7) 신체화(Somatization) = 심리적인 어려움이 신체적 증상을 통해서 표출되는 것.

사　과 : 내가 아플 때 생각을 하게 되잖아 그럴 때 포기하고 안만나고 애가 나에게 잘해주는 걸 내 선에서 끊어버리는 그것이 나한테 좋은 것이 아니라는 것이 내 몸이 반응을 하는 거예요. 생각으로는 끊을 수가 있는데 내가 내 자신에게 솔직하지 못하다는 것을 몸이 막 사인을 보내줘요.

옹달샘 : 그럴 때는 몸의 말을 들어야 되겠다.

사　과 : '알았어 알았어' 하니까 몸이 막 좋아해요. 제가 매일매일 전화할 수 있는 상황이 그 애가 자취를 하고 그러니까 밤마다 제가 전화를 할 수도 있는데, 서로 바쁘고 생각할 시간을 갖는 게 좋을 것 같아서 연락을 안하고 이런식으로 하고 있거든요.

상담자 : 상황은 우리가 잘 들었구요. 그런 와중에 정서적인 불편이라든지 행동적인 어려움이라든지 생리적인 증상이라든지 이런 거 있어요?

사　과 : 생리적인 증상이 좋은 게 하나 있는데 뭐냐하면 저는 주관적인 해석을 이건 사랑이야, 이렇게 얘기를 할 수 있는 게 밥 말고도 간식을 많이 먹었었거든요, 근데 간식을 딱 끊었어요. 안먹고 싶어요. 밥하고 반찬을 어느 정도 먹으면 더이상 못먹겠다 이렇게 반응이 와요.

상담자 : 밥을 안먹어도 뇌의 포만중추가 이완이 되니까 이미 편한 거지. 이미 사랑에 빠져 계시는구만. 요즘에는 정신신체증상이다 이런 얘기를 하는데 의사들이 공식적으로 하는 얘기가 정신과 관계가 안되는 신체질환이 별로 없대요. 다 서로 밀접하게 관련이 돼 있기 때문에 그러면 우리가 도와줘야 되겠는데, 굉장히 좋게 들리는데.

향　기 : 자랑하려고 그런 거 아니예요?(모두 웃음)

사　과 : 자랑이 아니예요.

상담자 : 뭘 도와줘야 될지 모르겠는데 어떤 걸 도와줘야 돼요?

사　과 : 제가 평소에 저를 생각할 때 제 안에서 저절로 희망이 있을 때랑 희망이 없고 아닐 수도 있다, 라는 사이클이 있는 것 같아요. 좋은 마음이 들 때는 기도할 때도 그애 기도를 하고 안좋은 마음이 들 때 개는 어떤 단점이 있으니까 그애랑 결혼하면 그것 때문에 얼마나 내가 스트레스를 받을까. 그것만 생각하면 그건 내가 평생 짊어지고 갈 수 없을 거야. 그러니까 나는 그애랑 결혼하지 않는 게 나을 거야. 그런 생각이 들고 그러면 현실적으로 참 힘들거든요.

상담자 : 그럼 우리가 결국 결혼을 할 때 저는 안해봤지만 선은 봤을 거 아니에요.옛날에 결혼을 할까하고 생각했던 사람이 있었어요. 선을 봐서 만난 모법대 교수였어요. 제가 너무 소극적이었기 때문에 전화 한 통화라도 내가 먼저 해서 적극적으로 했으면 됐을텐데, 그런 아쉬움이 있어요. 먼저 전화하는 게 하나도 흠이 아니구요, 사람이 누구나 장단점은 다 있어요. 만약에 내가 그 상대방의 단점을 모른다면 우리가 속고 있는 거지, 그 사람이 단점이 없는 건 아니예요. 항상 우리 엄마가 강조하는 게 잘 알고 나쁜 것이 모르고 좋은 것보다 낫다고 지금까지 얘기하고 있거든요. 내가 접하니까 알기 때문에 장단점이 다 드러나는 사람이잖아요. 그랬을 때 내가 중요하다고 생각하는 점

이 많으면 그 사람의 단점이 뭔지 모르겠는데 있으면 수용하면 되는 것 아닌가 그런 생각이 드는데 그게 뭔지 모르니까 어떻게 구체적으로 도와줘야 될지 모르겠어요. 그걸 여기서 사과씨가 할 수 있는 만큼 나누면 결혼하신 분도 있으니까 객관적으로 도움을 받을 수 있을 것 같거든요. 그러니까 제 생각에는 더이상 미루지 말고 지금 결정을 하는 게 사과가 알아서 할 일이지만 좋을 것 같기도 하고.

옹달샘 : 모르는 게 약이다 하는데 우리가 아는 만큼 약이 된다 이거예요?

향　기 : 단점에 대해서 모르면서 좋아하는 것보다 알고 나쁜 게 낫다.

상담자 : 다 드러날 거잖아요.

스폰지 : 어머니가 참 대단하시네요.

상담자 : 우리 엄마는 내가 선보면 한번도 싫다고 그러신 적이 없었어요. 도대체가 반대가 없었어요.

사　과 : 이 사람은 이래서 좋고 저 사람은 저래서 좋고.

상담자 : 응. 그런데 나는 이래서 싫고 그랬지.(모두 웃음) 그런데 이제는 엄마말이 맞다. 이 세상에 별사람이 없다. 그 말에 사람들이 굉장히 많이 위로받던데요.

옹달샘 : 사과님은 쉽게 잘 분리되는 게 아니예요? 장점을 가진 사람하고 단점을 가진 사람하고를 통합시키지를 않고 분리를 시키는 게 아니예요?

상담자 : 사과씨가 그것을 통합시켜야죠. 다중자아가 있으면 그것을 단일자아로 통합해야 되는데 그게 이제 내맘에 들면 하는 거지.

향　기 : 그리고 사과님 자신의 정서 사이클에 따라서 그 사람의 장점이 보였다가 단점이 보였다가 그러는 거예요. 아니면 생각을 분리해서 장점만 생각해봤다가 단점만 생각해봤다가 그러는 거예요?

사　과 : 제가 사람을 좋아하는 편이예요. 먼저 긍정적인 것을 보고 무조건 좋아하다가 제가 제 자신을 제어할 정도예요. 상대방이 오해하거나 상대방이 부담스러워 하면 더 멀어질 수도 있을 것 같아서, 좋아하는 것을 숨기고 막 그러는데. '이번에 놓치고 싶지 않다' 이런 생각이 든 것은 이사람은 참 나를 좋아해주고 잘해줄 것 같다는 생각을 했거든요.

상담자 : 근데 그런 것을 생각할 때에는 희망적인데 어떻게 생각하면 절망적이예요?

사　과 : 제가 결혼할 때가 많이 지났잖아요. 이럴 때 이 사람을 잡아야 된다는 게 더 강해서 그래서 그런게 아닌가 그런 생각이 좀 있어요. 제가 회의를 느끼면서 점검을 하게 되는 부분이 있어요.

상담자 : 글쎄 그게 나쁜가. 이렇게 해야지 결혼이 되지.

사　과 : 무슨 거래하는 거 같다.

상담자 : 결혼이 거래지 뭐.

향　기 : 결혼하는 것은 그런 것이 있어요. 그냥 연애하는 거랑 다르게. 남자도 그런 게 있어요. 나만 너무 계산적이지 않나, 나만 그렇게 따지는 건 아닌가.

상담자 : 따져? 본인이 내가 결혼을 순수하게 하지 그렇게 따지나, 그게 불편한 거예요?

사 과 : 저는 지금 상태에서 결혼할 여건이 되어서 이런 얘기를 많이 했거든요. 그애도 5남매 중에 막내면서 올해 들어서 애를 막 결혼을 시키려고 해서 시달리고 있대요.

옹달샘 : 그런데 교회 다닌다는 그 자체만으로 아주 제일 큰 비중을 두는 게 아니예요? 집에서 많이 힘들었기 때문에 기타 등등의 배경은 잘 모르겠지만 거기에 우선순위를 둔다면.

상담자 : 그러니까 나는 지금 말귀를 못알아 들어서.

사 과 : 여태까지 선도 많이 보고 사람들을 만날, 그럴 기회가 많이 있었잖아요. 근데 제가 마음이 교회 다니는 사람들을 향해요. 왜냐하면 제가 옛날부터 이루어졌던 많은 소망들은 하나님에 대한 믿음 안에서 이루어졌거든요. 그 소망 자체도 하나님 안에서 소망이었고 이루어가는 과정도 하나님이 도와주시고 제가 믿었고 그런 게 있었기 때문에. 제가 대학 1학년 때부터 결혼에 대한 기도를 했거든요. 기도하면서 교회 안다니는 사람과 결혼한다는 것은 대치되는 거잖아요. 사실 중간에 딴 생각 먹을 때가 몇 번 있었는데 종교는 달라도 사람만 좋으면 됐지 이렇게 생각한 적도 있었는데 그렇게 생각을 먹고 마음을 열어도 안되더라구요. 이런일 저런일 겪다 보니까 내가 너무 갈팡질팡 우왕좌왕 하게 됐죠. 중요한 건 내 생각도 있지만 상대방도 생각이 있고 상대방은 제가 통제할 수 있는 영역이 아니잖아요. 하나님의 영역이잖아요. 그러니까 하나님을 더 의지하게 되고 그래서 지금은 더 조심스럽게 그러는 것 같아요.

상담자 : 결정의 순간에 딱 결정을 내리고 그러면 되겠지요.

스폰지 : 절대적인 기준이 있잖아요. 저같으면 처음에 6개월간은 정말 힘든 게 있었기 때문에 신앙적으로 훈련받고 그런 사람이 아니면 안된다 그러면 내가 힘들고 내가 못견디기 때문에 사과님이 정한 절대적인 기준이 아니고서는 단점은 없는 사람 없이 다 있는 것이고, 가능성 그 가능성이 정말 중요한 것 같아요. 그걸 보고 참는 거지 현실에서는 조목조목 항목이 많더라구요.

향 기 : 가능성, 그거 정말 중요한 것 같아요.

상담자 : 그건 내가 정말 해주고 싶은 말이예요. 나는 어렸을 때부터 결국은 철이 없었던 건데 어렸을 때부터 성취를 많이 안한 사람이 눈에 안들어왔어요. 유학생들하고는 별로 기회가 없었어요. 그때 저랑 친하게 지내던 미국 친구가 있어서, 지금은 대학 교수인데, 그 친구 남편이 교사부터 시작해서 당시에 교장이 됐죠. 내가 성취를 많이 한 사람을 부러워 했는데 그런 사람을 내가 얼마나 부러워 했겠어요. 자기가 볼 때 네가 찾는 사람은 이 세상에 없다, 결혼할 때 그 남편은 교사였지만 자기가 교장으로 만들어놨다 이거지요. 그것이 지금 얘기하는 가능성이예요. 가능성 있는 사람을 찾아서 결혼하면 됐지. 네가 찾는 사람은 없다라고 했죠. 지금 와서 생각해 보니까 그 말이 너무 맞는 거야. 한참 전에 보니까 내가 너무 잘못 생각했다. 제가 지금 돌아보니까 별것도 아닌 사람들이 (세월이 흐르니까 나름대로) 다 자리잡고 있는 거야.(모두 웃음) 그러니깐 스폰지님이나 이런 사람들이 결혼을 잘한 것이지요. 오히려 자기가 결혼해서 만들어놨다

고 자랑스럽게 여기고,

스폰지 : 그러니까 고시에 붙은 사람들의 부인들이 내가 만들어놨으니까 보상을 해라 그래서 갈등이 있잖아요.

상담자 : 그렇기 때문에 다 이루어진 사람하고 하는 게 아니잖아요. 그러니까 중요하다고 생각하는 점이 마음에 들면 괜찮을 것 같아요. 그런 얘기였어요? 지금 이 얘기는 맥락이 잘 파악이 안돼. 뭘 도움을 받고자 하는 건지.

사　과 : 그런데 무마가 된 게 아까 신체증상 그것 때문에 무마가 된 것 같아요. 제가 가지고 있는 신념 중에 나는 사랑받고 누군가가 나를 사랑해주지 않으면 살 수 없다 그런 게 있는 것 같아요. 그러니까 몸으로 반응을 하지. 엄마하고의 갈등도 그렇고.

향　기 : 그런데 그런 사람이 보통 연애는 잘하지 않아요?

상담자[8] : 그건 이거지. 나는 의지할 강한 누군가가 있어야만 한다. 그것 때문에 그런 거지. 그럼 왜 사람한테 의지해, 하나님한테 의지하지. 인간은 믿을 수 없어요. 남편도 있고 그렇지만은 이제 오래 살아봐. 영원히 믿을 것 같지만 검은 머리가 파뿌리가 되도록 살 것 같지만 중간에 나를 힘들게 하고 괴로운 순간들이 있을 거예요, 분명히. 그것은 비합리적이기 때문에 하나님을 의지하면 되지 인간을 의지하지 말고 독립적으로 홀로 서면 되지요. 이런 말들이 이론적으로만 들리면 안돼. 이게 진짜 삶 속에서 실천이 되야지요.

스폰지 : 제가 엘리스(Ellis)의 비합리적인 신념을 읽을 때에는 이렇게 사는 사람은 참 힘들겠다, 이렇게 읽었는데 제 모습 속에서 그런 걸 발견하면 섬뜩해요. 엘리스(Ellis)도 자신이 그런 게 있었나 이런 것을 일반화시키고 찾아낸 것이.

상담자 : 그것은 오랜 임상적인 경험에서 찾아낸 것이지요. 자신도 뭐 그런게 많이 있겠지. 그러면 된 거예요? 도움이 된 거예요?

사　과 : 하나님을 믿고 의지해야 되겠다.

상담자 : 지금 도움을 받고 싶었던 건 내가 사람을 사귀는 데 객관적인 검증을 받고 싶었던 게 아니예요?

사　과 : 객관적인 검증이요. 아까 약점 얘기를 했었는데 제가 통합된 그 사람을 알기 위해서 그애를 평소에는 관심을 안가지고 있었기 때문에 오히려 외모가 왜 저럴까, 굉장히 거부감이 드는 면이 있었거든요. 여럿이 있으면 시선 안가는 사람이 있잖아요. 그랬는데 그애가 좋은 애라는 거, 그애 속은 안그렇다는 것을 여러 번 경험을 했고 제가 연락해서 만나게 된 이상 그런 점을 받아들여야 된다고 생각을 하니까 많이 만나야 될 것 같은 생각이 드는 거예요. 그런데 지금 상황에서 많이 만날 수가 없어요. 그래서 그애가 성경 공부를 하는 그룹에 들어갔어요. 교회도 안나가던 제가.

상담자 : 그래도 그런 게 있잖아. 사회심리학에서 보면 자꾸 만나면 좋은 감정을 갖고 있거나

---

8) 사과님의 비합리적 생각을 '나의 의지할 강한 누군가가 있어야만 한다'로 정리함.

그 사람에 대해서 나쁜 감정을 가진 게 아니면 만나면 만날수록 더 정이 들고 더 만나고 싶어지는 그런 게 있잖아요. 그런 노력을 하면 되겠네.

옹달샘 : 그리고 사과님 혼자서 생각하는 것 많이 안했으면 좋겠어요. 혼자서 많이 생각해서 혼자서 궁합 다봤다고 하잖아요.

상담자 : 생각이 많은 사람이 병이 많아. 생각이 많은 게 좋은 게 아닌 것 같아요. 근데 우리 상담자들이 심하게 생각을 많이 하거든. 나한테 맞지 않는데 막 맞춰서 하고 안그러는 것이 좋을 것 같아요.

옹달샘 : 생각을 하되 현실에 근거해서 하는 생각이 있고 사과님은 추론해서 하는 생각들이 많이 힘들게 할 것 같거든요. 아주 극한 상황이라면 저 사람 옛날에 어떤 여자를 만나서 어떻게 지냈을까, 예를 들면 그런데 만나서 남았던 이미지들을 회상하는 건 좋지만 사과님이 엉뚱하게 고리를 연결시켜가지고 생각하고 그런 부분들은 오히려 한 발 앞서 있기 때문에 상대방이 당황스러운 것 같아요. 현실에 직면해서 만났을 때에는 사과님은 생각을 많이 해봤기 때문에 앞서가고 있고 그 사람은 생각을 덜 했기 때문에 차이가 나는 것 같아요. 상대방을 당황스럽게 하지는 않을까 사과님 혼자서 생각이 많으셔서 줄만큼만 주고 보관할 건 보관하고 그쪽에서 너무 많이 받고 그러면 너무 많이 당황할 수 있으니까. 사과님이 사람을 많이 사랑하고 싶어하는 사람이라는 것은 알아요.

상담자 : 어떻게 그렇게 잘 알아?

옹달샘 : 옛날부터 잘 알아요.

상담자 : 왜?

향　기 : 건수를 하나 만들어 줬었거든요.

사　과 : 제 인생에서 아주 중요한 역할을 해주셨어요.

상담자 : 누구 소개해줬어? 근데 지금은 깨졌어, 그 사람하고는?

사　과 : 깨졌죠.

옹달샘 : 사람을 많이 사랑하고 싶은데 그 사랑을 받아줄만한 사랑을 받을 수 있는 사람이 안 나타나더라구요.

스폰지 : 남자는 사랑을 받으면 자기가 애처럼 취급을 받는다고 생각한대요. 여자는 사랑을 하면 주잖아요. 그런데 남자는 내가 모자라니까 준다고 생각을 한대요. 있는 그대로 고마워하는 걸 더 좋아하지. 주는 것보다는. 여성성, 남성성 그런 것을 보면.

상담자 : 남자들한테는 사랑을 퍼주기보다는 절제된 사랑을 해줘야 되는 거예요?

스폰지 : 필요로 할 때 주더라도 이게 도움이다 이렇게 주는 게 아니라 살짝 돌려서 주면 그걸 훨씬 고마워하고.

상담자 : 하기는 남자의 자존심이라는 것이 있어서 그럴 수 있겠네요. 그러면 남자들의 심리를 알아야지 연애를 잘하는 거지.

스폰지 : 알면서도 어쩔 수 없는 것 같아요. 이론이랑 참 다른 게 그래도 머리에서 막 왔다갔다

하는데.

상담자 : 그러면 사랑을 더 많이 줘?

스폰지 : 그럴려고 하는 것 같아요. 어저께만 해도 그 말을 했을 때 나라면 안그럴텐데 나는 안 그랬는데 지는 왜 안그러나 해준만큼 보상같은 것을 바라고 있었던 것 같아요.

상담자 : 몇 살 차이예요?

스폰지 : 동갑이예요.

상담자 : 그러면 아무래도 여자가 더 많이 주어야겠다.

스폰지 : 그리구 사회적인 준비가, 저는 가능성을 보고 했는데 가능성을 보고 한다는 게 참 힘든 것이 현실에서 참 힘들어요. 뒤에 가면 좋을 수 있는데 남편이 아직 벌어오는 돈도 없고 지금 석사과정을 다니고 있으니 정말 까마득하죠. 그게 참 힘든데.

옹달샘 : 좋은 것은 다 갖고 있네요. 신앙, 성품 다 갖고 있네.

스폰지 : 그런데 현실에서 보면.

상담자 : 현실이 뭐, 경제적으로 힘들다 이거지 뭐.

스폰지 : 그런데 남자 쪽에서, 저는 그래도 되는데 남자들은 그렇대요. 돈에 대한 것이 참 크더라구요. 자기가 경제적으로 주지 못하는 것에 대해서 열등감 그런 게 있으니까 아니라고 설명을 해줘도 그런 것이 좀 힘든 것 같고 그러니까 더 일등을 하려고 지금도 굉장히 잘 해요. 거기서도 3% 안에 들려고 그러거든요. 그렇게 하려고 그러니까 신앙적으로 더 미숙해지려는 게 있고 남자들이 목표지향적이어서 그것만 하면 한 쪽은 등안시하는 것 있잖아요. 그런 게 막 쌓여 있어요. 힘든 게 참 많아요.

향　기 : 사과님 말하는데 너무 예뻤어요.

옹달샘 : 요즘에 좀 예뻐지는 것 같았어요.

향　기 : 점심 먹을 때 하는 얘기도 심상치 않았어.

스폰지 : 빵 줄 때 나는 밥만 먹고 안먹는다고 해서.(모두 웃음)

상담자 : 이렇게 사랑을 하면 여러 가지로 달라지는구나.

옹달샘 : 올해는 작전을 잘 짜야 되겠다. 우리가 옆에서 머리를 잘 맞대고 그래야 되겠네.

상담자 : 아까 할 얘기가 굉장히 많다더니 그거였어요? 또 있어요?

사　과 : 제가 무슨 일을 하려고 몸이 딱 굳어지면서 긴장되는 것을 느껴요.

상담자 : 무슨 일, 어떤 일?

사　과 : 머리를 써야 되는 일. 번역하는 것도 그렇고 일기 쓸 때도 생각을 끌어내서 일기를 쓰게 되거든요. 뭔가 잘 해야되겠다는 의지가 강해서 그런거 같고. 제가 기억력이 많이 쇠퇴했어요. 겨울 지나면서 그전부터 조금씩 조금씩 그랬거든요. 배낭여행 갔다오고 나서부터 건강이 안좋아지면서 집중력하고 기억력이 안좋아졌거든요. 그때 체력이 많이 약해지면서 저한테는 굉장한 무리였어요. 그 전의 제 삶과 그 후의 제 삶이 많이 틀려졌어요. 그래서 기억력 그 부분이 마음에 항상 걸렸었어요. 내가 이러지 않았는데. 노래 두세 번 부르면 다 외우고 사람 한 번 보면 그 사람 이름 몇 번만 입으로 조그만 외우면 오래 지나서 만나도 그 사람 이름이 뭔지 기억이 났는데, 그리고 그날 아침에 만난 사람은 그날 중에 만나면 전혀 모르는 사람인데도 언제 어디서 만난 사람이라는 게 생각이 다 났거든요. 사람과 관련되어서 기억이 다 났었는데 지금은 기억력이 많이 없어지고 얘기를 들으면 그때는 이해가 되는데 그 말을 그대로 다 옮기지는 못하고 제 나름대로 기억을 짜집기해서는 하지만 그대로 옮기는 것은 거의 불가능해요.

상담자 : 그게 문제예요?

사 과 : 그걸 보완하려고.

상담자 : 잘하려고 하니까 긴장을 한다구.

향 기 : 기억력, 그거 25세를 넘기면 다 그런거 느끼지 않나, 그걸 물어보고 싶어요.

상담자 : 아직까지 나는 안그래요. 근데 요새 기분이 나빠져서 그런지 나빠질 것만 같아요. 나 있잖아, 심각해. 엊그저께 사례 발표할 때 한참을 읽다보니까 18페이지에 가서는 눈이 희미해지는 거야.

향 기 : 너무 많이 읽어서 그래요.

상담자 : 내눈이 나빠지고 있나, 노안이 되고 있나, 이러면서 걱정이 되지. 여러 가지 출산도 있고 여자인데 그러면서 내 기억력도 쇠퇴하고 있는 것은 아닌가 항상 누구 이름을 잘 기억하고 그랬는데 그전에 내가 공부하던 대학의 닥터 패턴(Patton)이라는 사람이 있었는데 그 사람이 '코헛(Kohut) 이론'을 처음으로 상담장면에 적용시킨 유명한 사람이예요. 그런데 그사람 이름이 갑자기 생각이 안나는 거야. 그런 적이 없었는데 그 이후에 내 기억력이 쇠퇴하는 건 아닌가 하는 그런 두려움이 있었어. 늘 그렇지는 않구요. 지금까지는 좋아요. 그러니까 어느 정도 넘으면서 쇠퇴한다고 그러지.

향 기 : 그건 머리를 계속 쓰면 괜찮은 것 같아요.

상담자 : 그리구요. 복잡한 머리를 쓰는 사람들은 기억력은 좀 약하고, 나는 내가 생각해도 단순한 사람이야, 그래서 이론적으로 이걸(인지상담) 더 좋아하는게 아닌지 모르겠어요. 나 자체가 막 복잡하게 얽히고 설ㄱ혀 있지를 않아. 인간의 행동에 대해서도 너무나 많이 해석하려고 하지 않고 그러다보니까 단순한 것이 발달을 했나, 복잡한 것이 발달된 사람이 또 단순한 게 발달이 안되고 그러더라구. 기억력은 고등정신기능은 아니예요. 그게 떨어진다고 해서 걱정하고 그럴 필요는 없지요.

옹달샘 : 위로를 받으셨나요?

상담자 : 그러니까 사과씨가 잘하고 싶다 그런 것은 선한 의지인데, 긴장이 어느 정도 되는지 모르겠지만 불편할 정도로 긴장을 한다면 문제가 되겠지. 그렇다면 좀 느슨해져야 되겠지. 그걸 꼭 왜 잘해야만 하는데?

스폰지 : 일기 쓰는 건 잘 못해도 될 것 같은데.

상담자 : 일기 쓰는 것도 잘해야 되고 번역하는 것도 잘해야 되고 왜 그래요. 지금 논박하는 거야.

사 과 : 지금 하고 있는 그 자체에 대한 생각이 없이 하는 게 아니라 이걸 나중에 봤을 때 사

람들이 잘했다라는 생각이 들도록 지금 해야 된다는 것이죠.

상담자[9] : 그건 내가 좋은 평가를 받아야 된다 이거네.

사　과 : 평가도 많이 들어가요.

상담자 : 왜 다른 사람들의 좋은 평가를 꼭 받아야만 되는 이유가 뭐예요?

사　과 : 거기에 제 평가도 있어요.

상담자 : 좋아. 내가 나를 잘 평가해야만 하고 다른 사람한테 내가 좋은 평가를 받아야만 하고 그런 이유가 뭐예요? 인정받을려구요?

사　과 : 칭찬이나 인정 받지 못하는 건 그러려니 하고 넘어갈 수 있는데 비판받는 것 그것을….

상담자 : 사과가 그것을 잘 못했다고 해서 사람들이 칭찬이나 인정은 안하겠지만 비난까지 하겠어요? 그러니까 엄마의 영향도 큰 것 같다.

사　과 : 항상 비난을 많이 받아서.

상담자 : 그래서 그렇지. 그래서 그런 것 같은데. 그렇다고 다른 사람들이 엄마처럼 나를 비난하지는 않을 거란 말이야. 엄마는 엄마이기 때문에 나에게 함부로 하신 부분이 없지 않아 있겠지만 내가 한 일이 마음에 들지 않았다고 해서 사회에서 비난하는 사람은 거의 없지. 만약에 비난을 한다면 그건 그 사람의 문제로 돌리세요. 그 사람이 인격적으로 되지 않아서 비난하는 것까지 내가 짊어지고 가지 말고, 그런 부분까지 마음에 들려고 잘하려고 하지 말자고 단호하게 마음먹으면 긴장을 유도하지 않아요. 그러면 좋지. 긴장을 하게 되고 머리가 아프게 되고 그러면 결국은 투사하게 된단 말이죠. 그래서 그것을 좀 느슨하게 하면 좋겠다는 말이죠.

스폰지 : 그 얘기가 나와서 궁금한 게 있어요 선생님이 오늘 시작할 때 숙제 검사를 안하셨잖아요. 사과님 옛날에 어머니랑….

상담자 : 조금 있다 하려고 그랬는데 말해줘서 고마워요. (사과님을 바라보며) 그 숙제 했냐고 물어보잖아요.

사　과[10] : 엄마에 대한 비합리적 신념을 합리적인 생각으로 대치하기 위해서 하루에 8번씩 암송하는 거, 처음에 1주일간은 정말 열심히 했어요. 그런데 다른 일이 많이 생기니까 그리고 환경적으로 엄마하고 부딪힐 일이 없으니까 그게 좀 희미해졌어요. 그래도 꼭 엄마는 아니더라도 앞머리는 상황에 맞게 바뀌서 그렇다고 나의 인간적인 가치는 달라지지 않아 이걸 붙여서 많이 되뇌었어요.

상담자[11] : 그건 참 중요한 개념 같아요. 여기서 엘리스(Ellis)가 강조하는 게 인간과 그 인간이 가지고 있는 문제 즉 행동이라는 문제죠, 이것을 분명히 구분하거든요. 어떤 문제를 가지고 있든지 그 사람은 인간으로서 너무나 고유하고 아름다운 존재라는 거죠, 다만 문제는 그 사람의 행동이다. 요즘에 마이클 바이트가 얘기하는 게 인간과 그 사람이

9~10) 사과님이 지닌 "나는 다른 사람들에게 좋은 평가를 받아야만 한다"는 신념의 스키마를 탐색해 나가는 과정.

10) 사과님에게 부여한 숙제의 점검.

11) '인간'은 누구나 살아서 숨쉬는 것만으로도 고유하고 독특하고 아름다운 존재임을 설명.

가지고 있는 문제를 분리시켜서 행동을 분리시키는 것 자체를 외재화한다고 그러잖아
요. 인지상담에서 쉽게 인간과 그 사람이 가지고 있는 문제를 분리하는 것이기 때문
에 어떤 사람이라도 고유하고 독특하고 아름답다, 우리가 말로는 쉽게 하는데 그 사
상 자체가 수용되지는 않는 것 같아. 그러니까 개나리님도 특히 내가 세속적인 학력
은 서열화된 학력이 좀 떨어진다고 해서 개나리님이라는 인간 존재의 가치가 떨어지
는 것은 결코 아니다. 그걸 분명하게 알아야 된단 말이죠.

상담자 : 그러면 우리 옹달샘, 그때 그 문제가 말끔하게 해결이 됐어요?

옹달샘 : 말끔하다기 보다 그 생각이 많이 안나요.

상담자 : 왜 그런 것 같아요.

옹달샘 : 그때 그 말이 그 순간에는 잘 몰랐는데 갚아야 된다,라는 빚으로 생각하는 그 부분이
빚청산이 되니까 마음에서 사고적으로 많이 안나는 것 같아요. 한 번씩 어떻게 살고
있을까 스쳐 지나가는 생각은 할 수 있지만 봤으면 좋겠다, 꿈 속에서도 나타난다 이
런 건 없는 것 같아요.

상담자 : 어떤 노력들을 하셨는데요?

옹달샘 : 특별한 노력은 안했는데 그 말이 잔잔하게 남아 있었던 것 같아요. 빚청산할 이유는
없는 거구, 그 사람은 그 사람 나름대로 살아가고 있을 것이다, 내가 미안해 하는 만
큼 그 사람은 그러지 않는다라는 것 그게 하여튼 시간이 지나면서 내 속에서 용해되
어 간다는 것을 알게 돼요.

상담자 : O.K, 그러면 시간이 15분쯤 남았는데 더 하고 싶은 얘기 있어요?

옹달샘 : 너무 쉽게 해결되버린 것은 아닌가 그런 생각이 들어서….

스폰지 : 너무 쉽게 해결되서 어떻게 했나 궁금해서.

옹달샘 : 특별한 노력은 안했고 그 뒤로 남편이 자상하게 잘해줬었고, 의외로 내 주위에 있는
것들이 다 좋게 돌아갔었어요. 힘들 때 더 많이 생각나고 주위환경도 영향을 많이 받
았던 것 같아요. 환경이 좋아지고 괜찮아지니까 거기에 별로 연연해하지 않고 내일
○○대 가면 한 번 보죠.

상담자 : 내일 그곳에 갈거예요? 공부하려고?(네) 그래요. 가서 한 번 보세요. 님도 보고 뽕도
따고 그런 거네.

옹달샘 : 그곳에 가서 일이 생기면 다음주에 와서 또 얘기하고 그러죠.

상담자 : 향기씨는 얘기할 것 또 없어요? 남편하고 잘 되고 있고 별일 없어요?

향 기 : 네.

스폰지 : 학교에서 저번에 얘기했던 거 선배랑 많이 풀었어요. 그런데 그런 생각도 들어요. 어
제 그 선배가 너무너무 날카롭게 굴어서 회의하다가 한쪽에서 석사 애들이 몰렸어요.
그 상황에서 저녁 때까지 계속 그걸 하니까 머리가 너무너무 아파지고 집에 가면서
사람들이 선배언니한테 얘기를 하면서 너무 많이 힘든 것 같다, 속상해 했지만 그런
얘기 하길 잘했다 그런 생각도 잠깐 들고.

상담자 : 스폰지씨가 갖고 계신 큰 신념 두 가지를 찾았어요. 항상 누구에게나 사랑받고 인정받아야 한다 남편에게 배우자에게는 반드시 잘해주어야 한다. 서로가 잘해주지 않으면 견딜 수 없어 하는 거예요. 여기는 없는데요, 우리나라의 청소년이 가지고 있는 비합리적인 신념에는 어떤 것이 있냐며는 부모형제는 반드시 나를 사랑해줘야만 한다, 이해해줘야만 한다. 이것을 부부관계에 적용하면 부인은 나를 이해해주어야만 한다. 남편은 나를 이해해줘야하고 그래야 서로서로 사랑하는 것이고 사랑하지 않으면 큰 일이다. 그런 것이죠. 개나리님은 오늘 회기를 마치면서 어떤 비평을 해주고 싶으세요? 오늘 배운 것이라든지 특별히 새롭게 느낀 것이라든지.

개나리 : 이제 조금 더 시간관리에 대해서 합리적으로 생각해야 될 것 같고 집중하고 몰두할 수 있는 그런 능력을 제 스스로 많이 개발하고 키울 수 있도록 노력해야 되겠다고 다짐합니다.

상담자 : 그렇게 하기 위해서 어떤 노력을 구체적으로 할 거예요?

개나리 : 반드시는 아니더라도 제가 계획한 것을 지킬 수 있다, 라는 신념을 강화하고 시관관리를 위한 스케줄을 짜겠어요.

상담자 : 그러면 사과씨께서는?

사 과 : 오늘 배웠던 것을 정리하면서 내재화될 수 있다는 것이 참 중요하다는 것을 알았고, 실천을 하면서 해야 되겠다는 생각입니다.

상담자 : 어떻게 실천할 거예요?

사 과 : 여기 써놓은 게 많거든요. 이것을 쭉 읽으면서 생각에도 변화가 있고 행동에도 변화가 있도록 해야겠지요.

상담자[12] : 진짜 행동으로 이루어지기까지는 제가 계속 이야기하지만 사고가 변화되면서 동시에 행동으로 연결되는 것도 있지만 안그러는 게 더 많아요. 그러니까 연결될 수 있게 꾸준히 연습을 하세요.

옹달샘[13] : 오히려 인지치료분야가 집단과정보다는 생활하면서 더 많은 힘을 가진다는 생각이 많이 들어요. 논박이나 어떤 가설들을 얘기해 주셨을 때 수용이 안되는 부분이 있었고 초기에는 그렇게 해서 어떻게 될까라는 그런 생각을 많이 했었는데 오히려 도움을 받고 마음이 편해지니까 그 순간에는 약간 거부반응들도 있고, 하지만 현실에서 그게 힘을 가지고 나에게 이렇게 영향력을 미친다, 그래서 고맙다라는 생각이 들어요.

상담자 : 고맙습니다. 그럼 여기서 끝을 낼까요?

모 두 : 네.

---

12) 행동변화를 위해서는 꾸준한 연습의 중요성을 강조.
13) 인지치료의 효과에 대한 언급.

회기 해설

　상담자는 인지치료의 특징 중에 하나가 구조화(structured)되었음을 설명해 주고 이번 회기는 그 특징을 살려서 진행한다. 집단성원들이 나누고 싶은 주제에 대한 아젠다(협의사항)를 먼저 정하고 상담과정이 이루어진다. 집단성원 중의 한 명이 집단상담의 주제가 의미심장해야 된다는 생각을 드러냈다. 상담자는 일반적인 일상생활사를 가벼운 주제로 하여 얼마든지 중요하고 핵심적인 인간사의 문제를 다룰 수 있다고 집단상담에 대한 재구조화를 하였다.

　향기, 스폰지, 개나리, 사과, 옹달샘 등이 자신의 문제를 골고루 표출하고, 해결해 나가는 과정, 그리고 이미 해결된 결과에 대한 논의가 이루어졌다. 향기님은 "다른 사람의 시간을 소중하게 생각하여 자기 문제를 선별적으로 드러내야만 한다"는 생각 때문에 불편했음을 깨닫고 이에 대한 논박의 과정이 있다. 스폰지님은 엘리스(Ellis)의 "나는 알고 있는 모든 사람들에게 인정받고, 이해받고, 사랑받아야만 한다"는 생각이 그렇게 자기 의식 깊숙히 자리잡고 앉아서 자신의 행동 곳곳에 깊은 영향을 미치고 있다는 새로운 통찰이 이루어졌다. 개나리님이 새롭게 호소한 '일의 지연'과 '시간관리'의 문제를 다루면서 엘리스(Ellis)가 강조한 정신건강적 기준 가운데 "committment"(집중의 美, 몰입의 美)에 대해서 논의해 보았다. 또한 타인의 평가에 얽매이지 말고 자기 스스로의 잣대에 의해서 행동함의 중요성도 역설하였다. 사과님의 신체화 증상에 대한 원인을 파헤치고 집단성원들과 함께 해결책을 모색하였다. 옹달샘님도 "빚을 구지 청산해야만 하는 것이 아니다"라고 생각을 바꾸니까 여태까지 자신을 괴롭혀 왔던 어려움이 사라졌다고 보고하였다. 그는 특히 자신이 체험한 인지치료의 효과에 대해서 정리해 주었다.

　총 9회기로 계획한 인지치료 상담이 전체 상담과정 중에 중반에 이르자 전체성원들이 인지치료에 대한 이해가 증가되면서 치료의 효과도 증진된 회기였다.

제6회 인지치료 집단상담 (5. 28)

상담자 : 저번까지 전반부가 끝나고, 오늘부터 후반부에 들어갑니다. 우리 모임이 끝까지 활성화되었으면 좋겠습니다. 오늘 이야기를 나누고 싶은 것이 있으면 해주셨으면 좋겠네요. 호호…

사　과 : 제가 꺼낼게요. 너무 기가 막힌 일이 있어 같이 이야기를 나누었으면 하는 마음이 들어서요. 제가 상담원 모집하는 곳이 없나 하나 둘 알아보고 있었는데, 우연히 ○○에서 상담원 모집을 하고 있다는 연락을 받았어요. 신문이나 PC에 올랐다는데, 저는 그것을 보지 않았고, 엊그제 선배를 통해 알았는데, 여기에는 추천서가 필요한데, 제가 ○○선생님께 부탁드렸고, 또 한 분한테 추천서를 더 받아야겠다는 생각에, 제가 대학원 다닐 때부터 알고 있던 선생님인데, 그 선생님은 상담 중에 전화가 오면 아주 딱딱하게 사무적으로 전화를 받으시는데, 혹시 내가 전화한 시간이 상담중이 아닐까 해서 그것을 먼저 물었는데, 그것에 대해서는 말씀을 안 하시고. 계속 이야기를 해도 되는 것처럼 이야기하셔서 요건을 말했는데, 내가 어디에 원서를 넣으려고 하는데, 추천서를 써 주셨으면 한다는 이야기를 했더니, 거기서 무엇을 요구하느냐고, 그래서 전 무슨 이야기를 하시려는지 진의를 잘 파악하지 못했는데, 전체적으로 이야기를 하자면, 난 추천서를 한 번도 써 본적이 없고, 내가 추천서를 쓰는것이 효과가 있는지에 대해 확실하지 않으니 추천서를 못 써주겠다는 거예요. 그런데 말씀 도중에 내가 보기에는 너는 상담을 계속 받아야 하고, 너는 잘 못할 것 같다, 그런 이야기를 하셨어요.

옹달샘 : 그러니까 상담을 받아야 될 사람이지 상담을 할 사람이 아니다라는 것이죠.

사　과 : 예…. 상담을 계속 받아야지 상담을 할 수 있겠느냐고 계속 말씀하셨는데, 그 이야기를 듣고 제가 정말 놀란 것은, 그 선생님하고 그동안 지내왔던 일들이 다 떠올라서 힘들었던 것 같아요. ○회나 상담을 했기 때문에 깊이있는 부분에 대해서는 많이 아셨겠지만, 그러나 그 선생님이 상담을 통해서 알게된 내 모습을 마치 전부인냥 해석하고 계시고, 그 선생님은 ○○적인 방법으로 상담을 하시는데, 그 선생님이 지도하시면서, 상담을 전공하는 대학원생끼리 이야기할 때 그 선생님이 제 이야기를 꺽고 다른 사람 이야기하라는 식의 경우가 몇 번 있었는데, 전 상담자가 저러면 안된다고 생각했는데, 오늘 그 이야기를 들으면서 기가 막히고, 내가 전화를 괜히 걸었구나 생각되고, 그 선생님은 MBTI유형에서 철저히 J형인데, 내가 이러이러 하니까 추천서를 써주지, 힘들어하는 그 형식이 나는 절대로 그렇게 할 수 없는데, 너는 어떻게 추천서를 써줄지도 모르느냐 이런 상황에서는 학과장이나 지명도 있는 사람한테 부탁해야지 왜 나한테 부탁하느냐, 넌 정말 사람 선택을 못하느냐는 것을 저 스스로 알게끔 대화를 이끌어 가는 거예요. 그래서 제가 처음에는 그 선생님에 대한 감정없이 그냥 추천서를 써주시면 얼마나 좋으냐 했었는데, 그런 식으로 대화를 이끌어 가시면서 저를 화나게 했어요. 짜증나서 그러냐고, 알겠다고, 학과장님한테 연락하겠다고 전화를 끊고서, 엄마가 잔소리를 해대는 것처럼 그 선생님이 내가 알아 들을 때까지 속에 있는 이야기를 다 해대는 것 있죠. 그런 것이 느껴져 날 어린애처럼 취급한다는 느낌도 들고, 제가 느끼는 것도 많았고, 괜히 쓸데없는 것까지 많이 생각하면서, 전화거는 6-7분 정도는 정말 지옥이었어요. 그것이 너무 힘들었어요.

상담자 : 정말 그렇겠어요. 보통 추천서를 써달라고 하면 이런 식으로 반응을 잘 안하는데, 이 분은 참 독특하게 반응하신다.

사　과 : 그렇죠. 나보다는 지명도가 높은 사람이 써주는 게 더 좋지 않느냐, 정말 요구하는 사람의 입장에 서서 그 사람의 복지나, ○회나 상담을 했으면 정말 관계가 있는데, 그렇게 반응을 안할 것 같은데,

상담자 : 그 분은 정말 독특하시다…. 사과님 이야기만 들어보면. 그러나 우리는 항상 이해할 수 없는 행동을 볼 때 그 사람이 그렇게 행동할 수 밖에 없는 이유가 있다고 믿는데, 그러니까 뭔가 풀리지 않는 무엇인가가 있겠지. 그런데 그 선생님의 태도 자체가 사과님을 화나게 할 것은 아니죠, 인지에서 항상 강조하듯이.

사　과 : 예. 제가 화가 난 것은 그 선생님이 저에게 상담자의 자격이 없는 것 같다는 그 부분에서 제가 정말 기가 막혔죠.

상담자 : 이것은 사과님이 해석하는 틀인데, 그러니까 그 선생님은 상담자로서의 자질이 없는 것 같다고 하신 것과 마찬가지인데, 이것을 만약에 이 사람이 평가하는 내가 전체가 아니듯이, 당신이 그렇게 말할 수 있지만 나의 능력이나 모습이 당신에 의해서만 평가받는 것이 아니다, 이 사람이 정말 나를 잘못 지각하고 있구나, 이건 내 잘못이다, 나를 이렇게 지각하고 있는 사람에게 추천서를 부탁하다니 이것을 나의 잘못으로 돌렸다면 화가 났을까 한 번 생각해 봅시다. 너는 상담자로서의 자질이 없다고 한 말이 왜 이리 나를 화나게 했는가, 그 말 자체예요?

옹달샘 : 이런 느낌을 받았다는 것 같은데.

402 제2부 인지행동치료의 집단상담사례

사　과 : 음, 글쎄요.

상담자 : 만약 내가 이 말에 전적으로 동의한다면 화가 나지만, 이 사람은 나를 잘 모르고 있어, ○회나 상담을 하고서도 나를 이렇게 몰라, 이 사람이 문제있는 사람이라고 하면 그렇게 화가 안 날 수도 있지. 잠깐, 다시, 여러 가지 이유가 있는 것 같애. 첫째, 너는 상담자로서의 자질이 없다 둘째, 너는 상담을 더 받을 사람이지 할 사람이 아니다, 그쵸? 그런데 어떻게 이렇게 이야기할 수 있지.

사　과 : "내가 보기에는 이렇다"라고 중간에 이야기하셨어요. 그런데 제가 4주전에 상당히 힘들었을 때가 있었는데, 자동차 주차하다가 사고내서 엄마한테 크게 야단을 듣고 3일 동안 크게 우울했던 때예요. 그때 내가 집을 나가야겠다고 생각하고 방황하는 때 상담실에 갔는데, 그 선생님을 우연히 만났어요. 1시간 상담을 했는데, 그때 상태가 안 좋았는데 그것을 입력하시고, 그때부터 이제까지 아무 연락이 없다가 갑자기 추천서 이야기를 하니까 그래서 더 그런 반응을 한 것 같아요.

상담자 : 그러면 상담자는 문제도 없어야 되고, 항상 행복(happy)한 사람이 상담을 해야 되는 것인가. 그것은 아닌 거잖아. 오케이, 그럼 계속해 봅시다. 또 사과님을 화나게 했던 것이 어떤 것이었습니까?

사　과 : 음, 상담시간이면 전화를 안하는 것이 예의라고 생각하고 미리 전화를 물었는데.

상담자 : 그건 아닌 것 같애.

사　과 : 그런데 그것에 대해서는 대답을 하지 않으시고, 상담중이라고 하면 '죄송합니다. 다음에 다시 전화드리겠습니다' 하고 전화를 끊었을 것인데, 그것에 대해선 아무 말 없으시고, 계속 말을 이어나가시니까 사무적인 말투로 이야기가 진행되는 거예요. 제가 왜 그것을 생각하느냐면, 제가 상담을 받을 때 전화가 오면 선생님이 보통 대화와는 다르게 아주 딱딱하게 '지금 상담중입니다' 해요. 그래서 그 부분은 조심하려고 그래요. 상담중일 때는 전화안하는 게 좋다, 좋은 말 못 들으니까. 그랬는데 그것에 대해서는 아무말 없으시고, 하고 싶은 말만 계속 하시니까.

상담자 : 내가 예의를 갖춰 정중하게 했는데, 선생님이 그것에 대해 반응을 하지 않으시고 그냥 얘기를 한 것, 그것이 나를 화나게 했고, 내가 무시당했다는 느낌을 받은건가?

사　과 : 무시당했다는 느낌을 받지 않았고, 그냥 그 다음에 밀어붙이면서 이야기하는게.

스폰지 : 애 취급받았다는 느낌이었는지.

사　과 : 전체적으로는 그랬어요.

상담자 : 음, 애 취급을 당했다.

사　과 : 애 취급이 무시하는 것과 똑같은 것은 아니고,

상담자 : 그러면 성인으로 취급받지 못했다?

옹달샘 : 얕봤다?

상담자 : 얕봤다. 하여튼 내가 적절하게 대우받지 못했다 이거죠. 그런 상황에서 기분이 나쁠 수 있겠죠.

사　과 : 그런데 제가 이런 이야기를 꺼낸 것은 그런 식으로 저한테 대하는 사람에게 어떻게 적절한 감정을 갖고 대할 수 있을까 그거예요. 단순히 전에 일어났던 일에 대해 어떻게 감정을 처리할까라는 감정에 치우친 것이 아니라, 앞으로도 이 선생님하고 이야기를 할 수 있고, 이보다 더한 사람을 만날 수도 있을텐데….

상담자 : 그럼 지금 이 감정을 유도하는 것들을 잘 살펴서 앞으로 어떻게 할 것인가까지 해보죠. 그런 상황에서 기분이 나쁘다는 것은 적절한 것 같고, 그런데 그 감정이 지속되지 않으면 좋을 것 같아요. 만약 계속 지속된다면 그 속에는 어떤 비합리적 사고가 있는 것이니까. 그것은 그렇게 했으면 좋겠고. 그리고 다음으로 상담을 더 받아야지요. 상담을 해줄 사람이 아니다, 이 말에 대해서는 나도 저항이 있는데, 사과님이 얼마나 훌륭한 상담자의 자질을 많이 가지고 계신데 왜 이렇게 이야기하실까.

옹달샘 : 그런데 사과님이 이야기하는 말이 정확한 내용 그 자체는 아니죠?

사　과 : 그게 아니고요, 그런 느낌을 받았다는 거예요. 선생님이 직접 하신 말은 너는 상담을 계속 받으면서 무엇인가를 해야지 였어요.

상담자 : 그러면, 사과님의 추론일 수 있어요. 사과님은 그 선생님이 공손하고 따뜻하고 성실하게 전화를 받아주실 거라고 기대하고 전화하신 거예요?

사　과 : 비록 따뜻하게는 아니더라도, 굳이 추천서를 써줄 수 없다는 이야기를 그런 식으로 말할 필요는 없잖아요.

상담자 : 추천서를 부탁할 분이라면 신뢰관계가 있는 사람인데, 그런 식으로 이야기를 하신 것으로 보아 무엇인가를 오해하고 계신거라고 생각할 수 있는데.

사　과 : 무엇인가 가르치려고, 네가 사람을 잘못 골랐는데, 거기서 요구하는 것이 뭐냐고 자꾸 저한테 물으셔요. ○○에서 어떤 상담원을 원하고, 요구하는게 무엇인지 알고 있어야 추천서를 써도 쓸 것인데, 솔직히 제가 몰랐거든요. 일반적으로 상담원 모집이라고 알고 있었지 구체적으로 어떤 상담원을 원하는지는 몰랐어요.

옹달샘 : 그러면 전화받는 사람이 답답할 수도 있었겠네요.

상담자[1] : 그분이 상담중이라는 것도 말하지 않고 계속 이야기를 했던 것은 무엇인가가 도와주고 싶은 게 있었던 것 같아요. 도와주고 싶은 마음은 있었지만 요구하는 대답을 명확하게 하지 않으니까 그것이 답답했고, 답답한 느낌이 전달되니까 상담을 더 받아야지 상담을 할 사람이 아니라는 추론을 하면서 그 선생님이 미워지기도 한 것이 아닌가. 사과님의 느낌은 어쩔 수 없지만, 그쪽이 어떤 상황이었는지 알 수 없잖아, 그것을 눈으로 보지 않은 상태에서 쉽게 추론하지 않았으면 좋겠어요. 상담을 더 받아야 할 사람이 아니라는, 그리고 상식적으로는 우리 상담자들은 이런 식으로 이야기하지 않잖아.

사　과 : 하지만 그 말을 들었어요. 너는 상담을 더 받아야 하고, 무엇인가 그것을 할 만한 사

---

1) 내담자가 상대편의 상황을 정확하게 객관적으로 파악하지 않은 상황에서 내리는 생각을 '추론(inference)' 즉 사실이 아닐 수도 있음을 설명함.

람은 아니라는 그 말은 하셨어요.

상담자 : 그 말은 참 속상할 수 있었겠어요.

사　과 : 계속 상담받고 있다고 그랬어요.

상담자[2] : 이야기가 길어지는데, 문제가 있는 사람만이 상담을 받는 것인가, 그래서 상담자의 자격이 없다는 식으로 등식을 매기기는 어려울 것 같애. 좋은 상담자의 자격을 배우기 위해 상담을 받을 수도 있는데, 저는 평소에 사과님의 그런 태도가 참 좋았어요. 나를 솔직하게 드러내고, 그러면서 자기 부족한 모습을 배우고 채우려는 모습이 참 좋았는데, 이 분은 이런 태도를 있는 그대로 수용하는 것이 아니라 무엇인가 부족한 사람, 그래서 상담을 할 사람이 아니라는 단정을 내리신 그런 태도가 참 싫고요. 제가 사과님에게 해주고 싶은 말은 그 선생님이 그런 말을 했다고 해서 자기 자신 전부가 그 사람에 의해서 평가되는 것이 아니라는 것이죠. 그 사람은 그렇게 생각할 수 있겠지, 우리가 그 사람의 생각을 통제할 수 있는 것은 아니니까, 그렇다고 이렇게 이야기했다고 해서 내가 상담을 할 자격이 없는 사람인가 하는 의기소침한 생각은 하지 말라고 이야기하고 싶어요. 그 선생님의 입장에서는 그렇게 이야기할 수 있겠다 그렇게 수용하고 넘어가면 되는거야, 기분이 나빴다는 것은 그 선생님의 말을 전적으로 수용하고 받아들이면서 나는 저 사람한테 좋은 평가를 받아야 되는 것인데 왜 나쁜 평가를 받지 그래서 기분이 나쁜 것이거든. 그 분의 입장에서는 그렇게 이야기할 수 있는 것이고, 사과라는 인물이 그 사람의 한 마디에 의해 그동안의 노력이나, 자질이나, 능력이 전적으로 평가되는 것은 아니라는 분명한 심지를 가지고 있으면 날 좀 더 보호할 수 있지 않을까 싶어요. 그 다음에 너는 상담자의 자격이 없는 것 같다라는 말도 그런 맥락에서 이해될 수 있을 것 같은데요, 한 사람이 그런 말을 했다고 해서 내가 그동안 가진 자질이 없어지고 그런 것이 아니잖아, 그리고 만약 반대로 훌륭한 사람이 사과님에게 당신은 상담자로서의 자질이 훌륭하다고 한마디 했다고 해서 사과님의 자질이 훌륭해 질 수 없는 것처럼. 그렇죠? 그러니까 내가 그 상황을 감지하지 못해서 그렇지 그 선생님이 나한테 퉁명스럽게 할 수밖에 없는 상황이 있었겠지 이렇게 이해하시고, 그리고 두 번째, 좀 더 나를 더 도와주려고 그럴 수도 있었잖아, 그분이 지명도가 있는 사람이 아니니까 그렇게 이해하면 되겠고.

옹달샘 : 그런데 어떻게 추천서 받는데 그 분을 생각하셨어요?

사　과 : 그러게 말이예요.

옹달샘 : 너무 성급하게 말을 꺼낸 것은 아니었는지, 이것저것 다 고려해보고 나서 부탁드렸더라면, 그리고 추천서를 잘 써서 제출할 때 그 기관에서 인정해 주는 경우가 많은데, 너무 성급하게 일을 처리했다는 느낌을 받아요.

상담자 : 그 선생님의 입장에서도 ○○처럼 지명도가 있으면 추천서를 써줄 수 있는데, 자기가 그 수준으로 올라가지 못한 것에 대한 속상함이 그렇게 표출되는 경우도 있고, 그 머

---

2) 다른 사람의 말한마디에 의해서 내담자의 본질이 결정되는 것이 아님을 강조함.

리 속을 모르죠. 그러니까 지레 짐작으로 생각하는 것은 안 좋을 것 같아요.

(침묵)

상담자 : 그 분의 나이가 얼마나 되세요?

사　과 : 한 ○○정도.

상담자 : 그래도 상담을 할 자격이 없다는 식으로 이야기한 것은 너무 심한 것 같아요.

사　과 : 자질이 없다는 것은 제가 추론해서 한 말이고, 상담을 더 받아야 된다는 것은 선생님이 한 말이예요.

상담자 : 상담자가 상담을 받는 것은 좋죠, 마땅한 상담을 받을 사람이 없어서 그렇지. 슈퍼비전도 받는데, 어떻게 정리가 되셨어요. 스스로 정리한 것을 우리에게 말해 주시겠어요?

사　과 : 음. 우선 현실적인 상황에서 꼭 그 선생님을 선택해서 전화를 했다는 것이 잘못이 있었다는 것, 그 선생님이 이야기하는 것을 통해서 전혀 기대에 맞지 않는 이야기를 들었기 때문에 황당함이 많았고, 그것이 화를 나게 한 요인이었다.

상담자 : 내 기대에 부응하지 않았기 때문에.

사　과 : 예. 그 선생님이 이야기한 것이 단지 그 선생님 한 사람의 평가이지 나에 대한 완전한 평가는 아니기 때문에 그렇게 충격을 받을만한 것은 아니다. 그 사람의 입장에서는 도와주려고 애쓰는 것인데 받아들이는 것은 그렇게 하지 못하고 내가 힘들고 어려운 쪽으로만 초점을 모았던 것은 아닐까.

상담자 : 내가 요구하는 것에 대해 채택되지 못한 섭섭함이 있었는데, 현실적으로 그 선생님이 나를 도와주려고 그랬던 것이다.

사　과 : 예.

상담자 : 그렇게 생각하면 정리가 되겠죠. (침묵) 그리고 그전에 했던 이야기에 대해 숙제로 내주었던 것 있죠.

사　과 : 전부터 내주셨던 것은 '나는 다른 사람들로부터 인정을 받아야한다' 는 것은 어떤 핵심사고로부터 오는 것인지, 생각해 오는 것인지였는데, 밑바닥까지 더 못 내려갔어요. 그냥 그 사실 자체를 인정하는 것으로 정리했고, 그리고 2주동안은 열번씩 다른 사람의 평가에 의해서 내 가치가 달라지는 것은 아니다 라는 것을 암송했고.

상담자 : 낭송을 하니까 어땠나요?

사　과 : [3]중심이 흔들리지 않고, 중심이 흔들려도 제자리로 돌아오는 그런 효과가 있었어요. 비교하지 않고, 나 자신 혼자만 봐도 우월하지도 않고, 열등하지도 않은 그냥 그런 나를 낭송하면서 더욱 많이 알게 된 것 같고, 제가 기도하는 것 중에 하나가 교만하지 말아야지 하는 것인데, 일부러 그럴 필요가 없었죠. 그런 낭송이나 암송을 통해 내것이 되니까 내가 왜 이렇게 교만하지, 겸손해야지 라고 굳이 노력하지 않아도, 그 반대

---

3) 사과님이 수행한 숙제의 효과에 대한 언급.

로 열등하거나 스스로 비참함을 느낀다든지가 상대적으로 줄었던 것 같아요.

스폰지 : 숙제가 1시간에 한 번씩 하루 열번씩 하고, 주5회를 기준으로 해서 스스로에게 보상
　　　　과 벌을 주기로 하셨는데 그것을 어떻게 하셨어요?

사　　과 : 호호. 벌로 청소를 하기로 했는데, 매일 청소했어요.

스폰지 : 못 지켜서 청소를 한 거예요?

사　　과 : 그냥 했어요.

상담자 : 여기에서는 자기보상, 자기-벌의 효과로 그런 일을 하기로 한 것인데.

사　　과 : 그런 의미로 한 것은 아니예요. 일주일에 응당 해야 되는 날이 있는데, 그냥 그렇게
　　　　했어. 한 번 벌로 하기는 해야 되는데. 호호….

상담자 : 그때 자기보상으로 혼자 있는 것으로 했나요?

사　　과 : 그것은 늘 보상이 돼요.

상담자 : 자기보상으로 그것을 해야 되는데, 엄마들은 자기들을 위하여 음악회를 간다든지 그
　　　　렇게 하면 그렇게 기분이 좋아진데요. 그 생각만으로도. 자기를 위해 표를 사고, 음악
　　　　회를 가는것이 자기를 설레게 한대요.

사　　과 : 저는 항상 저를 위해 살기 때문에 호호호…. 왜냐하면 맺혀 있는 것 없고, 나만 관리
　　　　하면 되니까.

모　　두 : 그것을 자기보상으로 주는 것이 아니었는데 호호호….

스폰지 : 내가 느낀 것은 저도 그렇고 상담자들이 숙제를 더 하지 않는다라는…. 호호… 오늘
　　　　오전에 상담을 했는데, 그 분도 현재 상담을 하고 계시고, 많은 교육도 받은 분인데
　　　　정말 안 변해요. 정말 힘들어요.

옹달샘 : 아는 것이 많은 사람들 있잖아요. 지적으로 교육을 많이 받은 사람들.

스폰지 : 그리고 조금만 알면 분석하고, 해석하고.

옹달샘 : 그럼 그때 그것이 당신에게 어떤 도움이 되느냐고 물어보죠. 호호….

스폰지 : 그것 때문에 오전 집단상담할 때도 무척 힘들었는데.

상담자 : 그럼 그쪽으로 넘어갈까요. 사과님, 그것이 앞으로 내재화될 수 있도록, 낭송하는 것
　　　　이 그 속에 들어있는 신념을 내것으로 만든다는 의미가 들어 있으니까. 오케이. (스폰
　　　　지를 바라보며) 그럼 그 내담자를 계속 보나요?

스폰지 : 오전에 선생님의 인지상담교실을 들어가는 분인데. 그래서 수요일 오전에 상담을 하
　　　　는데, 늦게 오셨는데도 미안하다는 말이 없고, 시간이 다 되어도 계속 이야기하고.

상담자 : 오케이. 그럼 그 내담자때문에 불편한 점이 어떤 것이 있나요?

스폰지 : 머리가 띵하고,

상담자 : 그 내담자 무례한 것 같고, 그럼 내가 상담자로서 받아야 되는 존중을 받지 못한다는
　　　　생각이 들 것 같고.

스폰지 : 그런 것도 있을 수 있겠네요.

상담자 : 나를 우습게 보는 것 같고. 존중을 못 받는 것과 내가 아직은 학생 신분이라는 것 때

문에…….

스폰지 : 그런 것도 있을 수 있을 것 같아요.

상담자 : 내가 나이가 어리기 때문에 나를 그렇게 한다는 느낌은 받는 거죠. (예) 그러면 스폰지님이 주장적인 사람이 될 필요가 있죠. 시간을 내어 교육을 시키세요. 전문가로서의 중요한 내 시간을 낭비했는데 그런 부분에 대해 미안한 마음을 가지시면 참 좋겠다.

스폰지 : 그런데 내가 이 말을 하면서 전에 그 내용이 생각났는데, 그것과 맞물려 있는 것 같아요. 지난주에 그 내담자랑 나랑 줄다리기를 한다고 생각하는데, 숙제도 전혀 하지 않아 내가 공감이 부족한 것이 아닌가 하는 생각이 들어요.

상담자 : 하지만 계속 오잖아요.

스폰지 : 그래요. 지난주에 직면이라는 것을 한번 했는데, 상담장면에서 내가 느끼는 것, 아들의 입장에서 느끼는 것 등을 이야기했더니 그 내담자도 수용하였고, 처음부터 다시 시작하자는 이야기와 아울러 의뢰(refer) 얘기도 했더니 그래도 나랑 상담을 하고 싶다고 했고, 정말 내가 무엇인가를 해야겠구나 라는 것을 처음으로 수긍하였는데 그 내담자는 자기 틀이 강하고 다른 사람들이 그 틀 속에 들어가야 한다고 생각하고, 그 분은 비합리적인 신념이랑 꼭 어울리는 것 같아요. 자기 아들이 다른 아이에 비하면 정말 괜찮은 아이인데 내가 듣기에도 민망할 정도로 욕을 하고, 그러면 속으로 내가 상담자로서 신뢰를 못해 계속 그러는 것인가 하는 생각이 들고, 내가 맡고 있는 사례 중에 가장 힘들어요.

상담자 : 그럼에도 불구하고 그 내담자는 열심히 오네요.

스폰지 : 예, 그날 어차피 선생님 수업도 들어야 하고.

상담자 : 주장적이어야 하고, 주장할 때 그 속에 "내가 좋은 인상만 주어야 한다"는 것을 절제하고 있으니까 충분히 주장적이지 못하는 것이지.

스폰지 : 예.

상담자 : 왜 충분히 주장적이지 못하는 것 같지?

스폰지 : 음…. 그 사람이 상처받을까봐 그러는 것 같아요.

상담자 : 그럼 나는 다른 사람에게 상처주면 안된다?

스폰지 : 그러는 것 같아요.

상담자 : 상처를 통해 성숙해지는 것도?

스폰지 : 저 나름대로는 많이 주려고 하는 데도, 상담케이스마다 내가 하는 말에 대해 수긍하고 인정하는데, 전체적으로는 일주일의 생활이 반복되고, 오늘은 내가 상담을 한다기보다는 '이제는 상담을 포기하고 싶다' 는 생각도 들고. 이제까지 상담이 중간에 그만두게 된 적이 없는데, 혹시 그만두게 되는 것 아닌가 하는 두려움도 있는 것 같고. 너무 힘들어 의뢰하면 썩은 이를 뽑아 버리는 것같이 시원할 것 같고.

상담자 : 상담자가 가진 보편적인 비합리적인 신념 중에는 "나는 항상 상담을 성공적으로 끝내

야 한다"는 신념이 있지요. 스폰지님도 그렇지. 이 내담자가 가장 힘들지만 이 내담자가 먼저 상담을 포기하고 싶다는 이야기를 할까봐 두려운 거지. 우리가 모든 사람을 기쁘게 해줄 수 없는 것처럼, 우리가 모든 상담에 성공적일 수는 없는거지요.

옹달샘 : 그런 내담자는 누가 만나도 다 힘들어요.

스폰지 : 그래서 선생님께 의뢰하면 그 내담자가 자신의 모습을 인정하고 들어가지 않을까 하는 생각도 들고, 한편으로는 내가 하는 상담접근이 잘못된 것은 아닌가 하는 생각도 들고, 다른 사람은 어떤 방식을 택할까 하는 궁금증도 생기고, 그리고 내담자에게도 도움이 될 것 같고.

상담자 : 금방 한 성찰은 참 좋은 것이고, 상담자는 필히 그래야 하는데, 상담자가 그 상담을 성공적으로 끝내지 못했다고 해서 실망하거나 절망할 필요는 없는거지요.

스폰지 : 제가 제 뜻대로 따라와 주지 않는 것에 대해 답답해 하는 것 같아요.

상담자 : 그렇지. 그리고 그 사람이 왜 상담자의 뜻대로 따라와 주겠어. 우리가 잘 몰라서 그렇지 그 사람이 계속 왔다는 것만으로도 그 상담은 어떤 점에서는 성공이야. 앞으로 어떻게 하고 싶어요?

스폰지 : 자기 아들을 너무 통제하는 데 어떻게 해야 될지 모르겠고. 제가 의뢰하고 싶은 또 다른 이유는 자기보다 내가 어리고, 자기 말만 들어주니까 더 그러는 것 아닌가 하는 생각이 들고.

상담자 : 한번 의뢰해 보세요. 아니면 종결을 준비하든가. 제가 드릴 수 있는 도움의 한계가 왔다든지 아니면 처음보다 많이 나아졌으니 종결을 해도 될 것 같다, 상담자가 모든 문제를 다 해결해 주는 것은 아니기 때문이며, 나를 기다리고 있는 사람들을 위해 시간을 쓰고 싶다고. 이야기해도 되죠. 그런데 서서히 종결을 준비하면 안되는 이유가 있나요?

스폰지 : 호호… 변화가 충분히 되어 떠나면 좋은데….

상담자 : 미안함과 아쉬움이 있을 수 있지만 모든 내담자들을 다 변화해서 고쳐 내 보내야 한다는 것은 아니잖아. 스폰지님의 노력이 있어서 그런지 그 내담자 나름대로는 변화도 있고, 성찰도 있었고, 갑자기 종결하자면 합리적인 이유를 대면서 종결을 준비하는 게 좋겠다. 그리고 너무 힘들어 하는데 거기서 헤어났으면 좋겠어요.

스폰지 : 정말 정신적인 에너지가 너무 많이 들어요.

상담자 : 그리고 늦게 오고, 상담자가 그 다음 시간에 집단상담이 있는 줄 알면서도 계속 이야기를 하려고 하는 것에 대해 상담자가 기분 나빠해야 돼요. 기분 나빠하지 않는 것이 더 문제야. 의뢰도 좋지만 서서히 종결을 준비하는 것이 더 좋을 것 같아요. 다른 사람은 어때요?

함　께 : 호호….

상담자 : 각자의 의견을 이야기해 보세요.

개나리 : 한번 해봐도 좋을 것 같아요.

상담자 : 어떤 점에서?

개나리 : 잘 알고 있으니까. 그런데 중간에 의뢰(refer)해도 돼요?

상담자 : 물론이죠. 우리가 종종 '끝까지 한번 해보자'라는 말을 하는데, 이 경우는 너무 에너지를 빼는 경우인 것 같아요.

옹달샘 : 이용 당한다는 느낌을 받았다고 생각하는데, 솔직한 표현인 것 같아요. 그 내담자의 입장에서는 착한 상담자를 만났으니 자꾸 늘어놓는 것이 하나의 기쁨이 될 수도 있겠죠. 사람을 무기력하게 만드는 전형적인 스타일인 것 같아요.

상담자 : 한번 해봐도 되는데 3회정도 후에 종결을 하는 것으로 준비해도 좋을 것 같아요.

옹달샘 : 종결준비를 하면 또 상황이 달라질 수도 있을 것 같은데요.

스폰지 : 지난번 제가 시도한 직면에 대해 내가 생각한 것보다 더 많이 수긍하고 들어오는 바람에 이제부터 상담이 시작되려나 하는 기대가 있었는데, 오늘 만나니까 또 마찬가지이고.

사　과 : 나도 계속 했으면 좋겠는데, 그 이유는 그 내담자가 달라는 대로 많이 퍼주었을 것 같은데, 스폰지님이 퍼줄 때 기대하는 것이 있었을텐데, 그런데 돌아오는 것이 없으니까 더 많이 좌절되고.

스폰지 : 퍼주었다기보다, 저도 솔직히 이야기했어요. 결혼은 했지만 아이는 없어서 내가 줄 수 있는 부분은 이런 것이다라고 이야기하면서, 내담자가 상담공부를 많이 한 경우이기 때문에 저도 어려운 상담용어를 많이 썼고, 그리고 당신의 아들을 변화시키기 위해서는 당신의 도움을 받아야 한다는 식으로 이야기를 했었고.

사　과 : 그러면 상담에서 의도하였던 바는 무엇이었나요?

스폰지 : 퍼붓는 것보다는 처음에는 울면서 이야기도 많이 했었고, 제가 실수한 것이 있다면 해석을 많이 해 주었었고, 집의 그림을 그리면 이렇다. 그리고 내가 느낀 것들, 내담자가 이렇게 해야 한다는 식으로 숙제를 내주기도 했었고, 그때마다 저항이 굉장히 많았었다.

상담자 : 왜 저항을 하는지 살펴보았는가요?

스폰지 : 그것이 아마 그 내담자가 가지고 있는 틀이겠죠. 그 틀은 항상 맞다는 생각이 굉장히 강하다. 스타일이 있는데, 끝에 가면 결론은 똑같은데, 시작은 '그건 아니고, 그렇지만' 등 부정적인 말이 먼저 들어가고, 자식이어도 굉장히 힘들었을 것 같은데, 물론 무조건 퍼붓기만 한 것은 아니다.

사　과 : 내가 퍼주었다고 이야기하는 것은 평소 모습을 볼 때 스폰지님은 항상 자신이 알고 있는 지식은 열심히 설명해 주는 스타일인데. 이런것을 해와라 하는 것도 왜 그것을 해야 되는지에 대한 설명을 열심히 해 주었을 것 같은데, 그것을 해오지 않았을 때, 그리고 내담자를 볼 때 굉장히 주위를 콘트롤하지 않으면 못 견디는 스타일인 것 같은데, 그리고 상담장면에서도 상담자에게 그렇게 하는 것 같고 그런 관계를 활용할 수 있을 것 같은데, 나는 더이상 해줄 수 있는 게 없어, 이제는 끝내라고 하면 그 내담자가 다른 관계에서처럼 관계가 끝나는 경험을 한번 더 하는 것밖에 되지 않지만 그 것을 활용해서 그러나 상담자로서 관계는 계속 지속될 수 있다고 한다면 그 내담자는 무엇인가 이런 형태로 살아가고 있었구나, 이런 문제를 가진 나를 받아주는 사람이 있구나라는 것을 안다면 새로운 전환이 될 것 같아요.

상담자 : 나는 사과님의 생각에 동의할 수 없는 것은 상담자를 훌륭하신 분, 어려워하는 사람 으로 여기고 있다면 가능하지만, 지금은 아주 쉽게 생각해, 함부로 생각해, 이런 사람 이 나를 받아주었다고 대단한 것으로, 고마운 것으로 생각하지 않을 것 같애요.

스폰지 : 문제가 그 내담자에 관한 것이면 가능하지만, 상담에 오지 않는 자기 자식에 관한 이 야기예요.

옹달샘 : 상담목표를 다시 정하여 구체적인 것 하나만 집중적으로 하는 것이 좋지 않을까요.

스폰지 : 두 번이나 했는데.

옹달샘 : 목표가 무엇이었나요?

스폰지 : 그 내담자의 첫목표는 비뚤어진 아들의 행동수정이었고, 접수부터 부모님이 같이 오 셨는데, 부유한 가정의 두 아들 IQ가 120, 130이고. 둘째아들 때문에 첫째아들이 튀 어나오는 경우인데, 튀어나올 수도 없어요. 기껏 아빠한테 화를 내고 간다는게 할머 니집이고, 고2나 된 아이가, 장점을 찾으면 얼마든지 찾을 수 있는데. 상담하면서 엄 마의 그런점 때문에 아들이 더 미쳐나가지 않나 하는 생각이 들어요. 원인제공자가 엄마인 것 같아요. 그래서 엄마에게 말하기를 아들이 변하기 위해서는 엄마가 도와주 셔야 합니다, 아들이 상담실에 오는 것은 나중의 목표이고 지금은 엄마부터 하자라고 했어요.

옹달샘 : 엄마하고는 어떤 목표를 정하셨는데요?

스폰지 : 아들의 행동을 변화시키기 위해 엄마가 어떤 일을 하자.

옹달샘 : 그것이 명확하지 않다는 거죠. 한계를 어디까지 정해야 될지 모를 것 같아요. 상담장 면에서 아들이 바람직한 행동을 하기 위해서는 엄마가 무슨 일을 할 수 있는지를 정 해야 될 것 같아요.

스폰지 : 큰 목적으로는 그거였는데.

상담자 : 제가 보기에도 상담목표가 모호한 목표인 것 같아요. 엄마중심으로 좀 더 구체적인 행동으로 상담목표를 정해야 되었을 것 같아요. 즉 아이하고 관계가 나빠졌을 때도 화나는 감정을 잘 조절할 줄 안다는 등 목표가 좀 더 구체적이고 명확하면 상담의 방 향이 서니까 종결을 위한 준비를 할 때 행동의 변화에 대한 점검이 쉬워지지요.

스폰지 : 상담목표로 아들에 대한 인식을 다시 하는 것.

상담자 : 그것도 막연해요.

사 과 : 이건 합의된 건가요?

스폰지 : 예. 아이에 대해 좋은 점 찾기를 많이 했는데, 좋은 점 찾으려고 하면 난 찾을 수 없 다. 한 예로 '건강한 것'을 찾으면 그것은 누구나 당연한 것 아닌가 라고 말하고.

상담자 : 그것이 어떻게 당연해요. 건강하지 않는 사람이 얼마나 많은데.

스폰지 : 그런데 그것을 끝까지 인정하지 않으세요.

옹달샘 : 상담이 이상한 쪽으로 흘러가는 것 같은데… 호호호, 상담장면에서 한번 패턴이 정해지면, 상담자가 파워를 가지고 있지 않는 한 그 관계가 끝까지 가더라고요. 지금 얽혀져 있는 관계패턴이 끝까지 갈 것 같은데, 나름대로 스폰지님이 할 수 있는 범위를 정하고 빨리 종결을 준비하는 것이 나을 것 같아요. 아니면 그 패턴에 계속 말려들고, 내담자는 계속 그 패턴을 유지하려고 하고, 상담자는 계속 힘들어지고, 회기는 길어지되 성과는 없는, 진이 빠져버리는 그런 사례인 것 같아요.

상담자[4] : 아까 숙제 이야기를 했는데 숙제를 내줄 때 몇가지 체크할 게 있어요. 숙제를 제대로 이해를 했는가, 쉽게 다룰 수 있는 숙제인가. 그리고 이 숙제가 본인에게 어떤 도움이 되는지 아는가 등, 몇가지를 미리 확인해야 돼요.

스폰지 : 그 정도는 확인했는데.

상담자 : 그렇게 했는데도 숙제를 하지 않는 이유는 뭘까?

스폰지 : 도저히 그렇게 할 수 없었다.

상담자 : 해 온다고 그렇게 하고선?

스폰지 : 예. 항상 해온다고 한 것은 많았는데, 일기를 쓴다거나 아들에게 편지를 쓴다든가, 한번도 그런 적은 없었고, 해놓은 것이라도 가져온다고 했는데 가져온 적이 없었고.

옹달샘 : 그 내담자가 상담에 대해 적당한 긴장을 하지 않은 것 같은데.

상담자 : 스폰지님에게 속상한 이야기를 하고 싶은데, 스폰지님이 상담자로서의 권위를 잃어버렸어요. 그래서 어려운 것 같아요, 결혼은 했지만 아기는 없어요 라는 것을 굳이 먼저 말할 필요는 없었어요

스폰지 : 내담자가 먼저 물어보았어요.

상담자[5] : 물론 물어보면 자기개방을 할 필요는 있지만, 그것은 내가 인생의 연륜과 경험을 가지고 만나는 것이 아니라 상담자의 전문적인 지식과 능력을 가지고 만나는 거예요. 물론 여기에 덧붙여 여러 가지 경험을 해보았다면 도움이 되겠지만, 상담자의 전문적인 자격에서 이것이 필수적으로 요구되는 것은 아니예요. 물론 상담자의 자기개방이 내담자의 문제를 이해하고 해결하는 데 도움이 된다면 할 수 있지만. 필요하다고 느낄 때 하는 거예요. 상담자는 전문가로서의 권위를 가져야 해요. 나를 함부로 하거나 나에게 무례하지 못하도록 해야 해요. 스폰지님, 다시 돌아가면, 스폰지님은 "나는 잘해줘야 돼, 좋은 사람이 되어야 해"라는 인식이 너무 강하므로 상담자로서의 권위가 그 생각속에 묻힐 수가 있어요. 그것은 상담자의 잘못이지요. 그리고 우리가 모든 상담에서 다 성공할 수는 없어요. 실패도 있을 수 있고, 물론 이것도 총체적인 실패라고 볼 수도 없는거지요. 그 사람이 나한테 그런 이야기를 했다고 해서, 내가 상담을 잘 이끌어갈 수 없다고 해서

---

4) 숙제를 내줄 때의 유의점에 대해서 언급.
5) 상담자의 전문적 자질과 권위에 대한 논의.

총체적인 잘못이나 실패라고 볼 수 없는거지. 그 내담자 또한 상담을 통해 얻는 것이 많으니까 계속 오는 거지요. 이 상담사례에 대해서는 이런 식으로 정리하면 어떨까요?

스폰지 : 두 가지가 왔다갔다 그래요.

상담자 : 그러면 내담자와 솔직하게 말해봐요. 솔직히 오늘 여기서 했던 이야기를 다 하고, 내가 상담을 계속 하고 싶은 마음과 그만 두고 싶은 마음 두 가지가 있는데 어떻게 했으면 좋겠냐고.

옹달샘 : 내담자에게도 좋은 통찰이 될 것 같아요.

스폰지 : 지난번에도 직면을 한다고 했는데.

옹달샘 : 스폰지님은 아무리 강하게 이야기를 한다고 해도 스폰지님이 생각하는 것처럼 강하게 들리지 않고, 스폰지님의 인상 때문에 부드럽게 걸러져서 나오는 경우가 많아요. 스폰지님이 그 내담자에게 직면을 시킨다고 해서 그 내담자가 스폰지님이 생각하는 것처럼 강한 직면을 받았을까 하는 느낌도 들고. 즉 스폰지님이 아무리 강하게 해도 상대방은 강하게 느끼지 않으니까 강하게 하셔도 괜찮다는 말을 하고 싶어요.

상담자 : 됐어요? 그럼 내담자랑 그 부분에 대해 터놓고 이야기를 해 보세요.

스폰지 : 남편과의 숙제요. 먼저 전화하기로 했는데, 호호호 정말 전화하기가 힘들더라고요. 하려고 그러는데 그것이 자존심인 것 같기도 하고, 그날 전화상담을 하는 날이라 중간에 전화가 걸려왔더라고요. 전화상담 끝나고 전화했는데, 그날 저녁에도 해결은 되지 않고, 저는 계속 침묵만 하고, 심정으로는 화해하고 싶었는데 그것이 안되더라고요. 그 다음날 다시 큰 마음을 먹고 전화해서 화를 풀고, 그날 저녁에 집으로 왔더라고요. 완전히 풀었어요.

상담자 : 전화걸 때 심정이 어땠어요?

스폰지 : 걸기 싫은 심정이었어요. 호호호, 말하기도 싫은 심정.

상담자 : 그리고 나니까 어때요?

스폰지 : 음… 아.참… 제가 요즘 읽었던 책 중에 『여자는 차마 말 못하고 남자는 전혀 모르고』라는 책이 있어요. 남녀기질의 차이를 알 수 있는 책인데, 1편이 『화성에서 온 남자, 금성에서 온 여자』이고. 그 두 책을 교재로 했었는데….

옹달샘 : 상당히 야한 책이라고 들었는데.

스폰지 : 그것은 『화성에서 온 남자, 금성에서 온 여자 침실가꾸기』로 남녀간의 성적인 차이에 관한 책이고, 제목이 눈에 들어오고, 그동안은 책에 대해 비평할 때 책제목이 눈에 들어오지 않는다 라는 생각을 했는데 이번에는 '정말 그렇다', 저쪽에서는 내가 왜 그런 감정이 들었는지 전혀 이해를 하지 못하더라고요. 이번 여름방학 때 남편이 그 책 2권을 읽겠다고 했어요, 호호.

상담자 : 그런 것이 있는 것 같죠. 우리는 남들이 우리 마음을 다 알거라고 생각하고 나하고 똑같을 거라고 생각하는데, 나중에 보면 그것이 아닌 것, 그런것이 참 많은 것 같아요, 저도 그런것이 참 많았어요, 요즘 서서히 깨닫고 있는데. 자꾸 자기중심적이 되는 거

죠. 다른 사람들도 다 그럴거라고 생각하면서, 오케이.

개나리 : 호호호.

상담자 : 개나리님 왜 웃으셨어요?

개나리 : 저도 그렇게 생각했거든요, 상담사례가 있는데, 어머니로부터 많이 생각해야 할 이야기를 들었거든요, ○○선생님이 도와주고 계신데, 그 내담자를 대하면서 저의 한계를 많이 깨달았는데, 이것 밖에 도와줄 수 없나, 가능하면 끝까지 해보라고 그러시더라고요, 제가 이것을 중단하게 되면 실패했다는 생각을 많이 하게 될 것 같아요, 두려운 마음에, 걱정이 된다 이런 생각을 했거든요.

상담자[6] : 그랬구나, 나는 그런 이야기를 들으면서, 내가 만약 어떤 사례에 실패했다고 해서, 물론 사례를 총체적으로 실패라고 이야기할 수 없지만, 그 상담이 잘 되지 않았다고 해서 나는 상담자로서의 실패라고 생각은 논리의 비약이 심하고, 좋지 않은 생각이예요, 예컨대 내가 실패자라고 한다면 과거에도 실패했고, 현재에도 실패하고 있고, 앞으로도 실패할 때 실패자라는 꼬리표를 붙일 수 있는거죠, 아무리 중요한 케이스라 하더라도 "내가 실패했다"라고 이렇게 말하는 것은 논리에 맞지 않다는 거죠. 개나리님이 혹시 상담과정의 부분에 실패했다고 해서 상담자로서 실패했다는 말은 안 쓰셨으면 좋겠어요.

개나리 : 알겠습니다. 호호….

개나리 : 전에 긍정적인 자기표현을 많이 하라고 그려셨는데, 저 많이 좋아진 것 같아요. 그래프는 못 그렸지만.

옹달샘 : 무엇을 보고 그런 생각을 하셨어요?

개나리 : 자신감이 생기고, 그동안 제가 하는 생각들에 대해 자신감이 없었는데, 정상적인 것에서 많이 벗어나 있다는 생각을 했었는데, 물론 벗어나 있는 것도 많이 있어요. 그러나 막상 이야기를 하고 보니까 부정적인 피드백이 덜 오는 것을 느꼈어요. 그리고 요즘 엄마랑 관계가 많이 좋아져서, 제 경우에는 많은 도움을 받는 것 같아요.

상담자 : 관계가 어떻게 해서 좋아졌는데요?

개나리 : 저는 엄마에 대해 부정적인 생각을 많이 가졌는데, 웃으면서 이야기하지만 마음속에는 항상 채워지지 않는 허전함 같은 것을 많이 느꼈어요, 이런 감정을 저만 느끼는 것이 아니라, 어머니도 함께 느끼는 것 같아요.

상담자 : 채워지지 않는 허전함? 이런 허전함은 어디에서 오는 것일까?

개나리[7] : 이런 허전함은 내가 엄마로부터 많은 인정을 받아야겠다라는 생각에서 나온 것 같아요.

상담자 : 그런데 생각보다 인정을 못 받았나 봐요?

개나리 : 예, 그런데 이제 생각해 보니까, 저한테 그런 건 아니더라고요, 저한테만 그런 것이

---

6) 어떤 상황에 대한 실패를 했다고 해서, 그 실패를 한 사람까지 '실패자'라는 꼬리표를 붙일 수 없다는 설명.

7) 개나리님이 "엄마로부터 인정을 받아야만 한다"라는 비합리적 생각에서 허전함이 유도된다고 찾아냄.

아니라, 제 언니들한테는 더 많은 것이 있더라고요.

상담자 : 인정을 받아야 되겠다는 것?

개나리 : 예.

상담자 : 저는 엄마하고의 관계가 어떻게 좋아졌는지가 궁금한 것이, 개나리님이 먼저 변화하여 엄마와의 관계가 좋아진 것인가 아니면 상황적인 요인 때문에 좋아진 것인가 확인하고 싶었어요.

개나리 : 저는 엄마가 저한테만 안좋은 감정을 가지고 대하는 줄 알았는데, 그게 아니라, 언니들하고 모여 이야기를 했는데 언니들한테는 더 심했더라고요. 엄마가 그러셨구나 라고 생각하니까 엄마가 뭐라 해도 섭섭함을 느끼지 않고 넘어가게 되고, 이런 이야기를 자꾸 듣고, 또 집단상담 테이프를 풀면서 많은 생각들을 하게 되더라고요. 음미를 하니까 재미있더라고요. 테이프를 풀면서 정리도 하고 변화되는 것 같더라고요. 요즘 제 자신에게 많은 변화가 일어난다는 것을 느끼고 있어요.

상담자 : 결국 개나리님의 생각이 정리되고 변화되면서 엄마하고의 관계가 좋아진거네요. 이렇게 이해하면 되겠죠? 오늘 또 느낀 것은 개나리님이 오랜 세월동안 혼자 지내왔기 때문에 이제 장에 적극적으로 몰입한다는 느낌은 별로 들지 않아요. 물론 적극적으로 몰입해야지만 좋다고 단정할 수도 없고 꼭 무리하게 바꾸어야 되는가 이런 생각을 했어요. 다른 분은 어떠세요?

옹달샘 : 무리하게 바꾸어야 한다는 것이 무엇을 말하는 건가요? 지나치게 에너지를 발휘하여 현재의 상태를 바꾸려 하기보다 현재의 상태도 좋으니까.

상담자 : 그렇죠, 아직도 변화되는 부분이 있으면 좋기는 하지만 그것이 개나리님의 모습이라면 그것을 굳이 바꾸어서 다른 사람과 같이 되어야 되는건가 라는 생각이 들어서.

스폰지 : 그러면 혼돈되지 않으세요?

개나리 : 일단 제 자신의 모난 모습에 대해 긍정적으로 바라보는 것이 좋잖아요. 그런 것들이 자기 자신에 대해 좋게 바라보게 되는 거죠. 그전에는 제 속에만 갇혀 있고, 저를 부정적으로 평가하고 그랬는데, 제 속에서 나오면 저 사람들이 상당히 나를 비난하고 조소할 것이라고 생각했는데 실제로 내 생각보다는 덜 부정적인 반응들이 나왔어요. 다른 사람의 이야기를 들어보고 정보를 수집해봐도 그것이 아니더라고요. 제가 생각했던 것보다는 제 자신이 몹쓸 인간이라든가 쓸모없는 인간이라든가 생각을 해왔는데 그것이 아니더라고요.

상담자 : 그것은 절대 아니죠. 더군다나 몹쓸 인간이라니, 그런 단어들은 개나리님의 사전에서 없애버렸으면 좋겠어요.

개나리 : 저는 저 자신에 관해서 그런 말을 자주 써요.

상담자 : 그런 식의 자기언어를 많이 쓰구나.

개나리 : 예, 만고에 쓸모없는 애다.

상담자 : 세상에 그런 사람이 있네. 어떤 점에서 그렇다고 생각하세요?

개나리 : 많이는 아니지만 몇번 들었던 말이 저한테 굉장히 각인되었어요.

상담자 : 엄마가 이야기한 부분을.

개나리 : 엄마가 참 좋은 분인데, 엄마의 가장 나쁜 부분이 행동에 대해 욕하는 것이 아니라 인간자체에 대해 평가절하하는 습관이 있어요. 다른 사람을 체벌할 때, 저한테 그런 말씀을 자주 하셨어요, 너 그렇게 해서 만고에 어디 쓸 데가 있냐고, 시집가서도 그렇게 하면 시어머니한테 제대로 인간대접 받겠냐고.

상담자 : 그래서 각인이 되었구나. 그래, 개나리님이 여리고 약해. 나같으면 그런 말 하면 그냥 그러는구나 했을텐데.

옹달샘 : 누구나 그런 말 다 듣고 자라잖아요. 나가서 죽으라 그런말 듣지 않으면 다행이었고. 호호.

상담자 : 우리 엄마들이 얼마나 세련되었다고 인간과 행동을 구분해서 인간을 존중하고 그러나 뭐, 사과님도 마찬가지예요, 우리 세대 엄마들은 아무리 공부를 많이 해도 우리처럼 세련되지 못해서 의례 그런 말을 하는 데 개나리님이 지나치게 민감해 하는 것 같아요, 그렇죠, 이제는 그런 용어를 버려서야 될 것 같고. 이 이야기를 들으면서 제가 느낀 것은 개나리님이 생각한 것보다 남들이 나에 대해 비난을 하지 않더라, 욕할 줄 알았는데 욕하지 않더라 그래서 마음이 편안해졌다, 이것이 참 타인중심적인 사고이잖아요, 물론 조직속에서 살고 관계적인 맥락속에서 살기는 하지만, 다른 사람이 나를 어떻게 평가하느냐가 그렇게 중요한가, 생각도 해봐야죠, 그러나 너무 주위의식을 많이 하면, 저는 줏대있는 삶이라는 표현을 많이 하는데, 자신의 줏대가 없고 삶이 흐려질 수 있기 때문에, 일단은 내가 옳다고 생각하고 했는데, 다른 사람들은 우리의 속마음을 모르고 겉으로 드러난 일부를 가지고 우리를 평가하기 때문에, 다른 사람의 평가가 옳지 않은 부분이 많아요, 만약 내가 못보는 부분을 다른 사람이 본다면 솔직히 인정해야 하지만, 그게 아니라 다른 사람이 나를 잘못 알고 왜곡되게 보는 부분에 대해 귀를 기울이면 주관있는 삶을 살기 어렵기 때문에 자신의 소신있는 줏대가 필요할 것 같아요. 눈치라든지, 다른 사람의 시선을 참고는 하지만 그것에 너무 좌우되지는 말았으면 좋겠다는 생각이 들어요.

개나리 : 예.

스폰지 : 개나리님이 나는 그게 아니라는 것을 확인받는 기회였던 것 같아요, 언니들과의 대화도 그렇고, 일부러 숙제를 내주기도 하는데.

개나리 : 숙제를 내주셨어요. 그것을 알아보고 자기에 대해 긍정적인 반응을 많이 해보라고. 상당히 제가 그동안 하고 싶었는데 못했던 일들을 하게 되는 것 같아요. 자신감 같은 게 생기는 것 같기도 하고.

상담자 : 자신감이 참 중요하죠, 사과님은 자신감 많죠?

사　과 : 호호호….

상담자 : 자기 개방을 많이 하는 사람은 결국 자신감이 많은거야, 호호호(다함께 호호호…).

옹달샘 : 내적인 힘이 크죠, 약한 척 하지만 내적인 힘이 강하죠.

상담자 : 예전에 잘 모를 때에는 자기개방을 많이 하는 사람을 보곤 저 사람이 왜 자꾸 자기약
　　　　 점을 노출하나 했는데, 어딘가 좀 부족한 것 같다 그랬는데 그게 아냐, 아주 강한 사
　　　　 람들이야, 누구나 자기 약점은 있는데 보통사람들은 상처받을까봐 닫고 있는 것이고
　　　　 개방적인 사람들은 상처받아도 되는거고 또 쉽게 상처받지도 않고 굉장히 자신만만한
　　　　 거지, 아니예요?

사　　과 : 또 그런 식으로 생각할 수 있다니 새로운 것 같아요. 호호호….

상담자 : 그 모습 그대로도 좋은데, 조금만 더 주관, 조금만 더 적극적이었으면 좋겠다는 생각
　　　　 이 들어요.

스폰지 : 선생님, 아까 개나리님한테 변한 것에 대해 이야기하면서 그 모습도 좋은데 반대의
　　　　 말씀을 하셨잖아요, 그것이 어떤 의미였어요?

상담자 : 그것이 왜 그러냐면, 음, 일단 사람들이 변한다는 것이 어렵다는 전제가 있고요, 그
　　　　 다음에 사실 저 모습도 좋거든, 사실 우리가 이상적인 모습을 생각하는 틀이 있어 그
　　　　 틀에 들어오지 않는다고 생각해서 그렇지 우리 틀을 깨면 문제가 안되는건데, 우리
　　　　 틀에 끼워넣으려고 그러는 것 같아요.

옹달샘 : 사실 그러는 것도 있는 것 같아요.

상담자 : 그 틀에 들어오지 않는다고 해서 뭐라 하는 것은 부당하다는 느낌이 들어요.

옹달샘 : T집단할 때 정말 그러는 것 같아요, 감정을 이야기할 때 정답같은 감정들이 있는데,
　　　　 상담자끼리 합의한 어떤 틀 속에 개나리님이 들어오지 않았기 때문에 문제삼고 이야
　　　　 기를 한 것이지, 일반 친구들이 보았을 때는 괜찮은 친구이고, 그 곳에 가면 자신감있
　　　　 게 살 수 있을 것 아니예요, 그것을 보면서 상담을 하면서 우리가 얼마나 상담적인 틀
　　　　 로서 내담자를 보고자 했나, 상담적인 틀로서 내담자를 변화시키려 했구나 하는 생각
　　　　 이 들어요.

스폰지 : 궁금한 것이 있는데요, 개나리님께서 웃기지 않는 상황에서 계속 웃는 경우가 있는데
　　　　 요, 제 이야기할 때도 계속 웃으셨는데 그때 어떤 생각을 해서 웃으시는지 궁금했어요.

개나리 : 이야기 들었어요, 그런데 이런 이야기 들으면 나도 난처해요.

상담자 : 나도 이번 말고 지난번에 슈퍼비젼할 때 웃어야 되지 않은 상황에서 개나리님이 웃는
　　　　 경험을 했어요.

개나리 : 저번 상담녹음테이프 풀때도 이런 이야기가 나와 뺐는데.

상담자 : 왜 뺐어요?

개나리 : 너무 문제의 심각도를 깊게 해석하는 것 같더라고요.

상담자 : 심각도? 상대방의 느낌도 중요한데, 우리가 다 이런 느낌을 받는다는 건, 이때의 웃
　　　　 음이 적절하지 않다는 느낌을 받았어요.

개나리 : 아까는 같이 웃을 때 웃었는데.

상담자 : 적절하지도 않을 때도 개나리님이 웃음으로 반응하면 제가 무엇을 하지 말아야 되는

말을 하는건가 라는 생각이 들어요, 지금은 내가 개나리님 스타일을 알아서 괜찮은데, 그전에 슈퍼비젼 할 때 웃을 때는 내가 해선 안되는 말을 해서 그런가 이런 생각이 들었어, 그런 느낌을 상대방이 받을 수 있다는 것을 인식해야지요, 그런 의도로 웃었던것은 아니잖아요, 비웃은 것은 아니잖아, 그러나 상대방은 그렇게 지각할 수 있다는거지, 그것까지 내가 반응하지는 않더라도 고려는 해야지, 오해를 받잖아요.

개나리 : 예.

옹달샘 : 조금 전에 웃었던 것은 어때요?

개나리 : 조금 전에는 같이 이야기하다가 웃음이 나오는 분위기가 되니까 웃었던 것 같아요. 호호호….

옹달샘 : 저도 조금 다루어 보았으면 좋겠어요, 다같이 웃었을 때 웃었던 것이 아니였어요.

개나리 : 이야기할 때 제가 딴 생각을 많이 하니까 우스웠던 것 같아요.

상담자 : 그런데 그때의 웃음이 적절한 반응인가요?

스폰지 : 저도 내담자에 대한 이야기를 할 때 개나리님께서 한번 웃으셨는데, 나는 내가…….

개나리 : 나도 비슷한 경험이 있어 그랬어요.

상담자 : 적절한 반응을 하는 것이 중요한데, 왜냐면 우리는 상식을 가지고 사니까, 적절한 반응을 갖는 것까지 틀이라고 생각하지는 않겠지. 그것은 사회적 센스, 감각이라고요, 웃어야 될 때 웃고, 웃지 말아야 될 때 웃지 않는 것이 좋겠지요.

스폰지 : 제가 느낄 때는 개나리님도 웃음을 참으려고 하다가 참지 못하고 터져나오는 것 같은데.

상담자 : 많이 그러는 것 같지?

스폰지 : 웃으면서 어떤 생각을 했을까, 정말 웃기는 내용이었다면 참지 못할 것 같아요, 호호….

옹달샘 : 황당할 것 같아요, 갑자기 생각하지 않은 이야기에 대해 많은 사람들이 이야기하니까.

상담자 : 황당하지?

개나리 : 예.

상담자 : 그런데 그전에도 이런 말 있었던 것 같은데?

사　과 : 제가 그랬어요, 저는 개나리님을 많이 봤는데, 저는 어떨 때 웃는지 공통점을 발견했어요, 음, 개나리님이 와 닿는 이야기를 할 때, 개나리님 마음을 열어두는 이야기, 즉 긍정적인 이야기를 할 때, 똑같은 이야기를 해도 밝고 좋게 이야기가 오갈 때 흐뭇하게 웃는 것 같더라고요. 부정적인 이야기나 비난하거나 지적하는 이야기를 할 때는 전혀 그렇지 않은데, 긍정적인 이야기를 하는 분위기에서는 만면에 미소를 띠고, 그 웃음을 어떻게 주체하지 못하는 것 같아요.

개나리 : 표정관리가 안되는 거예요.

상담자 : 하지만 그것이 웃는 상황은 아니잖아.

사　과 : 예, 기쁘고 폭소의 웃음이 아니라 환희, 기쁨 같았어요.

상담자 : 하지만 오늘은 웃겨서 웃는 것 같고, 무엇인가 어색한 웃음이예요.

개나리 : 무엇인가 어울리지 않는 웃음이죠, 저도 그것을 느껴요, 하지만 가끔씩 이야기에 몰입하지 못하고 개인적인 생각을 하고, 그것과 연결이 되면 웃는 것 같아요.

상담자 : 어떤 식으로든 조건화 된 것 같은데, 사회적으로 적절한 웃음인가 아닌가는 측면에서 생각해 보았으면 좋겠어요.

개나리 : 좋은 충고이신 것 같아요. 고쳐야 되는 부분인데.

스폰지 : 만약 개나리님이 언제 웃음이 나오는지 안다면 이야기를 들을 때 몰입하려고 노력하거나 개인적인 생각을 하지 않는다든가 하는 접근이 되는건가요?

개나리 : 제 생각이 들어가고 다른 사람의 생각이 들어오지 않을 때, 집중이 안될 때.

스폰지 : 개나리님 생각 때문에 집중이 안되는거죠?

개나리 : 그렇죠. 그런데 가끔 딴 생각을 할 때 있잖아요, 그러면 웃음이 나올 때도 있잖아요. 제가 웃음이 많은 건 사실이예요. 웃음이 참 헤퍼요.

스폰지 : 조금 전의 상황도 심각한 상황인데.

개나리 : 나도 그런 상황이 있었는데 하면서 웃었던 거예요.

스폰지 : 그것이 남한테 오해를 받을 수 있는거죠. 그것이 나쁘다는 게 아니라, 다른 상황에서 오해를 살 수 있잖아요, 우리 집단에서는 이해를 할 수 있지만.

개나리 : 저는 나만 그런 상황이 아니었구나 하면서.

상담자 : 하지만 다른 사람들 같으면 그렇구나 하면서 고개를 끄덕이는 것이 자연스럽잖아, 나하고 똑같은 사례라고 웃음이 나온다. 웃음이라는 것이 우습고 기쁘고 즐거울 때, 아니면 비웃을 때 나오는 것인데.

개나리 : 동질감 느낄 때도.

상담자 : 동질감 느낄 때도 웃음이 나오나?

개나리 : 나만 그런 것이 아니구나, 나도 문제가 있었는데, 저 선생님은 참 잘 하는 것처럼 보였는데, 그렇게 보이는 선생님도 지금은 어려운 상황에 처해 있구나, 나만 그러는 것이 아니구나 라고 하면서 웃음이 나왔죠.

상담자 : 만족의 웃음인가? 호호….

개나리 : 그건 모르겠어요, 환희? 환희가 왜 나오지?

상담자 : 그건 안도의 한숨을 내쉬는 것이 적절할 것 같은데, 안도의 웃음을 웃는다? 하여튼 그건 개나리님이 알아서 생각해 보세요.

개나리 : 예.

상담자 : 별 이야기가 다 나왔네, 호호…(다 함께 호호호…).

상담자 : 옹달샘님, 열심히 참여하고 화기애애하게 집단을 이끌어 줘서 고마워요.

옹달샘 : 조금 전 노출하는 게 내적인 힘의 강함이다. 거꾸로 말하면 노출을 하지 않는 것은 내적으로 약한 것인가, 요즘 약간 상황이 복잡해서 그런지 감정이 무감각해지는 것 같아요. 내가 속한 상황이 워낙 복잡해서 그런지 모르지만 나를 보호하려는 말인 것 같은

데, 일어나는 모든 일들에 감각을 열어놓으면 폭발해 버릴 것 같아요, 그래서 적절한 부분에 대해 적절한 만큼 감각을 열고 살아가는구나, 특별한 문제의식도 못 느끼고 내가 무감각하게 살아가는 것은 아닌가, 그 말씀을 들으면서 그런 생각을 했어요. 노출할 꺼리가 없음에 대해서. 지난주 ○○학교에 가서 전에 말한 오빠를 만났어요. 수업이 마칠 때까지 기다렸다가 만났는데, 네가 웬일이냐는 식으로 놀라면서 손가락에 커다란 반지를 끼고 나오더라고요, 3월에 결혼도 하고, 사는 동네도 우리 동네와 비슷하고, 여기에 웬일이냐고 그러기에 집이 근처에 있어 자료찾을 것이 있어 왔다고 그랬죠. 5분정도 이야기를 했는데, 빨리 이야기를 마치고 들어가려고 그러더라고요.

상담자 : 그 사람 찬 것 같애.

옹달샘 : 나름대로 자신이 휘둘리지 않도록 미리 조심하는 것 같아요. 지금 ○○교회 전도사로 갔다고 했는데, 제가 생각한 것과 다르더라고요, 저는 학자타입이어서 공부를 계속하는 방향으로 나갈 것 같았는데 의외였어요. 제가 보니까 체구가 작게 옷을 입었더라고요, 순간적으로 그 부인한테 신경질이 나더라고요, 키가 작지만 옷을 잘 입혀놓으면 귀공자 같은 타입인데. 진학 어떻게 할거냐고 물어보고, 주로 제가 질문하는 형태였어요, 약간 당황해 하더라고요, 사람들이 지나갔다왔다 하니까. 공부할 장소를 가르쳐주었더니 시간이 나면 가겠다고 하더라고요. 하지만 마음속으로 오지 않을 거라는 생각이 들었어요. 물론 오지도 않았지만. 그래서 만난 것은 잘한 것 같고, 상황을 아는 것만으로도 내가 안심되는 기분이예요. 무엇을 하고 있는지 보면 어떤 생각과 어떤 가치관을 가지고 있을 것이라는 것을 알 수 있으니까요. 아는 것만으로도 많은 안심이 되었는데 의외로 제가 동요되지 않더라고요.

상담자 : 왜 동요되지 않았던 것 같아요.

옹달샘[8] : 저번 상담을 통해 미안함을 갚아야 되는 것은 아니다는 작업을 통해 어느 정도 마음이 진정된 상태에서 가기 때문인 것 같아요, 그냥 지나가면서 우연히 고향오빠를 만나 안부를 묻는 그 정도의 마음의 동요가 있었지, 어떤 감정이 일어난다든지 그 사람한테 몰입한다든지 그렇지는 않더라고요. 그 후 제자리로 돌아와서도 흥분된다든지 책이 눈에 들어오지 않는다든지 그렇지는 않더라고요. 물론 약간의 흥분은 있지만 빨리 정착되더라고요. 신랑한테 편지도 한통 쓰고, 미안한 마음 때문에 더 많이 보고 싶더라고요, 그래서 정말 잘 만났다는 생각이 들어요. 내 중심을 찾아가고 있다는 것 때문에 기뻤어요. 어느 정도 안정되어 가고 있구나. 그날 열심히 재미있게 책을 보다가 내려왔어요.

상담자 : 좋은 수확을 했네.

옹달샘 : 예. 단순한 한 문장인데 많은 부분들을 해결해 준 것 같아요.

상담자 : 오케이, 이제 정리를 해야 될 것 같은데, 오늘 회기에서 혹은 그동안의 회기에 대해

---

8) 옹달샘의 "미안함은 반드시 갚아야만 하는 것은 아니다"라는 합리적 대안 생각이 내재화 되었음을 언급.

하고 싶은 이야기가 있으면 하고 회기를 마치도록 하죠.

(잠시 침묵)

스폰지 : 자꾸 내재화하기 위해서는 한두 번으로 끝나는 것은 아닐 것 같아요. 요즘 너무 많이 느끼고 있어요. 찾을수록 더 크게 보여요. 모르면 그냥 넘어갈 일인데.

옹달샘 : 정말 성실하시다. 하나의 관점으로 계속 보고자 하는 거잖아요. 참 좋은 일이네. 호호….

스폰지 : 계속 일이 많아지는 상황에서는 더더욱 그래요.

상담자 : 한가지 이야기할 것은 스폰지님이 갖고 있는 좋은 특성인데, 그것을 송두리째 없애려고 하지 말고, 나에게 부담을 주고, 불편을 주는 부분에 대해서만 적절하게 통제를 가하시고, 그 특성은 그대로 가지고 있는 것이 좋지요.

스폰지 : 저도 걱정이 되는 것이 이렇게 사람들한테 다치면 완전히 뒤집어 버릴 것 같아서 그래요.

상담자 : 그것을 방지하기 위해 적절하게 가지 치는 것도 중요하지요. 스폰지님이 평소에 갖고 있는 좋은 마음을 송두리째 버리려고 하지는 마세요. 이것이 비합리적인 것은 "누구에게나"라고 할 때 비합리적인거죠. 때때로 선별적으로 잘해 준다면 비합리적이지 않죠. 그러나 누구에게나 했을 때는 나를 힘들게 하기 때문에 비합리적이라는거죠. 때때로 어떤 사람하고 그러는 것은 좋은데 항상 모든 사람들에게 그런 것은 비합리적이라는거지요. 오늘은 이만 마치도록 하죠.

모　두 : 네.

회기해설

　본 회기에서는 스폰지님이 현재 상담하고 있는 내담자와의 갈등을 노출하여 상담자의 자세와 역할에 대한 논의가 이루어졌다. 스폰지님의 "나는 사람들에게 절대로 상처를 주면 안된다"라는 신념 때문에 표출된 하나의 어려움이었다. 상담자는 그가 상담하는 내담자에게도 항상 좋은 인상을 주어야 하고 상처를 주면 안된다는 생각이 오히려 치료자의 역할을 제대로 수행하는 데 저해요인이 되고 있음을 지적하였다.

　개나리님은 정상적인 것에서 많이 벗어난 '자신은 만고에 쓸모없는 아이'라는 역기능적 신념에 사로잡혔는데 타인들의 긍정적 반응을 보면서 그 생각을 바꾸고 자신감이 많이 생기고, 자신이 변화하고 있음을 확연하게 깨닫고 있다고 보고하였다.

　본 회기에서는 옹달샘님의 적절한 참여와 코멘트로 회기를 활성화시키는 데 기여한 것이 돋보였다. 그는 상담시간에 내준 숙제를 수행하는 과정에서 자신의 비합리적 신념 '미안함은 반드시 갚아야만 한다'는 것이 바뀌고 행동이 변화되는 체험을 보고하였다.

　전체상담의 과정에서 후반부인 6회기에 접어들면서 집단구성원들의 행동변화가 구체적으로 많이 보이고 있다.

제7회 인지치료 집단상담 (6. 4)

상담자 : 지난번에 그 선생님이 추천서 못 써주겠다고 그래서 불평했었잖아? 그것은 어떻게 해 결됐어요?

사　　과 : 마음속에서는 해결이 됐는데….

상담자 : 마음 바깥에서는 안되었어요?

사　　과 : 마음적으로 되었으면 된거죠 뭐. 현실은 달라진 것이 없어요. 제 마음만 그 현실에 맞 춰서 받아 들여야 된다는 쪽으로 생각을 하는거죠.

상담자 : 다시 추천서 부탁하셨어요?

사　　과 : 예, ○○선생님한테 부탁했고….

상담자 : 응모 다했어요?

사　　과 : 예, 했어요.

상담자 : 잘되길 바래요. 언제쯤 발표예요?

사　　과 : 다음주에 연락온다 그러니까….

상담자 : 면접도 다 했고요?

사　　과 : 아뇨, 서류가 되면 다음주에 연락이 올거예요.

상담자 : 좋은 일이 있길 바래요.

사　　과 : (웃음) 그랬으면 좋겠어요.

상담자 : 사과님이 조금만 구체적으로 어떻게 해결했는지 그 과정을 얘기해줄 수 있어요?

사　　과 : 그 선생님이 나를 알고 있는 어떤 사람으로서가 아니라 사제지간도 아니고, 그 선생 님 같은 경우에는 제가 상담자와 내담자의 관계로 규정지어졌다는 것에 대해서 몰랐 기 때문에 민감했었고, 상담받지 않는 지금까지도 계속 그런식으로 나를 대해왔는 데….

상담자 : 상담 장면을 벗어났는데 아직도 나를 내담자로 여긴다?

사　과 : 예, 그 선생님으로서는 저의 그 문제를 알고 있잖아요. 패턴을? 내가 그 추천서를 달라고 했던 그 패턴이 선생님이 생각하는 그 문제 패턴하고 맞아 떨어지니까 거기서 무엇인가를 얘기를 해줘서 그 장면을 상담장면처럼 활용을 하신 것 같아요. 제 생각에는. 선생님이 나름대로 저를 알고, 또 나름대로 잘하시려고 노력하신 것 같고, 그 방법이 내마음에 들지 않았을 뿐이지 그 선생님은 최선을 다했다고 생각하고. 나중에 입사가 되면 선생님 찾아뵙고, 그때 일에 대해서 제가 느꼈던 것, 생각했던 것들을…. 항상 그 선생님의 역할이 나에게 있어서 규정되어 있었던 것 같아요. 그 선생님 스스로가 그렇게 규정시켰던 부분이 있어요.

상담자 : 아, 그 선생님을 찾아가서 그것을 명료화하고 분명히 하고 그래야 하는 이유가 있어요?

사　과 : 굳이 찾아갈 필요는 없어요, 그럴 수도 있다. 그런데 지금은 때가 아니라는 생각이 들고, 나중에 만약 이런 집단시간에 그럴 수도 있겠다는 생각이 들어요. 그 선생님이 어떤 내담자와의 개인적인 관계라든지 그런 편안한 관계를 잘 못하는 것 같아요. 그 전에도 그런 것을 느꼈거든요. 이번에 정말 펀치를 꽉 맞았어요. 그 선생님은 그런 것에 대해서 편안하게 느끼지 않는구나. 저하고 스타일이 많이 다르다. 저는 그 사람에 상관없이 항상 내가 인간관계를 맺고 있는 한 사람으로서, 약간의 거리차는 있겠지만, 그렇게 생각하는 데 비해서 그 선생님은 이 범위는 내가 편하게 대할 수 있는 범위, 이 범위는 아닌 범위 이렇게 나눠놓고, 그 선생님의 나름대로의 방식이겠죠 사람들을 대하는.

상담자 : 그렇죠. 그 선생님 스타일에 비해서 그냥 그런가보다 그렇게 넘어가는 게 제가 볼 때는 좋아요. 또 나중에 찾아가서 그 얘기를 다시 꺼내면서 얘기하는 게 별로 도움이 안될 것 같아요.

사　과 : 예.

상담자 : 그 다음에, 개나리님은 그때 노력하지 않는 내 모습에 대해서 긍정적으로 바라본다라고 얘기 하셨거든요.

개나리 : 열심히 하지 못했던 것 같아요. 많이 긍정적으로 하려고 노력은 했는데 긍정적으로 막 가다가도 어느 순간이 되면 다시 축 처지게 되거든요. 무기력하고 그런 것이 저한테는 큰 문제인 것 같아요.

상담자 : 긍정적으로 하려고 하는데 그것이 잘 안되니까?

개나리 : 긍정적으로 잘 나가다가 어느 한순간에 그것이 축 처지는 것 같아요.

상담자[1] : 그런데 여기 우리 인지상담에서는 너무나 지나친 긍정적인 사고는 강조하지 않아요. 너무나 지나친 긍정은 우리가 도달할 수 없는 것들이 많기 때문에 그리고 흔히 우리는 긍정적인 사고가 좋다고 생각하지만, 너무나 지나친 긍정을 해서 현실에 그것이

---

1) 인지상담에서는 지나친 '긍정적 사고' 보다는 '합리적 사고' 를 강조함을 설명.

이루어지지 않을 때 나는 또 능력이 없어 이 모양인가 보다. 그렇게 좌절할 경우가 있기 때문에 지나친 긍정보다는 합리적으로 보는 것 그래서 긍정적 사고와 합리적 사고를 구분하거든요. 그러니까 개나리님도 무조건 모든 것을 다 좋게 보는 건 좋지않단 말이죠. 어떤 것이 합리적으로 보는 건가를 찾아볼 수 있었으면 좋겠네요.

개나리 : 예, 전 합리적인 면이 많이 부족한 것 같아요.

상담자 : 개나리님이 긍정적으로 봤을 때 긍정적인 것을 지향했는데 내가 거기 잘 미쳐주질 못하니까 쉽게 속상하게 되잖아. 정서가 좀 불편해지죠. 너무나 지나친 긍정을 기대하지 않으면 그렇게 많이 불편해지지 않아도 된단 말이죠.

개나리 : 예.

상담자 : 그래요. 그러면 스폰지씨는….

스폰지 : 내담자에 대해서, 오늘 전화도 했는데 아침에 아직 종료를, 마무리를 못했어요. 부담스런 마음이 떠나지는 않은 것 같아요. 갈등이 좀….

상담자 : 어떤 갈등?

스폰지 : 그만둬야 될 것 하나랑, 또 하나는 지금 그만 둘 시기인가.(웃음)

상담자 : 우리 막 지난 번에 여러 가지 얘기로….

스폰지 : 오늘도요. 그냥 끝내버리는게 너무 심한 건 아닌데…. 다시 이렇게 가다가 아무것도 없어진 느낌 그러니까 절벽이라는 느낌… 맞나?

상담자 : 어, 절벽이라는 느낌이 들었어요?

스폰지 : 오늘도요. 저는 오늘 아침에 상담이 있는 것을 까먹었어요. 늦게 왔거든요.

상담자 : 으응.

스폰지 : 그런데 그 내담자는 오히려 안왔어요. 전화를 계속 하셨다면서요, 그러면서 받는데 아침에 애가 갑자기 학교를 안갔대요. 그런데 운동화 축제를 해서 학교에 안가도 된다고 하면서 안갔는데 엄마가 그것 때문에 또 선생님한테 전화를 걸었대요. 애는 그것을 꼬투리 잡아서 더 학교를 안간다고 그래서 아빠도 밖에서 다시 들어오게되고 이런 상황이 벌어지면서 엄마가 너무 다급해서 전화를 했다. 애가 학교에 안갔기 때문에 안가서 온건 아니고, 보니까 엄마 먼저 나갈게요 그러면서 나가는데 낌새가 이상해서 자기가 있어봤다. 그러고 담임 선생님한테 오늘 몇시까지 가냐고 물어보려고 전화했다가 애방에 딱 들어가 보니까 누워있고…. 이러면서 갑자기 올 상황이 아니었다. 이렇게 얘기를 하시는데 정말 제가 답답해지는 것 같아요. 그것을 보면서.

상담자 : 문제가 내가 원하는 대로 잘 안풀리는 것 같아서?

스폰지 : 그렇죠.

상담자 : 그러면 있잖아. 지금은 우리 이것은 해야 되니까. 스폰지님 그 책 『인지,정서, 행동치료』 뒤에 보면 '저항과 저항다루기'가 있어요. 거기에 보면 '상담자의 비합리적인 신념에 기인한 저항'이라는 파트가 있거든. 상담자가 갖고 있는 비합리적 신념들 여러 개가 거기 나열되어 있는데 그것을 보고 내가 어떤 신념이 있기 때문에 이 내담자를

놓는 것을 이렇게 힘들어하나 그것을 한 번 찾아보는 것을 숙제로 드릴게요. 자 그럼 이제 게임으로 들어갑시다. 이건 어떻게 하는 게임이냐 하면, 자 이것을(카드) 각자 하나씩 가지세요. 하나씩 자기 색깔이 다 있는 거야. 그리고… 이건 사실은 1주일에 한 번 하는 집단에서 한달에 한 번 하라고 추천을 해요…. 내가 도와줄까요?

옹달샘 : (카드하나를 집어들고 읽는다) 당신은 어떤 것을 좋아하는 것이 아니라….

상담자 : "어떤 것을 좋아하지 않을 수 있는게 아니라, A가 아니고 B이다. 당신은 어떤 것을 확실히 참을 수 있다." 이말의 의미가 나한테 어떻게 적용이 되나, 좋아하지 않는 것, 참을 수 있는 견딜 수 있는 어떤 것, 이말이 나한테 어떤 의미가 되는지 자기한테 적용되는 것을 자기말로 풀어서 해보는 거예요. 어렵지 않아. 잘 모르겠으면 딴 것을 뽑아요. 다시.

옹달샘 : 그냥 하죠.

상담자 : 여기서 참을 수 없는 것은 대체로 비합리적인 신념 중의 하나니까 '참았을 때 이런 것을 견디기 어렵다.' 그것을 우리한테 크게 얘기하는 거야.

옹달샘 : 알았어요. 좋아하지 않는다 하더라도 어느 정도는 참을 수 있다. 이말이죠. 예를 드는 거예요?

상담자 : 이것이 나한테는 어떤 의미다.

옹달샘 : 내가 좋아하지 않는 것이라 하더라도 그것을 어느정도 인내롭게 어느 정도까지 해낼 수 있다. 그런 의미로 들리거든요, 내가 좋아하는 것만 다 잘할 수 있는 건 아니고 좋아하는 마음이 약하더라도 내가 인내롭게 할 수 있는 일이 있다. 이렇게요.

상담자 : 구체적인 건 뭐 없어요. 내가 별로 좋아하지 않지만, 참고 할 수 있어요.

옹달샘 : 금방 ○○하고 열심히 떠들다가 왔는데.(웃음) 아, 별 것은 아닌데 제가 고집을 피웠던 것 같아요. ○○상담이 일년에 네 번인데 서로 말하는 달수가 틀렸어요. 네 번 해야 되는데 몇월부터 몇월까지 해야하고, 중간에 기간은 어느 달을 둔다는 얘기를 하는데 서로 말이 안맞았거든요. 각자 얘기하다가 마쳤는데, 그렇게 내가 그렇게 언성을 높여서 얘기하는 것을 별로 좋아하는 건 아닌데, 아 뭐라 해야 할 지 모르겠네….

상담자 : 그렇지만 그런 생활을 내가 받아들일 수 있겠나 응? 조직사회에서 사니까 즐거운 일도 내가 좋아하는 일도 아니지만 살면서 그렇게 부딪칠 수 있지 뭐. 그것을 견딜 수 있고 내가 그것 때문에 상처를 안받아요. 그렇게 말하면 되겠지?

옹달샘 : 예.

상담자[2] : 이건 리더도 참여하라고 하니까 나도 참여할게요. 나도 "뽑기 카드"네요. "내가 누구한테든지 의존을 하게 되면 나는 고통을 겪게 된다"(카드에 씌여있는 내용) 그런 얘기니까 이것을 어떻게 얘기할까. 나는 의존을 잘 안해.(웃음) 내가 옹달샘님한테 의존을 많이 했는데 이 사람이 내가 원한대로 안해줬잖아. 그럼 내가 아마 고통을 당했을 텐

---

2) 뽑기 카드

　게임판에 주사위를 던져 뽑기 카드가 나오면 뽑기 카드 더미에서 한장을 집는다.

데, 의존 자체를 별로 안하니까 고통이 별로 없었어요.(웃음) 어떻게 돌아가는 건지 알겠죠?

사　과 : 이거 계속해요?

상담자[3] : 해봐요. 그렇지 이게 여러가지 종류가 있어요. 이것만 나오는게 아니야. 그럼 이제 자기가 해봐. 스폰지님… "긍정하기"는 뭐냐하면 여기서는 우리가 여기 "긍정하기"칸에 가는 사람에 의해서 우리 집단구성원 하나하나가 모두 스폰지님의 좋은 점을 말해주는거야.

사　과 : 야, 그것 굉장히 좋다.(웃음)

개나리 : 스폰지님은 참 밝은 것 같아요. 밝으면서 옆에 있는 사람이 부담가지 않게끔 분위기를 잘 맞춰주시는 것 같아요.

사　과 : 자기한테 맡겨진 일은 무슨 일이든지 끝내는 것 같아요.

향　기 : 남을 잘 보살피고 배려하고 돌볼 줄 아는 것 같아요.

상담자 : 한없이 나오네.(웃음) 부담이 없지? 친근해 굉장히 오래 알아왔던 사람같이.

옹달샘 : 남편을 참 사랑하는 것 같아요.(웃음)

상담자 : 그래?

스폰지 : 예.(웃음)

상담자 : 이렇게 하는 거예요. 그 다음에 … 개나리씨.

옹달샘 : "뽑기 카드"다.

상담자 : "뽑기 카드"가 많이 나오네. 응.(카드에 씌여진 다음과 같은 내용을 집단원들 앞에서 크게 읽는다) "만약에 제가 아무리 미련하게 행동을 한다 하더라도 제 자신은 미련한 사람이 아니다." 저와 저의 행동은 아주 분리된 별개의 것이라는 거지요. 한번 예를 들어 얘기해 보세요. 개나리님한테 이것이 무슨 의미인가.

개나리 : 아무리 미련하게 행동을 한다 하더라도 제자신은 미련한 사람이 아니다. 예를 들면, 어버이날 카네이션을 드리잖아요. 올해는 제가 챙겨 드렸는데 작년에는. 아, 그것이 아니고, 얼마 전에 어머니 생신이었어요. 아침에 장미꽃 한다발이 집으로 도착을 했어요. 이건 누가 준거냐고 좋으시겠다고 얘기를 하고 있는데 저는 외부에서 준 건 줄 알았거든요. 그런데 제 동생이 어머니한테 부친 거예요.

상담자 : 집에 같이 사는데?

개나리[4] : 예, 같이 사는데 미리 주문을 해가지고, 저는 아무런 준비를 못하고 있었거든요. 그래서 내가 참 생각이 모자랐구나 라고 생각을 했었는데 그렇다고 해서 제가 어머니에게 불효를 하는 그런 미련한 사람은 아니지 않을까….

상담자 : 그러니까 내가 엄마한테 재치있게 그날 동생처럼은 못했지만 나라는 사람 자체도 재치없고 바보같은 사람은 아니다. 이런 얘기죠?

---

3) 게임판의 긍정하기칸에 떨어지면 해당자가 집단의 모든 구성원들에게 그들이 지닌 좋은 점을 말해주는 것임.

4) 개나리님이 인간의 행동을 깨뜨린다 하더라도 인간 그 자체는 미련할 수 없다는 것에 대한 자신의 예를 들음.

개나리 : 예.

향　기 : 내차례. "이 교육경험을 통해서 네가 배운게 뭐냐?"(웃음) 어려운 거다. 글쎄요. 우리
　　　　가 아직 다 끝난건 아니니까. 이런 건 마지막 시간에 했으면 더 좋았겠지만, 제가 문
　　　　제를 많이 내놓아서 아주 적극적으로 상호작용(interaction)을 했던 건 아닌 것 같긴
　　　　한데, 그래도 무엇을 배웠나? 무엇인가 좀 심오한 얘기를 해야되는 건 아닌가?

상담자 : 아니, 그렇게 생각하는 게 비합리적인 거지.

향　기 : 아, 그런가?

상담자 : 사소한 것도 배울 수 있구.

향　기[5] : 일단 저한테 당면과제였던 그런 것을 마음 편하게 생각해서 해결할 수 있도록 도와
　　　　줬구요. 그리고 다른 사람들 얘기나 경험이나 사례를 들으면서도 음, 그렇겠구나 라
　　　　고 어떤 비합리적인 신념들이 우리한테 방해하고 있는 것들, 마음먹기 나름인데 라는
　　　　말이 참 맞다 그런 것을 배우고 있어요.

상담자 : OK, 그 다음에 사과님.

사　과 : "사람들로부터 내가 사랑을 받지 않아도 다른 사람이 나를 좋아하지 않아도 내가 견
　　　　딜수 있느냐?"

상담자 : 그래 그런 얘기를 자기 예에서 한번…. 견뎌왔잖아 여태까지.

사　과 : 예. 너무 많아요.

상담자 : 처음엔 꼭 받아야 된다고 생각했는데….

사　과 : 하나를 말할래니까 참 힘들다.

스폰지 : 저번에 그 선생님건, 추천서 받으려던….

상담자 : 그래, 그것도 어떻게 보면 그 선생님께 사랑을 못받은 거잖아. 그렇지만 큰 타격없이
　　　　지나갔지요.

사　과 : 예.

상담자 : 넘어갈까 그냥?

옹달샘 : 이번 주에 당신에게 일어났던 가장 좋은 일을 얘기하라고….

상담자 : 그래요, 한 번 얘기해 보세요.

옹달샘[6] : 오늘 수요일입니까? 저번주 월요일날 ○○한다고 늦게 갔었는데 어머니한테 늦게
　　　　간다고 얘기를 하는 것이 미안한 일이죠, 아기를 봐주시니까. 늦게 간다고 말씀드리
　　　　고나서 ○○이 안 우냐고 그러니까 너무 잘 지낸대요. 너무 잘 지내고 잘 있다고 그냥
　　　　"열심히 하고 와라"라는 그 말을 들었을 때 상당히 기분이 좋았거든요. 그런데 집에
　　　　가보니까 그날 어머니 아시는 분이 오셨는데 우리 ○○이가 코가 이쁘다. 어른들은
　　　　코하고 귀만 보더라구요. 그게 복코, 복귀라고…. 그래서 코하고 귀가 이쁘다고 칭찬
　　　　을 많이 하고 가신 날이어서 우리 어머니가 기분이 좋으시던 차에 제가 전화를 했으

---

5) 향기님이 지금까지의 집단상담 과정 동안에 배운 것을 토로함.
6) 옹달샘님이 자신에게 일어났던 좋은 일을 이야기함.

니까 그것이 그렇게 반감을 안사게 들렸던가봐요. 그래서 그것이 가장 기뻤어요.

상담자 : 그래 충분히 기뻤겠다. 그렇지요? 자 그럼 제 차례. 내가 문제를 해결하는 게 우리에게 문제를 떠나보내려고 하는 게 아니라는 말이지. 도망가는 게. 문제가 있으면 지금 당장 해결하고 그것을 하는 게 좋다. 내가 무슨 문제가 있지? 우리 ○○하고 문제가 있지.

옹달샘 : 어제 문제 어떻게 해결했어요?

상담자[7] : 어제 문제? 그러구 지나갔는데 나는 문제를 회피하는 사람이 아닌데, 제 자신이 그때 풀어버리는 편인데, 지금 당장은 문제가 없어요. 어제 같은 경우에는, 어제로 돌아가 볼게. 지금을 어제라고 생각하고, 같이 집단작업을 하는데 우리 ○○가 좀 정서적으로 불편하시더라고. 보통때는 제가 참았는데 어제는 참지 않고 표현을 했어요. 그래서 어떤 점에선 대든 건 아니지만 순종하지 않았기 때문에 기분은 나쁜데 ○○의 행동 패턴을 제가 너무나 꿰뚫고 있기 때문에 그렇게 적절하게 한 것이 참 잘했다는 생각이 또 들었어.

사   과 : 참용기예요, 그건.

상담자 : 그래요?

사   과 : 누구도 그것에 대해서 반발을 못하잖아요. 마음속으로만….

상담자 : 저도 많이 그동안 얘기 안하고 못들은 척하고 그랬는데 이번에는 좀 해야 할 시기가 온 것 같아서 좀 의도적으로 한 것도 있어요.

옹달샘 : 여기 깃털이 하나 달렸잖아요.

상담자 : 미운털이요? (웃음) 오늘은 아직 그런 일이 없었구요. 됐죠?

스폰지 : 어제요. 수업이 좀 옮겨졌어요. 그래서 어제 하루종일 집에 있었거든요. 저희 엄마가 일 때문에 토요일부터 월요일까지 나가계세요. 아빠 혼자 계셔서 안그래도 월요일날 9시 50분까지 상담하고 너무 늦게 들어가서 아빠한테 죄송한 것도 있었는데 저도 쉬느라고 좋았고 하루종일 또 집안을, 제방을 정리도 하면서 쉬고, 숙제도 많이 할 수 있었고, 아빠도 챙겨 드릴 수 있어서 좋았던 것 같아요.

상담자 : 음 그것은 좋았어요? 굿(Good)! 그 다음에 우리 개나리씨, 개나리씨가 향상하고 싶은 것에 대해서 우리 그룹 사람들하테 말해주면 돼요.

개나리 : 향상하고 싶은거, 이루고 싶은 거요?

상담자 : 그렇지, 좀 더 나아지고 싶은 거.

개나리[8] : 제가 좀 더 나아지고 싶은 건, 자신감이예요. 일을 할 때도 그렇고, 사람을 만날 때도 자신감있게 할 수 있는 거예요.

상담자[9] : 많이 좋아지지 않았어요? 그리고 이 게임은 우리가 말을 하게 하는 도구이지 이 게

---

7) 상담자가 자신이 당면한 문제 가운데 회피하지 않고 직면한 경우의 예를 듦.
8) 개나리님이 좀 더 나아지고 싶은 부분에 대해서 말함.
9) 이 게임은 단순한 게임이 아니라 게임을 활용하여 자연스럽게 자기가 해야되는 말이나 생각을 표현하게 해 주는 도구일 뿐 임을 설명.

임자체에 의미가 있는 것이 아니기 때문에 게임을 하면서 말이 필요하면 얼마든지 해도 돼요.

옹달샘 : 말을 참 많이 하게 되네요.

상담자 : 우리가 개나리씨한테 줄 수 있는 말이 없나? 참 많이 개방적이 된 것 같아요?

개나리 : 네. 많이 개방이 된 것 같아요. 그 테이프를 정리하면서, 너무 챙피하더라구요.

상담자 : 챙피하다. 왜?

개나리 : 아니 얘기를 쭉 적는데 성이 다 달라요. ○씨, ○씨, ○씨 ····. ○씨는 나 밖에 없잖아요. 그런데 제 성씨가 집단이 거의 끝나갈 때까지 하나도 없는거야. 한 말이 없어요. 어, 너무 심했다. 그러면서 개방을 해야 되겠다라는 생각을 많이 하게 됐어요.

상담자[10] : 개나리님이 개방을 못하는 건 무엇인가 의미가 있을텐데? 오늘 내가 어떤 분하고 점심식사를 했거든. 제가 아침에 하는 인지상담교실에 오는 분인데, 어느 회사 회장님이예요. 그 분이 아주 전공도 심리학이 아닌데 심리학의 원리를 너무너무 좋아해서 공부를 열심히 하세요. 대학 상담학회에도 나오시고, 거기서 저를 만났어요. 그런데 이분에게 제가 이런 것을 어디다 써먹냐고 했더니 자기는 사원을 채용할 때도 집단상담을 하고 쓴대요. 그러고 보면 이 사람을 훤히 알 수 있겠다는 거야. 그 다음에 개방을 하면 좋은것이 무엇이냐고 제가 물어봤어요. 그랬더니 거리낌이 없대요. 그렇잖아, 다 드러내니까. 우리는 안드러내면 내가 혹시 거짓말을 하고 무엇인가가 감추어져 있지않나 불편하지 그런데 아예 다 드러내 버리면 아주 자유로울 수 있다는 거지. 자기는 사원들 한테 자기가 얼마를 쓰는지도 다 공개를 한대. 그냥, 오늘 불평은 뭐냐 하면 당신 부인이 생활비를 ○○만원씩 주는데 적다고 그래서 내가 한 백만원 더 올려주시지 그러세요? 그랬더니 사원들이 다 아는데 너무 많이 쓴다고 그럴까봐 걱정이 된다고 하시더라구요. 하여튼 개방을 하면 그런 자유와 즐거움이 있어요. 개나리님.

개나리 : 예.

상담자 : 다음.

향 기 : 내 행동으로 나 자신을 평가하는 것 보다는 나 자신을 믿는 것이 더 낫다.

상담자[11] : 그래요, 여기서 계속 강조하는 것이 뭐냐하면, 인간 그 자체를, 인간의 행동 그리고 인간이 갖고 있는 사고와 완전히 분리한단 말이죠. 내가 아무리 바보같은 일을 해도 내가 바보같은 사람이 아닌 것처럼, 훌륭한 일을 하기 때문에 혹은 훌륭한 행동을 하기 때문에 내가 훌륭한 사람은 아니라는 거지. 나는 그 자체로도 이미 훌륭하단 말이예요. 그것을 계속 강조하지.

스폰지 : 선생님 여기 있는 것들(뽑기 카드에 씌여진 내용들)은 전부 그런 합리적인 신념을 이끌어내도록 하는 문장들인가요?

---

10) 자기개방(self-disclosure)에서 오는 자유와 즐거움에 대한 설명.
11) 인지상담의 인간관에 대한 설명.
   인간이 위대한 행동을 해서 위대한 사람이 아니고 누구나 살아서 숨쉬는 것만으로 위대하고 가치있는 인간임을 강조.

상담자 : 아니 그건 아니구요. 합리적 신념 뿐만 아니고 인지상담에서 중요하게 생각하는 개념 들이 이 안에 다 들어있는 것 같애. 신념 뿐만 아니라 신념과 인간의 행동을 구분한다 이런 것을 인간에 대한 관점이지 신념을 얘기하는 건 아니거든요.

향　기 : 뭐가 있을까….

상담자 : 자랑스럽게 잘한 행동이 뭐예요? 남한테 좋게 평가받는다고 느끼는 행동.

향　기 : 글쎄… 뭐가 있을까?

상담자 : 아! 이건 꼭 잘한 행동 뿐만 아니라 너의 행동이 너를 가치있게 하는 건 아니란 말이 죠. 그쵸? 단순히 당신 자신을 믿는 것이 더 낫지. 나 같으면 그 얘기 하겠는데 그때 얘기한거 뭐지? 남이 꼭 해줘야만 하는거 있잖아. 비록 나는 완벽해서 내가 꼭 하지 않으면 직성이 안풀리잖아? 그것은 여기서 임상적으로는 바람직하지 않은 행동이잖 아요. 그쵸? 그런 행동을 하지만 나는 가치있는 사람이다. 이런 식으로 하면 되잖아.

향　기 : 그것도 있고 내지는 어떤 생각이 들었나하면, 이럴 수 있잖아요. 조금 낯선 사람들하 고 사이에 있을 때 날 알리거나 내가 인정받고 싶어서 무엇인가 어떤 행동으로 나를 자꾸 표현하려고, 쉽게 말하면 잘 보이려고 그런 행동하는 거, 그럴 수도 있는데 그럴 필요없다.

상담자 : 그렇지요.

향　기 : 내 자신의 중심이 있으면 됐지 내가 겉으로 행동으로 나를 장식할 필요는 없다.

상담자 : 좋아요. 그 다음. '지금 머리속에 꽉 차 있는게 뭐예요?'

사　과 : 아! 그게 있어요. 제가 오전에 자기 상담사례하고 그냥 내버려 둔다 하고 접목시켜서 어떻게 할 것인가 생각해보라고 그래서 그때부터 그 시간에 다룬 것, 점심먹고와서 그 친구하고 통화한 것. 이시간 시작하기 전에 와서 선생님하고 그 얘기를 잠깐 했던 것 얘기 끝나고 나서도 제 마음속에 기분 언짢은 게 계속 남아있었는데 이것을 내가 어떻게 다뤄야 되나….

상담자 : 그러니까 이 사람이 치료자를 무시한 것이 아닌가 해서 속상했었구나.

사　과 : 무시한 거 그건 아닌 것 같구요. 현실적으로 제가 시간이 막 유동적으로 왔다 갔다하 고 여기 모임도 했다가 안했다가 이러니까.

상담자 : 그렇군요.

사　과 : 그 내담자가 무엇을 얘기 하냐면, 선생님, "오늘도 세미나해요?" 제가 토요일에 오전 세미나하는 것을 아니까. 제가 확실히 모르겠다 그랬더니 선생님, "그럼요 그 시간에 하면 어때요" 해서 제가 원래는 직장 끝나는 시간이 5시거든요. 토요일이어서 1시부 터 5시까지 하는데 그거 끝나고 만나는 것이 어떻게 보면 정식이거든요. 그런데 선생 님 바꿀 수 없어요? 이런식으로 해서 그럼 11시가 어떠니 그랬더니 "선생님 그것보다 빠르면 안돼요?" 하면서 자기가 12시까지 들어가봐야 한다는 거예요. "그래서 그러면 언제가 좋겠냐 10시 30분이면 되겠냐" 하니까 더 일렀으면 좋겠다는 거예요. 그래서 10시로 내려 잡았는데 그것을 얘기하는 동안에는 전혀 불편한 것을 못 느꼈는데 끊고 나서 그 내용 전체적으로, 삐삐사면 안돼요 부터 막 골이 아픈 거예요.

상담자 : 어! 한번 찾아봅시다. 그것이 왜 골이 아팠을까.

사 과 : 제가 상당히 그랬었거든요, 굉장히 열심히 했었어요. 어떤 면에서 그랬나 하면 뭐 토요일도 개가 올 수 있는 시간에 맞춰서 다른 사람들 다 퇴근했는데도 6시 7시 그때까지 남아서 일하고, 그런데 저만 그런 것이 아니라 저희들 모두 그래요. 스폰지님 같은 경우엔 9시 넘어서까지 하고요.

상담자 : 그게 왜 그러는 거예요?

스폰지 : 시간이 그때 밖에 안맞고 그러면 어쩔 수 없이.

상담자 : 그 내담자의 편의 때문에?

스폰지 : 제가 나올 수 있는 시간과 내담자의 시간을 최대한 맞추다보니까….

사 과 : 꼭 도와주고는 싶고.

상담자 : 그렇군요.

사 과 : 매주 만날 수 있는 내담자라면 모르겠는데 두 주에 한번 겨우 만나는데 그렇다고 문제가 많이 좋아지고 호전되는 것도 아니고 8개월 9개월 동안에 한 16회밖에 못만났고… 안타깝죠? 제가 이것을 잘해서 마무리를 짓고…. 그런데 이 내담자는 그런 것을 전혀 모르겠지만 이 내담자는 전에 선생님 저녁 대접하고 싶다고 그래서 저녁도 사주겠다고, 저녁도 같이 먹고 그랬는데 상담관계를 어느정도? 까지로 봐야되는지, 저는 계속 붙잡고는 있죠. 나는 확실히 너의 상담자로서 모든 상호작용을 그 한도 내에서 하고 있다는 것을 전 아는데 그 내담자도 그럴까 하는 건 조금 의문이 돼요. 그래서 그런 것도 얘길 같이 해 봐야겠다. 구조화가 잘 안된 것 같다. 자꾸 침범해 들어오는 느낌이 드는 거예요.

상담자 : 상담자로서 충분한 존중을 못받는 거에 대한 안타까움이 있는 것 같네요. 그런가요?

사 과 : 그 친구가 알 수 있게끔 내가 알려주지 못하면….

상담자 : 응, 결국 내가 부족한 것 때문에 내가 화가 난 거네? 계속 자기가 못했다고 생각이 돼서.

사 과 : 예, 그것을 와서 넘겨버리고 내가 편하게 넘어갔는가.

상담자 : 그러면 사과씨도 제가 아까 스폰지님한테 준 똑같은 숙제를 내주고 싶어요. 그 장에 그 절(Chapter)을 보면 도움이 될 거예요. 우리는 인지적이니까 가능하면 인지적으로 나가야 되니까. 우리가 불편하다라는 것은 거기에 분명 나에게 그 불편을 유도하는 어떤 인지가 있기 때문에, 그 인지가 제가 볼 때는 그 중의 하나가 아닐까 생각되는 거예요.

옹달샘[12] : 그런건 상담초심자여서 라기 보다 상담초기에 다 그랬던 것 같아요. 저도 처음 여기

---

12) 인지치료집단이므로 집단성원이 표출하는 모든 문제에 대해서 인지적으로 해석하고, 인지적으로 문제를 해결하려고 시도함.

에 왔을 때 늦게까지 상담하고 어떻게하면 그 내담자에게 맞출 수 있을까 시간을. 많
이 그랬던 것 같거든요. 그러다 보면 결국에는 제대로 안되더라구요. 그에게 맞춰서
시간을 정하고 했을때 의외로 뭐랄까 상담이 어떤 전문성을 유지하면서 되는 것 같지
않더라구요. 결국 중간에 다 떨어져 나가고 결과가 제대로 만족스럽게 안나왔던 것
같아요. 꼭 ○○이기에 연락이 제대로 안되기 때문은 아닌 것 같애요. 그것이 전문성
을 쌓아나가는 데 있어서 단계가 아닐까 하는 느낌이 들어요.

상담자 : 그렇지, 내가 필요하니까 사실 그런 것도 많이 있잖아. 요즘에 저는 상담할 때 내편의
에 의해서 상담스케줄을 많이 잡아요. 당신(내담자)이 전문가가 필요하면 당신이 맞
춰줘야지. 그러니까 내담자들이 '휴가'나 '월차'도 내고 별거 다하고 와.

향 기 : 그러니까 그럴 수 있는 당당함, 요구할 수 있는 것, 네가 갖고 싶으면 와라, 그것이 많
이 부럽죠.

상담자 : 그렇게 되기까지, 저도 옛날에는 맞춰주고 했지. 누가 처음부터 그랬나요? 그러니까
그것 때문에 속상해 하실 필요는 없어요. 부분적으로는 나한테 도움이 되는 거니까.
글쎄 이 말이 도움이 될지 안될지 모르겠네요.

사 과 : 도움이 돼요.

스폰지 : 오늘 오전에 한 상담. 너무 힘든데 그나마 저한테 참 많은 도움이 되는 것 같애요.

상담자 : 그래서 그렇게 못놓고 싶어하는구나. 그런데 스폰지님 그것을 생각해봐. 내가 그 사
람한테만 도움을 받는 건 아니예요, 그 사람을 상담했을 때만 내가 도움 받는 건 아니
거든. 어떤 종류의 내담자도 나의 전문적 성장에 보탬이 되는 거니까.

스폰지 : 놓는 것 조차도 참….

상담자 : 그러니까 거기 보면 나는 항상 성공해야된다 하는 비합리적인 신념이 있어. 상담자가
그런 것이 아닐까 하고 내가 읽어보라고 그런 거야.(웃음)

옹달샘 : 요즘 저희가 공부하는 분위기인데 그래서 그런지 몰라도 공부해야겠다는 생각들을 참
많이 해요. 집에 가서도 아기 재워놓고 보고 자려고 하고 여기와서도 집중이 안될 때
는 타이핑하고, 집중이 될 때는 책을 읽고 이래서 오늘도 아침에 와서 인지치료를 오
후에 스터디하는데 번역을 참 못했다는 느낌을 타이핑하다 받아요. 말도 안된다. 번
역한 내용이. 그런데 오늘 또 차근히 읽어보니까 어느 정도 말이 되더라구요. 그래서
특별히 고칠 게 없어서 아 조금씩 하니까 어느 정도 원서를 읽어내는 실력이 조금씩
나아지고 있구나, 그래서 조금은 기뻤어요. 어떻게 하면 더 공부할 수 있을까 그런 분
위기를 만들 수 있을까 그게 가장 많이 생각을 차지해요.

상담자[13] : 아 참 듣기좋다. (웃음) 내 것이 이거였나? '왼쪽 사람으로부터 배운 것을 얘기해보
라' OK, 스폰지한테 배운 것은 친절이야. 나도 항상 저렇게 친절할 수 있었으면 좋겠
다. 나는 내가 알고 있는 모든 사람들로부터 인정받고 이해받고 사랑받아야만 한다.

---

13) 상담자의 순서로 그 옆에 앉아 있는 사람으로부터 배운 것에 대해서 말함.

그 생각이 너무 지나쳐서 내 행동을 제어하니까. 문제지 항상 착하려고 하니까. 다른 사람한테 친절한 게 뭐 나쁜거예요? 좋은거지 그런 것이 좋구 그 다음에.

스폰지 : "당신의 왼쪽사람에게 그로부터 배운 것을 말하라" 이것이 무엇일까? 하여튼 옹달샘 이라고 생각하고, 밝아서 좋아. 항상 긍정적으로 생각하기 때문에 참 좋은 점이예요. 그런데 이렇게 하는 게 맞나?

상담자 : 그러게 왜 역할놀이는 안나와? 아 저쪽으로는 아직 안가서 그렇구나.

스폰지 : 너무 여기서만 노는 것 같아요.

상담자 : 그렇지? 그런데 이건 시간제한이 없어요.

사 과 : 빨리 끝나는게 목적이 아니니까.

상담자 : 다른 사람의 문제에 대해서 내가 화가 나는 것은 지각없는 행동이란 거지. 왜냐하면 내가 화가 나서 다른 사람의 문제를 해결해 줄 수 없으니까. 화내지 않으면서 다른 사람의 문제를 해결했던 경우 같은 것 얘기해 줄 수 있겠죠?

스폰지 : 대부분 그런데.

상담자 : 대부분 화내지 않고 당황하지 않고. 그 중에서 한가지 얘기해 줘요.

스폰지 : 어제 같은 경우예요. 집에 한 11시 30분 정도에 전화가 왔어요.

상담자 : 남편한테?

스폰지 : 아니요.

상담자 : 아니 상담전화가 집으로 그렇게 많이 오나?

스폰지 : 글쎄 말이예요.

상담자 : 그냥 아무한테나 주세요? 전화번호를?

스폰지 : 아뇨. 그 강의 계획서를 주니까요. 학기 초에 학교에서.

상담자 : 학교에 어디서 강의하는 건데?

스폰지 : 사회교육원.

상담자 : 그러니까 아줌마들에게 많이 오는구나. 그런데 왜 줘? 그 전화번호는?

스폰지 : 강의 계획서에 강사들 연락처를 다 쓰게 되어 있거든요. 주소는 아니고.

상담자 : 그러면 처음에 오리엔테이션 할 때 그런 것에 대해서 전화를 해달라고 그래? 아니면? 스폰지씨가 만약에 그 전화상담을 즐기고 그것을 통해서 내가 배운 게 있다면 괜찮은데, 나한테 너무 방해가 된다. 그럼 자기 스스로를 보호해야지.

스폰지 : 작년까지는 제가 ○○학 강의를 해서 그렇게 상담전화는 올 게 없었는데….

상담자 : ○○학?

스폰지 : 예.

상담자 : 원래 ○○학 같은거 했어요?

스폰지 : 석사때 논문을 그것으로 썼어요. 과정은 그렇게 안들었는데 논문만. 그래서 저도 전혀 그런 불편함을 못느꼈거든요. 올해는 그 ○○상담과 치료 과목이다 보니까 아무튼 그렇게 될 줄은 저도 몰랐죠. 앞으로는 그러지 않으리라 생각을 하는데 어제 그 상황

에서 저의는 아버지가 초저녁 잠이 많으신데 저희 집전화가 밤마다 1, 2번 울려서 엄청나게 전화 한번 울리면 이것저것해서 정말 크게 울려요. 그런데 아빠가 일찍 들어오셔서 주무시고 그땐 또 늦은 시간인데 그 분 나름대로는 힘들다고 전화가 왔어요. 그냥 어제는 하루종일 제가 편했잖아요. 전화받을 수 있었는데 만약에 …. 아니 이건 예가 아니다. 화를 낼 상황이었을 수도 있잖아요. 일단은 아빠한테 죄송했어요. 그때 주무시고 있었을 때인데, 그것도 전화가 10시30분, 11시30분, 계속 제 전화가 왔었기 때문에요.

옹달샘 : 저의 예를 하나 들어도 될까요?

상담자 : 그래, 좋아요.

옹달샘 : 어떤 것이냐면, 여러 가지 일들이 일어나면 우리들끼리 일에 대해서 같이 입방아들을 찧어대는 경우가 많은데 어떻게 윗사람이 잘못해서 힘들어지는 일이 있으면 같이 속이 부글부글 끓는 거예요. 옆의 사람도. 어떻게 그렇게 하느냐 이렇게들 하죠. 그런데 오히려 그게 문제를 해결하는 건 아니거든요. 자꾸 입방아 찧으면 사람들마다 선입견을 만들어 가고 그러면 뭐랄까 윗사람으로서 존경하는 마음보다는 아휴 좀 잘하지 좀 덜 괴롭히지 사람을, 이런 마음들이 생기더라구요. 별로 좋은 감정은 아닌데 바로 저런 예인 것 같아요.

향 기 : 화를 안 내고도 해결한다.

옹달샘 : 그러지 못했다고요.

상담자 : 그러니까 이거는 그랬을 때 화내지 않고 해결해야한다 이거죠?

옹달샘 : 화를 내고 내가 감정적으로 연루된다고 해서 그 문제가 해결되는 건 아닌데 주로 문제 해결지향적이기보다는 원인을 캐고 그 사람에 대해서 좀 더 잘하지 이렇게 입방아 찧는 것으로서 시간을 많이 소모하죠. 그래서는 별 도움이 안되더라 그것을 얘기하고 싶은 것 같은데요.

상담자 : 그것도 한 예일 것 같고, 정확한 예는 화를 내지 않고 보통사람 같으면 화를 낼 수 있는 상황인데 화내지 않고 문제를 해결한 것 그런 것이 있으면 좋겠지. 다른 사람의 문제에 대해서 더군다나 화를 내는건….

옹달샘 : 참 힘들더라구요. 그게 객관성을 유지하면서….

스폰지 : 예를 들어서 오늘 아침에 그 내담자 아주머니 안왔잖아요. 안 오셨는데 또 전화에 대고 하는 말은 애 욕 뿐만 아니라, 학교선생님 욕, 과외선생님 욕, 그런 욕들을 쭉하시면서 정말 저는 마음속으로는 그 엄마를 욕해주고 싶은 마음이 많았는데….

상담자 : 그럴 때는 있잖아, 스폰지님도 좀 적절하게 엄마에게 직면하세요.

스폰지 : 오히려 그런 것들이 그 아줌마한테….

상담자 : 직면하는 건 화내는 게 아니잖아. 좋은 말 하는 건데 그렇게 직면(confrontation)을 시켜줬으면 좋았을텐데….

옹달샘 : 인지치료에서도 야단치는 건 있죠?

상담자 : 아니, 야단치는 건 내 용어구. 야단치라고 얘기하지 않고….

옹달샘 : 당신이 뭐가 문제라는 것을 문제를 개념화한 다음에 지적해 줄 수 있는 것 아니예요?

상담자 : 당연히 그렇지.

스폰지 : 공감도 해주지만 그저께 너무 많이 변화시키려 한다. 오히려 그래서 오는걸까? 그런 생각이….

상담자 : 무엇이 많이 변화시킨다구요?

스폰지 : 그 아줌마를….

상담자 : 스폰지님이?

스폰지 : 예.

상담자 : 그래, 그럴 수도 있어요. 사람이 너무나 많이 변화되는 존재가 아니기 때문에 작은 곳에서 변화가 된다면 상담자가 만족을 해야지요.

스폰지 : 오늘 아침에 참 그런 상황인데 계속 그렇게 얘기하고 그것도 참 화났었어요. 10시부터 저의 집단하는 거 뻔히 아는데, 그것을 한번 말씀을 드렸는데도 개의치 않고 10시가 넘었는데요. 계속 얘길하는거예요.

상담자 : 그럴 때도 직면해야지.

옹달샘 : 아침 5분 10분 간격으로 계속 전화왔었어요

상담자 : 누구냐, 스폰지님 참 골치아프게 하는구나. 오늘 오셨어요?

스폰지 : 오늘은 안오셨어요.

상담자 : 결국 안왔구나. 하여튼 성마른 사람이구나, 사람 자체가.

스폰지 : 그 상황에선 정말 화를 적절하게 냈었어도 좋았겠다 하는 생각이 들어요.

상담자 : 그래 화 못내는 것도 병이다, 병. OK, 그 다음에 …. 개나리님 '오른쪽에 앉은 사람에게 이 그룹에서 가장 좋았던 것을 말해 보세요'

개나리 : 지금까지 저한테 그렇게 따지는 경우를 본 적이 없거든요. 그룹을 하면서 논박이라는 게 있잖아요. 그런 것을 통해서 저한테 좋은 점을 지적하고 얘기하고 그럴 때 직면시켜줄 때 아주 참 좋았던 것 같아요.

상담자 : 그런데 그건 논박이 아니예요. 사실 논박은 부정적인 게 아니고.

개나리 : 무엇인가 사실을 볼 수 있게 해주는 것.

상담자[14] : 정확하게 관찰하지 못하고 있는 것을 관찰하도록 도와주는 거지. 부정적으로 왜곡시킨 면이나 적절하지 않은 것을 제대로 지각할 수 있게 도와 주는 거죠. 구체적으로 어떤 도움을 받으셨어요?

개나리 : 제 자신이 눈을 뜬 것 같아요. 저의 약간 비현실적인 모습이 현실에 당면할 수 있는 계기가 주어졌던 것 같아요.

---

14) 인지치료에서 논박은 단순히 비합리적 생각을 깨는 것이 아니다
　　내담자가 정확하게 관찰하지 못하는 것을 정확하게, 부적정으로 또는 적절하게 지각하지 못하는 것을 제대로 지각하도록 도와주는 것도 '논박' 임을 설명.

상담자 : 조금 더 구체적으로 얘기한다면?

개나리[15] : 예를 들어서 '조용히 입다물고 있다면 중간은 간다' 뭐 이런 생각이 아주 어렸을 때 부터 제 스스로 만들어 왔었던 생각이었는데, 그런 생각들이, 그게 아니라는 게 아니고, 그런 것들이 무엇인가 안전을 지향하고 새로운 것들에 도전받기를 싫어하는 나의 어떤 문제점과 결부되어서 나타나는 것이라는 것, 그런 것을 알게 된 거죠.

상담자 : 예. 저는 거기에 한마디만 덧붙이면 모든 경우에 항상 입 다물고 중간가는건 아니지만 어떤 경우는 그래야 될 때가 있어요, 사실은. 그러니까 그 어떤 경우까지 개나리님이 놓치지 말라구요. 어떤 때는 저 사람은 가만히 있으면 야단도 안맞고 괜찮을텐데 괜히 말 한마디 거들어서 안타까울 때가 있거든. 그건 중요하죠. 감각을 갖는다는 것. 이런 상황에선 말을 해주는 게 감각이 있는 거죠.

향　기 : '나쁜 사람이란 건 없다. 단지 그때 나쁘게 행동하는 사람이 있을 뿐이다' 래요.

상담자 : 그래 그래, 맞아!

향　기 : 본래 악한 사람은 없다고 그러는 것처럼 예를 들어서 남편하고 싸웠어요. 일요일날 저녁에 심하게 싸웠는데 자기도 화가 나니까 나도 화가 났고 서로 부딪쳤고 그러니까 말도 함부로 하고 행동도 거칠게 해서 나쁘다라고 생각했지만 그때 그랬던 거지 정말 나쁜 건 아니라고 생각하죠

상담자 : 그때 남편의 행동이 순간 나빴을 수 있지만 그 사람 자체가 나쁘진 않았다는 것을 그때 느꼈어요?

향　기 : 풀어진 다음에 느꼈어요.(웃음)

상담자 : OK, 또 '자기가 가고 싶은 칸으로 가시오' 네, 역할 연기로 갈래요? 그러면 상대해 줄 사람이 있어야 되죠. 사과님이 선택해도 돼요. 우리 중에 하나 뽑아서.

사　과 : 나를 불안하게 만드는 그런 상황에 대한 A, B, C, D 분석을 한 번 해볼래요.

상담자 : 그러면 사람이 필요없다. 그치? 그럼 한번 분석해 보세요. 가상적으로 지어서 한 번 해보세요. A, B, C, D를 잘 알고있나 이것을 확인시키는 거겠지.

사　과[16] : 결혼에 대해서 저는 불안감이 아니라 성급함을 느껴요. 성급함 보다는 신경과민한 (nervous)쪽에 가까운데, 내가 만일 결혼하지 않고 혼자 살았을 때 그런 모습을 생각하거나 그럴 것 같은 예감이 들면 아주아주 못견디는 그런 게 있거든요. A, B, C, D 는 ….

상담자 : 그러면 내가 결혼하지 않은 상황이 A지 그리고 C는 내가 신경과민(nervous)해진 거지. 그치? 못견딜 정도로. 그러면 거기 어떤 신념이 들어 있어서 내가 신경과민 (nervous)해질까요?

사　과 : "결혼을 해야지 내 인생에서 어떤 꼭 해야 될 일을 한것이고, 그래야 내가 가치있는 사람"으로 나도 느껴지고, 다른 사람도 느낄 것이다.

15~16) 개나리님이 지닌 비합리적 생각에 대한 좀 더 심층적인 통찰이 일어남.

상담자 : 결혼을 꼭 해야만 가치있는 사람인데 결혼하지 못하고 있는 상황, 그러니까 신경과민
　　　　한거죠? 그러면 이제 자가논박을 해야지. 나는 가치있는 사람이기 위해서는 꼭 결혼
　　　　을 해야한다잖아. 그게 B(생각)잖아 그치? 그것을 자가논박(self dispute)해보세요.

스폰지 : 우선 그것을 찾아내야 되는거 아니예요? 찾아낸 다음에 논박하는 게….

사　과 : 찾아낸 신념을 대치할 수 있는 것을 생각하는 거죠.

상담자 : 논박을 해서 거기에 대치할 수 있는 신념을 찾아내는 거지.

사　과 : 모든 사람은 결혼을 해야만 하는 것은 아니다. 그리고 나도 결혼하지 못하는 사람 중
　　　　의 하나가 될 수도 있다.

상담자 : 그것보다는 꼭 결혼을 해야지 인간의 가치가 드러나는 건 아니다. 결혼하지 않아도
　　　　얼마든지 인간의 가치는 있는거다. 어떤 것이 합리적일까.

사　과 : 저는 합리성 거기에…. 논리성, 실용성, 현실성 거기서 현실성에 바탕을 두고 말씀드
　　　　린 것이거든요. 현실적으로 결혼안하고 사는 사람도 많잖아요. 결혼하고 사는 사람도
　　　　많고. 현실적으로 비춰봤을 때, 결혼하고 안하고의 가치를 기준삼아 얘기할 수 있는
　　　　것이 결코 아니다. 그런 면에서 그렇게 얘기하고 싶었어요.

상담자 : 논박을?

사　과 : 예. 가치는 있다 없다 라기보다 가치가 다르다 라고 얘기해야 할 것 같아요.

상담자 : 사람들은 다 가치가 다르다?

사　과 : 결혼한 사람의 가치하고….

상담자 : 가만 있어봐. 나도 지금….

사　과 : 결혼한 사람들이 결혼하지 않은 사람보다 훨씬 많은 일을 하며 살고 있다고 생각하거
　　　　든요. 자녀를 낳든 안낳든. 남편이 있으니까 남편에 대한 어떤 역할이 있고….

상담자 : 그러면 일을 많이 하는 것이 더 가치롭다고 생각하는 거예요?

사　과 : 안한 사람보다…….

상담자[17] : 그것이 아니지요. 여기선 그건 아니라고 봐. 일을 한다는 건 행동이잖아. 그 사람이
　　　　아무리 행동을 많이 하고, 아무리 훌륭한 일들을 많이 한다고 해도, 그 사람의 인간적
　　　　가치하고 연결되어서는 안된다는거죠. 누구나 다 가치있는 사람이거든요.

사　과 : 그런데 전 끊임없이 가치로운 일을 하면서 살고 싶은 마음이 있기 때문에 그 범주안
　　　　에 그것이 포함이 되는 거예요. 가치없다고 아무것도 하지 않으면서 가치있다고 하는

---

17) 사과님이 지닌 인간의 가치에 대한 개념을 인지상담의 인간관으로 재해석해줌.

A(상황)	B(신념)	C(결과)
결혼을 아직 못했다	결혼을 꼭 해야지만 가치있는 인간이다	신경과민(nervous)
D 자가논박(self-dispute)		
* 모든 사람이 다 결혼을 해야만 하는 것은 아니다.		
* 그리고 나도 결혼하지 못하는 사람 중의 하나가 될 수도 있다.		
*꼭 결혼해야지 인간의 가치가 드러나는 것은 아니다.		

그것, 그 말 자체가 합리적이지 않다고 내가 수긍하는 것이 아니라 그것도 인정하지만 그렇다고 그것을 인정한다고 해서 그대로 살아버릴 수 있느냐….

상담자 : 그러니까 이렇게 해야 되겠죠. 나는 인간으로서 굉장히 가치있다. 그리고 동시에 나는 가치있는 행동, 가치있는 일을 하며 살고 싶다. 그러면 되겠지 뭐. 그것을 비합리적이라고 그러진않지요. 가치있는 일을 하고 산다는데.

옹달샘 : 결국 결혼과 관련된 일을 해야만 가치있는 일이라고 생각하는 거예요?

사　과 : 네.

상담자 : 그건 아니잖아요. 그건 분명히 아니지요.

사　과 : 따른 것은 별로 가치있게 안 느껴져요. 제가 옛날부터 그래요. 그것이 가장 창조적이고 가장 아름다운 일이라고 생각되거든요. 다른 것을 아무리 성취를 하고….

상담자 : 그런데 중요한 건 만약에 사과씨가 50년쯤 지났는데 결혼을 안했다 그러면 그 생각을 계속 갖고 있는데 내가 결혼을 안했잖아. 그럼 난 정말 가치없는 사람이 되어서 우울해진다구요. 그러니까 그것이 비합리적인거야.

사　과 : 그러니까 행동해서 결혼하겠죠.

상담자 : 하여튼 가치있는 것을 떠나서 자연스런 모습이고 애도 낳고 그래야 되니까 결혼한다. 가치있는 일이어서 결혼한다라기보다.

사　과 : 제가 너무 결혼에 대한 사회화가 강하게 된 것 같아요. 저의 엄마, 아빠가 너무 행복하게 좋은 부부로 살고 계시니까, 문제는 많지만 혼자 사는 것보다 훨씬 좋게 느껴지고….

상담자 : 실제로 그렇지. 그렇지만 실제로 그렇다고 해서 내가 결혼을 안하고 혼자서 살고 있다고 해서 내자신이 가치없다고는 아무도 말못하는 거죠. 곰곰이 한번 생각해 보십시다.

옹달샘 : '오른쪽 사람한테 이 집단에서 가장 좋았던 것이 무엇인지를 말하시오'. 일단 인지모델에 대해 제가 알게 되었다는 것이 참 좋은 것 같아요. 선입견도 있었고 단순한 지식을 가지고 전체 인양 내가 그렇게 생각했었던 게 오류였다는 것을 알고 좀 더 깊이있는 것을 알았다는 게 참 좋은 것 같아요. 인지모델을 조금 더 깊이있게 알게 된 게 가장 좋았던 거라고 얘기하고 싶네요.

상담자 : 좀 더 구체적으로 말씀해 보세요.

옹달샘[18] : 일단은 합리적 · 비합리적 개념에 대해서 무엇이 조금 더 합리적인가. 이 게임 내용도 좋은 것 같은데요. 그런 것을 알게 되거나 단순히 우리가 논박이라고 생각했던 부분이 아까도 해봤지만 비평하거나 비난하는거 그런 것이 아니고 그 사람이 보지 못했던 것을 보게 해준다 라는 것이 참 좋은 것 같거든요. 여기서 얘기하는, 대화했던 주제는 그거였던 것 같애요. 그 사람이 한 면만 봤는데 다른 면을 보게 해 주었던 것 인

---

18) 옹달샘님이 새롭게 알게 된 "논박"에 대한 개념 정리.

지적인 방법에 의해서….

상담자 : 한 면만 보던 것을 다른 면을 보게 해준 의미도 있지만 그보다 더 중요한 의미는 과거에는 객관적이고 구체적이고 과학적으로 보지 못했단 말이죠. 왜곡이 많아서, 왜곡되게 보고 있는 것이 사실인 것처럼 착각했는데 이건 그것을 제대로 보게 해주는 거죠. 그다음에. '나는 완전한 인간이다. 나는 정말 완전하지 않을 수 있는 모든 권리를 갖고 있다. 비록 다른 사람들이 너는 실수를 전혀 하지 않는다고 말해도 그 사람들을 믿지 말라. 아이, 저는 실수 투성이죠. 그래도 이것을 하면서 합리화시키는건 아니고 때때로 상처를 차단할 수 있는 심리적인 힘이 생긴 것 같아요.

스폰지[19] : '이 그룹을 통해서 각각의 사람에 대해서 배운 것 왼쪽 사람부터 얘기하라' 한사람 한사람보다 저는 어떤 것을 느꼈냐 하면 맨처음에 봤을 때는 Ellis가 말한 비합리적인 신념을 갖고 있는 사람은 참 불편하겠다 라고 남의 것인양 느꼈었는데 첫날 왔을때 자기한테 가장 불편한 것을 하나씩 써 왔을 때 그것 하나말고는 더 없을 것이다 라는 생각을 가지고 있었거든요. 그런데 그게 아니라 살면서 하나하나 불편한 것들이 모두 다 그런 것에서 나온다는 것, 그리고 저한테서 그러한 비합리적인 신념을 찾아낸 것들, 각각한테도 그렇고, 크게 상황상황마다 재현되고 있고 그게 하나의 과정으로 치료되어 가고 있는 것 자체를 참 많이 배운 것 같아요. 제 상황은 아니더라도 남의 상황에도 동일하게 배울 수 있는 것들도 있고, 상담자로서 그와 유사한 장면들이 상담 장면에서 있을 수 있잖아요. 그런 것들을 한번 당겨서 경험해 본 것 일수도 있고….

상담자 : 도움이 안된다 왜 이런 건 없냐. 여기, 그런 것도 한번 얘기해 봐라. 그런 것도 있어야 지요. 그 다음…

개나리[20] : '긍정하기' 예요.

옹달샘 : 성실한 부분이 참 좋은 것 같아요. 늘 성실하고 열심히 한다 라는 의미보다는 최선을 다 한다는 그런 느낌이 좋은 것 같고, 이 좋은 아가씨를 왜 남자들이 안 데려갈까 옛날부터 그 생각을 참 많이 했어요.(웃음)

스폰지 : 사람들을 볼 때, 보통, '아이 저건 참 아니다' 라고 생각되는 것도 장점으로 받아들일 줄 아는 것 같아요.

상담자 : 그러니까 다른 사람의 아니다 라는 면까지도 좋게 받을 줄 안다 이거지요.

향 기 : 변함이 없고, 꾸준하신 것 같아요. 아까 성실해 보인다는거랑 일맥상통한건데.

사 과 : 굉장히 사람이 선하신 것 같아요. 마음이, 심성이요, 굉장히 선하신 것 같아요. 그래서 저는 미처 못 느꼈는데 동생, 언니인가, 친구들이랑 통화하는 것을 들었는데 목소리가 너무 감미로와요. 그런 감미로운 목소리로 사랑을 해 주는 사람이 있어서 그 사람과 관계맺는 사람들은 참 행복한 사람이고, 그렇게 해주는 본인도 정말 좋은 사람이겠구나 이런 마음이 들었었어요.

---

19) 스폰지님이 자신이 지닌 숨어있는 비합리적 신념이 상황 속에 재현되면서 미친 영향에 대한 설명.
20) 개나리님이 게임판의 "긍정하기"가 되자 집단 구성원 모두 개나리님의 긍정적 부분에 대하여 한 말씀.

옹달샘 : 하나 더 얘기하고 싶은데, 진짜 존중받는다는 느낌을 받았어요. 지나가면서 인사하실 때도 우린 보통 그냥 안녕하세요 이러면서 지나가는데, 저한테만 그러시는 건 아니겠죠. (웃음)고개가 남들보다 조금더 많이 숙여진다라는 그것 때문에 존중한다는 건 아니지만 그건 하나의 예구요. 제가 생각할 때는 내가 존중받고 있다 라는 나를 가치있게 여겨준다 라는 그런 느낌을 받았어요.

상담자 : 그래, 참 좋다. 남을 존중하는 사람이 자기가 존중받는 거에요. 성서에도 보면 '섬기는 사람이 다스린다' 고 했기 때문에 섬기고 감사하고 이런 사람이 섬김을 받아요. 그건 진리에요. 저는 표현이 이상한데, 잘난 척하는 기색이 없어서 참 좋아. 너무 겸손한 모습 그게 참 좋아요. 부담이 없구. 자 그 다음.

향 기 : 저도 옹달샘님하고 비슷한데요. 저는 최근에 공부를 하고 있어서 공부 생각이 드는 게 아니라 공부를 너무 안해서 공부 생각이 나는데요. 아까 점심먹으러 가서도 잠깐 얘기 했는데 오늘 아침에 또 특별히 세미나를 해서 원래 토요일에 했어야 하는데 수요일에 했거든요. 참가하고 나니까 내가 잘 모르는 새로운 이론을 설명해 주시고 그러고 나니까 지금이 치료집단 특별히 인지치료집단에 참여하고 있지만, 인지기법에 대해서도 사실 잘 모르면서도 그렇고, 어떤 것도 저는 지금 상담 초자배기이기 때문에 아! 난 부족한 게 참 많은데, 내가 열심히 하면서 따라가야 하는데 하는 생각 때문에 공부를 많이 해야지, 시간을 더 투자해야지 라는 생각을 오늘 특별히 더 하고 있어요.

상담자 : 그런데 그것 때문에 기가 죽거나 그럴 건 없어요. 우리 모두 공부가 결국은 내가 모르는 것을 더해가는거지. 그렇기 때문에 그만큼 그게 공부가 된거죠. 내가 무엇이 부족하고 무엇이 보충해야 되는지를 알게된 게… 그쵸?

옹달샘 : 박사는 그거라면서요. 내가 무엇을 모르는지를 아는 게 박사라면서요.

상담자 : 내가 말한 건데 누가 써먹었어?(웃음)

옹달샘 : 우리 교수님이 늘 그 말씀 하셨어요. 박사가 되는 순간 내가 무엇을 모르는지를 알았다고.

상담자 : 박사학위 논문은, 우리 공부할 때는 야, 학위논문이 거창하고 뭐 대단한 것인가 하고 박사졸업 하는 줄 알았는데. 참 논문이라는 게 거대한 학문의 바다에 점 하나찍고, 파문도 못 남겨. 점 하나찍고 학위를 받는 거더라구. 참 허망한거야. 공부하는 사람은 죽을 때까지 공부만 하다가 죽는 수밖에 없지 뭐. 그 다음, 이 그룹안에서 가장 나빴던 것을 말하는 거네.

사 과 : 구성원에 대한 불만은 없는데요. 분위기가 너무 술렁술렁댄다는 느낌이 들어서 치료집단이 왜 이렇게 술렁댈까, 내면 깊이까지 들어갈 수 있는 그런 분위기가 아니고, 술렁대다 보면 잡힐 만한게 잡혀지지가 않는 그럴 때가 있어서 그런 점에서 약간 안좋다는 느낌이 있었어요.

상담자 : 그 술렁술렁댄다는 게 뭘까?

스폰지 : 웃고 뭐 농담하고….

사　과 : 이 내용 자체도 그래요. 인지치료집단 자체가 다른 기법에 비해서.

상담자 : 정서를 덜 다루는 것 같기 때문에 그래요?

사　과 : 굉장히 뭐랄까 메마른 느낌이 들어요.

상담자 : 메마른 느낌….

사　과 : 생각만 갖고 하니까. 물기없이….

상담자 : 그럴수 있지. 응, 좀 드라이한거.

사　과 : 네.

상담자 : 그럴 수 있겠지. 좀 끈적끈적한 맛은 없는 것 같기도 해요.
　　　　(웃음)

사　과 : 그런데 이 구성원들로 하는 게 아니라….

상담자 : 그러니까 이 내용, 원래 인지 내용의 특성 때문에 느껴진거죠?

옹달샘 : 그리고 또 우리가 서로 너무 많이 아니까 그것도 불편한 것 같아요. 우리가 어떤 얘기를 했을 때 그게 다른 사람에 관한 얘기를 할거면 누군지를 아니까 내 정서나 내 신념이 다른 사람과 연결되니까 무엇인가 말을 할 때 많이 조심스러워지는 것 같아요. 서로 너무 아니까.

상담자 : 사실 개방이 완전히 잘 안되지?

옹달샘 : 네. 그것이 많이 힘든 것 같아요. 내가 말을 해놓고 나서 그것을 어떻게 거둬들여야 하는지도 모르겠고. 그게 힘든 것 같아요.

상담자[21] : 응. 그럴 수 있지. '기차속의 효과(on the train effectiveness)가 잘 안되는거지. 서로 잘 모르는 사람끼리 만나서 해야 되는 건데…. 다음….

모　두[22] : 와 좋겠다…(웃음)

스폰지 : 선생님은 참 편한 것 같아요. 특히 집단에서 많이 느꼈는데. 말하기도 편하고 구수한 사람이라는 느낌이 들어요. 잘 전달 됐는지 모르겠네.

옹달샘 : 어떤 선배가 나보고 시골에서 다라이 이고가는 아줌마 같다고 하더라구요.(웃음) 몸 빼입고… 뒤뚱뒤뚱 걸어가는.

상담자 : 응. 그 느낌 전달된다. 촌스럽다거나 그런 게 아니라 구수한 거. 편안한 거.

스폰지 : 그런 생각을 하고 있었어요. 조심스러운 유리그릇이 아니라 뚝배기같이…. 굉장히 편하게 아무 데나 푹 앉아도 안 깨지고, 요동도 안 하고 그런 느낌.

향　기 : 저는 일단 생각이 굉장히 편안하고 밝은 것 같고, 또 하나는 저보다 나이가 위인줄 알았어요. 그런데 어느 순간 아래라는것을 알게 됐어요.

옹달샘 : 저보다 위구나.

향　기 : 제가 학년이 하나 위라 그럴거예요. 그런데 그것을 알았을 때 그래도 어쨌거나 결혼

---

21) 기차 속의 효과(on the train effectiveness) : 기차 속에서 잠깐 동안 같이 만난 사람들은 서로 모르고 앞으로 다시 만날 개연성도 없기 때문에 자신의 속마음을 터놓고 이야기할 수 있는 것을 일컬음.

22) 옹달샘님이 "긍정하기" 칸에 가서 사람들이 부러워하는 웃음.(주사위가 긍정하기에 떨어지면 그룹성원들이 모두 칭찬의 말씀을 해주는 것이므로)

도 나보다 한참 먼저 했었고, 아기도 낳았고, 그런 연륜에서 오는 것도 있는 것 같고, 또 상담을 공부한 사람이라 그런지 나이에 비해서 어른스러운 것 같아요. 성숙한 것 같다. 그런 느낌. 어린 사람이 젖을 수 있는 치기어림 같은 거. 나이가 모든 것을 다 대변하는건 아니지만, 그런 건 없는 것 같다. 참 성숙한 사람인 것 같다 그런 느낌. 그 전에 잘 몰랐으니까. 별로 접촉이 없었으니까.

상담자 : 우리 옹달샘은 참 수용적이예요. 그건 상담자로서 참 좋은 태도지. 같이 함께 하는 사람으로서도 참 좋은 태도이고. 영원히 지켜야 될 태도인 것 같아.

개나리 : 편안하게 사람들을 대하시면서 물론 치료자시니까 필요한 말들을 기분 상하지 않게 잘 해주시는 것 같아요. 지금 선생님에 대해서 하는거 아녜요?

상담자 : 나? 아뇨. 옹달샘님에 대해서.

(웃음)

개나리 : 굉장히 참 좋으시잖아요. 부담이 참 없으신 것 같아요. 부담이 없으면서 함부로 할 수 없는 사람인 것 같아요. 저보다 어리신데도 지켜야 할 선을 잘 알아서 처신을 잘 하세요. 자기 관리 같은것 그런 것을 잘 하시는 것 같아요.

사 과 : 재치있고 겸손하고 그래서 비록 나이는 어리지만 참 빨리 적응을 하고. 어떤 상황에서 어떻게 처신을 해야하는지 빨리 깨우치는 것 같아요.

상담자 : 그 다음은 뭐지요?

향 기 : 이 그룹에서 오른쪽에 앉은 스폰지로부터 뭘 더 보고 싶은지?

상담자 : 저는 여기 뿐만 아니라 우리 집단이 좀 더 심층적으로 들어가지 못한다 라는 생각을 했어요. 그 얘기를 언젠가 했더니 우린 그거 밖에 없는데요 라고 다들 그래서, 또 그럴수도 있지 뭐, 다들 삶의 연륜이 짧은 사람들이고 별로 어려움이 없이 살아왔으니까, 그 얘기를 했을 때는 100% 다 받아들였는데. 그전에는 아 참 뭐가 잘 안 나온다 정말 개방이 잘 안되는구나 이런 느낌을 받았고, 지금도 그런 건 있어요. 서로가 우리가 너무 잘 안다 그럴까 그런 것 때문일 수도 있고. 여러 가지 이유가 있겠지만, 자신의 부끄럽고 심층적인 얘기가 잘 안나와서 그런 안타까움은 있죠. 그런데 이제 그게 없을 수도 있어. 아니면 우리 통찰이 부족해서 안 나온 것일 수도 있고, 그렇죠? 이건 또 치료자의 편견일 수도 있어요.

스폰지 : 사람들이 나를 돌보지 않는다 할지라도 나 스스로도 돌볼 수 있다.

상담자 : 그런데 다른 사람들이 다 돌보아 줄 것 같아요.

향 기 : 자기가 워낙 다른 사람을 잘 돌보아 주니까. 아니야 그런데 남을 잘 돌보는 사람이 오히려 자기는 그것을 받을 기회가 없을 수도 있어요.

상담자 : 그럴 수 있을까?

스폰지 : 예를 들어보면, 학교에서 전에 안좋다는 얘길 많이 했었잖아요. 그런데 요즘 많이 풀리고 아까 선생님이 섬기는 자가 그렇게 된다 그러신 것처럼 정말 그런 것 같아요. 나중에 다 좋은 피드백이 되어서 돌아오더라구요. 그런 상황에서 사람들이 그렇게 봤을

지라도 내가 정말 그런 건 아니다 라고 생각했던 거, 여기서 내가 힘들지만, 이것이 전부는 아니다 라고 생각했던 것.

개나리 : (뽑은 카드의 내용을 읽어보며) 이게 무슨 뜻이지요?(상담자를 보면서)

상담자 : 어떤 사람이 개나리를 이용했을때 그 사람을 직면시키라는 거니까 다른 사람이 하나 필요하네, 이런 거지 뭐. 맨날 돈만 꿔달라는 사람이 있다던지. 그런 것을 가지고 역할연기를 하세요. 옹달샘님이 상대편의 역할을 해주세요.

옹달샘[23] : 우리 둘이 연인사이예요. 돈이 조금 필요한데, 사업자금으로 1000만원 정도가 필요한데 한 900정도 내가 모아 놨거든요. 100만원만 있으면 그러니깐 100만원 정도야 보태줄 수 있을 것 같은데…. 이래놓고 또 사업이 확장되었습니다.

스폰지 : 결혼은 안했구요?

옹달샘 : 아직 결혼은 안했어요. 새로운 사업 그게 참 잘되어서.

상담자 : 100만원 꿔줬지?

옹달샘 : 네. 꿔줬고, 제가 또 갚았어요. 어떻게 사업이 잘 되어서 그때 빌려주신 돈으로 잘 되어서 더 큰 사업을 하는데 500만원 정도만 더 빌려주시면 제가 잘 되어서 다시 돌려주고, 우리가 더 부자되면 좋지 않느냐고, 또 빌려줬어요. 이제 두 번째 단계, 사업이 너무 잘 되어서 한 1억짜리 사업을 벌이는데 한 2000만원 정도는 빌려줘야 될 것 같은데 어떻게 그런 자금 모아놨을까? 서른 살까지 2000만원정도는 모아놨을테니까 우리 그 돈 먼저 쓰고 사업 잘되면 그것으로 아파트 한 채 사서 잘 살았으면 좋겠는데…. 그래 놓고 이제는 오리발 내미는 거예요.

개나리 : 돈 벌어 놓구?

상담자 : 내가 언제 결혼하자 그랬지? 이러면서?

옹달샘 : 네.

개나리 : 한두번도 아니고 계속 그런 돈을 달라고 했을 때, 항상 나에게 결혼하자는 이유하에 그런 얘길 했었는데, 나보다 오히려 집을 살 수 있는 능력이 되었는데. 아무런 약속도 지키지 않고 그럴 수가 있어요?

옹달샘 : 지키지 않은 게 아니지. 워낙 사업이 잘되다 보니까 결혼할 시간이 없는 게 아니겠어요?

개나리 : 그렇다 하더라도 당신은 남자고 난 여잔데 우리가 비록 동갑이라고 하지만, 내가 만약…. 남자 30세하고 여자 30세는 차이가 있는데 어떻게 아직도 결혼할 생각을 안하고 혼자 일할 생각만 할 수가 있어요?

옹달샘 : 아, 나를 많이 못 믿는 것 같은데, 1년, 2년 정도 늦게 한다고 해서 별 차이는 없잖아? 어차피 우리가 지금 결혼한 것처럼 재미있게 살고 이렇게 서로 사랑하고 있고 많은 시간을 함께 보내고 있는데 꼭 결혼이란 테두리 안으로 들어간다고 해서 서로가 더 좋아지고 그러는 것도 아닌데, 이렇게 연애하는 것처럼 지내는 것도 좋잖아?

23~24) 옹달샘과 개나리 사이의 역할 연기가 이루어짐.

개나리 : 당신은 지금 일이 있고, 나는 지금 현재 일을 하는 상황이 아니라 집에서는 결혼을 하
　　　　 라고 하고 있고, 집에서는 내가 당신을 도와준 것을 알고 있기 때문에 어느 정도 나에
　　　　 대한 신뢰감이 떨어진 상태에요. 그렇기 때문에 하루라도 빨리 나는 안정된 생활을
　　　　 하고 싶고, 계속해서 도와줬으니까 이 도와준 생활을 지속했으면 좋겠다는 생각이 들
　　　　 고 이제 빨리 집에 가서 결혼생활 하면서 도와주고 싶은데 어떻게 생각하는지….

옹달샘 : 에이, 그건 걱정 안해도 될 것 같고, 내가 집에 가서 장인 장모한테 잘 말씀 드릴테니
　　　　 까 너 꼭 데려갈 거라고, 한 일년만 있으면 이 사업이 배로 전가할거고 그땐 더 화려
　　　　 하게 널 데려갈 수 있잖아. 넌 나를 못 믿는 것 같구나.

개나리 : 그런데 지금 그럴 상황이 전혀 아니거든요. 나를 믿을 수 있게 해 주는 게 아니라 나
　　　　 에게 해주는 게 전혀 없고, 오히려 내가 당신에게 당하고 있다는 느낌이 들게 하고 있
　　　　 거 든요.

옹달샘 : 넌 이상한 소리를 한다. 돈 조금 빌려주었다고 내가 널 이용하고 있다고 생각하는거
　　　　 니? 그건 같이 함께 투자한 거지 널 절대 이용한 게 아니지.

개나리[24] : 함께 사업에 투자했지만 그 사업의 소유주는 우리 공동의 이름으로 되어 있는 게 아
　　　　 니라 당신의 이름으로 되어있기 때문에, 만약에 우리가 어떤 특별한, 그런 일은 없겠
　　　　 지만, 어떤 일이 생겼을 때 그건 당신의 일이지 나의 일이 될 순 없는 거 잖아요. 지금
　　　　 은 두사람이 결합을 해서 더 일이 잘되도록 노력을 하든가 아니면 이 회사의 명의를
　　　　 반반 분담을 해서 공동으로 하든가 둘 중의 하나를 했으면 좋겠어요. 그래야 제맘이
　　　　 좀 더 안정될 것 같아요.

상담자[25] : 그런데 선생님 좀 더 강력했으면 좋겠죠. 너무 순하지?

옹달샘 : 이용한 사기꾼 남자한테 그렇게 해서 되겠어? (웃음) 선생님 어떠셨어요?

개나리 : 너무 신랄하게. 너무 잘하세요. 눈에서 다른 빛이 나오더라구요.

옹달샘 : 그런데 선생님 필요한 말 많이 했다 그치?

상담자 : 못할 것 같더니 딱딱 하더라구요. 좀 순하긴 했지만.

개나리 : 앞으로 이런 경험이 없어야 될 거예요, 둘 다.

　　　　 (웃음)

상담자[26] : 또 '긍정하기' 이네.

향　기 : 굉장히 챙피하네. 칭찬을 너무 못 받아 봐서….(웃음)

스폰지 : 향기는 외모부터 참 예쁜 것 같아요. 그죠?

상담자 : 이름도 예쁘지?

스폰지 : 그리고, 잘 모르던 곳에서 재치있게 잘 해나가는 부분이 있는 것 같아요. 처음엔 잘
　　　　 몰랐는데, 저희와 함께 하는 작업들도 맨 처음에 왔을 때 그때 한참 바쁘고 그랬을 수
　　　　 도 있는데, 처음에 잘 못나왔었지? 그래서 금방 그만 둘 것 같이 보였었는데, 그 다음

---

25) 역할 연기에 대한 상담자의 피드백.
26) 향기님에 대한 집단구성원들의 칭찬이 이어짐.

에 끊이지 않고 계속하니까 옆에서 안보던 면이 많이 보이는 것 같아요. 뭐라고 말해야 하지? 뭐였지? 잊어버렸다.

옹달샘 : 안 보이는 어떤 좋은 점들이 있었는지….

스폰지 : 처음에는 잘 모르던 부분이…. (웃음) 다른 사람들 얘기하는 동안 생각해야겠다.

상담자 : 아직 다 끝나지 않았어요. 향기씨는 나는 같이 계속 있을수록 정이 많이 들어. 굉장히 여성적인 사람이구. 그 능력이 참 부러워. 미국에 가서 연애했다면서요. (웃음) 내가 못하던 것을 성취하셔서 참 대단해보여. 그리고, 안정되어 있죠.

스폰지 : 처음엔 건성건성 넘어갈 때는 잘 몰랐는데 굉장히 따뜻한 것 같아요. 내담자 만나고 오는 것도 그렇고, 잠깐잠깐 집에 갈 때 얘기하는 것도 그렇고, 마음속에 참 저렇게 따뜻한 면이 있었구나 그런 게 느껴지고 성격이 참 좋은 것 같아요.

옹달샘 : 첫정을 많이 못 느꼈던 것 같아요. 쉽게 말해서 처음부터 많이 관여하고, 푹 빠지는 스타일이 아니고, 잰다고 할까 한 발을 넣었다 뺐다 하면서 조금씩 서서히 빠져들어 가는 모습이어서 사람들이 첫정보다 미운정 고운정을 더 많이 줄 것 같은 그런 스타일인 것 같거든요. 그리고 삶에 대한 고집이 있는 것 같아요. 그 고집은 부정적인게 아니고 애착이라고 할까 그런 어떤 긍정적인 고집을 가지고 있는 것 같아요.

상담자 : 어때요, 향기씨? 그래요?

향 기 : 예, 맞는 것 같아요. 그런데 최근에 와서 많이 듣는 소리인 것 같아요. 뛰어드는 타입이 아니고 좀 살피고 넣었다 뺐다 하면서 들어가는 타입인 것 같다는 말, 최근에 많이 듣거든요.

상담자 : 그게 아마 그래서 그런 게 아닐까? 다른 사람들은 집단이나 상담의 체험이 많잖아. 근데 향기씨는 좀 부족하잖아. 없으니까 아무래도 낯설어서 그럴 수가 있지, 난 그렇게 이해가 돼요.

향 기 : 다른 집단에서 다 그런 말을 들었는데 두 집단이나 더 들었구나 여기 말구도. 그런데, 좋게 말씀해 주시는 분도 있고. 단점같다고 지적해 주시는 분도 있었어요. 좋게 생각하면 사려가 깊다, 많이 생각한다 라고 하시는 분도 있고, 나쁘게 표현하면 너무 재서 내가 손해볼 것 같거나 아니면 자신이 없어서 내가 부족한 면이 드러나 보일까봐 그게 두려워서 숨기고 싶어서 그러는 거 같다. 그런 얘기도 듣고, 그런데 그게 지금 선생님 말씀대로 모두 여기 와서 만난 사람들이니까 그 시점 이후의 내 모습만 봤는데 그 시점 이후의 내 행동들이 아주 적극적으로 언급하지 않았고 일단은 이 집단안에서. 그런 거…….

상담자 : 그런 것도 있었겠지, 지도 선생님도 바뀌었고 상담도 충분히 못 받았었고 그러면서 약간 속상한 것도 있지 않았었을까? 그치?

향 기 : 그런 것도 있고. 하여튼 이 기간안에 개인적으로 큰 변화도, 결혼을 했다든지 그런 것도 있었고 만약에 돌아가면서 다시 한 마디씩 해준다면 여기 있는 사람들한테는 아 성실한 것 같아요 라는 말은 적어도 한 마디씩은 전부 할텐데, 나를 뺀 이 다섯사람이

나한테는 아 성실해 보여요 라는 말은 아무도 안할거라는 생각을 해요.(웃음) 하여튼 최근에 받는 피드백들이 내가 살아오면서 학창시절 지나면서 내가 들었던 받았던 피드백, 피드백들 하고는 굉장히 달라요.

상담자 : 응. 그런데 중요한 것은, 조하리(Johari)의 창 거기서도, 내가 아는 나, 내가 모르는 나, 남이 아는 나, 남이 모르는 나, 거기에서 바람직하다면 남도 알고 나도 알고 있는 영역이 넓어지는 것이다. 뭐 이런 얘기가 있는데, 다른 사람들의 피드백도 귀 기울여 잘 들어야 되는데 다른 사람의 피드백이 내가 못보는 부분을 본다 이런 건 귀를 열고 잘 듣고, 나를 왜곡되게 지각하는 부분이 있어요. 나를 잘 모르니까. 그런 것에는 좌지우지되면 난 안될 것 같애. 자기의 줏대를 가지고 밀고 나가야지, 어떤 점에서 자기가 자기 자신을 제일 잘 알지, 다른 사람은 날 굉장히 부분만 보는 건데.

스폰지 : 내가 보기엔 그것이 매력 같은데…. 아무리 좋은 점이라도 나쁜 점이 있는 것처럼 뒤집어 말하면 그럴 수도 있지만 남자한테도 그렇고, 줬다 뺐었다 하는 지혜라고 그럴까 그런게 오히려 매력일 것 같아요.

옹달샘 : 더 많은 시간을 같이 있다 보면 또 다른 반응을 해줄 것 같은데, 속도감에서 차이가 나는 거겠죠.

향 기 : 거기에는 내가 많이 헌신하지 않았다. 여기서 만난 사람들과….

상담자 : 좀 이질감을 스스로 느꼈겠지 뭐.

향 기 : 그런 것도 있는 것 같아요. 내가 스스로 느껴서 지레 그러는 거, 실제로도 그런 거….

스폰지 : 향기랑 저랑 상황이 많이 비슷했던 것 같아요. 이 기관에 왔는데 아는 사람도 거의 없었고, 학교 사람으로는 아무도 없었고, 전공도 약간 다르고 나이도 같고, 중간에 결혼하면서 공백도 있고…. 비슷한 데가 있어서 조금 더 가깝게 느껴지는 것 같아요. 어느 날 집에 같이 가면서 갑자기 많이 친해졌다는 느낌이 들면서 그때 그런 마음이 더 와닿았던 것 같아요.

상담자 : 그런데, 다 그렇지 뭐.

향 기 : 그리고 개나리님은 자기 스스로가 몰두하려고 굉장히 노력을 하고 헌신을 많이 했잖아요. 시간을 많이 투자하고 일도 많이 하고. 저는 필요한 날만 나오고 일정이 없으면 절대로 안 나오고 그랬으니까 제가 덜 투자했으니까 그렇게 많이 받아가지 못하는 거라고 스스로 그렇게 생각해요. 아쉬운 건 저같은 경우 특별한 일이 없으면 시간 못채우게 되면 연기시켜 채울 수 있는 기회를 주시면 더 나올 계획이니까 상관없지만, 다들 마무리지어가는 상황이니까 나를 충분히 알리지 못하고 서로 충분한 교감이 안된다는게, 여기서 다 만났던 사람들인데, 앞으로 어디서 다시 만나게 될 수도 있지만, 시간이 다 되어간다 이런 느낌이 참 아쉽다 이런 거죠. 이런 집단을 제가 전반기에는 거의 못했고, 하반기에 많이 했거든요. 집단하면서 더 가까워지는 사람들이 있잖아요. 더 개인적으로 알게 되고 그런 것이 뒷부분에 와서 조금씩 생기니까 그런 것이 좀 아쉬워요.

·
·
·

중 략

·
·
·

상담자 : 그래요? 할아버지 돌아가신 일이 그래요? 연세가 어느 정도셨는데…?

향　기 : 여든 다섯이셔서 호상이라고 다들 그러셨는데 집안에서 저의 위치랄 것 까진 없지만 하여간 저의 아버지가 장남이셔서 태어나서부터 지금까지 모시고 살았거든요. 할머니, 할아버지를 구심점으로 굉장히 단합이 잘돼요. 저희 가족이. 그러니까 약간 갑자기 그 구심점이 없어진 듯한 느낌. 보통 사람들이 그냥 할아버지 돌아가셨어, 거기다 여든 다섯이나 되셔서, 그런 거랑은 좀 달랐어요. 거기다 마지막엔 또 암이셨고.

상담자 : 그래, 나도 그 얘기 몇번 들었는데, 그 느낌이 잘 전달이 안되더라구. 할아버지 돌아가신 건 돌아가신 거지. 할아버진데….

향　기 : 게다가 결혼식 2주전에 돌아가셨거든요. 그래서 이 결혼을 미뤄야 되는건가 그랬었거든요.

상담자 : 진짜? 그랬었구나……. 얘기 하세요, 계속.

사　과 : 그 융통성하고 우선 순위를 잘 정해서 정말 너무 자연스럽게 만약에 제 입장이었으면 일도 중요한 부분이니까 정서적인 부분을 차단하고 일을 더 열심히 하려고 했을텐데 그러지 않았다는 게 인간관계라든지 어떤 남편과의 관계나 남편이 있기 때문에 새롭게 걸쳐지는 수많은 인간관계를 새롭게 접하면서 그런 것에 심리적인 에너지를 굉장히 많이 쓰고 …. 그건 머리로는 할 수 없는 부분인 것 같아요. 마음에서 오는 것이기 때문에 그런 부분이 어떻게 보면 삶에서 참 중요한 부분인 것 같은데, 그런 부분에 더 많이 시간과 노력같은 것을 쏟아서 충분히 여기선 충분히 몰두하지 못했을 수 있겠다는 것을 전 이해를 하고 있어서 나름대로 인간적으로 잘 살아가고 있다 이렇게 느꼈어요. 만날수록 참 정이 많은 사람이다. 정이 많은 것이 좋다 라는 이론이 있어서 그런 것이 아니라 자기가 살아온 삶 자체가 사람들하고 정서적으로 상호작용이 많았던 그런 사람의 모습이 아닐까 참 부럽다 그런 것을 많이 느꼈거든요. 더 많지만 여기까지….

상담자 : 와…. 그 다음. 마지막 있죠. 거기까지만 하고 이제 마치도록 하죠.

개나리 : 저 아직 안했는데…. 저는 향기님이 옷도 참 예쁘게 입으시고 자기 관리가 항상 젊고 발랄하고 신선함을 유지하시는 것 같아요. 매일 봐도 한결 같은 게 아니라 항상 무엇인가 새로운 모습. 그 기운이 아침에 일어나서 무엇인가 다짐을 하고 나오시는 것이 아닌가 그런 기운이 느껴져요. 그것이 매력이다. 그렇게 생각해요.

옹달샘 : 남편이 그 점에 반했나 봐요.

개나리 : 유학가서 이런 여자분하고 다시 연애하면 참 행복하실 것 같아요.(웃음)

향　기 : 와 — 좋다.(웃음)

상담자 : 자존감이 막 팍팍 올라가는거야. 자, 다음.

사　과[27) : 와! 저도 또 '긍정하기'가 나왔어요. 선생님, 저는 이거 안 할래요.

상담자 : 왜?

사　과 : 너무 많이 들어서…. (웃음) 모였다 하면 들어서…. 사람들마다 그 사람이 항상 집중
　　　　 적으로 보는 그런 게 있어서 이 사람은 항상 그 애길 해주고….

옹달샘 : 아— 그럼 안돼요. 우리 그럼 맞춰주기 하자.

사　과 : 많이 만났던 사람들이어서….(웃음)

옹달샘 : 나는 어떤 얘기하고 싶은데요.

상담자 : 그럼 이 사람 얘기만 들어봅시다. 어떻게 생각하는지. 레파토리를 달리 해서.

사　과 : 보통 무슨 레파토리 나왔어요?

옹달샘 : 여성적이다. 귀엽다. 성실하다. 이쁘다. 감정이 풍부하다. 솔직하다.

사　과 : 제가 왜 그러냐하면 제가 되고 싶은 그 모습에 대한 피드백이에요. 그래서 그래요.

상담자 : 그럼 그 모습이….

사　과 : 노력해서 얻어낸 것, 그것이 아니라, 내 본래의 모습을 봐줬으면 하는데 그것이 아닐
　　　　 거예요.

스폰지 : 그것이 본래의 모습인데….

사　과 : 아니 내가 노력해서 된 모습이라니까. 난 어떤 사람이 되고싶다고 적어놓고 그렇게
　　　　 되기 위해 노력한다니까

상담자 : 아 — 그건 그렇게 됐잖아. 노력해서 만든 모습에 대한 피드백이잖아

옹달샘 : 성취잖아.

상담자 : 그것이 다시 옛날로 돌아갈 건 아니잖아요. 가식도 아니고….

옹달샘 : 그건 모르죠. 선생님. 예전의 모습은 우리가 모르지 현재의 모습만 보니까.

상담자 : 본인이 한번 얘기해 봐.(웃음) 자아비판을 해 봐요.

옹달샘 : 예전의 모습이 어땠는지?

사과 : 글쎄요. 저는 칭찬을 받는다든지 인정을 받는다든지 하는 욕구가 제 안에 광장히 많았
　　　　 다는 것을 아니까 늘 칭찬해줘요, 제자신을. 다른 사람이 칭찬해주면 제가 칭찬했던
　　　　 수많은 것들 중의 하나다. 그래서 기쁘거나 막 쑥스럽거나 그렇지 않아요. 담담해요.

옹달샘 : 아— 자기 칭찬(self-praise)을 하는구나!

스폰지 : 어떤 목표를 세워 놨어요?

사　과 : 엄청 많죠.

상담자 : 다른 사람에게서 칭찬받아야 된다, 이런 거예요?

---

27) 이후에 사과님에 대한 집단구성원들의 칭찬.

사　과 : 그런 건 아니예요. 칭찬받아야 된다. 그건 그 사람이 하는 거니까.

상담자 : 그럼 얘기 좀 해봐 어떤 건지.

사　과 : 제가 힌트를 얻은 건 '성공하는 사람들의 7가지 습관' 그것을 보고…. 자기선언선가…. 그런 것이 있는데….

상담자 : 여기서 말하는 자기 언어도 있잖아요.

사　과 : 나는 모든 사람들을 먼저 이해하고 항상 이해하는 사람이다.

상담자 : 항상이라는 단어가 붙으면 비합리적일 가능성이 높아요.

사　과 : 비합리적인데, 하려고 노력하니까 그것 때문에 어려움이 있어도 그렇게 되려고 노력하는 게 있다는 거죠.

옹달샘 : 그런데 참 신기해요. 우리는 읽으면 그냥 그런가보다 하고 그때만 생각하고 지나가버릴텐데, 자기 선언문을 만들어서 그것을 계속 암송하면서 그렇게 되려고 노력했다는 것, 그 자체가 정말 대단하네요.

상담자 : 사과님은 자기 개발을 끊임없이 하는 사람이야 보면.

향　기 : 맞아. 저도 그거 얘기해주고 싶었어요. 발전하려는 욕구가 끊임없이 계속 솟아나오고 노력하고. 그리고 또 무엇을 느끼냐 하면 품성·성품이나 외모가 귀엽고, 마음 씀씀이가 따뜻하고, 여성스럽고 여자로서 여성상에 대해서 뚜렷한 자기 생각이 있고…. 다 그런건 일반적인 견해고, 전 특별히 일적인 면, 일의 어떤 능력적인 면에서 항상 부럽다고 생각을 하고 최근에 한번 제가 느낀 적이 있는데, 전에 그랬던 모습인지 자기가 노력해서 만든 모습인지 또 계속 공부하는 사람이니까 점점 발전하고 있겠지만. 제가 사과보다 학년으로도 후배고, 일적으로도 한참 후배이기 때문에 더 당연히 느끼는 감정인지도 모르겠는데, 이렇게 보면 상담을 하는 상담자로서 일적인 능력면에서 자기가 배운 이론하고 실제로 일하는걸 연결시켜서 통합하는 것 그런 능력이 참 뛰어난 것 같구요. 예를 들어서 어떤 이론서를 읽었을 때, 그런 것을 연결을 잘 시키는 것 같아요.

옹달샘 : 실천력이 뛰어난 건가.

향　기 : 배운 것을 실제에 통합할 수 있는 능력이 있어요. 자기 주관이 있어서 공부하고, 끊임없이 책을 읽고, 수련하고 수양해서 얻은 체득한 그런 것을 잘 통합해서 자기 것으로 잘 만들어가고 있는 것 같아서 참 부러웠어요.

옹달샘 : 내면의 기준이 있어서 준비를 많이 해요. 그것을 언제 느꼈냐하면 좋은 기관에 원서를 넣을 수 있는 기회들이 여러 번 있었는데 안 넣더라구요. 왜 그랬는지. 자기는 아직 준비가 안되었고, 아직 많이 더 배워야 할 사람이지 바로 상담할 건 아니다. 더 준비해야 된다 그러면서 원서를 안 내는 것을 보고 참 다르다. 난 일단 해놓고 나중에 준비해가는 스타일인데. 나름대로 기준이 있나 보다. 저는 어느 정도의 기준인지 잘 모르겠는데. 그 기준에 어느정도 도달할 때까지 결코 외적인 일을, 벌이지 않는다는

느낌을 받았어요.(내면의 일을 벌이겠지만) 이런 피드백 받아 보셨어요?

상담자 : 굉장히 신중하신 편이라니까

스폰지 : 그 일면에는 자기가 관리할 수 있는 만큼만 벌이고 그 양만큼 야무지게 일하고 그런 것 같아요. 사람 면에서는 남을 정말 인정해 주려는 것 그런 마음이 많은 것 같아요.

상담자 : 그러면 자 이제는 자기 긍정, 자기 칭찬(self-affirmation)을 해 보세요.

향 기 : 어, 개나리님 한분 마저 하고요.

상담자 : 어~ 미안해요.

개나리 : 여성스러우신 것 같아요. 참 여자답고,

옹달샘 : 그건 늘 듣는 말이구요.

스폰지 : 난 그거 잘 못느꼈는데?

옹달샘 : 딱 봤을 때 부잣집 맏며느리 같잖아요.

개나리 : 굉장히 뚜렷하다, 그러나.

스폰지 : 오히려 개나리님이 더 그러잖아요.

상담자 : 여성스러운 사람이 여성스러운 사람을 보는 거지요.

사 과 : 제가 똑같은 말만 듣는다는 것에 자극을 받아서 다른 말 많이 들었어요. 구태의연한 게 아니라……. 정말 감사합니다.

(웃음)

상담자 : 본인이 자신에 대해서 한번 말해보죠.

사 과 : 제가 제 스스로 느끼는 건……. 끈질긴 것 같아요. 제가 그것을 스스로 원하기도 하고, 타고난 것 같아요.

상담자 : 집념이 있죠.

사 과 : 그래서 3년 동안 이렇게 어찌보면 직장도 없이 떠돌이로 있으면서…….

상담자 : 그렇게 됐구나,

사 과 : 예, 모든 사람들이 불편하게 느끼는 사람으로서…….(웃음) 결혼도 안하고 직장도 안 갖고, 그런 형편을 스스로 만들어 가면서도……. 어떻게 그럴 수 있었을까. 정말 신기해요.

상담자 : 낮은 인내심(low frustration tolerance)이 문제잖아요. 비합리적인 생각 중에 하나잖아. 그런데 사과님은 좌절에 대한 인내성이 높은거지. 굉장히 좋은 특성이지. 견딜 수 있는 힘이 있는거지요.

옹달샘 : 아무나 그렇게는 못했을 것 같아.

사 과 : 1년동안 봉급도 하나도 못받고 정말 노력을 많이 했는데, 저는 나름대로 그런 것이 있어요. '나는 많이 받았다. 나는 많이 줘도 된다'고 하는 것이 늘 있거든요. 여긴 또 국가기관이니까 많은 사람들이 서비스를 받길 원하는 것 같아요. 그러니까 그것이 전에는 머리로만 판단하면, 적당히 하지, 공무원들의 서비스 정신을 굉장히 강요당하는 경우가 있는 것 같아요. 돈 조금밖에 안 주면서, 넌 공무원이니까 사람들이 원하는 것

다 해줘. 뭐 이런 푸쉬당하는게 있는데, 거기에 대해서 거부 반응이 있었거든요 한동안. 여기서 1년동안에는 내가 조금 소홀할 때도 물론 있긴 했었지만, '내가 하나도 안 받고 일한다는 것은 정말 좋은 기회다 최선을 다하자' 그런 마음이 더 많았던 것 같아요. 제가 이렇게 집념을 갖게 된 것에 좋은 영향을 줬던 책이 있는데, 사마천의 '사기' 있잖아요. 역사책인데, 그 책이 사람별로 묶어서 그 사람이 어떻게 살았나를 써놓은 책이거든요. 그 책을 읽었는데, 읽으니까…….

상담자 : 그런 책 보통 여자들 잘 안 읽는데……. 그치?

사　과 : 읽으니까, 사람의 인생이라는 것은 어떻게 변할지 모른다. 정말 타고난 재질이 있어서 아무도 안 알아줘서 정말 50대 60대 까지도 빛을 못 발휘하다가, 어느 순간에 누군가가 알아줘서 완전히 높은 자리로 올라가는 경우가 있더라구요. 나도 그럴 수 있겠다. 저도 제가 그 정도까지 올라가지 못할 상태라는 건 제 자신도 알지만, 하다보면 언젠가는 저를 들어서 써줄 것이다. 이 나라는 누군가 사람 볼 줄 아는 사람이 나를 알아볼 것이다. 보통 사람은 못 알아봐도, 날 알아봐서 날 써줄 것이다. 그 써주는 것 때문에 내가 돈을 많이 번다든지, 그래서 위대한 사람으로 추앙받는 것은 아닐 수도 있다. 하지만 그런 사람이 나를 알아봐 줄 수는 있을 것 같다는 용기를 많이 얻었어요.

향　기 : 그런 게 부러운 점이라 이거예요. 그냥 '사마천의 사기구나' 하고 그냥 읽고 넘어갈 수도 있는데.

상담자 : 자기한테 필요한 것을 뽑아내서 자기한테 가져오고.

향　기 : 그 안에서 자기의 철학을 찾아내서 자기한테 통합시키는 것. 그런 능력이 참 뛰어난 것 같아요.

사　과 : 사람일은 모른다. 저는 그런 생각을 해요. 지금 형편없이 보인다고 그 사람이 영원히 형편 없는 건 아니다.

상담자 : 그럼요. '소년을 깔보지 마라' 이런 말이 있어요. 그리고 사과뿐만 아니라 모두에게 해 주고 싶은 말이 뭐냐면, 미래는 준비하는 사람의 것이예요. 도산 안창호 선생님이 늘 그런 말씀을 하셨어요. '너희들은 왜 지도자가 없다고 한탄을 하느뇨, 왜? 자신이 지도자가 될 준비를 하지 않느뇨' 준비를 하는 사람은 언젠가는 그 대가를 받게 되어 있어. 준비하는 것이 지루하고 지겹긴 하지만, 세상은 '꿈꾸는 자들의 것' 이거든요……. 여러분들이 인턴하면서 고생한 대가를 머지 않은 장래에 분명히 받게 될 거예요. 자, 그럼. 오늘 말을 많이 한 것 같다. 어땠어요. 오늘 게임을 통해서 상담을 진행한 것 좋았어요?

옹달샘 : 예, 좋은데요.

상담자 : 맨날 그렇게 하는 것보다 좀 다양성(variety)이 있으니까 좀 낫죠?

모　두 : 네.

회기 해설

사과님의 미해결과제(unfinished business) 그리고 다른 구성원들에게 부여해준 과제를 논의하는 것으로 회기가 시작되었다. 이번 회기에는 특별히 인지치료집단을 더욱 효과적이고 역동적으로 진행되도록 고안된 게임을 활용하였다. 게임 속에서 요구하는 대로 따라하면서 비합리적 신념이 자신들의 삶 곳곳에 숨어들어 있으면서 악영향을 미쳤던 것, 논박에 대해서 새롭게 습득한 개념의 정리, 또 자신의 변화를 체험하면서 느껴지는 진한 감동을 표현한다.

회기가 전체상담과정의 후반부로 진행되면서 내담자들의 행동변화가 의미있게 출현하고 있다.

"인지치료 게임 해설"

① 게임의 법칙
* 집단의 치료자도 치료효과의 극대화를 위해서 참여할 수 있다.
* 이 게임에서는 승자나 패자는 없다.
* 시간제한이 없다.
* 이 게임은 인지상담이론(인지 · 정서 · 행동치료 REBT)에 입각하여 수행되어야 한다.
② 게임에 필요한 도구
* 게임판
* 주사위
* 뽑기 카드더미
* 역할연기 카드더미
③ 게임의 방법
게임판은 28개의 조그마한 직사각형이 게임판 가장자리에 있다.
시작지점의 직사각형에서 각각의 참여자가 주사위를 던진다.
주사위에서 3이 나오면 시작점에서부터 3번째 직사각형에 씌어있는 대로 따라서 하면 된다.
만약에

첫째, 그 직사각형에 "뽑기 카드"라고 씌어 있으면 뽑기 카드더미에서 한 장을 꺼내서 거기에 씌어 있는대로 하면 된다. 뽑기 카드에는 예를 들면 "타인에게 수용받는다는 것은 좋으나 절대적으로 필요한 것은 아니다. 다른 사람들이 당신을 수용하지 않고 가치를 인정해주지 않는다고 하더라도 당신 스스로 당신을 수용하고 가치를 인정하면 된다."라는 문장을 집단구성원들 앞에서 크게 읽거나 자기 나름대로 그 말의 의미를 해석해 주면 된다.

둘째, 그 직사각형에 '역할연기 카드'라고 씌어 있으면 역할연기 카드더미에서 한 장을 꺼내서 그 카드에서 씌어진대로 연기를 하면 된다. 예를 들면 그 카드에는 "당신이 직면하는 대신에 회피해 왔던 상황을 다루는 역할을 연기해 보시오."라고 씌어 있다.

셋째, 그 직사각형에 "긍정하기"라고 씌어 있으면, 그 집단원의 좋은 점, 칭찬해 주고 싶은 말 등은 나머지 집단원 모두가 돌아가면서 하면 된다.

마지막으로, 독특한 문장이 씌어 있는 직사각형에 떨어지면, 거기에 기록되어 있는대로 하면 된다. 예를 들면 "당신이 향상시키고 싶은 점에 대해서 집단구성원들에게 말하시오"와 같은 문장이 씌어 있다.

제8회 인지치료 집단상담 (6. 11)

상담자 : 여러분들이 초기에 제시했던 자기의 문제들과 그 문제를 유도했던 생각들을 다 찾아
냈었는데, 그것이 얼마만큼 변화되었고 그것이 구체적으로 나의 정서에 어떤 영향을
주었나 그때 내가 그 신념이 100이었다 그러면 척도법을 활용하셔도 돼요. 그게 뭐
20 정도 완화가 되었다고 할 수도 있고 아예 없어졌다고 할 수도 있고 그런 것을 구체
적으로 드러내서 얘기를 해주시면 좋겠어요. 그리고 오늘 새롭게 생긴 정서적 문제이
나 나를 화나거나 힘들게 했던 사건이 있었으면 그 얘기를 하면서 집단을 한 번 시작
해보지요.

스폰지 : 그냥 아무렇게나 해도 돼요?

상담자 : 그럼 아무렇게나 해도 되지요. 오늘 특히 얘기를 해야 되는 순서는 없으니까 늘 하던
대로. 그런데 자신의 느낌을 얘기하는 데 있어서 어딘가 무엇인가 숨기고 살핀다는
이런 생각들이 들어요. 그래서 팍팍팍 자유스럽게 자신의 이야기를 내놓기보다는 살
피고 사리는 이런 느낌이 많이 들어서 리더의 책임인가 어떤 요인 때문에 자꾸 막힐
까? 그런 생각이 드는데 왜 그런 거 같아요?

스폰지 : 사린다기보다 조심스러워서.

상담자 : 어떤 게 조심스러운데요?

스폰지 : 말을 하려고 그러는데 어떻게 얘기를 해야 되나 생각하게 되고 생각하면 휴지기가 있
고.

상담자 : 그건 왜 그런 거예요? 꼭 생각을 해보고 얘기를 해야 되는 것은 왜 그래요? 자연스럽
게 말하면 내가 혹시 실수하지나 않을까?

스폰지 : 녹음을 풀다 보면 두서없이 얘기를 해서 좀 더 생각을 하고 말해야 되지 않을까 하는
것이죠.

상담자 : 응, 우리 모두가? 그렇게 해서 얘기가 풀려져 나가는 거 아닌가요? 사실 이거 누구에

게 들려주기 위해서 하는 거 아니잖아. 그러니까 잘하고 체계적이고 그럴 필요 없을 거 같아요. 그러니까 우리 마음속에 흐르는 이야기를 그대로 토해내는 것에 의미가 있을 거 같아요. 제가 지각한 게 맞아요? 다른 사람들도 동의해요? 아니면 안할 수도 있잖아요.

스폰지 : 전에 말씀하신 다 안털어놓는 것 같다. 그게 무슨 뜻인지 잘 모르겠어요.

상담자 : 그래서 내 생각에 이걸 축어록을 만드니까 공개가 될까봐 그런 것도 있겠다 혼자 그런 생각도 하고 그랬는데 공개가 될 때는 여러분한테 다 보여주고 허락도 받고 그래야 되겠죠. 그렇죠? 이거 보면 딱 알게 그렇게 정보를 노출하면 안되겠죠. 그래서 그런 요인이 있었나 그런 생각도 해보고 그랬어요.

향 기 : 저같은 경우는 사실 집단상담 초기에 그런 얘기를 한 적이 있었는데 다른 집단과 비교해서 오히려 서로 알고 안정감 느끼고 더 얘기할 수 있다라고 했었는데 선생님이 그렇게 지적하시고 저도 생각해보니까, 아! 그게 아니었던 것 같아요. 거꾸로 아는 사람들이기 때문에 더 말 못하는 것 그것도 분명 있었을 것 같아요.

상담자 : 그러니까 부분적으로 아는 사람들이었기 때문에 더 개방할 수 있는 부분이 있구 그래서 더 지지받을 수 있는 부분이 있구 사실 모르는 사람이면 기차에서 사람을 만나 이야기하는 효과(on the train effectiveness)가 나오잖아 집단상담에서. 우리가 기차에서 모르는 사람을 만났을 때 그리고 그 사람을 더이상 만날 개연성이 없을 때 얘기를 다 하잖아요. 거의. 그리고 헤어지면 끝이거든. 그런데 이 집단은 그런 게 아니기 때문에 그런 효과는 없다고 봐야죠. 그죠? 그래도 의도적으로 우리 마음속 깊은 얘기를 꺼내 놨으면 했었는데.

사 과 : 저는 좀 그런 생각이 들어요. 그러니까 녹음 푼 그 부분이라서 더 그런건데 이 얘기의 흐름에서 누구 특정한 사람이라고 얘기는 못하겠고 얘기를 하면서 그렇게 크게 웃을 만한 내용은 아닌데 계속 그렇게 웃음으로서 분위기를 깊이 들어가지 못하게 하는 그런 게 있더라구요. 표면적으로 진행될 수밖에 없는 요소 중의 하나가 아닐까 이게 좀 인지적인 것을 많이 다루고. 사실 깊이라는 건 감정 차원에서 깊이 들어가는 건데 곁도는 그런 얘기만 하다 보니까 그렇게 크게 웃어야 되는 부분인가 말한 것이 쑥스러워서 그 웃음으로 덮으려는 것인지, 얘기를 하고 막 웃고 얘길 하고 막 웃고 그러더라구요. 그게 좀 마음에 걸렸어요. 그게 5회였는데 지금 8회거든요. 그 회기만 많이 들떴던 건가. 그때 제 얘기를 많이 했었던 건데. 이상하다 너무 많이 웃으니까 영 모르겠다 왜 이렇게 됐는지.

상담자 : 그 얘기를 구체적으로 해도 괜찮겠어요? 그게 무슨 얘긴지?

사 과 : 그것도 괜찮을 것 같아요.

상담자 : 그러면 좋아요. 얘기 좀 듣고 웃었던 본인의 얘기도 들어봅시다.

사 과 : 웃음이라는 건 각자 나름대로 습관이잖아요. 그런데 얘기하고 내 얘기 '끝' 하는 신호가 웃는 거에요. 제가 이렇게 들을 때 이것을 내가 어떻게 해석을 해야 되나 꼭 해석

을 할 필요는 없지만.

상담자 : 어떤 상황에서 어떤 얘기하다가 웃고 끝나고 그랬어요?

사　과 : 그러니까 다 그랬어요.

상담자 : 그 사람은?

사　과 : 예.

상담자 : 그럼 얘기 합시다. 우리끼린데 얘기 못할 게 뭐 있어요.

사　과 : 다 그래서 하나하나 다 말을.

상담자 : 우리 구성원이 다 웃었다구요?

사　과 : 아니요.

상담자 : 스폰지가?

사　과 : 예. 얘기 시작하기 전에도 웃으면서 시작해서 자기가 한 문장이 끝나면 막 웃으면서 끝을 내고 이런 식으로 했거든요. 그러니까 웃는다는 건 즐거움이라든지 기쁨이랑 많이 관련되는 거라고 생각하는데 그 얘기하는데도 웃어야 되나 하는 생각이 들 정도로.

스폰지 : 그러니까 그때도 그렇게 느꼈었어요? 테이프 듣기 전에요?

사　과 : 녹음 테이프 들으면서 느낀 거예요. 그때 진행될 때는 워낙 그러니까 그런가보다 했는데 듣는 것은 자세히 듣게 되잖아요. 그리고 한 번 두 번 정도 더 들으니까.

상담자[1] : 그럼 일단 스폰지씨 얘기 들어보기 전에 내가 그 상황에서 굉장히 불편했잖아. 우리 사과씨가. 이 사람은 웃지 않아야 될 상황에서 왜 자꾸 웃지 하고 불편했잖아 그러면 그 불편함을 유도해낸 사과씨의 인지가 있을 거란 말이죠. 그러면 나는 어떤 인지가 있어서 불편했을까 무슨 얘기냐면 외부 탓이 아니라 내가 이렇게 흥분한건 결국 내 탓이거든. 그러니까 나는 내 인지구조는 이렇기 때문에 남의 웃음에 대해서 그렇게 불편해 했을까 찾아보는 좋은 기회가 될 것 같은데요.

스폰지 : 혹시 사과님이 가져간 테이프 본인의 얘기가 많이 나온 거잖아요. 그 얘기에 대해서 생각하지 않고 듣는 건 아닌가 그런 느낌이 있었던 건 아니예요?

사　과 : 그런데 그때는 자기 얘기도 많이 했거든요. 남편하고 오해했고 거절당한 느낌이 있었다.

스폰지 : 아빠 얘기하고.

사　과 : 아빠 얘기는 없었고 남편이 뭐 같이 했으면 좋겠다고 했는데 남편이 거절을 해서 굉장히 마음이 상했었다. 오늘밤에 전화를 해야 되는데 못할 것 같구 전화하기도 싫다 그런 얘기를 했었는데. 그런데 모르겠어요. 그 웃음이.

상담자 : 인지치료집단이니까 제 생각에는 스폰지에게도 그 얘기를 잠깐 물어보고 끝내겠지만

1) 사과님이 사람들이 적절한 시기가 아닌 때에 웃는 것에 대해서 불편해하자, 상담자는 그것이 사과님의 인지구조 속에 원인이 있음을 환기시킴.

　　　　그보다도 더 중요한건 나의 인지구조인 것 같아요. 왜 내가 그 상황에서 못견디고 화
　　　　가 났을까.

사　과 : 그러니까 못견디고 화가 난 게 아니라 이해가 잘 안되는 부분이죠. 그걸 그러려니 하
　　　　고 넘어가도 되는데 솔직한 내 마음은 그 상황에서 꼭 웃어야 되나 그런 마음이 많이
　　　　있죠.

상담자 : 그러니까 그 사람이 그 상황에서 웃지 않는 게 더 적절한 행동이다.

사　과 : 웃지 않아도 될 것 같은데 이런 생각이 들더라구요.

상담자 : 이럴 때 난 어떻게 얘기해야 할까. 그 사람이 내가 원하는 대로 행동해주지 않죠. 그
　　　　죠? 그러니까 만약에 스폰지씨가 웃었다 그러면 그 사람 입장에서 보면 웃을 수밖에
　　　　없는 이유가 있었을텐데 나는 그 이유는 잘 모르잖아요.

사　과 : 그게 너무 일관되게 얘기하고 웃고 얘기하고 웃고 그러니까 그 이유라는 게 너무 습
　　　　관적인 것 같아요.

스폰지 : 그게 습관같아요. 사과씨가 생각하는 웃음의 의미는 기쁠 때 좋을 때 웃는다, 그런데
　　　　저는 그게 좀 습관이라는 생각이 들구 상담할 때 조심할 부분도 정말 있는 것 같아요.

상담자 : 웃어버릇해서?

향　기 : 사실 여러 번 지적 아닌 지적을 받았었거든요.

스폰지 : 특히 T집단을 할 때요.

향　기 : 그 웃음이 부적절하게 느껴진다. 스폰지의 습관이다라고 알고 있어요. 그리고 스폰지
　　　　가 스스로 주의하려고 그런다는 것도 알고 있고. 그것을 사과님이 알고 있잖아요.

사　과 : 그것을 주의하고 있나? 주의했다면 그게 변별이 될텐데 안돼요. 처음부터 끝까지 얘
　　　　기하기 전에는 웃으면서 시작을 해서 끝날 때도 막 웃으면서 마무리를 짓는데 안그런
　　　　적이 없었어요. 거의 그랬어요. 변별이 안돼요.

상담자 : 그러니까 내가 불편했던 게 그전에 그런 주제를 다루었었고 변별을 하기로 하고 주의
　　　　를 기울이기로 했었는데 들으니까 전혀 주의를 기울인 흔적이 없다.

사　과 : 그전에 있었던 거랑은 상관없이 제가 그 5회를 들으면서 느꼈던 거예요.

옹달샘 : 그러니까 푸는 사람 입장에서는 약간 짜증이 나는 거죠. 그게 상황에 안맞으니까 하
　　　　지만 그게 계속 연결되는 건 아니구 오늘 8회 시작하는데 보니까 또 막 그러더라구요.
　　　　그게 딱 맞아떨어지면서 지겹다 또 그러네. 집단을 시작할 때는 저같은 경우에는 정
　　　　돈을 하면서 어떻게 돌아가나 한 번 보자 이렇게 되는데 웃어버리니까 혼이 딱 빠져
　　　　나가는 느낌이 드는 거 있죠.

상담자 : 그런데 그 마음도 내가 충분히 이해가 되거든요. 사과씨 얘기를 들으니까 충분히 이
　　　　해가 되는데 이것을 인지적으로 해석을 하자면 다른 사람이 어떤 행동을 하든 내가
　　　　영향받지 않을 수 없나 그런 점검을 한 번 해볼 수 있겠다 이런 아쉬움이 있네요 저
　　　　는. 나는 옹달샘님은 집단상담을 잘 참여하기 위해서 정리를 하지만 또 다른 사람은
　　　　나하고 또 다른 방식으로 집단에 몰두하려고 하는 게 있지 않을까?

사　과 : 아 그게 몰두 하는 스타일이예요?

상담자[2] : 그게 참여하는 하나의 스타일일 수 있죠. 저는 판단할 수는 없고, 가정인데 우리가 자꾸 A(상담)를 바꾸려고 하는 것은 인지적이지 않기 때문에 우리가 인지집단이니까 최대한 인지적으로 되어 보자 그런 측면에서 이렇게 해결을 하려고 한다면 내 안에서 해결해야 되니까 환경을 바꾸기보다는.

사　과 : 그건 약간 억지가 있는 것 같은데요.

상담자 : 억지가.

사　과 : 예. 전혀 영향을 주고 받지 못하는 상대가 아니잖아요. 얘기하고 조금의 변경이 있을 수 있게 얘기를 하면 조금 양해를 얻을 수 있는 부분이 있잖아요. 다른 사람이 어떻게 하든지 나는 영향받지 않을 수 있다 이렇게 한다면 인간이 아니잖아요. 인간이 아닌 것은 합리적인 게 아니라고 생각되거든요. 합리적이 되려고 합리적인 것을 찾는 것 같은데.

상담자 : 여기는 제 생각이예요. 서로 상담 공부하고 이런 상담 장면에 익숙해져 있기 때문에 우리가 이렇게 얘기를 하면 받아들여질 수 있는 부분이 있고 변화될 수 있는 부분이 있을 수 있지만 우리가 이 상담 장면 밖에서 내담자를 만나고 사람을 대한다고 했을 때 그 사람들이 과연 상담하는 사람들처럼 내가 원하는 대로 들어줄 수 있을까 그건 아닌 것 같다는 생각이 저는 들거든요.

사　과 : 그런데 그건 그렇고 여기 안에서는 얘기할 수 있는 부분이 많이 있잖아요. 그 얘기는 어떻게 보면 선생님이 아까 말씀하신 깊은 얘기일 수 있을 것 같거든요. 어떻게 보면 괜히 여기 있는 사람들이 감정 서로 어땠다 그런 얘기 빼고 자기 생활 얘기 중에서 하고 싶은 얘기만 하고 싹 거두고 이런 식으로 하니까 게다가 저같은 경우에는 이렇게 풍파 많은 인생을 산 것도 아니고 그냥 일어난 잔잔한 일상의 일들에서 조금 힘들었던 얘기를 하니까 그래서 더 깊은 얘기를 안하는 것같이 그렇게 느껴지지는 않나 하는 생각이 들어요.

상담자 : 어때요.

스폰지 : 모르겠어요. 저는 전혀 그런 생각 안했는데 제가 그런 것을 처음 들었어요. 웃음이 부적절하다든가 여기서 그런 얘기를 처음 들어서 그렇게 인상이 들 수도 있나 그런 소리도 많이 들었고, 그러면서 밖에 나가서 강화받는 것도 많았어요. 그래서 그것에 대해서 고쳐야겠다 그런 생각이 없었고 노력을 별로 한 것도 없었고 이 집단에서 그게 저한테 남이 불편하겠다는 생각이 들지는 않았었어요. 때문에 같이 웃어도 제 웃음이 큰 게 사실이예요. 한 번 웃어도 좋게 말하면 너무 호탕하게 웃고 안그러면 너무 크게 웃는 거죠. 그런 건 있어요. 그런데 아무튼 이게 인지치료집단이니까 문제를 다룰 때 저랑 얘기해서 그런 부분도 있어야 되지만 사과씨한테 그렇게 지각이 되는 거잖아요.

---

2) 인지치료에서는 A(상황)를 바꿀 수 없다고 가정하고, B(신념)에 초점을 맞추는 것임을 환기시킴.

저도 아까 물어본 게 회기에서도 그렇게 느꼈었냐, 물어보고 그리고 몇 회기에서 그렇게 느꼈었냐 그리고 다른 분에게도 물어보고 싶다는 생각이 들구.

상담자[3] : 다른 분들 얘기해 보세요. 인지치료에서 그건 중요한 관점인데요. '다른 사람들도 똑같이 지각한다' 하고 '나만 유독히 그렇게 지각한다' 그걸 구분해서 생각해 봐야 될 것 같거든요. 얘기 좀 해보죠. 다른 사람들 다 똑같이 지각하는 것은 보다 객관적이 될 수 있고 다 문제로 느낀다면 정말 문제도 될 수 있는데, 다른 사람은 그렇게 느끼지 않는데 나만 그렇게 지각한다면 주관적인 것이 될 수 있죠. 그럴 때 좀 더 인지를 다뤄야 할 필요가 있기 때문에 지금 사과씨는 테이프를 들었잖아. 사과씨는 여러번 테이프를 들었고. 스폰지님은 테이프를 듣지 않았기 때문에 그 말이 생생하게 전달돼 오지 않는 이유도 있어요.

스폰지 : 다른 분들도 각 회기 것을 가져가서 들어봤으니까.

상담자 : 그럴 수도 있겠지. 나는 아직 안들어봐서 모르구요.

스폰지 : 저도 다시 돌려서 듣고 그러니까 이번에 정전이 된 적이 있었어요. 저장을 안해놨는데 한 장 정도가 날라간 적이 있었어요. 다시 듣는데도 정말 힘들더라구요. 정리해서 쳤는데 충분히 그러실 수 있구 테이프를 들었을 때 느낌이나 아니면 전에 저희끼리 자체적으로 집단상담할 때 제가 리더할 때도 그런 얘길 들었어요. 그러니까 집단원들이 잘 참여하지 않고 그럴때 리더로서 그런 부적절한 웃음을 웃을 수 있다 그랬거든요.

향 기 : 일상생활이나 이런 그룹 장면이 아닐 때 그럴 때는 잘 웃는다 개인적인 느낌이 잘 웃는다 호탕하게 웃는다 그게 오히려 좋은 쪽으로 강화받았다고 아까 밖에서 그렇게 말한 것처럼 참 성격 좋구나 항상 웃는 사람이구나, 우리가 또 지난번에 긍정반응 줄 때 그런 얘기도 많이 해줬잖아요. 그건 장점으로 아주 부각될 수 있는 그런 부분이기도 한데 이게 단점으로 부각됐던 것은 그룹 리더를 하는데 진지하고 분위기를 다잡을 수 있어야 되기 때문이죠. 그런데 리더가 스스로 자꾸 웃어버리니까 분위기가 깨진다든지 아니면 웃을 때가 아닌데 왜 웃을까 이런 부적절한 느낌을 가지게 된다든지 그러니까 사람들이 자꾸 파악하게 하는 것 같아요. 그것을 염두에 둔 사람들은. 어색한 말을 해놓고 웃음으로 약간 무마하는구나 그런 느낌들을 줬다고 피드백을 주었어요. 본인도 적지 아니 당황스러웠을 것 같다, 그런 느낌이 있었거든요. 실제로 그런 얘기는 여기 와서 처음 들었다 그렇게 말을 하니까 더구나 더 그랬겠구나 그런 생각이 됐는데, 모르겠어요. 특별히 염두에 두고 왜 저렇게 웃지 이럴 때는 웃을 때가 아닌데 왜 웃었지 그렇게 실제로 느끼지는 않았던 것 같아요. 직접적으로 느끼지는 않았던 것 같아요.

상담자 : 아마 그럴 것 같아. 사과씨도 계속 들었기 때문에 더 느꼈던 거고 일상생활에서 여기

---

3) 주관적 생각과 객관적 생각의 차이. 객관적 생각, 즉 대부분의 사람들이 다 유사하거나 똑같이 생각하는 것.

다만 주의집중하는 것이 아니잖아. 그러니까 잘 모르고 지나가는 부분이었을 수도 있었겠는데 계속 듣다 보니까 부각이 될 수 있었겠지요.

향　기 : 그런데 테이프 듣다가 겉도는 얘기 더 진지하게 들어가려 했는데 딱 차단시키는 느낌을 줬다라는 것에는 그랬을 수도 있겠다. 그런데 뭐 꼭 스폰지가 많이 웃었기 때문에 더 부각되는 느낌이 있었겠지. 다같이 가볍게 웃고 가볍게 얘기하는 수도 있다는 생각이 들거든요. 전적으로 이쪽에 원인이 있다기보다 그런 느낌을 사과가 가질 수 있었겠다 그런 생각이 들었어요.

옹달샘 : 웃음 자체보다는 어떤 진지하지 못하고 사과씨께서 마음의 중심을 잡고 시작하는 것과는 다르게 진지하지 못했다라는 미안한 마음이 많이 생기거든요. 딴 얘기하고 일에 관련된 얘기하고 바로 2시간 조금 넘는 시간이지만 집중하는 데에 오히려 시간이 많이 걸리잖아요. 첫 출발을 하려고 그렇게 마음을 많이 먹고 있었던 건 아니다라는 생각이 드는 것 같아요. 웃음 자체보다는 다들 잘해보자 진지해보자라는 게 조금 부족했던 건 아닌가 그래서 웃음 소리가 크게 들렸던 것은 아닌가 하는 생각이 드는데요.

상담자 : 그러니까 무엇인가 이렇게 절실하지 않았던 것은 아닌가. 그러지 않았을까 우리 이 만남 자체가. 우리가 여기서 받는 내담자들은 그야말로 막 절실해서 오는 경우잖아. 그런데 우리 모두는 실제 심각하고 애절하게 당면한 문제를 지닌 사람들이 아니잖아요. 그냥 우리들의 더 나은 성장을 위해서 참여하는 거지.

향　기 : 그리고 또 인지치료가 어떤건지.

상담자 : 그래. 그런거 같아.

옹달샘 : 시작은 빨리 시작됐는데 빨리 시들어 버리는 그런 결과인 것 같아요. 교육적 목적의 집단상담이 운영됐는데.

스폰지 : 전 개인적으로 큰 것을 찾아내서 굉장히 좋던데….

상담자 : 그리고 제가 계속 얘기하지만 치료자의 편견일 수 있어요. 그러니까 여러분들 삶 자체가 단순하다 그럴까 무슨 복잡하고 어려운 삶의 이야기를 가지고 있는 사람들이 아니잖아. 치료자는 그런 편견을 가지고 하니까 기대에 안차니까 좀 속이 상할 수 있는 거구요. 그것은 저의 비합리적인 생각일 수가 있지요.

스폰지 : 그런데 그 책에서 상담자가 가질 수 있는 비합리적인 신념이 어디 나와요?

상담자 : 그 "저항과 저항다루기"에서.

스폰지 : 아까 사과님한테 물어보니까 못찾았다고 그러더라구요.

상담자[4] : 내가 전에 말했잖아 저항과 저항다루기에 있으니까 보라구. 그거 잠깐 보고 넘어갈까요? 그거 한 번 정리하고 갑시다. 여기는 아주 간단하게 "나는 나의 내담자에게 항상 성공적이어야만 한다." 그 다음에 "나는 반드시 훌륭한 상담자가 되야만 한다." "나는 모두 내담자에게 사랑받고 존경받아야만 한다." 그 정도네요. 나는 상담자로서

---

4) 상담자들이 지니고 있는 비합리적 신념에 대한 설명.

최선을 다하고 있기 때문에 내담자도 나와 똑같이 열심을 다해야 하며 책임감이 있어야 하고 나의 말을 조심스럽게 받아들여야 한다. 그런데 왜 그 질문이 나왔어요?

스폰지 : 상담자 무슨 얘기하다가.

향　기 : 선생님의 편견일 수 있다.

상담자 : 아아. 무슨 얘기를 할지 정리해 봅시다.

개나리 : 어떤 거요? 웃음에 대해서 얘기하는 게 매 시간마다 나오는 것 같아요.

상담자 : 저 개나리씨도 웃음에 대해서 한 번 걸렸지.

개나리 : 걸렸고 할 얘기가 없어서 그냥 넘어갔거든요. 웃음에 얘기가 되는 게 공감할 수 없는 웃음을 웃기 때문에 그러는 거 아니에요? 그것도 그렇고 웃음으로 인해 가지고 좀더 깊이 있는 생각이나 대화에 들어가는 것을 방해할 수 있다라고 하셨잖아요? 그것도 웃음에 대한 어떤 얘기를 하는데 하나의 도움이 될 수 있을 것 같아요. 자기를 방어하기 위한 하나의 방법으로 쓸 수도 있는 거구.

상담자 : 그런데 우리나라 사람들은 왜 이렇게 습관적으로 잘 웃지 않아요?

개나리 : 어색하기 때문이 아닐까요.

상담자[5] : 반응을 어떻게 해야될지 모를 때는 그냥 웃고 넘어가는 경우가 많았던 것 같은데 저도 이런 공격을 당한 적이 있었어요. 미국에서 상담실습할 때 비디오로 녹화를 해가지고 사람들 앞에 내놓는 자리였거든요. 지금와서 보니까 되게 엄숙한 자리였드라구 그런데 내가 이렇게 내담자를 만나면서 웃지 않아야 되는 순간에 내가 머리 속으로 딴 생각을 잠깐 하고 한국의 습관이 나와서 웃었어요. 그것도 방긋. 소리내지 않고 미소를 지었는데 난리지. 동료학생들하고 교수들하고. 너 웃어야 되지 않을 때 적절하지 않을 때 적절하지 않은 반응을 보였다고 그래서 나도 곤욕을 치룬 적이 있었는데 자꾸 습관이 되어서 나도 모르게 나오게 됐었거든요. 그러니까 문화가 다른 그 사람들은 정말 이해하기가 어려웠을 거예요. 그러니까 우리처럼 습관적으로 웃는다 이런 그 사람들은 습관적으로 어색할 때 웃음으로 대처하는 반응은 하지 않은 것 같아요. 그 사람들의 웃음은. 내가 잘 이해를 못받고 공격을 받았던 적이 있었어요.

스폰지 : 그거 말고 제 웃음에 대한 얘기를 해줬으면 좋겠는데. 사과님이 말한 그것에 대한.

개나리 : 아. 스폰지가 웃는 것에 대해서요?

스폰지 : 예.

개나리 : 스폰지님은 난처하실 때 웃으시는 거 같아요. 무엇인가 얘기하는 것보다 웃는 게 낫다라는 상황에서 고개 숙이고 들어와야 될 때.

스폰지 : 예를 들면 어떤 게 있을까요?

개나리 : 예를 들면 얘기하다가 무엇인가 이제 설명보다는 웃음이 필요할 때가 있잖아요. 그럴 때 웃으시는 것 같기도 하고 어떤 경우에는 혼자서도 아무 상관이 없는 게 아니라 같

---

5) 문화의 차이에 따라 '웃음'의 의미와 그것을 받아들이는 태도가 다를 수 있는 것에 대해서 논의함.

이 얘기를 하다보면 나는 안웃긴데 혼자 웃기는 상황 있잖아요. 그럴 때도 웃으시는 것같거든요. 그런데 웃는 것에 대해서 별로 어색하게 느껴지지는 않았던 거 같아요.

상담자 : 사과씨가 무엇인가 할 얘기가 있을 것 같은데요?

사　과 : 그냥 그 5회기가 너무 심해서 그런 것일 수도 있는데 그 테이프 다시 한 번 들어볼래요? 내가 왜 그렇게 들었는지.

상담자 : 그리고 이렇게 객관적으로 볼 수 있을거 같아요. 테이프 듣다보면 답답할 때가 많지. 왜 이 사람이 이때 이렇게 말을 했을까. 또 이 사람은 좀 기다려주지 불쑥 나와서 이렇게 말했을까 그런 적이 많지 않아요?

사　과 : 그 얘기 내용에서는 그런거 같지 않았는데 그 웃음이 부각됐던 거 같아요. 스폰지의 웃음은 굉장히 마음에 걸렸어요.

스폰지 : 제가 가운데 이쪽에 많이 앉아 있으니까 특히 크게 녹음이 되었을 수도 있을 것 같아요.

사　과 : 아니 말소리는 굉장히 작게 들려 다른 사람들보다 작게 들리는데.

스폰지 : 그래요? 제 귀에는 굉장히 크게 들렸는데.

사　과 : 그 웃음소리는 정말 크게 들려.

스폰지 : 이쪽이 제일 안들리는 것 같아요.

상담자 : 그런데 이게 끈이 여기까지밖에 안와.

옹달샘 : 마이크 대면 더 잘 나오는데.

상담자 : 하여튼 나의 행동이 다른 사람을 불편하게 한다, 적절하지 않다 하면 되돌아 봐야지요.

사　과 : 그런데요. 제가 제 자신이 불편한 건 괜찮아요 이 시간에 그것을 얘기한 것은 그것으로 얻어지는 게 무엇인가 하는 거죠. 스폰지가 그 웃음으로 해서. 말할 때마다 끝무렵을 막 웃는 그것도 아주 폭발적으로 웃거든요. 지금은 자제를 굉장히 많이 하는데.

스폰지 : 지금은 웃음소리를 자제하는 거예요.

사　과 : 그렇게 막 웃어요.

상담자 : 그러면 끝에 폭발적으로 말해서 얘기가 차단이 되는 거예요?

사　과[6] : 얘기 자체는 그런게 아닌데 얘기 내용하고 웃음하고 안맞을 때가 많다는 생각이 들었고 그렇게 크게 웃을 만한 건가 하는 '그런건 아니다' 라는 느낌이 드는 거죠.

상담자 : 그러면 한 번 그 테이프 좀 들어봐도 괜찮겠다. 내가 무엇인가 이 얘기 하면서 마음 속으로 굉장히 쑥스러웠기 때문에 웃음이라는 행동으로 표출이 되었을 수도 있겠고 이유는 여러 가지가 있었겠지요. 그런데 저는 마지막 회기 때는 내담자들에게 항상 웃음을 강조하는 사람이거든요. 그러니까 당신 자신을 위해서 재미있는 일을 하고 호탕하게 껄껄껄 웃어라. 실수했을 때도 나는 실수할 수 있는 인간이다 하면서 또 웃어

---

6) 이야기의 흐름에 스폰지의 웃음이 적절하지 않음을 직면함.

라. 그리구 '웃으면 복이 와요' 라든지 또는 '일소일소(一笑一少) 일노일소(一老一怒)
다' 이것을 걸 참 많이 강조하고 또 저는 개인적으로 제 자신이 웃지 못하고 사는 것
같아서 재밌게 웃으면서 살 수 있으면 참 좋겠다. 그래서 나는 웃음을 사사받고 싶다.
그런 생각도 해봤거든요. 제 사례의 종결회기인 마지막 날엔 제가 항상 부탁을 할 거
에요. 웃고 살아라는 사실에 대해서. 오늘 웃음이라는 주제가 나와서 참 그런데 적절
하게 웃는 게 중요하겠죠. 제가 언젠가 얘기했지만 나의 행동이 사회적 감각에 맞아
야지. 이 집단은 우리끼리 모여서 하는 거지만 어떤 중요한 모임에 가서 내가 웃지 않
아야 될 자리에서 웃어서 분위기를 이상하게 몰고 간다면 곤란하잖아요. 그런 것은
주의를 기울여야 되겠죠?

스폰지 : 그런 것 같아요.

상담자 : 그건 그렇게 해결하고 저는 이게 자꾸 인지적으로 그게 왜 자꾸 방해가 되었을까 그
상황이 그냥 그러려니 애가 많이 웃었구나 그렇게 바로 넘어가면 될걸 사과씨의 어떤
인지가 나를 불편하게 했잖아 우리에게 이렇게 얘기를 들어내는 건. 자연스럽지 않았
잖아요. 전 그것을 찾고 싶은 것이지요. 본인한테 좀 도와주고 싶구요.

향 기 : 기대가 더 있어서. 내가 마음을 정돈하고 임하는데 다른 사람들은 왜 그렇지 않을까.
더 깊이 잘 되었으면 좋겠는데 이런 방해하는 요소들이 잘되는 것을 방해하는구나에
대한 실망? 그런 거 아니었을까.

사 과[7] : 제가 처음에 이 얘기를 꺼냈을 때는요 그 웃음 때문에 집단에 방해가 되는 그것을 얘
기하고 싶었던 것은 아니고 이거 회기 시작할 때 요기 앉아있을 때부터 그 웃음이 자
꾸 마음에 걸렸던 부분이 있구 선생님께서 깊이 안들어 간다는 안타까움도 말씀도 해
주시고 해서 용기를 내서 한 번 그 얘기를 꺼냈던 것 같구 그게 연관관계가 꼭 그렇게
된건 아니에요. 스폰지가 웃었기 때문에 전체적으로 흔들렸다라는 그건 아니고 단지
5회 들었던 그 얘기를 더 하고 싶었던 그런 면이 많았던 것 같아요. 기대하는 건 처음
부분에서 서로 어떻게 보면 각각 생활하다가 딱 모이는 거잖아요. 다섯 명이. 그러니
까 서로 반갑기도 하고 하니까 마음이 이렇게 좀 좋은 마음이 들고 기쁜 마음이 들고
하니까 웃음이 더 나오고 서로 밝은 얼굴로 대하게 되는 건 알겠는데, 좀 그런 거에서
몰입하지 못하고 이 얘기도 하고 저 얘기도 하고 오늘 아침 행사도 얘기하고 할 수도
있죠. 그런데 막 산만하게 돌아가는 그런 것들. 제가 무엇인가 집중해서 무엇인가 하
고 있다라는 그런 느낌이 안드니까 그건 저 자신에 대해서 불만이라든지 불평 같은
마음이었던 것 같아요.

상담자 : 응. 몰입해서 하고 싶은데. 다른 사람도 나처럼 집중해줬으면 좋겠는데 그게 안되어
서 속상하신 거네요.

사 과 : 그런데 제가 순간적으로 다른 사람도 전혀 안하는데 내가 하고 싶은 게 안된다 이 속

7~8) 사과님의 집단과정에 대한 저항의 표현.

에서는 저를 실망시키는 이유였던 것 같아요.

상담자 : 다른 사람도 나처럼 내가 의식적으로 생각하지 못했을 부분이지만 아마 표면에서 떠돌았을지 몰라요. 자동적 사고로.

향　기 : 그러고 보니까 처음시작하실 때부터 선생님한테 딱 전화 받지 말아주세요, 이렇게 요구하고 방해받을 수 있는 요소를 탁 자르고 몰두할 수 있도록 환경을 만들려고 노력하셨던 것 같아요. 그랬는데 그것을 방해하는 모든 요소들이 다 하나하나 짜증스럽고.

상담자 : 사실 또 느낌이지. 제일 많이 자기 개방을 했잖아. 개방을 하는만큼 얻어간다고 그게 제 평소의 지론이었는데 얻어가려는 것이 전부가 아니라 몰두하려는 것이 강했겠죠. 다른 사람들은 그렇지 않았기 때문에 속상함이 충분히 있을 수 있겠죠.

스폰지 : 몰두하는 스타일 있잖아요. 그게 참 다른 것 같아요. 예를 들어서 슈퍼비전 시간에 슈퍼바이져 선생님이 모두 전화 안받고 그러기 힘든 것 같거든요? 시간 약속 조금씩 늦어지고 저도 한 50분까지 기다린 적도 있었고 정말 기대가 높기 때문에 거기서 오는 상처를 자기가 받는 거잖아요.

상담자 : 무슨 말인지 대강 알겠는데요,

· · ·

중 략

· · ·

스폰지 : 사과님의 경우에 인지적으로 말하면 내 의도가 이런데 그런 것들이 아니라고 생각되고 진행될 때 불편하거나 그럴 거 같아요. 처음에 도와주려고 그랬었는데 그게 오해받고 그랬을 때 굉장히 힘들었잖아요.

사　과 : 단순히 제 자신이 나만 불편하고 내가 이해를 못해서 그러는 건지 아니면 정말 저 사람이 정말 그렇게 되었으면 좋겠다 그런 생각을 저는 많이 하고 나서 얘기를 하거든요, 선생님이 방금 이 기관의 상황에 대해 얘기해주신 것 나이집단에 몰입하도록 굉장히 애썼다, 이런 얘기는 저 자신에게 좋은 피드백을 주시려고 하신 말씀 같거든요? 그런데 사실은 어떤 것을 제가 이해하지 못하고 지나갈 수도 있고 그건 별로 중요한 것 같이 생각이 안돼고 다만 스폰지 같은 경우에 그 웃음이 제삼자로서 느껴졌는데 본인은 못느끼니까 그런 게 있다라는 것을 한 번 기회를 가져보면 어떨까 해서요.

상담자 : 조하리의 '창'에서 내가 모르는 나, 남이 아는 나 이런 게 있잖아요? 나를 모르는 상

대방이 나를 보는 모습은 어떤 걸까 하는 것을 탐색해 보는 것도 나의 성장을 위해서 의미있을 것 같죠?

사　과 : 제가 그 집단상담 테이프를 들으면서도 어떤 때는 선생님이 쾌활하게 웃을 때가 많았어요. 치료집단인데 왜 이렇게 쾌활하게 웃음이 많을까, 연결이 좀 안될 때가 있었어요, 가끔.

상담자 : 그런데 치료집단인데 쾌활하게 웃으면 안되는 이유가 있어요?

사　과 : 저도 그걸 모르겠어요.

상담자 : 상담자체가 너무나 심각하거든요. 그래서 제 자신도 그렇게 하려고 하고 상담자 교육할 때도 유머를 많이 사용하고 가능하면 심각한 상황에 도취 되어있지 말라고 그것을 적절한 상황에서 웃음으로 확 풀어버리고, 묵혀 있던 감정의 찌꺼기를 발산하는 역할을 할 수 있는 웃음을 많이 웃어라 라는 얘기를 많이 해요. 그렇기 때문에 저도 많이 웃었을지도 몰라요. 아마 우리가 상담이나 심리치료에 대해 가지고 있는 편견 자체가 심각한 얘기를 다루니까 상담 한 시간을 하고나면 머리가 아파요. 그래서 가능하면 유머스럽게 하려고 하고 그런 저의 특성은 있어요. 그러니까 사과님이 기존에 갖고 있는 틀에는 안들어올 수 있고 어색할 수 있죠. 저도 이게 정답은 아니구요, 같이 생각해보고 싶은데, 우리가 심각한 얘기를 하니까 꼭 심각해야 되고 인상 써야 되고 웃지 않아야 되고 그래야 되나요?

스폰지 : 저는 엘리스가 한 얘기가 생각이 나는데 다른 사람이 나와 같아야 된다 그런 거 많잖아요. 아마 이 경우에는 그런게 작용해서 불편하신 게 아닌가 하는 생각이 들어요.

상담자 : 그럴 수도 있구요, 사과님이 워낙 상담이나 심리치료에 애정이 많고 그 관이 뚜렷하고 확고하기 때문에 그 뚜렷한 관에 들어오지 않으면 이상하게 느껴지는 것이 아닌가 하는 생각을 해볼 필요가 있고, 그건 여러분이 좀 도와주세요. 우리가 상담이나 심리치료에서 심각한 문제를 다루기 때문에 심각해야지만 그것이 치료적인 동맹관계를 잘 이루는 것이고 그 사람을 진심으로 공감하는 건가, 저는 뉴욕의 엘리스(Ellis)연구소에서 그런 수퍼비전도 받았어요, 똑같은 회기를 가능한한 유머를 활용하여 재미있는 회기로 해서 와라 이런 수퍼비전도 받고 그랬는데 우리는 혹시 그런 관념을 가지고 그러는 것은 아닌가 생각해볼 필요도 있고 웃지 않아야 될 상황에서 웃었다, 그러면 치료자로서 문제가 되겠지요.

사　과 : 그런데 기분이라는 게 그때 상황에 맞게 해야지 마음 먹을 때와 기분 좋게 해야지 할 때가 다를 것 같거든요? 여기처럼 한 시간 동안 재미있는 시간을 만들어보자 할 때라면 조금만 웃을거리가 생겨도 웃고 더 깔깔대고 더 재미나게 하기 위해서 그런 의도들이 참 중요하다는 생각을 하거든요? 지금 지적한 대로 다른 사람이 나하고 같아야 된다는 어떤 일반적인 것에 비춰볼 때 그것과 많이 틀리다, 안 그래야 될 사람이 그런다 하는 기대까지 포함되어 있을 때 그것에 대해서 불편함을 느끼는 것이 아닐까요.

스폰지 : 안 그래도 내가 아끼는 사람이 그러면 마음이 많이 도와주려고 그러는 것 같아요.

사　　과 : 지금 얘기를 보면 초점이 저한테 맞춰지는 것 같아서 그렇게 얘기하면 스폰지가 얻어
　　　　　지는 게 뭘까? 저를 위해서 너무 많은 얘기를 해주는 것 같아서.

스폰지 : 이 집단이 원래 불편한 정서를 가진 사람을 놓고 하는 거 아니예요? 처음에 얘기한
　　　　　것도 몰입이 잘되기 위해서 그런거고.

상담자 : 결국 굉장히 불편하신 것 같아요. 스폰지가 하는 얘기가 결국 칭찬하는 얘기잖아요?
　　　　　그런데 그게 굉장히 불편한데, 내가 왜 받지 않아도 될 부적절한 칭찬을 받나 하는 생
　　　　　각이 드나보죠?

스폰지 : 그래요?

사　　과 : 그런 반응이 사과를 덮어주자 싸매주자 그렇게 느껴져요, 그런 반응이.

스폰지 : 저는 아까 그 반대로 생각했는데.

상담자 : 스폰지님은 어쩔 수 없이 그때 옹달샘님이 지적했던 착한 여자 콤플렉스가 여기저기
　　　　　작용하는 것일 수도 있지요.그 상황이 나 때문에 힘들었다니까 그게 미안했던 거 같
　　　　　아. 미안해서.

스폰지 : 그건 아니었던 거 같아요. 그건 아니고….

상담자 : 제가 얘기하고 싶은 건 사과님이 독특한 점이 있는데 그러니까 문제가 아닌 것을 문
　　　　　제화하는 능력이 뛰어나다는 느낌을 항상 받아요. 그것이 상담 공부를 많이 해서 그
　　　　　런건가 아무래도 그게 상담자가 갖고 있는 편견일 수 있잖아요. 그냥 넘어갈 수 있는
　　　　　것도 문제로 확대해서 만들고 그런 느낌을 저는 또 받아요. 다른 사람들은 어땠어요?

향　　기 : 선생님이 말씀하시는 게 맞는 것 같은데 저같은 경우는 그와 같은 것을 장점으로 보
　　　　　거든요, 사람들이 내가 화두를 꺼내놓고 보면 사람들이 질문도 하고 나름대로 방어도
　　　　　하고 얘기도 하고 어떻게 보면 내가 꺼낸 얘기에 말려들잖아요, 그것이 피곤하고 귀
　　　　　찮을 수도 있거든요, 그러니까 다들 좋게 넘어가고 적당히, 대충 덮는다든가 그렇게
　　　　　생각하니 내가 잘못 생각했나봐 얼른 말을 바꾸고 이러기가 참 쉬운데 사과님은 안
　　　　　그러거든요, 자기가 생각하는 거에 고집이 있구, 문제가 아닌것을 문제화시키는 능력
　　　　　이 있다고 그랬는데 남들이 그냥 어쩌면 머리 속으로 문제라고 생각하고 있는데 그냥
　　　　　귀찮아서 내지는 잘 정리되지 않아서 덮어두는 것을 긁어내서 끄집어내는 능력이 있
　　　　　다고 생각하는데, 끊임없이 문제제기를 할 수 있는 능력이 나쁘게 생각하고 단점으로
　　　　　작용할 때는 어쩌면 주위 사람을 피곤하게 만드는 스타일로 생각할 수도 있지만, 오
　　　　　히려 자기가 발전하고 상대방을 발전시킬 수 있도록 자꾸 옆에서 뒤집어주는 그런 역
　　　　　할을 악역 아닌 악역을 자처해서 자기도 발전하고 상대방한테도 도움을 주는 장점이
　　　　　된다라고 저는 생각을 했었어요.

상담자 : 저는 또 어떤 느낌이냐면요, 모두 상담전공이잖아요? 그런데 제일 많이 이런 집단에
　　　　　노출되어 있고 상담에 노출되어 있어서 상담과 심리치료 집단의 속성을 너무나 잘 알
　　　　　고 있는 사람이라는 느낌이 탁 와요. 그러니까 어떤 때는 집단이 자연스럽게 흘러가
　　　　　는데 오히려 걸림돌이 된다는 느낌이 들 때도 있었어요. 그러나 한편으로 굉장히 심

각하고 진지하기 때문에 고맙기도 하지요. 과정 자체를 소홀히 다루지 않기 때문에.

향　기 : 그런데 질문이요, 상담의 속성을 잘 알고 있다는 게 어떤 점에서 방해가 되나요?

상담자 : 그러니까 문제가 아닌 것을 문제시 해서 집단의 흐름 자체에 방해가 될 수도 있죠. 시간을 좀 다른데 썼으면 좋은데 중요하지 않은 부분에서 할애가 될 수 있다든지.

향　기 : 중요하지 않다고 생각되는 것은. 그런데 리더는 별로 중요하지 않은데 시간이 자꾸 투자가 되는구나 하고 생각되는데 나머지 사람들은 얘기할 만한 것을 짚고 넘어가 주는구나 라고 느꼈다면?

상담자 : 그럴 때는 리더가 어떻게 행동을 취하느냐에 달려 있겠지요. 자기가 우선권을 갖고 집단을 이끌 것인가 집단구성원들의 생각을 따라줄 것인가. 어떤 것이 더 임상적으로 중요한 의미가 있을까에 대해서 생각해 보지요.

개나리 : 어떤 때는 긴장감에서 오는 경우도 있는 거 같아요. 긴장감이 생기게 되면 해결하기에는 그렇고 그러며는 난처하게 웃어버리면서 긴장감도 해소하고 나를 방어하고.

상담자 : 내가 막 웃었을 때 이 치료자가 이상하게 공감이 안됐구나, 이런 생각이 들기 때문에 사과가 그랬을까? 공감을 했으면 이러지 않았을텐데, 이런 건가요?

사　과 : 그냥 제가 좀 청각이 예민한가봐요. (웃음)

상담자 : 아니면 사과가 아니면 상담자잖아요, 상담자니까 아까 내가 상담자로서의 편견을 고백하잖아요. 사과씨도 상담자로서 편견이 있는 게 아닐까 문제를 심각하게 보려고 하고 그런 것이 있을 수도 있겠다 하는 생각이 들어요.

사　과 : 선생님이 문제를 파악하시거나 제 핵심을 찔러서 한 줄기 끌고 가시는 것들은 정말 존경스럽게 잘해주고 계시고 배울 점이 참 많거든요, 그런데 처음에 1, 2, 3회 정도에서는 못느꼈는데 중반기 가면서 선생님이 참 즐겁게 모임을 이끌고 나가시는 것이 그때 그전과 다르다는 것을 느꼈어요. 그래서 우리들이 그렇게 이쁜가, 우리들이 오면 그렇게 반갑고 좋으신가 하는 그런 마음이 들 정도로 쾌활하게 웃으시는 거 있죠. 엄청나게 쾌활하셔서 원래 저분은 저렇게 쾌활하셨는데 내가 그렇지 않은 부분을 더 많이 봤나 이런 생각이 들었어요.

상담자 : 원래 나 잘 웃어요. 그런데 1, 2, 3회는 나와 이 사람들의 탐색전이잖아. 집단이 잘 형성이 안되어 있어서 잘 모를 때는. 결국 심각한 얘기가 안나오죠. 그리고 삶이 단조로운 사람들이니까 이렇게 막 우여곡절 있는 삶을 살아온 사람들이 아니잖아요. 그런데 별것도 아닌 얘기를 하면서 막 심각하게 그럴 필요있어요?

사　과 : 그럴 필요 없다는 생각을 하셨어요?

상담자 : 아니 지금 정리를 해보니까 그런 거예요. 내가 아마 감각적으로 느낀 거겠죠. 이 집단이 심각한 문제를 가진 집단이 아니고.

사　과 : 그러니까 별로 심각하지 않은 얘기를 더 많이 했을 수 있겠네요?

상담자 : 계속 고백들이 그랬었잖아요? 그리고 서로 알고 있는 부분도 있기 때문에 깊은 외상 같은 얘기를 할 수는 없었겠고.

스폰지 : 저희가 처음부터 절실해서 온 것보다 배우려고 온 것이기 때문에 그런 것 같아요.

사　과 : 배우려는 의도도 있지만 그건 이 집단이 어떤 집단인지 배우려는 것보다는 그냥 사람들이 얘기하는 것을 통해서 저런 좋은 생각들도 있구나 하는 거죠.

상담자 : 저도 그렇게 생각해요. 인지치료를 하면서 부수적으로 인지치료에 대해 배워지는 거지 그렇게 생각을 했구요, 인지치료라는 것을 배우기 위한 목적이 있지만 여기서 있는 얘기들이 그 목적만을 위해 있는 것이라고 생각하지 않아요.

사　과 : 저도 그렇게 생각하지는 않아요.

상담자 : 저는 사과의 얘기를 듣고 다시 돌이키게 되는데 다시 돌아가서 4회기, 5회기를 다룬다고 하더라도 그냥 자연스럽게 내가 웃음이 나오면 웃게 될 것 같아요.

사　과 : 그리고 상담은 심각해야 된다는 것에 대해서 저는 그렇게 생각하지 않거든요.

상담자 : 심각할 거 없죠.

사　과 : 그런데 제가 너무 예민하게 한계를 정해놓고 웃어도 요만큼 소리가 나게 웃고 더 크게 웃으면 제가 거기에 대해서 주의가 맞춰지는 거예요. 저는 청각이 굉장히 예민하거든요, 똑같은 소리를 들어도 잡음인가 아니면 선명하게 그런 것이 굉장히 신경이 쓰여요. 특히 사람 목소리에.

스폰지 : 사람 목소리일 수도 있어요. 그런데 저랑 사과가 처음 만났을 때 어떤 선생님이 저랑 똑같은 마음을 가지고 있어서 많이 공감을 하면서 고개를 많이 끄덕였거든요, 그런데 그다음에 조금 더 지난 다음인가 기억나요, 다 좋은데 너무 고개를 끄덕이는 것 같다, 그런 말을 했었어요. 그건 청각이 아니잖아요.

사　과 : 누가 얘기를 하면 계속 고개를 끄덕여요. 누가 얘기할 때 음음, 예예, 하는 사람이 있는가 하면 스폰지 같은 경우는 고개를 계속 끄덕이는 거예요, 계속. 그러니까 제가 정신이 하나도 없는 거예요. 좀 덜했으면 좋겠다고 그 얘기를 했었거든요, 그리고 나서는 많이 달라졌어요.

스폰지 : 그게 아니라 그것 때문에 달라진 게 아니라 제가 의식적으로 생각하는 것이 아니라 그때는 그게 적절하다고 생각했기 때문에 한 것이 정말 많이 공감 되었어요. 이 기관에 왔는데 우리 교수님도 갖지 않는 그런 마음을 똑같이 갖고 있을 수 있을까, 이런 마음에 공감한 거였고, 그 다음에도 공감될 때는 다같이 끄덕이고 그런 거였고 사과님이 그랬다고 그런 것 아니었거든요.

사　과 : 심하죠, 증세가.(웃음)

상담자 : 동사섭 훈련을 갔더니 그러더라구요, 이 동사섭 훈련을 받은 사람들이 나중에 이렇게 된데요. 누가 "망치가 너무너무 필요해, 망치가 빨리 있었으면 좋겠다"고 하면 그말을 들은 상대방이 "선생님이 망치가 얼마나 필요한지 느낌이 전달이 돼요" 이런다는 거예요. 나한테는 사과님이 상담 훈련을 많이 받은 사람이라는 느낌이 팍팍 와요. 그런데 그게 부자연스러운거 같아요. 지금도 다른 사람들은 사실 내 행동에 심취해 있으면 다른 사람들이 반응을 많이 하는지 안보이는데 예민하게 관찰하잖아요. 그리고 다

행히 스폰지한테 얘기를 해서먹혀들었지만 대부분의 사람들한테는 그 얘기를 하면 사과하고의 관계가 악화되지 꼭 사과의 제안에 대해서 수긍을 하거나 사과가 원하는 대로 행동해주지 않거든요.

사　　과 : 그래서 개나리님하고도 엄청 많이 힘들었어요.

상담자 : 어떻게 보면 나는 참 잘 살아오고 모범적으로 살아온 사람이고 내 생활 모습은 완벽에 가까울 정도로 좋았다. 다른 사람도 나같아야 된다. 그렇지 않고서야 사과가 왜 행동지침을 딱 정해서 어떤 사람은 고개를 많이 끄덕일 수도 있고 습관에 따라서, 어떤 사람은 고개를 끄덕이지 않고도 반응할 수도 있는데 사과는 많이 끄덕이지 않고 반응하는 거지요?

사　　과 : 그때 저는 나도 그러니까 너도 그렇게 하라 그러는 건 아니었어요. 그때 저는 제 머리가 아픈 거예요.

상담자 : 느낌 자체가 다른 사람은 그렇게 느끼지 않는데 유독히 나만 그렇게 느끼나 그것을 개념화하려니까 그런 식으로 말이 나오는데, 내가 정말 이 사람을 고칠 수 없거든요. 충고는 해줄 수 있죠. 바람직하지 않다고. 그렇지만 내가 생각하기에 정말 바람직하지 않다고 진짜 바람직하지 않은 건가.

사　　과 : 그러면 선생님이 얘기한 것처럼 충고는 해도 괜찮은 거예요?

상담자 : 충고는 괜찮죠. 내가 원하는 대로 바꾸려고 하면 사람이 통제가 안돼지. 어떻게 내가 다른 사람들의 행동을 통제할 수가 있어요? 내 행동도 사실 내 마음대로 통제가 안되는데. 그러니까 지금 제 생각에는 여기 인턴들이고 상담을 공부하는 사람들이기 때문에 우리가 하는 얘기를 여과없이 받아들일 수 있고 그 얘기에 수긍하려고 노력할 수는 있지만 우리가 사회에서 일반적으로 만나는 사람을 대상으로 해서 그렇게 되면 정말 관계만 악화될 뿐이예요. 저 사람이 내가 원하는 대로 변해주지 않는 것을 내가 수용하고 수용의 폭을 넓히는 게 더 중요하다고 저는 생각해요. 그러니까 스폰지는 그렇게 고개를 끄덕끄덕 많이 할 수 있게끔 여태까지 강화받고 환경 속에서 그런 식의 조건화가 된 것을 갖고 내가 그 사람의 배경 자체를 자꾸 흔들어버리는 거잖아. 그건 바람직하지도 않고 합당하지도 않고 이루어질 것 같지도 않아요. 그러니까 인지적으로 A, B, C가 있으면 사과의 불편한 상황(A)에 대해서 나의 신념(B)을 찾아보고 신념(B)을 바꿨을 때 해결책이 되는 건데, 나는 너무 정상적인 사람이야, 니가 A로 고쳐야지 그러면 나는 괜찮아 이거잖아요. 다른 사람을 내가 자꾸 바꾸려고 하는 거잖아요. 이것은 지극히 비상담적이죠.

사　　과[8] : 저는 그 기분이라는 것에 마음을 두고 싶지 않은데 이 집단에서 선생님의 기분과 선생님의 반응이 리더로서 집단에 굉장히 많이 반영되는 것 같거든요. 원래 제가 여기서 도움을 많이 받던 것은 핵심사고를 찾는 선생님이 굉장히 잘해주셨어요. 그걸 찾는 [8] 혼자서 해봐라, 이렇게 돌려 버리셨거든요.

상담자 : 그건 왜 그랬냐면 사과가 다른 사람도 나와 같이 행동해야 된다 그 얘기를 해줬는데

사과가 자꾸 아니라고 그러잖아요. 아니라고 하기 때문에 상담을 전공한 사람이기 때문에 혼자 통찰을 해보는 게 제 생각에는 빨리 찾을 수 있는 방법이 아닐까 그래서 그런 거였거든요. 정말 아닐 수도 있거든요. 그러니까 상담자보다 내담자가 스스로 자신을 더 잘 알죠. 특히 이런 집단의 사람들의 경우는요.

사   과 : 그런데 저 혼자서는 못찾을 것 같아요.

상담자 : 그럼 같이 찾아볼까요?

사   과 : 네.

상담자 : (웃음)이럴 땐 내가 좀 어색해서 웃었어요.

사   과 : 선생님이 말씀하시는 대로 저 자신도 전부터 좀 심각하게 많이 느꼈던 부분이기도 해요. 그런데 거기에 어떤 핵심적인 인지적인 사고가 있어서이기 때문이다라는 것까지 들어가지는 않았고 그냥 그런 사건이 벌어질 때마다 상대를 불편하게 했다는 것 때문에 나도 불편하고 상대와의 관계도 더 좋아지지 않는 것 같고 그런 것을 많이 경험했었기 때문에 선생님이 지적해 주시는 게 굉장히 반갑고, 집단의 목적이니까 같이 찾아보는 거고 그것을 논박하고 새로운 대안적 사고를 한번 찾아보면 좋겠어요.

상담자 : 제가 보니까 의식의 생각들을 찾는 것 참 쉽죠. 그런데 의식의 흐름 속에 있지 않고 사고가 자동화되어 버린다든지 마음속 깊은 곳에 있는 것은 찾기가 어려워요. 그러니까 가설적으로 제시했을 때 자꾸 아니라고 그러니까 이 사람의 저항일 수도 있고 진짜 아닌 것일 수도 있고.

사   과 : 저는 저항하기보다 시인해야 될 것 같아요.

상담자 : 개나리하고도 그런 관계가 있었어요? 여기 지적했듯이.

사   과 : 굉장히 불쾌하게 느끼면서 굉장히 냉정하게 대해요. 저한테요. 저분이 굉장히 화가 많이 났나보다, 해석을 제가 그렇게 했죠. 잘못된 생각인지 모르겠는데 마음이 많이 아픈 것을 느꼈어요.

스폰지 : 저는 그 상황을 전혀 몰랐어요. 그 전에 불편했다는 것도 전혀 몰랐는데 지난번에 인턴끼리 T-그룹상담할 때 개나리님이 나를 바꾸려고 한다는 느낌이 들었고, 나를 이대로 놔두면 그냥 나아질텐데 왜 이렇게 간섭하고 바꾸려고 하느냐 그 말이 생각이 나거든요, 그때 충고해 주는 건 괜찮은데 충고로서 끝나는 것이 아니라 바꾸려는 의도로서 생각이 되니까.

상담자 : 생각을 해봅시다. 대강 제가 사태가 파악이 됐으니까.

개나리 : 예, 그래요?

상담자[9] : 그거 아니예요? '나는 상담자로서 다른 사람이 바람직하지 않은 행동을 할 때에는 교정을 해줘야 할 의무가 있다', 이런 것일 수도 있구요 한번 찾아봅시다. 여러분들이 가설적으로 제시해줘도 좋겠어요. '다른 사람들의 적절하지 않은 행동을 보면 고쳐주

---

9) 사과님이 지니고 있음직한 비합리적 생각을 가설적으로 제시.

고 교정시켜주는 게 바람직한 행동이다.' 그리고 '나는 바람직한 행동을 해야 한다', 이런 것일 수도 있구요. 그리고 또 뭐가 있을 수 있을까? '다른 사람들의 적절하지 않은 행동을 보면 견딜 수가 없다.' 그럴 수도 있지요. 엘리스가 말한 '나는 견딜 수 없다'. 또는 '적절한 행동을 적시에 하지 않으면 끔찍하다' 라고 생각한다. 그것일 수도 있고. 그리고 '다른 사람이 적절한 행동을 적시에 하지 않으면 그 사람은 한심한 사람이다' ,라는 생각일 수도 있어요. 이중에 혹시 해당되는 거 있어요? 그런데 난 자꾸 이 얘기를 하면서도 웃으면서 하고 싶어. 웃으면 눈치가 보여서. 우리가 왜 심각하게 꼭 그렇게 얘기를 해야돼요?

사   과 : 저는 제 느낌을 얘기한 건데 그것 때문에 선생님이 영향받으셔야 돼요?

향   기 : 그렇게 생각하는 것도 지금 짚어줬으면 좋겠어요. 그러니까 영향을 주도록 말을 해놓고 거기서 모면하려고 그러는 것 같아요.

사   과 : 여태까지는 선생님 안 그러셨잖아요.

상담자 : 왜냐하면 지금까지는 그것이 주제가 안됐었잖아요. 그냥 자연스럽게 흘러왔었고.

사   과 : 그런데 사실은 그럴 필요가 없다….

상담자 : 그런데 상담자가 이런 생각이 있겠지. 그러니까 내 집단 구성원의 마음을 불편하게 해주고 싶지 않다.

사   과 : 저는 그것 때문에 불편한 적은 없었어요. 1, 2, 3회 하고 점점 흐르면서 그렇게 느꼈다는 것을, 달라졌다는 차이를 내가 느꼈다는 것을 얘기했을 뿐인데.

상담자 : 그럼 됐어요.

스폰지 : 선생님이 농담반 진담반 얘기하신건데.

향   기 : 그런데 웃으려고 그럴 때마다 신경이 쓰이는 건 사실이예요. 그 얘기를 한 것도 나를 갖고 지적을 한게 아닌데도 내가 웃을 때도 아까 나를 쳐다보더라구요, '너 왜 웃어' 이런 식으로.

스폰지 : 거기서 좀 불편하실 것 같아요. 내 의도는 그게 아닌데 딴 사람들은 그렇게 받아들이지 않고.

사   과 : 여기서 보면 6분의 1밖에 안된다구요.

상담자 : 뭐가?

사   과 : 제 의견이요.

상담자 : 그럼 내 의견이 심각하게 잘 받아들여지고 있다. 그렇게 생각하면 되지 않아요?

사   과 : 그게 아니라 그 과정 자체가 그런 얘기를 꺼냈을 때 너의 생각 자체가 하나의 문제일 수 있다 이렇게 방향이 흘러가고 있는데 네가 웃는 것에서 신경을 쓴다니까 잘 웃어지지가 않는다든지 눈치가 보인다든지 그러면 또 그 전으로 돌아가는 것 밖에는 안되잖아요. 흐름이 지금 제가 고쳐지는 방향으로 흘러가는데 그렇게 되면 제가 마음이 죄송한 마음이 들잖아요. 내가 괜히 그런 얘기를 해서 모든 사람을 뒤흔들고 불편하게 했구나.

상담자 : 괜히 그런 얘기를 했다니까 굉장히 미안한데, 괜히 그런 얘기를 한 건 아니구요. 그렇게 뒤로 갈 수도 있고 앞으로 갈 수도 있고. 그러면서 제대로 파악이 되는 거 겠지요.

사　과[10] : 그거 같아요. 다른 사람이 적절하지 않은 행동을 하면 견딜 수 없다 이거 같아요.

스폰지 : 그게 아까 말한 다른 사람이 나와 같은 행동을 해야 한다 그거 아니예요? 다른 사람이 내가 생각하는 것처럼 행동을 하지 않기 때문에 불편한 거 아니예요?

사　과 : 그게 맞는 거 같아요. 나와 함께가 아니라 조금 더 이상적으로 모든 사람들이 바람직하다고 생각하는, 누가 그렇게 생각을 하지 않는다 해도 그쪽으로 향하는 좀 더 향상된 어떤 모습, 그런데 그것보다 더 향상된 행동을 제가 배우게 된다든지 하게 되면 저의 행동을 싹 바꾸고 다른 사람도 이렇게 바꿔야 돼요. 부족한 부분이 있으면 제가 또 거기에 대해 계속 맞춰가고 또 맞춰가고. 그러면서 나를 끌어올리는데, 나만 끌어올릴 게 아니라 너도 그래야된다. 너도 나처럼 해야된다는 건 아니지만.

상담자 : 그건 아니지만 너도 나처럼 유사하게 같이 성장해 주어야 된다는 건가요?

사　과 : 같이 성장해주는 것은 아니고 어떤 사람에게서 좋은점이 발견되면 저도 따라가고 다른 사람도 따라가 주었으면 하는 거죠.

상담자 : 그런데 사과님, 그건 다른 사람들은 따라주지 않거든요. 그것을 요구하는 건 앞으로 계속 갈등을 유도할 소지가 많은 것 같아요. 그런 생각을 계속 가지고 있다면.

사　과 : 그럼 그것 때문에 불편함이 있는데 그러면 이야기할 때 어떤 식으로 얘기를 해야 돼나요?

상담자 : 왜 얘기를 해야 돼요?

사　과 : 얘기를 하고 싶을 때. 결국은 제가 혼자서 해결을 해야 된다는 거예요?

상담자[11] : 그렇지. 내 얘기는 그거예요. 자꾸 남한테 얘기하려는 것은 A를 바꾸려하는 건데 A, B, C가 있으면 A는 나 이외의 모든 환경이예요. 이게 B가 나라고 해봐요. 그러면 나 외의 모든 게 A란 말이예요. 사과는 끝까지 B를 바꾸려는 게 아니라 어떤 식으로 얘기를 해서 이 A를 바꿀까잖아요. 그러니까 이 사람에게 얘기를 하기보다는 내가 이 사람의 행동을 받아들일 수 있는 나의 수용력을 더 넓혀가는 게 더 중요하단 말이죠. 수용의 폭을 넓히면 그 안에 다 들어오잖아요. 아무리 이상한 행동을 해도. 그러니까 수용의 폭을 넓히는 것이 곧 나의 인지 구조를 바꾸어가는 거죠. 이 사람에게 좋은 대화기술을 이용해서 얘기하려 하지 말고 그 사람이 저렇게 행동할 수밖에 없는 이유를 내가 받아들이고 그러나 객관적으로 봤을 때 이건 정말 적절하지 않다, 이것을 바꾸는 게 이 사람에게는 더 유익하다라는 판단이 들 때는 그야말로 대화의 기법을 잘 활용해서 이 사람을 존중하면서 얘기를 해주면 좋겠지요. 이 사람 입장에서 그러는 것이지 나를 위해서 그러는 건 아니죠. 그래서 오늘 사과가 숙제를 한다면 다른 사람이

적절하지 않은 행동을 해도 견딜 수 있게 행동적인 기법도 활용해 보고 정서적인 기법도 활용해 보고 인지적인 기법도 활용해 보는데 사람들이 부적절한 행동을 할 때 지적하지 말고 그것에 노출되어서 견뎌보는 거예요. 그렇게 행동적인 연습을 하고 그 다음에 인지적인 방법으로는 자기대화를 해보든가, 혼자 묵상을 하든가 내가 왜 다른 사람의 적절하지 않은 행동을 견딜 수 없는가 스스로 자가 논박도 해보고요. 그럼 지금 논박해 볼까요? 사과가 다른 사람들이 적절하지 않은 행동을 하면 견딜 수 없는 이유라든지 그런 게 있으면 얘기를 해줘요. 내 행동도 아니고 다른 사람의 행동인데.

사　과 : 그럴 이유는 없는 것 같아요.

상담자 : 그럼 내 논박에 넘어간 거예요.(웃음) 그리고 이 적절하지 않은 행동이라는 것도 나의 주관적인 기준에 근거한 것인가 아니면 객관적으로 사회적으로 합의한 기준인가 이것도 살펴볼 필요가 있겠죠. 그리고 궁금해서 물어보고 싶은데 치료자 선생님의 기분에 의해서 많이 좌우되는 것 같다 이렇게 얘기를 하셨거든요? 어떻게 해서 그런 생각을 하게 되셨어요?

사　과 : '저항' 있잖아요. 제가 상담에서 늘어놓는 말이 선생님한테 저항으로 느껴져서 '저거 저러면 안되는데, 왜 자꾸 저러나' 자꾸 나한테 다그쳐 물으니까 대답을 하려고 대답을 한거지 저항을 하려고 그런 건 아니예요. 그리고 제가 원했던 것은 지금 그런 인지를 가지고 있어서, 정서에 문제를 가지고 있어 그런 것에 대해서 연결시켜주는 역할을 그동안 잘해주셨고 그것을 기대했었는데 그건 그게 아니라 네가 나중에 혼자 해봐라 그런 거였죠.

상담자 : 사과님이 처음부터 뭐가 있나 찾아보자 그랬더니 계속 선생님 그건 너무 비인간적이라고 그랬잖아요. 우리가 이렇게 해서 서로 얘기도 하고 그렇게 해서 바뀌질 수 있는 부분은 바꾸고 아까 그랬죠? 그러니까 얘기를 깊이 들어가게 되지가 않아요. 얘기가 자꾸 끊어지게 되고.

사　과 : 저는 지금 큰 것을 하나 발견했는데 저는 제 자신을 편하게 하려는 동기가 참 강했던 거 같아요. 내가 견딜 수 있으려고 다른 사람에게 내가 생각하는 것을 얘기하고.

상담자 : 그전에는 그것을 모르고 했어요? 그전에 지적을 했을 때는 저 사람에게 알려주려구?

사　과 : 나는 이런데 너는 어떠냐….

상담자 : 그런데 그런 특성을 상담하는 사람들이 많이 갖고 있어요. 이상하게 수용을 더 많이 해야되는데 지적을 더 많이 해요. 옹달샘님 얘기를 할게요. 저는 옹달샘님이 다른 사람이 무슨 얘기를 하면 그냥 받아들이기 보다 저 사람이 저항하는거다 또는 방어하는 거다라고 반응하는 것을 여러번 봤어요. 자기는 모르지. 그런데 그것은 상담자가 가지고 있는 독특한 특성이예요. 그 사람은 이상하게 수용을 있는 그대로 못하고 꼭 왜곡되게 바라본단 말이예요. 그게 그 사람의 저항일 수 있지만 그 사람은 정말 자기 표현을 한 것일 수도 있는데 우리들의 여과기에 들어와서 저항으로 해석을 하는 것은 또하나의 편견일 수도 있을 것 같아요.

옹달샘 : 저는 몰랐어요.

상담자 : 옹달샘님은 못느꼈을 거예요. 나는 옹달샘님과 얘기도 별로 없었지만 멀리서도 느꼈었어요.

옹달샘 : 지난 번 때문에 그렇다면 거기에는 여러 가지 이유들이 많아요. 어떻게 그렇게 느끼셨어요?

상담자 : 사례협의회에서 얘기하는 것 등을 보면. 내가 얘기하는 것은 하나도 참여를 안하고 가만히 있어서.

옹달샘 : 처음 시작할 때부터 간단한 얘기를 시작한 것으로 갑자기 공격받는다는 느낌을 많이 받아서.

상담자 : 그런데 이건 본인이 사람들로 하여금 공격하게 만든 거예요. 그러니까 말려들은 거예요.

옹달샘 : 무엇을 보고 그런 말씀을 하셨는지 내가 모르니까.

상담자 : 내가?

옹달샘 : 그러니까 무엇을 잘못 보고 저항으로 받아들였는지를 잘 모르니까

상담자 : 사례협의회 시간에 당신은 왜 이렇게 했냐 그러면 상담자가 그렇게 한 이유를 말하잖아요. 그러면 그것은 ○○선생님 발표 때 '오 그랬나보다' 이렇게 받아들이기 보다는 선생님이 방어하는 것으로 이렇게 해석한 게 몇 번 있었던 거 같아요. 본인이 느끼지 못하는 부분이지. 옹달샘뿐이 아니예요. 상담자들이 대체로 사례협의회에 가면 그렇게 누가 얘기를 하면 사실 상담자가 내담자에 대해서 잘 알고 있거든요. 그렇지 않아요? 그런데 다른 사람들은 한 편만 보고 얘기를 한단 말이야. 주저리 주저리 말할 수 있죠. 상담자가 보기에 그렇지 않기 때문에 얘기를 하면 다른 사람은 그렇구나 하고 수긍하기 보다는 방어하는 거다 이런 식의 반응이 참 많아요. 어느 선생님만 그런 것이 아니라 상담자들한테 널리 퍼져 있는 특성인거 같아요.

스폰지 : 얘길 들으면서 느낀 게 배운 게 정말 많거든요. 상담자가 특히 학교에서도 느끼는 건데 배운 사람, 경험이 많은 사람이 오히려 대하기가 너무 힘든 거 같아요, 순박한 사람보다.

상담자[12] : 그리고 상담자들이 해석을 너무 많이 하잖아요? 아무 것도 아닌 행동, 의미없이 한 행동에 대해서도 막 해석을 하잖아요.(한참 후) 논박하는 것을 공격하는 거라 생각하기 때문에, 다 인지치료가 나한테 안맞다고 하는 사람들 대부분이 상담이 심리적으로 힘이 없어서 온 사람들을 어떻게 논박을 해대고 공격을 해대느냐 그거 나한테는 안맞다고 말씀하시는데 그건 정말 오해의 소지예요. 그 생각에 대해서 공격을 해야될 때가 있지만 인지 상담을 하다 보면 그 생각은 공격을 하는데 시간을 보내기 보다는 공격을 하면 잘 안들죠. 설득이라든지 여러 가지 행동적인 기법을 통해서 변화시켜가는

---

12) 상담자가 인지상담의 '논박' 에 대해서 설명.

전체의 과정이 논박이지 말 그대로 공격하고 공박하고 반박하는 데는 별로 시간을 안 써요.

스폰지 : 선생님이 태도라든가 전반부를 보고서 아직 준비가 안됐다고 생각하고 그것까지 염두에 두고 진행하시는구나, 그리고 아 그렇구나 논박이 지금 얘기한 거 갖고 하는 것이 아니라 전체 상황을 보고 하는 거구나 하는 것을 알았어요.

상담자 : 그렇죠. 그런데 다행히도 사과는 본인이 원했고 준비가 되어 있었기 때문에 처음부터 했었으면 더 좋았겠죠 과정을 놓치지 않고. 본인도 속상했을 거 아니예요.

사　과 : 선생님이 처음에 다른 사람이 어떻게 하든 나는 영향받지 않을 수 있다 이 말을 제가 순순히 받아들일 수 있었으면 우왕좌왕 이렇게 안하고 딱 논박을 해서 쉽게 핵심사고를 찾아낼 수 있었을텐데 엄청 피흘렸다(웃음).

상담자[13] : 그게 아닐 수 있죠. 저는 사과님이 맞는 것을 아니라고 대답했다고 생각하지 않고 진짜 본인이 인정하지 않는 것을 논박할 수가 없어요. 본인이 일단 수긍하고 아 그렇구나 내가 이런 비합리적 사고가 있구나를 깨달은 다음에 논박이 되는 거지 본인이 수긍하지 않은 상태에서는 논박이 안돼요.

사　과 : 제가 그 얘기를 했었거든요. 이것은 참 인간적이지 않다 인간적이지 않은 것은 합리적인 것이 아니지 않냐 거기서 잘 넘어갔으면 저의 신념이나 비합리적인 사고에 초점을 맞췄을텐데.

상담자 : 제가 좀 변명을 할게요. 제가 개인상담 테이프를 들어보면 제 목소리가 너무 적극적이고 우회적인 표현을 잘 못해요. 그게 저의 한계예요. 상담자가 액티브하고 직선적인 게 필요하지만 상담자가 감싸안고 포근하고 수용적인 태도가 더 필요해요. 그게 저의 약점이고 상담자의 약점이예요. 그전 같으면 직선적이고 액티브하게 끌고 갔을텐데 여기서도 그러지는 말아야 할텐데 하는 저 스스로에게 저항이 온 거예요. 그래서 내버려 둔 거예요.(웃음)

사　과 : 저는 선생님의 그 직선적인 게 더 좋은데요. 저는 그걸 선생님만의 독특한 것으로 생각하는데.

상담자 : 그걸 알아요?

스폰지 : 저는 우리 집단 테이프를 들으면서 선생님이 수용을 참 많이 한다는 생각이 들었어요.

상담자 : 제가 들어보면 이 집단 테이프를 안들어봤는데 너무 단호한 데가 있어서 좀 더 포근한 느낌을 주는 상담자가 더 좋을 것 같은데. 오늘도 10분 남았는데 정리를 해봅시다. ○○씨 오늘은 좋은 상담과정이 된 거 같아요. 사과씨 덕분에. 사과가 오늘 제일 많이 참여했으니까 사과씨가 느낌을 정리하고.

스폰지 : 앞에 말씀하신 그건 만약에 수치를 척도로 한다면….

---

13) 논박은 내담자가 수긍하고 인정하지 않는 비합리적 사고에 대해서는 수행하는 것이 아니라고 설명함.

상담자 : 그것은 다음 시간에 합시다. 어차피 다음이 종결시간이니까.

사　과 : 9회짜리 인지치료집단에서 제가 꼭 다루어야 될 것은 살면서 나를 불편하게 했던 중요한 세 개를 찾은 거 같아요. 저는 사실 이것을 알고는 있었어요. 무조건 수용하는 것이 잘 안된다는 것을 그래서 힘들게 살고 있다는 것을 많이 알고 있었는데 선생님께서 많은 시간을 통해서 또 한번 확인이 됐고, 어떤 식으로 해야 된다는 행동적인 것 인지적인 것 논박을 통해 해주셔서 참 감사합니다. 제가 이중적인 게 한편으로는 참 이해받고 싶어하면서도 한편으로는 그보다 더 많은 이해를 해주려고 한다 그러면 그게 또 저한테는 불편한 거였어요. 사람들이 그냥 넘어가도 좋은데 그렇게 날 이해해 주지 않아도 되는데 난 견딜 수 있는데 그런 생각 많이 들었어요. 뭐냐하면 내가 원하는 것을 정해놓고 거기에 맞아떨어지면 편하고 좋은데 아니면 못 참고 이게 모든 인간관계나 사고나 모든 것에 영향을 미치는 거였거든요. 그것을 지금 찾아냈고, 이것에 대해서 노력하면 나도 편하고 남도 결과적으로 편하게 한다는 것을 알았어요.

상담자 : 저는 단순히 편하다는 이유보다는요, 저는 그게 인격적인 성숙이라고 생각해요. 다른 사람들이 나와 같지 않은 점에 대해서 수용하고 이해하고 이러는 것은 정서적으로 편할뿐 아니라 인격적으로 성숙한 사람이 그럴 수 있잖아요.

사　과 : 그러면 제가 나중에 그런 것을 견디지 못한다면 인격적으로 성숙하지 못한 거니까 그렇게 되지 않도록 제가 노력을 많이 하고요,(웃음) 이런 거 하나 배우면 이게 또 내 기준이 되어서 다른 사람들을 저울질 하고 재고 막 그러거든요.

상담자 : 그럼 얘기해줄게요. 이거 얘기 해주면 또 하나 배우겠죠? Stop rating games! 자꾸 평가하고 저울질 하지 말라, 이것은 머리 속에 꼭 집어넣으세요. 그대로 수용하고 받아들이는 거예요.

스폰지 : 굉장히 좋은 시간이었던 것 같아요. 그리고 인지치료에 대해서 매력을 많이 느껴요.

상담자 : 어떤 점에서 매력적이었어요?

스폰지 : 문제를 심각한 문제로 봐서 장기로 할 수 있는 것을, 여기서는 단기로 치료하고 성숙되게 하는 것 그리고 아까 편하게 살 수 있게 정말 도와주시는 것도 있구, 정리는 아직 다 안됐지만 나랑 맞는 것 같다는 생각도 약간 들어요.

상담자 : 그리고 스폰지님한테는 숙제를 내드릴게요. 구체적으로 무엇을 배웠나 정리해 가지고 오세요. 인지에서는 구체화시키는 능력이 중요하니까 생각나는 것을 글로 써보세요. 그리고 개나리님은 웃는 상황에서 시원하게 웃을 수 있는 부적절한 웃음이 아니라 공감할 수 있는 상황에서 감정을 시원하게 정화할 수 있는 웃음이 필요하지 않을까.

개나리 : 네에.

향　기 : 시간을 별로 액티브(적극적)하게 사용하지 못한 것 같은데 주도권을 사과가 먼저 가지고 가셔서 그런 것 같은데 사실은 초기에 하고 싶었던 얘기가 다들 평탄한 단순한 삶을 살았기 때문에 더 이상의 질곡이 없어서 그런 것일 수도 있고 다 아는 사람들이기 때문에 외상이 있었던 것을 얘기하지 못할 수도 있다. 그런 생각도 들면서 내가 어땠

나를 생각해 봤더니 골라서 얘기를 하려고 그랬던 것 같아요.

상담자 : 선택적으로.

향　기 : 예. 정서적으로 깊은 상처를 받은 문제고 덜 받은 문제고 그런것 보다도 제가 1회인가 2회에 제 얘기를 한 다음부터는 그다지 제 특별한 문제를 내놓은 적이 없는데 수박 겉 핥기 식으로 자기가 생각하는 인지치료 하려면 이런 과정이 필요한 거다라는 것을, 예를 들어서 행동적으로 치료될 수 있는 것 아니면 단순한 사고의 틀을 바꿔서 생각을 편하게 할 수 있는 것, 그런 것들을 제가 선택하려고 했던 것 같다는 생각이 들어요. 그것을 내가 선택적으로 내놓으려고 그랬던 건 아닌가 그런데 어차피 인원도 있고 내가 계속해서 얘기할 수가 없었지만 이어져서 내가 또 얘기를 하게 된다면 골라서 내 판단에 그럴 거라고 생각되는 것을 내놓지 않을까.

상담자 : 누구나 다 그렇지 않을까요?

향　기 : 그게 선생님이 말씀하시는 깊은 얘기를 안내놓는 것에 한계가 아닐까.

상담자 : 그러니까 그런 깊은 얘기를 선택적으로 내놓으면 선택적으로 깊은 얘기를 했겠죠. 그렇죠? 누구나 우리가 가지고 있는 많은 문제들이 있죠. 여기서 내놓는 문제만 있나요? 굉장히 많은 문제들이 있는데 특별히 도움받고 싶은 문제를 내놓는 거죠. 심층적으로 외상 같은 것도 내가 선택적으로 선택을 하면 여기 내놓는 거죠. 선택이 안됐기 때문에.

향　기 : 그러면 사과가 얘기를 꺼내기 전에는 떠오르는 생각 중에서 이런 얘기 오늘 한번 해 봤으면 좋겠다 이런 생각 얼핏 들었었는데 주도권을 뺏기는 바람에 그냥 조용히 있었어요.

상담자 : 다음 주에 하세요. 마지막 주도권을 드릴테니까. (웃음)

향　기 : (웃음)

옹달샘 : 저저번 주에 얘기했던 건데 마칠 때쯤에 나를 괴롭히고 있는 게 있었는데 그것을 많이 외면하려고 했다는 생각이 들었어요. 여전히 해결되지 않는 상태로 아주 불편하게 지내고 있는데 그 부분을 다뤄봐야지 하고 마음을 먹고 왔는데 계속 기다리고 있었거든요. 그래서 처음 시간에 집중이 안된게 저건 간단한 거니까 끝나고 언제쯤 할까, 말의 서두를 어떻게 꺼낼까 집중하면서 기다리고 있었는데 4시가 넘어가면서 포기하면서 집중이 안되고 왜냐하면 리더께서 척도로 한번 돌아가 보고 그것을 구조화하면서 얘기를 하자 그럴 거라는 생각을 하고 마음적으로 준비를 하고 있는데 거기에 머물러 버리니까 그 다음부터는 제가 사고가 진행이 안되었던 거 같아요. 제가 빨리 스위치를 바꾸어서 집중을 해야되는데 제가 2주 동안 고민고민 해서 이 문제를 어떻게 내놓아야 될까 하는데….

상담자 : 내놓으려고 했는데 기회 자체가 차단이 되니까.

옹달샘 : 네. 사고가 머물러 버리니까 제가 집중이 안되면서 자꾸 더워지고.

상담자 : 지루했어요.

옹달샘 : 저는 4시쯤 끝나면 한 시간 남으니까 그때 얘기를 해야지 시계만 본 거예요. 그래서 무슨 얘기를 하는데 무슨 얘기를 하는 건지 귀에 주의깊게 안들어오는 거예요.

상담자 : 그러면 그 얘기는 다음 주에 두 분한테 기회를 드릴테니까 그때 해보세요.

옹달샘 : 모르겠어요.

상담자 : 제가 적절하게 시간을 분배를 했어야 되는데 제가 말려들었어요.(웃음)

사 과 : 말려든건가?

모 두 : 아니예요.

상담자 : 저도 오늘 좋았던 것 같아요. 이런 식으로 진행되야 할거라고 기대를 했었는데 기대 밖으로 진행이 되었지만 그런대로 좋았어요.

회기 해설

    집단성원들이 원래 아는 사람들이었기 때문에 기차속 효과(On the train effectiveness)가 나타나지 않는 아쉬움을 토로하였다. 집단구성원 중의 1명이 시기적절하지 않은 웃음을 마구 쏟아냄으로 해서 집단과정이 흐려지고 있는 안타까움에 대해서 논의가 되었다. 이것이 본격적으로 구성원들의 일상생활의 단면속에서 심층적인 인지구조를 다루어낼 수 있는 토양이 마련되는 계기가 되었다.

    특히 사과님이 상담자와 스폰지의 웃음에 대한 지적이 저항으로 여겨졌으며, 이 저항을 저항하지 않고 잘 다루어줌으로써 사과의 밑바닥에 깔려 있는 비합리적 신념을 탐색해낸 것이 이번 회기의 대어(大魚)였다. 그는 다른 사람이 나와 다르다는 점을 인정하기 어려워 하였고, 특히 다른 사람이 적절한 행동을 하지 않는 것을 견딜 수 없어 하였다. 그는 꾸준한 훈습을 통해 바꾸겠다는 약속을 하였다.

    본 회기의 협의사항은 전상담과정의 초기에 내담자가 호소했던 문제의 약화정도를 척도로 표현하여 구성원 각각의 문제해결 정도를 점검해 보는 것이었다.

    사과님의 저항으로 인하여 저항을 다루는데 시간이 많이 투여되어 협의사항을 못지켰다. 이런 경우 인지상담이 구조화되어 있으나, 그 구조의 틀에 얽매이지 않고 필요에 따라 그것을 넘나드는 유연함이 드러나 있다.

제9회 인지치료 집단상담 (6. 18) : 종결회기

상담자 : 오늘이 대망의 9회째 마지막입니다. 10회까지 채우는 것보다 뭔가 좀 부족한 '9'가 좋을 것 같아서 오늘을 마지막 회기로 계획 했는데요. 지난번 제가 부탁했던 것, 초기에 우리가 호소했던 자신의 찾아낸 생각들이 퍼센트로 표현하면 얼마로 표현할 수 있는지. 얼마나 약화됐는지, 그걸 좀 확인하고 싶고요. 그 다음에 지난번에 향기씨하고 옹달샘하고 얘기하고 싶은데 못했잖아. 오늘로 미뤘기 때문에 두 사람이 먼저 말문을 좀 열면 좋겠네요.

옹달샘 : 예. 제가 먼저 할까요. 생각은 전에 사과님이 일상적이고 사소한 것이. 본질적인 것처럼 저한테도 대인관계나 사고에 가장 많은 영향을 미치는 것 같은데, 한 예가 어제 같은 경우였던 것 같아요. 그게 뭐냐하면 이렇게 비슷한 형태가 반복되어 왔다는 느낌을 많이 받아요. 어제 ○○선생님이 강의를 했는데, 제가 듣기에는 너무 기대가 있었는지 모르겠지만 강의를 참 못한다는 생각을 제가 받았어요. 논리적이지 못하고 체계적이지 못하고 그래서 제가 세 시간 내내 입이 툭 튀어나와가지고.

상담자 : 화가 났어요?

옹달샘 : 화가 난 것보다 짜증났던 것 같아요. 짜증나서 사람들한테 '아유 강의를 뭐 저렇게 하냐' 강의를 이론을 제대로 알고 하시는 건지, 하여튼 제가 진짜 평가해서는 안될 부분까지 평가하면서 결국엔 그 강의내용에 대한 평가가 아니고 그 사람 자체에 대한 평가내지는 내가 보지 못했던 부분까지 추측해서 평가를 하면서 같이 강의를 들으러 온 사람한테 전이를 시켰다는 생각이 들어요. 선생(상담)님께서도 어제 그 얘기를 했었는데 그러면서 그 말을 하고 난 뒤 '아 그래 이거야' 하는 생각이 들었어요. 결국엔 이게 반복되는 거로구나 하는 생각을 많이 해요. 전에 한번 저항을 많이 한다고 얘기하셨죠. 사례발표회 때뿐만 아니라 사람을….

상담자 : 아니 제가 저항한다고 그렇게 아니라 이미 기존에 있는 시각으로 자꾸 사람을 본다

구. 그러니까 우리가 상담할 때 대체로 사례발표회의에서 사례를 발표하는 사람은 자기 사례에 대해서 많이 알기 때문에 이렇게 변호를 하게 되잖아요. 암만 해도 그러면 '야, 내가 잘못 알고 있어서 저 사람이 변호를 하는구나' 이렇게 보기보다는 그런데 그게 옹달샘씨만 그런게 아니라 상담하는 사람들이 대체로 방어하고 있다, 이렇게 본다구, 그때 그런 것을 얘기한 거죠.

옹달샘 : 물론, 그런 의미도 있을 거고. 제가 받아들였들 때는 나름대로 많이 이렇게 좀 저항적인 경우가 많은 것 같아요. 처음에 보기에는 제가 볼 때도 수용적이고 포용적인 것 같은데 그게 극단적이라는 생각을 제가 많이 해요. 어떤 경우에는 굉장히 수용적이지만, 수용적일 때는, 전에 기준을 얘기하셨는데 저도 모르겠어요. 하나의 기준 잣대가 있어서 그런지 몰라도 그 기준 안에 들어왔을 때는 그 사람에 대해서 수용적이 되지만, '한 번 아니야' 라는 생각이 들면 아주 반항적이고 돼먹지 못한 행동까지 하는 그런 경우가 많았었던 것 같아요. 어제 같은 이야기가 바로 그거였구. 이 집단상담을 하면서 사람 자체하고 사람 행동은 다른 거다, 사람의 행동만 문제시 해야지, 그 사람 자체까지 거론해서는 안된다는 것을 조금 알기는 했어도. 그런데 좀더 이것을 깊게 파고 들어야겠다는 생각이 들고 제가 작년에 상당히 너무 힘들었거든요. 작년에 ○○하고의 관계가 너무 힘들어서 솔직히 직장을 그만 두지 않은 게 참으로 신기할 만큼, 물론 제 잘못도 참 많았었는데, 신기할 만큼 많이 힘들었고 그때 제가 한 행동들이 이렇게 막 공격적으로 해대는 거예요. 그게 ○○이라는 어떤 선이 있고 그 다음에 어느 정도 받들어줘야 될 부분들이 있는데 일단 저 사람은 아니다 틀렸다, ○○으로서 해야 될 역할을 제대로 하지 못했다는 생각이 드니까 그 다음부터는 그 선이 전혀 보이지 않고 같이 해대는 거죠. 많은 사람들이 보는 앞에서 거의 "니, 네"할 정도로 싸우고…. 그리고 나서 나의 잘못이라기보다는 합리화를 시키죠. 일이 이러이러해 그럴 수 밖에 없었다는 걸 스스로에게도 합리화하고 다른 사람들에게도 합리화하고, 지나고 생각해보니까 내가 많은 사람들을 만나면서 은연중에 어떤 잣대로써 그 사람을 평가해서 대충 수그리고 들어갈 수 있는 사람과 아니면 내가 적당하게 공격을 해대도 되는 사람을 저도 모르게 선별을 하고 있다는 생각이 들어요. 그래서 대충 공격을 해대도 되는 사람 앞에서는 그게 서로 어떤 관계가 있던간에 공격적이게 되고, 사람 자체까지도 내가 마구 파괴해 버리는 그런 경우가 참 많아요. 그러니까 그게 꼭 그때 일만은 아니고 이렇게 저 선에서 많이 그런 것 같아요. 지난번 같은 일은 아직 해결되지 않은 상태에서 남아가지고 안보고 싶고, 만나면 피하는 그런 상황이죠, 될 수 있는대로 안 부딪쳤으면 좋겠고, 지금 ○○이 많이 바뀌었는데 거기 일어나는 일들을 들으면 그래 나도 힘들었지 나도 그때에 얼마나 힘들었는지 봐라 이런 식으로, 그러니까 분명히 행동과 사람 자체는 다르거든요. 그런데도 제가 그 행동을 보면서 그 사람까지도 마구 제 식으로 평가해 버리는 게 제가 생각해도 아주 심한 정도인 것 같아요. 밖으로 표현되는 것보다 더 많이, 내면 속에.

상담자 : 그런 것 때문에 죄책감이 마음속 깊은 곳에 있었네요.

옹달샘 : 죄책감도 있고 거부감도 있고요. 여러 가지 감정이지 꼭 죄책감만은 아니예요. 불편 한 건 있죠.

상담자 : 죄책감은 아니고, 거부감은 있고….

옹달샘 : 죄책감도 있죠. 있는데 좀 약한 것 같아요. 왜냐하면 그 죄책감이란 것이 위아래 선이 란게 있는데, 내가 그 선을 파괴했다는 데서 어떤 죄책감이 들거고. 나를 합리화하고 싶은 마음도 많구요. 계속 왜 이럴까, 처음에 사람들이 보면 굉장히 포용적이고 수용 적인 것 같은데 조금 알고, 어느 정도 그 사람을 안다 싶으면 반대로 그 사람을 마구 평가해 버리는 그런게 조금씩 심하게 나타나는….

향 기 : 그런데 그게 주로 집단에서 상하관계일 때 더 그런 거예요, 아니면 동년배 사이에서 도….

옹달샘 : 동년배 사이에서는 제가 그렇게 깊이 있게 인식을 못하는 게 서로 비슷한 수준에서는 그게 그렇게 특별하게 튀지 않잖아요. 튀지 않고 그럴 수도 있는 일인데, 위 아래 그 렇게 팍 튀어버리니까 제가 그걸 인식하는 것 같아요. 아마 또래에서도 그런 일이 분 명히 있을텐데, 내가 아무렇게나 대한다든지 마구 내 식으로 평가해 버리는 그런게 있을 건데 내가 그걸 심각하게 받아들이지 않는 거죠. 근데 위아래는 그래서는 안된 다는 기본적인 그런 부분이 있잖아요, 우리 도덕관에서는. 그런데 그렇게 하니까 제 스스로도 그 문제를 인식하기도 하고 타인이 보기에도 그거 너무 심한 것 아니냐고 그걸 지적하게 되고 그런 것 같아요. 저는 인식하지 못하지만.

스폰지 : 대부분 동료들끼리 많이 그러잖아요, 강자에게 약하고 약자에게 강한 게 아래위에서 는 많이 안그러는데….

옹달샘 : 그러니까 그게 있다라는 것이….

스폰지 : 예.

옹달샘 : 그걸 어떻게 제가 정의를 내릴 수 있는지 모르지만, 위아래도 분명히 나타나기 때문에.

스폰지 : 교수님이나 선생님에게도요?

옹달샘 : 예. 완전한 강자한테는 그렇게 못하죠, 적당한 강자일 때 그러죠.

향 기 : 그것도 자기 기준으로, 할만한 사람이다 아니다를.

옹달샘 : 그렇죠. 내가 해대도 되는 사람이라는 것이 느껴지면 그렇겠죠. 높은 분한테 그렇게 하진 못하겠죠. 발 뻗을 곳을 알잖아요, 사람들이 위아래서 그런 경우도 그런 것이 있 기 때문에. 물론 수평적인 관계에서도 분명히 그런게 있을 거예요. 제가 알아차리지 못하는 거죠. 많이 힘들더라구요, 살아가는 데 있어서는….

상담자 : 이것을 어떻게 도와줘야 되나? 저는 요새 그런 생각을 많이 해요. 힘이 없고 약한 사 람한테는 일단 내가 저 사람이 힘이 없고 약하다는 판단이 들면, 공격을 멈추고, 요새 최근에 느낀 것은 나한테 도움을 요청하는 사람한테는 내가 어떤 식으로든 도움을 주 어야 한다, 그런 생각을 하던 차에 오늘 아침 인지치료 교실 같은 상황에서 강의를 계

속 해달라 이런 부탁을 받았을 때 분명하게 더해주겠다고 얘기를 하지 못하니까 내가 자꾸 가책이 드는 것이. 인지부조화 같은 건데, 다윗과 골리앗 그 얘기를 다시 한 번 생각을 하면서 어떤 식으로든지 제 보호가 필요하고 약하고 그런 사람한테는 공격을 멈추고 도와주고. 그러나 저보다 강한 사람, 힘이 있는 사람 이런 사람이 부당하게 하는 것에는 내가 저항하리라, 이런 것을 내가 요새 생각하게 되는 것 같아.

·
·
·

중 략

·
·
·

옹달샘 : 저같은 경우엔 조금만 어떤 약점을 보여도 또 약점이 서로가 동조가 되면 그 힘을 빌어서 꽉 공격해 버리는 것 그렇다는 거죠. 제가 그게 어떤 맥락에서 나온건지, 아니면 제가 어떤 개인적 특성 때문에 그렇게 나오는 건지….

상담자 : 그러니까 그것은 제가 볼 때는 두 가지 다인 것 같아.

옹달샘 : 모든 사람에게 그렇게 하지는 않거든요. 제가 좀 성격자체가 외향적이고 안으로 하기보다는 밖으로 무언가 표현을 해야지만 그게 제 적응방식이겠죠. 그렇지 않고 속에만 담아두고 그냥 속으로 그런 척을 못하는 거죠. 밖으로 해대고 표현을 하고 불편하다는 것을 자꾸 이렇게 밖으로 표현을 하니까 문제가 더 커지게 되고 나중에는 수습할 수 없을 정도로까지 가게 되는데.

상담자 : 그런데 그건 분명히 자기 손해예요.

옹달샘 : 예, 손해죠.

상담자 : 어떤 직장이든지, 인간이 모인 곳에는 조직의 쓴맛이란 게 있어요. 자기를 잘 드러내지 않는 것이 제일 좋아요. 드러내면 자기만 손해야. 단수가 높은 사람들은 자기를 드러내지 않으면서 불만사항을 옆사람들한테 흘리잖아. 흘려가지고 결국 어리석은 사람들이 동조를 하게 하고 불만을 터뜨리게 하지요. 단수가 높은 사람들은 그런 것을 이용하는 것이지. 그러면서 결국 자기가 힘든 부분은 타인을 통해서. 그러니까 하나의 예가 그런건데. 그러면 결국 그만 손해지, 그만 대드는 사람이 되는 거고. 옹달샘님이 아직 어리고 조직의 쓴맛을 아직 못봤기 때문에. 이러면서 사람이 속된 표현을 하자면 닳는 것이지. 아직 내가 직장을 오래 안다녀서 사회생활의 경험이 일천하기 때문에 그런 일은 얼마든지 있을 수 있는 일이구요. 그런 것들을 지금처럼 통찰을 통해서 잘 성찰할 수 있는 계기로 삼아야 되겠지.

옹달샘 : 제 생각은 내가 동조 당해서 결국에는 표현하는 사람이 되는 그런 경우가 많은 것 같

아요.

상담자 : 그런 부분이 있지.

옹달샘 : 처음엔 조금 생각을 하다가 옆에서 한 점이 있으면 보태주는 거죠. 그러면 내가 결국은 그 부분을 다 안 것처럼 표현해 버리는 것이지.

상담자 : 그러니까 단수가 약하지, 낮은 거지.

옹달샘 : 그렇죠. 그 부분에 있어서 제가 이렇게 거슬러야 되는 건 아닌가. 그게 요령이 부족하고 기술이 부족해서인지 아니면 통제하지 못하는 뭔가가 있는 건가.

상담자 : 두 개 다 있는 것 같아요. 나도 두 개 다 갖고 있어요. 저도 그렇게 마음속에 있는 갈등이나 이런 찌꺼기를 담아놓지 못하고 방출해서 없애버려야 편하게 지내는 스타일이거든요. 그렇게 했을 때 내 마음은 편할 수 있지만 거기서 오는 부수적 역효과가 굉장히 크죠. 다른 사람들과의 관계적인 맥락 속에서 우리가 조직생활을 하는 것이기 때문에. 자기 내부에서 다스릴 수 있으면 참 좋겠죠. 그때 이 인지를 다스리는 방법이 참 도움이 많이 되겠지. 저도 이 기법을 통해서 도움을 스스로 많이 받아요. 속상하고 이런게 굉장히 많을 때 그때마다 생각을 찾아서 다시 한 번 바꿔서 생각해보고 그러면 그게 자꾸 연습이 되니까 스스로 정화도 되고 그러는 것 같아요.

옹달샘 : 사람 자체를 보는 것과 그 사람 일부 그건 그 사람 전체가 아니거든요.

상담자 : 그리고 또 중요한 것은 내가 저 사람의 입장이 충분히 이해가 안되기 때문에 내가 화가 나고 이상하게 느껴지고 그러는 거야. 대부분이 그건 것 같아요. 그 사람 입장을 우리가 잘 모르고 우리가 아무리 공감을 하려고 하지만 우리 경험의 범위를 벗어나기가 참 어려운 것 같아요. 내가 저 사람의 입장이 안 되었기 때문에 그러는 건데, 저 사람의 입장에서는 그럴 수밖에 없는 무슨 이유가 있겠지. 사실 우리가 윗사람이 아랫사람을 감싼다고 생각하지만 사실은 아랫사람이 윗사람을 감싸주는 조직이 성숙한 조직이 되거든. 만약에 옹달샘이 그 분을 감싸줬으면 지금 이런 갈등을 겪지 않을 수도 있었겠지. 감싸지 못한 부분에 대해서 통찰이 필요한 게 아닌가 싶어. 그렇지? 다른 분들은 먼나라 이야기 같아요? 인턴으로서 느껴야 했던 그 소외감도 있을 것 아냐? 어때요? 아니면 아웃사이더(outsider)로서 어떻게 느껴져요?

스폰지 : 무슨 일일까 궁금하기도 하지만, 정당한 화냄이란 필요하지 않을까 하는 생각이 들어요. 방법상으로.

옹달샘 : 그게 정당한 화냄이 아니었으니까 제가 계속 해서 시간이 지난 지금도 많이 힘들어하는 거예요.

사　과 : 저는 그 얘기 듣고서 제 생각도 좀 많이 들고, 옹달샘님이 굉장히 평소에 착하신 것 같거든요. 아까 스스로 얘기했듯이 수용적이고 많이 존중하고 좋게좋게 넘어가고 그런 것이 참 많은데, 사람이다 보니까 그렇게 하는 노력을 열심히 하는데 그 노력을 아무리 해도 안되는, 제외되는 사람이 적어도 한 사람 이상은 있을 것 같거든요. 상대하는 사람이 얼마나 많아요. 수십명 수백명 있는데 공교롭게도 그 대상이 아까 언급했던 그 ○○이 아니었을까 다른 쪽에서 조금조금씩 남았던 앙금같은 게 그 선생님한테는 다 쏟아부어져서 하나의 희생양처럼 된 건 아니었을까.

상담자 : 그러니까 그것도 맞는데, 옹달샘이 고민하는 것은 그거지, 만약 그 희생양이 강한 희생양이었더라면 이렇게 고민하지는 않을 거야 그치? 그 희생양이 약한 사람이었는데 내가 감싸고 돌보기보다는 같이 공격을 해댄 것에 대해서 그래서 지금 속상하고 미안한 것 아닌가?

옹달샘 : 표현적으로 나서서 직접적으로 공격을 하게 되고.

사 과 : 그게 오히려 희생양이라는 자체가 강한 대상에 대해서는 희생양을 만든다는 건 힘들잖아요. 약한 대상에 대해서 희생양을 만드는 경우가 더 자연스럽고 당연하거라고 생각되거든요. 그건 당연한 것 같아요.

옹달샘 : 당연한 정도 문제가 아니거든요. 그 싸웠던 것을 보셨다면 상황이 이해가 갈텐데….

향 기 : 이런건 어때요? 상대에 상관없이 불만이 있거나 부당하다라는 것을 느낄 때 싸우고 싶은 마음이 당연히 들 수 있잖아요. 그런데, 대부분의 사람들이 자기의 사회적 감각(social sense)로 '아, 이 사람은 내 윗사람이니까 이렇게까지 말하면 안된다' 이렇게 발동이 되어가지고 딱 통제가 된다든지 하다못해 집에서라면 엄마나 아버지같은 존재라면 싸우기도 하잖아요. 그런데 사회생활 하면서 공적으로 만난 사람들이고 그러니까 딱 통제가 되어서 제어가 될 수 있는데 그게 안된거잖아요. 말하자면, 옹달샘님이 사회적 감각(social sense)가 떨어지는 게 아니냐라고 물어보기보다는 그런 어떤 윗사람과의 관계 그런 것에 그다지 순위를 두지 않고….

상담자 : 그건 아니지.

옹달샘 : 제 생각 같아서는 그때 그 싸움이 계속 지속되었던 것은, 제가 어떤 때 보면 약간 요구형이라는 느낌이 들거든요, 그걸 느끼실 거예요. 쉽게 요구를 해요. 당신 이래야 되지 않느냐. 의미가 이런 식으로 전달될 때가 많거든요. 그랬을 때 그 사람이 그런 식으로 움직이지 않으니까 화가 나는 거죠. 막 해대고, 그 사람은 또 그래주지 않고 이게 막 반복이 되면서 단계가 올라가서 막 극단적인 상황까지 싸우게 되는 것 같아요. "해라" 위선에서도 해야 되지 않느냐 하는데 그 사람은 그렇게 움직여 주지 않으니까 내가 화가 더 나서 싸우게 되는 그런 것인것 같아요. 지금 얘기를 들으면서 생각하니까 제가 의외로 요구하는 말투가 많아요. 가까이에 있는 분은 느끼실텐데….

상담자 : 그러니까 여기로 말하면 '요구성'이네요.

옹달샘 : 요구성이고, 조절하려는 쉽게 말해 너무 강자는 아니라도 적당한 강자나 약자에 대해서는 요구하고 조정하려는 게 많더라구요. 그래서 뜻대로 움직여주지 않을 때는, 외향성에다가 공격성이 같이 합쳐서 튀어나오는 거죠.

상담자 : 그럼 이제 거기에 숨어 있는 핵심정서를 찾아냅시다. 옹달샘씨가 생각할 때, 우리가 얘기를 쭉 들었는데, 죄책감도 나오고 거부감도 나오고 후회도 나오고, 그치? 압박감도 있고 여러 가지가 있는데 그 상황을 지금 묘사할 수 있는 대표적인 핵심정서가 어

떤 거예요?

옹달샘 : 이건 뒷 감정이 시간이 많이 흘렀을 때의 감정이고요. 그 순간의 감정은 왜 내 뜻대로 움직여 주지 않느냐라는 어떤 불쾌감인 것 같아요.

상담자 : 그런데 우리 주제는 "지금 여기"(Here & now)이니까 옛날로 거슬로 올라가는 것이 주제가 아니니까 지금까지 어떤 감정의 찌꺼기가 남아서 우리 집단상담의 장에 이야기를 내놓게 되었나 어떤 정서 때문에….

옹달샘 : 그러니까 나 자신에 대해서 화가 난거죠. 그 상황을 재서 단수를 높여서 그럴싸하게 보이지 않게 해결할 수 있었는데, 티를 냈다는 것 때문에 내가 손해를 봤다 어떤 식이로든지 그것 때문에 나 자신에 대해 화가 나는 게 제일 많은 것 같구요. 그 다음에 죄책감은 약간 있는 것 같아요.

상담자 : 성숙하게 처리하지 못하고 사람들이 다 알도록 드러나게 했나, 그런 자신에 대해서 화가 난다, 이거죠?

옹달샘 : 네.

상담자 : 자 그럼, 우리는 화가 난다, 이 분노라는 정서 뒤에 숨어 있는 인지구조가 뭔지 생각해 봅시다. 분명히 이 분노라는 정서는 우리의 어떤 인지에 의해서 내가 지금까지 화가 나는 거니까, 그게 뭘까. 나는 다른 사람에게 나의 단점을 보이면 절대 안된다, 다른 사람에게 내 단점을 보였기 때문에 내 가치가 지금 떨어진 것 같다. 아니면 내가 단점을 보였기 때문에 스스로 위기감을 느꼈을 수도 있고…. 어떤 생각 때문에 지금 분노가 일어나는 것 같아요?

옹달샘 : 사실 그 위기감이라는 말이 들어오는데, 싸우는 장면을 인정받고 싶은 사람한테 제가 노출이 되었어요.

사 과 : 그 인정받고 싶은 사람이?

옹달샘 : 네. 인정받고 싶고 제가 존경하고 좋게 생각하는 분한테 그 장면이 목격되면서 제 가치가 떨어진거죠. 저는 그렇게 생각하거든요. 직접 그 부분을 가지고 직접 이야기한 건 아니지만 그 일이 일어난 뒤로 뭔가 서먹서먹하고 불편한 관계가 되었어요. 다른 사람은 몇 번 봤기 때문에 그러려니 하고 지나가는데 그분은 처음 봤고, 내가 들키지 않고 싶은 사람이었는데 그분한테 들켜서 지금 늘 그게 찝찝하거든요.

사 과 : 그 공격받은 사람이 마음에 거슬리는 게 아니라 그 들킨 것 때문에….

스폰지 : 저도 아까 사실은 그 사람한테 미안한 감정이 해소되지 않아서 그런가 했는데 그것 때문에 그런 건지는 몰랐어요.

옹달샘 : 솔직히 미안한 건 아닌 것 같아요. 물론 또 미안하죠. 왜 미안해야 되는데 미안하지 않은가 그것도 또 다른 측면에서 생각해봐야 되겠지만 미안한 마음이 전혀 없긴 않아요. 왜냐하면 내가 인간이기 때문에 그리고 내가 사회라는 생활 속에서 생활하는데 그 사람에게 상처를 주었다는 건 미안하지만 미안함이란 정서보다는….

상담자 : 들켰기 때문에 내가 인간의 가치가 많이 상실된 것 같다, 그거죠?

옹달샘 : 네.

상담자[1] : 옹달샘씨의 인간의 가치는 어떤 한 사람이 이 사람을 참 좋게 보면 옹달샘씨의 가치가 높아지는 것이, 어떤 한 사람이 옹달샘씨를 나쁘게 보면 가치가 내려가고 그러는 거예요?

옹달샘 : 그건 아닌데….

상담자[2] : 구체적으로 표현하면 내가 그 순간 그 사람에게 들켰기 때문에, 정확하게 표현하면 나의 어떤 측면을 잘 모르는 측면을 봤구나, 그리고 그 사람이 나를 총체적으로 평가할 때 나쁘게 할 수 있겠다 어떤 한 사람이. 그치? 그런데, 중요한 건 그 사람이 내가 인정받고 싶어하는 사람인데. 그러면 내가 인정받고 싶은 사람한테 내가 인정받아야지만 옹달샘씨의 가치가 정말 있는 건가?

옹달샘 : 절대적인 건 아니지만, 사람마다 누구한테 인정받고 싶다라는 그 비중이 다르다는 생각이 들거든요. 내가 비중을 많이 두는 분한테 어떤 가치가 손상되었기 때문에 어떤 한 사람이라는 것이, 다른 한 사람하고 비중은 다른 것 같아요.

상담자 : 그럼 옹달샘씨가 인정받고 싶고 존중받고 싶어하는 사람이라면 내 생각에는 인격적으로 굉장히 성숙하고 학문의 세계도 깊고 이런 사람인 것 같은데, 그런 사람이라면 옹달샘씨의 한 가지 측면을 보고 옹달샘씨의 가치를 평가해 버린다 그러면 존중받지 않아도 될 것 같은데요. 그분이 옹달샘씨의 행동을 봤다면 정말 성숙한 사람이라면, 관계 속에서 저런 일이 일어날 수 있고, 얼마나 화가 나면 저렇게까지 행동을 하고, 그렇지만 아직 나이가 어리고 미숙하기 때문에 이 상황을 다루는 기술이 부족하구나 이렇게 생각했을 것 같아, 내가 볼 때에, 그 사람이 아주 성숙하고 인격적으로 뛰어나고 이런 사람이라면. 그런데 그러지 않고, '아유 저 못된 것이 말이야 아주 착하고 순수한 줄 알았더니 저런 모습을 가장하고 있었구나, 저 사람 이제 별 볼일 없네' 만약 이렇게 생각하는 사람이라면 그 사람에 대한 존중은 안 해도 될 것 같아. 그런데 그렇기 때문에 그렇지 않을 거란 말이죠, 내 생각에는.

옹달샘 : 그런데 제가 많이 알지 못하지만 그 사람이 뭘 중요시 하는지 알잖아요. 의외로 위계질서를 상당히 중요하게 여기고, 내가 알고 있는 그분은 위계질서 위아래, 상하존중해주는 이런 부분을 상당히 중요하게 생각하는 분이기 때문에, 제가 그와 정반대되는 행동을 보인 거죠. 그분이 중요하게 생각하는 가치와 반대되는 모습을 보였기 때문에 더 많이 실망했을 거란 생각이 드는 것이죠.

상담자 : 그러니까 결국엔 내가 존경하는 그 사람을 실망시키면 안되는 건데, 내가 실망을 시켜서 화가 나는 거예요?

옹달샘 : 실망시켰다기보다는 내 가치가 손상되었다는 것 때문에 화가 나요.

---

1) 옹달샘의 비합리적 생각 "인간의 가치가 어떤 고결한 사람이 나를 좋게 보면 올라가고, 그가 나를 나쁘게 보면 내려간다." 임을 찾아냄.

2) 옹달샘의 마음의 밑바닥에 있는 비합리적 생각을 탐색하고 논박함.

상담자 : 가치가 손상? 그런데 제가 볼 때 그건 아닌 것 같아. 그분뿐만 아니라 많은 사람들이 위계질서를 따지고. 그러니까 우리가 일을 맡을 때, 모르겠어요. 다른 사람들은 모르겠는데, 몇몇 사람은 이 사람이 얼만큼 협조적일 것인가, 능력이 있다고 자기 주장만 하는 이런 사람보다는 선생님들도 다 조직생활을 할거니까 다 들어봐… 능력이 있는 사람은 정말 일을 빨리 해. 그 대신에 그걸 보면 하나님이 모든 사람에게 참 똑같은 축복을 내리시진 않는구나. 확실히 능력이 있는 사람이 재빠르게 하지만 또 인간관계가 모난 부분이 있기 때문에 저 사람보다는 차라리 느리지만 관계가 좋은 사람과 일을 하고 싶어요라고 말합니다. 많은 사람들이. 앞으로 조직의 추세가 그렇게 될 것 같아요. 어쩔 수 없이 협력해야 되는 거라면… 그런데 내가 왜 이 얘기를 하지? 어떤 맥락에서 이 얘기를 하려고 했지? (웃음)

사   과 : 저는 전에 얘기한 것을 듣고서는 옹달샘님이 여기서 비합리적 신념이라든지 그런 생각을 찾는 거잖아요. 그래서 생각한 건데, 인정과 사랑에 대한 욕구, 그런면에서 크게 타격을 받았겠다. 왜냐하면 그분이 평소에 그런 모습을 보이기 전에 옹달샘님한테 했던 자상함이라든지, 좀 다른 행동으로 보여질 것 같고, 그러면 내가 그런 행동을 보였기 때문에 그전처럼 사랑과 인정을 덜받게 됐구나 하고서 그것이 굉장히 마음의 상처가 될 것 같거든요. 그게 여태까지 계속 되어서 많이 찜찜하고 힘들 것 같다라는 그런 마음이 드네요.

상담자 : 사과님이 내가 하지못한 공감을 해주어서 참 고맙고…(웃음) 그 다음에 공감을 넘어서서 문제를 해결해야 되니까요. 글쎄 만약에 그 선생님이 나의 그 하나의 행동을 보고 나의 가치를 평가한다고 하면 그분이 인격적으로 덜 성숙한 부분이 있는 것이죠. 인격적으로 덜 성숙한 부분이 있는 사람에게 내가 꼭 인정과 사랑을 받아야만 하는가. 자, 그러면 그 선생님한테 우리 옹달샘씨가 왜 인정과 사랑을 받아야만 돼요? 왜?

옹달샘 : 꼭 그 사람이어야 하는 건 아니죠.

상담자 : 일단 대상이 그 사람이었으니까 내가 왜, 그 선생님이 힘이 있어서? 왜 그런가?

옹달샘 : 제가 여기에 왔을 때 잘해 주셨고, 힘들었을 때 많이 도와줬는데, 그래서 심리적으로 편하다기보다는 내가 괜찮게 여기는 분인데.

상담자[3] : 제 생각에는 그분과 제가 상호작용을 해본 것에 의하면 그 한 가지 사건이 머릿속에 남아가지고 옹달샘이 못됐다, 이렇게 총체적으로 평가하지는 않을 것 같아. 예를 들면 옹달샘이 이렇게 저돌적인 부분이 있구나, 이게 전체 옹달샘의 행동이라면 재가 나쁘다 저돌적이다 공격적이다 이렇게 보기보다는 그분도 상담을 하는 분이니까, 그런데 이 사람한테 내가 그냥 그렇게 보일 수 있는 거지, 뭐, 실수의 측면에서. 인간은 실수할 수 있는 건데. 다만 내가 실수를 노출하고 싶지 않은 사람한테 노출한 것 뿐

---

3) 옹달샘의 비합리적 신념 "나는 실수를 하면 절대로 안된다" "실수하는 나의 모습을 노출해서는 큰일이다"의 논박과정.

이잖아. 그렇죠? 그러니까 나는 실수를 노출하고 싶지 않은 사람한테 노출한 것 뿐이다. 나는 실수할 수 있다. 응? 그리고 만약에 이분이 나를 그것 때문에 인정을 하지 않는다면 그건 그 사람의 문제야, 이건 옹달샘씨의 문제가 아니라구. 이 사람이 하는 어떤 표본 행동을 보고 이 사람의 전체를 평가하는 것은 이 사람이 결국 성숙하지 않기 때문에 그렇죠. 내가 생각할 때. 그 선생님의 속을 모르지만 지금 굉장히 화가 났구나 부분적으로는 잘못하는 부분이 있구나 이렇게는 생각할 수 있지만 재는 총체적으로 인간이 참 못됐다. 이렇게는 나쁘게 매도하지 않을 것이다 이거죠. 매도한다면 이것은 그 사람의 문제야. 이건 내 문제가 더이상 아니야. 나는 꼭 실수를 하면 안된다. 노출해서는 큰일이다. 이런 생각이 있는 거지. 특히 내가 존경하고 싶은 사람한테. 그러나 저도 많이 느꼈지만 나도 모르게 내 기질과 특성은 나타나는 거야. 그건 어쩔 수 없어.

옹달샘 : 네. 그걸 통제하지 못했다라는 것 때문에 또 신경질이 나고, 들켰다는 부분 때문에 화가 나는 거고.

상담자[4] : 그러니까 내가 존경하고 싶은 사람이 나를 인정하고 나의 좋은 면만 봐주면 참 좋겠지만, 세상이 그렇게 돌아가는 건 아니니까. 하여튼 재수없어서 거슬린거다. 재수없어서 거슬렸는데 나의 부분을 가지고 이분이 전체를 평가한다면 할 수 없는 것이고. 그렇죠? 그렇지 않게 평가해주면 고마운 것이고. 그렇게 생각을 정리하는 게 좋을 것 같네요. 지금은 어쩔 수 없잖아. 돌이킬 수 없어서 그런게 아니라 가장 인지적으로 제가 얘기 해드리는 거예요. 인지상담에서 하는 얘기가 그거지. 이 사람이 부분을 가지고 나의 전체를 평가하는 사람이라면 이 사람 자체가 성숙한 사람이 아닌데 성숙하지도 않은 사람의 마음에 들어야 하나, 그렇게 한 번 생각할 수도 있고, 두 번째 만약에 이 사람한테 내가 이런 걸 노출한 게 이 세상의 끝인가. 그건 인간사에서 얼마든지 있을 수 있는 일이란 말이죠. 제 생각에는 그건 전자로 정리하는 게 좋을 것 같아요. 그분이 인격적으로 성숙한 사람이라면 부분행동을 보고 전체를 매도하지 않을 것이며, 만약에 매도한다면 그것은 그 사람의 문제야, 내 문제가 아냐, 그건 분명히 그렇잖아요?

스폰지 : 저기요, 만약에 그 선생님한테 그걸 들켜서 그런 것에 대한 건 이렇게 정리가 될 수 있겠는데요. 선생님께서 어느 정도의 빈도와 강도를 가지고 그러신 건지는 잘 모르겠지만, 그게 지금 나 자체에 대해서도 문제가 있는 것 같아. 그걸 찾아보시려고 하는 건 아닌가요?

옹달샘 : 아까 감정을 얘기했기 때문에 이 감정이 나왔구요. 현재에서 가장 불편한 건, 시간이 지났는데도 불구하고. 어떤 적대감정이 계속 남아 있고.

상담자 : 그래서 그분에 대해서?

옹달샘 : 예. 부딪치면 싫고.

상담자 : 한 번 그럼 찾아보자.

---

4) 표집된 인간행동을 가지고 인간 전체를 평가해서는 안된다라는 인지상담의 인간에 대한 관점 설명.

옹달샘 : 자꾸 부정적인 말을 제가 하게 되고, 그러니까 부정적인 느낌이 계속 남아 있고.

상담자 : 자, 그러면 또 여기에 있는 생각을 한 번 찾아봅시다. 지금 적대감이 있잖아. 그 선생님에 대한 적대감이 있는데. 어떤 나의 사고의 틀 때문에 적대감이 유도가 됐을까. 어떤 사고틀일까 그걸 한 번 찾아봅시다.

옹달샘[5] : 일단은 화가 많이 났던 건 사람은 반드시 ○○은 ○○다워야 된다는 생각을 제가 많이 했던 것 같아요. 그런데 ○○답지 못한 어떤 행동을 보면서 조그만 부분을 보고 전체까지 다 ○○답지 못하다. 이 부분도 ○○답지 못하고 심지어 ○○답지도 못하고 심지어는 인간답지도 못하고 이렇게 확대되어가는 것이죠.

상담자 : 그건 자신이 지닌 인지구조의 잘못이네.

옹달샘 : 예.

상담자 : 왜냐하면 다른 분들도 다 눈치챘겠지만 나도 보면 그 사람이 굉장히 좋아요. 어쩌면 저렇게 착할 수가 있을까. 그 생각을 참 많이 해. 그와 상호작용을 하면서 제가 볼 때 굉장히 착한 사람이라는 것을 알았어요. 착한 사람이지 뭐. 착한 사람이 아니면 견디고 해나갈 수 있겠어. 생각해 봅시다. 착한 사람인데, 객관적으로 나만 적대감을 갖고 있는 것. 그렇지?

옹달샘 : 제가 처음에 말씀드렸는데 사람과 사람 행동은 분명히 구별되어야 되고, 행동 때문에 그 사람을 평가해서는 안되는데, 행동이 그렇지 못하면 사람마저 제가 휘저어 버리는 거죠.

상담자 : 그렇죠. 어떻게 ○○다운 건데?

옹달샘 : 그 정의를 모르겠어요. 그냥 순간적으로 판단하는….

상담자 : 그러니까 적대감이란 게 결국 ○○답지도 않은 사람하고 일하면서 얼마나 내가 상처를 받았나?

옹달샘 : 억울하다.

상담자 : 억울하다. 이런 거네? 나는 결코 억울함을 당하고 싶지 않다 이거네? 억울함을 당해서는 안되는데 내가 억울함을 당했기 때문에 적대감이 생긴 거네요?

향 기 : 그것보다 이런 것 아닌가. 사람들은 내 마음에 들어야 한다.

상담자 : 결국 크게 가면 그렇게 되겠지. 좀더 깊은 곳의 쉐마는 그거지. 나와 함께 일하는 사람은 나보다 훨씬 잘나고 훌륭하고….

향 기 : 내가 배울 게 있고….

상담자 : 음, 내가 배울 게 있고 이런 사람이어야 하는데, 내가 왜? 재수없게 거슬러 가지고 배울 것도 없고 훌륭하지도 않은 사람에게 그렇게 했나.

옹달샘[6] : 그 생각이 정말 많았어요. 만약에 저를 위해 잘 방어해주고 일을 잘 조절할 수 있

---

5) 옹달샘의 인지구조 "사람은 반드시 사람다워야만 한다"에서 "여성은 반드시 여성다워야만 한다", "선생님은 반드시 선생님다워야만 한다"가 파생함.

6) 옹달샘의 핵심신념 "나와 같이 일하는 사람으로부터 나는 얻고 배우는 것이 많아야만 한다. 그렇지 않으면 나는 그것을 견딜 수 없다"을 찾아냄.

고 했다면 내가 정말 많은 것을 배우고 나도 부족한게 많고 잘 모르는데 나에게 더 많은 것을 줬어야 되는데, 나한테 준게 없다 하면 그 생각도 한 것 같아요. 금방 선생님이 이야기한 게 제일 적절했던 것 같아요.

상담자 : 제가 옹달샘님 이해를 돕기 위해서 한마디만 하면, 저는 이제 상대방 입장에서 자꾸만 역지사지(易地思之)를 시키려는 입장이니까요. 지금, 저는 이제 강의를 가면 무슨 얘기를 하냐면, 청중들이 강사가 참 강의를 잘한다 못한다 평가하지 말라. 정말 이 장이 살아서 움직이게 하는 것은 당신들이 이 장면에서 어떻게 강사를 요리하느냐에 따라서 이 강의가 잘될 수도 있고 못될 수도 있다는 것을 강조해요. 사실은 아니지만, 여러분이 강의하는 분한테 자꾸 반응을 많이 해주고, 코멘트도, 하고 질문도 하고, 그래야지 이 장이 살아서 강사가 자기 역량을 발휘할 수가 있죠. 아니면 가만히 앉아서 듣기만 하면서 저 강사는 나쁘다 이렇게 말할 수 있는 자격이 있는 사람은 아무도 없다, 이렇게 생각하거든요. 그런 측면에서 본다면 ○○를 내가 잘 관리하지 못한 점은 내 입장에서 잘못일 수 있고, 저는 그렇게 생각해요. 만약에 옹달샘씨가 소위 힘이 있는 사람을 만나서 여러 가지로 방어도 해주고 또 실제적인 혜택을 볼 수 있었지만 그렇게 이 사람이 보호막을 쳐주기 때문에 놓치는 부분도 많을거야. 응? 대처기술이 오히려 개발될 수 있는 기제라든지 계기가 없기 때문에, 이분을 만났기 때문에 이것도 사실은 하나의 좋은 경험이죠. 이런 경험도 갖게 되고 앞으로 이런 사람을 만나면 어떻게 다뤄야 되겠다는 기술도 배우게 되고, 그치? 이렇게 우리에게 장에서 얘기할 수 있는 기회도 되고 그렇기 때문에 이것을 전적으로 나쁘다고만 하니까 지금 내가 또 적대감을 부추기도록 기여를 하는 부분일 거예요. 이것이 내 삶에서 프러스가 되는 부분도 분명 있을거야.

옹달샘 : 예, 그건 그렇죠.

상담자[7] : 그렇지? 그렇게 생각한다면 희망적으로 이분한테 감사할 수 있으면 더 좋겠죠. 내가 당신을 만났기 때문에 새롭게 좋게 배운 부분이 있다. 이렇게 생각해줘도 좋지 않을까 이런 생각이 들구요. 하여튼 적대감은 아까 뭐라고 하셨지? 내 맘에 들어야 된다 결국 그거지. 모든 사람이 내 맘에 들어야 되고, 또 일하는 사람은 내 마음에 드는 사람을 위해서 내가 일해야 되고 그런데, 조직이 그렇게 돌아가는 게 아니잖아. 내가 맘에 들지 않은 사람과 일하게 되기도 하기 때문에, 그래서 사람들이 기술이 더 습득하고 발휘하는 것 같아요.

기술은, 사실은 마음속 깊은 곳은 진실이 아닐 때가 많다구. 겉으로 그냥 세상이 돌아가게 해야 되니까. 진실을 가장하면서 하게 되는 부분도 많은데, 이러면서 배우는게 있다라고 위로를 하면 이런 적대감을 내 생각엔 없애야 되는 정서같아요. 어차피 우리가 같이 세상을 살아가고 일을 할 것이, 또 누구와 부딪쳐도 마찬가지 일거야. 옹달샘이….

---

7) 옹달샘의 또하나의 핵심신념인 "세상은 반드시 내 마음에 들어야만 한다"를 탐색해 냄.

옹달샘 : 그러니까 금방 얘기한 것처럼 항상 윗사람이기 때문에 밑에 있던 사람에게 뭔가를 주어야 하고, 뭔가 모범적인 생활을 보여야 되고 좀더 질적으로 나은 어떤 수준이라든지 그래야 된다는 생각을 하는 것 같아요.

상담자 : 그러면 좋겠지만….

옹달샘[8] : 제가 그러면서 과거에도 어떤 사람하고 같이 있었는데, 경력이 오래 되었기 때문에 제가 기대가 많았었어요. 그래서 아마 질적으로 양적으로 모든 게 우수할 거라고 생각이 들었었는데, 그게 아닌 것을 보면서 제가 속으로 막 힘들어 했거든요. 첫해에 그런 경험이 있었기 때문에, 있었는데도 그냥 지나쳐 버렸죠. 아 그런 것이 나한테 있구나, 뭔가 그 사람에 대해서 막연한 기대를 했다가 그 기대가 채워지지 않을 때 내가 그 사람을 무시하는 경향이 있구나라는 것을 알았는데, 그 다음에는 그게 아주 극단적으로 나타났던 거죠. 그것이 정리되지 않은 채 지금까지 계속 남아 오니까 찝찝한 마음이 남아있는 거고, 이렇게 잘 접어지지 않더라구요. 살면서 반복되어 왔던 것 같아요. 뭔가 이렇게 기대하고 기대가 채워지지 않으면 일단 무시하거나 적대시해 버리고, 또 기대할 만한 사람을 찾고….

향　기 : 일단은 기대를 참 많이 하는 것 같아요. 지금 계시는 곳에서 상하관계에서는 나보다 나은 사람이 이래야 한다고 막 기대하고 이러는 거지만, 학교장면으로 가면 또 교수님한테 그렇게 될테고.

옹달샘 : 네, 선배님한테도 그럴테고..

향　기 : 예를 들어서 남편하고의 사이에서도, 남편하고는 이래야 된다고 기대하는데 안 그러면…. 그러니까 좌절이, 어떤 인간관계에서도 좌절이 오는데 그것을 받아들이는 방법을 무시해 버리거나 적대시 하는 것 이런식으로 나가는 거잖아요, 그렇죠?

옹달샘 : 약간 수용적이지 못한다는 거예요.

상담자 : 결국 그런 것을 보면서, 우리들한테 그런 부분이 조금씩 다 있을 거예요. 있는데, 뭔가 '잘하는' 문화 있잖아, 공부 잘하고 우수하고 잘나고 이런 사람만 키우려고 했던 우리 사회전체 분위기의 결과지 뭐, 다. 그건 그런데 정말 바람직하지 않죠. 저 사람은 좀 구멍난 부분이 보여도 그 사람의 좋은 점을 볼 수 없는 나를 안타까워 해야지. 분명히 좋은 점이 있다구. 예외 질문도 그렇고, 해결중심적 접근방법에서도 보면, 어제도 그런 거 계속 나왔잖아, 자꾸 못하는 것만 내 눈에 들어와서 그렇지, 그 사람이 잘하는 것도 얼마나 많은데. 그 잘하는 것을 내가 그 사람한테 강화해주고 고마움을 표시했더라면 이 못하는 부분이 더 축소될 수 있었겠죠. 그것은 보지 못하고 못하는 부분을 자꾸 봐 가지고 더 확대하고. 또 제가 볼때는 옹달샘 개인적인 성향과 아울러 그곳의 어떤 조직적인 분위기 때문에 저는 그렇게 됐다고 생각하는데, 하여튼 분위기에 옹달샘님이 편승하지 말고, 스스로 자신이 옳다고 생각하는 바를 거슬러가고, 좋

---

8) 옹달샘 스스로 자신의 비합리적 생각 "다른 사람은 반드시 나의 기대를 채워야만 한다. 그렇지 않으면 그를 무시하게 된다"를 찾아냄.

은 분위기를 유도하고 창조해내는 데 더 기여하면 좋겠지. 이 좋지 않은 분위기에 휩싸이기 보다는, 그렇죠? 조금 무거운 이야기였던 것 같은데, 하여간 그건 아까 향기 씨가 참 잘 정리해준 것 같아요. 모든 사람이 내 맘에 들어야 한다. 나도 내 맘에 안들 때가 참 많은데, 언젠가 얘기했지만, 상담이 참 그런 것 같아요. 어떤 사람을 통해서 행동을 변화시키는 것이 상담에서 하는 거라고 하지만, 그 사람이 다른 사람을 어떻게, 그러니까 내담자의 많은 문제들이 관계에서 오는 경우가 많거든. 다른 사람이 자기의 인식 안에 들어오지 않기 때문에 막 불평하는 경우가 참 많잖아요. 그럴 때 결국 행동의 변화라는 게 맘에 들지 않는 다른 사람의 행동을 받아들이는 수용의 폭을 넓혀가는 거잖아, 그렇죠? 그런 측면에서 나도 내 맘에 안들 때가 많으니까, 더군다나 사람은 더 내맘에 안 드는거지 뭐, 이렇게 생각을 정리하고 내가 옳다고 생각하는 데로 나가는 게 좋겠지. 이 적대감은 옹달샘님이 어떻게 풀어야 될까, 이건 제가 볼 때 오래 갖고 있으면 좋지 않은 정서인 것 같아요.

옹달샘 : 불편하죠.

상담자 : 불편하지.

옹달샘 : 불편하게 타인에게 영향을 주게 되더라고요.

상담자[9] : 이 세상엔 내 맘에 안드는 사람이 더 많다고 해야 될까, 그런데 있잖아, 이것을 한 번 생각해봐. 다른 사람, 이 ○○이 아닌 다른 사람도 내가 일을 통해서 만났다면 또 이런 갈등이 있었을거야. 일을 통해서 우리가 일을 하다가 그렇게 되는거지 정말 개인적으로 미워한다든지, 아까 행동과 인간을 분리하는 것을 자꾸 이야기했는데, 그걸 분리해서 그 사람을 인간 자체로 받아들일 수 있는 연습을 자꾸 해야 되겠네요. 그렇게 하기 위해서는 행동연습이 참 중요해. 제가 계속 얘기하지만, 물론 우리의 인지에 의해 정서와 행동이 결정되기도 하지만, 사실은 인지상담에서 행동이라는 것을 왜 붙였을까. 행동도 그에 못지 않게 중요하기 때문에 그렇거든. 그러니까 옹달샘님이 행동적으로 자꾸 가까이 다가가고 그런 연습을 하면 좋겠네. 안되더라도 억지로 말야, 그렇게 하다보면 정서도 변화되고, 그 사람에 대한 미운 생각도 없어지고, 그러면 되지 않을까, 좋은 점이 많이 있는 사람이잖아, 그분이.

옹달샘 : 일단 제가 좋은점을 얘기하기 보다는 나쁜 얘기를 더이상 하지 않는 것도 정말 제가 해야 될 일 중에 하나인데, 그와 같이 있는 사람들이 힘들다는 얘기를 해주면, 그랬었다, 이랬었다, 그래 가면서 같이 동조를 하면서 막 이렇게 커지는 거죠.

향 기[10] : 그리고 인지적으로도 아까 말한 것에 다 역으로 "꼭 모든 사람이 다 내 맘에 들어야 되는 건 아니다" "꼭 윗사람이라고 내가 얻어가야만 한다고 생각할 필요는 없다" "그도 얼마든지 좋은 점이 있다" 이런 식으로 인지적으로 생각을 바꿔보는 것도 필요하죠.

---

9) 인지상담 및 치료에서 '인지' 못지 않게 '행동'이 중요함을 강조.
10) 향기님이 옹달샘님에게 도움이 되는 합리적 대안 생각을 제시함.

상담자 : 꼭 필요하죠. 인지적으로 하면서 행동양식도 같이 그렇게 해서 옹달샘님이 해결하셨으면 참 좋겠어요. 적대감이 대표적인 부정적인 정서인데…… 같이 일을 하면서 그런데 참 힘들었겠다, 그 동안에.

옹달샘 : 서로 불편한 거죠, 뭐. 많이 힘들었던 것 같아요. 오히려 뭐랄까 배려받은 것도 많음에도 불구하고 부정적인 감정이 남아 있으니까 그것도 또 괴로운 거예요. 그게 맞는 것 같아요. 윗사람은 뭔가 주어야 하고 더 잘나야 한다, 그게 사람을 참 힘들게 하고, 더 많은 기대를 하게 되고, 기대가 안되니까 완전히 돌아서서 그게 내 기대에 충족되지 않을 수 있느냐 이런 것 때문에 힘들어 하고.

상담자 : 결국 능력이 있어야 된다, 이런 건데.

향 기 : 그런데 그것은 잘났다 못났다 판단하는 것도 결국 내 기준이잖아요.

상담자 : 그러니까 결국 능력이 있어야 되는 건데, 연구 및 학문분야에서 살아남기 위해서는 능력이 있어야 되지, 그런데 중요한 것은 능력이 있기 때문에 저 사람이 훌륭한 인간이다라는 건 아니란 말이지요. 그런데 우리는 자꾸 그렇게 보잖아. 실력이 있으면 껌뻑 죽지 뭐. 그것도 한 번 생각해 봐요. 실력이 있으면 껌뻑 죽고 괜히 잘 보이고 싶어하고 인정받고 싶어하잖아, 그치? 그런데 그렇지 않으면 괜히 잘 보이고 싶지도 않고, 인정받고 싶지도 않고 이런 건데, 그걸 거기에서 내가 정말 자유로울 수 있어야 될 것 같아요. 누구나 정말 인간으로서 훌륭하고 똑같은 사람이고, 어떤 사람은 그야말로 부모에게서 좋은 머리를 타고나와서 공부를 좀 잘하는 거고, 그치? 어떤 사람은 누구 공부하기 싫은 사람이 어디 있어? 나와 보라구 해봐. (웃음). 머리가 좀 나쁘게 태어나서 못한 거구, 그런거지 뭐. 그런데 그걸 가지고 자꾸 편파적으로 본다면 우리의 반성도 필요한 것 같아요. 특히 공부하는 사람이기 때문에 더 그런데. 실력이 저 사람은 많을 뿐이야. 더 있을 뿐이야, 그렇지? 그렇지만 인간으로서 저 사람이 더 우수한 건 결코 아니란 말이죠. 우리는 말을 그렇게 하지만 그게 정말 잘 안되는 것 같아.

스폰지 : 사람이란 정말 다 장단점이 있는 것 같아요. 교수들도 잘 가르치는 사람이 있는 반면 그 사람이 연구는 너무 안하는데, 말발이 너무 좋아서 잘하는 것 같은 사람이 있구, 특히 ○○과는 정말 더 그런 것 같아요.

상담자 : ○○학과?

스폰지 : 예, 그쪽으로 강의하시는 분들을 보면, 말발좋은 사람들은 공부 별로 안해도 실제 경험들이 많으면, 그것을 끌어다가 잘 인용하면서 그러는데 연구하시는 분들 중에서 강의가 너무 졸리고 그런 분들이 있어요.

상담자[11] : 중요한 건 뭐냐면, 하느님이 우리에게 완벽성을 주시지 않았어요. 저 사람의 저런 부분이 참 부럽다고 해서 그 안을 들여다보면 분명히 모자라고 약한 부분들이 있어, 그렇죠? 그렇기 때문에 내가 무슨 얘기를 하려고 했더라? 생각이 너무 앞서가서 자꾸

---

11) 완벽하지 않은 인간에 대한 무조건적 수용을 강조.

할 말을 잊어버려. 그 사람을 있는 그대로 받아들이고 수용하고, 그 사람이 실력 있으면 그 실력을 내가 활용을 하는 것이고, 그렇다고 해서 내가 인간적으로 주눅들 건 없잖아. 인간적으로 그 사람이 나보다 우수한 사람은 아닌데. 저 사람은 나보다 실력이 많을 뿐이지, 실력이 좀 없다 해도 그 사람이 뭐 실력이 없고 싶어서 그런 게 아니라 인간적으로 우수한 사람이고 여러가지 여건상 실력이 좀 약하다. 그런데 글쎄, 저는 그런 생각을 했어요, 한때 알면 뭐 얼마나 아나? (웃음) 그렇잖아, 모르면 얼마나 더 모르고.

향　기 : 하여튼 연구분야에 있을수록 그것을 떨쳐 버리기 쉽지 않은 것 같아요.

상담자 : 글쎄. 그러니까 연구하고 공부하고 있는 사람들이 참 고독한 사람들이야. 서로가 다 외로운 사람들이야. 팀워크가 잘 형성이 안돼. 너무나 서로 다 잘났기 때문에. 그렇지 않은 사람들이 오히려 인간적인 정을 나누고 따뜻하게 살아가요. 난 그런 사람들을 보면 훨씬 재밌고 제대로 살고 있다는 생각이 참 많이 들어요. 일요일에 놀러 다니고. 도시락 같이 먹고. 그런데 전문가 집단일수록 서로 모르고 외로운 사람들이야. 그래요. 그러면 그건 그렇게 정리하면 되겠네. 인정받고 싶은 사람한테서 인정받지 못해 화가 나는 것은 그 한면을 보고 그 사람이 나의 전체를 평가한다면, 하지 않을 건데, 옹달샘님이 혼자 지레 짐작하는 거잖아. 만약에 그렇게 한다면 그 사람의 문제이고 성숙하지도 않은 사람한테 군이 내가 인정을 받아야 되나 그걸 다시 한 번 점검해 보고. 그 다음에 적대감의 문제는 나에게서 찾아야 되죠. 내가 내 맘에 드는 사람하고 일을 하고 싶다든지, 윗사람은 꼭 내게 배움을 줘야 된다라든지, 배움을 못 받았기 때문에 억울함에서 이 적대감이 나온 것 같아요. ○○를 만났으면 내가 더 보호를 받았고 더 얻는 것이 있고 배우는 것도 있었을텐데. 이분은 그렇지는 않았지만 뭔가 또 나에게 새로운 시사점을 주었다라고 정리를 하고 행동연습으로, 같이 동조해서 비난하지 말고, 감싸는 얘기를 먼저 해주고 그 다음에 생각을 이렇게 정리하고. 그러면 되겠죠?

옹달샘 : 네.

상담자 : 한 마당을 이제 좀 넘어가겠습니다. 넘어가도 돼요?

옹달샘 : 네. 많이 지연되더라구요, 이게.

상담자 : 그거 진작 얘기하지. 그때 그것하고 비중이 비슷하게 중요한 문제였던 것 같은데, 그치? 그 다음에 향기씨도 지난번에 얘기하고 싶은 게 있다고 했는데.

향　기 : 저도 비슷해요. 조금 다른데. 맥락은 비슷한데. 선생님 시간적으로 괜찮겠어요?

상담자 : 괜찮아요. 5시 30분까지 할거니까.

향　기 : 저도 지난 시간에 얘기했던 것 해 볼께요. 그러니까 뭐지, 막 생각이 안 났는데. 얘기를 듣다가 저도 좀 감이 잡혔는데. 최근에 가까운 두 사람으로부터 비슷한 점을 지적당했어요. 하나는 남편이고, 하나는 초등학교 때부터 친했던 친구예요. 그런데, 뭐 이렇게 표면적으로 드러서 어떤 문제를 일으킬만한, 나한테 아주 불편한 정서를 일으키는 이런 건 아닌데, 제 베이스에 깔려 있는 문제라면 문제고. 한 번 생각해 봐야겠다라고 최근에 생각했던 점인데. 저같은 경우는 옹달샘님과 약간 비슷하면서도 다른 게… 음, 사람이 그렇잖아요. 자라서 학교를 다니고 또 졸업을 해서 사회에 들어가고 그러면서 수많은 사람들을 만나게 되잖아요.

상담자 : 그렇죠.

향　기 : 만나는 사람들 중에서 자기하고 가까워지는 사람이 있고 덜 가까워지는 사람, 그냥 스쳐지나가는 사람 여러 가지가 있잖아요. 어떻게 생각하면 사회생활에 들어가기 전까지. 지내다보면 나와 뜻과 이상이 맞는 사람과 더 가까워지게 되고 이런 식으로 되잖아요. 그런데. 그렇게 살아오는데. 이제 그러다보면 저도 타인에 대해서 기대하게 되는 것들이 있잖아요. 저도 약간 비슷한게, 뭐라고 그러지? 용머리도 아니고 닭꼬리? 그래서 어떤 잘난 집단에 가서 내가 닭의 꼬리가 되겠다.

상담자 : 닭의 머리가 되고.

향　기[12] : 아 (웃음) 용의 꼬리가 되겠다는 건 아니지만 나보다 훨씬 우월한 집단에 가서 항상 열등해서 어쩔 줄 모르고 그런건 아니지만, 인간관계를 맺을 때 저도 뭔가 배울 수 있는 사람, 내가 뭔가 얻을 수 있는 사람 그런 사람과 인간관계를 맺길 원해요. 그게 어떤 객관적인 기준으로 내가 뭘 배울 수 있는 게 아니라 아주 주관적인 기준으로, 예를 들어서 학술적인 면이 아니라 생활적으로 그래요, 예를 들어서 만약에 결혼을 해서 주부로서 살림을 사는데 아주 내 주관적으로 기준으로 내 맘에 드는 거지, 그 사람의 어떤 살아가는 패턴이, 그러면 그런 사람과 가까워지고 싶어 하는 거예요. 제가 그런 면을 배우고 싶어서, 그렇다고 나좀 가르쳐줘, 이게 뭐야 이러는 것이 아니라 그 사람이 진짜 객관적으로 모든 사람들한테 너무 훌륭하게 살고 있어 이게 아닐 수도 있어요. 그런데, 뭐냐면 내가 원하는 어떤 면을 갖고 있는 거야. 그걸 내가 굉장히 여과없이 아주 맹목적으로 받아들여요. 그리고 막 맹신하는거야. 예를 들어서 문화 쪽이나. 그림쪽으로 어떤 안목을 갖고 있는 사람이 있다면 그 사람의 안목이 절대적인 게 아닐 수도 있고, 정말 어떤 전문가가 봤을 때 전혀 아닐 수도 있고, 이럴 수도 있는데. 하여튼 뭔가 내가 원하는 뭔가 그런 취향과 방향이 맞는다고 하면 내가 그 사람을 아주 다 받아들여요.

상담자 : give, give, all give(모두 주어 버리고) 하고. 나도 그런 성향이 있는데.

향　기 : 특히 내가 부족한 부분에 있어서, 혹은 내가 더 관심이 있고 더 알고 싶어하는 그런 분야에서 뭔가 나보다 좀 더 뭔가 많이 알고 있으니까 내가 받아들이는 거겠지. 그런 걸 받아들이는 것까진 좋은데, 내 가까운 주위 사람들의 말에 의하면, 상대방에게 제가 강요를 한대요. 이 사람 것을 내가 받아들여놓고는 그게 아주 굉장히 절대적이고 전부인냥 너도 이렇게 믿어야 돼, 그런다는 거예요, 제가.

상담자 : (웃음) 남편한테 많이 강요했나보지? 구체적으로 좀 얘기해봐.

---

12) 향기님이 옹달샘님과 유사한 생각을 지니고 있음을 토로.

향　기 : 그리고 은연중에 나는 뭔가 항상 이렇게 내가 얻을 수 있고 배울 수 있는 그런 사람들과만 인간관계를 맺고 싶다라고 생각을 하는 거예요. 그만큼 나도 기대를 자꾸 하는 거지. 그래서 어떤 기대를 갖고 있는데, 그게 충족이 안되면 옹달샘님은 그 행동반응이 적대시하거나 공격적인 행동으로 나가는데, 저는 그게 아니라 혼자 짜증이 난다든지 그리고 회피하는 거예요. 그러니까 부딪치는 건 없으니까 내가 회피해 버리거나 이런 식이니까 크게 문제될 것은 없지만 나에게 불편한 정서가 일어나지도 않는데.

상담자 : 내가 짜증이 난다. 이건 불편한 부적절한 정서일 수 있죠. 그런데 짜증날 수 있는 건데.

옹달샘 : 저하고 약간 비슷한 것 같아요

상담자[13] : 그렇죠. 그 짜증의 강도나 빈도가 얼마나 강한거냐, 부적절한거냐 이게 문제인데. 누구나 다 사실은 그렇죠. 자기에게 쉽게 말하면 이익을 줄 수 있는 사람하고 내가 친하게 지내고 싶은 것이지. 어떤 식의 이익이든지 관계없이, 물질을 쫓는 사람은 물질적인 이익을 주는 사람이 좋을테고, 지적인 것을 쫓는 사람은 지적인 지식을 자꾸 많이 가르쳐주는 사람이 좋을테고, 누구나 그런건데. 그것이 바람직하고 이상적인 것이냐에 대해서 회의가 드는 거잖아.

향　기 : 그리고 왜 물론 주관적인 잣대이기는 하지만 그렇게 확 받아들이니까 다 여과없이. 특히 내가 좀 자신있는 부분, 내가 알고 있는 부분에 대해서는 안그런데, 내가 취약하다고 생각하는 부분에 대해서는 어떤 사람이 새로운 정보를 준다고 하면 그 정보를 확 다 받아들이는 거죠.

상담자 : 자, 그러면 그 정보를 다 받아들여서 나쁜게 있어요? 사람을 잘 믿기 때문에 받아들이는 건데.

향　기 : 그래서 제가 그걸 잘 생각해 보니까 나쁠 건 없는데, 나 자신을 돌아봤을 때 내것은 없는 것 같아요. 내가 이 만큼 가지고 있는데 내가 만들어낸 게 아니고, 이 사람으로부터 이만큼 얻어서 이렇게 채우고, 저 사람으로부터 얻어서 이만큼 채우고.

상담자 : 그럼, 그걸 내가 통합시키면 되잖아

향　기 : 그렇죠. 선생님이 자주 말씀하시듯 통합해서 내가 내재화해서 내걸 만들면 그게 결국 내것이 되는 거겠죠?

상담자 : 그렇지. 다 그런 식으로 나의 생각도 그렇고 신념체계도 그렇고, 가치도 그렇고, 그렇게 해서 다 형성이 되는 것이지. 예술도 마찬가지야. 이 예술이 모방행위예요. 모방을 통해서 창조가 나오는 거지. 모방이 없이 나오는 창조는 거의 없죠.

향　기 : 그 모방을 하고 있다 그런 것이.. 죄책감까지는 아니어도 자격지심, 그러니까 나는 왜 내걸 창조하지 않고 나는 이렇게 모방을 하고 있었을까.

상담자 : 다그래. 아니 모방을 해서 내 안에서 그걸 녹여낸 뒤 통합하면 되는 거죠. 내것으로 창조하면 되는 거지.

---

13) 부적절한 정서와 적절한 정서의 차이는 그 정서의 출현 빈도와 강도에 있음을 설명.

옹달샘 : 말처럼 쉬운 것은 아닌 것 같아요.

향 기 : 그런데 이러면서 느껴지는 갈등이 뭐가 있냐 하면 주위에 자원이 없잖아요, 그런 상태에 있으면 막 갈등을 느껴요.

상담자 : 불안하구나.

향 기 : 그러면 내가 스스로 창조해내고 생각해내서 뭔가를 만들 수 있는데, 또 빨리 주변에서 뭔가를 봐야 되는데, 누군가를 봐야 하는데.

상담자 : 예를 들어서 구체적인 상황을 생각해봐요

사 과 : 그러니까 자기가 책을 읽는다든지 뭐 이렇게 해서 자기가 노력으로 얻는 게 아니라 다른 사람이 얘기를 해주던지 다른 사람의 행동을 하도록 해서 내가 그걸 통해서 학습을 하든지 이렇게 다른 사람이 있어야만 그것을 취해가지고.

향 기 : 그걸 더 잘 받아들이는 거야, 응 맞아요. 제가 뭘 이렇게 습득할 때 내가 어떤 책을 읽으면서 행간의 뜻을 나 혼자 스스로 읽고 나한테 접목시켜 맞는 것을 끌어내서 생각해낸다, 이런 게 부럽다고 그랬잖아요. 내가 혼자 그런 작업을 해내는 게 아니라 어떤 똑같은 이론을 누가 가르쳐줘도.

옹달샘 : 누가 가르치느냐가 중요한 거네요.

상담자 : 그러네, 결국 그러네.

옹달샘 : 누가 가르쳐주느냐에 따라 그 이론이 괜찮아 보이는 이론이 되었다가.

향 기 : 그리고 남이 하고 있는 것을 얘기해 주는 것으로 더 확실하고 정확하게 내가 이해하고 받아들이는 거예요.

상담자 : 그러니까 스스로 내가 스스로의 학습에 의해서 깨닫지 못하고 수동적인 학습에 의해서 깨닫는 것이 불편하다, 이말인가요? 어차피 책 읽는 것도 남의 이야기잖아.

향 기 : 아주 쉬운 예를 들자면, 여기서 상담을 하는데 제가 찾아서 책을 읽을 수도 있고, 내가 책을 막 읽으면서 고민을 해볼 수 있고, 나한테 끌어당겨서 생각해 볼 수도 있고, 그럴 수 있단 말예요. 혼자서 할 수 있는 일들이 있는데 누구를 찾아가요. 그 사람의 생각과 그 사람이 갖고 있는 지식으로는 어떻게 생각이 되나, 그래서 얘기를 해주면 그게 더 확 들어오는 거예요.

상담자 : 왜냐하면 그게 더 빠르니까 그렇지. 나한테 더 많이 도움이 금방 되니까 그렇지.

향 기 : 그렇다면 내가 너무 쉬운 방법만 찾고 있는 건가. 그렇죠?

상담자 : 노력경제원칙에 의해서 누구나 다 그렇지 사람들이.

사 과 : 그런데 나는 그 얘기를 들으니까 그걸 주는 쪽에서 불쾌하게 생각하거나 싫어한다면 그렇게 끌어내지는 않을 거예요. 그 사람이 자기가 자꾸 추근대는 것을 느끼고, 막 나를 이용하는 것처럼 느껴서 그것을 향기님한테 자기가 그런 것을 느끼고 있다는 것을 보낸다면 그 사람에게 자기가 그 요구를 계속 하지는 않을 거예요. 어느 정도 자기가 그 사람하고 친할 수 있구나, 그 범위내에서 그 사람의 그런 것들을 얻고 서로 상호작용하는 거죠. 그리고 저는 이렇게 생각해요. 그러는 동안 그 사람한테 받는 동안에도

준다고 생각하는 그 사람 나름대로 그 얘기를 통해 얻는 것이 많을 것 같거든요. 그 순간에 주고 받는 것(give & take)이 동시에 일어나고 있는데, 자기가 실제로 보는 부분은 나는 이 사람한테 얻고 있다라는 것만 보고 있어서 미안하고 잘못된 방법이 아닌가 이런 마음도 들 수 있을 것 같아요.

상담자 : 동의해요.

향 기 : 그런 것도 있는 것 같아요. 아주 뭐 의식적으로 항상 의식하고 있는 건 아니지만, 내가 조언을 자주 구하는 어떤 사람들이 혹시 내가 너무 매일 와서 물어보는 애, 그리고 쟤는 왜 자기가 공부하지 않고 나한테 와서 자꾸 물어보나 이렇게 생각할지도 모른다?

상담자 : 그렇게 생각할 수도 있지. 그렇게 생각하려면 하래지, 뭐 (웃음). 결국 그거잖아. 나는 잘 보이고 싶다. 예의바른 사람으로 보이고 싶은데, 혹시 내가 이렇게 가서 저 사람이 나를 좋지 않게 보면 어떻게 하나 이런 두려움이네요?

향 기 : 그런 것도 있고. 하여튼 출발은 뭐였나 하면 그 가까운 주위의 두 사람이 말하기를, 내가 자꾸 이런 식으로 얻은 조각조각 모자이크 된 것을 나의 독특한 것처럼, 상대방에게도 또 그게 아주 굉장히 절대적이고 대단한 것마냥.

상담자 : 잠깐만. 중요한 건 뭐냐하면, 이 두 사람이 그렇게 얘기를 했는데. 이 두 사람이 얘기한 건 나에 대한 주관적인 지각이죠. 결국 내가 나를 바라보는 것도 나의 주관적인 지각일텐데, 이 두 사람이 한 얘기를 보면서 나도 정말 그렇게 생각하는지 그게 궁금해요.

옹달샘 : 또 그 사실마저 받아들이는 거 아니에요? (웃음)

향 기 : 그런가? 또 그 얘기를 들으니까, 사실은 친구하고 먼저 대화를 했어요. 친구가 그런 얘기를 해줘서 그날 저녁에 남편하고 얘기를 하는데, 남편이 그런 면이 있다는 거예요. 예를 들어서 어떤 안목들을 가지고 있어요. 그래서 그걸 남편이 '아, 이 사람이 참 안목이 있구나, 독특한(unique) 자기만의 안목이다' 라고 좋게 생각했는데..

상담자 : 보니까 누군가의 것을 따라 한 거야? (웃음)

향 기 : 그렇게 생각이 들었다든지. 아, 그리고 이 두사람이 지적한 건 뭐냐면, 소위 말하는 내 판단으로 괜찮은 사람, 소위 잘 나가는 사람 이런 사람들의 말을 내가 아주 굉장히 믿는다는 거예요. 그리고 내가 이 두 사람에게 그걸 막 설파한 모양이예요. 그런데 이 두 사람의 입장에서는 자기들은 다른 생각들을 갖고 있었는데, 내가 이게 더 위인 것이라고 자꾸 강요를 했다는 거예요. 그리고 어느새 나도 그것이 다 내것이 되어 있는 거예요.

상담자 : 그래서 내가 지금 느끼는 정서적인 불편함이라든지 행동적인 어려움이 있어요? 그렇기 때문에?

향 기 : 특별히 그런 건 없구요. 이런 말을 또 특별히 더 듣고, 그리고 나를 다시 돌아보면서 내가 느끼는 건 내 자신이 참 알차게 내실이 있는, 내가 괜찮은 사람이 아니라 난 너무 주위의 자원을 이용하려는 기회주의적인 사람이 아닌가.

상담자 : 아니야, 그런데 그게 능력이예요. 주변의 자원을 활용하는 게 굉장히 중요한 능력이다. 어떤 사람들은 주변의 자원을 활용하지 못하거든. 그게 그 사람한테 핸디캡(장애)이 될 수 있구요. 그러니까 그건 중요한 능력이지 그게 문제는 아니예요.

사　과 : 그리고 난 또 그런 얘기를 해주고 싶은데요.

향　기 : 잠깐, 그러다보니까 내 기준 내 중심으로 해서 나에게 자원으로 선택되지 못한 사람들이 있잖아요. 그런 사람들로부터 제가 알게 모르게 빈난을 받게 되는 거예요. 친구를 가려 사귄다고.

상담자 : 비난을 받기 때문에 나한테 어떤 불편함이 와요?

향　기 : 아뇨.

상담자 : 그렇다면, 예를 들어 내가 지금 굉장히 불편하다면, 나는 절대적으로 다른 사람들한테 비난받으면 안돼, 나는 항상 좋은 소리만 들어야 된다고 생각했다면 내가 굉장히 불편하겠지. 그런데 내가 불편하지 않으면, 나를 비난하는 사람이 얼마나 많아요.

향　기 : 그런데, 비난받아서 불편한 것보다 '그건 오해야' 그런 생각이 드는 거예요.

상담자 : 아, 잘못 생각하고 있는 거다.

향　기 : 지금 솔직히 그런 불편함은 없는데, 학창시절에 저는 친구가 많은 편이었는데. 공부할 때는 그애랑만 공부하고 싶었고, 더 잘됐어요. 그래서 그애랑 공부하고. 방과 후에 옷을 사러 갈 때는 그애랑 가면 안목이 참 맘에 들고, 그럼 그애랑 가고. 영화를 볼 때는 취향과 정신이 맞는 아이랑 영화를 보고 싶었죠. 친구들의 입장에서는 제가 자기가 필요할 때만 나한테 찾아온다고. 자기들은 늘 항상 함께 있어주기를 원하잖아요. 그런데 저는 그렇지 않았어요. 제가 그것을 결정적으로 느낀 것은 결정적으로 나한테 누군가가 필요할 때 모두들 아무도 없어요. 왜 그랬냐고 하면 너한텐 얘가 있었잖아, 얘는 너한텐 그 애가 있었잖아 다들 이러는 거예요. 그런 일들을 많이 겪었어요. 제가 중고등학교 때.

상담자 : 그럴 수 있었겠다.

향　기[14] : 오히려 아주 매력적이고 참 친했으면 좋겠다고 생각했던 친구로부터 같은 급우한테 학기말에 편지를 받는 거예요. 너하고 친하고 싶었는데 네 주위엔 너무 친구들이 많아서 가까이 갈 수가 없었다. 뭐 이런 편지를 받는 거예요. 이런 일들을 학창시절에 겪었어요. 졸업하고 나니까 직접적으로 오는 그런 피이드백은 없는데, 내가 아주 어렸을 때부터 그런 행동패턴이 아주 굳어져서 계속 그런 식으로 살고 있는 게 아닌가. 그러려니까 솔직히 피부로 느끼는 불편은 아니지만 어떻게 생각해보면 피곤해요. 왜냐하면 쉴새 없이 자원을 찾아야 되거든. 그러니까 남을 의식하지 않는 저 혼자만의 고즈넉한 삶을 살지는 못할 것 같아요.

상담자[15] : OK. 그러니까 이거네, 엘리스가 얘기한 나는 누군가 강한 의지할 만한 사람이 있어

---

14) 향기님 스스로 "나는 쉴새없이 자원을 찾아 나서야만 한다"는 그의 생각이 자신을 지치고 피곤하게 하는 것임을 표현함.
15) 향기님의 불편은 Ellis가 말하는 "나는 의지할 강한 누군가가 있어야만 한다"는 핵심 스키마에서 파생된 것임을 인식시킴.

야 된다. 영화보러 갈때는 영화에 대한 옷사러 갈 때는 옷을 보는 안목이 있는 사람, 인테리어할 때는 인테리어하는, 공부할 때는 공부를 잘하는 사람, 결국 누군가에게 의존하는 행동이잖아요. "나는 누군가 강한 의존할 만한 사람이 있어야 내 삶을 제대로 꾸려갈 수 있다" 이런 거잖아요? 그것을 이제 독립적으로 바꿔가야 되겠지. 이제 누구를 찾지 말고 자꾸 혼자서 하는 습관을 많이 들이세요. 혼자서, 특히 우리나라 청소년 여자애들이 그러거든. 우리나라만큼 또래집단의 유대가 강한 문화도 없는 것 같아요. 저는 맨 처음 미국에 갔을 때 수업을 끝내고 교실문을 나가는데 너무 놀란 것이, 우리는 수업 끝나면 막 자기와 친한 사람하고 같이 나가잖아. 그런데 거기에서는 다 각자 가는 거야. 너무나 이상했어요. 그다음 다른 수업에 가봐도 그렇고, 다 그냥 각자각자 가는 거예요. 그런데 그렇다고 해서 그애들이 친구가 없냐 그것도 아니야, 친구도 많아요. 우리나라처럼 위계질서가 분명해서 1년만 높아도 선배, 이게 아니라 생활해봐서 잘 알지만 그야말로 마음과 뜻이 맞으면 다 친구이고, 친구도 많이 있지만 굉장히 독립적인 삶을 살아가고 있는데 우리는 아주 사소한 것에도 의존적이잖아요. 저는 여학생들한테 옛날 여대로 강의 나갈 때 결혼식도 같이 할 거냐고 그런 말들을 했었죠. 좀 혼자서 스스로 할 수 있는 방법을 찾아보고. 혼자서 쇼핑도 하고.

향　기 : 아니 그러니까, 아니예요. 사람들이 보기에는 내가 혼자 다니는 애로 보여요.

상담자 : 다른 사람들이 나를 잘못 지각하고 있는 건 중요하지 않죠. 제대로 지각하고 있는 나의 판단이 중요한 것이지요. 그치? 그런데 생각보다 독립적인 부분이 있어, 유학도 가고 이런 것을 보면.

향　기 : 그러니까 그건 제가.

사　과 : 사람들의 원성을 좀 사서 그렇지 나름대로 즐기면서 잘 살고, 또 내가 아까 얘기하고 싶었던 건 뭐냐면 사람마다 자신이 선호하는 것을 추구하잖아요. 그런데 그런 추구에 있어서 제가 보기에 향기님은 굉장히 솔직해요, 자기 자신에 대해서. 다른 사람은 어떨까 이런 것을 눈치보다 보면 내가 원해도 못찾아 먹는데 훨씬 적극적으로 잘하고 있다. 참 적응적인 것 같다. 또 판단했네(웃음). 잘하고 있는데 왜 자꾸 문제시 될까. 왜냐하면 자기가 생각하는 좀 중요하다는 사람, 남편이나 오랫동안 자기를 알고 있었던 친구가 그 얘기를 했기 때문에 그래서 결정적으로 자기가 마음에 흔들렸던 건 아닌가 하는 생각이 들어요. 그 피드백을 얼마나 자기가 비중있게 두냐에 따라서 휘청거릴 수도 있고, 아 그렇게 생각할 수도 있겠구나, 하고 그냥 넘어갈 수도 있고. 그게 참 그런 면이 있네요.

상담자 : 피드백이란 것이 그것을 곰곰히 생각해서 내가 받아들일 부분은 받아들이고 추려서 버릴 부분은 버리고 그렇지, 100% 다 그 사람이 남편이지만, 아무리 친한 친구라도 나를 모두 꿰뚫어 보고 있는 건 아니잖아요. 내가 나를 잘 알지. 그러나 어쨌든 지금 드러난 건 뭔가 의존하고 같이 해야지 만 불편하지 않는 사람이잖아. 그것은 바람직한 행동은 아니죠. 자원을 자꾸 찾는다는 의미를 이제 알겠어요. 스스로가 나의 자원

이 되어줘야지. 앞으로 언제까지. 결국 유용한 사람이 없으니까 지금 내가 불안하잖아요. 그치? 중요한 건 이제 이렇게 생각하셔야지, 앞으로 나에게 유용한 사람은 없다, 내가 유용해야지 나 자신에 대해서. 독립적으로 좀 나가줘야 될 것 같네요. 혼자밥 먹는 적이 없지?

향 기 : 아뇨, 그런 건 아니예요.

상담자 : 미국에서 또 혼자 공부하고 있었으니까.

향 기 : 여기 있을 때도 그러진 않았는데. 그런건 아니예요.

상담자 : 밖에 나가서 혼자 밥 먹을 수 있어요? 레스토랑 같은 데서?

향 기 : 오히려 그 여학생들의 또래집단 뭉치는 것, 그것에 대해 저는 반감을 갖고 있거든요. 저도 여대를 나왔기 때문에 여자애들끼리 그룹지어서 같이 다니는 것, 저도 그런 그룹에 속해 있었지만 이 애들이 수강과목도 다 똑같아요, 4년 내내. 같은 과목만 다 듣는 거예요. 같이 다녀야 하니까. 같이 점심시간에 밥 먹어야 되고, 하여튼 그런 것을 저는 싫어했어요. 그런건 아니고 항상 나보다 더 위, 위를 보고 찾아다니고, 봐서 거기서 내가 뭔가 얻을 것을 취해서 나를 발전시키고, 그것을 끊임없이 하고 싶어했어요.

상담자 : 저는 그것이 나쁜 것 같진 않아요. 결국 내가 보고 배우고 나를 개선해 가는 방법이잖아요. 그건 나쁜 것 같지 않은데, 그게 가용(available)하지 않을 때 불안해 한다면 이건 문제가 되는 거야. 앞으로 계속 하지만 주변에 사람이 없을 때는 내가 스스로 나를 위해서 자원이 될 수 있는 능력, 심리적인 힘이 좀 약한 것이 말하자면. 그치? 어떻게 보면 혼자서 그런 상황에 닥치면서 부딪치면서 해보는 거야. 자꾸 불안해하지 말고. 그 상황이 뭔지 모르겠지만, 예컨대 옷을 사러 가야된다 하면 혼자 못가요? 누가 봐주는 사람이 있어야 돼?

향 기 : 봐주는 사람이 있었으면 좋겠다고 생각은 하지만 혼자 가야 된다면 가긴 가요. 그런데 이제 선생님이 지금 말씀하시니까 생각나는 것이, 지금 제일 많이 생활하는 남편하고 부딪치는 건, 결국은 심리적인 힘이 약하다는 말이 갑자기 와서 확 닿았는데, 그런 것 같아요. 지금은 제일 유용한 사람이 남편이니까 모든 것을 남편이 다….

상담자 : 의논하고 남편의 의견을 듣고 싶고, 남편이 이렇게 해라 그러면 이렇게 하고.

향 기[16] : 뭔가 남편으로부터 내가 많은 것을 얻고 싶고, 이 사람한테 막 뭘 배우고 싶고 이런데, 남편도 같은 인간이니까 물론 나보다 나은 부분도 있지만 나보다 부족한 부분도 있을테고. 또 완벽한 사람이 아니니까 내가 막 끊임없이 기대하는 것에 못 미칠 수도 있는 건데. 그걸 인정하려 하지 않고. 내가 자꾸 질책하는 거예요. 왜 못하냐고.

상담자 : 그래, 그러면 거기서 관계가 있잖아. 겁 좀 줘야겠네. (웃음) 서로 기대를 너무 많이 하는 데서 부부관계는 소원해질 수밖에 없어요.

---

16) "나는 반드시 남에게서 배우는 것이 있어야만 한다"는 생각이 "나는 반드시 남편에게 배우는 것이 있어야만 한다"는 생각을 파생시킴.

향　기 : 남편이 부담스러워 하는 것 같아요. 제가 너무 끊임없이 그러는 것에 대해서.

상담자 : 지나친 기대는 하지 말자. 그렇게 스스로 생각해봐야겠죠. 남편을 꼭 가용한 자원으로 만들려고 하다가 그게 안되니까 힘들어지는 건데. 그래요. 관계이기 때문에 나 혼자만의 생각이 아니라서 내 기대에 따라주지 않을 때 나는 속상하지만 남편은 또 남편대로 힘들 수 있죠.

향　기 : 그리고 못됐는지 제가 생각이 부족한건지, 그런 것으로 상대가 상처받을 수 있다는 것을 생각 하지 않고 말로 막 옮기는 거예요. 나는 더 내가 배울 수 있고 얻을 수 있는 사람과 가까이 하고 싶은데, 난 너랑 결혼했는데 넌 나의 욕구를 채워주지 못하는 것 같다.

상담자 : 거봐. 그건 진짜로 결혼관에 대한 잘못된 생각이지. 서로 남녀가 사랑하는 사람끼리 모여서 가정을 이룬 것이지, 배울 수 있는 스승을 선택해서 결혼한 것은 아니잖아요. 결혼의 의미 자체가 사랑의 결합이고 서로가 부족한 것을 충족시켜 주는 거지. 남편은 가르쳐주고 나는 배우는 작업은 아니잖아요. 서로의 반쪽이 되어주는 것이지. 그걸 그런 식으로 해석을 하는 것이겠지. 자기는 배우고 가르쳐주고 하는 관계를. 그건 좋은 통찰같아요.

옹달샘 : 남편과의 관계를 심각하게 생각해보는 것 같은데. 그전의 남자친구와의 관계에서도 이런 문제를.

향　기 : 그전에 남자친구가 없었어요. 이런 식으로 애정관계로 얽힌 남자친구는 없고, 나는 이렇게 똑똑한 사람, 배울 수 있는 사람, 그런 사람하고 친구하는 거야. 애랑 이야기해서 내가 정신적인 충족감을 얻을 수 있는 사람, 이런 사람하고 내가 그냥 친구하는 거야.

상담자 : 그거야 배움의 대상이지.

사　과 : 저번에 ○○선생님 세미나에서 들었던 건데. 핵가족에서 중요한 것이 뭐냐면 핵가족들의 문제가 아주 적은 인원으로 여러 가지 욕구를 다 만족시키려 하기 때문에 서로간에 굉장히 피곤해질 수 있다, 그렇기 때문에 그걸 요구하고 기대하는대로 해주는. 그렇게 자기가 받는 것에 대해서 자기가 포커스를 맞추기보다는 어떻게 하면 협력하고 협동해서 공동의 목표를 이루어 나갈까 하는 것에 좀더 포커스를 맞추고, 많은 상호작용을 해야 한다는 것을 말씀하셨어요. 싸우기 위해서, 내가 뭘 원한다라는 것을 얘기하기 위한 상호작용이 아니라 우리가 어떻게 하면 함께 원하는 것을 동시에 만족시키기 위해 어떻게 서로 협력할 것인가 이것을 얘기하기 위해서 대화의 시간을 갖는다든지 이런게 필요한 게 아닐까. '내가 원해 네가 이렇게 해줘' 이게 아니라 우리 이것을 같이 만들려면 난 이렇게 했으면 좋겠는데 너는 어떻게 해줄 수 있니. 해 줄 수 없으면 포기하고, 서로 할 수 있으면 노력하자, 이렇게.

상담자 : 제 책『인지·정서·행동치료』에 보면 사례가 나오거든요. 사례를 한 번 꼭 좀 읽어보세요. 첫 사례가 단회 상담 사례인데 부부관계를 다룬 거예요. 도움이 좀 될 것 같은

데 아마도 그렇게 요구하는 것은 그렇게 해줘야지만 나를 사랑하는 거다라는 생각이 깔려 있을 거예요. 아마 우리나라 부부관계는 특히 그런 것 같아. 비밀이 없어야 되고, 일찍 들어와야 되고, 그런데 일찍 들어오는 것 자체가 중요한 것이 아니고 비밀이 없는 것 자체가 중요한 게 아니라 그래야지 나를 사랑하는 거다 이런 식의 생각이 깊이 깔려 있거든요. 선생님도 혹시 그런게 아닐까. 그런데 이제 그렇게 되면 사람을 자꾸 소유하게 되고 소유하려 들면 관계가 자꾸 삐끄덕거리는 것이지. 정리가 됐어요? 처음에 얘기했던 거. 시집올 때 가져온 짐을 다 내가 혼자 정리해야 되고 이건 어떻게 됐어요?

향 기 : 그건, 진짜 그때 그걸 얘기해서 그런 것인지.

상담자 : (웃음) 그렇다, 그래.

향 기 : 그런 거예요. 아주 많이 좋아졌어요. 저의 그런 면이. 그리고 그렇게 하니까 편하더군요. 마음도 편하고 실제 생활도 편하고. 도와주는 건 도와주는 것이고, 불완전하게 도와주는 건 그냥 불완전한 대로 보면 되고, 솔직히 뭐 청소도 그렇고 빨래도 그렇고, 어떤 그런 집안일이란 게 어차피 또 어질러지고, 또 쓸면 닦고 이런 건데 좀 덜 닦아 놓으면 어떻고. 좀 마음 편하게 생각하게 됐어요. 그때그때 하겠다고 생각해서 그렇게 하는 것도 많고, 좀 어지러져 있어도 그냥 그 자체를 편안하게 보겠다라는 것을 좀 의식적으로 생각해요.

상담자 : Thank you! 내가 왜 Thank you라고 하지? 제 방이 항상 정돈이 안되어 있어서. (웃음) 처음에 불편했을텐데 지금은 좀 익숙해졌겠다. (웃음)

옹달샘 : 신혼 초에 제일 많이 부딪치는 게 이부분인 것 같아요. 나름대로 기대들이 있고, 우리는 알게 모르게 남편은 하늘, 부인은 땅, 이런 것을 무의식적으로 받아들였기 때문에 남편은 항상 나보다 더 잘할 것이라는 판단도 그렇고. 어떤 문제를 해결해 나가려는 방식도 그렇고. 막연한 기대를 가지고 있으니까 상당히 그게 많이 힘들어서 남자들은 그걸 너무 힘들어 하는 것 같아요. 자기한테 그런 기대를 하는 것을 제일 힘들어 하는 것 같다는 생각이 들어요.

상담자 : 남편을 아들처럼 다뤄요. 큰 아들이라고 그러잖아.

옹달샘 : 적절한 시기에 남편이 표현을 잘했다 싶은데, 자기가 감당할 수 있을만한 때 그 얘기를 했다는 생각이 드네요.

향 기 : 남편이 저한테요?

옹달샘 : 예, 이정도까지만 기대를 해라, 더 이상 기대하면 힘들어질 것 같다라는 신호가 아닐까 하는 생각이 들어요.

상담자 : 자, 우리 개나리씨, 조용하게 앉아 있는데..

옹달샘 : 그런데 왜 자꾸 중간에 웃으세요? 그 웃음을 어떻게 처리해야 될지 몰라서.

개나리 : 며칠 전에 엄마한테 굉장히 혼났거든요. 집에서 뉴스를 보다가 제가 굉장히 웃었어요. 웃을 수도 있고 안 웃을 수도 있는 상황이었는데 크게 웃었거든요. 그런데 엄마가

놀라셨나봐요. 그러면 안된다고 충고를 받았어요. 정말 조심해야 될 것 같아요.

상담자 : 글쎄, 저도 지난번에 우리 사과씨가 우리가 너무 지나치게 웃었다고 그랬잖아. 제가 그것을 들으면서 웃음의 의미를 우리가 다시 재조명해봐야 되겠다 그런 생각이 들었어요. 제가 그때 그 얘기를 했는데, 내담자하고 상담을 할 때 말야, 우리가 특히 유머를 사용할 때, 예컨대 내담자를 인간적으로 공격을 한다든지 내담자 자체를 비웃음거리로 만든다든지 이러지 말라고 그러잖아요. 웃음도 마찬가지이죠. 웃음이 적절하게 가야되지 웃어야 될 때 웃고 울어야 될 때 울고, 속상해야 될 때 속상해야지, 그런데 이 웃음을 울어야 될 때 웃는다든지, 가만히 있어야 될 때 웃는다든지 이건 좀 문제가 될 것 같아. 그런데 그게 좀 파악이 안돼요? 계속 웃으셨잖아. 우리는 그냥 지나쳤지만 그게 막 속으로 다 불편함이 좀 있었을 거야. 적절한 웃음이 아닌데 왜 웃었을까. 그 이슈를 또 끄집어내긴 이젠 좀 늦고.

옹달샘 : 뭔가 좀 연상을 하는 것 같아요

사　과 : 저는 저번주에 그걸 해가지고, 전 아주 편하게 지냈거든요.

옹달샘 : 어제 사례협의회 시간에도 막 웃더라구. 그때 웃음의 이유는 그 이슈가 돌아가는 내용에 집중한 게 아니고, 다른 포즈를 보고. 그것에 대해 우리는 안 보고 일부러 안 쳐다보고 슈퍼비전 내용에 집중하려고 했는데, 선생님을 자꾸 쳐다보니까 중간에 자꾸 끽끽끽 웃는 거예요.

개나리 : 중간에 핵심적인 내용이 있잖아요. 그 내용에 몰입하지 않고 그 주변 것들을 많이 보면서 있는 것 같아요

상담자[17] : 개나리님, 있잖아. 그건 본인이 고쳐야 될 부분이라고 생각해요. 이렇게 소수의 사람이 모여서 이렇게 어떤 밀도 있는 주제를 가지고 나누는데 이게 집중이 안된다면 좀 자신을 돌아봐야 되지 않을까. 왜 집중이 안되는 것을까. 왜 집중이 안되는 것 같아요?

개나리 : 글쎄요. 자꾸 어떻게 설명해야 될지. 주변 것들에 제가 자꾸 신경을 쓰기 때문에 그런 것 같아요. 주의집중이 안되는 거죠.

상담자 : 눈치를 살피나 보죠?

개나리 : 눈치를 살피는 것이 아니고, 약간 좀 감각적이고 자극적인 내용에 대해서 민감하게 신경을 쓰는 것 같아요

상담자 : 우리가 뭐 감각적이고 자극적인 내용이 많이 나왔어요?

향　기 : 딴 생각을 하시는건 아니예요? 이것과 상관없는 다른 생각.

상담자 : 아니, 그런데, 그건 아닌 것 같아. 얘기를 하면서 어떤 적절한 반응이 있어야 할 때 갑작스런 웃음으로 반응을 하거든.

옹달샘 : 외부적인 옷차림이나 머리모양.

---

17) 개나리님의 행동적 문제(적절하지 않은 상황에서 웃는것)에 대해서 직면함.

개나리 : 그건 아니예요. 제가 주의집중이 안되기 때문에 그런 거예요.

상담자 : 왜 주의집중이 안될까.

개나리 : 산만하니까 그렇죠.

향 기 : 그런데 전보다 최근에 좀더 많이 그러시는 것 같아요. 전에는 별로 안그랬어요.

사 과 : 음, 요 2-3주 내에 보면 더.

스폰지 : 여러번 빈도가.

상담자 : 불안해서 그런가?

향 기 : 점점 더 그러시는 것 같아요.

상담자 : 그러면 다른 사람들은 저런 얘길 하는데, 나는 무슨 얘기를 할까, 그런 것을 생각하는
거예요?

개나리 : 그런 것도 있어요. 다른 사람이 얘기할 때 그 얘기에 몰입해 있기 보다는 얘기를 들으
면서 내 이야기를 많이 생각하는 것 같아요.

상담자 : 그건 상담자가 진짜 고쳐야 될 태도인 것 같아요. 상담할 땐 일단 잘 듣고, 그 다음에
생각하는대로 얘기해야지, 내가 무슨 얘기를 해줄까, 이것을 내담자가 얘기할 때 생
각하는 건 진짜 피해야 되는 행동이고, 여기서도 마찬가지로.

사 과 : 선생님은 상담자라서 그래서는 안된다는 말씀을 하셨는데, 지금 이 자리에서는 상담
자를 위한 인지치료가 아니기 때문에 그게 아닌 평소의 개나리님을 위해서 그게 어떤
의미인지를 좀더 선생님께서 얘기를 해주시면 좋을 것 같아요.

상담자 : 상담자로서 그래서는 안되고 이 자리에서는 그냥.

사 과 : 그런데 상담자로선 아주 잘하실 수도 있잖아요.

향 기 : 혹시 질문이 있는데, 최근에 조금 자주 그런 모습이 보이셨는데, 상담 중에 그런 적이
있으신지요.

상담자 : 그런데 그건 상담 중에 잘할 수 있다고 하는데, 우리가 뭐 비디오로 녹화하는 것도 아
니고 상담과정 중에 뭐가 일어났는지 모르지. 자기도 모르게 그렇게 내담자들이 선생
님이 안 웃어야 되는데 웃어요, 이렇게 말할 수 있는 힘이 있는 내담자도 별로 없을테
고.

개나리 : 네, 맞아요.그런데 상담하는 도중에는 웃음이 별로 안나와요.

사 과 : 굉장히 몰입할 것 같아요. 일대 일이기 때문에.

상담자 : 그런데 여기서 나오는 주제 자체가 지루해요?

개나리 : 그렇진 않아요.

상담자 : 그런데 왜?

개나리 : 자꾸 제가 튕겨나가려고 하는 게 있나봐요, 그렇죠?

상담자 : 으음.

개나리 : 제가 평소에도 좀 그런 게 있거든요, 집중이 좀 안되는 것이 저의 큰 문제 중의 하나
예요.

상담자 : 그런데 집중이 안되는 건 좋은데, 그게 왜 웃음으로 반응이 나올까?

향 기 : 환기시켜서 나한테 시선을 집중시키고 싶은 것, 그런 건 아닌가요?

개나리 : 그런 건 전혀 없어요. 오히려 시선이 안 오면 더 좋죠.

옹달샘 : 픽 웃는게, 웃으면서 밖으로 소리도 나오거든요.

사 과 : 몸은 여기 있지만 마음은 여기 같이 있지 않는.

상담자 : 머리속에서 뭔가 재미있는 다른 생각을 하는 것 같지.

사 과 : 자기 세계가 있는데 거기서 잠깐 웃기는 게 있거나 뭐 웃을 만한 게 있을 때.

상담자 : 그래서 웃는 것 같은 느낌이 들어요. 얘기를 하다가 자기 혼자 머리속으로 딴 생각, 어젯밤 TV에서 봤던 재미있는 장면이 생각나서 웃는다 이런 느낌을 받거든.

옹달샘 : 저희들이 보기에는 혼자 재미있는 생각을 하니까 저렇게 웃는구나 그렇게 생각이 될 정도로 얼굴과 입, 소리가 같이 나오기 때문에.

개나리 : 모르겠어요. 고쳐야 될 부분인 것 같아요.

상담자 : 갑자기 확 웃을 때 내 맘속에 떠오르는 스스로에게 했던 말 같은 것 있어요?

개나리 : 그런 건 없는데요. 웃으면서 나에게 하는 말은 어 내가 또 웃는구나 상황에 맞지 않게, 빨리 고쳐야되겠다. 더 당황스러워요. 또 웃었어, 또 집중을 안했구나.

상담자 : 계속 결국 집중을 안한 반응이 나오는 거구나. 그런데 다들 집중 됐죠? 나는 집중을 너무 해서 머리가 아플 정도인데 왜 집중이 안될까?

옹달샘 : 늦게 중간에 들어오셔서. 그 상황, 수퍼비전, 사례협의회 할 때도 집중이 안되는 상황이 아니고, 처음부터 계셨던 상황인데.

사 과 : 제가 볼 수 있는 모든 모임에서 거의 그랬어요.

향 기 : 최근에.

사 과 : 이렇게 하고 웃든지 확 소리가 폭발적으로 나오면서 웃든지. 그것도 혼자서. 다른 사람은 전혀 웃지 않는데.

상담자 : 혼자만의 세계가 많이 발달되어 있는 건가? 우리에게는 제일 덜 노출했잖아. 그렇지, 그리고 혼자만의 세계는 더 많이 있고, 암만해도 덜 노출을 했으니까 더 많겠죠?. 이제 우리가 오늘이 마지막 회기라서 더이상 그 문제를 다루기는 어려울 것 같아요. 하여튼 그건 센스있는 행동은 아니기 때문에 분명히 어떤 식으로든지 고치세요, 그래야 사회생활 때 좋을 것 같아요.

개나리 : 네.

상담자 : 주변분들이 많이 도와주세요, 도와주는 것을 원하세요?

개나리 : 제가 스스로 노력을 해야 될 것 같아요.

옹달샘 : 그런데 이상한 것이 시간이 지날수록 더 많아졌어요. 더 신경을 쓰니까 더 많이 나오는 것이 아닌가.

향 기 : 지적해 드릴까요? 저희도 민망해서 사실은 모른 척 할 때가 많거든요. 이상하다고 생각하면서. 오히려 개나리님 웃을 때 왜 웃어, 왜 그래. 이렇게 하라고 하거든요.

개나리 : 아니, 그러지 마세요.

모들들 : 어—.

개나리 : 틱하는 아이들 있잖아요. 너 자꾸 틱하지마 그러면 더 하게 되잖아요. 똑같은 것 같아요.

상담자 : 내버려 둬요. 관심 자체를 끊어야 되겠다.

사   과 : 자꾸 강화가 되는구나

개나리 : 내가 자꾸 왜 웃지? 이렇게 생각하면서 이게 꼬마애들 하는 틱 같은 증상이지 않을까 이런 생각을 좀 했거든요.

상담자 : 다른 분들은 아예 모른 척 하시구요. 관심 자체를 아예 끊어버리고 저도 그렇고, 개나리님 스스로 고쳐야, 개나리님 우리가 관심을 끊어버리는 게 낫지 않나요? 내가 웃든지 말든지 그냥 내버려 두는 것이? 나 자신도 그냥 무시하고 넘어갈까요?

개나리 : 네.

상담자 : 한 번 그렇게 해 봅시다. 몇 달간. 그리고 그 다음에도 지속이 된다면

개나리 : 오늘 끝나는 거 아니예요?

상담자 : 오늘 끝나는데, 8월까지 인턴 기간이 있잖아. 다른 분도 하여튼 끊고, 본인도 끊었다가 몇 달, 지금 6월이니까 보세요, 한 3개월 정도. 그래도 계속하면 행동주의 방법을 쓰든지 무슨 방법을 써서 체크도 하고.

개나리 : 관심을 저 자신부터도 안 가져야 되겠어요

상담자 : 내버려두세요.

개나리 : 그런 것도 있어요? 웃는 틱 같은 것도 ?

상담자 : 글쎄, 목소리 나는(Vocal) 틱 중에는 '헛기침' 또는 '목소리 가다듬는 것' 등이 있긴 해요.

옹달샘 : 거의 틱 반응형식인 것 같아요. 무의식중에.

개나리 : 예.

상담자 : 아니면 웃을 때 아예 호탕하게 껄껄껄 웃어버리든가. 그런데 그건 또 분위기에 안 맞지.

개나리 : 그러니까요.

스폰지 : 사람들 많이 모이는 사례협의회 같은 때 그렇게 웃으면, '아 왜 웃으세요?' 이렇게 물어봤을 때 그냥 딴 생각을 했어요. 그냥 넘어갈 수 있는데.

스폰지 : 그냥 갑자기 다른 말을 하잖아요. 뭐 좋은 것 같아서요, 이런 식으로 이야기 하면 분위기가 더 이상해지고.

향   기 : 여러 번 봤던 우리는 그냥 이해를 하는데. 그저게 같은 경우에는 사람들이 모두 황당해 하는 분위기가 되니까 개나리님이 더 당황스러웠을 것 같아요.

상담자 : 그렇게 하세요. 자기 감정을 속이지 말고 솔직하게, 그 다음엔 맨 처음에 호소했던 내용이. 자기 도취에 빠질 정도로 좋게 보이려고 한다. 그런 얘기 하셨거든요.

스폰지 : 호소문제는 아니었던 것 같아요.

향　기 : 나중에 해결하려는 방법 중에 그랬다는 거죠.

상담자 : 아, 맞아. 맨 처음 호소했던 문제가?

개나리 : 너무 제가 부정적으로 제 자신을 보게 되니까 제가 긍정적으로 보려고 하는 노력을
　　　　　해야 한다는 말씀을 하셨거든요. 그런 노력을 하는 가운데 거울을 보면서 제 못생긴
　　　　　부분들을 긍정적으로 보려고 했었다는 거죠.

상담자 : 예, 지금 어떻게 되고 있어요?

개나리 : 그냥 좋았다가 나빴다가 그래요.

상담자[18] : 선생님이 무조건 나쁜 부분을 긍정적으로 본다, 이쁘지 않은 얼굴을 '아 이쁘다' 이
　　　　　렇게 보기보다는, 제가 그때도 강조했던게 이쁘지 않은 내 모습을 받아들일 수 있도
　　　　　록 심리적으로 강해져야 될 것 같고, 좋지 않은 것을 무조건 좋게 보는 긍정적인 사고
　　　　　를 여기서 강조하진 않아요. 그래 나 이쁘지 않아, 그렇지만 미인만 사나, 이 세상에,
　　　　　나 정도면 괜찮아 그렇게 나를 받아들이고, 그다음에 아까도 얘기가 나왔는데 내가
　　　　　스스로 보지 못하는 나의 좋은 부분 나의 강점, 좋은점 그런 것을 자꾸 볼 수 있어야
　　　　　할 것 같네요. 선생님은 좋은 점이 굉장히 많아요, 그런데 그것을 보는 눈이 발달되어
　　　　　있지 않다 라고 얘기할 수 있겠죠. 개나리님은 정말 나쁜 점을 찾기가 어렵지, 좋은
　　　　　점이 압도적으로 많은데도 불구하고 자기에 대해서 부정적인 이미지를 가지고 있다라
　　　　　는 것은 개나리님이 스스로 노력해서 고쳐나가야 할 부분같아요. 그리고 그때 엄마도
　　　　　나만 미워하는 것 같다고 하지 않았어요? 그런데 실제로 얘기해보니까 언니들도 마찬
　　　　　가지 얘기를 했다, 개나리님을 특별히 미워할 이유가 없죠, 세상 사람들의 개나리님
　　　　　에 대한 지각도 그럴 것이라고 생각되요. 개나리님이 아마도 자신에 대한 부정적인
　　　　　이미지가 다른 사람이 나를 아마 좋지 않게 볼 것이다, 나를 실력없는 사람으로 볼,
　　　　　나를 좋지 않는 대학을 나온 사람으로 볼 것이 이렇게 지각을 하기 때문에 거기에서
　　　　　자기 자신에 대한 이미지가 부정적으로 형성이 되지 않았나 생각을 하는데, 사실은
　　　　　그렇지 않아요? 다른 사람들은 전혀 그렇게 안 본다구요.

개나리 : 그렇게 제가 제 자신을 부정적으로 보는 편은 아닌 것 같아요. 부정적으로 본다라고
　　　　　말을 하지만 그게 실제로 그렇게만 보여지지는 않는 것 같아요.

상담자 : 내가 생각할 때? 내가? 내가 나를 보는 눈은 어때요?

개나리 : 내가 나 자신을 보는 눈은 지금 제 상황에서 굉장히 최선을 다해서 하려고 노력을 하
　　　　　는 편이고, 순간순간 많이 깨어나려고 노력하는 편인 것 같아요.

상담자[19] : 구체적인 노력을 오늘 한 번 적어보세요. 내가 어떠한 구체적인 노력을 할 것인가,
　　　　　웃음에 대해서는 우리가 무시하기로 했죠. 다른 나의 부족한 부분에 대해서 순간순간

---

18) 합리적 사고는 세상의 현실을 왜곡시켜 바라보는 지나친 긍정적 사고와 다르다는 것을 강조함.

19) · 상담의 궁극적인 효과는 겉으로 드러나는 '행동'을 통해 알 수 있음을 역설.
　　 · 인지치료의 특징인 자가치료(self-therapy) 또는 자기조력(self-belp)에 대해서 설명한 개나리님이 집단상담의 종결후
　　　에 행동변화를 위한 체크리스트를 만들어서 스스로 점검해볼 것을 권유함.

노력을 한다, 깨어나려고 한다는 것이 저한테 지금 딱 다가오지 않거든요. 구체적으로 행동적인 측면을 강조해서 어떻게 하면 내가 순간순간 깨어나는 건가 그런 것을 잘 살려서 결국은 우리가 자꾸 왜 행동이 궁극적으로 강조가 되냐하면 상담이 잘 되고 안된 것을 알 수 있는 것은 겉으로 드러나는 관찰 가능한 행동을 지표로 해서 하기 때문에, 상담목표를 정할 때 구체적으로 명시적으로 행동으로 정하는 이유가 바로 거기에 있어요. 행동을 가지고 이 사람이 변화되었는지를 알 수 있기 때문에, 그러니까 개나리님이 목표를 정할 때 모호하게 하지 말고, 내가 개선해야 될 행동지침, 구체적으로 한 10가지정도를 정해서 한 번 체크표를 만들어서 매일매일 체크를 해본다든지 그런 작업이 필요할 것 같아요. 결국 우리가 9회의 회기를 했잖아요. 여러분들이 가지고 있는 마음 속의 갈등이나 어려움들이 아마 해소될 분도 있고 아직 남아 있는 분도 있고, 또 앞으로 우리가 살면서 새롭게 만나는 어려움과 장애가 있을텐데, 그때마다 상담실에 갈 수도 없고, 제 생각에는 그때마다 누구의 도움을 청해서 도움을 받는 것보다 여태까지 우리가 했던 과정들을 스스로에게 좀 적용을 해서 스스로에 대한 치료자가 되는 게 참 중요한 것 같고, 그게 진짜 인지치료에서 강조하는 하나의 특징이에요. 자가치료를 하고, 자기조력을 하는 것, 제가 개나리님의 어려움을 다 다루지 못한 것 같은 자책감에서 이런 얘기를 하는 거예요. 오늘 제일 소극적이었기 때문에 아마 돌아간 혜택도 제일 적을 것 같아서. 우리 장에서 이루어지는 상담회기는 끝이지만 삶 속에 돌아가서 내가 스스로 챙겨 볼 수 있으면 되니까. 스폰지님은 처음에 얘기했던 그런 것, 또 착한 여자 컴플렉스 이런 것이 제가 볼 때는 끝까지 가지고 있으면 다른 사람한테 좋지만 나한테 피해가 많이 되니까 나를 보호해야 되니까, 예컨대 전화 같은 것도 적절하게 노(no)하고 끊고, 그래야 되는데, 얼만큼 약화가 된 것 같아요?

스폰지 : 그 골이 참 저한테 깊었다는 생각이 들었구요, 그걸 찾아낸 것 자체가 큰 도움이 됐고, 노력을 하고 있고, 그러면서도 잘 안되는 부분이기는 하지만, 그래도 하는 부분들이 있구요. 그걸 알고 노력하는 것만 해도 80%는 되는 것 같아요.

상담자 : 그럼 나머지 20%는 스폰지님이 현장에 가서 삶 속에서 스스로 적응해 가면서 고쳤으면 좋겠어요.

스폰지 : 선생님이 숙제를 내주시면서 행동방안으로 구체적으로 말하라고 그러셨거든요, 생각을 해보려고 했는데, 그냥 딱 접했을 때 사람마다 한 번 봐서 호감가는 사람이 있는 것 처럼 이것도 그런 것 같아요. 아직도 저한테 뭐가 참 매력적이다, 이런 건 구체적으로 찾기가 좀 힘들더라구요. 오늘 팔이 아파서 뒤에 있는 상담 다 취소하고 왔거든요.

상담자 : 다쳤어요?

스폰지 : 아니요, 다친 게 아니고 무리를 좀 했나봐요.

향 기 : 타이핑을 많이 쳐서 그런가봐요.

상담자 : 그럴 정도로 많이 쳤어요?

스폰지 : 옛날에 있던 것 때문에 아픈 거예요. 이번 일 때문만은 아니고.

상담자 : 무리가 갈 정도로 쳤어요?

스폰지 : 그게 아직 원인은 불명이래요. 그런데 계속 ○○을 써야 하니까. 지금 계속 팔이 저려 오고 많이 아프거든요.

상담자 : 그렇구나. 빨리 나아야 되겠네.

옹달샘 : 무리하면 늘 생기게 돼 있잖아요.

스폰지 : 어제 또 시험보고 계속 글을 썼더니.

상담자 : 사과님께서는 처음에 엄마에게 인정받고 싶다, 이런 얘기 했었잖아요. 그리고 지난번에 또 몇 가지 찾아낸 것 있고, 그런 생각들이 얼만큼 약화가 됐다, 또 이 상담이 끝나서 스프링처럼 돌아가 버리면 어떡하나 이런 안타까움, 두려움이랄까 그런 것이 저한테 있어요.

사 과 : 저는 스프링처럼 돌아가지는 않을 거란 생각이 들어요. 그건 확실해요. 왜냐하면 제가 변화시키고자 하는 의지가 많았고, 인지치료에서 저한테 줄 수 있는 게 이런거다라는 그런 기대가 있었는데. 그런 것들이 다 채워졌어요.

상담자 : 그랬어요?

사 과[20] : 예, 저로선 채워졌고, 사실 그걸 더 바랐던 게 많아요. 뭐냐하면 경험상 아니면 평소 알고 있던 지혜를 서로 나누는 그런 것이기 보다는 이런 사고 때문에 그런 감정이 많이 생기고 그러니까 제가 힘들 수밖에 없다라는 이 도식을 선명하게 보길 원했어요. 그런 것을 하는 데에 더 시간을 많이 보내길 원했던 것 같거든요. 그게 아닌, 서로 이해해주고 덮어주고, 문제를 더 보여주는 게 아니라 문제를 더 칭찬이나 이해로 덮어버리는 것이 더 시간낭비다. 그건 다른 데에서도 늘 하던 건데, 아무 변화도 없는데, 이런 마음이 있을 정도로 저는 나름대로 인지치료에 대해서 확신이 있었고 좋았거든요. 그래서 숙제라든지 이런 것들을 분명하게 제시를 해주시고 또 하다 보니까 정말 제 것이 되어가는 것도 봤고, 내가 굉장히 자기 중심적이었는데, 엄마와의 관계에서도 항상 받아야 되는 것으로만 생각했는데, 이제는 동등하다, 내가 30년 동안 그렇게 했으면 됐다, 이제 나도 돌려줘야 되겠다, 이런 식으로 생각도 많이 바뀌었어요. 제가 다른 사람의 어떤 가치에 대해서 항상 우월 아니면 열등 이런 식의 논리 속에 늘 봤던 것이 '같다, 결국은 같다, 드러나는 특성이란 실력, 업적 그런 것들이 다를 뿐이지 본질적으로 인간의 가치는 같다', 이런 것에 대해서 지적을 했는데 그 행동이 내 기준에 적절하게 보이든 바람직하게 보이든 아니든 이런 것에 상관없이 그냥 그것을 견딜 수 있는가, 그것을 고쳐주기 위해서 어떤 말을 하려고 노력을 하고, 어떻게 말을 잘 해야 고칠 수 있나 끊임없이 그 사람이 고치도록 기다려주고 그를 위해 기도를 해주고 어떤 식으로든지 노력을 했거든요. 그런 노력이 불필요하다 그것보다는 지금 내가 그

20) 사과님이 자신의 행동변화를 위한 강한 의지와 인지치료에 대한 확신을 가지고 집단상담에 임했기 때문에 자신이 스스로 설정한 상담의 목표가 달성되었다는 보고.

사람을 받아들이고 내가 견딜 수 있는 게 훨씬 더 노력이 적게 들뿐더러 그 사람하고 좋은 관계도 갖고.

상담자 : 관계를 잃지 않죠, 뭐.

사　과 : 예, 그리고 마음이 훨씬 편한 것이. 내가 그렇게 막 쑤셔대서 오늘 피이드백을 그 사람이 더 나아지고 향상되는 게 아니라 그 사람에게 불편해져요. 그러면 그 불편함이 저도 불편하고 죄책감이 들고 해서, 결국 나도 힘들고 그 사람도 힘들고 다 힘들게 하는 그런 행동을 제가 했더라구요. 이제 그러지 않으면, 나도 편해지고, 그 사람도 편해지는 것이구나라는 그런 것들을 참 많이 생각했어요

상담자[21] : 어른을 자꾸 고치려고 하는 것은, 우리 상담실에 제 발로 찾아온 사람같으면 행동변화를 도와 주는 것이지만, 우리가 일상생활, 조직 속에 살 때는 누구를 자꾸 고치려고 하면 거기에서 문제가 생기고, 관계 자체를 잃을 수가 있기 때문에 그 사람을 받아들이는것, 저는 학교 선생님들한테 강의할 때 그 얘기를 많이 하고 저도 그 말에 도움을 받아요. 어떤 사람의 행동을 자꾸 고치려고 하는 건 어려워요. 제 책에도 나와 있지만, 날씨의 비유를 들어보죠. 지금 막 날씨가 덥잖아, 그런데 야 날씨야 너 왜 이렇게 더워, 나 지금 스키 타고 싶은데 지금 좀 추워지고 눈 좀 내려줘 하는 것과 똑같은 거지. 네가 좀 행동이 변해라 이러는 것은 날씨 보고 갑자기 바뀌라고 하는 것과 같기 때문에 어떤 사람이 내 마음에 들지 않는 행동 또 이해할 수 없는 행동을 할 때는 그 사람이 그런 행동을 할 수밖에 없는 성장배경이나 환경이나 이런 것이 있기 때문에 그것을 자꾸 고쳐주려고 하지 말고 수용해라 이런 얘길 많이 하고 저도 그렇게 하려고 노력하고 그러거든요. 어른을 고치는 건 참 어려운 것 같아요. 고치려고 하기보다 받아들이려고 하는 것이 보다 더 현명할 것 같아요. 저는 그리고 개인적으로 미안함이 뭐냐면, 이 집단이 정말 더 원활하게 잘 되어가게 하려면 제가 이 테잎을 듣고, 준비도 좀 하고, 그 다음에 끝나고 또 테이프 듣고 정리하고 이랬어야 되는데 그런 과정이 없어서 이 집단에 참 미안하게 생각해요. 그랬으면 얘기가 더 좋았을텐데. 그런 아쉬움이 있어요. 저는 요즘 계속 다른 여러 사람들에게도 강조를 하는 게 우리가 이미 아는 것이 참 많아요. 이미 머리 속에 많을 것을 담고 있어요. 이 아는 것을 자꾸 실전에 응용하면서 배워가야 하는데, 우리는 실습에 시간을 보내는 것보다 새로운 것을 배우는 데에 더 많은 시간을 보내는 것 같더라구요. 다른 사람들이 하는 얘기들이 다 여기에 들어와요. 다른 사람이 다른 관점에서 다르게 정리한 것뿐이지 그 내용 자체가 다른 게 아니더란 말이지요. 자꾸 새로운 내용들을 알려고 하는 것도 중요하지만 이제는 좀더 우리가 알고 있는 것들을 실습하는데, 실제 적용해 보는데 더 시간을 보내야 되겠다라고 저는 그렇게 느꼈어요. 그러니까 여러분들도 이왕 인지치료를 하셨으니까 적용이 잘 된다고 생각을 하면 그리고 이게 분명히 치료효과는 있어요. 제가 요새 느낀 건 뭐냐면 우리가 중도에 포기하는 경우(drop out)가 사실 상당히 많이 있

---

21) 인간의 행동은 변화시키려고 하는 것보다 때때로 그것을 있는 그대로 수용하는 것이 더 중요한 것임을 강조함.

잖아요. 그 이유가 뭐냐하면 첫 번째는 전문적인 기술이 부족해서 그래요. 기술과 지식이 부족해서 그랬고, 두 번째는 우리가 정성으로 내담자를 대하지 않기 때문에 그렇고, 세 번째 이제 내담자 요인을 보면 내담자가 상담에 대한 준비가 충분히 안되었기 때문에 그럴 수 있고, 자기가 변화될 준비가 충분히 안되어서 억지로 왔을 경우에 그럴 것 같은데, 내담자 요인을 배제하고 내가 상담자로서 전문적으로 충분히 준비가 되었고, 내가 정말 정성으로 이 내담자를 보살피고 그러면 거의 100%라고는 할 수 없지만 아주 상당히 중요한 숫자의 내담자를 확실하게 도와줄 수 있는 것 같아요. 이를 위해 좀더 전문적으로 무장하고 정성으로 내담자를 다루려고 노력합시다. 그러면 우리의 성장도 같이 이루어지니까. 이왕 인지치료를 시작했으니까 그 엘리스하고 백의 다른 점이 또 그런 거잖아. 엘리스는 일상적인 경험을 통해서 혹은 인지 때문에 사람들이 문제가 있구나, 이것을 알게 된 사람이라면 그래서 세상을 밝혀 온 사람이라면 백은 과학적인 연구 데이터를 제공한 사람이예요. 실제로 우울증 환자들을 대상으로 연구를 해보니까 인지왜곡이 있었다 이렇게 된거잖아요. 임상과 실제, 과학적인 세계에서 다 입증이 된 것이니까 분명히 치료적으로 효과가 있다 그 말이죠. 이왕 시작했으니까 다들 인지공부를 많이 해서 인지치료 전문가가 되면 저는 제 동지가 많이 생긴 거니까 더할 나위없이 좋겠어요. 그동안 참 감사했구요, 여러분들 바쁘셨을텐데 결석 한두 번씩 했지만 열심히 오셔서 참 고맙고 사실은 제 느낌은 참 전반적으로 잘 된 것 같거든요, 성실하게 해주셔서 그런 것 같아요. 고마웠어요.

모　두 : 고맙습니다.

회기 해설

　본 회기는 총9회로 진행된 인지치료집단의 마지막 회기였다. 따라서 초기에 호소해 왔던 집단 구성원 각자의 문제의 해결정도를 확인하였다. 내담자에 따라서 새롭게 표출된 문제행동이 있었으나 이는 인지치료의 특징인 자기조력(self-help) 또는 자가 치료(self-therapy)를 강조하면서 스스로 살아가는 동안에 해결해야 될 생활과제로 남겨 놓았다.

　대부분의 내담자는 거의 많이 해결이 됐으며 사과님 같은 경우에는 자신의 변화에 대한 강한 의지와 인지치료에 대한 기대가 거의 완벽하게 문제 해결을 하는데 도움이 되었다고 고백하였다. 특히 인지치료에서 강조하는 여러가지의 철학적, 이론적 개념들을 일상생활에 적용해 가면서 큰 도움을 얻었다고 하였다.

　상담자는 그동안 열심히 참여해 준 집단성원들에게 감사하며 약 3개월후에 있을 고양회기(Booster Session)를 기약하고 전체 집단상담과정은 마감되었다.

제 4 장
이질집단 상담사례

1. 인지치료 집단상담의 준비

2. 인지치료 집단상담의 과정

3. 인지치료 집단상담의 결과

1. 인지치료 집단상담의 준비

인지치료 집단상담의 효율적인 진행과 효과의 극대화를 위해서 다음과 같은 예비작업이 본 집단상담이 수행되기 전에 이루어졌다.

1) 집단원의 선발절차

집단상담을 받기 원하는 총 16명을 대상으로 그들이 호소해온 문제와 인지치료 및 상담에 대한 사전 지식 정도를 파악하여 최종 8명을 선발하였다.

2) 집단의 구조

총 8명의 내담자와 1명의 집단상담 리더로 구성되었으며 폐쇄 집단으로 운영하였다.

3) 회기시간 및 지속기간

1회기에 약 90분 소요, 매주 1번씩, 연속 8주 동안 이어지고 마지막 회기는 그 전회기 수행 후 3주 후에 이루어졌다.

4) 집단의 일반적인 규칙

출석의 중요성, 시간을 지키는 것, 적극적으로 참여하기, 숙제를 꼭 해오기, 비밀보장의 원리 등 인지치료의 바람직한 효과를 산출하기 위해 지켜야 할 집단의 규칙에 대해서 설명하였다.

5) 인지치료 집단의 일반적 목표설정

이에 대해서도 다음과 같이 구체화하였다.

-내담자에게 불편을 유도하는 호소문제의 해결.

-내담자의 미래에 새롭게 등장하거나 재발할지도 모르는 문제의 예방방법과 기술의 교육.

6) 집단의 과정

여타의 집단상담과 마찬가지로 집단원 상호간에 지지적이고, 돌봐 주는 분위기를 형성해가며 모든 집단원에게 골고루 참여의 기회가 돌아가도록 한다. 구성원 개개인이 서로에게 건설적이고 실질적인 피드백을 주도록 하며, 문제나 부정적 사고에 머무르기보다는 긍정적인 해결책의 모색에 초점을 두도록 한다. 직면을 허락하나 상대방을 비방하거나 인격을 모독하는 발언은 삼가토록 한다. 인지치료집단에서는 특히 구성원 각자의 비합리적 사고 찾기, 그것을 논박하고, 실질적인 문제해결을 위해 다양한 과제의 부과와 실행에 도움이 되도록 서로서로 기여한다.

7) 집단구성원들의 인적사항 및 호소문제

다음은 집단구성원들의 별칭, 간단한 인적 사항, 그리고 선발과정 중에 그들이 호소했던 문제들이다.

♥ 아침햇살, 46세, 가정주부

부정적인 인지 스키마에서 벗어나려고 노력한 결과 많은 발전이 있었으나, 실제 계획을 수립한 후(계획은 아주 잘 세웁니다) 행동으로 옮길 때, 시작은 아주 잘하지만 문제가 생겼을 때 그것을 잘 극복하지 못하여 실천력이 떨어집니다. 그 이유는 실패에 대한 불안? 실패하면 안되는데…, 꼭 해야 하는데…, 등등의 당위의 횡포와 압박감에 시달려 나의 에너지를 분산시키기 때문입니다. 실제로 취업주부일 때는 가정과 일 사이에 균형을 맞추기 위해 애를 썼었는데 (슈퍼우먼 콤플렉스가 아니라) 그래도 늘 '외줄타기' 하는 심정으로 '줄에서 떨어지면 큰일이다' 라는 쫓기는 심정이었습니다. 일을 그만두고 가정의 전업주부로 있는 5년 동안도 고품질의 가정, 아내, 엄마가 되려고 쫓기기는 마찬가지였습니다. 결국 문제는 "나의 불안, 당위, 걱정거리"를 어떻게 다루어 나가느냐입니다.

관건은 행동으로 옮길 때 생기는 위험을 감당하지 못하고 전전긍긍하기 때문입니다. 그러니 자신에 대한 스스로의 약속이 깨지는 경우가 많이 있어 왔고 이것이 다시 부정적인 자기 이미지로, 실천할 때 생기는 좌절에 쉽게 포기하는 악순환에 빠지게 되는 경우가 많이 있습니다. 위험을 감당하고, 결과보다는 과정을 즐기고, 실패를 하더라도 배운 것이 있다. 고로 나아갈 수 있다는 선순환에 들어가기 원합니다. 내가 할 수 있는 실제적인 계획을 세우고, 실패하면 그것에서부터 다시 계획을 세우고 재시도할 수 있게끔 되기를 원합니다.

원인으로는 종가집 맏딸과 맏며느리, 전문직업인으로서의 나의 역할 등이 이런 당위의 횡포에 한몫 단단히 하였는데, 더 근본적으로는 다른사람의 인정을 받아야, 아니 그것을 당연히 여기는 것이 문제입니다. 나의 가치를 내재적인 것이 아닌 외형적인 것으로 채우려하기 때문입니다.

♥ 진달래, 50세, 교회 여 전도사

저는 교회에서 심방사역을 하고 있던 중에 심리적으로 어려운 일이 발생하여 지난해 6월부터 집에서 쉬고 있습니다. 저는 항상 지도자로 일을 하면서도 늘 자신이 없고, 부족함을 느끼는 것이 지나칩니다. 혼자 갈등하고 무엇인가에 늘 쫓기는 상태입니다. 지금의 상태는 사람들과 대면하기가 싫고 외출하기가 싫습니다. 무엇인지 모르지만 늘 제 자신에 대해 불만이 있습니다. 불안하고 초조하고 무엇인가 해야된다는 강박관념이 괴롭힙니다.

♥ 강물, 여, 29세, 상담전공 대학원 재학

현재 상담 공부를 하고 있고 사람들 앞에서 공개적으로 나설 기회가 많이 주어지는데 개인적으로 public speaking(대중연설)에 어려움이 많고 긴장감과 불안을 심하게 느끼는 편입니다. 스스로가 전에 비해서 외적으로 드러나는 양상에 대해서는 어느 정도 통제력이 생겼다고 느끼긴 하지만 문제의 핵심은 변하지 않는 것 같고, 부정적인 스스로의 지각이 주요 원인인 것 같기도 해서 이러한 문제들을 해결하는 데는 보다 객관적으로 자신의 모습을 판단할 수 있도록 하는 시간과 과정이 필요한 것 같고, 인지치료가 개인적 어려움의 해소에 효과적일 것 같습니다.

♥ 정아, 36, 가정주부

- 결혼생활 12년에 얻은 것이 하나도 없습니다. 모두 다 빼앗겼습니다.
- 대인관계, 발표 불안을 완화하고 싶습니다.
- 대화할 때에 상대방의 말에 집중이 잘 안됩니다.

♥ 순덕, 34세, 미혼 , 가사 돌봄

저는 감정과 정서의 혼란을 겪고 있습니다.

최근에는 어느 정도 자리를 잡아가고 있지만, 제가 가지고 있는 가치관의 문제로 인해 이러한 혼란이 오는 것으로 생각되어 알버트 엘리스의 'REBT' 에 관한 책을 보았습니다.

저는 'REBT' 의 치료적인 측면에서 보면 지나치게 비합리적인 생각들로 꽉차 있었던 것 같습니다. 그로 인해 사회생활 및 가정생활에서 정서적으로 많이 힘들었는데, 아는 것만으로는 치료가 되지 않으리라 판단되어 집단치료를 선택하게 된 것입니다.

♥ 수림, 여, 28세, 상담전공 대학원 졸업

- 他人에 대한 의식으로 인한 자신감 상실 및 우울한 심리 유발 등.

516 제2부 인지행동치료의 집단상담사례

- 때때로 치미는 분노 감정들….
- 나의 기준 안에 들지 않는 사람들에 대한 비교하는 생각들….

♥ 사랑, 여 30세, 상담전공 대학원 재학

- 자기 자신에 대해서 많은 관심과 이해를 했다고 생각하지만 현실적으로 부족함을 많이 느꼈습니다.
- 대인관계에서도 자유롭게 친교하는 데 장애가 아직까지 있어 거북하게 느껴지고 부담스럽다는 감정이 생기면 그런 사람들과 지속적인 관계 맺기가 어렵습니다.
- 그리고 언어표현에 있어 솔직하게 대화를 한다고 말을 한 것이 상대방을 아프게 해서 저자신에 대한 불안감이 있고, 말하는 것이 두렵게 느껴집니다.
- 화를 일단 내면 주위 사람을 힘들게 하는 공격적인 성향이 있어 이 또한 인지치료 집단경험을 통해 자유함을 얻었으면 합니다.

♥ 하늘, 여, 26세, 상담전공, 대학원 재학

상담 공부를 하면서 나에 대해 몰랐던 새로운 문제를, 정확하게 말하자면 내 생각이나 신념이 문제가 되어 대인관계의 많은 문제들을 유발시킨다는 사실을 알고 참 놀랐습니다. 처음 학교에서 상담을 받았을 때부터, 가족(특히 오빠와의 갈등)과의 문제를 원인이 오빠에게 있지 나에게는 없는 것이라고 생각했었는데 나의 사고 패턴을 다루는 상담기법이 놀랍고 생소했습니다. 그분은 아마 정신분석과 인지상담을 같이 접목시켰던 모양입니다. 이 상담은 상담자가 내게 기대했던 바에 부담을 느끼기도 했고, 그 당시 외국에 갈 준비를 하고 있었기 때문에 잠깐 종결되었고, 추후 상담을 하기로 했었지만 연락하지 않았습니다.

이번 기회를 통해 나의 타인에 대한 배려라고 하는 부분이 나를 힘들게 하고 상대방에게도 힘들게 함으로 인해 서로간의 관계가 약화되었는지를 직면하고 바꾸고 싶습니다.

2. 인지치료 집단상담의 과정

1) 제1회　　집단상담과정 (＊＊＊＊, 4. 9) : 시작회기

2) 제2회　　집단상담과정 (4. 16) : 집단의 응집 출현
- 집단상담회기 보고 1
- 집단상담회기 보고 2

- 집단상담회기 보고 3

3) 제3회　　집단상담과정 (4. 23) : 집단의 응집 활성화

- 집단상담회기 보고 1
- 집단상담회기 보고 2

4) 제4회　　집단상담과정 (4. 30) : 집단의 생산단계 초기

- 집단상담회기 보고 1
- 집단상담회기 보고 2
- 집단상담회기 보고 3

5) 제5회　　집단상담과정 (5. 7) : 집단의 생산단계 중기 1

- 집단상담회기 보고 1
- 집단상담회기 보고 2
- 숙제기록표 1
- 숙제기록표 2

6) 제6회　　집단상담과정 (5. 14) : 집단의 생산단계 중기 2

- 집단상담회기 보고 1
- 집단상담회기 보고 2

7) 제7회　　집단상담과정 (5. 22) : 집단의 생산단계 중기 3
- 집단상담회기 보고 1
- 집단상담회기 보고 2

8) 제8회　　집단상담과정 (5. 28) : 집단의 생산단계 말기

9) 제9회　　집단상담과정 (6.) : 종결회기

제1회 인지치료 집단상담 (1998. 4. 9) : 시작회기

상담자[1] : 오늘부터 우리 5월말까지 만나면 8번 뭐 그 정도 만나는데 지금 일곱 분인데, 한 분이 더 오시면 모두 여덟 분이에요. 저희가 녹음을 하면 한 분이 한 시간 반 동안에 얘기된 한 회기 분량의 상담내용을 다 풀어 오시는 거예요. 또 하나는 인지상담유관 책을 읽어서 열심히 공부하는 거예요.

아침햇살[2] : 타이핑해오는 거죠?

상담자 : 그렇죠. 그걸 하면 굉장히 도움이 많이 돼요. 어떤 도움이 되냐면, 이 상담은 빨리 얘기가 진행이 오고 가게 되잖아요. 일련의 이야기들이 계속 진행이 되는데 미처 생각하지 못했던 것을 들으면서 다시 생각하게 되고, 또 상담자가 얘기한 것도 그때 무슨 소리인지 몰랐던 것을 다시 풀면서 반추하게 되고, 다른 사람의 반응도 마찬가지구요. 그래서 저는 상담교육에서, 내담자에게도 마찬가지에요, 내담자에게도 저는 꼭 테이프를 듣고 오게 하는 숙제를 내고, 상담자도 마찬가지. 상담자도 상담 두 시간 한 것보다 상담 한 시간 한 것을 다시 듣는 게 훨씬 더 상담력 향상에 도움이 되더라 이거죠. 그런 의미에서 제가 내드리는 건데 한 번 정도 하는 거니까 뭐 그렇게 큰 부담은 없을 거예요. 그렇죠? 나는 어려워서 도저히 못하겠다, 그런 분이 있으면 조용히 와서 얘기하세요. 그런 일이 없을 것으로 믿어요. 있으면 지금 얘기하세요. 그렇게 하실 수 있나요?

전 체 : 네. (웃음)

상담자 : 그리구요… 이제는 우리가 별칭을 좀 통했으면 좋겠죠? 본인의 이름보다는… 익명성이 좀 요구되는 것 같으니까 별칭을 하나씩 좀 얘기할까요?

---

1) 인지치료집단에 참여하는 구성원들에게 참여자로서의 두가지 의무를 부여함.
2) 별칭이 괄호 안에 있는 경우는 아직 정해지지 않았기 때문임.

아침햇살 : 그리구요, 제가 집에서 쿠키를 만들었거든요. 좀 드시면서…

상담자 : 먹으면서 합시다. 저도 좀 배고팠는데 먹으면서 하죠.

아침햇살 : 컨추리 쿠키인데 쵸코칩을 같이 넣었어요.

상담자 : 이걸 다 만드세요?

아침햇살 : 아무것도 아니에요.

상담자 : 말하고 싶은 사람부터 하세요.

순　덕 : 순덕이라고 할께요. 지난번에 순덕이란 이름을 썼었거든요.

상담자 : 왜요? 왜 순덕이에요?

순　덕 : 저는 좀 순한 거랑은 관계가 없대요. 사람들이 굉장히… 그래서 순해보이려구요.

상담자 : 음… 왜요? 왜 순해보이고 싶은데요?

순　덕 : 최소한 이 집단에서라도 제가 얘기를 할 때 그런 얘기를 자꾸 들으면서 제가 조금이라도 순화가 되기를 바래서요.

상담자 : 음, 순덕씨….

아침햇살 : 순하고 덕이 있다는 거예요?

　　　　(웃음)

상담자 : 그 다음에 또 다른 분.

수　림 : 제가 말씀드릴게요. 제 이름은 별칭같아요. ○○인데요. 그래서 별칭을 다른 이름처럼 평범한 이름처럼 할 수 있는 것으로… 다른 상담했을 때 썼던 건데요. 수림이라고, 나무 수, 수풀림의 '수림'이요.

상담자 : 그러니까 이름이 예쁜데, 사실은 좀 어려움이 있었어요?

수　림 : 어렸을 때는 이름이 독특하니까 선생님들이랑 학교 친구들이 기억을 금새 했죠. 어려움이라면 이름을 바꿔서 ○○이라고 부를 때 그때가 기분이 별로 안좋았구요. 또 초등학교 4학년 때 ○○공주라는 이름이 나와요. 동화책에… 지금 생각해보면 별것도 아닌데 그런 것들이 굉장히 싫었어요. 그게 싫어서 진도 나가는 게 별로 즐겁지 않았어요.

상담자 : 음… ○○공주. 순 한글 이름이네요?

수　림 : 예.

상담자 : 이름이 예뻐서 덕을 본 것도 있지만, 그런 기억보다는 힘들었던 기억이 많이 남아 있나봐요.

수　림 : 사람들은 좋게 생각해요. 그런데 제가 스스로 그건….

상담자 : 네. 그러니까 수림씨 이렇게.

아침햇살 : 그런데, 수림이라고 하고 싶은 이유는 뭐에요?

상담자 : 맞아. 저도 그것이 궁금해요.

수　림 : 그건 제가 산이나 숲을 좋아하는데 산 자체는 올라가는 과정이 굉장히 힘들잖아요. 그렇지만 안에 들어가면 숲이 있잖아요? 그래서 그 숲을 정말 좋아하거든요. 그래서

　　　수림이라고….

상담자 : 좋아요.

　　　(침묵)

하　늘 : 저는 하늘이라고 할께요.

상담자 : 하늘? 왜 하늘이라고 하나요?

　　　(웃음)

하　늘 : 변화가 많잖아요.

상담자 : 하늘이?

하　늘 : 네. 저는 좀 모험을 좋아하는 편이거든요. 정착하고 그런 것보다는 새로운 것을 찾아서 모험하는 것을 좋아해요. 사람들은 '하늘' 하면 평온하고, 부드럽고, 파랗고, 이런 이미지만 생각하는데 실은 굉장히 급작스럽거든요. 그런 저의 성격과 그런 것을 추구하는 바가 맞는 것 같아서요.

상담자 : 하늘….

강　물 : 저는 다른 집단에서도 쓰던 이름인데… 강물.

상담자 : 가물?

강　물 : 강물!

상담자 : 강물….

강　물 : 네. 제가 이름을 지었는데 굉장히 잔잔해 보이고 평온해 보이는 강물 안에 여러 자원이라고 할 수도 있는 변화 같은 게 그 안에서 내재되어 있으니까 그런 의미가 더 마음에 들었거든요.

상담자 : 네, 강물….

　　　(웃음)

사　랑 : 저는 제가 쓰고 있는 게 한 가지 있는데요, 똑같은 것을 쓰면 재미가 없으니까 다른 것으로 할께요. 사랑이라는 것으로…

상담자 : 사랑이라는 거?

사　랑 : 네. 사랑으로 했으면 좋겠어요. 제가 하고 싶은 일도 인간관계에서 불안정한 상태에서….

상담자 : 잠깐만요. 마이크를 안 하면 녹음이 안 될 것 같아서….

　　　(한 내담자가 "늦어서 미안해요"라고 말하면서 문을 열고 들어옴)

상담자 : 사랑이라고 그러셨는데, 그 얘기 계속하세요. 소란 피워서 죄송합니다.

사　랑 : 그러니까 저의 메시지는 그것 같아요. 남는 것은 흔적도 없잖아요. 그런데 사실 그래도 보이진 않지만 따뜻함을 볼 수 있는 그런 사람에게 그런 여유를 주고 싶어요. 서로에게 주면서 사랑을 남기고 떠나고 싶거든요. 그래서 사랑이라는 것으로 짓고 싶어요.

상담자 : 다른 집단도 참여하세요?

사　랑 : 네.

상담자 : 무슨 집단?

사　랑 : 거기가 개인용서를 통한 ….

상담자 : 우리 기관에서?

사　랑 : 네. 5회거든요? 이거 끝나고…

상담자 : 아아~ 네 그래요.

정　아 : 제가 할게요. 저는 정아라고 하고 싶어요.

상담자 : 정아?

정　아 : 고등학교 다닐 때 친구들하고 같이 부르던 이름인데 그때처럼 밝고 맑은 모습을 찾고
　　　　싶어서 그 이름으로 하고 싶어요.

상담자 : 정아… 학교 다닐 때 이름이 정아셨어요?

정　아 : 친구들끼리….

상담자 : 이름이 맘에 안 들어서 친구들끼리 이쁜 이름을 골라 붙이셨던 거죠?

정　아 : 네. 그런 거였어요.

아침햇살 : 정은 고요 정자에 아는 뭐예요?

정　아 : 아는 그냥 의미없이 붙인 거예요. 그리고 우리 "아야들" 집단이었거든요.

상담자 : 정아….

아침햇살 : 경상도식으로?

아침햇살 :저는 아침햇살… 왜 그러냐면 제가 46살이거든요. 그런데 어저께 이 책『인지 정서
　　　　행동치료』를 사서 읽고 또 오랜만에 치료집단을 하면서 뭔가 아침햇살처럼 밝아지는
　　　　기분이 들었어요. 아침햇살….

상담자 : 그러실 거예요. 끝나고 나면, 인지상담 강의를 하거나 교육을 해도 '아 선생님, 상담
　　　　받은 느낌이에요.' 라는 피드백을 많이 듣거든요. 치료 집단하면 더 그렇죠.
　　　　(웃음)

진달래 : 제가 아마 맨 꼴지구만요. 늦어서 죄송해요.

상담자 : 네. 이제 늦지 마세요.

진달래 : (웃음)저는 우리 이 자매님(사랑)과 같이 오후반 같이 해요.

상담자 : 집단용서?

진달래 : 거기서 진달래라는 것으로 했었는데, 한 번 첫 이름 모임에서 진달래라는 것을 하다
　　　　보니까 그거가 생각이 나서 그냥 진달래로 하겠어요. 그 이유는 이제… 참 신실해 보
　　　　이고 겸손해 보이고 남이 알아주지 않는 거친 산에 돌짝 같은 바위틈에 숨어 있는 듯
　　　　이 죽은 듯이 있다가 새봄이 되면 다시 꽃을 피우죠. 희망이 있고 새봄 소식을 제일
　　　　이쁘게 전해주는 꽃이다 싶어서, 그런 사람으로 살고 싶어서….

상담자 : 그러면 우리 다 별칭을 알았죠? 여기는 정아, 거기는 강물, 순덕, 진달래, 사랑, 수림,
　　　　아침햇살, 하늘. 저는 그냥 별칭 없이 할게요. 별칭이 없어도 될 것 같아요. 제가 처음

에도 말씀을 드렸지만 여기는 교육집단이 아니라 우리가 가지고 있는 문제를 해결하는 치료집단이란 말이죠. 그렇다면, 이 집단을 통해서 내가 어떤 문제를 해결하고 싶은가 그 문제들을 한 번 얘기해 보시죠!

순   덕[3] : 제가 먼저 할께요. 저는 34살이거든요? 제가 서른이 되기까지는 한 번도 제 자신에 대해 의문을 제기해본 적이 없어요. 내 삶이나, 내 삶의 가치관, 인생관 이런 것에 대해서 너무 확고했고, 자신이 차 있었고, 나는 옳고… 그렇다고 다른 사람을 무시하는 건 아니었구요. 그런 것이 너무 명백하고 분명했기 때문에 자신을 돌아본다든가 그런 생각을 못해봤거든요? 그때도 직장생활을 계속했었는데? 어… 서른을 넘기면서 결혼문제에 부딪혔어요. 결혼에 부딪히면서 많은 갈등을 겪고 또 가정 내에서 어머니, 아버지와 제가 좀 부딪히는게 많았거든요. 그런 과정을 통해서 많은 방황을 했어요. 사춘기에도 하지 않던 방황을 하면서 어떻게 내 문제를 풀어 나갈 것인가 고민을 많이 했거든요? 그러면서 고통 속에서 혼자 괴로워하다가 어느 정도 그 과정을 겪고 나서 서른두셋 정도 되면서 책을 우연히 보게 됐는데… 이런 심리상담에 관한 책이었던 것 같아요. 그 속에서 너무나 많은 제 자신의 어떤 문제점! 그것을 구체적으로 말씀드리자면, 아 앨버트 앨리스가 쓴 책을 통해 알게 됐는데? 뭐 비합리적이다. 그런데 저는 제가 무척 합리적인 사람으로 알고 살았거든요? 그 언어를 제가 들었을 때 저는 너무나 의아해했어요. 어떻게 내 사고가 비합리적인가? 그러면서 그것에 대해 빠져들었죠. 아하! 이런 세계가 있었구나! 내가 얼마나 내 벽을 쌓고 살았고, 제 친구 중에 심리상담을 전공하는 애가 너는 벽을 너무 높이 쌓고 벽이 너무 단단하다 부숴지지 않는다. 절대로… 그런 얘기를 했었을 때도 그 의미를 전혀 인식하지 못했었거든요? 근데 이 책을 통해서 제가 제 자신에 대해 너무나 높고 두꺼운 벽을 쌓고 있구나 그래서 그것을 허물기 시작했는데 너무나 신기하고 새롭고 막 가슴이 열리고 마치 다른 인생을 사는 것 같은 느낌이었어요.

상담자 : 그게 서른 두세 살 때 ?

순   덕 : 그렇죠! 그게 지금까지 과정이죠. 아직까지 과정인데… 그래서 뭔가 선명해지면서 내가 뭔가 비합리적이라는 모습을 너무나 많이 가지고 있고 그것 때문에 내가 심리적으로 정신적으로 사람들하고 크게 외적으로 부딪힘은 없는데 혼자서 많이 고심을 했거든요… 그런 것을 내가 어느 정도 인식을 하고 고쳐나가면 그 동안 혼자 앓던 정신적인 고민을 좀 많이 깨우치고 세상을 편안하게 살겠구나, 내가 너무 바보처럼 살았구나 그런 생각을 하게 됐거든요. 그러던 차에 아는 선생님께서 이 책을 권해주시더라구요. 앨버트 앨리스의 인지상담, 그래서 이 타이틀을 보고 여기를 왔는데, 제가 인식하는 것은, 가장 중요한 것이 아는 것이지만 안다고 해서 해결되는 문제는 아니라고 생각하고요. 그것을 혼자 치료한다는 게 너무 힘든 것 같아요. 책하고 저하고 싸움이 너무나 힘들고, 이런 집단을 통해 제 자신이 끌려가면서 남들을 도와주고 받으면서

---

3) 순덕님의 호소문제 제기. 삶의 과정에서 Ellis를 만난, 비합리적 사고라는 말을 들었을 때의 벅찬 감격에 대해서 표출함.

　　　그렇게 한 번 해나가면 어떨까 했는데 집단의 성격이 제 의도랑 맞는 것 같아서 감사하고 있어요.

상담자 : 그런데 그때 혼자서 책을 읽을 때 그 책 이름이 뭐였어요?

순　덕 : 아~그 책은 뭐… 너무 사랑에 빠지면… 타이틀이 잘 기억은 안나는데 그러니깐 사랑이 지나치면 병이 된다라는….

상담자 : 그런 책이 있어요?

아침햇살 : 있어요. 아! 너무 지나친 사랑(Too much love)…뭐였더라? 하여튼 사랑이 지나치다. 여자들은….

상담자 : 누가 번역해놓은 건가 보죠?

순　덕 : 네. 전부다 외국 분들이 쓴….

아침햇살 : 민음사에서 나온 건가?

순　덕 : 그건 잘 모르겠구요? 그 이후부터 그런 책들을 …

상담자 : 그것도 앨버트 앨리스가 쓴 책인가?

순　덕 : 아니? 그때는 앨버트 앨리스가 아니었구요? 이건 1월달에 이 책을 사면서 알게 됐구요. 그 다음에 계속… 비합리적이란 언어를 알게 된 건 최근에 알게 된 거구요! 그 이전에는 국지적으로는 알진 않았지만 느낌으로 책들을 통해서 여러 책을 보다 보니깐 어떤 맥이 잡히더라구요. 그러던 차에 제가 비합리적이란 언어를 통해서 확실하게 '아하~ 이 방법이 나를 좀 치료하는 데 도움이 되겠구나' 하고 생각이 돼서 이 책을 샀거든요? 그런데 읽으면서 선생님이 지난주에 말씀하셨던 것과 REBT(인지 · 정서 · 행동치료)를 처음에 이 책을 통해서 들었는데 그 말씀을 그 날 일주일 전(선발하던 날)에 하셔서 이게 내가 제대로 잘 왔구나 하는 생각을 하게 되었어요.

상담자 : 그런데 막연하게 내가 신념의 벽이 너무 두꺼웠다라고 말씀하시는데 그래서 내가 현실적으로 느끼는 어려움과 문제에는 어떤 것이 있을까요?

순　덕 : 아! 예를 들면 가족간의 문제에 있어서도 저는 이러이러하다라는 원칙 같은 게 참 많았거든요? 당연히 이건 이래야 하지 않나? '며느리가 시집을 왔으면 당연히 자기밥은 자기가 해먹어야 하지 않나' 라는 생각인데… 그렇지 않았을 때 그리고 어머니가 그것을 인정해주고 올캐가 우리집에 와서 먹는 것? 그로 인해서 내가 더 많은 짐을 지고 살아야 됨에도 불구하고 그런 것을 이해해주지 못하니깐 화가 나더라구요. 그러니깐 저는 어머니한테도 화가 나고 올캐한테도 화가 나거든요. 근데 왜 저 사람은 밥을 안 할까? 왜 어머니는 저 사람이 밥 안하는 것을 그냥 묵인하고 인정… 그런 작은 것에서부터 어떤 해야 한다는, 왜 해야 하는데 남들은 하지 않을까? 왜 나는 하는데 남들이 안해서 내가 그 피해를 받나? 해야 한다는 식이고 마땅하다 원리적인 것…왜 법이란 게 있으면 지키면 되는데 사람들이 안 지켜서 그런 문제가 파생이 되나.

상담자 : 그러면 구체적으로 내가 힘든 것은 집안에 당면하고 있는 문제가 굉장히 화가 나는 거네요?

순 덕 : 그렇죠!

상담자 : 어머니는 왜 바보같이 너그럽기만 하는가? 왜 올케는 자기가 할 일을 하지 않는가? 그래서 내가 무척 화가 난다! 그래서 그런 갈등이 있으신 거예요? 그게 지금 가장 해결하고 싶은 거예요? 이 집단에서? 가족간의 갈등이 있는 거네요?

순 덕 : 네! 어느 정도는 있어요.

상담자 : 그게 지금 내가 정말로 호소하고 싶다는 것이지요.

순 덕 : 예.

상담자 : O.K. 그 다음에 또 집단이 진행되면서 그때는 제가 미처 깨닫지 못했는데 이런 문제가 있어요. 그런 게 있으면 또 내놓으셔도 돼요.

순 덕 : 네.

상담자 : 음~ 순덕씨는 화가 많이 나! 올케 때문에, 엄마 때문에.

진달래 : 늦게 왔는데 먼저 말하고 싶은데요?

상담자 : 예. 얘기하셔도 돼요.

진달래[1] : 제가 제일 그런 것 같은데… 저는요? 지금 나이가 오십이에요. 그런데 아직까지도 뭘 그러니깐, 지금까지도 똑같이 공부한 동기들이나 또 저희 친구들이 똑같은 것을 배우고도 그들은 자신에게 가서 활동을 해요. 그런데 저는 그걸 배웠어도 완전하지 못하면 표현하지 못하는, 그러니깐 내가 알고 있는 것을 표현하지 못하는, 지금도 떨리거든요? 그러니깐 내가 알고 있는 거를 표현하는 것에 대한 그런 자신감이 없어요. 그리고 불안하고 떨리고 내가 이렇게 표현하면 어떻게 평가받을 것인가에 대한 것을 항상 두려움이 있어요. 그래서 제가 상담을 접하기는(호흡을 가다듬음)… 신학교 때 조금 이론적인 걸 했구요. 신학교를 졸업하고 나서는 심방사역을 했어요. 하는 동안에 제가 좀 그런 쪽에 관심을 갖고 있다 보니까 그것보다도 내가 좀더 공부해야 되겠다 해가지고 ○○여대 전문과정 2년을 했어요.

상담자 : 상담?

진달래 : 네. 상담을 했어요. 다른 분들은 실제로 가서 활용하고 봉사하는 것을 했는데 저는 자신이 없어요. 그쪽 일할 것에 대한 그리고 다시 심방할 수 있는 기회가 와서 다시 들어가게 돼 가지고, 그러면서도 심방사역을 하는 것이 절대 만족감이 없어요. 만족감이 없고 그것에 대해 기쁘고 감사한 마음이 없고 항상 이론적으로 하고 다니는 그런 느낌이고 그리고 집에 와서 갈등이 생기고 해서 다시 할 수 있는 기회를 열어보자 했죠. 서울교육청에서 하는 거 학교봉사 나가는 것을 또 했어요. 그걸 또 하고 이제 배치를 받아서 나갔는데… 아! 영~ 못하겠어요. 두렵고 내 자신이 자신감이 없다 보니까 아이들 앞에서 얘기를 한다는 게 영 용기가 안나요. 그래서 하루 따라갔다 오고서 그 다음날 핑계를 대고 안 갔어요. 다른 속에선 두려운 마음 때문에 그런건데… 음… 계속 교회생활을 했었기 때문에 아이들 지도하는 건 계속해 왔었거든요. 그런데도 뭔가 나보다 더 잘하는 분들이 해야 될 것 같고 알고 있는 것을 그렇게 알고 있는 것에

대해서 자신이 없어요. 그것도 또 못하게 되면서 계속 갈등하고 있는데 다른 분들은 그렇게 하고 나니까 4~5년 경력이 붙더라구요. 그러니깐 아주 전부들 기쁜 마음으로 봉사에 참여하고, 또 저한테는 항상 뭔가 따라다니냐면 학교를, 대학을 중퇴했어요. 중퇴를 하고 제가 들어갈 수 있는 기회가 오니까 들어갔는데 제 속에서는 학교를 졸업 못한 것에 대한 그 열등이 계속 따라다녀요. 그래서 이렇게 제가 음악을 전공해서, 음악 전공한 사람을 보면 굉장히 하늘같이 보이고 그 사람이 부러워 보이고 시기나고 질투가 나면서 막 밉구요… 막 그래요. 그런 마음이 내재하고 있기 때문에, 그렇기 때문에 교회 같은 데서도 전공한 피아노 치고 또 전공자들이 사모님이면 이유없이 그 사람들을 피하게 되고 안 좋은 마음으로 대하고 겉으론 천사같이 대하면서도 속에서는 항상 그렇게 따라다니고… 아~ 내가 그것을 어떻게 하면 학력인가… 신학교 나오고 그거 해도 그게 없잖아요. 인정받는 거… 누가 이 나이에 어디 졸업했냐고 묻지도 않는데 스스로 그 고민에 쌓여서 또 88년도부터 그 시도를 했어요. 어떤 방법으로 그걸 따낼 것인가? 그래서 방송통신대학을 해서 다른 것과 같이 하다가, 그때 한 번 시도했다가 좌절하고 93년 입학했다가 좌절하고, 지금 97학번으로 해서 ○○학과 2학년 중에 있어요.

상담자 : 방송통신대학?

진달래 : 예. 그것을 못 놓겠어요! 그런데 이제 제가 성격이 심방을 맡았다 그러면 그 시간이 안 되면 못나가고 얼마든지 유도리가 있거든요… 얼마든지 자기 볼 일도 보고 그러니깐 교회일이라는 게 가정을 방문하는 것이니깐 시간조절이 되는데, 이 분처럼 원리원칙의 정해진 것에서는 잘 못해요.

상담자 : 아니 그런데, 일단 신학대학 나오셨잖아요.

진달래 : 근데 그게 공소신학이다 보니까 4년제를 나온 학력, 그러니까 그것을 갖고 다시 공부하려다 보니까 그 학교 나온 것이 아무런 보탬이 안되요. 일하는 데서는 별 지장이 없는데… 그러니깐 제가 생각한 이상의 학력인가를 스스로 항상 누구를 인정해주는 부분에 있어서도 인정이 안 되고, 제 스스로도 제 자신이 인정이 안돼요. 그것을 깨지 못하고 여태까지 계속 왔어요. 그러구, 음… 사람들이 외적으로 일하는 것을 보면서는 전혀 인정을 안 하는 것 같진 않은데 제 스스로 항상 한 일에 대해서 부족감, 불안함. 또한 7년 동안 은행생활을 하다가 보니까 일원도 틀리면 그날 일과가 안 끝나는, 그 생활습관도 있고 성격이 또 그렇고 해놓은 것을 다시 확인하는 것 때문에 더 피곤한 거예요. 매사에… 그러니깐 너무 협소한 생각 속에서 스스로를 괴롭히는… 지금 1년, 지난 6월부터 쉬었으니 한 1년 정도 됐는데 외부에 나가기가 싫어요. 제가 주부인데 누가 뭐 나간다고 뭐라고 해요? 음… 저녁 때 퇴근하는 길에 장도 보러가야 되고 볼 일도 그때 보러 나가고, 낮시간에는 아무도 찾아오는 사람은 문도 안 열어주고….

---

4) 진달래님의 호소문제 제기.

상담자 : 왜요?

진달래 : 싫어요. 사람들 만나기가….

상담자 : 자신감 없는 것, 열등감 때문에?

진달래 : 아니, 그건 모르겠는데 생활 속에서 그… 내가 아무것도 안 하고 있다는 것… 가정일
이 얼마나 중요하다는 것을 자꾸 인식하려고 하면서도 가정에 들어있는 그 자체가,
그리고 사람들 만나는 것 자체를 참 피하게 되더라구요. 그래서 증세가 거의 우울증
증세 같은 것으로 자가진단 하게 되고, 그런데 이런 상담에 대한 책만 계속 보게 되니
까 완전히 병이 걸리겠더라구요. 스스로… 생활이 폐쇄되어 있고, 친구도, 동료도, 아
무도 만나기 싫고….

상담자 : 그러면 심방사역을 어떻게 하셨어요?

진달래 : 그것 할 시기는 끝났으니까….

상담자 : 지금은 안 하시는 거예요?

진달래 : 예.

상담자 : 지금 현재 어려움은 자신감이 없는 것, 열등감이 많은 것, 사람들을 피하는 것, 집에
찾아오는 사람도 문을 좀 안 열어 준다? 그건 좀 심하네요?

진달래 : 그러니깐 필요 있다 싶긴 한데 꼭 목적이 있어서 만나는 분이면 만나죠. 그런데 될 수
있으면 피하려고 하고 혼자 있고 싶어하고 그래요. 이걸 빨리 벗어나야….

상담자 : 그런데, 이게 이 치료집단이 끝날 무렵에는 해결될 거예요! 정말로 우리 진달래씨가
원하신다면 이뤄질 거예요.

진달래 : 예. (웃음)

상담자 : 또 다른 분!

　　　　　(1분 정도 침묵)

강　물[5] : 저 말씀드리겠는데요. 다들 말씀을 안하셔서…(웃음) 지금 진달래님이 말씀하시는
것을 듣다보니 저와 굉장히비슷하다는 느낌이 많이 들었거든요. 말씀하시는 게 공감
이 많이 갔어요. 저도 나서서 하는 것에 대한 두려움이 많고, 불안함도 굉장히 많은데
저도 자신감이 부족해서 그런 것 같거든요? 전 특히 불안한게 사람이 많은 데서 공개
적으로 얘기하는 것이 굉장히 불안함이 많고, 긴장하고 그것이 끝나고 나서 막 자책
감 같은 게 많고, 그러니깐 내가 굉장히 못나 보이고 그런 때가 많이 있었거든요? 지
금 인지치료집단에 참가하게 된 것도 약간 이런 집단에서 효과가 있을 거란 얘기를
들어서 참가하게 된 것이고, 여기서 해결하고 싶은 문제가 대인불안증세 같은 것, 그
런 것을 해결하고 싶어요.

상담자 : 대인불안증세가 어느 정도로 심해요?

강　물 : 그러니깐 일대 일로 대하는 건 옛날에 생각했던 것에 비해 괜찮은, 사람들은 잘 몰

라요. 제 안에서 불안이 있거든요? 제가 자꾸 확인을 하려고 그래요. 제가 나가서 공개적으로 발표를 했다, 그러면 내가 어때 보였냐 그런 것을 확인을 해보면 애들은 괜찮았다, 잘했다고 얘길 하는데 그 말대로 받아들여지지 않는 게 많거든요. 그게 사람들은 모르고 저 혼자 괴로운 거죠. 그게….

상담자 : 그러니까 남 앞에서 말할 때 공포가 있구나!

강 물 : 예. 지금 말하는 것도 약간 그런 게 있어요. 지금도 좀 불안하거든요? 그니깐 아까 아는 것만큼 충분히 말씀을 못하신다고 했는데 그런 얘기를 많이 들어요. 너는 아는 것도 있고 내재된 다른 것들에 대해서 인정을 받는데, 한참 지나서 인정을 받아요. 그러니깐 잘하는 사람들은 처음에 나서가지고 자기는 딱 드러내면서 인정을 받는데, 저는 그게 부족하니까, 내적으로도 인정받고 싶은 욕구가 굉장히 많은데 충족이 안 되니까 힘이 들죠.

하 늘[6] : 저는 대인관계 문제 때문에 약간 곤란한 그런 경우인데요. 전 혼자 좀 많이 살다가 최근에 한 6개월, 6개월 단위로 다른 사람들과 같이 살게 됐어요. 한 번은 일본에 있는 친구랑 같이 살게 되고, 한 번은 졸업한 동생, 아는 동생하고 같이 살게 됐는데요, 또 한 번은 저희 오빠가 회계사 시험을 보면서 부모님이 같이 사는 게 어떻겠느냐 해서 한 6개월 정도 같이 있었는데 방이 두 개가 있고 각각 독립된 공간이 있는데도 불구하고 굉장히 같이 살면서 부딪치는 점이 너무 많았어요. 그러니까, 음… 저는 제 개인적인 문제 중의 하나는 저에 대해서 많이 개방을 안한다는 거예요. 제 사생활이 완전히 보장받길 원하고 또 남이 내 사생활에 대해서 완벽하게 아는 것, 특히 가족이라고 할지라도 그런 부분들에 대해서 마음을 많이 열지 않고 감추고 살았어요. 속마음을 많이 얘기하지 않는 편이구요, 그리고 또 직접적으로 생활에서 부딪치는 문제는 나는 너에 대해서 그렇게 배려를 해주는데 그 사람은 그것에 대해서 전혀 생각을 안하는가? 같이 공동생활을 하면 지켜야 될, 이렇게 저는 일거리를 딱딱 분담해놓거든요. 우리가 같이 살기 위해서는 이러이러한 것들이 필요하다라고 얘길 하는데 그런 것들이 전혀 지켜지지 않고 여지없이 깨질 때 정말 그 사람에 대해서 화가 나고, 그 사람에 대해서 화나는 감정을 직접적으로 이렇게 얘기하지는 못해요. 다른 것은 다 일에서 부딪치는, 아니 그냥 평상적인 문제는 얘기하는데 제가 화나 있는 감정에 대해서는 얘기하지 못해서, 그게 그 사람을 보면서 제 감정을 자꾸 억누르다 보니까 이렇게 말이 나오는게 툭툭 불거져서 나오는 거 있잖아요. 그런 것들이 제가 굉장히 못마땅하다고 생각하는 건데 사실은 제가 그러는 것에 대해서 별 문제가 되지 않는다라고 생각을 했어요. 가끔씩… 좀 힘들다, 그러면 잠적하고, 사람들도 잠깐 안 만나고, 한…이틀 어디 갔다가 오고, 그러고 나면 내가 내 스스로 힘을 얻어서 그 문제를 해결할 수 있겠다라는 그런 식으로 계속 살아왔는데 패턴이 어느 정도 대인관계에 있어서

---

6) 하늘님의 호소문제 제기.

제 행동양식으로 굳어지다 보니까 대인관계나 친분관계에 있어서도 '너는 너 주위 사람들에게 마음도 안 열고, 그리고 참! 상담받으면서도 참 ○○씨는 저는 원리원칙적인 게 굉장히 많아요. 사회 속에서 ~해야 된다는 당위성이 많아요' 하는 얘기를 들었거든요. 그러니깐 저는 그런 문제! 일단 가장 우선적인 것은 제 방친구와 부딪치는 문제에 있어서 제가 너무 그애에 대해서 그애가 생각하지 않는 그아이의 미래까지도 저는 앞질러서 생각하고 너는 이렇게 이렇게 해야 된다라는 그런 조언도 하기 때문에 제 자신도 굉장히 피곤해 하고, 저는 그 사람에 대해서 배려해준다라고 생각하는데 그 사람은 이건 너무 지나친 간섭이다라고 생각하죠. 그리고 이렇게 얘기하는 건 너무 피곤하다라는 그래서 일단 대화가 하기 싫어지는 그런 결과가 생긴 것 같아요.

상담자 : 부모님과 같이 안 사세요?

하 늘 : 예.

상담자 : 부모님은 어디에 계셔요?

하 늘 : 부모님은 지방에 계시구요….

상담자 : 아하~ 그런데 오빠하고도 같이 안 살아요?

하 늘 : 저희 어머니가 아무래도 오빠니까 음… 형제간에 떨어져 있다가 같이 살려니까 안 좋은 점도 참 많이 보게 되는 것 같아요. 오빠는 장남이고 저는 딸이니까 제가 오빠에게 내 공부를 하면서도 오빠의 수발을 해줘야 하는 입장이니까 저도 힘들어가지구 저희 엄마한테 많이 하소연을 했거든요. 저희 어머니가 그러면 오빠는 고시원 가는 게 좋겠고, 또 남들 보기에도 오빠, 동생이라 할지라도 남자, 여자 같이 있는 것도 좋지 않은 것 같고… 그래서 나중에 따로 살게 됐어요.

상담자 : 언제부터 집을 떠나왔어요? 대학 들어가면서부터?

하 늘 : 그렇게 많은 시간도 아닌데요? 한 4년 정도 그렇게밖에 안 됐는데도 불구하고 원래부터 독립적인 생활을 좋아했어요. 집에서도, 집에 부모님하고 같이 있을 때도 그런 공간을 즐겨서 있었구요, 그리구 또 고등학교 때는 기숙사생활을 했었구요. 그렇다보니까….

상담자 : 어느 학교인데요?

하 늘 : ○○에 있는 남녀공학인데 전 기숙사 생활을 했었거든요.

상담자 : 음…○○여고?

하 늘 : ○○고…

(웃음)

상담자 : 일단 대인관계에 어려움이 있다. 마음을 잘 개방하지 않는다. 속마음을 잘 개방하지 않으면 여러 가지로 참 불편한 점이 많죠?

하 늘 : 인정하지 않죠! 그러니깐 남의 이런….

상담자 : 친해지지 않지!

하늘 : 음… 아주 친한 소수의 한두 명 정도….

상담자 : 그 사람들한테는 열어놓는데 딴 사람들한테는 안 열여놓는다 이거죠?

하　늘 : 예.

　　　　　(2분 정도의 침묵)

수　림[7] : 제가 말씀드릴께요. 별다른 얘기가 없어서 기다리려고 했는데 너무 침묵이 흐르니까 말씀드릴께요. 어…저는 상담공부를 했거든요? 지금 현재는 ○○에서 상담원으로 있는데요. 어…요 근래에 들어서는 그렇게 커다랗게 문제다 생각되고 참 힘들다 이런 부분이 없는 편이에요. 그래서 많은 해결을 봤어요. 스스로 자가치료. 말하자면 그런 셈인데… 비교적 평온하게 지내고 있고, 그런 편이에요. 그치만 언젠가 그 내재돼 있는 게 터질 수도 있다는 생각은 항상 하고 있구요. 예를 들면 아까 화나는 감정도 얘기하셨고, 대인관계 문제들을 많이 얘기하셨는데, 저 역시 그런 문제가 있어요. 제가 화가 났을 때 특히 가족 내에서 가족끼리 화가 났을 때 그 표현이 직설적이니까, 화를 너무 크게 내요. 제가, 그랬구… 올해 들어와서는 3개월 넘게는 거의 그런 일이 없었지만 중·고등학교 때랑 사춘기 때부터 화나면 던지고, 그랬어요. 그런데 그런 게 제가 스스로 굉장히 생각하기가 싫어요. 현재는 그러지 않는다. 그러지 않을 것이다. 생각하면 제가 제 자신이 싫은 거예요. 어쩌면… 겉으로는 밖으로 나가서 활동할 때는 그렇게 보이지 않고, 자연스럽게 그러니까 꾸미려는 것보다는 사람들도 그렇게 보고 저도 행동이 자연스럽게 나오거든요. 그러니까 의식을 안 하려고 하는데 그런 순간적인 감정처리가 너무 안되고, 안된다라는 그게 스스로에게 부끄러운 게 돼요. 그래서 음… 왠지 앞으로도 안 그럴 것이다라는 확신이 있지만 과거 경력이 있으니까 그런 생각도 들고… 또 제가 왜 그럴까? 여러 가지 감정조절이 안되고 대인관계에서 불안해하면서 어려워진다는 생각이 들면, 그런게 왜 그럴까 연구해봤죠. 그런데 제가 환경적인 영향이 있었어요. 제가 사랑을 많이 받고 자랐어요. 그런데, 저의 어머니가 매우 엄격하시고, 완고하시고 그런 스타일이셨어요. 그래서 그런 어머니를 자꾸 적용시키게 되는 거예요. 책 같은 것을 읽으면 나의 사고나 나의 이런 것을 형성한 사람은 불안하게 하거나 조절 되지 않고 자꾸 엄마의 책임으로 가요. 나도 모르게… 그래서 그런 감정을 표현할 수도 없고, 지금은 어머니를 봤을 때 애틋한 마음이 생겨요. 나이가 많으시니까, 환갑이 넘으셨고 저의 어머니는 그냥 희생적이세요. 정말… 모든 일에 있어서, 그런데 그 기본적인 사고방식은 굉장히 저랑 틀리신 것 같아요. 저는 융통성 있고, 자유롭고, 개방적이고, 이것저것 다 괜찮다라는 스타일인데 어머니는 안된다고 하세요. 계속 끝까지… 어머니가 성장했던 배경을 이해하면 그게 이해가 되고 어머니를 애틋하게 생각하면서도 한편으로는 마음속에 엄마에 대한 원망이 생기는 거예요. 저는… 난 왜 이렇게 어리게, 사랑은 좋지만 매질도 많이 하셨고 소리도 많이 치시고 싫은 말도 많이 하시고 막내라서 사랑을 받고, 이름도 그렇게 특별하게 지어

주신 거예요. 하지만 그런 반면에 욕심이 많아서인지 모르겠지만 정서적인 대화가 많이 없었고, 내가 힘든 것 어려운 것을 엄마에게 전혀 얘기할 수 없는 그런 분위기가 되니까 엄마 밑에 억눌려 있는 그런 것 때문에 내가 이렇게 그런 거야, 이런 생각이 들고 어린애 같은 생각이지만 원망이 돼요. 그래서 지금 현재도 가족관계 중에서 엄마랑 얘기를 가장 많이 하지만 한편으론 아직 해결을 못 보고 있는 거죠.

상담자 : 하여튼 뭔가 엄마에 대한 원망과 미움이 있네요?

수 림 : 그러니까 그게 잠재돼 있어요. 어머니랑 같이 다니고, 외출도 하고, 영화도 같이 보고, 밥도 같이 먹고, 쇼핑도 같이 다니면서도 그런 마음이 깔려 있는 거예요. 그러니까 굉장히 힘든 것 같아요.

상담자 : 그러니까 이 집단상담을 통해서 엄마에 대한 원망과 미움을 좀 제거하면 되겠네요?

수 림 : 네. 그리고 상담의 흐름이나 선생님이 하시는 것도 배우고 싶어서 왔어요.

상담자 : 저한테 그런 말씀하지 마세요! 그러면 저 속상하잖아.(웃음) 여긴 순수하게 치료한다라고 생각하시고, 자꾸 배워야겠다 이러면 본질에서 이탈이 될 수 있으니깐….

아침햇살 : 선생님! 굿 윌 헌팅(Good will hunting) 보셨어요?

상담자 : 보려구요. 다음주 월요일날….

아침햇살 : 굿 윌 헌팅(Good will hunting)을 한 번 보시면 많은 도움이 되실 거예요.
(웃음)

상담자 : 상담과정이? 뭐가, 어떤 점이….

아침햇살 : 그 영화에서도 부모한테 학대받은 주인공이….

상담자 : 한 번 다들 보세요. 저는 다음주 월요일날 저희 대학원 학생들과 보기로 했어요. 수업의 한 부분으로…

아침햇살 : 웰컴 투 더 돌 하우스(Welcome to the doll house!) 인형의 집으로 오세요. 그 영화에서도 부모한테 학대받고 수모당하는 한 아이의 얘기가 나오는데….

상담자 : 지금, 수림씨는 학대라기보다는 복합적인 양가감정이 있다고 정신분석 하시는 분들은 그렇게 말할텐데… 그런게 왜 그럴까 한 번 풀어봅시다. 아침햇살님은 어떻게 그렇게 영화도 많이 보고,

아침햇살 : 저요? 아니…. (웃음)

상담자 : 영어도 잘하시고.

아침햇살 : 아니에요. 선생님! 제가 이 책『인지 정서 행동치료』을 보면서 보통책은요 설명해놓은 한국말이 더 어려워요. 이게 뭘 말하는 거야, 도대체… 얘네들 왜 그렇게 뜬구름을 잡아? 그런데 여기 영어로 이렇게 써주시니까 이해가 되더라구요. 그래서 성경도 저는 하도 좋다니까 읽어보려 그러면 그 번역해놓은 말을 모르겠어요. 옆에 영어로된 걸 보면 아~ 이 말이 그런 뜻이구나, 오히려 이게 떨어지나 보죠?

상담자 : 성경은 공동번역 같은 것을 보시는 게 좋아요. 개신교에서 보는 책은 어려워요. 우리가 봐도 뭐가 뭔지 잘 모르고, 가톨릭하고 개신교하고 공동번역한 게 있거든요. 그건

이제 현대적인 의미로 말을 쉽게 풀어 놨기 때문에 이해가 빠르실 거예요.

아침햇살 : 저는 교회를 무턱대고 나갈 수가 없잖아요. 좀 알고 나가야지. 그래서 성경을 좀 보려고 그러면, 아휴~ 이건 참, 뜬구름 잡는 것 같아서 보기가 싫어져요.

상담자 : 가셔서 또 배우면서 성경을 보면 또 달라질 수 있죠. 이제 뭔가 호소문제를 얘기하시면 되겠네!

(웃음)

아침햇살[8] : 아~ 저요! 저는 뭐냐면… 사람들이 가족이나 저한테 요구하는 게 있어요. 제가 종갓집의 맏딸이거든요. 그래서 어렸을 때 제가 맏딸로서 당연히 해야되는 요구받는 게 많이 있었어요, 사람들이 아! 쟤는 잘할 거야, 쟤는 믿을 만해. 그래서 사람들이 저한테 막 하니깐 그걸로 저를 규정한 거예요. 그리고 결혼을 해서 맏며느리가 되고 또 직장에서 밑에 부하도 생기잖아요. 그러면 이제 거기에 따르는 제 역할이 있잖아요. 또 애기가 생기니깐 아기한테 대한 내 역할이 있고, 그러니깐 이 역할들 사이에서 균형을 맞추기 위해서 외줄타기 하는 거예요. 어쩌다가 꿈에서 외줄타기 하다가 떨어지는 꿈을 꿔요. 그냥 아~ 시간이 뭘하고 뭘하고 해야 되는데 하나라도 어긋나면, 일에 구멍이 팍팍 나는 거예요. 그런데 일이 구멍나는 그것을 내가 못 견뎌 하는 거예요. 뭔가 어긋나고 뭔가 잘못됐을 경우는 남들의 비난보다는 내 스스로 내가 왜 이것을 못했지? 그래서 내가 나한테 스스로 사회나 가정이 규정하는 가치를 완전히 내면화시켜서 내가 그것이 스스로 심판자가 돼서 넌 좀더 노력해야 돼! 날 혹독하게 몰아세우는 거예요. 몰인정하게… 그러다가 제가 어느 날 탁 생각했어요. 내가 착취당하고 있다, 그런 느낌이 들었어요. 나 자신을 책임지지 않고 나 자신을 방치했다, 이제부터 여태까지는 사실은 생존을 위한 게임(survival game)을 했다. 내가 직업을 가진 것도 가족간의 균형을 이루고, 부모로서 역할, 아내로서, 딸로서의 역할도 사실은 그것이 착취당했다라는 느낌이 들었어요. 내가 내 자신한테 소홀했다, 이제부터는 내가 내 자신한테 이 사람들에게 했던 것 이상으로 나 자신을 돌보고, 사랑하고, 책임지고, 나 자신한테 시간과 에너지를 투자하겠다고 결심을 했어요. 그리고서는 남들이 요구하는 것에 다 거절을 했거든요. 그랬더니 그 사람들이 전부 다 파랗게 질리는 거예요. 어쩌면 네가 이럴수가… 다른 사람은 다 그래도 너는 안 그럴 줄 알았는데, 뭐 전부다 그러는 거예요. 그렇지만 꿋꿋이 그것을 다 잘라버렸어요. 이제 부터는 난 못해! 그렇게 할 수 없어! 그럴 시간이 없어! 내 능력이 안돼! 하고 다 끊어 버렸거든요. 그 사람들의 지나친 요구를… 그리고 나서 내가 날 돌보기 시작했어요. 그러고, 나를 즐기기 시작했고, 그런데 거기서도 또 저를 혹독히 몰아세우는 거예요. 나 자신을 위하기 위해서 스케줄을 빡빡하게 짜놓고, 왜 나 자신을 충분히 위하지 못하며 넌 너 자신을 위하지 못했어, 그러니까 2차적인 문제가 1차적인 문제가 된 거예요. 다시 불안에 빠지고,

---

8) 아침햇살님의 호소문제 제기

다시 또 한 번 외줄타기가 된 거였죠. 너는 너한테 소홀했어. 너는 그래서 제가 이 당위성의 횡포에 내가 너무 시달리는구나! 그 다음에 음… 그 동안에 주류사회에 속했고, 주변인으로 밀려나기 싫었고, 성취하려고 했던 그것이 제 자신에게 배어 있구나. 나 자신한테도 내가 그렇게 몰아대고 했구나, 그것을 해서 이제부터는 내가 원한다면 할 수 있어. 내가 계획을 세워서 실행을 하는데 실패하더라도 괜찮아! 죽을 일은 아니야 괜찮아. 그래서 실패라는 것은 내가 체험으로 배우는 거니깐 거기에서 배워서 다시 시작할 수 있어. 그러거든요? 그런데 이놈의 LFT(Low Frustration Tolerance; 낮은 좌절 인내력)가 문제가 된 거예요.

상담자 : 그런데 LFT(낮은 좌절 인내력)란 용어까지 아세요?

아침햇살 : 좌절 인내력이 낮아가지고 내가 나 자신을 기다리지 못해요. 조금씩 조금씩 될 거야. 이것을 즐기면서 할거야. 이것으로 점수를 매길 수 없어. 어제보단 나아졌잖아. 전번보다는 나았어. 아휴~이렇게 하면 안 되는데… 그런 마음이 드는 거예요. 그런데… 제가 우리 아들을 보니까, 얘는 인생을 참 즐겨요. 저처럼 시험불안이나, 전 시험을 무척 많이 봤거든요. 지금도 밤에 잠자다가 시험지를 받아놓고 쩔쩔맨다든가 범위가 아닌 데서 나왔다든가, 갑자기 쓰다가 막혔다든가, 그런 꿈을 확 깨고 식은 땀이 나는 그런 꿈을 꿔요. 그런데 우리 애는 전혀 그런 게 없거든요. 그런데 내가 음… 이 당위성의 횡포에 너무 시달리고 그게 2차적인 문제를 또 일으키잖아요. 그런데 문제는 제가 좀 느긋하게 기다릴 줄 알면 되거든요? 그런데, 자꾸 조급해지고 성취하고, 내 가치를 자꾸자꾸 그러면 안 된다는 걸 알면서도 그렇게 육화가 돼있어서 벗어버리기가 쉽지가 않아요. 그런데 제 일이 이과적인 일이었고, 그것이 그 성취하고 많이 관계가 돼 있었기 때문에 그러기도 하고, 원래 그렇게 눈에 보여서 딱 이룩해서 마무리를 짓고, '잘했어' 이런 걸 즐겼던 게 있지만 이제부터 꺾어서 반 80살, 90살까지 산다 해도 반이 지났는데, 나머지 반은 정말이지 날 위해서 생존을 위한 게임(survival game)이 아니고 내가 잘하는 것이 아니고 내가 좋아하는 것을 할 꺼야. 결심을 하는데 그 LFT(낮은 좌절 인내력)가 제 관건이에요.

상담자 : 그럼 그 전에 무슨 일을 하셨어요?

아침햇살 : ○○이요.

상담자 : 네. 그런데 지금은 왜 안 하세요?

아침햇살 : 지금 제가 얘기했잖아요. 41살 때.

상담자 : 5년 전에?

아침햇살 : 착취당했다 내가 생존게임(survival game)만 했다 그 동안… 내가 진짜 즐기고 좋아서가 아니라, 할 수 있었고, 하면 여러 가지 유리한 점이 많았고, 그래서 여기서 살아남을라고 했던 것이지, 한국여자가 한국사회에서 좌절하지 않고 살아나가려면 확실한 걸 손에 잡아야겠다 해서 한 것 뿐이었지 내가 그거 정말 좋아서 했던 것은 아니었다.

상담자 : 그래서 지금 안 하세요?

제4장 이질집단 상담사례 **533**

아침햇살:예.

상담자 : 대단한 용기시네요?

아침햇살:제가 사람들이 전부 다 제가 딱 끊으니깐 사람들에 대해서도 다 파랗게 질리더라구
요. 어떻게 너 그럴 수가 있니? 다른 사람은 아니어도 너는 그럴 줄 몰랐는데 뭐… 그
런 식으로…

상담자 : 그래서 이제 LFT가 높으셔서 LFT를 낮추시는 것을 상담을 통해서 얻고 싶다 이거죠?

아침햇살:네.

상담자 : 고맙습니다.

정   아[9] : 제가 할께요. 저는 결혼한 지 12년 된 주부인데요? 음… 사범대학을 나왔어요. 사범
대학을 나와 가지고 교사 발령이 났는데 결혼이 좋다고 ○○에서 이쪽으로 시집을 왔
거든요? 시집을 왔는데 참 열심히 살았어요. 10년 동안은 … 열심히 살았는데 작년부
터 이게 아니라는 생각이 드는 거예요. 그래서 어른들하고 작년까지는 같이 살았어
요. 8년 살았는데 아니 10년 살았는데 아니다 싶은 생각에 작년에 우연의 일치기도
하지만 작년에 집건축을 한다고 분가를 하게 된 거예요. 분가를 하게 되면서 지금까
지 너무 시집에서만 살았으니까 밖에 나와서 사람들하고 얘기가 전혀 안 되는 거예
요. 옆집 아주머니하고도 얘기가 안 되고, 애들이 학교가는 학교에서도 전혀 얘기가
안되는 거예요. 말하는 것 자체를 잃어버린 거 같아요. 제가… 그래가지고 작년 2학기
때부터 안되겠다 이게 아니다 싶은 생각이 들어서 음… 사회교육원에 갔어요.

상담자 : ○○대학교….

정   아 : 거기 가서 한 학기 들으면서도 전혀 진전이 없는 거예요. 별 진전이 없어서 아, 한번
도전을 해봐야겠다 싶어서 지난 학기에 ○○대학교에 있는 ○○○○대학원 시험을 봤
는데 필기시험을 합격해놓고, 면접시험을 갈 수가 없는 거예요. 자신이 없어서.

상담자 : 자신이 없어서?

정   아 : 자신이 없다고 저희 남편이 이해를 못했는데 저도 왜 안갔는지를 모르겠어요. 그냥
단순히 두려운 거예요. 그래서 시험을 보는 날 그냥 친정을 가버린 거예요.

상담자 : 면접보는 날!

정   아 : 그러고 왔는데 그런 내 자신을, 어떻게 용납도 안 되고 말도 안 나오고, 뭔가 집중도
안 되고, 책을 보는 것만 괜찮아요. 눈물도 자꾸 나고… 지금도 흐르는 것 같은데, 제
가 이런 얘기를 하면은… 저의 남편하고는 참 애길 많이 했어요.(울음) 여기 왔을 때
마음먹고 왔어요. 처음 왔을 때 울거라는 것도 각오를 하고 왔는데 안 울려고 많이 노
력을 했는데 결국은 우는 것을… 엊 저녁 꿈속에서도 많이 울었는걸… 12년 결혼생활
을 하고 제가 느낀 점이 내가 그렇게 좋아했던 교사생활도 포기하고 왔는데, 별로 얻은
게 없어요. 앞으로 살아나가는 것도 그렇지 않을까? 어쩌다 이렇게 바보가 돼버렸는

---

9) 정아님의 호소문제.

지….

상담자 : 바보가 돼버린 느낌이 막 드는구나! 시집살이가 굉장히 고되시지는 않았어요?

정　아 : 식구들이 많았으니까 힘들긴 힘들었는데 어머님하고 아버님하고 참 잘해주셨어요.특별히 문제가 있고 그렇진 않았는데 제가 만족하지 못했던 것 같아요.

상담자 : 결혼생활 하면서?

정　아 : 살아오면서 시댁에서 뭐 사업을 하셨기 때문에 제가 그 일을 많이 봤어요. 그 일 하면서 집안 일을 하고 다 했는데도 저를 위해 한번도 투자를 해본 적이 없는 것 같아요.

상담자 : 그러니까 잃어버린 세월에 대한 아쉬움이신 거네요? 전 시집살이가 고됐나 했는데 그런 건 아니셨네요?

정　아 : 고되고 힘들다 어른들이 나를 피곤하게 만든다, 이런 것 보다는 현실이 워낙 바쁘게 돌아갔기 때문에 그런 것도 생각할 여유가 없고, 애들도 연연생으로 키웠기 때문에 그런 생각도 할 수가 없었어요. 그러다가 이렇게 건강하고 제 시간이 가지게 되니까 이래서는 안 되겠다 싶은 생각도 들고 다른 사람들하고 얘기를 해봐야겠다는 생각에 이렇게 부모교육훈련 이런 데도 가봤는데 전혀 안 되는 거예요.

상담자 : 얘기가?

정　아 : 예. 이렇게 말이 나오질 않아요.

상담자 : 하고 싶은 얘기는 많은데 잘 표현이 안된다?

정　아 : 하고 싶은 얘기는 많은데 말을 하려고 그러면은 이렇게 머리가 정리가 안되는 거예요. 그래서 인자 ○○대학교 전문과정에서 상담하다보니까 발표하는게 상당히 많았어요. 제가 목표를 하루에 6시간 하는데 한 번은 발표를 해야지… 그러고 갔는데, 이렇게 교과내용이라든지 이런 것을 하는데 제 느낌이라든지, 생각을 얘기할 때는 전혀 안되는 거예요.

상담자 : 그게 왜 그럴까? 그 동안 너무 내 생각을 정리하는 생활과 동떨어진 생활 속에서 바쁘게 돌아치다보니까 생각이 정리된다는 게 어떤 지적인 능력 아니에요. 그만큼 내가 지적인 능력이 결핍되어 있기 때문에 그런 거예요? 아니면 다른 어떤 이유가 있는 거예요?

정　아 : 결혼생활, 시집살이라는게… 내 생각을 이렇게 얘기하면서 살 수 없는 것 같아요. 그냥 저는 시골에서 살았기 때문에 엄마, 아버지 사신 그대로 어른들한테 칭찬받으면 시키는 대로 하고 산 거예요. 아무 생각 없이 그냥… 복종하고, 귀머거리 3년, 뭐 벙어리 3년, 이런 식으로 12년을 살았는데 그렇다보니까 제 생각이 하나도 없어져버린 거예요.

상담자 : 그러니깐 내 생각이 없이 진공의 상태에서 이게 뭔가 하는 느낌만 무수히 남네요?

정　아 : 그러다가 제 생활, 우리 식구, 내 식구만의 공간이 탁 생겨버리니까….

상담자 : 시간도 많아지고….

정　아 : 시간도 많아지고 불안하니까, 애기 아빠는 못했으니까 해봐라 이러는데… 아무 것도 자신 있는 게 없어요. 사실.

상담자 : 그러니까… 잘 오셨어요. 아마 도움이 크게 될 거예요. 도움이 분명히 될 거구, 치료가 분명히 돼서 갈 거예요. 그리구 마지막 한 분 남으신 것 같은데?

사　랑[10] : 저 남았어요. 제가 꼴지하려구 한게 아닌데… 순서를 놓치니까 계속 놓치게 되네요. 저는 문제가 많아요. 똑같은 것을 얘기하는 게 그러니까 아무도 말씀 안 하신 것으로… 저는 우울이라는 단어와 친해요. 그래서 항상 남들이 볼 때 저는 평범하고 결점이 없는 사람이라고 생각하는데 저는 참 제 자신이 결점이 많다고 생각해요. 저의 삶에 대한 불안정한 지혜도 갖고 있고요, 안정이 없어요. 마음의 안정을 잘 못 받는 스타일이예요. 그래서 청소년 때부터 겉으로 학생으로써 너무 모범적으로 지냈지만, 문제 없이요… 저는 마음적으로는 고민을 많이 하면서 살았거든요. 속으로 많이 고민해 왔던 갈등을 혼자만 하는 스타일이기 때문에 이것이 우울이라는 증상으로 거의 자리를 매긴 것 같아요. 그러니까 저를 지금까지 지배하고 있단 생각이 들거든요. 그러니깐 우울한 감정에서 벗어나려는 제가 개인적으로 인지치료를 받을 수 있게 된 것은 이게 어차피 우울치료에서 그런 접근을 제가 참 좋아했었거든요. 책을 읽고 많이 해석을 했었지만, 그게 사실 살다보면 매치가 잘 안되잖아요. 자기 적응을 하지만 그게 항상 완전하게 안되는 것 같더라구요. 그래서 저는 직접 부딪치면서 한번 해보고 싶었어요. 그리고 이런 성향에서 벗어나서 오히려 거기에서 자유함을 얻었으면 좋겠다 그런 취지에서….

상담자 : 그런데 우울한 것은 청소년기의 여학생들한테 많이 지배하는 정서거든요. 멜랑콜리한 거죠? 문학적으로 우울한 것 그런 건데… 그런 것과 상담 공부를 하시는 분이시니까, 그런 우울인지 아니면 진짜 임상적으로 우울한 건지 구분이 되겠는데 어떤 거예요?

사　랑 : 글쎄요? 그런데 전 제 스스로가 문제가 있는 것 같아요. 어느 때는 충동에 의해서 너무 비관적으로 느껴지니깐요. 계속 연결되더라구요. 자살이라는 생각, 단어와 많이 연결되고 높은 데 있으면 여기서 떨어지면 어떻게 될까? 자꾸 그런 생각이 들어요. 이것도 좀 임상적으로 좀 접근해야겠죠? 그런데 지금까지 좀 견딜 수 있었던 것은 제가 이런 공부를 하기 때문에 제가 어떤 길을 가고 있는지 제가 스스로 잘 알고 있잖아요…그래서 위험하다 생각이 들 때에는 도와줄 수 있는 주위 사람들한테 얘기를 하거나, 아니면 벗어날려고… 그게 현실에서는 다른 활동을 한다든가 그렇게 노력하면서 지금까지 왔었거든요. 근본적으로 이런 감정의 자유함을 얻기 위해서 노력만 한거지, 그때는 도피만 한 것이고 벗어나려고 노력만 한 거지 그 자체가 치료는 아직까지 안 된 것 같아요. 다시 말하면 제가 좀 비관적인 사고경향이 있는 것 같아요. 그래서 제가 그런 것을 치료를 받고 싶어요.

상담자 : 음… 대학 때 전공이 뭐였어요?

사　랑 : 심리학이요.

상담자 : 심리학. 그러면은 본인이 생각할 때 본인이 세상을 비관적으로 지각할 때 환경적인 원인이랄까? 그런 거 있어요?

사　랑 : 일단은 사랑인 것 같아요. 앞에서 제가 별칭을 '사랑'으로 했는데요. 이상적인 사랑을 제가 너무 꿈꾸었던 것 같아요. 따뜻한 관점, 얘기를 했을 때도 아픈 얘기보다는 그런 쪽을 저는 원했었는데… 삶은 그게 아니고, 부모 자식 간의 관계에 대한, 또 제가 대인관계를 통해서도 보면 항상 그런 게 아니잖아요. 그런 것보다는 자기를 다치는 연습, 자기 주장을 늘리는 연습, 그런 좌절감을 많이 느끼다 보니까요… 어느덧 저도 모르는 사이에 좋은면보다 안되고, 어렵고, 힘들다 그런 쪽으로 제가 몰고갔던 것 같아요. 상대적으로요. 그래서 아직도 세상을 보면 아침햇살이 예쁘죠. 예쁘고 더 좋지만 그것도 이면에 아휴~ 부정적으로 자주 연결을 시키려고 해요. 저도 모르는 사이에… 사고과정이…그러니까 그런 것들. 접근하고 싶어요.

상담자 : [11]그럽시다. 마지막 클로우징 멘트를 잘 하셨는데요… 그러니깐 우리 모두가 가지고 있는 부정적인 시각, 그런 것들이 부적응적인 정서나 행동을 유도하는 것이기 때문에, 그런 것들을 잘 찾아내서 교정해 가는 작업이잖아요? 그래서 나에게 숨어 있는, 내가 잘 몰랐던 나를 괴롭혔던 결국, 시각의 문제라는 것을 지금 다 얘길 들어보니까 알고 계셨는데… 그런 것을 잘 찾아서 교정해가는 과정 중에서 상담자 혼자 리더 혼자만 도와드리는 게 아니라, 여러분 다 스스로를 돕고 타인을 도와드릴 수 있는 상담자라고 생각을 하시면서 이 집단에 임하셨으면 좋겠고… 인지·정서·행동치료의 3장을 꼭 좀 읽어 주세요. 시간 나는 대로 틈틈이 읽어오시는데 3장이 과정이거든요… 인지상담의 과정이니까 꼭 좀 읽어 가지고 오세요. 그러실 수 있죠?

아침햇살 : 그냥 읽어 오면 되죠?

상담자 : 읽어 오면 되죠. 내용을 좀 아시라고….

회기해설

　구성원들 각자의 별칭을 짓고 호소문제를 제시하였다. 상담자는 각회기마다 녹음을 하여 그 내용을 구성원 중 한 명이 풀어오는 숙제를 내주었다. 또한 인지상담의 개관을 설명해주고 독서요법(Biblio Therapy)을 병행하기 위해 인지상담 유관 책 읽기를 권유하였다. 내담자들이 어려움을 호소해올 때마다 집단상담의 참여가 '아주 잘하신 일'로 격려하였으며 상담의 말미에 좋은 성과가 있으리라는 확신을 심어주었다.

제2회 인지치료 집단상담 (1998. 4. 16) : 집단의 응집 출현

상담자 : 지난 토요일에 남산에 갔다왔는데 너무 좋았어요. 여러분도 시간이 있으면 꽃이 다 지기 전에, 무성한 여름의 녹음이 오기 전에 드라이브 한 번 해보세요.

아침햇살 : IMF 시대를 맞이하여 차 팔았어요. 차값 떨어지기 전에 빨리 팔아서 전철 타고 다 녀요. 마음속의 꽃을 피워야지.

상담자 : 사실, 저는 요즈음은 저희 기관이 위치한 동네에 대한 생각이 좀 달라졌어요. 앞을 보 면 볼 것 하나 없지만 뒤를 보면 부잣집 동네인데 집집마다 라일락이 활짝 피어 있어 너무 아름다워요. 이상 고온 현상이라서 라일락이 필 시기가 아직 아닌데 벌써 핀 거 죠. 날씨가 이렇게 좋을 때는 상담받으려고 오는 전화도 별로 없어요.

아침햇살:확실히 그런 게 있어요. 작년 가을에 시간 변경,(갑자기 말이 안 나오네) 미국하고 시간 변경하잖아요. 그때가 되면 걱정이 많은 나는 잘못하면 우울증에 빠질 수 있어 조깅 시간을 새벽에서 한낮으로 싹 옮겼어요. 그렇게 혼자서 규칙을 만들어가지구 막 해 요. 그러다가 4월달에 딱 바뀌면 다시 새벽에 뛰어요. 그렇게 저는 잔걱정이 많아요.

상담자 : 글쎄, 걱정을 많이 하시네, 그죠? 지난번에 인터뷰한 것을 쭉 봤는데, 다른 분들은 문 제가 구체적이었는데 아침햇살님은 그냥 당위성에서 벗어나고 싶다고 구체적으로 그 래서 내가 어떤 증상으로 어려움을 나타내는 것은 없는지, 신체화 증상 같은 것…. 그 런 것으로 구체화시켜 주면 좀더 좋겠어요.

아침햇살:제가 미흡해서 선생님한테 편지를 썼는데 이과생이라 워낙 무식해서 말도 못 하고 글 도 못 쓰고….

상담자 : 천만에 말씀입니다.

아침햇살[1] : 대강 쓰긴 했는데, 뭐가 문제인가 하면 제가 내 품질에 대해 한 번 조사해 보았는

---

1) 아침햇살의 호소문제를 구체화시킴.

데 제품의 품질 자체로 조사를 해보니까 과연 경쟁력이 있는가? 생산성이 있는가? 그렇다면 현재 가용 자산은 무엇이고 어떤가? 제가 따져봤어요. 단기적으로 훈련해서 얻을 수 있는 것은 뭐고, 장기적으로 얻을 수 있는 것은 무언가 찾아봤더니 정말 미미한 수준이에요. 여태까지 이런 것으로 잘 헤쳐 나왔구나! 겨우 요정도 가지고. 이제 계획을 세워 관리하기 시작했어요. 그러면 점검을 하잖아요. 나를 점검해보니까 용두사미일 때가 많고 생산성이 엄청 떨어져요. 그래서 보니까 실패될 상황이 예측되면 피하는 거예요. 제가 직면을 하지 않고 risk(위험)을 감당하려 하지 않는 나의 태도에 문제가 있더라구요. 특히 계획이 잘 안돼서 다시 수정하고 다시 계획해서 행동할 때 마음속에 염려하고 실망하는 거예요.

상담자 : 뭔가를 잘하려는 욕구가 굉장히 강하신 거네요.

아침햇살 : O.K. 실망스러우니까 2차적으로 초조해지는 거예요. 그러면, 왜 초조한가 가만히 따져보면 내가 제대로 못할까봐 그래서 호지부지될까봐, 그 걱정을 하니까 생산력이 또 떨어지더라구요. 그래서보니 내 에너지를 낭비하고 그래서, 그 이유를 생각해보니.

상담자 : 네.

아침햇살 : 그래서 그게 문제예요. 생산성이 떨어지는 것.

상담자 : 네.

아침햇살 : 생산력이 떨어지면 품질에 이상이 있잖아요.

상담자[2] : 자, 다른 분들은 지난번 이런 문제로 집단을 통해 해결하고 싶다, 그것 말구 내가 지난번에 가면서, 집에서 생각해보았더니 이런 게 새롭게 떠올랐다, 이런 게 절실하다, 이런 것 먼저 해결하고 싶다, 그런 것 있으세요? (약간의 침묵) 없으세요? 얘기하면서 지나갈까요? 그러면 지난번에 문제들 다 얘기하셨는데 좀더 구체적으로 자유스럽게 좀 얘기하시고 저도 도와드리겠지만 다른 분들도 인지상담적 입장에서 그 생각이 정서적 불편을 느끼고 있다면, 밑에는 불편에 대한 어떤 신념이 있을 텐데 어떤 신념이 있는지 찾도록 도와주고 신념을 바꿔주고 도와주는 연습과 역할을 우리가 해주어야 할 것 같아요.

진달래 : 제가 말씀드릴께요.

상담자 : 네.

진달래[3] : 자신감 없는 것과 연결되는 것 같아요. 제가 분명히 해야 되는 건 필요한 일이 있어요. 상대방에게 전달하고 꼭 전달하는 과정에서 대화가 필요한데 그걸 꺼내지 못해요. 남편과 얘기할 때도 나를 이해해주고 들어준다고 생각해도 거절당할까봐 두려움이 먼저 앞서고 우습게 여길까봐 나에 대한 평가 잘못 내릴까봐. 아침햇살은 내 의견에 자신감 있어 보여요.

---

2) 새롭게 떠오른 호소문제가 있으면 제시할 것을 요구함.
3) 진달래님이 평가를 잘못 받고, 남이 날 우습게 여기고, 거절을 하는데 대한 두려움을 호소.

아침햇살 : 진달래님이 말하는 것과 똑같은 증상을 갖고 있어요. 여기서 얘기하는 것은 여기서
　　　　　마저 연습을 못하면 어디서 할 때가 없어요.
진달래 : 지난번에 가면서 왜 이 말을 하지 못했을까? 한번 싫은 의견이 나오면 논리 전개하는
　　　　힘이 없어 부딪히는 것이 싫어 터질테면 터져라, 매사 생활 속에서 다 그래요. 업무를
　　　　보는 상황에서 목사님한테 그때그때 보고할 때가 있을 때 이런 것까지 하나? 어느 정
　　　　도는 해놓고 상대방에게 피해를 준다고 먼저 생각하고 자신과 가만히 있을 때 억울한
　　　　생각이 들어요. 혼자 당하고 사느냐! 나는 왜 감정을 눌러야 하는가!
상담자[4] : 거절당하는 두려움, 평가받는 것에 대한 두려움, 자연스럽게 표현 못하고 억누른다,
　　　　지금 말씀 중에 원인이 다 나온 것 같아요. "나는 거절당하면 절대 안된다", "나는 평
　　　　가를 잘못 받으면 안된다". 거절당하면 안되는 이유가 뭐예요?
진달래 : 수치스러운 것, 평가를 좋게 받고 싶은 욕구때문에……
상담자 : 평가를 왜 좋게 받고 싶은데요, 무엇 때문에?
진달래 : 그냥 그래요.
상담자 : 내가 평가를 잘못 받고, 거절을 당한다면 나의 가치가 상실된 것 같은 생각이 드는 거
　　　　죠? 어쩐지 거절당하면 안된다, 평가받으면 안된다고 보는데, 거절을 당해도 괜찮고
　　　　평가를 받아도 괜찮아요. 그렇다고 진달래님의 고유한 가치가 결코 망가지는 것은 아
　　　　니라는 것이죠. 왜냐하면, 인간의 행동과 그 자체를 분리해서 생각해봐야 하는데 물
　　　　론, 내 행동이 마음에 안 들어서 거절을 당할 수 있지만 인간 자체가 거절당하는 것은
　　　　아니라는 거죠. 그렇게 해석해보시고 행동이 상대방에게 거절을 당하더라도 당할 수
　　　　있지! 상대방이 나와 다른데 내가 어떻게 상대방의 마음을 알고 그 사람 마음에 들게
　　　　행동할 수 있을까? 우연의 일치로 마음이 맞으면 아름다운 것이지, 그렇지 않나요?
　　　　인간 세상에서 있을 수 있지요. 그 자체가 끝인 문제가 아닌데 거절당하면 안된다라
　　　　는 신념이 진달래님을 힘들게 하는 것이에요.
진달래 : 네.
상담자[5] : 나는 항상 인정받아야 하고, 나는 수용받아야 하고 그런 생각을 해서 그런 거지요.
　　　　나도 인간인데 거절당할 수 있다, 나도 다른 사람과 마찬가지예요. 다른 사람도 포용
　　　　하면 좋지만 때때로 나 자신도 다른 사람을 거절하기도 하고 평가도 하잖아, 그렇죠?
　　　　나도 받을 수 있다고 생각을 유연하게 하세요. 그렇게 유연하게 생각하시면 어디 가
　　　　서든지 자신의 생각이나 느낌을 자연스럽게 억압하지 않고 표현할 수 있겠죠? 표현
　　　　못한다는 것은 내가 평가를 받지 않고 가만히 있겠다 말을 안하면 중간이라도 가겠지
　　　　라는 것 아니에요. 이 생각을 바꾸셨으면 좋겠어요. 그런 것을 자꾸 바꾸다보면 궁극
　　　　적으로 자신감이 생기는 거지요, 다른 분들은 어때요? 제가 얘기한 것에 대해서 수긍
　　　　하세요? 집단의 역동이 활성화되기 위해 다른 분들도 얘기를 많이 해주시면 좋겠어

4~5) 진달래님의 비합리적 신념의 논박과정.

요.

순 덕 : 저도 그런 경험을 했어요. 저의 어머님이 그러세요. 아무래도 연세가 있고 성격 역시 심하신데…. 저는 거기에 더한 문제가 감정이 먼저 움직여요. 감정이 먼저 거절당하면 어떻게 하나! 수치스러움과 불안과 인정을 받아야 한다는 욕구 때문에 그 사람을 접할 때 감정적으로 먼저 처음부터 호감을 보이지 못하면 처음부터 차단을 못 하는…. 이를 극복하기 위해 어떻게 노력을 했느냐면 흥분한 채 말을 하는 것이에요. 항상 다른 사람에게 제 의사를 전혀 표현하지 못했는데 일단 표현하는 것이 낫겠다라는 생각에 처음 한마디 했다가 저쪽에서 감정이 격하다보니 오해를 하지만 조금씩 하다보니 나도 말하는 것이 되는구나! 감정조절이 되는 거예요. 의사표현도 잘되고 점점 발전돼오고 있거든요. 그런 방법을 써보셨으면 좋겠어요.

상담자 : O. K.

아침햇살[6] : 진달래님 말씀하신 것이 나하고 똑같다고 생각해요. 저는 그걸 극복하지 못하고 그런데 전도사님은 말을 참 잘하시더라구요. 교회에서 전도사님을 피해다녀요. 압도 당해가지구…. 그렇게 말씀하신 것 주관적으로 지각하시는 것이지 객관적으로 사실은 아닐지도 몰라요.

상담자 : 저도 동의합니다.

진달래 : 내 스스로는 그렇게 보고 다른 사람들이 자신을 좋은 사람으로 보는 것이 괴로워요. 가식적이라도 그렇게 해야 하니까요. 회색 분자에 속하는 거죠. 사랑하는 것처럼 대하고, 사랑하는 것처럼 웃어주고, 회의적이라서 안하려고 했는데 무의식적으로 그런 경우가 많고, 사랑해서 가기보다는 찾아가기 편안한 집, 그런 집을 찾게되고, 봉급날 기다려지고 어느 교회가 더 많이 준다면 거길 찾아가게 되고, 이런 말씀을 드려도 괜찮은 거죠? 상담을 기피했지만 세속적인 사람과 전혀 다른 것 없는데 혼자 맑은 물처럼 사는 것이 몸이 괴로워요. 진짜 하느님 앞에 제대로 설 수 없을 것 같고 천국 갈 수 있을까? 이게 아닌데 나와 안 맞는데, 기분 좋게 잘하는 사람이 있어요. 진심으로 좋고 싫고 표현 잘하고 심방 잘하는 사람이 있는데, 내 스스로 문제가 있는 것 같아요. 외롭고 괴롭고 싫고….

상담자 : 결국 완벽해야 하는 거네요?

진달래 : 네. 사람은 정도의 차이가 있지만 내가 싫은 것에 거리를 두고 피하게 되고 '스스로 문제가 있는 거다' 라고 생각해요.

상담자[7] : 그런데 거기서 자 살펴 봅시다. 내가 전도사 역할을 제대로 하기 위해서는 내 마음 속에서는 괴롭고 힘이 들지만 웃고 그런 것이 너는 바보같이 너무 이중 인격자 아니냐! 괴로우면 표현하지 못하는 것이 어찌 보면 당연하다고 생각해요. 내가 자연인으로서 인간으로 대하는 것이 아니라, 전도사로서 인간을 대하기 때문에 일단 직업에

---

6) 진달래님의 자신에 대한 지각이 사실이 아닐 수도 있음을 지적
7) 새롭게 발견된 진달래님의 비합리적 생각의 지적.

충실해야 하는 것 아니에요? 지금이 바람직한 것인데 지금 어려운 것은 무엇인가. 넌 너무 바보같이 껍데기만 보여 내 인간의 본연 모습을 보여주지 못한다고 그러는데, 사람은 누구나 자기 자리에서 자신을 보이면서 직무수행을 못 해요. 예를 들어, 내가 카운슬러인데 어렵고 힘들다고 누가 상담을 받으러 왔을 때 나도 어렵고 힘들어 그래서 "나 상담 못해"라고 짜증을 낸다면 되겠어요? 나도 힘들고 괴롭지만 가슴 저쪽에 밀어넣고 상담자로 열심히 잘하기 위해서는 일단 내담자를 도와주어야 하는 것이지요. 또 때로는 나는 힘들고 괴로운데 마스크를 쓰고 안 괴로운 척하면 오히려 이 생각이 위선이고 가면인 때도 있어요. 물론 겉과 속이 너무나 판이하게 다르다면 문제가 되겠지요. 내가 속이 상해도 전도사로서 직무수행을 잘하기 위해 속에 있는 것 감추고 웃는다는 사실에 화가 난다면 그 밑에 어떤 나는 신념이 있는 것이냐면 "겉과 속이 항상 같아야 정직한 사람이다", "겉과 속이 같아야만 하느님이 보시기에 아름다운 사람이다" 그런 생각 자체가 비합리적인 것이고 잘못된 거죠.

진달래 : 그러니까, 즐겁게 생활하는 사람은 왜 이런 걸까?

상담자 : 그 사람들은 그걸 받아들인 거죠. 다른 신도들과 만날 때 즐겁게 심방하고 속상한 일이 없는 것이 아닌데 평온할 수 있는 것은 내 직무를 충실히 이행하고 있고, 또 그 전에 화가 났을 때와 지금은 어떤 신념의 차이로 보시면 되죠. 앞으로 심방을 하신다면 그런 일로 속상해 하실 필요 없으세요.

상담자 : 어때요?

아침햇살 : 진달래님 얘기가 나를 대변해서 얘기를 하신다는 생각이 들어요.

상담자 : 아침햇살님이 의사 선생님였을 때, 내가 아프고 힘들다고 해서 환자를 볼 때……. 소홀히 보시거나, 아니면 환자 보는 것 자체를 거부하신 적이 있으세요?

아침햇살 : 봐야죠, 직업 윤리인데. 가능한 한 환자를 편안하게 해주어야 하는데 저도 그일로 심히 그런 것 때문에 아들러(Adler) 책을 읽었거든요.

·
·
·

중 략

·
·
·

아들러 책을 읽었는데 다 읽고나서 연습이 많이 필요하다, 오류가 너무 많아 안 되겠다, 생각하고, ○○대에서 자기표현 훈련을 3개월 동안 10번 들었는데 어떤 바보짓을 해야 한다고 했는데, 느끼기에 자기표현 못 하는 장애가 있구나! 환자구나, 고쳐나가야 할 '인생의 과업이다'라는 생각을 했어요.

상담자 : O. K. 그렇게 노력해보시면 되겠죠! 누가 자진해서 말씀해 보시겠어요. 강물님이 말해 볼까요?

강 물 : 거절을 당할 때 두려움, 평가를 받는 것에 대한 두려움이 저도 있어요.

상담자 : 그 실체를 찾아봅시다.

강 물 : 지금 흘러가는 느낌이 화살이 오고 하니까, 어떤 식으로 말을 자연스럽게 해야 하는데…. 혼란스러움이 있거든요?

상담자 : 혼란스러운 이유가 잘 보여야 한다는 것 아니에요?

강 물 : 맞추어서 잘 흘러가야 한다는 것.

상담자 : 그런 생각하지 마세요. 그렇게 하면 틀에 맞추게 되고, 중요한 임상적인 반응을 놓칠 수 있으니까, 나오는 대로 하고 그 틀은 제가 형성해 나가는 것이니까 염려하지 말고요.

아침햇살 : 여기서는 바보가 되는 용기를 가집시다. 바보가 되기를, 용기를 갖기를.

강 물 : 이런 상황이 힘이 들어요, 사람들이 말을 요구할 때 긴장되고.

상담자 : 긴장되고 힘이 드시죠? 그때 아마 어떤 신념이 작용하기 때문에 그런 거지요? 이때의 신념들은 자동화되어 실상 빨리 지나가기 때문에 깨닫지 못할 뿐. 호랑이가 있으면 순간 몸이 움츠려들지요. 호랑이는 무서운 존재이고, 죽일 수도 있는 존재라는 생각이 순간적으로 스치고 지나가기 때문에 움츠려드는 거지, 강아지라면 결코 움츠려들지 않는 거지요.

강 물 : 내가 어떤 신념 때문에 긴장하는 것 같아요. 평소에 생각을 못한 것들을 지적받으면 잘해야만 된다는 것이…….

상담자 : 괜찮은 사람으로 보이는 것이 중요해요?

강 물 : 한때는 그랬던 것 같아요.

상담자 : 다른 사람에게 인정받으면 강물님의 가치가 올라가고 인정을 못 받으면 가치가 내려가는 것, 그런 것은 아닌 것 같아요. 내가 최선을 다해 살아가는데 가치가 하락하는 것은 아니니까, 인정받으려고 사는 것은 아니죠? 나는 모든 사람들로부터 인정받고 사랑받으려 하는 삶이 줏대 없는 것이라 생각해요. "We cannot please everybody" 말처럼 우리가 모든 사람들을 즐겁고 기쁘게 할 수 없잖아요. 인정받기 위해서.

아침햇살 : 저도 똑같은 그런 마음을 갖고 있어요. 아들러 책에 있더라구요, 당신은 어떤 사람은 빨간색을 좋아하고, 어떤 사람은 노란색을 좋아하는데 동시에 만족시킬 수 있느냐? 하는 거예요.

정 아 : 내가 발표를 잘못하면 내 자신한테…. 내가 결국 용납하기가 어려운 것은.

상담자 : 내가 철두철미하게 잘할 수 있느냐? 어쩌면 인간은 문제투성이고 헛점투성이고 위대한 사람들은 동네에서 알아주지 못했잖아요. 역사적으로 보면 예수님도 자기 동네에서 알아주지 않았잖아요. 자기 배우자한테 인정받는 사람이 진짜 좋은 사람이라는 말이 있어요. 인간은 완벽할 수 없어요. 최선을 다하는 과정이 중요한 것이죠. 잘하려고 하는 의지가 지나치게 강하면 강할수록 더 못하게 되는 경우가 많아요.

아침햇살 : 저도 마찬가지예요. 요만큼도 못하는가! 바보 같다. 나 자신한테 몰인정한지 몰라요. 나를 감싸주고 격려해 주어야지 어쩌나 몰인정한지 하루하루가 더 약해져 내 자긍심 손상, 자연히 에너지가 떨어지고 결과가 시원찮게 상처받고 앞으로 10년 이상 걸릴 것 같아요.

상담자 : 아침햇살님이 집단상담과정에 열심히 참여하면, 이 과정이 끝날 때쯤 해결이 될 거에요.

진달래 : 지금까지 터득한 이론인데도 생활 속에서 이런 성격으로 갈 것 같아요. 어머님도 그런 모습으로 봐왔을 때 싫었는데, 지금 내가 그 모습으로 닮아서 날 따라다니고 있다라고 생각해요.

상담자[8] : '깨달음' 과 '아는 것'은 차이가 있는데, 지행일치(知行一致)라는 말이 있죠? 담배를 피우면 안 된다는 것을 알지만 남자들은 담배를 피우지요. 어느 순간 병원에 갔었는데 앞으로 한 달간 이런 식으로 지속하신다면 담배를 피우는 것은 치명적이라는 것을 알게 되면, 담배를 끊게 되지요. 바로 이런것을 '깨달음' 이라고 할 수 있어요. '깨달음' 을 얻기 위해서는 working through 즉, 훈습을 많이 해야 해요. 실천하는 것이 엄청 중요한 것으로 죽도록 연습과 훈련이 많이 필요하죠.

순 덕 : '깨달음' 과 '아는 것'을 의식하고 있는데, 질투심과 과거집착이 가장 힘든 문제예요. 맏딸인 내가 화를 잘 내시는 아버지와 어머니 사이에 교감 역할을 하는, 제 삶은 이 두분의 대변자 역할로 살았어요. 서른이 되다보니 혼자 사는 느낌이 드는 거예요. 역시 아들 편이다. 정상적으로 결혼해서 몇 살 짜리 자식이 있었으면 이 자리에도 안왔을 거라는 생각을 하는데. 원망스럽고 억울하다는 생각을 하는데, 그분들에게 많은 시간을 어머니의 동반자로 형제 뒷바라지하면서 지냈는데 인정도 못 받아 너무 고통스러워 혼자 스스로 억울하다는 생각을 하고 있구나! 내가 누구를 탓하겠는가! 제가 해결해야 할 문제라고 깨달음과 아는 것은 가끔 과거를 뒤돌아보니 과거집착과 질투심을 떨치고 자연스럽게 해보고.

상담자 : 정리를 해보면 화나는 정서 밑에 '원망' 이라는 정서가 너무 크다. "억울하다" 순덕씨가 비합리적인 생각을 안다는 거죠? "나는 집안 식구를 위해서 절대 희생해서는 안 된다"라는 것인가요?

---

8) '깨달음' 과 '아는 것' 간의 차이에 대한 설명.
   훈습(working through)의 중요성 강조.

순　덕 : 어느 정도는 해야 되죠.

상담자 : 나는 죽도록 고생하는데 희생의 대가를 못 받았죠? 나는 희생의 대가를 받아야 된다 그런 것 아니에요. 순덕씨? 희생의 대가를 받아야 된다, 그것이 희생인가요? 그러니까 나는 운명적으로 베풀며 살아야 되는 거다. 음, 그렇게 생각하면 지금 현재 억울함을 극복할 수 있겠죠. (잠시 침묵) 손해는 좀 보면 안 되나요? 김지애가 부른 노래에도 이런 것이 있잖아. "손해보는 듯 사는 게 편해".

아침햇살 : 노래도 잘하셔.

상담자 : 궁극적으로 나한테 돌아오죠. 언젠가 나도 모르게 온다는 거죠, 플러스가 있으면 마이너스가 있지 쌍 마이너스, 쌍 플러스가 있는 것이 아니에요. 근데, 사실 따져보면 손해본 게 없어요.

아침햇살 : 플러스가 있으면 마이너스가 있고 마이너스가 있으면 플러스가 있다는 것을 깨닫지 못한다는 거예요. 마이너스를 쌍 마이너스로 생각하는 것 그것을 깨뜨려야 하는데.

상담자 : 안다는 것이 확실히 아는 것이 아니죠. 제대로 확실히 알려면 연습이 필요한 거죠.

순　덕 : 하고 싶지 않은데 왜 나한테 그런 것이 요구될까? 억울하다는 것을 말할 수 없었다가 10년, 20년 지난 후 뒤돌아보면서 내가 많이 계산적이라는 생각을 했었는데. 자발적이지 않고.

상담자 : 희생의 대가를 받지 못할 때 억울하다는 것인데, 못 받을 수도 있다. 못 느낀 것 같은데 다 받았어요. 제가 봤을 때는 다 받았다고 봐요.

하　늘 : 저두, 저의 어머님이 어렵게 살아왔는데 오빠가 반항적이거든요, 오빠가 가출도 하고 중간에서 딸이라서 엄마랑 얘기도 많이 하고 또래 아이 생각하는 것과 살아온 것이 다르다고 생각해요. 그런 면에서 억울하다고 생각 안 해요. 지혜를 배우고 세상을 보다 독립적으로 본 것 같아 억울함은 없어요.

순　덕 : 저랑은 다른 것 같아요.

상담자 : 학대받았다고 생각하나 보죠?

아침햇살 : 착취당했다고?

순　덕 : 다른 형제는 그렇게 안 살았는데 저만 그렇게 사니까!

상담자 : 그게 중요한 거예요. 다른 형제는 다 남자인가요?

순　덕 : 다른 형제는 남자고 여자는 막내가 있구요.

상담자 : 다른 형제들도 그렇게 느껴요? 그렇게 안 느끼죠? 아니, 제 얘기는 각자가 순덕씨가 온갖 짐을 지고 있다고 생각하는데 마음 속으로 형제들도 그들 나름대로의 힘든 것이 있을 거라구요.

순　덕 : 조금씩은 있겠죠.

상담자 : 혼자 억울하다는 생각을 할 수 있나요?

순　덕 : 제가 말하고 싶은 것은 현실적으로 시간을 많이 할애한 것이라는 것이죠. 삶의 80% 정신적, 신체적 정성을 들였다는 것으로 막내는 28살인데도 불구하고 은행일도 시키지 않고 학생 때나 직장에서 제가 조퇴 하는 경우가 많았어요. 제 삶을 돌아봤는데 제 삶 자체가 없는 것에 충격을 받고 서러움에 공허함을 갖고 잘못 살았구나! 자신을 찾으려고 하는 것이 다 억울한 거예요. 다른 형제들은 자신의 삶을 꾸려나갔는데 나는 그러지 못해서 싫어하는 말을 하기 어려워하는 거예요.

아침햇살 : 이젠 그만 하세요. 너무 억울하잖아요.

상담자 : 억울함에서 벗어나는 거니까? 아까 말한 대로 제가 말씀드린 것처럼. 충분히 이해해서 공감만 하는 것이 아니라, 문제해결을 도울 수 있는 구체적인 안을 보여주어야 하니까.

사　랑 : 늦게 할려고 의도성은 없었는데, 화제를 맞추어 생각을 하다가 어떤 다른 생각을 하고 있었어요. 저는 사람에 대한 관심을 갖고 있었지만 공부한 만큼 얻었다고 생각하지 않는데, 초창기 때는 신비 그 자체였는데 시간이 지나면서 그것이 무뎌가고 학문의 한계, 저의 한계도 느껴지더라구요. 아까 지행합일(知行合一)이라고 표현한 것처럼 아는 것과 깨달음은 훈습을 많이 해야 한다고 했는데, 저의 부정적인 자기표현 훈습에 식구들은 당혹스러워하는 거예요, 배우는 입장이지만 훈습을 더이상 하지 못하겠더라구요. 학문에서 요구하는 것과 현실과는 차이가 많구나!

상담자 : 잘못 배우신 부분도 있을 거예요. 자기주장적인 것인데, 서구에서 특히 미국에서는 자기표현이 손해를 보는 경우는 없지만 우리 상황은 오히려 손해를 보는 경우가 많아요. 문화적인 맥락에서 거르지 않고 그냥 가르쳐준다는 것이지. 잘못 가르친 것이고 잘못 배우신 거예요. 궁극적으로 상대방에게도 유익하고, 나도 편하다는 판단에서 하는 것인데 우리상황과는 맞지가 않을 수 있어요. 사랑님 가족들이 심리학 공부하라고 학교 보냈더니 얌전한 애가 어느 날 갑자기 자기주장을 하고 화를 버럭버럭 내면 얼마나 놀라겠어요. 맥락을 잘 고려해서 활용해야지요. assertive(주장적), passive(수동적), aggressive(공격적)한 세 가지를 분명히 구분하지요. 적절하게(assertive) 표현 해야지 너무 공격적으로(aggressive) 하게 되면 안 된다는 거죠.

사　랑 : 상대방에 대한 부정적인 감정을 표현하지는 않지만 그 상대를 볼 때마다 부정적인 생각을 계속하게 돼요. 그러면서 악감정이 막 쌓이게 돼요.

상담자[9] : 감정의 한계가 있는데, 인간이 품을 수 있는 용량이 있는데 꽉 차 있으면 steam off(김 빼는 작업)를 해주여야 하는 것이지요. Freud가 왕성하게 일을 하던 그 당시 비엔나 대학이 물리학 분야에서 세계적이었죠. Freud의 생각도 자연히 물리학의 영향을 많이 받았어요. 특히, 수압효과(Hydraulic effect)는 물이 일정하게 용기에 차게 되면 물이 자연적으로 넘치듯이 인간이라는 용기에 심리적 에너지가 쌓이면 넘치는 것을 말하지요. 그래서 상담자들이 적절하게 감정을 표출하는 것을 요구하지요. 그런데 우리나라 상황에서는 감정을 표현하거나 폭발해버리면 당장 역효과가 올 수 있어요. 가정

---

9) 수압효과(Hydraulic effect)에 대해서 설명 '화' 또는 '분노' 라는 정서를 제거하기 위해서는 그 정서를 유도하는 '인지'를 찾아내서 바꾸어주는 것임을 설명.

뿐만 아니라 학교에서도 마찬가지구요. 교수한테 분별 없이 그러면 F학점을 따논 당상이지요. 또한 '분노'라는 정서는 밖으로 표출을 하면 할수록 정화가 되는 것이 아니고 오히려 더 큰 분노를 불러일으키는 경우가 많아요. 이제부터는 정서를 조절하려면 '분노', '화'가 날 때 화나지 않는 연습을 많이 하세요. 종교적으로 훌륭한 지도자들을 보세요. 화난다고 그 자리에서 화를 내는 것 봤어요? 아무리 화를 나게 해도 내가 화를 내지 않으면 되는 거예요. 인지치료에서는 화가 날 때 그 화를 유도하는 생각을 찾아내서 그것을 바꾸어 주면 화가 나지 않음을 강조해요.

아침햇살 : 친정 어머님은 음식하는 것을 굉장히 좋아하세요. 어느날 음식을 만들어서 저의 집에 보내셨더라구요. 엄마, 마흔이 넘었는데 이제부터 우리 집에 밥 먹고 놀고 쉬려고 오시면 모를까, 집에 오면 가만히 있지 않고 뭐해줄 것 없나? 엄마 그러지 말라구 그렇게 얘기를 했더니 엄마가 쓰러지기 일보직전으로 충격을 받으신 것 같더라구요. 다른 형제한테 전화해서 서운했다고 하더라구요. 이전에는 일을 하니까 괜찮았지만 지금은 일을 하지 않는 상황이라 음식까지 해주는 것……. 엄마가 굉장히 서운하셨나봐요. 울먹울먹하시더라구요. 나이가 마흔이 넘어서…….

상담자 : 엄마가 해주는 것이 불편한 거예요? 이 나이가 되어 가지고 얻어먹으면 안될 것 같아요?

아침햇살 : 어떤 생각이 드냐면.

상담자 : 그 대답 좀 해봐요? 왜 안되나?

아침햇살 : 자꾸 의존심이 생겨 독립적으로 안되고…….

상담자 : 의사생활 그만두고 가정생활을 선택한 것처럼 독립적인 것이 어디 있어요, 거의 독립적으로 하잖아요.

아침햇살 : 의사를 그만둔 것에는 그만한 이유가 다 있어요. 그 나이가 되도록 얻어먹고 내 생활이 참 말이 아니다 "한심한 사람이야", "게을러터지고 말거야"

상담자 : 괜찮아요, 충분히 가치 있는 것이구 흐지부지 돼도 괜찮아.

아침햇살 : 제가 『인지·정서·행동치료』의 뒤편에 자기의 비합리적 신념의 평가지에서 보니까, 성취, 가치 정도가 높다고 검사 결과가 나왔더라구요.

상담자 : 그걸 충분히 극복해 나갈 수 있어요.

아침햇살 : 오히려 의사로서 평가하는 것은 인턴 4년이면 충분해서 가정일도 딱 4년 동안 해보고 싶었어요. 전문의로 종합병원에서 10년 일을 해보니 어떤 환자(case)가 와도 할 수 있겠더라구요, 가정일도 일단 4년 정도 일하다 보면 되지 않을까, 했는데 전업주부인 친구를 보면 장아찌도 잘 담그고 고추장·된장 맛있게 담그고 바느질도 기가 막히게 잘하고 못하는 것이 없어요. 그런 경지에 다 오르지는 못했지만, 제 일 좀 할려고요. 조금만 계획에 차질이 생기면 나를 괴롭히는 거예요. 지금 5년째예요. 작년에 아들이 중학교 들어갔는데, 거기에 몰두하는 것을 끝내고 내 일을 가지려구요. 그 일을 제대로 못했다는 것에 미련이 있는 것은 아니에요. 내 계획이 어긋나면 어떻게 하나!

상담자 : 내 계획이 어긋나면 어떻게 해요?

아침햇살 : "한심하다" 생각이 들고 자꾸 두려워하며…….

상담자 : 계획대로 되지 않고 어긋날 수도 있지만 오히려 여유를 가지면 더 잘될 수도 있어요. 다음에 올 때 오늘 한 상담 느낌·내용에 대한 소감 그때그때 적어서 회기 노트해서 갖고 오세요. 그리고 다음 시간부터 각자 카세트 녹음기를 준비하고 녹음을 하셔서 녹음을 듣는 것을 숙제로 내주겠어요.

회기해설

집단구성원들의 응집이 시작되어가는 회기임.

1회기에서 호소했던 문제가 새롭게 떠오르는 문제를 중심으로 좀더 구체적인 모습으로 드러난다. 인지치료의 기본개념, 훈습의 중요성 등에 대한 설명이 나온다. 녹음을 준비해서 녹음하고 모두들 상담회기의 내용을 들어보는 것을 숙제로 내준다.

본 회기는 녹음테이프의 상태가 불량하여 축어록이 정확하게 풀리지 못한 아쉬움이 있다.

제2회 집단상담 회기 보고 1

♣ 사랑

오늘 경험을 통해 이 집단의 성격을 뚜렷하게 느낄 수 있었다. 우리는 일상생활에서 많은 어려움과 상처를 받지만 알고보면 비합리적인 사고로 인한 것이 거의 다라고 할 정도로 어찌 보면 너무나 욕심이 많은 것이고 어찌 보면 어리석은 것이라는 생각이 든다.

제일 먼저 진달래님이 말씀하신 내용 중에서 전도사로서 기쁘게 심방하고 신도를 맞이하기보다는 속하고 다른 가식이 있는 것 같아 죄책감이 생긴다는 것이 마음에 와닿았는데 개인적으로 신앙을 갖고 있는 입장에서 그런 고민에 대해 충분히 공감할 수 있고 오히려 그런 고민을 하는 모습에서 신앙인으로서 더욱더 큰 발전이 있을 것이라는 확신을 하게 되었다. 사실 그 속에서 안주하고 만족할 수도 있지만 끊임없이 생각하고 자신의 모습에 대해 점검하는 태도에서 참으로 진실하고 겸손하다라는 생각이 들어서이다.

아침햇살님은 진달래님의 말씀에 많이 똑같다면서 공감하면서 아들러 책을 읽고나서 자기표현 훈련에 참여하게 되었으며 자기표현을 하는 데 장애가 있음을 발견하고 장기적인 과업이라 생각하고 있다고 말했다. 말을 들으면서 참으로 욕심이 많고 계획적으로 일을 진행해 나간다는 생각이 들었다. 자신의 문제에 대해 냉철하게 파악하고 자신이 어떻게 해결해나가야 하는지에 대한 방향이 보이는 듯했다. 매 순간마다 적극적으로 참여하고 무언가 여기서 얻고자 하는 것이 강하게 느껴졌다.

강물님은 주목받고 말을 해야 한다는 사실 때문에 두렵다고 하면서 잘 보이고 싶어하는 욕구가 있다고 했는데 사실 그런 상황에서 두려움은 누구나 다 있을 거라고 보지만 정도가 심하지 않고 자연스럽게 넘어갈 수 있다는 것이다. 개인적인 생각으로는 참으로 자신감이 없어 보여 아쉬웠는데 이런 자기표현하는 훈련을 통해 자신감을 갖게 되면 지금처럼 어렵게 느껴지지 않으리라 본다. 내재한 가능성이 느껴졌는데 그러한 능력을 인정받으려면 먼저 자기개방이 이루어져야 한다고 생각했다.

정아님은 강물님의 말을 듣고서 조용히 결국 자신한테 용납하기가 힘들거라는 코멘트를 했는데 열심히 경청하면서 말을 많이 하지 않았지만 자신이 하고 싶은 것을 간결하게 표현하는 것 같아 새롭게 느껴졌으며, 앞으로 상담시간에 자신의 사례를 보다 많이 해서 많은 것을 깨우치고 행동에 옮겨나갔으면 하는 생각이 들었다. 첫 상담시간에 자신의 얘기를 하면서 울던 것이 나한테는 작은 충격이라서 마음이 쏠린다.

순덕님의 경우를 경청하면서 과거의 집안 일로 나는 희생당했다는 피해의식을 가졌지만 별 문제삼지 않고 넘어올 수 있었던 것은 내가 하고 싶어서 했다는 점이라는 사실인데, 반면 순덕님은 비자발적인 성향이 강해서 충분히 그럴 수 있다는 공감과 가정에서 고착되어 있는 자신의 명분을 보다 '독립적인 존재'로 있다면 보다 자유스러워지리라고 생각해보았다.

나의 부적절한 감정표현에 대한 사건을 통해 회의적인 입장에서 효과적인 방법이 무엇인지에 대해 언급했는데 사실 이런 얘기를 해야지 하고 꺼낸 것이 아니라고 순간 불편했고 무언가를 말해야 하는 부담감에서 긴장도 했었다. 하지만, 평소 느끼고 있던 이슈라서 열을 내면서 말을 했는데 상담자 선생님이 잘못 배웠다고 언급했을 때 순간 당황했었다. 아니 그것을 사실로 받아들여야 하는지? 하지만, 중요한 것은 합리적이고 바람직하지 못하다는 것을 인식하고 있던 터라서 별 저항 없이 수용할 수 있었다. 그러면, 여기에 적절한 훈습을 열심히 찾아서 현명하게 대처해나가야 하겠다고 다시 한 번 생각하게 되었다. 자신의 문제를 고민을 드러내는 것에는 이렇듯 정서적인 불안정감을 가질 수도 있지만 결국 자신의 문제에 대해 객관적인 시야를 얻을 수 있는 잇점이 있음을 깨달았으며 보다 초연해진다는 느낌이 들었다.

아침햇살님은 자신의 의지하는 마음이 생기는 것을 싫어하는 것을 어머니와의 사건을 통해 알 수 있었으며 독립적이래야 안심하고 제대로 사는 것이라고 판단하는 사고를 보고 참으로 자기 색깔이 강하고 의존하는 것에 대한 과거경험이 부정적이라서 그런 것은 아닐까, 하면서 그런 경험에 대한 궁금증이 생겼다.

오늘은 수림님만 빼고 어느 정도 참여했는데 들어올 때부터 안면표정이 어두워서 어느 정도 감지하고 있었다. 무슨 일이 있는 것 같다. 과묵한 듯 하면서 저항적인 모습을 보이는 그런 수림님이 개인적으로 불안하게 보인다. 어떤 문제로 불편해하는지 잘 모르겠지만 효과적으로 해결될 수 있기를 빌어보고 앞으로 열심히 집단에 참여했으면 하는 바람이다. 뿌린 만큼 거둘 수 있기 때문에……

제2회 집단상담 회기 보고 2

♣ 정아

일기처럼 제 자신을 정리한 것입니다. 두근거리는 가슴이 차분해짐을 느끼면서 몽롱한 정신으로부터의 탈피를 맛볼 수 있을 것 같은 흥분이 날 감싸안는다. 나의 문제를 정리할 수 있을 것 같은 자극을 받았다는 느낌 때문인 것 같다.

가족을 위해 열심히 살아온 12년의 나의 모습은 지금 현실의 세상에서는 필요도 없고 적응할 수도 없는 너무나 많은 불편함과 바보스러움들로 가득차 나를 조롱하는 것 같아 눈물을 주체 할 수가 없다. 하지만 난 나의 능력과 노력을 믿는다. 12년 전에 내가 변할 수 있었듯이 지금의 나도 변해 이 악몽으로부터 헤어날 수 있다는 확신을 가져본다. 벌써 "내가 느끼는 불편함들이 왜 생기는 것일까"가 아닌 내 문제는 이것이다라고 말할 수 있을 만큼 나는 발전했다. 내 자신을 드러내고 발표해야 될 상황이 생긴다. 내 마음에 들지 않는 반응을 보인다.

↓

(난 깡통인데 갑자기 질문을 받으며 어떻게 하나

상황에 맞지 않은 말을 하게 되면 저들이 내가

빈 껍데기만 남아 있는 것을 알 텐데 가슴이 두근

두근 정신이 혼미해진다.)

우울해지고 화가 나고 그들을 원망하고 자신에게 호된 질책을 하고 그들에게 화풀이를 한다. 가족관계를 서먹서먹하게 만들고 그러지 않아도 되는 것인데 심한 죄책감을 느낀다. 괜히 식구들을 가슴 아프게 했구나, 하는 마음이 아프다.

또 새로운 상황을 만든다(위의 과정을 반복적으로 되풀이하고 있다).

그래도 기분은 조금 상쾌하다. 나의 문제를 적어볼 용기가 생겨서, 그리고 사고의 변화와 발전이 생길 것이라고 나는 믿는다.

제2회 집단상담 회기 보고 3

♣ 아침햇살

아침햇살입니다. 다시 선생님 책을 읽으니 제 오류가 눈에 보여요. 제 문제는 LFT(낮은 좌절 인내)가 아니라 High FT(높은 좌절 인내)를 스스로에게 강요하는 것입니다. 그러니 결과에 만족할 수 없을 때가 많고 그것을 스스로의 가치와 연결시켜 자신의 무가치함을 자주 느낍니다. 나에 대한 기대치나 기준을 보다 높게, 완벽하게, 믿을 수 없을 정도의 높은 기준으로 정합니다. 이렇게 높은 성취 수준을 설정하여 스스로 채찍질하면 때로는 일을 더 잘하기도 했으므로 세상을 헤쳐나가는 데 도움이 되기도 했습니다. 그러나 이것은 짧은 행복, 긴 슬픔이며 단기적인 이득, 장기적인 해악이 되었습니다.

어릴 때의 내게는 세상을 내 힘으로는 어떻게 통제할 수 없었으므로 내가 현실적으로 할 수 있는 것은 내 힘을 길러 내가 잘해내면 되는 거였고 그러면 세상이 내게 부당하게 해도 상관없었습니다. 바깥이 어려우면 어려울수록 나에게 더 채찍질했고 점점 불가능한 목표, 완벽주의에 강박적으로 매달리게 되었습니다. 이러는 동안은 나의 현실의 어려움과 그것에 대해 내가 무력하다는 것을 느끼는 괴로움을 피할 수 있었습니다.

마치 삼키지 못할 것도 삼키려 했고, 삼킬 필요가 없는 것도 삼키려 했고, 오히려 삼켜서는 안되는 것도 삼켰습니다. 채찍질에 순응하여 스스로 힘들어 했습니다. 그리고는 탈진증후군(BOSS)이 왔습니다. 경직성, 자신에 대한 회의, 작업에 대한 생산성의 감소…… 카프카의 '심판'에 나오는 'K'가 나였으며, 프로스트의 '시골 아낙네'에 나오는 '새가 들고 날 때마다 걱정하는 사람'이 바로 나였습니다. 나의 '죄'는 나의 고통에 무관심한 것이었고 나를 방기한 것이었고 나를 돌보지 않은 것이었습니다.

내가 이렇게 한 이유가 뭘까? 2차적 습득(Secondary Gain)이 있을 거야 하고 생각해보면,

실현할 수 없는 성취기준 → 자신에 대한 무가치함, 형편없구나 → 문제회피, 직면하지 않고 내빼기, 웅크리고 있기, 뭐든지 걱정하기 → 이러면 실제로는 해놓은 것이 없어도 뭔가 하고 있는 것처럼 느껴져 안도하지! → 새로운 것에 도전하지 않기, 실패할 가능성에는 아예 손대지 않기 → 계획 포기, 실패의 두려움 피할 수 있지! → 다시 자존감 손상, 다시 일어날 힘 잊어버림 ……입니다. 아, 나의 '자기 사랑하기'는 왜 이렇게 힘들까요?

지난 집단상담에서 바보일 수 있는 용기, 바보가 되기로 작정한 것은 표현이 잘못된 것입니다. 나의 어리석은 문제, 즉 '바보임을 드러내보일 수 있는 용기'입니다. 저는 아직도 웬 "~하는 체(pretend)", 말에도 쓸데없는 힘이 잔득 들어 있습니다(E-e?).

HFT(높은 좌절 인내)를 나에게 강박적으로 강요하는 것, 동전으로 슬롯머신에서 대박이 터지기 바라는 것(사실 슬롯머신, 한번도 해 본 적은 없습니다)입니다. 내 인생이 이렇게 한낱 바람 앞의 촛불이 될 줄이야….

이제는 논박합니다. 어디 한 번뿐이겠습니까? 지그재그로 하는 법도 있으니까요. 더 나아갈 수 없는 강가에서 밤새 하나님과 씨름하여 권리를 얻은 누구처럼. (그런데 이 사람, 치사하기도 하데요? 팥죽으로 형을 꾀여 권리를 뺐고, 자식을 편애했고, 그로 인해 사랑하는 아들을 보호해주지도 못했고…… 그런 아버지 밑에서 요셉은 어찌 그리 좋은 사람이 될 수 있었는지…)

숙제를 하면서 저는 행복했지만 선생님도 과연 보람 있는 시간이었을지…

읽어주셔서 감사합니다.

제3회 인지치료 집단상담 (1998. 4. 23) : 집단의 응집 활성화

상담자 : 저는 요즘에 좀 사는 맛이 나요. 저의 기관 주변에 신당동 주택가에 라일락이 막 피고 또 온갖 꽃이 피었어요. 제방 저쪽으로 부자집 정원이 한눈에 보이는 거예요. 너무 아름다웠는데 또 화도 좀 났고, 왜? 라일락은 빨리 피는 것일까. 내 마음의 준비가 돼서 라일락을 즐길 수 있을 오월 · 유월에 피어야지, 남이 즐길 준비도 안됐는데 벌써 피어가지고 지금은 벌써 졌어요. 그래서 화가 나기도 했는데 그럼에도 불구하고 봄이 되니까 참 좋아요. 자 그럼 늦는 사람은 늦는 사람이고, 자 시작을 하죠. 지난번에 특히 말씀을 안 하셨던 분은 특히 정아, 사랑 또 수림 — 사랑은 좀 했나요?

사　랑 : 좀 했죠.

정　아 : 저밖에 없네요.

상담자 : 정아님이 얘기를 시작 했으면 좋겠네요.

정　아[1] : 선생님이 지난주에 느낀 점을 적어오라고 그래서 (네, 그랬어요) 토요일쯤에 적었는데 좀 정신이 굉장이 몽롱한 상태였어요. 여기 오기 전까지, 여기와서도 첫 주까지도 그랬는데 지난주 상담하고 가서 느끼게 — 베일에 싸여있던 문제들이 조금씩 드러나는 느낌을 받았어요. 제 문제가 뭘까, 뭔지를 몰랐는데 불편한 것만을 알았는데 뭐 때문에 그랬는지를 조금 알 것 같아요. (어) 그래서 이렇게 참 편안하게 지냈어요. 지난주를.

상담자 : 구체적으로 어떻게 벗겨졌어요, 어떤 게 내 문제다라고 아시게 됐어요?

정　아[2] : 항상 이렇게 말하는 게 불편하고 저를 드러내다 보면 눈물이 나고 그랬는데— 이유가 조금 유치하지만 결혼생활을 하면서 저한테 있었던 어떤 지식이나 총명함 같은 것

---

1) 정아님이 자기 문제의 실체를 알아가는 기쁨을 표현.
2) 정아님의 비합리적인 신념 "결혼생활을 하면서 나한테 있었던 어떤 지식이나 총명함 같은 좋은 특성을 다 빼앗겼다."를 표현.

을 다 그 사람들에게 다 뺏겼다는 생각을 참 많이 했던 것 같아요.

상담자 : 그 사람들이라면 시집식구들?

정　아 : 네 시집식구들, 남편, 애들까지 포함해서겠죠. 그래서 이렇게 말할 때에도 제가 빈 껍데기라는 생각을 많이 해요. 말하는 데 불편하고 상대방이 제가 깡통이라는 것을 알지 않을까— (어) 그런생각을 참 많이 해서 더 말하는 게 불편하고 집에 가면은 화풀이를 시댁에서 아주 노골적으로 해요. 지금은 화풀이를 하는데.

상담자 : 정아씨가 시댁에 가서 노골적으로 표현한다구요.

정　아 : 어른들한테 이렇게 전혀 해보지 않았던 건데 노골적으로 막 해요. 그리고 나면 죄책감에 너무 시달리는 거예요. (그렇지) 그렇게 하지 않았어도 되는데 왜 그러했을까— 그리고 또, 아 또 역시 내가 깡통이라서 이것밖에 안되는구나. 이렇게— 또 이런 자리를 만드는 거예요. 제 스스로가 만들어가지고 가서 또 그러면 가장 피해를 많이 보는 것은 시어머니죠. 화를 내고 그리고 또 계속 그런 게 반복되는 거예요.

상담자 : 시어머니에게 화를 내면 그때 시어머니의 반응은 어때요?

정　아 : 저의 어머니는 거의 다 받아주세요. 다 받아주시는데 아— 네가 그럴 줄 몰랐다. 그런 생각을 하고 있는지 몰랐다— 그런식으로 마음 아파하시고.

상담자 : 화를 낸다는 게 이집에 시집을 와서 내가 빈 껍데기가 돼버린 느낌을 얘기하시는 거예요? 아니면 구실을 잡는 거예요?

정　아 : 구실을 잡는 거예요.

상담자 : 구실을 잡고—.

정　아 : 아주 멋지게 잡아요. 그것도 제가 생각해도 하고나면 너무나 멋지게 구실을 잡는 거예요. 잡아가지고 어른들한테 말씀하니까, 어른들이 저한테 아무 말씀도 못하시 게 제가 하는 거예요. 하고나면 제가 그 저의를 알기 때문에 더 고통스럽고 어른들이 더 불쌍하기도 하고 (그래) 그런 것 때문에 더 그래요.

상담자 : 제가 좀 도움을 드리고 싶은데요. 그 입장이 이해가 돼요. 그 좋은 대학, 남들이 부러워하는 학교에 가서 결국 시집을 가려고 졸업은 못하고 아니 졸업은 했는데 교사를 못한 거지요.

정　아 : 네 자격을— 발령이 났는데— 안 갔으니까 박탈당한 거지요.

상담자[3] : 그렇지. 그러니까 남들에게 선망의 대상이 되는 일을 막 시작하려는 목전에서 결혼을 선택했잖아요. 그리고 인제 결혼생활 한 것이 십 몇 년이라구요? (12년) 12년 됐으니까 그 아픔과 속상함은 굉장히 이해가 되는데요. 중요한 건 뭐냐면 내가 이렇게 막 화풀이를 한다고 그래서 세상이 달라지는 건 하나도 없고— (하나도 없어요) 내가 화풀이를 하는 것은 결국 지적으로 나의 욕구가 채워지지 않은 것 때문에 화풀이를 하는 거잖아요. 그런데 화를 냈다고 내 지적인 욕구가 충족이 된다— 그러면 화를 내는 의미가 있지만— 화를 냈다고 해서 충족이 되기는 커녕 오히려 또 다른 죄책감 때문

---

3) 정아님의 비합리적 신념에 대한 논박의 과정.

에 시달리게 되잖아요. 저는 그 얘기를 해주고 싶어요. 뭐냐면 정아씨가 그 동안 어떤 지적인 활동하고는 떨어져 있었는지는 모르지만, 아이 낳고 아이 기르고 남편 수발하고 시부모님 봉양하고 이러면서 여러 가지 다양한 경험과 체험을 했단 말이죠. 그러면 그 다양한 실전의 경험과 체험이라는 것은 다른 사람들이 지적인 활동을 하고 있는 그것하고 같이 맞먹는다는 말이죠. 예를 들어 어떤 사람이 지적인 활동만 하는 데 시간을 소모했다— 그런데 이 사람은 현실적인 데서 오는 경험의 깊이가 없기 때문에 그 사람은 부족함을 느끼죠. 예를 들어서 저 같은 사람은 그게 부족할 수 있지요. 지적인 일은 많이 했지만 그 대신에 우리 정아씨는 지적인 욕구는 구체적으로 채우지는 않았지만 경험과 체험을 통해서 또 나의 정신적인 세계가 얼마든지 인리취(enrich) 우리말로 뭐라고 해야하나 아마 풍부해진다고 그럴까— 그런 거죠. 다만 내가 구체적으로 지적인 일을 하지 않았기 때문에 남이 부러워 보이는 거예요. 예를 들면 이런 거예요. 제가 대학 다닐 때 읽은 영어책에서 그런 말이 나왔는데요. 두 명의 샐러리맨이 회사 다니기가 너무너무 지긋지긋해서 어느 날 호수로 여행을 가요. 그러면서 하는 말이 뭐냐면— "야" 이 호수는 말야 이쪽에서 저쪽을 보면 이쪽보다 저쪽이 항상 반짝반짝 빛나고 저쪽에서 이쪽을 보면 항상 이쪽이 반짝반짝 빛나더라. 결국 우리는 우리가 취하지 않은 상대방의 길, 우리가 가보지 않은 다른 길에 대해서 더 매력을 느낄 뿐이지. 실제로는 그것이 다 같은 거야." 제가 이런 말을 읽었던 기억이 나는데— 그래요— 정아씨가 12년 동안 죽어 있었던게 아니잖아, 살아서 뭔가를 했잖아요. 그렇다면 그 시간에 공부를 해서 교사를 해서 얻은 체험만큼 지금 가정주부로서 살아왔던 삶이 결코 구멍난 삶이 아니란 거죠. 저는 그것을 진정으로 깨닫길 바래요.

정　아 : 그게 와닿지 않아요. 나가보니까 자꾸 잘못 살았다는 그런 생각—.

상담자 : 아니야— 그 생각을 정아씨가 바꿔야돼. 잘못 살았다는 생각. 사람마다 다 운명이 달라요. 저는 그야말로 정아씨는 애기 낳고 그러는 순간, 저는 공부를 했는데 저는 그런 일을 한 사람이 정말 부러워요. 굉장히 부러워. 그리고 여성으로써 여기 노처녀들이 계시는데 뭐냐면 그 한 달에 한 번씩 멘스트레이션을 하잖아요. 새로운 생명을 잉태할 수 있는 몸의 준비는 다 돼 있는데 그것이 되지 않았을 때— 그것이 이루어지지 않았을 때, 그건 제가 볼 때 어떤 사람은 현실적으로 느끼는 어려움도 있겠지만 대부분의 노처녀들은 무의식 속에서 굉장히 힘들게 느껴질 것이라고 저는 믿어요. 여기 있는 사람들(테이블의 한편을 가리키며)은 노처녀 아니야. 서른이 훨씬 넘은 사람들 있지, 서른다섯쯤 넘은 노처녀들은 그럴 것 같아요. 그래서 정아씨는 지금은 깨닫지 않아도 되구요. 그것이 제가 드리는 말씀이 가슴에 와닿지 않을 수가 있는데 제가 가슴에 꼭 와닿으라고 요구하는 건 아니고 아마 살면서 빠르면 한 달 이내도 좋구, 5년이라도 좋구요. 살면서 분명히 제 말이 가슴에 와닿을 때가 있을 거예요.

정　아 : 아이들을 보면은 가끔은 그런 생각을 하기는 해요. 하기는 하는데 그 마음보다는 앞의 마음이 많으니까 항상 그렇고.

상담자 : 그리고 정아씨 있잖아. 사람은 모든 것을 완벽하게 가질 수 없어요. 그것을 정말 깨달아야돼. 그걸 인정하고 그걸 인정한다면 제가 그런 말드렸을 때 가슴에 와닿아야 돼, 가슴에 와 닿지 않는다는 인정을 안하는 거예요. 진짜로는.

정　아 : 책을 읽었을 때도 그런 말이 있으면 참 많이 와닿고 인정도 많이 해요. 그런데 그 순간밖에 없는 거예요. 그 순간.

상담자 : 음— 욕심이 또 많은 사람인데 욕심을 좀, 마음을 비우는 작업이 필요하고, 그 동안의 내 삶이 껍데기 삶이 아니었다는 것을 스스로가 알아가야 돼요. 로스엔젤레스 근방의 말리브 비치가 너무너무 아름답다고 해서 갔는데 하나도 안 아름다운 거야. 그때 제 친구가 '야— 여기가 태평양의 한 가운데 있다는 의미를 부여하면 그게 아름다워 보이는 거다—' 그랬을 때 정말 그 말이 맞았어요. 어디를 가든지 의미를 부여하지 않으면 산에 가야 바다 없고 바다에 가야 산이 없거든요. 정아씨가 자꾸 빈 껍데기 삶이다라는 의미를 자꾸 부여하니까 괴로운 건데, 그 동안에 아이도 낳고 결혼도 했고 남편도 알았고— 그쵸? 남편이라는 새로운 인간에 대해서 체험을 많이 했잖아. 다른 사람이 하지 못하는 그런 것도 했고, 내 화풀이 다 받아주는 시부모도 있고, 시부모와의 갈등을 통해서 새로운 인간관계도 형성을 했고 이런 게 내 삶에 너무나 중요한 것들이다라는 의미를 부여하면 그게 껍데기같이 느껴지는 공허함은 없어질 거란 말이죠. 그리고 또 어차피 사람은 다 누구나 자기의 삶 속에 공허함을 안 느낄 수가 없어요. 인생자체가—.

정　아 : 선생님이 말씀하시는 그 의미부여는 전혀 되지 않아요. 저는 그런 인간관계를 앎으로써 자꾸 제 자신을 자꾸 빼앗긴다는 생각이 들거든요.

상담자 : 빼앗긴다—(네) 내가 누구를 위해서 헌신하고 봉사한다고 생각하시면 되잖아요. (봉사—) 그렇지— 모르는 사람, 생판 모르는 사람을 위해서도 자기를 헌신하고 사랑하는 사람이 많은데 내 자식, 내 남편, 남편을 낳아준 부모를 위해서 보답이 없는 사랑을 했다, 봉사를 했다 그 자체가 얼마나 아름다운 거예요? 구체적으로 뭘 빼앗겼어요, 얘기해 보세요.

정　아 : 저는 말로는 인정도 받고 물질적인 어떤 보답도 많이 받았어요. 그런데 단지 제 지적인 것만 다 빼앗겼다는 생각이 들어요.

상담자 : 구체적으로 공부를 할 수 있는 시간이 없었고, 지적인 자극을 받을 기회가 없었다고 그랬는데.

정　아 : 완전히 차단되게 살았으니까—.

상담자 : 그런 생각을 했기 때문에 지금 더 열심히 공부하고 이런 상담시간에 오고 그럴 수 있는 것 아녜요?

정　아 : 너무 힘들거든요. 이런 것을 하고 싶은 마음은 많았는데 마음처럼 전혀 따라주진 않는 거예요.

상담자 : 지금 잘하고 계시잖아요. 그럼 욕심을 많이 버리는 작업이 필요할 것 같구요. 정아씨

는 객관적으로 봤을 때 결코 헛된 삶을 산 게 아녜요. 많은 여성들이 그런 것 때문에 공허함을 느끼고 그러는데 그럴수록 자신의 삶에 대한 철학을 부여하셔야 될 거예요. 사람들은 누구나 하는 것이기 때문에 사실 소중하지 않다라고 생각을 많이 하거든요. 누구나 하는 결혼이니까 내가 한 결혼이 얼마나 소중한지 모르고 누구나 임신을 하고 아기를 낳으니까 아기를 낳는 게 얼마나 소중한지를 모르는데 누구나 하는 것일수록 너무너무 다 소중한 거예요. 그게 가슴이 안 와닿죠.

정 아 : 아니 소중해요.

상담자[4] : 그런데 가슴에 와 닿지 않아요? 와 닿지 않아도 돼요. 제가 상담을 하면서도 느끼는 건데요. 공감이 가장 중요한 거잖아요. 다른 사람의 입장에서 그 사람의 안경을 쓰고 세상을 봐주는 거요. 그런데 내가 체험해보지 않은 것을 그렇게 다 상대방처럼 고스란히 느낀다는 건 정말 어려워요. 그렇게 하려고 노력하는 것이지, 그 사람같이 똑같이 느끼고 체험하게 된다는건 불가능한 것 같아요. 제가 결혼했으면 결혼해서 아이 낳고 보통의 사람들처럼 살았으면 그런 느낌을 못 가졌을 거예요. 보통의 사람들처럼 안 살았기 때문에 그게 더 심각하게 느꼈고 정아씨는 그런 게 이해가 안될 수도 있는데 너무나 소중한 일을 한 거예요. 의미 없다, 빈 껍데기다, 이건 너무나 자신의 입장에서 봤기 때문에 그래요. 자기가 만족하고 충족돼 있는 걸 볼 수 있는 눈이 굉장히 한정이 돼 있고 자기에게 부족한 것만 볼 수 있는 눈이 너무나 확대되어 있어서 그래요. 그것을 좀 깊이 깨달았으면 좋겠어. 왜 저만 얘기하나요. 다른 사람들도 좀 얘기해보세요.

아침햇살 : 저도 정아씨 심정 충분히 이해가 가요. 왜냐하면 제가 일을 그만두고 가정일을 하려고 그랬을 때 너무나 안 되었어요. 계획한 대로 안되고, 국을 끓였는데 이게 국인지 찌게인지 죽인지 모르겠더라구요. 그렇게 안될 줄은 몰랐어요. 하면 될 줄 알았는데 안돼. 그 다음에 공부는 나 혼자서 할 수 있는데 집안일이라는 건 변수가 굉장히 많아요. 그러니까 장악할 수가 없어요. 그 전에 내 공부는 내가 장악할 수 있고 내가 규모를 줄이거나 늘일 수 있는데 집안일은 그게 안 되더라구요. 그러니까 굉장히 힘이 빠져요. 지금 정아씨가 가정일을 하다가 지적인 일을 하려고 했을 때 지금 힘이 들고 허둥대는 거랑 똑같이 저도 집안 가정일을 시작할 때 똑같이 헤맸어요. 그런데 더더군다나 4년만 한다— 시간을 정해놨기 때문에 빨리 해치워야 된다— 하는 압박감까지 있었어요. 그래서 와이셔츠 그거 열 장에 1불이면 되는데 나는 그걸 다리는 법을 알고 싶었어— (그래서 다렸어요?) 다리는데, 세탁소처럼 안 다려졌죠. 책을 찾아봐서 그 순서대로 하고 다시 연습하고 순서를 다리미질 판 앞에 붙여놓고 해도 안 돼. 제대로 안 되니까 막 힘이 빠지는 거예요. 음식도 엉망, 너무 시간을 너무너무 기울여도 엄마가 해주던 그 맛이 안 나와요. 왜 안 나오지? 미칠지경이예요— 하여튼 지금 정아씨가

---

4) 상담자가 공감의 어려움에 대한 설명을 함.

공부를 하려고 할 때 빨리빨리 안 되는 것 그 심정을 충분히 알겠어요. 제가 가정일을 할 때 그랬어요. 그러니까 그것을 막 포기하고 싶고 난 이런 데 재능이 없나부다 포기하고 싶지만, 정아씨는 그 순간을 잘 넘기실 수 있을 것 같아요. 너무 실감이 나요. 부엌바닥에 주저앉아서 속상해 가지고—.

상담자 : 그거 보세요. 입장이 완전히 다른데요. 아침햇살님은 지금 집안일이 안돼서 속상한 거고, 정아씨는 이제 집안일은 잘 되는데 지적인 활동이 잘 안돼서 속상한 거고, 정아씨는 물론 근본적인 속상함은 "내 세월을 다 빼앗겨 버렸다" 이런 게 속상하신 건데 사람마다 다 자기 입장이 다르면서 다 어떤 적당한 양의 고통이 있는 것이기 때문이에요. 그걸 삶의 부분으로 받아들이는 게 필요할 것 같아요. 그리고 지적인 활동이 빨리 안 되는 건 그냥 수용하는 거예요. 그게 빨리 되어야만 되나요? (네) 왜?

정 아 : 너무나 많이 빼앗겼기 때문에 빨리 채워야 된다는 생각이 있어요.

상담자 : 저는 이 말을 해주고 싶어요. 늦을수록 돌아가라는 말이 있거니와 빨리 채우려고 내가 막 허둥댄다고 해서 빨리 채워지는 게 아녜요. 'Slow and steady wins the race' — 옥스퍼드 대학에 가면 교훈 같은 것이 있는데 "경주에서 이기기 위해서는 천천히 그러나 꾸준하게 하라"는 말이죠. 인생이 짧은게 아니야, 정아씨. 인생은 길어요.

정 아 : 얼마 안 남은 것 같은데.

상담자 : 어— 천만에 하루하루 ….

아침햇살 : 나보다도 많이 남았잖아요.

상담자 : 순간순간을 최선을 다해서 살면, 하루를 최선을 다해서 산다고 생각해보세요. 얼마나 어려운가 그렇게 생각하면 인생은 결코 짧은 건 아니에요. 내가 1~2년 내에 죽는 것은 아니잖아요. 공부는 죽을 때까지 하는 것이고 지적인 활동은 죽을 때까지 생활의 한 부분으로 받아들여야 하는 거니까요. 서두르지 말고— 지금 이미 지적인 활동을 많이 하고 계시잖아요. 자기를 탐색하고 이해하려는 그런 것들이 바로 지적인 활동이잖아요. 그렇게 좀 생각을 정리해보면 어떨까요.

아침햇살 : 저는 그 와중에서 하나 우리 아들에게 배운 것이 있어요. 우리 아들은 굉장히 행복해해요.

상담자 : 엄마하고 다르네요.

아침햇살 : 나는 serious(심각)하게 받아들이는 것도 그애한테는 행복한 거예요. 그러니까 이제 처음가서 말도 모르고 여러 가지 상황이.

상담자 : 미국 가셨을 때요?

아침햇살 : 그러는데도 그애는 그것을 행복하게 하루하루, 내가 보기에는 정말 인생을 즐기면서 사는 것처럼 느껴져요. 제가 어느 날 나는 왜 즐길 수가 없는 거지? 이 과정을 빨리 해치우려고 하고 안달복달하는데 재는 빨리 해치우려는 생각하지 않고 즐기면서 하니까 나보다 더 잘해요. 결과론적으로 봐서 그래서 내가 문제가 있구나라고 깨달았어요.

상담자 : 응, 맞어. 진짜야— 그걸 정말 느끼셔야 돼.

아침햇살 : 그래서 그때— 아— 이게 잘못이구나. 해치우려고 하지 말고 즐겨야지— 그런데 여태까지 습관이 있어서 빨리 안 버려져요. 그래서 이게 아마도 당뇨병환자나 고혈압환자가 완치는 못하지만 어느 정도 다스려가면서 일생을 살아가듯이. 그래, 이렇게 즐기지 못하는 걸 완치는 못하면 어떠냐, 적정선으로 다스려가면서 살아야 되겠다. 그래서 저번에 선생님한테 십년을 잡고 있다, 십년이 지나면 뭐가 보이겠지—라고 말씀드렸던 거예요.

상담자 : 제가 볼 때는 십 년까지 안 가도 될 것 같고요. 공부를 굉장히 잘하셨지요.

아침햇살 : 아뇨, 잘하지 못했어요.

상담자 : 잘했지— 여자가 전문의가 되어서 의사생활을 하는 게 보통일인가요?

아침햇살 : 의사는 그냥 엉덩이 질기면 해요.

상담자 : 아뇨, 천만에. 그렇지 않아요.

아침햇살 : 그냥 한 곳에 앉아서 딴데 신경 안 쓰고 하면 해요.

상담자 : 그거는 머리가 기발하게 좋은 사람이 하는 거지—

아침햇살 : 그거는 그렇지 않구요.

상담자[5] : 겸손하시기 때문에 그렇게 말씀을 하시는 건데 저의 부탁은 이왕 여기에 오셨으니까— 그것이 또 나의 문제의 핵심이라는 것을 간파하셨으니까 정말 노력하셔야 될 것 같아요. 그런 생각이 있었기 때문에 의사가 되셨는데 지금 그 생각이 지나치셔서 무리를 주기 때문에 삶이 힘든 것 아니에요. 여러분들이 오해를 하시지 말아야 할 것이 뭐냐면 무조건 당위적인 사고, must나 should는 나쁜 거다라고 생각하시는데 사실은 그렇지 않아요. 우리가 적절한 당위가 있어야지, 그 당위 때문에 세상을 살아가는거죠. 열심히 공부를 해야 된다, 의사가 돼야 된다, 좋은 상담자가 돼야된다, 그러니까 열심히 공부하고 시간을 내서 투자하고 있죠. 문제가 되는 것은 그것이 지나쳤을 때 자꾸 완벽하게 흐르려고 하고 실수를 허용하지 않고 그러면 우리 아침햇살님처럼 어떻게 보면 자기의 전문적인 일을 중단하고 있는 상태가 아닌가요. 어떻게 해석하면 부분적으로 실패의 삶을 사는 거예요. 그렇게 될 수 있어요. 이것을 영어로 표현하면 burn out(소진)돼 버린 거예요, 그래서 지나치지 않은 적절한 당위성을 갖고 살아가는 게 중요하고 아침햇살님은 본인의 문제를 잘 간파했으니까 이제는 지나치지 않은 당위로 사고를 전환하는 노력이 필요해요. 지나친 당위적 사고가 왜 문제가 되냐면 인지상담에서 말하는 인간관을 잘 이해할 필요가 있는데요, 인지상담에서의 인간관이 뭐냐면 오류할 수 있는 가능성을 받아들이는 거예요. 인간은 실수할 수 있는 가능성이 있다는 거죠. 자꾸 인간이 마치 실수할 수 있는 가능성— 이건 원죄와도 같아요. 원죄 그런 그걸 자꾸 거부하고 완벽하게 하려고 하면 완벽해지는 건 오히려 불가능하

---

5) 당위적 사고가 다 나쁜 것이 아니고 그 생각의 강도가 지나쳤을 때 문제가 되는 것임을 상기시킴.

지요. 이 세상에 누가 완벽한 거예요— 신(神)이지. 절대자, 신 외에는 완벽해질 수 없어요. 그런 인간이 자꾸 결점과 부족함과 불안정함투성이 인간이 신의 경지에 오르려고 하니까. 많은 인간의 문제가 파생을 하게 되는 거지요. 저는 아침햇살님이 10년까지 안 가도, 생각하는 기능이 잘 발달되신 분이기 때문에 빠른 시일 내에 회복이 될 수 있을 거라고 생각을 하는데 아까처럼 국이 좀 죽이 되면 어떻고 찌개가 좀 국이 되면 어때요— 그게 큰일날 일이거나, 세상이 두 조각 날 일이 아니잖아요? 근데 가정주부로 돌아와서 가정주부로서 완벽해야 된다— 이것이 또 나를 힘들게 하고 오히려 완벽해지는 데 방해가 될 수 있다는 말이죠. 그러니까 잘하려고 노력하는 과정이 중요한 거지, 꼭 잘해야만 되고 그래야 되는 건 아녜요. 정아씨도 마찬가지예요. 지적인 활동을 내가 하는 것 자체가 의미가 있는 거지, 내가 이제와서 학자가 될 것도 아니고 교수가 될 것도 아닌데 완벽하게 잘해야 될 이유가 어딨어요. 그렇죠? 그걸 좀 깊이 깨달았으면 좋겠어요.

아침햇살 : 저는 그래서 우리 아이가 제 선생님이었어요. 보니까 어— 쟤는 굉장히 해피(happy)하구나, 저 해피(happy)한 힘이 어디서 나올까.

상담자 : 다행이야— 엄마가 애를 들들 안 볶으셔서.

아침햇살 : 저는 제가 숙제 한 것에 제가 보스(탈진 증후군)가 있다고 썼거든요. 그때 선생님이 바로 그 말을 하셔가지고 내가 느낀 게 맞구나 하구— 다시 확인했는데, 그 아이가 아니었으면 제가 깨닫지 못했을 거예요. 그애가 실제 살아 있는 물체로 내 눈 앞에서 보였기 때문에 제가 제 오류를 알았는데— 저는 남은 안 괴롭혀요. 원래, 그런데 저를 많이 괴롭혀요. 세상이나 다른 사람한테는 과소통제, 나한테는 과잉통제를 해요.

상담자 : 원래 그래요. 문제를 갖고 있는 사람들이 다른 사람에게는 엄청나게 너그러워요. 그리고 자기한테는 굉장히 너그럽지 못하고 엄격하죠. 그래서 이것을 이중기준이라고 할 수 있는데요, 이것이 사실은 되게 이기적인 거예요. 다른 사람은 너희들은 형편없으니까 너그럽게 봐주고 나는 훌륭하고 완벽한 사람이기 때문에 나는 너그럽게 봐줄 수 없다는 이런 철학이거든요. 그 밑에 사실은요.

아침햇살 : 그것도 있지만 선생님 제가 숙제에도 썼는데요. 왜냐하면 가부장제 사회에서 제가 종가집 맏딸인데 거기에서 여자하고 맏딸이라는 위치가 한계가 많이 있다는 걸 제가 알았어요. 그러니까 한국에서 여자로서 제가 살아갈 길은 제한을 바꿀 능력이 없고 바꿀 수도 없을 것이다— 어렸을 때 생각을 했기 때문에 내가 강해지면 된다 생각했어요. 내가 강해지면 세상이 부당하거나 잘못되거나 무슨 일이 있어도 상관없다는.

상담자 : 그랬군요.

아침햇살 : 나만 강해지면 돼, 그렇게 생각을 했거든요. 그러니깐 나 자신을 채찍질하는 거예요. 채찍질을 하니까 그것이 때로는 살아가는 데 도움이 돼요. 그런데 채찍질이 심해지면 제가 거기서 넘어지는 거죠.

상담자 : 그거예요.

아침햇살 : 제가 어렸을 때는 세상을 통제할 힘이 없었어요. 그런데 내가 힘이 생기면 괜찮아 — 상관없어. 그러니까 나를 과잉통제하기 시작하니까 어느 순간이 되면 스스로 완전히 burn out(소진)돼 버리는 거예요.

상담자 : 이제는 거기서 내 스스로 보호를 해야 되는데 내가 힘이 강하게 있어서 날 보호한다고 생각했잖아요. 그 강함에 대한 바람이 적절했으면 좋겠는데 그게 지나쳐 가지고 오히려 내가 파괴적으로 된 거지요. 표현이 좀 거칠긴 하지만—.

아침햇살 : 그니까 그게 뭐냐면 짧은 행복 긴 슬픔이 오는 거예요. 마치 슬롯머신에 동전집어 넣어가지고 대박 터지길 바라는데 대박이 전혀 안 터지면 그거 안할 거예요. 어쩌다 터지니까 이렇게 짧게 행복이 온다구요. 왜냐면 내가 채찍질을 해가지고 어쩔 때는 효율적이 돼가지고 세상을 헤쳐 나가기에 도움이 되는 적도 있거든요. (그럼) 그러니까 거기에 혼동이 돼 가지고 넘어간 거예요. 그런데 그런 순간은 너무나 적고, 많은 순간은 슬프고 속상하고—.

상담자[6] : 바로 그거예요. 우리가 인지상담에서 지향하는 상담의 목표가 있는데 그 중의 하나가 장기적인 행복(long term hedonisim), 우리 인간이 단기적인 행복을 추구하느라고 장기적인 행복을 놓쳐요. 장기적인 행복은 지금 당장의 고통과 어떤 슬픔과 희생을 요구하거든요. 사람들이 그것을 안 하려고 장기적인 행복을 추구하는 것을 잊어버리고 당장의 행복, 당장의 기쁨을 추구하는데. 아편 같은 것 해봐요, 당장은 즐겁고 행복하죠. 그러나 곧 머지않은 장래에 나한테 파괴적으로 작용하는 거예요. 아편은 극단적인 예이지만 우리가 여기서 지향해야 되는 게 먼훗날, 궁극적인 나의 행복이죠. 길게 오랫동안 지속되는, 잠깐 끝나고 마는 행복이 아니라 그렇다면 그것을 위해서 나를 희생해야 된다 이런 거죠. 그건 좋은 깨달음이구요. 그 깨달음이 정말 행동으로 연결되시기를 정말로 바래요.

아침햇살 : 그러니까 그렇게 되는 인생이 정말 한낱 바람 앞에 촛불이 돼버린 거예요.

상담자 : 그렇죠.

아침햇살 : 어쩌다 오는 행복— 긴 시간은 초조함, 불행감, 그게 안됐을 때 자기 무가치함, 무력함.

상담자 : 그래요. 순덕씨도 뭔가 할 얘기가 많을 것 같아요.

순 덕 : 할 얘기는 많은데요. 오늘은 안 할래요.

상담자 : 왜 안 해요?

순 덕 : 너무 지난번에 말을 많이 해가지고. (웃음)

상담자 : 다음주에 할래요? 지금 이 맥락에서 뭐— 양보의 미덕을 높이 샀어요.

아침햇살 : 근데 저 사실 슬롯머신 한 번도 안 해봤어요. (웃음) 저도 슬롯머신 같은 오락 그런 것을 못 해요. (왜) 체질적으로 그런 건 시간낭비라는 생각이거든요.

상담자 : 그러면 가서 좀 하세요. 이것을 숙제로 내드리겠어요.

---

6) 인지상담에서 지향하는 상담의 목표가 장기적인 행복(long term hedonism)임을 설명.

아침햇살 : 한 번도 안 해봤는데.

상담자 : 시간낭비해도 돼. 어떻게 인간이 시간낭비도 안하고 살 수 있나요?

아침햇살 : 저는 그래서 춤을 못 춰요. 대학생들 춤추잖아요. 대학 다닐 때도 단합대회다 하는
데 아무리 추려고 해도 안 춰져요.

상담자 : 왜 시간낭비라구요?

아침햇살 : 시간낭비이고 그렇게 인생을 낭비해서는 안되는데 그렇게 한번 놀고다니다가는 엉
망이 될 것 같아. 그래서 춤을 못 춰. 그러니까 사람들이 나보러 참 이상하다고 하는
데, 그러니까 여유가 없어요.

상담자 : 그래요―『三國志』 위지 동이전에 보면 동이(우리 나라 사람)들이 음주 가무를 즐겼다
고 나오거든요. 우리 나라 사람들이 기질적으로 술 마시는 거 좋아하고 노래하는 것
좋아하고 춤추는 것을 좋아하는데 그런 것이 다 새로운 삶을 위한 윤활유고, 활력소
예요. 춤을 추는 것이 저질들이 하는 거다라는 ― 잘못된 관념 때문에 제가 고등학교
때 그랬거든요. 저도 춤을 못 추어요. 그런 생각이 꽉차 있기 때문에, 그게 사실은 지
금와서 보니까 그런 육체적인 행동, 막 춤추고 젊음의 에너지를 발산하는 것은 묵은
감정의 찌꺼기를 발산하는 거고, 그러면서 기를 얻는 것이기 때문에 나쁜 것은 아녜
요. 그리고 그게 시간낭비도 아니고, 그리고 시간을 좀 낭비하면서 살아도 괜찮아요.
왜냐하면 모든 인간의 행위는 의미를 찾아보면 의미가 있기 마련이거든요. 그래서 아
침햇살님 제가 숙제를 내드릴께요. 오늘 가셔가지고 한번 슬롯머신 해보세요. 전자오
락실에서 하는 건가요?

아침햇살 : 어디서 하는지도 모르고.

상담자 : ○○에는 그런 데가 없나요?

아침햇살 : 한번 라스베가스에 갔는데도 난 그걸 못 하겠더라구, 마음속으로 한번 해보고 싶은
데 가서 동전을 못 넣겠더라구요.

상담자 : 그래서 아침햇살님, 저는 제 옛날의 동료 중에 지금은 어느 대학으로 간 사람이 있는
데, 그 사람이 저더러 당신은 제발 그만 좀 하라고 그러고― 좀 무위 좀 해봐라. 가만
히 좀 앉아있어 봐라― 그 말을 했는데 그게 필요해. 그 말이 참 맞아요. 아침햇살님
이 시간낭비라고 생각하는 행동을 한 가지 좀 해가지고 오세요. 꼭! 아셨죠.

순 덕[7] : 저의 경우도 학교 다닐 때 친구들이 너는 무슨 재미로 사느냐 밥만 먹고 공부밖에 모
르냐, 집안 살림밖에 모르냐 이런 소릴 많이 들었거든요. 저 역시도 이건 옳은 일, 나
쁜 일, 시간낭비고 허술하게 뭐 이런 게 도움이 되나― 이 시간에 뭘 하치 항상 그런
식으로 제 자신을 묶어놓고 살았던 것 같아요. 지금 생각해보면 그런데 그게 너무나
사실 여유없는 삶이라고 생각을 하거든요. 지금와서 보면은 다른 사람들이 보통 사는
삶을 살지 않고 제가 혼자 잘났다고 이렇게 하면서 너희들은 뭐 그래 나는 이렇게 도

---

7) 순덕님이 그동안 억압되었던 상황에서 벗어난 기쁨을 이야기함.

도하게 산다. 지금 생각해보면 그때는 사실 그런 생각 못했죠. 그렇게 살다가 지금 전환할 수 있는 상황에서 많은 걸 좀 보게 됐어요. 정말 나는 아무것도 할 줄 모르고 어느 날은 막 춤을 추고 싶은 거예요. 욕구가 있는데 춤을 못 추겠어요. 춤을 어떻게 춰야 되는지 어떻게 흔들어야 되는지도 모르는데, 20대, 10대들이 막 펑펑거리면서 너무나 막 여기선(목을 가리키며) 욕구가 생기는데 못 추겠는 거예요. 한 번도 안 춰봤으니까— 그런데 어느날 와서 추려니까 뭔가 어색하잖아요. 뭔가 기어다니는 것 같고 그런 상황을 겪으면서 얼마 전에 이은미 콘서트에 갔거든요. 전부다 소리를 지르잖아요. 저는 소리를 못 지르겠는 거예요. (억압돼 있고) 네— 억압기제가 굉장히 심하거든요. 정말 소리를 지르고 싶은데, 그때 딱 소리가 나오는 거예요. 그동안에 제가 하고 싶은 건 해야 된다— 하고 싶다, 이런 거를 훈련을 하다보니까 소리가 질러져요. 그러다 보니까 다들 지르는데 나만 이러고 있을 필요 없잖아요. 그럴려면 돈내고 뭐하러 거기 가요. 소리를 막 질렀어요. 그랬더니 저도 절제 못 하는 그런 게 막 나왔어요. 그 동안에 쌓였던, 하고 싶었던 그런 게 막 나오는 거예요. 동생이랑 같이 갔는데 동생이 "왜이래" 막 이럴 정도였거든요. 그러고 나오니까 일단은 시원해요. 아— 나도 할 수 있구나— 하고 싶은 걸 했구나. 아무것도 아니구나. 아무것도 아닌 일인데 뭐 이런 사람은 이렇고 저런 사람은 저렇다라는 것에 제가 너무 얽매어 있었다는 생각을 하게 되고 해보니깐 좀 여유가 생겨요. 아무것도 아니고 하나하나에 얽매일 필요 없다— 요즘 세 살짜리 제 조카가 뭘 배우듯이 하나하나 배워나가는 과정인데 다른 사람이 말씀 안하시니까〈웃음〉제가 몇 년 동안 겪었던 어떤 걸 겪으시는 것 같아서 말씀드리고 싶은 게 내 손톱에 낀 가시가 남의 죽음이나 어떤 불구가 되는 것보다 나한테는 더 고통이고 아플 수 있거든요. 지금 가지고 계시는 것에 대해서 물론 말씀은 알고 있다고는 하시지만 만약에 정말 실감을 하시려면 내 남편이 만약….

상담자 : 지금 정아씨한테 하는 거예요?

순 덕[8] : 네, 남편이 죽는다, 죽으면 남편이 없잖아요. 생계도 그렇고 내가 지금 능력도 없는데 내가 뭘 해야 된다는 게 굉장히 힘드실 거예요. 그런 거 한번 생각해보시면 내가 가지고 있는 자식, 가정, 남편 이런 관계들이 얼마나 더 지금 이론적으로 생각하시는 것보다 더 소중한지— 저 같은 경우 나이가 저보다 한두 살 정도 차이 나지만 뭐 30대 중반, 그런데 저 같은 경우 가정이 없잖아요. 남편도 없고 자식도 없고, 없는 데다가 제가 직장생활 그만둔 지 3년 됐거든요. 직장생활을 한 10년 하다가 다 버리고 이렇게 살고 싶지 않다, 다르게 살고 싶다라고 했는데 3년 동안 방황만 했지 또 이뤄놓은 게 없어요. 그랬을 때 지금 제가 걷고 있는 굉장한 불안감, 미래에 대한 두려움이 있죠. 남편도 없고 자식도 없으니까, 계속 없을 수도 있고 영원히 혼자 살 수도 있는데 솔직히 불안하거든요. 왜냐면 한 번도 저는 그런 생각을 해보고 살지를 않았거든요.

---

8) 순덕님이 자기 개방을 하면서 정아님이 자신의 처지를 새롭게 자각하도록 도와줌.

당연히 결혼하고 애 낳고 이렇게 생각을 해서 살림도 굉장히 많이 배웠어요. 대학 때부터 어머니께 그러한 삶만 생각하다가 이제는 그렇지 않은 삶을 살려고 생각하니까 — 너무나 불안한 거예요. 그렇고 이제는 남들이 말하는 성공한 사람들의 삶도 아니고, 어떻게든 살고 싶다라는 어떤 미래에 대한 비전— 제 나름대로의 그런 것 사실 이런 게 없어요. 너무나 불안하고 공허하고 이런 저 같은 사람도 옆에 있으니까, 한번 견주어보시고 이렇게 불안한 삶 속에서 이렇게 살아나가려는 사람도 있지만, 나는 내가 원하는 뭐 그런 건 없지만 나에겐 남편과 아이가 있고 다 건강하다 그렇게 생각하세요. 남편이 사고나 실직을 당할 수도 있는데 그렇다면 내가 나가서 돈을 벌어야 돼고 막막함 속에서 아이를 길러야 된다라고 생각을 할 때는 이 가정이 너무나 소중하다는 생각이 들 것 같아요. 그런 쪽도 한번 생각을 해보시면 가족도 그렇고, 저도 사실은 불안하고 초조하지만 제가 여유를 찾으려는 게 불안해봤자 뭐 어떻게 이루어지는 것도 없고 잡히는 것도 없지만 아까 짧다고 하셨는데 저도 짧다고 하고 그렇게 바둥바둥 살았거든요. 조금 한숨을 돌리니까 짧지도 않다— 내 나이 지금 서른다섯인데 앞으로 30년은 몸만 건강하면 그 안에 죽지만 않으면 30년은 뭐하고 살 수 있지 않겠어요? 직장생활을 안해도 내 일을 하고 개인적인 일도 하고 돈벌이도 할 수 있고— 즐길 수 있는 30년이 남아 있는데, 그런 것을 생각하면 30년 살아 온 것을 보상받을 수 있다고 생각하거든요. 30년은 억울했지만 나머지 30년 씩씩하게 살자, 그렇게 생각을 할 때는 짧은 것도 아니니까. 지금 아이들과 남편과 함께 지금 혼자 계시잖아요. 시부모님 안 모시니까 조금조금씩 공부하시면서 학원도 가시고 그러면 정말 제가 보기에는 부러운 대상인데.

정　아 : 그런데 전혀 그런 생각이 들지 않아요. 저는 엉덩이 붙이고 앉아 있는 게 공부하는 한 방법이라고 생각했거든요. 옛날에는 붙이고 앉아 있으면 머리에 다 들어왔던 것 같아요. 근데 지금은 다섯 시간도 앉아 있어도 머리 속에 건져지는 건 한 페이지도 안되는 것 같아요. 책을 읽어도 제 머리 속에 건져지는 게 하나도 없어요.

상담자 : 그러면 다섯 시간씩 앉아 있지 말고 되는 것만 하는 거예요. 이『인지정서행동치료』책뿐 아니라….

정　아 : 이것뿐 아니라 다른 책들도 마찬가지예요.

상담자 : 읽기 쉬운 책도 있잖아.

정　아 : 읽기 쉬운 책도.

상담자 : 시집이라도.

정　아 : 만화책도 읽어요

아침햇살 : 제가 말했잖아요. 찌게인지 국인지 모르는 것 만들면서도 시간을 엄청 소비하고 안돼서 부엌바닥에 주저앉아 한숨을 푹푹 내쉬었다고.

정　아 : 그런 내 자신이 한심한 거예요.

상담자 : 그러니까 그것을 바꿔야 돼요. 지금 순덕씨 얘기 들으면서 느끼는 것 없어요?

정 아 : 느껴지는데.

상담자⁹⁾ : 지금 내가 가진 게 많은데 내가 한심하면 저 사람은 뭐야, 내가 자꾸 한심하다고 느
       끼면 순덕씨에 대해서 진짜 뭐라고 그럴까, 어쩌면 모욕일 수도 있어요.

정 아 : 욕심을 좀 버려야 되겠네.

순 덕 : 여유를 조금 가지시고 즐기시면서 사세요.

아침햇살 : 우리 아들은 못해도 하고 그러더라구요. 쟤가 내 스승이구나 내가 굉장히 잘못돼
       있구나— 그런 걸 느꼈어요.

순 덕 : 제가 즐기라는 말씀은 삶을 즐기시라는 건데 즐기는 방법은 많아요. 얼마 전에 혼자
       서 공부를 하는데 날씨가 너무 좋잖아요. 자꾸 나가고 싶은데 솔직히 혼자서 어디를
       떠돌면서 나간다는 게 쉽지가 않거든요. 솔직히 잘못 해왔고, 생각을 해보니까 어차
       피 지금 저랑 같이 꽃구경 갈 사람이 아무도 없거든요. 가정주부 데리고 나가기도 뭐
       하고 다 직장다니고 하니까— 생각을 해봤어요. 이 봄에 나는 지금 즐기고 싶은데 즐
       길 대상이 없다고 해서 못 즐길 것은 뭐냐— 해서 혼자 어린이 대공원에 갔어요. 가니
       까 전부 젊은 쌍 아니면 어머니, 아이들, 다섯 살, 여섯 살— 나도 정말 갖고 싶은 아
       이— 다 데리고 아니면 할머니, 할아버님밖에 없어요. 저같이 혼자 온 여자가 없는데
       — 어떠냐, 당당하게 돌아다녔어요. 남들이 뭐라고 보든 말든 꽃향내도 맡아보고, 내
       가 지금 이렇게 안 하면 그냥 흘러가버리는 시간이잖아요. 내년에 봄은 오지만 이 순
       간의 봄은 안 온다, 그렇지 않아요?

정 아 : 근데 저는 혼자 다니는 그분이 너무너무 부러워요.

순 덕 : 저도 부러워했었고 너무너무 못했어요. 그런데 용기인 것 같아요. 용기— 누가 나에
       게 주지 않는— 떠먹여 주지 않는 밥, 내가 안하면 누가 떠먹여 주지 않으면 굶어죽잖
       아요. 난 굶어죽는 심정이거든요. 그래서 굶어죽지 않기 위해서는 어떻게 해요. 일어
       나서 내가 떠먹어야지, 남편이 손 잡고 나를 끌고 나가기 전에 내가 혼자 나가고 아니
       면 남편 없으면 혼자 나가고.

아침햇살 : 남편이 있어도 늘 available(가용)하지 않아요. 난 내가 가고 싶으면 가고, 내가 먹
       고싶으면 먹고, 나 혼자 하지. 남편 기다리다가는 세월 다 가버려요. 전 임신했을 때
       뭐 먹고 싶으면 밤중에 일어나서, 호텔에서 그 춤추는 애들을 위해서 밤에 음식을 파
       는 데 있잖아요. 저는 혼자 차몰고 가서 해장국 먹고 오고 그랬어요. 남편 깨워서 가
       자고 할 수도 있지만, 남편이 또 필요할 때 늘 available(가용)하지도 않고 나에 맞추
       도록 조절하기도 힘들고 하니까 '나 먹고 싶어서 갔다올 테니까— 그런 줄 알아' 그러
       고 가서 먹고 오고.

정 아 : 그런데 혼자서 갔다 온다고 그랬을 때 허락하는 게 얼마나 좋아요. 난 한 번도—.

아침햇살 : 남편이 허락 안 한다고요?

정 아 : 그렇죠. 한 번도 시댁에서 용납을 안 하죠. 그건—.

---

9) 상담자가 새로운 깨달음을 즉각 보이지 않는 정아님을 직면함.

상담자 : 혼자 갔다오는 것을?

정　아 : 그렇죠. 갑자기 그러니까 눈물이 나려고 그래. 저는 십 년 동안 한 번도 시장을 나가 보지 않았어요.

상담자 : 왜요?

정　아 : 어른들이 그걸 용납하지 않으시니까.

상담자 : 시장가는 것을?

정　아 : 그렇죠. 우리집에서는 꽃처럼만 단정하게.

상담자 : 그럼 시장은 누가 가요?

정　아 : 봐주는 사람도 계시고.

상담자 : 그 사람들이 가요?

정　아 : 네. 어머니도 가시고 저는 시장이라는 곳을 작년에 처음 가봤어요.

상담자 : 기가 막히네. 이거 주부가 시장을 안 가보고.

아침햇살 : 아니 제 동창 하나도 그런 얘기 하더라구요. 시댁이랑 같이 사는데 자기 옷을 자기가 못 사봤대요.

정　아 : 한 번도 자기가 사서 입어 보지를 못했어요.

상담자 : 어?

아침햇살 : 옷도 다 사다주시고.

상담자 : 그거 왜 그런 거야. 사랑이 지나쳐서 그런 거야? 뭐예요?

아침햇살 : 자기가 자기 옷을 사서 입어본 적이 없대요.

상담자 : 재벌들이 그런가? 그것이 재벌들의 문화야?

아침햇살 : 몰라요.

상담자 : 시댁이 대재벌이예요? 정아씨?

정　아 : 그냥 보통이에요.

상담자 : 물론 어마어마한 갑부들은.

정　아 : 그렇지도 않은데.

상담자 : 옷을 본인이 안 사고 시부모가 사다준 것을 입어요?

정　아 : 네. 지금도 계속되고 있는데 남편이 사다주고 우리 어머님이.

상담자 : 이런 건 사다줘도 돼. 티셔츠 이런 거야 뭐 아무거나 입으면 어때. 자기가 외출할 때 입을 옷도?

정　아 : 외출은 한 번도 혼자서 해보지 못했어요.

상담자 : 아니 외출할 때 입을 옷도 시부모가 사주시고?

정　아 : 네 결혼식에 간다. 그러면 어머님이.

상담자 : 한복을 쫙 해줘요?

정　아 : 한복이 아니고 정장은 제가 표준 사이즈라서 딱 사가지고 오시고.

상담자 : 어— 기가 막히다.

정　아 : 그러면 이게 마음이 안들어도 그냥 입어야 돼요.

아침햇살 : 그런 사람 꽤 있어요, 선생님.

상담자 : 그래요?

정　아 : 그걸 용납을 못 하시는 거예요. 남들이 이거 입으니까 그렇게 보기 좋은데 왜 안 입으려고 하는지.

상담자 : 시부모님 연세가 어떻게 되시는데?

정　아 : 지금 오십셋이요.

상담자 : 굉장히 젊으시네요. 본인의 취향이라는 게 있는 건데— 그건 정아씨가 잘못했어. 자기가 투쟁을 해서 그걸 극복하고 그랬어야죠.

정　아 : 그러니까.

상담자 : 그러니까 이렇게 한이 많구나. 빼앗긴 느낌 들고, 어— 이제부터는 그걸 바꾸셔야 돼. 지금 시대가 어느 시대인데 자기 개성과 자기 생각과 자기 취향에 따라서 사는 거지. 시어머니가 사다준다고 마음에도 안드는 걸 입어요?

정　아 : 살다보면 그게 안 돼요.

상담자 : 그걸 목적으로 해야 되겠네. 구체적인 목적은 시어머니한테 자기 의사표현을 분명히 해서 시장도 내가 가고 살림도 내가 하고 옷도 내가 사입고.

정　아 : 지금도 하기는 하는데 서툰 거예요. 지하철을 처음 탔는데, 작년 봄에.

상담자 : 지금 사는 집이 어디 있어요?

정　아 : ○○에 있거든요.

상담자 : 거기에 주택가가 있어요.

정　아 : 한옥가가 있어요. ○○동, 한옥가가 있었는데 거기 지금.

아침햇살 : 그런 사람이 꽤 있어요.

상담자 : ○○에요? ○○사람이 보수적인가?

정　아 : ○○도, ○○사람

상담자 : 난 질렸다, 난. 〈웃음〉

정　아 : 지하철을 타는데 사람을 보고 앉을 수가 없었어요. 거기서 너무나 생소한 세계인 거예요. 그게 —.

상담자 : 생전 나가보질 않다가 처음으로 지하철을 한 번 타고 앉아 있으니까— 혼자서.

정　아 : 그렇죠. 혼자서 지하철을 타봤는데 다 날 보는 것 같은 거예요.

아침햇살 : 그렇지 겁이 나죠— 당연히.

상담자 : 그런데 어떻게 ○○대학교 사회교육원에 갈 생각을 했어요?

정　아 : 그러니까 용기가 있었죠.

상담자 : 신문봤어요? 신문에서 광고 보고?

정　아 : 네 광고 보고— 이러면 안 되겠다, 이렇게 바보처럼.

상담자 : 그래.

정 아 : 그게 사람도 아닌 것 같다는.

상담자 : 그래 정말 바보였어. 그렇지 경험을 안 해봤으니까.

아침햇살 : 그러니까 저도 처음에 부엌 앞에 딱 섰을 때 뭘 어떻게 해야 될지 모르겠더라구요. 막막하고, 식칼과 조리기구, 요리재료들이 괴물이 다가오는 것처럼 느껴지고 그런 거랑 똑같지 않아요? 마찬가지예요. 똑같아요.

상담자 : 근데 아침햇살님 말씀은 좀 저한테 심각하게 안 와요. 미안하지만 왜냐면 공부를 그 정도로 잘할 수 있는 사람이 요리 같은 이런 단순한 일은 시간을 조금만 들이면—.

아침햇살 : 그럴 줄 알았거든요. 선생님 한 번 해보세요.

상담자 : 저는 미국에서 유학할 때 스무 명씩 초대해서 파티도 하곤 했어요. 그런 사람이예요 (웃음) 굉장히 오랫동안 안했기 때문에 요리하는 방법은 다 잊어버렸는데 하면 다시 할 수 있다는 자신감이 있어요.

아침햇살 : 저도 그럴 줄 알고 처음에 딱 덤벼들었는데, 이게 아니네, 이거 자꾸 연습해야 되는 거구나.

상담자[10] : 연습해야지. 다른 분들도 말 좀 해보세요. 완전히 여기 성불사의 밤이야.(테이블의 한쪽을 가리키며)

아침햇살 : 전반적으로 이쪽이 말이 많았어.

사 랑 : 정아님의 말씀을 듣고나니 답답해요. 화가 나고, 지금 조선 시대도 아니고 조선 시대도 봐요 어우동 같은 사람도 살았는데— 그렇게 자기표현 하면서. 환경이 맨처음에는 어려우니까 그걸 수용할 입장에서 그냥 넘겼을 거예요. 그게 자꾸 누적이 되다보니까 자기도 모르게 자리가 없어지고 황당했을 텐데 지금 그걸 아셨으니까. 깨달음을 얻고 뭔가 돌출구를 찾고자 노력하는 과정이니까— 하고 싶은 것 처음부터 얻을 순 없거든요. 좀 욕심을 더 내서 어울리는 연습을 하고 이웃과 어울리는 연습을 하고 아니 요즘 보면은 여성교실이 참 많더라구요. 돈을 많이 안 내도 어울릴 수 있는 취미활동이 참 많더라구요. 사회복지기관 이런 것 아니면 정부 부처 같은 데 보면 참 많더라구요. 저도 나중에 주부되어서 할 일이 없으면 그런거나 해볼까 생각 중인데요. 그러면서 자기 삶의 과제가 시간도 많이 뺏기지 않고 나도 이렇게 자유롭게 개인적인 시간을 가질 수 있구나라는 것 그리고 다시 가정으로 돌아왔을 때 즐거운 마음으로 할 수 있는 것— 그런 연습을 조금씩 하다 보면 이런 지적인 활동에 대한 것에 욕심이 생기면 더 적극적으로 할 수 있을 것 같거든요. 처음부터 내가 못했다 이걸 꼭 해야 된다 하면— 텀이 있는데 그것을 극복하기 어렵거든요. 부담스럽지 않은 것부터 생활의 변화를 찾으려는 노력을 하시면 그런 억울함에서 벗어나지 않을까— 그리고 억울하게 사셨어요. 듣는 것만으로도 화가 나는데요.

정 아 : 근데 억울한지 몰랐어요. 이제와서 그걸 안 거예요. 저는 어른들이 항상 너는 양반집

규수니까 하는 거기에 길들여져 버린 것 같아요.

상담자 : 그 집은 뭐하는 집안인데? 양반집안이라 하지요?

정　아 : 우리 친정이 양반집이에요.

상담자 : 친정이 뭔데— 양반이에요?

정　아 : 아주 시골에 아직 같은 성씨만 사는 그 중에서도 가장 중심이 되는 집이에요. 유일하게 대학을 나온 그런 딸이었어요. 그러다 보니까.

상담자 : 시골 어딘데?

정　아 : ○○

상담자 : ○○ 어디?

정　아 : ○○

상담자 : 거기가 옛날 양반만? (네) 무슨 씬데? 성이?

정　아 : ○씬데요. ○씨, ○씨가 사는 그런 마을이에요. 우리 옆동네는 왕비까지 낳은 그런 동네.

상담자 : 누가 왕비였는데.

정　아 : 첩이었어요. 〈웃음〉 우습지만은.

상담자 : 거기서 서울까지 불려갔으면 대단한 거죠.

정　아 : 네— 양 성씨가 굉장히 라이벌 의식을 가지고 싸우는 그런 마을에서 진짜 그러니까 우리 아버지가 굉장히 기대를 많이 하셨지요. 저도 거기에 기대에, 맞춰 살았는데.

상담자 : 사람을 족쇄를 채운 거네. 정말 양반집 규수니까 꼼짝도 못하게.

정　아 : 그래 살아야 되는지 알고 그래 살았는데, 그게 너무나 바보스러운 거예요.

상담자 : 네. 바보예요.

정　아 : 지금도 너무 바보 같아요. 흠, 괜찮아요. 아니 참 두려웠어요. 처녀들이 있는데 와서 주부들 살아온 이야기를 하면 좋지 않은, 결혼에 대해서 좋지 않은 생각을 하면 어떻게 할까.

상담자 : 사람이 다 다른데.

정　아 : 그런 말 하기 참 두려웠는데.

아침햇살 : 신세대들은 안 그래요. 그런 사람 없어요.

정　아 : 그런데도 그런 상황이 되면은 적응이 되어서 살아가는 것 같아요.

상담자[11] : 그것도 하나의 좋은 경험이지. 남들에 비해서 나는 이상하다— 그런 생각을 할 수도 있지만 또 다른 경험을 하신 것을 보면 또 다른 쓰임을 받고자 하는 이유가 있을 거예요. 그런 문제에 대해 카운셀링을 해주실 수도 있구요. 가정생활에 대해서 그것도 손해본 것으로 생각하시면 안된다고 생각을 해요. 내가 손해봤다 빼앗겼다 이런 느낌

---

11) * 정아님의 슬픔과 좌절을 수용할 것. 그리고 "나의 삶을 시댁식구들에게, 가족들에게 모두 빼앗겼다"라는 생각에서 벗어나도록 함.
  * '말하는 불안(speaking anxiety)'이 있는 강물님의 참여를 유도함.

때문에 더 억울한 건데 사람이, 제가 지난주에도 그 얘기한 것 같은데, 손해보는 듯 사는 게 속편하잖아. 이제 여태까지 손해봤으니까 이제는 손해 안 볼 수 있잖아요. 그렇게 생각하면 그렇게 억울한 그렇게 한많은 생각 안 할까 싶어요. 그것 자체가 바람직한 건 분명히 아녜요. 그게 억울한 삶을 살았거든요. 있을 수 없는 일이 지금 21세기를 바라보면서 일어난 것 같아요. 제가 보기에는, 그렇지만 그게 억울하고 있을 수 없는 일이지만 그럼에도 불구하고 우리 삶 속에서 일어났고 그게 내 삶의 한 부분이었다— 그렇게 수용을 하면 그렇게 억울함과 슬픔과 좌절에서 벗어날 수 있는 게 아닐까요. 그리고 무엇보다도 중요한 것은 "나의 삶을 시댁식구들에게, 가족들에게 모두 빼앗겼다"라는 비합리적 신념을 바꾸는 것이지요. 중요한 건, 옛날에는 그럴 수 있어요. 이렇게 억울하고 있을 수 없는 일이 일어났지만 이제 내 삶의 부분으로 받아들이고 승화의 한 계기가 된다면 그렇게 억울하고 그렇게 화나고 짜증낼 일도 아닐 수 있지 않을까, 그런 생각 드는데— 무슨 말씀인지 아시겠죠? 여기 '말하는 장애(speaking anxiey)'가 있으신 강물이 좀 얘기를 하면 좋겠어요. 여기는 자기가 막 참여해서 남도 도와주고 나도 도움을 받고 이런 데니까, 특히 speaking anxiey 있다고 했잖아요. 말하는 것을 자꾸 말했으면 좋겠어요. 자꾸 눈치 살피고 그러면 탐색해도 되지만 적극적으로 참여해주면 집단의 역동이 더 잘 일어나니까— 누구나 다 불안 하잖아. 이 사람들은 내가 말을 많이 한 즐거움도 있지만 한편으로는 짜증도 있지. 저 사람들이 우리 얘기를 듣기만하고 자기 얘기는 안 하나.

강　물 : 저는 정아님 말씀하시는 것을 들으면서 생각을 했어요. 저에 대해 비추어 봤어요. 그러니까 아까 말씀하시는 도중에 내 주장을 못했다는 것에 대해서 굉장히 화나는 감정— 저에 대해서 그런 감정이 났던 것 같아요. 옛날에 그걸 모르면서 당했다는 느낌, 사람들한테 대상이 지금 모호하긴 한데, 어느 순간에 바보 같다고 느끼셨다고 그랬는데— 그때 그게 시작인 것 같아요. 여태까지 내가 잘못 살았다, 내가 옳지 않았다, 그런 걸 깨달았던 그 순간에 앞으로는 가능성이 있는 거잖아요. 그걸 깨달았다는 그것만으로도 굉장한 가능성 같아요.

상담자 : 본인의 얘기를 해봐요.

강　물 : 저요? 일단은 제가 시작할 때는 대인불안 얘기를 하긴 했는데 말씀을 들으면서 여러 가지로 저의 문제가 생각이 나는 것 같아요.

상담자 : 어떤 거요?

강　물[12] : 지금 표현과도 연결이 되기는 하는데, 내 주장에 대해서 잘 안했던 것에 대해서 최근에 어느 순간에 굉장히 왜 나는 나를 방어를 못했을까 사람들 앞에서 왜 방어를 못하고 사람들이 넌 어떤 사람이야, 라든가 또는 나에 대한 공격을 완전히 받아들이는 그런 패턴이 좀 있었어요. 나에 대한 자신감, 그런 것도 다 연결이 되는 건데 뭐라고

---

12) 강물님의 대인불안 문제 외에도 자기방어를 적절하게 못한 것.　　부모님에 대한 '화'가 새로운 문제로 등장.

해야 할지 모르겠지만 일단 그런 게 생각이 나서, 처음에는 그 부모님, 엄마나 주위 사람들에 대해 갑자기 화나는 감정이 생기더라구요.

상담자 : 부모님과 다른 사람에 대해 화나는 감정이 생겼다.

강　물 : 네, 혼자, 혼자 감정을 그냥 억압하고 가만히 있었던 것에 대해서, 사람들이 그 순간에 내가 왜 나는 날 사랑하지 못하고, 방어하지 못하고.

상담자 : 자기표현을 잘 못했어요?

강　물 : 네.

상담자 : 이유가 뭐였던 것 같아요?

강　물 : 표현하는 걸 잘 몰랐던 거 같아요.

상담자 : 주로 부모님들이 표현한다고 그러면 야단치고 그런.

강　물 : 그런 건 아니었는데— 어렸을 때 외할머니가 저희를 키워주셨거든요. 어렸을 때 부모님과 떨어져 있는 그런 기간이 많았었는데 할머니가 일단 남아, 아들만 막—옹호하는 경향이 있었어요. 그런 감정에 대해서 내가 무슨 주장을 하나 하더라도 아들만 챙기고— 그런 서운한 감정 같은 것을— 사람들이랑 부모님들한테 그런 얘기도 안 하고 그 당시에는 할머니만 살았기 때문에, 우리 부모님은 그런 사실을 잘 모르시는 거예요. 어렸을 때 내가 속상하고 서운하고 그런 감정을 당했다는 것을 부모님은 잘 모르셨다는 게— 그것에 대해서 별로 얘기를 안했어요. 그런 것도 나중에 부모님과 같이 살게 됐을 때도 제가 할머니가 많이 그러셨다는 것을 말을 안했어요. 그런 것을 어느 순간에 당하고 있지만은 않아야겠다— 나에 대한 방어도 해야 되고 나를 사랑하는 감정, 그런 것을 많이 챙겨야겠다는 생각이 들고 나이가 들면서 그런 얘기를 부모님들한테 하게 된 거예요. 어렸을 때 어쨌다 아니면 내가 서운했던 그런 감정이 있었는데 옛날에는 그런 표현을 전혀 안했는데 지금은 그때그때 표현을 하려고 많이 노력을 해요.

상담자 : 외할머니 때문에 많이 속상하고 서운했는데, 아들이 오빠예요? 동생이예요?

강　물 : 오빠도 있는데— 오빠랑 원래 남동생이 있었어요. 남동생이 있었는데 남동생이 어렸을 때 사고로 죽었어요. 그런 좀 여러 가지 미묘한 그런 것이 많이 있었어요. 내 표현을 많이 안하고 감정에 대해서 드러내지 않아야 되겠고 그런 것을 드러낼 만한 상황이 아니었어요. 어렸을 때는.

상담자 : 슬퍼도 슬퍼하지 못하고 화가 나도 화내지 못하는 것이 일단은 누적이 돼가지고 자기 표현하는 데 적절하게 잘 안 되는 건가 보죠?

강　물 : 지금 생각해보면 그런 생각이 들어요. 다른 집단에서도 이 문제에 대해서 많이 다뤘거든요. 사람들한테 많이 얘기를 하곤 하는데 어느 정도 완화가 됐어요. 그렇구나 하는 깨달음 같은 것도 있었구 그런데도 얘기할 때마다 그게 차츰 올라오는 것 같아요.

상담자[13] : 그럼 한번 봅시다. 그게 어떤 신념이 깔려 있기 때문에 화나고 속상할 텐데요. 나는

---

13) 강물님의 '화'를 유도하는 신념의 탐색과정.

　　　　함부로 내 감정을 표현하면 내 마음 속을 남에게 들키게 된다 그러면 안 된다, 그런
　　　　생각인가요?

강　물 : 그런 것도 있죠.

상담자 : 내 마음 속을 다른 사람한테 들키면 나를 무시할 것이다, 이런 건가요?

강　물 : 무시할 거라는 글쎄— 그것까지는 제가 생각을 안했는데, 마음이 안 편한 거예요. 날
　　　　드러내는 게.

상담자 : 그러니까 마음이 안 편하다는 건 부적절한 정서란 말예요. 우리가 해결해야 되는 문
　　　　제이지요. 그러면 다른 사람들한테 마음을 안 드러내는 게 굉장히 불편한데, 불편하
　　　　다라는 것은 그 이면에 어떤 사고가 있어요. 가설적으로 생각해보건대 그건 다른 사
　　　　람에게 나를 드러내면 나를 싫어하고 내게서 도망갈 것이다. 다른 사람이 나를 우습
　　　　게볼 거다 등등등 여러 가지 이유가 있는데 그걸 찾자 이거지요. 이제 뭐 때문에 내가
　　　　다른 사람에게 쉽게 나를 드러내지 못하는가에 대해서요.

강　물 : 무시받을 거란 생각이 들었던 것 같아요.

상담자 : 무시당할 것 같다, 왜?

아침햇살 : 거절당할 것이다.

강　물 : 거절에 대한 것도 저한테 굉장히 중요한 건데 글쎄 "왜"라고.

상담자 : 통찰이 이루어져야지요. 그것 때문에 지금 자연스럽게 자기표현이 안되는 사람이잖아
　　　　요. 내 감정을 억눌러 잘 드러내지 않아, 다른 사람에게 내 마음속을 들키고 싶지 않
　　　　아, 그거 아녜요. 어렸을 때 안 좋은 경험들이 혹시 드러나서 나의 좋지 않은 모습을
　　　　보이면 다른 사람들이 나를 무시할까봐 그런 건 아닌지 제가 잘 모르겠어요. 강물님
　　　　께서 스스로 한번 찾아보세요.

하　늘 : 완벽해야 된다라는.

상담자 : 궁극적으로는 완벽해야 된다라는 스키마에서 나온 거죠.

하　늘 : 다른 사람에게 걱정을 끼쳐줘서는 안 된다. 이것은 나의 문제이다.

강　물 : 걱정을 끼쳐— 걱정은 아닌 것 같고 아까 말씀한 거절당하는 것에 대한 굉장한 그런
　　　　것이 있는 게 나를 다 보여주고 내가 다 드러나면 거절당했을 때 내가 감당을 못할 거
　　　　라는 그런 생각이 있는 것 같아요.

상담자 : 그런 거잖아— 지난번에 MBC 주말연속극 '그대 그리고 나'를 보니까 최진실은 그의
　　　　남자친구가 엄청나게 부잣집 아들인 줄 알았어요. 해양운수업을 하는 이런 집인 줄
　　　　알았는데 나중에 알고 가서보니까 굉장히 가난한 어부 아들이잖아요. 그래서 최진실
　　　　이 뭐라고 막 그러니까 나중에 박상원이 하는 말이 "네가 나를 다 알아버리면 네가 나
　　　　를 떠날까봐 차마 내 말을 못했다" 그런 말을 하거든요. 나의 모든 것이 드러나면 사
　　　　람들이 나를 떠나갈까봐, 이런 생각 참 많이 해요. 사람들이 떠나갈까봐 내가 버림을
　　　　받을까봐 말을 잘 못하는 것이 있어요. 그런 거예요, 혹시?

강　물 : 버림을 받을 거라는 생각은 안 해요. 그건— 그것까지는 생각이 안 들고 옛날에는 그

런 생각을 했던 것 같아요. 예전에는 대학 다닐 때 그럴 때는 많이 했는데 어느 정도 사람과의 관계에 있어서 좋은 사람들도 많이 만났고 친구들도 친해지면서 그런 교감 같은 게 있었기 때문에 그것에 대한 기본적인 신뢰 같은 건 있거든요. 저 자신에 대해서 사람들이 날 떠나거나 그러진 않을 거란 생각을 하면서도 문득문득 자신감이 없다는 생각이 들고 어떤 면에서 나의 부정적인 모습, 굉장히 부정— 사랑님께서 저번에 우울에 대해서 말씀을 하셨던 것 같은데 저랑도 우울이랑 굉장히 친하거든요. 그건 많이 극복이 됐어요. 제 스스로, 그런데 그게 회복이 된다는 것이 자발적 회복이란 말이 참 말이 맞는 생각이 들었는데 노력에 의해서 된 거 같은데 부정적인 시각, 세상에 대한 부정적인 시각 같은 것은 사람을 만났을 때 어떻게 보면 우울하거나 좀 약간 비판적이라든가 그런 안 좋은 얘기보다는 밝은 얘기를 하는 그런 분위기가 어떻게 보면 참 좋잖아요. 사람들이 선호하는 분위기이긴 한데 사람들이 저더러 너무 심각하다는 말을 많이 했거든요. 어둡다라든가 그런 것이 이제는 내가 부정적인 부분만 있는 게 아니라 나도 긍정적인 밝은 부분이 많이 있다 생각을 하면서 그런 것을 표현을 많이 하려고 하는데도, 내 마음 한 구석에는 약간 나는 부정적인 사람인데, 별로 세상을 별로 긍정적으로 안 보는데 그런 것이….

상담자 : 긍정적으로 세상을 안 보는 것 부정적인 시각이 다른 사람의 눈에 비치는 게 두려운 거군요.

강　물 : 약간 그런 게 있죠. 사람들이 나에 대해서 너는 괜찮고 어떠어떠해 일종의 칭찬이죠. 칭찬을 얘기하면 고맙다고 표현을 하죠. 너무 좋게 봐줘서 고맙다는— 마음 한구석은 사실 안 그런데.

상담자 : 진짜 부정적인 시각이 많아요?

강　물 : 좀 있어요. 있는데 미래에 대한 거죠. 내 자신에게. 결혼 같은 것을 생각했을 때도 내가 정말 좋은 행복한 결혼생활을 할 수 있을까, 기본적으로 그런 것에서부터 내가 공부한다면 내가 어느 정도까지 성공을 할 수 있을까, 직업은 어느 정도 가질 수 있을까 내 말년은 어떨까, 과연 행복하게 그런 편안한 그런 게 있을까. 아니며는 계속 힘들어하면서 그렇게 살까 그런 것들….

상담자 : 그렇구나 이건 정말 극복해야 되겠네요? 내가 정말 행복한 결혼생활을 할 수 없을 것 같은 이유가 있어요?

강　물 : 그렇게 따지면 이유가 없어요. 그런데도 마음은 있는 거예요. 계속 생각이.

상담자 : 그렇게 따지면 없다고 그러지 말고 찾아보도록 해요.

강　물 : 일단 사람, 남자들을 많이 만났어요. 사귀던 사람들도 있고 그렇긴 한데 정말 좋아하는 사람을 못 만난 거죠. 내 감정이 항상 무감정인 거예요. 남자를 만나도 별로 좋은 감정도 없고 어떻게 보면 좋은 사람을 만났는데도, 나중에는 제가 도망가는 거죠.

상담자 : 왜 그럴까요?

강　물 : 완벽한 사람을 원하는 것 같아요.

상담자 : 이 세상에는 없는 사람.

강　물 : 없는 사람.

상담자 : 이 세상에는 없는 사람을 찾을 때 그럴 수 있어요. 그러니 강물님이 내 마음에 드는 남자를 만나면 이런 생각이 없어지겠네. 내가 결혼해서 행복해질 수 있을까 이런 생각.

강　물 : 그건 아닐 것 같아요.

상담자 : 그건 아닐 것 같아요? 그럼 뭐가 결혼생활에 대한 행복에 대한 또는 의심을 자꾸 들게 하지요? 그거 중요해요. 극복해야 돼요. 지금 미혼여성이 말야— 결혼을 앞둔 처녀가 결혼에 대해서 환상적으로 생각하고 막 행복하게 생각해도 결혼을 하고 나면 여러 가지 문제들에 부딪치고 어려움을 겪게 되는데 결혼 자체를 거부하고 부정적인 시각을 가지고 있다가 결혼을 하게 된다면 남자도 행복하지 않지요. 그야말로 결혼이 행복하지 않을 수 있지요. 다시 왜 사느냐고 누가 묻거든… 대답은 "행복하기 위해서" 인데.

아침햇살 : 저도 한번 그런 생각에 빠져 있었던 적이 있었는데요. 나는 빨리 여자가 경제적으로 자립을 해야 뭘 하고 싶은 건 할 수 있다는 그런 생각이 들어서 의과대학에 원서를 넣으려고 계획하다가 나 혼자 마음을 딱 바꿔서 빨리 돈 벌어야 되겠다고 생각하고 치과대학으로 혼자 가서 바꿔버렸어요.

상담자 : 치대가 돈을 더 빨리 벌어요?

아침햇살 : 그럼요. 의과대학은 전문의 과정이 있지만.

상담자 : 4년, 5년인가? 인턴까지.

아침햇살 : 네— 치대는 나오면 금방 개업할 수 있잖아요.

상담자 : 치대도 보니까 인턴, 레지던트 다 있던데요.

아침햇살 : 그 당시에는 별로 없었어요. 그리고 안하는 사람도 많아요.

상담자 : 선생님 몇 학번이에요?

아침햇살 : ○○학번이요.

상담자 : ○○학번? 제가 고등학생 때 서울대 치대생한테 과외를 했어요. 치대 6학년이셨는데 그분이 졸업하고 바로 인턴 들어가고 그러던데.

아침햇살 : 아, 그렇게 전문의 과정을 밟는 사람은 좀 소수예요. 의사들은 거의 다 하는데 치대는 돈을.

상담자 : 지금도 그렇죠.

아침햇살 : 그래서 혼자 가서 딱 바꿨어요. 시험을 볼 때 되니까— 아버지가 많이 실망하시더라구요.

상담자 : 치대에 간 걸 아시구요?

아침햇살 : 그러거나 말거나 난 빨리 돈 벌고 빨리 자립해서 내 뜻을 딱 필거야, 라고 의기양양하게 했는데 딱 들어가서 보니까 2등이더라구요.

상담자 : 치대를?

아침햇살 : 네, 그래갖고 가서 하는데— 다 시시해보였어요.

상담자 : 2등이니까.

아침햇살 : 다 시시해보여서 결심을 했죠. 휴학하고 등록금을 다시 받아서 그 돈을 가지고 ○○학원에 등록했어요. 남대문가서 군용잠바 하나 사갖고 입고 다녔어요. 한달을.

상담자 : 재수생이네.

아침햇살 : 네, 학교에는 휴학계를 내고, 그런데 새로 학원에 ○○선생이 왔어요. 근데 보니까 우리 친척이야— 그 사람이— 그래서 안되겠다하고 고개를 꽉 숙였는데 그 사람이 출석부에서 내 이름을 본 거예요. 그래서 저를 본게 죠.

상담자 : 그때까지 집안에선 재수한 걸 몰랐군요.

아침햇살 : 몰랐어— 재가 공부를 열심히 하는구나. 다음 쉬는 시간에 아버지, 어머니가 찾아 왔어. 너 왜그러니— 가봤더니 시시해요, 못 하겠어요— 그러면 의과대학에 편입을 하자. 의과대학이 편입해주는 데가 어딨어요? 2차 대학에 가— 그러면 돼. 그래서 예과를 끝내고.

상담자 : 치대에서 예과를 끝내구요.

아침햇살 : 배우는 게 똑같아요. 커리큘럼이. 그리고 인제.

상담자 : ○○대로 오셔서.

아침햇살 : 갔어요.

상담자 : 재수 안 한 것이 됐네요.

아침햇살 : 안했는데 영 학교 다니는 게 싫더라구요. 시시하게 보이고 내 능력을 모르고 잘난 체를 한 거예요. 한 잘난체! 그래서 제가 지금 생각해보면 그때도 그 과정을 즐기면서 얼마든지 할 수 있는 건데 주제파악이 부족했고 앞날에 대해서 준비를 좀더 철저하게 하고 그러면 될 건데 그때 제가 그랬어요. 나도 자신이 없고, 세상도 시시하고, 어떤 좋은 남자가 나타날 것 같지도 않고, 좋은 남자가 나를 좋아할 것 같지도 않고, 그런 것처럼 어떤 좋은 학교도 없을 것 같고, 나도 또 학교에서 제대로 할 것 같은 느낌도 안 들고 그냥 다 시시하고 집어치우고 싶고, 그렇게 뭐냐하면 무슨 요새 의미 있는 타자(significant others)가 아니라 모든 것이 의미 없는 타자가 되어버린 그런 순간이 있었어요.

상담자 : 그런데 아침햇살님의 경우와 강물님의 경우는 좀 다른 것 같아요.

아침햇살 : 이게 학교하고 남자 차이지 비슷한 것 아네요, 혹시.

사　랑 : 강물님은요. 많이 내재돼 있는 문제인 것 같아요. 시기적으로 의례적으로 겪을 수 있는 게 아니라요— 저랑 비슷한 것 같은데요. 저도 보면 이 우울이 20대 우울에서 그냥 한 게 아니라 저는 만성이에요. 어렸을 때는 그 우울이라고 생각 못하고 살았지만 나중에 이게 우울이었구나라고 아는 것처럼 우울이 전부 다 시기적으로 오는 사람도 있지만 만성으로 오는 사람도 있거든요.

아침햇살 : 혹시 만성 아니세요?

사　랑 : 만성 같구요. 들어보니까 어렸을때 애착형성 시기에 부모님의 사랑을 못 받구요. 외할머니 사랑도 충분히 못 받았어요. 눈치를 보면서 맞춰야 되는 상황이기 때문에 자기 자아에 대한 강화를 받는 자극이 없었던 거예요. 어떻게 보면 신뢰형성이 안된 거죠. 사랑을 통해서 세상을 보고 인정하는 그런 관계를, 제대로 과업을 수행을 못 한 거죠 저도 그렇구, 그래서 세상을 부정적으로 볼 수밖에 없죠. 사랑을 못 받고 신뢰가 형성이 안 됐는데 누구를 믿겠으며 특히 남자, 결혼에 대해서는 일단 신뢰가 가야지 그 사람을 받아들이잖아요. 그 작업이 잘 안 되니까 그게 문제죠.

상담자 : 네— 그 얘기는 참 좋은 해석이에요. 근데 인지적인 시각으로 돌아와서 내가 만성적으로 우울이라고 했는데 기질적인 우울이에요? 아니면 그냥 상황적으로 우울했었어요?

사　랑 : 저요? 저는 그냥 저도 사랑을 제대로 받지 않았다고 생각을 하면서 살아왔었거든요. 그래서 저도 그 뿌리를 찾아갔어요. 난 왜 이렇게 우울하고 비관적인가 공부해서 보니까 이런 애착형성에서 충분히 강화 자극을 못 받았던 거예요. 강화는 그게 불씨가 되어서 세상을 볼 때도 비관적이고 안된다 못 믿겠다 사람을 쉽게 못받아들이는 거예요. 그리고 부정적 어떤 결과가 나타나면, 그래 난 역시 안돼, 안될 수밖에 없어. 그렇게 과대포장해서 해석하고 그렇게 되더라구요.

상담자[14] : 그것도 좋구. 역동적인 시각은 그렇게 볼 수 있는데, 그 시각에서 인제 벗어나서 그렇다면 이미 애착은 애착형성 시기는 다 지나버렸잖아요. 되돌릴 수 없고— 그렇게 생각하면 내 문제가 영원히 해결되지 않을 수도 있죠. 지금 여기서의 우리 문제를 접근하는 방법은 지금 내가 만성적으로 우울하고 불안하잖아요. 그건 현재 이 세상을 지각하는 내 방법이잖아요. 그러니까, 강물님의 경우 내가 좋아하는 스타일의 남자친구를 내가 못 만날 것이다— 또 뭐가 있을까 사랑님 같은 경우는 뭐가 있을까?

사　랑 : 그러니까 그냥 거의 비관적이에요. 부정적이고.

상담자 : 세상이?

사　랑 : 대체적으로.

상담자 : 여기서 예를 들면 강물님의 경우는 구체적으로 뭐라고 그랬냐면 '내가 좋은 남자를 만날 수 없을 것 같고 결혼생활이 행복할 것 같지 않을 거다' 라는 미래에 대한 비관을 갖고 있잖아— 그럼 사랑님의 경우는 어떤 비관을 갖고 있어요?

사　랑 : 제 인생이 특별하게 나한테 좋게 안될 것이다. 뭐 그런.

상담자 : 그것이 사랑님의 대표적인 비합리적이고 역기능적인 신념이에요. 그걸 바꾸는 것을 상담의 목표로 해야겠어요. 그러면 우울에서 벗어날 수 있어요. 아까 사랑님이 언급하셨던 역동적인 시각은 대부분의 사람이 그렇게 생각하는 것 같구요. 이제는 그 시

---

14) 사랑님의 우울에 대한 시각을 인지적 시각으로 방향을 전환해줌.

각과는 다른 시각으로 나의 문제를 바라보아야 할 것 같아요. 그렇기 때문에 앞으로도 영원히 나는 안될 거야. 이게 아니라 내가 비록 사랑을 충분히 못 받았지만, 어렸을 때에 신뢰관계를 형성할 수 있는 애착관계가 충분히 형성되지 못했지만 그럼에도 불구하고 지금 내가 세상을 보는 시각을 새롭게 교정하면 얼마든지 내가 밝은 미래를 살 수 있다는 신념으로 바꿔가야 될 거란 말이죠. 그렇게 생각하면 이 세상에 많은, 사랑을 받지 못하는 사람이 우리처럼 우울하고 힘들어야 될 텐데 그렇지 않고 씩씩하게 잘 살아가는 사람이 얼마든지 많아요. 얼마든지, 그렇지요.

아침햇살 : 근데 지금은 우리가 그렇게 무력한 사람들이 아니잖아요. 우리 힘으로 우리 인생을 헤쳐 갈 수 있는데—

상담자 : 바로 그거예요.

아침햇살 : 지금 다시 우리가 무릎을 꿇었던 데는 내 애기는 특별한 사건이 혹시 있지 않았나 그걸 찾아보자는 거죠. 제가 그랬을 때는 학교문제가 내 맘대로 그것이 남의 탓이 아니라 내 스스로 내가 만든 일이었기 때문에 그냥 흥미가 다 떨어졌을 때가 있었거든요. 지금은 어렸을 때의 무력한 우리가 아닌데 지금도 그것을 했을 때에는 그걸 강화시킨 최근의 사건이 혹시 있었나 해서 그것부터 공략하는 게 어떨까요.

강 물 : 지금 옛날이랑 많이 다르다는 건 저도 많이 생각을 해요. 옛날에는 과거를 생각했을 때 내가 참 어린애니까 어쩔 수 없다는 생각이 들거든요. 근데 지금 생각을 하면서 이제는 그렇지 않을 거다— 그런 게 많이 힘이 되거든요. 제가 우울이 자발적으로 회복이 됐다는 게 약간 그런 거예요. 시각 같은 것이 바뀌고 이제는 나를 이대로 내버려두지 않겠다, 내 주장을 하겠다, 그러면서 갈등이 생길 수가 있어요. 사람들과 트러블이 생길 수 있는데 저는 그걸 받아들일 수밖에 없다고 생각하거든요. 일시적일 수 있는 것이고 나중에 효과적으로 내 표현을 잘할 수 있는 것이고 이해받을 수 있을 거란 생각이 들거든요.

상담자 : 그래요. 두 사람 다 가진 게 너무 많아요. 세상을 비관적으로 보기에는, 아직 너무 젊어요.

아침햇살 : 꽃 같은 나이에.

상담자 : 꽃 같은 나이에 예쁜 미모에 대학원 공부하고 있는 지적인 학력에 무슨 말씀인지 아시죠?

사 랑 : 저는 프로이드를 만나봐야 될 것 같아요. 저 같은 경우는 몰라서 제 문제 계속 누적이 되는 것보다도, 그러니까 저는 부모님을 굉장히 미워했었어요. 사춘기 때 굉장히 원망했었거든요. 근데 그것을 저도 표현을 못했어요. 저도 억압을 참 잘했어요. 저는.

아침햇살 : 어린아이가 어떻게 그것을 표현하겠어요?

상담자 : 그런데 왜 부모님을 미워했어요?

아침햇살 : 쫓겨날까봐 표현 못 하지.

사 랑 : 저희 집은 특히 남자의 우월주의에 빠진 집안이라서요.

상담자 : 오빠 있어요?

사 랑 : 아뇨. 남동생을 참 어렵게 낳았어요. 아주 엄마가 그 아들 엄마의 그 대변인이에요. 그래서 뭐든지 모든 희생과 모든 부를 다 주겠다 그런 식이에요. 동생한테 그리고 딸은 항상 걸리적거리는 존재다. 은연중에 그러니까 저도 내가 왜 딸로 태어났을까, 그런 강화를 보면서 남자가 너무 부러운 거예요. 내가 될 수 없는 존재들. 딸이나 여자는 결혼만 잘하면 되고 공부할 필요 없다는 식의 말을 많이 했었거든요. 그런 피드백을 항상 받고 자라서 사람들은 제가 워낙 독립적인 성향이 강해서 제가 알아서 어떤 일이든 찾지만 엄마는 쟤는 내 관심 안 가져도 제 스스로 다해, 그러면서 신경을 끊어버리는 거예요. 저는 그것을 사랑을 덜 받는 것으로 생각을 하는 거죠. 소외를 참 많이 느낀 거예요. 그런 것에서 오는 상처들, 사춘기 때 그런 것에 예민하잖아요. 그런 것을 표현 못하는 것에 대해서 엄마를 보면 화나고 그랬죠.

상담자 : 지금도 표현을 잘 안해요?

사 랑 : 지금은 엄청 잘해요. 지금은 바뀌었거든요.

상담자 : 어머니한테 화나는 감정은?

사 랑 : 옛날 같지는 않아요. 무조건 억압하지 않구요. 저도 성인이잖아요. 화나는 감정 잘 드러내는데 많이 극복됐어요. 엄마를 보더라도 옛날 감정처럼 밉거나 그런 건 없고 오히려 더 불쌍해요. 엄마가 그 정도로 넘었거든요. 지금은 엄마로 하여금 피해를 보는 입장이기 보다는 내가 엄마를 보면 내가 어떻게 해줄 수 있을까 그런 생각이 더 드는 거 있죠. 그 문제에서 극복이 된 것 같은데 다만 그 과정에서 과거의 경험에 저는 아직도 잔재로 남아있는 거예요. 그런 부정적인 것들이 저는 치유될 거란 생각을 하지만 계속 부분적으로 남아 있어서 어떤 문제가 잘못되면 잘되는 문제는 안 그런데 잘못되면 그걸 크게 해석하죠.

상담자 : 그래. 그래서 여기 집단에 참 잘 오신 것 같은데요. 저는 처음에 여기에 저 사람들이 여기에 왜 오나, 안 와도 될 사람들이, 이랬거든. 그런데 여기 오시길 참 잘했던 것 같아, 물론 인간이 과거의 영향을 받지 않을 수 없는 게 한계상황인데 엘리스가 얘기한 것 중에 보면 "과거의 행동이 현재를 결정한다" 이것이 인간이 가지고 있는 열한 가지 비합리적 신념 중에 하나예요. 물론 영향을 받지만 그렇게 생각하면 내가 그 영향을 받는다는 생각의 노예가 될 수 있어요. 그래서 지금 좀 많이— 많이 엄마를 미워하는 마음보다 어떻게 하면 엄마를 도와줄 수 있나 이런 걸 더 생각한다고 했는데 이젠 완전히 그 남아있는 찌꺼기 밑에 남아있는 감정 이것까지 없애려면 과거가 현재 행동을 결정하지 않는다는 신념을 가지고 세상을 보는 연습을 하면 될 것 같아요. 인지에서는 그거죠. 인간이 과거 어떤 초기경험을 가지고 있었던지 간에 그것 자체가 중요한 게 아니고 그것을 내가 지금 머리 속에서 어떠한 필터링 시스템(여과 기제)을 가지고 여과하느냐 그게 중요하다고 얘기하는 것도 아녜요. 내 여과기를 왜곡되지 않게 제대로 조절해가면 그 부분까지도 해결될 수 있지 아닐까요.

강　물 : 책을 읽으면서 그것에 대해서 많이 생각을 했어요. 과거 경험 옛날 상담이나 심리학 공부하다 보면 과거 경험에 대해서 많이 얘기 하니까.

상담자 : 거의 많이 하지요.

강　물 : 많이 하니까 나중에 확인이 안되는 그것에 대해서 많이 얘기를 하니까— 그러면서 이 것이 맞을 거야, 추측과 그런 것이 나를 만들어 가는 그런 게 있는 것 같거든요. 이거 읽으면서 현재에 초점을 맞추는 그럴 필요가 있다는 생각이 많이 들었어요.

상담자 : 네, 동의해요. 이 기간 동안 특별히 그렇게 하셔야 될 이유가 역동적인 오리엔테이션 이 너무나 강하기 때문에, 심리학 전공을 안하는 보통 사람도 과거가 현재에 영향을 미친다는 그 생각을 대체로 하고 있어요.

아침햇살 : 그것을 파면 팔수록 늪에 빠지는 것 같아요.

상담자 : 네, 과거는 이미 결정된 엎질러진 물이야. 그걸 어떻게 주워담을 수도, 돌이킬 수도 없어요. 그것을 지각하고 해석하는 방법을 잘하면.

하　늘 : 저는 지난번에 집단상담을 마치고 집에 가서 많이 생각했는데 시간이 좀 걸리는 것 같아요.

상담자 : 얘기하세요.

하　늘 : 시간이 다 된 것 같은데.

상담자 : 지금 오늘 좀더 길게 해도 돼요.

하　늘 : 저도 약간 그런 비슷한, 그런 경우예요— 저는 좀 틀린 게 저는 부모님한테 너무 수용 받고 인정받는 착한 딸, 부모가 이해해주는 그런 딸로 이렇게 자랐기 때문에 커서도 사람들한테 인정받고 싶은 욕구가 강한 거예요. 춤을 추는데 못 춘다고 그랬죠. 춤을 못추는 사람 너무 많은데요. 저도 춤을 잘 못 춰요. 내가 춤추는 것이 너무나 어색할 뿐더러 그 어색함을 남들이 보는 게 싫어요. 그러니까 그냥 리듬에 맞춰서 기분 내키 는대로 할 수 있는데 그게 잘 안 되는 것 같아. 남들이 뭐 바보처럼 보면 어때, 내가 뭐 내 기분에 좋아서 할 수 있는 것이고 다른 사람도 다 같이 하는데 똑같은 기분에 같이 취했는데 그렇게 하면 좋은데 그냥 사람들을 많이 의식해요. 그애는 굉장히 잘 춘다 나도 저렇게 하고 싶은데 나는 참 안된다. 나는 왜 몸이 굳어 있을까, 이런 자학 도 들고 인정받고 싶은 욕구가 너무 강하고, 그리고 남자친구 얘기 했는데, 저도 대학 때 남자친구를 못 사귀었어요. 사람들은, 특히 남자애들은 제가 남녀공학을 나왔고 고등학교도 남녀공학을 나왔는데도 불구하고 고등학교 때는 남자애들하고 말을 한번 도 해본 적이 없어요.

상담자 : 왜요?

하　늘 : 관심의 대상이었는데도 불구하고 너네는 나보다 좀 어리다고 좀 무시하는 게 있어가 지구요. 성당에서도 거의 남자애들하고 얘기를 안하고 오히려 그애들한테 더 거칠게 대했어요.

상담자 : 왜? 일부러? 인정받으려고? 쟤는 우리하고 뭔가 다른 남다른 애다, 이런 소릴 들으려

구요?

하 늘 : 그게 좀 튀고 싶은 그런 것.

상담자 : 그렇지.

아침햇살 : 그게 나쁜 건 아니잖아요? 다 튀고 싶은데 뭐.

하 늘 : 근데 그게 좀 강해요.

아침햇살 : 그런데 요즘 신세대 특징은 튀는 거 아니에요?

하 늘[15] : 그런데 문제가 뭐였냐면 대학때도 남자애들을 사귀고 좀 즐기고 좋게 지내야 되는
데 그 관계가 잘 안 이루어지는 것 같아요. 그러니까 단체 속에서는 후배들이나 선배
들이나 관계가 굉장히 좋은데 그 사람이 특별한 관계를 맺고 싶다. 그러면 내가 우리
부모님한테 내가 소중한 그런 딸이고 부모님을 이해하는 그런 딸이었듯이 그 사람한
테도 그렇게 되고 싶은데 나의 너무나 그런 치사한 면들이 드러나는 거야. 그게 참을
수가 없는 거죠. 그래서 그 사람이 나의 그런 면들을 다 알면 거부할 것이다, 언젠가
는 깨지겠지. 관계 파국, 분명해. 이런 생각을 하곤 해요.

상담자 : 진짜 비합리적인 신념이네.

하 늘 : 네. 그런 생각을 하게 되면서 남자애들을 못 사귀었어요. (어) 3개월 이상을 사귀어
본적이 없어요.

아침햇살 : 다음주 숙제— 남자애들 사귀어오기.

(전체 웃음)

상담자 : 아니 진짜 다음주까지는 어렵겠지만 이 집단이 끝날 때까지 거절당해보는 연습을 해
보는 거예요. 남자에게 거절당하는 연습을 통해서 거절당하는 두려움이 다 있는데 거
절당하는 것 별거 아네요. 한번 당해보자구요.

하 늘 : 그리고 평범한 건 싫다. 나는 남들과 좀 틀리고, 틀리다는 것을 드러내고 싶다. 이런
욕구가 강하고.

아침햇살 : 튀는 건 신세대의 특징인데.

상담자 : 자꾸 그러는데 튀는 것에는 두 가지가 있어. 적극적으로 튀는 거요— 그런 게 신세대
애들이 하고 싶은 거지. 눈에 드러나게 하고— 이 사람들이 튀는 것은 그런 적극적인
튀는 게 아닌 것 같아요.

사 랑 : 회피적이에요.

상담자 : 그렇지. 자기를 움추러드는 것을 아침햇살님이 튄다고 해석을 하셔서 그렇지, 그건
튀는 것이 아니지요.

아침햇살 : 물러서는 거예요?

상담자 : 그렇지요.

---

15) 하늘님의 '사람들이 나와 속마음을 알면 나는 거부할 것이고 언젠가 그 관계를 반드시 파국을 맞고야 만다' 라는 비합리
적 생각의 탐색.

하　늘 : 나에 대해서 많이 개방을 안하고 나에 대해서 다른 사람의 속해 있는 그룹에서 약간 물러나 있는 것처럼 보이거나 물러나 있으면 나를 애기하기에 쟤는 좀 알 수 없는 애야, 이런 느낌을 갖잖아요.

아침햇살 : 뭔가 있나봐, 잘 모르겠지만.

하　늘 : 우리 나라 사람은 얘길 안 하면 쟤는 '가만히 있으면 중간이나 간다' 이런 철학을 잘 지키는 사람으로 여기는 경향이 있는 것 같아요.

상담자[16] : 그걸 본인의 문제들을 잘 알아서 이 세 젊은 분들은 거절당하는 것에 대한 두려움이 있는데요. 제가 심각하게 숙제를 내드리는 거예요. 다음에 오실 때까지 가능하면 하셨으면 좋겠구— 남자친구들 좀 사귀고 잘 되면 좋겠네. 이번에는.

하　늘 : 근데 저는 많이 극복해서 지금 좋은 사람하고 많은 얘기를 하고 있어요.

아침햇살 : 남녀공학이에요? 남녀공학이면 수없이 많은 남자들이 있잖아요.

사　랑 : 근데 저랑 맞는 사람은 딱 한 사람이잖아요. 그러니까.

하　늘 : 저는 일상적인 얘기는 잘 하고 잘 지내요. 남들한테도 활발한 사람으로 보이고 문제는 내 안에 그런 신념이 있으니까 문제죠.

아침햇살 : 김춘수의 꽃이라는 시처럼 그렇게 되고 싶은 거구나.

상담자 : "내가 그의 이름을 불러주기 전에는 /그는 다만/ 하나의 몸짓에 지나지 않았다/ 내가 그의 이름을 불러주었을 때/ 그는 나에게로 와서/ 꽃이 되었다" 서로에게 잊혀지지 않는 하나의 다른 의미가 되고 싶은, 사람들은 그런 마음이 있지. 그러나 처음부터 그런사람을 만나는 건 아니란 말예요. 사귀면서 그런 의미가 되어주는 거지. 그치요? 오늘은 이만 마쳐야 될 것 같은데요. 세 분은 이번 집단이 끝나기까지 남자 좀 사귀어보고 거절당하는 것도 경험해보고 거절이 별것 아니다라는 것을 좀 알게 되었으면 좋겠어요. 그래서 지난번에 말씀드렸나요. 공포자극에 우리가 쉽게 노출을 못해요. 공포자극에 막상 노출되면 큰 어려움이 있을 거라고 생각하기 때문에 그렇지요. 거절당하는 것이 두려운 게 뭐냐면 자존심에 상처를 입을까봐 그런 건 아녜요— 그러나 막상 공포자극에 노출되어서 즉 거절을 당해보면 우리 생각보다 그렇게 큰 자존심의 상처는 별로 없어요. 그래서 사람들이 예를 들면 구체적으로 대중 앞에서 말하는 공포(public speaking anxiety)도 마찬가지에요. 내가 말을 잘 못하면 사람들이 날 얼마나 싫어할까 생각하게 되면서 말을 못하는데 실제 말을 해봐도 나를 싫어하지 않더라, 공포스럽지 않더라, 이런 체험을 하면서 말을 더 잘하게 되는 거고 별거 아니구나라고 그런 체험을 해봤으면 좋겠어요. 엘리스가 말한 비합리적인 신념 제1번이 뭐예요. "나는 내가 알고 있는 모든사람으로부터 인정받고 이해받고 사랑받아야 한다" 이게 오죽 사람들이 이런 생각을 많이 갖고 있으면, 그런데 우리가 삶의 목적이 다른 사람의 인정받는 게 목적이 아니기 때문에 다른 사람의 근거에 항상 기준에 되어 살면 불

---

16) 강물, 사랑, 하늘에게 거절당하는 연습을 숙제로 내줌.

안하고 불편하죠. 이제부터 제가 여러분한테 바라는 건 뭐냐면 다른 사람을 배려는 하지만 내 삶의 주인이 내가 되어야지요. 다른 사람의 기준에 의해서 자꾸 맞추려고 하면 더 많이 힘들어지고 생산력이 떨어지죠. 이 말을 드리고 싶은데. 오늘 진달래님이 한말씀도 안하셨거든요. 오늘 한말씀 하고 마무리하죠.

진달래 : 오늘은 제가 몸이 많이 아파서 그냥 듣기로 하고 열심히 들었습니다.

상담자 : 감사합니다. 다음주에 뵙지요.

회기 해설

집단의 역동이 비교적 활발하게 일어나고 있다. 각 내담자가 지닌 비합리적 신념이 드러나고 이 신념을 논박하는 과정에서 가슴 속 밑바닥의 핵심 스키마가 나타난다.

정아님은 '나의 삶을 시댁식구들에게, 가족들에게 모두 빼앗겼다'라는 생각에서 벗어나도록 도와주었다. 강물님의 스키마는 '나를 드러내면 나를 무시할 것이다'라는 생각을 파고들어 가면서 '내가 좋은 남자를 만날 수 있을까, 나의 결혼생활은 행복할 수 있을까, 내가 공부를 한다면 과연 얼마나 성공할 수 있을까' 등에 대한 생각에 사로잡혀 있음을 찾아내었다.

사랑님 역시, 그가 호소하는 우울증이 '그래 난 역시 안 돼, 안 될 수밖에 없어' 또는 '앞으로도 나는 영원히 우울에서 벗어날 수 없다.'라는 비합리적 생각 때문임을 찾아냈다. 강물님과 사랑님은 그들이 호소하는 문제의 원인을 과거 초기 경험과 애착형성과정의 문제로 파악하고 있었다. 상담자는 이에 대한 방향을 전환시켜서 그것이 지금 현재 내가 과거를 바라보고, 지각하고, 이해하는 문제로 보는 시각을 가르쳐주었다.

하늘님은 '사람들이 나의 모습을 다 알면 거부할 것이다. 그 관계는 언젠가는 깨진다'라는 신념의 늪에서 허덕이는 것을 발견하였다.

강물, 사랑, 하늘이 모두 대인관계의 불안이나 공포가 있으므로 이를 실제로 공포라고 느끼는 상황에 노출되어 그 문제를 해결하도록 하는 숙제를 내주고 회기는 마감이 되었다.

구성원들의 비합리적 신념의 탐색과 그것을 논박하는 과정에서 핵심 스키마를 찾아낸 것이 큰 소득이다.

제3회 집단상담 회기 보고 1

♠ 사랑

오늘은 정아님의 아픔에 대해 먼저 꺼내는 것으로 시작하였는데, 저번에 자신이 하고 싶었던 교사일도 해보지 못하고 결혼해서 12년 동안 시장 한번 가보지 못하고 자신의 옷도 시어머니가, 남편이 사주는 것을 입으며 살아왔다는 얘기를 듣고 어떻게 저렇게 살아왔을까? 가슴이 답답하면서 화가 났다. 완전히 인형이라는 생각이 들면서 아무리 양반집안에서 성장하고 순종하는 것이 미덕이라고 생각하며 지내왔다고 하지만 정도가 지나치다라는 생각이 들었다.

첫 모임에서 울면서 자신의 지적(知的) 생활에 미련이 많다며 얘기했던 장면이 떠올랐는데 정말 진정으로 정아님의 마음을 이해할 수 있었다. '그 동안 살면서 얼마나 힘이 들었을까! 단순하게 주부 우울증이라고 생각했었는데 그게 전부가 아니였구나!' 라는 사실과 내가 그 상황이었다면 그 정도로 반응하고 말았을까? 반문해보면서 참으로 의지의 한국 여인이라는 감탄을 하면서도 부럽지 않은 것은 자신의 삶이 없는 것이기 때문은 아닐까? 정아님의 표현대로 자신을 빈 깡통으로 충분히 말할 만한 것 같고 이런 조그마한 경험을 통해 자신의 뜻을 펼치며 살아가는 자유로운 삶을 영위해 나갔으면 하는 생각을 하였다. 상담자 선생님의 말씀처럼 지금까지 삶이 결코 구멍난 삶이 아니고 그 나름대로 의미가 있었다는 것을 일단 수용하는 자세, 욕심을 버리고 보상 없는 봉사로 의미부여, 결혼문제로 고민하고 힘겨운 삶을 살아가는 다른 주부사례보다 그래도 행복하다는 인식이 필요하다는 생각이 들었다.

옆에 앉아 있던 아침햇살님은 직장일을 그만두고 가정주부로 돌아와 음식을 만들면서 참으로 어렵다는 생각을 했는데 아마도 이와 비슷한 감정일거라며 결코 이상한 것이 아님을 상기시켜주면서 자신한테는 지나치게 가혹하게 과잉통제하면서 타인한테는 과소통제하려는 경향이 있다고 했다. 자신은 짧은 행복 긴 슬픔을 사는 것 같다고 말을 하자 상담자 선생님은 그 신념은 타인은 어찌되든지 상관없고 자신만 잘하면 된다는 이중 잣대로 보려는 것임을 지각시켜 주시면서 오히려 장기적인 행복을 위해 현실의 고통을 인정하는 자세를 가져야 한다고 하셨는데, 공감이 갔고 그 부분에 대해 내 자신을 탐색하는 단서를 제공받은 것 같았다.

강물님은 대인관계에서의 불안이 가정에서 화를 제대로 내지 못하는 감정에서 나온 것 같다면서 자신은 어려서 부모님과 떨어져 할머니와 함께 오빠, 남동생과 같이 살았는데 할머니가 손자만 위하셔서 상대적으로 감정을 억압하면서 지낸 것 같다고 말하였다. 상담자 선생님이 왜 억압을 하였는지를 물어보니 무시할까봐, 거부당할까봐라는 신념을 갖고 있기 때문으로 이로 인해 우울해지고 세상을 보는 것이 비관적으로 자신의 미래, 결혼문제 등에서 실패할 것이라는 생각을 갖고 있다고 말하면서 우울하고 자신은 친한 것 같다는 말을 했다. 그 말을 듣는 순간 아니 나랑 똑같이 생각하는 대상이 있다는 반가움과 자신을 개방해보고 싶다는 생각이 들어 강물님의 경우를 들어보면서 원인을 살펴보면 과거 어린 시절 부모님과 할머니한테 제대로 애착하지 못하고, 신뢰를 배우지 못한 데서 그 원인이 있는 것같다는 의견을 말하면서, 과거 엄마한테 사랑을 받지 못한 불신이 증폭되어 세상을 비관적으로 우울하게 보는 것 같다고 말하였다. 상담자 선생님은 역동적인 입장에서 보려면 과거를 치료하는데 여기는 인지치료 집단이므로 여기 성격에 맞추어서 접근하는 것이 필요하다고 방향을 잡으시면서 현재에 기준을 맞추어 자신이 잘못된 신념을 갖고 있음을 주지시켜 주시려 하였다.

이어서 하늘님은 자신은 오히려 엄마와 유대가 너무나 좋았고 자신을 사랑해주시고 인정해주셔서 인정받으려는 자세로 인간관계를 형성하려고 좀더 적극적인 표현보다는 한발 뒤로 물러나서 베일에 쌓인 모습으로 비춰지길 바라면서 자신을 인정해주고 특별한 존재라고 바라봐주길 바랐다고 말하자 아침햇살님은 젊은 신세대라 그런다고 단정해서 자신의 의견을 말씀하셨는데 지나치게 사실을 뭉뚱그려 본다라는 생각을 하였다. 다른 사람의 문제는 그렇게 단순하고 일반적인 것이라고 보기 때문은 아닌지? 그 가능성을 숙고하였다. 오늘도 아침햇살님은 열심히 자신의 입장과 상황에 대해 열변을 토로하셨는데, 횟수가 더해 갈수록 그러한 모습이 왜 불안하게 보이는 것은 왜일까? 참으로 여유가 없어 보이고 무언가를 달성해야 한다는 사명감에 불타 있는 조급함이 지배하고 있다고 느껴진다. 그 이유에 대해서는 서서히 알 수 있으리라… 오늘은 진달래님이 늦게 참여하시고 아무런 말씀도 하지 않으셨는데, 몸이 안 좋으셔서 사실은 안 오려고 하다가 늦게 오게 되었으며, 오늘은 듣고만 싶어 아무 말도 하지 않았다고 말씀하셨다. 수림님은 오늘 오지 않아 개인적으로 걱정을 했었는데 상담자 선생님은 결석은 하지 말아야 한다는 당부를 하시면서 오늘의 집단경험을 마쳤다. 전반적으로 거의 골고루 참여하면서 개인적인 면을 좀더 이해하고 아는 데 큰 도움이 되었으며 앞으로도 이런 식으로 역동적인 관계를 통해 집단경험을 해나갔으면 하는 바람을 가져봤다.

마지막으로 아침햇살님에게 슬롯머신을 하는 경험, 강물, 하늘과 저에게 남자한테 거절당하는 경험을 해봤으면 하고 과제를 주셨는데 사실 경험이 있었으며, 그 당시 자존심도 많이 상하고 버림받는 기분이 들었지만 지금 아무렇지 않게 사는 것처럼 저한테는 큰 문제로 인식하지 않지만 앞으로 사랑하는 사람한테 이런 경험을 한다면 이전보다는 심각하지 않을까라고 생각해본다.

인지치료에 참여하면서 상담자의 지시적 입장에서 교육한다는 느낌을 받았는데, 때로는 그것이 마음의 부담을 가지게 되고 거부적인 생각도 들지만 이것 또한 상담의 한 가지 방법으로 인정하고 긍정적인 면으로 임하면 의외의 성과를 얻을 것이라고 본다. 특히, 나처럼 우울 측면을 다루기 위해서는 더더욱 열심히 참여해보리라는 다짐을 해보며 다음 회기를 기다려본다.

제3회 집단상담 회기 보고 2

♠ 정아

눈물을 흘리는 자신에게 엄마의 마음으로 아픈 사랑을 느낀다. 과거는 과거일 뿐 다시 되돌이킬 수 없다는 말이 가슴에 와닿는다. 내가 항상 날 바보라고 할 때는 몰랐는데 선생님께서 "정아씨는 바보였어요"라고 할 때 바보라는 말이 내 가슴을 내려치며 정신을 번쩍 들게 한다.

나 자신을 포기하지 않고 보통의 며느리처럼 살았어도 되었을 텐데 왜 완벽하게 나의 역할을 수행해야 된다고 생각하며 살았을까? 그렇게 하지 않아도 지금은 다들 잘 살고 있는데 그들에게 순종한 것이 내 자신의 만족 때문이었을까? 아니면 힘이 없는 며느리가 강자인 시댁에 이기기 위한 투쟁의 한 방법이었을까?

10년 전과 마찬가지로 지금의 나도 완벽의 추구에 전념하다 에너지를 소모하고 자신을 괴롭히고 낙심하고 실패하고 아파하고 있는 것 같다. 그만두자, 적당히만 하자.

모르는 것이 많으면 앞으로 배워나가면 되고 깡통이면 채워나가면 되지 않겠는가! 너무 서두르지 말자, 주부로서의 역할에서도 감사의 마음과 함께 만족과 의미를 갖도록 해야겠다.

빈 껍데기 같은 자신을 다듬고 채우기 위해 덤벼들었으니까 조금씩 조금씩 기뻐하며 자신을 돌보는 법을 배워가야겠다.

모든 내 생활에 의미를 부여해서 즐겁게 앞으로의 인생은 나의 의지대로 삶을 계획하고 시간을 보내고 필요한 것을 찾고 얻을 수 있는 힘을 길러야겠다.

제4회 인지치료 집단상담 (1998. 4. 30) : 집단의 생산단계 초기

상담자 : 일주일 지났는데 그간에 특별하게 신상에 변화가 생겨서 얘기를 집단원들과 하고 싶
　　　　으신 것이 있으면 그것부터 얘기하고 들어가도록 하지요.

(침묵)

상담자 : 여러분들 어떠세요? 여기 오실 때, 내가 오늘가서 이런 얘길 하고 싶다 이런 생각들
　　　　안하고 그냥 발길이 여기 닿아서 오신 거예요? 멍~하니 있다가?

진달래 : 아니예요!.

상담자 : 음. 무엇인가 있지요? 예?

진달래 : 일주일 전에 제가 아주 끈기 있게 한 시간 이상을 듣는 훈련을 하고 갔는데요.

상담자 : 음. 지난 주에?

진달래 : 예. 굉장히 능력 있다 그렇게 생각하고 왔어요. 한 마디도 안 하고 참을 수 있었다는
　　　　것을. 평소, 평상시에 듣는 것이 직업이긴 했었는데, 그래도 중간중간 그 말을 타고
　　　　들어가고 그런 것을 했었었는데, 그 날은 시종일관 아프다는 핑계도 있었지만, 얘기
　　　　를 많이 안 한 것이 나도 이렇게 기다려 보고 참을 수 있는 힘이 있었구나 능력 있는
　　　　어떤 한 모습을 봤구요. 오늘은 가서 또 얘기해야지 하고서는 일주일 기다렸어요. 죄
　　　　송하게도 숙제는 완성을 못했구요. 생각을 많이 하면서 기다렸는데 제가 일주일 내~
　　　　나가다가 목요일 하루만 여길 인천에서 올라오기 때문에 더욱 기다려져요. 그리고 한
　　　　분 한 분 생각이 나고 얘기하셨던 그것들, 아 그때 내가 그 얘긴 해주고 싶었는데 딴
　　　　분이 대신했고 이런 것들. 그런데 지금 4회째인데 제 모습이 많이 노력하고 바뀌고 있
　　　　다는 것을 발견을 하게 됐어요. 어떤 부분이냐면 제가 그 두 번째회때, 2회때 선생님
　　　　한테 이렇게 세부적으로 들어가는 내용이 있었었는데, 맞아맞아 내가 왜 그것을 알면
　　　　서 실천을 못하고 자꾸 그런 생각들로 빠졌었지? 그런 것들.

상담자 : 무엇이었죠?

진달래 : 말로 표현을 못하는 것에 대한 것을 지적을 하시면서 또 여러분들이 얘기를 하셨을 때, 그래 얘기하다가 실수하면 어때. 또 내가 노출되면 어때. 내 모습 이대로 그냥 자연스럽게! 그런 것을 자꾸 반복을 해서 생각하게 됐구요. 그래서 아! 굉장히 좋은 기회가 됐다 아! 내가 이렇게 자신감을 갖고 이제 지금부터 나는 새로운 기분으로 젊은 마음으로 살 수 있다. 그러니까 김자경 그분이 말씀하신 것을 항상 생각을 하면서 젊게 사는 데.

상담자 : 뭐라고 그러셨는데요?

진달래 : 그 분은 항상 29인가요? 28인가? 그 나이에서 있다고 그래요. 그래서 항상 웃고 기뻐하시잖아요. 노래하시는 마음이 항상 젊고…. 그래서 나이 물으면 꼭 당신 본 나이 애기 안 하고 젊게 얘길하세요. 한 20? 30안 된 상태. 그러니까, 그래서 저도 이젠 어느 땐가부터 그것을 이용하긴 했었는데, 29, 28이랬었는데…. 다시 그것을 찾았어요. 다시 찾고! 맞아. 내가 긍정적인 사고로 이렇게 나 자신을 인정하고 들어가자. 그리고 그 책을 읽으면서 참 공감이 많이 되구요. 『인지,정서,행동치료』 그 책, 음~지금도 순간순간 안되는 것들이, 싫은 사람들이 얘기하고, 싫은 내용 얘기하는 데는 들은 척 안 하고 무시, 무관심해져버리는 것 그런 것도 조금 고쳐나가야 되겠다. 싫지만 같이 접할 그런 훈련도 해야 되겠고, 선입관이 있어서 저 사람 싫다! 그러면 말을 안 해버렸었어요. 아 그런데 이건 안 좋은 거구나.

상담자 : 그럼요. 당연히 그렇지.

진달래 : 예. 그거 고쳐야… 하나하나를… 이렇게 나쁜 것 하나하나를 점검하게 되더라구요.

상담자 : 사람은 평생을 살아도 그 사람을 다 모르는 게 인간의 오묘한 심리세계인데 순간적인 직관이나 판단에 의해서 편견의 작용으로 말을 안 해버린다는 것은 굉장히 큰 손실이죠.

진달래 : 네, 참 나쁜 거였더라구요. 그래서 이제는….

상담자[1] : 그래서 우리는 여러분이 인지치료를 하시면서 제가 가르쳐 드리고 싶은 하나의 그 축, ~주의(Ism) 같은 건데, 여기서는 인간에 대한 평가를 굉장히 금지해요. 인간은 수용의 대상이지 평가의 대상이 되어서는 안 된다라는 얘기, 참 많이 하거든요. 그래서 여러분이 평가를 할 일이 있거나 판단을 할 일이 있어도 항상 그것을 유보하고, 충분한~. 내가 굳이 꼭 평가를 해야 되겠다. 내가 굳이 어떤 사람을 판단을 내려야 하겠다 하는 이런 생각이 든다면, 가능하면 그러지 말고 수용을 해야 하는데, 그런 생각이 든다면, 충분한 증거가 확보될 때까지 평가와 판단을 유보하는 그런 습관을 갖으셔야 될 거예요. 그러면 실수가 줄어들죠. 결국 그것이 나한테 좋은 거지요. 그 상대방에게 좋은 것은 아닌데, 그런 자세들을 우리가 확립을 해야 될 것 같아요. 그러니까 우리가

---

1) 인지상담의 인간관에 대한 설명. 즉 인간은 무조건적 수용의 대상이지 평가의 대상이 아니라는 것. 상담시간에 모든 것을 다 해결해 주는 것이 아니므로, 회기 내에서 배운 중요한 내용을 바탕으로 스스로 기타의 다른 문제를 해결해가는 자가치료(self-therapy)에 대해서 강조함.

상담을 할 때도 어떤 사람에게서 빨리 가설! 가설을 세우고 나가는 거지, 판단하고 평
가하고 난 다음에 그것을 입증하려고 나아가는 것은 아니에요. 그러니까 가설이라는
것은 내가 틀렸다라는 가정을 항상 마음에 품고 그것이 틀렸을 때는 언제든지 기꺼이
버릴 수 있어야지요. …침묵… 음~ 그래요. 참, 우리 진달래님이 지난 번에 침묵을
지키셨는데 변화되고 있다라는 말씀을 하셔서 참 저희에게 고무가 되는 그런 발언이
신 것 같아요. 그리고 제가 이제 우리 집단에 대해서 아쉬움과 미련 같은 것을 뭐냐
면, 여기 우리 집단원들 모두 여덟 분인데 비해서 시간은 짧아요. 그러니까 한 사람
한 사람들이 하시고 싶은 얘기를 충분히 여기서 다 토로하시기에는 어렵고 또 제가
한 분 한 분을 다 심층적으로 이렇게 만나기가 어려운데, 이 장에서는 중요한 것을 습
득하시고 결국은 혼자서 훈습하고 혼자서 이 문제를 해결해간다 이런 마음가짐을 가
지셔야 할 것 같아요. 혼자서라는 말보다는 스스로. 스스로!

상담자 : 지난 번에 하늘님, 노란색 옷을 입고 환해지셔서 오셨는데, 밝아진 우리 집단 보니까
무엇인가 얘길 좀 하고 싶었는데 시간이 안되서 충분히 못했죠.

하　늘 : 지난 번엔 저의 문제는 얘기 했어요. 오자마자 질문을 받았어요. 숙제 했어요? 라는
집단의…. 숙제를 아쉽게도 오늘 하게 됐는데…

상담자 : 오후에?

하　늘 : 예.

상담자 : 음~

하　늘 : 약속을 하긴 했거든요.

상담자 : 그런데 제가 거절 당하라는 숙제를 내드리긴 했는데, 이왕이면 거절 당하지 않고 잘
됐으면 좋겠네요.

하　늘 : 잘 될 거예요.

상담자 : 본인이 보통때 나를 잘 드러내지 않는다 그런 어려움을 호소하셨잖아요.

하　늘 : 예.

상담자 : 여기서도 역시 참 조심스럽게 드러내고 그렇지, 정말 그 안전한 부분, 우리가 안전한
상황인데도 불구하고 턱턱 자신있게 드러내지는 않는다 그런 생각, 그런 느낌을 받아
요.

하　늘 : 다른 분들도 그렇게 생각하세요? … 침묵… 어떤 부분을 드러내야 될 지 감을 못 잡
겠어요. 어떤….

상담자 : 어떤 부분을 드러낸다?…. 어떤 부분을 드러내는 건가요?

순　덕 : 어떤 부분을 드러내야 될지라는 말 자체가 스스로 구속하고 있는 것이 아닌가 하는
생각이 드네요.

상담자 : 그래요. 그건 아주 좋은 통찰력 있는 대답이에요.

아침햇살 : 제 생각에는 그것도 맞는 말이라고 생각하는데요. 우리가 길거리에서 옷을 벗을 수
는 없잖아요. 그것처럼 안전하고 감당할 수 있을 만큼만 드러내는 것 아닐까요? 그런

데 요만큼 드러내면 거기에서 생기는 긍정적인 결과도 있고 부정적인 결과도 있고…. 머리속에서 짱구를 돌린 다음에, 아 요정도면 감당할 수 있겠다 하면 드러내고, 어 이것이 되는구나 하면 조금씩 드러내게 되는거지, 아무 곳에서나 옷 벗을 수는 없죠. 그것처럼 저는 감당할 수 있을 만큼만 드러낸다 그렇게 생각해요.

상담자 : 음~. 그런데 이제 그 감당할 수 있을 만큼에 대해서, 방어가 너무 센 사람들 예를 들면 지금 하늘님 같은 사람들은, 어떤 사람은 감당할 수 없는 부분이 굉장히 심층적일 수도 있는데 어떤 사람은 굉장히 표피적이란 말이예요. 표피적인 것을 좀 더 벗겨내자 이러는 것이거든요.

하　늘 : 그런 말을 또 한 번 들어 본 적이 있어요…. (모두 웃음…).

상담자 : 그런데, 어떠한… 그 글쎄 본인 얘기가 이왕 나왔으니 한 번 우리가 탐색을 해 볼 필요가 있을 것 같은데, 나한테 어떤 특별한 무슨 계기가 있었나 무슨 이유 때문에 이렇게 나는 쉽게 잘 개방하지 않는가 생각을 해봤음직한데. 전공이 또 그러니까.

하　늘[2] : 지난 번에 얘기했던 것과 똑같은 것 같아요. 거절당하는 것에 대한 두려움. 그리고 남이 나를 인정하지 않을까봐 이런… 남을… 그러니깐… 스스로 내 자신에게 나는 내 자신에게 비참하게 보이기 싫어 라고 얘기하지만 그 내면에는 난 다른 사람한테 무시당하는 것을 참을 수가 없고 다른 사람이 날 인정하지 않는 것도 참을 수가 없어. 이런….

상담자 : 그래요. 확실히 그런 것 같은데, 그것은 우리가 인지상담에서 말하는 대표적인 비합리적인 생각들이예요. 그러니까 다른사람들에게 인정받아야 하고 무시당하는 것을 참을 수 없고 그런 것들. 무시당하는 것도 얼마든지 참을 수 있어야 하고 인정받지 못하는 것도 얼마든지 견뎌낼 수 있어야 되는 거죠. 같은 얘기가 반복되는데 내 삶의 주체가 나이지 다른 사람은 아니잖아요. 계속 다른 사람에게 인정받아야 한다 거절당하면 안된다 이랬을 때는 그 주체는 타인이잖아요. 그러니까 인정을 받지 못해도 거절을 당해도 꼿꼿이 설 수 있게 내 자아의 강도가 강건해지는 것이 더 중요한 것 아닐까요?

하　늘 : 그런데 때로는 무시당하고 살 수밖에 없잖아요?

상담자 : 그러~엄.

하　늘 : 그러니까 때로는 받아들이지만 아주 가까운 사람에 대해서 나를 잘 모르는 사람과 처음 만나는 사람은 모르니까 그렇게 할 수 있다라고 인정하고 받아들이지만 가까운 사람들은 내가 어느 정도 나를 개방하고 나를 정말 이해해 줄 수 있다 하고 생각하는 사람들에 대해서는 이런 것들이 수용이 잘 안 되는 것 같아요.

상담자 : 가까운 사람들에게.

아침햇살 : 선생님, 저는 이거 헷갈리는 것이 있는데요. 지금 말씀하신 그런 것이 비합리적인 신념에서 당위성에 해당하는 거예요? LFT(Low Frustration Tolerance, 낮은 인내성)

---

2) 하느님의 자신이 지닌 비합리적 생각을 정리.

에 해당하는 거예요?

상담자[3] : 원래 이제 모든 정서장애의 핵심은 당위성이거든요. 그러니까 당위성에서 LFT가 파생된 거예요. 우리가 크게 4가지, 당위성, 자기비하, 과장적 사고, LFT 즉 낮은 인내심이 있는데 일단 기본은 당위적 사고예요. '나는 반드시 이것을 해야 한다' 지. 저기 하늘님 같다면 '나는 반드시 인정받아야만 한다'는 당위적 사고가 있는 거예요. 거기서부터 '나는 인정받지 못하는 것은 견딜 수 없고, 참을 수 없다' 라는 것이 파생되어서 나오는 거예요.

하 늘 : 저도 제가 그런 생각을 갖고 있다는 것을 예전에는 몰랐어요. 그런데 예전에 MMPI를 하고 해석을 해 보니까 그런 강도가 굉장히 높게 나왔더라구요. 그래서 저도 놀랐어요. 나한테 이렇게 나를 내 스스로 규제하는 것이 굉장히 많았구나 라는.

상담자[4] : 그 얘기해줘서 참 고마운데요. 많은 경우에 내 마음 속 깊은 곳에 자리잡고 있는 비합리적인 생각, 소위 스키마(schema)라고 하는데 그 스키마(schema)는 모르고 살 때가 참 많아요. 옛날에 그렇게 설명을 해주곤 했었는데, 한참 하이트(HITE) 맥주 광고가 판을 칠 때 지하 암반 100미터에서 물을 뽑아서 술을 만든다고 했을 때 바로 그거다. 우리 마음속 지하 암반 100미터 속에 숨어있는 것이 스키마(schema)이기 때문에 결정적인 사건이라든지 상황이 발생하지 않으면 그 스키마(schema)가 활성화 될 수 있는 기회가 별로 없어요. 그러니까 내가 그런 스키마(schema)를 갖고 있는지 모르는 채 살아가요. 모르는 채 살아가다가 준비 없이 그런 격동적인 사건을 맞으면 그것이 나한테 큰 문제로 부딪히는 거죠. 예를 들면 요새 IMF 때문에 실직이 많이 되고 자살을 하고 극단적인 행동을 하는 사람들이 많잖아요. 그러니까 그런 사람들은 어떤 식의 스키마(schema)가 있었냐면, '나는 절대로 실직을 당하면 안된다. 실직을 당하면 큰일이고 그것은 끔찍하다' 이런 식의 사고를 자기도 모르게 하고 있었던 거죠. 그러다가 실직을 당하니까 큰일이고 끔찍하니까 죽음으로 연결이 되는 거죠. 그래서 저의 바람은 여러분들이 보통 때는 정말 깨닫지 못했던 내 마음속 깊은 곳의 그 스키마(schema)가 무엇인가 이런 것들을, 이런 기회가 참 좋은 기회죠. 자꾸만 찾아보고 점검해보고 결국 그것이 나에게 이롭지가 않기 때문에 그것을 바꾸어가기를 저는 원해요. 여러분들에게. 제가 연수회라든지 강의를 한다든지 하면서 느끼는 것이 뭐냐면 특히 Ellis가 말하는 11가지, 12가지 역기능적 신념(irrational belief)들이 있잖아요. 그런데 많은 사람들은 여태까지 이런 것들이 합리적인 것으로 알고 살아온 거예요. 예를 들어 1번 같은 것을 보세요. 나는 알고 있는 모든 중요한 사람들로부터 사랑받고, 인정받고, 이해받아야만 가치 있는 사람이다(It is essential that a person be loved or approved by virtually everyone in the community) 그것이 얼마나 바람직하고 멋있어요. 그치? 그것을 지향해서 살아왔는데 선생님 책을 보고 선생님 강의를

---

3) 정서장애의 핵심은 당위성이고, 당위성에서 자기비하, 과장적 사고, 낮은 인내심이 파생되는 것임을 설명.
4) 스키마(schema)에 대한 설명.

듣는 순간 그것이 얼마나 비합리적인 것인가를 깊이 깨닫게 된다고 해요. 그러니까 인간이 참 오묘한 이 통찰력이 있단 말이예요. 깊이 깨닫게 되면서 제가 그것을 순간 바꿔버렸어요. 이렇게 말하시는 사람도 있고.

아침햇살 : 통찰력이란 것이 인싸이트(Insight) 예요?

상담자 : 인싸이트(Insight). 순간적인 직관이랄까?

아침햇살 : 예.

상담자 : 그럼 이제 그 통찰력이 발휘되는 순간은 쉽게 바뀌어버려요. 아 이게 비합리적이구나 알면 금방 바뀌어지게 되고 그렇지 않은 경우에는 엄청난 훈습(working through)이 필요하죠. 그것이 바뀌어져 행동변화로 이루어지기까지.

아침햇살 : 통찰력이 생겼는데도 그것을 쉽게 바꾸지 못하는 것을 우리가 그것에 대해서 오랫동안 육화되어 갖고 습관이 된 면도 있지만 다른 한편으로 보면 아까워서 못 버리는 것 같아요.

상담자 : 그렇지. 놓고 싶지 않아서.

아침햇살 : 아까워서! 놓기 싫어서!

상담자 : 어떤 점에서 아까운 것일까요?

아침햇살 : 그러니까, 그것이 작용(working)할 때가 있었거든요. 어쩌다가! (슬롯머신에서 대박 터지는 것처럼)

상담자[5] : 그래요. 그 작용(working)이, 제가 지난 번에도 말했지만, 그 작용(working)이 단기적인 기쁨 ; 향락(short-term pleasure; hedonism)이란 말이예요. 이 세상에는 단기적인 기쁨 ; 향락도 있지만 또 장기적인 기쁨 ; 즐거움도 있는 것이거든요. 지금 여기서는, 지금 당장은 내게 입맛이 좋지만 앞으로는 내게 나쁘다 하면 버려야 하는데, 작용(working)한다는 것은 지금 당장은 내게 참 좋았다 그런 것이거든요. 궁극적으로는 나에게 피해가 되니까 버려야 되는데…. 바로 그거예요. 그래서 버리기 아까워들 할 때가 많지. 저기 이해인 수녀님께서 쓴 시에 그런 말이 있어요. '**때로는 아까운 말도 용기있게 버려서 한 편의 빛나는 시처럼 살고 싶습니다**' 이런 말이 있어요. 때로는 아까운 것도 용기있게 버리면 궁극적으로 득이 되는 것이 상당히 많죠.

아침햇살 : 하늘님께서 숙제를 그냥 했다고만 했지, 그 내용을 말씀 안 하셨거든요. 그걸 예를 들어서 정확하게 얘기를 해주시면 이해하기 쉽겠어요.

하   늘 : 저 말고도 숙제를…. (모두 웃음…)

강   물 : 다 할 거예요. … (모두 웃음…)

하   늘 : 그래, 제가 할게요. … (모두 웃음…)

하   늘 : 고등학교 때나 대학교 때 남자관계 있어서 어려움이 있었고 지금은 커다란 어려움은 없어요. 좋은 사람들이 주위에 있고 거기에서 내가 특별하게 좋아하는 사람이 있고 그 사람이랑 잘 해나가고 있고… 어떻게 얘길 해야 할지 모르겠다. 음 그 숙제에 대해

---

5) 인지상담에서 말하는 단기적 향락(short-term hedonism)에 대한 설명.

서 얘길 한다면, 제가 전화를 했어요. 전화를 해서 열심히 통화를 하고 오늘 약속을 잡았는데요. 얘길 하면 할수록, 저에 대해서 제가 기대하고 있는 것과 그 사람이 기대하고 있는 것과, 저 같은 경우, 그 사람하고 대개 맞는 거 같아요. 그래서 어려움이 없었고 또 추구하는 부분, 목적과 이런 부분이 많이 들어맞아서 그 옆에 있는 가지 같은 것은 부딪히는 부분이 거의 없어요.

아침햇살 : 구체적으로, 오늘 만나기로 했다는데 먼저 만나자고 그랬어요?

하 늘 : 그럼요.

아침햇살 : OK… 모두 웃음……

하 늘 : 하나의 쓰라린 경험이 있는데 제가 대학교 4학년 때 굉장히 괜찮은 남자아이가 있어서 그 아이와 사귀고 싶어 했어요. 그래서 그 아이한테 신청을, 데이트를 하자고 했다가 거절 당했던 그런 경험이 있었어요.

상담자 : 거절당해도 괜찮아. 그런…

하 늘 : 그런데 그 뒷마무리가 좀…

상담자 : 그때 굉장히 인격적인 모독 같은 것을 느꼈어요?

하 늘 : 아니요. 전혀. 관심 없으면 없을 수도 있는 거지, 누구나 다 날 좋아할 수는 없는 거잖아요. 이렇게 생각하지만 끝마무리가. 그 아이랑 나랑 같은 써클이었고 편하게 지냈으니까. 물론 내가 이제 남녀관계로 사귀어보자 해서 그 아이가 굉장히 당황하고 또 여자한테… 그 아이는 그런 경험이 아마 없었을지도 몰라요. 우리나라 사회에선 남자들이… 여자들이 먼저 대쉬(dash)한다는 것이 거의 없는 경우니까.

상담자 : 아, 요샌 안 그래.

아침햇살 : 신세대도 그래요?

하 늘 : 제가 대학교 4학년 때는 그랬어요. 그 아이는 굉장히 당혹스러웠나봐요.

아침햇살 : 준비가 안 됐군요. 그 사람이.

하 늘 : 그때 마무리가…. 그 아이랑 나랑 서먹서먹해지고 이런 것들이 저는 싫었어요. 나중에….

아침햇살 : '야. 너 신경쓰지 마. 그냥 친구로 지내자.' 그렇게 얘기하죠.

하 늘 : 굉장히 용기를 내서 그 아이한테 그렇게 얘기했던 건데, 그 아이가 태도를 미적미적댔던 것도 별로 마음에 안 들었었고… 나중에 관계가 서먹해져서 거의 말도 별로 안 하게 된 것도 별루…. 그러니까 나는 평상시처럼 하고 싶은데 그녀석은 피해다니는 것 같고…

상담자 : 그래, 이렇게 했다가 서로 관계가 오히려 부자연스러워진 경험이 있다. 그러다 보니까 그 다음부터는 먼저 데이트 신청을 못 하겠더라 이런 말씀이신가요?

하 늘 : 고등학교 시절이나 이런 대학교 4학년까지 거의 남자애들 무시하고 살았거든요.

상담자 : 왜 무시해요?

하 늘 : 그러니까 같은 또래하고 얘기하면 너네는 나보다 정신 연령이 낮지 뭐 이런….

상담자 : 부분적으로는 사실이구요.

하 늘 : 대화가 안 통했다고 그냥 결론을 내릴게요. 그런 경험이 있었고 대학교 4학년 때 그렇게 용기를 내서 했던…. 제 자신에 대해서 많이 바꾸려고 노력했던 그 시도에 대해서 좌절을 맛보고 했죠. 제가 생각할 때 저는 또 다른 남자들 굉장히 좌절을 많이 줬던 것 같아요.

상담자 : 그래. 원래 인간은 황순원씨가 쓴 『나무들 비탈에 서다』에 보면, 제가 고등학교 때 읽었던 책인데 그 소설의 다음과 같은 말은 제게 참 지금까지도 남아있어요. '사람은, 인간관계는 다 상처를 주고 받는 관계다. 그것이 부모자식 관계든 형제간이든 친구간이든 어떤 식의 관계든지 상처를 주고 받는다.' 이런 말이 나오거든요. 그것은 그렇게 생각하기로 하고 내가 좌절을 주기도 하고 받기도 하고 그러면서 사람이 성장하는 거죠. 그러니까 제가 요새, 아 초청장을 안 갖고왔는데 이번 ○월 ○일날 목요일날, 청소년 동반자살 세미나를 합니다. 이를 위해 심층 면접도 하고 인터뷰도 했어요. 그 아이들이 왜 죽느냐 하면 결국 신념의 문제죠. 가치와 신념의 문제로 저는 보는데, 그 삶이라는 것은 어차피 그 장미빛과 또 흐린 빛이 함께 교차하는 거다 라는 의식이 없는거예요. 인간이 어떻게 항상 행복할 수 있고, 항상 분홍빛 그 아름다운 빛 속에서만 살 수 있는 건 아니잖아요. 때로는 흐리고 때로는·맑고 그렇죠? 그러면서도 기쁘고 우울할 때가 있고 그러나 궁극적으로는 행복을 향해서 가는 것일 뿐이지 우리들의 삶 전체가 행복으로 포장될 수는 없는데 애들은 그것을 잘 모르는 것 같아요. 다 아름다워야 되고 행복해야 되는데 나는 지금 너무 불행하다. 이 불행이 있어서는 안 되는데…. 그래서 쉽게 삶을 포기하는 것 같아요. 항상 플러스(+)와 마이너스(-)가 공존하는 거란 말이예요. 나는 어떤 집단에 가서든지 내게 어떤 슬픔이 생겼다, 좋지않는 일이 생겼다 그러면 그게 배(double)로 슬픈, 항상 슬픔만 있는 건 아니다. 슬픔 속에 기쁨이 있고, 또 내게 어떤 기쁨이 생겼다 그러면 그것도 역시 마찬가지. 그러니까 플러스(+)란 것도 쌍으로 오는 것이 아니고 마이너스(-)라는 것도 쌍으로 오는 것도 아니고 항상 그 속에 플러스(+)와 마이너스(-)가 공존해 있다 라는 얘길 참 많이 해요. 우울하고 슬프고 괴롭지만 그 속에서 또 희망을 솟게 하는 요소를 내가 찾지 못해서 그렇지 또 얼마든지 찾을 수가 있구요. 인생이란 그런 거예요. 하늘님에게 도움이 될지 안 될지 모르겠는데 상처를, 좌절을 주고받고 우리 인간이 성장을 하는 거죠.

아침햇살 : 그러면 숙제를 완성하기 위해서… 물고 늘어지죠? 숙제를 완성하기 위해서 이제 오늘 저녁에 만나기로 했는데, 하늘님이 먼저 지금 신청을 했어요. 그래서 그쪽에서 예전의 그 남자처럼 조금 움츠러 들 때 어떻게 하시겠어요? 예상문제!

하 늘 : 그런 일 없을 거예요. 왜냐면 오랫동안 알고, 편하게 지냈고….

상담자 : 만약 있다고 가정해 봅시다.

하 늘 : 그럴 수도 있죠 뭐.

상담자 : 그럴 수도 있지. 그러고 말아요?

아침햇살 : 기분은 더럽겠죠.

하　늘 : 기분은 분노가 생기겠죠.

아침햇살 : 첫째, '기분은 더러울 것이다.'

하　늘 : 그러나 인간의 마음을…. 이미 돌아간 마음이라면 제가 어떻게 해결할 수 있는 문제
　　　　는아니잖아요. 잡고 늘어져서… 그런데 대한 미련은 안 가져요.

아침햇살 : '가는 사람 잡지 않고 오는 사람 안 막는다?'

하　늘 : 예전엔 오는 사람 다 막았는데…. 가는 사람만 그냥 내버려 두고 오는 사람 막고 그랬
　　　　는데 요즘에는 그런 편이죠.(오는 사람 안 막는 편이죠)

하　늘 : 그런데 왜 저를 자꾸….

아침햇살 : 아니, 숙제니까. 그리고 저는 신세대가 귀여워요.

상담자 : 젊음이 부러워서 지금 시샘하시는 거예요?

아침햇살 : 글쎄, 시샘이라기 보다는 참 귀엽게 봐요. 후배들 보면 귀엽드라구요. 한 수 놓고
　　　　본다는 것이 아니라 얼마나 풋풋하고 귀여워요?

상담자 : 나도 그 시절로 돌아가서 그래 봤으면 좋겠다. 그런 소망이 있으신 건 아니구요?

아침햇살 : 그런 것은 아니예요. 왜냐하면…. 만약 그 시절로 돌아간다면 한 30 넘어서 결혼하
　　　　고 한 35 넘어서 애 낳고….

상담자 : 진짜 그러실 거예요?

아침햇살 : 그게 더 나을 것 같아요.

상담자 : 음~ 어떤 점에서?

아침햇살 : 어떤 점에서냐면, 일찍 결혼해서 손해봤다는 생각이 들어요.

상담자 : 어떤?

아침햇살 : 시간이!

상담자 : 몇 살에 하셨는데요?

아침햇살 : 일찍도 아니예요. 26.

상담자 : 전문직으로서는 일찍 하신거다. 전문직을 하면서 26세에 한다는 것을 굉장히 빨리 한
　　　　거지요.

아침햇살 : 아닌~…. 글쎄요.

진달래 : 전에 아드님은 어린 거 같이 얘기하지 않았어요?

아침햇살 : 예.

진달래 : 늦게 두셨나 보다.

아침햇살 : 하나 그 전에 실패했어요. 분만 예정일 3일 지나서 병원에 정기 체크하러 갔는데 애
　　　　가 죽었다 그러드라구요.

상담자 : 뱃속에서!

아침햇살 : 언제 죽었냐고 그러니까 한 2~3일 됐다 그러더라구요. 왜 그러냐구 물어보니까 아
　　　　직 모르겠다고 했고 하여튼 애 났거든요. 애 낳고서…

상담자 : 그, 그래두 똑같이 진통이 오고 그렇게 낳아요?

아침햇살 : 예. 분만 촉진제 주사 맞으니까. 애까지 죽었는데 수술해서 낳으면 손해죠. 주사 맞고 유도분만 했는데… 지금 우리 애는 그러니까 2번째로 난 애예요.

상담자 : 아이구.

아침햇살 : 의사에게 가서 죽은 아이 부검 결과가 언제 나오냐니까 의사가 얼굴이 하애지더라구요. 제가 고소할 줄 알았나 봐요.

상담자 : 음~ 그럴 수 있지.

아침햇살 : 부검을 해야 원인을 알게 되고, 원인을 알아야 다음 번 임신할 때 무엇을 조심해야 될 지 알 거 아니냐고 하니 '원인이 뭐 있겠습니까 너무 과로했죠' 그러더군요. 과로? 일하다보면 과로란 하기 마련인데, 그렇게 막연한 원인은 곤란하다고 하면서 그럼 앞으로는 어떻게 해야 되냐고 그러니까 이 의사 선생님 얼굴이 점점 하애지더라구요. '저기 (죽은 아이의 사체는) 처분했습니다.' 그냥 그렇게만 얘기하더라구요. 그래서 제가 진짜 고소해 버릴까? 속상한 마음에 (그런 생각이) 확 들더라구요. 그 다음에 두 번째 임신했을 때는 임신 중간에 이것저것 검사를 해가면서 진행했죠. 걱정이 되니까…. 그렇게 첫 번째는 사산을 한 거죠. 사산을 했을 때 챠트를 보니까 매독검사를 했더라구요. 저한테 무슨 매독이 있겠어요? 당연히 음성(negative)이죠.

상담자 : 그러게 말이예요.

아침햇살 : 그런데 그 검사는 사실은 상례적으로 하는 거예요. 하지만 할 부검은 안 하고 자기네들 빠져나갈 궁리나 하는 것 같아 괘씸하기 짝이 없더라구요.

상담자 : 그때 그 아픔이 굉장히 크셨겠네!

아침햇살 : 그때,

상담자 : 그때가 뭐 학생 때는 아니었을 테고 일하실 때예요?

아침햇살 : 아니요. 그때,

상담자 : 학생 때 였겠구나.

아침햇살 : 자격증 따고.

상담자 : 26인데?

아침햇살 : 26에 결혼했지만 애는 제가 공부 끝나고 30에 가졌어요. 악착같이 피임을 했죠. 왜냐하면 실수로 임신했다가는 완전히 죽도 밥도 안된다 하고요. 저는 동료들이 많이 실수(임신)해서 아이 키우는 문제로 쩔쩔매는 것을 봤기 때문에 실수 안 하려고 철저히 했어요.

상담자 : 음~ 그러셨구나.그렇게 해서 애를 가져서 낳은… 그렇게 되니까 굉장히 힘드셨겠네요.

아침햇살 : (또 낳을 건데 뭐 걱정이예요? 단지 지난 9개월의 내 노력이 아까울 뿐) 무엇보다 힘든 거는 부검를 안 해서 10개월째에 사산한 원인을 알 수 없었던 거죠. 다음 임신중에 매사에 조심해야 되니까.

상담자 : 그러니까 지금까지 모르는구나? 그 원인을.

아침햇살 : 예.

상담자 : 그때 해보시지!

아침햇살 : 그 의사 선생님이 사체를 이미 처리되어 버렸다고 그러더라구요.

상담자 : 그 이상한 분이네.

아침햇살 : 모르는 것도 많죠. 의학도 다른 분야처럼 알려고 하지만 다~ 모르는 것도 있을 수 있고… 저는 아이를 잃어버린 것보다도 첫째 사산한 원인을 모르는 것이 속상했고 둘째는 그 10개월 동안 내가 쏟은 에너지가 아깝더라구요.

상담자 : 그럼, 그렇지. 얼마나 힘들었겠어요. 1년 동안.

아침햇살 : 다시 낳으면 되는 건데요 뭐. 다만 그 의사 선생님이 사산의 원인을 규명할 수 있게 부검을 했었으면 제가 더 쉬웠을 텐데 그것도 안 해서… '다음엔 이분한테 안 와' 속으로 그렇게만 생각하고…. (실제로 사산한 지 7개월 후에 임신해서 둘째 애 낳을 때는 다른 의사 선생님께 갔지요)

상담자 : 그래요. 지금 아침햇살님 얘기를 들으면서 우리의 삶 속에서는 철저히 규명이 안 되는 부분들이 있어요.

아침햇살 : 어쩔 수 없는 것 아니겠어요?

상담자 : 그래 어쩔 수 없는 것들이야.

아침햇살 : 다 알려고….

상담자 : 모자라는 것들, 이런 것들은 많이 있고 그것에 대해 수용 많이 하는 사람은 편안하고 그것이 수용이 안되는 사람은 불편하고 그런 거죠.

아침햇살 : 그것은 우리 존재 자체에 있는 깊은 슬픔인 것 같아요. 죽음을 가진 존재 자체로서의 한계부터 시작해서 우리가 그렇게 행동 안 하려고 드는데도 어리석은 행동을 어쩔 수 없이 할 때가 있는 것처럼 우리 존재 자체의 깊은 슬픔인 것으로 생각해요.

상담자 : 깊은 슬픔? 왜 그런데 아침햇살님은 그것을 슬픔으로 지각해요? 그냥 존재 자체의 부족한 부분이다. 그렇게 보실 수도 있는데 거기다 왜 슬픔이라는 정서를 붙여요?

아침햇살 : 아, 그러네요. 잘 집어주셨네요. 왜 그럴까?… 청계사 주지 스님이 쓴 글에서 읽었는데 '생로병사 자체가 인간이라는 존재의 깊은 슬픔인 것이다' 라는 것에서 생각 난 것일 거예요.

진달래 : 흔히 이렇게 그냥 그 의학적으로 무지한 보통 평범한 사람들이 당했다면, 그냥 억울하다 몰라서 이랬을텐데 너무 잘 아는 분야잖아요. 그런 가운데서도 그런 일을 겪을 수밖에 없었다는 것을 보면서 역시 인간은 유한한 존재, 무한한 하나님의 능력에 감히? 그런 것을 조금 느끼게 돼요. 그래서 법률을 다루는 사람이 자기가 범죄했을 때 어쩔 수 없이 그 또 판결을 받고 또 그 전문직을 공부하고 또 그것을 직접 다루는 분이 그런 지경에까지 갔을 때에 어떤 생각을 했을까 그 생각을 지금 해봤으면 하는데.

아침햇살 : 그것이 아니까 그렇죠. 의학이 다~

진달래 : 아니라는 것.

아침햇살 : 다~ 밝혀내지 못한 부분, 아직 진행중이고…. 이런 것을 아니까요.

진달래 : 더 받아들이기가 조금 더—

아침햇살 : '다 알 수는 없다' 그것을 알죠.

진달래 : 조금 양심 있는 의사 선생님들은 그래요. 자기들은 고치는 것이 아니다 그냥 방법을 쓸 뿐이지 고치는 건 신이 하신다 하나님이 하신다. 이런 말씀을 더러 하세요. 그런데 그런 분들은 정말 솔직한 것 같고. 그러니까 그렇지 아주 죄송해요 아픈….

아침햇살 : 아니예요. 그건 저한테 일어난 한 사건이죠. (아이 또 잘 낳아서 키우면 되는데 무엇이 아파요? 그리고 전 기독교인이 아닙니다. 목사님 얘기도 명사특강 정도로 듣습니다)

진달래 : 공부하다 늦게 아길 두셨구나 그랬어요 지난 번에는. 애기가 아직 중학생이라고 해서.

아침햇살 : 아이구, 무슨 질문이 이리 많나. 인지치료 하고는 상관도 없는 가십(gossip)거린데…. 공부하다 늦게 둔 것도 맞지요. 어쨌든 반타작했어요. 둘 낳아서 하나 건졌으니까.

상담자 : (화제를 돌리며)어때요? ○○님. 아 ○○님이 아니구나 누구지?

모두들 : 수림님.

상담자 : 지난 번에 안 오니까 제가 별칭을 잊어버렸잖아요.

수　림 : 원래 본명이 별명같아서. 제가 지난 번에 빠지기도 했고 그전 시간에 또 얘기 안 했잖아요. 그러니까 분위기들이 다 한 건씩은 얘기 했던 것 같은데…. 지금 있으면서 자꾸 지켜보는 입장이 되 버리는 것 같아요. 저도 모르게. 의도한 바는 아니구요.

상담자 : 원래 상담공부하는 사람들이 많이 모이면 그런 식이 되어서 제가 공부하고 있는 사람들을 기피하는 이유예요. 집단의 나눔이 잘 안 일어나요. 자꾸 관망하고 관찰하고 그런 것 때문에 제가 싫어하니까요. 적극적으로 참여해줬으면 좋겠어요.

수　림 : 예. 아까 어느 정도 드러내야 할지 모르겠다고 하신 말씀처럼 저도 역시 그런 생각이 있어요. 얘기할 꺼리야 알고 보면 많죠. 여태까지 거의 30년간 살았는데. 그런데 집단이라는 것에 대한 제약이 있잖아요. 그래서 그렇고, 또 억지로 만들어서 얘기하는 것도 싫고 그렇다고 안 나오는 것도 싫구요.

상담자 : 그럼 뭐예요?

수　림[6] : 글쎄요. 이제 늘 제가 겪는 것을 보면, 겪는다기 보다는 습관이 있는 것 같아요. 집안에서의 제 위치에 대한 생각을 하게 되요. 음~ 제가 잘못된 것은 알겠는데, 어떻게 고쳐야 될 것도 알겠는데 전혀 그렇게 행동을 안 취하는 것들이 있어요. 부모님과의 관계에 있어서 부모님을 제가 너무 어렵지 않게 생각하는 것 같아요. 다른 분들이 어떨지 모르겠고 제 또래에 있는 사람들이 어떤지 확실히 모르겠지만 부모님에 대해서

---

6) 수림님이 자신의 부모와의 관계를 이야기하면서 '자신이 못된 인간'이라는 비합리적 신념의 토로.

제가 존경심이 없구요. 그러니까 겉으로 드러나는 그런 상태, 그리고 대화해야겠다는 그런 생각이 안 들어요. 부모님이 저한테 잘못을 했거나 책임을 안 져서 원망하는 마음에서 그런 것이 아니구요. 너무나 잘 해주셨고 사랑으로 키워주셨어요. 그런데 저는 '부모님에 대한 어떤 깊은 생각을 안 하는 편인 것 같다', 스스로 '못됐다' 그런 생각이 들면서 제 자신이 너무 못된 인간이고 심하다. 가면 쓰고 다니는 사람 같고 그래요. 서글픈 생각도 들어요. 식구들한테 제가 미워할 만한 것이 없는데 왜 사람이 부모님에 대한 효성스러운 마음이라든지 예의바른 거라든지 그런 것이 없어요. 연습해가야 되는 과정인 거 같아요. 나이가 먹는다고 저절로 되는 것이 아니라 그것을 무심하게 생각하고 커서, 커 보니까 그것이 아니었구나 부모님이 너무 나를 받아주셨구나 하는 생각도 드는데…여전히 받아주세요 또. 제가 그것을 고치기 위해서는 어떻게 해야 하는가. 어떻게 보면 단순하고 유치할 수도 있는데, 문제가 아닐 수도 있는데 저한테는 문제예요. 예를 들면 어머니가 아프시거든요, 요즈음에. 몸살이 드셔서. 그러면 저는 어머니가 얼마나 아프신가 많이 걱정해야 되고 마음이 아파야 될 것 같고 엄마 옆에 앉아 있어야 정상일 것 같아요. 그런데 의무감으로 가서 엄마 많이 아프세요? 그리고 나오다가, 물수건이라도 해드려야지 하고 물수건 해서 갖다 드리고 그 다음에 잊어버려요, 돌아다니면서 엄마 아프다 생각을 안 하고 다녀요. 그러다가 갑자기 생각이 날 때가 있어요. 그러면 심하다 너무 못됐다 그런 생각이 들어요.

상담자 : 그래 다른 분들 동의하세요? 그렇게 생각하시는 것에 대해서?

아침햇살 : 사랑님 한 번 얘기해 보세요. 왜냐하면 그때 인간관계의 따스함이 그립다. 그 따스함을 주고받고 싶다 그런 얘기를 첫 번째 시간에 하셨거든요. 그러니까 지금…

사　랑 : 예. 그런데 저는 개인적으로 수림님을 알기 때문에.

상담자 : 둘이 서로 알아요?

사　랑 : 예. 그러니까 얘기하기가 불편한데 저는 부모님들, 사실 그렇잖아요. 아프면 사실 신경이 쓰이잖아요, 하루종일. 그런데 그렇게 반대로 한다는 것은 부모님에 대한 관계에서 너무 서운함이 있어서 그것을 제대로 표출 못해서 억눌렀기 때문에 지금까지 이렇게 반감적으로 하는 것 같아요.

상담자 : 그런데 저는 수림님을 맨처음에 봤을 때 굉장히 표정이 우울하고 어두웠어요. 그래서 저 사람은 왜 저렇게 젊은 사람이 표정이 우울하고 어두울까? 제 마음이 아팠다고 할까? 웃으면 괜찮아요. 그런데 웃지 않고 이렇게 입을 다물고 있으면 표정이 굉장히 어두워요. 그런데 그것이 이제 제가 민감했을지 몰라. 왜냐하면 제 자신 표정이 굉장히 어두운 편이거든요? 저는 이제 어떻게 하다 그렇게 습관이 됐느냐 하면 저는 혼자서 오랫동안 공부를 했잖아요? 외국에서 오랫동안 혼자 공부를 하면서 외로워하다가 강의를 들을 때 조금이라도 집중을 하지 않으면 안 들리니까 놓치면 안 되니까 온갖 집중을 다 하다가 이제 인상이 굳어지고 이렇게 이상해졌다는 것을 제가 나중에 깨달았어요. 이제 본의 아니게 얼굴의 표정이 굳어져 있어서 저는 평소에 많이 웃어요. 표

정을 필려고 많이 웃는데. 수림씨는 이렇게 표정이 굳어져 있어. 굉장히 어두워요. 그
런데 아직 30대도 아직 안됐지요? 30살 됐어요?

수　림 : 곧.

상담자 : 곧 돼잖아. 아직은 안 됐는데, 밝고 명랑하고 청초한 분위기를 풍겨줘야 될 것 같은데
어둡다 라는 것은 무엇인가 그야말로 어두운 부분이 있지 않을까? 계속 이제 수림님
은 방어적으로 부모님이 잘해 줬다. 사랑으로 키워줬다 그렇게 얘기하시거든요. 그
이면에 무엇인가가 있을 것만 같애. 그러니까 이런 기회에 여기는 안전한 곳이니까
얘길해서 이렇게 얽혀있는 갈등의 고리를 풀면, 수림님에게 도움이 되지 않을까요.

수　림 : 그런데 그 부분에 대해서 방어적일 수도 있다는 생각이 들어요. 저는 그렇게 생각, 모
든 상황이 그랬… 실제로 보면 외면적으로 보여지는 것, 그랬으니까 그것이 아니라면
학대를 받았다는 건데, 글쎄 어떻게 보면 음~

순　덕 : 제가 조금 도움 말씀을 드릴 수 있을는지 모르겠는데 저도 많이 어두웠거든요. 그
리고 많이 찡그리고 다니고 속이 어두우니까 사실은 표정이 어둡다고 생각을 하는데
그리고 굉장히 방어적이었고요. 제 자신을 남에게 표현을 안 했고 아주 친한 친구조
차도 아무도 내 속의 마음이랄까, 가정의 분위기랄까에 대해서 모르고 있었거든요.
그런데 이제 그 어머님이 아프신데 생각하지 않고 돌아다니다 어떻게 생각이 났을 때
죄책감을 느낀다 아니면 내가 왜 이러면 안되는데 이리 했을까에 대해서 보면 저는
완전히 반대였어요. 직장생활하면서도 어머님이 아프면 하루종일 그것 때문에 일을
제대로 못할 정도로 그랬었는데 저는 그것도 사실은 제가 보기에는 좀 비정상적이다.
세상사람들이 다 자기생활을 해나가잖아요. 자기가 밖에 나갔을 때는 그 일만 매달려
서 아니면 어머님을 어떻게 해야 한다는 것도 어떻게 보면 너무 거기에 대해서 자기
가 자꾸 생각이 매여있어서 그리고 어머님을 해야 되는데 안 해야 하는 이것도 당위
적(must) 생각이 아닐까 생각이 되는데, 저 같은 경우는 이제 그런 어떤 마음의 부모
에 대한 갈등 같은 것 많았었거든요. 그런데 이제 최근에 와서 제가 한 그런 과정 중
에 아까 저기 아침햇살님이 말씀하실 때에 옷을 벗을 수 없지 않느냐? 저는 그것에
대해서 어떤 생각을 했냐면 최근의 몇 년 동안 '옷을 벗자' 솔직히 우리는 다 제가 옛
날에 쉰들러 리스트를 봤을 때 유태인들 가스실에 들어가서 다 벗었었거든요. 여자들
전부를 죽이는 걸 봤는데 사실은 벗겨놓으면 다 똑같잖아요. 알몸으로 발가 벗겨진
상태에서 위선이나 허위나 그런 것들은 사실 옷을 입고 있는 거잖아요. 우리가 벗겨
놓으면 다 똑같은데 옷을 입을 때 다 색깔이 틀리고 디자인이 틀리듯이 성격도 다 위
장을 하는건데 저는 위선을 하면 안된다라고 생각을 했는데 사실은 다 조금씩 위선이
있고 또 위선이 나쁜 것도 아니고 그것을 나쁘게 했을 때 나쁜 것이지 누구나 갖고 있
는 그냥 인간의 모습인데 거기에 대해서 막 부정을 했었어요. 그래서 감출려고 그러
고 또 제가 굉장히 열등의식이 있었거든요. 제가 치아가 굉장히 고르지 않아서 사람
들 앞에서 말도 못하고 혼자만 이렇게 하고 그래서 좀 친구를 비롯해서 남자도 적극

적으로 못 사귀었거든요. 그래서 이 나이에 이 것을(치아교정) 시작했었는데 이것을 하면서 굉장히 좋아졌어요, 저는요. 이제 웃잖아요. 옛날에는 웃을… 항상 이러구 서른 두 세살까지도 이러구 살았는데 이제는 봐라. 응 치아가 못 생긴 게 나만 못 생겼냐 10명의 2~3명은 다 못생겼잖아요. 내가 10, 열 그러니까 20% 안에 들어간 것이 뭐 내 잘못이냐 80%만 인간이고 나는 인간이 아니냐, 저는 지금도 항상 친구들 만나면 그런 얘기가 나오면 그렇게 얘길 해요. 나는 내가 나를 변화시킬 때 가장 적극적으로 나섰던 게 용기 있게 나섰던 게 '광화문 네거리에서 발가벗을 수 있다' 저는 그 얘기를 많이 했고 생각을 많이 했는데, 아까 선생님이 말씀하실 때, 저는 그런 용기를 냈어요. 그거 그리 쉽지 않았거든요, 사실은, 과정 속에서 된 거지 어느 날 갑자기 어떻게 발가벗겠어요 그런데 난 발가벗을 수 있다라는 생각이 어느 날 들은 순간부터는 위선 뭐, 어때 나는 어때 내가 내 모습 그대로 살자 뭐 가리고 하고 그 다음부터는 친구한테 어머니, 아버님 그리고 제가 최초에 횡포라는 말씀하실 때 동감했던 것이 그 아까 뭐 학대는 아닌데 자꾸 그런 쪽으로 생각이 든다는 게 뭐냐면 저희도 학대는 절대 아니었고 외관상으로 볼 때는 너무 괜찮은 가정이예요. 아버님, 아버님도 너무 가정적이시고 늘 자식들을 감싸고 했는데 제가 어떤 책에서 뭘 봤냐면 '부부관계가 원만하고 행복하지가 않을 때 자식들을 자기편을 갈르고 또 어머님은 아버님에 비해 약자시잖아요. 아버님이 군주적인 분이었거든요. 저 같은 경우에는 그러니까 늘 피해를 당하는 입장이란 생각이 드니까 그분을 도와야 한다. 그래 결속력이 굉장히 강했어요. 그러니까. 저는 지금, 이제는 그렇게 안 살고 이제는 그렇게 원한, 한 같은 건 이제 많이 해소가 되었지만 30대 초반에 막 한이 있는 거예요. '나는 내 삶을 못 살았다 엄마의 부속품으로서 늘 엄마의 도와주는 사람' 그러니 늘 우울하잖아요. 분위기가 우울한데 저도 우울했던 건데 이제는 내가 우울한 것을 나라도 바꿔보자 '당신들 우울하세요. 나는 우울하지 않게 살겠어요.' 하고 벗어날려고 노력을 많이 해요. 그 분위기에서 당신들이 비록 만들어 놓은 분위기지만 나는 더 이상 휩싸이지 않겠다, 그럴만한 나이도 아니다, 이젠 독자적으로 살겠다, 그래서 친구들한테 얘기를 하는 거예요. 수다를 떨고. 물론 다는 아니고 한두 명 그것도 사실은 그렇게 하면 안 되겠죠. 누구에게나 개방을 해야 되겠는데 아직도 제가 그 한계는 극복을 못 했기 때문에 두세 명인데 그 두세 명 하다 보니까 세 명이 네 명 되구요, 네 명이 다섯 명 됐을 때 아 이제 내가 나를 어느 정도 개방을 시킬 수 있는 능력이 생겼구나. 그리고 선생님이 제일 처음 자아가 있어야 한다 자기가 강해져야 남에게. 그것도 저는 동감하는 게 이제 제가 슬슬 강해지는 걸 느껴요. 그 전에는 정말 부모님 앞에서 불면 날라갈 정도의 어린 양이었고, 어린아이라는 생각으로 살았던 것 같아요. 지금 생각을 해보면 이제는 점점 제가 강해져야 한다 그리고 강해질 때 제가 혼자 설 수 있고 내가 자유로울 수 있고 부모님이 어떤 말을 했을 때 내가 예전에는 상처라고 하고 아파했는데 그렇지 않을 수 있다. 그리고 위선, 옷을 벗을 수 있다, 남에게 내 얘기 할 수 있고, 내 상처

　　　　　 애기할 수 있고, 이렇게 웃을 수 있다. 그런 게 어느 정도 발전이 되거든요. 그러니까 저는 용기, 용기! 발가벗어도 창피하지 않다 내 가슴이 못생겨도 내 가슴이고 또 내 가슴이 못생겼으면 어떠냐. 목욕탕 가면 다 벗잖아요. 그러면 나보다 못생긴 사람도 많거든요. 아 잘생긴 사람도 있지만.

상담자 : 가슴이….아하하하—

순　덕 : 어떻게 맨날 잘생긴 사람, 눈에만 보고 살겠어요? 못생긴 사람이 솔직히 세어보면 더 많은데. 그러면서 자꾸 위, 아래를 자꾸 올려다보고 내려다보고 하면서 벗을 수 있는 용기를 가지면, 쉽지는 않죠. 하루아침에 되는 것은 아니지만. 자꾸 그렇게 매진해 가다보면 어느 날 벗어지게 되지 않을까요?

상담자 : 제가 계속 강조하는 게 자신의 헛점을 보일 수 있는 사람이 건강하다 이런 말이 있잖아요. 그러니까 그런 얘기예요. 그래요 저는 우리 저기 누구지? 내가 얘기할께 순덕! 순덕씨가 있어서 우리 집단이 참 활성화가 잘 되서 참 고마워요.

사　랑 : 목소리 자체도 그렇잖아요. 힘이 들어가 있고.

하　늘 : 또 숙제해온… 계실 거예요.

사　랑 : 오 변했어.

하　늘 : 나만 궁금한 것이 아니고 다른 사람들도 다 궁금할 것 같애.

사　랑 : 숙제하셨어요? 저는 못 했는데….

강　물 : 저도 못 했는데요. 아 그러니까 일단은 그 하늘님 같은 경우는 지금 만나는, 거절당할 (숙제를 할 수 있는), 그 남자친구분이 있기는 한데 저같은 경우는, 저한테 저번에 한번 물어보셨죠? 지금 사귀고 있는 사람 있냐고 물어 봤었는데. 아직 사귄다고 할만한 그런 사람이 없기 때문에 기회가 없었어요. 한주일동안 만들만한 그런 기회가 없었어요.

상담자 : 사귀어보고 싶은 사람도 없었어요?

강　물 : 사귀어보고 싶은 사람이? 지금 약간 진행중인 사람이 있는데 만날 수가 없어요. 지방에 있어가지고 만날 수가 없어요.

아침햇살 : E-mail도 있고, 전화도 있고….

강　물 : 그런데 군대에 있어요.

하　늘 : 저도 엄청나게 바쁜 사람하고 만나고 있는데….

강　물 : 내 경우는 다른 것 같애요.

상담자 : 사랑님은 왜 못 했어요?

사　랑 : 저는 남자가 주위에 없어요. 그래서—

상담자 : 주변에 없다구요?

사　랑 : 네. 제가 좋아할 만한 상대를 아직도 못 찾고 있거든요?

상담자 : 소개 해주고 그래야 되겠네.

사　랑 : 그래서 요즈음 어떤 생각을 하고 있냐면 이젠 포기를 해야 되겠다.

상담자 : 왜 포기를 해요? 왜 포기해요?

사　랑 : 그런 생각이 들더라구요. 지금까지도 못 만났는데 한참때도 못 만났는데—

상담자 : 나이 먹은 사람 앞에서 그런 소리를 해요?

사　랑 : 정말이예요. 혼자 집에서 불 끄고 이 생각 저 생각 잘했는데, 특히 제가 공부하는 것은 하고 있으니까 욕심 없어요. 그러니까 그런데 그 사랑에 대해서 정말 제가 죽을 때 과연 이런 사랑 못 해보고 죽으면 나한테 무엇이 남는 건가. 그래서 되게 허무 하더라구요. 그래서 무엇인가를 해 눈에 보이는 어떤 성과도 중요하지만 저 이런 건 어떻게 보면 허례 같아요. 자기를 드러내는 하나의 방법이지 자기 진정한 모습을 발견하고, 이렇게 한때는 저 혼자는 못 살 것 같다는 생각이 잘 들거든요. 그런데 옆에 누군가는 있어야 될 텐데 그 상대를 아직까지 못 만났으니깐. 그런데 확신이 없어지는 것 같아요.

아침햇살[7] : 잠깐만, 잠깐만. '나를 발견하기 위해서 옆에 누군가가 있어야만 한다?'

사　랑 : 그러니까 신의 조화잖아요? 더불어서 자기 부족한 것, 또 내가 없는 부분, 상대방을 통해 개발되고…

아침햇살 : 그것도 검증해볼 필요가 있지는 않아요?

사　랑 : 어떤 것?

상담자 : 그 생각 자체를?

아침햇살 : 네.

사　랑 : 어차피 저 혼자 완전한, 제가 얘기하는 것은 저 혼자 불완전한 존재라는 거죠. 옆에서 같이 위로해주고…. 그렇잖아요. 그러면서 밟아 올라가고 그러니까 혼자서는 너무 자연스럽지 않아요, 살기에는. 그럴 때, 쓰러져 넘어졌을 때 옆에서 일어서라고 한 사람, 아주 가까운 사람이 필요하죠, 저한테는. 그런 상대가 과연 있을까, 나한테. 너무 회의적이예요. 그래서 지금부터 어떻게 생각하느냐 하면 혼자 사는 연습을 해야 되겠다.

상담자 : 정말이예요.

　(… 모두 웃음…).

상담자 : 지금 너무너무 젊고….

사　랑 : 두려워요.

상담자 : 사람을 만날 수 있는 시간이 아직도 많고요. 그리고 혼자 살겠다고 연습을 하기에는 너무 예쁘고….

하　늘 : 맞아. 빼어난 미모를 가진….

상담자 : 응.

아침햇살 : 너무 귀여워요.

상담자 : 그러니까 아직 사람을 못 만났을 뿐이지 늦은 것이 결코 아니야. 그러니까 여러분 지

7) 아침햇살님이 사랑님의 '나를 발견하기 위해서 옆에 누군가가 있어야만 한다'는 비합리적 생각에 도전함.

금 20댄가? 20대 후반이예요? 제가 20대에는 내가 여성으로서 가장 아름다운 시절을 거지 같은 공부하느라고 이렇게 보내는구나 그렇게 생각하니까 정말 삶이 만신창이였어요. 제 얼굴을 보면 여드름 자국이 굉장히 많은데 그렇게 생각을 하니까 29살부터 여드름이 팍팍 나기 시작하는 거예요. 그래 이게 30대 제가 이제 미국 나이로 30살에 학위를 하고 한국에 돌아왔는데 32살, 3살, 4살을 겪으면서 여성이 진짜 아름다운 시기가 30대가 아닌가 이런 생각을 했어요. 그러니까 20대에는 무엇인가를 성취, 특히 여러분들 같은 사람들, 성취지향적인 사람들한테는 성취를 하기 위해서 온갖 에너지와 노력을 다 쓰기 때문에 이성에 대한 감정이라든지 이런 게 기회가 잘 안 와 닿고. 그렇게 무엇인가가 바쁘고 아직 완성되지 않고 이렇게 미숙하기 때문에 성숙한 여인의 향기가 우러나는 풋풋한 아름다움은 별로 없는 것 같아요. 그런데 30대가 되면서 어느 정도 성취가 되고 삶이 안정이 되고 그러면서 여성의 진짜 원숙한 아름다움, 이런것을 제가 스스로 느끼면서 여성이 진짜 아름다운 시절은 30대다 이런 생각을 하곤 합니다. 더 정서적으로 안정이 되어있고 정신적으로 더 성숙해있고 사회적으로 더 성취를 했고 그래서 저는 지금도 이렇게 됐으니까 포기하자 이런 생각은 안 하는데…. 예쁘고 젊고 발랄하고 아직도 기회가 상당히 많아요. 그러니까 혼자 사는 연습을 하기보다는 나에게 맞는 사람을 찾아나서는 연습을 하는게 시기적절하지요.

아침햇살 : 미국에는 40넘은 씩씩한 올드미스들이 많더라구요.

상담자 : 한국 사람으로?

아침햇살 : 네.

상담자 : 한국에도 많아요.

아침햇살 : 네.

상담자 : 한국에도 많고….

아침햇살 : 미국에는 많이 있더라구요. 한국 남자가 적당한 사람이 없고 미국 사람으로는 여러 가지 안 맞고 그런 여건이기 때문에요. 그러니까 나이 몇 살에 결혼한다는 것때문에, 나이때문에 기준을 세울 필요는 없을 것 같고….

상담자 : 우리 나라처럼 결혼에 대한 관념이 획일적인 나라가 참 드물죠. 그 결혼에 대한 적령기도 그렇고 배우자에 대한 생각도 그렇고, 굉장히 경직되어 있어요. 그러나 이제 그런 것들이 계속 바뀌어가요. 그런 상황에서 계속 버텨 나간다는 것은 굉장히 힘들고 어렵다는 것을 제가 겪었기 때문에 누구보다도 잘 아는데 세월이 흐르고 보니까 그렇게 생각하는 것이 나한테 하등의 도움이 안돼요. 그러니까 저야말로 욕심이 엄청나게 많은 사람이었기 때문에 한꺼번에 모든 것을 성취하고 싶었던 사람이었거든요. 그런데 그것이 안 되니까 온갖 스트레스를 다 한몸에 받고 살았는데, 어차피 세월은 흘러가는 거예요. 사랑님은 제 느낌에 기독교 교인 같아요?

사 랑 : 네.

상담자 : 교회 다니죠? 그러면 더군다나 하나님께서 나에 대한 계획이 있단 말이예요. 그렇게

느긋하게 생각을 해야지, 내가 하는 일을 더 열심히 할 수 있지요. 그리고 정서가 이렇게 편안해지고 여유가 생기지요. 지금 무엇인가 초조함을 보이거든요. 내가 옛날에 그랬기 때문에…. 그래서 그런 것을 바꿔줬으면 좋겠어요.

하   늘 : 저희 모두 40살에 결혼해서 잘 살게요.

사   랑 : 저는 뭐냐면 제가 좋아하는 사람 만났을 때 제가 가장 예쁘고 푸릇푸릇한 그런 모습이 있는 나이에 있는 저를 보여주고 싶은데 그것이 지나고 어떤 완숙미도 있지만 저는 건강미와 그런 푸릇푸릇한 미를 보여주고 싶은데 가장 순수한 사람한테요. 자꾸 그것을 상실했다는 느낌이 있잖아요. 그래서 절망 같은 것….

상담자 : 아쉬움이라는 것이 뭐랄까 그런 아쉬움을 안겨주는 것도 하나의 방법이랄까, 어떻게 표현해야 하나? 이렇게 건강한 모습을 봐서 채워지는 것보다 건강한 모습을 보지 않았기 때문에 아쉬워하는 것 있잖아요. 그런 것도 우리에게 필요해요.

순   덕[8] : 저는 아쉬움을 여과시키는 과정이 제 자신의 성장인 것 같아요. 몇 년 동안 경험한 것으로는 아쉽잖아요. 저도 그랬거든요. 정말 빨리 만나서 한 살이라도 젊을 때 내 젊고 조금 더 아름다운 모습을 보여주고 싶다는 거였는데 그것을 점점 여과를 시켰어요. 여과를 시키면서 성숙된 게, 아까 선생님이, 저도 지금 34살이거든요. 그런데 똑같은 것이였는데 제가 지금 하나 생각하는 것은 그것이 어떤 비합리적인 생각이 아닌가, 그러니까 예를 들면 '20대에 결혼을 해야 된다' 저도 그것을 당연하게 생각했었거든요. 20대때 결혼하고 후반에 친구들처럼 사회적인 풍속처럼 아이 낳고 20대 안에 왜냐하면 건강할 때 출산하는 것이 가장 아이에게 좋으니까. 그리고 30대 초반엔 집도 있고 차도 있고 어떤 그런 가장 사회적인 통념 속에서 살다가 넘겼을 때 할 수 있는 일은 자위하는 것밖에 없더라구요. 일단 놓쳤잖아요. 30대가 되니까 그거 다 놓치고 할 수 있는 일은 내가 못했기 때문에, 놓쳤기 때문에, 실패자로서의 처음에는 자위를 했어요. 어쩔 수 없다. 그런데 지금은 정말 자위가 아니라 정말 진실로 느끼는 것이 아름답고 성숙한 게 30대고 물론 40대에 가면 그렇게 얘기할 지 모르겠지만 20대는 정말 정신 없이 살았고 어떤 must, should, 해야만 한다는 당위성에 너무 집착을 해서 살았거든요. 그리고 저도 지금 누굴 만나면 물론 20대에 젊음을 놓친 게 너무 아쉬움은 있지만 30대에 성숙함은 20대에 못 보여주거든요. 그 성숙함, 나의 성숙함을 그 남자에게 보여주면 더 행복한 삶, 결혼생활이 될 수 있지 않을까.

상담자 : 그래 맞아요. 저도 제가 원하는 것을 다 했다면, 예를 들면 결혼해서 애를 낳았다, 20대에 학위도 했다, 그랬으면 저는 행복하지 않았을 것을 제가 지금 확실히 느껴요. 행복한 주부도 아니였을 거구 행복한 엄마두 아니였을거구 그래서 제가 지금 결혼을 안해서 아쉬움은 있지만 이렇게 다 성취하지 못한 것에 대한 아픔이나 고통은 그냥 받아들이려고 해요. 그래서 사람마다 다 인생길이 다르기 때문에 어떤 사람은 빨리 결혼해서 빨리 애 낳고 또 빨리 죽을 수도 있고 또 늦게 만나면 늦게 행복하게 살다가

---

8) 순덕님이 자신이 지니고 있었던 비합리적 생각을 극복했던 과정을 보여줌.

또 해로할 수도 있고 다 인생의 길이 달라요. 그러니깐 제가 지난 번에 얘기했던 친한 친구가 ○○전문의인데 그 사람이야말로 아주 부잣집에 시집가서 남부러울 것이 없는 사람인 줄 알았거든. 그런데 무슨 말을 하냐면 자기 남편이 너무나 찬 난로 같데요. 자기는 기대려고 시집을 갔는데 기대는 것이 아니라 오히려 남편이 자기한테 기대온데요. 너는 난로가 없는 것이 낫지, 있어도 그 찬 난로는 얼마나 사람을 피곤하게 하는지 아느냐? 힘든지 아느냐? 그러거든요.

아침햇살 : '둘이 있어도 외롭더라?' 그 말이에요?

상담자[9] : 아니 외로운 것하고는 또 다르죠. 둘이 있어도 외롭더라 라는 말은 행복한 부부도 마찬가지로 외로운 거예요. 행복하게 잘 살아도 인생이 어차피 혼자이기 때문에 외로운 건데 제 친구의 경우는 외롭다기보다는 슬픔이지. 그 정서의 바탕에는 슬픔이 있어요. 그래서 그런 것을 보면 남들은 다 행복하고 재미있고 즐겁게 사는 것 같지만 그 내면을 들여다보면 그렇지 않아요. 부족하고 모자라고 이런 부분들이 있거든요. 그러니까 우리 사랑님은 그런 것이 내가 그렇게 만나고 싶을 때 내가 나에게 맞는 사람을 아직 못 만난 것이 내가 갖고 있는 부족한 부분이다 그냥 그렇게 생각하면 되지요. 그래서 이제 나에게 맞는 사람을 찾으면 되죠. 그러니까 제가 예를 들면 우리는 경쟁심이 우리도 모르게 있거든요. 그리고 인생을 우리도 모르게 자꾸 차별화시키고 차등화시키려는 속성이 있어요. 하두 그런 분위기 속에서 오랫동안 살아왔기 때문에 그래서 30대 전에 좋은 남자, 남부럽지 않은 남자 만나 결혼하구 애 낳구 이런 사람은 일류 인생을 사는 것 같고 나는 뒤쳐지는 것 같은데 그것이 아니에요. 그러니까 인생을 길게 봐야되요. 너무나 단편적으로 인생을 보는 것에 익숙해져 있거든요. 그래서 길게 보면 결코 내가 늦거나 패자이거나 더군다나 이런 것은 아니라는 거죠. 수긍이 가요?

사 랑 : 나중엔 좋은 사람 만나면.

상담자 : 만날 거예요.

사 랑 : 만나면 바로 고민했던 것을 웃으면서 넘길 수도 있겠죠?

상담자 : 그럼, 나중에 좋은 사람 만날 때까지 이렇게 고민하고 힘들어하고 괴로워할 거예요?

사 랑 : 힘들어 해야죠. 그것이 바로 저의 업보일 수도 있으니까. 모르겠어요. 자신없어요.

상담자 : 사랑님이 '좋은 사람 만나기 위해 노력해야죠' 라는 대답을 저는 원하지, '힘들어하고 고민할 거예요' 라는 대답을 원하지 않아요. 노력하고… 내 삶이 그것만 있는 것은 아니잖아요. 다른 것도 얼마든지 나의 허기진 부분을 채워줄 수 있는데 다른 일하는데 에너지를 투여하지 그 에너지를 고민하고 걱정하지 않았으면 좋겠어요.

아침햇살 : 저는 지금 논박(debate)하고 싶은 것이 있어요.

상담자 : 그래 해봐요.

아침햇살[10] : 아까, '혼자서는 완전치 않으므로 내 짝을 만나서 서로 기대고 해서 완전한 존재

가 되어야만 한다. 둘이서도 완전한 존재는 못 될 것 같지만 혼자서는 더군다나…' 하셨는데. 도대체 뭐가 완전하다는 거예요? 그 다음에 또 완전할 필요가 있을까요? 어차피 삶에 완전한 것은 없는 것이고 부족한 게 있기 마련이고 '둘이 되어도 완전하지는 않다' 생각해요.

상담자 : 제가 사랑님의 입장을 대변해주면 그 완전함이 perfection이라기 보다는 좀 더 부족한 부분을 서로 메워주고 서로 등을 기대고, 서로 이렇게 감싸주고 이러면 삶이 풍요롭지 않을까 이런 의미로 저는 해석을 하고 있는데요.

아침햇살 : 그런데 '있는 곳간에서 인심난다' 고 내가 '나 혼자서도 충분하다. 다른 존재 없이도 나는 인생을 충분히 행복하게 가꿔갈 수 있다' 라고 생각했을 때 남자하고도 잘 지낼 수 있죠. 그러니까 지금의 내가 중요하고, 어떤 남자를 만나기 전까지는 나라는 존재는 불완전하고 대기상태가 아니라 '지금의 나로서도 충분하고 행복한데, 거기다가 보너스로 괜찮은 남자를 만날 수 있으면 더 좋아.' 그냥 이 정도로 하는 것이 좋죠. '그 남자를 만나기 전까지는 나는 불완전한 존재고 그 남자가 나한테 꼭 필요하고…' 하는 그런 남자는 실제로는 없다고 생각해요. 왜냐하면 그쪽 남자도 똑같이 생각할지도 모르잖아요. 만약 나한테 A라는 부족한 점이 있으면 A가 넘치는 남자를 찾아서 완전해지려고 하는데 그 남자도 알고 보니 A가 부족하거나 아니면 A가 있다 해도 비뚤어져 있거나 해서 나하고 안 맞을 수도 있는 등, 그럴 때가 사실은 많은 거니까요. 그러니 대기상태로 있을 필요없죠. '남자로 해서 내가 완전해진다'고 생각하는 것이 20대의 딜레마 같아요.

상담자 : 그래요. 지금 여기의 사랑님은 노처녀도 아닌데, 대부분의 사람들이 하는 그런 식의 생각 즉, 고정관념을 가지고 있는 것 같아요. 사실은.

아침햇살 : 그것은 환상이라고 생각해요. 남녀공학에 다니시기 때문에 남자들에 대한 환상은 많이 없을 거라고 생각했는데 그럼에도 불구하고 요새 20대를 보면 낭만에 대해서 너무 집착하는 것 또 남자가 있어야만 내가 완전한 존재다(?)라고 생각하는 거… 남자는 중요하고 의미가 있지만 남자가 없다고(불완전해?)… 남자가 없어서 불완전한 것이 아니라, 남자란(나 혼자로서도 충분히 행복하지만) 나에게서 흘러넘치는 여유와 따뜻함으로 나에게 좋은 남자를 만나게 되고 그 남자와 함께 생활하여 우리의 삶이 더욱더 행복하다는 데 의미가 있는 것이거든요. 전 그렇게 생각해요.

순 덕 : 제가 한마디만 할게요. 시인 신현림씨가 38세인데 작년인가 시집을 갔거든요. 그런데 이제 결혼하기 전에 쓴 시집을 읽어서 내가 알고 있는데, 마지막에 결혼하면서 무슨 얘길 하냐면 내가 이 나이에 결혼할 줄 알았다면 그 이전의 삶을 충만하게 살았을 것이다. 내 것으로 내 삶으로 살았을 텐데 늘 나는 결혼하고 싶고 그래서 늘 한쪽에 결혼생각을 한 거예요. 결혼을 하지도 못 하면서 결혼에 대해서 늘 생각하고 남자에 대

---

10) 아침햇살님은 사랑님이 가지고 있는 비합리적 신념인 "혼자서는 완전하지 않으므로 내 짝을 만나서 서로 기대어야만 완전한 존재가 될 수 있다"를 논박함.

해서 늘 궁리만. 행동(action)을 한 것이 아니라 궁리만 했기 때문에. 삶을 많이 소진해버렸다. 아깝게 낭비를 했다. 그런데 그것은 이제 내가 언제 남자를 만날까? 결혼할 수 있을까 라는 어떤 의문점(question mark)이였거든요. 그래서 충분하지 못했는데 정말 내가 38에 결혼을 하니까 이럴 줄 알았으면 충실히 살다가 언젠가 이렇게 만날 줄 알았으면 기회가 돼서 만나면 또 다시 살 텐데 하는 후회가 앞선다는 얘길 했거든요. 그 소리를 듣고 아 참 좋은 얘기구나.

상담자 : 그 메세지를 붙잡아야 돼. 우리 수림님. (강물을 가리키며) 여기도 마찬가지고.

순 덕 : '충만하게 살자!'.

아침햇살 : 어쨌든 '나는, 나 혼자서도 충분하다. 나 혼자서도 너끈히 잘할 수 있어. 그렇기 때문에 괜찮은 남자하고도 잘 지내면 더 재밌어' 이렇게 생각해야지 '좋은 남자가 나타날 때까지 또는 만날 때까지 대기상태고 불완전한 존재다' 그렇게 되면 굉장한 기아 상태(starvation)가 되어가죠. 그러니까 여태까지 두 끼밖에 못 먹었던 사람들은 갑자기 네끼 먹으려고 해요. 그러면 배탈나거든요. 두끼밖에 못 먹었던 사람이라도 세끼 먹기 까지만 해야지 배탈이 안 나죠. 또 완전한 남자만 기다린다는 것은 그동안 허술한 식사를 해왔다고 해서 진수성찬 아니면 아예 안 먹겠다는 것과 마찬가지고요. 혹시 진수성찬이 눈앞에 나타난다 해도 그렇게 배고팠다 먹는다면 급하게 허겁지겁 먹기 십상이라 체하게 될 것 같구요. (저는 식당의 진수성찬보다 집에서 먹는 된장찌개, 생선조림 이런 것들이 더 좋던데요)

상담자 : 그래요. 그리구 '내가 이렇게 베풀어준다. 내가 그 집안에 시집가서 집안 일으켜 세우고 남편 내조하고 내가 더 희생하고 베푼다' 이런 심정으로 결혼을 하셔야지 내가 받고, 사랑을 받고, 돌봄을 받고 그런다 하면 이것이 더 반대가 될 가능성이 많아요. 아셨죠.

아침햇살 : 그런데 저는 한 번도 베풀면서 결혼생활해야 되겠다 그런 생각 안했는데요.

상담자 : 아 그런 생각 안하면서도 행복하면 됐지요.

아침햇살 : 저는 그런 생각… 내가 왜? 나도 이익이고 상대방도 이익이어야 관계를 계속하죠.

상담자 : 그런 식으로 하면 결국 나한테 이익이 돌아오죠.

아침햇살 : 저는 그것은 아니예요. 나도 이익이 있어야, 나한테 유익이 있어야 (상대방에게도) 잘 해줄 수 있는 것이거든요.

상담자 : 현실적으로?

아침햇살 : 네. 더군다나 지금 IMF 시대인데 내 시간과 에너지가! 내가 1000원을 쓰면 이 1000원이 1000원어치의 값어치로 나한테 올 것인가 생각하고 써야 될 것 아니겠어요. 결혼도 내가 결혼해서 내가 저 사람을 위해서 해주면 저사람은 나에게 무엇을 해줄 수 있을까? 예상….

상담자 : 그렇게 부부관계를 계산적으로 해요?

아침햇살 : 그렇지 않으면 사실 저는 흥이 안 나요. 제가 뭐하러 퍼주고만 있어야 되죠?

상담자 : 그것은 사람에 따라 다른 스타일이겠죠. 그것은 아침햇살님 스타일은 그렇고, 아까 말씀드린 것은 저의 스타일인데.

사　랑 : 저도 상담 선생님 말씀이요. 그런 면을 준비하고 있거든요. 그러니까 내가 결혼하면 20대 결혼했으면 굉장히 이기적인 부부관계가 됐을 거예요. 제가 욕심도 많고요. 남자가 헛점을 보이면 너무 싫어하는 스타일이고 배척하고 무시하는 스타일이거든요. 그런데 너무 기다리다 보니까 남자를, 어 내가 해줄 수 있는 것이 무엇인가, 결혼하면 내가 받는 건 이제는 기대지 않고요. 내가 해줄 수 있는 것이 무엇인가를 생각하구, 요즈음 결혼준비하는 거 있잖아요. 세미나 같은 거라든가 그런 준비 있잖아요 마음의 준비. 그리고 혼자 살아서 잘 살아야지 결혼해서 잘 산다 그런 말 많이 들었거든요. 아 역시 혼자 잘 살고 있다 기다렸다가 가야지 그 생각을 하고 있어요. 아침햇살님 말씀도 이해가 가지만 상담 선생님 말씀하신 부분처럼 저도 그런 모양새를 갖출려고 노력을 해요. 저를 통해서 집안이 일어나고 남편이 더 잘되고 그런 것이 저는 기대되고 있거든요.

아침햇살 : '가족과 나는 다른 존재다. 가족의 행복하거나, 불행은 가족 그 개개인에 딸린 것이고 내가 그것을 어떻게 해줄 수는 없다. 나는 가족과 달리 내 계획을 가질 수 있다.' 저는 그냥 그렇게 생각해요. 그런데 '내가 여유가 있어서 해줄 수 있으면 해주고 부담이 되면 못 하겠다'

상담자 : 그런데 그것은 아침햇살님의 생각이고 우리 사람이 다 다르듯이 생각이 다 다르다고 보면 되죠. 그것이 좋다 나쁘다 틀렸다 그르다 그렇게 말할 수 있는 성격은 아닌 것 같구요. 우리 지난 번에 정아님이 울면서 얘기하고 그랬는데 그 이후에 달라진거나 내가 행동으로 취해본 것이 있으면 얘기해보세요.

정　아[11] : 전 지금 굉장히 기쁘거든요. 이렇게 이런 자리에서 사랑 얘기를 하고 만남 얘기 하고 그런것이 굉장히 흥분되는 것 같아요. 말은 안했지만 이렇게 저하고 굉장히 동떨어진 이야기잖아요. 그래서 굉장히 기쁘고 저는 지난 주에 혼자서 ○○를 갔다왔어요. 운전을 배운지 얼마 안 되었는데 혼자서 운전을 하고.

모두들 : 와~

정　아 : 고속도로를 신나게 달렸는데 달리면서 생각하기를 내가 과연 하룻밤을 자고 올 수 있을까 혼자서. 차 안에서 혼자 자고 동해 쪽으로 해서 일요일날 저녁에 돌아왔어요.

모두들 : 와우~

상담자 : 박수!

모두들 : 짝짝짝.

정　아 : 돌아왔는데 집이 전부 발칵 뒤집어진 거예요.

상담자 : 아니 말 안하고?

정　아 : 아니, 남편한테는 얘길 하고 갔는데 이제 우리 어머님은.

---

11) 정아님 드디어 자신만의 세계에서 나와서 화려한 외출을 시도함.

상담자 : 화려한 외출이예요? 혼자서?

정　아 : 외출? 그렇죠. 외출이죠.

아침햇살 : 화려한 외출, 화려한 반란.

정　아 : 남편의 동의(아침햇살 의견 ; 멋진 남편이야)하에 갔다왔는데 우리 어머님이 여자 혼자 돌렸다!(아침햇살 의견 ; 어머님, 질투 나셨나?) 그래서 집에 가니까 아버님, 시누, 식구대로 다 아파트에 와 있는 거예요.

상담자 : 집에 와 있어요?

정　아 : 기다리고 있는 거예요. 기다리고 있는데, 그냥 웃으면서 어머님이 네가 내 허락 없이 혼자서 애들 두고 나갔다는 것. 아버님은 완전히 누워계실 정도로(아침햇살 의견; 아버님, 며느리를 너무 예뻐하시네) 화가 나셨데요. 어머님이 아버님 그렇게 화를 많이 냈다구.(아침햇살 의견 ; 어머님 말씀 다 믿을 만해요?)

아침햇살 : 지금 분가해서 따로 사시잖아요.

정　아 : 그렇죠.

아침햇살 : 그런데 시댁식구들이 어느 집에 모인거예요?

정　아 : 우리집에, 우린 아주 가까이 한 50미터 떨어져 사니까 제가 항상 나가면 전화를 드리고 가요. 떨어져 살지만. '어머님, 저 지금 잠깐 친구 만나고 올께요' 이런 식으로 항상 전화를 하고 갔는데 전화를 안하고 갔다왔으니까 난리가 났죠.(아침햇살 의견 ; '어머님 걱정으로 노심초사 하실까봐 전화 못 드렸어요' 하면 되겠네요) 난리가 났는데 제가 이랬어요. 이제 나이도 많고 애도 키웠고 저 혼자 갔다오니까 굉장히 좋다고, 왜 저는 그렇게 하면 안되냐고 다 있는데 그랬어요. 그랬더니 시누이 하는 말이 해도 된다고 (아침햇살 의견; 앞으로 시누이와 연대하면 되겠다) 그랬어요. 그랬는데 우리 아버님이 너는 그러면 안 된데요.

상담자 : 며느리한테?

정　아 : 예. 너는 그러면 안 된다구, 네가 며느린데(아침햇살 의견 ; 며느리 너무 애지중지하신다) 네가 그러면 다 따라한다구. 다 따라한다고 해도 혼자 말없이 하룻밤 자고 온다고 해서 집에 무슨 난리 나는 것은 아니니까 동생들 하고, 동서들이 따라 해도 별 상관 없지 않느냐고 그러니까 아버님이 그래 네 마음대로 하고 잘 살아라 그러시고 나가시더라구요.(아침햇살 의견 ; 반영적 경청을 더 할걸). 나가시는데 옛날 같으면 굉장히 마음이 아팠을 텐데 …. 많이 화내세요. 지금 많이 화나실테지만 조금 있으면 괜찮아 지실 거예요. 그렇게 마음 먹고 참 즐거웠어요.

상담자 : 제가 그 상황에서 도와드릴 것은 뭐냐면 그 경상도의 고지식한 시아버지가 앞으로 한 번만 더 그러면 큰 난리가 날지도 모르겠어요. 제 생각에, 이제는 그러시는데 드러내시지 말고 그러시란 말이예요. 부모님이 요구하는 대로 하면서 또 상황에 따라 내 맘대로 하는 거예요. 이것이 기술이야 기술. 아셨죠. 드러내놓고 그러면 앞으로 문제가 되는 게 있어요 거기에. 겉으로만 순종하고 복종하시면서 부분적으로 잘 생각해보고

내 맘대로 하셔야지. 아셨죠.

하　늘 : 제가 자주 쓰는 방법인데. 정말 겉으로는….

정　아 : 아니 혼자 있을 때는 그것이 가능한데 애들이 있거든요. 애들이 있기 때문에 다 가서 이야기 다 해버리는 거예요. 엄마 몇시부터 몇시까지 없었다. 그런데 애들한테 그러지 말라고 일일이 통제시키기가 굉장히 힘들거든요.

상담자 : 아이구 할 수 있지. 몇 살이에요?

정　아 : 7살, 8살

상담자 : 그것은 할 수 있어요. 저 그런 애들 많이 봤어요. 개네들이 고만할 때는 엄마가 훈련시키면 돼요. 그러니까 안된다고 생각하지 말고 개네들이 그런 훈련을 받는것이 나쁜 건 아니거든요.

정　아 : 할머니한테 얘기하라고 하면 '들통나면 엄마 혼나잖아' 애들이 그렇게 말해요.

상담자 : 응. 그래 엄마 들통 안나게 네가 말을 잘해줘 이렇게 할 수 있지.

아침햇살 : 너무 조마조마하지 않아요?

정　아 : 예. 마음이 더 불편하잖아요.

진달래 : 아유 괜찮아요. 그렇게 하다 보면 아이들이 도와주고 그러면.

아침햇살 : 그러는 건 치사한 것 같애요.

진달래 : 그게 뭐 치사하고 속이는 것 같은데 더 큰…

상담자 : 아 치사하고 그래두.

진달래 : 더 큰 불편을 피하는 길이에요.

상담자 : 응, 그거야 바로.

강　물 : 현명한 방법이야.

사　랑 : 서로가 좋을 수 있잖아요.

아침햇살 : 저는 그러면 차라리 오히려 한 번 더 하죠. 또 저질러요.

상담자 : 아니, 아니야.

아침햇살 : 계속 저질러요. 그럼 어르신들이 포기하지 않겠나요?

상담자 : 아, 이 간 큰….

하　늘 : 왜 이렇게 저보다도 과격들 하시고….

상담자 : 아니야. 아침햇살님이 세상을 곱게 살아서 그래. 그만큼 다 내가 하는 대로 세상일이 이루어졌기 때문에 강화를 받은거잖아 자기 행동에 대해서. 시어머니도 참, 시집도 좋은 사람이구, 남편도 좋은 사람이구, 친정도 좋은 사람이예요. 그래서 그것이 가능한데, 여기 상황은 지금 굉장히 보수적인 골보수집 안이거든요. 그렇게 2번, 3번 하다 보면 이혼하자고 그럴 지도 모르겠어. 이혼시키려 할지도 모르겠어요.

아침햇살 : 보수적인 집안은 이혼 안하죠.

상담자 : 아니, 예를 들면, 파괴적으로 몰고서, 그 며느리의 기에 눌려서 죽어지낼 사람이 아니란 말이예요. 결코. 그럴 땐, 내가 요령을 피워서 적응해가는 것은 가장 바람직해요.

정　아 : 대신 동지는 얻었어요. 시누가 이제 제 편을 들어줬어요.

상담자 : 아 현대인이라면 당연히 정아님의 편을 들어줘야지, 그럼 그걸 말이라고 해요?

정　아 : 안 들어 줬거든요.

상담자 : 몇 살인데요? 그 시누이가.

정　아 : 서른 살요. 결혼해서 사니까 이제 편 들어줄 꺼라구….

상담자 : 그러니까 우리 저기 그런 것에 대한 죄책감 가지시지 말고 어떻게 하면 시부모의 비위도 잘 맞추면서 내가 나 하고 싶은 것을 잘 하는가 그 것을 궁리 많이 하셔야 해.

정　아 : 너무 비겁하잖아요. 너무 비겁하다는 생각이 들어.

상담자 : 그것이 잘못된 거예요. 그것이 왜 비겁해. 비겁하지 않으면 내가 너무너무 힘들어 죽겠는 데 그것은 결코 비겁한 거 아니예요, 그거.

정　아 : 비겁한 거 아니다?

순　덕 : '비겁할 수도 있다!'.

상담자 : 그래 또 비겁할 수도 있다. 그런 상황하에서는 내가 비겁하면 어때?

아침햇살 : 아니, 내가 한 인간으로서 부끄럽지 않고, 무슨 범죄행위도 아니고, 나쁜 짓 하는 것이 아니잖아요. 그러니까 가서 '이러이러해서 이렇게 갔다왔더니 제가 더 힘이 넘칩니다' 그러고 실제로도 더 잘해드리고 그러면서 또 가야될 일이 있으면 '이러저러해서 다녀오겠습니다' 그러고 또 갔다오는 방법… 거짓말하고는 못 갈 것 같아요.

정　아 : 우리 아버님이 여자는 돌리면 안 된데요. 한 번 돌리기 시작하면 이렇게 막을 수가 없으니까 네가 첫발을 디뎌놨는데 더 이상하면 이렇게 막을 수가 없다구….

상담자 : 그러니까 신념이 아주아주 굳게굳게 형성된 생각이 깨지지 않는 시부모이기 때문에 아침햇살님의 방법은 이쪽 집에는 위험해요.

아침햇살 : 우리 시댁은 이북출신이거든요. 그래서 조금 융통성이 있나봐요.

상담자 : 거기는 그것이 가능해요?

아침햇살 : 저는 얘기해요.

상담자 : 그럼 굉장히 좋은 시부모네.

순　덕 : 그것을 못 느끼셨을 뿐이지.

상담자 : 못 느꼈을 뿐이야. 그러니까 더 잘해드리세요.

순　덕 : 여지껏 그것을 당연한 걸로 알으셨죠?

하　늘 : 정아님, 여기 오시면서 더 밝아지신 것 같아요.

정　아 : 예.

진달래 : 궁금했어요. 아까부터 물어보고 싶었어요.(어떻게 그리 밝아지셨는지)

사　랑 : 그렇다면 돈 받으셔야 되겠어요.(상담자님이) … (모두 웃음…). 효과를 많이 받으신 것 같아요. 말씀하신 것도 굉장히 편해지신 것 같고….

순　덕 : 획기적일 정도로 자신감이….

여러 사람들 : 자신감, 자신감이 생기셔서….

강　물 : 그리고 일단은 한 번 더 저지르라고 말씀을 일단 하셨는데 한 번 그런 것을 보여줌으로써 시부모님들의 표현은 안하시지만 마음속으로 어느 정도 그런 생각은 있으실 것 같아요. 그러니까 그런 행동이 나타나지 않더라도 그 며느리에 대한 이해라든가 이해심 그런 것이 만들어졌을 것 같거든요.

아침햇살 : 그것은 사실 우리 바람이지 그 분들은 '에이구 지가(며느리가) 어쩌다 한 번 그래봤지' 이렇게 생각할 수도 있어요. 그러니까 또 해야 돼요.

하　늘 : 아무튼 위험해요. 위험부담이 너무 커.

진달래 : 거의 같은 세대에 살았는데 굉장히 차이가 있어요. (아침햇살을 가리키며) 사고에, 굉장히 본인한테 좋게 살았고 내 경우에는 나를 이렇게 모든 일에 희생해 주는 스타일로 살아서 아까 말씀하시는데 전혀 다른 나라 얘기 같아요.

아침햇살 : 아니 이기려는 것이 아니예요. 저쪽을 이기려는 것이 아니라, '제가 이게 행복하다'는것을 알리는 거고 그리고 또 밖에 나가서 나쁜 짓을 하는 것이 아니잖아요.

정　아 : 제가 행복하자고 그 행동을 했을 때 상대방이 다 괴롭다구요. 가족들이 다.

아침햇살 : 왜 괴롭냐구요? 그 비합리성을 깨야지….

정　아 : 그 괴로운 것을 저 행복하자고 그 사람들 불행하게 만들 순 없잖아요. 그래서 지금까지 참았는데.

아침햇살 : 그 분들이 불행하다고 느끼는 것은 그 분들의 책임(선택)이지 나의 잘못이 아니예요.

정　아 : 그래두 집안에서 이렇게 가족들이 불행하면 저 때문에 제가 그것을 이렇게.

아침햇살 : '나 때문에 불행한 게 아니고 스스로 그렇게 생각하기 때문에 불행한' 거거든요.

강　물 : 그런데 그 가족들이 그런 마음을 가지면 괜찮은데 가족 전체를 한 사람이 바꾸기는 힘들잖아요. 그러면, 만약에 이 상담실에 모여서 가족 전체를….

정　아 : 가족치료….

강　물 : 혼자만의 마음으로는….

아침햇살 : 아니죠. 상대방을 뭐하러 바꾸려고 해요? 내가 그냥 소신대로 하면서 내 상황, 내 형편과 사정을 자꾸 얘기하면(나의 권리) 나중에 그 분들이 그런가 보다 하겠죠. 또 그 분들이 이해 안 하셔도 상관없이 나는 내 할 일(나의 의무)을 하는 거죠.

정　아 : 상관없기는요? 매일같이 보고, 같이 밥을 먹고, 같이 잠을 자는데, 상관 없을 수가 없죠.

아침햇살 : 그 상관없다는 것이 뭐냐면 내가 책임이 없다는 거예요. 그 분들이 불행감을 느끼는 것에는.

상담자 : 그때 그것은 심리적으로는 맞는 말이지. 그래두 어떤 때, 어떤 때가 아니라 많이 그렇게 말들을 하는데 그것이 생판 남이다 라든지, 별로 안보면 된다, 그러면 상관없지만 내가 이 사람들에게 그렇게 영향을 주기 때문에 굉장히 힘들어 한단 말이예요. 나로 인해서 고통을 받아. 고통을 받는 것을 보고 그것은 내 책임 아냐. 너희가 스스로 고통을 받기로 선택했지 나 때문이야? 이렇게 할 수는 없단 말이예요. 이런 분위기에서

　　는. 그러니까 그 상황을 적절하게 잘 파악을 하셔야 될 것 같고 그런 말씀을 하시는

　　것을 보니까 아침햇살님은 정말 행복하시다.

하　늘 : 우리가 행복하게 사셨다고 말씀드리는 것이 이해가 안 되실 거예요.

상담자 : OK. 오늘은 우리 모두 충분히 이야기를 나눈 것 같아요. 여기에서 종결해도 되겠어

　　요?

모두들 : 네.

회기 해설

　　인지상담의 인간관과 자가치료(self-therapy)에 대해서 설명한 후 곧바로 하늘님의 문제에 들어갔다. 그는 "나는 다른 사람에게 드러내면 안된다." "나를 드러내면 다른 사람들이 나의 약점을 알게 될 터이고, 그러면 나를 거절할 것이다. "나는 다른 사람들에게 거절을 당하면 큰일이다"와 같은 비합리적 신념을 지니고 있다.

　　아침햇살이 상담자를 도와서 이 문제를 해결하도록 많이 도왔으며 자신이 어려웠던 이야기 그리고 수림님이 지닌 문제가 표출되었다. "부모님께 진실로 효도하지 않는 나는 못된 인간이다"에 대해서 순덕님이 자신의 예와 비교하면서 논박하였다.

　　본 회기에서는 소위 결혼의 적령기를 넘긴 노처녀들의 결혼에 대한 고정관념을 바꾸는 데도 시간이 많이 할애되었다. 아침햇살님은 특히 사랑님의 '남자로 인해서 내가 완전해진다'라는 생각이 20대의 딜레마임을 지적하면서 그의 잘못된 신념을 적극적으로 논박한다.

　　본 회기의 순덕님의 적절한 참여와 아침햇살님의 적극적 개입이 집단과정을 활성화시키는 데 큰 기여를 하였다.

　　정아님은 그의 신념이 많이 바뀌었고 생활 속에서 구체적 행동으로 드러나고 있었다. 전체 집단상담과정의 중반에 접어들면서 집단구성원의 응집도가 강해지면서 생산력이 크게 향상되고 있다.

제4회 집단상담 회기 보고 1

♠ 사랑

　　오늘은 저번 주에 침묵했던 진달래님이 1주일 동안 생각을 많이 했으며, 주위에서 젊게 사시는 모습을 통해 활기를 찾았으며 이번 모임이 기다려졌다고 하였다.

　　상담자 선생님께서 하늘님의 숙제 여부를 묻자 오늘 만나기로 했다는 말과 이전부터 잘 알고 지내는 사이이고, 서로 잘 통하는 면이 있어 잘될 거라고 말하면서 문제가 없다는 식으로 자신의 입장을 설명하였다. 그러자, 상담자 선생님께서는 평소 하늘님을 보면 자신의 입장이나 문제에 대해 안정적으로 말하려는 경향이 있는 것이다 라고 인정하였다. 그러면서 자신에 대해 무슨 말을 해야 하는지 잘 모르겠다 라고 하자, 상담자 선생님께서는 왜 그런지에 대해 직면시키자 무시당하거나 인정받지 못하는 것에 대한 두려움이 있는 것 같다라고 하였다. 주체는 자기

자신이므로 지나치게 남을 의식하며 살아가지 말라고 언급하면서 당위적인 사고가 자기비하를 낳고 내 마음 깊은 곳에 있는 스키마는 격정적인 사건을 통해 활성화되는데 이를 발견하고 대처하는 것이 필요하며 Ellis의 11가지 비합리적인 신념을 보면 알 수 있듯이 일반적으로 우리는 얼마나 어리석은 당위성에 포로가 되어 있는지를 인식하게 한다. 황순원의 『나무들 비탈에 서다』에서 사람은 상처를 주고받는 관계라고 표현한 것처럼 이런 현실에서 보다 현명한 삶을 살기 위해서는 있는 그대로의 자신을 인정하고 수용하는 것이 바람직하다는 생각을 하였다.

아침햇살님는 자신은 젊음이 부럽다고 하면서 너무 일찍 결혼해서 손해봤다는 생각이 들면 삶속에서 철저하게 규명 안되는 면이 있음을 수용하면 편안하고, 그렇지 않으면 불편하다고 하면서 존재의 슬픔이라고 표현하였다. 상담자 선생님은 수림님에게 말을 돌리자 자신은 이상하게 관찰자 입장에서 있게 된다며 가정에서 자신의 위치에 대한 고민을 하는데 요즈음 엄마가 아픈데도 금방 잊는 자신에게 죄책감이 든다고 하였다. 그러면서, 부모님에 대한 존경심이 없고 대화하고 싶은 생각이 안드는데 여전히 지금도 자신을 잘 받아주신다고 하였다. 상담자 선생님은 수림님을 처음 보았을 때 얼굴표정이 우울하다는 생각이 들었다고 하자 수림님은 당황해하는 표정을 하는 것 같았다.

순덕님은 자신도 가정에서의 자신을 보면서 많이 괴로워했지만 상담 관련 책을 읽으면서 자신을 벗기자 라는 생각을 하였으며, 지금은 편안하게 지낸다고 하였다.

하늘님은 자신만 숙제를 한 것이 아니므로 다른 강물과 나에 대한 시선을 두며 궁금하다고 하였다. 강물님은 아직 하지 못하였다고 하였으며 나 역시 하지 못하였다고 했다.

그러면서 사랑하는 사람을 만날 수 있으리라는 생각을 포기하면서 살기로 했다고 하자 상담자 선생님과 다른 집단구성원들이, 아니 왜 그런 생각을 하였는지? 나를 좋게 봐주려는 것이 정신적인 지지를 주었다.

하지만, 지금까지도 만나지 못하였는데 앞으로 만날 수 있으리라는 생각이 안 든다. 혼자 사는 연습을 해야겠다는 생각을 하면서 살아가야 되겠다고 하자, 상담자 선생님께서는 여성의 진정한 아름다움은 30대에 있다고 하자 순덕님 역시 자신도 20대는 불안정한 모습으로 보냈지만 30대가 되면서 원숙의 미가 더욱 아름답다고 하였다.

그런 말을 들어도 가슴이 답답한 것은, 사랑하는 사람한테 자신의 아름다움을 보여주고 싶은 욕심은 어쩌면 자연스러운 생각이라 여겨진다. 상담자 선생님은 정아님에게 한 주일 어떻게 보냈는지 물어보자 용기를 내어 혼자 ○○내려가 드라이브하면서 올라왔더니 시댁식구들이 모여 난리가 났으나, 이상하게 편안했다면서 시누이가 자신을 지지해서 고마웠고 시부모님이 심한 반응을 하셨지만 전처럼 움츠러들지 않았다고 하였다. 상담자 선생님은 시댁 분위기가 보수적이니 그런 행동은 더 이상 하지 말았으면 좋겠다고 하였다. 그러자, 억울하게 왜 그러냐 라는 식으로 아침햇살님은 더 그렇게 하라고 강경하게 자신의 견해를 주장하였다. 그 말을 들으면서 자유분방한 서구식 사고이고 합리적이고 개인주의적이다 라는 생각을 하면서 상황에 자신을 맞추며 행동하기보다는 자신의 신념대로 생활한다는 느낌이 들었다. 그러자 상담자 선생님은 앞에서는 받아주고 뒤에서 하고 싶은 행동하는 것이 현명한 것 같다고 언급하자 하늘님도,

진달래님도 수긍하였다.

오늘의 집단경험은 다른 회기보다 역동적이고 화기애애한 분위기 속에 진행되어 개인적으로 좋았으며 더욱더 가까워진 느낌이 들었다.

제4회 집단상담 회기 보고 2

♠ 정아

이 집단은 나에게 부담과 변화와 관심을 갖게 해준다. 집단원 한 분 한 분의 얘기를 들으면서 나를 정화시키기도 하고 또 나를 위로하기도 한다. 선생님께서 말씀하신 것처럼 삶이라는 것은 정말 양면성으로 존재한다는 것을 몸소 체험하는 이 시간이 나의 변화와 발전에 밑거름이 되고 있음을 가슴으로 느낀다.

그런데 부담이 느껴지는 이유는 뭘까?

항상 나만의 세계, 가족만의 세계에서, 타인들과의 세계를 생각하고, 느끼고, 한다는 것이 나에게는 부담으로 다가오는 것 같다. 이런 부담도 가지지 않는다면 어떤 변화도 가질 수 없다는 걸 나는 너무나 잘 알고 있다. 즐겁고 행복하게 참여하고 느끼는 연습을 해야겠다.

수림님이 어딘가에 숨어있는 반항적인 모습을 뒤로하고 여리고 가녀린 마음을 보여준 것 같다. 피드백을 해주고 싶었는데 다른 분들의 말씀을 듣다가 기회를 놓친 것 같다. 좀 더 독립적인 자신을 만들어 가기를…. 부모님에 대한 기대를 조금만 줄이고 대신 자신의 힘으로 부모님을 보는 시각을 가져보기를 바란다.

언제나 순덕님의 말솜씨는 맛깔스럽고 자기주장이 강하다. 노력의 결과라 한다. 고조된 듯 자신을 드러내는 모습에서 나는 참으로 많은 것을 배우게 된다. 앞으로는 강요당하는 희생이 아닌 스스로 우러나는 희생을 할 수 있기를….

하늘님의 도전적인 행동과 풋풋한 젊음은 삶의 활력을 준다. 언제나 그런 정신으로 자기의 세계에 도전하길 바란다.

진달래님의 반듯한 인상과 말씀에 용기와 힘을 얻을 수 있어 참 좋다. 좀 더 느긋한 모습으로 세상을 편하게 해주시기를….

강물, 별칭만큼이나 깊이를 알 수 없다. 언제나 자기만의 세계에서 세상을 잣대질하는 모습이 닮은꼴이라 아픔을 느낀다. 나의 기우이기를 바라며 앞으로는 좀 더 삶을 적극적으로 살아갈 수 있기를 ….

이 말은 나에게 하고 싶은 말이기도 하다.

사랑, 듣기만 하여도 설레임을 주는데 왜 우리 사랑님은 우울과 친구가 되었을까?

그것이 사랑의 묘약일까? 타인에 대한 관심이 유별나 보인다. 그것이 상담자의 기본 자질이 아닐까 생각한다. 하지만 자신의 삶도 좀 더 밝은 쪽에서 발전시켜나간다면 사랑님을 만나는 모든 사람들에게 밝음을 선사하게 되지 않을까? 구성원들을 생각하면서 나의 세계가 넓어지고 알차게 영글어지는 것을 느낀다. 당분간은 좀 더 많은 타인의 삶을 기웃거리며 자신의 삶을 위로하고 감싸안아 주어야겠다. 나에게 가장 필요한 것은 지금까지의 삶을 그대로 인정하고 그 위에 앞으로의 자신을 찾고 설계해가는 것이 아닌가 생각한다.

제4회 집단상담 회기 보고 3

♠ 순덕

한회 한회를 거듭할수록 모두의 가슴이 조금씩 열려감에 기쁘다. 상담 전문적인 프로그램이라서인지 모두가 자신의 문제를 풀어가는 과정이 프로답다. 내가 말을 열심히 하는 이유는 나의 경험이 그들에게 실례로써 도움이 되었으면 하는 마음과 지나간 나의 흔적을 하나 하나 정리해가는 과정으로서 의미가 있기 때문이다.

사랑과 하늘, 강물 그리고 특히 수림씨의 문제를 통해 내가 살아왔던 삶을 되짚어보며 그런 문제들이 나와 같은 소수인의 문제인 줄 알았는데 누구에게나 있을 수 있는 지극히 보통의 일들임에 새삼 놀라워하며 내가 사는 모습이 평범하고 정상적인 것임에 감사하게 되었다.

수림씨가 풀어낼 수 없는 가슴 속의 상처이든 아픔이든 아니면 그냥 일상이든 그것이 터지거나 토해내지기에는 어쩌면 시기상조가 아닌가 하는 생각을 해본다. 나는 곪아서 터졌다. 늪이라 생각했고 강물 속의 심연의 세계에서 허우적거리고 있다고 생각했다. 물 속의 시체가 때가 되면 서서히 물 위로 떠오르듯 하는 그렇게 천천히 그러나 부단히 고투하며 희생했다. 아픔은 극대일 때 오히려 회복이 빠른 것이 아닐까?

정아씨의 시댁 환경은 다소 나의 가정 환경과 흡사하여 그녀를 이해할 수 있다. 대단한 용기와 의지력 그리고 자신에 대한 사랑 없이는 그러한 행동과 투쟁을 하기가 어렵다. 그녀의 용기에 박수를 보낸다. 그러나 이제 시작일 뿐이다. 전투에 앞서 최대한의 정보와 지식과 기술이 필요하다. 아무런 대책과 기술도 없이 마구 뛰어들어 혼란만 야기시켰던 내 경험에 비추어보면 역시 고난은 지혜로 헤쳐 나갈 때 더 효과가 있지 않을까 싶다.

우리의 삶에는 정답이 없다. 가족 구성원의 성격과 환경이 모두 다르고 각 개인 또한 모두 다르므로 대처 방안이나 삶을 엮어가는 패턴이 다를 수밖에 없다. 단지 그러한 모든 정황을 가능한 깊이 폭넓게 인지하고 공부하여 보다 건강한 삶을 살아가려 노력할 따름이다.

아침햇살님은 내게 자극적 존재이다. 여러 부분 동의하지 않는 면도 있으나 강한 자의식과 독자성은 내게 경각심을 일깨워준다. 때때로 상당히 주장적이고 이기적인 것 같아서 나를 놀라게도 하는데, 그동안 살아온 환경으로 인해 타인의 다양한 환경과 개인적 역량에 대한 이해나 포용이 다소 부족하여 그런 것 같다. 그런 점에서 나를 비추어 보건데 나는 그들에게 나의 경험을 이야기한다는 핑계로 나의 생각을 단언적으로 피력하거나 타인에게 주입시키려 하지는 않았나 자문해본다. 조금 더 조심스럽게 그들의 아픔과 상처를 어루만질 수 있는 지혜와 겸허한 자세를 갖고 싶다.

제5회 인지치료 집단상담 (1998. 5.7) : 집단의 생산단계 중기 1

상담자 : 안녕하세요? 오늘 특별히 하시고 싶은 말씀이 있으신 분부터 먼저 이야기하세요.

순　덕 : 시인 신경림의 시집을 가져왔어요. 여기 선생님 드리려고 그리고 그동안 짜증이 많이 나서 마음의 정화를 시키고 싶어요.

상담자[1] : 제가 도와드릴게요, 마침 시집도 가지고 오셨는데요. 그런 경우에 좋은 방법은 시를 읽는 거예요. 여러분 시(詩)라는 것이 뭐예요? 시라는 것은 그야말로 정제된 사고의 전형이잖아요. 그래서 시를 많이 외우고, 낭송하고 있으면 결국 그것이 곧 우리들의 사고로 내재화되는 거예요. 우리 정아님 같은 경우에 시댁에서 갈등이 있고 힘들었을 때 중학교에서 배운 송강 정철의 시조가 생각나는 거예요.

어버이 살아신 제 섬기기란 다하여라
지나간 후면 애닯다 어이하리
평생에 고쳐 못 할 일은 그뿐인가 하노라

이 시조가 딱 떠오르면서 자기의 행동을 통제하는 거예요. 그렇지요. 물론 시부모님이기는 하지만 언젠가는 돌아가실 분인데 내가 살아계실 때 최선을 다하자 그래서 불편하고 힘들어서 잘 안해드리고 있다가도 더 잘해주고 싶은 마음이 생기는 거예요. 그래서 우리가 좋은 시, 좋은 구절들, 좌우명도 좋아요 이런 것들을 많이 알고 있으면 알고 있을수록 결국 그것이 내 사고를 풍부하게 해주고, 그것이 내 행동을 절제하고, 나를 이끌어 가는 원동력이 되기 때문에 여러분들이 많은 시를 읽고, 많은 책도 읽고 할 필요가 그런 것에서 찾을 수 있는 거죠. 불란서의 어머니들 이야기를 해드릴게요,

---

[1] self-talk(자기언어)의 중요성에 대해서 설명.

그분들은 자기 딸을 시집보내기 전날에 사돈될 분들을 만나서 다음과 같은 이야기를 하신다고 해요. "우리는 부자가 아니기 때문에 많은 살림살이를 사서 보내지는 못 하지만 아름다운 우리 불란서말로 쓰여진 아름다운 詩는 충분히 읽혀서 시집을 보냅니다."라구요. 참 감동스러운 말이지요. 시는 인간이 언어로 조작해 낸 가장 아름다운 예술의 산물이지요, 그런 시들이 머리속에 많이 저장되었다는 것은 그것이 필요한 때에 그 사람의 사고나 신념으로 변하여 인간의 행동을 조절하고 통제하는 주요한 도구가 될 수 있지요. 지금은 작고하셨지만 소년한국일보의 사장을 지내신 아동문학가 김수남 선생님이 계셨어요. 그분이 생전에는 남산에서 어린이들을 위한 시낭송경연대회를 개최하시곤 했어요. 물론 그분 자신도 무수히 많은 시들을 외우고 계시면서, 필요에 따라, 또 분위기에 따라서 적절한 시를 한 수씩 멋있게 낭송하시곤 했는데 지금도 제 눈에 선하군요. 그러니까 이 세상 어디를 가도 시인들이 범죄행위에 가담하는 경우는 거의 없잖아요. 대신에 그들은 인생의 가치를 제공하고 이상적인 삶의 모습을 실천하려고 노력하지요. 서론이 길어졌다, 그렇죠? 제가 항상 강조하는 거예요. 시의 수많은 시어(詩語)들이 결국 자기말(self-talk)로 내면화되지요. 인지상담하시는 분에게는 교육이나, 어디 가서든지…. 자기언어 또는 자기대화에 대해서 이야기를 많이 하지요. 사람들 가운데 부정적인 자기말이 많은 사람이 있어요. 정아씨 같은 경우 그럴지 몰라. "나는 참 바보야, 나는 한심해, 나는 이렇게 살아야 하나" 이런 부정적자기말은 곧 나의 부정적 사고예요. 여러분도 마찬가지예요 지금 이 순간에 머리 속에 떠오르는 생각이 뭐예요? 나에게 무슨 말을 하고 있어요?

수 림 : 지금 이 순간 말이죠, 시를 읽어야겠다.

상담자 : 좋아요. 강물님은요?

강 물 : 늦게 와서 마음이 계속 쓰이고 있어요.

상담자 : 늦게 왔다고 욕먹으면 어떡하나 이런 거… O. K.

진달래 : 어쩜 저렇게 잘 외우고 계실까? 나는 읽는 대로 잊어버리는데….

상담자 : 제가 시간을 많이 썼어요. 이럴 때 활용하려고…. (웃음)

순 덕 : 며칠 동안 짜증나는 일들이 있었거든요. 그래서 "오늘은 많이 정화를 시키고 가야겠다"는 생각이 들어요.

상담자 : O. K. 좋았어요.

사 랑 : 제 생각보다 궁금한 게 선생님 무슨 일이 있었나 알고 싶어요.

상담자 : 어… 저한데…무슨 일? 어떤 일?

사 랑 : 글쎄요 얘기를 해봐야겠죠. 좋은 일이 있을 것 같아요.

상담자 : 그래요, 고마워요. 무슨 일이 있을 것 같다, 무슨 일은 아니고요. 계절이 바뀌어 봄이 오고 이렇게 나이가 들면서 만나는 사람 한 사람 한 사람들이 소중해지는 거예요. 제가 이상하게, 사실 저는 편지 같은 것 쓰고 싶은 사람인데 쓸 대상이 없어서 못 쓰는 사람이었는데 그런데 쓸 대상이 굳이 없다고 그러지 말고, 쓸 대상이라는 것이 사랑

하는 남자가 없다 이런 말이겠지, 그런데 쓸 대상이 꼭 사랑하는 남자이여야 되나 제가 그동안 참 많은 인간관계를 맺어왔기 때문에 쓰려고 마음을 먹으니까 쓸 사람이 너무너무 많은 거예요. 그리고 마침 스승의 날도 다가오고 그래서 이미 몇 장의 편지는 써서 보냈고, 제가 마음이 실린 편지를 쓰면 사람들이 많은 감동을 느끼신다고 해요. 예를 들면 지방에 계시는 분에게 편지를 쓰면 그것을 받아보고 참으로 오랜만에 인간의 '정'이 깃들인 글을 받아보아서 흐뭇했다는 답신을 보내오시기도 하구요. 이것이 계기가 되어서 마음이 교류되는 경험을 했어요. 그래서 편지를 써야 되겠다라는 다짐을 했지요. 결국 편지를 쓴다는 것이, 제 마음을 풀어내는 작업이고, 그것이 행복하더라구요. 비록 편지를 쓴 대상이 사랑하는 남자가 아닐지라도 그 다음에 또 하나는 제가 아까 인간관계를 많이 맺었다고 했는데, 그전에는 그것들이 얼마나 소중하고 중요한 것인지를 잘 몰랐는데 지금은 글쎄, 계기가 특별히 있었던 것은 아닌데 그 관계들이 너무너무 소중해요. 깊은 만남도 있었고, 스쳐 지나가는 만남도 있었고, 요즈음 제가 조용필의 노래 16집을 듣고 있는데 거기에 보면 "차 한 잔에 마음 묻고 떠나도 되련만 스치는 인연에도 목이 메이는데 왜 이렇게도 그리운 것이 많은지 몰라" 이런 구절이 나와요… 만남의 깊이가 아주 친밀한 것도 있고, 스쳐 지나가는 것도 있고 하는데 제가 스쳐 지나가는 것까지는 다 생각할 수는 없지만 어느 정도 저와 같이 만나서 교육 받았다든지, 공부를 했다든지, 이런 사람들이 소중해지면서 관계를 어떤 식으로든지 계속해야 되겠다는 생각이 들어요. 사실 그 전에는 이런 집단상담은 사실은 많이 하지 않았어요. 그 전에는 좀 지쳤어요. 사람을 만나고 하는 것이 …. 그러나 제 마음이 변하면서 여러분들도 소중하게 느껴지는 거예요. 그런 변화가 있었다고 할까요?

사 랑 : 자가 인지치료를 확실하게 하셨네요.

상담자 : 그리고 이상하게 또 요즈음에는 옛날에 맺었던 관계들, 사람들 이런 사람들이, 뿌려놓은 씨죠. 그러니까, 그것들이 되살아나서 저를 지지해줘요, 정서적 지지를 해줘. 그야말로 힘이 되는 것 같아요. 그래서 역시 인간은 관계적인 맥락 속에서 어차피 살아가는 거구 좋은 관계를 맺을 수 있는 능력이 중요한 능력이고, 좋은 관계가 자기 삶의 중요한 자산이다. 이런 것을 생각하면서 사물이 다 소중해지고, 여러분 한 사람 한 사람이 소중해지고, 그래서 기뻐요. 그러니까 사랑님의 느낌이 정확한 것 같아요. 바로 느끼는 것을 보면…

사 랑 : 제가 직관력이 있어요…

상담자 : 그런 것 같아요. 정아님은 무슨 생각을 하셨어요?

정 아 : 오늘 일기장에 시를 읽어야 되겠다는 말을 적고 시집을 사봐야겠다는 생각이요.

상담자 : 그래, 요즈음 좋은 시집 많아요. 김용택의 〈그 여자네 집〉… 좋은 시집 있으면 추천해봐요. 정아님이 읽으면 도움이 될 수 있는 것 …류시화의 〈외눈박이 물고기의 사랑〉도 좋고, 이생진의 〈그리운 내 고향 성산포〉, 정호승의 〈사랑하다가 죽어버려라〉 그런 시도 참 좋죠. 저는 요즈음 특히 만해 한용운님에 대해서 새로운 발견을 하고 있어요.

저는 그 전에는 기껏해야 〈님의 침묵〉 또는 〈알 수 없어요〉정도 알고 있었어요. 그런데 요즈음 그의 시전집을 다시 읽게 되면서 새로운 발견을 하게 되었어요. 〈당신 가신 때〉라는 그의 위대한 시를 낭송해 드릴게요.

당신 가신 때

당신이 가실 때에 나는 다른 시골에
병들어 누워서 이별의 키스도 못 하였습니다.
그때는 가을바람이 첨으로 나서 단풍이
한 가지에 두서너 잎이 붉었습니다.

나는 永遠의 時間에서 당신 가신 때를
끊어 내겠습니다. 그러면 時間은
두 도막이 납니다.
時間의 한 끝은 당신이 가지고 한 끝은
내가 가졌다가 당신의 손과 나의 손과
마주 잡을 때에 가만히 이어 놓겠습니다.

그러면 붓대를 잡고 남의 不幸한 일만을 쓰려고
기다리는 사람들도 당신의 가신 때는 쓰지 못할 것입니다.
나는 永遠의 時間에서 당신 가신 때를 끊어 내겠습니다.

또 〈버리지 아니하면〉의 마지막 구절 '당신이 나를 버리지 아니하면 나는 마음의 거울이 되어서 속임 없이 당신의 苦樂을 같이 하겠습니다"를 낭송하노라면 영혼의 떨림, 그 전율이 가슴팍에 스며들어와요.

정 아 : 와! 우! 어떻게 외우세요. 저는 아무리 해도 잘 안 외워져요.
상담자 : 관심이 있다보면 정아님도 그렇게 될 꺼예요. 관심을 가지게 되면 그쪽으로 인지구조가 형성되죠 그러면 쉬워지지. O.K. 자, 그러면 오늘은 순덕님께서 짜증이 많이 나서 풀어야 되겠는데 순덕님이 먼저 이야기하는 것 어떨까요? 아니면 다른 분들, 평소에 조용했던 분들 있잖아.
정 아 : 제가 할게요… 어제 색다른 경험을 했어요. 어떤 경험이냐 하면 저는 지하철 타는 게 굉장히 무서웠거든요. 개찰구에 표를 넣으면 그 네모 막대기 있죠 그게 저를 막아 버릴 것 같은 느낌 때문에 항상 표를 넣고 멈칫멈칫 했는데 어저께 표를 넣으니까 막대기가 안 나오는 거예요. 그것이 너도 들어와도 된다고 이렇게 반기는 것 같은 느낌,

그 느낌을 받아서 신이 나서 또 했는데 그것이 여전히 저를 막지 않고 저를 반기는 거예요. 왜 그런 생각이 들었을까 집에 와서 곰곰히 생각했는데 저는 상담을 하면서 힘이 들어요. 어떤 것이 힘이 드느냐 하면 가만히 있으면 자동적으로 부정적인 생각들이 계속 떠오르거든요.

상담자 : 어, 그것을 부정적 자동적 사고라고 하지요. 그게 바로 문제이지요.

정 아 : 그러니까 그것을 하지 않으려고 이렇게 애를 쓰다보니까 피곤하고 지칠려고 했는데. 그 노력한 결과가 그게 아니였나 싶어요. 그게 너무나 두려웠어요. 아마 상상을 못 하실 거예요. 개찰구가 막아 버릴 꺼라는 생각에 지하철 타기가 불편했는데 오늘 아침은 굉장히 즐거웠어요.

상담자 : 즐거웠다는 것은 그런 생각이 안 들어서….

정 아 : 예, 제게 막을 것이라는 생각이 전혀 안 들고, 자연스럽게 넣는 것이 재미있었어요. 표도 먹을 거라는 생각도 안 들었고요. 나도 저게 안 막고 나갈 수 있다는 생각, 제게 들어와도 된다고 환영하는 느낌 있죠.

상담자 : 이게 참 좋은 변화예요. 그전에는 꽉 막아 버릴 것 같은 부정적 자동적 사고에서 지금은 굉장히 긍정적 사고로 되었잖아요. 그렇게 사고가 변화가 된 이유가 ,왜 그런 것 같아요?

정 아 : 갑자기 그게 왔는데, 제가 그런 생각하지 말아야지, 자는 시간 이외는 계속 했던 것 같아요

상담자 : 어, 부정적 사고를….

정 아 : 그런 생각이 들려고 하면은 어떤 음악을 듣는다든지 해서 바꾸었어요. 바꾸다 보니까, 그런 결과가 온 것 같아 굉장히 기뻤어요. 여하튼 표 넣는 것이 참 재미있었어요.

상담자 : 그게 참 좋은 체험이고 저는 이 얘기를 해드리고 싶은데 부정적 자동적 사고, 그러니까 순간순간 내 머리 속에 떠오르는 잘못된 생각들 부정적으로 보는 시각들, 잘 찾아서 바꾸는 것 그것이야말로 인지치료의 핵심 관건이죠. 우리에게 문제를 유발하는…. 그렇게 생각하지 않으려고 하면 머리가 아프다고 했는데, 제가 방법을 가르쳐 드릴게요. 그러니까 그 부정적 자동적 사고를 한번 이야기 해보세요. 지금 어떤 부정적 사고가 있는지 구체적으로 ….

정 아[2] : 제가 계속적으로 말하는 "나는 빼앗겼다는 생각" 그래서 "나는 힘이 없고 이제 무언가를 할 수 없을 것"이라는 생각, 그리고 "억울하다라는 생각" "나는 쓸데없는 데 시간을 낭비했기 때문에 같이 공부해도 따라갈 수 없을 것"이라는 생각이 계속 들었거든요.

상담자[3] : 네, 같이 공부를 해도 따라갈 수 없다 이것이 정말 부정적 사고지요. 부정적 사고라는 것이 뭐냐하면 현실은 그렇지 않은데 사실을 왜곡해서 지각하는 것이지요. 이것을

---

2) 정아님의 부정적 자동적 사고 표출.
3) 정아님의 비합리적 사고에 대치되는 합리적 사고를 카드에 써서 다니면서 낭송할 것을 권유.

부정적으로 나는 빼앗겼다, 물론 빼앗긴 부분도 있지만 순덕씨나 이런 분에 비하면 얻은 부분이 더 많단 말이에요. 그리고 억울한 것, 억울한 부분도 있지만 이익 본 부분도 굉장히 많아요. 그 다음에 "같이 공부해도 따라할 수 없다" 지금 너무나 잘 따라하고 있어요. 그렇지 이 각각에…. 제가 이거 오늘 숙제로 내드리는데 다음에 정아님이 그것을 저한테 내세요. 평소에 나를 괴롭혔던 부정적 잘못된 사고 이것을 나열을 해보는 거야. 나열해서 소위 우리가 얘기하는 합리적 사고로 바꾸어보는 거야. 인덱스 카드 같은 곳에 써서요. 써서 핸드백에 항상 넣어가지고 다니면서 시간이 날 때마다 그것을 읽는 거야. 그것이 바로 자기대화, 자기언어예요. 아셨죠?

정　아 : 저는 일기를 계속 써오고 있는데 일기장에 항상 썼는데도 그때 뿐인 것 같아요.

상담자 : 그러니까 '그때뿐인'이라는 말이 중요한 말인데 그때뿐이 안 되게 하려면 글을 써서 낭송을 하란 말이야. 자기말로, 자기언어로, 제가 그 얘기를 충분히 안했는데요. 우리의 사고는 일단 언어가 형성된 다음에는 언어를 가지고 사고하게 돼있어요. 물론 사고가 그대로 1 대 1로 언어에 연결되지는 않지만, 즉 우리들의 사고를 가장 잘 표현하는 근사치 언어를 선택해야만 하는 경우가 많다는 것이지요. 어쨌든 합리적인 사고를 담은 언어를 지속적으로 낭송하고 반복적으로 사용함으로써 이러면 그것이 내 사고로 굳어지는 거예요. 사고로 굳히려면 일기장에 한 번 쓰고 사색한 것 가지고는 안 된단 말이죠. 무수히 많은 시간을 낭송하고 외워보는 거예요. 자꾸 그것이 어느 순간에 내 사고로 굳어질 수 있도록, 아셨죠.

정　아 : 네.

상담자 : 숙제예요. O. K. 좋아요. 우리 지난번에 수림님이 오늘 뭐 얘기하기로 했죠?

수　림 : 지난 번에 어머니와의 관계 이런 것 이야기했는데, 제가 집안에 어머니하고 식구들하고 전체적으로 같이 보내는 시간이 적은 편이예요.

상담자 : 지금 현재 식구라면 누구누구 계세요?

수　림 : 아버님, 어머님, 저희 큰 오빠부부랑 같이 살거든요. 식구가 그저 그렇게 되는데요. 많이 대화하고 모여 앉아있는 시간이 별로 없는 편이예요. 제가 저녁도 밖에서 먹고 들어올 때가 많구요. 친구 약속, 이런 것이나 다른 일 때문에 저녁에 늦게 들어가는 경우가 있고 일찍 들어가더라도 모이는 시간이 달라지니까 식구들이 저녁을 먹더라도…. 엊그저께는 얼마 전에 아주 오랜만에 어머니하고 아버지하고 저하고 셋이서 앉아서 저녁을 먹게 되었는데 굉장히 어색하더라구요, 그렇지 않았던 것 같은데 너무 오랜만에 거의 한 달만에 셋이 앉아서 아버지하고, 어머니하고 앉아있는데 그냥 할 말이 없어요. 부담이 조금 되더라구요. 어머니, 아버지도 알게 모르게 제 눈치를 보시는 것이 아닌가 그런 생각이 들 정도로 서로 조심스럽게 있는 것 같은 느낌, 그런 기분이 들더라구요. 저만 느끼는 것일 수 있구요.

상담자 : 그러니까 수림님만의 지각일 수도 있고 양쪽 다의 지각일 수가 있는데 서먹서먹한 느낌이나 어색한 분위기가 왜 생기는 것 같아요?

수　림 : 예, 제가 지난 번에 부모님에 대한 그런 사랑과 존경이나 풋풋한 마음이 안 생겨지는… 없어져 가는 것, 워낙에 없었던 것 같지는 않은데 그런 느낌…. 생각을 해왔어요. 제가 부모님에 대한 그런 기대감이 큰 것 같아요. 부모님에 대한 이상적인 모습을 그리는 것이 크고 ,큰 편인 것 같고, 그것이 현실적으로 부모님이 그릇되게 보여주시는 것, 많이 그러시는 것은 아닌데 한 번씩 가끔 깨질 때가 있잖아요. 예를 들면 부모님께서 싸우거나 그럴 때, 그런 말들, 두 분이 싸우면서 오고가는 말들이 저한테 대개 상처가 되요. 저한테 관련된 싸움이 아니지만 너무 두 분이 그렇게 적, 완전히 원수처럼 싸우시면 나이도 많으신 분들이 그러시면, 정말 실망, 절망…. 그런 것이 있고, 그런 경향이 있고 그리고 내가 이런 생각을 왜하나 부모님은 부모님이고 나는 나지 하고 생각을 하면서 보면 또 제가 부모님에 대한 그런 의존적인 자세가 있으니까 거기에서 벗어나지 못하고 이러는구나…. 그런 생각도 하구 그래요. 대개 가벼울 수 있는 이유인데 제가 나이에 비해서 부모의 정신적인 부분에서 완전히 서 있지 못한, 그래서 제가 부모님을 돌보고 이해하지 못하고 어린아이 같은 마음이 생기는 것 같아요. 저 혼자 진단할 때는….

상담자 : 그래요. 부모가 싸우면 실망 많이 된다. 이것이 부모님에 대한 기대가 혹시 의존적이진 않은가 그리고 나는 왜 독립적이지 못하고 이렇게 부모에게 의존하고 있는가 그것이 날 고통스럽게 만드는 건가요?

수　림[4] : 예. 그런 편이예요. 제가 뭔가를 결정하거나 행동을 할 때 부모님이 원하시는 대로 선택하는 것이지 라고 생각할 때가 가장 편했어요. 그러니까 뒷감당이 쉬운 거예요. 제가 그런 스타일로 전공을 정하는 것부터 그전에, 어릴 때 원하는 특별활동을 한다든지 이런 것도 부모님이 시키는 "너는 이런 선에서 하는 게 안전하고 좋아" 그런 것 있죠. 그래서 그렇게 해왔는데 저는 그것이 부당하다, 불편하다 그렇게 많은 생각 안 했거든요. 그런 시간이 흐르면서 그런것이 나의 성장을 방해했던 요소였다. 그런 생각을 하게 되었어요. 현실적으로 사실 실제적으로 그런 편이 있었고 어릴 때는 몰랐지만, 그래서 부모님에 대한, 부모님이 저한테 바랬던 요구만큼 저 역시 그런 요구나 기대가 커졌던 것 같아요. 그런데 현실적으로 아름답게 내가 원하는 이상적인 그런 든든한 느낌보다는 서로 좀 인간적이고 이기적이고…. 이런 순간이 있잖아요, 사람이기 때문에 그럴 때는 화가 나더라구요. 화가 나구 부모님하고 대화하고, 부모님한테 무엇을 묻고 제가 어려운 점들을 나누어서 충고를 얻는다든지 그런 것이 어렵다 또는 부모님이 오히려 어린아이 같다, 나는… 벽이 생기고 그래요. 부모님하고 관계가 자연스럽고 그런 관계가 됐다면 참 좋겠다는 생각이 들어요. 제가 속해있는 일차집단, 아무래도 결혼을 안 했으니까 가족, 부모님과의 관계가 일차적인데, 그 관계가 원활하지 못한 것이 다른 관계에 영향을 주더라구요. 다른 관계… 다른 이성을 만났을 경

---

4) 수림님의 문제 표출.

우에도 아버지 상에 비춰서 보게 되고… 그런 이유로 자꾸 끊게 돼요. 내가 알고 있는 가까운 남자….불안불안한 것….

상담자⁵⁾ : 우리가 이것을 인지적으로 분석해 봅시다. 수림이 화가 나지, 때때로 부모님이—그것은 결국 부모님은 성숙하고 어른스럽고 이상적인 모습을 항상 보여야 한다 그런데 때때로 싸우시기도 하고 미성숙한 모습을 보이시기도 하는데 그런 부모를 둔 난 비참하다 그런 부모의 모습이, 아버지의 모습이, 이런 것들이 내가 다른 사람과의 관계를 맺을 때 악영향을 끼치는 것을 참을 수 없다. 이런 식으로 개념화를 할 수 있을 꺼 같은데 이제 우리가 그것에 대해 저만 논박을 하는 것이 아니라, 논박하는 것은 생각을 바꾸어주는 거잖아요. 지금 설득하고 이런 것들을 여러분이 좀 도와주셨으면 좋겠어요. 수림님이 생각을 바꾸면 좀 더 행복해질 수 있을 것 같거든요.

진달래 : 제가 지난 번에 수림님 얘기를 들으면서 제 입장에서는 부모님이라기보다는 어머님 한 분이였던 것에 대한 원망스럽게 컸어요. 그래서 부모님과의 그것이, 굉장히 억누르면서, 표현 안하면서 그러니까 절대 어디서 표현 안 하려는 그런 심정으로…. 그분이 세상을 가시기 전까지 그런 감정이 반복이 되었기 때문에, 쓸쓸했기 때문에, 헤어나기가… 신앙의 힘에 의존하게 되어서, 한쪽에서 채워지지 않는 상황이 생겨서 그 마음 나도 그랬어요. 하느님의 사랑을 채워가면서 밝게 살아요. 현재는… 어머니도 만나는 순간 순간은 속상하고 어머니에 대한 기대, 그 부모 하면 그 이상형이 그려지는데 그것에 못 미치는 나의 부모들에 대한 기대치에 전혀 와 있지 않는 그런 것을 굉장히 다른 데서는 도저히 채워지지를 않아요. 신앙생활을 더 열심히 하면 하나의 방법이 아닐까요. 그 마음을 생각하면 지금은 죄송하고 한 분이, 홀로 부모님의 역할을 해주신 것에 대해 너무 고맙게 생각하고 참 훌륭한 점들이 많았는데 다 인정해드리지 못하고, 더 잘해드리지 못하고, 그랬던 것들이 계속 후회가 돼요. 좋은 점을 미리 이런 치료를 통해서, 좋은 점을 찾아서 사랑해드리고 인정해드리고 하는 계기가 미리 알았으면 얼마나 좋았을까 후회스러워요. 그래서 빨리 그런 감정에서 벗어나서, 아 고마운 가족이라고 말할 수 있고 부모님들 고맙고 감사하다는 그런 마음을 가지고 행복할 수 있을것이라고 생각했어요.

순 덕 : 제 경험을 얘기할게요. 사실 오늘은 가능한 한 말을 안 하고, 아까 말씀드릴 때는 정화시킨다고 했는데 아무 말 안 하고도 함께 하는 그 자체만으로도 정화가 될 것 같아서 왔거든요. 수림씨 얘기를 들으면서 지금 이 순간 정리가 되는 것 같아요. 한 주 동안에는 흐릿한 안개 속에 가려있던 것 같은데 지금 얘기를 들으면서 바로 그거야, 그것 때문에 그랬을 거야 라는 게 제 삶과 비슷한 것이 있기 때문에 이해가 되는 부분이 뭐냐하면 앨버트 앨리스의 비합리적인 사고 11가지 중 하나가 뭐냐하면 "타인의 문제나 혼란스러움에 함께 괴로워하고 속상해야 한다."이것인데 제가 보기에도 그것이 많

---

5) 상담자가 수림님의 문제를 인지적으로 개념화함.

이 힘들 것이라는 생각이 들어요. 왜냐하면 저희 집안이 아버님은 독재적이시고, 어머님은 억눌려 사시고 너는 내 말을 잘 들을 것 같아서 내가 너한테 그랬다. 이렇게 노골적으로 표현하시는 것이 많거든요. 당신의 친구나, 우리 자녀들까지도 표현하시는 것만큼 그러시는 분이고, 어머님은 억눌려 사셨고 그러다 보니까 어머니가 나이가 드시니까 많이 싸우시다 보니까 굉장히 시끄러워요. 심하게 싸우시고, 그러구 하나에서부터 열까지, 저희 아버님, 어머님이 전쟁고아셨거든요. 하나에서 열까지 당신들의 삶이 없으시거든요. 취미도 없으시고 아무것도 없어요. 어머님은 가정 살림, 아버님은 직장 이외에는 아무것도 없으니까 자녀 넷을 한마디로 재미있게 노시는 거예요. 학교에 갔다오면 재미있는 얘기해 달라 자식을 상대로, 이런 식의 삶이 그분들의 패턴이시거든요. 우리들은 들어오면 재미있었던 일을 풀어내야 하고 없는 이야기도 만들어서 해드려야 되는 어떤 의무감이나 그 모든 것 대학 진학, 하나하나 하는 것이 모두 다 관리되어서 살았어요. 저희 가족은 결혼문제까지도 막판에는 다 형제들이 원하는 대상으로 결혼을 했지만 그 순간까지 반대에 부딪히는 거예요. 그것을 봤을 때 최초에 제가 말했던 가정관계에서 화가 난다, 피해의식이 있다 그리고 피해의식이라는 것이 어머님과의 갈등이거든요. 어머님이 그러시니까 힘든 부분을 딸인 저한테 많이 호소를 하셨고 저는 몰랐지만 아까 수림씨가 말씀하셨던 나는 잘 몰랐는데 지금 와서 생각해보니까 내가 잘못 살았다. 내가 이렇게 제대로 성장할 것을 부모님 때문에 차단당했다는 생각을 저도 많이 했어요. 그래서 나이 들어서, 나이 들어서 많이 고통스러웠던 것을 그렇게 의식을 못했어요. 어렸을 때 반항 같은 것 전혀 안하고 당연하다, 어머님 아버님 말씀은 당연한 것을 따라야 되고 복종해야 되는 것이고, 그렇게 스물다섯, 여섯, 일곱을 살다 보니까 부딪히는 문제가 너무 많아요. 이를테면 화가 나고 제 생활을 전혀 못했어요. 수림님은 그래도 자기활동을 많이 한다고 했는데 저는 전혀 못 했어요. 연애도 못 해보고 친구들과의 교제도 거의 안 하고 집, 학교, 아니면 직장, 학교, 집 이것밖에는 없었는데 그런 속에서 갈등하는데 부모와의 세계가 별개라는 것을 본인이 확고하게 인식을 해야 될 것 같아요. 알게 모르게 저는 상호의존성이라는 이야기를 들었거든요. 가족 간에 또 어머니가 딸인 저한테 또 저도 모르게 어머니와 사실 굉장히 의존적인 저는 제가 의존적이라고 생각을 안했는데 그 구조 자체가 굉장히 의존적이었던 거죠. 내가 엄마를 도와주지 않으면 절대 나는 내 생활을 할 수 없는 의존성, 그런 것을 인식하게 되면서 가족 간의 보이지 않는 패턴이 있다. 어느 가족이든 간에 일단 인식할 때 당신의 삶이 물론 같이 살면 저도 영향을 받지만, 옛날에는 괴로웠어요. 고통스러웠는데 지금 단계에서는 화만 나요. 괴롭거나 고통스럽거나 나를 학대하거나 나를 괴롭히는 행위는 안하고, 물론 계속 같이 살다보니까 당신들 패턴이 있으시니까 부딪히는 면이 있는데요. 짜증은 나지만 예전처럼 그것을 고민을 한다거나 고통스러워하지는 않거든요. 그런데 제가 결론적으로 도와드리고 싶은 말씀은 부모님의 패턴에 그것에 본인이 말려든다고 그럴까, 적절한 표현을 잘 못 하겠는데 인식을 하고 별개다 나오는 별개다. 물론 내가 영향을 받는 것을 무시할 수는 없지만 당신들의 삶과 내 삶이 다르게 나아갈 수밖에 없다는 것을 인식하고 정화시키는 작업, 일단은 빨리 아파하고 당신들 때문에 이런 영향을 받았다는 것을 인식하고 빨리 자기를 세운다고 그럴까 이런 단계를 하고 그 다음에 정화의 상태에 들어가면 훨씬 쉬어지지 않을까, 행복까지는 잘 모르겠지만 저도 아직 행복까지는 가지 않았는데 많이 쌓였던 아픔이라는 것들이 조금씩 열어지는 것 같아요.

수 림 : 예, 좋은 말씀해 주셔서 고맙고요. 하느님 얘기를 하셨는데 제가 교회를 다니거든요. 제가 거기에서 변해왔던 것 같아요. 그것이 아니었다면 안 믿는 분들은 이해하시기 어렵겠지만 저에게서 만약에 믿음이 아니였다면 제가 진짜 자유롭지 못하고 지금보다 훨씬 어려운 상황에 처해있겠다는 생각이 들고요, 가족관계를 더 추구해야 될 것 같구요. 또 하나는 패턴에 관한 이야기를 하신 것은 제가 그 생각이 들기는 하더라구요. 아까도 부모님이 바뀌기를 기대하기가 어렵다. 부모님은 나이도 있고, 연세도 많으시고, 부모님이 바뀔길 기대하기보다는 내가 바뀌어 봐야지, 그러니까 부모님이 제가 바라는 이상적인 모습이 된다는 것이 아닌, 제가 시각을 바꾸고 부모님을 대하는 것이… 제가 제 자신의 내면적인 성숙이나 발전을 위해서 부모님을 대하는 태도의 변화가 필요하다 똑같은 식으로는 살 수 없겠다….

상담자 : 그러니까 우리 수림님이 울먹일려고 했는데 "부모는 부모다워야 하는데 그것이 속상하다" 이런 것이 많았나요.

수 림 : 부모답다는 게 어렸을 때는 무엇인지 몰랐어요. 부모는…. 아버지 어머니 관계가 서로를 사랑하고 위하는 관계라기보다는 두 분이 그러셨겠죠 사랑하셔서 결혼하셨지만 사랑이 있어요 집에, 그런데 그건 사랑이 아니라 뭔가 좀 답답해요. 아버님이, 제가 바라보기는 어버님이 좀 더 권위가 있으시고, 저희 집은 아버지가 크게 권위를 막 내세우는 편이 아니예요. 저희 형제들도 삶에 대한 방향을 좀 더 제시해 주셨으면 했는데 그렇지 않으시고 그 대신에 다른 면에 사랑을 주시죠. 그러니까 사소한 것, 사랑이 많은 거죠. 양말 하나 더 신고 옷 하나 제대로 입었나, 춥지는 않나, 이런 것들…. 따뜻한 그런 것이 있으신데요. 좀 더 적극적이고 강하게 와 닿는 게 없고 어머님은 그냥 주도적이고 지시적이고 계속 그런 스타일이예요. 그게 부부간에도 균형이 안 맞으니까 엄마 아버지가 힘드신 것 같아요. 그게 저희한테 되더라구요. 저뿐만 아니라 저희 오빠들도 힘들어하더라구요. 결혼해서 사는데 오빠들 역시 힘들어하고 큰 오빠 같은 경우는 자신의 문제도 있겠지만 집안에서 얘기 별로 안 하면서 그냥 그렇게 지내더라구요. 아버지랑 얘기 별로 안하고… 잘해주는 것 잘 아는데 감사할 것이 많아요. 제가 생각해도 이런 생각을 한다는 것이 죄책감이 많이 들어요. 사랑을 주신 만큼 보답을 못 하고 불만만 쌓이고 유아적인 그런 것에서 벗어나지 못하는구나 진짜 책, 성경, 하느님 사랑과 말씀으로 제가 공부했던 그런 것을 통해서 하나씩 커가는 것 같아요….

상담자 : ⑩아까 순덕씨가 굉장히 좋은 이야기 해주셨는데요. 여러분들이 『인지·정서·행동치

료』 책을 읽으면서 이 집단에 참여하기를 저는 굉장히 요구하는데 사실 그거예요. "타인의 문제에 대해 항상 함께 괴로워하고 혼란스러워해야 된다." 특히 우리 나라 사람들이 타인이 자기 피붙이일 때는 정말 그렇게 생각하는 경향이 아주 많아요. 피붙이거나, 배우자이거나, 우리 친정에 무슨 일이 있는데 남편이 별로 혼란스러워 안 하고 괴로워해주지 않는다 그러면 거기서부터 많은 싸움이 시작되거든요. 그런데 꼭 사랑이 그런 것이 아닌 것처럼 배우자의 어려움을 내가 같이 느껴야 사랑하는 것이 아닌 것처럼 부모님과의 갈등이 있을 때 내가 같이 괴로워하고 슬퍼해야 만이 뭔가 함께하고 있는 것이 아닌가 하는 생각을 바꾸셔야 하고 또한 부모님이 이상적인 모습을 보이시면 참 좋지만, 더 바랄 것이 없지만 그렇지 않아도 어쩔 수 없잖아요. 그렇지 않아요, 내가 그 속에서 그렇지 않으려고 하는 것을 배울 수도 있는 거구. 그렇죠, 그리고 또 이 세상에 얼마나 많은 사람들이 서로를 의지하고 사랑하면서 살아갈까? 따져보면 그렇게 많지 않은 사람들이 모여서 아웅다웅거리면서 내가 무슨 말을 하지…. 내 선택하고는 무관한 거잖아요. 부모님이 그렇게 되신 것에 대해 적절한 거리를 유지하세요. 자꾸 영향을 받는다는 것은 우리도 모르게 분석적인 경향이 깔려있기 때문이에요. 그래서 계속 제가 강조하지만 아무리 부모와의 관계가 나빠도 내가 영향을 받지 않을 수 있어요. 내가 그것을 어떻게 지각하느냐에 따라서 나도 운이 없어서 화목하지는 못 하지만 그렇다고 내 삶까지 앞으로 나의 미래에 존재할 관계까지 그러라는 법은 이 세상에 없다. 나는 갈등의 요소를 알았으니까 나는 잘할 수 있다. 그렇게 생각하시면 수림님이 답답하고 우울한 상태에서 벗어날 수 있을 것 같고 또 아까 새로운 죄책감을 느낀다고 그러셨죠 부모님에게 받은 사랑을 반드시 보답해야 된다. 그것은 수림님이 고민하는 것, 그 정도면 어떤 면에서 충분히 보답하는 것 일 수도 있어요. 부모의 사랑은 내리사랑이기 때문에 노력하는 것이지 부모님께 받은 만큼 주기는 어렵죠. 노력하는 것 자체가 사랑이다라고 생각하면 되지 않을까요. 공감도 제가 지금 이 얘기를 하면서 속으로 괴로운데 이 마음을 정확하게 집지를 못 하겠거든요. 제가 체험해보지 않았기 때문에. 그렇지만 제가 자꾸 공감할려고 노력하죠. 이것도 공감이예요. 노력하는 과정도…. 그렇다면은 죄책감에서 벗어날 수 있는 것이 아닐까? 다른 분들은 어떠세요? 어떡하면 수림님이 그 생각의 굴레에서 벗어나서 자유로울 수 있을까? 예를 들면 부모님은 항상 성실하고 화목하고 이상적인 모습을 보여야 한다. 그것이 잘못되었다는 것을 수림님을 힘들게 한다는 것을 보여줘서 그 생각을 순식간에 변화시킬 수 있을까요?

순 덕 : 책이나 드라마를 보면… 예전에도 많이 봤지만 절실하게 느끼는 것, 우리 집은 오히려 어머니 아버지가 조금만 더 제가 생각하는 기준에 정상적인 삶을 살면 정말 너무

---

6) • Ellis가 제시한 11가지 비합리적 생각 중의 "타인의 문제에 대해 항상 함께 괴로워하고 혼란스러워 해야 된다" 일상생활 속에서 드러나는 모습에 대한 설명.
   • 수림님의 비합리적 생각을 논박함.

행복하고 진짜 완벽에 가까울텐데. 저희 자녀들은 우애도 좋고 부모님께 지극히 효성스럽고 그래요. 제가 저희 형제들끼리 이야기할 때 우리는 자식이 부모를 속 안 썩이니까 부모가 속 썩인다 우리끼리 속상하면 그런 이야기를 할 정도로 그런데 그분들 나름대로는 최선을 다해서 사세요. 우리들에게 피해를 주려고 그렇게 하시는 게 아니고 그분들 패턴, 삶의 패턴이 그러시고 그것이 변화가 전혀 안 되는 이유를 변화하려고 노력도 안 하시고 그렇기 때문에 깨닫지를 못하시는 것을 인지시킬 수는 없거든요. 제삼자가 그래서 극복하는 것이 책이나 드라마를 보면 그렇게 우리가 이상적으로 삶을 사는 가정이나 부부나 사랑의 부부가 얼마 없다는 것, 정말 극소수인 것 같다. 누구나가 어느 가족사나 들어가면 다 갈등이 있는데 갈등이 어느 정도 강하냐, 어느 정도 기냐, 짧으냐, 어떻게 풀어내느냐의 차이인데 그것은 저희 몫인 것 같더라구요. 풀어내는 것이 남들에게도 어느 만큼의 고통과 내 삶에 고통이 있듯이 가족사에도, 삶에도 고통이 있다는 생각을 하면서 남들을 들여다보니까 그렇게 힘들지 않고 이상적이지는 않지만 바닥도 아니다. 거기에서 위안을 얻었어요.

상담자 : 수림님, 위로가 되었어요?

수 림 : 예.

상담자 : 수림님을 보며는 지난 번에도 얘기를 했는지 모르지만 웃으면 참 밝은데 가만히 있으면 어둡거든요. 어두운 그림자가 항상 자신에게 드리워져있는 것이 자기에게 유리할 일은 없잖아요. 표정을 밝게 바꾸어갔으면 참 좋겠어요. 아마도 어두운 표정의 근원이 그런데 있을지 모르겠어요. 순간순간 무의식적으로 혹은 의식적으로 부모님의 바람직하지 않은 모습들이 떠오르고, 그래서 내가 속상하고. 그러다 보니까 얼굴의 표정이 어두워진 것은 아닐까하고 추정을 합니다. 이제 부터는 그럴 수가 있다, 그분들의 삶과 내 삶은 별개란 말이예요. 영향을 받는다고 생각하지 말아요. 영향을 차단하고 안 하고는 내가 하는 거예요. 앞으로는 표정을 밝게 하고 다녔으면 좋겠어요. 그런 노력을 어떻게 할래요 ….영향을 차단하는 노력….

수 림 : 그런데 예전보다는 차단이 많이 되었거든요. 그런데 그게 자연스러움에서 차단이 되는 것이 아니라 아예 대화 단절로 차단이 되는 것 같아요. 지금의 상태가 과도기가… 좋은 시간을 통해서 가족과 함께 하는 시간을 통해서 자연스럽게 제가 정신적으로 독립을 한다든지 영향을 안 받는 것도 그렇게 통로를 만들어야 되는데 그게 아니라 제가 피하고….

상담자 : 그러니까 피하는 것도 알았고 만들어야 되는 것도 알잖아요. 그러면 피하지 말고 만들어 가면 되잖아요. 그렇게 하려면 어떻게 해야되지….

수 림 : …만들어 가야지요.

상담자 : 이제부터는 순간순간 그런 상황이 닥쳤을 때 의식하지 말고 내가 적극적으로 나서서 분위기를 조성해가겠다 그래서 숙제를 낼게요…

순 덕 : 만들어야겠다는 생각뿐만 아니고 구체적으로 생각을 했으면 좋겠어요. 방법론적으로

내가 이렇게 해봐야겠다 그랬을 때 반응이 어떨까 이런 여러 가지 방법을 생각을 해 봤으면 좋겠어요. 서로가 지금 내가 피하는 게, 대화를 하지 않는 게, 대화를 하면 어떻게 해야지라는 막연한 생각보다는 그렇게 하면 백 날이 가도 백 년이 가도 … 백 번 생각하는 것보다 한번 행동하는 것이 낫다고 생각하거든요. 생각을 하기 위해서는 방법이 필요하잖아요. 방법론은 여러 가지 자기가 찾고 그 중에 한 가지를 행동을 해보는 거예요. 실패하면 또 다른 방법을… 그렇게 하나하나 나아가면 좋겠어요.

상담자 : 방법을 한 번 생각해봐요, 지금.

수　림 : … 제가 그렇게 말을 집에서 … 딸이 하나 거든요. 부모님이 바라는 딸의 모습으로 부드럽고 분위기도 매끄럽게 하는 그런 윤활유 역할을 원하셔요. 그러나 지금은 그러지를 않고 있어요. 지금 현재는 무뚝뚝하죠. 무뚝뚝하게 그냥 아버지 어머니가 옆에서 계셔도 있는 건지 없는 건지 모르게 저 혼자 돌아다니고, 식사 할 때 보면 형식적인 이야기, 가령 의무감에서 "엄마 오늘 뭐하고 보냈어요" 이런 식으로, 그리고 편하게 반말 쓰는 것조차 어떤 때는 어려워요. 제가 무의식적으로 반말이 안 나와요 무의식적으로 반말이 나와야 정상일 텐데 존댓말을 써야지 하다가 엄마니까 반말로 말할 수 있어야 되는데 저는 그게 반대예요. 존댓말을 쓰다가 의식적으로, '반말을 하자', '엄마랑 친해지자' 저는 엄마랑 친해져야 한다는….엄마를 편하게 생각해야 하고

상담자 : 그러기 위해 반말을 많이 사용해야겠네요.

수　림 : 예. 그런데 엄마가 제가 반말하는 것에 대해 썩 좋아하시는 것 같지는 않더라구요. 요즘에는 제가 워낙 무뚝뚝하게 하니까 좋지 않다는 말씀을 많이 들었어요. 그 영향이 남은 것 같은데 이제 어머니가 더 나이가 많이 드셨고, 오빠도 장가가고, 외로우신 상황이 되니까 저한테 더 많이 친하게 하고 싶어하는 것 같아요.

상담자 : 제가 숙제 체크할 거예요. 어떤 상황이였고 어떤 상황에서 내가 어떠한 행동으로 반응을 했다 그것을 써 오세요. 일기 쓰듯이 일주일 동안 한 번 써보는 거예요.

수　림 : 제가 굉장히 웃기는 것 같아요. 지금… 제가 내놓은 문제도 웃기는 것 같고, 숙제도….

상담자 : 왜 웃기다고 생각해요?

수　림 : 모르겠어요. 그런 생각이 나네요, 유아적으로….

상담자 : 수림씨는 자기의 행동 모든 것이 유아적이고 웃긴다 그것이 잘못된 것이지요. 어떤 식으로 여기에 끄집어냈다는 것은 그만큼 나한테 심각하기 때문에 끄집어 낸 것인데 유아적이든 어른 적이든 그것이 문제가 되는 것은 아니예요.

수　림 : 네. 그렇게 생각해야 될 것 같아요.

상담자 : "심각한 문제, 성인적인 문제는 꺼내도 되는 것이고, 유아적인 문제는 꺼내면 안 되고 창피하다"는 생각은 잘못된 거지요. 그 숙제를 꼭 해보세요. 일지를 일주일 동안 써오는 거야.

하　늘 : 모두다 유치한 문제를 가지고 고민하는 것 같아요, 큰 문제보다는.

상담자 : 그래서 하늘은 무슨 유치한 문제가 있는데요?

하　늘 : 저는 요즘 거절을 많이 당하고 있어요.

상담자 : 잘했어요.

하　늘 : 지난 목요일에도 못 만나고 연락을 제가 의식적으로 많이 하고 있는 것 같거든요. 늘 어떻게 때를 잘못 맞추어서 그런지 바쁜 시간에 무슨 회의중이라던지 이런 때 전화를 해서 또 얘기하는데 너무 황당한 게 나중에 전화하겠다 그래 놓고 전화가 안 와요. 그러니까 이것을 어떻게 해야 되는지 모르겠어요. 그냥 바쁜 시간에 내가 잘못 걸었고 워낙 바쁘니까 그럴 수 있다하고 이해하죠.

상담자 : 이럴 때 어떻게 해야 되요? 전화를 하기로 해놓고 안 한다.

하　늘 : 그런데 그게 한두 번 세 번 정도 되니까 일주일 사이에 그런 일이 세 번 정도 반복이 되니까 화가 나려고 해요.

상담자 : 화가 나지, 당연히 화가 나야지. 그럴 때도 화가 나지 말라는 것이 아니에요, 제가…. 남자가 말이야 여자가 전화를 해서 두 번 세 번 자기가 전화를 해주겠다고 해놓고 안 해주면 화가 좀 펄펄 나야 되는 거예요.

하　늘 : 그리고 전화를 해도 말을 별로 많이 못하게 되요, 워낙 바쁘니까.

상담자 : 자기가 그 남자가 안 바쁜 시간이 있잖아요.

하　늘 : 별로 없어요.

상담자 : 그러면 이 일을 어떡하면 좋아요.

순　덕 : 세 번 전부 전화를 했고 바쁘고… 또 전화를 하고… 그렇게 일주일 동안 반복된 거예요.

하　늘 : 두 번 ….

순　덕 : 그전에는 만났고.

하　늘 : 목요일날 못 만났다고 했잖아요.

순　덕 : 그전에 말이예요.

하　늘 : 한 번 만났어요.

순　덕 : 그때는 누가 만나자고 했어요?

하　늘 : 제가 많이 만나자고 그래요.

순　덕 : 사귄 기간은 길어요.

하　늘 : 꽤 오래 되었어요.

순　덕 : 처음부터 이런 식으로 계속 되는 거예요.

하　늘 : 별로 그러지는 않았어요.

순　덕 : 그전에는 그분이 먼저 전화를 했어요.

하　늘 : 자주 전화를 했지요.

순　덕 : 그때는 바쁘지 않았어요.

하　늘 : 그때도 바빴겠지요. 그런데 그때는… 무슨 심문하는 것 같애.

순　덕 : 아뇨, 그냥 그 사람의 마음 상태가 어떤 것인지 살펴보려고 그랬어요.

하　늘 : 그런데 그 사람에게 무슨 변화가 있는 것 같아요. 일들이 많이 생기는 거죠. 얘기할 기회가 없으니까 그 변화를 내가 … 모르겠어요 인정하기 싫을 수도 있거든요.

상담자 : 변화가 있는 것 같은 데 제가 볼 때 제가 그때 부탁드리고 싶은 것은 우리가 인간을 이해하는데 가장 방해가 되는 것이 "추측"이라는 것이에요. 소위 '마음 읽기의 오류)(false mind reading)'라고도 표현할 수 있겠는데, 또 하나는 평가를 유보하세요. 제가 지금 당장 그만두세요. 이렇게 말하려고 하다가 아니 당신 상담자가 그럴 수가 있어 하고 속으로 그랬는데, 우리가 이해할 수 없는 인간의 행동 뒤에는 그 사람이 그렇게 행동할 수밖에 없는 그런 어떤 이유가 있어요. 그것을 기간을 두고 그 이유가 뭘까하고, 두고 봐야 돼요. 그러니까 지금 섣불리 판단하지 말고 조금 시간을 두는 것이에요. 그런 다음에 시간을 두고 판단이 나온 다음에 내가 헤어질 것이면 헤어지는 것이고 그만둘 것이면 그만두는 것이지, 지금 섣불리 판단하거나 추측하지 않았으면 좋겠어요.

하　늘 : 얘기도 안 해 봤는데 어떻게 추측을 해요?

상담자 : 아니 그래도 드러나는 징후를 보면 이게 심상치가 않은 것 같은데….

하　늘 : 그렇게 생각은 안 해요.

상담자 : 그럼 다행이에요.

하　늘 : 워낙 사람이 종잡을 수 없는 사람이기는 해요. 어떨 때 보면 너무 활동적이다가도 어떨 때 보면 방콕만 하고 종잡을 수가 없어요. 생각을 굉장히 많이 하는데 그런 생각들, 다방면의 여러 생각들에 내가 못 미쳐 가니까 옆에서 많이 도와 줄 수가 없잖아요. 같이 무엇인가 고민하고 이런저런 미래에 대해 설계하고 이런 분야에 대해서 내가 들어갈 내가 알고 있는 부분이나 같이 연관된 부분이 있으면 들어갈 텐데 내 한계가 있는 것 같아요. 못 들어간다는 것이 마음에 걸리는 것 같아요.

상담자 : 그 사람 마음 속에 못 들어간다?

하　늘 : 마음까지는 아니겠지만 그냥 마음으로 서로 걱정하고 그렇기는 하지만 전에 어떤 고민하고 있는 미래에 대해 굉장히 많이 고민하는데 저는 그 미래적인 부분에 같이 들어가고 싶어요. 무슨 말인지 알겠어요?

상담자 : 그런데 왜 같이 들어가고 싶은 건데요?

하　늘 : 내가 도움이 되고 싶으니까.

상담자 : 그래요? 미래적인 것에 같이 들어가면 도움이 된다고 누가 그랬어요?

하　늘 : 제 생각에 같이 나누어야 된다 나누어야 되잖아요? 무엇인가가 고민이 있고 그러면.

상담자 : I don't think so…. (저는 그렇게 생각하지 않아요)

순　덕 : 나누어야만 한다.

상담자 : 그렇지 그것은 내가 갖고 있는 어떤 편견일 수도 있고 고정관념일 수도 있어요. 아니면 작아지고….

하 늘 : 때로는 내 도움을 요구하기도 하지만 내가 느끼기에는 그런데 제가 내 능력에 한계가 있기 때문에 도움을 요청했는데 도와줄 수 없는 경우 그런 경우가 있잖아요 그런 것에 대해 힘들다는 것이죠.

상담자 : O. K. 힘들다가 나왔지 왜 힘이 드냐하면 '나는 도움을 요청했을 때는 반드시 도움을 줘야만 한다' 그런 생각을 갖고 있는 거죠.

하 늘 : 그래요. 인간 관계에서 굉장히 많이 반복되는 패턴이예요 제가….

상담자 : 그러면 이번에 고치도록 노력해보세요. 왜냐하면 그 생각을 계속하고 있는 한 앞으로 계속 힘들 꺼예요. 누군가 나에게 도움을 구했을 때 내가 도와줄 수 있는 부분은 돕지만 내가 도울 수 없는 부분이 얼마든지 있어요. 그럴 때는 내가 도와주지 않아도 괜찮아, 도와주지 못해도 괜찮은 거라구요. 우리 하늘님은 누군가가 나에게 도움을 구할 때 나는 반드시 도와주는 천사가 되어야 한다, 이런 식의 생각을 하고 있는데 내가 해줄 수 있는 것은 도와주지만 내가 해줄 수 없는 것은 도와주지 못해도 괜찮다 이렇게 당당하게 생각을 해야 돼요.

하 늘 : 그런데 해줄 수 있는 범위가 내가 불편함을 감수하더라도 도와주어야 된다.

상담자[7] : 왜 내가 꼭 불편함을 감수해야 돼 그게 바로 무엇인지 알아요. "나는 내가 알고 있는 모든 사람들로부터 인정받고 이해받고 사랑받아야 된다." 그 생각에서부터 그게 나온 거지요.

하 늘 : 그래서 늘 걸리는 것이 비합리적 사고 제 일 번이잖아요.

상담자 : 그래요.

하 늘 : 저도 알아요. 인간이 완벽할 수 없다 그리고 그렇게 생각을 하지만 그 사람이 나에게 부탁하게 된 것은 그 사람이 뒤에 어려움이 있고 이렇기 때문에 내가 들어주어야겠다 이런 생각….

상담자 : 좋아요. 좋은데 내가 무리하지 않으면서 도와줄 수 있는 것은 도와주지만 나의 능력 범위밖에 있는 것은 어떻게 도와주나요. 지금 그것 때문에 문제잖아요. 하늘님은 능력 범위밖에 있는 것을 못 도와주었을 괴로운 사람은 아니예요. 그러니까 이제부터는 내가 도와줄 수 있는 것은 도와주는데 내 능력밖에 있는 것은 못 도와줬을 때 괴롭지 않을 수 있는 정신 상태를 갖게 되었으면 좋겠어요. 하늘님이 무슨 신(神)인가?

하 늘 : 알고 있는데 깨닫지는 못 해요.

상담자 : 그것을 깨닫기 위해 어떻게 해야 되겠어요?

하 늘 : 거절하는 연습도 해보아야 할 것 같아요. 그러니까 부탁을 많이 받게 되는데 예전에 대학원생이 논문을 써야 되는데 자료를 많이 읽어야 되잖아요. 제가 거절을 못하고 그 자료를 대신 읽어서 요약해준 적이 있어요. 그런데 자꾸 이러다 보니까 제 생활에도 너무 부담이 오고 제가 너무 힘들었어요. 내 일이 할 것도 많은데 다른 사람 일을

7) 상담자가 하늘님을 괴롭히는 비합리적 생각을 Ellis가 제시한 "나는 내가 알고 있는 모든 사람들로부터 인정받고 이해받고 사랑받아야 한다"에서 기인한 것으로 찾아냄.

내 일을 제쳐두고 하다 보니까 너무 내 일에 대해서도 짜증이 나고 내일과 관계되는 사람들에 대해서도 화가 나기 시작하는 거예요. 그래서 거절하는 연습을 해야 될 것 같아요. 내가 이것 때문에 너에게 이런 도움은 줄 수 없다는 것, 그런데 거절하는 것이 너무 익숙하지가 않아서요.

상담자 : 그러니까 익숙지 않은 것이 바로 뭐냐하면 인정받고 싶은 요구가 너무나 강하기 때문에 내가 거절했을 때 인정이 사라지기 때문에 그것을 내가 못하겠다는 이야기거든요. 그러니까 "인정 그까짓 것 안 받아도 좋다, 내가 내 주관대로 사는 것이 중요하다. 다른 사람에게 인정받는 것보다는." 그 생각을 자꾸 되뇌이세요. 굳이 거절하는 연습을, 상황이 되면 하셔도 좋고 지금부터 아까 내가 정아님한테 그런 자기언어를 연습하라고 그랬잖아요. 우리 저기 하늘님한테도 그 숙제를 내주겠어요. 누군가 나에게 도움을 구했을 때 "내가 쉽게 할 수 있는 것은 들어주지만 쉽게 못 하는 경우에는 no라고 해도 괜찮다. no라고 말할 수 있는 여자가 되자." 이렇게 되뇌이세요.

하　늘 : 전에 한번은 인지상담하면서 누군가 저에게 부탁을 했는데 그것은 안 될 것 같다고 얘기를 했거든요. 그때 기분이 어떠했냐 하면 처음에는 내가 들어줘야 되나 말아야 되나 이렇게 생각하다가 그래도 한번 거절을 해봐야겠다 비록 내가 할 수 있는 것이지만 나한테 부담이 가는 것이니까 '안 된다' 라고 얘기를 했구 뒤에는 그냥 그 상황에서는 그 사람에게 약간 미안한 감정이 들었지만 뒤에 나한테 오히려 더 편했던 것 같아요.

상담자 : 그것 보세요. 그런 체험을 자꾸만 하세요 그런데 no라 할 때 항상 상대방을 존중한다는 것이 마음의 밑바닥에 있으면서 no라 하셔야 돼요. 이제는 연습을 자꾸 말로 되뇌였을 때 누군가가 부탁을 했을 때 쉽게 거절을 할 수 있는 것이죠. 내가 도와줄 수 있는 것을 하지만 내 힘에 부치지 않는 범위 안에서 내 힘이 부치는 것을 억지로 하지는 않겠다. 그렇게 까지는 다른 사람에게 인정을 받고 싶지는 않다 이런 식의… 제가 말씀드린 생각을 집에 가서 나름대로 잘 다듬어서 하루에 열 번씩 되뇌어 보세요. 숙제예요. 제가 여러분 이때까지는 숙제 검사를 잘 안 했는데 다음부터는 한 분 한 분 숙제 검사를 할 테니까 숙제를 잘 해오세요 … O.K.

진달래 : 그것은 하늘님 한 분의 문제만은 아닌 것 같아요. 한국 사람들은 대체로 그런 심정을 갖고 있는 것 아니예요?

상담자 : 그래요.

진달래 : 거절을 못 해요. 그리고 우리가 어려서부터 커오기를 어른들한테 "예"지 "아니오"라는 말을 써보지 못하고 커왔어요. 외국 사람들 생활을 보면 문화가 아주 완전히 그 사람들은 싫은 것 아주 표현 잘 하잖아요. 그러니까 우리는 그것을 못 해요. 어려서 그것을 하면 마치 큰 죄책감을 가지죠.

상담자 : 그렇게 하면 안 된다 하는 생각 때문인데…. 그런데 그래도 된단 말이에요.

진달래 : 그것 때문에 얼마나 힘들게 사는지 몰라요.

상담자 : 그러면 우리 진달래님도 거절하는 연습을 해 오세요. "노"하는 연습.

진달래 : 이제는 대하는 사람이 가족뿐이 없으니까 "노" 할 일이 없죠.

상담자 : 그래요. 생활 속에 그런 일 있다면 적절하게 "노" 하세요. "노"해도 괜찮아요. "노라고 말할 수 있는 사람이 성공한다" 이런 말이 있잖아요.

진달래 : 좋은 말 같네요. 그런 말을 할 수 있는 것이 능력인 것….

순 덕 : 남에게 인정받기를 바라는 욕구가 늘 같아요. 빠져나오기 어려운 한번 그런 욕구가 들면 자꾸 그런 욕구가 커지고 어느 시점에 인식을 못하게 되는 그런 경험이 있었던 것 같아요. 인정을 받을 때는 순간 행복하지만 그것을 위해서 많은 시간을 고통받잖아요. 그런데 저는 지금 벗어났는데 너무 자유로워요. 자유로운데 제가 아까 며칠 동안 힘들었다는 얘기 중에 바로 그 부분이 제가 선생님께 지적받을 일이 있는데 저는 거절할 일 사실은 어머님 아버님과의 관계밖에 없거든요. 저한테 도움을 요청하는 사람은 없는데 어머님 아버님은 끊임없이 도움을 바라세요. 저뿐이 아니라 다른 형제들에게도 저는 같이 사니까, 제가 얽매인 직장이 없기 때문에 그분들이 생각하기에 저는 언제나 필요하면 부를 수 있고 시킬 수 있고 저희 아버님에게 "왜요"라는 말이 용납이 안 됐어요. 시키면 해야지 노라던가 노를 하면 그것은 말이 안 되는 거예요. 왜요 라는 것은 따진다는 것이고 시키면 하지 "왜요"가 어디 있어. 그런데 어저께 둘째 올케가 쌍둥이를 낳았거든요. 병원에서 큰 올케는 일요일 날 아기를 낳았고 그러다 보니까 정신이 없는데 그런데 쌍둥이는 사실 제왕절개로 낳았어요. 제왕절개는 수술이잖아요. 병원에서 일주일있는데 제가 며칠은 가 있을 생각도 있고 하는데 어머니는 전혀 생각이 없으시더라구요. 그러면서 저것이 내가 다 떠맡아야 한다는 피해의식으로 화가 나고 나도 브레이크를 걸겠다. 그래야만 내 삶의 구멍을 찾아나가지 그렇지 않으면 또 나는 여기에 잡혀서 못 하겠다. 그래서 처음부터 안 한다고 얘기를 했거든요. 그러구 막내 여동생이 큰 조카가 또 있어요. 큰집에 아기를 낳았으니까 그 아가를 책임을 지고 내려가 있기 때문에 꼼짝을 못하는 상태고 그런데 어머님이 큰 애기한테 가시는 거예요. 그 동생이 애를 하나 잘 못 본다 왜냐하면 애가 계속 붙어 있기 때문에 저는, 제 생각에는, 제가 합리적이라고 생각하고 어쨌든 성인이 아이를 하나 보겠다는데 아무리 애가 힘들게 하더라도 책임져주어야 한다. 그래서 이쪽에 산모가 누워 있으니까 친정이 없거든요. 아무도 없어요. 우리랑 같이 살기 때문에 저하고 어머니하고 남편이 휴가 내서 한 이틀 보고 나누어서 보며는 참 합리적일 것 같은데 어차피 다 고생하는 거잖아요. 나누어서 고생을 했으면 좋겠어요. 그런데 어머님이 며칠 동안 저는 이미 "노"했거든요. 거기 까지는 좋았는데 제가 봤으면 좋겠는데, 재가 왜 안 하나 내가 요즘음 이 상황이 너무 피곤하고 싫어서 아침에 영어 학원을 3시간 끊어놓고 저녁에 두 시간을 끊어놓았어요. 그럼에도 불구하고 제가 여기(상담실)에 와 있는데 저는 집을 나가겠다 이거예요. 아침 일찍 나가서 밤늦게 들어오겠다 해서 끊어놓았음에도 불구하고 학원은 무슨 얼어 죽을 학원이냐 생계가 아니니까 며칠 쉬면 안

되겠느냐 그 얘기를 하시고 또 하시고….

상담자 : 어머님은 뭐라고 하세요.

순 덕 : 어머님은 하도 제가 뭐라고 했기 때문에 저한테 포기를 하시고 아버님한테는 아무 말도 하지 말아라 그러세요. 한 수 뒤로 물러 나셨는데 아버지한테는 그것이 안 되는 거예요. 네가 하면 다 편한데 엄마가 아파죽겠다고 하는데 아픈 엄마가 며칠 와서 보게끔 만드느냐 젊은 네가 해야 마땅하지 않느냐 이런 소리를 하루에도 몇 번씩 하시거든요. 저한테 저는 히스테리해서 가능한 한 안 볼려고 어디 나가서 헤매다 들어오고 그러거든요. 그래도 부딪히면 어쨌던 잠자리 들어오면 부딪히잖아요. 그러면 또 얘기를 하시는 거예요. 그게 저는 너무 화가 나거든요. 신경질이 나요. 그것이 많이 힘들어요.

상담자 : 신경질이 나지 않도록 도와드려야 되겠네…. 동생이예요 오빠예요 쌍둥이네 애기를 봐주어야 되는 것이?

순 덕 : 애기를 보는 것이 아니라 산모를 봐야 돼요.

상담자 : 어느 산모를 봐주어야 되요

순 덕 : 둘째 올케요, 수술을 했기 때문에….

상담자 : 돌봐주면 내가 너무 신경질 나잖아요. 나는 희생하면 안 된다 더 이상의 희생은 싫다, 이거 잖아요.

순 덕 : 나누고 싶다는 거죠. 100%를 하고 싶지는 않다. 제 생각에 합리적으로 나누어지면 저는 받아 들일 수 있을 것 같거든요. 너만 다 해라 그것이 화가 난단 말이예요.

상담자 : 화가는 나는 것은 이해가 되고 또 부모님의 입장도 이해가 되는데 내가 희생을 해가지고 집안이 조용하다면 희생을 해선 안 되나요?

순 덕 : 저는 희생을 하면 안 된다는 생각이 들어요.

상담자 : 왜 안 돼요?

순 덕 : 왜 나만 희생해야 돼요. 너네들 편하고 남 하나 죽이라는 것이냐, 너네들은 하려고 생각은 안 하고.

싱담자 : 그런데 그것 하면 죽어요

순 덕 : 저는 괴로워 죽겠어요. 저도 제 삶이 있는데….

상담자 : 얼마 동안 하는 건데요.

순 덕 : 물론 일주일인데 기간은 일주일이지만 이런 패턴으로 매일 살아왔고 쌍둥이 나왔기 때문에 그 패턴이 계속 갈 것이거든요. 저는 이 참에 잡아야 된다.

상담자 : 그러면 이러면 어때요. 자 제 말을 들어봐요. 이 참에 잡는 중요한 방법이 뭐냐 하면 희생이 없이는 처음부터 초장에 잡으려고 하면 제가 볼 때 잘 안 될 것 같고 분명히 얘기하세요. 내가 이러저러한 어려움이 있고 더 이상 나를 희생하고 싶지가 않지만 지금 상황이 너무나 어려워서 내가 이번에는 희생을 하겠다. 그러나 다음부터는 없겠다 선전 포고를 하고 하면 어떨까요?

순 덕 : 그전에, 기존에 몇 년 동안에 많이 했는데 전혀 효과가 없거든요. 전혀 효과가 없기 때문에 제가 그러는 거예요.

상담자 : 그러면 어떻게 해야 돼요, 이런 상황에서….

순 덕 : 저도 모르겠어요 버틸 때까지 버티다가 아니 제가 봐주겠다고 했어요. 5월 5일은 노는날 이였고, 5월 6일은 공식적인 휴가 나오는 거잖아요. 동생이 이틀 애기를 낳으면 그래서 저는 지금 누워있고 아래로 도움을 받아야 돼요. 환자가 혼자는 못 있어요. 그러니까 제가 이틀을 있으며 제가 공부도 있고 사업을 하려고 하는 것도 있는데 하루 종일 거기에 있으면 제 일도 감당을 못 하거든요. 제 일도 그러니까 이틀은 제가 할 수 있다 이거죠. 그러면 어머니라도 오실 수가 있는데 어머니가 애기한테 매달려 계신 거예요. 그럴 필요가 없는데 전 그것이 화가 나는 거예요.

상담자 : 그러면 어머니를 잘 설득해 보세요.

순 덕 : 그래서 어머니가 오후에 오신다고 하는데 오신 상황에서는 아버지는 또 얘기를 하시는 거예요. 왜 엄마를 오라고 하냐 니가 다하지 이러구.

상담자 : 그러면 아버지 말에는 너무 신경을 쓰지 마세요. 그냥 하실려면 하고 말려면 말고 내버려두고.

순 덕 : 예, 그것이 아직 까지는 안돼요.

상담자 : 엄마를 설득해서 오게 하세요. 아버지 말씀에 대해서는 듣고 흘리는 연습을 하세요.

순 덕 : 그것이 연습인가요?

상담자 : 저는 순덕씨가 이번에는 희생을 해주었으면 좋겠어요. "희생을 하면 어떠냐" 이런식으로 논박을 하고 싶은데 너무나 희생을 많이 당했기 때문에 제가 그런 식으로 하면 상처가 될 것 같아서 그렇게 않구요. 그렇다면 어머니라는 가용할 인력이 있으니까 어머니를 여기에 끌어들이면 어떨까 싶어요. 아버지 얘기에 대해서는 깊게 처리하지 마세요. 그냥 내버려두세요.

순 덕 : 문제가 한쪽으로 듣고 한쪽으로 흘리면 된다. 어머님 아버님은 제가 어떻게 할 수 없는 분들이고 제 자신을 자꾸 정화시켜야 된다. 이런 것을 제가 아는 것인데 깨달음이 부족해서 그런지 스쳐 안 지나가고 꼭 여기 머물러요.

상담자 : 아직도 충분한 연습이 되지 않아서 그렇지요.

순 덕 : 그것이 아직도 비합리적인 생각의 틀에서 못 벗어나서 그런 것인지 아니면 훈련을….

상담자 : 아버지 말씀에 대해서 제가 반드시 반응해야 되고 복종해야 되는데 그렇지 않은 것이 내가 괴로운 것이지.

순 덕 : 그런가요, 지금까지 그렇게 안 해왔는데 이제 안 한하려고 하니까….

상담자 : 그렇지, 그런데 아버지 말씀이 더 이상 순덕씨를 힘들지 못하게 하세요. 그 동안 희생을 할 만큼 했다 이렇게 자기를 추스려가요. 바로 그것 같네요. 반응을 안 하면 되는데 자꾸만 할 수 없게 되는 게 복종했고 그 동안 "해야 된다" 이런 것이 의식의 밑바탕에 깔려있기 때문에… 제 말씀이 도움이 되었어요?

순　덕 : 예,

상담자 : 그런데 저기 저분들은 말씀들 안 하셨어요. 끼어들기가 미안해서 그러시는 거에요.

사　랑 : 생각들이 공통적이잖아요.

상담자 : 뭐가 공통적이예요?

사　랑 : 얘기하는 것 보면 사람들마다 하시는 말씀이나 사례도 거의 비슷하니까 다른 분들이 얘기하시니까.

상담자 : 거의 비슷해도 괜찮아요.

하　늘 : 사랑님은 그리구요, 사람들이 얘기하면 코멘트는 많이 해주시는데 자기 얘기를 전혀 안 하세요.

사　랑 : 그 동안 집단을 몇 차례 참여하면서, 저는 특별히 여기서 끄집어내서 하고 싶다는 얘기가 없어졌어요. 그리구요 수년 동안 공부하면서 어려움들을 거의 거기서 문제가 많이 나온 것 같아요.해결이 되었다기보다도 제 자신이 문제로 여기지 않기 때문에 당장 리포트를 써야 되는데 이런 고민은 있어요. 가족간이든가 이런 관계에서 어려움 때문에 생활을 못 한다거나 괴로워하는 것은 특별하게 없는 것 같아요. 그러니까 내놓고 얘기하고 끄내놓고 싶은 부분이 아직은 없어요.

상담자 : 십 년을 공부했다고 했는데 뭘 십 년을….

사　랑 : 자기 치료죠. 책 보고 하면서 경험 있잖아요 많이 된 것 같아요. 아까 수림씨 얘기 들었을 때도 저는 그 당시 너무 힘들었던 것 같아요. 부모님의 좋지 못한 행동들 봤을 때 수긍하기 어려웠어요. 그래서 반항적이였는데 지금은 오히려 부모님이 연약해보여요. 제가 그렇게 했던 모습들이 오히려 저를 성숙되게 하는 과정이였던 같다 부모님을 바라보는 것도 부모님은 과거와 달라진 게 없는데도 불구하고 그냥 그런 부분을 자연스럽게 인정하고 받아들이고 내가 도와줄 수 있는 부분이 뭘까 요구하는 것보다는 제가 해줄 수 있는 부분을 무엇일까 이렇게 생각이 바뀌었어요. 그래서 이런 상황에서 … 없다는 것은 아니고 저도 부정적인 생각을 많이 하고 흥분하는 부분은 있지만 특별히 노출해서 이야기할 부분은 없는 것 같아요.

상담자[8] : 우울하고 친하다고 한 것이 머리 속을 떠나지 않는데 앞으로 계속 우울하고 친할 꺼예요?

사　랑 : 그런데 우울이 좋은 것 같아요. 너무 역설적인 가요. 왜냐하면 저랑 얘기하는 시간이 많아져요. 그러니까 저를 다시 한번 되돌아보게 하는 것 같아요, 그 실체….

상담자 : 꼭 우울해야만 내가 나를 되돌아보나요?

사　랑 : 즐겁고 하면 그 삶 자체를 느끼느라고 어쩌면 자기의 내면하고 얘기하는 시간이 없어지는 것 같아요. 그런데 우울하다 보면 나는 왜 이렇게 살지, 왜 나의 모습은 이런 모습이지 궁금증이 더해가면서 나의 실체를 깊게 알게 되는 것 같아요. 그래서 저는 우

---

8) 사랑님이 자신을 끄집어 놓고 싶은 문제가 없다고 하자 '우울하고 친하다' 고 했던 말을 상기시킴.

울을 아까 친하다는 것 긍정적인 것 부정적인 것 다 있는 것 같아요. 그래서 적절히 그런 시간도 좋은 것 같아요. 웃으면서 삶을 이해하는 수도 있지만 우울하면 삶을 이해하고 성숙하는 부분도 있잖아요. 우울이 반드시 나쁘다는 것도 비합리적인 사고 아닐까요?

상담자 : 물론 성숙과 성장의 측면에서 보면 나쁜 것은 아니구요. 저의 평소 지론이 모든 것에 있어서 항상 행복하고 모든 것에 있어서 항상 긍정적이고 모든 것에 있어서 항상 부정적인 것은 없어요. 나쁜 것 이면에는 좋은 것이 있고 좋은 것 이면에는 항상 나쁜 것이 있지요. 이것이 저의 평소 지론인데 궁극적으로 우리들의 삶의 목적은 행복하게 사는 것이란 말이죠. 성장과 성숙을 위해서 고통을 감내하고 고통을 견딜 수는 있지만 고통 자체가 삶의 목적은 아니예요. 다시 한번 생각해볼까요? 삶의 목적이 고통을 통한 성장과 성숙인가 아니면 행복하게 사는 것인가?

순 덕 : 행복하게 사는 것이.

상담자 : 저도 그렇게 생각해요, 왜 사느냐고 물어보면 저는 단호하게 더 행복해지기 위해서 산다고 하지 성숙해지기 위해서 산다 이런 말은 안 한단 말이예요. 그렇다면 그 우울이 내가 행복해지는 데 얼마나 도움이 되는가 그러니까 이것을 생각해봐야 되는데 우울에 젖으면 그 젖은 것 자체에 익숙해져 있고 내가 그것이 편하기 때문에, 원래 우울증 환자들이 저항이 많이 일어나지요. 상담하다가 보면은, 이것이 편하고 좋은데 선생님은 자꾸 우울에서 벗어나라고 그러니까. 편하고 좋기는 하지만 이것이 바람직한 것인가 궁극적인 나의 행복과 직결되는가 그것은 생각해봐야 되는 것이 아니예요?

순 덕 : 자기 이야기를 할 때 나는 왜 이렇게 살지…. 했는데 이렇게라는 말이 긍정적인 것인지 부정적인 것인지 저 같은 경우는 "나는 왜 이러지" 할 때는 무엇인가 불만족스러울 때 자기비판적인 언어라고 생각하거든요. 저는 그런 식으로 만약에 대화가 되면 대화 자체가 물론 거기서 얻는 것은 있지만 우울 속에서 얻는 것은 있지만 전체적으로 비관적이거나 부정적인 게 아닌가 그런 생각이 들거든요.

사 랑 : 자기의 실체를 알아가는 것은 그러니까 드러내는 거잖아요. 상담도 드러내야 치료가 되듯이 이런 과정이 있어야만 이루어질 수 있고 계기가 되는 것 같아요. 저는 그런 사고를 함으로써 내가 역시 일어나야지 하고 또 다른 나를 제시할 수 있는 것 같아요. 제가 우울을 떨쳐버리고 싶다는 생각을 하지만 의도적으로 하고 싶은 것은 없어요. 아까 저항감이 크다고 말씀하셨지만 그것을 내가 자연스럽게 떨칠 수 있겠지만 그것을 숙제로 생각해서 지상과제 다 탈피해야지 그렇게까지 해서 하고 싶은 생각은 없어요. 그렇지만 해결은 하고 싶어요. 그래야지 제가 치료도 할 수 있고요. 그런 부분에 대해서 상담자 역할을 할 수 있을 꺼 같아요.

상담자 : "탈피는 하고 싶지만 떨쳐버리고 싶지는 않고 해결하고 싶다" 말이 굉장히 어려운데 어떻게 해야 되는 거지요?

순 덕 : 해결하고 싶다는 말 속에는 문제가 있다라는….

사　랑 : 우울이라도 윤곽에 대해서 그런 과정에서 요렇게 하면 나아지는 것 같다. 치료자 역할에서 해결하고 싶은 마음이 있고 우울증상 자체를 완전히 없애버린다거나 내 품에서 놓기 싫어요. 왜냐하면 그런 것이 있어야 좋아요. 저한테 도움이 돼요.

상담자 : 내가 나를 돌이켜보고 성찰해보고 사색해보고 이런 것이 우울이라는 정서가 꼭 있어야지만 그렇게 되는 건가요?

사　랑 : 즐거워서 자기성찰이 이루어진 것은 저는 없었어요.

상담자 : 사랑님은 없었지만 저는 아까 집단상담을 시작할 때, 제 얘기 시작할 때 기쁘고 즐거웠어요. 그러면서 제 성찰이 이루어졌어요. 이런 사람도 있는데….

사　랑 : 그런데 그것이 즐거웠을 때 이루어지는 것이 아니라 그 앞에 있었던 아픈 부분이 있었을 꺼예요. 그것은 힘들어서 어떤 사건을 통해서 즐거움을 찾았고 그래서 아! 내가 이렇게 해야 되겠다 그런 연속적인 과정이거든요. 그래서 그런 과정이 필요한 거죠. "희"와 "슬픔"을 같이 공존해서 같이 부닥뜨리면서 헤쳐 나갈 수 있는 거죠.

상담자 : 그래요, 그것은 맞아요. 이왕 그러면 기쁨을 통해서 성찰한다고 말해봐요. 같은 의미인 것 같은데 그렇죠

사　랑 : 예, 그것이 맞물려야지….

하　늘 : 잘 모르겠지만 여기 나이 드신 분들도 많고 그렇잖아요. 그런데 사랑님을 보면 여기서 제일 연장자 같아요. 뒤에 물러나 있어서 완벽한 보호막이 쳐져있는 것 같은…. 저는 표현을 잘 못하고 잡을 수 없을 것 같거든요. 그런 느낌이 있어요. 그동안 인지치료집단 네 번째이든가 다섯 번째 동안 그런 느낌이 들어요.

상담자 : 열외자(outsider)!

하　늘 : 관찰자 같은 느낌 문제가 아무것도 없을 것 같은, 단지 코멘트를 해주기 위해서 여기에 온 것은 아니잖아요.

강　물 : 저는 저번에 선생님이 준 감상 같은 것, 사랑님이 쓰신 집단상담의 치료회기 보고를 저희들한테 하나씩 복사해주셨는데 그것을 보고 그런 생각이 들었는데, 사람들에 대해서 집단들에 대해서 그 사람의 입장을 생각을 많이 하시는 것 같은 느낌을 받았거든요. 그런데 저는 여기 와서 다른 분의 이야기를 들으면서도 나도 그런 부분이 있지라고 하면서 제 생각, 제 문제에만 몰두하고 있다는 생각이 들었어요. 그러니까 나가서도 제가 어떻게 생각을 바꾸고, 어떤 느낌이 있었고, 그것에 대해서 집중을 많이 하는데, 다른 분들에 대해 많이 생각을 하시는구나, 나와는 다르게 보는 점이 있었구나.

하　늘 : 제가 생각해볼 때 우울하고 명상하고는 틀린 것 같아요. 우울한 것은 계속적으로 지속되는 것이잖아요. 패턴적으로.

사　랑 : 우울이라는 것을 보면 저는 항상 갖고 있는 게 아니거든요. 주기가 있잖아요. 우울 주기가 있으니까 그래서 그 당시는 내가 많이 힘들어 하지만 나오면 내가 우울했구나 하면서 힘들었지만 우울을 통해서 얻은 것이 있다는 생각이 든 거예요. 우울은 탈피할 필요는 없다. 다만 어렵고 힘들어서 내 삶에 방해가 되면 치료를 해야 되지만 우울

　　　자체를 탈피해야 한다는 생각이 나한테는 부질없는 생각이고 이것도 비합리적인 사고
　　　가 아닌가 그런 생각을 하니까는 우울이 왔을 때 참 편하더라구요. '아! 나 우울이 시
　　　작되었다' 가 아니라 '우울이구나' 하면 그게 담담해지는 것 같더라구요.

상담자 : 주기가 어떻게 와요?

사　랑 : 힘들면 갑자기 다운(가라앉듯이)되듯이 사건을 통해서 다운이 되면 리듬이 ….

상담자 : 주기라고 했을 때 시간의 패턴을 말하는 것인지 상황의 패턴을 말하는지….

사　랑 : 우울 주기가 다 있다는 것….

상담자 : 어떤 상황에서 우울하세요.

사　랑 : 익숙할 꺼예요…. 안 좋은 일 있거나 안 좋은 말을 들었을 때 이상하게 왜? 나는 이렇
　　　게 일이 안 되지, 또는 좌절하거나 서러울 때.

순　덕[9] : 제가 볼 때 처음, 애기했을 때 우울하고 친하다 죽음을 생각 많이 한다 이랬는데, 일
　　　반적으로 조금씩 우울이라고 표현하자면 우울해질 때 있지만 그 정도가 차이가 있을
　　　꺼 같아요. 우울증으로 병원에 들어가야 하는 정도인지 보통 사람들이 가지고 있는
　　　우울 기분이 언짢았다 속상했다 침체됐다 하루나 이틀 뒤에 또 회복했다 이런 우울인
　　　지 어느 정도 심각하게 저는 죽음을 생각한다는 게 머리에 남기 때문에 저는 우울할
　　　때 죽음을 생각하지 않거든요. 본인은 죽음을 많이 생각한다고 했으니까 다른 사람들
　　　처럼 일반적이지 않다 그렇게 생각하거든요. 우울했을 때 죽음을 생각하는 것은 보통
　　　사람보다 더 많이 심각한 게 아닌가요?

사　랑 : 제가 문헌을 찾아보았는데요. 글쎄요, 우울해서 꼭 자살하는 사람은 퍼센트는 좀 있
　　　지만 생각만큼 높지는 않아요 .

상담자 : 자살한 사람들은 자살을 시도하기 전에 거의 우울을 겪지요….

사　랑 : 그런데 생각을 해서 그런지는 모르지만 생각만큼은 높지 않더라구요, 결과도 그렇구.
　　　우울하고 자살은 너무나 자연스러운 생각 아니예요, 비관적인 사고의 뿌리….

상담자 : 그러니까 위험한 것이지. 자살 생각만 했다 이건데 자살 생각 다음에 행동으로 연결
　　　될 수 있는 가능성을 무시할 수 없기 때문에…. 사랑님이 얼마나 자주 우울해요? 일
　　　주일….

사　랑 : 그렇게까지 요즈음 우울하지는 않는데요, 대학교때 청소년때 혼자서 생각을 많이 했
　　　기 때문에 ….

상담자 : 그런데 임상적으로 우울하다는 것인지 문학적인 우울 소위 멜랑콜리(Melancholy)를
　　　말하는 것인지 잘 파악이 안 되는군요.

사　랑 : 글쎄요, 다 있는 것 같아요. 저 예민해요, 세상을 보는 눈이.

상담자 : 예민하다는 것이 세상을 부정적이고 슬프게 본다 이거 아니에요?

사　랑 : 부정적인 것이 많은 것 같아요. 웃는 사람 얼굴보다는 울고 있던 사람의 얼굴이 많이

---

9) 사랑님의 문제인 '우울' 의 실제를 파고 들어감.

떠올라요. 그래서 더 다가가고 싶었구요. 같이 우울해지는 거죠. 그 슬픔이 나한테 와서 저도 같이 슬퍼지는 느낌이 있죠. 그래서 삶이 왜 이래야 되고, 아프게 살아야 되고, 저런 모습으로 살아야 될까, 사실 제 고통은 아닌데요, 금방 저한테 와요. 본 것만으로도.

상담자 : 우울에 아주 익숙해져 있는 사람이 되었군요.

사　랑 : 그래서 저는 잘 동요가 돼요. 그런 감정이, 남한테 감정이 저한테 금방 와요.

상담자 : 그런 것 같아요. 그래서 전이가 잘 되는 것 같아요. 본인의 핵심 정서가 '우울'이다라고 봐도 돼요?

사　랑 : 드러나는 정서는 그거죠.

상담자 : 그렇다면 이것이 바람직한가요? 내가 일상적인 삶을 살아가는 데. 어때요? 방해가 안 되요?

사　랑 : 제 생활해가는 데 저지를 받거나 힘겹거나 일을 못 하거나…. 힘겹고 어려울 때도 있구요.

상담자 : 힘겹고 어려우면 일에 지장이 없어요?

사　랑 : 방해를 받지요.

상담자[10] : 그렇다면 역기능적이잖아요. 저는 우려가 되는 것이 평생을 그런 모습으로 살아간다고 생각해보세요. 지금까지는 괜찮은데 앞으로 삼십, 사십, 오십, 육십, 칠십까지 내가 나를 이루는 핵심 정서가 우울인 채로 이 세상을 살아간다면, 애들에게 미치는 영향, 손자 손녀에 미치는 영향, 가족 전체에 미치는 영향, 나 혼자 살 때는 괜찮을 수 있을지도 모르겠어요. 혼자서 삶을 꾸려가는 것이니까, 그러나 아내로 엄마 며느리로 이렇게 살아가는 나를 이루는 핵심 정서가 우울이다 이것이 바람직한 것인가? 바람직하지 않은 정서 같아요.

사　랑 : 예.

상담자 : 물론 알겠어요. 우울하기 때문에 생각과 사색을 많이 하고 그러므로 정신 세계가 풍부해진다. 그런 것에 대해서는 ──주고 싶은데 풍부해지는 만큼 잃는 게 있단 말이에요. 적절한 수준에서 우울을 유지해야지 지나치면 문제가 있지 않을까요?

사　랑 : 예, 많이 자유로와졌어요, 과거보다는. 자살이라는 생각은 들지만 절대 안 하죠. 절대로…

상담자 : 그 예쁜 얼굴에 우울이 숨어있다는 것이 믿겨지지 않는데.

하　늘 : 죽음에 대해 생각해 본다는 것은 그만큼 삶에 대한 의욕이 더 강해지는 것도 한편으로는 의미하지 않나요?

상담자 : 그래요.

하　늘 : 죽음과 삶은 떨어져 있는 것이 아니라 사람이 죽음의 순간에 가장 강렬하게 살고 싶

---

10) '우울'이 바람직한 정서가 아님을 직면함.

다 라는 욕구를 느끼잖아요. 어떻게 보면 얘기를 쭉 들으면서 이런 생각이 들었는데 그냥 사람마다 각각 여러 가지 다른 행동유형, 다른 사고방식을 가지고 있고 그렇잖아요. 그러니까 사랑님 같은 경우에는 스스로 그런 정서에 빠져있으면서 다른 사람한테 또한 활력을 줄 수 있는 에너지가 생기는 것 같아요. 좋은 쪽으로 생각을 한다면 그런가요.

상담자 : 우리 생각해 봅시다. 우울을 놔두는 것이 좋은가, 이것을 바꾸는 것이 좋은가.

사　랑 : 제가 말을 이상하게 해서…. 저는 지금 우울을 즐기는데요.

상담자 : 우울을 즐겨요.

사　랑 : 꼭 피해야 되겠다는 생각은 안 하구요.

하　늘 : 우울이 바이오 리듬하고 관련이 있죠, 그렇지 않아요? 보통 신체정서가 많이 떨어지면 우울도 같이 떨어지잖아요.

상담자 : 이게 문제는 신체적 이유 때문에 우울해진다, 예를 들면 멘스트레이션을 하고 있어서 우울하다. 그것은 자연스러운, 즉 문제가 되는 게 아니지요. 여기서 문제가 되는 것은 생리적인 상황이 있는 경우보다 그렇지 않은 상황에서 우울할 때 이것이 문제지요.

하　늘 : 그것을 한 달 주기로 봤을 때 정서나 이런 전체적인 리듬이 떨어지는 기간이 있는데 말하자면 그런 기간에는 똑같은 일이 생겨도 그 일 나에게 다가왔다면 더 우울을 주고 빠져들고….

상담자 : 말이 좀 어려운데 생리적으로 나에게 우울을 유도하는 상황에서 우울이 유발되는 것은 제가 볼 때는 큰 문제는 아니고 대부분의 사람들이 다 그런 것이고, 우울하지 않아도 되는 상황에서 심리적으로 우울하다 이런 것이 문제가 되는 것이지요.

강　물 : 사랑님이 아까 주기적으로 우울을 느끼신다고 했는데 사람마다 느끼는 똑같은 감정을 어떤 사람은 우울이라고 생각할 수 있는데 지금 우리가 우울이라는 단어 자체에 빠져있는 느낌이 들어요. 저도 그런 면이 있는데 사람마다 그런 우울이라는 것을 우울이 아니라고 말할 수 있잖아요. 감정에 대해서 슬픈 감정을 사람들이 느낄 수도 있고 마음이 침체되면 눈물이 나올 수 있는데 그것을 우울 이라고 계속 이야기하다가 내가 우울한 사람이라고 지각할 수도 있거든요. 지금 말씀하시는 것에서도 우울이 아니고 다른 말로 바꾸어서 만약에 했다면 그것이 되게 심각하게 들리지 않을 수도 있는 것 아니예요. 생활을 하면서 자기성장도 할 수 있는 일이니까.

상담자 : 좋은 이야기 하셨는데 보통 사람, 즉 심리학을 공부 안 하고 상담 공부도 안 한 사람이 그런 말을 썼다. 그렇다면 제가 그 단어의 의미를 명료화를 시켰을 꺼예요. 이것이 진짜 임상적으로 말하는 우울인가 아닌가. 이 경우는 사랑님이 심리학 공부도 하고 상담공부도 한 사람이기 때문에 이 사람이 말하는 우울은 우리가 임상적으로 말하는 우울이라고 생각해도 돼요. 그렇지요?

사　랑 : 예,

수　림 : 우울이 체질화되는 것이 이해가 되는 것 같아요. 편한 것, 나의 원래 모습 같다는 생각이요. 선생님께서 제가 인상이 우울해보였다고 말씀하셨잖아요. 그런데 저는요, 처음 여기 왔을 때 심하게 우울한 상황이 아니었어요. 여기서 어떤 문제를 내놓을 문제인가 심각하지는 않지만 찾아보자 이런 마음이였거든요. 그런데 그런 이미지가 주어졌고 저는 워낙에 그렇게 굳어져 있는 그러니까 그것이 진짜 내 모습인 것 같고 때로는 친구 중에서 ○○너는 여린 것 같다 강해져야 될 꺼 같다라는 이런 말을 들으면 여린 모습, 약해 보이고 우울해보일 수 있는 모습이 진짜 나한테 드러나는 모습이고 난 못 느꼈는데 그래요. 맑고 명랑하고 항상 쾌활한 모습을 좋아하고 추구하지만 오히려 그런 상황에선 내 모습이 아닌 것 같다, 우울한 것이 편한 것 같은.

상담자 : 편하고 익숙해져 있다 이거지요.

수 림 : 사랑씨가 얘기하는 것이 몸에 자연스럽게 밴….

상담자 : 자 제가 정리를 해야겠는데 몸에 자연스럽게 배이고, 내가 친숙하고, 내가 익숙하기 때문에 그냥 여기에 머물러 있겠다는 것은 바람직한 생각이 아니예요. 어떻게 보면 게으른 태도지요. 변하고 싶지 않다 이건데, 그런데 그것은 건강하지 않은 모습이지요. 분명히 긍정적이고 명랑하고 밝고 이런 부분이 우리에게 더 바람직하게 작용하는 모습이니까. 물론 인간의 삶, 존재 자체가 고통이고 허무이지만, 그것을 좀더 적극적으로 끌어안고 승화시켜야 할 것 같아요. 오늘은 이 정도로 마치고 다음 시간에 또 계속하도록 해요.

회기해설

집단원들의 고른 참여가 있었다. 詩이야기를 하면서, 시와 인간이 스스로 말하는 자기대화(self-talk) 그리고 사고와의 연관성을 설명하였다.

정아님은 지난 주에 이어 적극적인 참여를 통해 자신의 변화된 모습을 드러냈다. 진달래님의 공감과 순덕님이 적극적으로 그를 도우려한 활발한 참여가 돋보였다.

또한 자신이 새롭게 겪고있는 상황적 문제를 꺼내면서 스스로 해결해가는 강한 의지가 표출되었다. 이번 회기는 특히 그동안 주로 관찰자의 태도를 많이 견지하셨던 사랑님의 '우울'에 대한 문제를 탐색하였다. 사랑님은 우울을 통해서 자신의 내면을 돌아보고 성숙과 성장의 기회가 될 수 있어서 좋고 변화되고 싶지 않다고 하였다. 상담자는 그것에 너무 익숙해져 있기 때문임을 직시하며 꼭 우울을 통해서만 성찰이 이루어지는 것은 아니라고 하였다. 기쁨과 즐거움 속에서 성장이 이루어질 수 있음을 설명하였다. 인간의 삶, 존재 자체가 고통이고 허무이지만 그것을 적극적으로 승화시켜야 함을 강조하였다.

제5회 집단상담 회기 보고 1

♠ 사랑

오늘은 상담 시간이 다 되어 상담실에 도착해보니 상담자 선생님께서 노래를 부르면서 즐거워하셨다. 왠지 가슴 설레는 데이트를 하고 나서 하는 행동처럼 느껴져 반갑기도 하면서 왜 그런지 연유에 대해 알고 싶다는 생각을 하였다. 상담자 모습보다는 소녀 같다는 느낌이 들면서 새롭게 태어난 사람처럼 보였다.

먼저 돌아가면서 지난주에 어떻게 보냈는지에 대해 말했는데, 내 차례가 되자 상담자 선생님에 대한 궁금함을 여쭈어보자 만남의 소중함을 새삼 깨달았으며 순간순간 자신과 맺는 사람들이 귀하고 중요하다는 사실과 이러한 좋은 관계가 자신에게 좋은 자산이 된다고 하였다. 그러면서 순덕님에게 받은 시집에 대해 감격해 하시면서, 시(詩)가 사고의 전형이 되는 중요성을 강조하며 몇 권의 시집을 권해주셨다. 말씀을 들으면서 참으로 시집을 안 읽으며 살았구나! 자책하며 권하신 책을 읽어보리라 다짐했다.

누가 먼저 말하고 싶은지 묻자 지금까지 소극적이던 정아님께서 자신있게 먼저 하겠다고 하였다. 참으로 놀라운 변화이다! 그러면서 정아님의 욕심을 동시에 느꼈다. 오늘 전철 개찰구에서 쇠 저지선이 나오지 않아 너무 좋았다고 하면서 예전에는 저지선이 자신을 막는다는 강박적인 생각을 하였는데 오늘 5호선 타고오면서 쇠 저지선이 나오지 않아 너무 기뻐 한번 더 그렇게 하였다고 어린애처럼 신기한 듯이 말하였다. 사실 내용 자체는 일상적인 행동인데도 정아님에게는 자신에게는 중요한 시발점으로 작용했다는 사실에서 개인의 주관적인 생각이 얼마나 중요한지를 새삼 생각 하게 하였다. 정아님의 표정에서 자유로움과 자신감을 느꼈다. 상담자 선생님은 부정적인 자동적 사고에 대해 직면하게 하면서 어떤 것들인지 살펴보라고 하자 빼앗겼다, 할 수 없다, 억울하다, 공부해도 따라가지 못할 것 같다 등으로 이것은 현실 지각하는 데 왜곡한 결과로 과제로 자신이 갖고 있는 부정적인 사고를 작성해서 합리적 사고로 바꾸어 매일 낭송해서 자기말화하는 연습을 하라고 내주었다.

두 번째로 수림님이 집안 식구들과 그리 많은 시간을 보내지 않으며 저녁도 먹고 들어가는 경우가 많아 며칠 전에 부모님과 조촐하게 저녁을 먹는데 서먹서먹했다고 하였다. 상담자 선생님께서는 왜 그런 분위기가 생겼는지를 묻자 수림님은 부모님에 대한 기대가 너무 커서 그에 따른 실망을 많이 했으며 아직도 부모님에게 의존적으로 벗어나지 못하고 있다고 생각한다고 말하였다. 과거에는 부모님이 원하시는 대로 행동하는 것이 편해서 부당한지를 몰랐으나 나중에는 그것 때문에 성장을 저해했다는 생각을 하게 되었다고 덧붙였다. 지금은 오히려 부모님이 어린애 같다는 생각이 들며 자꾸 벽이 느껴진다고 하면서 남자와의 만남도 아버지 상을 가지고 바라보려는 경향이 있어 대인관계에 영향을 받는 것 같다고 하였다.

상담자 선생님은 이와 관련된 부정적인 사고로 부모님은 성숙하고 이상적인 모습을 가지고 있어야 한다는 것을 가지고 있는데 누가 논박을 해줄 수 있는지 집단 구성원들에게 물어보자 진달래님은 편모슬하에서 참으로 힘들게 살아 그런 마음을 이해한다고 일단 공감반응을 하고서 하나님을 통해 극복하게 되었는데, 자신도 어머니를 고맙다고 생각하고 인정해주지 못한 감정과 잘해드리지 못한 것에 대한 후회가 있다면서 그런 감정에서 벗어나 부모님에 대해 감사하고 회복했으면 하는 바람이라고 하였다.

순덕님은 오늘은 듣는 것에 충실하려고 했는데 듣는 가운데 정리되는 것이 있어 말하게 되었다면서 아버지는 권위적이신 분으로 전쟁 고아로 오히려 자식한테 재미있는 얘기라고 강요성을 띠어 얼마나 괴로웠는지 모른다고 그때 상황을 설명하였다. 그러면서 자신은 점차 부모님과 별개라는 사실과 "상호의존성"에서 벗어나야 한다는 생각을 갖고 열심히 살고 있다고 하였다.

수림님은 일단 하나님의 교제를 통해 나아가야 한다는 진달래님의 말과 관계 패턴에서 자신이 변해야 한다는 순덕님 말이 와 닿는다고 하였다. 상담자 선생님은 순덕님이 언급한 "타인의 문제에 대해 함께 혼란스러워해야 한다"는 비합리적 사고를 지적하면서 부모와의 적정 거리를 유지하는 것과 부모님에게 사랑을 보답한다는 것은 역으로 해주는 것이 아닌 노력하는 과정임을 역설하였다. 참으로 명쾌하게 끄집어 정리해주신다는 생각이 회기를 거듭할수록 든다. 과제물로서 구체적인 노력으로 부모와의 다정한 관계를 가져보는 연습이었다.

하늘님은 자신은 지금 거절을 많이 당하고 있다면서 저번에 먼저 전화를 걸어 만나자고 한 남자한테 전화를 하면 나중에 전화할게! 하면서 연락이 안 온 것이 두세 번 있다고 하였다. 이 말을 들으면서 남자측에서 왠지 하늘님과 거리를 두려고 하는 것은 아닌지? 생각해보았다. 여자한테 그러는 경우가 어디 있어! 하면서 그래도 평가·추측은 유보하는 것이 바람직할 것 같다고 조심스럽게 말하신 것을 보며 하늘님을 배려해 준다는 생각이 들어 포근한 마음이 들었다. 하늘님은 상대방이 생각이 많고 좀 걷잡을 수 없는 사람이라서 부담스럽고 도움을 주고 싶은데 어떻게 도와주어야 하는지 능력 이상인 것 같다라고 하였다. 거기에는 "모든 사람한테 인정받아야 한다"라는 부정적 사고가 있음을 직면하게 상담자 선생님께서 하시면서 앞으로 능력 이상의 도움을 요구할 때 거절하는 것을 사용하라고 과제물을 제시하였다.

순덕님은 남한테 인정받으려는 것은 "늪"이다 라고 단정하면서 결혼한 남동생이 쌍둥이를 제왕절개해서 출산했는데 올케 시중을 자꾸 자신에게 하라고 해서 '내가 왜 그래야 하는지' 엄마한테 따졌고 아버지는 막무가내로 계속 요구하신다고 화가 난다고 하였다. 듣고 있으면서 같은 여자 입장에서 산후조리를 잘 해야 하는데 참으로 어렵구나라는 생각과 그리고 이번에는 도와주는 것이 현명한 것이라는 생각이 들었다.

상담자 선생님도 나와 같은 생각을 하셨는지, "나는 희생하고 싶다"라고 생각을 바꾸어 이번만 도와주고 다음 번에 절대 안한다고 선전포고하라고 하자 그런 말을 수차례 했으나 효과가 없었다고 하였다. 그러면 어머니를 지방에서 올라오는 것으로 하고 아버지의 끊임없는 잔소리는 흘려버리는 것으로 훈습했으면 좋겠다고 조언하셨다.

그 다음은 자연스럽게 하늘님이 다른 사람에 대한 피드백은 잘해 주면서 자신의 경우를 잘 말하지 않는 것 같다면서 나에 대한 관심을 표명, 지금까지 공부하면서 많이 문제를 해결하여 지내왔기 때문에 드러내고 다룰 내용이 없어서 그런 것이라고 아직 풀지 못한 것이 있다면 우울(depression)이라고 언급하였다.

청소년기를 혼자 생각하고 고민하면서 보내왔고, 부모님한테 사랑받지 못했다는 것 때문에 우울에 젖어들게 되었는데 그게 지금까지 영향을 받고 있다고 하였지만 우울을 즐긴다고 역설하였다. 그러면서 우울이 반드시 나쁜 것만이 아니다라는 사실과 오히려 즐겁게 보낸 세월보다는 이러한 시기에 고민과 방황이 자신을 성장시킨 것 같다고 보아 우울을 해결하고 싶지만 벗어나고 싶다는 생각은 들지 않느다라고 덧붙였다.

그러자, 상담자 선생님께서는 그것이 무슨 소리인지 이해가 안 간다면서 저의 우울이 일반적인 우울이라기보다는 임상적 우울에 가까운 것 같다고 언급하였는데, 그때 답답하다는 생각이 들었다. 학문적인 진단으로 나를 묶으려고 하는지! 너무나도 상담자 선생님의 진지하고 걱정스러운 표정을 보면서 잘못한, 죄를 지은 학생처럼 긴장되고 오히려 그런 견해가 부담스러웠다. 난 지금까지 "굳세어라! 금순아"처럼 살아왔고, 앞으로도 그렇게 살아갈 것인데 걱정이 지나친 것은 아닌지! 그러면서도 따뜻함이 느껴져 좋았다.

사실, 우울이 찾아올 때마다 비관적인 사고에 젖어있고 자연스럽게 자살 생각을 하기 때문에 지금까지는 그래도 잘 넘기고 실(失)도 있었지만 득(得)도 있어 아픔만큼 성숙해진다는 유행가 가사처럼 우울을 회피하기보다는 인정해보고 싶었다. 어차피, 인생에서 행복을 찾고자 살아가는 것이지만 그 과정에서 끊임없이 경험하게 되는 부정적인 고통들을 벗어날 수 없다고 보기 때문에 적극적으로 인정하고 즐기자라는 견해를 갖게 되었다. 강물님의 말처럼 타인과의 감정 전이가 잘 이루어지는 경향 때문에 타인의 고통이 나한테 전가되어 찾아오는 우울도 있지만 하나님께서 굳건히 지켜주실 거라는 믿음과 나 또한 어리석은 선택을 하지 않으리라는 확신을 하고 있기 때문에 든든한 생각을 가지게 된다.

하지만, 내가 가지고 있는 우울성향이 임상적인 우울인지, 신앙적인 세상을 사랑하기 때문에 갖게 되는 측은지심(惻隱之心)에 연류된 것인지, 복합적인 것인지 정리하기는 어렵지만 엄마가 우울경향이 있는 것이 나한테도 전달된 병리적인 측면을 일단 인정하고 싶고, 신앙적으로 갖게 되는 우울 또한 나한테 크게 작용하고 있다는 생각을 해본다.

작년까지도 우울증세로 자살 생각을 많이 하면서 보냈는데, 이상하게 요즈음은 마음이 평온하다는 점과 어떤 어려움이 와도 예전처럼 두려워진 마음이 별로 생기지 않는다는 사실에서 우울에 많이 초연해진 느낌이 든다.

하지만, 나도 무쇠 인간이 아니라서 언제 실족할지 장담할 수 없어 여전히 우울이라는 실체는 두렵다. 인생에서 고통을 피하면서 살아갈 수 없듯이 우울 역시 피할 수 없는 것이라면 두려움 없이 받아들이고 이에 빠지는 자가 아닌 승리하는 자가 되고 싶다. 보다 나은 나를 갖추기위해서….

오늘은 아침햇살님이 불참하셔서 생동감이 없이, 진지하고 가라앉은 분위기 속에 진행된 것 같아 역동적인 측면에서 꼭 필요하다라는 생각을 하였다. 강물님이 소극적인 참여가 마음에 걸려 다음 회기에 먼저 진행해 보자라는 다음 구성원들의 의견에 동의하며 이번 집단경험이 본인에게 유익했으면 하는 바람을 가져본다.

제5회 집단상담 회기 보고 2

♠ 수림

상담시간이 시작될 때 선생님의 잔잔한 미소가 상담실 전체의 분위기를 아늑하게 만들어 주는 것 같았다. 시 읽기에 관한 이야기가 오갈 때 시가 무척 읽고 싶어졌다. 사실 초등학교 시절에 나는 시를 일기장 끄트머리에 짓곤 했었다. 종종 성경의 시편을 읽곤 하는데 나는 그 다윗의 시편들을 통해 많은 위로를 얻었다. 그러나 현대를 사는 일반인의 삶과 감상을 담은 시들이 궁금해졌다.

나는 상담을 공부하는 사람으로서 이 집단에 다소나마 책임감을 느낀다. 좀 더 적극적으로 참여해야 하는데… 하는 생각들… 내면의 잠재된 여러 가지 생각들이 꺼내지고 변화될 수 있는 과정중 하나인 것을 아는 데도, 꽤 힘들게 이 집단에 참여하고 있는 편이다.

이 복잡다단한 세상을 살면서 어느 누가 그야말로 "비합리적인 사고" 없이 살아갈까? 이런 의구심이 든다. 개인의 가정은 각각 하나의 절대적 표준이었으나, 성장과정 중 만나야 했던 학교라는 사회, 또래의 사회, 나아가 군중 사회에서 우리 한 사람 한 사람은 얼마나 이리저리 밀려넘어져야 했던가….

사람이란 계속하여 알을 깨고 나올 수밖에 없는 불완전한, 성숙으로의 끊임없는 도전으로 살도록 정해진 존재가 아닐까 싶다. 이것을 받아들이느냐 체념하고 그 자리에 머물러 오히려 후퇴하느냐는 스스로의 선택일 뿐. 나는 이런 것들을 일찍 깨닫지 못했다. 사실 그 '일찍'이라는 개념도 모호하긴 하다.

나는 나만의 독특함을 하나님의 선물이라고 믿기 시작한 지 얼마 되지 않았다. 신앙을 가지고 산다는 것이 왜곡된 자아정체감과 결부될 때는 상당한 문제점을 야기시킨다. 보이지 않는 것을 바라고 믿는 신앙이 한 순간 모든 굴곡과 과거와 아픈 상처들을 잊게 해주지는 못하는 것 같다. 그러나 그 신앙이 없이는 더욱더 깊고 헤어나올 길 없는 절망으로 빠지게 된다는 것은 내가 믿는 절대적인 사실이다.

이 세상을 만든 절대자, 창조주는 나를 그의 아름다운 작품으로 만들었고, 나의 삶을 그 절대자의 본질인 사랑으로 만드신다. 나는 나의 '비합리적' 또는 '왜곡된' 인지들을 나에 대한 긍정적인 인정과 사랑의 사고로 채워나갈 능력과 책임이 있는 존재이다.

이제까지 문득 내 마음에 스친 생각들을 적어보았다. 요즘 나에게 부담이 되는 부모님께 대한 나의 태도와 마음은 이번 주간 중 약간의 행동변화로 조금은 부드러워진 듯하다. 선생님이 내주신 행동일지를 쓰는 과제는 나에게 확실히 동기부여가 되었다. 나와 직접적 관계가 없는 누군가가 나의 행동변화를 기대한다는 생각은 나로 하여금 색다른 전환이 되었다. Thanks, counselor!

그러나 아직도 나는 적극적인 대화를 열기 위한 마음의 준비가 덜 된 것 같다. 나의 부모님은 나와는 전혀 다른 개체라는 생각에 사로잡혀 있고, 동시에 부모님에게서 완전히 정신적인 독립을 하고자 하는 몸부림이 있는 것 같다.

다음은 5회기 때에 수림님과 정아님에게 부여했던 과제의 기록표이다.

숙제 기록표 1

♠ 수림

〈행동일지〉 (5월 7일~13일)

　7일 : 어버이날을 위한 선물준비로 저녁 늦게 귀가후, 15분 정도 떨어진 화장품 코너에서 선물을 구입. 부모님은 교회에서의 성경 공부로 11시가 되어서 귀가하심. 나는 일찍 취침.
　8일 : 정작 어버이날인데 내가 기상하기전 아버지는 외출, 아침 운동을 위해 동네의 산에 다녀오니 어머니는 교회에 가심. 꽃을 달아드리지 못함. 저녁에 두 분에게 동시에 꽃과 선물을 드리기로 함. 그러나 불행(?)하게도 10시 30분쯤 귀가. 두 분 이미 취침하심.
　9일 : 일어나서 바로 부엌에 계신 어머니에게 가서 죄송하다고 함.
　"엄마, 어제가 어버이날인데 꽃도 못 달아드려서 미안해요."
　"글쎄 말이다."
　서운하셨던 것. 아버지께도 꽃을 달아드림. 이 날 저녁에 부모님의 생신 잔치가 친척들과 함께 하도록 계획되어 있었고, 나는 음식 장만을 도왔다. 어머니와의 대화는 원활했다. 많은 친지들과의 저녁 식사중 나는 교회에 맡은 일이 있어 나가야 했고, 올케언니가 대신 선물을 전달. 귀가후 어머니와 아버지에게 다가감. 부모님 모두 좋아하심.
　10일 : 온 식구 오랜만에 한자리에 모여 교회에서 예배드림. 다른 교회 가기를 잘 하던 둘째 오빠 내외도 함께 참석하여 부모님의 기분이 좋으셨음. 밤 늦게 어머니와 나의 어린 시절 앨범을 보면서 좋은 시간을 가짐.
　11일 : 점심식사를 아버지와 단둘이 함께. 몸이 안 좋으셔서 걱정됨을 알림.
　12일 : 일찍 학교에 갔고, 밤 12시에 집 앞에 도착. 어머니가 나와 서 계심. 약간 화가 나셨으나 학교의 일로 어쩔 수 없었음을 이해시켜 드림.
　13일 : 어머니에게 퉁명스런 대답을 한 후 후회, 다시 잘 말씀드림.
　"오늘은 몇 시에 나가니?" "8시 반에요" "9시는 안돼? 아버지 병원 가서 약 타야 되거든…" "8시 반에 가야 돼!"…. "10시까지 안 가면 선생님에게 야단맞아서 그래요…" "그래, 알았어." 저녁 수요 예배드리고 오신 뒤 3분가량 '선교'에 대한 대화.

숙제 기록표 2

♠ 정아

나의 부정적 자동적 사고를 합리적인 사고로

① 나는 과연 공부를 잘 따라갈 수 있을까? → 지금 잘 해나가고 있다 내가 노력한 만큼은 할 수 있을 것이다.

② 지금까지의 나의 삶이 헛되다. → 내가 헛되이 살아왔다면 이런 대우와 관심을 받지 못할 것이고 나에게 남은 것도 없을 것이다. 그러나 나는 지금 따뜻한 가정이 있다.

③ 나는 바보라 그들에게 실컷 이용만 당했다. → 부모님들이고 형제들인데 내가 이용을 당했으면 어떠냐 내가 정말 바보였다면 예전에 결혼생활을 포기했을 것이다.

④ 세상이 이런 뒤떨어진 나를 받아줄까? → 안 받아주면 내가 세상을 받아주면 된다.

⑤ 잘해야 되는데 나는 또 실패할 것이다. → 실패해도 괜찮다. 목숨이 달린 것도 아니고 앞으로 얼마든지 잘할 수 있다.

⑥ 억울하게 살아온 삶을 보상받아야 한다. → 충분한 보상으로 나의 소중한 아이들과 든든한 남편이 있지 않은가, 삶이란 꼭 보상받아야만 하는 것은 아니다.

⑦ 빨리 잃어버린 나를 찾고 싶다. → 찾으려는 노력을 계속하고 있고 조금씩이지만은 효과가 나타나고 있지 않은가?

⑧ 타인들에게 나의 빈 깡통인 모습을 보여서는 안된다. → 그들이 어떻게 아냐 또 알면 어떠냐 안다고 그들이 나의 삶을 빼앗아가지는 못 할 것이다.

⑨ 주체할 수 없는 눈물 때문에 슬프다. → 나의 마음이 정리된다면 멀지 않아 절제할 수 있을 것이다. 그리고 그 눈물로 자신을 드러내지 못했다면 지금의 나도 존재하지 못했을 것이다.

⑩ 나 자신을 잘 표현해야 하는데. → 잘못 표현해도 괜찮다. 작년보다 얼마나 많이 발전했는가 이렇게만 한다면 곧 잘할 수 있을 것이다.

⑪ 결혼생활이 아닌 나 자신을 찾는 일에서도 성공하고 싶다. → 기간이 십 년이다. 누구 말처럼 교수가 되려는 것도 아니고, 얼마든지 할 수 있을 것이다. 내 자신의 조그만 성취부터 만족하는 마음을 가져야 되겠다.

⑫ 무엇인가 불안하고 두렵다. 욕심 탓이다. → 그들이 나에게 요구하면, 내가 들어줄 수 있는 것이면 들어주고, 그렇지 않으면 거절하면 된다. 그들에게 인정받으려고 더 이상 나를 혹사하지 말자. 인정받는다고 항상 내가 행복한 것은 아니다. 그것은 순간이다. 내가 받아들일 수 있는 만큼의 요구만 들어주고 길게 행복하면 되지 않는가? 내가 수긍하는 범위 안에서만 해도 충분하다. 나의 인간됨을 믿으니까 얼마 지나지 않아 그들도 적응할 것이다.

제6회 인지치료 집단상담 (1998. 5. 14) : 집단의 생산단계 중기 2

상담자 : 오늘은 우리 어떻게 이야기를 시작할까요? 우리 정아님께서 이렇게 잘해오셨다는 것 아니에요? 이렇게 그림까지 넣어가지고 예쁘게 5회 축어록을 풀어오셨는데, 지난번에 이거 하시면서 느꼈던 소감이라든지 하는 과정에서 어려움이라든지 하고나서의 성취의 즐거움이라든지 이런 게 있으셨을 거예요. "맨날 나는 깡통이다", "뭐 나는 다 빼앗겼다" "나는 없다" 이러시는데 본인이 하시면서 그렇지만은 않다는 것을 느끼셨을 것 같아요. 그 얘기를 나누는 것부터 시작하면 어떨까 해요.

아침햇살 : 여태까지 엄살 떤 게 좀 챙피하죠?

정   아 : 지난주에 일이 많았잖아요. 어버이날도 있고, 시어머니 생신이 있어 가지고 굉장히 바빴어요. 그것 때문에 이틀 밤을 새웠는데, 나만 말을 못하는 줄 알았는데 다른 사람들도 끊기는 부분이 많고, 들었을 때하고는 참 많이 달랐어요. 이렇게 직접 문장으로 쓰니까. 그래서 이렇게 즐거웠구요. 다 만들고 나서 오늘 아침 4시에 마쳤는데 굉장히 즐거웠어요. 아 나도 이런 것을 할 수 있구나… 저는 그런 것을 못 만들 줄 알았거든요. 이런 보고서를 만들 그런 능력이 하나도 없는 줄 알았어요. 그랬는데 '아, 나도 조금 더 노력하면 되겠다' 하는 그런….

상담자 : 그럼요. 가정주부로서 이만큼 해왔다는 게 참 대단해요. 시간 많이 걸렸죠?

정   아 : 화요일 저녁에 다 쓰고, 어젯밤에 치고 그랬어요.

상담자 : 대단하네요.

정   아 : 아휴, 힘들었어요 사실. 애들 재우고 나서 시작해야 되기 때문에.

상담자 : 그런데 어떻게 이렇게 워드를 잘 치세요?

정   아 : 작년에 나오면서 배웠어요. 한두 달 배웠어요.

상담자 : 잘했어요. 두 달 배웠는데 이렇게 잘하게 돼요?

정   아 : 예, 워드 두 달 배웠어요.

상담자¹⁾ : 그래요, 이번 기회에 정아님이 '나는 빈 껍데기가 아니다, 또 나는 다 빼앗겼다' 하는 시각에서 벗어났으면 좋겠어요.

정　아 : 네.

상담자 : 빼앗겼고 빈 껍데기라기보다는 그 동안 내가 가정을 위해서 충실하게 봉사했다. 그렇게 생각을 하시면 포근해지고 풍요로워져서, 더 많은 일을 하실 수가 있어요.

정　아 : 네.

상담자 : 빼앗겼다, 또는 잃어버렸다는 생각이 왜 비합리적이냐 하면 앞으로 그 생각이 나로 하여금 더 나아가게 하는 데 저지를 해요. 그렇지 않다는 것을 제가 확인해서 참 기뻐요.

정　아 : 그리고 저희가 말하는 데 불편했던 이유가, 저 ○○도 말하기 때문에… 이제까지는 그걸 별로 못 느꼈어요, 집에서만 생활했기 때문에 더 불편한 게 이렇게 ○○도 말을 하기 때문이 아닌가….

상담자 : 그것에 대하여 좀 도와주고 싶은데… 내가 ○○도 땅에서 태어났으니까 ○○도 말을 하는 것 아니예요. ○○도 땅에서 태어났으니까 ○○도 말을 하는 거고요.

정　아 : 좀 억세고 듣기가 괴롭잖아요.

상담자 : 듣기가 괴로울 수도 있겠지만 그것이 내 잘못이 아니란 말이에요. 그건 어쩔 수 없이 그런 거잖아요, 그건 상대방이 이해를 해줘야 되고, 만약 이해가 안된다면 그건 상대방의 잘못이야. 내 잘못이 아니라 말이에요. 물론 나의 입장에서는 언어를 곱고 바르게 쓰도록 노력은 해야겠죠? 제 고등학교 선생님이 참 똑똑하신 분이 계셨는데, K여고, S사대 나오신 국어 선생님이었는데 자기가 K여고 다닐 때 선생님이 ○○도 사람이었는데 그 ○○도 사투리를 끝끝내 고집하고 쓰더란 거죠. 그때는 그 모습이 참 아름다워보였대요. 학생 때는. 그런데 국어를 전공하고 국어를 가르치는 교사로 돌이켜 보면 그건 아름다운 행동은 아니라는 거죠. 왜냐하면 우리말을 함께 아끼고 곱게 다듬어 가야 되는 의무가 있기 때문에. 그런 측면에서 우리 정아님이 좀더 아름다운 말을 쓰도록 노력해야겠다, 이런건 바람직하고 좋지만 ○○도 말을 쓰는 것이 나쁘고 싫고 다른 사람이 어떻게 볼까 하는 건 지나친 걱정일 것 같아요. 그것은 정아님이 걱정 안하셔도 돼요. 그것은 듣기 싫고 그러면 그건 그 상대방 사람의 문제예요. 그 사람도 자기가 ○○도에서 살았으면 어쩔 수 없죠. 무슨 말인지 아셨죠? 다른 사람의 문제를 내 문제로 끌어안고 고민하시지 말란 말이죠. 그런데 저는 사람이 좋으면 말소리가 참 좋게 들려요. ○○분들은 말이 젊잖아요. 곱구요.

정　아 : 저는 말이 많이 거칠어요.

상담자 : ○○말씨는 거칠다기보다는 사투리지. 거칠게 느껴지진 않아요. 오히려 점잖게 느껴지고요. O.K. 지난번에 제가 갈 때, 오늘은 강물님하고 얘기를 많이 하자고 했죠.

강　물 : 네.

상담자 : 제가 지난 3회 것을 쭉 훑어봤는데 강물님이 '거절당하는 불안'이 있다, 또는 '앞으로 내 미래가 잘못될 것 같은 불안이 있다' 등등의 이야기를 했는데 오늘 거기에다가 초점을 두고 얘기해볼까요?

강　물 : 어제 계속 생각했어요. 오늘 가서 무슨 얘기를 좀 해야 할 것 같은데 어떤 주제를 가지고 내 문제를 얘기해야 할까 고민이 많았는데 계속 혼란스럽더라구요. 명확하게 딱 잡히는 것도 없고… 그런데 지금 거절에 대한 말씀을 하셨는데 그쪽에 대한 생각이 많이 드는 것 같아요.

상담자 : 음.

강　물 : 그 거절에 대한 게 남자에 대한 것도 있고. 내가 그냥 좋아하는 사람들에 대한 것도 있는 것 같거든요. 다른 사람들은 자기가 좋아하거나, 매력있다. 그러니까 여자든 남자든, 다가가서 친해지려고 노력하고 그럴 수 있는데, 저는 굉장히 안되거든요. 그게 문제가 좀 있는 것 같고….

상담자 : 다가가는 것에 대한 두려움이 있어요?

강　물 : 생각을 많이 하니까 어느 순간에 내가 그 사람이 나를 싫어할 것이라고 미리 생각하고 있는 것이라는 것을 제가 발견했어요.

상담자 : 그 사람이 나를 싫어할 것이라는 근거가 어디 있는데요?

강　물 : 근거가… 그러니까, 매력이 없다는 생각을 많이 하는 것 같아요.

상담자 : 매력이라는….

강　물 : 내가 인간적인 매력이 없다.

상담자 : 인간적인 매력이 뭐라고 생각하는데요?

강　물 : 인간적인 매력이….

상담자 : 인간적인 매력이 중요하지, 그런데 강물님이 생각하는 그 인간적 매력이 뭐에요?

강　물 : 일단 여자로서는 사근사근하지가 않아요. 저는 그런 사람 보면 되게 부럽고 좋은데, 어렸을 때부터 무뚝뚝하다는 얘기를 많이 들었고, 그게 내 모습인 것 같고, 그게 힘이 들었어요. 옛날에는 그게 잘 안되더라구요. 사람들이 다 친해지고 나면, 그런 면들을 다 좋게 봐주고 그냥 내 모습을 그대로 봐주는 경우가 있는데 지속되는 관계가 아니라 일시적, 단발성인 경우에는 아예 말을 안하고 가만히 있다가 나오는 경우가 많아요.

상담자 : 또 어떤 것이 인간적인 매력인가요? 사근사근한 것, 또 어떤 것이

강　물 : 능력, 그런 것? 지적인 능력 같은 것에 대해서…

상담자 : 지적 능력.

강　물 : 네. 그런 게 좀 있었어요.

상담자 : 또?

강　물 : (웃음)

상담자[2] : 우리가 구체적으로 인간적인 매력이 없다고 했는데, 내가 정말 인간적인 매력이 없 는 건가 하는 예와 근거를 제시해서 좀 찾아보자 이런 것이 제 의도예요.

강 물 : 남자에 대한 거절이 그런 것 같아요. 옛날에 소개팅이라든가, 미팅이라든가, 아니면 전 중학교부터 남녀공학을 다니고 그랬거든요. 그런데 그때 거절당했던 경험들이 있 어요.

상담자 : 음… 강물님 우리가 지금 인간적인 매력에 관해 얘기하고 있잖아요. 남자에 대한 거 절을 당했던 경험이 있다는 것은 알겠구요.

강 물 : 그 영향을… 그런 것 같아요. 계속.

상담자 : 어떤? 그럼 그때도 내가 인간적인 매력이 없어서 거절당했던 것 같아요?

강 물 : 그런 생각이 많이 들었어요.

상담자 : 그러니까?

강 물 : 외적인 매력, 외모 같은 거요.

상담자 : 외모, 외모, 말은 인간적인 매력이라고는 하지만 결국 외모가 또 들어가는 거네요. 그 렇죠?

강 물 : 거기 들어가고, 그리고 말하는 것도 좀 그래요. 좀 말을 조리 있게 못한다는 생각.

상담자 : 말을 조리 있게 못한다…?

강 물 : 네.

상담자 : 또 뭐가 있을까요?

강 물 : 그런 것들인 것 같아요.

상담자 : O.K. 그럼 저보다는 우리 주변의 분들이 많이 도와주셔야겠는데요. 여자가 사근사근 하지 않다, 그런 것은 강물님이 본인에 대한 탐색을 제대로 하신 것 같아요. 주변에 있는 사람들이 쉽게 접근하게 되지 않고, 자기 마음의 문을 닫는다 하는 느낌을 가질 수 있을 것 같거든요. 그런 것은 인간 관계를 하는 데 좋은 요소로 작용하지는 않아 요. 이왕이면 사람이 좀 친절하고 따뜻하고 말 붙이기 편한 사람이 좋죠! 제가 지난번 에 수림님에게 지적한 것처럼 그 비슷한 이미지를 받아요. 강물님한테요… 굉장히 뭔 가 두려움에 갇혀 있는 듯한, 그래서 뭔가 당당하지 않은 듯한, 이런 걸 느끼거든요. 그런 것은 본인이 잘 인지하셨겠지만 다른 사람과 관계하는 데 좋은 요소는 아니니 까, 그건 노력하면 돼요. 내가 먼저 가서 말 붙이고. 내가 먼저 가서 인사하고, 내가 먼저 웃고, 그러니까 웃는 연습을 많이 했으면 좋겠어요. 누구나 활짝 웃으면 참 예쁘 거든요. 그것을 연습하면 돼요. 웃는 것을 배우는 사람도 있어요. 그러니까 입을 꽉 다물지 말고 웃고, 왜 그런 책도 있잖아요. 『성공하는 여자는 표정이 아름답다』, 이런 책 있잖아요. 정○○가 쓴 책도 있고… 그런데 그게 다 일리가 있는 이야기란 말이에 요. 무겁고 침통한 분위기를 느끼는 여자를 누가 좋아해. 밝고 명랑한 분위기를 바꾸

---

2) 강물님이 자신은 '인간적인 매력'이 없다고 하자. 그가 말하는 인간적 매력이 정말로 없는지에 대해서 탐구함.

는 것은 자기가 노력해야 돼요. 강물님에게 그런 숙제를 내줄 거예요. "하루에 몇 번 씩 웃을 수 있겠어요?"

강　물 : 웃는 건 많이 웃어요.

상담자 : 웃는 것은 많이 웃어요? 그럼 친절하게 하는 행동을 하는 연습을 어떻게 하실 수 있 어요? 다른 사람에게 친절하게…….

강　물 : 친절하게요? 특별하게 친절하게 한다는 것은 어떻게?

상담자 : 누가 길을 물어봤을 때라든지…….

강　물 : 아, 그런데 저는 길을 물어보고 그러면 굉장히 잘 가르쳐 주거든요.

상담자 : 그러면 내가 먼저 인사를 한다든지 그런 것은요?

강　물 : 아, 그건 내가 먼저! 안부 인사라든지 그런 것을 먼저 하는 것이 필요한 것 같아요.

상담자 : 그렇죠. 저는 ○층 아파트에 사는데 양쪽으로 ○가구가 살아요. 누가 누군지 모르 지만 너무 삭막해서 그냥 제가 먼저 항상 인사를 해요. 엘리베이터에 타면 제가 먼저 인 사를 해요. 아는 척을 하고 인사하는데 싫어하는 사람은 한 번도 못봤어요. 무슨 말인 지 알겠죠. 강물님은 학교에서 있으니까 이래저래 만나는 사람들이 많잖아, 그때 먼 저 항상 인사를 하세요. 그렇게 해서 좀 따뜻해지고 친절해지는 연습을 하는 거예요. 그건 그렇게 제가 좀 도와드리고 싶구요. 많이 웃고, 본인에게 좀 무거운 분위기가 있 으니까 그걸 좀 바꿨으면 좋겠고, 그리고 지적인 능력인, 물론 인간의 능력에는 차등 이 있어요. 특히 우리 나라 같은 사회는 차등이 더 드러나지요. 그러니까 하버드 대학 나오고 뭐 이런 사람에 비하면 내가 좀 떨어지긴 하지만 지금 평균적인 우리 나라의 몇 명의 여자들이 대학원을 다녀요?

강　물 : 그런데 그게 대학원이나 단순하게 학벌, 그런 것에서 더 나아가 가끔씩 내가 생각을 못할 때가 참 많아요.

상담자 : 뭘요?

강　물 : 생각이 갑자기 잘 안되는 거예요. 어떻게 공부하고 있기는 하지만 그런 생각이 들어 요.

상담자 : 그건 누구나 다 하는 생각이예요. 여기 있는 분들에게 다 물어보세요. 난 생각이 언제 나 잘 된다, 난 너무나 스마트하다, 그런 사람이 어디 있나요?

강　물 : 이게 생각이 느린 거랑 연관이 있는 것 같아요. 생각이 느리다는 거요. 전 직장생활을 했어요. ○○ 다니면서 직장생활을 했는데, 저 같은 경우 일을 끝까지 못하거나 그렇 지는 않다고 자부는 하면서도 순발력이 있다거나 하는 면에서는 부족하거든요. 순발 력! 직장생활에서 아주 바쁘게 움직이는 일이 많아요. 그런 것이 많이 요구되었으니 까 대학 졸업할 때까지 그래도 중간은 됐지. 그렇게 생각하고 있었는데, 갔더니 공부 하는 거랑 일하는 거랑 너무너무 다르잖아요. 그러니까 바보취급을 당한 거예요. 처 음에 그때는 제가 대학 졸업하고 제가 재수했기 때문에 그렇게 나이가 적진 않았어 요. 갔는데, 애는 대학도 졸업하고 어느 정도 나이가 있으니까 사람들이 기대하는 게 있었는데, 그런 업무 상황에 익숙치가 않고, 거기서도 사근사근한 것과 연관되는데, 그런 인간관계가 중요한데 먼저 나서서 이야기 할 수도 있고, 그런게 너무너무 안되니까….

상담자 : 바보취급을 당하는 것은 경험이 없기 때문에, 미숙하기 때문에, 어떻게 해야 할지를 몰라서 그런 거잖아요. 그래서 난 지적 능력이 없다고 생각하는 것은 논리의 비약이 좀 심한 것 같아. 그리고 난 순발력이 없다면, 그대신 난 지구력이 있잖아. 그러니까 순발력이 있고, 지구력이 있고, 모든 것을 동시에 다 가진 사람은 없어요. 이 세상 사람은 모두 다 부족한 게 있지요. 그래서 전 탤런트 채시라 같은 사람을 보면, 참 슬퍼져요. 사람이 어딘가 좀 부족함이 있고 모자람이 있어야 인간적인 교감이 될 것 같은데 저렇게 완벽하게 예쁜 사람은 저 속에 뭔가 내가 모르는 슬픔이 감추어져있을 것만 같아서, 그렇게 보여져요. 그러니까 어차피 내가 부족하고 모자란 점은 그냥 수용하면 되는 거예요. 그 모자라고 부족한 면이 있다고 해서 일방적으로 내 지적 능력이 떨어진다고 생각할 필요는 없다는 거죠. 일반적으로는 아주 우수한 사람이지. 우리나라에서 과연 몇 명의 여자들이 대학원을 다니고 있어요? 전체적으로 굉장히 선택받은 사람이고 지적인 능력이 뛰어나다고 봐야죠. 대부분의 사람들에 비해서요. 그 잘못된 망상에서 벗어나요. 그런 말 있잖아요. '비교하지 않는 마음, 참 건강한 마음', 내가 우수한 사람하고만 비교하면 항상 처지지만, 그렇죠? 또 그렇지 않은 사람과 비교하면 난 항상 우수할 수 있잖아요. 비교우위에 설 수 있잖아. 평균적으로 나는 우수한 사람이기 때문에 그런 것에 대한 점수(credit)를 자신에게 스스로 줄 수 있어야 한단 말이에요. 아셨죠?

강 물 : 예.

상담자 : 진짜 그러셔야 돼요. 말로만 그러면 안돼요. 내가 나를 존중해주는 것 이상으로 다른 사람이 날 존중해주지는 않아요. 이건 좀 극단적인 말인가요? 그렇죠?

강 물 : 그런 생각은 많이 했는데 나의 이런 모습이 누가 나에게 어떤 부당하게 지시하고 얘기했을 때 그것에 대해 나를 보호한다거나 어떻게 잘못되었나 논리적으로 이야기 할 수 있어야 하는데, 그때 상황에서는 멍해 가지고 그대로 다 받아요. 그냥 옴팡 쓰는 거예요. 그게 뭐 사람들과의 감정일 수도 있고, 진짜 일 자체일 수도 있는데. 그런 생각도 순발력과 많이 연결을 시켰거든요. 그러니까 '이 상황에서 딱 대처를 못하지, 왜 이렇게?' 나중에 이렇게 생각을 하면서 '아, 그때 그랬어야 하는데' 그랬던 후회가 남고.

상담자 : 그런데 또 제가 생각하기에는 본인이 스스로에 대한 기대 수준이 높아서 대처를 못한다고 생각하지, 그렇게 대처를 못하기만 했을까요? 그건 아닌 것 같아요.

강 물 : 기대 수준이요?

상담자 : 본인이 요구하는 게 크니까 내가 다 그것을 충족을 못시켜서 난 순발력이 없다고 생각하는 것이지. 그렇게 항상 순발력 없이 멍청이로만 굴었을까요? 그렇진 않을 것 같

다는 말이죠. 그래서 지적인 능력이 결코 떨어진 사람이 아니라는 것이고, '외모', 그 외모라는 건 어때요?

강　물 : 지금보다 더 뚱뚱했었거든요.

사　랑 : 저 같은 경우를 보면 사람들은 다 색깔이 있잖아요. 어떤 사람은 노란색을 좋아하고, 어떤 사람은 검정색을 좋아하고, 그런 것처럼 얼굴도 선호하는 것이 다 다른 것 같은데요. 강물님 같은 경우는 차분하잖아요, 성숙해보이고. 그런 게 매력이지 않아요? 그러니까 뭘 원하시는 거죠? 그러니까 안갖고 계신 것을 원하시는 건가요? 욕심 같은 것?

강　물 : 그런 것 같아요.

상담자 : 뭘 갖고 싶은데요?

강　물 : 외모도 너무 마음에 안 드는 거예요. 옛날부터 그랬는데….

상담자 : 눈도 쌍꺼풀지고….

강　물 : 옛날부터 그런 생각 많이 했어요. 살도 더 많이 찌고 그랬으니까. 여자같이 예쁘고, 보호해주고 싶은, 그런 여자같이 됐으면 얼마나 좋을까 하고, 옛날부터 남자인지 여자인지 외모부터 그랬어요. 뼈대는 크고 그래서 그런 얘기를 많이 들어서….

상담자 : 그런 게 뭐 어때서요?

강　물 : 그런 얘기를 많이 들어서 그건 좋은 기억이 아니었어요. 지금 아니라고 생각하면서도 기본적으로 그런 게 좀 있는 것 같아요.

상담자 : 어렸을 때 강화를 못 받아서 그런 건데요, 참 예쁘다… 미워도 참 예쁘다 그래봐, 그런 소리 들어봐, 자기가 예쁜 줄 알고 자신감 있게 살잖아요.

강　물 : 예쁘다 소리를 못 듣고 자랐어요.

상담자 : 저는 평생 정말 예쁘다는 소리를 못 듣고 자랐는데, 한 번도 제가 얼굴이 미워서 속상한 적은 없어요. 그건 제 자신도 알아요. 얼굴이 안 예쁜 것, 그렇지만 뭐….

진달래 : 속상한 적 없어요?

상담자 : 없어요. 그럼 어떻게 해요. 내가 이렇게 생긴 건데. 그러니까 자아(ego strength)가 강한 거죠.

진달래 : 자신감이지.

상담자 : 그리고 밉게 생겼다고 구박을 받은 적도 없고, 어렸을 때 사실은 부모의, 주변 사람들의 강화가 참 중요해요. 그러니까 소프라노 김청자, 그 사람이 얼굴이 뭐가 예뻐요. 그런데 그 아버지가 맨날 그랬다는 것 아니예요. "우리 청자는 얼굴도 예쁘지만, 노래는 더 잘해" 자꾸 그러니까 아버지 마음에 들려고 노래를 더 열심히 하게 되고 잘하게 되고, 그래서 사실은 보면 사람에게 충분한 사랑과 강화를 받는 게 참 중요한데 어쨌든 그건 지나가 버린 것이잖아요. 그렇지 못하다고 안타까워 해봐야 무슨 소용이 있어, 그렇죠. 지금 내가 스스로를 강화하면 되는 건데, 제가 볼 때 강물님께서는 미모와 상관없이 일을 능률적으로 수행하는 데 있어서 전혀 지장이 없어요. 결혼하는

데에도 전혀 지장이 없어요. 그리고 객관적으로 따지면 오히려 예쁜 얼굴이야. 예쁜 축에 들어가. 안 그래요? 그런데 어두운 면이 있으니까 좀 밝게 했으면 좋겠다 하는 것이 제 바람이에요. 외모가 처지지는 않고, 요새는 큰 사람도 좋아하잖아요 아닌가요?

사 랑 : 전 옆에서 봤는데요, 김혜수처럼, 그렇게 볼륨있고. 개는 오히려 자기를 드러내잖아요. 오히려 개는 머리도 섹시하게 하고 옷 같은 것도, 그렇게 볼륨있게 입고 메이크업도 환하게 하고 그러면….

하 늘 : 자기 안에 감춰진 게 많은데 그것을 많이 못 살려서 그런 것 같아요.

상담자 : 그래요. 제가 얘기하잖아요. 상담실에 오는 사람의 특징이 뭐냐면 자기 자신의 장점을 못봐요. 있어도 굉장히 하찮은 걸로 무시해요. 사실은 아닌데요. 그 대신 단점은 극대화시켜서 그게 뭐 대단한 것이 되는 것처럼 막 애처로워하고 그런단 말이죠.

아침햇살 : 침소봉대!

상담자 : 그렇죠, 바로 그거예요. 여자의 외모라는 것은 꾸준히 가꾸면 향상된다고 그러나? 머리 모양도 좀 바꾸고요. 나 같으면 그런 식으로 머리를 안하겠어요, 다른 식으로 할 거예요.

아침햇살 : 메이크업도 좀 밝게 해요.

상담자 : 그래요, 화장도 유행따라 하지 말고, 유행따라 그런 색깔(검붉은 립스틱)하는데 난 싫더라구요, 난 막 소름이 끼쳐요.

강 물 : 어두워요?

사 랑 : 좀 어두워요. 얼굴색이 어두운데 좀더 어둡게 해서 그런 느낌이 있죠.

강 물 : 메이크업을 좀…. (웃음)

상담자 : 그래서 자기를 바꿔가면 되지요. 선천적인 외모가 떨어지는 사람은 아닌데, 지각을 잘못 하니까 주변에서 안타까워서 한마디씩 한 거예요.

아침햇살 : 아까 대인관계에서 억울한 경우를 당할 때가 있다고 하신 것 같은데 맞나요?

강 물 : 억울하게 당할 때가… 예, 그렇게 느끼죠. "이건 억울하다", 이렇게.

아침햇살 : 그러면 억울하게 당할 때를 공략하기 위해서 '요청'하는 게 잘 안되나, '거절'하는 게 잘 안되나, 아니면 '누가 비평했을 때' 잘 안되나 좀 세분화시켜서 한 번 보죠, 뭐. 그래서 어떤 것이 안되나 봐서 그걸 연습하면 되잖아.

상담자 : 그래요, 그거 좋은 생각이에요.

강 물 : '요청'은 상대방이 저에게 요청?

아침햇살 : 아니, 제가 상대방에게 뭐 해달라고. 이렇게 요청하는가, 아니면 상대방이 나에게 무리한 요구를 할 때 거절을 잘 못한다든가, 아니면 누가 나한테 막 비난할 때 적절하게 대처를 못해서 억울하다든가. 그러니까 대인관계가 잘 안된다. 그렇게만 생각하지 말고, 대인관계 중에서 어떤게 잘 안되나 따져봐서…

강 물 : 윗사람이 저한테 할 때 그렇죠. 그런데 그 3가지 중에서 요즘 문제로 가장 많이 생각

했어요. 나에게 비평이나 비난의 말을 할 때, 그게 어떻게 보면 많은 사람이 같은 문제를 가지고 나에게 비난을 하면 고치려고 노력하고 받아들일 수 있는데… 어떤 특정한 사람이 나한테 얘기하고 그걸 심하게 나에게 얘기하는 경우에 이것을 어떻게 반박을 하고 어떻게 얘기해야 하는데, 그 말이 잘 안되더라구요. 일단, 내 또래나 동료면 상관이 없겠는데, 나보다 더 연장자라든가 그런 사람이 얘기를 하면….

아침햇살 : 권위 있는 사람, 힘이 있는 사람!

강　물 : 권위 있고 힘이 있으면 그냥 아예 듣고 아무 말도 안해버리거나 그냥 무시해버리겠다고 생각하면서 가만히 듣고 있는데….

아침햇살 : 혼자서 속으로 부글부글 끓으면서?

강　물 : 나중에는 그 자체를 그냥 무시한다고 생각하지만, 무시해서 딱 끝내면 되는데, 나중에 그게 내 머리 속에 계속 생각이 나니깐, 나중에 너무 그런 얘기를 많이 듣게 되면 내가 진짜 그런 문제가 있는게 아닌가… 그럴 땐 어떻게?

상담자 : 그럴 땐… 제가 마술사예요? (웃음)

아침햇살 : 다른 분들도 한 번 얘기해보시죠?

진달래 : 지난주에 제가 그런 경우가 있어서 마음 아픔을 겪었거든요. 똑같은 동기들끼리의 모임이 있어서 나갔는데 제가 연락을 안한 상황이 아니라 연락을 했는데 그 연락 받은 사람이 연락을 안했고 모르는 상태가 되어 일이 잘못됐어요. 그런데 연락 안한 것으로 잘못 알게 되어서 공박을 받은 거예요. 그 아홉 사람한테… 그래서 제가 외려 속상해 해야 하는 입장인데 그 사람들한테 그런 것을 받고 나니깐 제 가슴이요… 막 아프면서, 지금 꼭 그 심정이에요. 이걸 내가 어떻게 어떻게 했었는데라고 상황을 설명해야 하는데 떨리기만 하고 아프기만 하고 말이 안 나가요. 그런 걸 제가 못해요. 평상시에. 그리고 그것 때문에 고민을 하는데, 여기서 배운 것이 생각이 자꾸 나요. '지금 안 하고 아픈 것보다 일단 여기서 공박을 하자! 내 심정을 얘기하자. 다른 얘기 막 진행되는데 난 막 열이 오르는 거예요. 이걸 어떻게 처음 시작을 해야하나…' 쉽게 할 수 있는 내용인데 안나가요. 표현이 힘들어서, 그래서 덜덜 떨리는 말로 시작했어요. 아까 그 얘기에 대한 내 입장의 해명과 나는 억울한 입장이라 해명을 받아야겠다라는, 여기가(가슴을 가리키며) 너무너무 한 30분 정도 아팠어요. 다른 얘기는 전혀 안 들리고, 이 얘기를 내가 어떻게 풀고 내 아픔을 가시고 가나. 내가 여기 와서 인지 치료 받은 게 하나도 소용이 없지 않나… 그냥 가면 두고두고 아플 거니까, 거기서 얘기 못하고 오면, 계속 아파요. 혼자. 그 생각을 하면서 떠나지 못하고, 떨쳐버리지를 못하고, 그래서 내가 숙제한 기분으로 이 일을 대처하고 가야겠다하고 얘기를 시작했어요. 처음에 시작할 때는 덜덜 떨리더니 그 얘기가 조리있게 설명이 되더라구요. 듣고 나니까 자기들이 엄청 잘못했거든요. 막 같이 한꺼번에 사과를 받았어요. 그 사과를 받는 것도 쑥스러워 내가 더 그냥… 그 얘기가 풀어지는 순간 여기(가슴) 아팠던 게 사르르 풀려요. 너무너무 신기하게. 내가 혼자 당한 것, 억울한 것. 그럴 땐 아프다가

용기를 내서 반박하고 해명하고 그 사람들의 입장을 이랬던 것, 한 것, 안한 것, 이런 것들의 얘기를 끝내니까 해결됐거든요. '그런 상황에 한 가지 시도를 했다, 한 번 성공했다.' 이런 것 때문에 희열을 느꼈어요. 그래서 어떤 숙제를 한 것 같은 기분으로 이만큼이라도 발전된 모습을 얘기할 수 있다는 것을 가지고 기쁜 마음으로 왔어요. 그것을 한 번 시도해보는 것이 중요하다는 것을 말씀드리고 싶어요. 하나에서부터 얘기하면 다는 못해요. 그런데 지나고 나면 '아, 이 얘기도 했어야 하는데…' 이런 것도 남더라구요. 어쨌든 간에 내가 그 얘기를 듣고 억울하다는 것을 해명했고 그 사람들이 잘못됐다는 것을 스스로 깨달을 수 있는 기회를 주었고… 그런데 비슷한 게 많아요. 외모에 대해서도 난 지금까지 그런 아픔을 겪고 있거든요. 들으면서 조금씩은 해결이 되는데 나이가 이렇게 되었는데도 해결을 못해요.

상담자 : 외모!

진달래[3] : 예. 그리고 확인하고 싶은 거요. 저 사람이 괜찮아, 예뻐, 이런 좋은 말로 표현해준 것을 '정말일까' 생각하며 그런 것을 확인하고 싶은데, 어려서 별로 강화받지 못했다고 할까요? 아무튼 그런 것을 별로 받지 못해서 그런지 저는 직장생활하는 것을 감옥생활하는 것처럼 괴롭게 했어요. 사람 대하는 게 두려워서 저 사람이 날 보면 얼마나 힘들어 할까, 얼마나 싫을까, 창구에 앉으면 사람들이 오잖아요. 오면 나는 저 사람들이 나를 싫어할 거야 하는 그런 마음으로 대해요.

상담자 : 아휴… 얼마나 힘들었어요?

진달래 : 너무 힘들었어요.

상담자 : 그렇죠.

진달래 : 강물님이 내가 볼 때는 좋은 얼굴인데 저러고 있으니까 나도 혹시 그런 병을 앓고 있었던 것은 아닌가, 그래서 이렇게 진심어린 '아니라고', '정말 괜찮다'고 하는 소리를 자꾸 확인해서 듣고 싶은 거예요.

상담자 : 진달래님, 그걸 고쳐야 돼요. 다른 사람이 날 예쁘다고 하는 말 들으면 뭐하고, 안 들으면 뭐해요.

진달래 : 글쎄.

상담자 : 다른 사람에게 확인을 받아서 편하면 이 세상의 내가 만나는 모든 사람을 만나서 확인을 받아야 되는데, 그게 얼마나 피곤하고 힘들어요.

진달래 : 힘들어요.

상담자 : 이미 내 모습이나 외모는 내게 주어진 거예요. 마치 원죄 같이요. 우리가 죄가 없어도 죄를 짓고 태어나는 것처럼 내 모습을 내가 선택해서 태어나는 사람이 있어요? 없잖아요. 우리의 부모님이, 또 진달래님은 하나님이 만들어서 태어난건데 그러면 기쁜 마음으로 감사히 받아들여야죠. 우리가 흔히 장애인은 참 불행할 것이라고 생각하지

---

3) 진달래님도 '외모문제'로 고통스러웠음을 토로.
4) 이후 진달래님의 외모에 대한 잘못된 지각의 논박.

만 실제 장애인하고 생활을 해본 사람들은 그들이 우리의 지각처럼 스스로 불행하지 않다고 생각한다고 해요. 얼마나 자기들이 행복하다고 느끼는데요. 그러니까 저 사람들이 팔을 못 쓰고 다리를 못 쓰니까 불행할 것이다라고 추측하는 것이지 실제로 그 사람들은 그렇지는 않단 말이죠. 그러니까 내 얼굴이 어떻게 생겼다거나 내가 편안하고 괜찮으면 되는 건데 자꾸 남이 날 어떻게 보나, 남이 날 밉다고 하면 어쩌나… 아까도 얘기 했지만 남이 날 밉다고 하면 그건 그 사람의 문제예요. 내가 뭐 예쁘게 태어나고 싶었지 밉게 태어나고 싶었나요? 이건 내 선택의 권한이 아닌걸요. 그렇게 생각을 하셔야 돼요. 진달래님 저는 지금 "예뻐요" 이런 말을 해드리고 싶지 않아요. 제가 그 말을 해드리는 게 도움이 되지 않아요. "예뻐요, 괜찮아요" 이런 말이요. 그러니까 중요한 것은 내 마음속에 있는 거예요. 장애인도 행복한데요….

진달래 : 맞아요.. 참 자신을….

상담자 : 아까 제 얘기 들으셨잖아요.

진달래 : 아니… 뭐 그렇게 밉다고 할 그런 입장도 아니시지만, 자신을 좋게 평가할 수 있는 그 마음이 참 부러워요.

상담자 : 진달래님도 그걸 가지면 되잖아요. 이제….

진달래 : 그러게요.

상담자 : 저는 다행히도 좋은 부모를 만나서, 칭찬을 많이 받고 성장했기 때문에, 칭찬이라기보다는 사랑, 그래서 그런 건데요, 지금 진달래님이 "나는 사랑을 못 받아서 이래"라고 말하기는 너무 나이가 많잖아요. 얼마든지 나는 이제 나를 추스릴 수 있는 나이가 됐는데요… 그렇지 않아요? 그렇다면, 외적인 요건에 의해서 자꾸 내가 강화되려고 하지 말고, 내가 내 스스로를 강화하는 거예요.

진달래 : 지적인 것도 그렇고, 외적인 것도 그렇고, 문제가 딱 똑같아…. (웃음)

상담자 : 진달래님도 지적인 게 뭐 어때요. 진달래님 나이에는 고등학교도 못나온 여자가 많아요.

진달래 : 그래요.

상담자 : 그런데 이렇게 대학원도 다니시고, 전도사님도 했고, 굉장히 우수한 거죠. 자족하는 법을 좀 배우셔야 돼요.

진달래 : 맞아요.

상담자 : 저는 요새… 진짜 행복은 어디서 오는가에 대한 생각을 많이 했어요. 어디서 오는지 아세요? 욕심을 버릴 때 와요, 욕심을 버릴 때요. 집착을 버릴 때요. 나이들이 어려서 공감이 잘 안되시는데요. (고개를 끄떡이는 사랑님을 보며) 진짜? 공감돼요? 사랑님, 얘기 좀 해보세요.

사 랑 : 뭐든지 욕심이 사람을 괴롭히더라구요. 욕심이라는 것은 자기 뜻대로 안되는 것이거든요. 안 되는 것을 꿈을 꾸다 보니까 자기비하하고, 열등감을 갖고, 자기가 무너지더라구요. 그래서 내 욕심을 버리고 산다는 것이… 어떻게 보면 사람들이 바보라고 말

할지도 모르겠지만 너무 편하잖아요. 욕심이 일단 없으니까. 그리고 마음에 더 여유가 있어지는 것 같아요.

상담자 : 그래서 법정스님의 책이 뭐가 있죠? 『텅 빈 충만』이 있잖아요. 텅 비었는데 충만하다. 그것처럼 멋있는 말이 없는 것 같은데요, 제가 욕심이 많았어요, 죽도록 욕심이 사나웠는데, 욕심대로 하나도 못 살았어요. 욕심을 버렸으면, 제가 지금보다 훨씬 성취도 많이 했고, 이것보다 훨씬훨씬 나았어요. 순간순간 그 욕심에… 어떻게 보면 욕심이 많아야 더 잘될 것 같지만, 제가 이렇게 십수년을 살아보니까 그게 아니예요. 욕심을 버리고 자기위치에서 스스로를 만족하면, 그게 바로 행복을 얻는 지름길인 것 같아요.

하　늘 : 저두 욕심 때문에 힘들었던 적이 있어요.

상담자 : 그렇죠. 말해보세요.

하　늘 : 제가 고등학교 때, 고등학교 때만이 아니고 어릴 때부터 친구 욕심이 참 많았던 것 같아요. 그래서 인간관계를 중요시 했고, 그렇기 때문에 제가 거절하지 못하는 것도 바로 친구를 놓고 싶지 않은, 그리고 누군가 나를 위로해줄 사람이 주위에 있었으면 좋겠다. 그리고, 내가 언젠가 필요한 사람, 이런 사람이 주위에 있으면 내가 힘들지 않겠다라는 그런 생각 때문에 친구들을 힘들게 했는데, 그래서 고등학교 3학년 때도 그랬어요. 어려운 시기 때 그 친구랑, 나는 그 친구에게 많이 기대고 싶었는데, 그 친구는 주위에 사람들이 너무 많은 거예요. 그래서 내가 생각할 때는 나는 저 친구에게 이만큼 해주는 것 같은데 저 친구는 나에게 조금밖에 관심을 안 보이네… 하면서 너무 힘들었어요. 그러면서 그런 것들이 내 욕심이고 내 집착이라는 것을 어느 순간에 알게 되면서 오히려 관계가 너무 자연스러워지고, 내가 그애에 대하여 너무 관심을 가지 않고 집착하지 않으니까 오히려 편안하게 대해 주더라구요. 그런 경험이 있고, 그 친구랑 아직까지도 잘 지내요.

상담자 : O.K. 그래요, 그래서 첫사랑이 잘 이루어지지 않는다고 하잖아요. 보통… 사랑을 막 집착하는 것으로 알잖아요, 소유하는 것으로 알고… 그러나 사랑은 그런 게 아니잖아요. 내버려두고, 그 사람을 편안하게 해주고, 이런 기술을 습득하려면, 사랑의 경험이 좀 있어야지요. 그래서 첫사랑은 잘 안 이루어진다는 말이 있는 것 같아요.

하　늘 : 있는 그대로 바라봐주는 능력이 부족했던 것 같아요.

상담자[5] : 음… 그래요. 다시 아까 강물님 얘기로 돌아가면, 윗사람일 경우에 잘 안된다는 것은 누구라도 마찬가지예요. 우리 나라 상황에서는. 윗사람에게 상황을 잘 봐서, 이때 내가 내 의사 표현을 해 가지고는 내게 득이 될 것인가 아닐 것인가를 잘 판단해서 자기 의사표현을 해야지, 언젠가 사랑님도 그런 얘기를 한 적이 있었는데, 괜히 자기주장을 했다가 오히려 손해보는 경우가 참 많아요. 윗 사람의 경우에는 힘, 권위라는 것이

---

5) 강물님의 비합리적 생각 '나는 부당하게 대우받으면 안 된다', '나는 항상 내 능력을 있는 그대로 존중받고 인정받아야만 한다'에 대해서 논박함.

있어요. 그럴 때에는 내가 묵묵히 듣는 거예요. 괜히 "이것은 선생님의 오해예요," "잘못 아신 거예요," 이렇게 잘난척하고, 상담시간에 잘못 배운 것 가지고 자기표현하지 말고, 우리 문화에 순응하고 적응하는 것도 상담과 연결해서 생각해야 될 필요가 있어요. 잘못 자기주장했다가는 오히려 큰코 다치고, 누구라도 이 세상의 ○○관계에서는 순응하고 복종하는 것이 득이 되고 순응하고 복종하는 것이 '바보 같고, 멍청한 순종' 그런 게 아니예요. 순응과 복종이 새롭게 적응하는 삶의 한 방편이라고 생각하면 돼요. 그걸 괜히 가슴 아파하고 그럴 필요는 없어요. 가슴이 아프다는 것은 '나는 부당하게 대우받으면 안된다'라는 거예요. 나는 항상 내 능력을 있는 그대로 존중받고, 인정받아야 된다는 건데요, 인간이 그러기가 참 어려워요. 그 생각 자체가 참 잘못된 생각이예요. 그러니까 나도 얼마든지 부당하게 대우받을 수 있고, 나도 얼마든지 인정받지 못할 수 있다라고 생각하면, 그런 상황이 됐을 때 내가 좀더 편해질 수 있단 말이죠. 도움이 됐어요?

강　물 : 네. 그 생각은 계속 저한테 해야 될 것 같고, 지금 제가 힘들었던 것을 생각해보니까… 부당하게 그런 느낌이 들었다 하는 경우에는, 기대치가 있다고 생각할 수 있는데, 지금 내가 학교에 있고, 공부를 상담 쪽으로 하려고 하는데, 그런 같은 학계에 계신 분들에게는, 그런 분들에게는 기대치가 있는 것 같아요. 저분은 어느 정도 이해해주실 것이다. 어떤 면에 대해서는… 그런데 심하게 말하면, 그분의 능력을 너무 나쁘게 쓴다는 생각이 들 때가 있어요. 사람들에 대해 직관적일 수 있고, 다른 직종에 있는 분들에 비해서는 더 마음을 잘 알 수 있을 텐데, 내가 어떤 실수를 할 수 있는데 그것에 대해서 그것을 확대해석해서 "너는 무책임한 인간이다"라고 표현을 한다거나, 제가 힘이 있어서 그걸 밀어내면 되는데, 그것을 아직… 제가 다 받아들이는 거예요. 그 문제가. 상처를 막….

상담자 : 그 사람이 "넌 참 무책임한 인간이야"라고 말하면 그 말을 받아들이게 된다는 말이죠?

강　물 : 그게 한 부분이 아니라 그걸 전체로 받아들이는 거예요. 저에 대해서… 그런 말을.

상담자 : 내가!

강　물 : 네. 그분이 그렇게 얘기를 하니까.

상담자 : 그게 결국은 내 문제잖아요, 결국. 그 사람이 "너는 왜 그렇게 무책임한 행동을 했어"라고 얘기하면, '그래 나는 정말 무책임한 인간이야' 라고 생각한단 말이죠?

강　물 : 그게 아니구요, 실제적으로 그 사람이 무책임한 행동을 했다고 그 사람이 얘기하면 되는데, "너는 무책임한 인간이다"라고 다른 것에까지도 그렇게 얘기하니까 그것을 액면 그대로 받아들이면 상처를 받는 거예요.

상담자 : 그러니까 액면 그대로 받아들인다는 게 뭐죠? "너는 무책임한 인간이야"하면 '아 그래 난 무책임한 인간이야' 이렇게 생각한단 말이에요?

강　물 : 신경이 쓰인다는 말이죠. 어떻게 생각하면 그 사람의 인정에 대한 그것 일 수도 있는데, 저 사람이 날 정말 그렇게 보나?

진달래 : 내가 정말 무책임한 사람인가, 하고 생각한단 말이죠?

강　물 : 네.

상담자 : 그러니까 이제부터 그럴 때는 저분은 내가 하는 여러 행동 중에서 아주 표면적인 행동만 가지고 나를 잘못 판단하신 거다라고 생각해야죠.

강　물 : 예. 그걸 말하고 싶은 거예요.

상담자 : 말하지 마세요.

강　물 : 말 안하는 것이…

상담자 : 그걸 말해서 나에게 득이 안돼요. 그 사람도 다 알아요, 순간 화가 나서 뭐라고 그런 거지, 그 사람이 얘는 뭐든지 그렇다 이러지 않은 것을 알고, 만약에 그렇게 안다면 '아 당신은 그것 밖에 안되는군요.' 라고 속으로 생각하고 마는 게 낫지요.

강　물 : 그런 쪽으로 생각을 많이 하려고 노력을 많이 해요.

상담자 : 근본적으로 자아강도(egostrength)에 문제가 있는데,

강　물 : 그런 것 같아요.

상담자 : 누구라도 조직생활에서 그 정도의 어려움 없이 사는 사람은 없어요. 그걸 알아야 돼요.

강　물 : 흠….

하　늘 : 그런 기분도 들 것 같아요. 저 사람이 나를 저 정도로밖에 평가 안해주나… 이런….

강　물 : 다른 데서는 이런 얘기를 들은 적이 없는데 왜 저 사람만 나한테 그럴까라는 생각이….

상담자 : 그 사람한테서 내가 발목 잡힌 거예요?

강　물 : 예. 그래요.

상담자 : 내가 왜 다른 사람에게 발목 잡혀 살아야 하나? 그렇지 않아요?

강　물 : 그런 것 같아요.

상담자 : 내가 매일 강조하는 거지만, 여기 기린이 있는데, "야, 넌 기린이 아니라 코끼리야" 하면 기린이 코끼리가 돼요?

강　물 : ….

상담자 : 그것의 본질이 변해요? 다른 사람이 뭐라고 말한다 해서?

강　물 : 그건 아니죠.

진달래 : 그건 아니지. 떨쳐버려야지… 잘 안되는 것이지만,

강　물 : 그걸 떨쳐버리는 것이 잘 안되는데… 그게 더 필요할 것 같아요.

상담자 : 자아가 좀 강하면, 그리고 자신의 정신의 세계가 좀 풍부하면, 그런 것을 물리칠 수 있어요.

진달래 : 어떤 때는 잘 되고, 어떤 때는 그게 와서 걸리고….

상담자 : 그리고 그러면서 사는 거지요… 수많은 상처를 주고받으면서 사는 거라고 제가 계속

　　　　　강조했잖아요. 그리고 사람이 상처를 안받는 것도 좋은 게 아니에요. 상처란게 뭐예요. 진주의 씨앗이 되는 건데요. 정아님, 안 그래요?

정　아 : 그래요. 저는 강물님 얘기를 들으면서, 전 아버님께 한 번도 덤비지 못했는데, 작년에 했던 일이 생각이 나요. 작년에 제가 나와서 살면서 매일 저의 집에 오셨는데, 토요일 날 저녁을 먹으면서 신랑이 제게 반찬을 놓아주었어요. 생선을 떼어 가지고… 그래서 집안이 발칵 뒤집어진 거예요. 그게 샘이 나서 견딜 수가 없는 거에요, 우리 아버님은. "그래 너희들 잘났다" 하고 나가셔 버렸어요. 그게 너무 화가 나서 시동생에게 막 말했는데, 그걸 아파트 밖에서 들으신 거예요, 다음 날 오시면서. 그래서 완전히 화가 나셔서 우리 전화로 신랑한테 막 욕도 하고 그러셔서 그냥 넘어가면 안 되겠다 해서, 우황청심환 하나를 먹고 아버지에게 갔어요. 그리고 아버지는 저를 그렇게까지 하실 줄은 몰랐다. 신랑이 저랑 당연히 잘 지내야 되잖아요? 저는 우리가 잘 지내는 게 아버지가 좋게 보실 줄 알았는데 이러실 수도 있느냐 했더니만, 우리 아버님은 그것보다도, 제가 그렇게 말했다는 것을 더 견딜 수가 없어 하시는 거예요. 며느리가 어떻게 시아버지한테 저렇게 덤비냐? 너 잘났다. 어떻게 그렇게 조곤조곤 따질 수가 있냐? 이걸 가지고 저를 막 더 괴롭히시더라구요.

진달래 : 이미 그 전에 화가 나셨잖아요?

정　아 : 그건 이미 다 지나가 버린 거예요.

상담자 : 더 화가 난 거죠? 그 다음 것으로….

정　아 : 당신이 잘못한 것은 지나쳐 버리고, 제 잘못만 잡고 늘어지시는 거예요. 그리고 나서 제가 느낀 게, 당신이 순간적으로 화가 나셔서, 그게 부러워서, 짜증이 나서 그런 건데 제가 그걸 못 받아들였구나. 저는 그게 아버님이 저를 생각하는 마음의 전부인 줄 알았거든요. 우리들이 사이가 안좋기를 바라는 마음의 전부인 줄 알았어요. 그런데 지나서 생각해보니까, 그때 단순히 화가 나서 내게 그런 말도 하고, 평가절하고 그랬구나 하고 생각하게 됐어요. 그러고나서는 웬만하면 어른들이 뭐라고 그럴 때는 그냥 넘어가줘요. 그 순간만 지나고 나면 당신들이 더 잘 아시더라구요. 그게 내 전부의 모습이 아니라는 것을 더 잘 알고 계시더라구요. 너 나빠, 며느리는 그러면 안돼, 그런데 살아 가면서 그럴 수도 있다, 그런 것을 이해를 좀 해주시더라구요. 그래서 요즘은 덤비는 것은 잘 안하는 편이에요. 그 순간에는 "예" 그러고 나서 다음에 좋은 분위기가 될 때에는 한 번씩 이야기를 해요.

상담자 : 그래요. 시아버지에게 덤벼가지고 내가 얻은 게 뭐예요?

정　아 : 하나도 없어요.

상담자 : 하나도 없죠?

정　아 : 예, 하나도 없어요.

상담자 : 더 관계만 불편하고.

정　아 : 더 불편하고, 제가 그걸 풀기 위해서 더 많은 시간을 들여야 하고, 제가 마음 고생을 훨씬 많이 했어요.

상담자 : 그래서 제가 항상 강조하는 것 중에 하나가 반응을 빨리빨리 하지 말라는 것이에요. 일단 유보하고 나서 반응하는 연습을 하세요. 이제부터, 뭐든지. 그런 것을 잘 하는 사람이 심성이 잘 수련되는 것이지요. 감정, 충동… 이런 게 잘 되면 조절이 잘 되는 것 아니예요. 감정조절이 잘 된다는 것은 성숙한 사람이구요.

진달래 : 그런데요, 감정억제를 하면서 참아내면서 중점적으로 살아온 후에는 혼자 속에 쌓인 게 너무 많아요.

상담자[6] : 그러니까 제가 그랬잖아요. 지난번에 김 빼기(Steam off) 얘기했잖아요, 압력솥 얘기. 감정을 막 억누르지 말란 말이예요. 그러면 언젠가 이게 폭발하게 되어 있다니까요? 사람은 감정을 담을 수 있는 용량이 한계가 있기 때문에, 폭발하게 되어있으니까 아예 그 감정을 유도하는 생각을 바꾸면 그 감정이 안 생겨요. 그렇게 시아버지가 행동하실 수도 있지. 시아버지 입장에서는 샘이 나셨나보다… 이러면 막 화가 나고 속 상하지 않는단 말이예요. 화가 나고 속 상한 것을 꼭꼭 눌러라, 이것이 아니고, 화와 속 상함을 유도하는 생각을 찾아서 바꿔라, 그러면, 화가 나지 않는다. 이런 말이죠. 이제부터 그러셔야 돼요. 제가 그랬죠. 화가 많이 나는 것을 꼭꼭 참으면 뭐가 걸린다고 그랬죠?

아침햇살 : 암.

상담자 : 암 걸린다고 그랬죠. 참을 인(忍) 자 세 개 이면 살인을 면하지만, 참을 인자 다섯 개면 암 걸리고 스트레스 받아 죽어요. 참을 인(忍)자는 내 가슴에 칼을 품고 있는 거예요.

진달래 : 그 앞에서는 참고 맞대면을 안하는 대신 내 속은 아프잖아요. 그런데 그것을 소화를 못 시킨 상태에서 그 장소를 떠나서 나 혼자 됐을 때는, 혼자 삭힐 때 굉장히 힘들어요. 방법을 모르고 삭혀서 그런가 봐.

상담자 : 그러니까 배우셨잖아요. 방법을 어떻게 가르쳐 드렸어요?

진달래 : 그래도 맞대면을 하면은 더하지 않아요. 제가 직장생활을 하면서 억울한 일을 당한 경우가 제가 무조건 가만히 있었어요. 그 해명을 안하고. 언젠가는 알겠지, 그야말로 하나님은 아신다. 목사님이 물어봐도 하나님은 아셔요, 저는 아닙니다. 그랬더니 그 것에 대한 해명을 너무 안하니까, 끝까지 참으니까, 상대방은 길길이 제가 잘못했다고 얘기하고, 저는 '아닙니다' 만 하고, '하나님만 아십니다' 만 하니까 약이 오르나봐요. 왜 하나님을 붙이냐고 그래도 가만히 있었어요. 그래서 그 일이 엄청 저에게 손해를 끼치는 모욕적이고 괴로움을 당하는 입장이었는데, 한 일년 지나니까 내가 아무 말 안 한 것이 굉장히 높이 평가되고, 또 그게 해결되어서 스스로 거짓말하고 난동을 피웠던 사람들이 다 처리가 되더라구요.

---

6) '화' 나 '분노'는 억제하는 것이 아니라 '화' 나 '분노'를 유도하는 생각을 바꾸는 것이 중요함을 역설.

상담자 : 그럼요, 당연하지요.

진달래 : 그래서 1년이 지난 다음에 "아! 내가 조금은 뭔가 됐구나, 조금은 뭔가 사람다운 부분이 있구나" 스스로 평가도 하고, 주위에서, 남편이 많이 그것을 좋게 평가해줬고 그랬어요. 그런데 그것을 삭히는 1년 동안은 생활이 말도 못 했어요, 그 아픔이… 여기가 (가슴을 가리키며) 그렇게… 가슴 아프다는 말을 직접 체험하면서 살았어요. 진짜 여기가 아파요. 너무 아파서 물을 좀 집어넣어 볼까, 좀 쪼개 볼까 하게 되더라구요.

상담자 : 그 정도까지도 가죠. 그때 좀 인지치료를 배웠으면….

진달래 : 글쎄말이에요.

상담자 : 그렇게까지 막.

진달래 : 그래서 아까도 말씀드린 것이 우리 어머니들의 삶의 방법대로 그저 잘못했습니다 그래요. 안했어도 했다고 그러고… 어른한테는 "아니요"라는 변명이 없다는 것으로 직장생활을 했어요. 그러니까 너무 억울한 거예요. 나는 그게 아닌데라고 하고 싶고, 여기서 나오려고, 나오려고… 그것을 끝까지 참고 있으니까 표현 못하는 것이 결국 나에게 장애가 되서, 난 억울한 일만 당하고 사는구나 하고….

상담자 : 그때는 적절하게 표현했으면 좋지요.

진달래 : 했으면 좋아요.

상담자 : 지금 강물님하고는 경우가 좀 다른데요,

진달래 : 네, 적절히 표현을 너무 못했어요. 그래서 그것 때문에 자기표현을 배웠으면 좋겠다. 생각을 했는데, 일단 한 가지는 잘했고, 바로 변명하지 않은 것, 변명하면 윗 사람에게는 바로 대든 게 되거든. 그거는 잘 했는데, 적절히 그때그때 표현해야 될 것도 못 해요. 가슴이 두근두근 떨려서. 친구들끼리의 모임에서도 표현을 못하니까. 그래서 그것을 좀 빨리빨리 훈련을 좀 받아야 지도자들이 될 사람들도… 시아버지께 내가 이렇게 얘기해야겠다고 생각이 들 때 그렇게 했잖아요. 그것을 필요할 때는 해야 하는데, 못하는 것도 장애다.

정 아 : 그런데 안하고 사는 게 편해요.

상담자 : 그러니까 안 하고 살아서 내 정서에 지장이 없으면 되는 것이지요, 정아씨처럼. 정아씨는 본인이 느끼지 못해서 그렇지 순간 생각이 바뀐 거예요.

정 아 : 이렇게 살다보니까 문제가 없고….

상담자[7] : 그런데 진달래님은 감정만 치워놨지 생각은 안 바뀌었어요. 그래서 아플수록 상처를 받는 거죠. 그러니까 이제는 그러지 말란 말이에요. 이제는 신념을 바꾸면 스스로 그렇게 아리고 쓰리지 않아도 돼요. 강물님 그럴 수 있겠어요? 아까 제가 지적했지만, 누군가가 나를 자꾸 지적한다면, 나는 절대로 지적당하면 안된다. 나는 항상 인정받아야 된다. 나는 내 능력을 제대로 평가받아야 한다고 생각을 했을 때 속상한 건데,

---

7) 강물님의 '나는 다른 사람들에게 항상 올바른 평가를 받아야만 한다' 는 생각을 직면함.

우리는 얼마든지 적당하게 평가를 못 받을 수도 있고, 또 지적을 당할 수도 있구요. 그럴 수 있는 게 인생이다 하고 그 자체를 수용하면, 그렇게 힘들지 않게 지나갈 수 있단 말이에요. 그게 지금 수용이 안 된 거예요. 지금 정아씨는 딴 생각을 할 텐데, 그걸 분명히 알아두세요. 저는 지금 누군지는 모르겠지만 나무라는 게 아니예요. 어떤 점에서 강물님을 지적하는 거예요. 직면하는 거죠. 지금 내가 화나는 건 뭐냐면, 나는 항상 제대로 내 능력을 인정받아야겠다는 이거죠. 왜 저 사람은 나의 모든 모습은 보지 않고 한 부분만 갖고 평가하느냐, 저 사람이 잘못됐다는 건데, 저는 그 사람이 잘못됐다고 평가하지 않아요. 강물님이 잘못된 거예요. 왜 나는 항상 제대로 된 평가를 받아야만 해요? 때때로 나는 오해받을 수도 있고, 내 능력보다 못하게 평가받을 수도 있는 게 인생이에요.

강 물 : (웃음)

상담자 : 마음 아프죠?

강 물 : 네.

상담자 : 마음 아픈데, 그걸 받아들여야 돼요. 이것은 공감을 주로 하는 지지적 집단이 아니잖아요. 인지체계를 검색하고 탐색하면서 바뀌가는 집단 아니에요. 그래서 아파도 좀 견뎌내야지요.

강 물 : 근데, 지금….

상담자 : 그걸 진정으로 받아들이면, 앞으로 많은 경우가 편할 거예요.

강 물 : 그걸 지금 말씀드리면 대상이 자꾸 떠오르니까 화가 나는 거예요.

　많이 힘들면서 추스리는 시간이 있었어요. 사람들이 주위에서. 그 생각을 저만 하는 것이 아니라 여러 사람들이 경험하고, 나중에는 우리가 잘못된 것이 아니라 그분한테도 문제가 있다고 마음을, 자기를 위해서… 그렇게 되더라구요. 근데 가끔씩 내가 제대로 반응을 못하고, 가끔씩 상처가 되니까. 상처를 안 받겠다고 하면서도….

상담자 : 그런데 봐요, 강물님이 깨달아야 될 것이 뭐냐면, 그분이 결코 바뀌지 않아요. 우리가 어떤 식의 태도를 취하건 행동을 하건, 그 사람은 안 바뀐다고 보면 돼요. 그 사람은 바로 여기서 말하는 A예요. A. REBT에서 말하는 ABCD가 있잖아요, 거기서 그 사람은 A예요. 그 사람 앞에서 그 A가 바뀌도록 열 시간 스무 시간 죽도록 얘기해봐요. 그 A가 바뀌는지. 안 바뀌어요. 그래서 이에 대한 나의 시각을 내가 교정하는 것이 제일 편하고 빨라요. 저분이 저럴 수밖에 없는 이유가 있겠지 하면서 저 사람이 나를 그렇게 평가한다고 해서 내가 그 사람의 평가대로 되는 사람이 아니잖아요.

강 물 : 네.

상담자 : 그리고 좀더 근본적이고, 인지적인 법은 뭐냐면, 내가 그 사람에게 맨날 인정받고 좋은 얘기를 들어야만 할 법이 없단 말이에요. 진정으로 그걸 받아들여야 돼요. 여러분이 인지치료의 핵심을 간파하겠어요?

진달래 : 조금 이해가요.

상담자 : 조금 이해가면 안돼요.

진달래 : 이렇게 항상 자신없게 말을 해요, 제가.

상담자 : 속으로는 많이 이해가 되고요?

진달래 : 예, 많이 가요.

상담자 : 그럼 됐어요.

진달래 : 책을 읽으면서, 어머, 맞아 맞아, 이 방법이 참… 그렇게 돼요. 그 책에 막 공감이 가고… 쫙쫙 들어와요. 늙은 언니한테도 들어와, 흐흐 (웃음) 아주 너무 영광이야, 젊은 이들하고 같이….

상담자 : 그걸 극복하셔야 편하지요, 그렇게 되면 그 사람이 수용이 돼요. 그 사람이 수용이 되면 관계가 개선이 되죠.

강 물 : 아직 제가 그 단계까지가 안돼서 힘들었던 것 같아요.

상담자 : 그렇죠, 이젠 앞으로 좀 나아질 거예요. 제가 볼 때 그래요. 이런 말 어디서 들었어요? 안 들었죠.

진달래 : 맞아요. 이런 것이 참 필요해요. 대인관계에서, 같은 경우일지는 모르겠는데… 싫어요, 그 상대가 싫어도 꼭 대해야 하는 입장이었을 때 어떻게 해야 될 것인가 하는 숙제가 있어요. 같은 사무실 같은 데서는 더….

강 물 : 제 문제는 싫은 사람이 일단 싫다고 하면, 어떻게 보면 사람이 당연하게 싫으면 싫다고 표현할 수 있는 건데, 저는 잘한다는 것에 문제가 있어요.

상담자 : 그 사람한테?

강 물 : 네, 더 상냥하게 잘하고….

상담자 : 그게 나쁜 건가요? 분석에서 말하면….

강 물 : 가식인 것 같아요, 가식….

상담자 : Reaction formation인데 반동형성이죠? 분석적으로 말하면. 그런데 인지적으로는 이렇게 말할 수 있어요. 인지상담 이론에서 우리가 강조하는 게 뭐냐하면, 인간과 그 인간의 행동을 구분해야 되는 거예요. 인간은 누구나 다 존엄하고, 고유하고, 독특하고, 아름다운 존재인데 다만 그 사람이 하는 행동이 나를 힘들게 하고, 거칠고, 나쁜 것뿐이란 말이죠. 그 이야기로 돌아가면, 그 선생님 자체는 정말 고귀하고 귀한 분이죠. 그 사람의 행동이 좀 잘못되었는데, 그 사람의 행동이 좀 잘못되었다고 해서 나도 같이 거칠게, 상냥하지 않게 할 이유가 어디 있어요? 그 사람을 보고 따뜻하고 친절하게 해주면 좋은 거죠. 아니예요? 인간과 인간을 이루고 있는 행동과 신념과 정서를 구분한다라는 개념이 상당히 중요해요. 마치 기독교에서 죄는 미워하되 인간은 미워하지 말라는 그런 말과 똑같은 거예요.

진달래 : 그게 싫어서 자꾸 피하게 되면 어떻게 되는 거예요? 그냥 피하는 방법은 소극적이죠?

상담자 : 그렇죠. 피하고 살 수는 없지요, 그 상황에서는. 매일 부딪히면서 부부처럼 살아야 하는데, 강물이 변화되어봐요, 그분도 변화 될 거예요. 강물님이 먼저 변화되면, 같이

변화돼요. 우리 인간관계라는 것이 상대적인 것이거든요. 한 번 체험해보세요. 다른
사람도 얘기해 보세요.

진달래 : 저는 선생님이 있는 데서 얘기하면 안된다라는 그런 생각이 있어요. 집단이 그런 게
아니라는 것을 알면서도, 선생님이 지금 얘기하는… .

상담자 : 근데 진달래님은 얘기를 잘 해요. 또 염려 안 해도 돼요. 안해도 되는 걱정을 하시니
까….

진달래 : 그런 생각 때문에 자꾸 얘기를 못 했었어요. 처음에는….

상담자 : 진달래님은 얘기를 잘 하셔요. 염려 안 하셔도 돼요.

진달래 : 아니구나, 해도 되는 거구나, 틀려도 되는 거구나. 그걸 알고 나서부터는 하게 되더라
구요.

상담자 : 그럼요. 수림!

수　림 : 제가 미우시죠?

상담자 : 그래 미워…. (웃음)

하　늘 : 사람들은 그런 것을 너무 직감적으로 잘 느끼는 것 같아요. 사랑하는지, 미워하는지,
예뻐하는지 뭐 이런 것들….

수　림 : 제가 많이 생각했던 문제들이 계속 얘기가 나왔던 것 같아요. 그런데, 그다지 제가 이
거다 이거였다, 이랬었다, 뭐 이렇게 말할만한 … 그냥 이제는 웬만큼 지나가서 어느
정도 초월한 것 같기도 하고, 또 언젠가는 문제의식을 느낄 수도 있겠지만… 그래요,
말한다는 게 참 어려운 것 같아요. 생각하고 말하는 것이 잘 안 맞아떨어지더라구요,
잘…

상담자 : 사랑, 아까 뭘 얘기할려고 그랬지요?

사　랑 : 저는 대학교때 인지치료에 관심이 많았거든요. 그래서 인지치료를 연습을 많이 했었
거든요. 그래서 상대방에 대한 평가를… 그때 저의 모습이 너무 싫었었어요. 그런데,
인지치료를 학습해 가면서 무디어 가는 연습을 했던 것 같아요. 그러니까 남을 평가
를 해도 '그래, 그런가 보다' 자꾸 연습을 하다 보니까는 저에게 대놓고 뭐라고 나쁘
게 얘기해도 웃음이 나온다는 사실, 그래서 연습을 많이 하다 보면 그리고 그런 외적
인 것에 동요를 안 한다면, 그렇게 남에 의해서 좌지우지 안되는 것 같아요. 그러니까
그런 마음들을 가지는 것, 그리고 사실 상대방이 나를 볼 때 객관적인 눈으로 보는 것
이 아니라는 사실을 인정하게 되더라구요. 그 사람은 나와의 관계를 통해서 자기의
느낌을 이야기하는 것이거든요. 평도 그렇잖아요. 내가 모든 사람에게 나의 모든 것
을 다 드러낼 수 없다는 것을 배웠던 것 같아요.

상담자 : 그래요, 가장 중요한 것이 뭐냐면 나에 대해서 가장 잘 아는 사람이 나예요, 나. 그러
니 인간중심치료가 나오죠. 내가 나를 제일 잘 아니까요. 그런데 중요한 것은 조하리
의 창 아시잖아요. 내가 아는 나, 남이 아는 나, 내가 모르는 나, 남이 모르는 나, 나도
알고 남도 아는 나. 뭐 이런 것을 있잖아요. 내가 모르는 나의 모습이 무엇인가에 대

해 항상 열려 있어야 하죠. 그런 모습을 남이 볼 수도 있으니까요. 그러니까 다른 사람의 말에 우리가 전혀 귀를 안 기울인다든지 혹은 차단한다든지 하는 것은 곤란해요. 다른 사람의 말에 귀를 기울이면서 내가 못보는 나의 모습은 무엇인가 하는 것은 항상 살펴야겠죠, 어쨌든 내가 나를 제일 잘 알기 때문에 표면적인 나의 모습, 잘못 지각하고 있는 나에 대하여 평가하는 것에 대해 좌지우지되는 모습은 바람직한 모습은 아니에요.

수 림[8] : 다른 사람이 나를 본다는 것은 집안에서부터 시작되잖아요. 부모님의 평가나 형제들과의 관계에서 너는 이래 저래 하는 이런 말들이 나를 또 다른 나로 만들어서, 사회나 다른 공동체 안에서 나오는 것 같아요. 부정적인 생각들, 나는 무책임하다는 생각이라든지 나는 열등하다든지 등의 부모님이 말해왔던 것들이 사실이 아니라는 것, 어린 시절의 것부터 하나하나 파헤쳐가야 한다고 생각이 들어요. 저를 보면 이젠 잊어버린 부분인데요, 어렸을 때 학교에서 국어책을 읽을 때 책을 못 읽었어요. 말더듬이 상당히 심했어요. 그래서 그때 그 상처가 꽤 컸거든요. 지금은 잊어버린 부분이에요, 상당히 오래 됐기 때문에… 그런데 그런 상처는 저에게 나는 무엇인가라는 생각을 하게 했던 것 같아요. 나는 이것을 읽을 수 있고, 그럴 실력이 되는데 사람들은 나를 그렇게 안 보고 있다. 그러니까 나는 열등하게 보이고 있다. 나는 열등하지 않다. 그런 것들을 어렸을 때부터 계속했던 것 같아요. 저는 어릴 때부터 받은 스트레스가 너무 커서, 그것이 어떻게 보면, 결과적으로 보면 많은 것을 극복할 수 있는 힘이 된 것 같기도 하구요, 웬만한 상황에서 쉽게 무너지고, 나를 무너뜨리는 생각을 덜하는 편도 있어요. 반면에 아직 해결되지 못한 것이 있다면, 제가 어릴 때 받았던 상처가 완전히 스러지지 않았다는 것, 사람들이 나를 바보로 보지 않을까 하는 생각. 그 두 가지가 항상 병행하는 것 같아요. 하나가 좀더 앞서 가는 중인 것 같기는 한데. 그거는 제가 개인적인 내적 성찰과 신앙의 힘과 공부 등을 통해서 극복했죠, 많이. 내가 명약관화하게 장애인이기 때문에 받는 수모가 아니라 장애가 아닌데 순간적인 불안, 두려움이 나를 사로잡아서 국어책을 일어나 읽어야 하는데 말을 못해요. 어떤 때는 친구들과 애기하는 상황에서 갑자기 드는 불안과 공포심이 따라오는 상황에는 좀 지진아처럼 보일 수도 있는 상태, 그런 경험이 있어요. 그래서 아까 제가 애기한 초월한 것 같다는 그런 애기도 그런데에서 연유된 애기구요. 어떻게 보면 큰 과거의 그런 생각이나 현재 짓눌리고 있는 사람의 생각들이 거기 안주하지 말고, 현실에 매여 있지 말고 극복하고 그 벽들을 넘어간 후에 자기의 모습을 만들어 가는 것, 그러니까 자기 노력이 필요하고, 자기 생각까지, 마음까지, 자기가 노력하여 바꾸어 가는 것이 힘들지만 정말 중요한 작업인 것 같아요.

상담자[9] : 제가 좀 덧붙이면, 내가 다른사람에게 평가를 당한다는 사실이 얼마나 힘들어요. 그렇죠? 그래서 역지사지(易地思之)를 해야 할 필요가 있는데, 우리 이제 그만 다른 사람을 평가합시다. 물론 이 사람에게 어떤 잘못된 행동이나 그 잘못된 행동이 어떤 파괴적인 것으로 몰고갈 때는 상담을 통해 바꿔줘야 되지만, 그러나 대부분의 인간의 보편적인 행동은 평가하고 판단하고 내 맘에 안든다고 거부하기보다는 그 사람을, 그 행동이나 이런 거를 수용하는 것을 배워야 할 것 같아요. 저는 상담을 하면 할수록 수용의 폭을 넓혀가는 과정이 중요하다는 것을 많이 체험하거든요. 그래서 아마 세속의 사람들은 상담하는 사람을 많이 좋아할지 몰라요. 다른 사람은 나의 이런 모습을 야단치고 혼내고 싫어하는데 상담 선생님은 있는 그대로 다 받아주고 수용해주니까요. 그래서 상담자로서 인간의 행동을 수용할 수 있는 너비를 넓혀가는 것이 참 중요한 작업이 아닌가 하는 생각을 해요. 그러니까 지금부터 여러분 각자각자가, 비단 강물뿐만 아니라 내 생활에서 나를 힘들게 하는 사람이 있어요. 다 있죠. 어떻게 없을 수가 있겠어요. 우리가 관계적인 맥락 속에서 살아가는데요. 그럴 때 그 사람 때문에 힘들어하고 그 사람을 비판하고 평가하기보다는 그럴 수밖에 없는 그 사람의 행동을 수용하는 자세, 이러한 것들을 우리가 좀더 가져야 되는 것이 아닌가 하고 생각해요. 결국 수용한다는 것이 뭐겠어요. 저 사람이 저렇게 행동할 수 있다는 생각을 갖는 거죠.

수　림 : 그런데 그 일은 너무 힘든 것 같아요.

상담자 : 힘이 드니까 노력해야죠.

수　림 : 너무 당연한 얘기거든요, 실은. 너무 당연한 얘기인데 너무 어려운 것 같아요, 아주 아주.

상담자 : 물론 우리가 그것을 어렵다고 생각할 수 있구요.

수　림 : 그것은 타고난 성품이 따라와야 되는 것이 아닌가 싶어요.

상담자 : 성품일 수 있겠지만, 생각하기에 따라서 그렇게 또 어려워요?

정　아 : 노력을 많이 해야 할 것 같아요. 저 같은 경우도 굉장히 그것이 오랜 시간 안 되다가 어느 날 갑자기 되어버렸거든요.

상담자 : 어느 날 갑자기 어떻게 되죠?

정　아 : 네. 저분은 저게 저분 모습이야 하고 봐주게 되더라구요.

상담자 : 저는 그런 것을 잘하는 사람이 삶도 잘 산다고 생각해요. 쉽게 휩쓸리지 않잖아요. 드넓은 가슴을 갖게 되는 것 아니에요? 자 이제 우리 서서히 막을 좀 내려야 할 것 같은데, 오늘 어땠어요? 강물님? 얘기 한 번 해보세요.

강　물 : 늘 가만히 있다가 오늘 좀 얘기를 많이 한 것 같아서….

사　랑 : 굉장히 많이 했어요.

강　물 : 잘했다 싶고, 좋은 말씀들을 많이 들어서.. 다 예전에 생각은 했던 것들인데… 그게 참 힘들어서….

상담자 : 다른 사람들에게 객관적인 타당성을 인정받으니까 좀더 힘이 되죠. O.K. 선생님 이 얘기는 꼭 해야 돼요, 저 이 얘기 못하면 저 오늘 집에 가서 잠 못자요, 하는 이런 애

기 있어요? 그 얘기 듣고 오늘 상담을 마칩시다. (잠시 침묵) 없으시면, 오늘은 오늘 회기 보고와 오늘이 6회거든요, 앞으로 3회가 남았는데, 처음에 내가 호소해왔던 문제들이 지금 이 지점에서 어느만큼 해결되었는지 정리해서 다음 시간에 내주세요.

회기해설

정아님이 5회기의 축어록을 풀어서 컴퓨터 프린트 아웃을 해온 것을 기뻐하면서 회기가 시작되었다. 이것을 보고 상담자는 '나는 빈 껍데기이다' '나는 빼앗겼다'라는 정아님의 시각에서 벗어날 것을 요구하였다. 이 잘못된 생각은 5회기에서도 다루었다. 논박은 한 번만 이루어지는 것이 아니고 그 사람의 생각이 바뀌고, 그것이 상당히 오랫동안 지속되고 영구화 되기 위해서는 논박이 반복적으로 이루어진다.

강물님의 '거절당하는 두려움', '미래에 대한 불안'도 이미 전회기에서 다루었던 문제이나 다시 끄집어내어 심층적으로 다루어보았다. 강물님의 억울함을 진달래님이 자신의 예를 제시하며 도와주었다. 그녀 역시 '자신의 외모' 문제로 힘든 것을 호소하였다. 하늘, 사랑, 수림도 모두 적절하게 상담과정에 참여하였다.

어느덧 상담의 후반부에 접어들면서 집단구성원간의 역동이 활발하게 일어나며 집단구성원 각자에 따라 정도와 그 내용은 다르지만 세상을 보는 관점이 달라지고 자신의 문제를 바라보는 통찰을 얻어가고 있다.

제6회 집단상담 회기 보고 1

♠ 사랑

정아님은 저번주 집단경험에 대한 녹음을 풀어오는 보고서 작성을 새벽 4시까지 하면서 "나도 할 수 있다"라는 생각을 하게 되었다고 하면서 전보다 훨씬 자신감이 있고 얼굴도 환한 표정을 지었다. 이번 집단 경험을 통해 많이 변화된 구성원이라는 생각이 들었다. 상담자 선생님은 이에 대해 가정에 묻혀 있으면서 자신은 껍데기라고 생각했던 불합리한 생각에서 벗어나 이제는 내가 중요한 사람이라는 인식을 했으면 좋겠다고 자기말을 하면서 살았으면 더 좋아질 것이라는 반응을 하였다.

강물님은 '거절에 대한 두려움'이 있음을 고백하면서 이성이나 호감적인 대상에 다가가는 두려움이 있다고 하였다. 상담자 선생님은 이러한 근거가 혹시 인간적인 매력이 없다라는 생각 때문인지 되물어 보면서 여자로서 사근사근하지 못하고 외모도 그렇고 해서, 그렇다면 생각을 바꾸었으면 좋겠다고 하면서 『성공하는 사람은 표정이 아름답다』라는 의미를 상기시키면서 숙제로 웃는 연습을 해보라고 하였다. 강물님은 과거 직장경험이 있는데 다른 사람에 비해 생각과 순발력이 떨어지고 기대 수준에 비해 업무능력이 못미쳤다고 하였다. 상담자 선생님은 비교하지 않는 것이 건강하다고 본다고 하였다. 그러면서 기대 수준이 항상 높기 때문에 순발력이 떨어진 것은 아닌지?라고 직면시켰다. 강물님은 자신의 외모에 대해 일반적인 여자처럼 않게 골격이 크고 여자답지 못하다라고 설명하자 나는 김혜수의 강점을 상기하면서 그처럼 오히려 드러내고 아름다움을 부각시키면 어떻겠느냐라고 제안하였다. 주위에서도 자신의 강점을 아직 발견하지 못한 것 같은데 이에 대한 노력을 했으면 좋겠다고 하였다. 대인관계 역시 상사에 대한 비평에 대해 적절한 대처를 하지 못하는 경향이 있다고 하였다. 진달래님은 이러한 상황에 대한 자신의 경험을 말하면서 공박을 하고 자신의 입장을 밝히니까 오히려 상대방이 사과하고 결과적으로 좋았다고 하면서, 외모 역시 자신도 은행업무를 볼 때 손님이 나를 보면 싫어할 거라는 생각에 고개를 들지 못하였다고 덧붙였다. 상담자 선생님은 외모는 주어진 것이므로 평가하는 것은 중요한 것이 아님을 강조하였다. 진짜 행복은 욕심을 버리는 것으로 텅 빈 충만을 강조하였다. 하늘님은 고등학교 때 친구 욕심이 많아 힘들었다고 하면서 고등학교 3학년 때 주위에 친구들이 많아서 괴로웠는데 어느 순간 욕심을 버리니까 오히려 관계가 자연스러워졌다라고 말하였다. 상담자 선생님은 강물님이 상사의 비평에 대한 적절한 대처를 하지 못한다는 점에 대해 "나는 부정하게 대우받아서는 안돼"라는 신념이 있는데 그러지 않았으면 좋겠다고 하였다. 정신 세계가 풍부해지면 잘 대처할 수 있음을 상기시키면서 상처는 진주의 씨앗이라고 표현하였다. 정아님은 시아버지한테 결혼하고 처음으로 덤빈 적이 있었다고 하였는데 시아버지께서 남편이 자신에게 생선 집어주는 것을 보고 나가버려 이를 마음에 두고 서운하게 생각하고 있다가 막 따졌는데 오히려 더 서운해지는 것을 보고 얻은 교훈이 있었다고 하였다. "덤벼서 얻은 게 하나도 없다".

상담자 선생님은 반응을 즉각즉각 하지 말고 나중에 반응하는 연습을 했으면 좋겠다고 하면서 감정충동 조절연습이 잘된 사람이 성숙한 사람이라고 하였다. 진달래님은 그러다보니 자신이 너무 힘들었다고 하면서 과거에 표현하지 못해 가슴 아픈 경험이 있다고 하였다. 강물님은 자신을 힘들게 한 사람에게 오히려 잘하게 된다고 하자, 상담자 선생님은 인간과 행동을 구별해야 한다고 하면서 인간관계는 상대적인 것으로 자신이 바뀌면 상대방도 바뀌게 됨을 강조하였다. 수림은 주위의 평가가 다른 나를 만들게 하는 것 같다고 하면서 어린 시절 학교에서 말을 더듬거리는 것 때문에 주위에서 놀림을 당한 적이 있는데 엄마는 항상 남들의 평가를 강조하시면서 자신을 통제했다고 하였다. 듣고 있으면서 짓눌려 있는 어린아이 모습이 연상되어 마음이 아팠다. 지진아 낙인을 당할까봐 일상대화시 공포스러움을 느꼈다고 과거경험을 상기하면서 지금도 자유함을 얻지 못해 노력하고 있다고 하였다. 상담자 선생님은 다른 사람을 평가하지 말아야 한다고 하면서, 상담을 해나가는 동안 수용의 폭이 넓혀졌다고 하였다.

오늘 집단 경험은 평소 자발적으로 참여하지 않은 강물, 수림님의 경험을 바탕으로 이루어졌는데 좀더 그들의 내면 세계를 이해할 수 있었으며 아픈 부분의 치유에 대한 의지 또한 생각한 것보다 강함을 알고 인간은 정말로 깊은 대화를 해보고 같이 지내봐야 제대로 알 수 있는 것임을 알 수 있었다. 또한 적절하게 자신을 표현하면서 상대방과의 관계형성이 얼마나 중요한 것인지를 생각하게 된 계기가 된 것 같다.

제6회 집단상담 회기 보고 2

♠ 정아

상담의 회기가 지나갈수록 머리 속에 엉켜 있던 문제들을 하나씩 하나씩 실타래처럼 풀어내 문제의 핵심들을 잡아낼 수 있었다. 문제의 해결을 위해 많은 훈습이 필요하고 심도 있는 공부도 해야 한다는 것을 잘 알고 있다.

그러나 무엇이 문제이고 무엇을 해결해야 되는지조차 몰라 항상 머리 속이 혼란하고 멍한 상태로 있어 고통스러웠는데 6회기까지의 상담을 마친 후 지금의 나의 모습은 명료하게 자신의 문제를 알고 변화를 위해 노력할 수 있게 된 것이 가장 큰 도움이 아닐까 생각한다.

대인 앞의 공포는 해결되지는 않았지만 머지 않음을 느낄 수 있다. 가슴이 두근거리고 얼굴이 붉어져 제대로 말을 할 수는 없는 것은 처음이나 지금이나 변화를 뚜렷하게 느낄 수 없지만 그 후의 느낌들이 자신을 괴롭히고 다른 사람들을 원망하고 그랬는데 그것으로부터 해방되어 편안한 마음으로 '그래, 내가 그 부분에서 이런 말을 했어야 되는데 다음에는 그렇게 해봐야지 그래도 이런 면에서는 성공적이야.' 하면서 지금의 상황을 분석하고 발전을 위해 문제를 짚어보는 자신을 발견할 수 있어 기쁘다.

그리고 또 하나의 큰 변화를 감지할 수 있는 것이 있다. 사람을 만나고 대화를 나누는 데 있어서 그 사람의 말과 행동들을 내 문제화시키고, 모든 것을 내 경우와 연관시켜 괴로워하고, 남과 비교해서 자신을 비하시키고 했는데 상당히 많이 그것으로부터 해방되어 자유로운 상태에서 나를 보고 타인들의 문제를 '그래, 그것은 어디까지나 그들 자신들의 문제지 나와는 별개의 것이야' 라는 사고를 하게 되었다는 것이다. 다른 사람들로부터의 자유를 얻으면서 나의 사고가 긍정적이 되어가고 내게서도 가치 있는 부분이 있다는 것을 발견할 수 있었다.

초기 회기 때와 같은 북받치는 억울함과 주체할 수 없는 눈물에의 거리감을 느끼는 요즘은 거울 속의 내 모습에 미소를 보낼 수 있어 좋다. 같은 집단구성원들의 얘기를 들으면서 발견하게 되는 나의 비합리적인 사고들, 아, 바로 그것 때문에 내가 고통을 느낄 수밖에는 없었구나, 하며 느끼는 순간들, 그런 순간순간들이 나를 바로 세워주고 몽롱해서 나의 문제를 내 스스로 파악하지 못하고 있었던 부분까지도 집단의 얘기 속에서 정리할 수 있었다.

그런데 미안한 마음이 든다. 내가 좀더 말을 잘해 다른 구성원들에게도 많은 피드백으로 도움을 주었으면 좋겠는데 나만 받고 베풀 수가 없어서, 하지만 내가 느끼는 이런 문제들에서, 그들이 나에게 피드백을 해주면서 스스로의 문제들도 발견하고 해결하는 데 도움이 되었으리라 생각한다.

앞으로 얼마 남지 않은 회기 동안 나 자신을 좀더 드러내고 내 자신의 비합리적이고 부정적인 사고들을 합리적이고 긍정적이 사고로 변화시켜 그것들로부터 자유로와져서 삶을 좀더 적극적이고 주도적으로 이끌어나가야겠다.

제7회 인지치료 집단상담 (5. 22) : 집단의 생산단계 중기3

사　랑 : 선생님 연애하세요? 연애하시는 것 같아요.

상담자 : 제가 연애하는 것이 아니라 원래 화려한 옷을 자주 입어요. 저를 처음 봐서(저와 오랫동안 관계를 하지 않았기 때문에) 잘 모르는데 제가 화려하고 고운 옷을 좋아해요.

사　랑 : 예,

상담자 : 그래서, 그렇게 오해를 하는가 본데, 저를 오랫동안 알지 않았기 때문에, 저는 거의 매일 이런 스타일의 차림이에요. 거의, 운동을 할 때는 편안하고 캐쥬얼한 복장으로 입기도 하는데, 제가 강의가 있다든지 이럴 때는 특히…. 얼마 전에는 K대에 갈 일이 있었는데, 친구가 ○○과 교수가 있어서 만났는데 "아유! 이 '공주' 이러는 거야", 우리가 이야기를 하면서 막 웃었는데. 우리 기관 사람들은 '선생님, 옷 예쁜 것 입었네요'. 이렇게 말하지 노골적으로 '당신은 공주 같아' 이러지는 않거든요… 공주가 그런 좋지 않은 뉘앙스가 있잖아요. 그래서 그 이야기를 듣고 옛 친구가 좋기는 좋구나 이렇게 허심탄회하게 얘기 할 수 있어서….

사　랑 : 저희들도 조금 전에 말씀드렸는데요.

상담자 : 자기네끼리….

사　랑 : 공주패션에 대해서….

상담자 : 그러니까 저는 옷을 그런 것을 좋아해요. 화려하고 예쁜 오피스 룩(사무적으로 보이는)보다는 이런 옷이….

진달래 : 아기자기하고 예쁜 것….

상담자 : 예, 직장에 몇 년 다니다 보니까 옷만 늘었어요. 옷장에 하나가득 옷이에요…. 느는것은 그것밖에 없는 것 같아요. 그랬었어요, 사랑! 제가 요즈음 특별하게 이런 옷을 입고 다니는 것이 아니라 원래 성향이….

사　랑 : 그런데 이렇게 예쁜 사람을 가만둘까? 그렇죠?

상담자 : 예뻐요…. 이렇게 숨어 있잖아…. 왜 상담실, 이 동네 자체가, 상담이라는 자체가 숨어 하는 것이잖아요, 드러나는 게 아닌데다가….

사　랑 : 방송 타시잖아요. 방송 꽤 많이 타시는 걸로 알고 있는데요?

상담자 : 그전에는 좀 했었는데 지금은 별로 안 해요. 글쎄…. 저의 소망은, 저는 제가 해보고 싶은 것은 다 해봤는데 저는 그런 것을 안해 봤어요, 사랑하고 연애하는 것을…. 저는 미국에 학부 때 유학을 갔잖아요. 갈 때 박사학위를 해가지고 와야 된다, 이런 생각을 가지고 갔는데, 제가 마음속 깊은 곳에 열정이 좀 있어요. 마음속에 지피울 수 있는 불꽃, 그런 게 있어서 제가 연애를 하면 공부고 뭐고, 학위고 뭐고, 다 못할 것이다. 이런 것이 일찌감치 계산이 되니까 연애를 안했지요, 차단을 하고 살았어요. 그래서 연애를 전혀 못하고 서른 살이 되잖아요, 학위를 받고 한국에 들어와서 선을 몇 번 봤는데 선봐서 만난 한국 남자들이라는 게 참 다 계산적이더라구요. 그러니까 제가 학위를 하고 선을 보게 되니까 파트너가 ○○나, ○○나 이런 사람들이였는데 아주 계산이 빠른 사람들이였어요. 제 느낌엔… 질식할 것 같아서 결혼 못하겠는 거예요, 그 사람들하고는. 그렇게 이 년여를 보내고 재단법인 청소년대화의광장이 생기기 전에 여기 들어와서는 진짜 일에 너무너무 몰두했어요. 그러니까 여기, 말하자면 개국공신이거든요. 이 기관을 만드는 데 참여했기 때문에 이 기관에 대한 애정이 더 있었고, 여러분도 아시겠지만 인지상담기법을 개발하고, 전국적으로 보급하고 이러면서 영어로 표현하면 지칠 정도로 열심히 일을 했어요. 그리고 인제 오밤중까지 남아가지고 책 쓰고 그리고 지금 숨 좀 돌리려고 하니까 저는 이렇게 훌쩍 나이가 먹어버렸어요. 그래서 지금 결혼하면 참 좋겠다, 그런 생각이 들어요. 제가 이십대에 결혼했으면 행복하지 않았을 것 같아요. 여러분들도 잘 생각해봐요. 성취지향적인 사람들은 가정에만 매여 있으면 불행해, 지금 결혼 안하고 연애를 안했기 때문에 결혼한 사람이 부러워보이지만 막상 그게 가능했다면… 우리가 부러운 정아씨도 뭐가 행복하냐 하나도 행복하지 않아, 이렇게 얘기하지요. 정아씨도 봐요. 이 사람들은 또 다 정아씨 부러워하지요. 인생이 다 그런 건데…. 저는 그렇게 정리를 했어요. 제가 건강하고 지금 결혼해도 아이 낳을 수 있고, 어~ 그러니까 지금 하면 참 좋겠다 하는 생각이 들어요.

사　랑 : 혹시 억울하다는 생각 안 드세요?

상담자 : 억울하지…. 지금도 좀 아름다움이 남아 있잖아요. 그런데 삼십대 초중반, 이십대는 얼마나 아름다웠겠어요…. 하하하. (사랑님이 약간 놀라워하는 기색을 보임) 아니, 왜 젊음이 아름다운 거 아니에요.

모　두 : 예, 그럼요.

사　랑 : 스스로 그렇게 말할 수 있다는 게 너무 부러워서요. 자신있다는 것이….

상담자 : 아, 그래요.

정　아 : 선생님 책의 사진 보면 너무 예뻐요.

상담자 : 그것도 삼십대 중반의 사진이에요.

사　랑 : 소녀 같아요.

상담자 : 사람들이 저보고 대학생 때 사진이라고 약올리는데 삼십대 중반에, 청소년대화의 광장에 들어와서 찍은 사진이거든요. 그러니까 그전에는 얼마나 더 아름답고 예뻤겠어요. 어… 아름답고 예뻤던 그 시절을 그야말로 뽑히지 못했다는 것에 대해 속상하지요. 그리고 왜 아름다운 사람을 찾아가주지 못하나, 그 사람 참 불행하다…. 그런 아쉬움이 있지요. 억울함도 있고요. 그런데 사람은 누구나 자기의 위치와 입장에서, 그러니까… 아, 누구라도 어떤 식의 삶을 살던지 아쉬움과 미련이 다 있거든요. 그것을 받아들이면, 그리고 인간은 미완의 존재이기 때문에 그럴 수밖에 없어요. 그것을 받아들이면 여러분 다 행복하다고 난 생각해요. 정아님도 그걸 받아들이면 행복해요, 제가 못 이룬 것을 이루었잖아요. 남편이 밥에 고기까지 떠놓아 주고 반찬까지…. 그것이 얼마나 아름답고 고마운 일인데 그것을 몰라요.

정　아 : 귀찮아요. 왜 제가 할 수 있는 일인데 자기가 해줘요, 부탁도 안 했는데….

상담자 : 정아님은 그게 문제야 그게 귀찮다니, 감사하고 고마워해야지.

정　아 : 저를 하나의 인격체로 봐주는 게 아니잖아요.

상담자 : 인격체로 봐주는 거지요. 내가 널 너무 사랑하는데 사랑하는 표현을 어떻게 해야 될지 모르는데 반찬이라도 떠넣어주고 싶다 이거잖아요. 아유 왜 그걸 그렇게 생각해요. 저는 제가 반찬 떠넣어 주겠는데 사람이 있으면…. 제가 요즈음에 화두로 생각하는 게 소중한 만남이에요. 제가 올해 들어와서 ○○살이 되면서 진짜 어쩌자고 지금 이 순간까지 왜냐하면 사람들이 저에게 주는 피드백이 그런 것이 거든요. 선생님 결혼하시면 참 잘 사실 텐데 너무너무 행복하게 잘 꾸려갈 텐데 그리고 저 자신도 결혼에 대한 준비를 참 많이 했어요. 그러니까 미국에서 공부할 때도 저는 그 스트레스 푸는 게 쇼핑하는 것인데 살림살이 사모으는 거야. 제가 결혼해서 쓸 살림살이, 그러니까 뭐, 포도주잔, 칵테일 잔, 또, 그릇 테이블을 예쁘게 하는 받침 이런 것 사는 것, 그대로 지금도 있어요. 십년도 더 지난 것들이 그래서 결혼에 대한 준비를 나름대로 했었고, 또 사람들이 그런 피드백을 주는데 내가 ○○이 될 때까지 사람을 못 만났잖아요. 그야말로 단순히 사람만 못 만난 게 아니라 진한 사랑을 못했잖아요. 저는 아직 사랑을… 자꾸 차단시키느라 나는 왜 그럴까라고 생각을 하면서 그 동안 못했어요. 무수히 많은 만남과 무수히 많은 관계들이 있었는데 그야말로 잘난척 하면서 그냥 다 내보낸 거야 그냥 왜 선도 많이 보고 사람도 있었지 왜 없었겠어요. 그런데 그걸 소중하게 잡아서 챙겼으면 내것이 되었을 텐데 기회는 언제나 또 있는 거다, 행복은 기다림이다, 이런 식의 말도 안되는, 말이 되기도 하지만, 말도 안되는 것을 하면서 다 놓친 거야. 그래서 결국 만남과 관계, 이런 것이 자기가 거머쥐면 되는 것인데, 내가 놓쳤구나, 정말 이 세상에 아름다운 것은 사람이고 인간에 대한 애정과 신뢰만큼 우리에게 감동을 주는 게 또 뭐가 있을까? 이런 생각을 제가 올해 들어서 많이 하게 되었어요.

사　랑 : 너무 좋다.

상담자 : 그래요.

사　랑 : 기록하세요.

상담자 : 아니 녹음 풀면 다 나올 꺼 아니에요…. 그래서 사실은 여러분들이 소중해지는 것이고…. 그래요. 제가 그런, 어쩌면 이게 아픔의 소리일 수도 있는데, 그게 너무나 많은 사람들을 놓쳤기 때문에, 너무나 많은 관계를 놓쳤기 때문에 이런 말들을 할 수 있는 것 같고 그래서 여러분들에게…. 톨스토이가 그런 말을 했잖아요. 정아님 "지금 당신에게 가장 중요한 일이 뭐냐, 지금 하고 있는 일이다. 지금 당신에게 가장 중요한 사람이 누구냐, 지금 당신과 함께 있는 사람"이라는 거죠. 여러분 주변에 내가 조금만 주위를 주면 붙잡을 수 있는 소중한 만남과 관계로 승화할 수 있는 사람을 놓치고 있지는 않은가? 이 두 분의 처녀는 귀를 기울여야 할 것 같아요. 이 정도면 자기개방 많이 했지요….

진달래 : 우리 이 만남을 계속 이으면 어때요?

상담자 : 만남이라는 것은 영원히 지속하는 것보다는 이렇게 한계가 있는 게 아름다워요. 무슨 말씀인지 아셨죠, 그래요, 여러분이 원하시면 끝나고 모임을 만들어서 한 달에 한 번이라 할지 이렇게 만들어서 만나셔도 되지요…. 제 이 말에 대해 피드백좀 해보세요.

사　랑 : 결혼하신 분들이 하셨으면 좋을 것 같은데 저는 ….

상담자 : 결혼 안했으면 안한 사람대로 뭔가 느낌이 있잖아요.

사　랑 : 저는 너무 아파가지구요. 같은 마음, 마음이 같고요…. 충분히 기다렸다. 더 이상 못 기다리겠다. 그런 생각으로….

상담자 : 지금 몇 살이죠?

사　랑 : ○○ 앞으로 십 년 하하하… 그건 너무하고 어, 머지않은 장래에 좋은 사람이 나타날 거예요. 이렇게 매력적인 아가씨를 왜 진짜 못 찾지….

진달래 : ○○이에요? 딱.

사　랑 : 예.

상담자 : 만으로, 이제 곧 만날 수 있을 거에요. 노력해야 돼요. 저는 노력을 그렇게 많이 안했어요. 노력하기에는 제 일들이 너무 많았어요. 진짜, 몰두해야 되는 일들이, 사랑님은 노력하시면 될 거예요.

진달래 : 결혼하기 위해서는 포기해야 되는 것들이 많잖아요. 포기하고 나서 결혼해서 얻은 행복하고 포기한 것하고 비중을 달아보면… 저는 지금 후회하는 것이 그때 공부 안하고 결혼하고 그냥 행복한 가정을 꾸려간다는 것에 대해 행복한 줄을 몰랐어요. 한동안은, 그런데 이제는 한 십년 이십년 살다 보니까 이제는 더 소중한 것을 내가 잡고 있구나 하면서 이런 입장이에요. 정아씨 같은 갈등도 많이 했었는데 직장를 다닐 때도, 결혼하고 나서도, 오죽하면 기저귀 차는 애 놔두고 공부한다고 뛰쳐나오고 그러니까

우리 남편이 아이 학교 갈 때까지만 기다려 달라고 막내가 학교 갈 때까지만 그 정도로, 그 행복을 모르고 다른 쪽에서 추구했었는데, 선생님은 안한 상태로도 다 정리를 해서 행복한 것과 안 행복한 것과 내가 지금 현재 처해 있는 상태가 얼마나 행복하고 좋다는 것을 알고 가르치시잖아요. 저는 생활 속에서 한 사십 저도 사십, 좀 넘어서 그걸 알았어요. 다시 공부 시작한 것도 사십대쯤에 공부했고 그러면서 가장 행복하다고 느끼는 것은 공부를 해서 한쪽만 추구해서 공부 쪽에서 그 성취한 것, 그것보다는 가정을 늦게나마 저도 삼십에 애를 낳기 시작해 가지고 서른 둘, 서른 넷까지 줄줄이 낳았어요. 그런데 그렇게 한 게 참 하느님이 내가 모르고 지나칠 뻔한 기회를 결혼이라는 틀에 나를 넣어주셨다. 이렇게 생각하고 굉장히 감사하며 살았어요. 남편도 제가 요구했던, 생각했던, 사람보다 훨씬 좋은 사람이라는 것을 살면서, 살면서 느끼고, 해가 갈수록 더 좋은 분이라는 것을 느껴가며 살아요. 그런데 제가 사랑님 하고는 좀…. 남자는 소중한 거야 남편이라는 것은, 지난번 아침햇살님이 남자 별거 아니야 라고 하셨는데 그 얘기가 막 끝나가는 참에 그 얘기를 하셨기 때문에 제가. 그 얘기를 할 수가 없었어요.

상담자 : 지난번에?

진달래 : 사실 둘(사랑님과 나)이 남으니까, 남자는 굉장히 중요한 사람, 중요한 부분이야, 남자라는 존재는…. 내가 혼자 산다면 얼마나 끔찍할까? 하는 생각을, 굉장히 감수성이 많고 외로움을 잘 타고 그러는데 남편이 그것을 다 감싸주고 지금 나를 행복하게 만들어주는 그 장본인이기 때문에 남자는 굉장히 소중한 거다. 이러면서 이야기를 하고 빨리 결혼할 수 있는 마음을 가져라 이렇게 얘기했었어요. 참 좋은 분 만나게 해준 것을 이제 하나님 앞에 감사하는 마음으로 항상 살고 혼자 갈등 느끼고 그 아직도 지적 욕구가 채워지지 않아서 그것 때문에 그 욕구에 시달리고 그게 욕심이거든요.

상담자 : 그러니까 우리 진달래님도 이번 집단을 통해서 자신이 이미 많이 알고 있다는 사실을 깨닫기 바래요. 내가 알고 있는 것도 죽을 때까지 못 써먹을 수 있어요. 그러니까 내가 부족하고 나는 모자라도, 이런 식의 생각은 벗어나야 돼, 진짜 아셨죠?

진달래[1] : 네, 지난번에 선생님이 기뻐할 얘기가 있어요. 우리 남편이 저를 보면 항상 안타까워하는 게 당신은 어쩜 이렇게 열정적이야 그래요. 그것은 좋게는 열정적이고 왜 욕심을 그렇게 못 버려요. 그거예요, 뒤집으면 어쩜 그렇게 욕심이 많아. 하고 싶다는 게 많기 때문에 그러는데, 아이들은 이제 고3짜리 여자애가 있는데 그 애 때문에 가끔 마음 아파하는 일이 있어요. 제가 생각대로 잘 안되는 부분이죠. 그런데 다루는 방법이 확 바뀌어진 것을 본 거예요. 요즈음엔 그러니까 "당신 상담 공부한 효과 보는 거로구만" 그 얘기를 하는 거예요. 그러니까 인정을 해주는 거예요. 바뀌어진 것에 대해서, 그래서 이 얘기를 분명히 여기 와서 발표를 해야 되겠다. 내가 써야 되는 것이 많이 있지만 잘 안되니까 내 이렇게 생활 속에서 바뀐 모습으로 생각이나 행동이 바뀌진

---

1) 진달래님이 상담을 통해서 바뀌어진 자신의 모습을 표출.

모습으로 식구들한테 비추어진다는 것, 그것은 배움이 일치된 거잖아요. 학행일치가
되는 거잖아요. 그것은 몇 십 년 배운 것보다 두 달이 채 안되었지만 이렇게 벌써 효
과를 보고 있구나, 가장 필요한 것을 적절한 시기에 공부를 했다, 배우러 왔다, 치료
를 받았다. 그런 게 있어요. 실은 오늘 써서드릴 게 많은데… 이게 잘 안돼요. 쓰는 게
잘 안돼요….

상담자 : 말로 하셨으니까 되었어요….

진달래 : 그런 게 많아요. 대하는 태도, 처리하는 방법이 달라진 거예요. 그러니까 제 사고를
바꾸니까 상대방의 하는 행동은 똑같은데 예전이나 지금이나 똑같은데 결과는 다르게
나오는 거죠. 그러니까 식구들을 덜 괴롭히는 것 같구 굉장히 즐거워하고 그러고 옛
날의 소녀 모습을 되찾았다고 식구들이 다 좋아하는 거예요. 그러니까 다음에는 또
뭐 할 거냐구 끝난다고 아쉬워하니까. 제가 우리 집, 그 요즘 실직사태가 많이 일어나
잖아요. 금융계통에 있기 때문에 이번, 오늘 봉급이 마지막 봉급이에요.

상담자 : 아빠가….

진달래 : 그런데도 남의 일처럼 즐거워요. 그냥 현실로 받아들이니까. 그리고 어떻게 살아가냐
고 징징대고 그러면 남편이 얼마나 부담이 가겠어요. 그래서 이번에 그러지 말고 여
행 한번 갑시다. 일년 먹고는 살잖아요. 일년 동안 머리 식히고 맞는 직장 찾자고 그
래가지고 6월 중순쯤 한번 어디로 갔다올까 해요.

상담자 : 잘하셨어요. 그러니까 인지집단을 안하셨으면 속상해하고 앞으로 어떻게 하나 불안해
하셨을 텐데 의연하게 대처하신다니 제가 진짜 보람이 있네요.

진달래 : 아, 정말이에요. 굉장히 기뻐하실 일이에요. 원래 걱정하고 그런 일에 대해서 기도하
는 힘 때문에 그렇기는 하지만 그래도 참 어두울 수도 있고 순간순간 걱정이 찾아올
수도 있는데 신념 자체가 많이 바뀌었어요.

상담자 : 구체적으로 어떤 것이 바뀐 것 같아요?

진달래 : 어떻게 바뀌었나 하면요. 예를 들면 아이 때문에 속상하고 그런 것이, 뭐냐하면 여자
애가 되어 가지고 정리를 안해요. 그냥 늘어놓으면 그냥 늘어놓은 상태고, 그러고 자
기가 쓰든, 공동으로 쓰든, 화장실이라든지, 목욕탕 이런 것에서 다른 사람에게 피해
주는 일을 해요. 그애만, 위아래로 오빠나 동생은 안 그러는데 여자애가 산만하고 잘
잊어버리고 하니까 그런 것을 지적하다가 짜증이 막 났었는데 고3이라는 것 때문에
조금 보류하고 자꾸 지적하는 것을 덜하자 그렇게 아빠하고 의논을 하고, 의논보다도
제가 자꾸 그렇게 하는 것을 만류를 해요. 조금 놔둬봅시다. 11월까지만 참읍시다. 그
러구 지가 스스로 깨달아서 될 때까지 기다려주자고. 당신 상담 공부한 사람보다 더
잘하네. 내가 빈정대고 그랬거든요. 제가 여기가(가슴을 가리키며) 치밀어오르고 그
러니까 싹 치워주고 며칠 있어보면 또 뒤집어요. 서랍이나, 책상이나 다… 그리고
그것을 내가 좋아서 하는데 왜 간섭이냐고 그래요. 그것 때문에 문 열어서 정리해주
려고 하다가 이게 치밀어오르고 그랬었거든요. 그런데 아, 내가 저것 때문에 화가 나

서 기분이 나쁠 필요는 없다. 제가 스스로 깨닫고 지가 불편해서 치워야 되겠다고 느낄 때까지 기다리자. 바꾸자. 그런 식으로 상대방의 어떤 환경에 내가 지배받지 말고 그것을 보고 내가 세 자신을 대처하는 힘을 길러보자. 예를 들면 그런 식으로 바뀌었어요. 그 순간 화가 나도 전체적으로 식구들에게 피해주는 것이 아니면 보류하고 놔두자. 조금 마음에 여유를 갖게되고 좀 집에서 구체적인 것은 그런 것이고요. 사회 생활을 하는 것은 요즘에 거의 집에 있다보니까 예를 들 것이 별로 없는데 오늘 아침에 차에서 인천 맨 끝에서 타고 오니까 앉아서 와요. 앉아오는데 앞에 부인 같기도 하고 좀 그냥 직업 여성 같기도 하고 올드 미스 같은 티도 나고 그래요. 왜냐하면 태도가 너무 당당하고. 그런데 저도 거기서 오는 시간이 많으니까 책을 들고 읽고 있었어요. 허리가 아파서 이렇게 앞으로 당기니까 앞에서 선 사람이 신문을 들고 보는데 아유 짜증나게 탁~ 트는 거예요. 소리나게 내 머리를 스쳐가면서 그러면 여자 머리는 굉장히 그럴 때 기분이 좀 짜증이 나잖아요. 그래서 내가 한번 비켜주고서는 조금 이렇게 비켜주었는데도 뒤집을 때마다 한바탕씩 신문을 막 틀면서 봐요. 사람들이 굉장히 싫어하고 짜증이 나거든요. 그러면 그것 때문에 어떤 행동을 했어요. 전에 같으면 어떻게 싫어하는 무슨 표정을 짓든지 그러는데 그때 얼른 이 공부한 생각이 나요. 여기서 이 사람한테 해봤자 얘기해봐야 소용도 없을테니, 그냥 내가 비켜주자, 내가 좀 편안 마음으로 비켜주자 저 사람의 매너는 저거다 나는 이럴 때 대처할 수 있는 힘을 기르자. 그런 식의, 그러니까 좀 여유로워졌어요. 마음이 다른 사람, 어떤 대상을 대한 것이 그 사람 때문에가 아니라 내가 나의 마음을 잘 다스리면 되겠다.

상담자[2] : 앞으로 그런 것을 계속 지속시켜야 돼요. 그러니까 제가 염려되는 게 뭐냐하면 우리가 집단을 함께 하고 있잖아요. 지금 약을 먹고 있단 말이에요. 약을 먹고 있으니까 약효가 있는데 끝나면 약효가 얼마나 지속될 것인가? 약효의 지속을 위해 본인이 노력하셔야 돼요. 노력하면 가능해요.

진달래 : 그게 인격화, 생활습성화가 되어야 해요.

상담자 : 그렇게 되셔야지요.

진달래 : 그게 참 염려스러워요. 지금요, 공부할 때만 유지되다가 내 본성이 나오면 어떻게 하나.

상담자 : 그럴 가능성이 있어요. 그럴 가능성이 있으니까 꾸준히 연습하셔야 돼요. 평생의 과업이라고 생각하셔야 돼. 그래서 인지상담 및 치료에 관한 책을 끊임없이 보세요. 그게 도움이 돼요. 우리가 소위 자가치료라고 얘기하는 건데 끊임없이 보면서 스스로 노력하시면 진달래님 같은 경우에는 어렵지 않게 될 수 있지 않을까 싶어요. 그리고 우리 넘어가도 돼죠? 우리 강물, 강물님은 한번도 우리가 집단이 7회인가, 7회까지 나서서 얘기를 안했어요. 이제는 자기가 나서서 적극적으로, 방관자로 있다가 한마디

---

2) 행동변화의 지속을 위해서 계속해서 노력해야 됨을 강조.

　　　　하기보다는 적극적으로 자기표현을 해야 될 시기가 아닌가, 이런 생각이 들어서 안타
　　　　까워요.

강　물 : 적극적으로 나가서, 지금 같은 경우는 제가 편안한 상태로 듣고 있는 건데 여러 번 선
　　　　생님께서 말씀하시긴 했거든요. 먼저 나서지 않는다고, 그런데 그게 먼저 나서지 않
　　　　는 거에 대해서 심각하게 생각을 안했거든요.

상담자[3] : 아니, 그게 왜냐하면 만약에 강물님이 평소에는 말도 잘하고, 대중 앞에 서는 게 문
　　　　제가 없는 사람이면 아 요즘은 한발 물러서서 듣고 싶어 하는구나 하고 이해를 할텐
　　　　데 강물이 여기 오신 목적은 다른 사람 앞에서 애기를 잘하고 싶고, 자기표현도 당당
　　　　하게 하고 싶고, 이러고 싶은 사람이잖아요. 그런데 그것을 노력하는 흔적이 덜 보이
　　　　고, 그냥 자기 옛날 스타일, 편한 대로 있는 것 같아서 제가 치료자로써 어떤 사명감
　　　　이 있잖아요. 그래서 그런 거지요. 할 말이 없어도 제가 생각할 때 대학원생이면 누가
　　　　어떤 식의 얘기를 하든지 간에 그것에 대한 반응이 있다고 생각해요. 저는 가능한 한
　　　　반응이, 남이 듣기에 참 아름다운 것 일 수도 있고, 뭐 그저 그런 것일 수도 있고, 그
　　　　런 것일텐데 남이 듣는 게 뭐가 중요해요. 내가 반응이 있으면 그것을 좀 표현해보는
　　　　것, 표현을 통해서 자기가 개발이 돼요. 그러니까 강물이 계속 못하니까 안하고 안하
　　　　니까 못하고 이런 악순환의 고리가 계속되니까 장이 주어져도 안되는 거잖아요. 여기
　　　　서도 그게 안되면 이 집단을 나가서도 그런 식으로 행동을 할텐데 그러면 본인 원하
　　　　는 바가 아니잖아요. 그치?…

강　물 : ….

사　랑 : 지금 감정이 어떠세요?

강　물 : 지금의 감정요? 제가 어제 저녁에 썼어요. 가만히 있는 것에 대한 생각을 많이 하기
　　　　는 했었거든요. 순간적으로 무기력하다는 느낌 계속 신경 쓴다는 게 에너지 소모가
　　　　많이 된다 생각했던 것 같아요. 그런데 그게 진짜 지속적으로 너무 그러니까 만약에
　　　　선생님께서 말씀하셨듯이 생각이 없지는 않았는데 머리 속으로만 생각하고 말로는 안
　　　　했기 때문에…. 그리고, 그 순간이 넘어가면 생각을 하고 있는데 말을 안 하면 장이
　　　　딱 바뀌니까 또 그 얘기를 꺼내기가….

상담자 : 그래서, 좀 적극성이 있으면 참 좋겠다. 왜냐하면 본인이 그것을 원하니까. 그게 저의
　　　　바람인데요. 문제의, 문제라고 그러면 좀 그렇지만 전에 호소했던 강물님의 문제를
　　　　그걸 좀 얘기해볼까요? 부모님께서, 할머님이 남동생을 편애하고 그래서…. 오빠라고
　　　　그랬나?

강　물 : 예, 오빠.

상담자 : 오빠하고 남동생 그 사이에 딸 하나에요. 충분히 사랑받지 못한 것에 대한, 그래서 애
　　　　착이 형성이 안돼서 이런 것 같다라는 진단을 우리 사랑님이 내려주셨는데 그렇죠?

---

3) 자신의 호소문제의 해결에 적극적이지 않은 강물님을 직면함.

사　랑 : 제 경험에 의해서 그렇게….

상담자 : 사랑님도 유사한 경우인데 사랑님도 오빠, 동생이 있어요?

사　랑 : 저는 언니가 둘 있고요. 남동생이 있어요.

상담자 : 딸 셋에 아들하나인데 부모님께서 아들만 챙겼구나!

사　랑 : 예.

상담자 : 셋째 딸이였으니까, 딸이 많았으니까….

사　랑 : 예, 점수가 좀 떨어졌죠.

상담자 : 그렇지, 그런 서러움이 있었겠네요.

사　랑 : 많이 울었어요.

상담자 : 많이 울었어요?

사　랑 : 일단은 강물님부터 먼저 말씀하세요.

상담자 : 두 사람은 여기서 그 문제를 해결을 하고 가야 할 것 같아요.

강　물 : …. 그런데 대학교 때까지 엄마에 대한 감정들이 쌓여 있었어요. 그게 뚜렷하게 확실하게 선명하게 표현할 수 있는 게 아니고 막연하게, 응어리 같이 그런 식으로 많이 남아있었었는데 그런데 엄마랑은 지금 관계가 굉장히 좋은데 일종의 카타르시스라고 할까요? 엄마랑 굉장히 심하게 싸운 적이 있어요. 대학 다닐 때 만사가 싫어지고 우울하다는 감정 같은 것, 말도 하기 싫고 이럴 때가 있었어요. 그럴 때 엄마가 어떻게 해보려고 그러니까 여우랑은 살아도 곰이랑은 못 산다… 그런 말까지 들으면서 살았거든요. 말을 잘 안하고 표현도 잘 안 하니까. 그렇다고 그것에 대해 많이 속상해 하시는데 오히려 옆에서 얘기를 하면 더 얘기를 하기 싫었거든요. 그럴 때 가만히 내 방에서 공부하고 그랬는데 나중에 그러한 감정들이 제가 저번에 말씀했듯이 내가 어렸을 때 그런 감정 같은 것들이 심리학 공부하면서 그런 것을….

상담자 : 학부 때도 심리학 전공했어요?

강　물 : 예, 학부 때도 많이 힘들었어요. 하나씩 배우면서 진짜 선무당이 사람 잡는다고 제대로 알지 않은 상태에서 조금씩 조금씩 아는 것에서, 이것은 다 엄마 탓이야, 부모님이 어렸을 때 어떻게 하셨을 거야, 그런 식으로 생각을 했는데 나중에 가면서 어렸을 때 그런, 내가 상처라면 상처랄 수 있는 감정에 대해 사람들에게 도움을 요청할 수도 있는 거구, 내가 그것을 표현했으면 부모님께서도 저에게 좀더 잘해주었을 텐데. 그러니까 혼자 마음속으로만, 점점 상처가 커지는 것 같은 거에요. 실제로 보면 별것 아닐 수도 있는데 마음속으로 혼자 감당하기가 점점 더 커지고 나중에는 그게 피해의식 같이 있었던 것 같은데 대학 졸업 때쯤 무슨 일로 엄마랑 관계가 굉장히 안 좋았는데 무슨 일인지 기억도 잘 안나는데 그때는 갑자기 욱하는 그런 것 때문에 나도 모르게 컵을 깨버렸어요. 집안에서 그때 난리가 났죠. 어쩌면 집안에서 컵을 깰 수가 있나…. 던져버렸어요. 그냥 그때 생각하면 내가 무슨 짓을 한 것인지…. 지금 생각하면, 그 일이 있은 후 엄마랑 냉전 상태가 되었고, 그게 조금 지나고 나서 나에 대한 얘기를,

내가 화나는 감정에 대한 얘기를 표현을 할 수가 있었어요. 그러니까 엄마도 나이가 드시니까 뭐랄까? 같은 여자로써의 친구 같은 감정, 딸이랑 엄마보다는 지금 같은 경우 저희 엄마가 고민 같은 얘기를 많이 해요. 제가 심리학하는 것에 대해 옛날에는 인정을 안하셨는데, 좋은 것인지 모르셨는데, 사람들이 좋은 것이라고 얘기를 하니까 엄마는 제가 얘기하는 것에 대해 관심을 많이 가져주시고, 그래서 그런 갈등 같은 것이 조금씩 이해하게 되는 게 많아졌어요. 그때 그 사건이 가장 큰 사건인데 그것을 기점으로 해가지고 엄마랑 굉장히 가까워졌죠.

상담자 : 엄마와의 관계는 좋은데 동생하고 오빠 때문에 할머니에게 사랑을 못 받았다. 그런 서러운 감정….

강　물 : 서러웠는데, 그런 감정이 많았었는데, 지금 그 감정이 좀 희미해졌어요. 사랑받지 못한 것은 인정을 하는데 지금요… 엄마나 할머니나 오빠가 결혼을 했고 관심이라는 게, 제가, 일단 떠났잖아요. 나에 대해서 의논도 많이 하고 제가 '오빠만 챙겼다' 이런 이야기를 엄마한테 많이 하니까 엄마가 미안하다라는 식으로 많이 이야기를 하고 실제로는 안 그랬다고 하시죠.

상담자 : 그럴 수도 있어, 내 입장에서 나는 할머니나 엄마의 입장에서 보는 것은 아니잖아요. 내 입장에서 보는 거니까 할머니나, 엄마의 입장에서는 사랑을 똑같이 나누어준다고 주었는데도 불구하고 그렇게 지각할 수도 있는 거구 또 이렇게 생각하면 어때요. 사랑님한테도 해당되는 이야기인 것 같은데, 이 땅의 여성들은 대체로 많이 희생을 하지 않았어요. 다 희생하고, 다 치이고 사랑도 덜 받고 이런데 어떤 정서적 지지를 받는다든지, 사랑뿐이 아니라 물질적인 지지도 마찬가지고 너나 할 것 없이 이 땅의 여성들이 그랬다고, 그러면 이 문제가 나한테만 해당된다고 할 때는 너무 서글프고 속상하지만 우리 문화 전체 때문에 우리 이 땅의 모든 여성들이 그렇게 손해를 봤다, 그렇게 생각을 하면 좀 도움이 되지 않아요. 어때?

강　물 : 그런 것도 있고, 또 저 같은 경우에, 저희 오빠 같은 입장에서, 반대 입장이기 때문에 너무 과잉보호를 해가지고 그러니까 그것에 대해서 오빠는 나름대로 불만이 있어요. 그것을 저한테 얘기를 해요. 어차피 마찬가지인 것 같구, 오빠가 자기 나름대로 노력을 많이 한 것 같아요. 환경적으로 부모님이 사소한 것에 대해서 할머님도, 노인들이 그런 것 있잖아요. 남자들 같은 경우… 나이가 들어서도 그러니까, 그래서 오빠가 결혼하고 나서도 당연하게 집을 나가고 사소한 자기 일들에 대해서는 부모님께 의논을 안 하고 중요한 일은 하지만, 자기가 결정을 하려고 혼자서 저한테 그런 얘기를 많이 해요. 자기도 그랬고, 너무 부모님한테 그런 식으로 원망하지 말고, 부모님 말에 너무 매이지 말고, 따라가려고 하지 말고, 주관을 가질 필요가 있다. 지금도 오빠가 그런 얘기는 많이 해주지요.

상담자 : 그래요, 진짜 오빠가 좋은 얘기해줬고, 그 가족구조 내에서 상대적으로 덜 사랑을 받았을지 모르지만 이 땅의 전체적인 여성하고 비교해봐 대학원까지, 어쨌든 다니고 있

잖아요. 그러면 축복받고 선택받은 것 아니에요. 그렇죠? 그래서 본인 사랑을 못 받았기 때문에 내가 참 말도 못하고 표현도 적절하게 못하고 이런 것은 아닌 것 같아요. 조그마한 이유, 이유를 붙이면 이유가 되겠지만 지금 내가 옛날에, 그렇기 때문에 사랑을 못 받아서 얘기를 못하는 게 아니라 사랑을 못 받은 것을 심각하다고 생각하니까 얘기를 못하는 거에요. 사랑 못 받으면 나만 못 받았나 굉장히 많은 여성들이 못 받았지 그렇게 생각하면 굳이 위축될 필요가 없는 거라는 얘기죠. 제가 지금 강조하고 싶은 것은 나의 여과기제, 나의 여과기의 기능에서 그 문제해결을 찾아야지 그렇지 않으면 과거를 돌이킬 수 없잖아요. 할머니한테 돌아가서 어린 시절에 다시 사랑을 받을 수도 없고, 할머니는 변화되지 않잖아요. 할머니는 이미 돌아가셨죠?

강　물 : 계세요.

상담자[4] : 계신다 하더라도, 할머니가 바꿔지지 않잖아요. 저는 진짜 도와줬으면 좋겠어요. 강물님을 좀 도와주고 싶어요. 그런데 진달래님처럼 자기의지가 좀 있어야 돼. 내가 변화되고 싶다. 그런데, 그게 좀 박약해…. 그래서 제가 안타깝지…. 좀더 적극적이었으면 참 좋겠다. 이런 아쉬움, 바람, 이런 게 있어요. 그래서 앞으로는 상담하시는 분이니까 좀더 적극적이 되면, 그렇다고 적극적인 것이 모두 다 좋고, 소극적인 것이 다 나쁜 것은 아니에요. 어떤 식으로 얘기하면 우리 나라 속담에도 그런 말이 있잖아요. "가만히 있으면 중간이라도 간다."고 가만히 있으면 내가 중간이라도 가죠. 다른 말로 하면 상처는 안 받을 수 있어요. 그리고 자극에서 회피할 수는 있지만 나의 성장과 성숙에 도움이 안돼요. 그래서 가만히 있고 자극을 놓치고, 이러기보다는 좀더 적극적으로 부딪치는 것이 우리 강물님한테 필요한 게 아닌가라는 진단을 해봤습니다.

진달래 : 혹시 이런 생각 갖지 않아요. 이렇게 어떤 분위기나, 내가 처한 자리에서, 그 말을 많이 안하고 있는 사람이 더 멋있어 보인다든지, 아니면 그 사람을 더 좋아할 수 있는 사람의 스타일이라든지.

강　물 : 그것은 아니에요. 저는 말 잘하는 사람 너무 좋아해요. 친구를 보면 재미있는 이야기 많이 하고, 말 잘하는 그런 친구들이 많아요. 그런 사람 좋아하니까.

진달래 : 나는 좀 그랬었거든요. 말 안 하면서 차분히 듣는 사람이 들은 게 많아 보이면서 지적이고, 말은 잘 안하는데 행동은 아름다워 보이고 그런 사람을 추구했어요. 그래서 어떤 모임 같은데 가면 가만히 말 안하면서 들어주는 그가 아주 멋있는 것 같구, 그런 걸 굉장히, 그리고 거기서 말 많이 해서 실수하는 사람을 보면 경박해 보이고,… 그런 것이 좀더 내가 말하는 것에 용기를 못내게 하는 것은 아닌가….

강　물 : 그런 것은 있었던 것 같아요.

진달래 : 저의 경우는 그랬거든요. 그래서 처음 본다든지, 어색하든지, 말해서 실수해서는 안된다 그런 분위기에 가면 굉장히 점잖빼고 앉아 있고, 그런 것을 굉장히 미덕으로 생

---

4) 변화의 의지가 약해보이는 강물님을 동기화시킴.

각하고 그랬어요. 그러나 나중에는 그게 아니구나, 아니구나 하는 것을 깨닫게 되었죠. 그런 것을 좋아하다 보면 일부러 그런 모습으로 돼보려고 애써서 그렇게 습관화 되지 않았을까?

강 물 : 요즘에 그런 말 있잖아요. 썰렁하다라는 말 많이 하잖아요. 그런 말하면, 장난으로 썰렁하다고 하면 저는 재미있는 이야기를 잘못하는데, 옛날 대학 다닐 때 써클 같은 모임에서 여럿이 모여 가지고 얘기하면, 제가 얘기하면 그렇게 재미없어 가지고… 썰렁하다고 그러면 딴 사람들은 그 썰렁함에 같이 놀 수가 있는데 저는 무안하고 그런 게 좀 많았어요.

상담자 : 그것은 왜 그러냐하면 내가 한 이야기는 항상 다른 사람에게 재미있게 들려야만 한다는 생각 때문에 그런 거예요. 내가 한 얘기가 재미있게 들릴 수도 있고, 썰렁하게 들릴 수도 있고, 그냥 내가 하는 데 의미가 있는 거지, 그 사람들이 내 얘기를 재미있게 받아들이는데, 더 의미가 있는 것은 아니란 말이죠. 그래서 저는 아까 진달래님 얘기 중에 지금 한 이야기는 금방 납득이 안되는 것 같은데, 왜냐하면 여태까지 내 사고의 스타일하고 다르기 때문에 그래요. 다른 사람이 내 얘기를 재미있게 받아들여야 한다, 나는 그렇지는 않았는데 하는 느낌을 제가 받았다면 한번 곰곰이 생각해보세요. 그게 아니면 굳이 괴로울 이유가 없거든요. 그리고 진달래님이 아까 얘기할 때 실수해서는 안된다라는 생각이 강할 때 특히 말을 안하게 된다는데, 저도 좋은 통찰인데 혹시 그런 거 있어요. 우리 강물님이….

강 물 : 실수 안하….

상담자 : 말을 하다 보면 말을 많이 하다 보면 실수가 많아요.

강 물 : 그것에, 대해 말을 하다가 말을 많이 하다 보면 실수가 당연히 나오죠. 아까 제가 그런 생각이 들었는데 그러면 안할 수가 있는데 그것에 대해 제가 참 싫다. 내가 안하더라도 남이 하는 것에 대해서도….

상담자[5] : 그것에 대해 유연해져야 되겠지, 나는 얼마든지 실수할 수 있고, 다른 사람들도 실수할 수 있고, 나의 실수에 대해서 다른 사람의 실수에 대해서 관대해져야 돼요. 인간이 실수를 안 하고 살 수는 없거든요. 실수를 통해서 계속 같은 이야기가 나오는데, 실수나 이런 것은 잘못된, 진주라는 게 결국 실수의 산물 아니야, 그렇죠. 그래서 성숙한 열매라는 것은 그 실수나, 실패나, 고통이나 이런 것을 통해서 얻어지는 것이기 때문에 그것을 너무 두려워하면 아까 같은 얘기가 되죠. 두려워하면 내가 궁극적으로 얻어지는 게 없다는 말이죠. 그리고 회피하기보다는 부딪치고, 직면해가는 태도 그런 게 좀 필요하지 않을까? 그렇지….

강 물 : 부딪치지 않고 회피의 스타일인 것 같아요. 그러니까, 요즘에 저한테 중요한 문제가 아까 사랑님도 그런 얘기하셨는데, 남자, 결혼, 많이 그런 쪽으로 생각을 해요. 얼마

---

5) • 인간의 실수 가능성(fallability)에 대해서 언급함.
　　• 세상을 회피하기보다는 직면해나가는 태도의 중요성을 강조.

전까지는 결혼에 대해 생각을 별로 안했었는데, 그 남자를 만나보면, 그걸 보면 다른 대인 관계에서나…. 같은 패턴이 연결되는데 요즘에 한 사람 소개를 받았어요. 얼마 전. 그러면 남자 여자 그러니까 사람이 만나 가지고 사랑까지 가려고 하면 서로 노력이 필요한데, 그 노력을 기울이는 것을 제가 굉장히 자존심을 상해한다는 것을 느꼈어요.

상담자 : 그럴 수 있지, 자존심 상하는 게 많을 거예요.

강 물 : 그러니까 사소한 것에 대해.

상담자 : 중요한 것은 저도 그걸 못한 사람인데, 자존심 상하고, 손해를 좀 봐야 사랑을 얻을 수 있어요. 두 양방이 팽팽하게 있으면 서로서로 사랑을 못 얻고, 누군가는 손해를 좀 보고 누군가는 자존심을 상해야 되는데 그게 꼭 남자여야 된다는 법이 어디 있어요, 내가 좀 손해를 보면 어때요. 그게 궁극적으로 나한테, 그런데 중요한 것은, 장기적인 향락, 단기적인 향락을 얘기하잖아. 궁극적으로 장기적인 향락과 장기적인 즐거움을 추구해 가야해. 바로 그것이죠. 지금 내가 자존심 상한 것은 지금은 힘들지만 궁극적으로 나에게 기쁨을 주는 것이기 때문에 궁극적인 나의 즐거움과 행복을 위해서는 지금 좀 희생해도 돼요. 멀리 보면 굳이 그게 자존심 상하는 게 아니란 말이죠. 좀 손해보고 자존심 상하고 그래서 사랑을 성취할 수 있다. 획득할 수 있다. 그러면 하는 거예요.

강 물 : 저의 부모님이 너무 노력을 안 한다고 그래요.

상담자 : 그러니까, 저두 제가 그런 면에서 참 성숙하지 않은 사람인데, 사랑이라는 것이 성취해야 되는 것이라는 것을 알았으면 제가 노력을 기울여서 얻어냈을 거예요. 저는 가만히 앉아 있으면 올 거라는 신념을 잘못 가지고 있었는데, 그게 아니야. 보니까, 지금 와서 결혼한 사람, 연애한 사람 얘기 들어보면 무수히 많은 자기 자존심의 상처, 희생 이런 게 있었더라구요, 심수봉, 그 여자 가수가 그 젊은 남자의 사랑을 얻기 위해서 밤에 차 안에서 '비나리'라는 노래를 작곡해 가지고 들어주고 막 이랬다는 것 아니야. 그 어린 남자한테 얼마나 자존심 상했겠어요.

진달래 : 그랬군요.

상담자 : 결국 성공했잖아요. 그런 식의 집념과 노력이 있으면 성취 못할 것도 없어요. 남자 좋은 사람을 만나는 것도, 그런 식의 노력이 있어야 되는 것 같아요. 그렇지… 그냥 얻어지는 것은 아닌 것 같아요. 우리가 그냥 남들의 속마음을 깊이 이야기를 안했기 때문에 저 사람들은 너무 운 좋게 좋은 사람을 만났다. 하지만 그 내막을 들어가보면 다 그렇지도 않아요.

진달래 : 연애도 그런 것 같아요. 한 20%는 좋아하는 감정이고 한 80%는 노력인 것 같아요. 그게 결혼까지 이어지고 좋았던 감정은 잠깐이에요. 그리고 나머지는 노력에 의해서 골인되는 거죠.

상담자 : 우리 얘기가 강물님 생각에 듣고 싶었던 이야기에요? 제가 핵심을 비켜나가는 게 아

닌가 두려운데.

강　물 : 아니에요.

상담자 : 핵심을 찌르는 얘기 맞아요.?

강　물 : 예.

상담자 : 연애도 그렇구, 부부관계도 그렇구, 인간과 인간의 만남은 불안전한 두 사람이 만나는 것이기 때문에 끊임없이 헌신하고, 노력하고, 이해하고 그렇지 않으면 결합되기가 좀 어렵다고 봐야지요. 그리고 그렇게 해서 결합이 되면 저는 깨지기도 어렵다고 봐요. 그렇게 해서 결합이 안되었을 때 깨어지는 것이지… 사랑님 계속 고개를 끄덕거리셨는 데 뭐가 공감이 되나요. 궁금한데요. 뭐가 공감이 되세요?

사　랑 : 사랑은 저도 그랬어요. 아까 정아님께서 취향이 비슷할 거래요.

상담자 : 우리 둘이.

사　랑 : 저는 다른 것은 자신이 있는데 사랑에는 자신이 없어요. 아직까지 남한테 조언을 못해주는 부분 중에 하나가 사랑이에요. 저두요. 사랑은 멋진 사람이 다가와서 같이 좋아하면 그것으로 끝나는 줄로 알았어요. 너무 자연스럽게 내가 어떤 노력은 생각지도 못했거든요. 그런 부분에 대해서 나이 들어가면서 그것을 깨닫게 되었거든요. 그래서 아까 말씀하실 때 헌신해야 된다, 저는 그 말 제일 좋아하는 말이거든요. 그런 것을 공감하는 의미에서.

상담자 : 내가 어떤 남자를 포근한 온천처럼 감싸주고, 헌신할 준비가 되어 있는가 잘 생각해봐야 되는데 우리가 흔히, 나는 이러이러한 스타일에 이상형을 좋아한다. 이렇게 생각하잖아요. 이런 스타일의 남자를 좋아해, 그러는데 공교롭게 우리 집단이 다 여자인데 그럴 때 나는 과연 어떤 사람인가? 예를 들면 내가 멋있고 깨끗한 남자가 좋다, 그러면 과연 나는 멋있고 깨끗하고 반듯한 사람인가 그러니까. 자기 자신의 모습을 좀 되돌아보면서 헌신한다면 이 세상의, 지구의 반이 남자인데 못 만날 것도 없잖아요. 사랑님 지구의 반은 남자야….

사　랑 : 그런데 그 한 명을 만나기가 어렵죠. 이상하다 생각하실지 모르지만 그러니까 생식기관을 따져서 수많은 몇 억 개의 정자와 난자는 딱 하나잖아요. 물론….

상담자 : 난자는 하나 나와요?

사　랑 : 아뇨, 정자가 들어갈 수 있는 것은 하나잖아요. 그런 것을 밭이라고 하잖아요.

상담자 : 여자는 밭이야, 맞아요.

사　랑 : 하나의 의미가 없는 거잖아요. 자연의 순리를 생각을 해봤어요. 사람은 남자는 참 많지만 나랑 연관이 있는 것은 딱 하나듯이 그렇게 중요한 한 사람을 만나는 것이 어렵구나, 사실 그래서 아까 지구의 반은 남자인데 그 말은 저한테 와닿지가 않았어요. 저는 딱 한 사람만 있으면 되니까, 스쳐 지나가는 사람을 제가 남자로 보지는 않잖아요. 그냥 하나 지나가는 사람이다. 형식적으로 하나 그러니까 어떤 대상에 나에게 특별히 와닿는 것은 쉬운 것 같으면서도 어려운 것 같아요.

상담자 : 노력해봤어요?

사　랑 : 어떻게 하는 노력인지 모르지만, 하여튼 저는 제가 좋아하는 남자를 만나지를 못했어요.

상담자 : 선도 많이 보지 않았어요? 지금 ○살이잖아요. 한국 나이로, 선도 많이 봤을 것 같은데 못 만났나?

사　랑 : 선도 못 봤어요.

상담자 : 언니들한테 치였나?

사　랑 : 예.

상담자 : 아유 손해다. 언니들 결혼했어요?

사　랑 : 아직, 못한 언니가 있어서요.

상담자 : 그래서 치였구나.

사　랑 : 그런데 저는 선보고 싶다는 생각은 없어요.

상담자 : 그런데 지금 나이가 그러면 선이라는 방법을 통하는 것도 좋잖아요. 아니면 누가 소개를 해주면, 소개를 해주는 사람도 없었어요. 주변에서 누가 좀 도와주어야 하는데.

사　랑 : 글쎄 자원이 없더라구요.

상담자 : 그래요, 그건 좀 그렇다 친구들 없죠? 결혼한 친구들….

사　랑 : 다 결혼했어요.

상담자 : 그러니까 그 친구들한테 부탁 안하지요? 소개해 달라는 말.

진달래 : 그런데, 제가 볼 때는 그런 것 같아요. 사랑님은 미처 애인 없다고 생각을 못 할 것 같아요. 저 나이쯤 되면 분명히 사귀는 남자가 있을 것이다. 대충 아는 사람 사이에서는 "나 좀 소개해주세요." 하고 정식으로 얘기하기 전에는 당연히 있을 것 같지 않아요. 난 처음에 그랬어요. 당연히 있을 것이다.

정　아 : 저는 당연히 있을 거라는 것이 아니고, 결혼하실 생각이 없을 거라는 생각을 했거든.

상담자 : 왜, 그렇게 생각을 했어요?

정　아 : 아니 어느 정도 나이가 되었으니까, 필요 없을 거라는 생각을 많이 할 것 같아서. 결혼해도 별로 좋은 게 없으니까, 그렇다 보니까 나이가 어느 정도 들은 미스들을 보면, 아 저 사람들은 결혼할 생각이 없겠구나.

상담자 : 그런 미스들도 간혹 있어요. 그러니까 자기네 언니들이 결혼해서 너는 결혼하지 말고 공부해라, 결혼해봤자 좋은 것도 없다, 이렇게 조언을 해줘 가지고 결혼 안하는 노처녀가 박사과정에 있는 사람들도 있어요. 그러면 사랑님은 할 거니까 주변에 소개 좀 해주세요. 또 사람이 열망하면 그대로 되게 되어 있어요. 좀더 기다려 보세요. 아직도 기회가 많아요. 2, 3년 후에 결혼해도 괜찮아요.

사　랑 : 결혼식 날 오세요?

진달래 : 선생님 결혼식에도 갈께요.

사　랑 : 저도 가고 싶어요.

상담자 : 초대할까요?

사　　랑 : 당연히 초대하세요. 너무 예쁘실 것 같아요.

상담자 : 나이가 신부일 텐데 뭐가 이뻐요. 그래요… 저도 사실은 어렸을 때부터 꿈이, 제가 라일락을 참 좋아해요. 연보랏빛 라일락을 좋아하는 이유가 색깔도 참 곱구, 저는 연보랏빛 옷을 사 입고 싶은데 없어, 그 아름다운 빛깔의 옷이 없어서 못사 입었는데 그 색도 좋은데다가 은은한 향이 너무 좋아요. 은은한 향이 예년에는 제가 어릴 때만 해도 라일락은 항상 5월, 6월에 만개하고, 냄새도 좋았거든요. 나는 항상 라일락 피는 계절에 결혼을 한다. 이런 생각을 했어요. 언젠가 얘기했지만 올해에 짜증이 났어요. 저는 준비도 안되었는데 라일락이 피어 가지고 어느새 졌어요. 그랬지 올해요, 5월 6월에 피워주고 그때 난 화려한 신부가 되면 얼마나 좋은가, 이런 꿈을 갖고 있었는데 올해도 그것은 안될 것 같아요. 올해도 그것은 안될 것 같은데, 제가 이 이야기 왜했지 꼭 얘기를 하다보면 원론을 놓친단 말이야 아까 뭐 얘기했죠?. 아, 6월 결혼을 참 하고 싶었는데 서양 속담에서는 6월에 결혼한 신부가 잘산다는 말이 있어요. 그래서 바이올리니스트 정경화도 6월에 맞춰서 결혼을 하고 그랬는데, 물론 그 사람 갈등이 많았지만, 그래서 결혼식을 6월에 하고 싶었는데 올해도 좀 힘들 것 같은데 하게 되면 연락해 줄께….

사　　랑 : 빠른 시일 내에 할 수 있을 것 같다는 식으로 들리는데요?

상담자 : 아뇨, 제가 어려울 것 같다고 얘기했잖아요. 6월에 항상 하고 싶었는데 올해도 그 6월을 넘겨야 되는 것 같다구요.

진달래 : 아뇨, 몰라요 한 달 만에도 하더라구요. 그러니까 다 준비된 상태잖아요. 정말 말이 통할 수만 있고 어느 정도 기준에만 맞으면 금방 하실 수 있잖아요. 준비된 분이 하시는 거구, 쉬워요.

상담자 : 가능할까 6월에 하는 게.

진달래 : 가능하죠.

사　　랑 : 아까 열망하면 된다고 하셨잖아요….

상담자 : 가능하다고는 생각하는데 한 달 내에 지금 5월, 오늘이 5월 21일 인데 6월까지는 40일 정도밖에는 안 남았는데.

정　　아 : 일주일 만에도 해요.

사　　랑 : 결혼이라는 것은 나이가 많을수록 기간이 짧아지더라구요.

정　　아 : 결혼 상대자는 생각보다 참 쉽게 만나는 것 같아요.

상담자 : 정아씨는 어떻게 만났는데, 쉽게?

정　　아 : 저는 뭐 시아버님한테 찍혀 가지고.

상담자 : 어떻게 찍혔는데 참 잘 찍었어. 그런데?

정　　아 : 고향이, 이렇게 우리 아버님 고향하고 옆이니까 제가 커온 과정을 다 보신 거예요. 그래 가지고 우리 신랑을 보내 가지고 이렇게 포섭당했어요. 처음에는 그것을 몰랐지만 그러다가 잡혀왔지요.

상담자 : 정아님이 오늘 조용하셨는데 계속 얘기 좀 해보세요.

정 아 : 저는 계속 한 사람을 만나기 위해서 한 사람한테 예쁜 모습을 보여줘야 된다고 두 분이 계속 말씀하시잖아요.

상담자 : 그랬나요?

정 아 : 예쁜 모습을 한 남자한테 못 보여줘서 서글펐다고….

상담자 : 못 만나서 그렇지.

정 아 : 저는 살아오면서 그런 생각을 했거든요. 왜 이 예쁜 모습을 이 남자(남편)한테만 보여줘야 되나 하는 생각을 참 많이 하고 살았거든요. 다른 여러 사람들한테 즐거움을 줄 수 있을 텐데, 다른 사람한테도 즐거움을 주면서 이 남자한테도 즐거움을 줬으면 내가 더 만족하고 우리 엄마가 나를 낳은 데 대한 기쁨도 더 크지 않을까 하는 그런 생각을 참 많이 하거든요.

사 랑 : 그런데 저는 어떻게 생각하냐 하면요. 아까운 거예요. 아무한테나 좋은 물건을 나누어주면 그 사람들은 버릴 수가 있잖아요. 소중한 사람은 서로 간직하고 싶고 그런 것처럼 희소가치에 대한 떨어짐이 자꾸 떨어져서 저는 반대로 그것을 애석하게 생각해요.

상담자 : 그런데 저는 정아님이 얘기하는 것 듣고 떠오르는 게 저는 여러 사람에게 인기가 있었고 사랑을 참 많이 받았고 폭넓은 인간관계를 맺어온 것 같아요. 제가 결혼을 했다면 그 사람들하고 인간관계를 못 맺을텐데, 아니면 맺더라도 한계가 있을텐데 저는 사랑을 참 많이 받았던 것 같아요.

정 아 : 그 사람들한테도 굉장히 즐거운 추억이거든요.

상담자 : 그래요, 그럴 수 있지. 물론 사랑님처럼 생각할 수도 있지만 그 사람들을 굳이 '남자'라 생각 안하고 '인간'이라고 본다면 한 사람의 인간에게 내가 새로운 기쁨과 즐거움을 주었고 나도 역시 받았다. 역시 아름다운 거잖아요 여러 가지 해석이 가능한데 저는 그래요. 사랑을 받았어요….

사 랑 : 정말 행복하세요.

상담자 : 그 대신에 딱 한 사람, 중요한 사람에게 사랑을 못 받았잖아요. 그러니까 항상 얻는 게 있으면 잃는 게 있어, 그렇게 생각하면 인생은 even(동등함)이야, 그러니까 뭐 손해본 것도 없고, 지금 손해를 보면 나중에 그 손해 때문에 이득을 보는 거구. 그것을 빨리 깨달으면 행복하게 살 수 있어요. 사랑님도 지금 막 열망해서 결혼하잖아요. 어떤 식의 남자를 만나도 사랑할 수 있고 어떤 식의 남자를 만나도 적응할 수 있고요. 사람이 소중하다는 것을 알았기 때문에…. 저는 안타까워요 우리 사랑이 우울이 있다고 하니까 물론 멜랑콜리(melancholy)가 문학적인 우울이면 상관없겠지만 병리적인 우울이라는 것은 결코 바람직한 것이 아니기 때문에 이왕이면 쾌의 감정, 기쁨과 즐거움의 감정이 이런 게 많은 사람이면 좋겠다는 바람이 있어요. 오늘 우리 좋았다. 사

람은 몇 사람 없었지만 그렇죠?

사　랑 : 거실에서, 인지치료하는 느낌보다 그냥….

상담자 : 환담을 나누듯이 그렇지만 인지적인 것이 다분히 다 들어가 있었어요.

회기 해설

　　상담자가 자기개방을 하면서 회기가 시작되었다. 진달래님은 짧은 두 달 동안 많이 변화되어 행복하다고 하였다. 그러나 집단상담이 끝나면 다시 옛날로 되돌아가 버릴지도 모르는 두려움을 호소하였다. 상담자는 이를 예방하기 위해 자가치료(self-therapy)가 필요함을 강조하였다. 이는 인지상담과 유관한 책의 독서를 통한 독서치료(biblio therapy), 그리고 행동연습을 통해서 가능함을 알려주었다. 강물님은 자신의 가족구조 내에서 겪었던 피해의식의 해결을 원하였다. 강물님의 문제해결을 도와주는 과정에서 인간의 실수 가능성(fallibility)에 대해서 설명하면서 인간의 불완전성에 대해서 설파하였다.

　　본 회기는 상담자의 자기개방과 소수인원의 참여로 끈끈한 역동이 일어났다. 결혼과 사랑에 관한 문제를 다루면서 집단원과 상담자, 그리고 집단원 상호간 강한 존중과 유대를 다시 확인한 회기였다.

제7회 집단상담 회기 보고 1

♠ 사랑

상담자 선생님은 오늘 집단모임을 시작하면서 "소중한 만남"에 대해 생각해보게 되었다면서 주위사람들이 자신에게 결혼하면 잘할 거라는 피드백을 받으면 속상하다고 하였다. 그러면서 인생에서 가장 아름다운 것은 사람과의 관계라는 것을 깨달았다고 하였다. 톨스토이가 지금 당신에게 가장 중요한 사람이 누구냐? 물으면서 지금 바로 옆에 있는 사람이라고 한 것처럼 인간의 만남이 얼마나 귀함을 재음미하게 된 것 같다.

진달래님은 결혼해서 잃은 것과 얻은 것이 있지만 해가 갈수록 남편이 소중하게 느껴진다면서 자신은 그런데 아직도 지적 욕구가 채워지지 않아서 아쉽다고 하였다. 상담자 선생님은 지금까지 배운 것도 죽을 때까지 활용하지 못할 수 있음을 생각하고 만족하면 어떨지에 대해 언급하자, 진달래님은 이번 집단경험을 통해 몇 십 년 배운 것보다 효과가 있는 것 같다고 하였다. 식구들이 자신을 편안하게 느껴지고 여유로워 보여 생활하기 좋다고 반응하는 것을 보고 자신의 변화에 대해 통감하게 되었다. 그러면서 오늘 남편이 마지막 봉급날인데도 하나도 걱정이 안 되고, 평소 딸이 정리정돈을 하지 못해 짜증이 났는데 지금은 마음이 여유로워진 것을 알게 되었다. 이렇듯 집단에서 약을 먹고 있어 효과를 보고 있는데 만약 일상생활로 넘어가면 원래대로 하지 않을까라는 두려움이 생긴다라고 하였다. 이에 대해 상담자 선생님은 꾸준히 연습을 통해 지속해야 한다고 하였다.

강물님은 자신의 적절한 표현을 하지 못하는 것에 대해 심각하게 생각하지 않는다고 하자,

상담자 선생님은 이런 문제에 대해 노력을 했으면 좋겠다고 반응하였다. 악순환의 고리처럼 이 부분에서 안되는 것이 다른 데서 연결될 수 있으므로 표현을 통한 자기개발이 필요하다고 하였다. 강물님은 과거 오빠와 남동생 사이에서 사랑을 받지 못하고 대학시절 엄마가 여우와는 살아도 곰하고는 못 살겠다고 하면서 자신과의 관계가 극에 달한 적이 있었는데, 그 이후 자연스럽고, 원만하게 되었다라고 하였다. 자기표현에 있어 괴로운 것은 말을 많이하면 실수하게 된다는 비합리적인 사고를 버리고 누구나 실수할 수 있음을 인정하고 성숙된 열매는 실수, 고통을 통해 얻어지는 것이라고 하였다.

상담자 선생님은 '사랑'은 '자존심'의 상처를 경험해야 얻는 것으로 궁극적인 장기적인 향락을 추구하기 위해 현재의 자존심 상함을 감내해 나가야 한다고 하였다. 나는 사랑하는 사람한테 잘 보이고 싶지 모든 사람한테 잘보이고 싶은 생각이 없다고 하면서 소중한 사람에게 자신의 아름다움을 보여주고 싶은 욕구가 있음을 설명하였다. 정아님은 오히려 모든 사람들에게 자신의 아름다움을 주고 싶다고 반응하였다. 개인의 처한 상황에 따라 생각하는 면 역시 차이가 있음을 발견하였다. 이어서 나에 대한 우울에 대해 남들이 생각하는 것처럼 심각하게 생각하지 않으며 오히려 그런 기간이 성숙하게 만든 것 같아 소중하게 느껴짐을 강조하였다.

제7회 집단상담 회기 보고 2

♠ 정아

집단 구성원이 많이 참석하지 않았다. 참석한 사람들은 오붓하니 좋았지만 무슨 일로 불참했는지 마음이 쓰인다. 이번 회기 내용을 풀면서 나는 남편의 중요성에 대해서 생각하게 되었다. 항상 친절하고 항상 곁에서 그림자처럼 따라다니는 게 숨막혔는데 그것이 얼마나 바보스럽고 형편없는 생각이었는지 남편한테 미안한 생각이 든다.

내 주위의 가족을 좀더 소중하게 생각하면서 돌아봐야겠다. 자신의 삶에만 의미를 두고 불행해 했는데 이것이 바로 내가 이기적이고 헌신할 줄 모르는 마음을 가졌기 때문이 아니었을까 싶다. 나는 내 가족을 사랑한다. 아이들, 남편, 그리고 미운정 고운정 다 들어버린 시댁어른들까지도 이제 그들은 내 삶에서 뗄 수 없는 관계지 않은가 현실의 내 모습을 인정하면서 그 속에서 나의 성숙과 발전을 도모해야 된다는 것을 다시 한 번 생각하게 한다.

선생님의 핑크빛 투피스의 레이스 소매가 소녀의 외로움을 나타내는 것 같다. 가슴 가득 사랑을 품은 채 나의 사랑을 기다리는 여심을 본 것 같다. 조금은 단호하고 강하게 보였는데, 여리고 여성스러운 부드러움을 간직하고 계신 것을 보았다. 머지않아 멋진 사랑이 선생님을 행복하게 해줄 꺼 같은 느낌이다.

사랑, 언제나 나긋나긋한 목소리로 자신을 드러내는 모습이 너무 이쁘다. 단 한 사람에게 나의 가장 예쁘고 멋진 모습을 선사하고 싶다는 간절한 욕망을 가지고 계신 분이다. 한 사람을 찾기 위한 노력을 하면서 스쳐 지나가는 사람 사람마다에 의미를 두고 진실하게 대한다면 그 중의 한 사람이 나의 사람이 되지 않을까 생각한다.

강물, 본인에 대해 누구보다도 잘 알고 있으면서, 표현하지 않고 혼자서 생각하다가 사소한 일들도 아픔으로 만들고 그것 때문에 혼란스러워하는 것 같다. 타고난 성격도 다분히 있겠지만 좀더 많이 자신을 그때그때 드러내는 법을 연습했으면 좋겠다. 이번 회기에는 많은 애기를 해 주셨다. 많은 도움이 되었으리라 생각한다. 내가 도움을 받았듯이….

진달래, 아픔을 이겨내는, 아니 사건과 대상을 보는 시각의 변화를 말씀하셨는데 삶을 누릴 수 있는 자세로의 변화를 의미하는 것 같아서 기쁘다. 믿음이 있고 노력하시는 자세를 가지셨으니 어려운 일도 즐겁게 상처받지 않으면서 헤쳐나가시리라 믿는다.

이렇게 사람은 조금씩 변해가나 보다. 나의 작은 변화가 느껴지는 순간이 행복하다. 나를 가두고 있던 두꺼운 벽들이 허물허물 힘을 잃어가고 있다. 선생님 말씀처럼 약효 때문인지도 모르겠다. 그런데 이번 인지상담의 약효는 눈물과 억울함에 특효인 것 같다. 그것으로 인한 아픔은 가시고 아련한 기억으로 사라져 버리려 한다. 이렇게 빨리 없어져도 되는 것인지 약간의 두려움이 없지는 않지만 끊임없는 노력으로 두려움을 말끔히 씻어버려야겠다.

아픔만큼 성숙해진다고 하지 않았던가 십이 년의 삶이 결코 나에게 헛되지 않았음을 자신있게 말할 수 있는 정아로 설 수 있는 날을 위해 많은 훈습과 공부로 자신을 가다듬어야겠다.

제8회 인지치료 집단상담 (5. 28) : 집단의 생산단계 말기

순 덕 : 지난 2주 동안 제가 안 나와서 어떤 분위기로 진행되었는지 궁금하고 오늘은 선생님
이 안계시지만 저희들끼리 진행하도록 하지요.

진달래 : 몇 분이 못 참석하셔서 섭섭하긴 했어도 아주 깊이 진지하게 진행되어 좋았어요.

하 늘 : 지난주 안 나온 것이 너무 후회돼요. 지난주 정리해온 것 보니까 너무 좋았던 것 같아
요. 진달래님 성공사례가 좋았던 것 같아요.

진달래 : 평범한 삶의 얘기죠 뭐. 생활 속에서 비합리적인 사고가 합리적인 사고로 많이 바뀌
고 있고 노력한 결과에 따라 발전된 모습에 대해서 얘기했어요.

순 덕 : 너무 좋으셨겠네요. 저는 제가 안나온 게 다행스럽게 생각돼요. 제가 빠짐으로 풀어
오는 분이 편하셨을 거구요. 진달래님도 많이 얘기할 수 있으셨을 테니까요.

하 늘 : 와, 선생님이 힘이 많이 나셨겠네요. 이렇게 사람들이 변하는구나. 이런 많은 체험들
을 우리 집단 말고도 많이 했겠지만… 지난번에 안나온 것이 억울해요.

진달래[1] : 네, 막 좋아하다가 주춤했는데, 지금은 약을 먹어서 약효과를 보는 상태래요. 치료를
받고 있는 상태인 셈이죠. 지금은 모든 문제가 잘되고 있지만 약효과가 떨어지면 이
전 상태로 돌아갈 수 있다는 것이지요. 그래서 책을 계속 읽고 훈습하는 자세가 필요
하다고 선생님께서 말씀하셨어요. 아, 정말 노력해야 되겠구나 했어요. 지금의 상태
를 유지해야 된다는 걱정도 되고요.

사실 지금 저 개인적으로 보면 몹시 절망과 걱정에 눌려 있는 상황이지요. 금융 업계
의 구조조정 바람을 타고 저의 남편이 명퇴를 하고 집에 계세요. 답답한 일이지요. 허
지만 현실의 어려운 상황만 보지 않고 앞으로 이루어질 미래에 희망을 갖고 바라보는

---

1) 진달래님은 자신의 변화에 기뻐하면서 옛날로 다시 되돌아가는 것을 예방(relapse prevention)하기 위해 행동연습과 훈습
하는 자세의 중요성을 스스로 역설.

거죠. 퇴직이 끝이 아니라 새로운 인생항로를 시작하도록 기회를 주신 것이다라고 보고 있어요. 저의 남편이 제가 걱정보다 용기를 주니까 저를 보면 편하고 힘이 난대요. 신앙의 힘이지만 이번 인지치료 집단을 통해 사고가 더 정립된 것이지요. 이 집단치료에 참석하게 된 것을 참 고맙게 생각해요. IMF 때문에 가정들이 겪는 아픔 중에 가장들이 실의에 빠지는 것이 가장 크다고 봐요. 지금이야말로 부인들이 남편들에게 자신감을 심어주어야 될 때라고 봐요. 아 참, 결혼하지 않은 분이 더 많은데 너무 내 얘기에 초점을 맞춘 것 같네요.

순   덕 : 아니에요. 저 같은 경우는 결혼은 안했지만 앞으로 예비신부로서 부부란 게 그런 것 같아요. 누구보다도 피드백이 잘 되어야 한다고 봐요. 남편이든 아내든 침체돼 있으면 한쪽에서 북돋아주면서 활기차게 이끌어 가면, 요즈음 같이 어려운 시기에 자기 중심을 갖고 살아갈 수 있겠지요. 진달래님의 영향으로 바깥 분이 활기차게 살아가신다니 참 좋네요. 저희들도 결혼을 했든 안했든 가정은 마찬가지라는 생각이 들어요. 저도 가정에서 어머니께선 어머니대로 잘 지내시고 저는 저대로 잘 지니까 설사 무슨 일이 일어나도 별로 영향을 안 받아요. 정아님은 어떠세요?

정   아 : 호호.

진달래 : 정아님, 처음 뵐 때보다 더 나이가 어려보여요. 해맑은 모습이 소녀 같아요.

정   아 : 호호.

순   덕 : 얼굴에 밝은 모습이 편안해 보이세요.

정   아 : 네, 그래요. 많이 편해졌고, 많이 자유로워진 것 같아요. 저도 약효 때문에 그런 거라고 하니까 조금 두렵더라구요. 나쁜 감정들로부터 많이 해방되었어요. 부정적인 감정들로부터… 그러니까 가족들한테 의미를 주고, 지금 내 있는 형편에 의미를 주고, 지금 계속 연습을 하고 있거든요.
    우리 그 사회교육원에서 상담심리라는 것을 공부하는데 계속 실습을 많이 해요. 지지난주부터 자유롭게 얘기도 잘하고 잘은 못하지만 별로 두려움 없이 해요.

순   덕 : 잘하려고 생각하지 마시고요. 그냥 할 수 있다는 것, 그러다 보면 잘할 수 있게 되는 거 같아요. 저도 진짜 말 못했었거든요.

하   늘 : 아뇨, 너무 잘해요.

순   덕 : 정말 표현력이 없었어요. 학교 다닐 때 책 읽으라고 하면 덜덜 떨려서 무엇을 읽었는지도 기억이 안 날 정도로요. 제가 조금 말을 할 수 있었던 배경이 영어공부를 하게 된 후부터예요. 작년부터 영어공부를 시작했는데, 말이 안되잖아요. 그리고 제가 아는 영어실력이 없잖아요. 그래도 사람하고 대화를 해야 되니까 쉽게 표현하면 얼굴에 철판을 까는 방법이죠. 그런데 그게 쉽지 않았어요. 그러나 나이를 먹은 탓에 남 앞에서 창피한 일을 당해도 덜 부끄럽고 하다 보니까 영어로도 표현하는 말을 한국말로 못한다는 것은 이상하잖아요. 그래서 하다 보니까 여기까지 왔거든요. 저도 제가 지금 잘하는지 어쩐지 전혀 몰라요. 그냥 하는 건데….

정 아 : 너무 잘해요, 말씀을….

순 덕 : 정아님도 하시다 보면 언젠가 잘할 수 있을 거예요.

진달래 : 영어공부를 어떤 식으로 하세요?

순 덕 : 저, 지금 현재는 어떤 프로그램에 같이 동참하고 있는데, 학원도 다니고요, 개별적으로 하는 것도 있고요.

하 늘 : 영어를 하면 얼굴 표정이 많이 달라지는 것 같아요.

순 덕[2] : 예, 맞아요. 제가 사실은 영어공부를 하려고 시작했던 것이 아니고 외국 사람, 특히 북미쪽 사람들의 표정이 밝잖아요. 그 친구들은 우리 삶의 패턴보다 굉장히 진취적이고, 적극적이기 때문에 사실 말을 배우러 다녔다기보다는 그 친구들의 표정 속에서 좀더 내가 뭔가 얻어낼 것이 없을까였어요. 참 좋은 친구가 있었어요. 그 친구는 내가 영어 한마디 하지 않고, 얼굴만 보고와도 그날 하루가 너무 좋았거든요. 그렇게 해서 시작한 것이 이제 말을 하게 되었고, 이제 조금 실력이 늘었어요. 제가 어떤 목표를 두고 시작한 것은 아닌데 지내다 보니까 뭐가 보이고, 목표도 생기고, 그러다 보니까 즐겁고 진취적으로 제가 바뀌게 되었어요. 지금 제가 여기 있는 순간이 너무나 행복하죠. 예전엔 제가 이런 자리에 와 있으리라고는 상상도 못했던 일이죠. 저는 이 시간이 너무 너무 귀하고 여러분들하고 함께 하고 있다는 것이 기뻐요.

진달래 : 지난번에 강물님이 얘기 많이 하셨는데….

강 물 : 예, 얘기 많이 했는데 기억이 잘 안나요.

하 늘 : 지난번 것을 읽어보니까 오빠에 대한 얘기도 많이 했고, 감정에 대해서도….

강 물 : 그때 얘기했던 게 선생님이 가족 얘기를 물어보셔가지구 동생 얘기를 잠깐 하면서 부모님에 대한 얘기도 한 것 같아요.

하 늘 : 대인관계에 대한 얘기를 주로 했던 것 같은데요.

강 물 : 네? 글쎄요. 뭐 남자에 대한 얘기, 연애에 대한 얘기를 많이 한 것 같아요.

모 두 : 하하하.

하 늘 : 우리두 서로 칭찬해주고, 자화자찬도 하구…

순 덕 : 격려해주고, 격려받는 것처럼 행복한 것 없는 것 같아요.

정 아 : 저랑 이렇게 도움받는 사람 몇 명밖에 안되고, 전혀 도움이 안되는 것 같아요. 저만 잔뜩 받아가지고 가는 것 같아 괜히 다른 사람들한테 미안한 생각이 들어요.

진달래 : 그런데 여기 젊은 언니들은 이미 이론적으로 공부하는 과정에서 어느 정도는 아는 상태고 먼저 겪은 것도 많을 것 같아요. 또 대학원에서 같은 공부를 하고 있기 때문이 아닐까요.

수 림 : 저희 학교 대학원 3학기 된 학생이 이런 말을 해요. '나는 대학원에 들어와서 점점 우울해져' 라구요. 사실 저도 공부하는 동안에 내내 우울했었고 힘들게 공부했던 기억이

---

2) 순덕님이 자신의 변화에 대해서 기뻐함.

나거든요. 그러한 시간을 통해서 잘못된 생각구조나 뭐 어렸을 때 탐색하는 것을 보니까 공부하면서 그때 많이 힘든 시간들 중에 스스로 치료하는 시간이고 얻은 소득도 많았구요. 여기서도 역시 배우죠. 내가 어떤 부분에서 약하구나. 나누는 것도, 꺼내서 얘기하는 것도 힘들어질 때가 많았구요. 그리고 들을 때는 그게 쉽게 다 아는 것이라고 생각했는데, 이런 것을 정리할 때 보니까 느껴요. 들을 때는 뭐 뻔한 얘기인, 이랬거든요. 쉬운 것이지만 다 안다고 생각하지만, 생각하는 그것을 내 생활에 적용을 시켜봐야겠다고 생각하게 되었고, 지도받을 때는 갑자기 활력이 생기고 이건 없는 것 같아요.

하　늘 : 깨닫는 게 더 중요하잖아요. 만성화되는 거죠. 생활의 무감각 속에 워낙 많은 사례들을 봐왔으니까 아 그냥 내 경우도 그 사례랑 비슷하다고 생각되고 만성화가 되는 것같아요. 그런데 수림님은 되게 적극적인 것 같아요. 이렇게 보기에는 말씀을 잘안 하구 얌전한 것 같은데 배움에서는 참 적극적이라는 생각이 들어요.

순　덕 : 어떤 이유에서 그렇게 느끼세요.

하　늘 : 인지상담 신청한 것도 처음에 '저는 배우러 왔어요.' 하니까 선생님이 '저는 배우러 왔다는 말이 너무 속상해요.' 라고 말씀하셨거든요. 그런데 아무튼 그 외에 점심도 같이 먹으면서 보이는 것과는 다르게, 우리 집단에서 얌전한 것과는 달리 굉장히 적극적이더라구요.

순　덕 : 오늘 웃으시는 게 굉장히 밝고 예뻐요.

수　림 : 그런데 여기서 보여지는 제가 실제의 저와 틀린 것 같아요. 그런 경험이 없잖아 있는 것 같아요.

하　늘 : 왠지 그런 거 있잖아요. 상담실만 들어오면 갑자기 분위기가 달라지는 거죠.

수　림 : 여기 분위기가 제가 어려운 문제를 꺼내서 얘기하고 듣게 되고 하다 보면 푹푹 침체가 되는 거예요. 딱 끝나고 나가면 모든 문제가 잊혀져요.

하　늘 : 자연스럽게 문제가 생활에서 내 이런 이런 문제가 있어 동기유발이 되어서 나와야 되는데 여기 오면 내 의지와는 상관없이 문제를 꺼내놔야 하잖아요. 인위적으로 만든 환경이잖아요. 거기에 적응이 잘 안돼서 그런 것 같아요.

정　아 : 저는 이 문제를 해결해야 되겠다 생각하고 여기 왔거든요.

진달래 : 맞아요. 그런 입장이었던 사람은 빨리 적응이 되고, 변화도 빨랐던 것 같아요.

정　아[3] : 저는 다른 집단상담하구 그랬을 때는 별로 도움을 못 받았어요. 사실 거기에서는 공감을 많이 해주고 했는데도 왠지 더 뒤로 물러나는 느낌을 받았는데, 여기서는 뭔가 그때 '당신이 그게 문제야'라고 지적해주는 그런 얘기를 들으면서 한 번 더 생각하게 되고 '아, 이게 문제여서 내가 괴로웠구나.' 하고 고쳐가는 게 참 즐거운 것 같아요.

하　늘 : 직접적으로 얘기해주셔서….

---

3) 정아님이 인지치료집단과 다른 집단을 비교.

정　아 : [4]전 참 편안해졌어요. 그 문제를 꼭 해결해야겠다고 생각하고 왔기 때문에 거의 70%
　　　　~80% 정도는 된 것 같아요.

하　늘 : 저는 거절에 대한 그 두려움이 많았는데, 저는 어떤 생각이 있었냐면 제가 여기에도
　　　　썼어요. 자기 스스로 변한 것이 있으면 어떤 것이 있겠느냐 써오라고 했잖아요. 아무
　　　　튼 늘 생각하는 게 내 삶에서 최선을 다하자 최선을 다하는 건 목표가 무엇이냐 일단
　　　　은 어떤 궁극이라는 목표를 두자 보이지 않는 것이잖아요. 일단 보이지 않는 것은 좀
　　　　편안하잖아요. 나한테 부담이 없으니까 그런 목표가 있었는데 과연 최선을 다하는 것
　　　　이 무엇 때문에 최선을 다하느냐 반문을 해봤더니 나는 내 자신에게 떳떳하기 위해서
　　　　라고 생각했는데 여기에서는 상담을 통해서 내 자신에게 떳떳하기 위해서라기보다는
　　　　그냥 남에게 인정받고자 하는 욕구가 밑에 깔려 있었구, 내 스스로 어떤 완벽해지려
　　　　고 하는 나를 옭아매는 그런 게 밑에 깔려 있었구나를 알게 되었어요. 물론 그 전에는
　　　　그게 비합리적이라기보다는 일단은 내 삶 전체를 지탱해왔던 그런 신념이니까 이건
　　　　어쨌든 간에 바꿀 수 없다고 생각했던 많은 요소들이 있었는데 상담을 통해서 거절
　　　　하지 못하는 그것도 그런 신념에 기초해 나온 행동들일 거예요. 남들이 나에게 부탁
　　　　했을 때 내가 내 스케줄을 점검하고 어떻게든 비워서 그 사람의 그런 요구를 들어주
　　　　려고 하구, 내가 힘들어도 그런 것들이 많았는데 지금은 거절도 잘하구요. 일단은 남
　　　　을 의식하기보다는 뭐랄까 인간이 완전할 수 없다는 것 그건 기본적이 되고 그냥 사
　　　　람이 왜 나이를 먹어가면 완숙미가 있잖아요. 그런 완숙미를 갖고 싶다라는 소망으로
　　　　바뀌었어요.

수　림 : 생각이 깊은 것 같아요. 생각도 깊고 논리정연하게 말씀을 잘하세요.

하　늘[5] : 감사합니다. 그리고 상담 공부를 하면 과거에 대한 탐색을 참 많이 하잖아요. 과거에
　　　　대한 탐색을 하는데, 지금 현재 내 생각의 사고 흐름에 대한 탐색은 별로 안하는 것
　　　　같아요. 인지 상담이 저한테 좋았던 이유 중 하나가 현재 내 사고 패턴을 돌아보게 했
　　　　다는 거예요. '내 사고가 이런 패턴이었기 때문에 인간관계도 이런 영향을 미쳤구나'
　　　　라는 것을 보게 했는데 저한테는 큰 효과가 있었던 것 같아요.

순　덕 : 전 아주 중요한 내용이라고 생각을 해요. 아까 말씀하신 것, 그 타인지향적인 사고 패
　　　　턴이, 저 역시 언제나 타인지향적이었거든요. 인정받는 것 당연한 줄 알았고, 사랑받
　　　　아야 되고 그러니까 거절을 못하고, 그로 인한 두려움이 있고 그랬었는데 타인지향적
　　　　인 사고방식을 깨닫는 것, 안다기보다는 깨닫는 것, 그것을 고쳐나가려고 그런 과정
　　　　속에 있는 게 일단 인지한다는 자체가 중요한 것 같아요. 예전엔 뭐가 잘못인지 몰랐
　　　　거든요. 제가 처음에 화가 많이 난다고 했거든요. 2월, 3월에 들은 것도 화나는 감정
　　　　다루기였는데 화나는 감정 다루기가 이 인지치료의 한 부분인 것 같아요. 그래서 듣
　　　　게 되었는데 지금 굉장히 제 자신을 많이 통제랄까 조절할 수 있는 것이 타인지향적

인 것을 깨달았어요. 다른 사람의 삶을 내 속에 흡수시켜서 제 속에 제 자신이 없다는 것을 너무 절실히 느꼈고, 그러다 보니까 화가 많이 가라앉았어요.

하　늘 : 도인이 되신 것 같아요. 자기 마음을 다스린다는 것 도인만이 할 수 있는 건데….

순　덕[6] : 아까 말씀드렸다시피 과정이구요, 아까 진달래님이 말씀하셨잖아요, 약발이 선다라고. 사실은 저도 약발이 서는 상황이고 이것이 계속 가지는 않는다는 것을 알고 있어요. 누구나 인생의 삶이 굴곡이 있고 감정에도 굴곡이 있고 깨달음이 오기 전에는 안다는 것만으로는 만족이 안될 것 같거든요. 저 역시 과정에 있는데 지금 아주 좋은 상태예요. 적극적으로 살다 보면 힘들고 어려운 일도 극복할 수 있는 힘이 생기고 용기가 생기고 좋게 보구요. 인지치료 집단에서 두 달이 얼마나 내 삶을 변화시켰는지, 앞으로 살아가면서는 더 가라앉아서 살지는 않을 것이라는 자신감을 갖게 됐고, 그래서 영향을 받았지만 여기서 그치고 싶지는 않아요. 제 주변 사람들한테 간접적으로 물론 제가 상담자가 아니기 때문에 직접적으로 도와주진 못하겠지만 간접적 영향을 끼칠 수 있는 좋은 본보기라는 것에 대해서 기쁘게 생각을 해요.

친구들이나 가족들에게 많이 얘기해요. 이런 좋은 집단이 있으니 동참하라고 하고 비합리적 사고 방식에 대해 얘기 많이 해요. 다들 말씀하는 것 보면 굉장히 도움을 받으신 것 같아요. 진달래님도 그렇고, 정아님도 그렇고. 수림님은 저희만큼은 아니지만.

하　늘 : 수림님 표현을 많이 자제하는 것 같아요.

수　림 : 자제요? 자제라기보다는, 아녜요. 자제가 아니라 말할 때는 정리는 잘 못하는 것 같아요. 제가 듣는 게 되게 좋거든요.

진달래 : 지난번에 수림님이나 강물님도 저와 같은 느낌이었다고 얘기했었는데 어떤 분위기에서 내가 얘기하고 싶지만 못하게 되는 것이 많이 얘기하는 쪽보다는 덜 얘기하면서 듣는 쪽의 사람이 되는 것은 좀 괜찮은 사람인듯하고, 많이 얘기하는 사람이 왠지 속이 덜 차 보이고 자기주장만 강하고 말의 실수를 많이 하게 되니 싫은 거죠. 그래서 듣는 쪽을 택하게 되고 실수할까봐 하는 걱정 때문에 못하는 것 같아요.

강　물 : 말을 많이 하다 보면 실수가 당연하게 늘어날 수 있는데….

순　덕 : 실수를 했을 때 받아들이기 어렵다든가 그런 생각 갖고 계시나요?

강　물 : 아, 그게 좀 그런 것 같아요. 제 성격 스타일이 저보다는 남에 대해서 집중을 많이 하는 것 같아요. 저에게도 물론 집중을 하지만 남을 많이 의식하는 것 있잖아요. 좋게 말하면 배려가 너무 지나치다고나 할까, 내가 말한 것이 저 사람에게 상처받으면 어쩌나 하는 걱정이 되는 거죠. 그래서 사람들에게 말을 조심하게 되고 어떻게 보면 다른 사람의 말에 내가 상처를 받는다는 거겠죠.

남을 많이 의식하고 그러니까 사람들에게 좋은 말만 해야 된다는 비합리적인 생각을 하게 되요. 처음 보는 사람에게 친절해야 된다고 생각하거든요. 그런데 그렇지 않은 사람을 보면 저 사람은 왜 그럴까 하고 안 좋게 생각되었어요. 그것이 그 사람의 성격이랑 연관이 되는 것이 아닌데. 친구 중에 그런 사람이 있어요. 처음에 만난 사람과 투박하게 얘기를 하는 거예요. 내 생각에는 왜 저렇게 대하나 했는데 장기적으로 봤을 때 그 친구가 그 사람과 친해진 것을 봤을 때 내가 너무 피상적으로 사람들을 보아왔던 것이 아닌가 생각했어요.

수　림 : 그것도 피상적이라고 보지 않고 사람이 개개인이 다 대인관계 맺는 스타일이 틀리잖아요. 자기만의 특징으로 친절할 수 있으면 친절하구 다른 사람의 스타일도 인정하면서요. 인지치료를 통해 인간관계가 많이 좋아지는 영향을 받게 되리라 생각해요.

진달래[7] : 저는 이번 인지치료집단을 통해서 얻는 것 중의 하나가 상대방을 존중하는 마음으로 거절할 수 있어야 한다는 것과 사람은 비판하고 평가해서는 안되고 수용해야 된다는 것에 깊이 공감하고 그렇게 하려고 노력하고 있어요.

하　늘 : 저는 고등학교 때 이유없이 싫은 애가 있었어요. 그 친구가 어떤 애였냐면, 선생님에 대해서나 뭐든지 마음에 안든대요. 비판을 너무 잘해요. 저는 그런 그 애가 싫었어요. 그래서 그 애랑 어울리지 말아야지 하는데 이상하게 같이 다니게 되었어요. 너무 괴로워서 옛날에 성당 다닐 때 피정을 가서 수녀님께 면담을 했어요. 내가 어떤 사람을 미워한다는 자체가 나한테 수용이 안되는 거예요. 그러다가 피정을 통해서 묵상하구 생각해보다가 결론을 내렸는데 그 애 자체가 싫은 것이 아니라 내 모습 속에 비판하고 평가는 것은 난데, 그런 모습 속에서 나를 발견하였어요. 내 모습을 싫어했던 거예요. 그렇더라구요.

진달래 : 지금까지 하늘님을 보면서 느낀 건데 참 긍정적이고 외모도 밝지만 마음이 예쁜 것 같아요.

순　덕 : 인지치료 중 하나가 그거잖아요. 사람을 전체적으로 평가하지 말아라. 사건의 부분을 마치 전체적인 것으로 파악하지 말아라인데, 그것이 참 중요한 것 같아요. 예를 들면 히틀러를 우리가 매도하잖아요. 물론 그 사람이 잘못된 점이 있지만 그 사람을 전체적으로 매도하기보다는 그 시각을 어떻게 봐야 되냐하면 타인에게 인간적으로 대하는 길이 바로 당신을 즐겁게 하는 길이다. 나를 즐겁게 하는 길은 다른 사람을 어떤 사건을 가지고 평가하기보다는 다른 사람을 어떻게 보느냐 일단은 나 자신을 즐겁게 만들라는 거죠. 시각을 달리 보라는 얘긴데요. 중요한 것 같아요.

하　늘 : 사람이란 생각만 바꾸면 계기가 있는 것 같아요. 이번 상담한 것도 그 계기 중 하나인 것 같아요. 근데 그 계기라는 것이 그리구 통찰이라는 게 일상생활에서 스쳐지나가다가 갑자기 깨달아지는 것 같아요. 사람을 크게 바꾸는 역할을 하구요. 수림님도 걱정하지 마세요.

수　림 : 일상생활에서 탁 바뀌고 생각이 되는 게 아니고 책을 많이 읽어서 채워놓으면 언젠가 나오거든요. 그냥 자연스럽게 성장하면서 습득되는 그게 힘들더라구요. 더 많은 시간

---

7) 진달래님이 인지치료집단을 통해서 인간은 수용의 대상이지 판단이나 평가의 대상이 아님을 깨달음.

이 걸리구.

순　덕 : 어느 날 갑자기 온다는 게 아무 준비 없이 온다는 게 아니라 수림님이 말씀하신 그 뜻인 것 같아요. 평소 준비되었던 것이 하늘님처럼 탁 나오는 것 같아요. 예를 들면, 인지를 안하고 있으면 아무리 좋은 게 와도, 배가 고프지 않으면 어떤 음식이 와도 맛이 없잖아요. 배가 고프면 밥하고 김치만 먹어도 맛있거든요. 준비하고 있으면 살면서 통찰이 올 것 같아요.

진달래 : 인지치료가 많이 알려졌으면 좋겠어요. 우리 나라 사람들의 심성이 다분히 비합리적인 데가 많아요. 감정 표현이 애매하고 적절한 거절을 잘 못하고 타인을 너무 의식해서 솔직하지 못한 것도요.

수　림 : 사회에서 요구하는 보이지 않는 인간관계 규칙이 있어요. 먼저 가까이 확 다가가도 안되고 또 모르는 척 불친절해도 안되는 건데 상대의 영역을 존중하고 내 영역도 침범을 안 당하면서 차근차근 갈 수 있는 어떤 그런 것이 있어야 되는데, 그런 것 잘 모르겠고 뭔가 애매하구, 그런 경우죠. 사회가 요구하는 것을 따라가고 내 가정이 허락하는 것도 따라가고 내가 아는 것으로 계속 밀고 나가야 되는지 그런 갈등이 있어요. 그리구 우리가 여자잖아요. 여자에 대한 선입견이고….

상담자 : 저, 들어가도 돼요? 얘기 중이셨어요? 그럼 계속하세요.

수　림 : 여성에 대한 그런 사회가 생각하는 선입견이 있잖아요. 우리가 일반적으로 생각하는 여성은 조용해야 되고 어느 정도 한 걸음 뒤로 물러서야 되고 뭐랄까 지도자적인 입장에 서면 거부반응 일으키고 이런 것이 있는데 이런 것이 남자가 형성한 것이 아니라 여자가 스스로 그렇게 하더라구요. 내가 이렇게 큰 소리로 얘기하면 나를 어떻게 생각할까라든가, 전화받는 것도 보면 평소에 안하던 목소리를 여자들이 쓰더라구요. 왜 그래야 되나, 자기도 모르게 사회가 여자에 대한 기대감에 젖어 있는 거죠. 아무리 사회활동을 하는 여자라두, 대단히 자존심이 상하드라구요. 그런 것도 어찌 보면 근본적으로 이렇게 우리 의지가 다 하나로 형성된 것도 아니구 보이지 않는 사회나 그런 문화에 젖어 있어서 같이 흡수돼버린 것 같은 생각이 들더라구요. 제 자신도 어떤 자리에 가면 한 걸음 물러서자, 이런 생각이 있거든요.

하　늘 : 그런데 저는 자기취향이라고 생각해요. 여자가 되고 싶은 정말로 여자란 틀에 묶어두는 것도 그냥 우리의 고정관념이 아닐까, 그냥 그 사람의 취향이 그런 것들을 선호하는가 보다 그리구 여자들 중에 터프한 사람도 많잖아요. 그런 사람들은 그런 것들을 선호하는 취향이구, 사람들 각각 물론 사회적인 틀에서 이렇게 이렇게 되어야만 한다는 규율이나 규정 아래에서 그렇게 되는 사람도 있지만, 또 그렇게 하는 것은 그 사람의 취향이 자기와 맞기 때문에 하는 것도 있잖아요. 여러 가지인 것 같아요. 사람들을 획일화시키는 것이 아니고 좀 다양하게 봐야 될 것 같아요. 그런 걸 좋아하는 사람도 있구 그런 걸 맞추어 가는 사람도 있구, 전 그렇게 봐요.

상담자 : 그렇게 본다니까 저두 저의 그 보는 입장을 밝히면 취향이란 것이 어떻게 생긴 걸까?

따져보면 사회적으로 함축된 게 굉장히 많단 말이죠. 남자들에 의해서 가부장적인 비난을 바꾸어 말해서 자기들이 다루기 쉬운 여자들로 만들어가는 거죠. 그게 상당히 많기 때문에 여성들이 부르짖는 거죠. 여성들이 힘을 합해서 여성을 지지하고 도와주기보다는 내가 성취하지 못한 것을 성취한 여성에 대해 미움이 앞서고 여자들이 질투가 나는 거죠. 그리고 그 질투를 많이 하게 하는 것도 사회적으로 조작하는 것도 많아요. 어쨌든 이 문제를 탈퇴하고 힘을 합해서 좀 나아가야 되죠. 여성들이 받는 불이익이 너무 많잖아요. 그거 못 느껴요? 허드렛일은 여자가 다 하고 탑메니즈먼트(최고 관리)는 남자가 다 하는 거예요…. 여기 여자들이 많은 이 가운데서도 그게 우리 사회적 시스템이기 때문에, 그리구 DJ가 여자로 쓰고 싶은 데도 쓸 사람이 없는 거예요. 준비된 사람이 없고 또 어떤 면에서는 준비를 안 시켰기 때문에 어쩔 수 없이 ○○ 장관을 썼는데 결국 물러났잖아요.

우리가 힘을 갖고 준비하는 것이 상당히 중요해요. 그래서 저는 여성이든 상담자로서든 또는 엄마로서든 간에 미래는 준비하는 사람의 것이기 때문에, 여러분은 다 젊은 사람들이에요. 순덕씨도 너무 젊어요. 앞길이 창창한데, 나의 오늘은 남아 있는 내 인생의 첫날이예요. 그렇죠, 그래서 내가 어떻게 준비할 것이냐, 어떻게 꾸려 갈 것이냐에 대해서 다시 한 번 점검해보세요.

제가 수십 년 살아온 것을 돌이켜보면 인과응보예요. 노력한 만큼 대가를 받는 거예요. 세상은 사실 정직해요. 여러분이 실망하지 말고 자기 각자 일상에서 꾸준히 뭔가 준비하고 지향하는 바가 있으면 어느 순간에 지향하는 바가 성취될 때가 있다는 것이죠. 그런 얘기를 해드리고 싶고, 오늘 하여튼 제가 없었지만 나중에 누군가 녹음 풀어오면 보겠지만 잘들 하셨을 거라고 믿어요. 그 정도의 능력을 믿기 때문에 맡겼구요. 그리구 오늘이 마지막 회기인데 제가 아쉬워서 약속을 했는데, 지난번 약속할 때 오늘 이런 일이 있을 줄 몰랐어요. 어차피 한 번 더하길 참 잘했다 싶은데요, 한 번 더 하는 것 괜찮겠죠. 6월 4일은 선거라 안되겠죠. 그리구 11일은 여기 사정이 있어서 안되겠구요. 18일날 하면 어떨까 싶은데요. 괜찮겠죠. 18일 아침 10시 30분에 만나기로 하죠.

모 두 : 네.

　이 회기는 상담자의 사정으로 순덕님이 집단의 리더 역할을 하면서 진행이 되었다. 전체 상담과정의 말기, 즉 생산의 단계의 말기에 이르러서 그런지 모두들 인지상담이 자신들의 행동의 변화에 끼친 영향력을 인정하고 뿌듯해하였다. 동시에 과거로 되돌아가버리는 것을 예방(relapse prevention)하기 위하여 나름대로의 방안을 모색하고 있다.

　상담자가 회기의 흐름과 맥락을 파악하지 못하고 중간에 끼어들어 마지막 부분을 매끄럽지 못한 마감으로 몰고갔다.

제9회 인지치료 집단상담 (6. 18) : 종결회기

.
.
.

전 략

.
.
.

상담자[1] : 오늘 마지막 날이어서 "끝이 좋으면 모든 게 좋다"고 하는 세익스피어의 말이 있잖
아요. All is well that ends well. 마지막까지 열심히 참여합시다. 여러분이 녹음 테이
프를 풀어온 것을 죽 읽어보면서 새삼스레 저도 많이 깨닫게 되고 배운 것도 많고 그
랬었는데요. 처음에 호소해왔던 문제들 그런 것들이 그 동안의 과정을 통해서 얼만큼
해소가 되었나 이런 것 등을 점검하고 이제 우리가 마지막이기 때문에 변화가 되었다
면 그 변화를 지속시키기 위해 어떠한 노력을 더 해야겠는가, 만약에 변화가 내가 생
각한 만큼 이루어지지 않았다면 그 나머지 변화를 채우기 위해 나는 또 어떤 노력을
해야 되는가 하는 것들을 함께 생각해보고 종결회기의 숙제를 주는 것으로 하면 아마
마무리가 깨끗하게 되지 않을까 생각해요. 먼저 정아님이 고개를 제일 많이 끄덕거렸
고, 또 제가 정아님의 상담 녹음을 풀면서 물어보고 싶었던 것이 가장 나를 힘들 게
했던건 내 것을 많이 빼앗겨버린 것 같다, 결혼생활을 하면서 나에게 있던 지식이나
총명함 같은 좋은 특성을 다 빼앗겼다는 그 생각 때문에 자괴감에 빠지고 원망도 하

---

1) 상담자가 초기에 호소해왔던 문제의 해결 정도 파악을 시도하고 변화와 지속을 위한 방안 모색.

고 울음도 나고 슬펐잖아요. 그런 것들이 우리 정아님이 상담과정을 통해 어떻게 변화되었고 그래서 어떻게 행동으로 드러났는지 그런 걸 얘기해주면 고맙겠어요.

정 아[2] : 저는 빼았겼다는 그런 생각 때문에 생활에서 사소한 데서 불편을 참 많이 느꼈어요. 자신감이 없다보니까 나하고 별개였던 연속극 같은 게 나와도 그것을 보지 않고 회피하고 전번에도 말씀드렸다시피 지하철을 타도 그것조차 저를 거부하는 것 같고 그리고 폐쇄된 공간에 있는 것을 굉장히 두려워 했어요. 혼자있는 걸. 그랬는데 인지집단에 참여하면서 그런 것으로부터 참 많이 자유로워진 것 같아요. 제 생각의 변화보다도 생활에서 일단은 그런 편안함을 참 많이 느껴요.

상담자 : 근데 중요한 게 뭐냐면 정아님. 정아님이 몰라서 그렇지 생각이 변화되었기 때문에 자유로움을 느끼는 것이지 생각이 변화하지 않았다면 자유로운 것을 못 느끼는 거예요. 알았어요?

정 아 : 제가 그걸 미처 몰랐던 것 같아요. 참 그런 것이 굉장히 자유로워졌어요. 연속극도 볼수 있고 연속극을 전혀 보지 않았는데, 지하철을 타도 즐겁고, 그리고 방 안에서 잠을 잘 못 잤는데.

상담자 : 방 안에서?

정 아 : 예. 거실에서 잠을 잤거든요. 닫힌 문이 싫어서. 그랬는데 이제는 방에서도 잠을 자고, 문이 닫혀도 별로 두렵지 않고 또 열 수도 있을 것 같은.

상담자 : 그전에 폐쇄공포증 같은 것이 있었던 거예요?

정 아 : 그렇지는 않은데 그 문이 왠지 열리지 않을 것 같다는 생각 때문에.

상담자 : 닫으면? 그래서 그렇게 못 들어갔어요?

정 아 : 예. 그런 것 때문에 문이 닫히면 왠지 갑갑하고 화가 나서 견딜 수 없었어요. 근데 이제 그런 것이 많이 편안해졌어요.

상담자 : 그리고 그전에 정아씨를 보면 그전에 자기가 갖고 있는 것에 대한 중요성을 별로 못 느꼈었잖아.

정 아 : 아, 맞아요. 그것도 발견했어요. 제가 항상 이런 부정적인 생각을 하다 보니까 저한테 있는 그 자원을 전혀 발견하지 못했거든요. 그런데 이제 참 많다는 것을 생각했어요. 아 그걸 발판으로 제가 하고 싶은 것을 이제 할 수 있겠구나 하는 것이 의외로 많았어요.

상담자 : 의외로? 그러면 조금만 더 생각해봅시다. 의외로 또 뭐가 많았을까?

정 아 : 저는 제 가족들이 너무나 거추장스러웠거든요. 제가 다 뭐든지 해줘야 되는 그런 사람들로만 생각했어요. 그런데 그 사람들이 제게 주는 것이 의외로 많았어요. 아이들도 그렇고, 남편도 그렇고, 어른들도 그렇고.

상담자 : 제가 언젠가 그런 얘기를 했었는데 나한테 항상 가용하기 때문에 소중하지 않다고 느

2~3) 정아님이 자신의 변화 정도를 표출.

704 제2부 인지행동치료의 집단상담사례

끼는 것일 뿐이지 가용한 것일수록 평범한 것일수록 굉장히 중요하다는 것을 깨달았다면 그건 큰 소득이겠네요.

정 아[3] : 저는 엄청나게 얻은 것 같아요. 그런데 상담을 이런 짧은 기간에 제가 이렇게 힘들었던 것이 해소될 거라는 상상은 안하고 왔거든요. 사실 그만큼 기대는 안했어요. 안하고 왔는데 완전히는 아니지만 할 수 있을 것 같다는 생각이 들어요.

상담자 : 네. 앞으로 계속 인지상담에 관한 책도 읽고 또 그것뿐만이 아니라 다른 사람이 살아가는 이야기, 그런 독서를 방대하게 하셔요. 정아님은 지적 욕구가 많은 사람이니까. 그러면서 계속 성장해가는 것이죠. 삶은 과정이잖아요. 그렇죠. 그러시면 되실 것 같아요. 공부를 잘하는 사람인데 대학원 갈 생각은 없어요?

정 아 : 해봐야 될 것 같아요.

상담자 : 그때 ○○ 대학원에 붙었는데 면접에 안 갔잖아요.

정 아 : 이제 조금 자신이 생겼어요. 공부하면 될 것 같다는 그리고 좀 회의가 많았는데 상담해 가지고 사람에게 이렇게 효과를 줄 수 있다는 것이 제게 자신감을 주는 것 같아요.

상담자 : 자신감이 회복이 되었네요. 그래요. 그 다음에 우리 순덕씨. 순덕씨를 보면 마음이 아파요.

순 덕 : 왜요?

상담자 : 왜냐하면 그렇게 불만을 가졌던 상황이 좋아지기는커녕 더 나빠진 것 같아서.

순 덕[4] : 예. 상황은 아마 항상 더 악화될 거예요. 그것이 객관적인 것이잖아요. 상황이 악화될 수밖에 없는 것인데 그것을 보는 제 시각을 어떻게 변화시킬 것이냐, 아무리 악조건 속이더라도 긍정적으로 꽃이 피는 것을 바라볼 수 있는 시각이 있다면 행복할 것이고 그런 생각인데, 이 집단에 참여하면서 제일 고맙고 제 변화에 큰 영향을 준 것은 Albert Ellis의 책을 읽음으로써 제가 그 동안 생각해보지 못했던 완전히 어떤 세상을 보는 시각의 틀 자체를, 어떻게 보면 180도로 전환이 될 정도로 그 내용이 획기적인 것이었어요. 사랑받고자 하는, 인정받고자 하는 욕구가 제가 얼마나 강했었는가 저는 그것을 인식조차 못하고 있었거든요. 그것으로 인해서 파생되는 제 내부의 고통, 그것이 당연하다고 생각하지 않으면 그만큼 고통도 줄어든다는 것을 인식도 못하다가 그 책을 통해 공부를 하면서 이렇게 생각을 바꾸면 모든 것이 바뀐다라는 것을 현실적으로 인정하게 되었거든요. 사실 제가 처음에 호소했던 게 화난다, 억울하다 그것이 사실은 근저에 깔려 있는 게 피해의식이거든요. 누구보다 나만 더 힘들었다라는 생각인데 제가 녹음을 집에 가서 많이 들었어요. 제 것도 듣고 다른 분들 것도 들었지만 특히 제 것을 주의해서 많이 들었는데 제가 여기서 막 얘기할 때는 어느 정도 감정이 깔려서 분출해내는 것이었거든요. 그것을 정말 하고 싶었어요. 이 억울함을 누구에게라도 호소를 해야 된다. 그런데 집에가서 감정을 가라앉히고 다른 사람 목소리도

---

4) 순덕님이 자신의 변화를 표출.

듣고 제 목소리도 들으면서 아! 과연 그런가! 내가 말한 것이 정말 객관적이었나? 너무 제 감정에 치우친 말이 많았다는 자기반성과 객관화시킬 수 있는 자기시각을 가지게 되었고 그러다 보니까 피해의식에 대한 것이 조금씩 벗어나지게 되고 객관적 시각으로 제 자신과 가족을 보게 되었고 그러니까 내부에 깔렸던 분노가 조금씩 줄어들고 있는 상태거든요. 가끔씩은 분출되기도 해요. 근데 그것이 피해의식은 아니구요. 개인적으로 아버지랑 같이 살면서 그분이 그 동안 해오셨던 것들이 나타날 때 저도 또 나타나는데 그것은 앞으로 계속해서 제가 많이 훈련해야 되는 과정에 있기 때문에 그것은 따로 하고 이러한 과정이 제가 이곳에서 두 달 동안 많이 공부하고 배우고 성장한 좋은 결과라고 생각해서 감사드립니다.

상담자 : 그래요, 순덕씨는 올 때부터 인지치료에 대한 개관을 많이 알고있었고 본인 스스로가 책을 읽으면서 변화되어온 상태였기 때문에 그것이 순덕씨의 변화의 지속, 변화의 항구성을 유지해오는 데 도움이 되지 않았나 싶어요. 그리고 저의 바람은 앞으로 죽을 때까지 긴긴 인생을 살아가는 동안에 내 마음처럼 되지 않을 때가 참 많아요. 그때 순덕씨가 쉽게 좌절하지 말고 여기서 터득한 것이 정말 빛이 되고 힘이 돼서 피가 되고 살이 될 수 있게 그렇게 될 수 있으면 좋겠다라는 것이 저의 바람이에요. 근데 그러실 수 있을 것 같아요.

순　덕 : 계속 노력할 거구요, 사실 죽을 때까지 노력해야 될 것 같아요. 공부 계속하고.

상담자 : 그런데 제 개인적인 생각인데 순덕씨가 굉장히 기발한 데가 많아요. 어쩌면 저렇게 생각이 잘 정리돼 있고 생각을 잘 적절히 표현해낼 수 있을까, 본인은 감정이 깔려서 분출했다고 하는데 저는 여러분들이 풀어온 녹음을 죽 다시 읽고 정리하면서 그런 느낌보다는 참 생각이 정돈되어 있다, 사색하는 기술이 발달되어 있다 그런 생각을 했거든요. 그래서 저는 순덕씨가 전문적인 일을 하면 어떨까 대학원이라도 가고 그러면 참 좋겠다, 이런 생각을 했어요.

순　덕 : 생각해보겠습니다.

상담자 : 생각해보세요.

하　늘 : 두분 애기 들으니까 참 후회가 된다고 해야 되나 좀더 적극적인 자세로 많은 것들을 보여줄 수 있는 자리였는데 그러지 못했다라는 많은 아쉬움이 교차하고 마음을 아프게 하는데 정아님 얘기를 들으니까 참 아까 그런 애길 들었을 때 나는 이렇게 바뀌있어요라고 자신있게 얘기할 수 있잖아요. 그런 데에 대하여 박수를 보내드리고 싶은 마음이에요.

상담자 : 하늘님은 어떻게 바뀌었어요? 하늘님은 대인관계 문제, 자기 마음을 개방하지 않는 것, 또 화나는 감정을 표현하지 못하는 것 또 당위적인 사고를 가지고 나도 힘들게 하고 상대방도 힘들게 한다는 호소를 초기에 했거든요. 그런 것이 하늘님한테는 어떻게 변했어요?

하　늘[5] : 저한테 여전히 당위적 사고는 있는 것 같아요. 그런 당위적 사고 밑에 내가 남들에게 인정받아야 한다는 그것이 내가 추구하는 바이고 인정받아야만 그 사람과 내 관계가 더 좋아질 수 있고 이런 식으로 생각했었는데, 그러니까 그런면이 있었던 것 같아요. 다른 사람한테 내가 뭔가 줄 수 있을 때 나는 인정받을 수 있다라는 평등한 관계가 아니고 나는 좀 위에 있는 그런 관계였던 것 같아요. 내가 줄 것이 없었을 때는 뭔가 그 사람과 관계에서 물러났기 때문에 대인관계 문제도 생겨났던 것이고 또 내가 줄 수 있는 부분이라고 생각해서 그 사람의 사생활까지도 침해할 수 있다라는 그런 식의 사고방식을 가지고 있었던 것 같은데요, 저는 처음에 여기에 왔을 때 제 룸메이트가 있었거든요. 근데 그 친구랑 살면서 너무너무 그런 부분이 많이 깨졌어요. 그리고 제가 생각할 때 인지상담이 아니었더라면 그 친구와 그렇게 부딪쳤던 부분을 제 사고가 잘 못되었다라는 측면에서 볼 수 없었을 거에요. 다만 그 친구가 잘못했고 나는 너무 그 애의 행동이 남을 배려하지 않기 때문에 화가 났고 나는 그 친구에 대해 배려하는데 그 친구는 나를 전혀 이해하지 못한다라는 측면에서 정의내렸을 것 같은데요. 아무튼 그 친구랑 그렇게 부딪치면서 이곳에서 내가 이렇게 인정받아야만 된다라는 욕구가 굉장히 강한 사람이라는 것을 알게 되면서 저를 객관화 시켜 볼 수 있는 힘이 생겼다고 해야 되나, 그 친구와 나와의 관계를 두고 보면 상대방에 대해서 저 친구는 저런 사고방식을 가지고 있고 저 친구가 저런 사고방식을 가지고 있는 건 변하는 것이 아니고 내가 간섭할 부분이 아니구나. 변해야 될 부분은 친구가 아니고 바로 나구나 하는 걸 알게 되었던 것 같아요. 나중에는, 그 친구가 지금은 저랑 같이 살고 있지 않지만, 굉장히 관계가 좋아져서 전화도 자주 하고 친구가 참 이상한 게 상황이 틀려 진건 없는데 우리 관계가 너무나 자연스러워졌어요. 그러니까 내가 어떤 인위적인 노력을 막 이렇게 그전에 내가 주려고 했던 것처럼 내가 많이 줄 수 있는 것도 아닌데도 불구하고 상황이 사람과 사람을 대하는 것이 좀 편안해졌다고 해야 하나요? 그런 것이 생긴 것 같아요. 지금은 굉장히 잘 지내요. 앞으로, 오늘 오면서 생각해본 건데 앞으로 사람들과의 관계에서 내가 어렵고 힘들 때 내 사고방식에 문제가 있지 않을까 하는 나에 대해 다시 재고해볼 수 있는 힘이 된 것 같아요.

상담자 : O. K. 좋은 통찰이었어요. 그런 식의 노력을 계속하면 결국은 우리가 조직 속에서 또 인간과 인간 사이의 관계적인 맥락을 떠나서 살 수 없잖아요. 그렇기 때문에 어떤 식으로든 부딪히고 어떤 식의 갈등이 있을 수밖에 없는데 그때에 자꾸 상대방을 변화시키고 상황을 변화시키려고 하면 궁극적으로 문제해결이 안되는 것을 제가 많이 체험을 해요. 그렇게 될 때는 관계가 깨지지, 그 사람이 내가 원하는 대로 바뀌어주지를 않더라는 거죠. 그래서 가장 최선의 방법은 내가 나를 변화시키는 것이고 그 사람을 받아들일 수 있는 수용의 폭을 넓혀가면 되는 것이지요. 그렇죠? 그렇게 된다면 조직 속의 관계 속에서 무난하게 어렵지 않게 생활을 해낼 수 있는 것 같아요. 근데 우리가

---

5) 하늘님이 자신 변화를 표출.

물론 상담은 상담과정을 통해서 행동을 변화시키는 것이 목적이지만 다른 사람의 행동이 내 생각대로 쉽게 변화되어 주지 않거든요. 그것 자체는 기대를 안하고 내가 그 사람을 받아들일 수 있는 넓은 가슴을 그야말로 넓혀가는 작업에 우리가 조금 더 신경을 쓴다면 그것이 남는 장사가 아닐까 그렇게 생각해요. 다른 분들 생각은 어때요?

강 물[6] : 제가 먼저 할게요. 저는 처음 자신의 문제를 얘기했을 때 대인불안에 대해 말했었는데 상담이 진행되면서 다른 문제들이 많이, 솔직히 집단에서 저도 그리 적극적으로 참여하지 않았던 것 같거든요. 말을 잘 못하고 혼자, 선생님이 관찰자 입장이라 말씀하신 거 충분히 그러실 수 있으셨을 것 같아요. 지금 얘기를 듣다보니까. 생각을 곰곰히 하다 보니까 너무 죄송한 마음이 들고, 대인불안에 대해서는 생각해보니까 제 자신이 너무 과거에 얽매여 있었다는 생각이 들어요. 과거의 내 모습, 내가 항상 사람들 앞에서 말하는 데 문제가 있고, 우울한 감정 같은 것에 대하여 얘기를 드렸었는데 계속 그것에 얽매여 현재의 내가 자유롭지 못하다는 생각이 들었고, 그런 '불안할 것이다. 나는 원래 그랬다' 라는 생각 같은 것, 그런 것에 대해 생각을 많이 하니까 그런 걸 변화시켜야 되겠다 하는 생각이 많이 들었고 현실적으로 제 생활에서도 예전 같으면 교수님이나 어른들 앞에서 식사를 하거나 모임이 있을 때는 전혀 말을 못 했어요. 말을 안 하고 가만히 듣고 있는 그런 입장이었는데 최근들어서 제가 봤을때 나도 모르게 내가 말을 많이 하고 있구나 전에 비해 옛날에는 말을 할 때 신체적으로 불안한 것을 많이 인식했는데 그런 것에서 많이 자유로워졌다는 생각이 들었고, 그때도 ○○와의 갈등에 대하여 잠깐 말씀을 드렸었는데 그것 자체도 제가 거절을 못 할 것이다 라는 피해의식 같은 것이 많이 있었고 그분이 내게 어떻게 한 것이라기보다 제가 상상을 해가지고 머리 속에서 그런 것이 많았던 것 같은 생각이 들었어요. 그러니까 요즘에는 ○○님이 어떤 것을 요구하거나 그러면 예전에는 혼자 생각하면서 스트레스를 받았었는데 그것에 대해 말을 할 수 있게 된 것 같아요. 일단 행동이 되니까 내가 생각했던 것만큼 그런 것이 아니다 어떤 것이다라는 생각이 줄어들어 그런 것에서 약간 자유로워졌어요. 요즘은 관계가 편안해졌어요.

상담자 : 앞으로도 계속 편안해져야 할 텐데요.

강 물 : 예.

상담자 : 그런데 이제 끝나가는 마당인데 진짜 대인관계가 불안했던 것, 자신감이 없었던것, 나의 장래가 지금 아니 장래는 얘기 안했구나! 장래 얘기도 좀 하지 않았었나?

강 물 : 미래에 대하여.

상담자 : 미래에 대하여 불안감이 있었죠?

강 물 : 예.

상담자 : 그런 것들은 지금 얘기가 안되어 있는데.

6~7) 강물님 자신의 변화를 표출.

강　물 : 그건 아직까지 그런 것 같아요. 너무 오래된 것 같고 지난 시간에 가족 얘기 제 동생 얘기를 했었는데 상담 안하는 2주 동안 개인적으로 제가 우울증 같이 굉장히 심한 기간이 있었어요. 그 기간에, 저희 어머니랑 동생 얘기가 많이 해결되었다고 느꼈었는데 마음속에 그것이 계속 묻혀 있었다는 생각이 들어 그것에 대하여 어머니와 얘기를 하게 되었어요. 그 저녁에 그때 상황이랑 엄마는 어땠을 것이고 너무 가족들이 그것에 대하여 말을 안하고 있었기 때문에 그게 상대적으로 너무 큰 문제로 내게 다가와 있었던 같고 그 얘기를 하고 나서 그 저녁에 깊이 제 감정에 대하여 얘기를 했어요. 제가 막 울고 그랬어요. 왜 눈물이 나고 그랬는지 모르겠는데, 그 눈물을 흘리면서 내가 많이 해결이 되지 않았었구나, 여태껏 그걸 많이 묻어두고 살았었구나 하는 생각이 들면서 그 주에 많이 우울했어요. 우울했는데 그걸 내 친구들이나 주위 사람들한테 힘들다라는 얘기를 많이 요청하고 친구들이 많이 도와주고 기분전환시켜주려고 애도 많이 쓰고 그러면서 사람들에 대해서도 예전에는 주위 사람들의 고마움을 몰랐는데 따뜻한 데도 많이 있구나라는 것을 느끼고 많이 회복도 되고 그것에 대해 그리고 가족 등 제 동생 문제에 대해 좀 벗어나야겠다, 울고 그러지는 말아야겠다, 그런 생각이 들었어요.

상담자 : 네. 그래요. 지금 보니까 말도 잘하네요. 처음보다 훨씬 더 잘하시는 것 같고 말하는 불안(speaking anxiety)이 있다고 하니까 이건 정말 다른 방법은 없는 것 같아요. 행동적 방법으로 자꾸 말을 할 수 있는 기회가 되면 피하지 말고 자청해서 먼저 하고 그러다 보면 별 것이 아닌 것을 깨닫게 되고 공포가 사라지게 되니까 행동적인 방법을 많이 써야 될 것 같아요. 대인불안이라는 것도 결국은 우리가 지난번에 찾아낸 것이 다른 사람한테 인정을 받아야만 된다는 것 때문에 불안이 생긴 것이라고 정의했었잖아요. 아까 누가 얘기했었지, 인정을 받아야 된다고 생각하면 할수록 불안한 것이고 결국 내가 다른 사람의 인정을 받으려고 사는 게 인생의 목적이 아니니까 곰곰히 생각해본다면 불안도 많이 줄어들 수 있는 것이 아닌가 생각해요.

강　물 : 그리고 제가 대인불안도 그런데 제 의지가 너무 안으로만 집중되어 있는 것 같아요. 그래서 이런 집단상담에서도 서로 피드백도 주고받고 해야 되는데 저는 그런 면이 많이 부족한 게 제 생활에서도 그런 면이 많이 있는 것 같아서 누가 와서 그 사람이 뭔가 변했다라는 말을 할 때 그것을 느끼기는 하는데 그것을 말로 별로 표현을 안해요. 누가 오늘 예쁘게 하고 오면 예쁘다라고 생각은 하는데 그것을 표현하면 좋을텐데 알고만 있구 그것을 말로 안하고 있어요. 그런 사소한 것에서도 제가 노력을 해야 할 것 같아요.

상담자 : 깨달았으면 노력을 진짜 하세요. 아닌 게 아니라 오늘 머리모양이 바뀌어서 참 예쁘다 그런 생각을 하고 있었어요. (웃음)

하　늘 : 저는 머리끈이 보여요. 너무 예쁘다. (웃음)

상담자 : 그랬군요. 여기 있으면서 이 집단과정에 대한 체험은 어땠어요?

강　물 : 솔직히 말씀드리면 어떤 부분에 대해서는 도움이 되는 부분이 있어요. 인지적인 접근 이라던가 비합리적인 사고가 도움이 되는 면이 있는가 하면 저 개인적인 면에서 집단 특성이 있으니까 제 감정적인 문제에 있어서 많이 수용받기를 원했었다는 생각이 들 었어요. 아까 말씀하셨는데 그런 면에서 제가 약간 거부감이 있지 않았을까 하는 느 낌이 있었어요.

상담자 : 기대가 채워지지 못한 것에 대한 아쉬움이 있었겠지. 거부감일 수도 있고.

강　물[7] : 예. 조금 있었어요.

상담자[8] : 여기는 무조건 지지해주고 공감해주고 수용해주는 집단은 아니구요. 집단의 특성상 여기는 그야말로 논박하는 데 아니야! (모두 웃음) 잘못했으면 직면하고 생각을 바꾸 라고 요구하는 등 힘들게 하는 집단이기 때문에 그건 어쩔 수 없는 거라는 생각이 드 네요. (침묵)

여러분이 말씀이 없으니 제가 한마디할게요. 저는 요새 계속 제가 여태까지 살아오면 서 생각해왔던 주제는 그런 것이었던 것 같거든요. 나는 왜 사는가, 왜 사느냐고 그러 면 정말 아주 단순화시켜서 행복하기 위해 사는 거다. 그런데 행복하기 위해 사는 건 데 그럼 나는 지금 행복한가? 이런 생각을 하면서 그야말로 저도 욕심이 많으니까 행 복의 조건이 안되는 부분에 대하여 굉장히 마음 아파하고 속상하고 이런 적도 많았는 데, 요새 죽은 사람의 병상일기를 볼 수 있는 기회가 있었어요. 그 사람이 40세에 병 이 나서 42~3세에 죽었던 것 같은데 그 사람이 아파하면서 고통을 참아내면서 쓴 일 기예요. 그러니까 일기 자체는 정교하지 않은데 내가 지금 암에 걸리지 말고 40년 더 있다가, 더 일을 하고 80세에 암이 걸려 죽으면 얼마나 좋을까라는 그 구절이 지금 가 장 가슴에 와닿는데 정말 내가 이렇게 하루하루 건강하게 생명을 가지고 살아가는 게 얼마나 환희에 차고 행복하고 가슴 벅찬 일인가 하는 것을 요즘 새삼 막 느껴요. 자꾸 행복해지고 싶다, 행복해야 된다, 이런 생각을 많이 하니까 하느님께서 신의 조화로 내게 이런 기회를 주시는 것인지는 모르겠는데 정말 상황은 변한 게 하나도 없지요. 여러분 처음 만났을 때나 지금이나 똑같은 상황인데 정말 나날이 너무 행복하다, 사 는 게 너무 즐겁다, 내가 일할 수 있는 것이 너무 기쁘고, 일할 거리가 있어서 기쁘고, 일할 대상이 있어서 기쁘고 참 너무 즐겁고 편안하다, 이러면서 저는 제 삶의 채워지 지 않는 부분들과 많이 화해를 했어요. 그래서 요즘 참 편안하고 즐겁게 그렇게 살아 가고 있어요. 그래서 저의 여러분들에 대한 바람은 아파봐야지 건강의 중요성을 알잖 아요. 평소에 건강이 얼마나 중요한지 모르고 살다가, 여러분이 아파보지 않고도 내 가 지금 건강하기 때문에 너무나 행복하고, 치명적인 병에 걸리지 않고도 내가 지금 생명이 있기 때문에 너무나 정말 기쁘고 즐겁다. 그래서 하루하루를 정말 충실하게 살아갈 수 있으면 참 좋겠다라는 소망을 가져봐요. 그러니까 삶 속에서 사소한 우울

---

8) 인지치료의 특징에 대한 설명.

이라든지, 사소한 속상함이라든지는 뚝뚝뚝 가지를 쳐낼 수 있는 그러한 심리적인 힘이 우리들한테는 있어야 할 것 같아요.

순 덕 : 저는 최근에 신문을 읽으면, 하루나 이틀 건너 장애인의 인간승리에 관한 기사가 실리거든요. 어느 신문이든지 간에. 그것을 스크랩을 해요. 예를 들면, 시각장애인이 연극을 한다든지 얼마 전에 다 아시겠지만 어떤 병에 의해 평생을 누워사는 두 형제가 고등학교 검정고시를 합격하는 것을 보면서 늘 그런 것들을 스크랩을 하거든요. 그런 사람들을 볼 때면 제가 힘들어 하는 건 정신적인 문제이잖아요. 예전에는 육체적인 고통보다 정신적인 고통이 더 크다, 안 앓아본 사람은 모른다. 이렇게 혼자 생각을 했었는데 정신적인 고통도 괴롭고 육체적인 고통도 사실은 괴로운 거잖아요. 급체를 하면 그 순간에는 죽을 만큼 힘든 상황이 오다가도 그때를 겪고나면 아무렇지 않지만 그 순간이 얼마나 괴로운지 잊어버리잖아요. 그런 것을 늘 상기를 하고 그런 기사를 스크랩을 하면 할 때마다 매일매일 새로워지는 거예요. 그 순간이라도. 가끔 그것을 들쳐보고 회상하고 이렇게 어렵게 부모도 없이 고아처럼 자라서 대학도 서울대에 들어가는 학생들 등의 기사를 보면서 그들에 비하면 저는 너무 행복하잖아요. 지혜도 있고. 그리고 저는 등산을 참 좋아하는데 그 이유 중 하나는 제가 굉장히 몸이 약했었어요. 달리기도 100미터를 20초에 뛰고 남들이 15~6초에 뛸 때 저는 22초에 뛰고 그랬어요. 그래서 등산은 상상도 못 했던 일인데 27~8살쯤 되어서 한번 산에 올랐는데 사실은 너무 힘들었어요. 낮은 산인데도 불구하고. 근데 한번 오르고 나서 정상에 올랐을 때의 쾌감이 너무 좋았어요. 아! 이것이 바로 뭔가 해냈다는 승리감이구나 하는 것을 느꼈죠. 사실 지금도 매번 갈 때마다 힘들지만 늘 산에 오르는 이유는 자기와의 싸움을 산에서 하고, 거기에 오르면 60~70세 되신 노인분들이 굉장히 많아요. 내가 저 나이까지 산에 오를 수 있을까 그렇게 해달라고 속으로 기원하는 거에요. 늘 건강하게 살게 해달라고. 건강하지 않으면 여기 못 오르잖아요. 이기쁨도 못 느끼구요. 등산을 육체적 정신적 건강을 위해 일주일에 한 번은 꼭 가는데, 갈 때마다 노인분들이 저 연세에도 오르시는데 나는 그 반도 안 살았는데 그런 생각을 해요. 결국 삶을 길게 보고 살면 가장 중요한 것은 육체적으로 정신적으로 자기 자신을 갈고닦는 것 같아요.

상담자 : 저도 요새 그런 경우를 접하면서 우리가 쉽게 농담 비슷하게 얘기하는 말이 있잖아요. 남의 불행이 나의 행복이다. 그것이 풍자적인 말이긴 하지만 정말 그런 것 같아요. 내가 불행을 겪고 있지 않다라는 것이 새로운 다른 즐거운 기쁨을 샘솟게 하는 것은 아니지만 정말 우리를 행복하게 해줄 수 있다는 것을 요즘 느끼면서 행복해요.

수 림 : 그런데 다른 사람이 불행한 거요. 불행한 장애인이나 극한 상황에 처한 것은 객관적으로 그렇게 볼 수 있지만 자기기준에서 불행하다고 보는 것은 상대쪽에서 그렇게 불행하다고 느끼지 않을 수도 있잖아요.

상담자 : 물론 보통의 경험 같으면 그렇게 볼 수 있지만 암에 걸려 시한부 인생을 살아가고 있

다면 누구나 봐도 그건 불행한 것이 아닌가요?

수 림 : 그런 죽음에 대한 공포가 두려운 건데 그 공포가 없고 만약에 정말 신을 믿어서 뒤의 일을 두려워하지 않고 남은 짧은 생을 슬프지 않고 불행하다고 생각지 않고 살 수 있는 사람도 있다구요.

상담자 : 아! 그래요? 시한부 인생인데?

수 림 : 예, 있지 않을까요? 그럴 수 있다고 생각하고.

상담자 : 그럴 수 있으면 참 좋겠지. 근데 제가 봤던 사람은 죽음 앞에 담담한 것이 아니라 아쉬움과 후회와 회한이 많아요. 제 생각에는 그래요. 만약 내가 80이 돼서 암에 걸렸다면, 내가 정말 하고 싶은 일을 다하고 지금 죽음을 맞이한다면 담담하게 맞이할 수 있겠지만. 40의 한창 나이에 죽음을 맞이하면서 과연 담담하게 맞이할 수 있겠는가, 그렇게 할 수 있으면 정말 좋겠죠. 그게 우리의 목표가 될 수 있으면 좋겠지! 지금 수림씨가 한 얘기는, 그래서 내가 아까 정말 그런 사람을 봤느냐 그런 질문을 했는데 그런 사람이 정말 있었어요?

수 림 : 제가 직접 본 건 아닌데 들어서….

상담자 : 글쎄요….

수 림 : 책이나 수기 같은 것을 통해봤구요. 관념이라고 생각하면 또 그럴 수도 있겠다라는 일반적인 생각인데 실제로 가능하다는 생각이 제 자신한테 들거든요.

상담자 : 그렇게 될 수 있으면 정말 좋겠지. 결국 우리가 이렇게 집단을 하고 아까 순덕님이 얘기한 것처럼 평생을 갈고 닦아가는 과정이다 그것도 죽음의 순간에 죽음을 정말 무덤덤하게 기쁨으로 받아들이기 위한 하나의 방법일 수도 있겠지요.

수 림 : 예. 그리고 지금 제가 떠오른 생각은 지금 자기 자신이 행복하고 그렇다는 생각을 불행한 그 주변의 것을 통해서 깨닫는다면 스스로한테 깨닫게 하고 위로를 하게 한다면 그것 또한 불행한 것이라 생각해요. 만약에 자기가 그런 사람을 하나도 볼 수 없는 상황에 있거나 객관적으로 나보다 나은 사람들의 주변에만 살아야 되는 환경이 생긴다면 그 사람은 그걸 어떻게 또 극복을 하겠어요?

상담자 : 물론. 그렇게도 생각해볼 수는 있는데 중요한 건 우리가 괴변에 흐르면 안돼요. 경험에 기초해서 얘기해야지, 자꾸 관념적으로, 그럴 수도 있겠지만, 현실적으로 그럴 수 있는 가능성은 별로 없지. 항상 다른 사람과 관계를 가지면서 생각하는데, 그러나 코멘트는 좋았어요. 코멘트는 좋았는데….

수 림 : 제 생각의 결론은 어떤 사람과 비교해서라든지 눈을 자꾸 외부로 돌려서 나는 행복한 거다라고 생각하면 쉽거든요. 단순하고 쉬운데 그렇게 생각하면 어느 순간 벽에 부딪힐 수 있는 것 같아요.

상담자 : 내 행복을 재는데 항상 다른 사람하고만 기준을 재는 것은 아니죠. 그렇잖아요. 결국 내가 내 행복을 재고 내 기준과 평가로 살아가는데, 경우에 따라서는 옆의 사람의 모습을 참고로 할 필요는 있는 것이지요. 경우에 따라서, 매일 그러는 게 아니라 상담하

는 과정 중에도 '선생님 저는 우리 부모가 이혼해서 참 불행해요'라고 했을 때 이것을 비교를 하면 참 쉬워요. '너는 너희 부모가 이혼해서 불행하지만 너보다 더 심한 그 친구는 엄마 아빠가 지난해 괌에 가다 모두 죽었잖아. 그런 사람에 비하면 너는 그래도 괜찮을 거야? 이렇게 얘기했을 때 그 상황을 비교해주면 굉장히 가슴에 와닿는 것이 많단 말이죠. 그러니까 이건 하나의 예지만, 굳이 비교를 통해서 행복을 느끼고 비교를 통해서만 불행을 느끼는 것은 아니죠. 상담과정을 통해서 뿐만 아니라 일반 생활 속에서도 다른 사람을 기준으로 해서 내가 너보다 나으니까 너보다 행복하고 나는 너보다 못하니까 불행하다 이건 말도 안되는 소리죠. 그러니까 그런 말이 있잖아요. 위를 보지 말고 아래를 보고 살아라 그걸 얘기할 때면, 그러니까 예를 들면 '아 나는 저 사람보다 못하니까 정말 불행해' 이건 못하게 하지, 비교를 해서 너의 가치를 판단하는 것을 못하게 하는데, 그런데 나보다 불행한 처지에 있는 사람을 보고 자기가 그렇게 불행하지 않다라는 것은 많이 허용을 하죠. 무슨 말인지는 알겠는데 지금 수림씨가 한 말은 저에게 현실적으로 다가오지 않아요. 머리 속에선 할 수 있는 말이지만 그 말은 제가 봤을 때 가슴에서 할 수 없는 말인 것 같아요. 굉장히 가슴이 결여된 말 같아요.

강　물 : 주관적인 고통이나 아픔은 크기가 같은 것이 아니라, 객관적인 것이 아니라, 조그만 자기의 문제가 굉장히 클 수도 있잖아요. 그런 것을 말씀하신 것이 아닌가 생각이되요.

상담자 : 누가? 여기 수림님이요?

강　물 : 예. 저번에 순덕씨가 말씀하신 것처럼 내 손에 박힌 가시가 남의 죽음보다 아플 수 있다라는 말씀을 하셨는데 지금 그런 의미가 아닌가 해요.

상담자 : 네, 그럴 수 있겠지요. 그건 그렇고 수림님이 얼마나 자기의 문제가 해결되었나요? 내가 감정조절이 안된다, 대인관계도 불안하다, 이런 것들을 자꾸 엄마의 탓으로 돌린다, 그래서 엄마가 밉다. 그런 말을 많이 했거든요. 그게 이 과정 중에 어떻게 얼마큼 변화가 되었는지, 안되었으면 왜 안되었는지 그런 것이 궁금하네요.

수　림 : 처음에 감정조절에 대해 얘기했는데 그때보다 더 심했던 적은 없었던 것 같아요. 그때 상황을 얘기했을 때 작년에 집에서 화가 나서 크게 소란을 피운 적이 있었거든요. 지금까지는 그런 일이 반년이 지나도록 없었고 그냥 기대치를 낮춘 것 같아요. 저의 집안에서의 저의 위치나 역할이나 부모님과의 관계에서 기대를 적게 하니까 상대적으로 빨리 포기하는 경향이 생긴 것 같거든요. 그래서 괜찮은 것 같은데요, 대인관계는 제가 그렇게 사회적으로 많이 접촉하는 조직에 있는 것은 아니거든요. 항상 제가 학교에 있어야 되는 게 아니고 파트타임으로 가 있고, 또 강의 듣고, 또….

상담자 : 대학원 졸업하신 거죠?

수　림 : 예. 대학원 졸업하구요….

상담자 : 대학원생이 아니네.

수　림 : 아니예요. 좀 이렇게 여유가 많거든요, 시간에. 조직 안에 있으면 대인간의 불화로 많이 부딪칠텐데 그런 상황이 많이 설정이 안되어서 그런지 그다지 큰 불편은 지금 없는 것 같아요. 또 어머니 문제는 제가 계속 저에게 주어지는 과제라는 생각이 들어요. 제가 마음을 이렇게 저렇게 바꿔본다는 생각을 해와서 스스로 나는 이렇게 괜찮아졌다, 어머니를 많이 사랑할 수 있게 되었다, 이렇게 생각을 해왔었는데 어느 순간에 대화를 통해서 결과적으로 그렇지 않다는 것을 제가 발견하게 되거든요. 그게 참 힘든 일 같구요. 가족을 사랑하고 가족을 용서한다는 것이 너무나 힘들더라구요.

상담자 : 근데 수림님은 여기 상담을 했던 것을 쭉 훑어보니까 어머니에 대한 양가감정이 있단 말이예요. 분석에서 말하는 양가감정이 있는데, 부모님께서 날 참 예쁘게 길러주신 것도 있고 반면에 미움과 원망이 있는 것도 있는데 구체적으로 내가 어머니에 대한 어떤 신념을 가지고 있기 때문에 그러한 원망과 미움이 사라지지 않고 앞으로도 계속해서 내가 해결해야 될 과제로 남아 있는 것 같아요?

수　림 : 어머니에 대한 저의 신념은 제가 어떤 일을 해도 어머니는 저를 잘한다고 한다든지 그런 말이 있더라구요. 내적 외적으로 성인아이가 있다고 말하잖아요?

상담자 : 네.

수　림 : 네. 성인의 모습을 외적으로는 가지고 있지만 내적으로는 자라지 않은 아이가 정지되어 있어서 그것이 교차하는 것 같아요. 지적으로 머리는 커지지만 마음속에선 아이의 마음이, 삐진 아이의 마음이 제 안에 있거든요. 그래서 어떻게 해도 어머니가 인정 얘기가 나와서 하는 말인데, 나는 인정할 수 없는 아이다라는 생각이 들어요. 스스로 분석해본 결과죠. 근데 그런 사소한 것이라고 볼 수 있는데 너무 오랫동안 눌려 있던 것이 아닌가, 실제로 어머니가 너 참 잘했다, 훌륭하다라는 말을 해도 그것이 믿기지가 않는 거예요. 한쪽으로는 그러냐고 그냥 듣지만 저게 엄마의 진심은 아니다라는 게 완전히 제 머리 속에 박혀 있는 상태예요. 그런 것을 어떤 식으로 풀어야 할지 막막하죠.

상담자 : 어떤 증거로 엄마가 얘기했을 때 저건 진심이 아니다라고 얘기할 수 있는 거예요?

수　림 : 쉽게 말하자면 어렸을 때 어머니에게 받은 상처가 많아서라는 생각이 들어요. 지금에선 그것을 어머니와 대화를 한다고 해서 어머니를 괴롭힐 생각도 없고 괴롭혀봤자 소용도 없고 제 마음이 풀어져야 될 문제니까 어렸을 때 제가 기억나는 게 안 잊혀지는 추억 가운데 하나인데 제가 시험을 봤는데 3월에 보는 월말고사였어요. 시험을 잘 못 봐서 떨어졌는데 그 다음달에 성적이 상승을 했어요. 급상승을 했기 때문에 선생님이 상장을 줬어요. 그래서 상장을 갖고 집에 왔는데, 기분이 좋아서 왔는데 그 상황이 생각나요. 화사한 햇살이 비추고, 그래서 막 엄마한테 갔는데 엄마가 마당에서 뭘 하고 계셨어요. 제가 상장을 꺼내서 보여드리면서 막 좋아했는데 어머니가 이걸 상장이라고 받아왔느냐, 그렇게 말씀하신 것이 생각이 나는 거예요. 그게 생각이 난다기보다 충격이었죠! 그건 큰 맥으로 잡혀진 기억 중의 하난데 약간의 그런 분위기였어요. 전반적으로. 제 가정이 어머니가 그럴 수밖에 없었던 것을 이해는 하지만 완벽하게 자라야 되었던 어머니의 스스로의 환경 때문에 자녀에게도 그런 교육을 원했던 것은 알지만 그러지 않아도 되는 거라는 걸 알기 때문에 마음 속에서 삐져있죠. 지금도 역시 어머니가 그때 같지 않게 많이 연로하셔서 자상하시고 그런 쪽으로 완화되시고 하셨지만 안 믿는거예요. 마음 속으로는.

상담자 : 그러니까 저는 그 얘길 들으면서 그 생각이 나는데 엄마도 엄마 환경이 나빴다고 저렇게 행동을 해야 되나 하는 원망을 하잖아! 그것과 똑같애요. 왜 그럼 수림님은 엄마라는 환경을 성인이 되었으니까 차단해서 내게 영향력을 미치지 않도록 만들지 않고 왜 계속 엄마라는 환경에 끌려가야 하는가 하는 것이 참 안타까와요. 그렇죠?

수　림 : 예. 저도 많이 그런 생각이 들어요. 독립적으로, 그런 생각들을 해왔는데 제 영역을 만들어 놓고 또한 그럴 나이고 엄마가 뭐라 해도 제가 침해받지 않는, 어머니를 어머니 하나의 인격으로 저를 독립된 또 하나의 인격으로 분리시키면 되는 거다 그런 생각을 하는데 생각과 동시에 착착 되는 게 아니고, 가다가 잠시 힘든 때가 있더라구요.

상담자 : 그럼 이제 어머니로부터의 완전한 소위 개별화(individuation) 되는 거지 이것을 내가 화두로 갖고 살면서 순간순간 그런 일이 있을 때마다 영향받는 것을 차단해야 되겠는데 영향받는다는 것을 차단한다는 것은 구체적으로 표현하면 어머니가 내게 섭섭하게 한다든지 초기의 기억처럼 이걸 상장이라고 받아왔느냐라는 식의 어투라든지 행동이라든지 이런 것을 할 때 섭섭하지 않게 느끼는 거죠. 엄마는 환경이 저래서 저럴 수밖에 없다, 그것이 나를 사랑하지 않아서가 아니라든지 이렇게 생각을 순간순간 해서 그때 섭섭함을 느끼지 않게 순간순간 그냥 넘어가지 말고 그런 상황이 되면 서운함이 느껴지지만 그럴 땐 내가 엄마에 대하여 갖고 있는 생각을 찾아서 빨리 바꾸고 자기언어를 통해서 크게 낭송을 해도 좋고 마음속에 되뇌어도 좋고 그리고 나서 이제 나는 괜찮아 이렇게 행동적인 연습을 하고 넘어갔으면 좋겠어요. 매번. 막연하게 그래야지 이런 것보다는, 그럴 수 있겠어요?

수　림[9] : 네. 노력을 해야겠다는 생각이 들어요. 선생님께서 그때 숙제를 내주신 게 있었거든요. 일지에 나와 있는데요. 행동일지를 쓰는 거예요. 그걸 제가 숙제라고 생각하니까 메모를 해놓았어요. 자신의 부모의 관계를 돌아보게 되니까 많이 좋더라구요. 의식적으로 하는 게 중요하겠다는 생각이 들어요.

상담자 : 그리고 수림님의 인상이 굉장히 밝아졌어요.(웃음) 처음의 어두웠던 부분이 없어졌어요. 그래서 전 너무 다행스러워요. (웃음) 그 다음에 사랑님이예요. 처음 호소해왔던 문제들이 어떤 과정을 통해서 어떻게 극복이 되었나 하는 거예요.

사　랑 : 오면서 급히 생각해봤는데, 제가 그런 문제에 대해서 그 동안 노력을 안 했어요. 특별히 생활에서 느끼는 어떤 심난함 때문에 부딪치는 문제에 대하여 부딪쳐서 그것을 풀어야지 하는 면이 없었거든요. 그래서 그걸 문제화해서 한번 연습해보자 하는 어떤

---

9) 수림님이 그 동안에 자신의 문제해결 과정을 이야기하면서 의식적인 노력의 중요성을 체험.

계기가 없었던 것 같아요, 그 동안에는. 그리고 다른 외적인 것이 많아서 제가 달성해야 될 문제가 눈앞에 보여 그것을 하느냐고 내면적인 제 문제에 대하여 접근하지 못했던 것 같아요. 그 동안에 항상 문제만 내놓고 저 이렇습니다, 이런 사람입니다, 얘기만 했지 제 스스로에 대해 노력을 했거나 방법에 있어 생각을 골똘히 해보지 못한 것 같아요. 지난주가 문제였던 것 같아요. 거의 다 일이 끝나가는 과정이고 그런데 제가 생각지도 못한 결과들이 나왔을 때 되게 좌절스럽더라구요. 그때 우울이 넘어오더라구요. 그래서 아! 도지는구나 하는 생각이 들었는데 이번주도 연속이지만 모르겠어요. 이렇게 엉기는 것은 제가 하는 것 같지 않아요. 글쎄 예전 같지는 않아요. 심해서 어쩔 줄 모르고 막 그러지는 않고 다만 그런 감정을 솔직히 드러내고 스스로한테 저는 자기말을 잘 하거든요. 나는 이런 이런 기분이고 지금 이렇지만 어떻게 하는 것이 좋은지 혼자 얘기하고 그러다 보면 좀 풀어지구요. 지금 그런 단계예요. 정리하려고 하고 마음속으로 심난했던 것들 그리고 무엇이 나에게 최선인가 결과를 평가하는 것을 너무 내가 연연해하는 것 같아서 저도 제 모습을 보기가 싫더라구요. 그래서 그런 것들을 차분하게 가라앉히고 내가 나를 형편없이 평가를 하더라도 그것에 맞춰 흔들리는 제 모습이 더 안 좋더라구요. 내가 성인인 줄 알았더니 나도 별수 없는 어린 면이 참 많구나. 본질적으로 숨어 있는 나의 모습을 남에게 드러내고 싶지 않은 추하고 비성숙한 모습이 많이 느껴졌어요 내가 더 내 모습을 단련시키고 더 성숙하고 지혜스러웠으면 좋겠어요. 저의 진정한 모습이요, 제가 알 수 있는 진정한 모습이 더 성숙했으면 좋겠다라고 생각했어요.

상담자 : 근데 지금 좌절되는 상황이 뭐예요? 제가 좀 알아도 되나요?

사　랑 : 논문이 형편없이 나왔거든요.

상담자 : 논문이 형편없이 나온 게 뭐예요? 결과가 형편없이 나왔어요?

사　랑 : 예. 모든 것이 마음에 안 들고요….

상담자 : 그럼 원래 이번 학기에 졸업하려고 하셨나요?

사　랑 : 예.

상담자 : 그런데 졸업은 되구요?

사　랑 : 예. 되죠.

상담자 : 졸업은 되는데 논문의 결과가….

사　랑 : 예. 제가 원하는대로 예쁘게 안 되어서 화가 나요. 그 동안 열심히 해서 항상 대비하고 했었는데….

상담자 : 결과가 예쁘게 나온다는 것이 무엇인가?

사　랑 : 제가 원했던 것….

상담자 : 원했던 결과, 가설에 대해서 뭐 그런….

사　랑 : 아니 그런 결과가 아니라 논문의 형식이라든가 진행 방법이라든가 세련되게 해서 누가 봐도 아, 딱 이렇게 괜찮구나 하는 것을 쓰고 싶었는데 제가 봐도 헛점투성이고….

상담자 : 그건 논문 쓰는 모든 사람이 그래요. 그래서 사람들이 논문 쓴 다음에 그걸 다 안 돌려요. 잘 안 돌려. 창피해서.

사　랑 : 예. 맞아요. 저도 안 돌릴 생각을 하고 있어요. 창피해서.

상담자 : 응. 그러니까 그건 모든 사람이 그런거야. 본인은 거기에 자기가 참여했기 때문에 어디가 부족하고 어디가 모자라는지 알지만 대부분의 사람들은 그걸 잘 몰라요. 논문을 주면 그냥 받고 시간 되면 읽고 없으면 말고 그냥 그러는 거야. 그런데 논문이라는 게 그런 것 아니예요? 내가 학위를 하기 위한 하나의 과정 중의 산물이지 그것이 어떤 걸작품(masterpiece)이, 대작이 아니잖아요. 그런데 내가 우리나라에 와서 느낀 건데 미국에선 논문은 박사학위나 석사학위를 받기 위한 하나의 과정의 산물로 보지 그걸 그 사람의 대표적 산물로 절대로 보지 않아요. 그런데 우리나라는 와서 보니까 그게 반대더라구, 그게 그 사람의 대표작이야. masterpiece야. 그래서 이 사람이 논문을 뭘 썼느냐로 대학교수로 임용이 결정이 되기도 하는데 그 논문에 두는 비중과 시각이 한국과 미국의 차이가 많이 나는 것 같아요. 한국이 뭔가 이거 이상하다 그런 생각을 했는데, 지금은 한국에서도 많이 변하고 있죠. 지금은 과정 중의 산물로 보지 대표작으로 보질 않아요. 어떻게 학생으로서 대표작을 쓸 수 있어? 생각해보세요. 그러니까 사랑님께서 지금 느끼는 허무와 허탈과 공허는 충분히 공감이 되는데 그건 사랑님만 느끼는 것이 아니라 논문을 마무리하는 순간에 거의 대부분이 다 그렇게 얘기를 해요. 나만 그런 게 아니니까! 그러면 이 집단을 시기적절한 때 참여한 것 같지 않죠? 사랑님이 다른 일도 많고….

사　랑 : 좀 여유가 없었어요.

상담자 : 논문 쓰고 굉장히 급박하게 돌아가는 상황 속에서 참여를 했기 때문에 좀 아쉬움이 있네요. 그렇죠?

사　랑 : 저는 지금 해야 될 것 같아요. (웃음) 모든 걸 다 정리하고 새롭게 뭘 시작해야 하는 시점에서 마음도 좋지 않고 그러니까 이런 상황에서 오픈(개방)하고 접근해보고 다쳐보고 노출해보고. 그래야지 저의 우울증상과 저의 모습들을 확실하게 경험을 할 수 있을 것 같은데 이전에는 과거경험을 기초로 해서 항상 얘기를 했었거든요. 그래서 현실적으로 내가 뭐가 문제인가라고 생각해서 별로 차도가 없었던 것 같아요.

상담자 : 근데 중요한 건, 지금 해야 될 것 같아요, 라고 하는데 항상 기회는 놓치고 지나가버리는 것이기 때문에 내게 주어진 시간과 기회를 최대로 활용할 수 있는 능력을 길러야 돼요. 기회는 또다시 오지 않는 것이고 흘러간 시간은 돌이킬 수 없는 것이기 때문에 여러분들이 그러한 식의 삶의 태도를 가져야 되는 것이 아닌가 해요. 지금 이 순간, 여러분 톨스토이가 그런 말을 했잖아요. 뭐가 가장 중요한가, 누가 가장 중요한가, 지금 이 순간 여러분과 함께 있는 사람이다, 어떤 일이 가장 중요한가, 지금 이 순간 내가 하고 있는 일이다 그런 얘기를 했는데 그래서 제가 아까 사랑님이 오기 전에 듣기 싫은 얘기를 좀 했어요. 바로 그런 것들 때문에 왜 여러분이 이런 것들을 최선의

기회라고 생각하지 않고 자꾸 방관자의 역할을 하시나 그게 못내 안타까와서 그런 얘기를 했는데 그러나 지나가버린 것은 뭐든지 아름다운 거니까… 그렇게 이야기를 접읍시다. 그래서 다른 일거리를 얻고 좀 차분하게 나를 생각해볼 기회였으면 좋겠는데, 그런데요, 살아보세요. 그런 기회가 별로 없어요. 항상 바쁘게 뭔가를 하면서 그렇게 돌아가지, 순덕씨도 지금 지긋지긋해서 뭔가 새로운 일을 해보려고 집에 있는데 집안에서 일이 터지잖아. 가만히 안 놔두잖아요. 그러니까 시간을 관리하는 기술인데 앞으로 여러분에게 이런 기회가 또 있을거다라고 생각하면 곤란하죠. 어쨌든 논문은 맘에 안 들지만 차질 없이 이번 학기에 졸업할 수 있다는 게 다행이네요.

사　랑 : 저는 그게 목표가 아니었기 때문에….

상담자 : 목표가 뭐였는데요?

사　랑 : 정말 괜찮은 논문을 만드는 것이었거든요.

상담자 : 내가 만족하는 것 말이죠?

사　랑 : 예. 내가 나를 평가하는 것….

상담자 : 그러니까 내가 나의 평가에 만족하고 싶다는 것인데 나에 대한 기대의 수준을 낮추면 되잖아요. 그리고 인간의 삶이 모든 것이 채워지는 게 아니예요. 미완의 완성이라고 그러잖아요. 텅빈 충만. 난 그래서 법정스님이 어쩜 그렇게 말도 잘했는지 몰라, 텅 비어 있는데 뭐가 충만해!

사　랑 : 전 제 사전에서 한 단어를 지우기로 했어요. perfect(완전함)라는 말을 지우기로 했어요. (웃음)

상담자 : 그걸 이제, 여지껏 계속 얘기했잖아? 인간은 완벽할 수 없다, 신만이 완벽하다, 자꾸 인간이 신의 경지로 오르려니까 거기에서 많은 문제가 파생한다, 그런 얘길 했잖아요. 그걸 이제야 깨달으면 어떻게 해!

사　랑 : 저의 기준치를 너무 맞추면서 여유 없이 살았던 것 같아요.

상담자 : 그러니까 인지치료집단에 적극적으로 참여했으면 과정 중에 다 해결되었을 텐데 껍데기만 참여했다는 것 아냐, 지금!(웃음)

사　랑 : 그런 면에서 좀 문제가 있다는 것을 실감을 못하고 살았죠. 어쩌면 제스츄어였던 것 같아요. 사람들이 나한테….

상담자 : 쟀다고?

사　랑 : 제스츄어를 너무 크게 했던 것 같아요. 근데 이렇게 얘길 하면서도 사람이 욕심이 없다는 것이 뭘 의미하는지 잘 모르겠어요. 자극제가 되는 거잖아요. 그게 결과로서 자기를 비하시켜서 어떤 일을 못하거나 멈추면 모르지만 그게 자극이 되어 항상 머물면서 기폭제가 된다면 욕심을 가지고 산다는 것도 나쁘지 않다 이거죠. 다만 내가 너무 괴로우니까 지금 맞추려고 해요. 결과에 대하여.

상담자 : 우리가 말하는 합리적 사고라는 것이 동양에서 말하는 중용이라는 것이거든요. 너무 치우치지 않는 너무 부족하지도 않고, 너무 모자라지도 않는. 욕심이 너무 부족해봐

그것도 매력 없는 사람이지. 욕심이 너무 지나쳤을 때 내 마음이 상처가 되는 것이기 때문에 합리적 사고란 적절한 수준의 욕심과 기대를 강조하는 것이죠. 그런데 내가 마음을 다쳤다는 게 도가 지나쳤다는 것이지. 물론 마음을 다친 게 얼마나 가느냐 이게 중요한 건데 만약에 이 정도에서 끝나는 것이 아니고, 7월, 8월, 9월까지 가서 계속 힘들게 한다면 그건 문제지! 안 그래요?

순　덕 : 기폭제가 되서 힘이 외부로 향하면 좋은데 자기 자신을 자꾸 할퀴어서 상처를 내는 게 문제인데 그것을 어떻게 본인이 조절하느냐 하는 것이 문제인 것 같아요.

상담자 : 그 다음에 정아님 얘기 좀 해줘봐요.

정　아 : 딴 생각하고 있었어요. 죄송합니다.

상담자 : 그럼 좀 있다가 하고. 하늘님은? 도와줘야 될 것 아니예요? (웃음)

순　덕 : 제가 지난번에 옷 벗는 것을 말씀드렸잖아요. 발가벗는다는 것. 저도 완벽주의자였거든요. 결벽주의에다가 실수를 용납 못하고 그랬는데 정말 그런 마음가짐으로 한번 살아보세요. 완벽주의를 깨부수려면 완벽주의와 반대되는 행동을 하는 것이라 생각되는데 누구 앞에서도 정말 완벽하다는 것은 나를 많이 차단하고 좋은 것을 보여주고자 하는 마음을 지향하는 것일 것 같은데 나를 발가벗긴다는 건 나를 완전히 드러낸다는 것이잖아요. 모든 허물, 모든 치부를 다 드러낼 만큼의 삶의 자세를 가진다면 완벽주의는 깨부수어질 것 같은데요. 저는 이렇게 노력을 했거든요.

사　랑 : 저는 뭐 모든 면에서 완벽주의는 아니고 공부하는 면에서만 그게 강해요. 왜냐면 저는 소속이 학생이기 때문에 저를 노출하고 평가받는 건 학생으로서의 숫자화된 수치들 있잖아요. 뭐 그런 것이라던가 평가해주는 것, 학생으로서 리포트를 냈는데 잘했다라든가 그런 것으로 제가 평가받는 건데 그런 부분에서 저는 대충해서 내는 건 별로 없거든요. 항상 열심히 해서 내요. 그게 저의 모습이라 생각하기 때문에… 그런데 그런 과정에서의 욕심이죠. 저를 모든 면에서 완벽주의자로 보는 것은 아니구요, 저의 역할이 주어지면 대충 넘기는 게 아니라 어떻게든 내게 할당된 것에 대해 할 수 있으면 모든 것을 다 하려고 해요. 사실 밤새워 리포트를 쓸 필요가 없는데 그런다든가, 수정을 몇 번씩 해서 내가 보기에 흐름에 괜찮토록 수정하는 것은 저를 노출시키고 표현하는 방법이기 때문에 대충 내고 싶지가 않은 거예요. 그래서 그런 걸로 하는 건데 그걸 완벽주의로 보는 것에 대해 저는 조금… 그래서 그런 면이 강해요. 저는….

상담자 : 그것이 나를 생산적으로 이끈다라면 완벽주의이기 때문에 나쁘다 그런 건 아니죠. 근데 이제 잘 생각해보세요. 그게 정말 나를 항상 생산적으로만 몰았는가? 너무 완벽하려다 지나치게 시간 낭비를 하지는 않았나? 너무 잘하려다 그것에 매달리게 되고 그래서 그 시간에 다른 일을 했으면 좋았을 것을 시간을 낭비한 것은 아니었나? 그런 것을 한번 돌이켜보면 어때요?

사　랑 : 아무튼 저는 이 과정을 통해 퍼펙트(perfect, 완전함)라는 단어를 없애버리자 그리고 이것도 하나의 깨우침이다라는 생각을 하게 되었구요, 남들의 평가에 흔들리지 말아야지, 그것에 너무 연연해 하는구나 남들이 나를 의외로 좋지 않게 평가하면 어떻게 하나? 그런 두려움을 가지고 있어서 특히 논문은 공부하는 사람들이 곱게 안 보잖아요. 사실 저도 그랬거든요. 선배 논문을 보면서 이건 웬 오자, 이건 웬 탈자, 왜 이렇게 진행했어? 이러면서 평이 저절로 되는 거예요. 이런 걸 보면서 나는 이런 평은 안 받아야지, 내 논문을 누가 읽더라도 이런 평은 안 받아야지 하는 책임감을 느꼈는데 저도 똑같이 된 거예요. 그 기간 동안 계획도 세우고 이렇게 열심히 노력하고 했는데 결과가 똑같은 거예요. 선배나 나나 별 차이가 없는 것을, 그 선배를 보며 이렇게 쓰지 말아야지 했던 것이 좀 미안한 거예요.

상담자 : 그렇구나! 사람마다 너무나 다르네… 난 다른 사람 논문을 보며 그런 생각을 한번도 해본 적이 없었거든요. 그래서 결국 자기의 틀을 가지고 세상을 보는 건데, 내가 그런 틀을 가지고 있기 때문에 그 사람을 그렇게 평가했고 그 틀에 의해 내가 스스로 평가하여 힘들어 하는 거니까 그 틀이 얼마나 생산적인가 하는 것은 점검을 해봐야 될 것 같아요. 그렇죠?

사　랑 : 예.

상담자 : 수림씨도 논문 썼잖아, 도와주지 그래요? 그때 어땠나를.

수　림 : 그런데 하는 것을 옆에서 봤거든요. 일을 많이 벌렸어요. 다 필요한 것이니까 했을 텐데 바빴을 것 같아요. 그런데 옆에서 보니까 꼼꼼하게 철두철미하게 하려고 애쓰더라구요. 글자 하나하나 이 말이 좋은가 저 말이 좋은가를 제게 물어보고 그랬는데요… 저라면 이 정도면 괜찮겠다 싶은데도… 그런 부분이 있어요. 그런데 저는 철저한 모습이 좋게 보였어요. 얼렁뚱땅 안 넘어가는 것이요. 그런 걸 긍정적으로 느꼈고, 학업이라면 누구나 그래야 되지 않나 하는 생각이 드네요.

상담자 : 그래요.

수　림 : 선생님이 얘기하신 중에 지금 막 마음에 와닿는 것은 자기의 틀을 긍정적으로 바꿔야 한다는 말이 맞는 것 같아요.

상담자 : 제가 긍정적으로 바꾸란 말은 안한 것 같은데….

수　림 : 아닌가요? (웃음) 틀에 의해 똑같은 것을 다르게 보잖아요. 같은 것을 봐도 어떤 사람은 이렇게 보고 어떤 사람은 저렇게 보고 왜냐하면 자기가 가지고 있는 기준과 틀이 틀리기 때문에 다르지않나 그런 생각이 드네요.

상담자 : 그래요. 자기 일에 철저한 학생정신, 직업정신… 이런 것은 필요하죠. 뭘 하든지 근성은 있어야지요.

강　물 : 전 논문 쓴 것만으로도 부러워가지고….(웃음)

상담자 : 이제 곧 쓰게 돼요?

강　물 : 써야 되는데 이번 학기엔 안 썼거든요… 그냥 수료는 되는데 다음 학기에 여유 있게 쓰려고 그러고 있는데, 잘 써야 한다는 것을 아는데요. 그렇네요.

사　랑 : 그런데 논문 쓴 사람을 보면 논문 잘 나왔나? 하는 게 아니고 딱 덮고 저리 치워버리고 절대 안 본다고 하더라구요. 다시는 안 본다고….

상담자 : 거의 다 그래.

사　랑 : 그래서 나는 잘 써놓고 자꾸 봐야지, 속으로 그렇게 생각했었는데 정말 아니더라구요.

상담자 : 논문뿐 아니라 책도 그래요. (웃음)

하　늘 : 저는 고등학교 때 농담처럼 윤리 선생님이 늘 하신 말씀이, 애들이 조금만 틀리고 실수하고 그러면 "그래… 인간은 실수할 때 정말 아름다운 거야" 하시면서 다독거렸던 모습과 친구들끼리도 그게 유행어가 되었던 모습이 생각이 나요.

상담자 : 인간은 실수할 때 아름답다…? 야, 이것도 또 새로운 발견이야.(웃음)

하　늘 : 멋있는 선생님이죠.

상담자 : 정아님은 어때요? 부럽기도 하지요? 논문 썼다니까. 부러워서 가만 있는 것 같아요.

정　아 : 예. 부러워서… 정말 너무 부럽네요… 난 정말 할 수 있을까….

상담자 : 할 수 있지, 그럼… 그런데 정아님은 지금 굉장히 부러워해, 사랑님을. 사랑님은 그렇게 고통받고 있는 자신을 부러워하는 사람이 있다는 것을 알아야 돼. 그런데 지금 공허하고 허무할 것 같아. 슬픈 것보다도 지금 허무하지 않아요?

사　랑 : 지금 제 마음을 색깔로 표현하면 무슨 색인지 모르겠어요. 얼떨떨해서 시간이 좀 흘러갔으면 좋겠다하는 생각이예요. 지금 논문은 잔뜩 쌓아놨는데, 심사는 다 끝났는데, 방학을 해서 졸업하면 되는데….

상담자 : 우울에 관한 주제로 썼지요?

사　랑 : 자살이요.

상담자 : 자살?

사　랑 : 그게 결론이더라구요 저한테는. (웃음)

상담자 : 자살로 결론을 지으면 어떻게 해요.

사　랑 : 논문 내용이 그렇게 하지 말라고 한 건데… 그 결과가 저한테 온 것 같아요. 이건 순간적인 생각이고. 잘 돼야죠.

상담자 : 그래요. 저는 그 경험을 통해 커다란 깨우침이 있길 진정으로 바래요. 세상이 내 욕심대로 채워지는 게 아니라는 것, 내 기대대로 되는 게 아니라는 것, 그런 가운데 힘을 잃지 않는 것, 그런 게 중요한 것 같고, 이제 대망의 이 시간을 종결지어야 될 것 같은데 아까 초기에 하고 싶은 말은 다해서 더이상 그 말은 안하고 싶고. 그러나 저는 요새 생각하는 게 뭐냐면 그 동안 제가 무수히 많은 사람들을 만났죠. 그러면서 무수히 많은 관계들을 맺어왔는데 대부분의 관계들은 스쳐 지나가는 관계들이었어요. 그 중에 어떤 사람들은 소중한 만남이나 관계로 남아 있기도 하지만 그걸 그렇게 중요하게 생각하지는 않았거든요. 그러나 이제는 많이 살아왔다 싶으니까 그런 것 같은데 제가 순간순간, 삶의 과정 속에서 만난 사람들이 다 소중하고 중요하고 의미있는 사람들로 다가와지면서 김춘수 시인의 〈꽃〉이라는 시 있잖아요.

꽃

내가 그의 이름을 불러 주기 전에는
그는 다만
하나의 몸짓에 지나지 않았다.

내가 그의 이름을 불러 주었을 때
그는 나에게로 와서
꽃이 되었다.

내가 그의 이름을 불러 준 것처럼
나의 이 빛깔과 향기에 알맞는
누가 나의 이름을 불러다오.
그에게로 가서 나도
그의 꽃이 되고 싶다.

우리들은 모두
무엇이 되고 싶다.
나는 너에게 너는 나에게
잊혀지지 않는 하나의 의미가 되고 싶다.

마지막 연의 "나는 너에게 / 너는 나에게 / 잊혀지지 않는 서로의 의미가 되고 싶다" 그말이 제게 절실하게 다가와요. 아까 제가 여러분에게 불편함을 토로했던 것(전략한 부분)도 기대를 하지 않았으면, 스쳐 지나가는 내 일의 파트너라고 생각했으면, 그런 말을 안했겠지요. 좋은 게 다 좋은 거니까. 그러나 그런 말을 했던 것도 결국 사람이 중요하고 관계가 중요하고 그래서 소중한 만남으로 승화시키고 싶었던 저의 소망이 그런 식으로 표현됐던 게 아닌가 싶은데요, 섭섭한 게 있으면 지금 이 순간에 다 풀어버리세요. 정말 제가 여지껏의 경험으로 보아도 다른 사람의 말을 빌어봐도, 인지치료가 많은 사람을 도와줄 수 있어요. 스스로도 도움을 받았다면 다른 사람에게도 도움을 주셔서, 유대인의 말에 이런 말이 있잖아요. "한 사람의 영혼을 구하는 것이 전 세계를 구하는 것이다" 이것은 상담자로서도 좋고 상담자가 아닌 일반적인 사람으로서도 좋고 어떤 사람의 영혼에 새로운 삶의 지평을 열어주는 그런 사람이 되길 원해요. 특히 인지치료집단에 참여하셨으니까 이것을 도구로 해서 그러실 수 있겠어요?

모 두 : 예.

회기 해설

　내담자 각각의 변화와 정도를 파악하였다. 9회기가 끝나고 잠시 상담후 회기(after session therapy) 시간을 가졌다. 구성원들은 각자 자신의 인지치료에 대한 준비도에 따라서, 얼마나 자신이 강렬하게 행동의 변화를 원하느냐에 따라서 상담의 효과도 달라진 것 같다고 하였다.

　특히 각 회기의 녹음을 풀어내는 숙제가 가장 좋았다고 이구동성으로 말하였다. 상담과정 중에는 나에게 필요한 부분만 선택적으로 청취하게 되었는데 녹음을 풀면서 자신에게 해당되지 않는 사항도 곰곰이 헤아리고 살필 수 있게 되었다고 했다. 상대방의 입장, 자신의 입장, 그리고 세상의 입장 등 다각도에서 파악할 수 있는 안목이 생겨 성장에 도움이 되었다고 하였다.

　마지막 회기에서 집단구성원들은 자신의 변화된 모습, 인지상담을 통해 깨달은 새로운 삶의 지혜, 그리고 인지상담의 원리와 기법으로 타인을 도와야 하는 사명을 부여받고 대단원의 막이 내렸다.

3. 인지치료 집단상담의 결과

　총 9회기에 걸친 집단상담의 전과정을 모두 마친 후 집단구성원들의 상담과정에 대한 소감을 모았다.

　이 글을 통해 단기에 이루어진 인지치료의 심층적 효과를 가늠해 볼 수 있다.

상담을 종결하면서

♠ 수림

　평소부터 인지상담에 많은 관심을 가지고 있던 터에 청소년 대화의 광장에서 인지치료 집단에 참석할 수 있어서 기쁘게 생각합니다. 이제 약 두 달간의 이 집단을 마치면서 처음 참여했을 때와 현재를 돌아보게 됩니다.

　처음 집단에 들어오면서 제게는 일상에 커다란 문제가 없는 듯이 느껴졌지만 마음속에는 약간의 불안함과 외로움들이 깔려 있었던 것 같습니다. 그러나 명백하게 표현할 수 없었으며, 주로 다른 집단원들의 이야기를 듣고 그들의 서로에게 향한 피드백, 그리고 선생님의 해석과 논박에 귀기울이는 시간이 많았습니다. 내 자신의 문제에 대한 심층적인 탐색이 부족하다면 이 집단에서는 얻을 수 있는 많은 것들을 놓칠 수 있다는 생각이 들었습니다.

저는 어머니와의 관계에서 오는 내적 불안감과 자유치 못한 불편함 등을 털어놓게 되었는데, 어머니에 대한 나의 과거의 기억에서 벗어나서 좀더 성숙한 단계로 옮겨가야 함을 인식하게 되었습니다. 또한 쉽게 지나칠 수 있는 행동양식 등을 일일이 적어봄으로써 개선할 점 등도 체크해 보는 것의 유용함도 알 수 있었습니다. 현재 어머니와의 관계에서 큰 변화는 없는 편이지만 어머니에 대한 서운함에서 제 자신의 약함과 미성숙된 부분을 지각하고 있습니다. 이제 제가 성숙되고 독립적인 사고를 통한 행동을 하나씩 취하는 일이 더 중요하다고 생각됩니다.

인지치료 과정에서 느낀 전반적인 소감은 인지치료의 특성인 지적, 논박, 재교육 등의 과정이 처음에는 너무 강한 느낌이 들었으나 준비된 내담자에게는 짧은 시간 안에 큰 효과를 얻을 수 있다는 것을 알았습니다. 그리고 다른 적극적인(저보다는) 집단원들의 자신의 변화에 기뻐하는 모습을 통해 제게 긍정적인 삶의 변화의 가능성을 깨닫게 해주었습니다. 또한 인지적인 왜곡의 해결을 위해서 많은 양질의 독서와 개인의 성장에 도움되는 경험들이 무척 중요하다고 여겨졌습니다.

덧붙여 선생님이 수고에 감사드리며 상담학을 공부한 사람으로써 이 집단에 참여하기는 했지만 먼저 한 개인의 자격으로, 아직은 내적 문제에 대한 해결되지 않은 고민이 있는 사람으로서, 적극적으로 집단인의 역동에 적응이 늦었던 한 내담자로서 인지치료 집단에 참여한 것임을 말씀드리고 싶습니다.

♠ 정아

상담을 받으면서 나는 참으로 많은 변화를 경험했다. 사람이 이렇게 단시일에 변화를 가질 수 있다는 것이 신기하기도 하고 내 자신이 대견스럽기도 하다. 선생님께 진심으로 감사를 드린다. 처음 시작할 때는 내가 이만큼 변할 수 있을 거라는 기대는 하지 않고 단지 생활에 좀더 편안한 마음으로 임할 수 있기만을 기대하면서 시작했는데 지금의 나의 생각과 감정과 행동은 기대 이상으로 편안해지고 밝아지고 긍정적으로 변해 타인들과의 대화에 있어서도 별로 불편함을 느끼지 않는다. 생각이 바뀌고 감정이 바뀌고 행동의 변화를 경험하는 요즘은 참 행복하다. 가족 속에서 나 자신을 찾을 수 있어서 좋았고, 거추장스럽고 내 삶에 방해자로만 느꼈던 가족들이 소중하고 그들로 인해 내가 좀더 강해지고 남을 이해하고 자신의 성장과 발전을 위해 노력하는 주부로 살 수 있게 해줘서 그들에게 감사한 마음을 신정으로 가질 수 있게 되었다.

인간에 대해서 감사의 마음을 가질 수 있는 요즘은 자신감으로 나를 괴롭히지 않고 주눅들지 않고 내 자신을 드러낼 수 있어졌다. 상담과정에서 어려웠던 숙제들로 인해 나는 더 많은 것을 얻을 수 있었던 것 같다. 상담시간에 놓쳤던 많은 중요한 이야기들을 녹음을 풀면서 다시 새기게 되고 좀더 여유를 가지고 하나하나의 의미를 생각하면서 그것을 내 것으로 만들 수 있었던 것 같다. 그리고 또 다른 사람들의 어려움은 뭔지 그들은 무엇 때문에 힘들어하는지를 듣고 생각하면서 나를 위로할 수 있었고, 나의 좋은 점들을 발견할 수 있었고, 부정적 사고로부터 자유로워질 수 있었던 것 같다.

나의 문제들을 하나하나 적어가면서 막연하던 생각을 정리하고 구체화시키면서 문제해결의 길을 찾을 수 있었다. 주부로 있다가 숙제를 한다는 것이 왠지 부담스럽고 힘들었지만 그것보다 더 많은 것을 얻을 수 있었던 것 같다. 나의 비합리적이고 부정적으로 왜곡된 생각들로 인해 스스로가 생활을 더 힘들게 하고, 자신을 더 혼미하게 만들고, 자신없고 주눅들어버린 삶을 살게 한다는 것을 깨달은 요즘은 완전하지는 않지만 편안하게 나 자신과 대화하면서 변화를 시도하기 위한 노력을 해본다. 많은 시간과 노력이 있어야 한다는 것을 잘 알고 있다. 인지상담을 받기 전에 나는 모든 문제가 내가 아닌 다른 사람들 때문에 생겨났다고 생각했는데 지금의 나는 대부분의 문제의 근원은 내 사고에서 기인한다는 것을 깨달았고 그것을 깨달음으로 느껴지는 편안함과 자유로움은 사람과의 관계의 바퀴에 윤활유로 작용한다. 이처럼 힘들지 않은 다리품과 한 시간 삼십분이라는 시간을 투자해서 원하는 변화의 방향을 제시받고 실천할 수 있는 용기를 가질 수 있는 힘을 얻은 것은 나의 노력과 주위의 도움도 있었지만 선생님께서 나 자신을 똑바로 직면시키고 "당신은 그것이 문제야"라면서 직접적으로 문제를 짚어 주신 힘이 아닐까 생각한다. 상담의 효과에 대해서 확신하지 못했는데 내가 내담자로 상담을 받고 많은 변화와 성장을 한 요즘은 그 매력에 삶을 방향을 찾은 듯하다. 이런 많은 도움을 받은 자신을 성장시키고 다듬어서 다른 사람에게도 기쁨과 편안함과 자유를 느낄 수 있게 해야겠다는 마음을 먹어본다. 박경애 선생님께 진심으로 감사를 드리며 앞으로도 행복하시고 건강하시길 기도드리겠습니다.

♠ 순덕

처음 인지치료 프로그램에 참석하여 호소한 문제점은 화나는 감정을 어떻게 적절히 해소시키는가 하는 것이었다. 나에게 내재되어 있는 감정 등은 피해의식과 억울함, 그로 인한 분노 같은 것으로, 내게 피해를 주는 것에 대한 강렬한 분노를 어떻게 표출 내지 해소시켜야 하는지를 몰라 가족들을 상대로 많이 짜증을 내어 갈등을 조장하곤 했다.

REBT 이론의 핵심인 11가지 비합리적 사고의 유형에서 나는 10가지 유형을 지니고 있었다. 내 자신의 문제가 무엇인지 인식조차 못하며 살다가 이러한 혁명적(?) 이론을 접하여 처음에는 충격으로 정신이 멍하기도 했다. 막연하게 "내가 이렇게 힘들게 사는 데는 뭔가 잘못된 도식이 있을 것 같다"라는 생각에 너무도 분명하게 제시되는 사실적 실례와 모든 원인, 결과 그리고 해결점까지 보여주는 이 이론이 마치 터널 속의 한 줄기 빛처럼 강렬한 삶의 원동력이 되었다.

모든 이론은 행동이 수반되지 않으면 무용지물이 된다는 것을 절실히 느낀다. 아는 것, 행동하는 것, 깨닫는 것 그리고 극복하는 것. 모든 것이 험난한 고행길이다. 오랫동안 습성화된 언어적 행동적 습관들로 인해 인지하는 것은 그때뿐 빈번하게 일어나는 통제할 수 없는 행동으로 인해 때때로 좌절하기도 했다. 내 문제를 푸는 최초의 열쇠는 모든 인간의 개성을 존중하는 것이다. 그들을 나의 잣대로 옳다 그르다 총체적 평가를 내리는 것이 아니라 그들의 개별적 행동 자체에 대한 판단을 내리는 것이다.

두 번째 열쇠는 타인의 문제를 내 자신의 문제인양 동일시 하는 습관을 버리는 것이다.

세 번째 열쇠는 사랑받고 인정받고 이해받아야 한다는 생각에서 벗어나는 것이다. 이러한 문제를 극복하기 위해 사건에 부딪칠 때마다 혼자 중얼거렸다. "아니야! 그것은 그 사람이 지금 화가 났기 때문에 그냥 그렇게 말하는 거야. 진정으로 나를 나쁘다고 말하는 것이 아니야", "그것은 어머니의 문제이니 어차피 내가 해결해드릴 수 없으니까 내가 뛰어들 일이 아니야" "나를 나쁘다고 욕해도 좋다. 어차피 모든 사람으로부터 인정받을 수 없는 일. 나를 괴롭히며 타인에게 인정을 받을 가치는 없다. 나 자신을 먼저 사랑하자!" 사건에 감정을 개입시켜 과거사실과 연관을 지으며 괴롭혔던 나 자신에게 벗어나 순간의 사건 자체에만 상황판단하는 습관을 들이도록 노력했다.

네 번째 열쇠는 가치 있는 사람에 대한 환상을 깨는 일이다. "완벽하고 성공한 사람만이 가치있고 그렇지 않으면 쓸모없는 사람이다"라는 생각은 완벽하고 결벽증적인 나의 성격에서 비롯된 것인 만큼 완벽하기를 포기하고 좀더 행복한 삶을 사는 지혜를 가지게 되었다.

다섯 번째 열쇠는 '과장성, 당위성'을 버리는 것이다. 언어사용 및 표현에 있어 '마땅하다, 당연하다, 끔찍하다, 죽을 것 같다, 너무나, 대단히, 엄청나게' 등의 표현이 결국 내 자신을 그러한 상황으로 몰고가는 결과를 초래했다는 점을 고려해볼 때 적절한 언어사용 및 표현력이 얼마나 중요한가를 깨달았다.

마지막 열쇠는 과거의 노예가 되지 않는 것이다. 과거를 한탄하며 신파조의 노래만 읊을 것이 아니라 진취적이고 적극적으로 삶에 뛰어들어 살아가는 것이다. 삶은 현재 이 순간만이 의미가 있다. 어제의 나는 오늘의 내가 아니며, 내일의 나는 오늘의 내가 아닐 것이기 때문이다.

REBT 인지치료 집단은 최초 내가 호소했던 문제점만을 치료하는 데 그치지 않고 내 인생 전체에 커다란 변화를 가져오게 해주었다. 치료방법이 단지 집단을 통한 상호 피드백뿐 아니라 실천을 통한 공부를 하게 하는 데 목적을 두고 있어, 아는 데 그치는 것이 아니고 행동을 통해 교정해가는 과정을 스스로 느낄 수 있어 좋았다.

인생은 총체적이다. 사람도 총체적이다. 단편적이고 일률적으로만 보던 나의 시각을 버리고 좀더 큰 세상과 다양한 삶을 보게 되었다. 그리고 가족에 대한 재인식을 하게 되었다. 피해의식으로 부정적 시각에서 허우적거렸던 내가 자신을 사랑함으로써, 타인에게 의지하지 않음으로써, 타인에게 인정받기 위해 나를 포기하지 않음으로써, 타인을 사랑할 수 있는 가슴과 여유를 지니게 되었다. 이제까지 함께 한 박선생님과 동료분들께 감사드린다.

♠ 사랑

인지집단에 참여하면서 평소 갖고 있던 우울에 대해 직면하고 싶었고 잘못된 부분에 대해서 수정을 하고 싶어 참여하게 되었다. 사실, 과거에 우울 때문에 자살충동을 자주 느끼며 비합리적인 사고를 지니고 있어 이 부분에 대해 다른 사람들의 견해나 방식을 알고 싶었다. 하지만, 서로의 내면을 드러내면서 객체의 이질성보다는 동병상련(同病相憐)이라는 생각이 들었다. 그러면서 오히려 우울에서 벗어나려고 하기보다는 애착하게 되었으며 최근 우울로 인한 고민을 하지 않고 있기 때문에 문제의 심각성을 인식하지 않게 된다. 이런 개인적 사고가 너무 강해서인지 아무렇지도 않다라고 반응했을 때 상담자 선생님과 다른 구성원들이 걱정하는 모습을 보고 뭐가 잘못된 것인지 되물어 보았다. 청소년기부터 지금까지 우울성향은 나의 일부분처럼 공존하고 있었으며 이로 인해 세상과 자신에 대해 많은 생각을 하게 되었으며 심리학을 공부하면서 자신에 대한 분석을 하기 시작했다. 그때부터 우울은 나의 부정적인 측면으로 이해하고 왜 우울이 자리잡게 되었는지에 대해 생각해보았다. 점점 우울이라는 형상을 파악하게 되었으며 그런 면을 자연스럽게 수용하게 됨에 따라 자유함을 얻게 되었다는 사실이다. 하지만 우울에 한번 빠지게 되면 여전히 고통스럽다. 상담자 선생님은 병리적인 측면을 강조하면서 심각하게 이런 부분에 대해 인식하고 노력하는 과정이 필요하다고 하였다. 글쎄, 너무나 병리적인 측면으로 바라보는 것이 이상하다는 생각이 들었으며 오히려 그런 노력을 해야 한다는 사실을 인정하고 싶지 않았다. 인생에서 좋은 면 때문에 행복한 것이 아니듯 아픈 고통이 있으므로 성숙해지고 발전해나간다고 생각하고 있어 꼭 바꾸어야겠다는 사명감이 생기지 않는다. 하지만, 그런 상황이 올 때 좀더 현명하게 대처해보고 싶다. 어렵고 힘들 때 좌절스러운 감정이 우울이지만 이에 빠져 삶을 비관하고 자신의 인생을 버리는 어리석은 선택을 하지 않도록 반응하고 싶다. 이번 집단 경험을 통해 충분히 드러내고 노력한 것으로 보지 않아 자기변화에 대한 기술을 한다는 것이 어렵다. 어쩌면 자기변명에 집착한 것으로 비쳐서 아직 이런 부분에 대한 개방이 적절하지 못한 것 같고 앞으로 상담을 통해 더욱더 강화를 받아야 할 부분이라고 생각한다. 이번 집단 경험에서 얻은 것은 평소 저에 대한 불안정함을 드러냈음에도 불구하고 저를 지지해주고 긍정적 강화를 주어 많은 힘이 되었으며 긍정적인 자아상을 갖게 되어 감사하다는 생각이 든다.

무엇이든지 무언가 알고 친해진다고 생각할 때 헤어져야 한다는 사실이 가슴 아프듯이 이번 집단경험 역시 참으로 기분좋은 경험을 한 것 같아 행복하다는 생각이 든다. 서로의 고통을 감싸안아주고 좀더 나은 모습으로 살아갈 수 있도록 도와주는 아름다운 모습을 보면서 많은 것을 깨달았다. 우울이라는 감정에 빠져 삶이 괴로워도 가장 중요한 것은 세상이 자신이 보는 것 같이 어둡지만은 않다는 사실을 잊지 않고 살아가야겠다는 생각을 하게 되었다.

♠ 하늘

나는 과거의 모습을 돌아볼 기회를 꽤 많이 갖는 편이다. 그러나 내 신념에 대해서는 그리 많이 생각해보지 못한 것 같다. 물론 과거를 돌이켜보면서 나의 사고방식에 대해서 비판하기도 하고, 고치려고 하지만 그보다 더 깊은 생각의 뿌리가 어디에 있는지를 들여다보는 것까지 미치지는 못했다. 내 삶에 최선을 다하는 것 !

다른 사람들도 자신의 삶에 대해 애착을 지니고 매달리듯이 나 역시 그렇다. 그러나, 왜 최선을 다하고자 하는가? 인간이 불안정하다는 것과 완전할 수 없음은 자명한 사실이면서도 내가 간과하고 있던 것이었다.

나의 신화는 나는 완전해야 한다는 것과 타인들로부터 인정받아야만 한다라는 비합리적 신넘이었음을 인지상담을 통해 깨달을 수 있었다. 그러한 신념들이 나를 지탱해왔기 때문에 처음에는 이런 부분이 나의 짐이 된다라는 사실보다는 인간관계 속에서 생겨나는 필연적인 것이 아니냐는 저항을 해보았지만, 거절 못하는 모습으로 나의 일상을 방해했음을 깨닫게 되었다. 이제 나는 자신있게 거절할 수 있다. 완전히는 아니지만, 내가 가치를 두는 일과 부탁이 겹쳤을 때는 과감하게 거절한다. 예전 같으면 상상할 수 없는 일이다. 부탁을 들어주기 위해 이미 짜여진 스케줄을 수없이 들여다봤을 것이다. 그러나, 지금은 이런 부분에서 자유로워졌다. 처음 거절은 어려웠지만, 뒤에 남는 건 거절에 대한 자책이 아니라, 편안함과 자유함이었다. 무엇보다도, 나에 대한 여유를 가지게 되었다.

상담에서 내 사고에 대해 생각할 수 있는 시간이 많았다. 인간의 완전함이란 존재하지 않는 것이며, 완숙을 보이고자 노력하는 존재라는 생각이 든다.

다른 사람도 나와 비슷한 문제로 고민하고 다들 생각의 흐름이 비슷한 테두리 안에 있다는 걸 확인하면서 위로를 얻기도 하고, 날카로운 질문과 해석에 당황하기도 했었다.

어느덧 상담에 참가한 모든 사람들이 더 친밀하게 느껴지고 편안하다. 아마도 나를 얽매고 있던 사슬이 풀려나가서일까? 사람들의 따뜻함 때문일까? 앞으로 계속된 나의 삶을 좀더 풍요롭게 기쁨으로 채우고 싶다.

♠ 강물

처음에 상담을 시작하려 했던 데에는 여러 가지 이유가 있었다.

대인관계에서의 막연한 어색함, 우울감, 많은 사람들 앞에서의 말하기의 두려움, 거절에 대한 두려움 등 1회 상담에서는 일단 말하는 불안(speaking anxiety)으로 초점을 맞추기는 했지만 회기가 거듭될수록 단순히 사람들 앞에서 발표를 하는 것에 있어서 불안감이나 신체적인 반응상의 문제보다는 오히려 그냥 생각하지 않고 편하게 있고 싶다는 일종의 무력감이 더 문제로 다가오는 것 같다.

이것은 말을 안함으로써 얻을 수 있는 나름대로의 이익을 놓치고 싶지 않은 데에 주요 이유가 있었던 것으로 생각되는데 그 이익에는 "가만히 있으면 중간이라도 가지, 정리되지 않은 말을 어줍잖게 시작해서 정리 하지 못하고 끝이 나면 내가 감당할 수 없을 것 같아… 나를 형편없는 사람으로 여기게 될지도 몰라"하는 인정에 대한 욕구, 내가 아는 모든 사람에 대해 인정을 받고 싶다는 욕구가 강하게 작용했던 탓인 것 같다.

솔직히 인지치료과정에서 많은 저항감이 일었던 것도 사실이다. 지적으로 나를 통찰해나가는 데에 있어서 힘이 들었던 것도 사실이고… 이것은 일종의 관성의 법칙과도 같은 것 같다. 내가 여지껏 유지했던 익숙했던, 편했던 행동들에 대해서 새로운 시각으로의 변화를 요구하는 새로운 힘의 작용에 대해서 저항의 몸짓이 있었던 것 같다. 또한 그 과정에서 많은 에너지가 소비가 되었고….

하지만 나의 발전을 위해서는 이러한 힘겨운 변화의 과정을 수용해야 하는 것, 그리고 알게 모르게 나를 지배해왔던 비합리적인 사고들은 타파해야 할 대상이라는 것은 확실하다.

두 달 남짓한 시간 동안 내 머리 속에서 비합리적이라는 단어가 끊임없이 떠돌아다니고 있고 일상생활에서 나의 모습을 보다 객관적으로 바라볼 수 있는 눈이 생긴 것 같다.

오랜 기간 화두라면 화두라고 할 수 있는 나의 우울감의 극복에 대해서도 많은 노력을 기울여야 할 것이다. 선생님의 말처럼 세상을 사는 목적은 행복이라는 말, 우울감을 동반하지 않고서도 즐거운 감정에서도 충분히 자기성찰이 이루어질 수 있다는 말은 내가 추구해야 할 방향인 것 같다. 거절에 대한 과도한 걱정을 깨부수기 위해서는 나에 대한 애정과, 나에 대한 더 많은 관용의 노력이 필요할 것이다. 그 과정에서 나는 더 단련될 것이고.

어쩌면 지금 이 시점이 나를 다시 알아가는 새로운 시작인 것 같다.

♠ 진달래

인지치료집단에 참석하면서 나의 생각이 많이 바뀌고 있음을 발견한 후 기쁘고 감사했다. 기독교 신자로서 긍정적으로 적극적인 삶을 살았다고 생각하였는데 순간순간 내 자신이 부정적인 생각에 빠져 있었음을 발견했다. 어떤 모임에서 서로 대화가 이루어지고 있으면 나는 늘 듣고만 있고 상대방의 얘기에 아무런 의견표시를 못하는 편이었다. 할 말이 없어서가 아니라 어떻게 표현해야 할지 늘 힘들었다. 상대방의 이야기 내용이 틀리는 것을 알 때도 그것이 아니라고 내 의사표현을 못했다. 다 알고 있는 것을 나에게 설명하면 듣기가 싫으면서도 알고 있으니 그만해도 된다는 표현을 못했다. 왜 그렇게 늘 스트레스만 받고 그런 모임에 참석하기가 싫었는지를 알게 되었다.

내가 말을 하였을 때 상대방이 무시하거나 이해하지 못하면 어쩌나, 아니면 싫어할까봐 두려웠던 것입니다. 인지치료집단을 통해서 그것은 비합리적 사고였음을 알게 되었다. 자기를 존중하고, 실제적인 일에 대해 인정을 받고, 사랑받기보다는 사랑하는 것이 바람직하다는 것을 깨달았다. 또한 속으로는 알고 있는 사실도 표현하지 못하고 늘 자신없어 하는 것은 틀려서는 안되고 잘못하는 것은 수치로 생각하는, 완벽한 능력이 있고 성공을 해야만 가치있는 인간이라는 비합리적 사고였음을 깨달았다. 그래서 인간은 실수하고 못할 수 있는 불완전한 존재임을 알고, 자신이 할 수 있는 것은 하고, 못하고 실수도 하게 된다는 것을 인정하게 되었다. 그리고 나의 과거의 사건들이 현재의 행동들을 결정한다고 생각했던 것도 얼마나 비합리적 사고였는지를 깨달았다. 과거의 일들에 대한 나의 지각과 과거의 영향에 대한 나의 해석을 재평가함으로써 과거의 영향을 극복할 수 있다는 것에 공감한다. 『인지·정서·행동치료』책을 읽고 상담자의 역할을 정리해본다.

상담자는 내담자가 지닌 정서적 문제의 철학적 근원을 규명하고 그들이 지닌 비합리적이고 당위적인 평가들을 일깨우고 도전하며 변화시키는 역할을 한다. 특히 REBT와 같이 교육적 형태를 취하는 상담에서는 내담자에게 숙제나 독서과제를 내주고, 상담과정에 적극적으로 참여하도록 유도한다. 내담자 스스로 어떻게든 문제를 해결할 수 있는 길을 발견하도록 도와주고 훈련시키는 역할을 할 수 있다.

이번 인지집단치료를 통하여 지금까지 나를 괴롭혔던 문제들을 발견하였고 이제부터 스스로 훈습할 것이다. 내 삶의 주체가 나임을 다시 알게 되었기에 남에게 인정받지 못해도 견딜 수 있을 것이다. 내 자신을 존중하며, 사랑하며, 때로는 자신의 헛점을 발견할 줄 아는 건강한 사람으로 살도록 노력할 것이다.

♠ 아침햇살

아침햇살님은 개인적인 사정으로 부득이 집단과정에 끝까지 참여하지 못했다.

찾아보기

저자소개

Truman State Univ. 영문학 학사
Univ. of Missouri-Columbia 교육 및 상담심리학 석사
Univ. of Missouri-Columbia 교육 및 상담심리학 박사(Ph.D. 1990)
동 대학 학생상담센터 상담원
미국 Missouri 주정부 정신위생국 심리학자
미국 Beck Institute for Cognitive Therapy and Research, Individualized
    Study Program 참석
국제인지치료학회(International Association for Cognitive Psychotherapy) 회원
미국 Albert Ellis Institute for Rational Emotive Behavior Therapy(REBT) 임상수련
동기관 공인 인지 · 정서 · 행동치료(REBT) 전문가 및 수련감독자 자격증
한국상담심리학회 상담심리사 1급
국민대 대학원, 단국대 대학원, 성균관대 대학원 등 강사
한국청소년상담원 설립 멤버 및 상담교수
Univ. of Massachusetts-Boston 학교 및 상담심리학과 교환교수
(현) 광운대학교 교수

박 경 애

〈주요저서〉

『지혜로운 부모가 행복한 아이를 만든다』(오늘의 책, 2001)
『인지 · 정서 · 행동치료』(학지사, 1997)

〈공동저서〉

『청소년 상담』(교육과학사, 2004)
『청소년 집단상담의 운영』(한국청소년상담원, 2002)
『청소년 상담현장론』(한국청소년상담원, 2001)
『현대사회와 청소년 상담문제 세미나』(한국청소년상담원, 2001)
『행동요법』(양서원, 2001)
『청소년상담과정과 기법』(한국청소년상담원, 2000)
『청소년심리 및 행동평가』(한국청소년상담원, 1999)
『행동장애와 심리치료』(교육과학사, 1998)
『청소년개인상담 실습교재』(한국청소년상담원, 1998)
『청소년인지상담』(한국청소년상담원, 1998)
『청소년단기상담』(한국청소년상담원, 1997)
『청소년진로상담』(한국청소년상담원, 1996)
『청소년개인상담』(한국청소년상담원, 1996)

〈주요역서〉

『우울증의 자가치료(Overcoming Depression)』(사람과 사람, 2004)
『생각하기, 느끼기, 행동하기(Thinkng, Feeling, Behaving)』(시그마프레스, 2004)
『왜, 남과 자신을 비교하는가(Overcoming Rating Game)』(사람과 사람, 2001)

인지행동치료의 실제 : 인지행동치료 사례집
Cognitive Behavioral Therapy in Action

1999년 1월 10일 1판 1쇄 발행
2010년 10월 25일 1판 4쇄 발행

지은이 • 박 경 애
펴낸이 • 김 진 환
펴낸곳 • ㈜**학지사**

    121-837 서울시 마포구 서교동 352-29 마인드월드빌딩 5층
대표전화 • 02) 330-5114   팩스 • 02) 324-2345
등록번호 • 제313-2006-000265호
홈페이지 • http://www.hakjisa.co.kr
커뮤니티 • http://cafe.naver.com/hakjisa
ISBN 978-89-7548-288-5 93370

정가 23,000원

인터넷 학술논문원문서비스 **뉴논문** www.newnonmun.com